U0457627

A PANORAMIC ANALYSIS REPORT TO
INDUSTRIAL CHAIN AND INNOVATION CHAIN OF
ZHEJIANG PROVINCE IN 2023

浙江省
产业链创新链
全景分析报告
（2023年）

王小勇◎主编
帕特思科技咨询（杭州）有限公司◎编

ZHEJIANG UNIVERSITY PRESS
浙江大学出版社
·杭州·

图书在版编目（CIP）数据

浙江省产业链创新链全景分析报告. 2023年 / 王小勇主编; 帕特思科技咨询（杭州）有限公司编. -- 杭州 : 浙江大学出版社, 2024.5
ISBN 978-7-308-25009-2

Ⅰ. ①浙… Ⅱ. ①王… ②帕… Ⅲ. ①产业发展－研究报告－浙江－2023 Ⅳ. ①F269.275.5

中国国家版本馆CIP数据核字（2024）第102339号

浙江省产业链创新链全景分析报告（2023 年）

ZHEJIANGSHENG CHANYELIAN CHUANGXINLIAN QUANJING FENXI BAOGAO (2023 NIAN)

王小勇　主编

帕特思科技咨询（杭州）有限公司　编

策划编辑　吴伟伟
责任编辑　金　璐
责任校对　葛　超
封面设计　雷建军
出版发行　浙江大学出版社
（杭州天目山路 148 号　邮政编码：310007）
（网址：http://www.zjupress.com）
排　　版　浙江大千时代文化传媒有限公司
印　　刷　杭州钱江彩色印务有限公司
开　　本　880mm × 1230mm　1/16
印　　张　40
字　　数　1095 千
版 印 次　2024 年 5 月第 1 版　2024 年 5 月第 1 次印刷
书　　号　ISBN 978-7-308-25009-2
定　　价　980.00 元

地图审核号：浙 S（2024）15 号

浙江大学出版社市场运营中心联系方式：（0571）88925591；http://zjdxcbs.tmall.com

编委会

序

党的二十大报告提出，推动创新链产业链资金链人才链深度融合。2024年的政府工作报告指出，要大力推进现代化产业体系建设，加快发展新质生产力。当前，新一轮科技革命和产业变革加速演进，传统产业的优化升级、战略性新兴产业和未来产业的发展培育都离不开科技创新。

近年来，浙江省大力实施“415X”先进制造业集群培育工程和“315”科技创新体系建设工程，围绕绿色石化、新能源汽车及零部件、智能物联、现代纺织与服装等四个万亿级和集成电路、高端新材料、智能光伏、生物医药与医疗器械等四个千亿级产业集群，围绕产业链部署创新链，大力推进重大科创平台建设，加强“卡脖子”协同攻关，打造创新联合体，大力培育科技企业，推进教育科技人才一体化，加快以科技创新催生新产业、新模式、新动能。

为全面分析浙江省产业链创新链融合发展状况，帕特思科技咨询（杭州）有限公司布局建设“数据智能与竞争情报研发中心”，从区域、产业、企业维度系统化建立浙江省产业链创新链数据库。本书以产业结构、产业布局、产业组织、产业创新、产业要素及产业政策等分析范式，对浙江省90个县（市、区）及5个省级新区和3个国家经济技术开发区进行系统化梳理，全面摸清浙江省产业链发展状况、产业园区布局状况、重点骨干龙头企业发展状况、产业创新资源配置布局状况、产业创新能力状况等。本书期望为产业园区发展规划顶层设计、科技成果转移转化及科技企业培育提供参考，助力推动浙江省产业链创新链深度融合，优化创新资源配置，提高全要素生产率，形成以科技创新发挥主导作用的新质生产力。

王小勇

CONTENTS/ 目录

杭州卷

宁波卷

温州卷

嘉兴卷

湖州卷

绍兴卷

金华卷

衢州卷

舟山卷

台州卷

丽水卷

杭州

HANG ZHOU

杭州卷

上城区产业链创新链全景分析报告

杭州上城区位于浙江省北部，是杭州市中心城区，总面积约122平方千米，下辖14个街道、201个村社。2023年，全区户籍人口为90.31万人，常住人口为139.00万人。地区生产总值为2668.48亿元，全省排名第4，全市排名第2。上城区是中国城区高质量发展水平百强区、工业百强区和中国智慧城市百佳县市，南宋、吴越、钱塘江文化的重要承载地，南宋皇城大遗址所在地，拥有清河坊历史文化特色街区。

一、上城区产业概况

（一）产业结构

从地区生产总值构成看，2023年，上城区第一产业增加值为0亿元，第二产业增加值为621.95亿元，第三产业增加值为2046.53亿元，三次产业增加值结构调整为0 ： 23.3 ： 76.7。

从工业看，上城区以智能制造和大健康产业为主导。2023年，上城区规模以上（简称规上）工业销售产值969.04亿元，规上工业企业89家。2022年上城区产业主要分布见表1。下一步，上城区将全力推动数字经济和新制造业“双轮驱动”，积极构建数字经济新业态，努力培育先进装备制造、人工智能、大健康等产业。

表1　上城区特色产业简介

名称	规上工业产值 / 亿元	占全区规上工业总产值比重 /%
智能制造	约635.00	约53.26
大健康	约50.00	约4.19

从服务业看，2023年，上城区实现服务业增加值2046.5亿元，现有持牌金融机构省级以上总部122家，占杭州市总数40%以上。下一步，上城区将全面深化金融服务、时尚消费、宋韵文化赋能，加快构建更具核心竞争力的都市服务业体系。

（二）“一轴双核”的产业空间布局

图1展示了上城区重点产业平台布局。上城区产业呈现出“一轴双核”特点。从工业看，上城区工

业主要分布在东部“省级高新区”和中轴的“省级小微企业园”，重点打造智能制造产业（高端装备、节能环保和数字技术），少部分涉及大健康、电商、科创和文创产业。从服务业看，上城区服务业在清波街道，围绕“省级特色小镇”和“杭州市清河坊历史文化特色街区”，重点打造旅游产业；在南星街道，围绕“玉皇山南基金小镇”，重点打造金融服务产业。

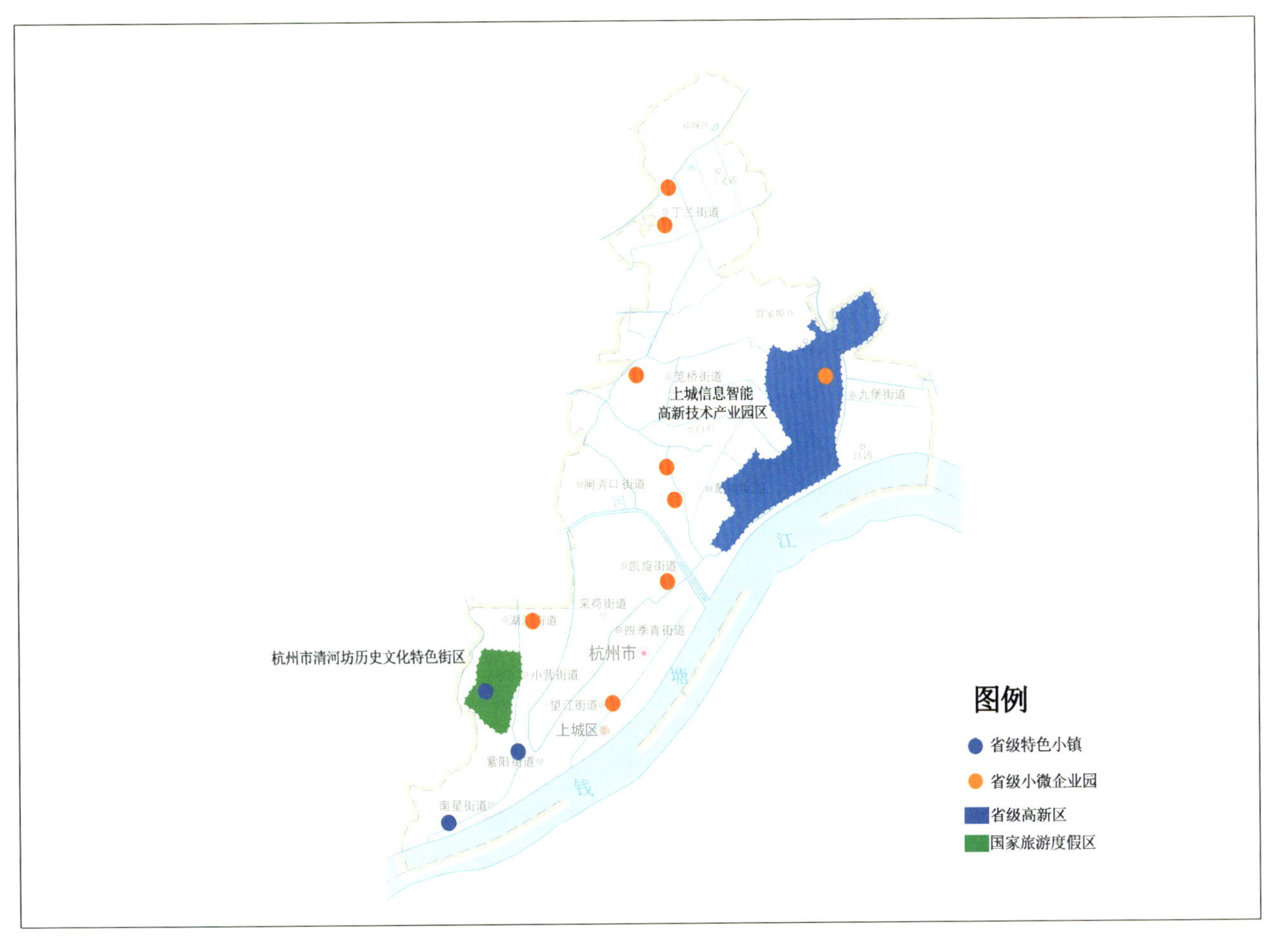

图 1　上城区重点产业平台布局

二、重点产业

（一）金融服务产业

上城区是钱塘江金融港湾核心区所在地，金融服务产业是上城区的首位度产业。2023 年，上城区实现金融业增加值 637.18 亿元，占地区生产总值比重约 1/4，有金融服务企业超 1000 家。上城区金融服务产业的龙头企业见表 2。从产业链角度看，金融服务产业的龙头企业主要集中在中游的资本市场运营。下一步，上城区将打造长三角南翼金融总部集聚地，依托杭州金融城、杭港高端服务业示范区建设，大力招引金融后台服务机构，引进信托、基金、资产管理等大型财富管理机构、上市公司及其投融资总部。到 2025 年，全区力争实现金融业增加值 900 亿元，集聚持牌金融机构省级以上总部 130 家。

表2　上城区金融服务产业龙头企业简介

行业	企业类型	公司名称	主营业务
金融服务	上市公司	浙商银行股份有限公司	公司银行业务、零售银行业务和资金业务
		浙商证券股份有限公司	证券经纪业务、投资银行业务、证券自营业务等
		浙江省新能源投资集团股份有限公司	可再生能源和新能源投资、开发、运营管理
		永安期货股份有限公司	商品期货经纪、金融期货经纪、资产管理
		浙江东方金融控股集团股份有限公司	信托、期货、保险、融资租赁、基金投资与管理、财富管理
		南华期货股份有限公司	期货经纪业务、资产管理业务、期货投资咨询业务
	地方重点企业	华融金融租赁股份有限公司	金融租赁业务及其他业务
		中韩人寿保险有限公司	人寿保险、健康保险和意外伤害保险等
		浙江金融资产交易中心股份有限公司	各类金融资产交易及相关服务
		嘉实金融信息服务（杭州）有限公司	金融信息服务、投资咨询
		天威融资担保有限公司	融资担保业务、保险兼业代理业务
		杭州市金融投资集团有限公司	投资业务、金融服务业务、公共服务业务、资产交易业务

（二）智能制造产业

2022年，上城区智能制造产业总产值约900亿元。上城区智能制造产业的龙头企业见表3，主要分布在高端装备、节能环保和数字技术行业。下一步，上城区将全面实施“新制造业计划”，延伸布局高端装备、节能环保等产业，加快推动数字技术、半导体、光学感知等细分领域发展；深化数字赋能制造业转型，加快工业智能等重点领域的关键核心技术和系统集成技术攻坚突破，全面提升制造全过程的智能化水平。

表3　上城区智能制造产业龙头企业简介

行业	企业类型	公司名称	主营业务
高端装备	上市公司	浙江华铁应急设备科技股份有限公司	建筑支护设备、建筑维修维护设备和工程机械等运维设备
		咸亨国际科技股份有限公司	手动工具、机电工具、电工器材等
		杭州巨星科技股份有限公司	手工具及动力工具、激光测量仪器、存储箱柜
	专精特新“小巨人”	杭州水表有限公司	水表、仪器仪表和自动化设备
		杭州千石科技有限公司	塑性功能复合材料
		久祺股份有限公司	自行车整车及其零部件和相关衍生产品
		浙江星华新材料集团股份有限公司	反光材料和反光服
		杭州捷尔思阻燃化工有限公司	无卤阻燃剂及无卤阻燃材料
	规上百强（市级）	浙江省机电集团有限公司	风电设备制造、军品装备制造、零部件制造
		西子联合控股有限公司	电梯及电梯部件、锅炉、立体车库
	地方重点企业	杭州博乐工业设计股份有限公司	市场研究分析、品牌策略设计、产品规划设计、终端形象设计制作
		杭州聚丰新材料有限公司	高端聚合物
		浙江华日实业投资有限公司	电冰箱
		奥的斯机电电梯有限公司	电梯和自动扶梯设备
		杭州芯影科技有限公司	人体三维成像安检仪
节能环保	上市公司	浙江物产环保能源股份有限公司	煤炭、煤炭综合利用、环保技术研发、新能源产品
		西子清洁能源装备制造股份有限公司	余热锅炉、工业锅炉、电站锅炉、电站辅机等
		杭州市园林绿化股份有限公司、诚邦生态环境股份有限公司、元成环境股份有限公司	环境污染防治和治理工程
		浙江东望时代科技股份有限公司	热水供应系统的节能化

续表

行业	企业类型	公司名称	主营业务
节能环保	地方重点企业	杭州大地环保有限公司	固体废物综合利用和无害化处置
		浙江瑞启检测技术有限公司	环境安全检测及相关技术
数字技术	上市公司	中天服务股份有限公司	微电声元器件
		浙江威星智能仪表股份有限公司	智能燃气信息系统平台、智能终端和超声波计量产品
		杭州海兴电力科技股份有限公司	智能产品和配用电解决方案
	新三板	高义泰丝绸（杭州）股份有限公司	高端丝绸女装线上销售
	专精特新“小巨人”	浙江高泰昊能科技有限公司	新能源领域电池管理系统
		杭州喜马拉雅信息科技有限公司	3D 打印设备
		杭州义益钛迪信息技术有限公司	通信产品、监控产品、传感器、智能门禁系统
		浙江航天润博测控技术有限公司	导航、测绘、气象及海洋专用仪器
		杭州柯林电气股份有限公司	智能电表、智能电气附件、智能配电网设备
		蒲惠智造科技股份有限公司	工业互联网
		浙江双元科技股份有限公司	机电仪一体自动化控制系统
		杭州华塑科技股份有限公司	后备电池 BMS、动力铅蓄电池 BMS、储能锂电 BMS 等
	地方重点企业	杭州万事利丝绸文化股份有限公司	人工智能设计平台、色彩管理系统
		浙江国贸数字科技有限公司	跨境电商服务平台
		杭州声能科技有限公司	声电产品、环境与农业气象参数测量设备
		杭州群核信息技术有限公司	云渲染、云设计、BIM、VR、AR、AI

（三）大健康产业

2022 年，上城区大健康产业总产值约 60 亿元，共有企业 651 家，其中 334 家是规上企业，116 家是事业单位。上城区大健康产业的龙头企业见表 4，主要分布在生物医药、健康食品和智慧医疗行业。下一步，上城区将积极发展高端健康贸易，增强健康食品和智能健康设备等高端健康产品供给能力，依托省市综合医院优势资源，打造医学影像、检验等平台，健全高端医疗服务产业链。

表4　上城区大健康产业龙头企业简介

行业	企业类型	公司名称	主营业务
生物医药	上市公司	通策医疗股份有限公司	口腔医疗
	专精特新“小巨人”	杭州安旭生物科技股份有限公司	体外诊断试剂、POCT 仪器及生物原材料体
	专精特新入库企业	杭州安誉科技有限公司	分子诊断、基因检测设备
	地方重点企业	杭州口腔医院集团有限公司	全瓷牙、烤瓷牙、牙齿矫正、种植牙、补牙材料
		杭州连天美医疗美容医院有限公司	抗衰除皱、塑形减脂等面部整形
		杭州禾芸嘉医院有限公司	预防保健科、全科医疗科、内科、外科、妇产科等
		杭州贝瑞斯美华妇儿医院有限公司	全生命周期医疗服务
		浙江峰我自高生物医药有限公司	多肽类新药
		泓锐（杭州）生物医药科技有限公司	医药技术、医药产品、生物技术
		富瑞康生物医药科技（浙江）有限公司	医学研究和试验发展、远程健康管理服务
		杭州远大生物制药有限公司	发酵技术、化学合成药、现代中药和生物医药
	规上百强（市级）	回音必集团有限公司	中成药、西药和微电子医疗诊断设备

续表

行业	企业类型	公司名称	主营业务
生物医药	规上百强（市级）	杭州华东医药集团控股有限公司	移植免疫、内分泌、慢性肾病、消化系统
健康食品	规上百强（市级）	杭州娃哈哈集团有限公司	蛋白、碳酸、茶、果蔬汁饮料
	地方重点企业	杭州浙大百川生物食品技术有限公司	天然茶叶萃取物、浓缩液、酶解液
智慧医疗	上市公司	广宇集团股份有限公司	养老住建建设、医学影像诊断、健康产业园、护理服务
	专精特新入库企业	杭州中宝科技有限公司	医药流通管理软件、智能物流软件、农牧业物联网平台
	地方重点企业	杭州联众医疗科技股份有限公司	医学影像的“云”共享系统、“全球影像”网络会诊平台

三、科技创新概况

2022 年，全区研究与试验发展经费（简称 R&D 经费）占地区生产总值比重为 0.71%，全省排名第 87；全区拥有高新技术企业 707 家，高新技术产业增加值占工业增加值比重达 90.68%；全区规上工业企业 R&D 经费支出占营业收入比重为 1.45%。

（一）区域创新资源布局

上城区创新平台主要集中在智能制造和大健康产业。2022 年，全区拥有省级重点实验室 33 家，省级新型研发机构 1 家，省级企业研究院 16 家，省级高新技术企业研发中心 45 家，国家级孵化器 1 家，省级孵化器 1 家。创新平台的分布较为分散（见图 2）。

（二）产业专利分析

上城区的专利优势主要集中在金融服务、智能制造和大健康等领域。2022 年，上城区有效发明专利共 3817 件（本书“专利”均指有效发明专利，统计数据已剔除国网电力等事业单位的专利），前十大专利技术领域（小类）见图 3。根据申请人分析，高梵（浙江）信息技术（服装）、杭州启澄科技（发电、变电或配电）、杭州跟策科技（磨削机床）、浙江赞宇科技股份（洗涤剂）等申请人的专利数量居前。

四、上城区未来展望

从产业发展看，上城区将发挥钱塘江金融港湾核心区优势，积极布局新金融赛道，加快金融科技、基金等金融机构集聚。依托钱塘智慧城，聚力发展都市型工业，打造智能制造产业平台新体系。围绕数字医疗、中医药、健康促进等领域，推动大健康产业发展。从科技创新看，上城区将充分发挥浙江大学、清华长三院杭州分院、中国科学院资本数字经济创新中心等平台作用，引进培育高科技企业。

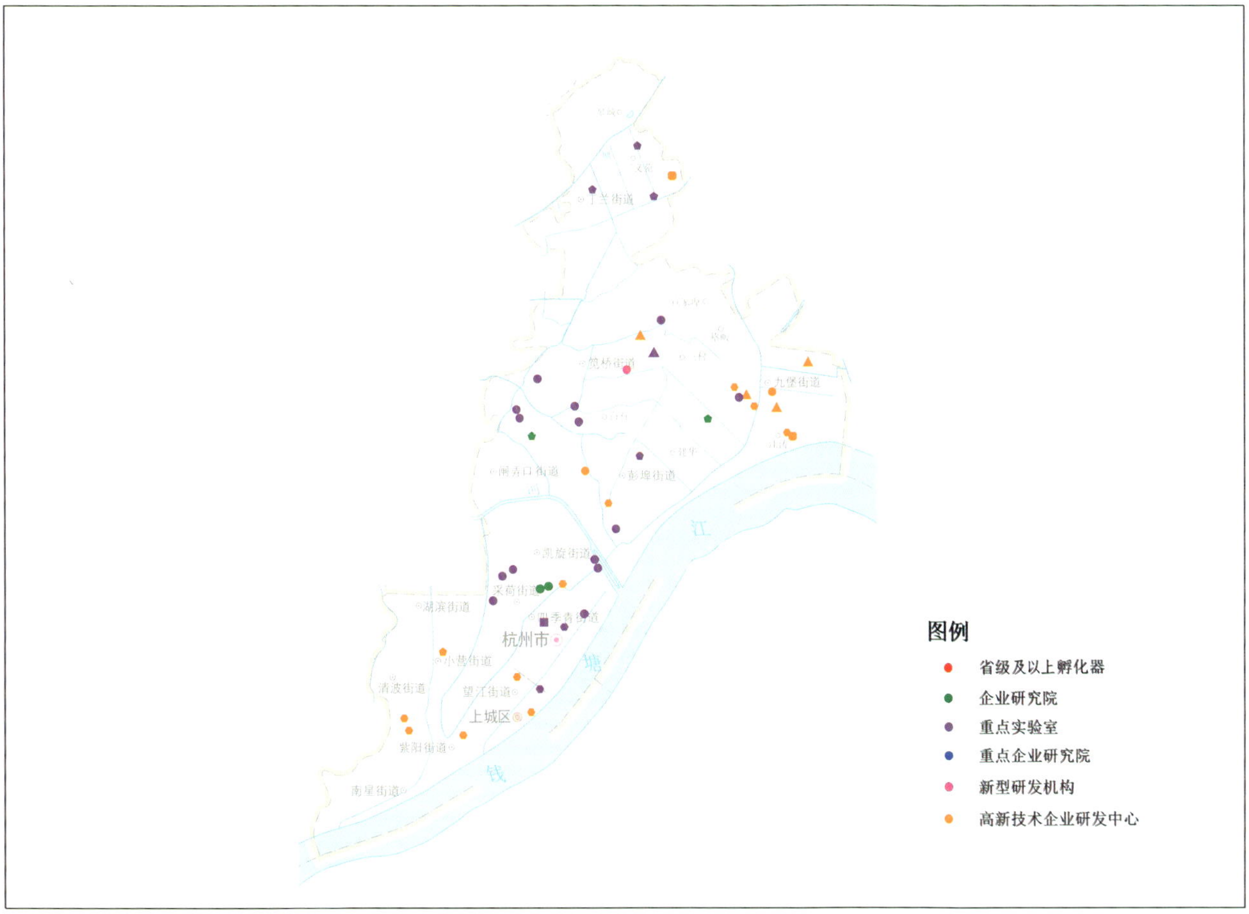

图例
- 省级及以上孵化器
- 企业研究院
- 重点实验室
- 重点企业研究院
- 新型研发机构
- 高新技术企业研发中心

图 2　上城区创新平台布局

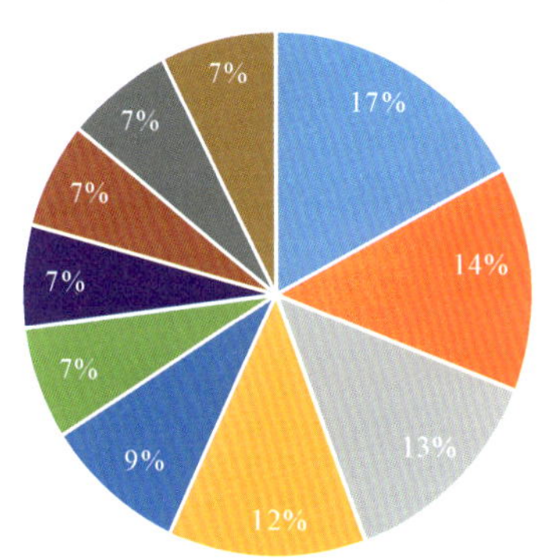

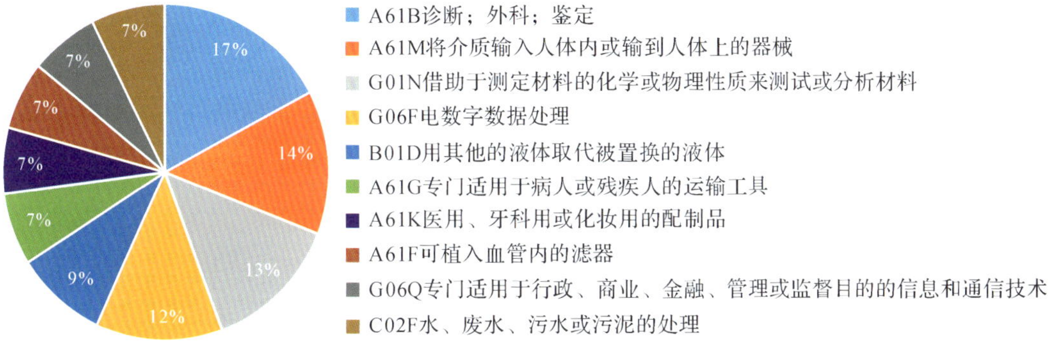

图 3　上城区专利技术领域分布

拱墅区产业链创新链全景分析报告

杭州拱墅区位于浙江省北部，总面积约 119 平方千米，下辖 18 个街道。2023 年，全区户籍人口为 89.47 万人，常住人口为 118.8 万人。地区生产总值为 2091.5 亿元，全省排名第 9，全市排名第 6。拱墅区是全国综合实力百强区、“浙江省夜间经济样板城市”、“2022 中国最具幸福感城区”，坐拥京杭大运河和“半山立夏习俗”两大世界级文化遗产。

一、拱墅区产业概况

（一）产业结构

从地区生产总值构成看，拱墅区以第三产业为主导。2023 年，第一产业增加值为 0 亿元，第二产业增加值为 193.4 亿元，第三产业增加值为 1898.1 亿元，三次产业增加值结构调整为 0 ∶ 9.2 ∶ 90.8。

从工业看，拱墅区以生命健康、数字经济产业为主导。2023 年，拱墅区实现规上工业增加值 125.0 亿元，有规上工业企业 90 家左右。下一步，拱墅区将聚焦“1+4”主导产业，加快智慧网谷、数字经济产业园等产业平台整合，壮大生命健康、数字经济、智能制造三大支柱产业，大力发展新能源、新材料、集成电路设计、航天航空、元宇宙等未来产业，构建拱墅新制造业体系。

从服务业看，拱墅区以商贸金融、文化创意产业为主导。2023 年，拱墅区实现规上服务业增加值 1898.1 亿元。下一步，拱墅区将实施商贸金融强基行动，全力打造现代服务业最强区。大力发展商贸服务新业态、新零售，加速传统金融数字化转型，增强商贸金融产业服务实体经济、支持科技创新、促进共同富裕的能力，推动文化产业与经济社会发展深度融合。

（二）“三片多点分布”的产业空间布局

图 1 展示了拱墅区重点产业平台布局。从工业看，拱墅区工业依托北部的“省级高新区”“省级特色小镇”，在半山、康桥、石桥街道，重点打造生命健康、数字经济、高端装备制造和智能制造产业。从服务业看，拱墅区服务业在半山的“杭州半山国家森林公园”，重点打造旅游产业；在祥符街道的“北部软件园信息技术服务业创新发展区”，重点打造信息技术、数字贸易、电商、文创等产业；在米市巷街道的“大武林商圈现代商贸产业创新发展区”，重点打造商贸产业；在中部的“省级服务业小微企业园”，

重点打造文创、设计产业。

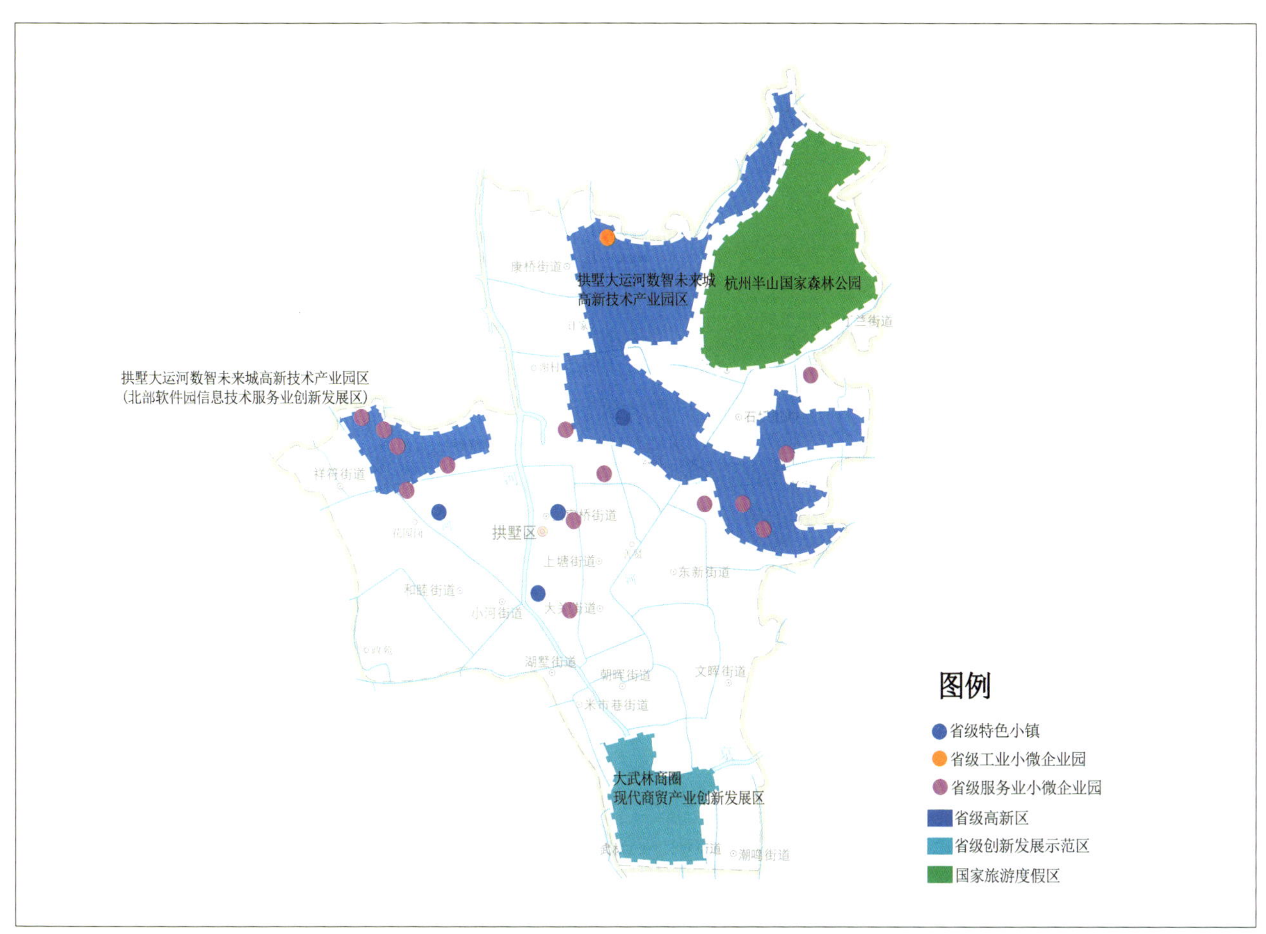

图 1　拱墅区重点产业平台布局

二、重点产业

（一）生命健康产业

拱墅区生命健康产业的龙头企业见表 1，主要分布在生物医药和医疗器械领域。从产业链角度看，生物医药企业主要集中在上游的医学研究、中游的药品生产、下游的医药流通；医疗器械企业主要集中在中游的医疗设备制造和下游的医疗服务。下一步，拱墅区将依托阿斯利康、华东医药等领军企业的资源优势和带动能力，推动凤栖谷、华东医药生命科学产业园等园区建设与快速发展，大力发展生物医药、医疗器械、数字医疗等六大领域，打造生命健康产业新高地。力争到 2025 年，生命健康产业增加值达 300 亿元。

表1　拱墅区生命健康产业龙头企业简介

行业	企业类型	公司名称	主营业务
生物医药	A 股	华东医药股份有限公司	药品（免疫制剂、内分泌类、消化系统、抗肿瘤、心血管、抗生素）
		浙江英特集团股份有限公司	医药分销、终端零售、现代物流、电子商务

续表

行业	企业类型	公司名称	主营业务
生物医药	美股	杭州九洲大药房连锁有限公司	药品零售连锁
		阿斯利康医药（杭州）有限公司	心血管、肾脏及代谢、肿瘤、呼吸及免疫、消化、罕见病药物
		杭州润达医疗管理有限公司	体外诊断试剂
医疗器械	上市公司（美股）	杭州瑞丽医疗美容医院有限公司	全切双眼皮、双眼皮修复、上睑下垂矫正、外切去眼袋等美容整形
	专精特新入库企业	杭州惠耳听力技术设备有限公司	听障康复设备
	地方重点企业	浙江来益医药有限公司	医疗器械、医疗用品、制药设备等医药流通

（二）数字经济产业（智能制造、数字安全和算力经济）

2022 年，拱墅区数字经济产业的龙头企业见表 2，主要分布在智能制造、数字安全和算力经济领域。从产业链角度看，智能制造企业主要集中在上游的基础硬件生产和中游的系统集成制造；数字安全企业主要集中在中游的信息安全服务；算力经济企业主要集中在上游的技术支持、中游的数据平台和下游的应用服务。下一步，拱墅区将围绕“数智引领、数据赋能”，全面提高电竞数娱、算力经济两大特色赛道上的竞争力，重点培育数字安全、智能制造两大成长性赛道。力争到 2025 年，数字经济核心产业增加值年均增长 15%，达 120 亿元。

表2　拱墅区数字经济产业龙头企业简介

行业	企业类型	公司名称	主营业务
智能制造	上市公司	杭州凯大催化金属材料股份有限公司	贵金属及有色催化剂、有机中间体
		杭州海兴电力科技股份有限公司	智能产品和配用电解决方案
		杭州钢铁股份有限公司	钢铁及其压延产品
		杭氧集团股份有限公司	空分设备和低温石化装备
		杭州楚环科技股份有限公司	废气恶臭治理系统
		华章科技控股有限公司	造纸及无纺布装备
	地方重点企业	杭州中亚机械股份有限公司	智能包装设备和无人零售设备
		中检环境科技（浙江）有限公司	温湿度试验箱、温度冲击试验箱、紫外老化试验箱
		杭州轴承集团有限公司	深沟球轴承、调心球轴承、角接触球轴承等
		杭州杭开环境科技有限公司	新能源科技、输变电设备、绿洁水务、永磁电机
	规上百强（市级）	杭州锦江集团有限公司	环保能源、有色金属、化工新材料
	专精特新“小巨人”	杭州华普永明光电股份有限公司	大功率 LED 灯具
		杭州罗莱迪思科技股份有限公司	LED 控制技术、光学技术
		杭州柯林电气股份有限公司	电力产品
		浙江双元科技股份有限公司	面密度测控系统和外观瑕疵检测系统
		杭州禾迈电力电子股份有限公司	光伏逆变器等电力变换设备和电气成套设备
		杭州飞仕得科技股份有限公司	功率半导体
		中建材智能自动化研究院有限公司	传感器和智能仪器仪表、生产过程自动控制装置和系统
	专精特新入库企业	杭州人本轴承有限公司	球轴承、滚子轴承、专用轴承和轴承部件
		浙江上青元电力科技有限公司	电力设施安全防护

续表

行业	企业类型	公司名称	主营业务
数字安全	专精特新入库企业	浙江亿视电子技术有限公司	金融安防
	地方重点企业	浙江乾冠信息安全研究院有限公司	信息安全研究与服务
		杭州安存网络科技有限公司	互联网＋电子数据
		浙江御安信息技术有限公司	网络完全可扩展资产安全管理、可扩展安全威胁治理、智慧云脑
算力经济	上市公司	利尔达科技集团股份有限公司	射频、通信、组网、嵌入式微控制等物联网技术
	新三板	浙江天演维真网络科技股份有限公司	乡村振兴数字化服务
	专精特新"小巨人"	浙江托普云农科技股份有限公司	数字农业综合服务
	专精特新入库企业	杭州数询云知科技有限公司	大数据服务
		全拓科技（杭州）股份有限公司	大数据应用解决方案
		航天科工广信智能技术有限公司	智能建筑系统集成
	地方重点企业	大箴（杭州）科技有限公司	数据智能分析和风控解决方案
		浙江盘石信息技术股份有限公司	商业生态平台
		浙江数维科技有限公司	测绘地理信息系统

（三）商贸金融产业

商贸金融产业是拱墅的传统优势，也是拱墅经济的“压舱石”。2023 年，拱墅区全年商贸金融业增加值为 1014.4 亿元，占地区生产总值比重达 48.5%。拱墅区商贸金融产业的龙头企业见表 3，主要分布在商贸服务和金融服务领域。从产业链角度看，商贸服务企业主要集中在中游的批发零售、货物贸易、服务贸易领域和下游的商业综合体开发与经营；金融服务企业主要集中于金融科技、传统金融、互联网金融领域。下一步，拱墅区将加快发展夜间经济、首店经济、时尚经济、社区商业等新业态，支持特色街区、商圈的发展建设和企业智慧化改造；在金融领域，积极推进传统金融数字化转型，大力发展金融科技、供应链金融、消费金融等新金融业态，加大对新金融头部机构的引育以及促进有关中介服务类企业集聚。力争到 2025 年，商贸金融业增加值达 1500 亿元。

表3　拱墅区商贸金融产业龙头企业简介

行业	企业类型	公司名称	主营业务
商贸服务	上市公司	杭州解百集团股份有限公司	商品销售、旅游饮食和广告等
		杭州美登科技股份有限公司	店铺运营、直播智能中控、打印订单发货服务
		兰州丽尚国潮实业集团股份有限公司	服装专业批发市场、兰州亚欧商厦、平台供货、网店运营、直播电商、跨境电商
	地方重点企业	杭州大厦有限公司	商业经营
		杭州香飘飘食品销售有限公司	杯装奶茶
		杭州正才控股集团有限公司	以环保能源、有色金属、化工与新材料为主的贸易、物流、投资与金融
		浙江新世界国际旅游股份有限公司	国内旅游、旅游景点开发、国际性修学活动等
金融服务	上市公司	杭州银行股份有限公司	银行
		浙江祥源文旅股份有限公司	旅游资产和数字文化资产投资运营
		物产中大集团股份有限公司	基金投资、期货经纪、融资租赁、财务投资

续表

行业	企业类型	公司名称	主营业务
金融服务	地方重点企业	杭银消费金融股份有限公司	尊享贷、轻享贷等消费金融产品
		杭州融都科技股份有限公司	金融科技（电子保函、担保业务、小贷业务、私募基金、融资租赁业务、商业保理业务、要素交易中心、智能风控管理系统）

（四）文化创意产业

2022 年，拱墅区共有规上文化企业 240 家左右。拱墅区文化创意产业的龙头企业见表 4。从产业链角度看，该产业的龙头企业主要集中在上游的创意内容开发和中游的文化创意设计制作、衍生产品制造。下一步，拱墅区将以大运河文化产业带建设为契机，构建以数字内容、创意设计、文化休闲、影视传媒为主体的文化创意产业体系。力争到 2025 年，文创产业年均增长 8%，产值达 150 亿元。

表4　拱墅区文化创意产业龙头企业简介

行业	企业类型	公司名称	主营业务
数字内容	上市公司	浙报数字文化集团股份有限公司	在线游戏运营、技术信息服务、网络广告和在线社交
		浙江祥源文旅股份有限公司	新媒体动漫、动漫版权授权及衍生品开发等
		天鸽互动控股有限公司	实时社交视频平台
	地方重点企业	杭州娃娃鱼动画设计有限公司	动画、漫画、电影等不同类型动漫业务
		杭州掌盟软件股份有限公司	移动游戏研发与发行、智能终端游乐设备
		杭州蜂派科技股份有限公司	精品手机游戏研发和运营
		天格科技（杭州）有限公司	实时社交视频平台
		杭州浮云网络科技有限公司	网络休闲游戏运营平台
		杭州向正科技有限公司	互动多媒体系统开发以及动漫营销的互动性科技应用
		杭州子默网络科技有限公司	全游电竞、赛事主办、节目制作、演出活动
创意设计	地方重点企业	汉嘉设计集团股份有限公司	建筑设计、市政公用及环境设计、燃气热力及能源设计等
		中国电建集团华东勘测设计研究院有限公司	水利水电、风电、光伏发电、海洋工程等的规划、勘测、设计、咨询
文化休闲	地方重点企业	杭州新天地太阳文化演艺有限公司	演出经纪、广播电视节目制作经营、文化艺术交流活动组织策划等
		浙江大船文化发展有限公司	国内外优质亲子剧、亲子活动和经典艺术演出，研发优质亲子产品
影视传媒	上市公司	浙文影业集团股份有限公司	传统电视剧、网剧的制作和发行，电影的投资和发行
		浙江出版传媒股份有限公司	纸媒出版、印刷发行、网络电商、数字出版等
	地方重点企业	浙江博采传媒有限公司	专题、专栏、综艺、动画片、广播剧等
		杭州超体文化传媒有限公司	广播电视节目制作、文化艺术交流活动策划、影视策划等
		杭州日报报业集团有限公司	全媒体报刊发行

三、科技创新概况

2022 年，全区 R&D 经费占地区生产总值比重为 1.09%，全省排名第 85；全区拥有高新技术企业 666 家，高新技术产业增加值占工业增加值比重达 87.85%；全区规上工业企业 R&D 经费支出占营业收入比重达 1.64%，全省排名第 51。

（一）区域创新资源布局

拱墅区创新平台主要集中在数字经济产业。2022 年，全区拥有省级重点实验室 13 家，省级重点企业研究院 13 家，省级重点农业企业研究院 1 家，省级企业研究院 15 家，省级高新技术企业研发中心 52 家，国家级孵化器 1 家，省级孵化器 4 家。创新平台主要分布在祥符街道、文晖街道和拱宸桥街道（见图 2）。

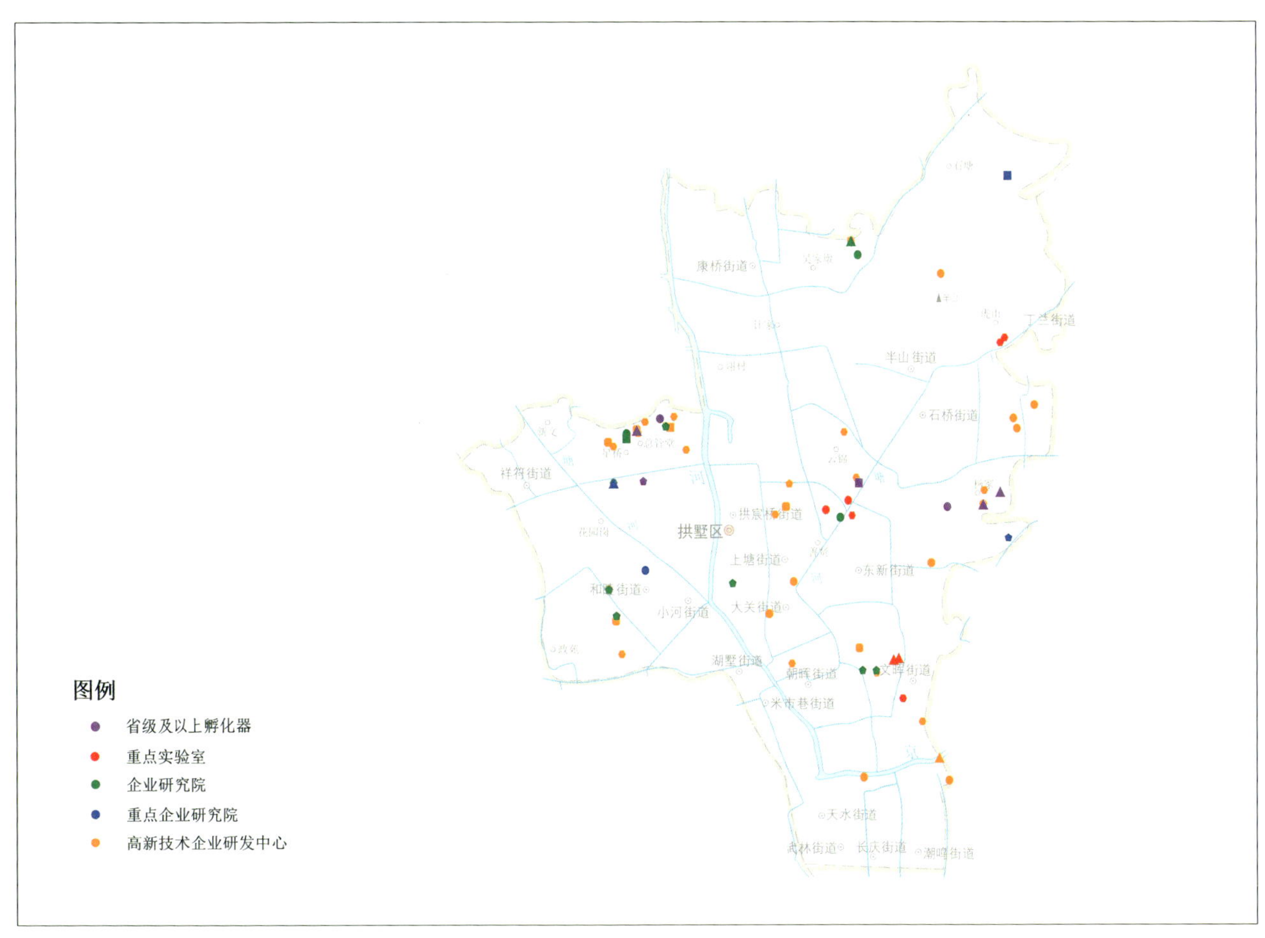

图 2　拱墅区创新平台布局

（二）产业专利分析

拱墅区的专利优势主要集中在数据处理、基建、医药配制品、通信处理等领域。2022 年，拱墅区有效发明专利共 4922 件，前十大专利技术领域（小类）见图 3。根据申请人分析，中亚机械股份（机械、运输装置或设备、运输容器）、电建集团华东勘测设计研究院（水利工程设备）、江润科技（施工用具）等申请人的专利数量居前。

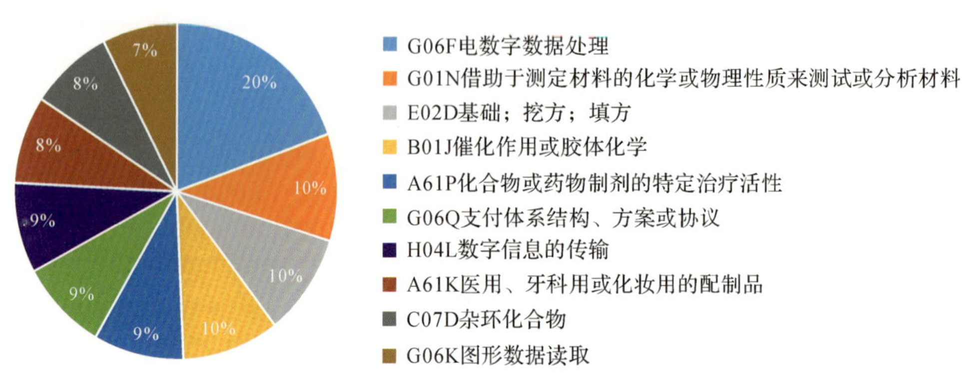

图 3　拱墅区专利技术领域分布

四、拱墅区未来展望

从产业发展看，拱墅区将紧盯杭州高水平重塑全国数字经济第一城契机，加快构建数字经济产业链供应链体系，推动以智慧网谷为核心的产业主平台加速融入杭州智能物联产业生态圈，打造全省具有影响力的数字赋能产业高地。从科技创新看，拱墅区的规上工业企业研发投入占比及全区 R&D 经费占地区生产总值比重较低。拱墅区将聚焦智能芯片服务软件、智能超算、数据应用等领域科学技术研究和关键共性技术攻关，扎实推进未来产业领域前沿基础理论研究，持续推进政产学研协同创新。

西湖区产业链创新链全景分析报告

杭州西湖区位于浙江省西北部，属于杭州市主城区，总面积312.43平方千米，下辖10个街道、2个镇。2023年末，全区户籍人口为81.6万人，常住人口为117.1万人，地区生产总值为2087.4亿元，全省排名第8，全市排名第5。西湖区是全国综合实力百强区、全国投资潜力百强区，拥有西湖景区、西溪国家湿地公园等5A级景区。

一、西湖区产业概况

（一）产业结构

从地区生产总值构成看，2023年，西湖区第一产业增加值为3.5亿元，第二产业增加值为144.6亿元，第三产业增加值为1939.3亿元，三次产业增加值结构调整为0.2 ： 6.9 ： 92.9。

从农业看，西湖区以茶叶产业为主导。2023年，全区农林牧渔总产值达5.43亿元。西湖龙井茶产值达2.1亿元，“西湖龙井”品牌价值评估连续四年获国内茶叶区域公用品牌第一。下一步，西湖区将以“龙井飘香”为引领，全面提升西湖龙井茶品牌价值，将“九曲红梅”红茶商标升级为地理标志证明商标，打造展示西湖辨识度的龙坞茶镇和灵山风情小镇。

从工业看，西湖区以智能制造、生命健康、空天信息产业为主导。2023年，西湖区实现规上工业总产值343.2亿元，有规上工业企业156家。2021年西湖区产业主要分布见表1。下一步，西湖区将深入智能化高端装备制造领域，拓展干细胞产业链，打造空天信息产业基地和百亿级空天信息产业链。

表1　西湖区特色工业简介

名称	规上工业产值 / 亿元	占全区规上工业总产值比重 /%
智能制造	超 90.00	超 23.24
生命健康	超 70.00	超 18.70
空天信息	超 15.00	超 3.87

从服务业看，西湖区以信息软件和技术服务业以及文化创意产业为主导。2023年，西湖区实现服务业增加值1939.3亿元（其中规上信息软件和技术服务业营收占61.75%）。西湖区重点生产性服务业产业

主要分布见表2。下一步，西湖区将聚力推进云计算、大数据、区块链等数字经济核心产业发展，加快建设世界领先的云计算大数据服务平台，发展创意设计和数字文化产业，布局大数据风控、区块链金融等金融科技新兴业态。

表2　西湖区特色生产性服务业简介

名称	规上营收 / 亿元	占全区规上服务业总营收比重 /%
信息软件和技术服务	约 1926.72	约 61.75
文化创意	超 866.6	超 17.57

（二）“北部集聚”的产业空间布局

图1展示了西湖区重点产业平台布局。从工业看，西湖区工业以三墩镇的“紫金港数字信息‘万亩千亿’新产业平台”和“杭州紫金港数字信息高新技术产业园区”为核心，以“西湖云栖小镇”“浙大紫金科创小镇”等特色小镇为支撑，重点发展智能制造、生命健康和空天信息产业，少部分涉及金融科技等新兴产业。从农业看，西湖区农业主要集中在三墩镇，依托“龙坞双桥省级现代农业园区”，主要发展茶文化产业和乡村旅游。从服务业看，西湖区服务业围绕颐高创业园、银江软件园、尚坤云谷中心等省级服务业小微企业园，重点打造信息软件和技术服务业；依托尚坤西溪创意大厦、西投创智中心、星商汇一体化创新中心，重点打造文化创意产业。

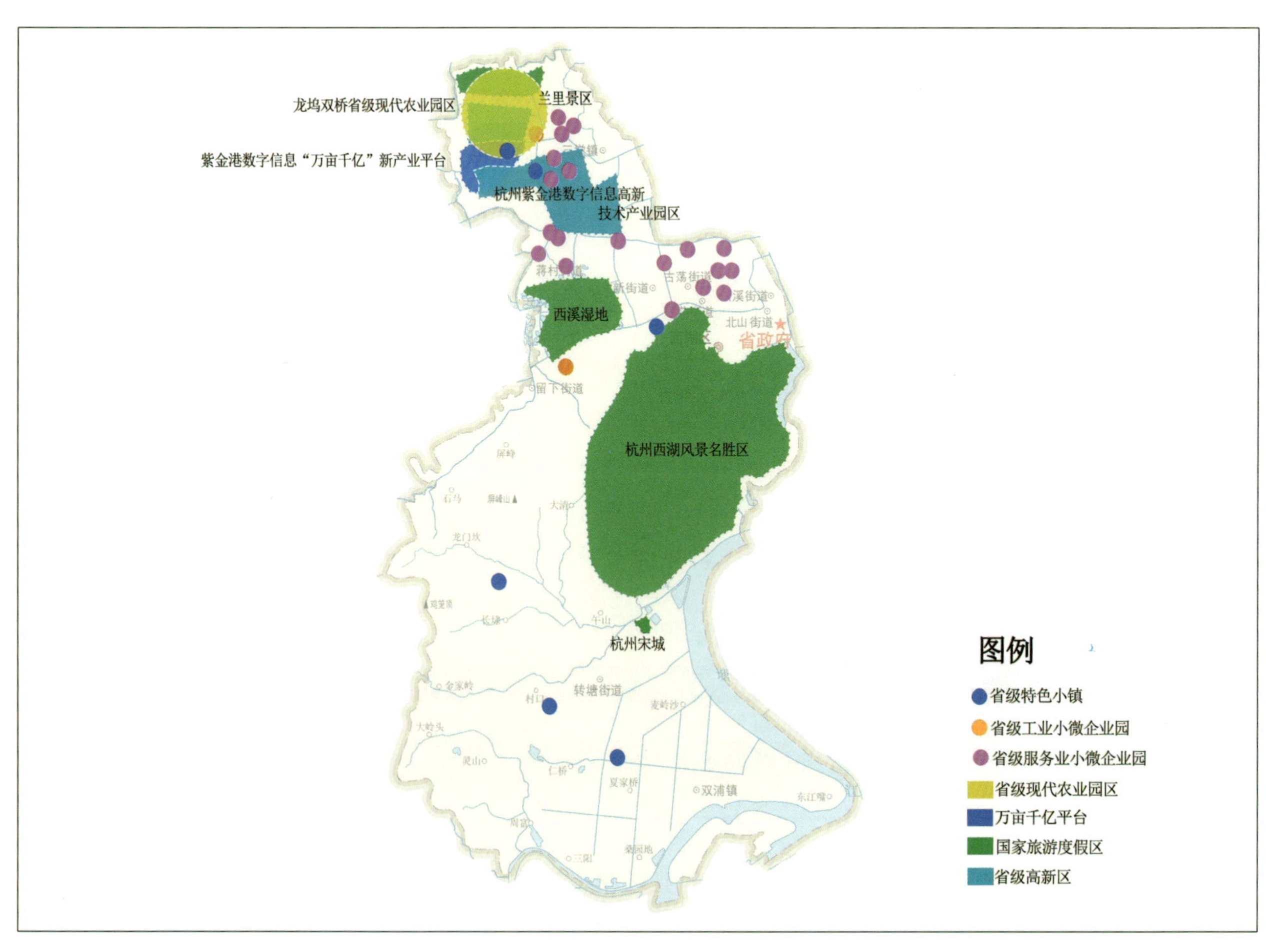

图1　西湖区重点产业平台布局

二、重点产业

（一）智能制造产业

智能制造产业是西湖经济的压舱石。2022 年，西湖区智能制造产业规上工业产值超 90 亿元，主要集中在集成电路和电力设备两大行业。西湖区智能制造产业的龙头企业见表 3。从产业链角度看，集成电路企业主要集中在上游的芯片制造；电力设备企业主要集中在上游的零部件、电池制造和中游的发电供电设备、储能设备制造，产业集群优势明显。下一步，西湖区将发展智能化高端装备、关键基础零部件、测控装备制造，拓展智能装备与系统开发、公共服务平台建设、智能化改造等相关服务，着力完善智能制造产业生态，布局环浙江大学玉泉校区人工智能产业带和跨领域的制造业创新中心。

表3　西湖区智能制造产业龙头企业简介

行业	企业类型	公司名称	主营业务
集成电路	上市公司	杭州士兰微电子股份有限公司	集成电路、器件、发光二极管
		浙江臻镭科技股份有限公司	终端射频前端芯片、射频收发芯片、高速高精度 ADC/DAC
		杰华特微电子股份有限公司	AC-DC 芯片、DC-DC 芯片、线性电源芯片、电池管理芯片
	专精特新“小巨人”	杭州国芯科技股份有限公司	数字电视芯片、机顶盒芯片、面向物联网的人工智能芯片
电力设备	上市公司	杭州西力智能科技股份有限公司	智能电表、用电信息采集终端、电能计量箱
		浙江南都电源动力股份有限公司	锂离子电池、铅电池
		浙江运达风电股份有限公司	陆上及海上风电机组、新能源电站
	专精特新“小巨人”	杭州集智机电股份有限公司	平衡机、机电设备、控制系统光电设备
		杭州协能科技股份有限公司	储能系统、新能源汽车动力电池
		杭州科工电子科技有限公司	分布式微网储能系统及 BMS 电池系统
		杭州友旺电子有限公司	电源管理、运算放大器、音频处理、漏电保护

（二）生命健康产业

2022 年，西湖区生命健康产业规上工业产值超 70 亿元，主要集中于医疗器械和生物医药两大行业。西湖区生命健康产业的龙头企业见表 4。从产业链角度看，医疗器械企业主要集中在上游的软件系统研发，中游的诊断试剂及仪器、医疗器械制造，下游的第三方检测机构服务；生物医药行业主要集中在中游的保健食品、医用透明质酸钠凝胶研发制造。下一步，西湖区将大力支持西湖大学牵头建设西湖实验室，打造生命健康领域引领性高能级基础应用研究平台，全力支持龙头企业做大做强基因诊断产业，拓展干细胞产业链，发展家用医疗器械、可穿戴设备、医疗机器人、智慧医院、远程医疗等智慧健康产业。

表4　西湖区生命健康产业龙头企业简介

行业	企业类型	公司名称	主营业务
医疗器械	上市公司	艾迪康控股有限公司	医学检验试剂、诊断测试外包服务
		迪安诊断技术集团股份有限公司	肿瘤、血液病、感染性疾病、慢性疾病检测与诊断
		浙江迪恩生物科技股份有限公司	毛发毒品、污水验毒、疾病、食品安全检测试剂盒
		杭州康韵生物科技股份有限公司	生化免疫试剂、临床检验分析仪器
		通策医疗股份有限公司	口腔医疗器械、健康生殖医疗器械
		杭州目乐医疗科技股份有限公司	数码裂隙灯、手术显微镜成像系统

续表

行业	企业类型	公司名称	主营业务
医疗器械	地方重点企业	艾康生物技术（杭州）有限公司	生化诊断、免疫诊断、分子诊断
		杭州莱和生物技术有限公司	毒品检测、传染病检测、心脏标记物、肿瘤标记物试剂
		安捷伦科技有限公司	生命科学研究分析仪器与备件、临床诊断测试仪器
生物医药	上市公司	杭州博可生物科技股份有限公司	口腔卫生产品、谷物保健产品
		浙江核力欣健药业有限公司	复方嗜酸乳杆菌片、益生菌活性因子抑菌片、营养配方粉
	专精特新"小巨人"	浙江景嘉医疗科技有限公司	医用透明质酸钠凝胶

（三）空天信息产业

空天信息产业是西湖区的新兴特色产业。2022年，西湖区空天信息产业规上工业总产值超15亿元，规上企业30余家，主要分布在卫星通信和无人机行业。西湖区空天信息产业的龙头企业见表5。从产业链角度看，卫星通信企业主要集中在产业链上游的电子元器件和中游的卫星平台、试验设备制造；无人机企业主要集中在中游的系统平台。下一步，西湖区将推进中国空间技术研究院杭州中心、数据质量研究院（北斗时空研究院）等重大项目落地，着力推动基于北斗的卫星产业链布局，探索空天信息与城市大脑产业的融合发展，打造国内重要的空天信息产业基地和杭州首条百亿级空天信息产业链。

表5　西湖区空天信息产业龙头企业简介

行业	企业类型	公司名称	主营业务
卫星通信	上市公司	浙江铖昌科技股份有限公司	限幅器芯片、定向耦合器芯片、滤波器芯片、功分器芯片
	地方重点企业	中国空间技术研究院杭州中心	空间人工智能控制、空间载荷部组件、空间电推进系统
		杭州零重空间技术有限公司	结构热控、测控系统、太阳能帆板、姿轨控系统、载荷系统
		杭州华宇航天科技有限公司	KM系列空间环模设备、RZHM系列热真空试验设备
无人机	专精特新"小巨人"	杭州牧星科技有限公司	军民用固定翼无人机、无人直升机和多旋翼无人机系统
		杭州飞步科技有限公司	无人驾驶水平运输系统、远程控制系统、车队及设备调度管理

（四）金融科技产业

西湖区金融科技产业的龙头企业见表6，主要集中在应用软件开发、数字支付、数字金融、资产管理、征信服务、金融服务等领域。下一步，西湖区将依托蚂蚁集团等金融科技领先企业，加快构建世界级金融科技产业链和生态圈，重点发展智能移动支付、数字普惠金融、金融信息系统技术服务与智能投顾、分布式金融服务等相关领域，创新发展大数据风控、区块链金融等金融科技新兴业态，支持重点高校加强金融科技学科建设与人才培养，加强相关基础科学研究，加快建设一批国际化的金融科技研发中心、孵化器和众创空间。力争到2025年，集聚金融大数据服务相关企业35家以上。

表6　西湖区金融科技产业龙头企业简介

行业	企业类型	公司名称	主营业务
金融科技	港股	蚂蚁科技集团股份有限公司	数字支付、数字金融
	赴港上市	杭州恩牛网络技术有限公司	资产管理、实业投资、投资管理、投资咨询
		阿里云计算有限公司	应用软件开发
	专精特新中小企业	浙江有数数智科技有限公司	企业征信业务、软件开发、信息系统集成服务

续表

行业	企业类型	公司名称	主营业务
金融科技	新三板	杭州时代银通软件股份有限公司	金融市场业务一体化
	高新技术企业	浙江邦盛科技股份有限公司	数据实时计算技术、动态时序图谱实时计算技术
		浙江投融界科技有限公司	计算机系统集成，实业投资、投资管理、投资咨询
		杭州衡泰技术股份有限公司	信息技术咨询服务、信息系统集成服务、数据处理服务
		杭州瑞旭科技集团有限公司	标准化服务、信息技术咨询服务、企业管理咨询
		蚂蚁金服（杭州）网络技术有限公司	金融服务
		支付宝（杭州）信息技术有限公司	数字支付
		蚂蚁智信（杭州）信息技术有限公司	应用软件开发

三、科技创新概况

2022 年，全区 R&D 经费占地区生产总值比重为 4.36%，全省排名第 5；全区拥有高新技术企业 1159 家，高新技术产业增加值占工业增加值比重达 90.22%；全区规上工业企业 R&D 经费支出占营业收入比重达 1.07%，全省排名第 80。

（一）区域创新资源布局

西湖区创新平台主要集中在云计算大数据、智能制造、生命健康产业。2022 年，全区拥有省级新型研究机构 7 家，省级重点实验室 89 家，省级重点企业研究院 23 家，省级企业研究院 68 家，省级高新技术企业研发中心 244 家，国家级孵化器 8 家，省级孵化器 6 家。创新平台主要分布在三墩镇、西溪街道、蒋村街道和古荡街道（见图 2）。

（二）产业专利分析

西湖区的专利优势主要集中在数据处理、测定材料的化学或物理性质、数字信息的传输等领域。2022 年，西湖区有效发明专利共 38240 件，前十大专利技术领域见图 3。根据申请人分析，支付宝（浙江）（推算计数、电通信技术）、士兰微（发电、变电或配电）、复杂美（推算计数、电通信技术）、阿里云计算（推算计数、电通信技术）等申请人的专利数量居前。

四、西湖区未来展望

从产业发展看，西湖区逐步形成以“云计算、大数据、空天信息、城市大脑”为代表的“云创”，以“金融科技、生命健康、智能制造”为代表的“科创”和以“影视创作、数字内容、创意设计、动漫游戏”为代表的“文创”产业体系。从科技创新看，西湖区规上工业企业研发投入全省靠前，科研机构与科技龙头企业数量众多，区域创新能力较强。西湖区将依托浙江大学、西湖大学等高校，全力推动西湖实验室、国科大杭州高等研究院、云栖工程院等新型研发机构建设，构建“国家实验室—浙江省实验室—省重点实验室”等高能级研发平台创新体系，打造高校经济“西湖样本”。

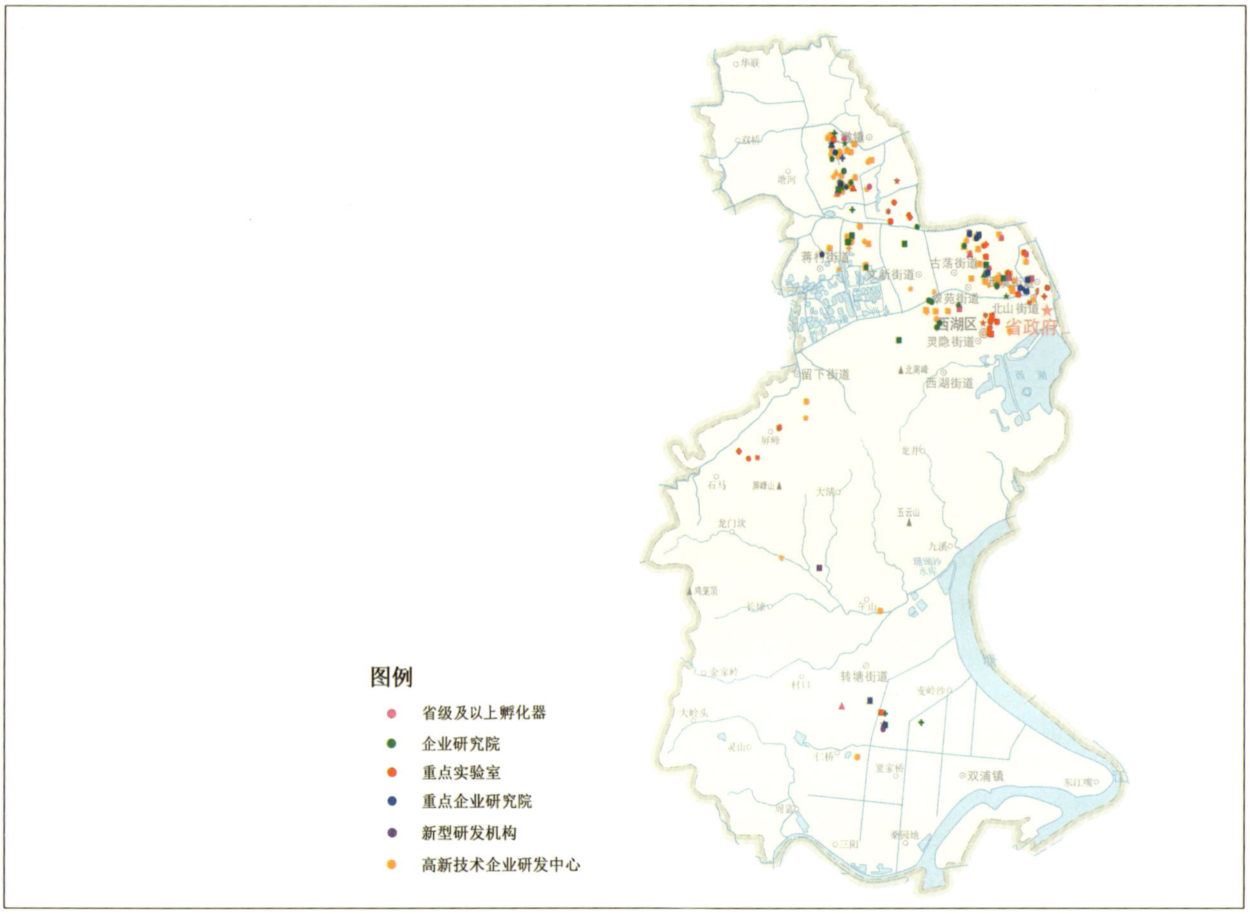

图例
省级及以上孵化器
企业研究院
重点实验室
重点企业研究院
新型研发机构
高新技术企业研发中心

图2 西湖区创新平台布局

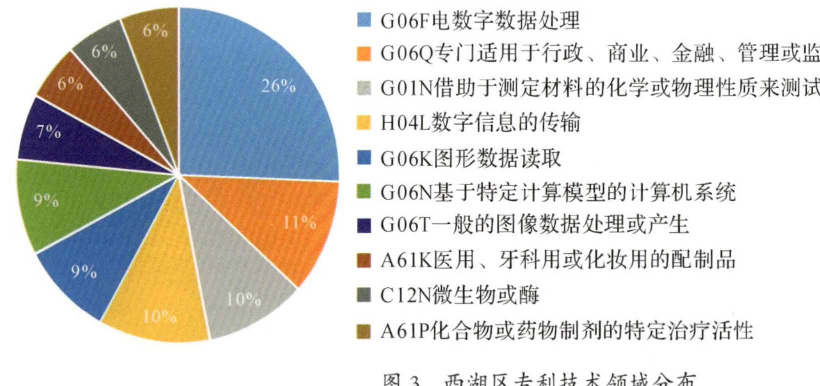

图3 西湖区专利技术领域分布

滨江区产业链创新链全景分析报告

杭州滨江区（国家高新区）位于浙江省北部，地处钱塘江下游南岸，总面积 72.2 平方千米，其中钱塘江水域面积 11.3 平方千米，陆地面积 60.9 平方千米，下辖 3 个街道。2023 年，全区户籍人口为 33.4 万人，常住人口为 54.3 万人。地区生产总值为 2467.9 亿元，全省排名第 6，全市排名第 3。滨江区是中国工业百强区。

一、滨江区产业概况

（一）产业结构

从地区生产总值构成看，2023 年，滨江区第一产业增加值为 0.5 亿元，第二产业增加值为 924.0 亿元，第三产业增加值为 1543.4 亿元，三次产业增加值结构调整为 0.02 ∶ 37.44 ∶ 62.54。

从工业看，滨江区以智能物联、数字通信、生命健康、集成电路等数字核心产业为主导。2023 年，滨江区实现规上工业营业收入 3804.9 亿元，有规上工业企业 255 家。2022 年滨江区产业主要分布见表 1。下一步，滨江区将全面打造一流数字经济产业集群，夯实集成电路、智能计算两大基石，提升智能物联、数字通信等数字经济优势产业，强化智能制造高端供给，建设“中国视谷”、中国信息安全谷产业新地标，全力打造“415X”先进制造业集群和标志性产业链。

表1　滨江区特色工业简介

名称	总营收 / 亿元
智能物联	4873.01
数字通信	2086.00
生命健康	336.00
集成电路	231.06

从服务业看，滨江区以信息软件服务业为主导。2023 年，滨江区实现规上服务业营收 3294.2 亿元（其中信息软件服务业营收占 70.2%）。下一步，滨江区将加快现代服务业高质量发展，提升生产性服务业竞争力，打造新消费核心枢纽。

（二）“一片多点”的产业空间布局

图 1 展示了滨江区重点产业平台布局。从工业看，滨江区全区均有较多工业分布，主要集中在西兴街道，重点打造数字经济、通信设备、智能物联、数字通信、生命健康和集成电路产业，少部分涉及电商、娱乐和文创。从服务业看，滨江区服务业在西兴街道，围绕“滨江互联网现代服务业创新发展区”，重点打造信息技术产业。

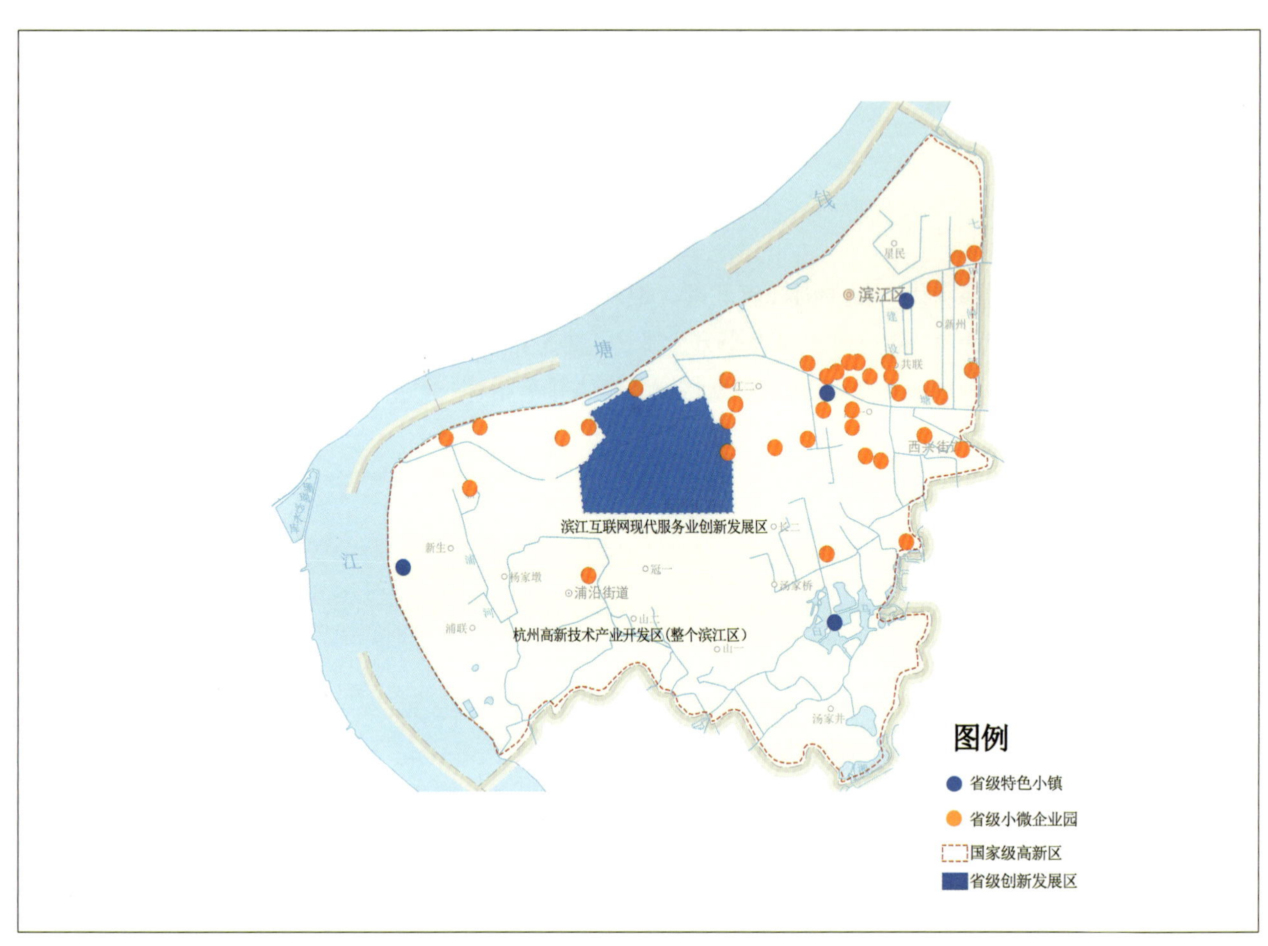

图 1　滨江区重点产业平台布局

二、重点产业

（一）智能物联产业

2022 年，滨江区智能物联产业实现营收 4873.01 亿元，其中视觉智能核心产业规模达 1756.91 亿元。滨江区智能物联产业的龙头企业见表 2。从产业链角度看，该产业的龙头企业主要集中在上游的基础零部件、计算机技术、传感技术、通信技术，中游的智能设备制造、智能物联方案服务。下一步，滨江区将着力突破传感器等关键零部件技术，重点发展智能传感器、射频识别等新技术和新产品；加快人工智能等技术融合应用，持续拓展应用场景；培育人工智能产业，完善数据、算法、算力三要素，培育以视觉识别为主体的全球领先的人工智能产业。力争到 2025 年，人工智能产业规模达 5000 亿元以上。

表2　滨江区智能物联产业龙头企业简介

行业	企业类型	公司名称	主营业务
智能物联	上市公司	杭州先锋电子技术股份有限公司	城市燃气设备及智慧燃气解决方案
		浙江零跑科技股份有限公司	智能电动汽车整车、智能驾驶、电机电控、电池系统、云计算的车联网
		数源科技股份有限公司	高清液晶电视、数字电视机顶盒、信息软件、物联网、车联网、新能源
		浙江核新同花顺网络信息股份有限公司	软件产品及系统维护服务、金融数据服务、智能推广服务
		杭州海康威视数字技术股份有限公司	红外热成像技术为核心的物联网芯片
		杭州百世网络技术有限公司	供应链设计和物流服务
		浙大网新科技股份有限公司	云计算、大数据、人工智能
		浙江大立科技股份有限公司	红外热成像系统、智能巡检机器人、惯性导航光电
		浙江大华技术股份有限公司	机器视觉、机器人、视讯协作、智慧显控、智慧控制、智慧热成像
	拟上市	浙江国自机器人技术股份有限公司	智能机器人
	新三板	杭州德联科技股份有限公司	城市供热系统节能运营、分布式供暖系统节能运营、各类工业锅炉自动化系统、工业锅炉物联网、工业锅炉合同能源管理
		杭州东忠科技股份有限公司	AI、IOT 物联网自动化
		浙江远望信息股份有限公司	国内数字政府安全防控、政务外网安全、政企网络安全产品
		浙江蓝联科技股份有限公司	供暖设备、电气连接
		川山甲供应链管理股份有限公司	展示、交易、分拣、配送、库存控制和管理、供应链金融和信息化管理服务于一体的整体解决方案
		杭州沃趣科技股份有限公司	高性能数据库云平台、企业超融合云平台、数据库自动化运维监控平台、数据库秒级备份恢复云平台
		杭州灿越网络科技股份有限公司	物流配送管理系统、现代仓储管理系统、第三方物流管理系统、物流中心运营管理平台、集成化物流链管理平台
		纳晶科技股份有限公司	量子点新材料
		杭州弛达信息科技股份有限公司	智能包裹柜、闸机、安防监控系统
		杭州阿拉丁信息科技股份有限公司	三维地图、三维地理信息系统、三维 GIS、数字城市
		杭州创谐信息技术股份有限公司	信息安全产品
		浙江青天科技股份有限公司	仪器仪表、安防监控设备、消防设备、轻小型起重设备、专用仪器仪表
		浙江无限动力信息技术股份有限公司	数据采集分析、信息处理推送、技术完善改进
		杭州滨兴科技股份有限公司	仪器仪表、工业传感器、电子
		杭州维勘科技股份有限公司	视觉检测、图像算法、软件编程、机械设计、自动化
	专精特新“小巨人”	英飞特电子（杭州）股份有限公司	LED 驱动电源
		易思维（杭州）科技有限公司	机器视觉
		浙江红相科技股份有限公司	红外热像、紫外成像技术
		杭州山科智能科技股份有限公司	智能型自动计量抄表系统、供水仪表实时监控调度系统
		杭州拓深科技有限公司	电流指纹 AI 算法及消防预警技术研究
		杭州景业智能科技股份有限公司	工业机器人及其集成技术、智能成套装备
		浙江中控研究院有限公司	机器人、建筑节能、智能建筑、科学仪器
		杭州爱科科技股份有限公司	智能切割一体化
		蔚复来（浙江）科技股份有限公司	智慧环保、智慧楼宇、智慧园区、智慧院区
		杭州迦智科技有限公司	室内外智能移动作业机器人
	专精特新入库企业	杭州中威电子股份有限公司	智能化安防、互联网安防、云平台技术、智能分析技术
		浙江甲骨文超级码科技股份有限公司	防伪技术及防窜货

续表

行业	企业类型	公司名称	主营业务
智能物联	专精特新入库企业	浙江兆久成信息技术股份有限公司	建筑智能化系统、消防设施工程
		杭州初灵信息技术股份有限公司	智能连接网络、垂直行业边缘应用型 DPI
		康凯科技（杭州）股份有限公司	智能化专业 Wi-Fi 无线宽带产品
		杭州鸿泉物联网技术股份有限公司	智能增强驾驶系统和高级辅助驾驶系统等汽车智能网联设备
	地方重点企业	杭州美卓自动化技术有限公司	电力设备状态监测系统集成服务
		杭州万霆科技股份有限公司	建筑工程施工仿真软件、VR 教学解决方案、园林园艺工程虚拟仿真
		虹软科技股份有限公司	计算机视觉
		杭州安恒信息技术股份有限公司	全生命周期的安全监测与防护整体解决方案
		杭州凡腾科技股份有限公司	助剂集中自动配送系统、信息集控系统、污水分质处理系统
		杭州安致电子商务股份有限公司	互联网电商供应链平台
		杭州筑龙信息技术股份有限公司	建筑网、建设通
		聚光科技（杭州）股份有限公司	绿色智慧城市解决方案
		浙江鼎炬电子科技股份有限公司	智能自动化产品
		浙江中控技术股份有限公司	工业生产自动化控制和智能化管理

（二）数字通信产业

2022 年，滨江区数字通信产业实现营收 2086 亿元。滨江区数字通信产业的龙头企业见表 3。从产业链角度看，该产业的龙头企业主要集中在中游的通信服务、通信设备制造和下游的智能软件开发。下一步，滨江区将加快推进 5G 应用，在核心设备、芯片、器件、模组及终端等领域开展技术创新，实现在制造、交通治理等领域的示范应用；发展通信设备系统集成服务，提供通信与信息咨询规划、基础平台建设、系统集成、运营维护管理的 ICT 整体解决方案，实现设备与服务融合发展；大力发展面向新型智能终端、智能装备的软件基础平台，以及面向垂直领域应用的集成平台，强化嵌入式开放平台、工具软件等高端软件开发。力争到 2025 年，数字通信产业达到预期目标。

表3　滨江区数字通信产业龙头企业简介

行业	企业类型	公司名称	主营业务
通信服务	上市公司	东方通信股份有限公司	专网通信、公网通信、ICT 服务
		三维通信股份有限公司	移动通信、安全通信、行业专网、卫星通信
		杭州纵横通信股份有限公司	基站安装工程服务、室内分布系统技术服务、综合接入技术服务和网络代维服务
		广脉科技股份有限公司	通信系统集成、ICT
		UT 斯达康通讯有限公司	IP 通信
	新三板	杭州敦崇科技股份有限公司	高性能 WLAN 网络通信类产品设计与研发
	地方重点企业	浙江易时科技股份有限公司	专业咨询、应用系统解决方案和系统集成
		华数传媒控股股份有限公司	数字电视网络运营、新媒体业务
通信设备	上市公司	杭州中恒电气股份有限公司	绿色 ICT 基础设施
	新三板	浙江国友通讯科技股份有限公司	防爆电话、调度机、抗噪扩音电话
		杭州朗鸿科技股份有限公司	手机防盗器、手机防盗、手机防盗展示架
		杭州紫光通信技术股份有限公司	全栈 ICT 基础设施及服务

续表

行业	企业类型	公司名称	主营业务
通信设备	地方重点	杭州华星创业通信技术股份有限公司	移动通信网络、移动通信专用无线测试终端
		校宝在线（杭州）科技股份有限公司	教育信息化综合服务提供商
		新华三技术有限公司	IP 技术与产品
		浙江华为通信技术有限公司	ICT（通信与信息）产品
智能软件	上市公司	信雅达系统工程股份有限公司	金融支付终端、金融卡机具、金融信息安全产品及支付与信息安全解决方案
		恒生电子股份有限公司	金融软件和网络服务供应商
		浙江网盛生意宝股份有限公司	B2B 电商平台生意宝、大宗商品数据平台生意社、网盛原材料交易中心及商城交易系统、原材料交易系统与供应链金融系统
		杭州联络互动信息科技股份有限公司	联络电商、联络传媒、联络智能
		杭州电魂网络科技股份有限公司	竞技类网络游戏
		网易（杭州）网络有限公司	社区及生活服务类、客户端类、互动娱乐类等互联网新型产品
	新三板	浙江三网科技股份有限公司	软件平台开发、系统集成及整体解决方案服务
		杭州东创科技股份有限公司	面向外勤人员的企业级移动办公应用
		杭州数亮科技股份有限公司	指数产品
		杭州高达软件系统股份有限公司	软件开发
		杭州财人汇网络股份有限公司	互联网金融整体解决方案
	地方重点	杭州斯凯网络科技有限公司	冒泡手机软件平台
		杭州全维通信服务股份公司	为企业二次营销提供精准数据的平台
		杭州光云科技股份有限公司	电商软件及服务
	专精特新“小巨人”	杭州当贝网络科技有限公司	智能电视应用

（三）生命健康产业

2022 年，滨江区生命健康产业实现营收 336 亿元，包含相关企业约 500 家。滨江区生命健康产业的龙头企业见表 4，主要分布在智慧医疗、生物医药和健康食品领域。从产业链角度看，智慧医疗企业主要集中在上游的数据技术支持，中游的平台系统，下游的诊疗服务应用；生物医药企业主要集中在上游的原材料生产和医学研发，中游的药品、医疗器械制造，下游的药品流通服务；健康食品企业主要集中在中游的食品生产。下一步，滨江区将加速推进数字经济和生命健康产业深度融合，致力成为具备国际竞争力的生命健康世界科创高地。力争到 2025 年，生命健康产业营业收入突破 1000 亿元，形成智慧医疗、高端医疗器械、检测试剂、创新药等若干具有国际竞争力的细分领域。

表4　滨江区生命健康产业龙头企业简介

行业	企业类型	公司名称	主营业务
智慧医疗	新三板	浙江联众智慧科技股份有限公司	医疗卫生行业信息化整体解决方案
	地方重点企业	创业慧康科技股份有限公司	智慧医疗、智慧卫生、医保、健康、养老
		浙江和仁科技股份有限公司	医院临床信息化、医院临床数据场景化、城市智慧医疗云平台、医共体
	专精特新“小巨人”	杭州远方光电信息股份有限公司	光电检测、核磁共振、红外紫外、生物识别、基因检测诊断
		明度智云（浙江）科技有限公司	医药互联网平台
生物医药	上市公司	杭州诺辉健康科技有限公司	结直肠癌筛查产品、幽门螺杆菌检测产品
		杭州启明医疗器械股份有限公司	经导管主动脉瓣膜产品

续表

行业	企业类型	公司名称	主营业务
生物医药	上市公司	堃博医疗控股有限公司	介入呼吸病学领域的开拓性医疗器械
		杭州泰格医药科技股份有限公司	新药研发的临床试验全过程专业服务
		浙农控股集团有限公司	西药、中成药、中药材、中药饮片
		浙江泰林生物技术股份有限公司	生物技术、精准医疗、制药工程、食品安全、新材料
		浙江交通科技股份有限公司	二甲基甲酰胺、二甲基乙酰胺、甲胺、合成氨、甲醇
	新三板	杭州环特生物科技股份有限公司	斑马鱼生物科技
		杭州美诺瓦医疗科技股份有限公司	骨龄仪、X 射线机、平板 DR 仪器、数字乳腺机、骨龄检测仪、胃肠一体机、骨龄检查仪、拍片造影透视机
	专精特新"小巨人"	杭州路先非织造股份有限公司	第一类医疗器械
		杭州德同生物技术有限公司	肿瘤和健康的体外诊断试剂
		杭州博日科技股份有限公司	生化仪器及配套试剂
		杭州贝丰科技股份有限公司	重症呼吸机用涡轮风机
		杭州能工科技有限公司	药品仓库的制冷、照明设备运维和精细化能源管理
	地方重点企业	浙江英特药业有限责任公司	中药、抗生素、生化药品、麻醉药品、蛋白同化制剂、肽类激素、医疗用毒性药品
		康恩贝集团有限公司	现代中药和植物药
健康食品	上市公司	贝因美股份有限公司	婴幼儿食品
	新三板	祖名豆制品股份有限公司	豆制品

（四）集成电路产业

2022 年，滨江区集成电路产业实现营收 231.06 亿元。滨江区集成电路产业的龙头企业见表 5。从产业链角度看，集成电路产业的龙头企业主要集中在上游的集成电路封测设备制造，中游的集成电路设计、集成电路制造、集成电路封装，下游的终端应用。下一步，滨江区将促进集成电路产业链上下游深度合作，构建芯片与整机应用企业联动发展的产业生态；开展高端芯片领域的国产芯片适配研发，引导芯片企业与视频监控、汽车电子及物联网等领域整机企业合作，推动自主芯片规模化应用。力争到 2025 年，集成电路产业达到预期目标。

表5　滨江区集成电路产业龙头企业简介

行业	企业类型	公司名称	主营业务
集成电路	上市公司	杭州矽力杰半导体技术有限公司	高功率密度高效率电源芯片
		杭州长川科技股份有限公司	测试机、分选机、探针台、AOI 设备和自动化设备
	地方重点企业	杭州艾诺半导体有限公司	高功率密度高效率电源芯片和模块
	新三板	杭州万高科技股份有限公司	低功耗数模混合 SoC 集成电路设计
	专精特新"小巨人"	杭州晶华微电子股份有限公司	微电子集成电路及系统软、硬件
		杭州瑞盟科技股份有限公司	集成电路芯片
		杭州旗捷科技有限公司	打印耗材专用芯片
		杭州中科微电子有限公司	集成电路数字、模拟芯片和算法设计
		杭州朗迅科技股份有限公司	集成电路、电子产品
		易兆微电子（杭州）股份有限公司	蓝牙及 Wi-Fi、NFC 及安全应用的无线片上的系统和射频芯片
		杭州宏杉科技股份有限公司	高端存储芯片

续表

行业	企业类型	公司名称	主营业务
集成电路	专精特新入库企业	杭州宇称电子技术有限公司	超高性能的系统芯片
	地方重点企业	萤火虫科技控股有限公司	FPGA 芯片、高并发数据存取
终端应用	上市公司	浙江吉利控股集团有限公司	汽车、摩托车、汽车发动机、变速器、汽车电子电气及汽车零部件
	新三板	杭州信雅达三佳工程股份有限公司	油气行业及泛金融 IT 行业的 IT 产品和服务
	专精特新“小巨人”	杭州泽天春来科技有限公司	高端过程气体分析仪
		杭州视芯科技股份有限公司	LED 屏等类别的显示应用
		杭州研智科技有限公司	基于 ARM 核心控制器、基于 IntelX86 架构的控制板
		浙江诺益科技有限公司	EMC 电磁兼容测量实验室建设与测试系统
		杭州和而泰智能控制技术有限公司	家电智能控制器
	地方重点企业	浙江苏泊尔家电制造有限公司	家用电器、厨房电器、厨房用具

三、科技创新概况

2022 年，全区 R&D 经费占地区生产总值比重为 9.52%，全省排名第 1；全区拥有高新技术企业 2283 家，全省排名第 1；全区高新技术产业增加值占工业增加值比重达 93.47%，全省排名第 2；全区规上工业企业 R&D 经费支出占营业收入比重达 3.39%，全省排名第 2。

（一）区域创新资源布局

滨江区创新平台众多，产业领域主要集中在智能物联产业。2022 年，全区拥有省级高新技术企业研究开发中心 211 家，省级企业研究院 74 家，省级新型研发机构 4 家，省级重点企业研究院 34 家，省级重点实验室 23 家，省级孵化器 22 家，国家级孵化器 12 家。创新平台主要集聚在长河街道和西兴街道以及钱塘江沿岸（见图 2）。

（二）产业专利分析

滨江区的专利优势主要集中在数字信息传输、电数字数据处理、图像通信等领域。2022 年，滨江区有效发明专利共 30934 件，前十大专利技术领域（小类）见图 3。根据申请人分析，海康威视（电通信技术）、大华技术（电通信技术）、新华三（电通信技术）、网易杭州（计算，推算或计数）、华三通信（电通信技术）、吉利控股（一般车辆）、宇视科技（电通信技术）等申请人的专利数量居前。

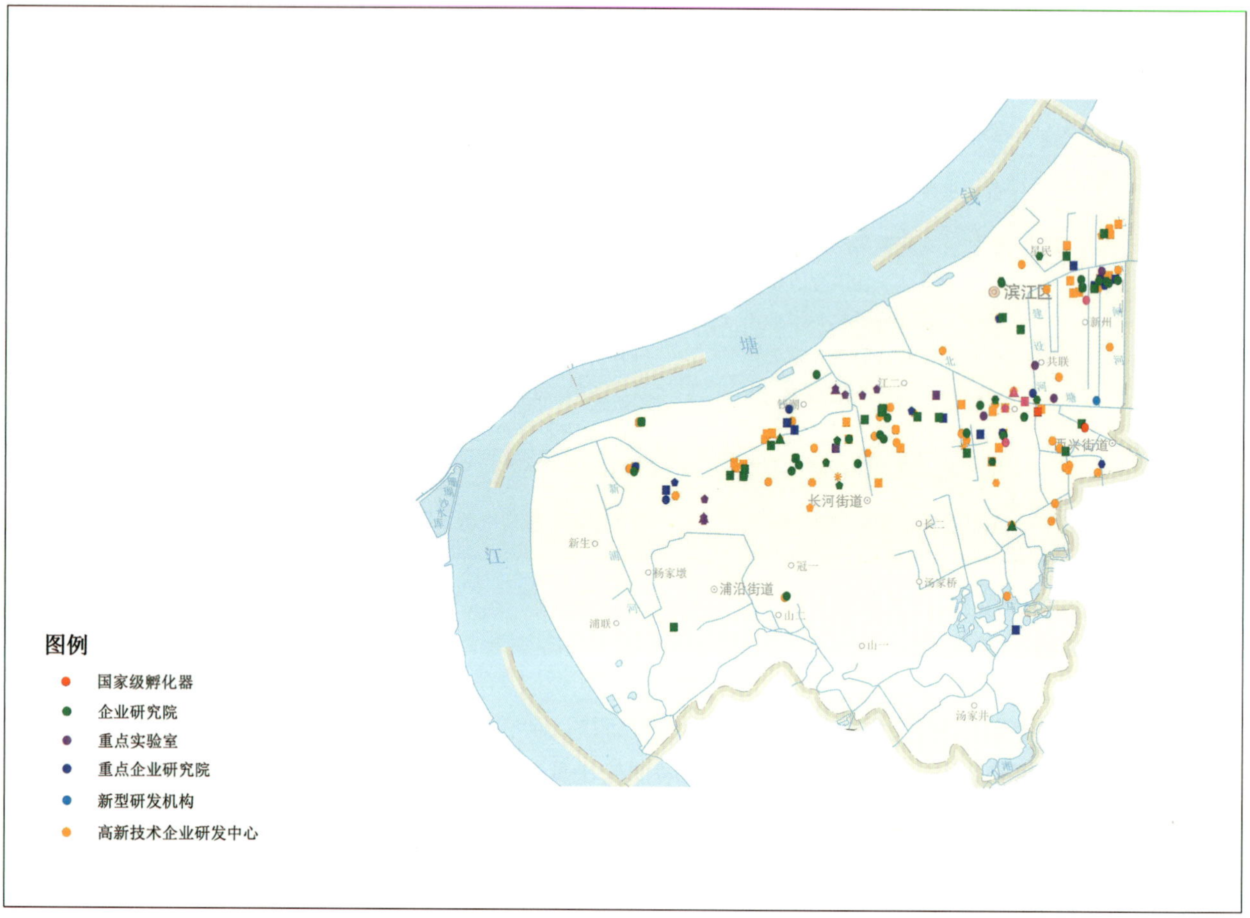

图例
- 国家级孵化器
- 企业研究院
- 重点实验室
- 重点企业研究院
- 新型研发机构
- 高新技术企业研发中心

图 2　滨江区创新平台布局

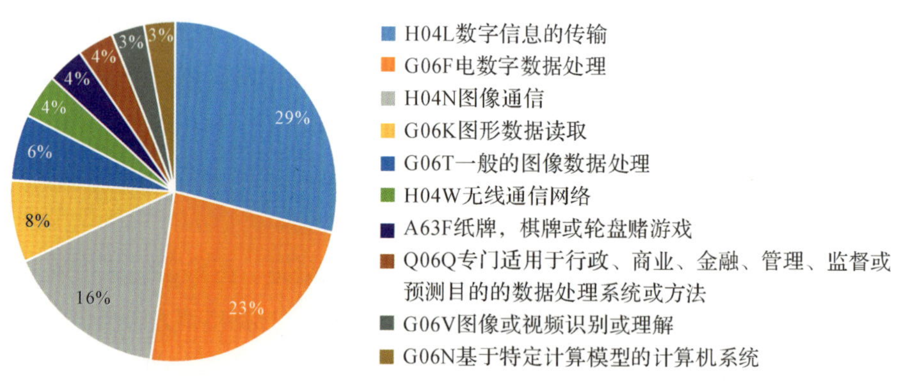

图 3　滨江区专利技术领域分布

四、滨江区未来展望

从产业发展看，滨江区已形成集成电路、智能计算、智能物联、数字通信等数字经济优势产业。从科技创新看，滨江区规上工业企业研发投入及高新技术企业数量均居全省第一，企业的技术创新能力强。未来，滨江区将全力支持“超高灵敏极弱磁场和惯性测量重大科技基础设施”和北航量子实验室建设，全力建设“国际零磁科学谷·杭州江南科学城”，持续做强江北科技园孵化阵地。

萧山区产业链创新链全景分析报告

杭州萧山区位于浙江省北部，钱塘江南岸，总面积931平方千米，下辖10个街道、12个镇。2023年，全区户籍人口为128.86万人，常住人口为214万人。地区生产总值为2230.69亿元，全省排名第7，全市排名第4。萧山区是中国工业百强区、全国科技创新百强区、全国综合实力百强区、全国第六批率先基本实现主要农作物生产全程机械化示范县，拥有钱江世纪公园、杭州湘湖景区。

一、萧山区产业概况

（一）产业结构

从地区生产总值构成看，2023年，萧山区第一产业增加值为57.05亿元，第二产业增加值为823.95亿元，第三产业增加值为1349.68亿元，三次产业增加值结构调整为2.6 ∶ 36.9 ∶ 60.5。

从农业看，萧山区以蔬菜、花木、畜牧、水产和茶果五大特色农业为主导。2023年，萧山区实现农林牧渔业总产值92.61亿元，其中，五大特色农业产值81.01亿元，占农业总产值的87.5%。从工业看，萧山区以纤维新材料（化纤纺织）和智能网联汽车为主导。2023年，萧山区实现规上工业增加值597.28亿元，有规上工业企业1646家，产业主要分布见表1。下一步，萧山区将巩固提升纤维新材料和智能网联汽车产业，大力培育生物医药、集成电路、智能装备制造、视觉智能、网络通信等产业，改造升级羽绒、钢结构、卫浴、包装等区域特色产业，把萧山打造成浙江大湾区和杭州新制造建设的主阵地、浙江制造业科创服务中心、全国制造数字化转型示范区。

表1　萧山区特色工业简介

名称	规上工业产值 / 亿元	占全区规上工业总产值比重 /%
纤维新材料（化纤纺织）	531.68	17.85
智能网联汽车	376.00	12.62
智能装备	约 300.00	约 10.10
生命健康	约 70.00	约 2.34
集成电路	11.88	0.40

（二）“西北集聚”的产业空间布局

图1展示了萧山区重点产业平台布局。萧山区产业呈现出明显的一、二、三产结合特点。从农业看，萧山区农业主要集中在进化镇“青化山省级茶果特色农业园”，重点发展青梅、杨梅、茶叶等产业。从工业看，萧山区工业围绕“国家级经济开发区”“省级高新区”“万亩千亿平台”，在宁围街道和北干街道，重点打造高端装备制造、信息技术和生命健康产业，少部分涉及智能家居和纺织面料产业。从服务业看，萧山区服务业在“省级创新发展示范区”重点发展现代金融和信息技术服务业；围绕“湘湖国家旅游度假区”，重点打造休闲娱乐、养生产业；在“杭州临空经济示范区”，重点发展跨境电商、临空物流、临空高端制造产业。

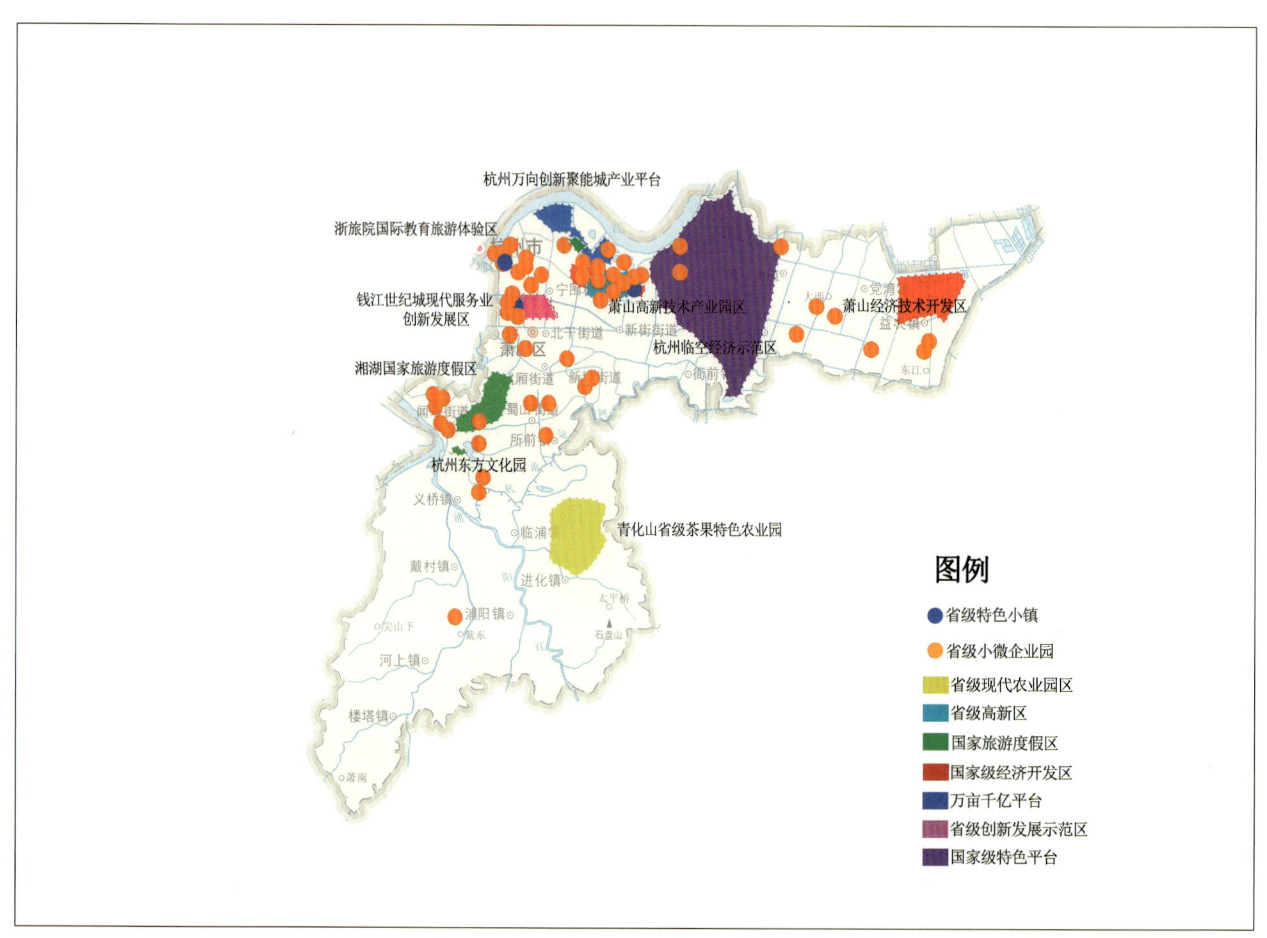

图1　萧山区重点产业平台布局

二、重点产业

（一）纤维新材料（化纤纺织）产业

萧山区是中国纺织产业基地市。2022年，萧山区实现纤维新材料（化纤纺织）产业总产值超1000亿元，有规上企业591家。萧山区纤维新材料（化纤纺织）产业的龙头企业见表2，主要分布在化纤新材料和纺织服装行业。下一步，萧山区将重点发展基础化纤材料、优势纤维新材料、关键战略和前沿纤维新材料，引进一批大型（总部）企业项目，分类组建产业链上下游企业共同体，协同构建现代纺织全产业链，将萧山区打造成具有全球竞争力的纤维新材料产业基地。

表2　萧山区纤维新材料（化纤纺织）产业龙头企业简介

<table>
<tr><th>行业</th><th>企业类型</th><th>公司名称</th><th>主营业务</th></tr>
<tr><td rowspan="4">化纤新材料</td><td rowspan="2">上市公司</td><td>荣盛石化股份有限公司</td><td>涤纶丝、化纤布</td></tr>
<tr><td>浙江恒逸石化有限公司</td><td>化学纤维、化学原料</td></tr>
<tr><td>专精特新“小巨人”</td><td>杭州奔马化纤纺丝有限公司</td><td>涤纶短纤、涤纶造粒</td></tr>
<tr><td>规上百强（市级）</td><td>兴惠化纤集团有限公司</td><td>化纤布织造、化纤加弹</td></tr>
<tr><td rowspan="6">纺织服装</td><td rowspan="5">上市公司</td><td>杭州福莱蒽特股份有限公司</td><td>染料（高水洗、高日晒、环保）</td></tr>
<tr><td>浙江健盛集团股份有限公司</td><td>针织运动服饰的生产制造</td></tr>
<tr><td>浙江航民股份有限公司</td><td>纺织印染</td></tr>
<tr><td>浙江吉华集团股份有限公司</td><td>纺织化学用品</td></tr>
<tr><td>传化智联股份有限公司</td><td>有机氟精细化学品、纺织印染助剂等</td></tr>
<tr><td>规上百强（市级）</td><td>三元控股集团有限公司</td><td>化纤、棉、麻、混纺等面料的织造、染整等</td></tr>
</table>

（二）智能网联汽车产业

2022 年，萧山区智能网联汽车产业规上工业总产值为 376 亿元，规上企业约 60 家。萧山区智能网联汽车产业的龙头企业见表 3，主要分布在汽车关键零部件及技术领域。从产业链角度看，该产业的龙头企业主要集中在上游的传动系统、电池系统、汽车配饰系统、制动系统制造和系统开发。下一步，萧山区将聚焦车辆底盘系统、汽车电子系统领域，通过关键技术突破，构建智能网联整车牵引、四项关键零部件协同发展的产业发展体系，实现智能网联化升级，培育打造世界级智能网联汽车产业集群。力争到 2025 年，全区智能网联汽车产业规上工业总产值超过 800 亿元。

表3　萧山区智能网联汽车产业龙头企业简介

<table>
<tr><th>行业</th><th>企业类型</th><th>公司名称</th><th>主营业务</th></tr>
<tr><td rowspan="9">关键零部件</td><td rowspan="7">上市公司</td><td>杭州前进齿轮箱集团股份有限公司</td><td>汽车变速器、船用齿轮箱等各类齿轮传动装置</td></tr>
<tr><td>浙江兆丰机电股份有限公司</td><td>各类汽车轮毂轴承单元、分离轴承、滚轮轴承等</td></tr>
<tr><td>杭州雷迪克节能科技股份有限公司</td><td>轮毂轴承、轮毂轴承单元、圆锥轴承、涨紧轮等</td></tr>
<tr><td>杭州正强传动股份有限公司</td><td>十字轴万向节总成、节叉和十字轴</td></tr>
<tr><td>万向钱潮股份公司</td><td>等速驱动轴、汽车轮毂单元、传动轴等</td></tr>
<tr><td>杭州禾呈科技股份有限公司</td><td>机械配件、汽车配件、摩托车配件</td></tr>
<tr><td>浙江杭可科技股份有限公司</td><td>锂离子电池的后处理系统的设计、研发、生产与销售</td></tr>
<tr><td rowspan="2">专精特新“小巨人”</td><td>杭州永磁集团有限公司</td><td>铝镍钴永磁、钐钴永磁、钕铁硼永磁</td></tr>
<tr><td>先临三维科技股份有限公司</td><td>应用于汽车设计制造领域的 3D 数字化和工业计量解决方案</td></tr>
<tr><td>智能网联汽车关键技术</td><td>上市公司</td><td>浙江亚太机电股份有限公司</td><td>汽车及轨道交通制动系统、汽车电子控制系统</td></tr>
</table>

（三）智能装备产业

2022 年，萧山区智能装备产业实现总产值约 350 亿元。萧山区智能装备产业的龙头企业见表 4，主要分布在关键机械基础件、智能成套装备和工业机器人三大领域。从产业链角度看，该产业的龙头企业主要集中在上游的机械配件制造、中游的专用设备和工业机器人制造。下一步，萧山区将聚焦高性能工业机器人、高端数控机床等领域，突破关键核心部件和系统等断链断供技术，推动伺服电机等产业化应用。力争到2025年，全区智能装备制造产业规上工业总产值达500亿元，萧山区成为长三角智能装备关键基础件研发加工基地。

表4　萧山区智能装备产业龙头企业简介

行业	企业类型	公司名称	主营业务
关键机械基础件	上市公司	杭州前进齿轮箱集团有限公司	齿轮箱、变速箱、船用推进装置产品及部件
	专精特新“小巨人”	奥展实业有限公司	五金件、不锈钢紧固件
		杭州永磁集团有限公司	永磁元器件、电机电器
		杭州萧山红旗摩擦材料有限公司	摩擦材料、船用机械及五金机械配件
		杭州大路实业有限公司	泵、汽轮机、水轮机、发电机组、机械等
		杭州弹簧垫圈有限公司	紧固件
		杭州杰牌传动科技有限公司	减速机，传动机械、电动机、变频器
		杭州赛富特设备有限公司	压力容器、空调冷凝器、蒸发器
		浙江万龙机械有限公司	机械零件
		杭州大天数控机床有限公司	生产机床及普通机械、机床部件及机械配件
智能成套装备	专精特新“小巨人”	先临三维科技股份有限公司	3D打印机、三维数字化设备
		杭州钱江电气集团股份有限公司	电力设备
		浙江天蓝环保技术股份有限公司	环境保护专用设备制造
		杭州之江开关股份有限公司	高低压电器成套设备
		浙江环兴机械有限公司	环保装备及污泥处理技术及装备
	上市公司	杭州天易成新能源科技股份有限公司	萃取设备、PPH/HDPE设备、微界面除油设备等
		浙江九州量子信息技术股份有限公司	新一代量子密钥分发设备、高速量子真随机数发生器等
		浙江佳力科技股份有限公司	石油化工设备、大型风电部件等
		杭州国泰环保科技股份有限公司	污泥处理、成套设备销售与水环境生态修复
		杭州和泰机电股份有限公司	物料输送设备及配件
		杭州万隆光电设备股份有限公司	广播电视传输设备
工业机器人	上市公司	杭州凯尔达焊接机器人股份有限公司	焊接机器人及配件，焊接设备
	地方重点企业	浙江国丰集团有限公司	智能机器人、机械设备
		杭州国辰机器人科技有限公司	智能机器人、工业机器人

（四）生命健康产业

2022年，萧山区生命健康产业规上工业总产值约70亿元。萧山区生命健康产业的龙头企业见表5，主要分布在生物医药、医疗器械、健康保障行业。下一步，萧山区将聚焦AI医药、高端医疗器械、智慧医疗、创新药四大领域，积极引进CRO等临床研究机构，加快单克隆抗体、疫苗、诊断试剂等应用成果转化，打造长三角具有影响力的生物经济产业功能区。力争到2025年，全区生命健康产业规上工业总产值达100亿元。

表5　萧山区生命健康产业龙头企业简介

行业	企业类型	公司名称	主营业务
生物医药	上市公司	歌礼制药有限公司	抗病毒、癌症、脂肪肝三大治疗领域的药物
医疗器械	专精特新“小巨人”	杭州好克光电仪器有限公司	尿道膀胱镜及配套器械、电子内窥镜等医用内窥镜及配套手术设备等
	地方重点企业	杭州唯强医疗科技有限公司	外周血管介入治疗

续表

行业	企业类型	公司名称	主营业务
医疗器械	地方重点企业	浙江杜比医疗科技有限公司	医疗器械、计算机软硬件、数据处理技术
		杭州大力神医疗器械有限公司	ZZ 型肛肠综合治疗仪（HCPT）系列产品等
		微医云（杭州）控股有限公司	医疗云及人工智能解决方案
健康保健	地方重点企业	浙江英树生物科技有限公司	护肤品、化妆品、头发护理产品
		杭州明州脑康康复医院有限公司	脑及神经康复
		医巢（杭州）医疗投资有限公司	医疗投资、生活美容、医疗美容、皮肤科、保健食品

（五）集成电路产业

2022 年，萧山 CMOS（Complementary Metal Oxide Semiconductor，互补型金属氧化物半导体）集成电路创新平台入选浙江省首批技术创新中心。2022 年，萧山区集成电路产业规上工业总产值约 11.88 亿元。相关龙头企业及重点项目见表 6 和表 7。从产业链角度看，该产业相关企业主要集中在上游的封装设备，中游的集成电路设计、制造及测试，下游的应用。下一步，萧山区将重点发展 IGBT（Insulated Gate Bipolar Transistor，绝缘栅双极型晶体管）、智能传感器等产品，研发攻克大尺寸硅片等关键材料，提升光刻胶、高纯化学试剂等的自给率和本地化配套率，提高电路测试、分选、超洁净流控系统等设备研制能力，打造全国领先的集成电路硬核科技高地。

表6　萧山区集成电路产业龙头企业简介

行业	企业类型	公司名称	主营业务
集成电路	专精特新“小巨人”	杭州华澜微电子股份有限公司	控制器芯片
		浙江地芯引力科技有限公司	消费电子、信息安全等半导体集成电路
		杭州中电安科现代科技有限公司	工控网络安全产品与解决方案
	地方重点企业	杭州国科微电子有限公司	AI 芯片、解码芯片
		杭州奥创光子技术有限公司	工业级超快激光器及其核心器件
		浙江华感科技有限公司	热成像机芯模组、整机产品、个人视觉产品
		杭州御渡半导体科技有限公司	集成电路测试设备
		杭州名光微电子科技有限公司	生物识别 SOC 芯片、核心算法、算法模块及生物识别解决方案，生物识别核心技术方案
		杭州微引科技有限公司	智能销售物料
		芯立嘉集成电路（杭州）有限公司、杭州芯势力半导体有限公司	集成电路设计

表7　萧山区集成电路产业重点项目简介

行业	公司名称	项目内容	投资额 / 亿元
集成电路	杭州国科微电子有限公司	AI 芯片、解码芯片及其他芯片项目	20

三、科技创新概况

2022 年，全区 R&D 经费占地区生产总值比重为 3.76%，全省排名第 12；全区拥有高新技术企业 1883 家，高新技术产业增加值占工业增加值比重达 70.55%；全区规上工业企业 R&D 经费支出占营业收入比重达 1.61%。

（一）区域创新资源布局

萧山区创新平台主要集中在智能装备和智能网联汽车产业。2022年，全区拥有省级新型研发机构6家，省级重点实验室5家，省级重点企业研究院10家，省级企业研究院65家，省级高新技术企业研发中心198家，国家级孵化器4家，省级孵化器11家。创新平台较为分散，大多分布在宁围街道和北干街道（见图2）。

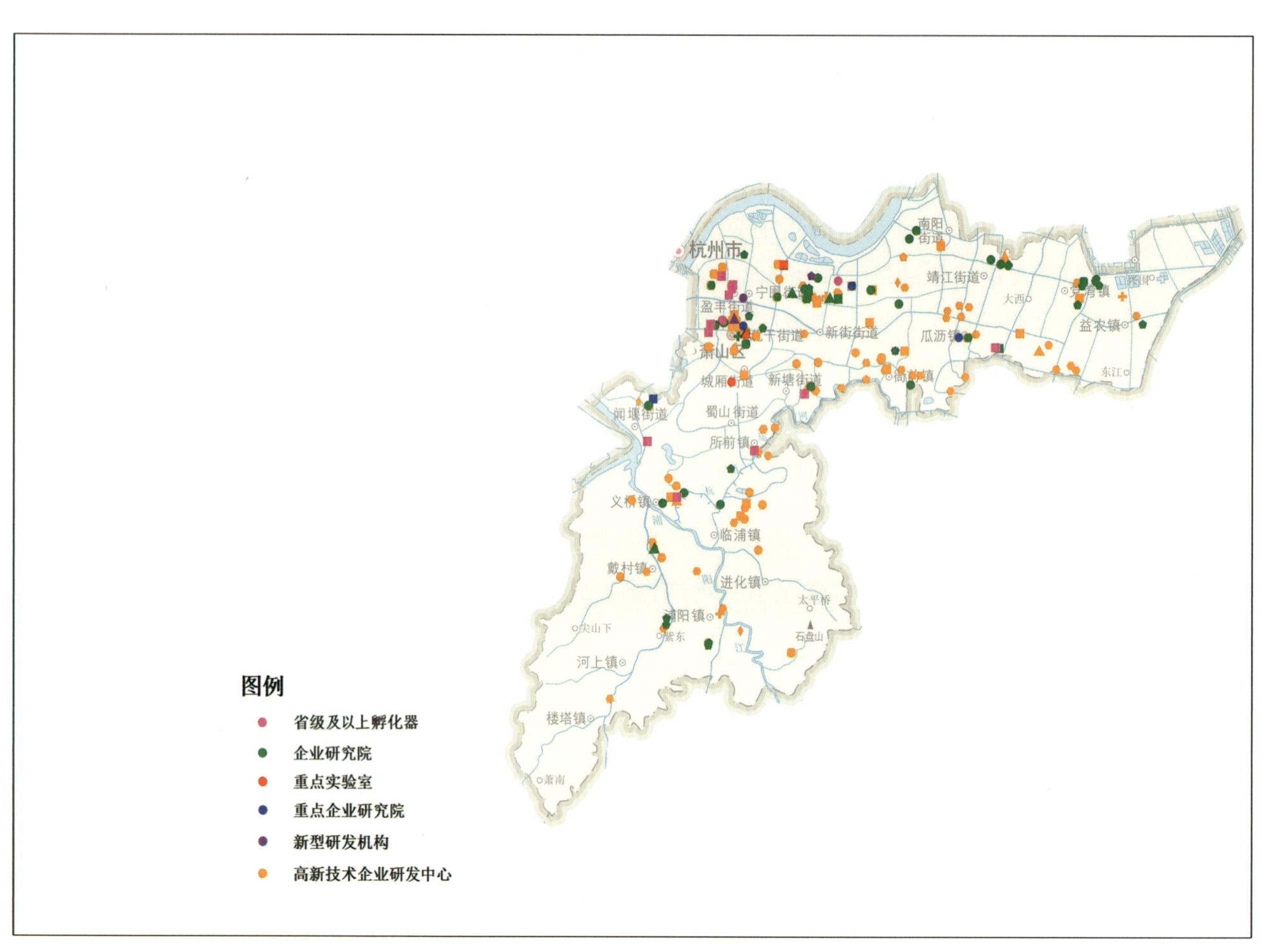

图2　萧山区创新平台布局

（二）产业专利分析

萧山区的专利优势主要集中在智能物联（智能网联汽车）领域。2022年，萧山区有效发明专利共12228件，前十大专利技术领域（小类）见图3。根据申请人分析，华三通信（电通信技术、计算）、吉利控股（整车制造）、万向集团（电气元件）、恒澜科技（有机高分子化合物）等申请人的专利数量居前。

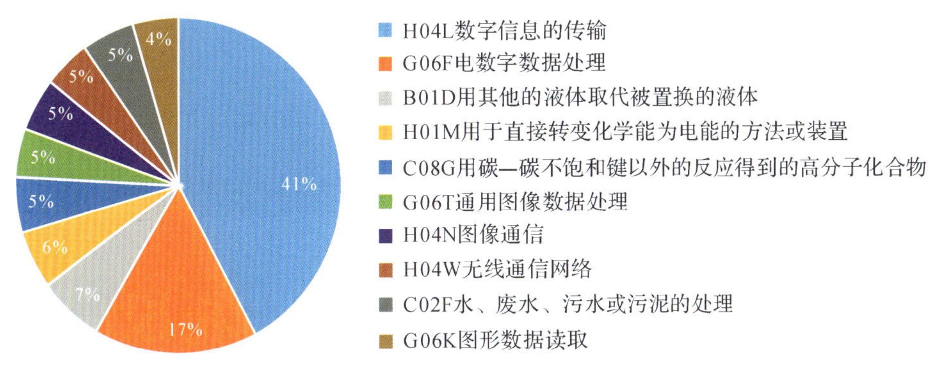

图 3 萧山区专利技术领域分布

四、萧山区未来展望

从产业发展看，萧山区加快打造以纤维新材料和智能汽车两大优势产业为主导，以智能物联、生命健康和高端装备等新兴产业为特色，以绿色能源、绿色建筑、未来网络、元宇宙等未来产业为补充的“2+3+X”先进制造业集群体系，全力建设“中国视谷”。从科技创新看，全区 R&D 经费占地区生产总值比重在全省排名靠前，规上工业企业研发投入居全省中上游，高新技术企业众多。萧山区将依托湘湖实验室、浙江大学杭州国际科创中心、西安电子科技大学杭州研究院、北京大学信息技术高等研究院、浙江大学创新技术研究院等平台，深化校（院）企共建联合实验室，建设高水平全域创新型城区。

余杭区产业链创新链全景分析报告

杭州余杭区位于浙江省北部，总面积940平方千米，下辖7个街道、5个镇。2023年，全区户籍人口为78.00万人，常住人口为140.5万人。地区生产总值为2936.43亿元，全省排名第1，全市排名第1。余杭区是全国综合实力百强区、工业百强区，拥有西溪湿地公园、良渚遗址和径山等旅游区。

一、余杭区产业概况

（一）产业结构

从地区生产总值构成看，2023年，余杭区第一产业增加值为41.65亿元，第二产业增加值为327.97亿元，第三产业增加值为2566.81亿元，三次产业增加值结构调整为1.4 ： 11.2 ： 87.4。

从农业看，余杭区以水稻、渔业及茶叶等产业为主导。2023年，余杭区实现农林牧渔总产值69.09亿元，其中，种植业产值36.30亿元，渔业产值12.59亿元。余杭区拥有1200多年种茶史，是浙江省茶叶的主产区之一，也是日本茶道之源“径山茶”的诞生地。2023年，径山茶全产业链总产值超50亿元。

从工业看，余杭区以数字产业、智能装备、新材料和生物医药产业为主导。2023年，余杭区实现规上工业总产值约1195.01亿元，有规上工业企业超712家。2022年余杭区产业主要分布见表1。下一步，余杭区将聚焦智能物联、生物医药、高端装备、新材料、绿色低碳＋新能源互联网“5+1”产业生态圈，构建以数字产业为引领，生物医药、新材料、智能装备为协同的新兴产业体系。

表1　余杭区特色工业简介

名称	规上工业产值 / 亿元	占全区规上工业总产值比重 /%	备注
智能装备	约600.00	约55.88	
新材料	约200.00	约18.63	
生物医药	约80.00	约7.45	
数字产业	—	—	增加值1650亿元

从服务业看，余杭区以信息软件产业为主导。2023年，余杭区规上服务业实现营收7039.58亿元。其中，规上信息软件业营收约5931.63亿元，占规上服务业营收比重为84.26%。下一步，余杭区将不断扩大服

务业规模，建成数字赋能、业态高端、融合创新、能级突出的现代服务业体系。

（二）“东部集聚”的产业空间布局

图1展示了余杭区重点产业平台布局。从工业看，余杭区工业依托仁和街道的“杭州钱江经济开发区”和“余杭生物医药高新技术产业园区”，发展智能装备和生物医药产业；在仓前街道，围绕“浙江杭州未来科技城”“杭州余杭未来网络产业平台”“省级特色小镇”“省级小微企业园”，发展数字产业、智能装备、新材料和生物医药，少量涉及文创和新能源。从服务业看，余杭区服务业在余杭街道“浙江杭州未来科技城现代服务业创新发展区”，重点发展信息技术服务产业；在良渚街道“良渚新城生命健康服务业创新发展区”，重点发展生命健康服务产业。

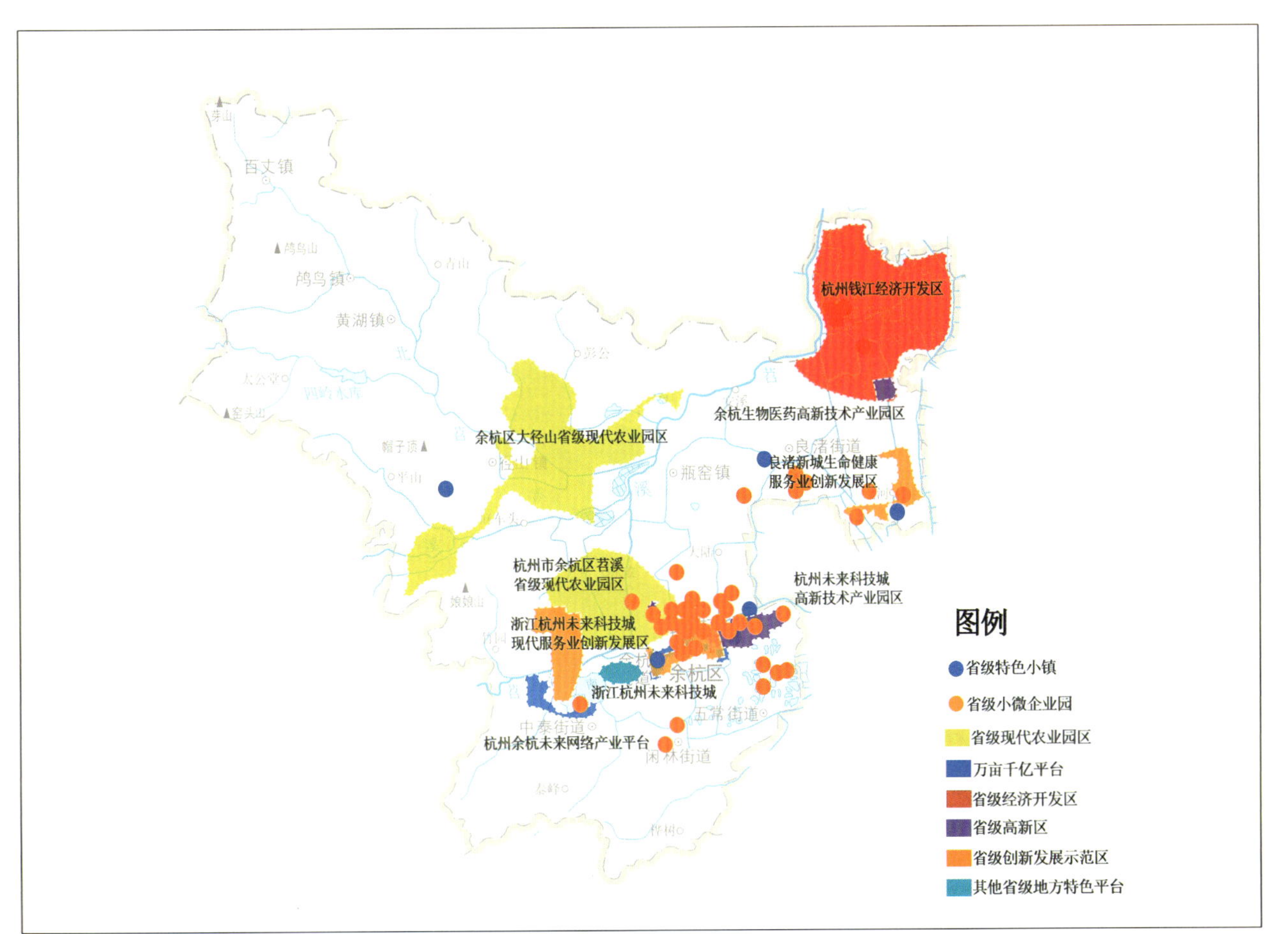

图1　余杭区重点产业平台布局

二、重点产业

（一）数字产业

余杭区是省级信息经济发展示范区、数字经济创新发展试验区。2023年，余杭区实现数字产业增加值1768.8亿元，约占杭州市的1/3、浙江省的1/5，有规上企业200多家。余杭区数字产业的龙头企业见表2，主要分布在人工智能、集成电路和5G物联网三大领域。从产业链角度看，人工智能企业主要集中在中游的技术层研发和下游的应用层制造；集成电路企业主要集中在中游的集成电路制造；5G 物联网企业主要集中在上游的传感技术、通信技术、计算机技术，中游的物联网平台和系统软件开发，下游的智能终端制造。下一步，余杭区将依托之江实验室、阿里达摩院等高能级创新载体，重点突破机器视觉、生物识别、智能人机交互等关键、前沿、颠覆性的技术和算法，支持天枢人工智能开源开放平台、城市大脑国家新一代人工智能创新开放平台等做大做强生态，驱动人工智能产业链协同发展；重点引入发展射频器件、光通信模块、5G 小微型基站等 5G 通信关键元器件和设备。力争到 2025 年，数字经济核心产业增加值达 2400 亿元以上。

表2　余杭区数字产业龙头企业简介

行业	企业类型	公司名称	主营业务
人工智能	上市公司	思享无限（浙江）文化科技有限公司	实时流——基于时间的虚拟物品
		浙江核新同花顺网络信息股份有限公司	软件产品及系统维护服务、金融数据服务、智能推广服务
	专精特新“小巨人”	杭州之山智控技术有限公司	全数字智能伺服、步进等运动控制单元
		杭州谐云科技有限公司	容器云平台
		杭州默安科技有限公司	云平台安全大脑
		浙江厚达智能科技股份有限公司	机器人＋智能系统
		杭州柯林电气股份有限公司	智能电表、智能电气附件、智能配电网设备
		杭州申昊科技股份有限公司	人工智能、数据监测、智能电网
		浙江华是科技股份有限公司	三维激光哨兵、AI 安全预警系统、磁芯缺陷智能检测系统
		杭州云象网络技术有限公司	区块链、人工智能
		浙江图讯科技股份有限公司	电子政务建设及安全生产信息化产品
		杭州比智科技有限公司	大数据服务及人工智能服务
	地方重点企业	慧博云通科技股份有限公司	软件外包，移动终端的测试和评估
		浙江正元智慧科技股份有限公司	校园、园区、城市一卡通、IC 卡
		阿里巴巴达摩院（杭州）科技有限公司	基础科学和创新性技术研究
		浙江天猫技术有限公司	AI 智能产品
		工业富联（杭州）数据科技有限公司	通信网络设备、云服务设备、精密工具和工业机器人
	拟上市	浙江恒强科技股份有限公司	针纺机械智能化
集成电路	新三板	浙江兆晟科技股份有限公司	无挡片红外机芯组件
5G 物联网	上市公司	利尔达科技集团股份有限公司	物联网无线通信
		杭州康晟健康管理咨询有限公司	合同能源管理、运营电子化公共采购平台
		阿里巴巴集团控股有限公司	综合电子商务平台
		阜博集团有限公司	数字内容资产保护与交易软件
		索信达控股有限公司	金融行业智能营销平台、大数据平台
		雄岸科技集团有限公司	内存块链
	新三板	浙江鹏信信息科技股份有限公司	工业级物联网网关
		杭州浙达精益机电技术股份有限公司	位移传感器、位置传感器、液位传感器、无损检测仪器
	专精特新“小巨人”	通号万全信号设备有限公司	轨道交通及铁路信号系统和产品
		杭州数澜科技有限公司	平台型 DaaS 服务
		浙江图讯科技股份有限公司	无线通信系统、加油机专用多媒体播放器、消防设备
		杭州宇泛智能科技有限公司	人工智能物联网底座
		杭州汇萃智能科技有限公司	工业相机、传感器、视觉光源
		杭州鲁尔物联科技有限公司	安全态势感知传感器、物联网操作系统、风险研判算法
		思看科技（杭州）股份有限公司	手持式三维视觉激光扫描仪、跟踪式三维视觉激光扫描仪

续表

行业	企业类型	公司名称	主营业务
5G 物联网	专精特新入库企业	浙江数秦科技有限公司	区块链和数字货币技术
	专精特新“小巨人”	通号万全信号设备有限公司	轨道交通及铁路信号系统和产品
	地方重点企业	杭州利尔达控股集团有限公司	物联网模块及物联网系统
		杭州阿里妈妈软件服务有限公司	数字营销广告中台
		淘宝（中国）软件有限公司	电子商务交易平台
		杭州塔网科技有限公司	智能业务设计平台、物联网云服务平台
		杭州闪易科技有限公司	可见光交互技术体系
		浙江菜鸟供应链管理有限公司	智能物流、数字供应链

（二）智能装备产业

余杭区是浙江省首批智能制造示范区。2022 年，余杭区智能装备产业总产值约 700 亿元，共有企业 300 余家，其中上市公司 11 家。余杭区智能装备产业的龙头企业见表 3，主要分布在环保装备、节能装备两大领域。下一步，余杭区聚焦节能环保及新能源高端装备，以水污染处理为重点，针对工业、生活废水处理及水生态修复需求，持续推进高端泵阀、关键零部件及污水处理等成套系统发展，向环境监测、咨询服务、环保工程、环保运营等上下游服务延伸，打造完整水污染处理产业链；积极发展新型太阳能电池及组件，推进柔性铜铟镓硒薄膜太阳能电池市场推广，加快新型钙钛矿薄膜太阳能电池产业化进程，到 2025 年生态圈产值规模力争突破 1000 亿元。

表3　余杭区智能装备产业龙头企业简介

行业	企业类型	公司名称	主营业务
环保装备	地方重点企业	南方中金环境股份有限公司	CDM 系列立式不锈钢多级离心泵等
		杭州大地海洋环保股份有限公司	废矿物油等危废收集、资源化利用与无害化处置
		兴源环境科技股份有限公司	压滤机、生活垃圾焚烧发电、在线监测、智慧水务、智能污水厂、智能防汛、固废物联网、自动化控制、环境管理云平台
	规上百强（市级）	南方泵业股份有限公司	不锈钢冲压焊接离心泵
	专精特新“小巨人”	杭州蓝然技术股份有限公司	液体分离设备及配件、环保设备及配件
		杭州绿洁科技股份有限公司	水质检测分析设备（含水文仪器设备）、空气监测设备
		浙江开创环保科技股份有限公司	废水综合处理设备、海水淡化设备、净水设备
		杭州爱华仪器有限公司	声学和振动测量仪器
		杭州高特电子设备股份有限公司	电气控制设备、环境监控设备
	拟上市	杭州兆华电子股份有限公司	电声及噪声测试分析系统
节能装备	上市公司	杭州老板电器股份有限公司	吸油烟机、蒸箱、消毒柜等家用厨房节能电器
		杭州新坐标科技股份有限公司	气门锁夹、气门弹簧盘、液压挺柱、滚轮摇臂、机械挺柱
	规上百强（市级）	杭州比亚迪汽车有限公司	纯电动汽车、混合动力汽车
		杭州钱江制冷压缩机集团有限公司	冰箱、冷柜、饮水机等制冷压缩机
	专精特新“小巨人”	埃梯梯智慧水务科技有限公司	水泵、阀门、无负压（叠压）供水设备
		东辰智能科技有限公司	蒸汽、热水减温减压装置、阀门及自动化控制系统
		杭州高特电子设备股份有限公司	阀控式铅酸蓄电池、动力锂电池

续表

行业	企业类型	公司名称	主营业务
节能装备	专精特新“小巨人”	银都餐饮设备股份有限公司	商用餐饮制冷设备、自助餐设备和西厨设备
		杭州西子智能停车股份有限公司	机械式停车设备、智能物料搬运装备
		杭州得诚电力科技股份有限公司	输配电及控制设备
		杭州炬华科技股份有限公司	智能电表、智能水表、智能电气等
		宝鼎科技股份有限公司	船舶配套大型铸锻件、电力配套大型铸锻件、自由锻件、模锻件及铸钢件
		杭州沪宁电梯部件股份有限公司	自动化生产线、机电装备
		杭州斯诺康技术有限公司	通信机柜系统集成、钣金件、电子模块、背板和电缆组装
		杭州持正科技股份有限公司	传动链、链条、传动链零部件
		杭州科汀光学技术有限公司	光学多层膜、光学薄膜器件
		杭州杭氧低温容器有限公司	低温容器
		杭州久益机械股份有限公司	气体压缩机械、空调设备
		浙江日风电气股份有限公司	风力发电变流器
	专精特新入库企业	杭州经纬信息技术股份有限公司	电力工程
	拟上市	鸿星科技（集团）股份有限公司	谐振器、振荡器

（三）新材料产业

2022年，余杭区新材料产业总产值约230亿元。余杭区新材料产业的龙头企业见表4，主要分布在金属材料、纺织材料、橡胶材料和建筑材料生产制造。下一步，余杭区将围绕高端装备、新基建等领域应用需求，聚焦高端金属材料、膜材料、微纳材料三大发展方向，持续深化铜基钎料、银钎料等无缝钎焊材研发创新，突破精密连接材料；提升功能性复合材料、热塑性蜂窝等材料，拓展5G通信信号交换系统、物联网射频系统、医疗设备、轨道交通、新能源等应用领域，到2025年生态圈产值规模力争突破300亿元。

表4　余杭区新材料产业龙头企业简介

行业	企业类型	公司名称	主营业务
金属材料	上市公司	浙江华正新材料股份有限公司	覆铜板及黏结片、复合材料和膜材料
	地方重点企业	杭州华光焊接新材料股份有限公司	铜基钎料、银钎料、银浆等电子连接材料
	专精特新“小巨人”	浙江鹏远新材料科技集团股份有限公司	镀铝膜、地暖反射、铝箔气泡
		杭州五星铝业有限公司	新能源汽车动力电池用基材、钎焊铝箔
	规上百强（市级）	杭州鼎福铝业有限公司	新能源汽车动力电池用基材、宽幅薄型铝箔
纺织材料	上市公司	杭州诺邦无纺股份有限公司	水刺非织造材料
	专精特新“小巨人”	浙江星华新材料集团股份有限公司	反光布
		杭州高烯科技有限公司	单层氧化石墨烯及其宏观组装材料
橡胶材料	地方重点企业	杭州高新橡塑材料股份有限公司	特种聚乙烯及交联聚乙烯电缆料等
	专精特新“小巨人”	浙江顺豪新材料有限公司	橡胶衬里
建筑材料	专精特新“小巨人”	杭州本松新材料技术股份有限公司	工程塑料、特种工程塑料
	规上百强（市级）	浙江三狮南方新材料有限公司	商品混凝土及其制品、新型建筑材料

（四）生物医药产业

2022年，余杭区实现生物医药产业总产值超100亿元，包含企业3500余家，其中规上企业超40家。余杭区生物医药产业的龙头企业见表5，主要分布在创新药、医疗器械和数字健康领域。下一步，余杭区聚焦创新药研发、先进医疗设备及器械制造、“互联网+”专业健康服务等三大产业方向，大力发展重大疾病靶向药、个性化治疗和精准治疗药物、IO肿瘤免疫小分子药物、针对高发性免疫性疾病新药、人工耳蜗等智能化植（介）入产品，积极利用基因测序、细胞治疗、高端医学影像、大数据分析等技术手段，构建精准诊断技术、精准治疗、精准药物有机结合的精准医疗服务体系，到2025年生态圈产值规模力争突破500亿元，规上健康制造业增加值达80亿元。

表5　余杭区生物医药产业龙头企业简介

行业	企业类型	公司名称	主营业务
创新药	地方重点企业	杭州阿诺生物医药科技有限公司	生物技术、医药技术、医药中间体
	专精特新“小巨人”	普昂（杭州）医疗科技股份有限公司	胰岛素针、胰岛素笔
	规上百强（市级）	华立集团股份有限公司	药材、中药饮片、小儿用药、保健品、营养食品
医疗器械	上市公司	杭州安旭生物科技股份有限公司	POCT试剂及仪器
		归创通桥医疗科技股份有限公司	外周血管介入器械、神经血管介入器械
		微泰医疗器械（杭州）股份有限公司	持续葡萄糖监测系统、胰岛素泵系统
	专精特新“小巨人”	中翰盛泰生物技术股份有限公司	医疗体外诊断仪器/试剂
		杭州高烯科技有限公司	第二类医疗器械
		杭州安杰思医学科技股份有限公司	医疗器械、防回流装置、急救用品
	专精特新入库企业	杭州博拓生物科技股份有限公司	POCT诊断试剂
数字健康	上市公司	杭州康晟健康管理咨询有限公司	医院SaaS系统、药店SaaS系统以及互联网医院平台
	地方重点企业	微脉技术有限公司	互联网+医疗健康服务平台
		浙江扁鹊健康科技有限公司	医疗大数据服务商
		杭州深睿博联科技有限公司	人工智能和互联网医疗

三、科技创新概况

2022年，全区R&D经费占地区生产总值比重为4.55%，全省排名第3；全区拥有高新技术企业2180家，全省排名第2；全区高新技术产业增加值占工业增加值比重达87.04%，全省排名第8；全区规上工业企业R&D经费支出占营业收入比重达1.59%，全省排名第58。

（一）区域创新资源布局

余杭区创新平台众多，产业领域主要集中在数字经济和智能装备产业。2022年，全区拥有省级重点实验室14家，省级企业研究院93家，省级重点企业研究院18家，省级新型研发机构8家，省级孵化器5家，国家级孵化器8家。创新平台主要集聚在余杭街道和仓前街道（见图2）。

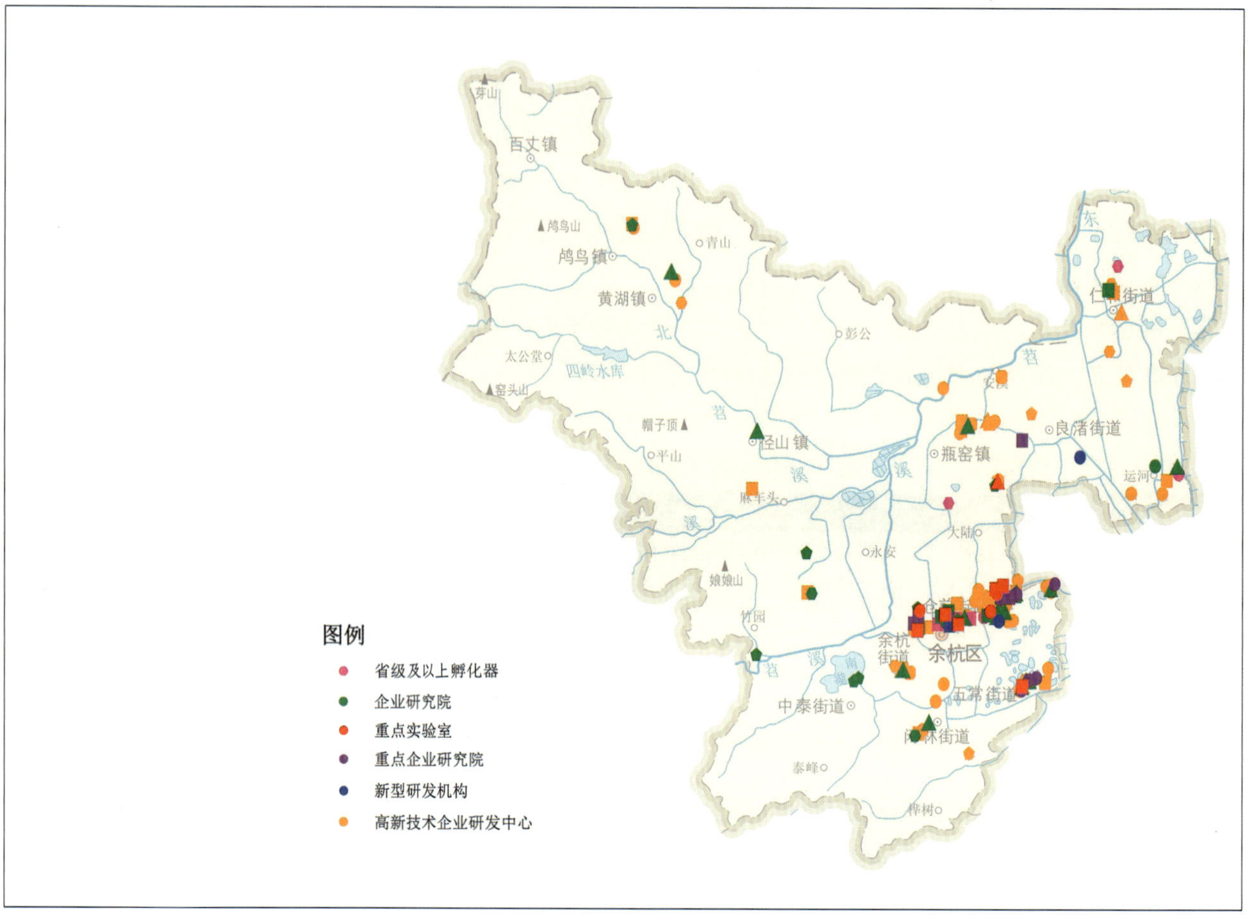

图 2　余杭区创新平台布局

（二）产业专利分析

余杭区的专利优势主要集中在数据处理、传输、计算机系统、图像通信等领域。2022 年，余杭区有效发明专利共 16859 件，前十大专利技术领域（小类）见图 3。根据申请人分析，之江实验室（计算、推算或计数）、维沃移动通信（杭州）（电通信技术）、厚达智能科技（输送、包装、贮存）、阿里巴巴（中国）（计算、推算或计数）、中电海康集团（基本电气元件）等申请人的专利数量居前。

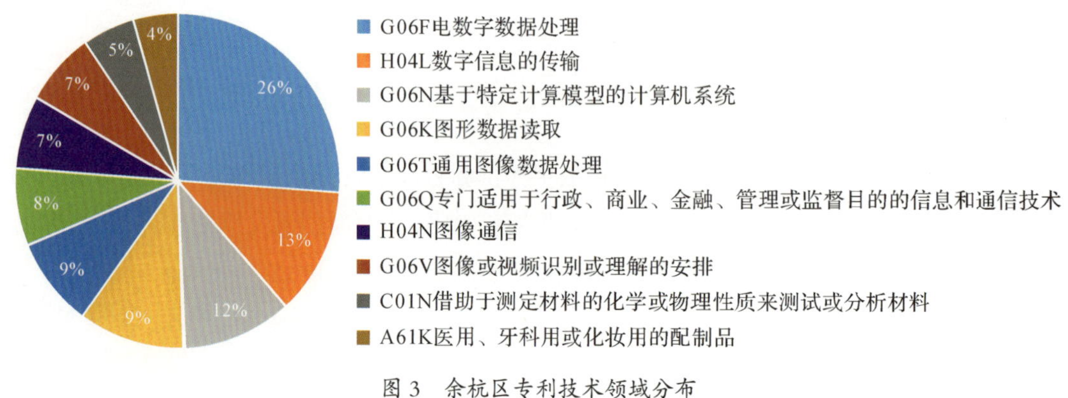

图 3　余杭区专利技术领域分布

四、余杭区未来展望

从产业发展看，余杭区聚焦打造智能物联、生物医药、高端装备、新材料、绿色低碳 + 新能源互联网“5+1”产业生态圈，推动产业链式布局、集群发展。从科技创新看，余杭区规上工业企业研发投入处全省前列，聚集较多的高精尖产业，科技企业技术创新优势明显。余杭区将推动城西科创大走廊高质量融合发展，全力支持四大省实验室、临港国家实验室浙江基地和超重力国家科学装置等科研重器发展，推动“深时数字地球国际大科学计划”落户，争创综合性国家科学中心核心区，建设全球创新策源地。

临平区产业链创新链全景分析报告

杭州临平区位于浙江省北部，总面积约 286 平方千米，下辖 7 个街道、1 个镇。2023 年，全区户籍人口为 63.05 万人，常住人口为 112.7 万人。地区生产总值为 1067.27 亿元，全省排名第 26，全市排名第 8。临平区入选全省首批区域新智造试点、全省双创示范基地。临平区是“中国枇杷之乡”“中国曲艺之乡”，拥有超山景区和塘栖古镇。

一、临平区产业概况

（一）产业结构

从地区生产总值构成看，2023 年，临平区第一产业增加值为 16.80 亿元，第二产业增加值为 557.27 亿元，第三产业增加值为 493.19 亿元，三次产业增加值结构调整为 1.6 ∶ 52.2 ∶ 46.2。

从农业看，临平区以枇杷产业为主导。2023 年，临平区农林牧渔总产值为 26.55 亿元。枇杷全产业链产值达 8.46 亿元以上，“塘栖枇杷”是国家农产品地理标志产品。下一步，临平区将依托“塘栖枇杷节”，打造集休闲旅游、文体康养、绿色环保、现代服务为一体的新型融合产业。

从工业看，临平区以高端装备制造产业为主导。2023 年，临平区实现规上工业营收 1741.34 亿元，有规上工业企业 745 家。2022 年临平区产业主要分布见表 1。下一步，临平区将大力发展工业互联网，积极布局未来产业等前沿产业，最终构建巨大体量的“3（高端装备制造产业、生命健康产业和时尚产业）+1（工业互联网）+X（未来产业）”临平现代产业体系。

表1　临平区特色工业简介

名称	总产值 / 亿元	占全区工业总产值比重 /%
高端装备制造	475.00	28.60
时尚	136.80	8.23
生命健康	超 100.00	超 6.00

（二）“全面均衡”的产业空间布局

图 1 展示了临平区重点产业平台布局。从工业看，临平区工业依托北部的“临平区国家级经济技术

开发区”，在运河街道和东湖街道重点发展高端装备和生物经济产业；依托东南的“临平新城”，在临平街道、东湖街道和南苑街道重点发展产业互联网和智能制造产业；依托西南的“大运河科创城”，在塘栖镇和崇贤街道，重点发展数字经济等产业。从农业看，临平区农业主要集中在塘栖镇、东湖街道和运河街道，依托“杭州市临平区大运河省级现代农业园区”，重点打造“塘栖枇杷”产业链。从服务业看，临平区服务业在乔司和南苑街道，围绕“临平现代服务业创新发展区”，重点打造数字贸易、科技服务和信息技术服务产业。

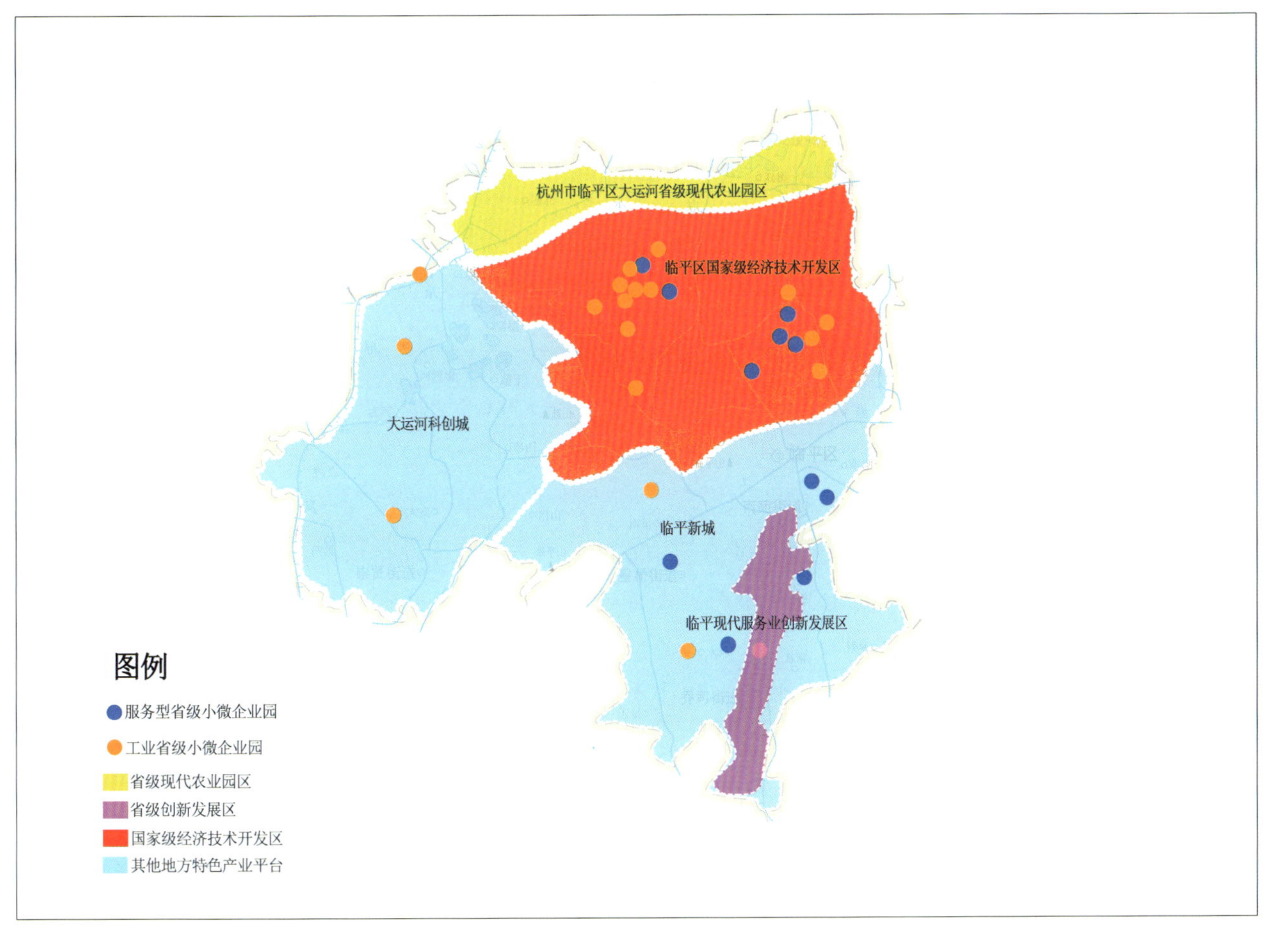

图 1　临平区重点产业平台布局

二、重点产业

（一）高端装备制造产业

临平区拥有全省首个智能制造示范基地、全省第一家世界“灯塔工厂”和三家省级未来工厂。2022 年，临平区高端装备制造产业总产值超 475 亿元，规上企业 179 家。临平区高端装备制造产业的龙头企业见表 3，主要分布在智能城市装备、新型能源装备和智能制造装备三大领域。从产业链角度看，智能城市装备企业主要集中在上游的传感器制造、中游的智能城市平台和智能装备制造；新型能源装备企业主要集中在上游的发电设备零部件和中游的能源装备制造；智能制造装备企业主要集中在上游的机械零部件生产。下一步，临平区将大力发展大型能源成套设备，推进风能、太阳能产业的市场推广；依托浙江大学高端装备研究院等平台，加强对智能制造核心技术的攻关。

表3　临平区高端装备制造产业龙头企业简介

行业	企业类型	公司名称	主营业务
智能城市装备	上市公司	万通智控科技股份有限公司	TPMS 传感器及其配件制造、商用车解耦管路系统等
		杭州老板电器股份有限公司	厨房电器产品（油烟机、燃气灶等）
	专精特新“小巨人”	浙江联运知慧科技有限公司	环卫云平台、垃圾分类云平台和公路云平台
		西子智能停车股份有限公司	各类专业机械式立体停车设备
	地方重点企业	杭州西奥电梯有限公司	垂直电梯、自动扶梯等
新型能源装备	上市公司	浙江运达风电股份有限公司	风电发动机
		杭州福斯达深冷装备股份有限公司	深冷装备（空气分离设备、液化天然气装置）
		浙江晶盛机电股份有限公司	光伏设备、半导体设备
	专精特新“小巨人”	杭州华源前线能源设备有限公司	电极锅炉、SZS 型水管锅炉、WNS 火管锅炉等
智能制造装备	上市公司	杭州微光电子股份有限公司	电机、风机、微特电机、驱动与控制器、机器人与自动化装备
		浙江铁流离合器股份有限公司	汽车离合器、离合器轴承、液压轴承、液力变矩器等
	专精特新“小巨人”	杭州全盛机电科技有限公司	各类精密导电滑环
		杭州麦乐克科技股份有限公司	各类红外滤光片和传感器模组

（二）生命健康产业

2022 年，临平区实现生命健康产业总产值超 100 亿元。临平区生命健康产业的龙头企业见表 4，主要分布在生物医药、医疗设备制造和现代中药三大领域。从产业链角度看，生物医药企业主要集中在上游的医药研发及服务、中游的医药制造；医疗设备制造企业主要集中在上游的电子器件生产和中游的治疗设备、家用医疗器械、体外诊断试剂制造；现代中药企业主要集中在中游的中成药、中药饮片和保健食品生产。下一步，临平区将加速发展生物药和化学药、高端医疗设备及试剂，延伸发展远程医疗、健康管理等健康服务产业；创新发展现代中药及保健食品，开发符合新消费趋势的保健食品。

表4　临平区生命健康产业龙头企业简介

行业	企业类型	公司名称	主营业务
生物医药	上市公司	贝达药业股份有限公司	抗癌创新药研发和生产，产品包括凯美纳、贝美纳、赛美纳、贝安汀等
		杭州百诚医药科技股份有限公司	医药技术研发、药学研究、临床试验、注册申请等
	地方重点企业	杭州民生药业股份有限公司	多种医药原料和四大类药物制剂（抗心血管类、抗肿瘤类、消化道类、多维元素类）
		杭州皓阳生物技术有限公司	新药研发、临床前药学研究
医疗设备制造	上市公司	杭州安杰思医学科技有限公司	止血夹、圈套器、喷洒管、硬化针、黏膜切开刀等
	专精特新“小巨人”	中翰盛泰生物技术股份有限公司	各类仪器设备、诊断试剂和质控品
		杭州科汀光学股份有限公司	高端精密光学仪器用的各种光学薄膜元器件
	地方重点企业	杭州微策生物技术股份有限公司	血糖仪、分析仪、PCR 分子试剂盒等
		浙江健拓医疗仪器科技有限公司	电子体温计、电子血压计、红外额温计、红外耳温计、血糖仪等
现代中药	地方重点企业	杭州胡庆余堂药业有限公司	胃复春、小儿泄泻停颗粒、庆余救心丸、安宫牛黄丸和强力枇杷露等
		杭州海王生物工程有限公司	各种保健食品和功能性食品
		杭州康仑中药饮片有限公司	各种中药饮片

（三）时尚产业

2022 年，临平区时尚产业规上工业总产值超 136.8 亿元。临平区时尚产业的龙头企业见表 5。从产业链角度看，该产业相关龙头企业主要集中在上游的面料生产和中游的服装制造。下一步，临平区以艺尚小镇和家纺服装产业创新综合服务为依托，培育本土品牌，延长发展美丽经济，积极布局医美、美妆、饰品等产业。

表5　临平区时尚产业龙头企业简介

行业	企业类型	公司名称	主营业务
时尚	上市公司	众望布艺股份有限公司	提花面料、平板面料、户外功能性面料等
	地方重点企业	杭州尚亿针织厂	高端真丝和羊绒针织系列产品
		杭州意丰歌服饰有限公司	男装、女装的生产和销售

三、科技创新概况

2022 年，全区 R&D 经费占地区生产总值比重为 3.79%，全省排名第 10；全区拥有高新技术企业 1138 家，高新技术产业增加值占工业增加值比重达 84.86%；全区规上工业企业 R&D 经费支出占营业收入比重达 2.18%，全省排名第 21。

（一）区域创新资源布局

临平区创新平台主要集中在高端装备产业。2022 年，全区拥有国家级孵化器 4 家，省级孵化器 3 家，省级重点实验室 4 家，省级重点企业研究院 8 家，省级企业研究院 60 家，省级高新技术企业研发中心 138 家，省级新型研发机构 2 家。创新平台主要分布在东湖街道、临平街道和塘栖镇（见图 2）。

（二）产业专利分析

临平区的专利优势主要集中在测试或分析材料、电数字数据处理、家用炉或灶等领域。2022 年，临平区有效发明专利共 760 件，前十大专利技术领域见图 3。根据申请人分析，老板电器（家用炉灶、吸油烟机、洗碗机）、运达风电（风力发电机、机械部件测试、计算机辅助设计）、德海艾克（燃料电池）、兴源环境（过滤元件）、西奥电梯（自动扶梯零部件）等申请人的专利数量居前。

四、临平区未来展望

从产业发展看，临平区将以链长制为牵引打造“5+1”产业生态圈，聚焦高端装备制造、生物医药、新材料新能源、时尚布艺等主导产业，着力提升产业链韧性和竞争力水平。从科技创新来看，临平区规上工业企业 R&D 经费占比在全省处于中等水平，产学研合作仍有较大提升空间。临平区将构建以数创时尚创新片、未来智造创新片、大运河科创城创新片为核心，东部高端科创资源导入廊、西部数字创新资源导入廊、南部产业创新资源导入廊协同联动的全域创新空间新格局。

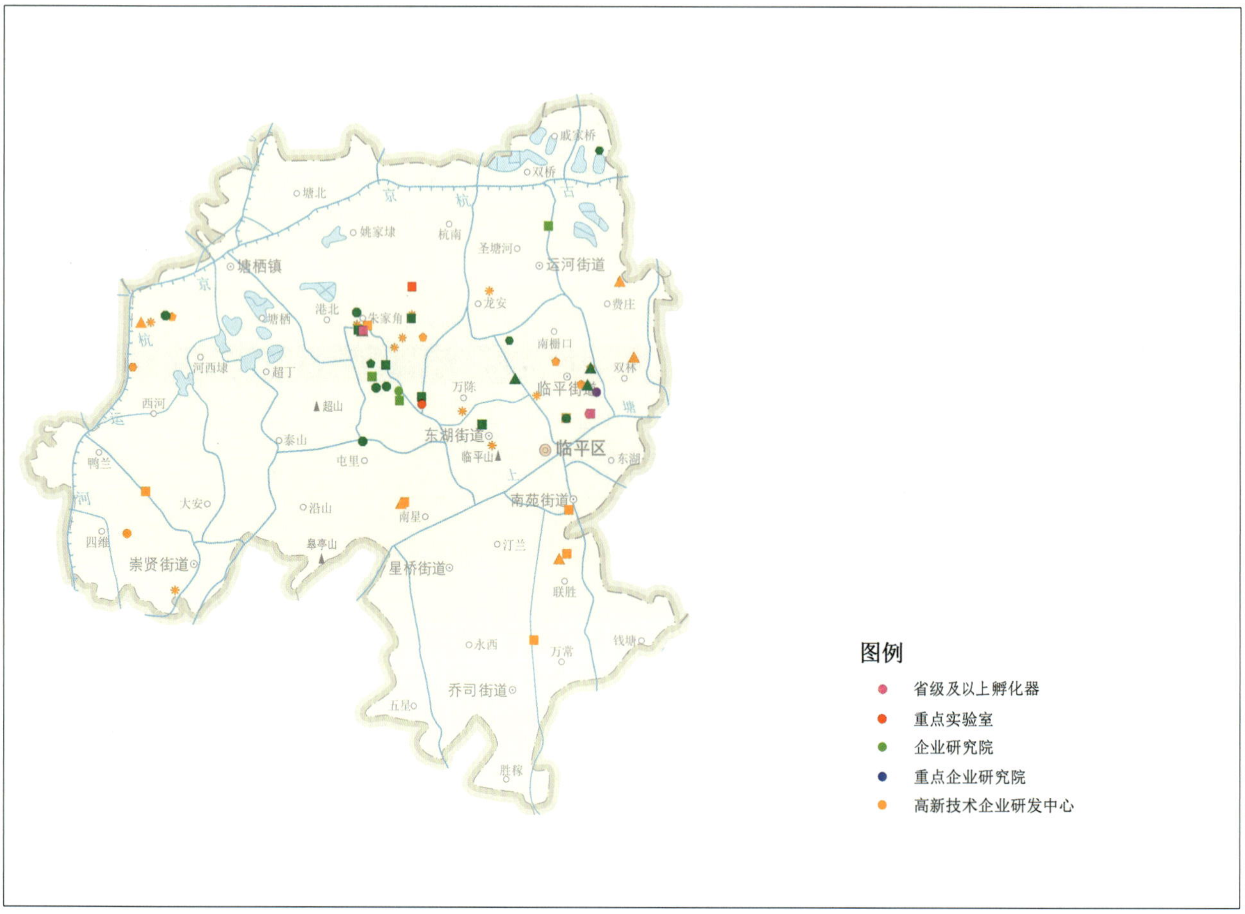

图例

省级及以上孵化器

重点实验室

企业研究院

重点企业研究院

高新技术企业研发中心

图 2 临平区创新平台布局

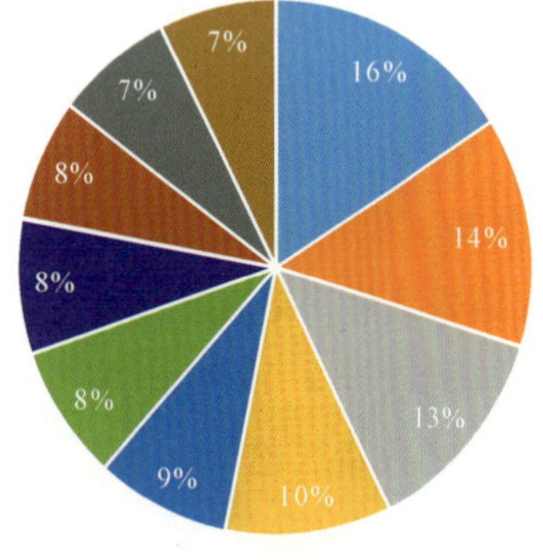

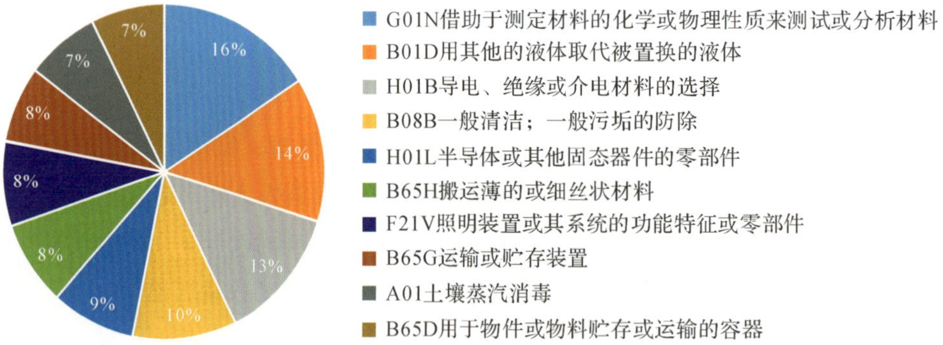

图 3 临平区技术领域分布

钱塘区产业链创新链全景分析报告

杭州钱塘区位于浙江省东北部，杭州湾入海口，总面积为531.7平方千米，下辖7个街道。2023年，全区户籍人口为35.15万人，常住人口为80.2万人。地区生产总值为1270.39亿元，全省排名第23，全市排名第7。钱塘区的下沙高教园区，拥有14所高校，是浙江省内规模最大的高教园区。

一、钱塘区产业概况

（一）产业结构

从地区生产总值构成看，2023年，钱塘区以第二产业为主导，第一产业增加值为12.78亿元，第二产业增加值为824.37亿元，第三产业增加值为433.24亿元，三次产业增加值结构调整为1.0 ∶ 64.9 ∶ 34.1。

从农业看，钱塘区以生猪养殖和水产养殖产业为主导。2023年，钱塘区农林牧渔增加值为13.17亿元，生猪养殖产业年产值超过2亿元，水产养殖产业（主要养殖南美白对虾、中华鳖及四大家鱼等）全产业链产值近4亿元。下一步，钱塘区将推动现代农业标准化、产业化的高质量发展，打造具有现代农业特色的养殖产业体系。

从工业看，钱塘区以半导体、生命健康、智能汽车及智能装备和新材料（航空航天）产业为主导。2023年，钱塘区实现规上工业总产值3647.47亿元，有规上企业超700家。2022年钱塘区第二产业主要分布见表1。计划到2025年，制造业实现工业总产值4000亿元，统筹实施产业集聚、技术创新、成果转化、技术标准等重大工程，着力推进下沙生命健康、江东半导体、前进智能汽车及智能装备、临江新材料等产业组团上下游链接合作和产业链协同共赢，高水平共建钱塘江智造港湾，着力构建半导体、生命健康、智能汽车及智能装备、航空航天、新材料等五大先进制造业产业体系。

表1　钱塘区特色工业简介

名称	规上工业产值 / 亿元	占全区规上工业总产值比重 /%
半导体	462.00	13.19
生命健康	约 433.40	约 12.37
智能汽车及智能装备	约 823.90	约 23.52
新材料	约 641.60	约 18.32

从服务业看，钱塘区以电子商务和科技金融产业为主导。2023 年，钱塘区实现服务业增加值 433.24 亿元，规上服务业企业 361 家。电子商务产业产值 157.74 亿元，科技金融产业营收 10.99 亿元。力争到 2025 年，钱塘区服务业增加值突破 600 亿元，规上服务业企业数量突破 1500 家，推动钱塘区服务业向专业化、高端化、现代化转型，积极谋划未来经济、创意经济、高端物流、跨境电商和电竞娱乐等前沿产业，加快形成以研发检测、电子商务、科技金融、软件信息、文化旅游等为重点的五大现代服务业体系。

（二）“西重东轻”的产业空间布局

图 1 展示了钱塘区重点产业平台布局。钱塘区产业分布呈现出“西部集聚”的特点。从农业看，钱塘区农业主要集中在钱塘江的右岸，依托“杭州市钱塘区省级现代农业园区”，发展水稻种植。从工业看，在钱塘江左岸的白杨和下沙两个街道，钱塘区工业以“省级经济开发区”和“省级创新发展区”为核心，依靠大量“省级工业小微企业园”和“省级特色小镇”，发展半导体、生命健康、智能汽车及智能装备和新材料等行业。在钱塘江右岸腹地，钱塘区工业依托“杭州大江东航空航天产业平台”和“国家级高新区”，大力发展机械装备、汽车整车及零部件、新材料、电子信息、激光装备、生物医药及航空航天产业。从服务业看，钱塘区服务业主要集中在钱塘江左岸，依托大量“省级服务业小微企业园”，发展直播、时尚、医疗和互联网大数据等行业。

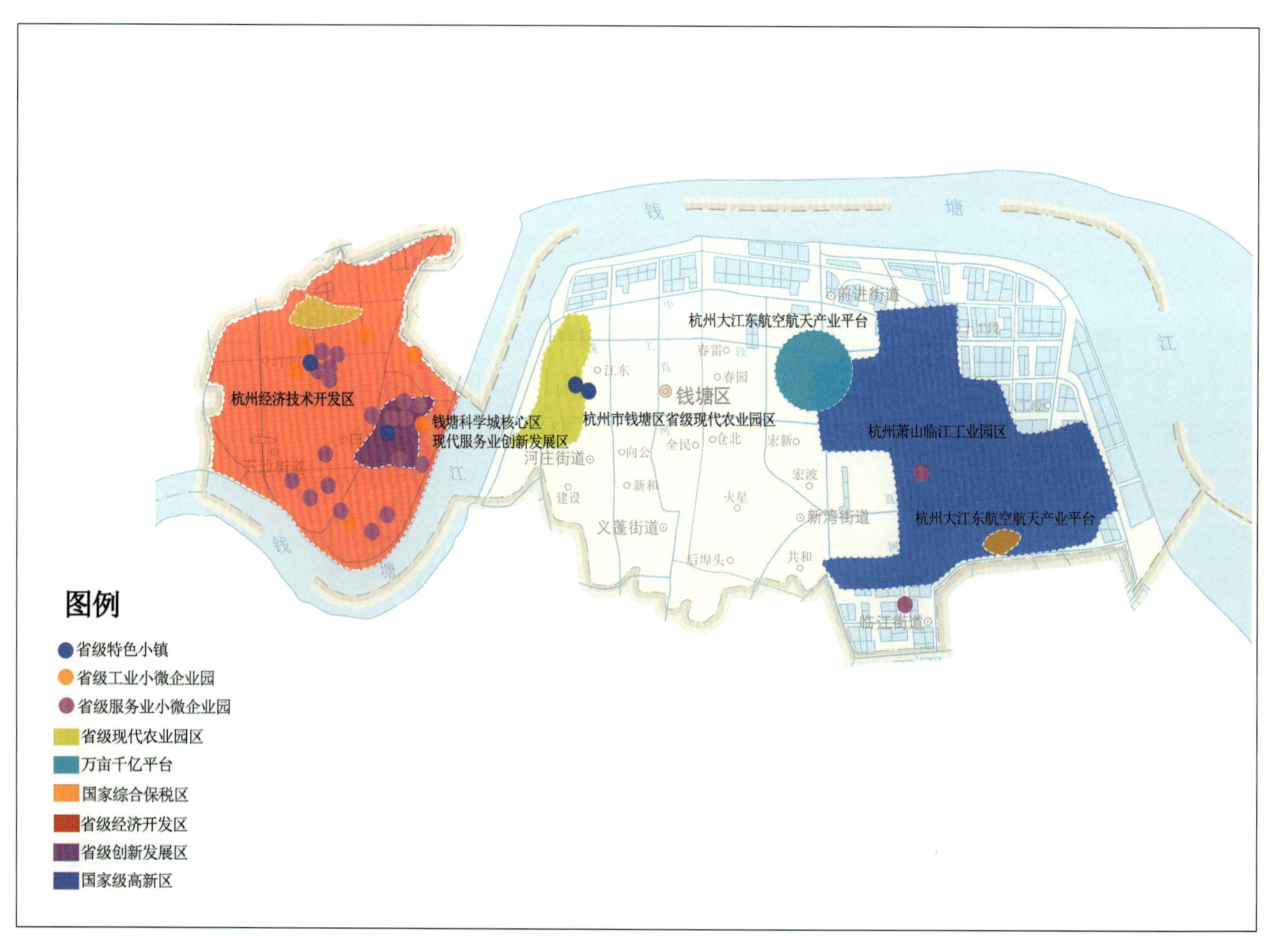

图 1　钱塘区重点产业平台布局

二、重点产业

（一）半导体产业

2022年，钱塘区半导体产业规上工业总产值761.38亿元，规上企业124家。钱塘区半导体产业的龙头企业见表2。从产业链角度看，该产业的龙头企业主要集中在上游的半导体材料的研发，中游的半导体设备的制造和半导体的零部件制造，下游的芯片制造。下一步，钱塘区将以标志性项目引进、领军型企业培育、创新资源要素集聚、产业配套完善为突破口，打造政策链、产业链、创新链、人才链、资金链、服务链、生态链七链集成，大力发展半导体材料、集成电路制造、智能终端生产，配套发展芯片设计和测试、智能应用等产业。按照“一二三四”发展主线，推进半导体产业特色平台实现跨越式发展。力争到2025年，形成千亿级产值规模，半导体产业产值达1000亿元。

表2　钱塘区半导体产业龙头企业简介

行业	企业类型	公司名称	主营业务
半导体	上市公司	杭州士兰微电子股份有限公司	肖特基二极管（SBD）、双极PWM控制器、移动电源快充电路、音频编解码
		杭州和利时自动化有限公司	分布式控制系统、汽轮机数字电液调节系统、安全系统产品
		杭州立昂微电子股份有限公司	半导体功率芯片、肖特基芯片、集成电路用半导体材料
		杭州美迪凯光电科技股份有限公司	传感器光学封装基板、芯片贴附承载基板
	地方规划里提到的重点企业	深圳芯英科技有限公司	计算机系统集成、计算机软件开发、硬件设备及辅助设备
		统合电子杭州有限公司	主板、路由器、交换机、芯片
		赛德电气有限公司	PD776系列谐波多功能电力仪表、SDM6系列热磁式脱扣断路器、SDKI-G系列智能型无功功率自动补偿控制器
		杭州中欣晶圆半导体股份有限公司	单晶锭、抛光片
	在地方参与的重大产业项目的依托企业	杭州安费诺飞凤通信部品有限公司	充电器插头、天线结构件、滑板铰链、笔记本铰链、柔性屏铰链
		怡得乐电子（杭州）有限公司	电脑连接器小型家电、精密模具、电子元件、电子自动装配机械

（二）生命健康产业

2022年，钱塘区实现生命健康产业规上工业总产值约433.4亿元，生命健康产业营收突破500亿元，拥有生物医药企业1600余家。钱塘区生命健康产业的龙头企业见表3。从产业链角度看，该产业的龙头企业基本覆盖了全产业环节，涉及上游的新药研发、中游的新药制造和下游的新药临床试验。下一步，钱塘区将打造生物医药产业绝对优势核心圈；依托中国科学院杭州医学研究所等重大创新平台，加大科技合作与交流，承接实施一批国家重大科技项目，全力争创国家级技术创新中心，着力发展生物医药、高端医疗器械、生命医学工程、智慧医疗、健康食品，构建完整生物医药产业生态圈，快速推进生物技术制药、高端药物制剂、高端影像设备、植介入医疗器械、快速检测试剂等产业发展。力争到2025年，形成千亿级产值规模，生命健康全产业链产值达1000亿元。

表3 钱塘区生命健康产业龙头企业简介

行业	企业类型	公司名称	主营业务
生命健康产业	上市公司	杭州美亚药业股份有限公司	腺苷、5’–腺苷酸、二磷酸腺苷一钾、二磷酸腺苷、二磷酸腺苷一钠
		杭州奥泰生物技术股份有限公司	新型冠状病毒抗原检测试剂盒、幽门螺杆菌 IgG 抗体检测试剂（乳胶法）
	专精特新“小巨人”	杭州协合医疗用品有限公司	细菌性阴道病联合检测试剂、吸收性氧化再生纤维素止血材料、新型冠状病毒抗原检测试剂盒
		安瑞医疗器械（杭州）有限公司	啄木鸟刀、鹰夹、注射针、电圈套器、热活检钳、止血钳
	地方规划里提到的重点企业	杭州药明生物技术有限公司	生物药安全性检测、药明生物 HEK 293 细胞、质粒 DNA（pDNA）、重组蛋白和酶
		天境生物科技有限公司	菲泽妥单抗、来佐利单抗 TJC4、尤莱利单抗 TJD5、依非白介素 TJ107
		华东医药股份有限公司	百令胶囊、新赛斯平、卡司平、邦达信（注射用达托霉素）
	在地方参与的重大产业项目的依托企业	天境生物科技有限公司	肿瘤免疫和自身免疫疾病研发创新抗体药物
		明峰医疗系统股份有限公司	银河系列 CT、繁星系列 CT、车载 CT、方舟 CT
		杭州中美华东制药有限公司	利拉鲁肽注射液、司美格鲁肽注射液、德谷胰岛素注射液

（三）智能汽车及智能装备产业

2022 年，钱塘区智能汽车及智能装备产业规上工业总产值约 823.9 亿元，拥有上下游企业超过千余家。相关产业的龙头企业见表 4。从产业链角度看，该产业的龙头企业主要集中在上游的汽车和机械零部件的生产，中游的零部件的组装，下游的整车和机械的使用和销售。未来，在全域多个点位打造科创引擎和汽车服务中心，完善“研发—生产—供应—销售—服务”全链条汽车产业生态体系，加快汽车产业“强链、补链、延链”建设，构建集研发、制造、销售、后市场为一体的汽车全产业链生态，加快打造以新能源汽车转型为依托的汽车及零部件千亿级产业集群。力争到 2025 年，智能汽车及智能装备产业产值达 1500 亿元。

表4 钱塘区智能汽车及智能装备产业龙头企业简介

行业	企业类型	公司名称	主营业务
智能汽车及智能装备产业	上市公司	泰瑞机器股份有限公司	肘杆式注塑机、垂直转盘多组分注塑机、全电动注塑机、二板式注塑机
		奥普家居股份有限公司	冷暖设备、家用电器、厨房电器、照明电器、通风置换设备
	专精特新“小巨人”	浙江正泰中自控制工程有限公司	安全继电器、SIS 安全仪表控制系统、泰美一分布式控制系统 PCS1800、中智通—Chitic8.0 工业控制应用软件平台
		杭州沃镭智能科技股份有限公司	乘用车分动箱柔性装配生产线、乘用车液压盘式制动器（含转向节、轮边、前悬）柔性装配生产线、汽车卡钳（含前卡钳）柔性装配生产线、新能源汽车电机控制器 DC–DC 模块柔性装配生产线
		德帕姆（杭州）泵业科技有限公司	计量泵、高压过程往复泵、气动隔膜泵、螺杆泵、转子泵
	地方重点企业	浙江零跑科技股份有限公司	整车设计、研发制造、电机电控、电池系统开发
		浙江三花汽车零部件有限公司	汽车零部件
		杭州新松机器人自动化有限公司	多可移动协作机器人、多可传输系统、多可存储系统
	参与地方重大产业项目依托企业	长安福特汽车有限公司	福特 EVOS、福特探险者、福特锐界、福特锐际
		浙江吉利控股集团	星瑞、缤越、帝豪、博越

（四）新材料产业

2022 年，钱塘区新材料产业规上工业总产值约 641.6 亿元，规上企业近 100 家。相关产业的龙头企业见表 5。从产业链角度看，该产业的龙头企业主要集中在上游的新材料的研发和中游的新材料的合成。下一步，钱塘区将大力发展化工新材料、电子信息材料、新型医用材料、前沿新材料等产业，进一步丰富和完善"孵化器—加速器—产业化基地"的全产业链产业园区产品体系，推动区域产业集聚发展。力争到 2025 年，形成千亿级产值规模，新材料产业产值突破 1000 亿元。

表5　钱塘区新材料产业龙头企业简介

行业	企业类型	公司名称	主营业务
新材料产业	上市公司	百合花集团股份有限公司	联苯胺黄 OF-15 涂料、联苯胺黄 BHT 涂料、永固黄 1148A
		杭州吉华高分子材料股份有限公司	水性涂料、耐高温涂料、陶瓷涂料、辊涂料
	专精特新"小巨人"	杭州科利化工股份有限公司	改性型氯化聚乙烯、橡胶型氯化聚乙烯、电线电缆混炼胶、胶管混炼胶、氯化聚乙烯橡胶（片状）
	地方规划里提到的重点企业	杭州格林达电子材料股份有限公司	丙二醇甲醚 PGME（GET-A02）、食品级磷酸（GEP-S01）、电子级硫酸、25% 四甲基氢氧化铵（GEC-I25）
		杭州聚合顺新材料股份有限公司	聚酰胺 6 切片
		浙江东南新材料科技有限公司	冷轧钢卷
		浙江永杰铝业有限公司	硬铝镁合金中厚板、铝镁合金带、亲水铝箔、彩色铝合金卷
		浙江省双兔新材料有限公司	坯布产品
		浙江巴陵恒逸己内酰胺有限责任公司	轻质油、硫磺、苯蒸馏残液

三、科技创新概况

2022 年，全区 R&D 经费占地区生产总值比重为 5.16%，全省排名第 2；全区拥有高新技术企业 1002 家，高新技术产业增加值占工业增加值比重达 75.72%；全区规上工业企业 R&D 经费支出占营业收入比重为 1.15%。

（一）区域创新资源布局

钱塘区创新平台主要集中在生命健康、智能装备和新材料行业。2022 年，全区拥有各种省级及以上创新平台 226 家，其中国家级孵化器 6 家，省级重点企业研究院 6 家，省级孵化器 8 家，省级企业研究院 44 家，省级新型研发机构 6 家，重点实验室 35 家。创新平台主要分布在下沙高教园区（白杨街道）以及河庄街道和新湾街道的部分地区（见图 2）。

（二）产业专利分析

钱塘区的专利优势主要集中在养殖业和机械制造领域。2022 年，钱塘区有效发明专利共 381 件，前十大专利技术领域见图 3。根据申请人分析，钱塘科技创新中心（智能装备和新材料）、钱塘江水利建筑（水利建设）、钱塘机器人及智能装备研究（智能装备）、钱塘彩印包装（包装）等申请人的专利数量居前。

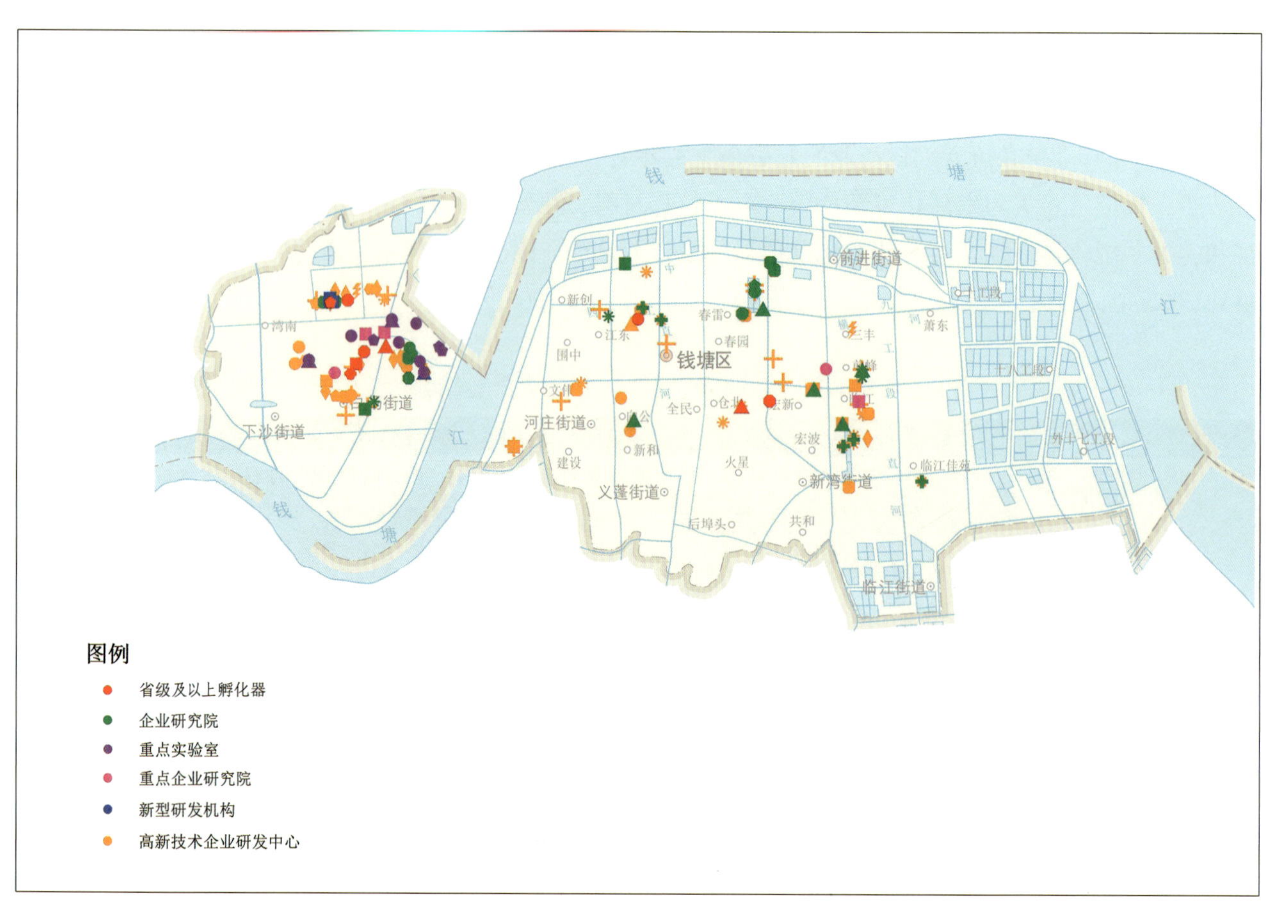

图2　钱塘区创新平台布局

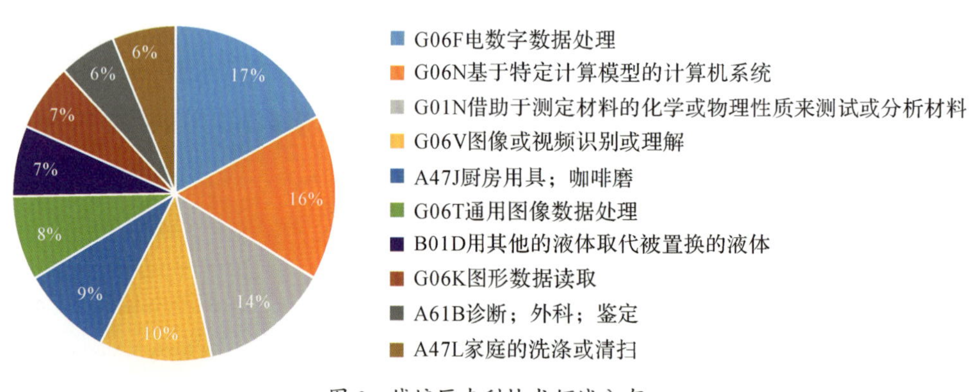

图3　钱塘区专利技术领域分布

四、钱塘区未来展望

从产业发展看，钱塘区锚定“车芯药化航”五大主导产业，形成了以智能汽车及智能装备产业为主体的一个千亿级产业集群，以及生命健康、新材料、半导体等三个500亿级产业集群，其中，集成电路产业跻身国家级创新型产业集群，生物制药及医疗器械、新能源汽车及零部件入选省级特色产业集群核心区名单，数字安防与网络通信、现代家具与智能家电入围协同区名单。从科技创新看，钱塘区高新技术产业增加值占工业增加值比重和规上工业企业R&D经费支出占营业收入比重等指标也在省内排名靠前。钱塘区将加快建设钱塘科学城“五地一窗口”，打造产才融合示范区和环大学城创新生态圈。

富阳区产业链创新链全景分析报告

杭州富阳区位于浙江省西北部，富春江下游，总面积 1821.08 平方千米，下辖 5 个街道、13 个镇、6 个乡。2023 年，全区户籍人口为 70.14 万人，常住人口为 85.7 万人。地区生产总值为 960.9 亿元，全省排名第 30，全市排名第 9。富阳区拥有杭州野生动物世界、龙门古镇、富春桃源等旅游区。

一、富阳区产业概况

（一）产业结构

从地区生产总值构成看，2023 年，富阳区第一产业增加值为 53.4 亿元，第二产业增加值为 405.3 亿元，第三产业增加值为 502.2 亿元，三次产业增加值结构调整为 5.5 ∶ 42.2 ∶ 52.3。

从农业看，富阳区以水稻、蔬菜、茶叶、干果、水果、食用笋等产业为主导。2023 年，富阳区农林牧渔总产值 76.0 亿元，围绕“富春山居”品牌建设，培育有安顶云雾茶、东洲葡萄、新登鲜桃、大青草莓、洞桥香榧、永昌竹笋等特色农产品。下一步，富阳区将做优做强茶叶、香榧、水果等特色品牌，推进竹产业物理分解点建设，打造三条以上优势特色富民产业链。

从工业看，富阳区以智能装备和光电通信产业为主导。2023 年，富阳区实现规上工业营收 1959.3 亿元，有规上工业企业 764 家。2022 年富阳区产业主要分布见表 1。下一步，富阳区将打造“千百亿级”制造业集群，聚焦光电通信、智能装备、生物医药、数字安防、集成电路五大标志性产业链建设，主攻关键环节特色领域，全方位推进产业基础高级化和产业链价值链提升，力争到 2025 年，五大标志性产业链总产值达 1600 亿元以上。

表1　富阳区特色工业简介

名称	规上工业产值 / 亿元	占全区规上工业总产值比重 /%
智能装备	约 348.00	约 23.55
光电通信	约 151.30	约 10.24
生物医药	78.00	5.28

（二）产业空间布局

图 1 展示了富阳区重点产业平台布局。从农业看，富阳区农业依托“新桐省级现代农业园区”，在鹿山街道发展花卉苗木和粮食全产业链。从工业看，富阳区工业依托“国家级经济开发区”，在东洲区块重点发展数字安防产业、新登区块重点发展生物医药产业、银湖区块重点发展光通信产业、场口区块重点发展高端装备制造和新能源新材料产业；围绕“省级高新区”，在春江街道重点打造光电、机电和智能专用设备三大主导产业。

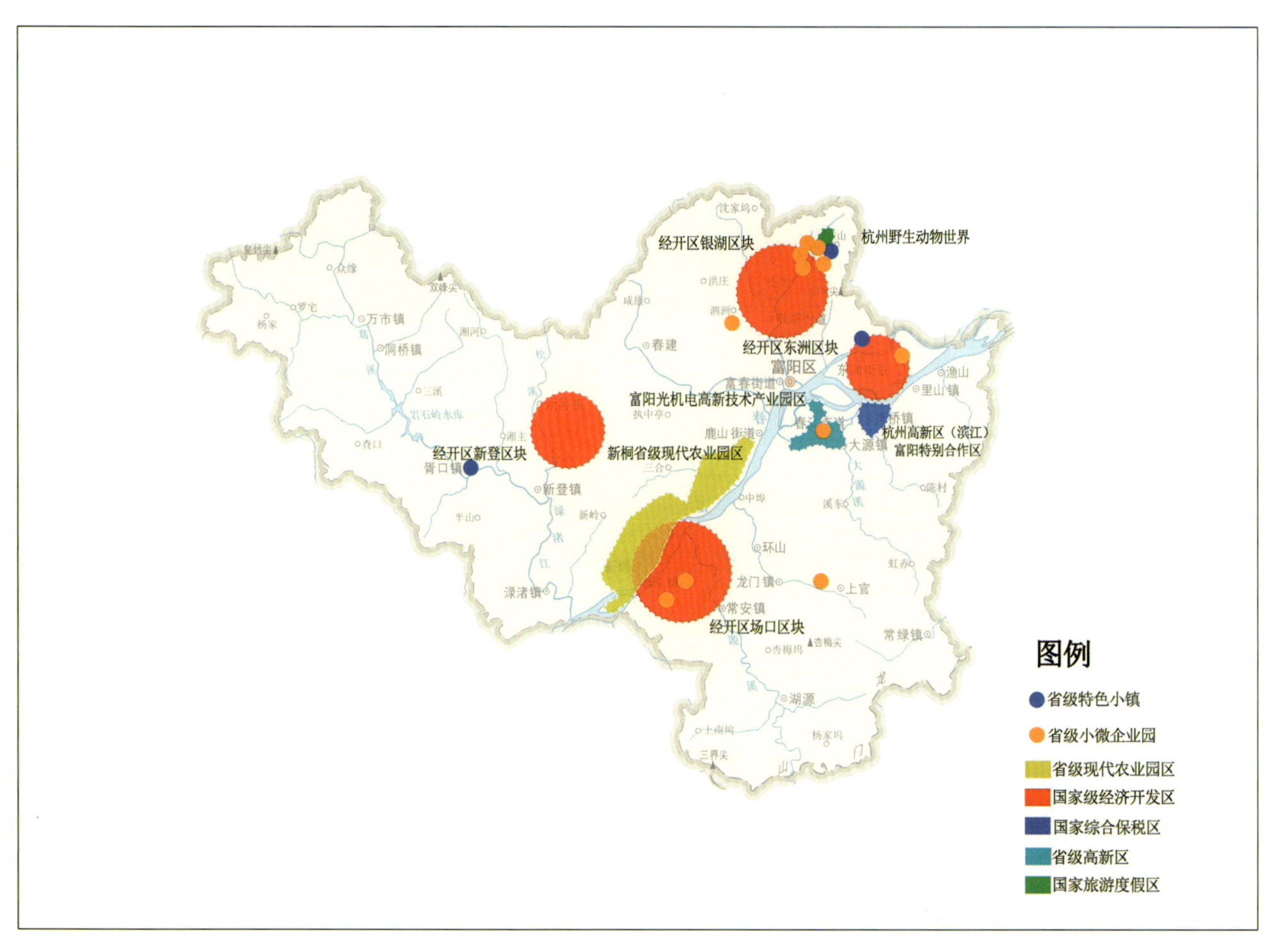

图 1　富阳区重点产业平台布局

二、重点产业

（一）智能装备产业

2022 年，富阳区智能装备产业规上工业总产值约 348 亿元，规上企业 211 家，是富阳区的主导产业。富阳区智能装备产业的龙头企业见表 2。从产业链角度看，智能装备产业的龙头企业主要集中于上游的汽车零部件制造和中游的机器人、数控机床、电机电器、物流装备、轨道交通装备、高性能专用装备制造。下一步，富阳区将依托高校科研机构、企业研发中心等创新资源，加快突破高端、智能装备制造领域关键技术短板，大力发展以磁悬浮、物流装备、机器人及控制系统等为代表的智能化专业产品，积极发展节能环保产业。力争到 2025 年，形成产值超过 500 亿元的智能装备标志性产业链。

表2　富阳区智能装备产业龙头企业简介

行业	企业类型	公司名称	主营业务
汽车零部件	上市公司	杭州天铭科技股份有限公司	绞盘、电动踏板、越野改装件
		浙江金固股份有限公司	钢制滚型车轮、EPS 绿色免酸洗金属表面处理设备、汽配供应链专业服务、分布式光伏发电
	专精特新“小巨人”	杭州润德车轮制造有限公司	机动车钢圈
		杭州广安汽车电器有限公司	汽车空调控制器、汽车电控盒、伺服电机、调速模块等
		富阳通力机械制造有限公司	千斤顶、液压工具和汽车附件
机器人	地方重点企业	杭州爱科机器人技术有限公司	切割机，自动化设备、智能装备及 AI 系统、机器人及控制系统
电机电器	上市公司	杭州星帅尔电器股份有限公司	冰箱、冷柜、空调等压缩机，光传感器组件、厨余粉碎机等电机
	地方重点企业	杭州富生电器有限公司	高效节能电机和制冷压缩机电机
		杭州新恒力电机制造有限公司	大型直流电机、Z 系列 /Z4 系列 / 中大型直流电机、大功率直流电机等
数控机床	专精特新“小巨人”	浙江金火科技实业有限公司	车削机床、复合加工机床、智能化机床
物流装备	专精特新“小巨人”	杭州富宏叉车制动器有限公司	叉车制动器系列、牵引车制动器系列、驻车制动器系列、全封闭免调试电磁制动器系列
	地方重点企业	美科斯叉车（浙江）有限公司	内燃叉车、电动叉车、堆垛机、前移式叉车、搬运车等
轨道交通装备	地方重点企业	浙江飞旋科技有限公司	磁悬浮轴承及配件、磁悬浮控制器、分子泵、传感器、功率放大器等
		杭州兴发弹簧有限公司	0.1—100mm 的各类弹簧
高性能专用装备	上市公司	杭州中泰深冷技术股份有限公司	板翅式换热器、冷箱和成套装置
		杭州宏华数码科技股份有限公司	超高速机、直喷印花、转移印花
	专精特新“小巨人”	浙江正大空分设备有限公司	制氮设备、制氧设备、VPSA 制氧机、余热 / 微热 / 无热再生干燥器等

（二）光电通信产业

富阳区是全国光通信市场重要组成部分，其光缆、电缆的产量占全国总产量的近 1/4。2022 年，富阳区实现光电通信产业规上工业总产值超 181.3 亿元，有规上企业 40 家。富阳区光电通信产业的龙头企业见表 3。从产业链角度看，该产业相关龙头企业主要集中在上游的光纤预制棒、光纤光缆、光器件、输配电器件，中游的光通信设备制造，下游的通信工程服务。下一步，富阳区将依托杭州光机所、春江研究院等一流创新载体，增强在光电通信产业上游光电材料、芯片领域的自主创新能力，实现关键技术自主研发，重点发展光纤光缆、光电器件、光电设备、光电激光等。

表3　富阳区光电通信产业龙头企业简介

行业	企业类型	公司名称	主营业务
光电通信	上市公司	杭州电缆股份有限公司	缆线、导线、民用线缆、光纤、光缆、光棒、塑料
		杭州富通通信技术股份有限公司	光纤、光缆等光通信系列产品
		杭州星帅尔电器股份有限公司	电子元器件与机电组件设备销售、变压器
	专精特新“小巨人”	杭州银湖电气设备有限公司	YMSVC 型动态无功补偿装置、YAPF 型有源电力滤波装置等 YSVG 型有源动态无功补偿装置
		杭州新恒力电机制造有限公司	电机制造、机械电气设备制造、电机及其控制系统研发

续表

行业	企业类型	公司名称	主营业务
光电通信	专精特新中小企业	杭州东南吉通网络有限公司	光纤配线箱、光缆交接箱、电缆交接箱、光缆分线箱
		杭州永德电气有限公司	高压电器、低压电器的技术研发
		杭州汉莱电器有限公司	电工器材制造、电子元器件制造
	高新技术企业	杭州富阳天泰通信器材有限公司	电缆分线盒、光纤终端盒、光纤配线箱
		浙江富春江光电科技有限公司	光缆制造、光纤制造
		杭州富生电器有限公司	电机制造，电机及其控制系统研发
	地方重点企业	浙江富春江通信集团	光棒和特种光纤、各类型光缆、特种光缆、新型光器件等
		杭州永特信息技术有限公司	通信器材、电线电缆
		浙江德宝通讯科技股份有限公司	单管塔、一体化、三管塔、角钢塔和其他通信铁塔产品

（三）数字安防产业

富阳区数字安防产业的龙头企业见表4。从产业链角度看，该产业相关龙头企业主要分布在上游的软件开发、电子元器件，中游的安防设备，下游的服务。下一步，富阳区将在东洲新区，依托大华、雄迈等龙头骨干企业，主攻数字安防硬件产品和系统集成服务，创新场景应用产品，加快人工智能、虚拟/增强现实等技术融合应用，形成从研发到应用的产业链闭环，打造全省数字安防产业高地。力争到2025年，数字安防产业产值达200亿元。

表4　富阳区数字安防产业龙头企业简介

行业	企业类型	公司名称	主营业务
数字安防	专精特新“小巨人”	杭州富阳中荷电子有限公司	智能家居系统、物联传感技术
	专精特新中小企业	杭州富阳海康保泰安防技术服务有限公司	安全系统监控服务、安全技术防范系统设计施工服务、软件开发
		杭州华宏通信设备有限公司	卫星移动通信终端销售、计算机软硬件及辅助设备批发、电子元器件制造
		浙江安耐杰科技股份有限公司	计算机软硬件、电子元器件、自动化控制设备
		佐格微系统（杭州）有限公司	信息系统集成服务、计算机系统服务、通信设备制造
		杭州中凯通信设备有限公司	电力电子元器件制造、配电开关控制设备制造、数字视频监控系统制造
		杭州摩科智能互联有限公司	物联网技术服务、互联网数据服务、智能机器人销售
		杭州比孚科技有限公司	自动化系统装置、智能化仪器仪表制造
		杭州富春云科技有限公司	计算机软硬件、网络技术的开发
		杭州巨峰科技有限公司	计算机软件、电子产品、通信产品、网络产品
		杭州德联科技股份有限公司	建筑装饰装修工程，计算机软件、自动化控制系统的技术开发
	地方重点企业	浙江华消科技有限公司	特殊作业机器人制造、安防设备制造
		杭州普乐科技有限公司	信号灯控制仪、智能监控系统、交通信号灯
		杭州爱华智能科技有限公司	仪器仪表制造、环境监测专用仪器仪表制造、电子测量仪器销售

（四）生物医药产业

2022年，富阳区生物医药产业规上工业总产值78亿元，规上企业超20家。生物医药产业的龙头企业见表5，主要分布在生物医药和医疗器械两大行业。从产业链角度看，生物医药企业主要集中在上游的化工材料、原料药、添加剂和中游的药品、兽药生产；医疗器械主要集中在中游的 X 射线设备、口罩和口腔正畸材料生产。下一步，富阳区将在新登新区、富春湾新城、银湖科技城，坚持研发、制造两端发力，以“葛洪丹谷”药谷小镇和生命科技产业园为依托，海正药业、瀚晖制药等一批龙头企业为主导，推动创新药物和医疗器械源头创新，重点发展化学创新药、生物技术药物、现代中药、高性能医疗器械，打造杭州生物医药产业融合发展高地。力争到 2025 年，生物医药产业链产值达 100 亿元以上。

表5　富阳区生物医药产业龙头企业简介

行业	企业类型	公司名称	主营业务
生物医药	专精特新“小巨人”	浙江泰林生命科学有限公司	工业酶制剂研发、专用化学产品制造
	专精特新中小企业	浙江惠迪森药业有限公司	原料药、抗菌药
		浙江海正动物保健品有限公司	兽药
		杭州科兴生物化工有限公司	饲料添加剂
	高新技术企业	杭州华威药业股份有限公司	中成药制剂生产
		浙江弘盛药业有限公司	小容量注射剂、片剂、胶囊剂
		浙江博峤生物制药有限公司	兽药生产、保健食品生产
		海正药业（杭州）有限公司	兽药生产、食品生产、食品添加剂生产
	地方重点企业	瀚晖制药有限公司	药品（肿瘤、心脑血管、代谢、抗感染、呼吸、激素、免疫抑制剂）
医疗器械	专精特新“小巨人”	杭州凯龙医疗器械有限公司	工业用 X 光管、医用 X 射线附属设备及部件
	高新技术企业	杭州富阳华文医疗器械有限公司	日用口罩（非医用）生产、口腔正畸材料

（五）集成电路产业

富阳区集成电路产业的龙头企业见表 6。从产业链角度看，该产业相关龙头企业主要分布在上游的半导体器件专用设备生产，中游的集成电路设计、制造、电感器、光电子器件，下游的集成电路应用。下一步，富阳区将以富芯芯片 IDM 项目为引领，重点布局富春湾新城滨富特别合作区，主要围绕物联网、5G 通信、消费电子等终端应用需求，坚持以创新为发展的第一驱动力，加快发展面向汽车电子、5G 通信、智能制造及工业驱动的高功率电源管理模拟芯片，迅速集聚并形成产业规模，建成富阳制造业破而后立的“芯”引擎。力争到 2025 年，集成电路产业产值达 300 亿元以上。

表6　富阳区集成电路产业龙头企业简介

行业	企业类型	公司名称	主营业务
集成电路	专精特新中小企业	杭州多宝电子股份有限公司	拉杆天线，电子设备用低频连接器，电感器和电子设备变压器
		杭州日月电器股份有限公司	微型电机、节电配电设备的生产
		杭州图南电子股份有限公司	通信设备制造、信息系统集成服务
		杭州银湖激光科技有限公司	半导体器件专用设备制造、激光打标加工
	高新技术企业	杭州富阳富春江特种通信器材有限公司	通信器材、电气设备、船舶机械设备研发
		杭州金隆通信器材有限公司	光通信设备制造、移动通信设备制造、机械设备租赁
		新际电子元件（杭州）有限公司	变压器、电感器、电源
		杭州百芯半导体有限公司	集成电路制造、集成电路芯片及产品销售

续表

行业	企业类型	公司名称	主营业务
集成电路	高新技术企业	浙江芯科半导体有限公司	电子专用材料销售、集成电路设计
		璞璘科技（杭州）有限公司	电子专用材料制造、新材料技术研发、半导体器件专用设备制造
		杭州嘉悦智能设备有限公司	半导体器件专用设备制造，烘炉、熔炉及电炉销售
		杭州富加镓业科技有限公司	光电子器件销售、集成电路设计
		恒迈光学精密机械（杭州）有限公司	半导体器件专用设备制造、机械设备研发、数控机床制造
		杭州亮晶睛光电科技有限公司	光电子器件制造、配电开关控制设备研发、电子专用设备制造
		浙江光锥科技有限公司	半导体照明器件制造、货物进出口
	独角兽企业	杭州富芯半导体有限公司	集成电路制造、集成电路设计

三、科技创新概况

2022年，全区R&D经费占地区生产总值比重为3.20%，全省排名第24；全区拥有高新技术企业636家，高新技术产业增加值占工业增加值比重70.24%；全区规上工业企业R&D经费支出占营业收入比重达1.28%。

（一）区域创新资源布局

富阳区创新平台主要集中在智能装备和光电通信产业。2022年，全区拥有省级重点实验室1家，省级新型研发机构1家，省级重点企业研究院1家，省级企业研究院12家，省级高新技术企业研发中心31家，国家级孵化器1家，省级孵化器1家。创新平台主要分布在富春街道、银湖街道、春江街道等（见图2）。

（二）产业专利分析

富阳区专利优势主要集中在光缆、光纤、水稻基因工程、气体分离领域。2022年，富阳区有效发明专利共848件，前十大专利技术领域见图3。据申请人分析，富通通信（光纤预制棒、光纤、光缆）、中国水稻研究所（水稻基因、栽培方法）、杭州科技职业技术学院、中国林业科学研究院亚热带林业研究所（油茶、竹笋、菌类）、雄迈集成电路（计算机系统）等申请人的专利数量居前。

四、富阳区未来展望

从产业发展看，富阳区将重点布局富春湾新城、高尔夫路智造谷、场口新区等区块，依托飞旋科技、宏华数码、中泰深冷、富生电器、新恒力电机等重点企业，以项目为支撑，重点发展“磁悬浮+”、物流装备、电机电器、数控机床、控制系统装备等智能化专业产品，着力推动节能环保装备智能化升级。从科技创新看，富阳区规上工业企业R&D经费支出占营业收入比重全省排名居中，创新平台分布较为分散，总体创新能力较为不足。下一步，富阳区将着力构建银湖科技城创新创业生态，加快人工智能创新发展区、生命科技探索试验区建设，打造高新产业大孵化器；环阳陂湖区块积极引进研发机构、科技企业总部、重点实验室，打造科技创新实践地；富春湾新城重点依托中国科学院上海光学精密机械研究所杭州分所，提升光电激光产业攻关能力，加快建设省级高新技术产业园区，打造高能级创新平台。

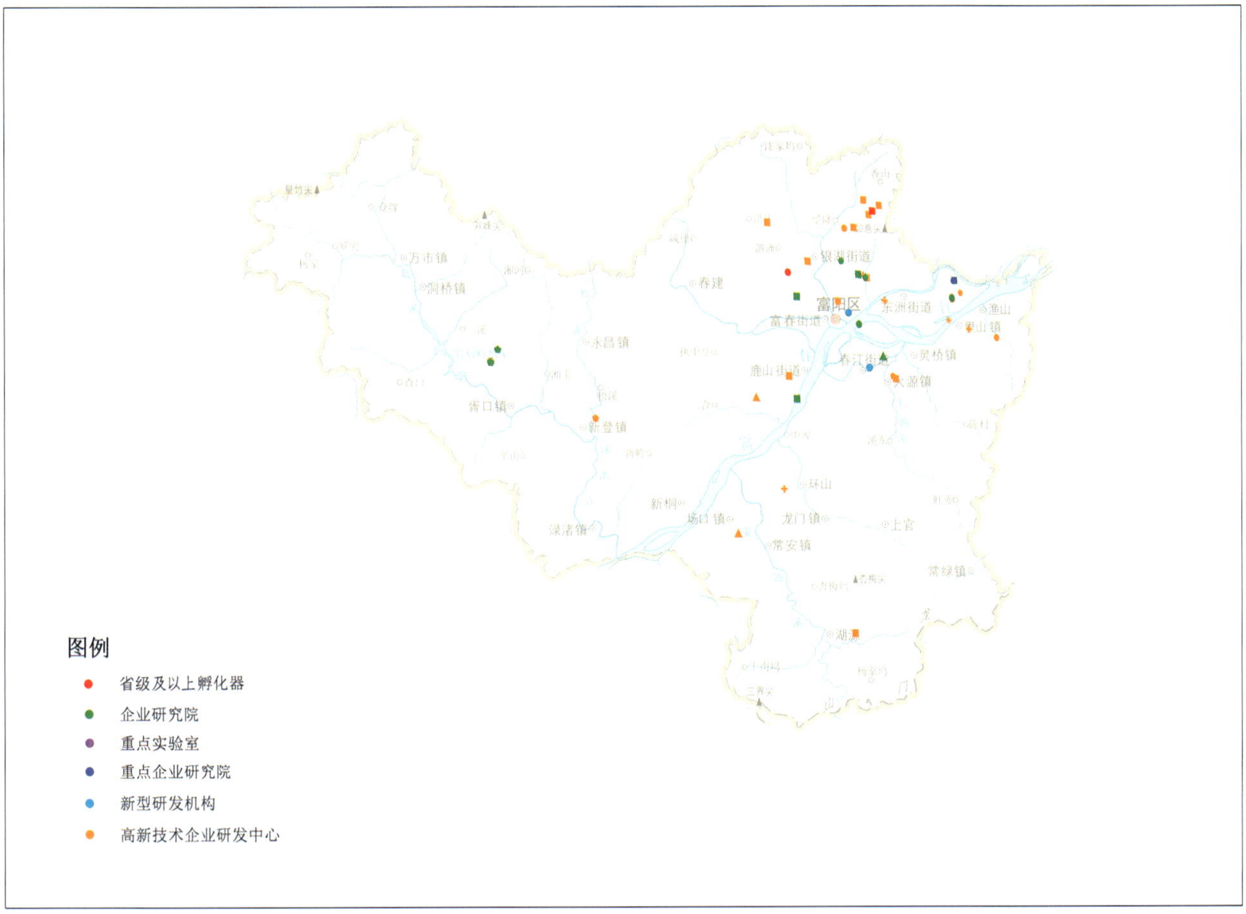

图例
省级及以上孵化器
企业研究院
重点实验室
重点企业研究院
新型研发机构
高新技术企业研发中心

图 2　富阳区创新平台布局

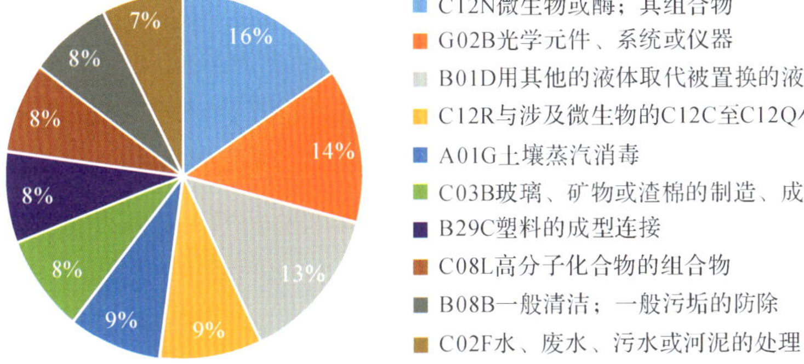

图 3　富阳区专利技术领域分布

临安区产业链创新链全景分析报告

杭州临安区位于浙江省西北部，总面积约 3126.8 平方千米，下辖 5 个街道、13 个镇。2023 年，全区户籍人口为 54.54 万人，常住人口为 65.2 万人。地区生产总值为 686.45 亿元，全省排名第 50，全市排名第 10。临安区是全国综合实力百强区、全国绿色发展百强区、“中国天然氧吧”、“中国竹子之乡”、“中国山核桃之都”，拥有浙西大峡谷景区、天目山风景区、青山湖风景区等旅游区。

一、临安区产业概况

（一）产业结构

从地区生产总值构成看，2023 年，临安区第一产业增加值为 47.18 亿元，第二产业增加值为 339.11 亿元，第三产业增加值为 300.16 亿元，三次产业增加值结构调整为 6.9 ： 49.4 ： 43.7。

从农业看，临安区以山核桃、竹笋产业为主导。2023 年，临安区农林牧渔总产值 70.19 亿元。其中，以雷竹为代表的竹笋产业产值 17.2 亿元，“临安竹笋”被纳入全国农产品区域价值百强榜；山核桃产业产值 8.76 亿元，“临安山核桃”是浙江区域名牌农产品，被纳入全国名特优新农产品名录，有“天下美果”之称；以茄子、辣椒、西红柿等为代表的山地蔬菜产业产值 7.3 亿元；以青顶、龙井等为代表的茶叶产业产值约 3.37 亿元，“天目青顶”是浙江省级名茶之一。

从工业看，临安区以高端装备产业、新材料和电线电缆产业为主导。2023 年，临安区实现规上工业营业收入 1453.17 亿元，有规上工业企业 742 家。2022 年临安区产业主要分布见表 1。下一步，临安区将依托青山湖科技城，重点聚焦高端装备、新材料、新能源、集成电路、生命健康等五大产业生态圈，开展项目招引；同时推动电线电缆、复合装饰材料、光电打造等三大传统产业向智能化、数字化、网络化、柔性化转型升级，最终打造“5（高端装备、新材料、新能源、集成电路、生命健康）+3（电线电缆、复合装饰材料、光电）”的临安现代产业体系。

表1 临安区特色工业简介

名称	规上工业产值 / 亿元	占全区规上工业总产值比重 /%	备注
高端装备	426.00	33.00	
新材料	235.80	18.27	
电线电缆	184.00	14.26	
新能源	—	—	已投资的在建项目 2025 年可达产约 250 亿元
复合装饰材料	64.39	4.99	
生命健康	62.30	4.83	
光电	约 40.00	约 3.10	
集成电路	—	—	已投资的在建项目 2025 年可达产约 300 吨

（二）“东部集聚”的产业空间布局

图 1 展示了临安区重点产业平台布局。从工业看，临安区工业聚焦青山湖科技城，围绕“临安经济开发区”“青山湖科技城高新技术产业园区”“省级特色小镇”“省级小微企业园”，形成东部集聚格局，重点打造生命健康、高端装备、电子信息、食品产业，少量涉及新材料、光电芯片、航空航天等产业。从农业看，临安区农业主要聚集在板桥镇和太湖源镇，围绕“省级现代农业园区”和“省级农业科技园区”，重点发展雷竹、毛竹、山核桃、茶叶产业。

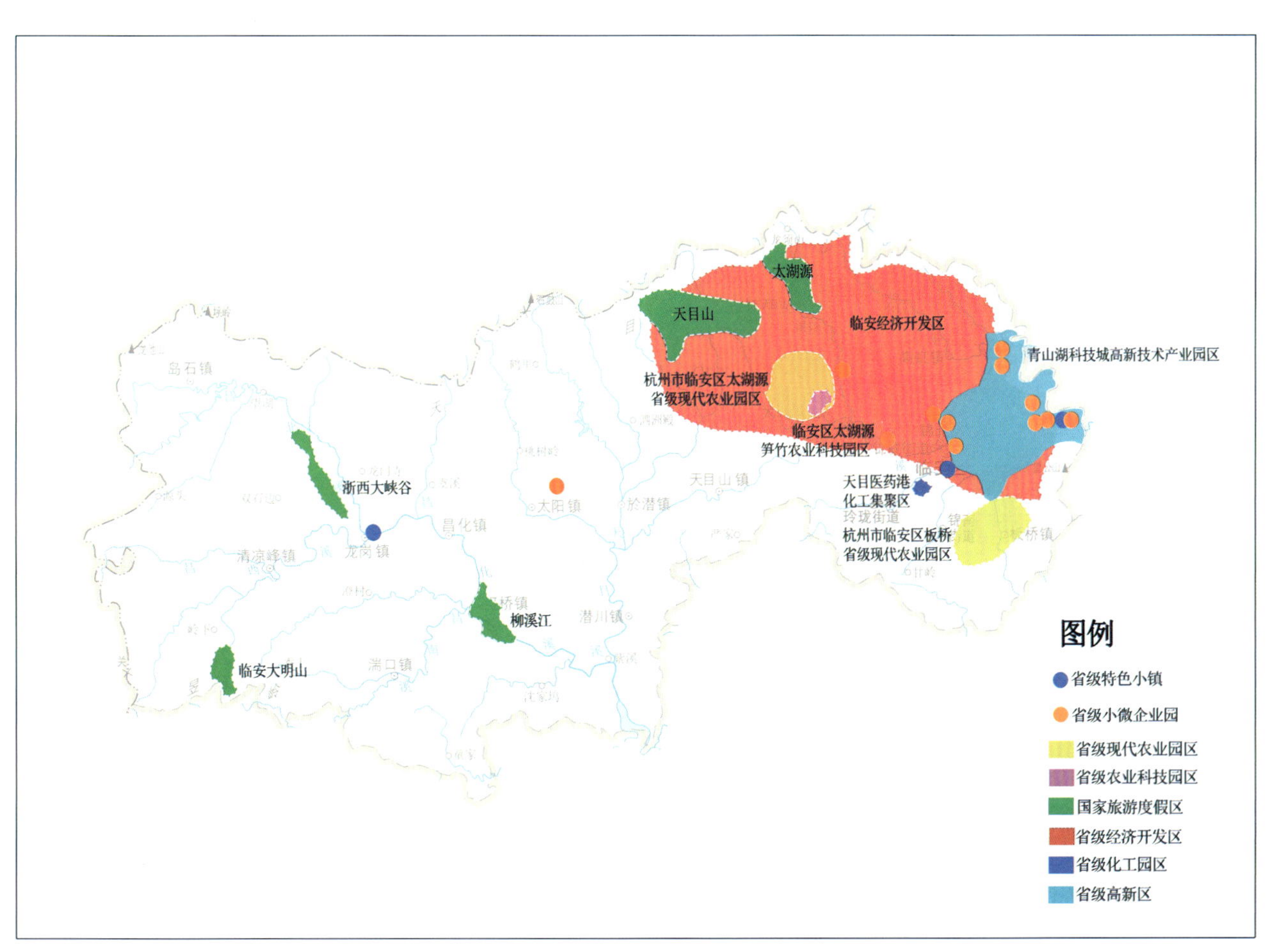

图 1 临安区重点产业平台布局

二、重点产业

（一）高端装备产业

2022 年，临安区高端装备产业规上工业总产值 426 亿元，是临安的第一大主导产业、地标性产业。临安区高端装备产业的龙头企业见表 2，主要分布在智能物流装备、关键基础件、机器人与智能制造装备领域。从产业链角度看，智能物流装备企业主要集中在中游的包装及分拣装置、装卸搬运设备、电扶梯；关键基础件企业主要集中在中游的关键零件制造；机器人与智能制造装备企业主要集中在上游的电机和中游的智能装备制造、机械设备制造。下一步，临安将依托智能物流装备产业园、高端成套设备产业园，聚焦智能物流装备行业的中游环节，重点发展仓储装卸设备、整梯设备等领域，构建“高端电机—智能系统—整梯装备”的标志性产业链；借助杭氧股份等智能制造龙头企业的带动作用，重点研发面向石油化工、冶炼等领域的特大型空分设备以及质谱仪等关键核心技术，全力打造智能装备研发制造创新基地。力争到 2025 年，高端装备产业产值达 500 亿元。

表2　临安区高端装备产业龙头企业简介

行业	企业类型	公司名称	主营业务
智能物流装备	上市公司	杭叉集团股份有限公司	1—48 吨内燃叉车、0.75—48 吨电动叉车、高空作业车辆、AGV 智能工业，高机等整机和核心零部件
	规上百强（市级）	西子电梯科技有限公司	乘客电梯、观光电梯、无机房电梯、医用电梯、载货电梯、自动扶梯、自动人行道、别墅电梯
关键基础件	单项隐形冠军	临安奥星电子股份有限公司	电容器铝壳
	专精特新“小巨人”	杭州杭氧工装泵阀有限公司	低温液体泵及阀门
		浙江华昌液压机械有限公司	以液压油缸为主导产品，液压元器件
机器人与智能制造装备	上市公司	万马科技股份有限公司	微模块数据中心、5G 基站侧设备、智能光链路设备
		杭州制氧机集团股份有限公司	大型特大型空分设备
	专精特新“小巨人”	杭州杭氧透平机械有限公司	各类离心式空气、氧气、氮气压缩机及工业用其他离心压缩机
	国家级高新技术企业（省内百强）	杭州谱育科技发展有限公司	质谱及其联用技术、液相色谱质谱系统
		浙江西子富沃德电机有限公司	无齿轮电梯曳引机、销售机电配件、电器配件、电梯配件

（二）新材料产业

2022 年，临安区新材料产业规上工业总产值 235.8 亿元。相关龙头企业和重点项目见表 3 和表 4。从产业链角度看，新材料产业的龙头企业主要集中在中游的高分子材料、光伏新材料制造。下一步，临安区将依托浙江省光伏封装材料企业共同体，培育一批生产高性能光伏胶膜、高效逆变器、光伏核心元器件等光伏新型材料及核心部件领域的企业；以电线电缆等省产业链上下游企业共同体及重点项目为牵引，重点发展高分子材料、生物基纳米材料的制备应用，最终建立新材料科研创新与转化高地。力争到 2025 年，新材料产业规模突破 300 亿元。

表3　临安区新材料产业龙头企业简介

行业	企业类型	公司名称	主营业务
关键战略材料	上市公司	杭州福斯特应用材料股份有限公司	光伏封装材料
	国家级高新技术企业	杭州华正新材料有限公司	高频、高速及高多层覆铜箔基板、复合材料、电子绝缘材料等高端电子基材
先进基础材料	上市公司	杭州华旺新材料科技股份有限公司	高性能纸基新材料、装饰纸
	国家级高新技术企业	浙江凌志新材料有限公司	硅橡胶密封条、新型玻璃用有机硅涂层、门窗幕墙胶、防火胶、防火防腐涂料
		浙江万马高分子材料集团有限公司	交联聚乙烯电缆料、电缆料的后吸法工艺、高压直流输电电缆用绝缘材料、抗水树电缆绝缘料、高性能低烟无卤料

表4　临安区新材料产业重点项目简介

项目名称	投资额 / 亿元	预计产值 / 亿元	主营业务
年产 3600 万平方米铝塑膜项目	5	7	锂离子电池用铝塑膜研发、生产
南都普华新能源产业投资基金	10		储能、光伏、风电、氢能、生物质发电、能源物联网、可降解材料等行业

（三）电线电缆产业

电线电缆是临安区传统优势产业。2022 年，临安区电线电缆产业规上工业总产值 184 亿元，规上企业 77 家。临安区电线电缆产业的龙头企业见表 5。从产业链角度看，电缆企业主要集中在中游的电线电缆制造。下一步，临安区将引进国内行业龙头企业，重点发展特种电缆、消费类电子线材和工业线束缆，从技术研发、品牌提升、标准建设等方面带动本地电线电缆企业跨越发展；同时大力推动电线电缆产业数字化改造，培育区域品牌效应显著的现代产业集群，打造“中国电线电缆制造基地”。力争到 2025 年，电线电缆产业规模突破 220 亿元。

表5　临安区电线电缆产业龙头企业简介

行业	企业类型	公司名称	主营业务
电缆	专精特新“小巨人”	浙江天杰实业股份有限公司	CATV 同轴电缆，75Ω、50Ω 射频同轴电缆
	专精特新中小企业	杭州普天乐电缆有限公司	物理高发泡同轴电缆、光电综合线缆、数据网络线、无线通信 RF 线缆、监控线、电源线、蝶形光缆、馈线
		杭州金星通光纤科技有限公司	光纤预制棒、芯光纤拉丝生产线
		浙江万马天屹通信线缆有限公司	同轴电缆、安防线缆、数据通信电缆、光缆、智能化综合布线
		杭州临安森源电缆有限公司	电梯电缆和电梯线束

（四）新能源产业

临安区新能源产业的龙头企业和重点项目见表 6 和表 7，主要分布在智能光伏行业和新能源电池领域。从产业链角度看，光伏企业主要集中在中游的光伏胶膜、光伏背板、太阳能电池制造；新能源电池企业主要集中在中游的锂电池、综合能源站设备、电磁流量仪表制造和下游的充电基础设施服务。下一步，临安区将聚焦光伏行业的中游环节，促进辅料生产向光伏元器件、逆变器等高价值核心部件拓展，构建以光伏封装材料、光伏背板为主的光伏组件专用设备与辅料高度集聚的产业体系。力争到 2025 年，新能源产业规模达 200 亿元。

表6　临安区新能源产业龙头企业简介

行业	企业类型	公司名称	主营业务
光伏	上市公司	杭州福斯特应用材料股份有限公司	EVA 胶膜、POE 胶膜、光伏背板、结构胶、封边胶
	亿元以上企业	杭州富茂光伏材料有限公司	太阳能电池、EVA 胶膜封装材料
		浙江帝龙光电材料有限公司	EVA 胶膜、聚烯烃胶膜、共挤型封装胶膜、功能性 EVA 胶膜
		杭州新子光电科技有限公司	白色 EVA 反射膜、高透、截止高效抗 PID 胶膜、反射膜、绝缘膜
新能源电池	上市公司	浙江南都电源动力股份有限公司	以锂电池和铅电池为核心的系统化产品及集成服务
	专精特新“小巨人”	杭州源牌科技股份有限公司	综合能源站设备（蓄冰盘管、水蓄能罐、电极锅炉）、电磁流量仪表（电磁流量计、电磁热量表、电磁水表）等核心产品和高效机房系统解决方案
	产业化项目	浙江万马新能源有限公司	充电基础设施网络建设、智能大功率快速充电、智能车桩网融合及大数据充电安全

表7　临安区新能源产业重点项目简介

项目名称	投资额 / 亿元	预计产值 / 亿元	主营业务
雅迪集团（华宇新能源）钠离子电池产业化项目	1.1	3—5	钠离子电池研究和开发、钠离子电池包生产

（五）集成电路产业

临安区集成电路产业的龙头企业见表 8。从产业链角度看，集成电路企业主要集中在上游的电子元器件生产，中游的集成电路设计、制造、印刷线路板，下游的应用设备生产。下一步，临安区将依托科技城微纳智造小镇，聚焦芯片设计研发测试、集成电路关键装备，高水平建设微纳技术研发开放平台，加快国家重大科技专项产业化，重点发展集成电路芯片设计、设备及制造、封装测试。力争到 2025 年，集成电路产业规模突破 50 亿元。

表8　临安区集成电路产业龙头企业简介

行业	企业类型	公司名称	主营业务
集成电路	专精特新中小企业	浙江驰拓科技有限公司	集成电路制造、集成电路芯片设计及服务、集成电路芯片及产品制造
		浙江西盈科技股份有限公司	智能控制系统集成、电子产品销售、集成电路制造
	高新技术企业	昕原半导体（杭州）有限公司	集成电路制造、集成电路销售
		杭州思博慧联科技有限公司	电子元器件零售、集成电路销售、集成电路制造
		普赛微科技（杭州）有限公司	集成电路芯片设计及服务、集成电路设计、集成电路芯片及产品制造
		杭州临安龙飞电子有限公司	集成电路设计、货物进出口
		杭州临安鹏宇电子有限公司	电子元器件制造、电子元器件零售
		杭州临安三品电子有限公司	印制线路板，销售、印制线路板材料及电子配件

三、科技创新概况

2022 年，全区 R&D 经费占地区生产总值比重为 3.78%，全省排名第 11；全区拥有高新技术企业 544 家，高新技术产业增加值占工业增加值比重达 86.53%；全区规上工业企业 R&D 经费支出占营业收入比重达 1.62%。

（一）区域创新资源布局

临安区创新平台主要集中在高端装备产业。2022 年，全区拥有省级孵化器 3 家，省级重点实验室 16 家，省级企业研究院 26 家，省级高新技术企业研发中心 57 家。创新平台主要分布在玲珑街道和青山湖街道（见图 2）。

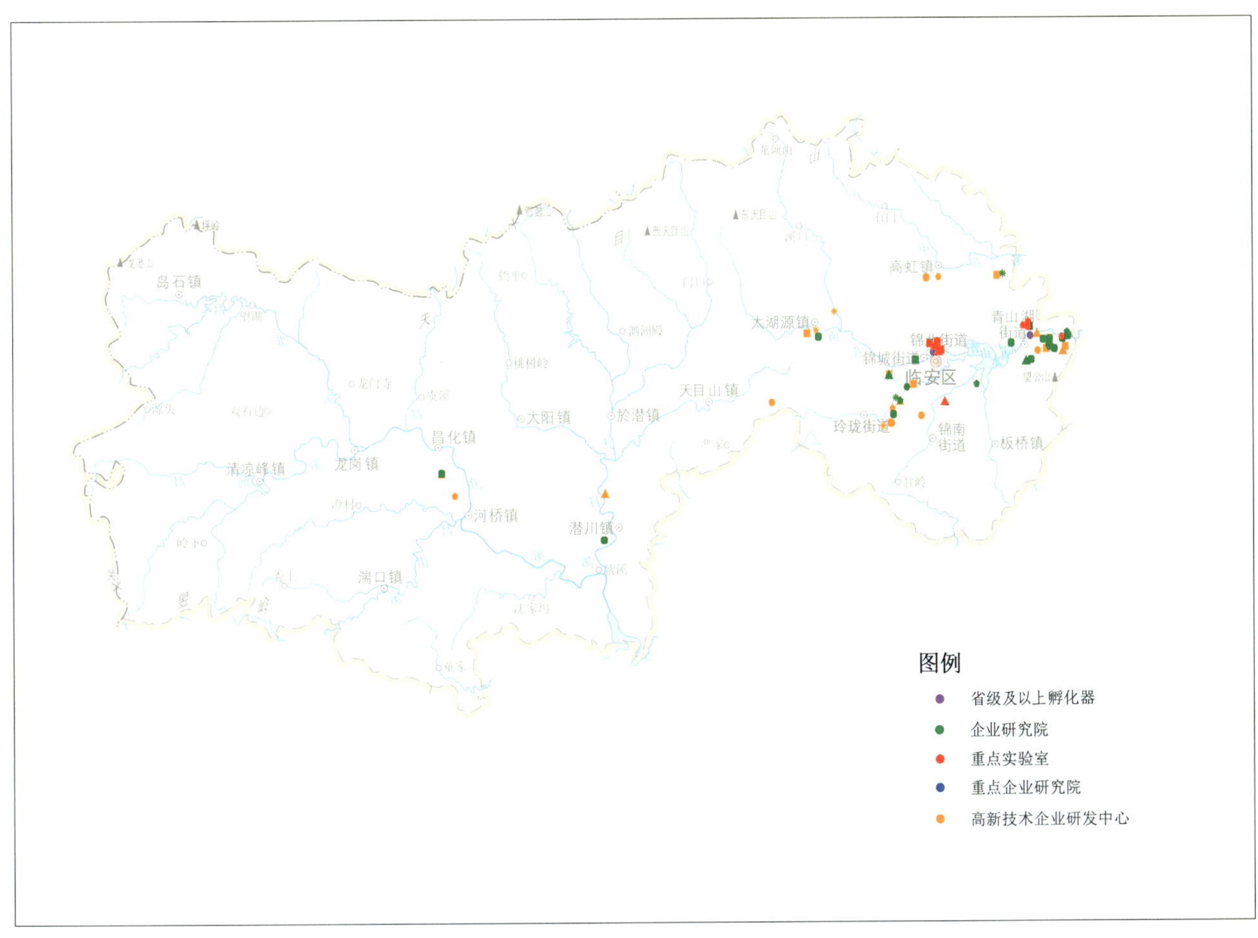

图 2　临安区创新平台布局

（二）产业专利分析

临安区的专利优势主要集中在聚乙烯、复合金属材料等领域。2022 年，临安区有效发明专利共 686 件，前十大专利技术领域见图 3。根据申请人分析，杭叉集团股份（车辆控制系统、燃料电池叉车）、浙江驰拓科技（存储元件磁存储器件、MTJ 器件）、盾安环境技术（组合阀、法兰、压缩机、电子膨胀阀）、杭州福斯特应用材料（光伏组件、光伏封装胶膜、反射胶膜）等申请人的专利数量居前。

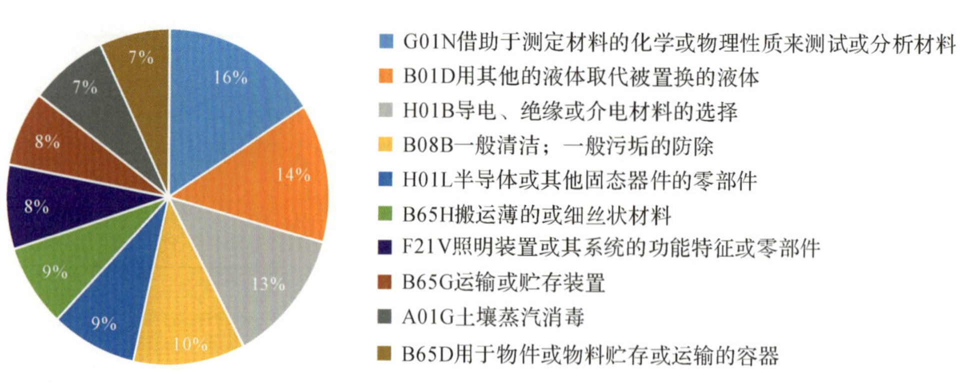

图3 临安区专利技术领域分布

四、临安区未来展望

从产业发展看，临安区依托青山湖科技城，重点聚焦高端装备、新材料、新能源、集成电路、生命健康等五大产业生态圈，提升发展电线电缆、复合装饰材料、光电制造等三大传统产业。从科技创新看，临安区规上工业企业研发投入占比全省排名靠前，全区 R&D 经费占地区生产总值比重居全省靠前。临安区将围绕“云制造小镇”和青山湖科技城，发挥科技大市场的平台作用，依托香港大学浙江研究院、浙江大学高端装备研究院等科创平台，推动智能装备产业向技术研发、创意设计、品牌营销等价值链高端领域转型升级。

桐庐县产业链创新链全景分析报告

杭州桐庐县位于浙江省西北部，总面积约 1825 平方千米，下辖 4 个街道、4 个乡、6 个镇。2023 年，全县户籍人口为 41.83 万人，常住人口为 45.9 万人。地区生产总值为 469.23 亿元，全省排名第 62，全市排名第 11。桐庐县是“中国创新百强县”、“浙江省科技强县”、“中国民营快递之乡”、“中国蜂产品之乡”、全国县域旅游综合实力百强县，拥有瑶琳仙境等国家 4A 级景区。

一、桐庐县产业概况

（一）产业结构

从地区生产总值构成看，2023 年，桐庐县第一产业增加值为 28.56 亿元，第二产业增加值为 214.69 亿元，第三产业增加值为 225.98 亿元，三次产业增加值结构调整为 6.1 ： 45.8 ： 48.1。

从农业看，桐庐县以蜂产业和茶产业为主导。2023 年，桐庐县农林牧渔总产值 42.66 亿元。蜂产品产值 1.65 亿元，全产业链产值超 16.47 亿元，蜂王浆等出口数量占全国出口总量一半以上。下一步，桐庐县将谋划建设国家级蜜蜂科技园，做大做强“雪水云绿”等茶叶品牌，打造桐庐县中部名贵药材产业带，推进水果产业种植基地建设，打造以“蜂茶果药”为主导的新型农业体系。

从工业看，桐庐县以视觉智能产业、新能源产业和磁性材料产业为主导。2023 年，桐庐县实现规上工业总产值 581.72 亿元，有规上工业企业约 400 家。2022 年桐庐县产业主要分布见表 1。下一步，桐庐县将推动主导产业向生命健康、快递物流装备和时尚产业（针织、制笔）领域进军，培育人工智能、集成电路等未来产业集群，打造电子信息、新能源新材料、先进装备制造、医疗器械、时尚制造等百亿级产业链，最终构建以快递物流和大智造、大健康、大旅游为主体的“1+3+X”特色产业体系。

表1　桐庐县特色工业简介

名称	规上工业产值 / 亿元	占全县规上工业总产值比重 /%
视觉智能	超 120.00	超 26.64
新能源	近 100.00	近 22.20
磁性材料	超 41.00	超 9.10
医疗器械	约 15.00	约 3.33

从服务业看，桐庐县以快递物流服务为主导。2022 年，桐庐县实现规上服务业总营收约 537.25 亿元（其中批发零售产业营收占 31.6%），规上快递物流服务业营收 259 亿元，占规上服务业总营收比重 48.2%。下一步，桐庐县将围绕做强三大地标性服务业、培育四大新兴服务业、提升“X”大品质服务业，打造特色鲜明的“3（‘中国民营快递之乡’、富春山居文旅品牌、健康服务）+4（数字服务、科技服务、金融服务、商务服务）+X（新型消费服务、优质社区服务、体育赛事服务）”现代服务业体系。

（二）“东部工业、西部农旅”的产业空间布局

图 1 展示了桐庐县重点产业平台布局。从工业看，桐庐县工业依托“桐庐智能装备高新技术产业园区”和“省级小微企业园”，在凤川街道，重点打造新能源和新材料产业，少部分分涉及智能物流和医疗健康。从农业看，桐庐县农业主要集中在百江镇和富春江镇，围绕“桐庐县省级现代农业园区”和“桐庐县‘稻香樱语’生态农业科技园区”，重点打造蜂产品、茶叶、蓝莓等特色产品。从服务业看，桐庐县服务业在城南街道，围绕“桐庐迎春商务区”，重点打造商务服务（文创和人力资源）和信息科技服务产业。

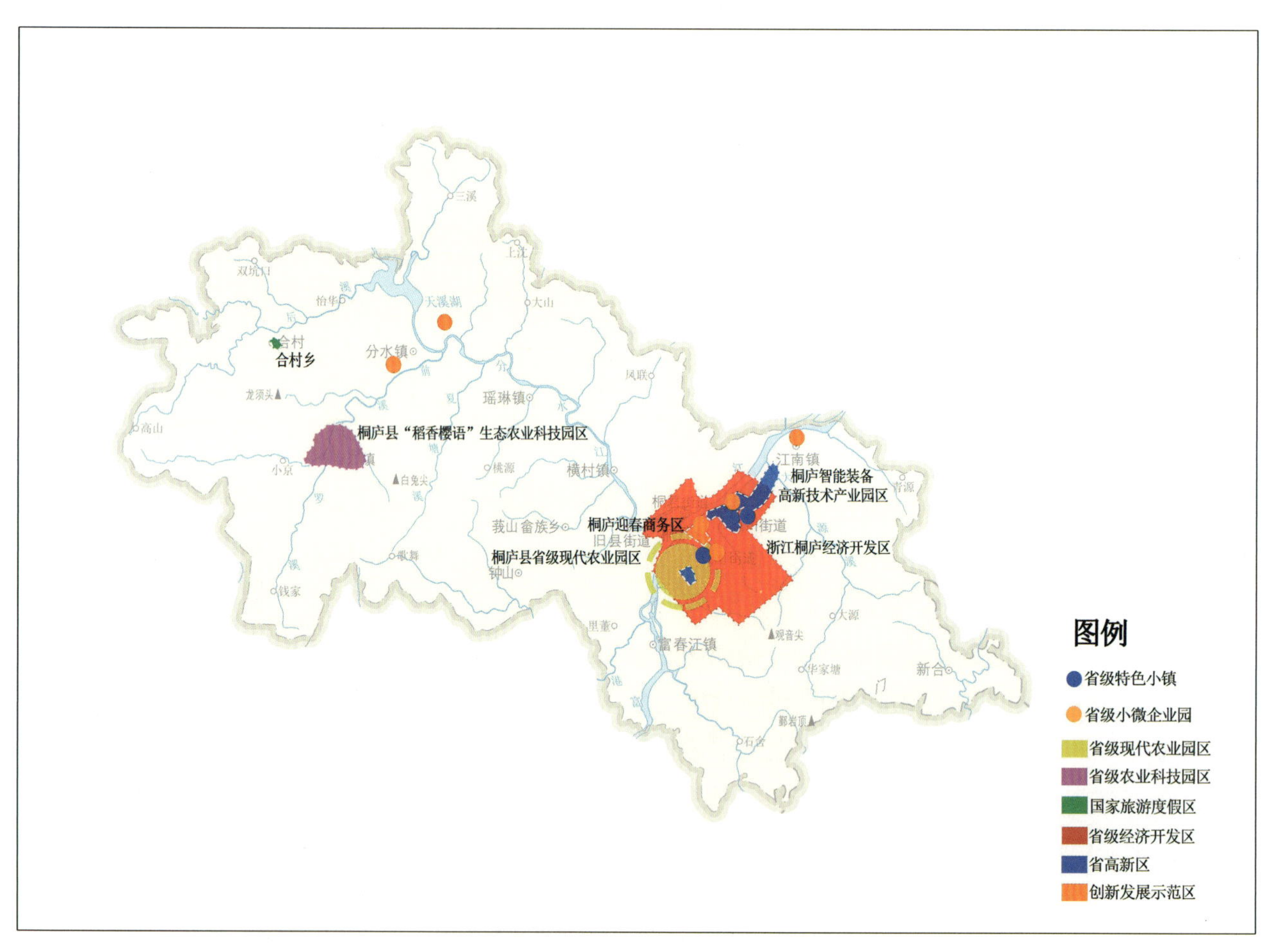

图 1　桐庐县重点产业平台布局

二、重点产业

（一）视觉智能产业

2022 年，桐庐县视觉智能产业规上工业总产值超 120 亿元，是桐庐县的主导产业。桐庐县视觉智能产业的龙头企业见表 2。从产业链角度看，该产业相关龙头企业主要集中在上游的集成电路设计、封装制造和中游的智能安防硬件制造。下一步，桐庐县将吸引产业上下游企业集聚，积极嵌入省市标志性产业链，重点发展智能安防、工业视觉、自动驾驶、人工智能等领域。力争到 2025 年，视觉智能产业营收达 250 亿元。

表2　桐庐县视觉智能产业龙头企业简介

<table>
<tr><th>行业</th><th>企业类型</th><th>公司名称</th><th>主营业务</th></tr>
<tr><td rowspan="2">视觉智能</td><td>专精特新入库企业</td><td>杭州海康微影传感科技有限公司</td><td>ROIC 电路设计、真空封装技术、整机产品设计</td></tr>
<tr><td>重大项目依托企业</td><td>杭州海康威视电子有限公司</td><td>安防电子产品及其辅助设备智能硬件电子产品等</td></tr>
</table>

（二）新能源产业

2022 年，桐庐县新能源产业规上工业总产值近 100 亿元。桐庐县新能源产业的龙头企业见表 3，主要分布在光伏储能、水核电和新能源汽车三大行业。从产业链角度看，光伏储能企业主要集中在中游的光电装备部件生产和下游的应用领域光伏交通；水核电企业主要集中在上游的发电装置配件和中游的发电装备制造；新能源汽车企业主要集中在上游的新能源汽车电控系统、电池管理系统制造。下一步，桐庐县将大力支持大型太阳能组件、光伏逆变器等产品生产和研发，鼓励开发智能储能器、分布式电站等新技术和新产品，实现由传统太阳能光伏板生产向定制化、柔性化、集成化生产服务方向发展，扶持节能环保产业发展。力争到 2025 年，新能源产业规上工业总产值达 150 亿元以上。

表3　桐庐县新能源产业龙头企业简介

<table>
<tr><th>行业</th><th>企业类型</th><th>公司名称</th><th>主营业务</th></tr>
<tr><td rowspan="2">光伏储能</td><td rowspan="2">专精特新入库企业</td><td>浙江金贝能源科技有限公司</td><td>太阳能电池板、太阳能逆变器、太阳能路灯等</td></tr>
<tr><td>浙江艾罗网络能源技术股份有限公司</td><td>并网逆变器、储能逆变器、储能电池等</td></tr>
<tr><td rowspan="4">水核电</td><td rowspan="3">上市公司</td><td>浙富控股集团股份有限公司</td><td>危险废物无害化处理及再生资源回收利用、大型清洁能源装备的研发制造</td></tr>
<tr><td>浙江隆源装备科技股份有限公司</td><td>压滤机</td></tr>
<tr><td>杭州中水科技股份有限公司</td><td>水电、风电、环保行业大型设备零部件以及化纤行业大型成套设备</td></tr>
<tr><td>地方重点企业</td><td>东芝水电设备（杭州）有限公司</td><td>水力发电设备（抽水蓄能机组、混流式机组、灯泡贯流式机组等）</td></tr>
<tr><td rowspan="3">新能源汽车</td><td rowspan="3">专精特新入库企业</td><td>杭州湘滨电子科技有限公司</td><td>电动助力转向器、天窗控制器、发动机冷却风扇控制器、无刷风机等</td></tr>
<tr><td>浙江英飞特光电有限公司</td><td>LED 驱动电源</td></tr>
<tr><td>杭州里德通信有限公司</td><td>新能源电池管理系统（BMS）</td></tr>
</table>

（三）磁性材料产业

2022 年，桐庐县磁性材料产业规上工业总产值超 41 亿元。桐庐县磁性材料产业的龙头企业见表 4。

从产业链角度看，该产业相关企业主要集中在中游的磁性材料研发和下游的电子元器件制造。下一步，桐庐县将建设磁性材料产业园，引进产业链上优质企业，推进产业链到应用整机的链条延伸。鼓励发展新型稀土永磁材料，加快磁性材料产品结构的优化升级，延伸产品应用领域的通用性和广泛性。力争到2025年，磁性材料产业营收达170亿元。

表4　桐庐县磁性材料产业龙头企业简介

行业	企业类型	公司名称	主营业务
磁性材料	专精特新“小巨人”	杭州华大海天科技股份有限公司	热升华转印纸功能材料和装饰纸水性印刷墨系列产品
	规上百强（市级）	杭州象限科技有限公司	磁性材料、磁组件、触觉模块、马达等零件
	地方重点企业	杭州科德磁业有限公司	各种金属永磁材料及其产品、软磁材料及其产品
		杭州美磁科技有限公司	稀土永磁（钕铁硼）、磁性元器件及其应用产品
		杭州斯莫尔磁性材料有限公司	磁性材料、磁性器件、磁打印产品和机械零部件
		杭州富士达特种材料股份有限公司	高真空多层绝热用材料

（四）时尚产业

桐庐县时尚产业的龙头企业见表5。从产业链角度看，该产业相关龙头企业主要集中在上游的面料和中游的箱包、服装、围巾、手套、帽子、床上用品制造。下一步，桐庐县将做强横村中国围巾城，运用数字技术推动制笔、针织服装、箱包等传统产业转型升级，加快突破产品核心技术、关键工艺，打造传统产业数字化转型示范区。

表5　桐庐县时尚产业龙头企业简介

行业	企业类型	公司名称	主营业务
时尚产业	高新技术企业	杭州力高旅游用品有限公司	生产箱包、皮革制品
		杭州世派克服饰有限公司	服装制造、针织或钩针编织物及其制品制造
		杭州富瑞实业有限公司	箱包制造、工艺美术品及礼仪用品制造
		廷镁创智（浙江）服饰股份有限公司	鞋帽批发、皮革制品制造、皮革制品销售
		杭州煜凯服饰股份有限公司	服装、面料的生产与销售
		桐庐富瑞达针织服饰有限公司	服装、围巾、手套、针纺织原料、服装面料及辅料
		桐庐华源服饰有限公司	服装、鞋帽、皮革服装、纸箱
		杭州金莱格服饰有限公司	服装、围巾、手套、帽子、针纺床上用品
		桐庐富禾针织服饰有限公司	服装制造、服饰制造

（五）医疗器械产业

桐庐县配套手术器械国内市场份额占有率达30%以上，是浙江省重要的医疗器械产业集聚区，也是全国最大硬管内窥镜生产基地，被中国医疗器械行业协会授予“中国医用内镜产业基地”称号。2022年，桐庐县医疗器械产业规上工业总产值约15亿元。桐庐县医疗器械产业的龙头企业见表6。从产业链角度看，该产业相关龙头企业主要集中在中游的内窥镜微创医疗器械生产。下一步，桐庐县将加快硬管内窥镜迭代升级，充分利用智能视觉技术，开发高清内窥镜摄像系统，如4K+3D超高清内窥镜等新产品，实现软管内窥镜技术突破，生产消化道镜、肠镜等产品，突破微型图像传感等关键技术，发展图像更清晰、传导更稳定、卫生价值更高的一次性电子镜，填补产品空白，抢占国内外市场份额。

表6　桐庐县医疗器械产业龙头企业简介

行业	企业类型	公司名称	主营业务
医疗器械	上市公司	浙江天松医疗器械股份有限公司	内窥镜微创医疗器械
		杭州康基医疗器械有限公司	隐疤痕免气腹甲状腺手术器械
	地方重点企业	桐庐精锐医疗器械有限公司	医用内窥镜摄像系统、激光治疗机
		杭州南宇医疗器械有限公司	内窥镜及相关配套手术器械产品
		杭州桐庐江南医疗器械有限公司	内窥镜

（六）快递物流产业

2022 年，桐庐县规上快递物流服务业营收 259 亿元，占规上服务业总营收比重为 48.2%。桐庐县快递物流产业的龙头企业见表 7。从产业链角度看，该产业的相关龙头企业主要分布在快递物流培训、速递软件开发、航空货运运输、快递服务和货运代理服务。下一步，桐庐县将高标准建设快递科技小镇，加快中通快运全球总部、韵达全球科创中心、申通国际总部、中通快递第二总部与圆通国家工程实验室创新研发基地等项目建成投产，打造国家级特色产业发展示范区、快递全产业链经济高地。力争到 2025 年，实现快递物流产业链产值超过 500 亿元，产业规模和水平位居长三角前列，成为引领桐庐县未来发展的地标产业。

表7　桐庐县快递物流产业龙头企业简介

行业	企业类型	公司名称	主营业务
快递物流服务	地方重点企业	中通（桐庐）快递物流培训中心有限公司	快递物流培训
		蜂网投资有限公司	速递软件开发
		浙江星联航空货运有限公司	航空货物运输
		浙江顺丰速运有限公司桐庐分公司、桐庐韵达快递有限公司、中通供应链管理有限公司、中国邮政集团有限公司浙江省桐庐县分公司	快递服务
		杭州韵鲜物流有限公司、杭州鸿博货运代理有限公司、杭州驮鸟供应链管理有限公司	货物运输代理

三、科技创新概况

2022 年，全县 R&D 经费占地区生产总值比重为 2.50%，全省排名第 50；全县拥有高新技术企业 309 家，高新技术产业增加值占工业增加值比重达 80.65%；全县规上工业企业 R&D 经费支出占营业收入比重达 1.78%，全省排名第 43。

（一）区域创新资源布局

桐庐县创新平台主要集中在新能源、新材料和生命健康产业。2022 年，全县拥有国家级孵化器 1 家，省级企业研究院 16 家。创新平台主要分布在凤川街道、江南镇和富春江镇（见图 2）。

（二）产业专利分析

桐庐县的专利优势主要集中在诊断、金属加工、阀等领域。2022 年，桐庐县有效发明专利共 1174 件，前十大专利技术领域见图 3。根据申请人分析，海康微影（探测器、热成像设备）、康基医疗（超声设备、内窥镜、止血钳）、海康威视（图像采集设备、光电探测器）、富春江水电（水轮发电机）、春江阀门（精密阀门）等申请人的专利数量居前。

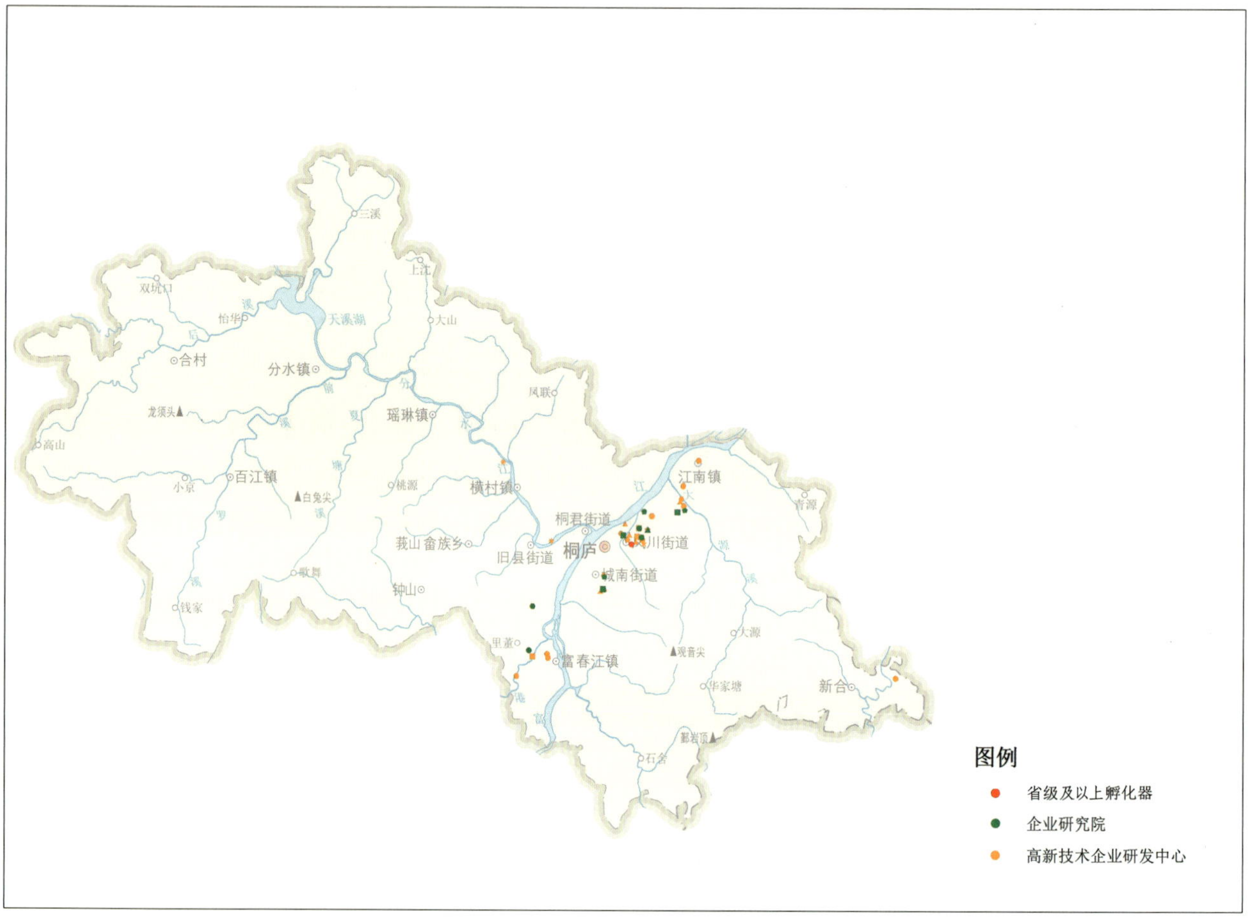

图 2　桐庐县创新平台布局

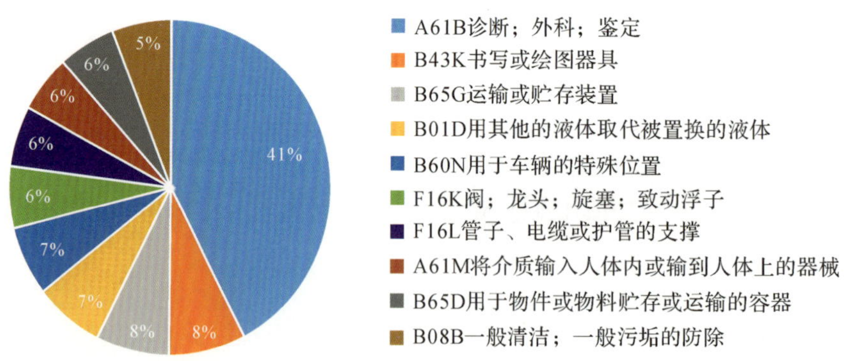

图 3　桐庐县技术领域分布

四、桐庐县未来展望

从产业发展看，桐庐县着力构建以四大优势产业为核心、三大特色产业为支撑、未来新兴产业为突破的现代产业体系，大力推进视觉智能、磁性材料、新能源和快递物流四大优势产业及生命健康、时尚产业、美丽经济三大特色产业发展。从科技创新看，桐庐县 R&D 经费占地区生产总值比重居全省中下游，将依托全球化智库长三角研究中心等高能级科创平台，加强与高校等科研院所产学研合作，探索科技成果“在外二次研发，回桐落地转化”新模式，提高科研成果转化效率。

淳安县产业链创新链全景分析报告

杭州淳安县位于浙江省西部，总面积约4427平方千米，下辖11个镇、12个乡、337个行政村。2023年，全县户籍人口为44.69万人，常住人口为32.10万人。地区生产总值约280.49亿元，全省排名第77，全市排名第13。淳安县是“国际花园城市”“中国名茶之乡”“中国山核桃之乡”“中华诗词之乡”，拥有千岛湖风景区、红色茶山景区等旅游区。

一、淳安县产业概况

（一）产业结构

从地区生产总值构成看，2023年，淳安县以服务业为主导，第一产业增加值为44.46亿元，第二产业增加值为75.93亿元，第三产业增加值为160.10亿元，三次产业增加值结构调整为15.8 ： 27.1 ： 57.1。

从农业看，淳安县以茶叶、水果、食用坚果、中药材（淳六味）、淡水产品和花猪产业为主导。2023年，淳安县农林牧渔总产值达63.30亿元。淳安茶叶全产业链产值10.16亿元，其中“千岛玉叶”获评中国文化名茶，“鸠坑茶”是全国农产品地理标志产品；水果产值6.9亿元，以柑橘和果用瓜为主；食用坚果产值6.67亿元，山核桃是淳安县四大农业产业之一；中药材产值5.07亿元，三叶青、覆盆子、前胡已成功入选新“浙八味”，其中覆盆子是全国农产品地理标志；淡水产品产值3.18亿元，以千岛湖鱼为主，千岛湖是全国第一个有机鱼养殖基地；淳安花猪产值2.8亿元，淳安花猪是我国地方猪种“基因库”中的宝贵品种资源。下一步，淳安县将加快推动茶、桑、果、竹（笋）和中药材、食用菌、油茶、高山蔬菜、中华蜂等传统优势产业提质增效。

从工业看，淳安县以食品饮料和装备制造产业为主导。2023年，淳安县规上工业总产值约123.81亿元，规上工业企业88家。2022年淳安县产业主要分布见表1。下一步，淳安县将重点打造水饮料、大健康、数字经济（大数据）等特色产业集群，建成与淳安特别生态功能区特色相匹配的生态制造业体系。力争到2025年，全县生态制造业总产值达200亿元。

表1 淳安县特色工业结构

名称	规上工业产值 / 亿元	占全县规上工业总产值比重 /%
食品饮料	37.20	39.72
装备制造	26.14	27.91

从服务业看，淳安县以旅游业为主导，且优势明显。2023 年，淳安县实现旅游经济总收入 173.2 亿元。下一步，淳安县将构建以生态旅游为引领的“1 + 4”现代服务业体系。

（二）“东部集聚”产业空间布局

图 1 展示了淳安县重点产业平台布局。从工业看，淳安县工业依托“浙江淳安经济开发区”和“省级小微企业园”在临岐镇和千岛湖镇集聚分布，重点打造食品饮料和生物医药产业，少部分涉及智能家居、纺织印花和工程建造。从农业看，淳安县农业围绕“淳安县下姜省级现代农业园区”，在枫树岭镇、大墅镇重点发展茶叶、水果、药材等产业。从服务业看，淳安县服务业在姜家镇，围绕“千岛湖姜家乐水小镇”，以千岛湖沪马山地探险乐园为核心，重点打造集山地探险、水上乐园、湖泊垂钓为一体的综合性特色体育旅游休闲小镇；在千岛湖镇、枫树岭镇，围绕“千岛湖风景区”“啤酒小镇”“下姜村景区”，打造农旅休闲、文化展览和红色康养度假区。

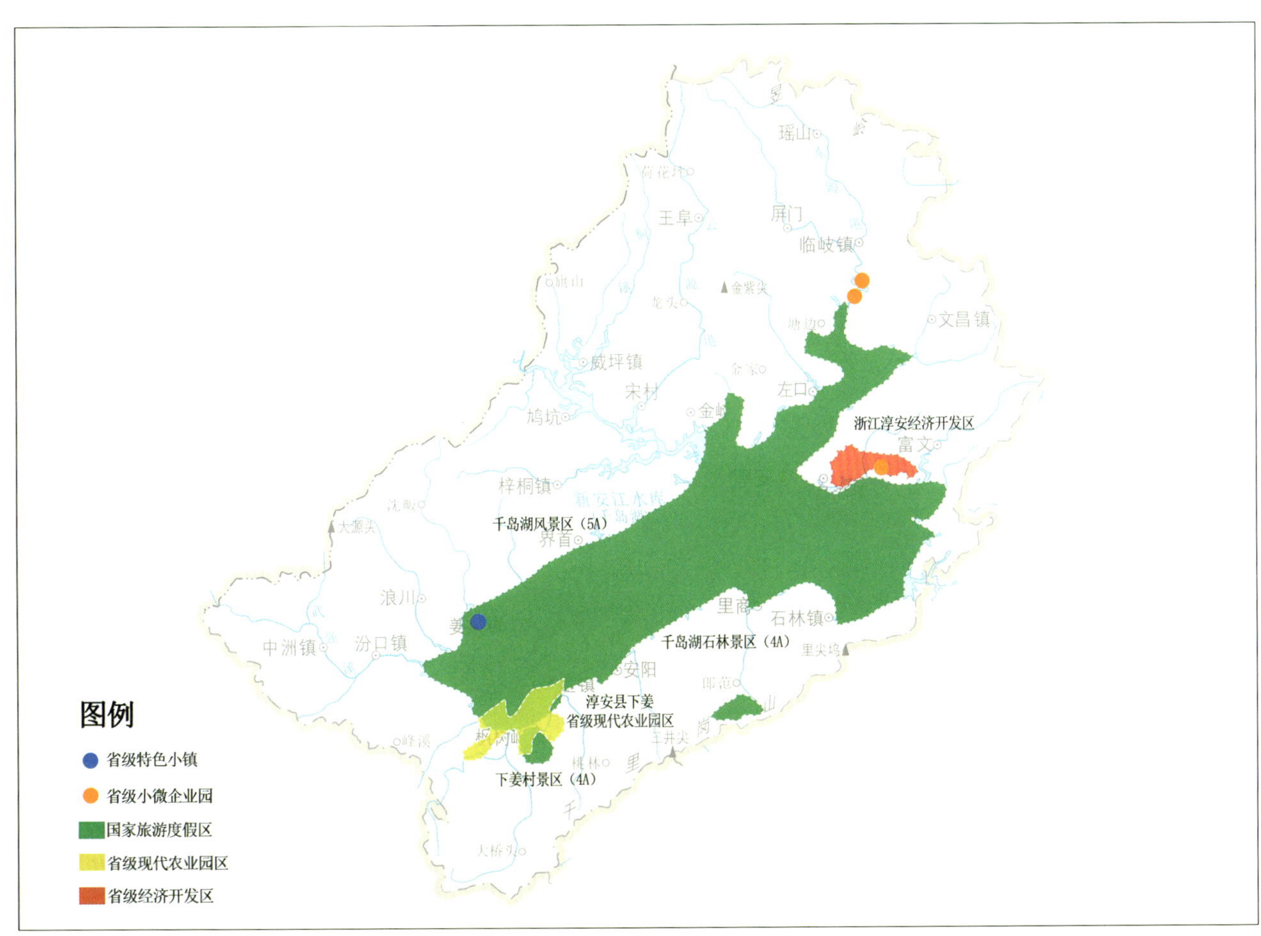

图 1 淳安县重点产业平台布局

二、重点产业

（一）食品饮料产业

淳安县食品饮料产业以水饮料为主。2022年，淳安县食品饮料产业规上工业总产值达37.2亿元，规上企业达18家，是淳安县主导产业。淳安县食品饮料产业的龙头企业见表2，分布在水饮料和食品两大行业。从产业链角度看，水饮料企业主要集中在上游的原材料供应及包装、中游的水饮料和下游的饮料销售领域；食品企业主要集中在上游的原材料种植与加工、中游的食品加工和下游的食品销售。下一步，淳安县将推进建设健康饮品代加工或定制生产基地，加快现有水饮料基地向开放型平台转型。着力发挥“淳六味”本地药材、松花粉、山茶油等淳安特色资源优势，推进营养补充、养生保健、美体塑形等多领域的复合型膳食补充类食品制造，探索发展新兴健康零食。

表2　淳安县食品饮料产业龙头企业简介

行业	企业类型	公司名称	主营业务
水饮料	地方重点企业	杭州千岛湖啤酒有限公司	生产啤酒（熟啤酒、生啤酒、鲜啤酒）
		杭州严家大方实业有限公司	茶叶制品生产、食品经营、食品生产
		杭州千岛湖荣睿饮料有限公司	饮料生产、粮食加工食品生产、食品销售
	在地方参与的重大产业（化）项目的依托企业	农夫山泉股份有限公司	饮用水（饮茶、功能饮料、果汁、植物蛋白、咖啡类等）
		上海焕睿国际贸易有限公司	货物进出口、食品经营、酒类经营、技术进出口
		浙江阳光天润农业科技股份有限公司	水果种植，肥料销售，农产品的生产、销售、加工、运输、贮藏及其他相关服务
食品	地方重点企业	杭州千岛湖标普健康食品有限公司	食品生产、医疗卫生用品、医疗器械
		浙江禾通农业科技有限公司	农作物栽培服务、食用农产品零售、中草药种植、中草药收购、互联网销售（除销售需要许可的商品）、农副产品销售、食用农产品初加工、草及相关制品制造、草及相关制品销售、医疗器械
		淳安县竹源铁皮石斛有限公司	保健食品（预包装）销售、化妆品批发、化妆品零售、石斛种植
	在地方参与的重大产业（化）项目的依托企业	修正药业集团股份有限公司	医疗卫生用品、药材收购及销售、生物健康、医疗设备
		浙江恒华食品科技有限公司	工程和技术研究和试验发展、食品经营、食品生产、技术进出口、货物进出口、食品进出口

（二）装备制造产业

2022年，淳安县装备制造产业规上工业总产值26.14亿元。淳安县装备制造产业的龙头企业见表3，主要分布在通用设备和专用设备两大行业。从产业链角度看，通用设备企业主要集中在中游的灯具、电子产品、安防设备、低压电气设备、节能环保设备、制冷设备制造；专用设备企业主要集中在上游的设备配件，中游的制冷设备、空分工程设备、新能源汽车部件及整车制造。下一步，淳安县将着力引进工业技术服务的前沿机构和骨干企业落户淳安，突破一批产业链关键核心技术，重点建设旭光LED生产线和凯斯泰克制造生产等项目。

表3　淳安县装备制造产业龙头企业简介

行业	企业类型	公司名称	主营业务
通用设备	上市公司	浙江旭光电子科技股份有限公司	LED 灯、LED 驱动、灯具配件及塑料、节能灯
	地方重点企业	浙江凯斯泰克制造科技有限公司	安防监控、计算机软件、电子线路板、机械设备，低压电气设备、电器配件、智能电子电器产品、五金制品、制氮装置、臭氧装置、节能环保设备、制冷设备、空气压缩机、过滤器
		浙江先芯科技有限公司	电子产品研发、设计和加工
专用设备	上市公司	浙江康盛股份有限公司	钢制配件、铝制配件、制冷管路、平行流换热器、家用制冷电器总成系统、电机、空调等新能源汽车部件以及租赁、制冷配件、新能源汽车部件、新能源汽车整车
	地方重点企业	杭州盈铭深冷真空工程有限公司	大型球罐（氧、氮、氩等）、大型常压低温液体贮槽（液氧、液氮、液氩等）以及真空环模设备（真空容器及系统管路）、大型空分工程、设备及压力管道等设计、制造、安装

三、科技创新概况

2022 年，全县 R&D 经费占地区生产总值比重为 0.41%，全省排名第 89；全县拥有高新技术企业 54 家，高新技术产业增加值占工业增加值比重达 43.01%；全县规上工业企业 R&D 经费支出占营业收入比重达 0.73%，全省排名第 87。

（一）区域创新资源布局

淳安县创新平台较少，产业领域主要集中在食品饮料（微生物发酵、食品生产、鲟鱼繁育）。2022 年，全县拥有省级企业研究院 3 家，省级高新技术企业研发中心 10 家。创新平台主要集聚在东部的千岛湖镇（见图 2）。

（三）产业专利分析

淳安县的专利优势主要集中在畜牧业、园艺、咖啡等领域。2022 年，淳安县有效发明专利共 529 项，前十大专利技术领域见图 3。根据申请人分析，浙江康盛股份（机床、金属加工、金属机械加工）、杭州千岛湖丰凯实业（食品或食料及其处理，燃烧设备、燃烧方法）等申请人的专利数量位居前列。

四、淳安县未来展望

从产业发展看，淳安县以食品饮料和装备制造产业为主导，将依托千岛湖优质水源地优势及龙头企业引领优势，打造长三角最具影响力和综合竞争力的水饮料文化融合基地，并进一步发展装备制造优势产业。从科技创新看，淳安县科技创新基础较为薄弱，未来，淳安县将全力支持瑞淳机器人研究院等创新平台建设，加强与高水平研究型高校院所合作，加快形成政府引导、“龙头企业＋孵化”、高校科研院所共生共赢的创新生态。

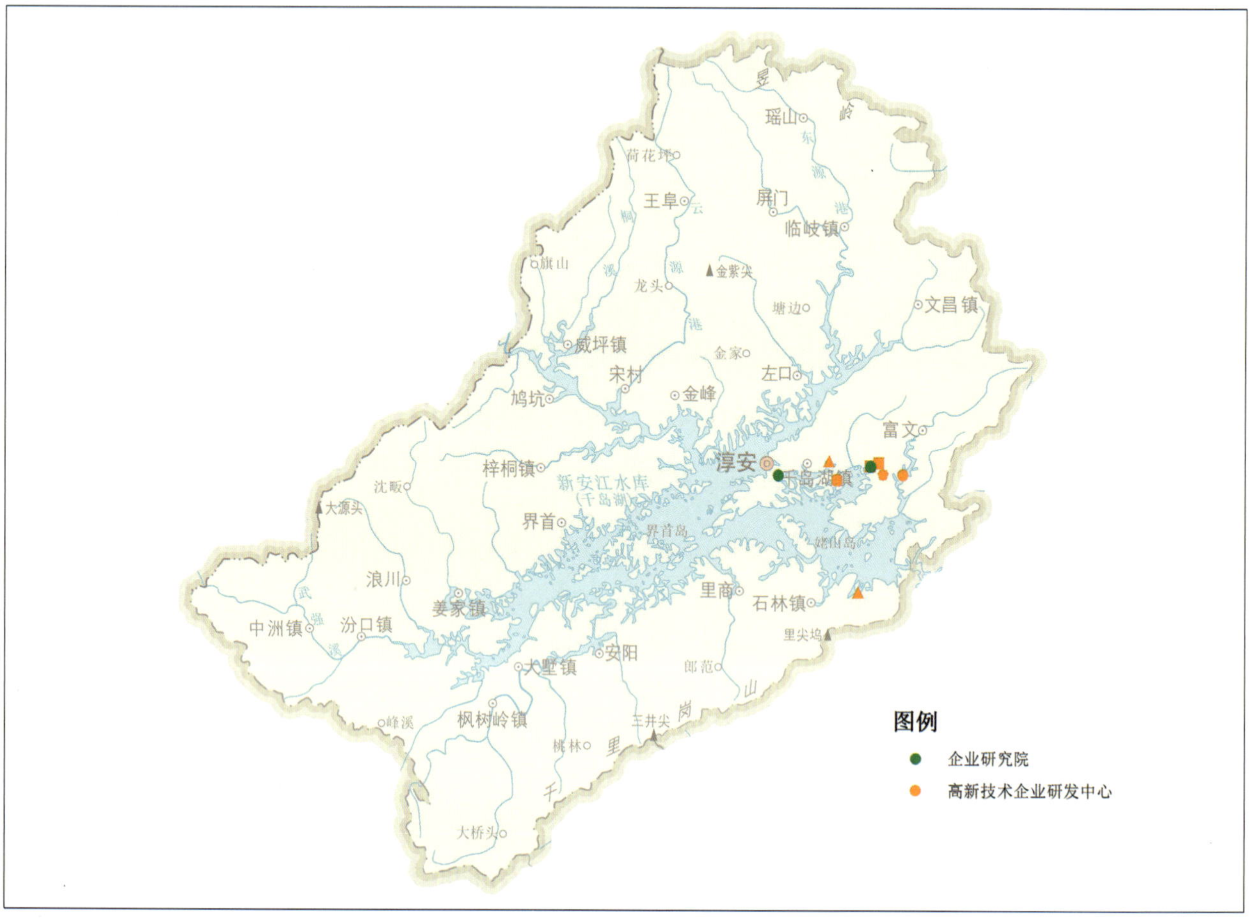

图 2　淳安县创新平台布局

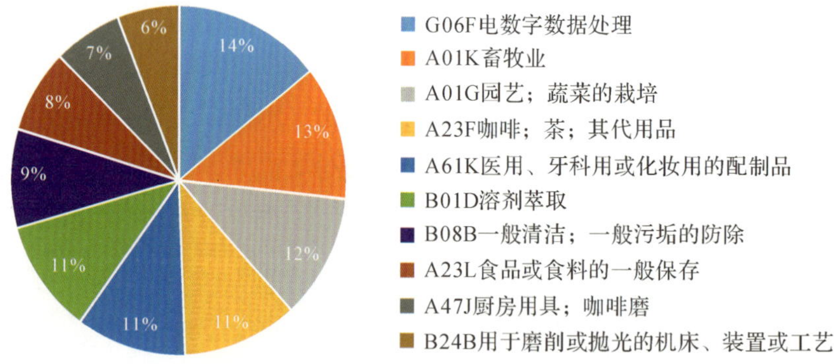

图 3　淳安县专利技术领域分布

建德市产业链创新链全景分析报告

杭州建德市位于浙江省西部，总面积 2314.19 平方千米，下辖 12 个镇、1 个乡、3 个街道。2023 年，全市户籍人口为 50.25 万人，常住人口为 44.3 万人。地区生产总值为 450.11 亿元，全省排名第 64，建德市排名第 12。建德市是中国工业百强县、“中国草莓之乡”。

一、建德市产业概况

（一）产业结构

从地区生产总值构成看，2023 年，建德市第一产业增加值为 39.58 亿元，第二产业增加值为 213.77 亿元，第三产业增加值为 196.76 亿元，三次产业增加值结构调整为 8.8 ： 47.5 ： 43.7。

从农业看，建德市以草莓等种植业为主导。2023 年，建德市农林牧渔总产值 66.63 亿元，种植业产值 41.65 亿元。其中“建德草莓”获得“中国农产品地理标志登记产品”称号，全产业链产值超 45.2 亿元。下一步，建德市将建设高效生态绿色农业引领区，夯实草莓产业基础，完善“建德草莓”产业链，着力打造以杨村桥、下涯和航头为核心的草莓总部精品草莓产业带。

从工业看，建德市以化工、水泥建材产业为主导。2023 年，建德市实现规上工业增加值 154.40 亿元，有规上工业企业 422 家。2022 年建德市产业主要分布见表 1。下一步，建德市将改造提升化工、水泥建材、橡塑和金属制品、水产业等重点传统产业，推动其向绿色化、智能化转变，增加产品附加值；通过招商引资，培育壮大装备制造、新材料、生物医药、数字经济核心产业四大新兴产业。

表1　建德市工业主导产业简介

名称	规上工业产值 / 亿元	占全市规上工业总产值比重 /%
化工	149.60	21.74
水泥建材	约 91.04	约 13.23
橡塑和金属制品	约 79.71	约 11.51
通航	64.90	9.43
水产	约 44.05	约 6.40
装备制造	约 32.00	约 4.65

从服务业看，建德市服务业以特色旅游为主。2021 年，建德市再次荣膺“2021 年全国县域旅游综合实力百强县”。2023 年，建德市旅游产业总收入 54.30 亿元。下一步，建德市将全力推进省 5A 级新安江景区城创建，促进“美丽 + 康养”“美丽 + 文化”“美丽 + 运动”等美丽生态与健康、文化、体育融合发展。

（二）“中部工业、西部农业”的产业空间布局

图 1 展示了建德市重点产业平台布局。从工业看，建德市工业依托“浙江建德经济开发区”在更楼街道、寿昌镇和航头镇，聚焦电子、信息技术、新型材料等产业；围绕“建德功能性新材料高新技术产业园区”和“建德经济开发区化工园区”在洋溪街道、下涯镇、梅城镇和大洋镇，专注化工功能性新材料、生物医药、新型装备制造等产业。从农业看，建德市农业依托“现代农业园区”“农业科技园区”，形成以草莓种植为主的特色产业。

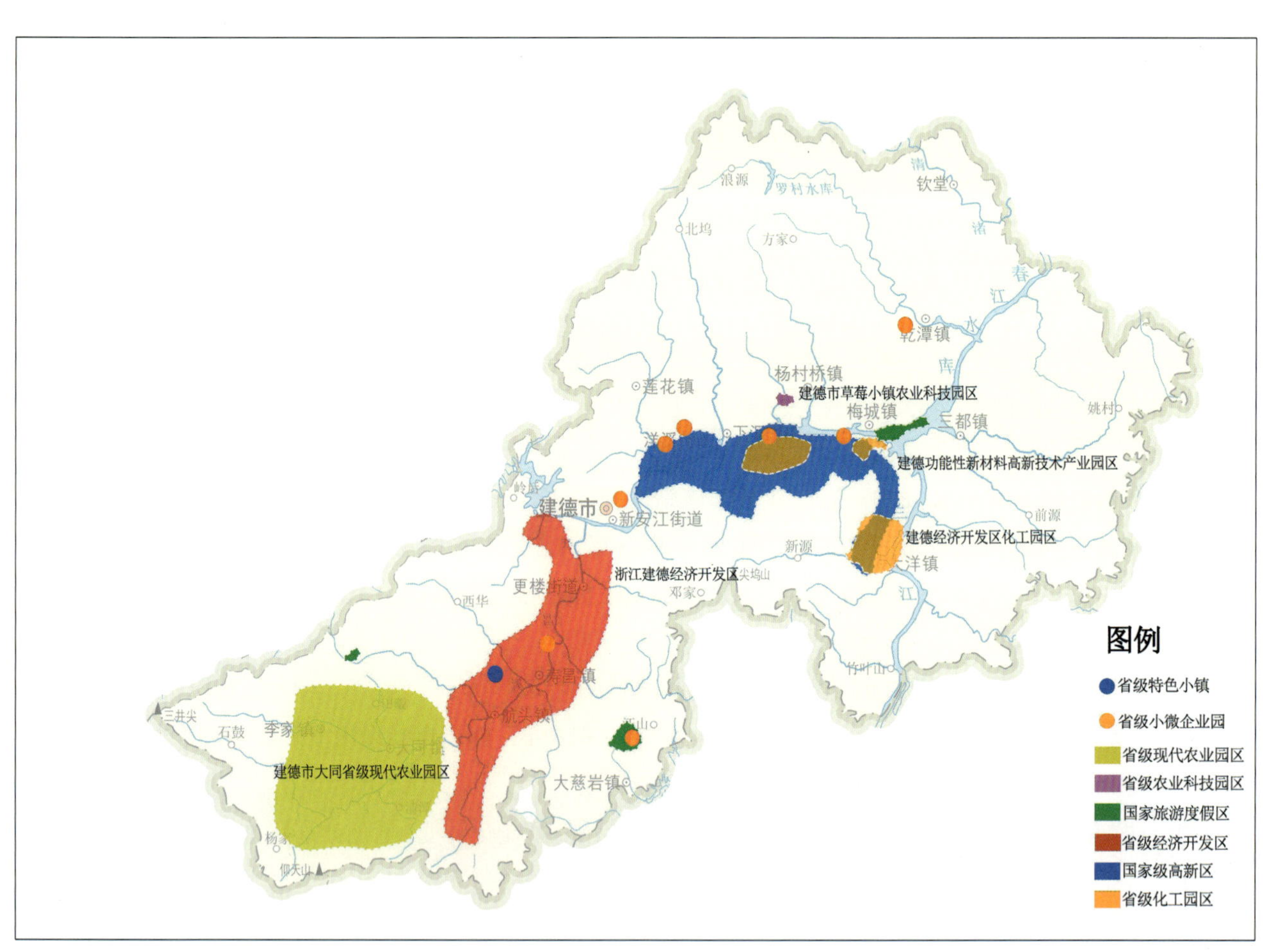

图 1　建德市重点产业平台布局

二、重点产业

（一）化工产业

建德市是中国十大碳酸钙产业基地之一。2022 年，建德市化工产业规上工业总产值 149.6 亿元。建德市化工产业的龙头企业见表 2。从精细化工产业链角度看，该产业相关龙头企业主要集中在上游的基础

原料和中游的精细化学品、农药、新能源材料制造。下一步，建德市将利用钙矿资源优势，依托新安化工等龙头企业，采用先进单体生产工艺、高效定向催化工艺等新技术，推广智能控制连续化提取生产线、在线监测设备等数字智能新装备，构建绿色化工制造体系，全面提升产业品牌影响力。力争到2025年，化工产业规上工业总产值达235亿元以上。

表2　建德市化工产业龙头企业简介

行业	企业类型	公司名称	主营业务
化工	上市公司	浙江大洋生物科技集团股份有限公司	无机盐产品（碳酸钾、碳酸氢钾）、兽药及含氟精细化学品
		浙江新安化工集团股份有限公司	作物保护（除草剂、杀虫剂、杀菌剂）、硅基新材料（有机硅）、新能源材料（“磷基、硅基”材料）
		浙江新化化工股份有限公司	有机胺系列（C2–C8低碳脂肪胺）、香精香料、有机磷、过氧化物、合成氨、新材料、表面活性剂及其他精细化学品等
		浙江建业化工股份有限公司	低碳脂肪胺、增低碳脂肪胺、增塑剂、醋酸酯、电子化学品等
		浙江天石纳米科技股份有限公司	食品级、工业级（碳酸钙、氢氧化钙）
	专精特新“小巨人”	浙江深蓝新材料科技股份有限公司	合成革用高分子材料（合成、复配）
	地方重点企业	杭州龙驹合成材料有限公司	羧基丁苯胶乳、苯丙胶乳
		格林生物科技股份有限公司	生物香料（甲基柏木醚、Delta-格林酮、Alpha-格林酮、Beta-格林酮、大马酮、氧化芳樟醇）

（二）水泥建材产业

2022年，建德市水泥建材产业规上工业总产值约91.04亿元。建德市水泥建材产业的龙头企业见表3。从水泥建材产业链角度看，该产业相关龙头企业主要集中在上游的原材料、包装袋生产和中游的水泥制造。下一步，建德市将加快推进南方水泥二期、立邦建材生产基地等项目建设，提升水泥磨粉产业集中度，引导产业向新型装配式建材转型。力争到2025年，水泥建材产业规上工业总产值达100亿元以上。

表3　建德市水泥建材产业龙头企业简介

行业	企业类型	公司名称	主营业务
水泥建材	规上百强（市级）	建德海螺水泥有限责任公司	水泥、水泥熟料及水泥制品
	地方重点企业	建德红狮水泥有限公司	水泥熟料
		建德南方水泥有限公司	新型干法熟料水泥、污泥处置、水泥粉磨、水泥包装袋的生产

（三）橡塑和金属制品产业

2022年，建德市橡塑和金属制品产业规上工业总产值约79.71亿元。橡塑和金属制品产业的龙头企业见表4，主要分布在橡塑制品和五金两大领域。从橡塑产业看，相关龙头企业主要集中在上游的橡胶工业专业设备和中游的橡胶制品制造；从五金产业看，相关龙头企业主要集中于中游的电器电缆、五金工具、配件（除整车及发动机外）制造。下一步，建德市将以中策橡胶、万家电器、安伴技术等企业为引领，加快“机器换人”步伐，推动产品积极向航空、赛车、医疗等高端领域拓展。力争到2025年，橡塑和金属制品产业达150亿元产值。

表4　建德市橡塑和金属制品产业龙头企业简介

行业类别	企业类型	公司名称	主营业务
橡塑和金属制品	地方重点企业	中策橡胶（建德）有限公司	轮胎的制造、橡机设备、橡胶工业专业设备
		建德市万家电器电缆有限公司	电线、电缆、电源线插头及电线电缆延伸产品
		浙江安伴汽车安全急救技术股份有限公司	五金工具、汽车配件（除整车及发动机外）、电动配件、汽车安全急救技术的研发

（四）通航产业

2022年，建德市通航产业规上工业总产值约64.9亿元。建德市通航产业的龙头企业见表5，主要集中在中游的零部件制造。下一步，建德市将以沈氏节能科技等骨干企业为龙头带动，巩固提升机械制造发展成果，全面推进机械制造装备的数控化率和智能化水平。力争到2025年，通航产业规上工业总产值达80亿元以上。

表5　建德市通航产业龙头企业简介

行业类别	企业类型	公司名称	主营业务
通航	高新技术企业	浙江华奕航空科技有限公司	智能无人飞行器制造，雷达及配套设备制造，导航、测绘、气象及海洋专用仪器制造
		杭州钒钛机械有限公司	气压动力机械及元件制造，气压动力机械及元件销售

三、科技创新概况

2022年，全市R&D经费投入9.99亿元，占地区生产总值比重达2.31%，全省排名第60；全市拥有高新技术企业189家，高新技术产业增加值占工业增加值比重达53.4%；全市规上工业企业R&D经费支出占营业收入比重达1.40%。

（一）区域创新资源布局

建德市创新平台主要集中在化工装备制造产业。2022年，全市拥有省级重点实验室1家，省级企业研究院11家，省级高新技术企业研发中心22家，省级产业创新服务综合体1家，省级孵化器1家（见图2）。

（二）产业专利分析

建德市的专利优势主要集中在化工领域。2022年，建德市有效发明专利共1152件，前十大专利技术领域（小类）见图3。根据申请人分析，新安化工、建业化工、新化化工、大洋生物、格林香料（除草剂、香料、脂肪胺等）、沈氏节能、沈氏换热器、戎星机械、丰斯电子（换热器、机床、传感器等）等申请人的专利数量居前。

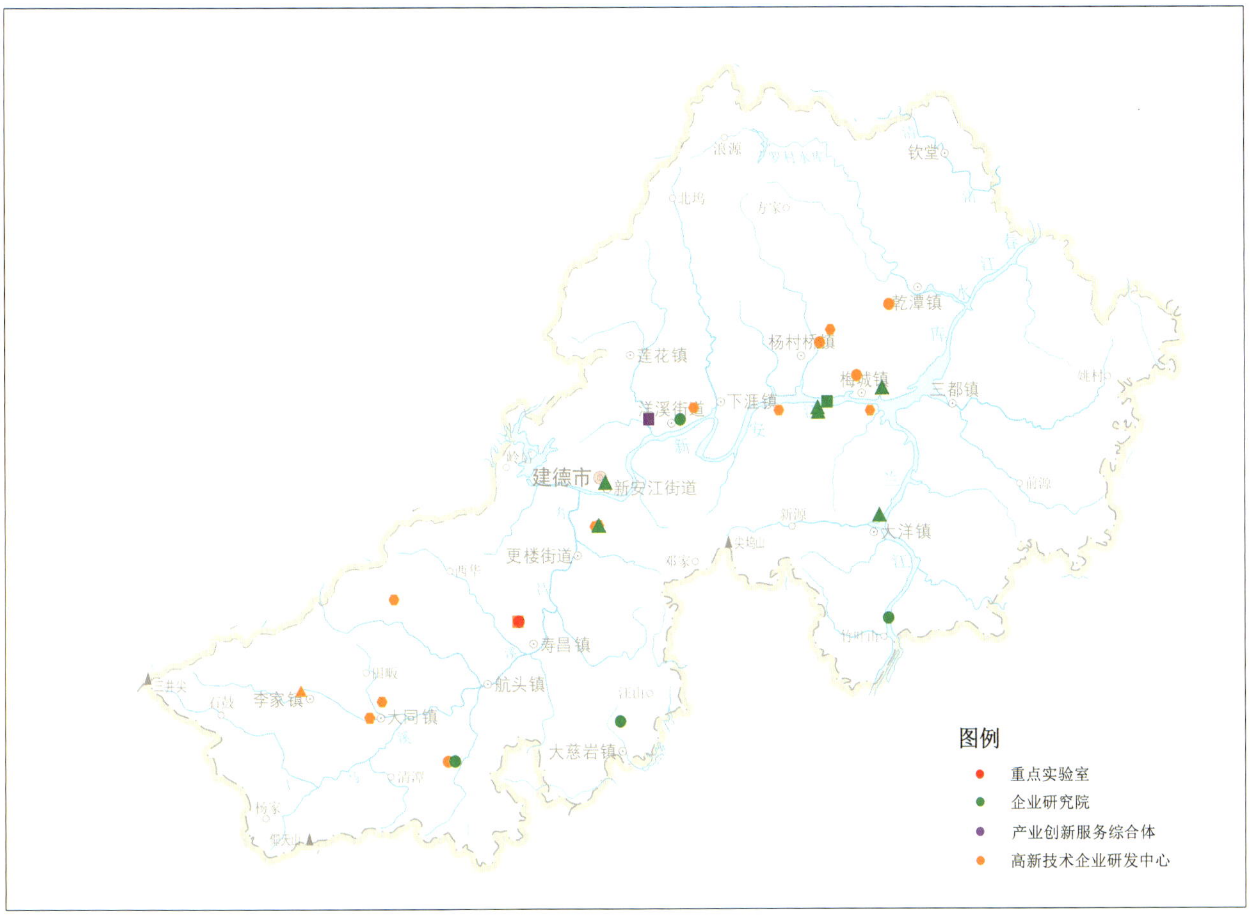

图 2　建德市创新平台布局

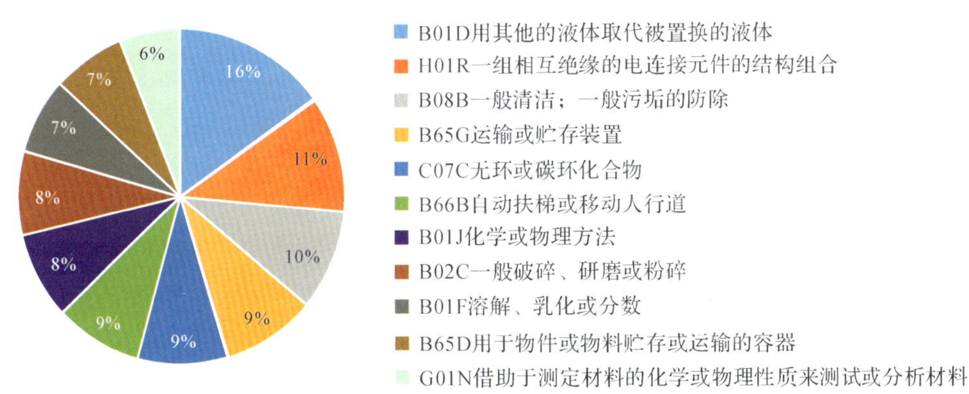

图 3　建德市专利技术领域分布

四、建德市未来展望

从产业发展看，建德市将重点构筑以通航、智能装备、成套设备为主的高端装备制造体系，打造具有全国影响力的装备制造基地。从科技创新看，建德市总体研发投入量处于全省中下游。建德市将以新安江科技城为核心，加快打造集研发设计、技术转移、检验检测等多元服务于一体的产业创新综合服务体，谋划建设制造业创新中心，推动省级（重点）企业研究院等研发机构整合提升。

宁波

NING
BO

宁波卷

海曙区产业链创新链全景分析报告

宁波海曙区位于浙江省东部，总面积约 595.2 平方千米，下辖 9 个街道、7 个镇、1 个乡。2023 年，全区户籍人口为 64.33 万人，常住人口为 106.5 万人。地区生产总值为 1646.91 亿元，全省排名第 14，全市排名第 4。海曙区是全国综合实力百强区、全国科技创新百强区、“科创中国”省级试点区、“中国蔺草之乡”、“中国贝母之乡”、“中国桂花之乡”，拥有天一阁·月湖景区、南塘老街等旅游区。

一、海曙区产业概况

（一）产业结构

从地区生产总值构成看，2023 年，海曙区第一产业增加值为 17.53 亿元，第二产业增加值为 422.07 亿元，第三产业增加值为 1207.30 亿元，三次产业增加值结构调整为 1.1 ∶ 25.6 ∶ 73.3。

从农业看，海曙区以蔺草、中药材（浙贝母）产业为主导。2023 年，海曙区农林牧渔总产值为 25.36 亿元。蔺草全产业链产值超 26.5 亿元，“古林蔺草”是全国农产品地理标志产品，“黄古林蔺草—水稻轮作系统”被列入第五批中国重要农业文化遗产名单；中药材产值 1.75 亿元，章水镇是浙贝母“原产地注册标记”保护地。下一步，海曙区将着力建设“蔺草—水稻轮作”示范基地和“浙贝母”全产业链生产基地，建成彩色茶园综合体和高标准绿色精品果园，打造集休闲旅游、文体康养、绿色环保、现代服务为一体的新型融合产业。

从工业看，海曙区以时尚纺织服装和高端装备产业为主导。2023 年，海曙区实现规上工业总产值 1393 亿元，有规上工业企业 857 家。2022 年海曙区产业主要分布见表 1。下一步，海曙区将推进主导产业向数字经济、先进装备、生命科学和未来材料领域进军，培育先进制造业集群，最终构建巨大体量的“1（时尚纺织服装）2（高端装备、电子信息）5（汽车配件、软件信息、新材料、节能材料、生物医药）”海曙制造业现代特色产业体系。

表1　海曙区特色工业简介

名称	规上工业产值 / 亿元	占全区规上工业总产值比重 /%
时尚纺织服装	超 400.00	超 28.72
高端装备	约 326.20	约 23.42
电子信息	超 110.00	超 7.90
汽车配件	约 66.80	约 4.80
生物医药	超 40.00	超 2.87

从服务业看，海曙区以批发零售、港航服务、专业服务（人力资源服务）和信息科技服务产业（计算机软件）为主导。2023 年，海曙区服务业增加值达 1207.3 亿元（其中批发零售产业营收占 63.7%）。海曙区重点生产性服务业产业主要分布见表 2。下一步，海曙区将加强服务业与第二产业的联系，最终构建全面辐射的“2（现代商贸、现代金融）2（科技服务、港航服务）4（临空商务、专业服务、运动健康、文创旅游）”现代服务业体系。

表2　海曙区特色生产性服务业简介

名称	规上营收 / 亿元	占全区规上服务业总营收比重 /%
港航服务	约 573.84	约 13.76
专业服务（人力资源服务）	约 143.15	约 3.43
信息科技服务（计算机软件）	约 48.54	约 1.16

（二）“东部集聚”的产业空间布局

图 1 展示了海曙区重点产业平台布局。海曙区产业呈现出二、三产结合的特点。从工业看，海曙区工业形成“省级小微企业园”东部多点分布格局，主要集中在集士港镇和高桥镇，重点打造智能制造和时尚纺织服装产业，少部分涉及电商、新材料、生物医药和文创。从农业看，海曙区农业主要集中在古林镇和洞桥镇，围绕“蜃蛟省级现代农业园区”，重点打造“蔺草—水稻轮作”和太空农业。从服务业看，海曙区服务业在望春街道，围绕“海曙月湖金汇小镇”和“省级小微企业园（海蓝宝、龙湾智谷、合一等）”，重点打造专业服务（文创和人力资源）和信息科技服务产业；在集士港镇，围绕“海曙区翠柏三市里数创产业创新发展区”和“省级小微企业园（杉杉、标港科技、集仕芯谷等）”，重点打造智能制造和专业服务（技术咨询、创新项目）；在石碶街道，围绕“宁波临空经济示范区”和“省级小微企业园（富港电商、标社保税园区、临空科技创新慧谷等）”，重点打造商贸流通和信息科技服务（电子商务平台）产业。

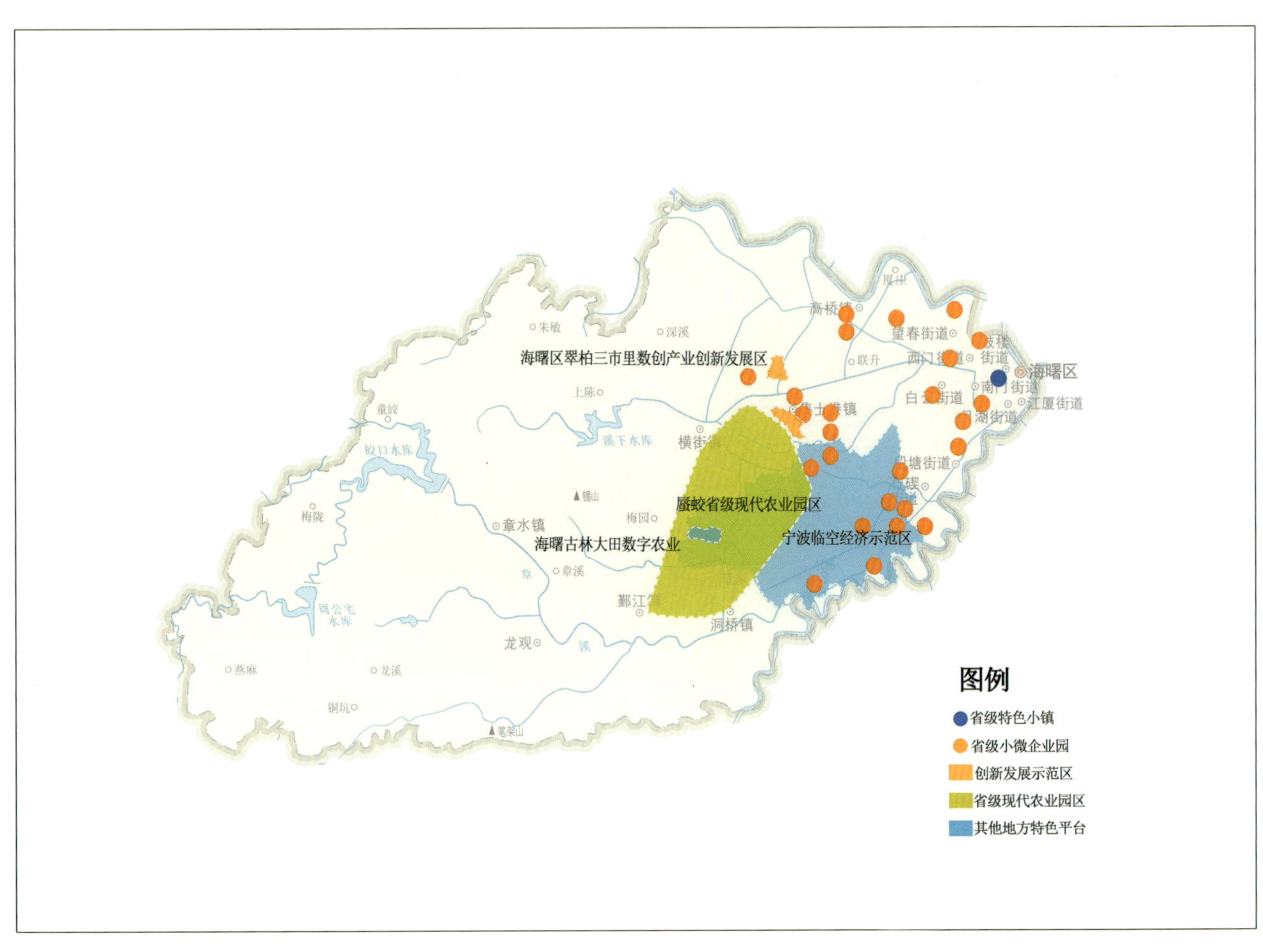

图 1　海曙区重点产业平台布局

二、重点产业

（一）时尚纺织服装产业

海曙区时尚纺织服装产业是全国产业集群区域品牌建设试点。2022 年，海曙区时尚纺织服装产业规上工业总产值超 400 亿元，规上企业超 140 家。海曙区时尚纺织服装产业的龙头企业见表 3。从产业链角度看，纺织企业主要集中在上游的纺织原料研发和纺织设备制造；服装企业主要集中在上游的服装设计、中游的服装生产和下游的服装销售领域。下一步，海曙区将基于当地纺织品优势，大力拓展在家纺、产业用纺等领域的应用；依托当地文物馆藏文化资源，发展创意设计、IP 服饰与时尚工艺深度融合的品牌纺织产业；借助互联网等工具实现异地产业链与供应链的整合，推动形成相对完整的、具有一定体量的时尚服装纺织产业链，培育“千亿级”时尚服装纺织产业集群。

表3　海曙区时尚纺织服装产业龙头企业简介

行业	企业类型	公司名称	主营业务
纺织	专精特新“小巨人”	宁波宏大纺织仪器有限公司	纺织仪器（喷水织机、电子储纬器）
	地方重点企业	宁波汉麻生物科技有限公司（雅戈尔子公司）	麻类纺织材料（汉麻）的研发、加工、销售

续表

<table>
<tr><th>行业</th><th>企业类型</th><th>公司名称</th><th>主营业务</th></tr>
<tr><td rowspan="6">服装</td><td rowspan="4">上市公司</td><td>雅戈尔集团股份有限公司</td><td>男士衬衫西服，女士棉、真丝、羊毛材质服装，针纺织品，房地产</td></tr>
<tr><td>宁波太平鸟时尚服饰股份有限公司</td><td>服装服饰制造、零售、批发（时尚男装、女装和童装）</td></tr>
<tr><td>慕尚集团控股有限公司</td><td>运营时尚男装新零售平台</td></tr>
<tr><td>宁波索科纺织股份有限公司</td><td>高端女装定制（西服、连衣裙、衬衫、马甲等）</td></tr>
<tr><td>规上百强（市级）</td><td>宁波博洋控股集团有限公司</td><td>家纺产品和服装产品（休闲服、家居服、时尚男女服饰）</td></tr>
<tr><td>地方重点企业</td><td>狮丹努集团股份有限公司</td><td>休闲服、时尚男女装、童装，服装设计、高端针织面料研发</td></tr>
</table>

（二）高端装备产业

2022 年，海曙区高端装备产业规上工业总产值约 326.2 亿元，主要分布在智能制造、铁路航空装备、通用设备和节能环保装备四大行业。海曙区高端装备产业的龙头企业见表 4。从产业链角度看，智能制造企业主要集中在上游的核心零部件制造和中游的智能制造装备生产；铁路航空装备企业主要集中在上游的材料研发、检测设备生产和中游的基础零部件制造；通用设备企业主要集中在上游的关键部件制造和中游的成套设备制造；节能环保装备企业主要集中在上游的技术研发和中游的节能设备制造。下一步，海曙区将依托大型研究院，重点发展高精密度数控机床、高强度关键基础部件和高效率能源装置，做精做专智能制造工程；大力发展用于解决各类方案的智能制造系统，完善“软件 + 硬件 + 平台”的一体化集成承包服务，培育“五百亿级”高端装备制造业集群。

表4　海曙区高端装备产业龙头企业简介

<table>
<tr><th>行业</th><th>企业类型</th><th>公司名称</th><th>主营业务</th></tr>
<tr><td rowspan="5">智能制造</td><td>上市公司</td><td>宁波星成电子股份有限公司</td><td>传感器（电流传感器、电压传感器、速度传感器、温度传感器）</td></tr>
<tr><td rowspan="2">专精特新“小巨人”</td><td>浙江斯普智能科技股份有限公司</td><td>智能泳池设备</td></tr>
<tr><td>宁波东海集团有限公司</td><td>智能水表</td></tr>
<tr><td rowspan="2">地方重点企业</td><td>宁波工业互联网研究院有限公司</td><td>智能制造设备、机器人</td></tr>
<tr><td>宁波智能制造技术研究院有限公司</td><td>高端智能成形装备</td></tr>
<tr><td rowspan="3">铁路航空装备</td><td rowspan="3">专精特新“小巨人”</td><td>宁波星箭航天机械有限公司</td><td>基础零部件（阀件、软管、管路连接件）、检测设备（试验台、气源车）</td></tr>
<tr><td>宁波曙翔新材料股份有限公司</td><td>高强树脂基复合材料、高强防腐零部件</td></tr>
<tr><td>宁波鑫其精密磁钢有限公司</td><td>磁性材料器件及制品</td></tr>
<tr><td rowspan="4">通用设备</td><td>上市公司</td><td>宁波君禾股份有限公司</td><td>潜水泵、花园泵</td></tr>
<tr><td rowspan="3">专精特新“小巨人”</td><td>宁波鸿腾精密制造股份有限公司</td><td>生产研发各类电梯用部件</td></tr>
<tr><td>宁波忻杰燃气用具实业有限公司</td><td>燃气球阀、家用燃气灶、不锈钢波纹管及燃气表附件</td></tr>
<tr><td>宁波甬华塑料机械制造有限公司</td><td>注塑机</td></tr>
<tr><td rowspan="2">环保节能装备</td><td rowspan="2">上市公司</td><td>宁波亿林节水科技股份有限公司</td><td>节水灌溉控制设备、滴灌设备</td></tr>
<tr><td>宁波天河水生态科技股份有限公司</td><td>水、土壤、海洋生态修复技术，环保设备和材料</td></tr>
</table>

（三）电子信息产业

2022 年，海曙区电子信息产业规上工业总产值超 110 亿元。海曙区电子信息产业的龙头企业见表 5。从产业链角度看，该产业相关龙头企业主要集中在上游的新材料研发和中游的电子元器件制造。下一步，海曙区将加强新型传感器、智能控制、物联网芯片等技术在产品中的集成应用，通过技术赋能实现产品迭代升级，形成一批具有国际竞争力的智能化产品，培育“五百亿级”电子信息制造业产业集群。

表5　海曙区电子信息产业龙头企业简介

行业	企业类型	公司名称	主营业务
电子材料	专精特新“小巨人”	宁波同创强磁材料有限公司	稀土钕铁硼磁体，烧结钕铁硼辐射环及磁性组件
	单项冠军（国家级）	宁波杉杉新材料科技有限公司	锂电池负极材料
	单项冠军（市级培育）	宁波金鸡强磁股份有限公司	钕铁硼材料
电子元器件	上市公司	维科技术股份有限公司	集锂离子电池研发、制造、销售及服务于一体
	专精特新“小巨人”	宁波福特继电器有限公司	继电器
		宁波共盛电气科技有限公司	变压器、变压箱

（四）汽车配件产业

2022年，海曙区汽车配件产业规上工业总产值约66.8亿元，规上企业数超90家。海曙区汽车配件产业的龙头企业见表6。从汽车产业链角度看，该产业相关龙头企业主要集中在上游的车身及其附件制造和底盘制造领域。下一步，海曙区将以吉利等车企需求为导向，结合新能源、无人驾驶汽车发展趋势，发挥汽车配件制造龙头企业优势，大力发展新能源充电设施、智能网联汽车配件等拳头产品，培育“百亿级”汽车配件产业集群。

表6　海曙区汽车配件产业龙头企业简介

行业	企业类型	公司名称	主营业务
车身及其附件	专精特新“小巨人”	宁波思明汽车科技股份有限公司	电镀或抛光汽车装饰尾管
		宁波联达绞盘有限公司	各种绞盘、保险杠等越野车配件产品
		宁波恒特汽车零部件有限公司	微电机生产
	地方重点企业	宁波帅特龙集团有限公司	汽车功能性内外饰件总成
底盘	专精特新“小巨人”	宁波培源股份有限公司	汽车减震器活塞杆产品和减震器各类配件

（五）港航服务产业

2022年，海曙区港航服务产业规上营收约573.84亿元，是海曙区的特色生产型服务业。海曙区港航服务产业的龙头企业见表7。从产业链角度看，该产业相关龙头企业主要集中在中游的承运服务和船舶代理服务领域。下一步，海曙区将充分发挥综合交通枢纽优势，围绕航空物流、数字港航、供应链物流等重点领域，构建辐射国际国内的物流供应链体系；依托顺丰华东创新产业总部基地，打造“智能科技+航空多式联运+冷链基地”新型产业发展平台，加速产业集聚，发展数字港航服务。力争到2025年，海曙区成为具有较强资源配置能力的区域商贸流通平台高地，港航服务业增加值达200亿元。

表7　海曙区港航服务产业龙头企业简介

行业	企业类型	公司名称	主营业务
物流运输	上市公司	宁波机场翔鹰发展股份有限公司	航空货物搬运、仓储
	规上百强（市级）	宁波船务代理有限公司	船舶代理
		浙江中外运有限公司	国际国内货物运输
		宁波外运国际集装箱货运有限公司	国际快递

续表

行业	企业类型	公司名称	主营业务
物流运输	规上百强（市级）	宁波外运国际货运代理有限公司	国际无船承运
		宁波鼎航国际物流有限公司	海上、航空、陆路国际货运代理

（六）专业服务产业

2022 年，海曙区专业服务产业规上营业收入约 146.8 亿元（人力资源服务营收占 98%）。海曙区专业服务产业的龙头企业见表 8。从产业链角度看，该产业相关龙头企业主要集中在中游的咨询服务和外包服务领域。下一步，海曙区将立足资源禀赋和产业特色，从单一的人力资源服务为主，向法律、财税、设计、咨询等多元的专业服务拓展，为高质量开放发展提供支撑；依托海曙设计产业园，聚焦重点领域（建筑、工业、时尚），支持企业数字化转型和国际业务拓展，打造咨询服务新型智库（投资决策综合性咨询、工程建设全过程咨询）。力争到 2025 年，海曙区成为全市专业服务国际化发展引领区，专业服务业营业收入达 300 亿元。

表8　海曙区专业服务产业龙头企业简介

行业	企业类型	公司名称	主营业务
咨询服务	规上百强（市级）	宁波东方人力资源服务有限公司	人才供求信息收集、整理、储存、发布和咨询
		宁波市汇丰人力资源服务有限公司	发布职业信息，进行职业指导
外包服务	规上百强（市级）	宁波交通工程咨询监理有限公司	建设工程的监理、招标代理

（七）信息科技服务产业

2022 年，海曙区信息科技服务产业规上营业收入约 48.54 亿元。海曙区信息科技服务产业的龙头企业见表 9。从产业链角度看，该产业相关龙头企业主要集中在上游的软件系统开发。下一步，海曙区将深入实施数字经济“一号工程”2.0 版，强化科技服务支撑力，打造科技服务赋能高地，推动产业数字化创新发展。力争到 2025 年，海曙区规上科技服务业营收年增长率超 10%，信息传输、软件和信息技术服务业营收年均增速达 25%。

表9　海曙区信息科技服务产业龙头企业简介

行业	企业类型	公司名称	主营业务
软件系统	上市公司	宁波东源软件股份有限公司	计算机软件的开发
		浙江金网信息产业股份有限公司	计算机系统集成和应用软件开发
	专精特新“小巨人”	浙江蓝卓工业互联网信息技术有限公司	supOS 工业操作系统，工业互联网平台

三、科技创新概况

2022 年，全区 R&D 经费占地区生产总值比重为 2.21%，全省排名第 53；全区拥有高新技术企业 416 家，高新技术产业增加值占工业增加值比重达 54.52%；全区规上工业企业 R&D 经费支出占营业收入比重达 2.13%，全省排名第 23。

（一）区域创新资源布局

海曙区创新平台主要集中在高端装备和汽车配件产业。2022 年，全区拥有国家级孵化器 1 家，省级重点实验室 3 家，省级新型研发机构 1 家，省级企业研究院 20 家，省级高新技术企业研发中心 48 家。创新平台主要分布在集士港镇、高桥镇、洞桥镇和与鄞州区相邻的东部边界（见图 2）。

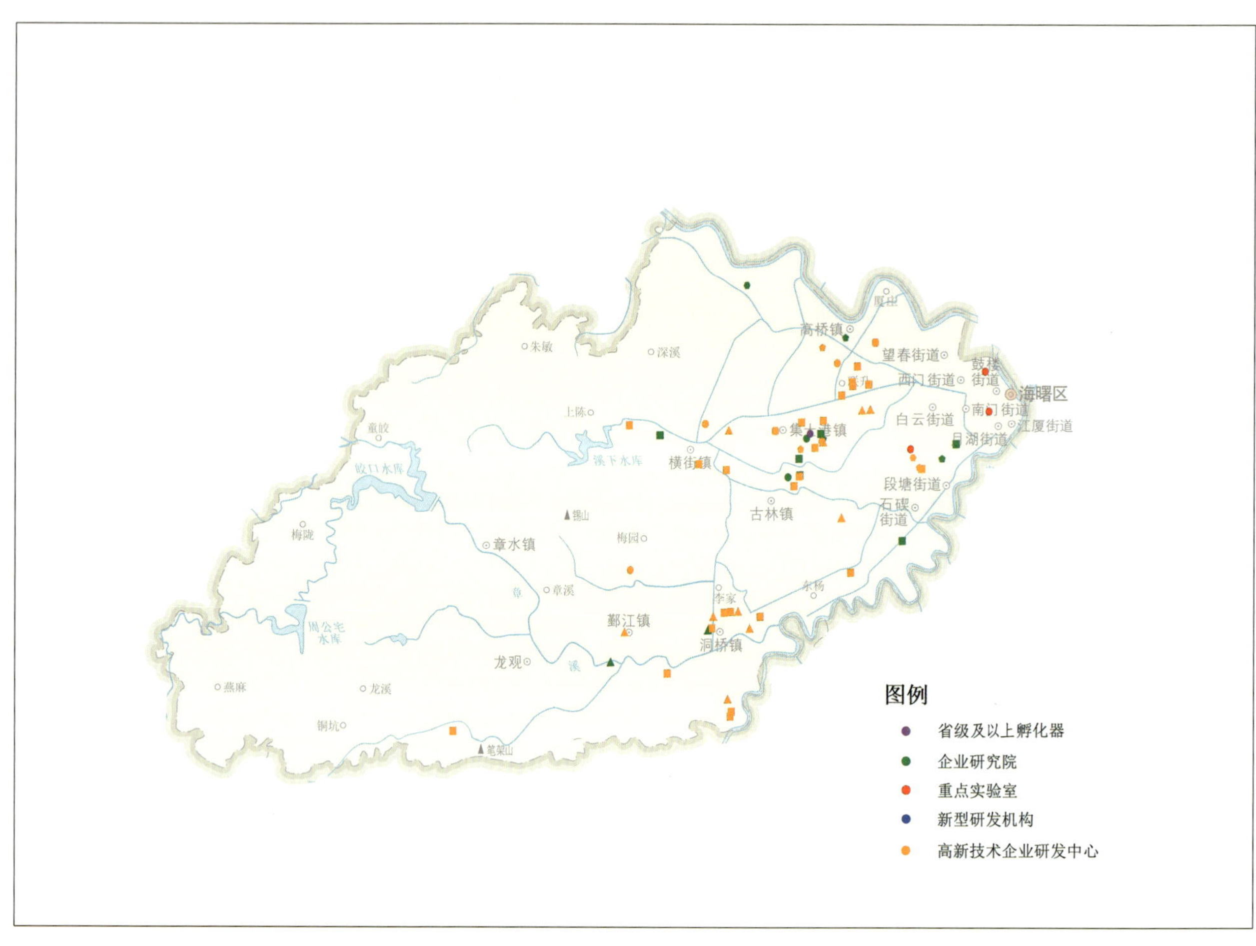

图 2　海曙区创新平台布局

（二）产业专利分析

海曙区的专利优势主要集中在数据处理、高端装备（测试设备、注塑机、节能环保设备）领域。2022 年，海曙区有效发明专利共 3065 件，前十大专利技术领域见图 3。根据申请人分析，宁波工程学院（有机高分子化合物、基本电气元件、超微技术、无机化学、测量测试、物理化学实验装置）、宁波轩悦行电动汽车服务（电动汽车租赁、销售服务系统）、宁波帅特龙集团（汽车配饰）、浙江工商职业技术学院（注塑设备）、宁波财经学院（污水处理设备）等申请人的专利数量居前。

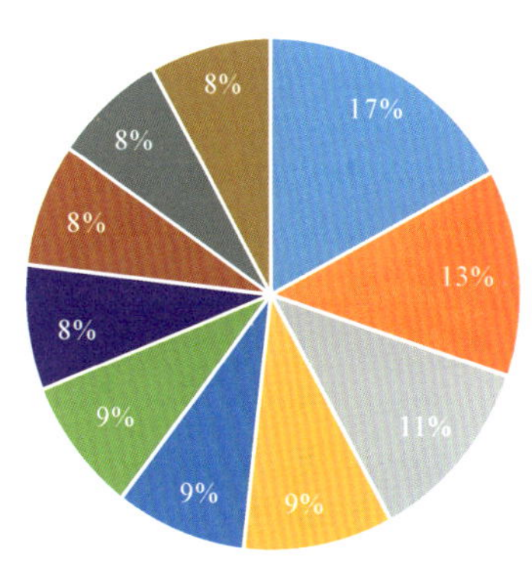

■ G01N借助于测定材料的化学或物理性质来测试或分析材料
■ G06F电数字数据处理
■ G06Q专门适用于行政、商业、金融、管理或监督目的的信息和通信技术
■ B29C塑料的成型连接
■ B01D用其他的液体取代被置换的液体
■ H01M用于直接转变化学能为电能的方法或装置
■ A61K医用、牙科用或化妆用的配制品
■ C02F水、废水、污水或污泥的处理
■ H04L数字信息的传输
■ C08L高分子化合物的组合物

图 3　海曙区专利技术领域分布

四、海曙区未来展望

从产业发展看，海曙区将大力实施农业品牌体系建设“1121”工程，做大做优蔺草、浙贝等特色品牌，推动特色农业项目与数字经济、文旅产业深度融合，着力打造“125”制造业现代特色产业体系，即时尚纺织服装一个千亿级制造业集群，高端装备、电子信息两个五百亿级制造业集群，汽车配件、软件信息、新材料、节能环保、生物医药五个百亿级制造业集群。从科技创新看，海曙区规上工业企业研发投入占比全省排名靠前，全区 R&D 经费占地区生产总值比重低于全省平均水平，创新主体间协同联动度较低，科技龙头企业较少，产学研合作相对较弱。下一步，海曙区将深化“科创中国”省级试点建设，加速国家级学会、院士工作站、博士创新站等科技经济融通平台建设，持续推进国家技术创新中心等国家战略平台创建，放大宁波工业互联网研究院、上海交通大学宁波人工智能研究院、宁波智能技术研究院及宁波阿里云创新中心等研究院优势。

江北区产业链创新链全景分析报告

宁波江北区位于浙江省东部、宁波市西北侧，是宁波市接轨长三角桥头堡、链接余慈地区枢纽地。江北总面积208平方千米，下辖7个街道、1个镇。2023年，全区户籍人口为28.73万人，常住人口为51.3万人。地区生产总值为910.2亿元，全省排名第33，全市排名第9。江北区是全国县域农业农村信息化发展先进县、全国新型城镇化质量百强区、全国科技创新百强区、全国综合实力百强区，拥有“国家生态市（县、区）”之称。

一、江北区产业概况

（一）产业结构

从地区生产总值构成看，2023年，江北区第一产业增加值为9.0亿元，第二产业增加值为298.4亿元，第三产业增加值为602.8亿元，三次产业增加值结构调整为1.0 ∶ 32.8 ∶ 66.2。

从农业看，江北区以渔业、精品果蔬、微型盆景为主导。2023年，江北区农林牧渔总产值为14.7亿元。渔业产值约4亿元；精品果蔬产值约2亿元；微型盆景产值约2亿元，江北区拥有浙江省最大的微型盆景出口基地—慈城。下一步，江北区将以“设施化、园区化、融合化、绿色化、数字化”为发展方向，深度融合产业，推进农文旅体全链发展。

从工业看，江北区以功能新材料、高端装备、数字经济为主导。2023年，江北区规上工业企业数量385家，实现规上工业增加值211.8亿元。2022年江北区产业主要分布见表1。下一步，江北区将重点打造新材料、高端装备、数字经济三个百亿级产业集群，加快培育信息技术、生命健康等两个新兴产业，最终构建“3+2+N”的现代工业体系。

表1　江北区特色工业简介

名称	规上工业产值 / 亿元	占全区规上工业总产值比重 /%
高端装备	约 499.40	约 45.33
新材料	约 436.00	约 39.57
数字经济	约 137.00	约 12.43
生命健康	约 24.00	约 2.18

从服务业看，江北区以电子商贸（批发零售）、港航物流为主导。2022 年，江北区实现服务业营业收入约 5168.1 亿元（其中批发零售产业营收占 78.0%），港航物流营业收入约 572.7 亿元。下一步，江北区以“专业化、特色化、国际化”为方向，推动“商贸 + 互联网 + 物流”融合发展，向价值链高端延伸，最终构成“2（电子商贸、港航物流）+2（金融保险、高端商务）+3（科技及信息服务、文化创意、休闲健康）”的现代服务业体系。

（二）“西部工业，中东部服务业”的产业空间布局

图 1 展示了江北区重点产业平台布局。从工业看，江北区工业沿慈城镇、洪塘街道，形成一条由“省级高新区”“万亩千亿平台”“省级小微企业园”构成的工业带，重点打造新材料、高端装备、生命健康、数字经济产业。从服务业看，江北区中东部依托“省级小微企业园”“省级特色小镇”，重点打造港航物流、电子商贸、文创产业。

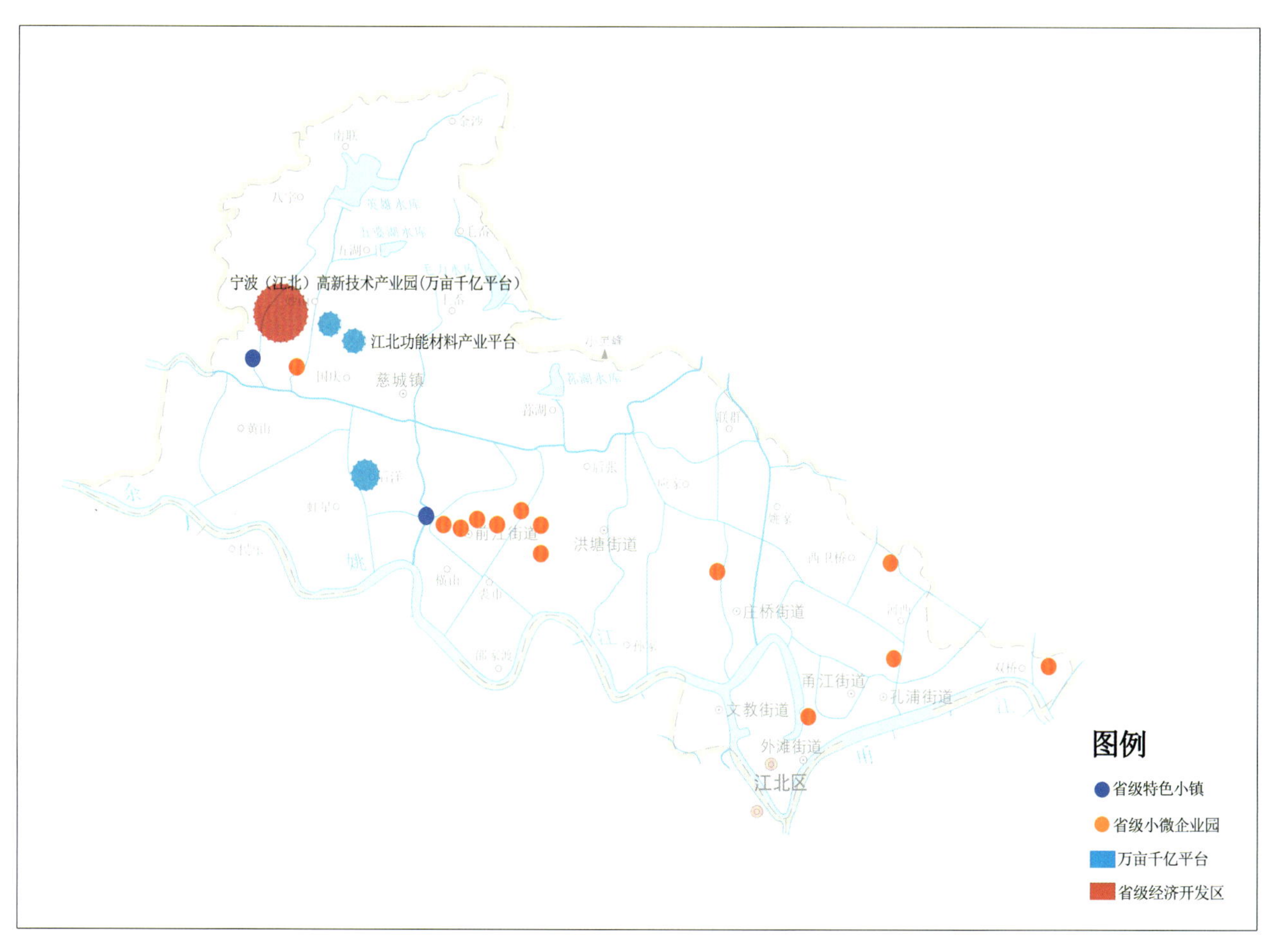

图 1　江北区重点产业平台布局

二、重点产业

（一）新材料产业

2022 年，江北区新材料产业产值约 500 亿元，产业内地方龙头企业（上市公司、专精特新“小巨人”、

规上百强、地方重点企业等）13 家。江北区新材料产业的龙头企业见表 2，主要分布在铜合金材料、光学薄膜、稀土永磁材料和橡胶塑料制造行业。下一步，江北区将依托金田集团、金力永磁、科田永磁等重点企业，研发高强、高导、高精度、绿色环保、电磁兼容等新型高端铜合金；基于高性能钕铁硼稀土永磁材料优势，研发低重稀土钕铁硼永磁材料、前沿稀土磁性材料，向新能源汽车、轨道交通、风力发电、5G 通信、工业机器人等方向拓展应用新领域。力争到 2025 年，新材料全产业链产值达 600 亿元。

表2　江北区新材料产业龙头企业简介

行业类别	企业类型	公司名称	主营业务
铜合金材料	上市公司	金田股份有限公司	阴极铜、铜线、铜棒、铜管、铜带、漆包线、铜阀门、管接件、水表、烧结钕铁硼永磁材
	制造业企业百强	宁波金田投资控股有限公司	铜加工、高新材料、建筑材料：铜合金板带、铜合金管、线、棒及阴极铜、漆包线、钕铁硼磁性材料
	地方重点企业	宁波金田铜业（集团）股份有限公司	铜及铜合金材料、漆包电磁线、稀土永磁材料
光学膜材料	上市公司	长阳科技股份有限公司	特种功能膜：反射膜、背板基膜、光学基膜等
	专精特新“小巨人”	宁波惠之星新材料科技股份有限公司	光学硬化膜：显示器偏光片表面处理膜、可折叠手机盖板用 CPI 硬化膜等高性能功能膜
	地方重点企业	宁波江北激智新材料有限公司	光学薄膜
稀土永磁	专精特新“小巨人”	宁波永久磁业有限公司	汽车领域、伺服电机、风力发电等磁钢
	竞争力百强	宁波科田磁业有限公司	高性能烧结钕铁硼永磁材料及组件
	地方重点企业	金力永磁（宁波）科技有限公司	高性能钕铁硼永磁材料
橡胶塑料	专精特新“小巨人”	宁波艾克姆新材料股份有限公司	Actmix 艾克姆预分散橡胶助剂母胶粒
		宁波昌祺氟塑料制品有限公司	聚四氟乙烯（PTFE）膨体膜、微孔滤膜、聚四氟乙烯生料带
		宁波哲能精密塑料有限公司	PPS、PEEK、TPI 等塑料金字塔顶端产品

（二）高端装备产业

2022 年，江北区高端装备产业产值约 500 亿元，产业内地方龙头企业 28 家，主要分布在汽车零部件和智能制造装备两大行业。江北区高端装备产业的龙头企业见表 3。从产业链角度看，汽车零部件企业主要集中在上游的基础零部件生产和中游的发动机系统、传动系统、制动系统、转向系零部件、行驶系统、车身附件、汽车电子、汽车改装制造；智能制造装备企业主要集中在上游的零部件生产和中游的成套设备制造。下一步，江北区将打造宁波市重要成套智能装备产业基地，深耕汽车底盘系统和氢燃料电池等关键技术领域，推动减震件、底盘件、车身内外饰件在新能源汽车领域应用；聚焦数字化智能化装备产品，重点发展高速精密冲床、换热器生产专用设备、超高强钢热成形等成套装备。力争到 2025 年，高端装备全产业链产值达 600 亿元。

表3　江北区高端装备产业龙头企业简介

行业类别	企业类型	公司名称	主营业务
汽车零部件	上市公司	宁波东力股份有限公司	传动设备（齿轮、齿轮箱、电机）、门控系统、工程技术服务
		爱柯迪股份有限公司	雨刮、转向、发动机、制动、传动等系统及零部件、新能源汽车三电、动力、视觉、热管理等系统、汽车结构件、铝合金精密压铸
		宁波恒帅股份有限公司	汽车微电机及相关产品［微电机、清洗（泵、系统、配件）、循环泵、洗涤（管路、喷嘴液罐总成）、加液管、液位传感器］

续表

行业类别	企业类型	公司名称	主营业务
汽车零部件	专精特新“小巨人”	宁波爱发科真空技术有限公司	油旋片泵、罗茨泵、真空计、机组、排气小车
		宁波甬微集团有限公司	空调器旋转式压缩机、不锈钢气体渗氮滑片、活塞、气缸、曲轴等
		宁波宇洲液压设备有限公司	液压系统：比例阀、平衡阀、回转缓冲阀、控制阀、集成阀、集成系统、液压马达、转向器等
		赛克思液压科技股份有限公司	液压柱塞泵、马达零配件
		宁波威孚天力增压技术股份有限公司	小型四缸柴油发动机涡轮增压器
		宁波惠尔顿婴童安全科技股份有限公司	中高端汽车儿童安全座椅
		宁波巨隆机械股份有限公司	脚踏类、车头碗件类和中轴类等及其相关套件
		浙江摩多巴克斯科技股份有限公司	高强度轻量化汽车车架管梁产品
		宁波中车时代传感技术有限公司	汽车传感器
		浙江向隆机械有限公司	汽车等速驱动轴、传动轴、等速万向节
	服务业百强	宁波宁兴精密机械集团有限公司	精密模架、精光板
	科技小巨人	宁波东力传动设备有限公司	齿轮箱、电机及传动装置
	制造业百强	宁波中策动力机电集团有限公司	大功率中速发动机、电站型发电机组、真空设备、注塑机等
		浙江向隆机械有限公司	汽车等速驱动轴、传动轴
	地方重点企业	宁波井上华翔汽车零部件有限公司	汽车内、外饰件、汽车组合仪表
		宁波华翔电子股份有限公司	内外饰件、底盘附件、电器及空调配件、发动机附件等
		宁波艾倍思井华汽车零部件有限公司	车身内外饰及附件
		宁波邦奇自动变速箱有限公司	汽车自动变速箱、发动机及其配件
		宁波建新底盘系统有限公司	汽车底盘件（副车架、控制臂、后轴等）
		宁波汇众汽车车桥制造有限公司	汽车底盘件（汽车前后独立悬架总成、扭杆、转向节）
		宁波科诺精工科技有限公司	汽车轻量化铝合金型材（汽车天窗导轨材料等）
		宁波凯福莱特种汽车有限公司	汽车改装
智能制造装备	上市公司	宁波精达成形装备股份有限公司	成型和生产装备（空调换热器生产装备、微通道换热器装备、高速精密冲床、伺服压力机、超高强钢热成形和汽车复合材料成形成套装备）
	专精特新“小巨人”	富强鑫（宁波）机器制造有限公司	精密注塑机［特种注塑机（双色机、超大型机、高速机等精密机械、注塑成型机、富强鑫注塑机、富强鑫双色注塑机）］
		宁波共盛电气科技有限公司	输配电自动化成套设备：高低压开关柜、箱式变电站等
	竞争力百强	宁波杰克龙精工有限公司（金田铜业子公司）	铜阀门、燃气阀、铸钢铸铁阀门、水暖卫浴、水表、管件
	地方重点企业	森格斯能源设备（宁波）有限公司	天然气输配设备：撬装分输站、门站、高中压调压站、区域调压箱、楼栋调压箱、燃气调压器、CNG 调压站和 LNG 气化调压站

（三）数字经济产业

2022 年，江北区数字经济产业产值约 100 亿元，产业内地方龙头企业（上市公司、专精特新“小巨人”、规上百强、地方重点企业等）15 家，主要集中在工业互联网行业。江北区数字经济产业的龙头企业见表 4。从产业链角度看，工业物联网企业主要集中在设备层、网络层、软件层、应用层。下一步，江北区将重点发展智能传感器、智能检验检测仪器，研发工业基础软件、控制系统、嵌入式软件及大数据管理系统，向电商、金融、医疗、贸易、政务等领域拓展。力争到 2025 年，数字经济全产业链产值达 200 亿元。

表4　江北区数字经济产业龙头企业简介

行业类别	企业类型	企业名称	主营业务
工业物联网	上市公司	宁波水表（集团）股份有限公司	水表：机械水表、智能水表、特种水表、配件
		宁波柯力传感科技股份有限公司	物联网仪器和系统：仪器（物理量传感器、工业物联网系统成套设备、称重仪表）、系统（智能物流、环保、智能消费、畜牧业、车载、港机海洋工程、电子称重、不停车检测、建筑机械物联网、无人值守一卡通）
	专精特新“小巨人”	宁波中车时代传感技术有限公司	传感器与测量装置（电流、电压、温度、压力、速度、位移传感器）、门系统产业：站台屏蔽门、安全门、车辆门等
	科技小巨人	赛特威尔电子股份有限公司	智慧安防、智慧消防、平安城市、智慧城市系统
	地方重点企业	宁波三星智能电气有限公司	智能电网相关产品：仪器仪表、电能表、变压器、开关柜、充电桩、电动汽车充换电站、设备及检定装置、智能能效管理设备及系统、通信模块、智能家居设备、配电自动化设备、断路器、漏电保护器、低压电器、继电保护及自动控制装置、继电器、采集终端、智能终端、售电装置、电能计量箱等
		宁波新胜中压电器有限公司	电气设备（对配电变压器、高低压开关柜）
		宁波市江北九方和荣电气有限公司	电容器、电气产品
		宁波市奇力仪表有限公司	计量器具、道路货运经营、水表零配件
		宁波市精诚科技股份有限公司	智能仪表
		宁波联能仪表有限公司	电度表、电工器材、仪器仪表、变压器、JP柜、电能计量箱、电力设备配件
		宁波伊士通技术股份有限公司	精密液压、全电伺服控制、物联网等系统、高性能工业电脑
	服务业百强	宁波送变电建设有限公司永耀科技分公司	信息系统集成、计算机软硬件及自动化系统、电气设备、配电设备、机械设备及配件、电子产品、建筑材料、仪器仪表、电线电缆
	竞争力百强	宁波弘泰水利信息科技有限公司	水行业基础模型、水利自动化产品、水行业信息化软件应用
	地方重点企业	浙江华工赛百数据系统有限公司	大数据、计算机软硬件、网络技术、工业自动化控制系统、智能科技、计算机信息系统集成服务，网络工程设计、施工及技术服务，智能设备、通信设备、存储设备、机械设备及配件、汽车零部件、电子设备及配件、工业自动化控制设备、传感设备、仪器仪表、监控设备的销售
		浙江北斗数据科技股份有限公司	船舶航程智能终端、北斗船载终端、北斗应急示位标

（四）生命健康产业

2022年，江北区生命健康产业产值约24亿元，产业内地方龙头企业（上市公司、专精特新“小巨人”、地方重点企业等）10家，主要分布在医疗器械和个人健康护理两大领域。江北区生命健康产业的龙头企业见表5。从产业链角度看，医疗器械企业主要集中在中游的体外诊断试剂和仪器制造；个人健康护理领域企业主要集中在中游的个人护理产品制造。下一步，江北区将重点发展口腔科用医疗设备、分子诊断、免疫诊断设备和试剂及护理产品，同时向医学影像诊断设备、医护机器人、家用医疗设备、可穿戴健康设备领域发展。力争到2025年，生命健康全产业链产值达100亿元。

表5　江北区生命健康产业龙头企业简介

行业类别	企业类型	企业名称	主营业务
医疗器械	专精特新“小巨人”	宁波蓝野医疗器械有限公司	医疗器械和系统：现代口腔医疗设备和器械、RY直线驱动系统、齿科器械灭菌养护系列和基于内窥镜及X光传感的口腔数字化管理系统
		宁波大央科技有限公司	蚊虫病媒生物研究与功效性应用研究

续表

行业类别	企业类型	企业名称	主营业务
医疗器械	地方重点企业	宁波瑞源生物科技有限公司	体外诊断试剂
		宁波普瑞柏生物技术股份有限公司	体外诊断（诊断设备、软件、试剂、校准品和质控品）
		宁波蓝野口腔	口腔预防、治疗、康复
个人护理	地方重点企业	宁波佳利塑胶有限公司	手动剃须刀、监狱专用剃须刀、医用备皮刀
		宁波开利控股集团股份有限公司	刀片、手动剃须刀
		宁波赛嘉电器有限公司	个人护理产品（声波电动牙刷、牙刷消毒器）

（五）港航物流产业

2022 年，江北区港航物流产业营业收入约 572.7 亿元，产业内地方龙头企业（上市公司、服务业百强企业等）7 家。江北区港航物流产业的龙头企业见表 6。从产业链角度看，港航物流企业主要集中在货物运输和国际物流综合服务。下一步，江北区将发挥浙江前洋经济开发区优势，推进“互联网 + 港航服务业”平台建设，发展数字港航服务。力争到 2025 年，基本形成具有较强竞争力、高端服务力、要素集聚力和环境软实力的现代化港航服务体系，港航服务业增加值达 750 亿元。

表6　江北区港航物流产业龙头企业简介

产业	企业类型	企业名称	主营业务
港航物流	上市公司	宁波海运股份有限公司	沿海、长江货物运输、国际远洋运输，交通基础设施和附设服务设施的投资业务
		宁波远洋运输股份有限公司	集装箱班轮航线及国内集装箱公共内支、内贸航线、国内散货运输及运输辅助业务
	服务业百强企业	宁波海运集团有限公司	国内沿海及长江货物运输，船舶及其辅机的修造，海上货物中转、联运，仓储，揽货
		宁波市一洲货运有限公司	国际货运代理及相关服务（从接单到订舱配载、报关报验、外贸代理、仓库托卡等服务）
		宁波达迅国际货运代理有限公司	海运整箱、海运拼箱、空运、拖车、报关、仓库内装、清关送货、货运保险等国际物流综合服务
		宁波市汽车运输集团有限公司	普通货运、货物专用运输（集装箱、罐式）、货运站（场）经营（货运配载）
		浙江宁波安邦护卫有限公司	货币，贵重物品，有价证券，危险品的守护、押运
	地方重点企业	宁波中远海运物流有限公司	现代物流、国际多式联运、公共货运代理、空运代理、集装箱场站管理、仓储、拼箱服务、铁路、公路和驳船运输、项目开发与管理等服务

三、科技创新概况

2022 年，全区 R&D 经费占地区生产总值比重为 3.39%，全省排名第 20；全区拥有高新技术企业达到 280 家，高新技术产业增加值占工业增加值比重达 77.53%；全区规上工业企业 R&D 经费支出占营业收入比重达 1.62%，全省排名第 53。

（一）区域创新资源布局

江北区创新平台的产业领域主要集中于高端装备、新材料（光学膜材料）、生命健康等领域。2022 年，全区拥有省级重点实验室 8 家，省级新型研发机构 2 家，省级企业研究院 14 家，省级高新技术企业研发中心 37 家，国家级众创空间 2 家。创新平台主要分布在前江街道、慈城镇和庄桥街道（见图 2）。

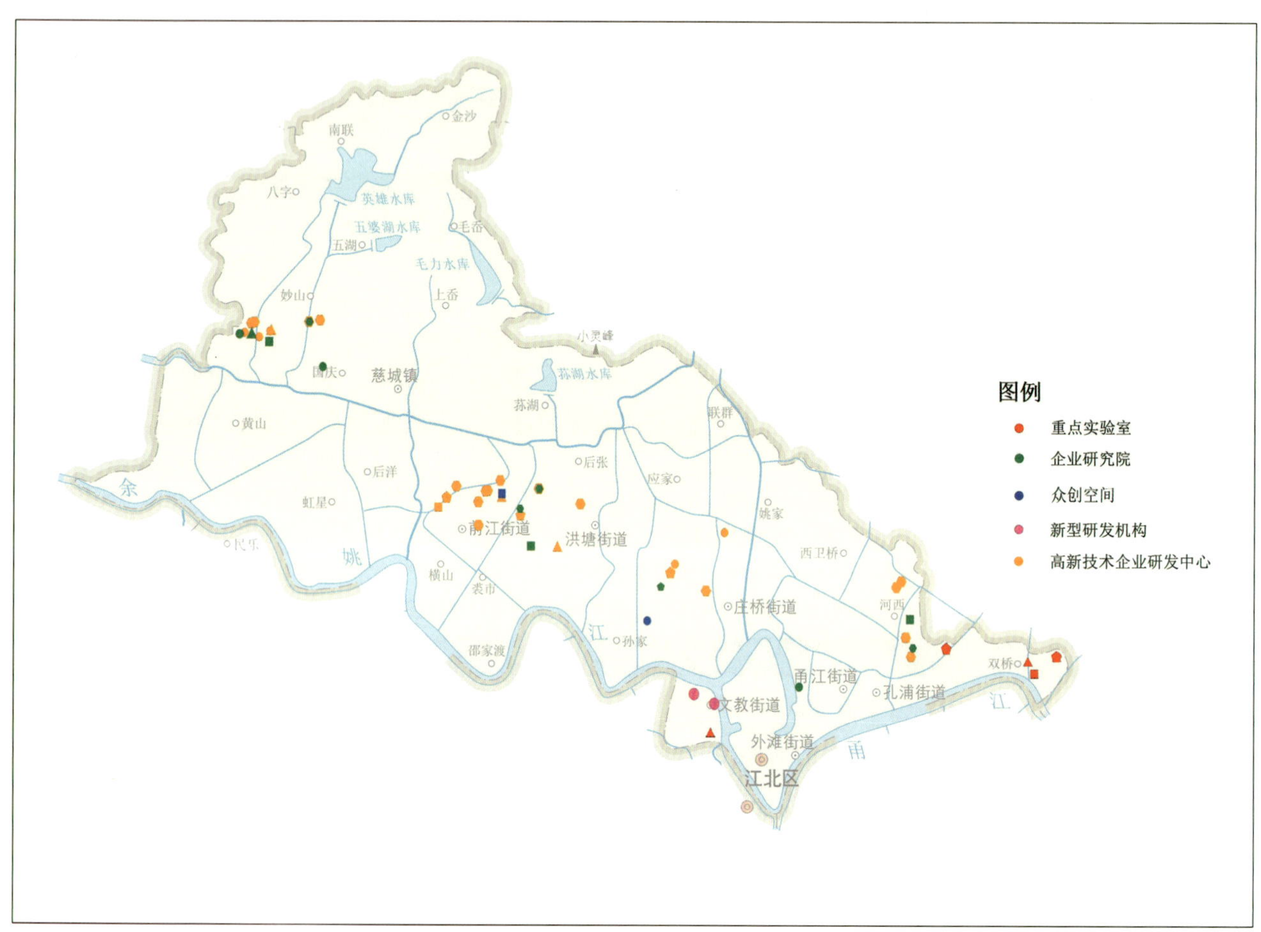

图 2　江北区创新平台布局

（二）产业专利分析

江北区的专利优势主要集中在数据处理设备及方法、光学手段测试分析材料、汽车零部件等领域。2022 年，江北区有效专利发明 11261 件，前十大专利技术领域见图 3。根据申请人分析，长阳科技（光学膜材料）、金田铜业（高端金属铜材料）、中车时代（智能传感器）、怡和工业设计（室内外装饰、设计）、宁波瑞易电器（电子元器件）等申请人的专利数量位居前列。

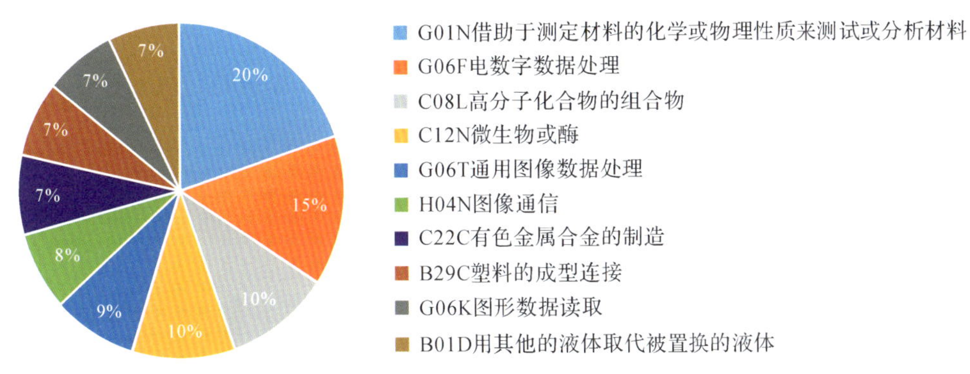

图 3　江北区专利技术领域分布

四、江北区未来展望

从产业发展看，江北区将做强精品果业、微型盆景、茶、中药材四大特色农业，做大高端金属合金、汽车零部件和智能装备等优势产业集群，做强光学膜、磁性材料和智能传感产业等新兴产业链，加快推进数字经济高质量发展。从科技创新看，江北区企业技术创新能力较强、产业创新发展动力充足、高端创新资源丰沛。下一步，江北区将主动融入甬江科创区建设，加强与宁波大学、中国科学院宁波材料所等科研院校产学研深度融合，提升产业技术研究院集聚辐射功能，加快大连理工大学宁波科技园、浙江大学科技园江北园区建设，力争国家级科技企业孵化器实现零突破。

镇海区产业链创新链全景分析报告

宁波镇海区位于浙江省东部，总面积约 246 平方千米，下辖 5 个街道、2 个镇。2023 年，全区户籍人口为 30.17 万人，常住人口为 52.2 万人。地区生产总值为 1420.0 亿元，全省排名第 16，全市排名第 6。镇海区是全国工业百强县、全国科技创新百强区、“国家重点石化能源基地”、“国家级生态建设示范区”，拥有九龙湖风景区。

一、镇海区产业概况

（一）产业结构

从地区生产总值构成看，2023 年，镇海区第一产业增加值为 7.5 亿元，第二产业增加值为 973.2 亿元，第三产业增加值为 439.4 亿元，三次产业增加值结构调整为 0.5 ∶ 68.5 ∶ 31.0。

从农业看，镇海区以水果产业为主导。2023 年，镇海区农林牧渔总产值为 11.2 亿元，其中，草莓与水果番茄产业产值近 2 亿元。下一步，镇海区将大力推广果园良种化、设施化、机械化、标准化栽培技术，提高果园绿色精品生产水平。

从工业看，镇海区以绿色石化和先进装备制造产业为主导。2023 年，镇海区实现规上工业总产值 3765 亿元，有规上工业企业 661 家。2023 年镇海区产业主要分布见表 1。下一步，镇海区将聚焦“1（绿色石化）2（先进装备制造、新材料）2（集成电路、智能家居家电）”产业体系，大力推动产业智能化改造和数字化转型，将镇海区打造成浙江省制造业高质量发展示范区。

表1　镇海区特色工业简介

名称	规上工业产值 / 亿元	占全区规上工业总产值比重 /%
绿色石化	3117.00	82.79
先进装备制造	超 600.00	超 15.93
新材料	超 500.00	超 13.28

从服务业看，镇海区以商品贸易、港航物流产业为主导。下一步，镇海区将实施“113”服务业发展行动，培育特色服务业集聚区，推进服务业提质增效。

（二）产业空间布局

图 1 展示了镇海区重点产业平台布局。从农业看，镇海区农业主要集中在骆驼街道“省级现代农业园区”，重点发展以水果番茄为代表的特色农业。从工业看，镇海区工业在“宁波石化经济技术开发区”“镇海经济开发区”，重点发展绿色石化、精密机械、高科技电子产业；在庄市街道“省级特色小镇”，重点发展新材料和数字经济产业；在骆驼街道、蛟川街道、庄市街道，形成“省级小微企业园”多点分布格局，重点发展智能制造、新材料、电子信息产业，部分涉及电子商务、物流服务和文化创意产业。从服务业看，镇海区服务业主要集中在九龙湖镇和招宝山街道，发展以自然山水风光为主题的旅游业；同时在南部庄市街道设立“宁波帮博物馆”，重点发展文物展览领域。

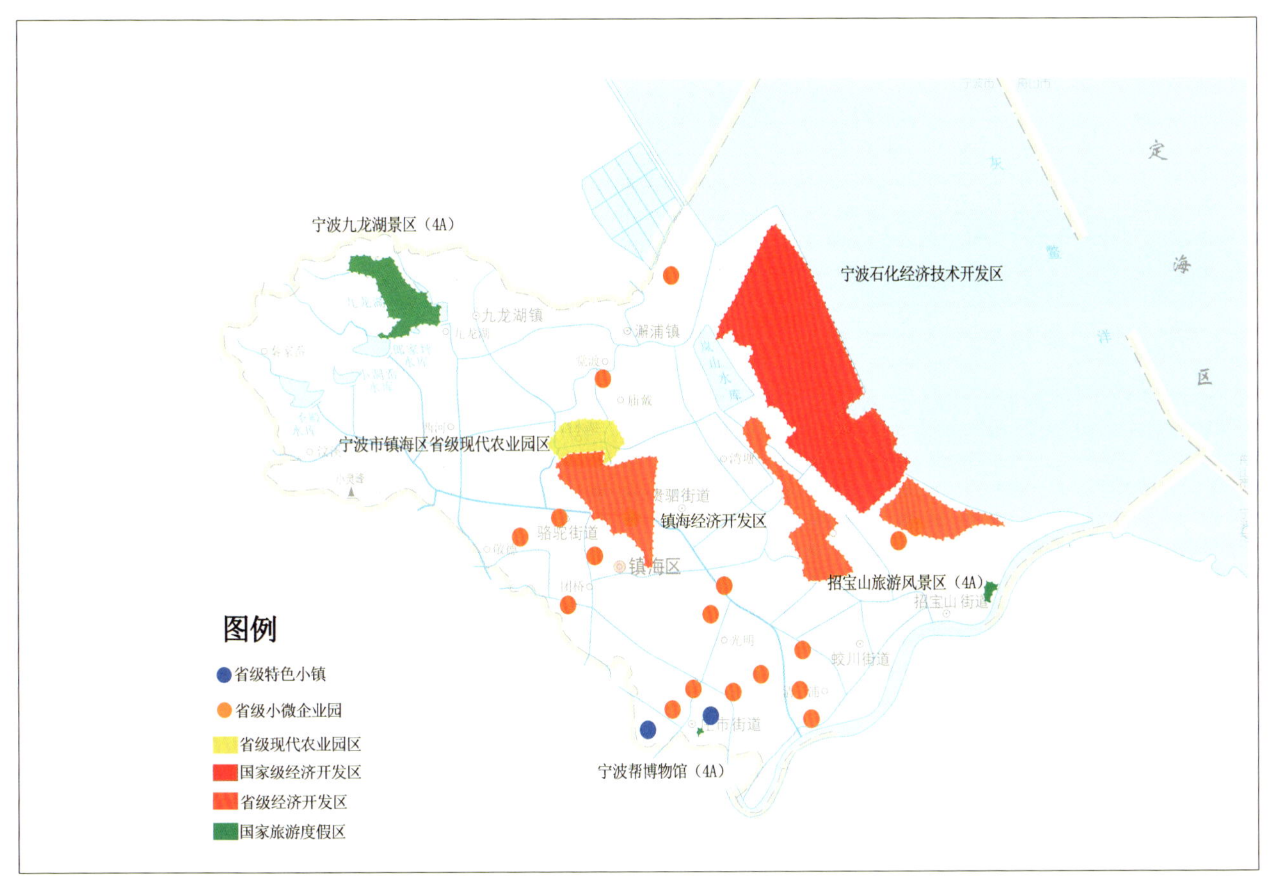

图 1　镇海区重点产业平台布局

二、重点产业

（一）绿色石化产业

镇海区是国家重点石化能源基地。2023 年，镇海区绿色石化产业规上工业产值 3117 亿元，规上企业超 110 家。当地绿色石化产业的龙头企业见表 2。从产业链角度看，该产业相关龙头企业主要集中在上游的原料开发，中游的精细化工品、石油制品生产，下游的化工品在新材料等领域。下一步，镇海区将重点发展特种工程塑料、高端电子化学品等，构建以化工新材料为主体、以高端精细化学品为特色的油化全产业链。力争到 2025 年，镇海区实现 4000 亿元的产值目标，成为世界级绿色石化产业基地。

表2　镇海区绿色石化产业龙头企业简介

行业	企业类型	公司名称	主营业务
石油化工原料	上市公司	宁波博汇化工科技股份有限公司	环保芳烃油等特种油品的研发、生产
		浙江镇洋发展股份有限公司	氯碱化工新材料、合成材料制造、塑料制品
	专精特新“小巨人”	宁波争光树脂有限公司	阴树脂、抛光树脂、催化树脂、交换树脂、均粒树脂等
		宁波德泰化学有限公司	炭黑的制造及配方设计、加工、应用
		宁波金海晨光化学股份有限公司	碳五石油树脂、氢化石油树脂等
		宁波大地化工环保有限公司	工业固体废弃物的焚烧、处置等
	规上百强（市级）	宁波乐金甬兴化工有限公司	合成材料、化工原料、工程塑料及合成树脂等
	地方重点企业	宁波富德能源有限公司	环保型化工原料
化工炼油及特种专用化学品	规上百强（市级）	中石化宁波镇海炼化有限公司	石油制品、化工产品、合成材料等
		宁波中金石化有限公司	石油制品、成品油、化工原料、化工产品
		宁波巨化化工科技有限公司	有机氯衍生物、有机醇衍生物、碳氢制冷剂等
		宁波新福钛白粉有限公司	钛白粉、亚铁液体副产品、新型催化材料及助剂等
	地方重点企业	恒河材料科技股份有限公司	碳五碳九石油树脂、双环戊二烯、乙叉降冰片烯等产品

（二）先进装备制造产业

镇海区是宁波重要的机械基础件基地。2022 年，镇海区先进装备制造产业规上工业产值超过 600 亿元。当地先进装备制造产业的龙头企业见表 3。从产业链角度看，该产业相关龙头企业主要集中在上游的原材料及基础零部件、汽车零部件制造和中游的智能成套装备制造。下一步，镇海区将聚焦“关键基础件—核心零部件—装备整机”的产业链条，依托哈尔滨工业大学宁波智能装备研究院等高能级平台，加强产业自主创新能力和品牌效应。力争到 2025 年，镇海区先进装备制造产业实现 800 亿元的产值目标。

表3　镇海区先进装备制造产业龙头企业简介

行业	企业类型	公司名称	主营业务
精密机械	上市公司	宁波吉星吉达电子股份有限公司	电子元器件与机电组件设备、电子专用设备、智能车载设备等
		宁波万盛智能科技股份有限公司	人工智能机械、其他传动部件、汽车零部件及配件等
		宁波西磁科技发展股份有限公司	磁性过滤器和各种磁性应用组件研究、设计和生产
	专精特新“小巨人”	宁波昌扬机械工业有限公司	精密铝合金汽车零部件和工业铝合金
		宁波正元铜合金有限公司	有色金属合金、液压动力机械及元件、气压动力机械、轴承
		宁波爱立德汽车部件有限公司	制动踏板总成、手刹制动总成、空调总成等汽车零部件
		浙江夏厦精密制造股份有限公司	小模数齿轮
		宁波晶钻科技股份有限公司	超精密单晶金刚石刀具、超真空 CVD 设备等
		宁波镇明转轴有限公司	轴承、齿轮和传动部件制造
		浙江万冠电机有限公司	交流串激电机、永磁直流电机、无刷电机等
		宁波中意液压马达有限公司	液压马达、液压件、液压系统、液压转向器、液压泵等
		宁波群力紧固件制造有限公司	高档建筑五金件、水暖器材及五金件、高强度紧固件、电子元器件
		宁波创世轴业有限公司	汽车零部件及配件，轴承、齿轮和传动部件制造
		宁波金鑫粉末冶金有限公司、宁波汇众粉末机械制造有限公司、浙江中平粉末冶金有限公司	粉末冶金机械零件、粉末冶金制品制造
		宁波海宏液压有限公司	电磁换向阀、压力控制阀、方向控制阀等
		宁波天益齿轴齿轮有限公司	拖车千斤顶、房车提升机、汽车连接器等交通辅助设备产品
		宁波金鼎紧固件有限公司	不锈钢紧固件、紧固件、五金件、机械配件、车辆配件

续表

行业	企业类型	公司名称	主营业务
精密机械	专精特新“小巨人”	宁波天业精密铸造有限公司	金属精密铸件铸造，五金件加工
		宁波鑫海爱多汽车雨刷制造有限公司	雨刷片、雨刷器、汽车零部件等
智能成套装备	专精特新“小巨人”	宁波明欣化工机械有限责任公司	大型、重型、具高端技术含量、高附加值的石化装备的加工制造
		宁波新容电器科技有限公司	电容器及其成套装置、配套元器件的制造和技术服务
		宁波市海达塑料机械有限公司	塑料机械及配件
		宁波固安力机械科技有限公司	中高端锻压机械、精密数控机床等
	专精特新入库企业	宁波连通设备集团有限公司	石化工业炉

（三）新材料产业

2022 年，镇海区新材料产业规上工业总产值超 500 亿元。当地相关龙头企业见表 4，主要分布在电池、生物全降解材料、氯碱化工新材料、包装材料、树脂、塑胶和稀土永磁体。下一步，镇海区将依托磁性材料制造业创新中心等重点平台，增强重点专用材料技术支撑能力。力争到 2025 年，镇海区实现 1000 亿元的产值目标，成为具有影响力的国家级新材料创新基地。

表4　镇海区新材料产业龙头企业简介

行业	企业类型	公司名称	主营业务
高分子材料	上市公司	浙江野马电池股份有限公司	高性能、环保锌锰电池
		宁波家联科技股份有限公司	生物全降解材料
		浙江镇洋发展股份有限公司	氯碱化工新材料、合成材料制造、塑料制品
	专精特新“小巨人”	宁波鸿雁包装材料有限公司	包装材料、护角板、胶带、PE 缠绕膜等
		浙江鑫甬生物化工股份有限公司	丙烯酰胺、乙烯、乙酸乙烯酯等高分子产品
		宁波昌亚新材料科技股份有限公司	纸吸管、PLA 聚乳酸可降解环保吸管等
		宁波争光树脂有限公司	阴树脂、抛光树脂、催化树脂、交换树脂、均粒树脂等
		宁波市青湖弹性体科技有限公司	弹性体、塑料制品、橡胶制品、化工产品等
	地方重点企业	恒河材料科技股份有限公司	碳五碳九石油树脂、双环戊二烯、乙叉降冰片烯等产品
		宁波浙铁大风化工有限公司	应用于光学、电子电气、汽车等领域 PC 的研发、生产和销售
	专精特新入库企业	宁波金穗橡塑有限公司	塑胶原料
稀土永磁材料	专精特新“小巨人”	宁波招宝磁业有限公司	开发和生产具有高矫顽力、低可逆温度系数的稀土永磁体

三、科技创新概况

2022 年，全区 R&D 经费占地区生产总值比重为 3.40%，全省排名第 18；全区拥有高新技术企业 367 家，高新技术产业增加值占工业增加值比重达 39.29%；全区规上工业企业 R&D 经费支出占营业收入比重达 0.85%，全省排名第 85。

（一）区域创新资源布局

镇海区创新平台主要集中在先进装备制造和新材料产业。2022 年，全区拥有国家级孵化器 2 家，省级重点实验室6家，省级新型研发机构5家，省级企业研究院16家，省级高新技术企业研发中心50家。创新平台主要分布在骆驼街道、澥浦镇，以及招宝山街道和蛟川街道的交界处（见图2）。

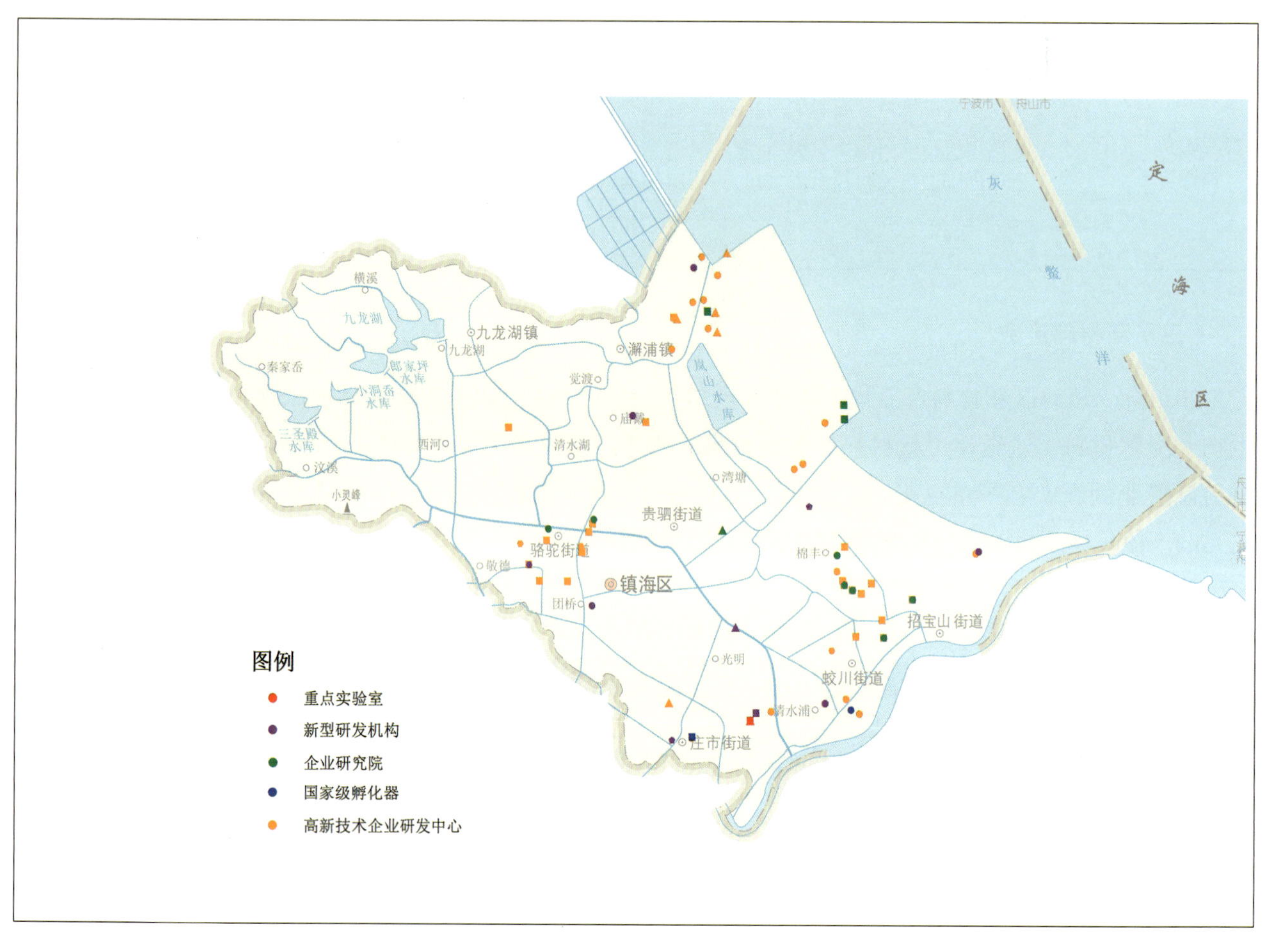

图2 镇海区创新平台布局

（二）产业专利分析

镇海区的专利优势主要集中在高分子新材料、化学能转化领域。2022年，镇海区有效发明专利共5759件，前十大专利技术领域见图3。根据申请人分析，中国科学院宁波材料技术与工程研究所（金属材料的镀覆、染料）、宁波石墨烯创新中心（污水处理）、镇海华泰电器厂（燃烧发动机）、宁波市镇海捷登应用技术研究所（车辆供热）、宁波杜亚机电（电机）、中国石油化工（高分子化学）、宁波天益齿轴齿轮（齿轮）等申请人的专利数量居前。

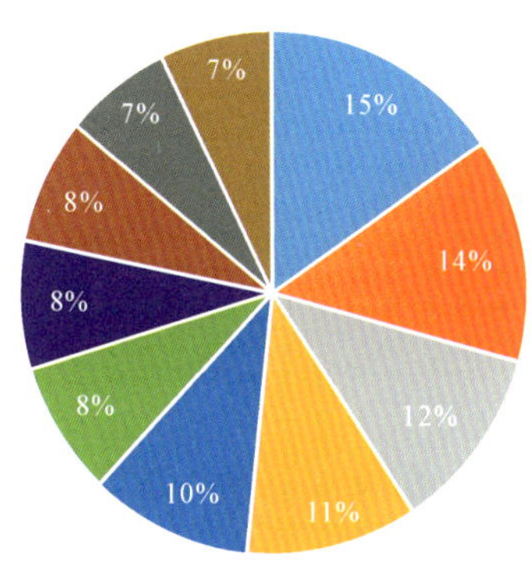

图 3　镇海区专利技术领域分布

四、镇海区未来展望

从产业发展看，未来镇海区将集中培育水果番茄、草莓等特色农产品品牌，探索创意农业发展模式和农业附加值提升路径，加快打造“122”千百亿级产业集群，大力发展绿色石化支柱产业，加快培育新材料、先进装备制造两个主导产业，积极培育集成电路（软件和信息技术服务业）、智能家电家居（电子制造）两个新兴产业。从科技创新看，规上工业企业研发投入占比全省排名靠后，全区 R&D 经费占地区生产总值比重低于全省平均水平。下一步，镇海区将深度融入甬江科创区开发建设，助力甬江实验室、宁波东方理工大学、中石化宁波新材料高端创新平台等高能级科创平台建设，支持宁波东方理工大学与中国环科院合作共建全国重点实验室，天津大学浙江研究院申报全省重点实验室，加快“甬江芯谷”建设，争创省石墨烯未来产业先导区。

北仑区产业链创新链全景分析报告

宁波北仑区位于浙江省东部，三面环海，濒临东海，北邻杭州湾，南邻象山港。北仑区总面积 614.57 平方千米，下辖 11 个街道、1 个区。2023 年，全区户籍人口为 45.28 万人，常住人口为 89.4 万人。地区生产总值为 2729.18 亿元（含北仑本级、大榭、保税），全省排名第 3，全市排名第 2。北仑区是工业百强区，被誉为“港城”“中国花木之乡”“中国杜鹃花之乡”。

一、北仑区产业概况

（一）产业结构

从地区生产总值构成看，2023 年，北仑区第一产业增加值为 9.11 亿元、第二产业增加值为 1232.58 亿元、第三产业增加值为 1487.48 亿元，三次产业增加值结构调整为 0.3 ∶ 45.2 ∶ 54.5。

从农业看，北仑区以花卉苗木、特色水果（葡萄、杨梅、金柑）产业为主导。2023 年，北仑区农林牧渔总产值 13.50 亿元。以杜鹃花、茶花、茶梅为主的花卉苗木产业全产业链产值 11.8 亿元（一产超 5 亿元）；以小港葡萄、大碶杨梅为主的区域特色优势果业产值 2.39 亿元，“北仑山金柑”获浙江省农业博览会金奖。下一步，北仑区将保持柴桥杜鹃、大碶盆景等区域特色产业优势，同时引进花卉苗木新品种和新技术，推动设施化、园艺化、精品化转型。

从工业看，北仑区以石化、装备制造、汽车和电子信息产业为主导。2023 年，北仑区实现规上工业总产值 5342.46 亿元，有规上工业企业约 1047 家。2022 年北仑区产业主要分布见表 1。下一步，北仑区将以石油为基础，推动化工新材料、化工新能源产业发展；聚焦成型装备，发展精密化的先进工艺装备；打造高附加值汽车核心零部件，推动汽车产业向整车智能化发展；突破芯片关键核心技术，推动电子信息产业向专用芯片产品延伸，最终建设成宁波“246”先进制造业集群示范区。

表1　北仑区特色工业简介

名称	规上工业产值 / 亿元	占全区规上工业总产值比重 /%
石化（含化工新材）	约 1544.40	约 28.85
装备制造（压铸机、注塑机、机床为主）	约 770.60	约 14.01
汽车（汽车零部件为主）	约 809.50	约 14.72
电子信息（集成电路为主）	约 462.60	约 8.41

（二）产业空间布局

图 1 展示了北仑区重点产业平台布局。从工业看，北仑区工业形成“一带两翼”的分布格局，沿小港街道、大碶街道、新碶街道，霞浦街道，形成一条由“省级小微企业园”和“万亩千亿平台”构成的工业带，重点打造汽车零部件、装备制造和集成电路产业；依托“省级经济开发区”和“省级高新区”，形成南北翼的两大工业集聚区，重点打造油气、新材料和智能装备制造产业。从农业看，北仑区农业平台主要在中部的“省级现代农业园区”，形成农产品种植、加工到销售的全产业链。从服务业看，北仑区服务业依托“国家综合保税区”，在梅山岛、北仑港形成两大国际贸易、现代物流集聚区；依托“省级小微企业园”，在北仑港附近形成服务业集聚区，重点打造国际贸易服务、综合电商服务、数字经济产业；围绕梅山湾旅游度假区，打造滨海休闲旅游区。

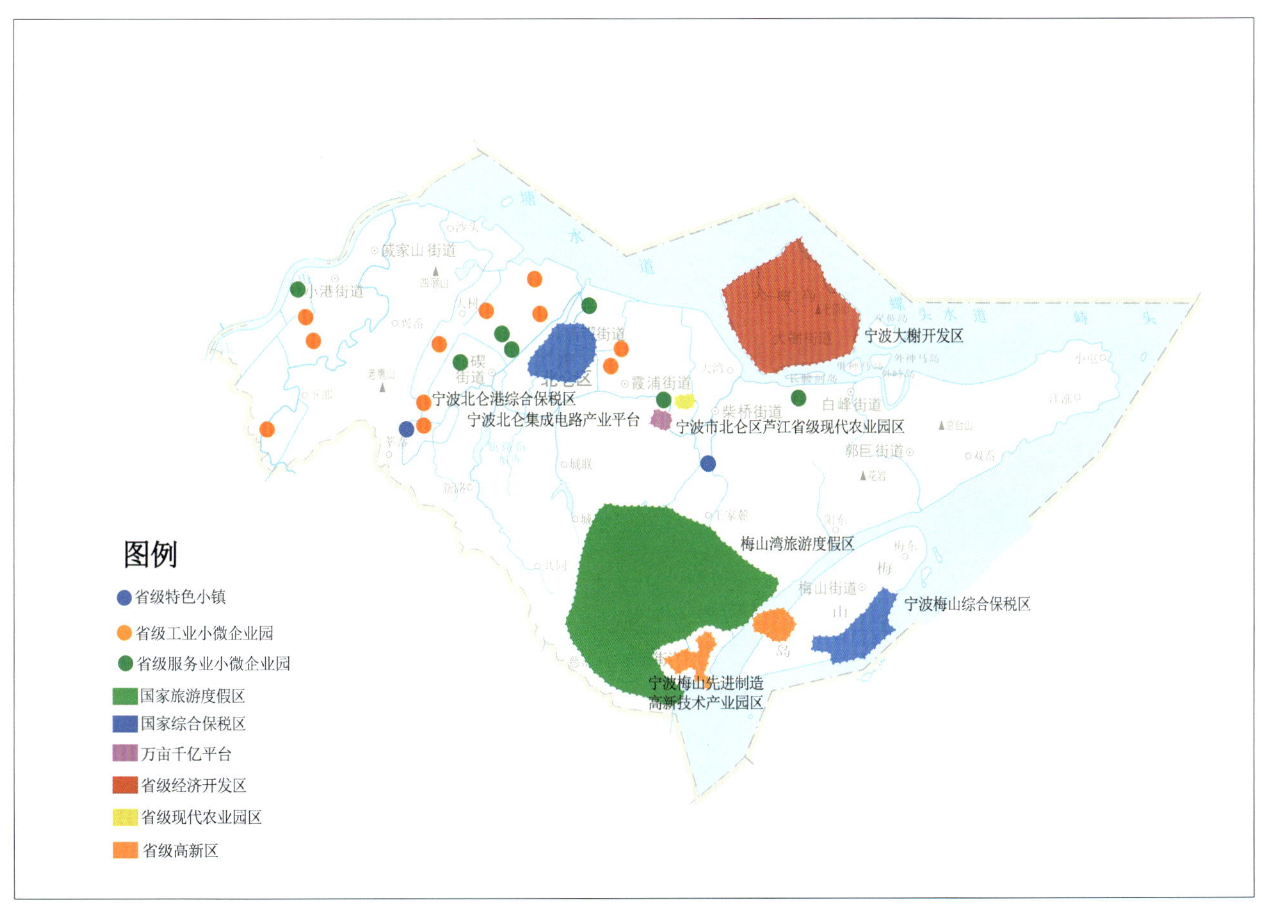

图 1　北仑区重点产业平台布局

二、重点产业

（一）石化产业（含化工新材）

2022 年，北仑区石化产业规上工业产值约 1544.4 亿元，包含企业约 100 家。北仑区石化产业的龙头企业见表 2。从产业链角度看，该产业相关龙头企业基本覆盖产业链的中下游环节，主要集中在中游的原油与石脑油炼制、化工中间体生产以及下游的精细化工产品加工、合成材料、橡胶制品制造。下一步，北仑区将以大榭石化、逸盛石化 PTA 改扩建为契机，进一步提高炼油能力，做强乙烯、丙烯、芳烃产业链；结合汽车材料轻量化、纺织材料功能化、生物医药材料高洁净化等产业发展趋势，发展高性能、高分子材料等高端化工新材料；发展氢能等化工清洁能源产业，构建绿色低碳产业体系。力争到 2025 年，北仑区石化产业集群产值规模达 2500 亿元以上。

表2　北仑区石化产业龙头企业简介

行业	企业类型	公司名称	主营业务
石化	上市公司	浙江东海长城石化股份有限公司	成品油、非成品油
		宁波能之光新材料科技股份有限公司	高分子功能材料（工程塑料与塑料合金）
		宁波长鸿高分子科技股份有限公司	苯乙烯类热塑性弹性体
	规上百强（市级）	东华能源股份有限公司	丙烯
		浙江逸盛石化有限公司	精对苯二甲酸
		台化兴业（宁波）有限公司	精对苯二甲酸
		宁波科元精化有限公司	碳氢溶剂、芳烃溶剂
		南亚塑胶工业（宁波）有限公司	双酚 A、增塑剂
		万华化学（宁波）有限公司	聚氨酯、石化、精细化学品
	地方重点企业	金发科技股份有限公司	高性能材料（改性塑料）

（二）装备制造业

北仑区是“全国压铸模具标准示范基地”。2022 年，北仑区装备制造业规上工业产值约 770.6 亿元，规上企业约 360 家，主要分布在压铸机、注塑机、机床行业。北仑区装备制造产业的龙头企业见表 3。从产业链的角度看，压铸机企业主要集中在中游的压铸设备制造和中下游的模具生产；注塑机企业主要集中在上游的液压类元器件生产和中游的注塑设备制造；机床企业主要集中在上游的控制系统、伺服系统生产和中游的机床生产；当地亦有企业涉及专用设备生产以及电线电缆制造。下一步，北仑区将依托传统装备制造业的优势，重点发展高性能塑料成型、高精密度数控机床等设备；推动工业 4.0 发展，建立“远程监控、在线分析、云端诊断”的装备制造服务体系，推动“装备制造”向“装备智造”发展。

表3　北仑区装备制造业龙头企业简介

行业	企业类型	公司名称	主营业务
压铸机	专精特新“小巨人”	宁波力劲科技有限公司	冷、热室压铸机、精密注塑机、数控加工
		宁波顺兴机械制造有限公司	合模机、液压夹具、翻模机及切边机
		宁波隆源精密机械有限公司	模具开发、铝合金压铸
		宁波大榭开发区天正模具有限公司	压铸模具
		宁波臻至机械模具有限公司	精密压铸模具
注塑机	专精特新“小巨人”	意宁液压股份有限公司	液压马达、液压回转装置
		宁波斯达弗液压传动有限公司	液压马达
		宁波华美达机械制造有限公司	注塑机
		宁波华热机械制造有限公司	橡塑辅机
机床	地方重点企业	宁波聚华光学电子科技有限公司	工业控制计算机及系统、自控制系统装置制造
		宁波亿元文特自动化科技有限公司	伺服直驱电机
	上市公司	宁波弘讯科技股份有限公司	工业控制、伺服节能系统
		宁波德业科技股份有限公司	逆变器、热交换器、变频产品

续表

行业	企业类型	公司名称	主营业务
机床	上市公司	宁波海天精工股份有限公司	数控机床，数控龙门、立式、卧式加工
	专精特新“小巨人”	宁波菲仕技术股份有限公司	伺服电机、伺服驱动器
		宁波安信数控技术有限公司	伺服液压产品
		宁波澳玛特高精冲压机床股份有限公司	冲床及配套设备生产
		宁波博信机械制造有限公司	高精冲床及零配件的生产
电缆	上市公司	宁波东方电缆股份有限公司	交流或直流海缆、陆缆
		宁波球冠电缆股份有限公司	电线电缆
其他	专精特新“小巨人”	宁波凯荣新能源有限公司	LNG 液货储运系统低温不锈钢产品、船用起重机
		宁波海伯集团有限公司	渔具制造、电动船用推进器研发和生产

（三）汽车产业（汽车零部件为主）

2022 年，北仑区实现汽车产业（汽车零部件为主）规上工业产值约 809.5 亿元，规上企业超 110 家。北仑区汽车产业的龙头企业见表 4。从产业链角度看，该产业相关龙头企业主要集中在上游的有色金属加工和橡胶制品生产，中游的发动机系统、行驶系统、传动系统、汽车电子和车身附件等研发制造，下游的整车制造。下一步，北仑区将依托吉利等龙头企业，以新能源、无人驾驶汽车发展为契机，重点突破智能驾驶技术、电机驱动控制技术，打造中高端整车和高附加值汽车核心部件集群，推动整条产业链向高端化、智能化发展。力争到 2025 年，全区汽车产业集群产值突破 1200 亿元。

表4　北仑区汽车产业龙头企业简介

行业	企业类型	公司名称	主营业务
汽车零部件	上市公司	宁波星源卓镁技术股份有限公司	镁合金、铝合金精密压铸产品
		宁波旭升集团股份有限公司	精密铝合金压铸件（离合器、变速器、减速器壳体）
		宁波斯贝科技股份有限公司	精密铝压铸件（电机、减速器等箱体缸体外壳）
		宁波信泰机械有限公司	高性能铝材、高弹性 TPV、改性塑料
		华瑞电器股份有限公司	摩托车启动电机、汽车电机、微特电机、换向器（整流子）、电机配件、新型机电元件、精冲模和精密型腔模
		宁波继峰汽车零部件	座舱内饰件
		雪龙集团股份有限公司	内燃机冷却风扇总成、离合器风扇总成及汽车轻量化塑料件
		宁波景升明诚汽车科技股份	减震器配件
		宁波拓普集团股份有限公司	隔音产品、锻铝控制臂、减震器
	专精特新“小巨人”	浙江辉旺机械科技股份有限公司	铝合金汽车零部件、电动工具零部件的压铸
		宁波宏协股份有限公司	铝合金压铸件：离合器压盘、减震器、金属饰品（风挡）、精密铝材（导轨、门槛梁等）
		宁波泰甬汽车零部件有限公司	橡胶制品、机械零配件
		宁波裕民机械工业有限公司	汽车天窗导轨附件、车门滑轨系统、内外水切密封装饰条
		宁波一力实业有限公司	减震器、气弹簧
		宁波宏协股份有限公司	传动系统中，提供 NVH 及扭矩传动解决方案的供应商；车身系统中，提供车身饰件及轻量化解决方案的供应商
		宁波万航实业有限公司	等速驱动轴、球笼式等速万向节、ATV 驱动轴、传动轴、玻璃升降器
	地方重点企业	浙江华朔科技股份有限公司	精密铝合金压铸件：变速器、电机、逆变器及配件等

续表

行业	企业类型	公司名称	主营业务
汽车零部件	地方重点企业	宁波爱可森汽车电子有限公司	智能倒车镜总成、智能充电口盖集成系统、油箱口盖总成及洗涤器、出风口
		敏实集团	塑件、金属车身系统、电池盒
		宁波艾思科汽车音响通讯有限公司	汽车音响、通信设备
汽车	规上百强（市级）	浙江吉利汽车有限公司	汽车整车和动力总成制造、乘用车销售

（四）电子信息产业（半导体为主）

2022年，北仑区实现电子信息产业（半导体为主）规上工业产值约462.6亿元，有规上企业66家。北仑区电子信息产业的龙头企业见表5。从产业链角度看，该产业相关龙头企业主要集中在上游的半导体材料研制，中游的分立器件制造，下游的计算机电子产品制造。下一步，北仑区将依托中芯宁波、欧西氏、欧益半导体等重点项目，集中优势资源，突破硅片与特种工艺芯片制造核心技术，抢占第三代半导体制造制高点；加快芯港小镇成势，建成荣芯半导体一期，形成芯片材料、设计、制造、测试全产业链布局；推动中游的电子元器件向下游的应用产品领域发展，与汽车电子、智能装备等产业结合，形成完整的电子产业链条。

表5　北仑区电子信息产业龙头企业简介

行业	企业类型	公司名称	主营业务
半导体	地方重点企业	宁波科宁达工业有限公司	钕铁硼永磁
		宁波锦越新材料有限公司	高级铝靶材
		浙江金瑞泓科技股份有限公司	半导体硅片
		弘硕科技（宁波）有限公司	封装材料
		恒硕科技（宁波）有限公司	电子、半导体集成电路的材料
		宁波铼微半导体有限公司	紫外发光二极管（UV-LED）、氮化镓功率开关器件、氮化镓微波肖特基二极管、氮化镓射频功率放大器
		宁波比亚迪半导体有限公司	半导体分立器件
	在地方参与的重大产业（化）项目的依托企业	中芯国际	晶圆
		安集微电子科技（上海）股份有限公司	抛光液
		江苏南大光电材料股份有限公司	前驱体材料（包含MO源）、电子特气和光刻胶
电子产品	专精特新“小巨人”	宁波韵升磁体元件技术有限公司	大容量光盘、磁盘驱动器及其部件（VCM组件、DVD组件）、磁电产品及配套件
	地方重点企业	宁波技嘉科技有限公司	主板、显卡、笔记本电脑、显示器、储存装置
		宁波群志光电有限公司	平板显示器件、液晶显示器、液晶模组、液晶电视机
		宁波群辉光电有限公司	液晶显示器、液晶电视机及其器件和元件、触控模组显示器及其器件和元件、光电子器件、模组元件、精密模具和冶具及零部件

三、科技创新概况

2022年，全区R&D经费占地区生产总值比重为2.47%，全省排名第52；全区拥有高新技术企业505家，高新技术产业增加值占工业增加值比重达69.88%；全区规上工业企业R&D经费支出占营业收入比重达 1.02%，全省排名第 81。

（一）区域创新资源布局

北仑区创新平台主要集中在装备制造业和汽车产业（汽车零部件主导）。2022 年，全区拥有省级重点实验室 2 家，省级新型研发机构 2 家，省级企业研究院 31 家，省级高新技术企业研发中心 60 家，省级众创空间 1 家。创新平台集聚在东部的大碶街道、戚家山街道和小港街道（见图 2）。

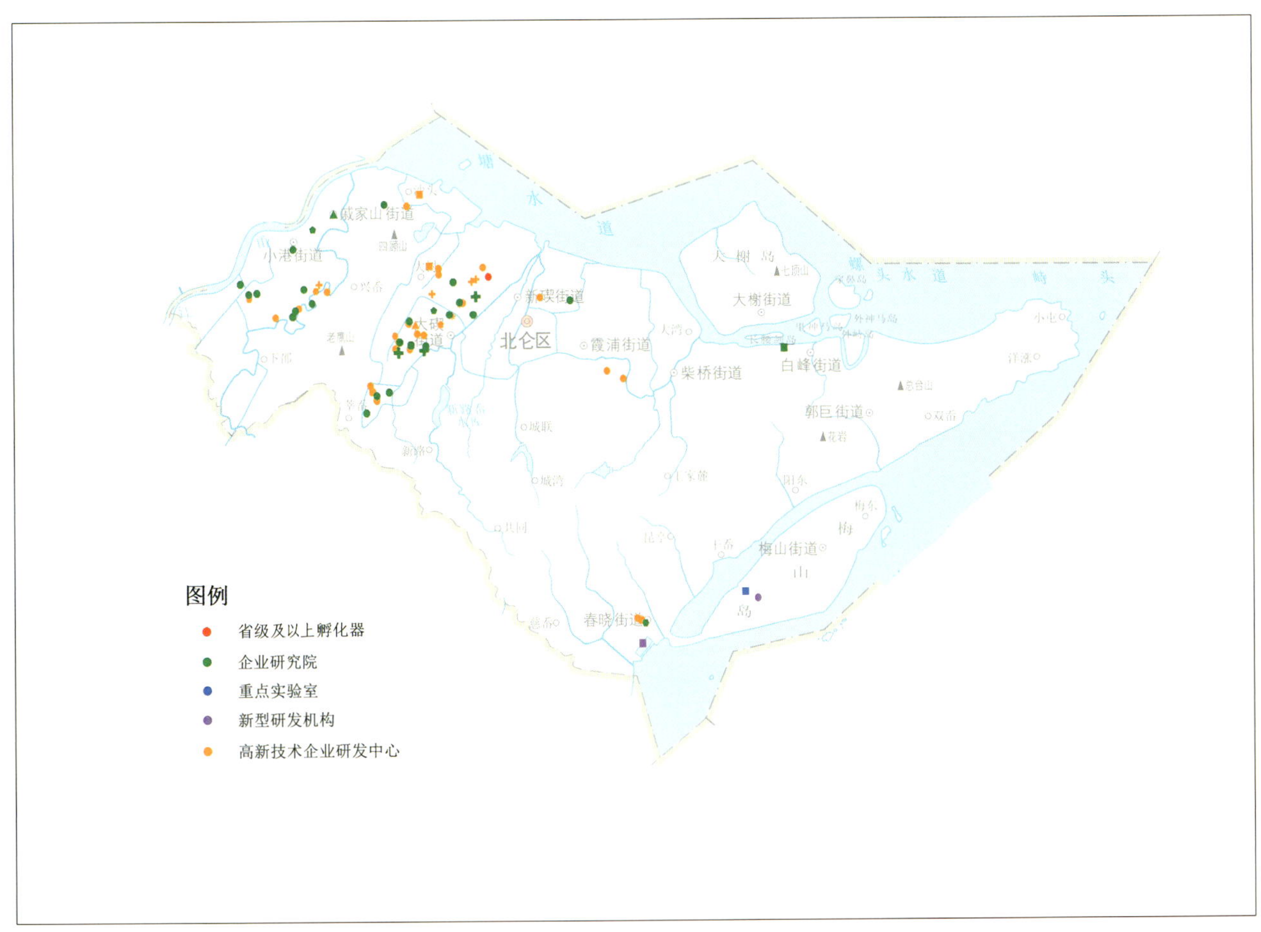

图 2　北仑区创新平台布局

（二）产业专利分析

北仑区的专利优势主要集中在塑料成型、金属加工铸造和化合物研发。2022 年，北仑区有效发明专利共 4147 件，前十大专利技术领域见图 3。根据申请人分析，万华化学子公司（化工中间体、合成材料）、中芯集成电路（半导体材料、计算机电子）、吉利控股（车辆传动装置、动力装置）、敏实汽车（车身附件加工）、海天精工（注塑机及相关配件）等申请人的专利数量居前。

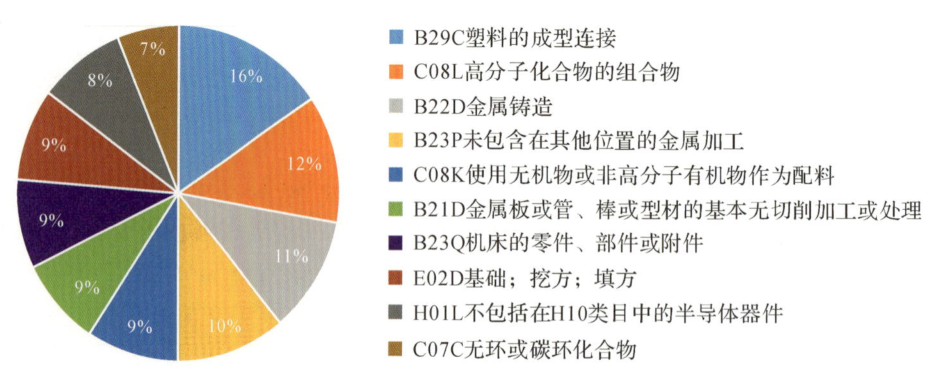

图3 北仑专利技术领域分布

四、北仑区未来展望

从产业发展看，北仑区将打造具有全球竞争力的高端装备、新能源汽车、化工新材料三大省级特色产业集群，促进数字经济发展，培育壮大港航物流、现代金融等功能性服务业。从科技创新看，北仑区生产总值在全省前列，但全区 R&D 经费相对于地区生产总值的比重尚未进入全省前列，创新能力需进一步提高。下一步，北仑区将全面融入甬江科创区全球智造创新战略平台，启动甬企研发总部集聚区、甬江软件产业园北仑区块等重大科创项目，加强与甬江实验室合作，构建以科研院所、企业研究院、人才项目孵化园区为支撑的多层次科技人才平台体系，助推产智深度融合。

鄞州区产业链创新链全景分析报告

宁波鄞州区位于浙江省宁波东部沿海，总面积约 814.2 平方千米，下辖 15 个街道、10 个镇。2023 年，全区户籍人口为 99.5 万人，常住人口为 169.0 万人。地区生产总值为 2803.35 亿元，全省排名第 1，全市排名第 1。鄞州区是中国工业百强区、全国创新百强区、国家体育产业基地，拥有东钱湖、天童寺旅游景区。

一、鄞州区产业概况

（一）产业结构

从地区生产总值构成看，2023 年，鄞州区第一产业增加值为 31.2 亿元，第二产业增加值为 790.1 亿元，第三产业增加值为 1982.0 亿元，三次产业增加值结构调整为 1.1 ∶ 28.2 ∶ 70.7。

从农业看，鄞州区以种子产业为主导。2023 年，鄞州区实现农林牧渔业总产值 47.9 亿元。鄞州区已初步构建起现代种业发展体系，形成年产值 6.5 亿元的产业规模。下一步，鄞州区将重点发展现代种业、蔬菜瓜果、水产养殖、林特水果等特色产业，打造集循环农业、创意农业、农事体验三位一体的田园综合体，推动农业高质量的发展。

从工业看，鄞州区以高端装备为主导。2023 年，鄞州区实现规上工业总产值 1881 亿元，有规上工业企业 1461 家。2022 年鄞州区产业主要分布见表 1。下一步，鄞州区将大力实施“154”千百亿产业集群培育工程，做强软件信息、集成电路、医疗健康、新材料等一批新兴核心产业，谋划培育 5G+、工业互联网、人工智能、大数据、云计算等一批前沿未来产业，提升汽车零部件、智能家电、时尚纺织服装等传统优势产业，形成“154+”的现代产业体系。

表1　鄞州区特色工业简介

名称	规上工业产值 / 亿元	占全区规上工业总产值比重 /%
高端装备	约 400.00	约 26.11
智能家电	约 300.00	约 19.58
电子信息与软件	约 260.00	约 16.97

从服务业看，鄞州区以金融保险、港航服务、会展商务、楼宇经济产业为主导。2023 年，鄞州区实

现服务业营收1635.4亿元，服务业增加值总量保持全市第一。下一步，鄞州区将聚焦“港产城文”融合发展，提升服务业规模能级，打造具有鄞州特色的“343”现代服务业体系。

（二）“西北集聚”的产业空间布局

图1展示了鄞州区重点产业平台布局。鄞州区产业呈现出明显的西北集聚特点。从农业看，鄞州区农业主要集中在姜山镇“鄞州区姜山省级现代农业园区”，重点发展果蔬、水产产业。从工业看，鄞州区工业依托“省级经济开发区”“省级高新区”，重点发展新材料、智能制造、汽配、生命健康等产业。鄞州区的“省级小微企业园”较多，鄞州区在中河街道和下应街道“大学生创业小微园”“七号梦工场”等，重点发展软件信息、智能制造、新一代信息技术产业；在明楼街道“宁波和丰创意广场”，重点发展工业设计、文化创意、智能经济产业；在潘火街道，重点发展电子商务产业；在姜山镇，重点发展智能制造、广告等产业；在首南街道，重点打造高新技术、商业服务、集成电路、软件信息产业，部分涉及纺织服装产业。从服务业看，鄞州区服务业主要集中在“东钱湖旅游度假区”“宁波南部商务区现代服务业创新发展区”“鄞州区东部新城区现代服务业创新发展区”，重点打造旅游、数字贸易和现代物流业。

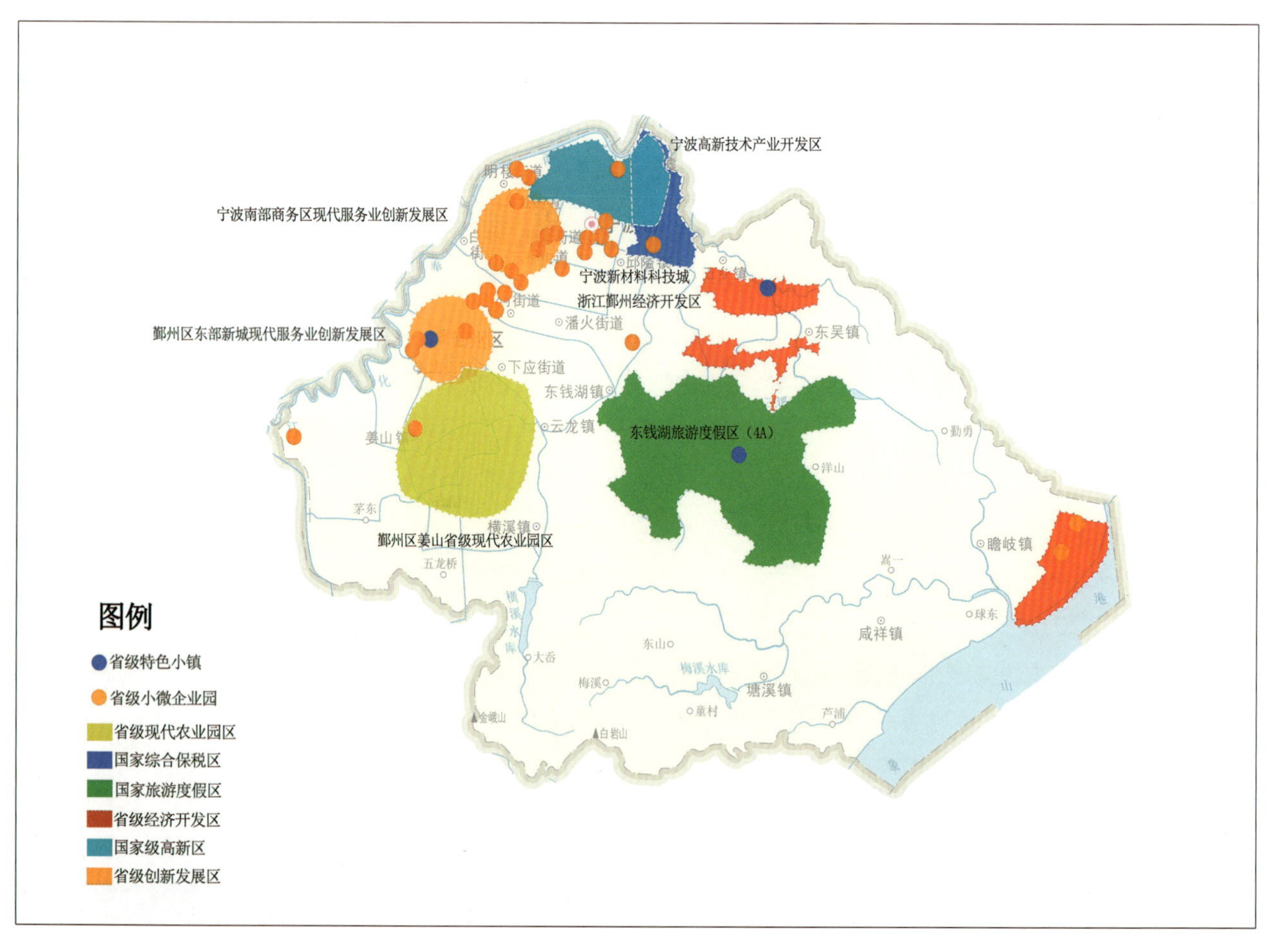

图1　鄞州区重点产业平台布局

二、重点产业

（一）高端装备产业

2022 年，鄞州区高端装备产业总产值约 400 亿元，主要分布在汽车零部件、节能环保和机械设备行业。鄞州区高端装备产业的龙头企业见表 2。从产业链角度看，汽车零部件企业主要集中在上游汽车系统开发和中游的发动机系统、传动系统、汽车电子、车身附件零部件制造；节能环保装备企业主要集中在上游的仪器、试剂制造和中游的环保设备制造；机械设备企业主要集中在中游的数控机床制造。下一步，鄞州区将聚焦通（专）用装备、汽车、电气机械与器材等重点领域，打造节能与新能源汽车、环保与新能源装备等重点细分行业集群，推动新一代信息技术与先进制造业融合。力争到 2027 年，高端装备产业集群产值突破 1000 亿元。

表2　鄞州区高端装备产业龙头企业简介

行业	企业类型	公司名称	主营业务
汽车零部件	上市公司	宁波高发汽车控制系统股份有限公司	汽车变速操纵系统总成、电子油门踏板和汽车拉索等
		宁波均胜电子股份有限公司	智能驾驶系统、新能源汽车动力管理系统以及车联网技术等
		宁波圣龙汽车动力系统股份有限公司	发动机油泵、自动变速器油泵、凸轮轴、铝压铸件
		山子高科技股份有限公司	汽车自动变速箱、汽车安全气囊气体发生器等
		宁波均普智能制造股份有限公司	汽车工业智能制造装备、工业机电智能制造装备等
	专精特新“小巨人”	宁波科森净化器制造有限公司	汽车尾气净化器
		卓尔博（宁波）精密机电股份有限公司	汽车电机零部件
		华纳圣龙（宁波）有限公司	汽车零部件及配件
		宁波阿能汽车部件有限公司	汽车配件、机械配件、五金件
		宁波福士汽车部件有限公司	汽车配件、空调管件、五金件、塑料零件
节能环保设备	上市公司	宁波新芝生物科技股份有限公司	通用仪器、样品制备仪器、生命科学仪器
		宁波能源集团股份有限公司	热电联产、生物质发电、抽水蓄能和综合能源
	专精特新“小巨人”	宁波中科远东催化工程技术有限公司	环保设备、催化剂等
		宁波双能环保科技有限公司	环保设备
机械设备	专精特新“小巨人”	宁波经纬数控股份有限公司	数控设备
		思进智能成形装备股份有限公司	先进数控加工机床及三坐标检测设备

（二）智能家电产业

鄞州区是中国智能家电的重要产地之一。2022 年，智能家电产业总产值约 300 亿元，主要分布在智能家居、厨电行业。鄞州区智能家电产业的龙头企业见表 3。从产业链角度看，智能家居企业主要集中在上游的原料开发、家具零配件制造和中游的家电设备制造；厨电企业主要集中在中游的厨电产品和中央厨房设备制造。下一步，鄞州区将聚焦智能家电与现代家居企业同人工智能、物联网、云计算、大数据等新一代信息技术深度融合，加强创新设计、生产制造、品牌建设的全链条培育。力争到 2025 年，智能家电产业产值突破 500 亿元。

表3　鄞州区智能家电产业龙头企业简介

行业	企业类型	公司名称	主营业务
智能家居	专精特新“小巨人”	浙江华胜智能家具实业有限公司	办公家具、民用家具、钢木家具
		宁波纬诚科技股份有限公司	智能安全防护家具板材系列等
		宁波东源音响器材有限公司	音响设备、广播电视设备、家用电器制造
		宁波升谱光电股份有限公司	LED 显示屏、LED 照明灯具、COB 光源、LED 模组等
		宁波卢米蓝新材料有限公司	应用于电视、显示器等领域的电荷传输材料、主体材料等
		宁波汉浦工具有限公司	电动工具、手工工具、机电配件、家用电器、电子元件的制造
		浙江乐歌智能驱动科技有限公司	家具零配件生产、家具制造、微特电机等
		宁波汇五洲智能科技有限公司	家具制造、家居用品制造
	上市公司	乐歌人体工学科技股份有限公司	人体工学产品
厨电	国家级高新技术企业	宁波丰向标集成厨房科技有限公司	集成灶、集成水槽、洗碗机、嵌入式烤箱等
		浙江翔鹰中央厨房设备有限公司	自动米饭生产线、智能炒菜机、清洗设备
智能空调	市级百强企业	奥克斯集团有限公司	家用空调、中央空调、生活家电等

（三）电子信息与软件产业

2022 年，鄞州区电子信息与软件产业实现总产值约 260 亿元，主要分布在集成电路、半导体封装、电子材料、软件与互联网领域。当地相关龙头企业见表 4。从产业链角度看，集成电路企业主要集中在小型通信电子产品；半导体封装企业主要集中在上游的半导体封装材料及设备；电子材料企业主要集中在合金材料、锂离子电池正负极材料、稀土永磁材料、着色色母粒、电触点材料等；软件与互联网企业主要集中在上游的技术研发、中游的软硬件产品制造和下游的通信服务。下一步，鄞州区将重点发展计算机与通信设备、电子信息机电、专用电子设备、智能终端、软件信息服务业、数字贸易等领域，加强关键核心技术研发，推进整机、关键元器件与技术融合。力争到 2027 年，电子信息与软件产业集群规模突破 1000 亿元。

表4　鄞州区电子信息与软件产业龙头企业简介

行业	企业类型	公司名称	主营业务
集成电路	专精特新“小巨人”	宁波科联电子有限公司	高精度 NTC 热敏电阻及温度传感器
		宁波市鄞州声科电子有限公司	麦克风、专业麦克风附件、耳机与各类支架
		宁波高灵电子有限公司	电子元件、电器配件、机械配件等
		宁波市富来电子科技有限公司	电子产品、电子元器件、仪器、仪表配件、电路板等
		宁波东方电子有限公司	蜂鸣器、报警器、喇叭、汽车防盗器材和小型电子产品等
	上市公司	宁波华瓷通信技术股份有限公司	通信设备及配件、电子产品的研发等
半导体封装	上市公司	宁波康强电子股份有限公司	引线框架、键合丝等半导体封装材料
		宁波尚进自动化科技有限公司	半导体封装设备及工艺技术、精密自动化装备
		宁波港波电子有限公司	半导体塑封引线框架、汽车芯材、太阳能光伏带、注塑件
电子材料	上市公司	宁波博威合金材料股份有限公司	功能合金材料、环保合金材料、节能合金材料等
		宁波色母粒股份有限公司	应用于电子电器等行业的全色谱塑料着色色母粒
		宁波韵升股份有限公司	稀土永磁材料
		宁波杉杉股份有限公司	锂离子电池正极材料、负极材料和电解液、LCD 偏光片
	专精特新“小巨人”	宁波宁港永磁材料有限公司	永磁材料、磁性材料、充磁机、扬声器等
		宁波电工合金材料有限公司	电触点材料、银丝、银合金复合板、低压电器开关等
软件与互联网	专精特新“小巨人”	迪泰（浙江）通信技术有限公司	互联网接入、数据传输、系统集成等综合应用通信服务
		捷信（浙江）通信技术有限公司	通信技术、计算机软件的研发

续表

行业	企业类型	公司名称	主营业务
软件与互联网	专精特新"小巨人"	宁波市科技园区明天医网科技有限公司	第二类 6870 软件生产、计算机软件的研发
		宁波视睿迪光电有限公司	计算机软硬件、光电设备、多媒体设备、电子产品开发
		浙江中之杰智能系统有限公司	智能化系统的研发、计算机网络信息技术开发
		浙江德塔森特数据技术有限公司	模块化数据中心云平台等软硬件产品

三、科技创新概况

2022 年，全区 R&D 经费占地区生产总值比重为 3.02%，全省排名第 31；全区拥有高新技术企业 1455 家，高新技术产业增加值占工业增加值比重达 74.16%；全区规上工业企业 R&D 经费支出占营业收入比重达 2.41%。

（一）区域创新资源布局

鄞州区创新平台较多，产业领域主要集中在机械设备、汽车零部件和新材料产业。2022 年，鄞州区拥有省级重点实验室 3 家，省级新型研发机构 1 家，省级重点企业研究院 4 家，省级企业研究院 23 家，省级高新技术企业研发中心 59 家，国家级孵化器 1 家。创新平台主要分布在姜山镇、潘火街道和瞻岐镇（见图 2）。

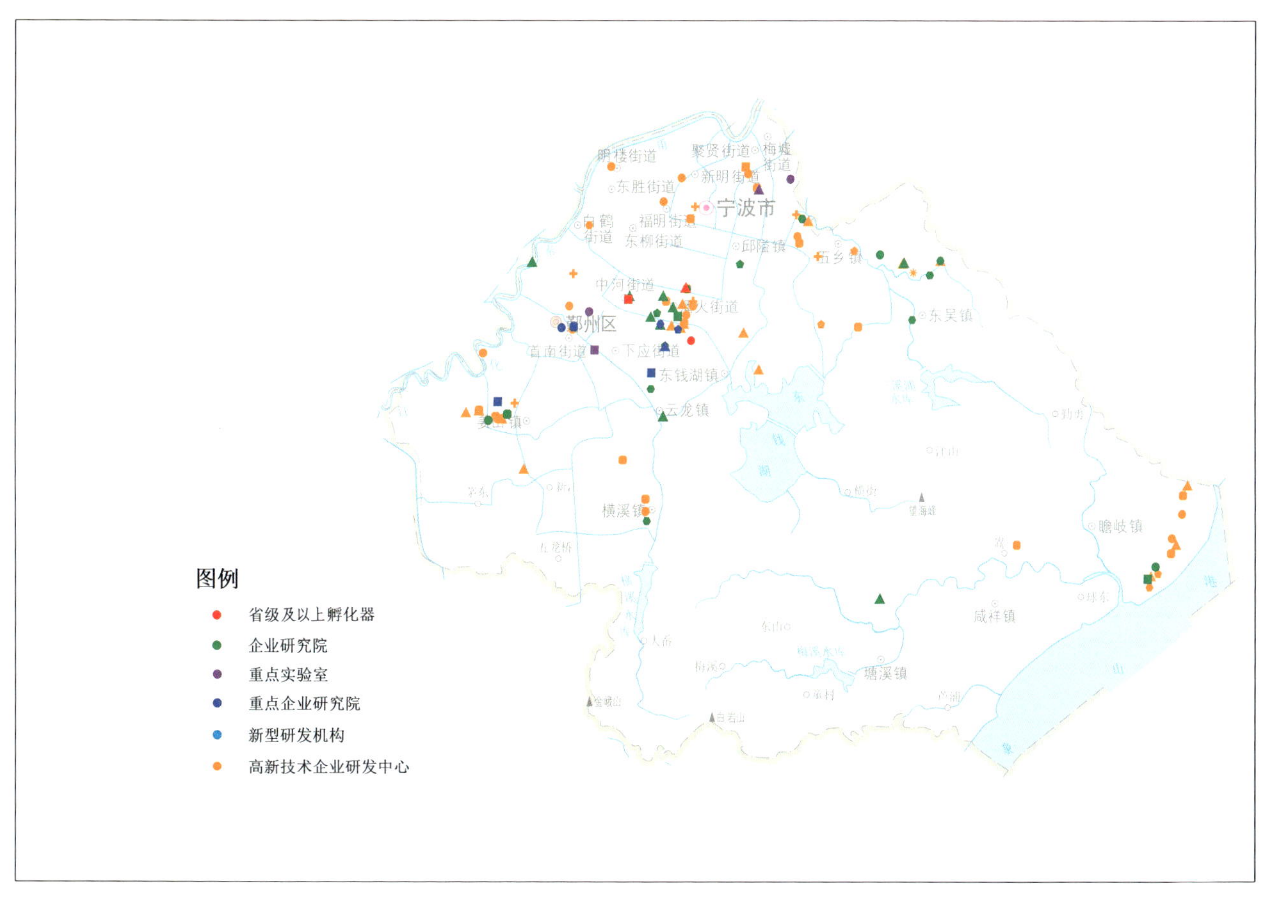

图 2　鄞州区创新平台布局

（二）产业专利分析

鄞州区的专利优势主要集中在空气调节、合金和电数字数据处理领域。2022 年，鄞州区有效发明专利共 11804 件，前十大专利技术领域见图 3。根据申请人分析，奥克斯电气股份（供热、炉灶、通风）、奥克斯空调股份（供热、炉灶、通风）、浙江大学宁波理工学院（其他）、奥克斯智能商用空调制造（供热、炉灶、通风）、三星医疗电气股份（测量、测试）、浙江万里学院（计算、推算或计数）等申请人的专利数量居前。

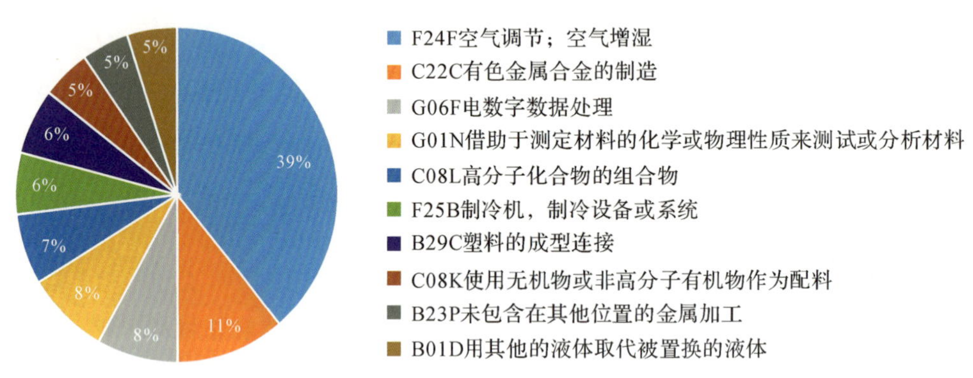

图 3　鄞州区专利技术领域分布

四、鄞州区未来展望

从产业发展看，未来鄞州区将依托现有“一轴三区”现代农业总体布局，重点优化种业产业集群，打造种业强区，加快推进“224X”千百亿级产业集群体系建设，重点培育数字产业、高端装备两个千亿级产业集群，壮大智能家电与现代家居、新型功能材料两个五百亿级产业集群，提升关键基础件、新能源、时尚纺织服装、现代健康四个百亿级产业集群，前瞻谋划并打造一批新兴产业和未来产业为新增长极。从科技创新看，鄞州区规上工业企业研发投入处全省中游，高新技术企业较多，企业的技术创新能力较强，拥有丰富的科技资源及创新平台。下一步，鄞州区将积极推动甬江科创区南拓，链接浙江创新中心、甬江实验室、宁波材料所等区内外创新资源，争取国家级、省级重点实验室落地，高水平推进省科技成果转移转化试点示范区创建。

奉化区产业链创新链全景分析报告

宁波奉化区位于浙江省东部沿海，陆域面积1277平方千米，海域面积91平方千米，下辖8个街道、4个镇。2023年，全区户籍人口为47.5万人，常住人口为58.9万人。地区生产总值为960.4亿元，全省排名第31，全市排名第8。奉化区是全国工业百强区、全国科技百强区，被誉为“中国气动元件之乡”“中国水蜜桃之乡”“中国草莓之乡”“中国芋艿头之乡”“中国青梅之乡”“中国牡蛎之乡”“中国花木之乡”“生态富硒之乡”，拥有中国佛教五大名山之一雪窦山和民国第一古镇溪口镇。

一、奉化区产业概况

（一）产业结构

从地区生产总值构成看，奉化区以第二产业为主导。2023年，奉化区第一产业增加值为36.83亿元，第二产业增加值为577.53亿元，第三产业增加值为346.04亿元，三次产业增加值结构调整为3.8 ∶ 60.1 ∶ 36.1。

从农业看，奉化区以精品特色渔业、花木、水蜜桃、笋竹等产业为主导。2023年，全区农林牧渔业总产值为66.55亿元，其中精品特色渔业产值约25.38亿元；花木产业产值约10亿元；水蜜桃产业产值近5亿元；笋竹产业以雷笋为主，产值3.5亿元。下一步，奉化区将聚焦“粮、菜、渔、畜”四大保供产业，提升水蜜桃、花木、笋竹三大特色主导产业，发展加工流通、农旅融合、农业服务三大融合产业，逐步构建“433”高效益现代农业体系。

从工业看，奉化区以汽车零部件、电子信息、关键基础件（气动）和时尚服装产业为主导。2023年，奉化区实现规上工业总产值895.7亿元，有规上工业企业432家。2022年奉化区产业主要分布见表1。下一步，奉化区将加快全区制造业转型升级，形成“8100”产业集群，培育汽车零部件、生命（医疗）健康、关键基础件（气动）、电子信息、新材料、新能源（节能环保）、智能家电、时尚服装等产业成为百亿级产业集群。

表1　奉化区特色工业简介

名称	规上工业产值 / 亿元	占全区规上工业总产值比重 /%
汽车零部件	100.00	11.23
电子信息	约 79.40	约 8.88
关键基础件（气动）	约 74.80	约 8.40
时尚服装	约 38.70	约 4.34

从服务业看，2023 年，奉化区实现规上服务业总营收 53.6 亿元，旅游业总营收 70.3 亿元。下一步，奉化区将推进产业间深度融合，提升服务业专业化规模化水平，力争到 2025 年实现服务业双倍增。

（二）“雁阵型分布”的产业空间布局

图 1 展示了奉化区重点产业平台布局。从农业看，奉化区农业在溪口镇“宁波市奉化区雪窦山省级现代农业园区”，重点发展水蜜桃、竹笋和花木三大特色产业。从工业看，奉化区工业围绕“浙江奉化经济开发区”“奉化茗山智创小镇”“省级小微企业园”，在江口街道、西坞街道和莼湖街道，重点发展新材料、新能源、新装备、智能制造、互联网通信、关键基础件（气动）产业。从服务业看，奉化区服务业在方桥街道“奉化宁南新城现代服务业创新发展区”，重点发展生命健康服务、现代物流和现代商贸；在亭下水库“奉化时光文旅小镇”和“国家旅游度假区”，重点发展旅游业。

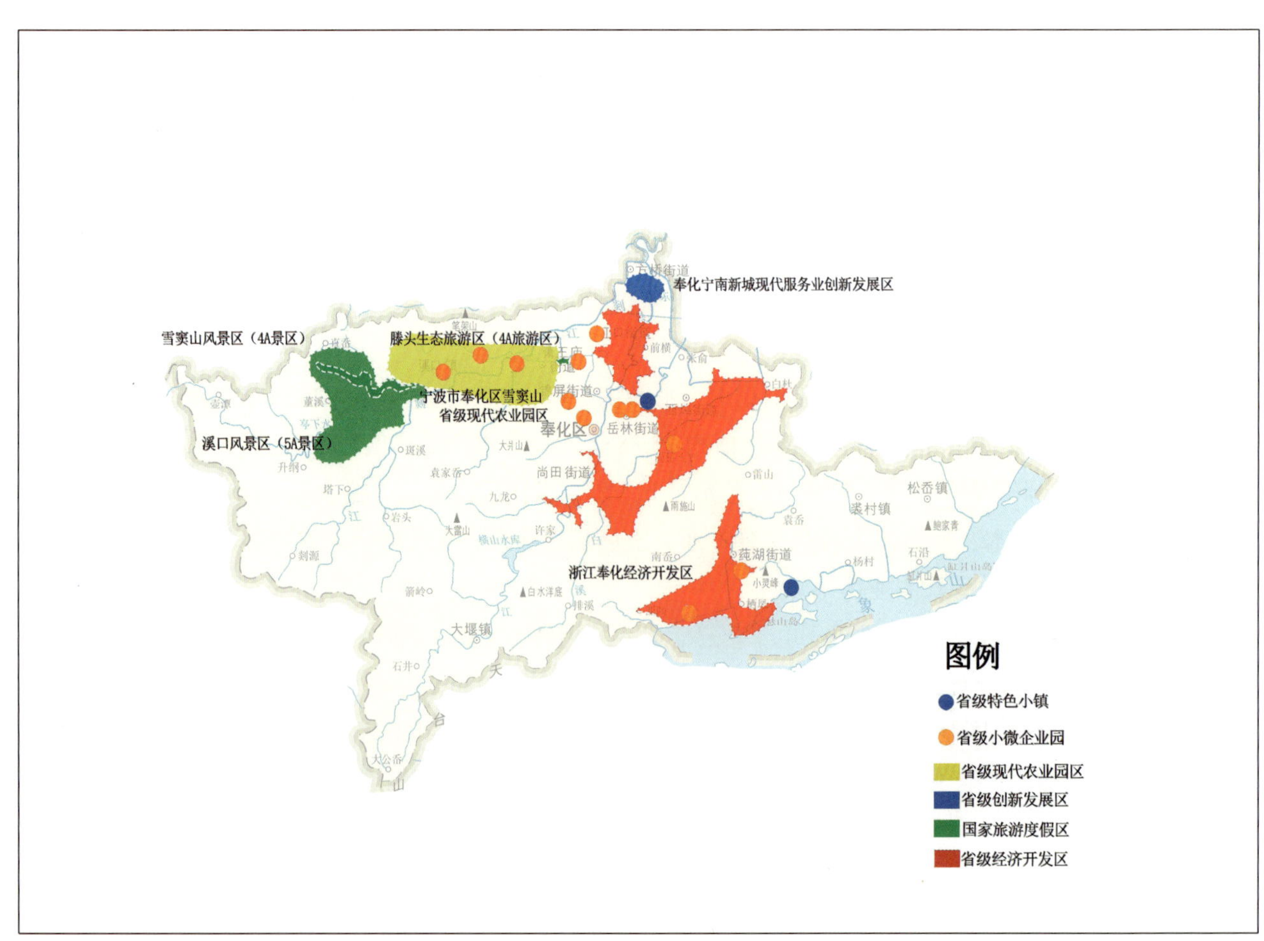

图 1　奉化区重点产业平台布局

二、重点产业

（一）汽车零部件产业

奉化区被誉为“全国汽车零部件生产基地”。2022 年，奉化区汽车零部件产业产值为 115 亿元。奉化区该产业的龙头企业见表 2。从产业链角度看，汽车零部件产业主要集中在中游的动力电池、电机、电控、传动系统、行走系统、制动系统、转向系统、车身附件、汽车底盘转向系列总成制造和下游的整车制造。下一步，奉化区将重点发展节能汽车、新能源汽车、智能网联汽车等领域关键零部件、动力电池、电子产品等重要汽车总成和部件，逐步构建以汽车系统为主体，以汽车关键零部件为突破，以通用件和高级五金标准件为保障的合理产品结构。力争到 2025 年，汽车零部件产业规上工业产值达 200 亿元。

表2 奉化区汽车零部件产业龙头企业简介

行业	企业类型	公司名称	主营业务
汽车零部件	拟上市公司	宁波海威汽车零件股份有限公司	汽车铝合金压铸件、汽车用精密加工零件
	专精特新“小巨人”	宁波奔野重工股份有限公司	农用拖拉机
		浙江飞达利恩精密制造有限公司	精密机、车用电磁阀
	专精特新入库企业	宁波新世达精密机械有限公司	精密传动设备
		宁波管通机械有限公司	吸油盖板总成、转向管柱总成、控制系统总成、变速操纵杆
		宁波市奉化博龙机械制造有限公司	汽车减震骨架配件
		浙江锐泰悬挂系统科技有限公司	汽车底盘转向系列总成
	地方重点企业	宁波泽为科技有限公司	毫米波雷达系统、辅助驾驶、机器人导航、车联网
		浙江润盾差速器有限公司	差速器、变速箱、汽车配件
		宁波弗迪电池有限公司	单体电芯、锂离子电池系统
		宁波奉化德朗能动力电池有限公司	锂离子电池、电池控制系统充电器
		宁波波导易联电子有限公司	车载中控板
		宁波飞芯电子科技有限公司	车载全固态激光雷达、传感器芯片、激光雷达模组、测风雷达、激光测距仪
		宁波卡西可减震器制造有限公司	减震器
		宁波铝宏汽车密封系统有限公司	汽车密封系统
		宁波欣晖制冷设备有限公司	汽车空调压缩机
		浙江铝程智能装备有限公司	焊接生产设备
		宁波东欣电子有限公司	汽车电子仪表
		宁波市博林日用品制造有限公司	车载儿童安全座椅
		宁波博晨车辆部件有限公司	车用烟灰缸、顶棚拉手、储物盒总成、车门内扣手、线束扎带、卡扣
		宁波新世达精密机械有限公司	丝杆、花键轴、新能源电机轴
		宁波亚路轴业有限公司	汽车排挡杆、雨刷轴、电机轴、微型震动马达轴、机壳
		宁波天风汽车空压机有限公司	汽车空压机
		宁波阿诺德汽配有限公司	蓄电池、散热器
		宁波奉化恒益微型轴有限公司	微型轴、精密轴

（二）电子信息产业

2022 年，奉化区电子信息产业总产值约 100.2 亿元。奉化区电子信息产业的龙头企业见表 3，主要分布在集成电路、光电子和智能电器领域。从产业链角度看，集成电路企业主要集中在上游的原材料制造，中游的集成电路设计制造，下游的智能产品生产；光电子企业主要集中在上游的原材料和零部件生产，中游的光学显示产品制造；智能电器企业主要集中在中游的工业智能装备、智能家居和智能物流设备生产。下一步，奉化区将积极培育特色工艺集成电路产业，发展第三代半导体，提高芯片设计开发、制造能力；培育光电子产业，重点发展光电成像、光学显示产品，引入光学成像和显示器件、光通信等产业链上下游企业；依托茗山科技城、中信数字产业园等专业园区建设壮大智能电器产业。力争到2025年，电子信息产业实现规上工业产值150亿元。

表3　奉化区电子信息产业龙头企业简介

<table>
<tr><th>行业</th><th>企业类型</th><th>公司名称</th><th>主营业务</th></tr>
<tr><td rowspan="8">集成电路</td><td>上市公司</td><td>宁波波导股份有限公司</td><td>移动通信产品</td></tr>
<tr><td>新三板</td><td>百琪达智能科技（宁波）股份有限公司</td><td>氢碎炉、磁场成型机等磁性材料专用设备</td></tr>
<tr><td rowspan="2">专精特新“小巨人”</td><td>宁波松科磁材有限公司</td><td>稀土永磁钕铁硼以及磁性器件</td></tr>
<tr><td>宁波南海化学有限公司</td><td>粉末涂料助剂</td></tr>
<tr><td rowspan="3">地方重点企业</td><td>宁波科诺佳新材料有限公司</td><td>纳米新材料</td></tr>
<tr><td>宁波赛派科技有限公司</td><td>钕铁硼磁钢、智能产品</td></tr>
<tr><td>大摩智讯科技（宁波）有限责任公司</td><td>通信芯片</td></tr>
<tr><td>专精特新入库企业</td><td>宁波沈鑫科技有限公司</td><td>五金冲压件、汽车接插件、线材及音响配件</td></tr>
<tr><td rowspan="9">光学电子</td><td rowspan="2">新三板</td><td>宁波亚茂光电股份有限公司</td><td>LED灯与HID灯、远程智能调控系统、电子镇流器</td></tr>
<tr><td>浙江恒基永昕新材料股份有限公司</td><td>粉末冶金零配件</td></tr>
<tr><td rowspan="2">专精特新“小巨人”</td><td>浙江中星光电子科技有限公司</td><td>船载卫星天线</td></tr>
<tr><td>宁波市致远电器有限公司</td><td>LED节能照明灯、电动推杆</td></tr>
<tr><td>规上百强（市级）</td><td>宁波麦博韦尔移动电话有限公司</td><td>通信设备</td></tr>
<tr><td rowspan="3">地方重点企业</td><td>宁波金晟芯影像技术股份有限公司</td><td>图像传感器、镜头、音圈马达、柔性电路板</td></tr>
<tr><td>宁波棱镜空间智能科技有限公司</td><td>智能视觉产品</td></tr>
<tr><td>宁波众兴新材料科技有限公司</td><td>聚碳硅烷、连续碳化硅陶瓷纤维及其复合材料</td></tr>
<tr><td>拟上市公司</td><td>宁波利安科技股份有限公司</td><td>智能电子产品</td></tr>
<tr><td rowspan="11">智能电器</td><td rowspan="4">专精特新“小巨人”</td><td>宁波吉田智能洁具科技有限公司</td><td>智能坐便器</td></tr>
<tr><td>宁波精芯科技有限公司</td><td>打印机、打印机机芯</td></tr>
<tr><td>宁波卡伦特电器有限公司</td><td>全自动咖啡机</td></tr>
<tr><td>宁波韦尔德斯凯勒智能科技有限公司</td><td>智能工业机器人</td></tr>
<tr><td rowspan="5">地方重点企业</td><td>几立智能科技（宁波）有限公司</td><td>人工智能应用</td></tr>
<tr><td>深兰智能科技研究院（宁波）有限公司</td><td>扫地机器人</td></tr>
<tr><td>浙江瑞晟智能科技股份有限公司</td><td>智能仓储、智能分拣系统软硬件</td></tr>
<tr><td>宁波新乐电器有限公司</td><td>双洗涤洗衣机</td></tr>
<tr><td>浙江长林智能制造有限公司</td><td>智能装备和服务</td></tr>
<tr><td rowspan="2">专精特新入库企业</td><td>宁波安佳卫厨电器有限公司</td><td>嵌入式食具消毒柜</td></tr>
<tr><td>宁波沃腾玛尔洁具有限公司</td><td>洁具</td></tr>
</table>

（三）关键基础件（气动）产业

奉化区被誉为“国家气动产业集群示范基地”“国家级出口气动元件质量安全示范区”。2022年，奉化区关键基础件（气动）产业总产值突破160亿元，企业数500余家。奉化区关键基础件（气动）产业的龙头企业见表4。从产业链角度看，该产业的相关龙头企业主要分布在上游的气压传动控制产品模具生产，中游的真空元件、液压缸、控制元件、气缸、气弹簧、气源处理元件制造，下游的气动领域及工业自动化整体解决方案。下一步，奉化区将加快气动产业园建设，积极引育高水平气动企业，促进关键基础件（气动）产业向高技术水平、高附加值方向发展；实施龙头骨干企业为主导的产业链上下游延伸计划，扩大气动产品在自动化设备、机器人等领域的应用。力争到2025年，关键基础件（气动）产业实现规上工业产值达250亿元以上。

表4　奉化区关键基础件（气动）产业龙头企业简介

行业	企业类型	公司名称	主营业务
气动元器件	上市公司	宁波鲍斯能源装备股份有限公司	压缩机、刀具、精密机件、真空泵液压泵
	专精特新“小巨人”	浙江亿太诺气动科技有限公司	液压缸及液压系统
		星宇电子（宁波）有限公司	电线磁圈和特种电磁阀
		宁波佳尔灵气动机械有限公司	电磁阀、手扳阀、气源处理元件、气缸
		宁波力品格工业机械有限公司	气弹簧、闭门器、轴类产品、气弹簧支撑
		宁波威克斯液压有限公司	液压泵、液压阀、伺服系统、叶片泵
	规上百强（市级）	宁波索诺工业自控设备有限公司	气源处理元件、控制元件、执行元件、气管、接头及气压冲床
	地方重点企业	浙江亚德客科技有限公司	气动控制元件、执行元件、辅助元件、气源处理元件
		宁波朝日液压有限公司	蓄能器、列管式油冷却器、液压缸
		宁波利达气动成套有限公司	气动元件、气缸、气源处理件、气控管阀
		宁波市华益气动工程有限公司	气源处理件、电磁阀和气缸
		宁波盛达阳光自动化科技有限公司	气源件、气缸、电磁阀
		宁波创拓企业管理咨询有限公司	气动领域及工业自动化整体解决方案
	专精特新入库企业	宁波新佳行自动化工业有限公司	气压传动控制产品模具

（四）时尚服装产业

2022年，奉化区时尚服装产业总产值超60亿元，规上服装企业60多家。奉化时尚服装产业的龙头企业见表5。从产业链角度看，该产业的相关龙头企业主要分布在上游的服装原材料及印染，中游的服装生产加工。下一步，奉化区将依托龙头企业，推进企业智能化改造，加快服装企业由大规模标准化生产向柔性化、个性化定制等服务型制造转变；推进品牌国际化，打造品牌总部基地；积极扶持服装小批量生产集群，为品牌设计师、电商企业提供加工制造服务，构建创业与创意生态系统。力争到2025年，时尚服装产业实现规上工业产值100亿元以上。

表5　奉化区时尚服装产业龙头企业简介

行业	企业类型	公司名称	主营业务
时尚服装	专精特新“小巨人”	浙江双盾纺织科技有限公司	化纤纱、生态纤维纱、特种纤维纱及刀刮布、涂层布
		宁波天盾防水材料有限公司	刀刮布、PVC涂塑布、有机硅防水布、油蜡布
	规上百强（市级）	爱伊美集团有限公司	纺织印染、服装制作、针织毛衫
		罗蒙集团股份有限公司	中高档西服、职业装、女装、衬衫
		宁波滕头集团有限公司	针织、面料、羊绒大衣、西服
	地方重点企业	宁波艾盛服饰有限公司	织造、染整、印花绣花、水洗、成衣
		宁波狮丹努艾盛纺织科技有限公司	西装套装、裙装、裤装
		宁波长隆制衣有限公司	衬衣、T恤、马甲、西装、裤子、连衣裙
		宁波老K制衣有限公司	服装、鞋帽、手套、领带、床上用品

三、科技创新概况

2022年，全区R&D经费占地区生产总值比重为2.17%，全省排名第65；全区拥有高新技术企业305家，全省排名第42；高新技术产业增加值占工业增加值比重为68.09%，全省排名第53；全区规上企业R&D经费占营业收入比重为2.5%，全省排名第12。

（一）区域创新资源布局

奉化区创新平台分布较为均衡，基本覆盖了全部的主导产业。2022年，全区拥有省级新型研发机构1家，省级企业研究院8家，省级高新技术企业研发中心49家。创新平台主要集聚在溪口镇、江口街道、岳林街道和西坞街道（见图2）。

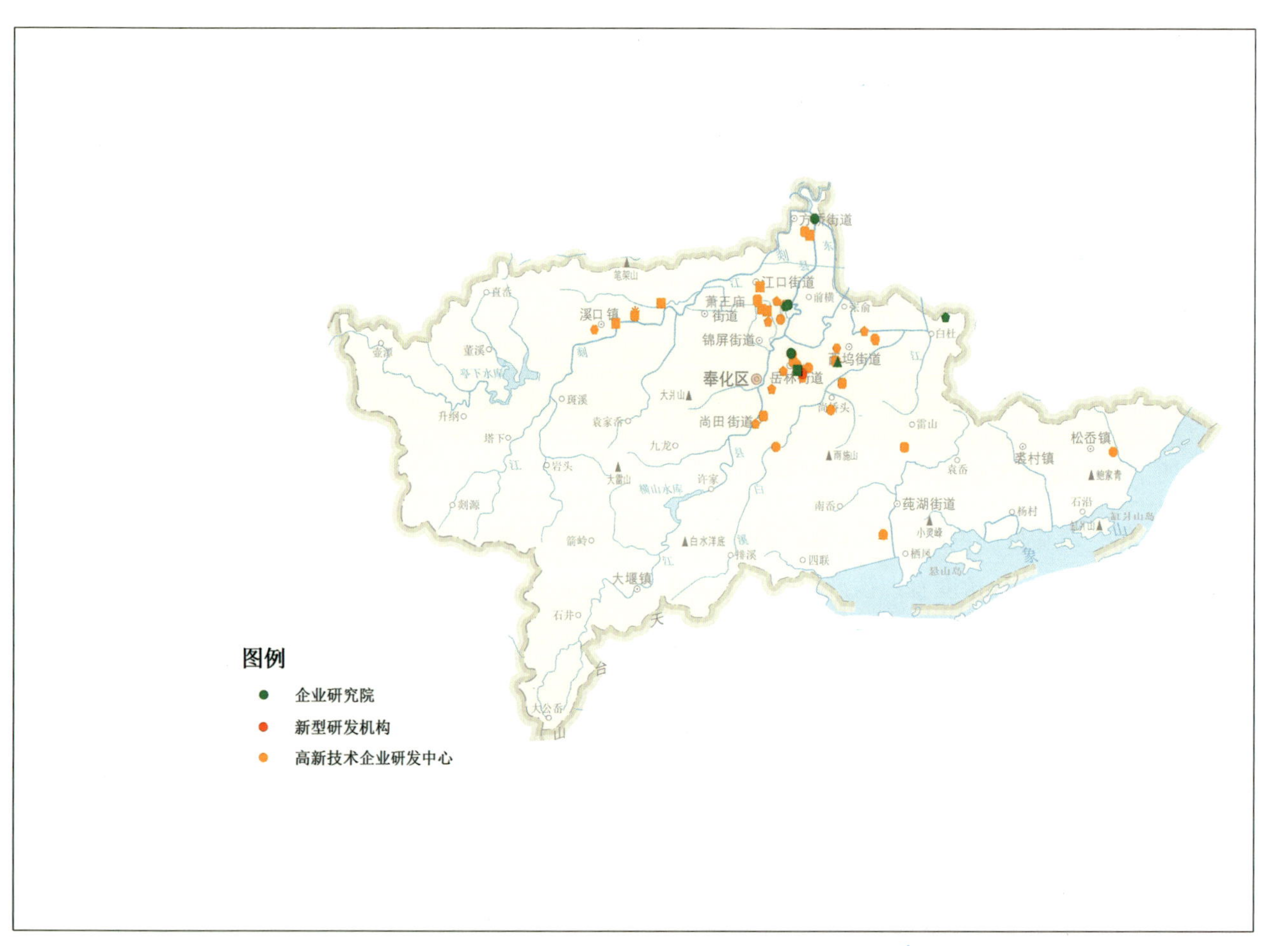

图2　奉化区创新平台布局

（二）产业专利分析

奉化区的专利优势主要集中在阀、龙头配件、有机高分子化合物等领域。2022年，奉化区有效发明专利共429件，前十大专利技术领域（小类）见图3。根据申请人分析，宁波锋成先进能源材料研究院（化学材料）、宁波飞芯电子科技（化学材料和基本电气元件）和宁波瑞凌新能源科技（化学材料）等申请人的专利数量位居前列，宁波坚锋新材料的专利主要集中在化学材料方面。

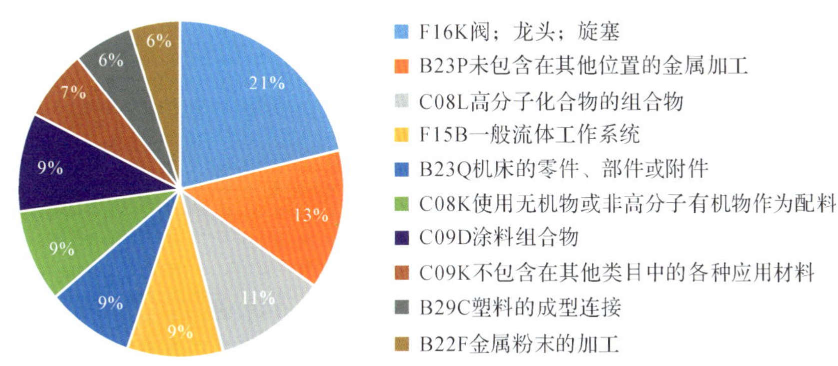

图 3 奉化区专利技术领域分布

四、奉化区未来展望

从产业发展看，奉化区将重点发展精品水果、优质笋竹、特色花木、生态茶叶等特色农业产业，重点打造汽车零部件、生命（医疗）健康、关键基础件（气动）、电子信息、新材料、新能源（节能环保）、智能家电、时尚服装产业，形成“8100”产业集群，加快培育发展5G+、人工智能、工业互联网、区块链、大数据和云计算等数字经济产业。从科技创新看，奉化区的企业R&D经费支出占比、高新技术产业增加值占比等创新指标低于全省平均水平。下一步，奉化区将打造生命科学城、中交智慧城、智能制造城、茗山科技城、滨海低碳城等五大高能级科创平台，充分发挥宁波锋成先进能源材料研究院、宁波瑞凌新能源材料研究院等创新平台作用。

余姚市产业链创新链全景分析报告

宁波余姚市位于杭州湾南岸，总面积约1500.8平方千米，下辖6个街道、14个镇、1个乡。2023年，全市户籍人口为82.71万人，常住人口为126.5万人。地区生产总值为1571.06亿元，全省排名第15，宁波市排名第5。余姚市是中国工业百强县、中国创新百强县、全国综合实力百强县、全国新型工业化示范基地、浙江省首批“工业强市”、首批“中国制造2025浙江行动”县级试点示范区、“中国优秀旅游城市”，拥有四明山森林公园、丹山赤水等旅游区。

一、余姚市产业概况

（一）产业结构

从地区生产总值构成看，2023年，余姚市第一产业增加值为52.63亿元，第二产业增加值为906.57亿元，第三产业增加值为611.86亿元，三次产业增加值结构调整为3.4 ： 57.7 ： 38.9。

从农业看，余姚市以榨菜、茶叶、杨梅为主导。2023年，余姚市实现农林牧渔业总产值87.43亿元。榨菜全产业链产值近50亿元，其品牌价值达73.39亿元，余姚榨菜成为浙江省专业商标品牌基地；茶叶产值达9.96亿元，“瀑布仙茗”荣获第二届中国国际茶博会金奖；杨梅产值达2.5亿元，其品牌价值达13.9亿元，是浙江省著名商标。下一步，余姚市将完善现代农业产业体系，做优做精榨菜、茶叶、水果等主导产品，发展特色精品农业，推动形成产业规模化、优质化、品牌化。

从工业看，余姚市以智能家电、五金机电、光电信息、橡胶及塑料制品（含精密模具）、新材料产业为主导。2023年，余姚市实现规上工业增加值556.49亿元，有规上工业企业1717家。2022年余姚市产业主要分布见表1。下一步，余姚市将深化实施“35”千百亿产业集群培育再提升行动（3：新能源汽车及关键零部件、光电信息、智能家电；5：新材料、机器人及集成、节能环保、精密模具和高端专用装备），推动机器人及集成、新材料等前沿产业争创省“新星”产业集群，超前布局第三代半导体、区块链等未来数字产业。

表1　余姚市特色工业简介

名称	规上工业产值 / 亿元	占全市规上工业总产值比重 /%
智能家电	1264.50	52.53
光电信息	210.00	8.72
新材料	324.40	13.48
新能源汽车及关键零部件	209.80	8.71

（二）“北部工业、南部农旅”的产业空间布局

图 1 展示了余姚市重点产业平台布局。从工业看，余姚市工业依托“省级经济开发区”“省级高新区”“省级小微企业园”呈多点分布，主要集中在兰江街道、朗霞街道及阳明街道，重点打造智能制造、新能源材料、装备制造、五金产业。从农业看，余姚市农业围绕“余姚市滨海省级现代农业园区”，在小曹娥镇附近，重点打造茶叶、中药材、食用菌三大产业。

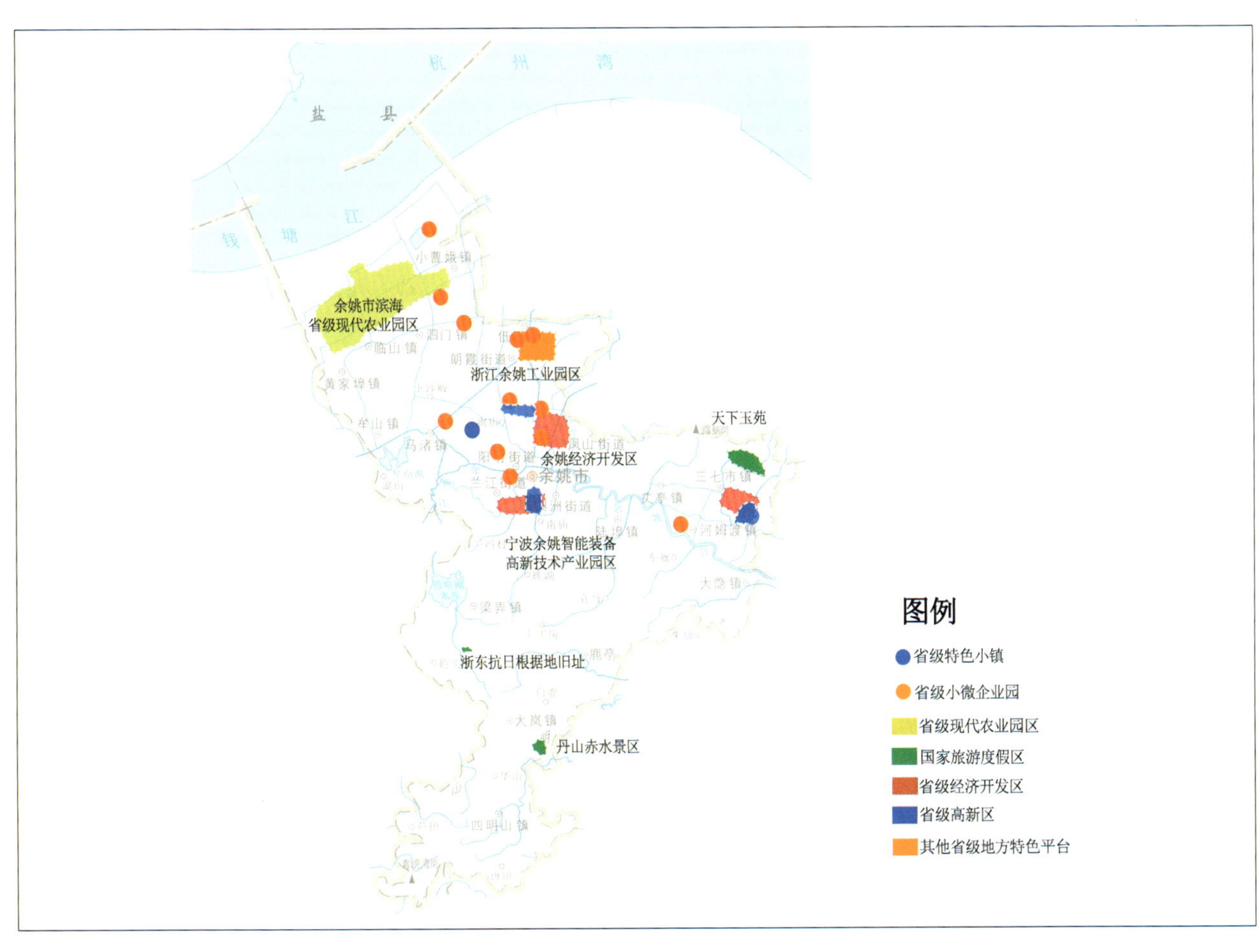

图 1　余姚市重点产业平台布局

二、重点产业

（一）智能家电产业

余姚市是“国家新型工业化（余姚家电）产业示范基地”。2022 年，余姚市智能家电产业规上工业

产值1264.5亿元，区域集聚度高、产业配套齐全、产品品种多样。余姚市智能家电产业的相关龙头企业见表2。从产业链角度看，智能家电企业主要集中在上游的零部件制造，中游的厨卫家电和清洁家电制造。下一步，余姚市将基于家电制造优势，把握产品智能化发展趋势，重点突破压缩机、电机、智能模组等智能家电核心部件，加快完善从模具制造、塑料配件加工、机械五金配件生产、关键零部件制造，到家电整机生产的家电产业链条，着力打造省内领先的智能家电设计生产基地，培育“千亿级”智能家电产业集群。

表2　余姚市智能家电产业龙头企业简介

<table>
<tr><th>行业</th><th>企业类型</th><th>公司名称</th><th>主营业务</th></tr>
<tr><td rowspan="8">智能小家电</td><td rowspan="2">上市公司</td><td>宁波富佳实业股份有限公司</td><td>吸尘器、扫地机器人等智能清洁类小家电</td></tr>
<tr><td>浙江比依电器股份有限公司</td><td>空气炸锅、空气烤箱、油炸锅、煎烤器、咖啡机等小家电产品的研发</td></tr>
<tr><td rowspan="4">专精特新“小巨人”</td><td>宁波澳乐比口腔护理用品有限公司</td><td>小家电、塑料配件、电器配件、模具</td></tr>
<tr><td>宁波锦隆电器有限公司</td><td>电动工具系列、小家电及其他电器、电力控制设备</td></tr>
<tr><td>余姚华宇电器有限公司</td><td>家用电器制造、输配电及控制设备制造</td></tr>
<tr><td>宁波斯曼尔电器有限公司</td><td>家用电器、机械设备、注塑机、精冲模具</td></tr>
<tr><td rowspan="2">在地方参与的重大产业（化）项目的依托企业</td><td>浙江大丰实业股份有限公司</td><td>智能控制系统集成、专用设备制造</td></tr>
<tr><td>宁波江丰电子材料股份有限公司</td><td>电子专用材料研发、电子专用材料制造、常用有色金属冶炼</td></tr>
</table>

（二）五金机械产业

余姚市被中国五金制品协会命名为“中国（余姚）五金制品生产基地”。2022年，余姚市五金机械产业总产值约442亿元，主要分布在电动工具、不锈钢制造两大行业。余姚市五金机械产业的龙头企业见表3。从产业链角度看，电动工具企业主要集中在上游的原材料研发、零部件制造和中游的工业电动工具生产；不锈钢制造企业主要集中在上游的原材料生产和中游的五金产品生产。下一步，余姚市将依托产业优势和区域特色，重点推动电动工具向高精度发展，提升精细化产业技术水平，生产精密工具；推进不锈钢产业链提档升级，重点突破高精尖产品生产技术，推动五金机械向高附加值品牌发展。

表3　余姚市五金机械产业龙头企业简介

<table>
<tr><th>行业</th><th>企业类型</th><th>公司名称</th><th>主营业务</th></tr>
<tr><td rowspan="9">电动工具</td><td rowspan="8">专精特新“小巨人”</td><td>宁波安拓实业有限公司</td><td>金属制品、塑料制品、橡胶制品及其配件</td></tr>
<tr><td>余姚三力信电磁阀有限公司</td><td>电磁阀、气动元件、阀门、五金件</td></tr>
<tr><td>宁波可可磁业股份有限公司</td><td>磁性材料的研发、电子通信设备及其配件的制造</td></tr>
<tr><td>宁波生久科技有限公司</td><td>风机、风扇制造</td></tr>
<tr><td>宁波长城精工实业有限公司</td><td>金属制品、塑料制品、金属工具、电子元器件</td></tr>
<tr><td>宁波大叶园林工业股份有限公司</td><td>园林机械及配件、农业机具、园林机具、电动工具</td></tr>
<tr><td>宁波川原精工机械有限公司</td><td>机械设备、轴承及配件、电力自动化调度设备、厨具</td></tr>
<tr><td>宁波划一马达有限公司</td><td>马达风机及五金件</td></tr>
<tr><td>规上百强（市级）</td><td>浙江新长城高分子材料有限公司</td><td>高分子材料的研发</td></tr>
<tr><td rowspan="3">不锈钢制造</td><td rowspan="2">专精特新“小巨人”</td><td>贝隆精密科技股份有限公司</td><td>注塑模具制造</td></tr>
<tr><td>宁波五谷金属制品有限公司</td><td>铝制厨房用品、不锈钢厨房设备</td></tr>
<tr><td>规上百强（市级）</td><td>宁波长振铜业有限公司</td><td>高精密铜合金、黄铜材料</td></tr>
</table>

（三）光电信息产业

2022年，余姚市光电信息产业规上工业产值210亿元。余姚市光电信息产业的龙头企业见表4。从产业链角度看，该产业的相关龙头企业主要集中在上游的光学材料元器件和光学设备制造。下一步，余姚市将聚焦光学成像、光学显示和光学传感等重点领域，以舜宇集团为引领，围绕手机摄像模组、车载镜头等核心产品，加快打造“光学镜片—光学镜头组件—光学摄像模组—光学成像镜头应用”产业链，培育“千亿级”光电信息产业集群。

表4　余姚市光电信息产业龙头企业简介

行业	企业类型	公司名称	主营业务
光学材料元器件	上市公司	宁波江丰电子材料股份有限公司	集成电路制造用超高纯金属材料及溅射靶材的研发生产
		舜宇光学科技（集团）有限公司	光学零件、光电产品、光学仪器
	专精特新“小巨人”	基合半导体（宁波）有限公司	触摸屏控制、摄像头驱动和电源管理芯片
		宁波华远电子科技有限公司	精密功能基板、电子元件、模组
	地方重点企业	浙江舜宇光学有限公司	光学部件（光学镜头）
	国家科技型中小企业	浙江超晶晟锐光电有限公司	光电子器件、III-V族半导体异质结材料、半导体激光器
	省科技型中小企业	宁波宁捷电子有限公司	光学部件（光学镜头）
光学设备	上市公司	宁波舜宇精工股份有限公司	车载照明、成像、汽车智能构件
	专精特新“小巨人”	贝隆精密科技股份有限公司	手机、车载等光学摄像头、声学装备精密零组件
	地方重点企业	宁波舜宇车载光学技术有限公司	光学部件、光电产品、光学仪器
	省科技型中小企业	余姚华微仪器有限公司	光学冷加工、显微镜制造
		奇遇激光（宁波）、镭悦激光科技、华焯激光设备	激光打标机、塑料激光焊接、激光切割、焊接设备

（四）橡胶及塑料制品（含精密模具）产业

余姚市素有“塑料王国”和“模具之乡”之称。2022年，余姚市橡胶及塑料制品产业总产值约400亿元。余姚市橡胶及塑料制品产业的龙头企业见表5。从产业链角度看，该产业的相关龙头企业主要集中在上游的精密模具制造和中游的塑料制品生产。下一步，余姚市将着力构建功能齐全、专业化程度高、配套体系完善的“精密模具—橡胶塑料制品—汽车零部件”产业特色生态；找准数字化转型升级的突破口，研发高性能专用材料，提高橡胶及塑料制品（含精密模具）产业附加值，生产用于家电升级、汽车以及高端工程的特种塑料。

表5　余姚市橡胶及塑料制品（含精密模具）产业龙头企业简介

行业	企业类型	公司名称	主营业务
精密模具制造	上市公司	宁波舜宇精工股份有限公司	精密、多腔注塑模具和汽车内饰功能件的开发
	专精特新“小巨人”	宁波圣捷喷雾泵有限公司	模具（精冲、精密型腔）
		宁波远东制模有限公司	汽车内外饰件大型精密注塑模具
		宁波志伦电子有限公司	模具（冲压、塑料、机加件、连接器）
		宁波华丰包装有限公司	塑料包装
		神通科技集团股份有限公司	汽车塑料附件
	规上百强（市级）	宁波舜宇车载光学技术有限公司	精密模具

（五）新材料产业

2022 年，余姚市新材料产业规上工业产值约 324.4 亿元。余姚市新材料产业的龙头企业见表 6，主要分布在电子信息材料、高端金属合金材料和先进高分子材料三大领域。下一步，余姚市将突破汽车轻量化高强度铝合金、镁合金材料、航空航天低成本高性能钛合金、优异生物相容性医用合金材料、高性能金属粉末、高纯度金属溅射靶材等领域的关键核心技术，打造“超高纯金属材料及溅射靶材—设计—芯片制造—封装测试—行业应用”产业链，培育“百亿级”新材料产业集群。

表6　余姚市新材料产业龙头企业简介

行业	企业类型	公司名称	主营业务
电子信息材料	上市公司	宁波江丰电子材料股份有限公司	集成电路制造用超高纯金属材料及溅射靶材
		甬矽电子（宁波）股份有限公司	集成电路封装和测试
	专精特新“小巨人”	宁波创润新材料有限公司	半导体靶材、航空发动机、生物医疗用高纯金属
	国家科技型中小企业	浙江超晶晟锐光电有限公司	III–V 族半导体异质结材料
	省科技型中小企业	宁波容百材料科技有限公司	新能源电池材料
高端金属合金材料	专精特新“小巨人”	浙江中杭新材料科技有限公司	稀土、磁性、非晶态、晶硅、钕铁硼材料
		宁波国远新材料科技有限公司	金属、化工原料（除危险化学品）、建筑材料
先进高分子材料	省科技型中小企业	浙江约克新材料科技有限公司、宁波汉飞新材料科技有限公司、宁波家和新材料科技有限公司	纳米、高分子材料、塑料材料
		浙江启宏新材料科技有限责任公司	生物基、纤维素纤维材料
		宁波舜通新材料科技有限公司	石油制品、沥青

（六）新能源汽车及关键零部件产业

2022 年，余姚市新能源汽车及关键零部件产业规上工业产值为 209.8 亿元。当地该产业的龙头企业见表 7。从产业链角度看，该产业的相关龙头企业主要集中在产业链中游车身配件，电池系统、电动机配件、传动配件和转向系统的研制生产领域。下一步，余姚市将面向新能源汽车整车制造，围绕总成和应用领域部件两个方向，攻关新材料内外饰、精密压铸件、万向节总成、传动轴、减震器等汽车关键零部件，积极开发悬挂系统、汽车电子、底盘系统、电子控制系统等集成组件，重点突破高能量密度动力锂电池核心技术，培育“千亿级”新能源汽车及管件零部件产业集群。

表7　余姚市新能源汽车及关键零部件产业龙头企业简介

行业	企业类型	公司名称	主营业务
新能源汽车及关键零部件	上市公司	宁波德昌电机股份有限公司	汽车 EPS 电机
		宁波容百新能源科技股份有限公司	锂电池三元正极材料及其前驱体的研发
	专精特新“小巨人”	余姚三力信电磁阀有限公司	气动元件、阀门、五金件
		宁波划一马达有限公司	马达（同步、步进、罩马达）
		浙江捷能汽车零部件有限公司	螺母、螺栓、轮毂
		宁波永佳汽车零部件有限公司	尾灯裙板、回复反射器
		浙江安统汽车部件有限公司	液压动力机械及元件制造、气压动力机械及元件制造
		宁波普尔机电制造有限公司	冷却风机、泵、减速离合器、无刷直流电机、DDM 动力系统
	规上百强（市级）	富诚汽车零部件有限公司	汽车塑料饰件
		宁波舜宇车载光学技术有限公司	车载镜头、汽车大灯

三、科技创新概况

2022年，全市R&D经费占地区生产总值比重为3.62%，全省排名第15；全市拥有高新技术企业580家，高新技术产业增加值占规上工业增加值比重达74.38%；全市规上工业企业R&D经费支出占营业收入比重达20%，全省排名第20。

（一）区域创新资源布局

余姚市创新平台主要分布在智能家电、光电信息、新能源汽车及关键零部件和新材料产业。2022年，全市拥有省级新型研发机构2家，省级重点企业研究院5家，省级企业研究院10家，省级高新技术企业研发中心56家。创新平台主要位于余姚中部地区的兰江街道和凤山街道，以及余姚北部地区的低塘街道和临山镇（见图2）。

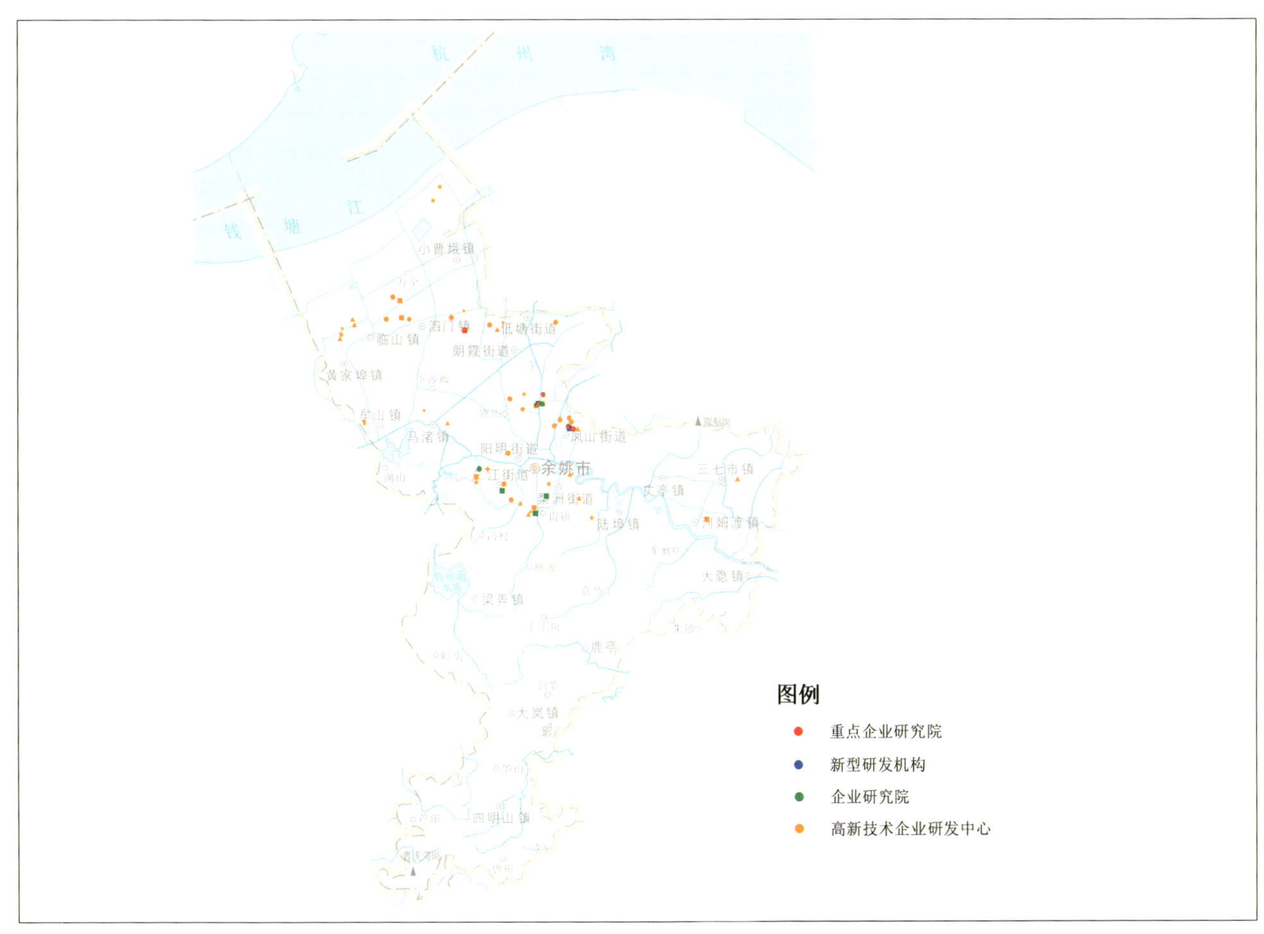

图2　余姚市创新平台分布

（二）产业专利分析

余姚市的专利优势主要集中在光学元件及图像通信、金属加工及表面处理、塑料成型连接。2022年，余姚市有效发明专利共6324件，前十大专利技术领域见图3。根据申请人分析，浙江舜宇光学（光学元件、系统或元件、全息摄影术、电通信技术）、宁波舜宇光电信息（电通信技术、电气元件）、宁波江丰电子材料股份（对金属材料的镀覆、用金属材料对材料的镀覆、表面化学处理、机床、金属加工）、浙江大丰实业股份（建筑物、运动、游戏、娱乐活动、控制、调节）、申通科技集团股份（一般车辆、一般机器或发动机、蒸汽机）等申请人的专利数量居前。

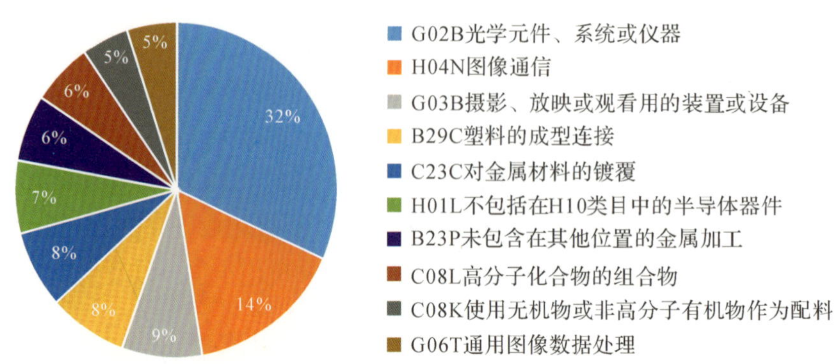

图 3　余姚市专利技术领域分布

四、余姚市未来展望

从农业看，未来余姚市将做大做优“瀑布茗茶”、杨梅、榨菜等特色品牌，加快推动农文旅融合，重点打造“35”千百亿产业集群，即新能源汽车及关键零部件、光电信息、智能家电三大千亿级产业集群和新材料、机器人及集成、节能环保、精密模具、高端装备五大百亿级产业集群。从科技创新看，余姚市规上工业企业研发投入占比和全市 R&D 经费占地区生产总值比重的全省排名均靠前，区域创新能力较强。下一步余姚市将大力推进“一产业一研发平台”建设，创建一批制造业创新中心，提升产业技术研究院能级，健全产业驱动、需求引导的技术创新中心体系，扎实推进余姚市省级智能装备、省级高新园区建设。

慈溪市产业链创新链全景分析报告

宁波慈溪市位于浙江省东部，总面积约1361平方千米，下辖5个街道、14个镇。2023年，全市户籍人口为107.04万人，常住人口为187.19万人。地区生产总值为2639.45亿元，全省排名第5，全市排名第3。慈溪市是工业百强县、科技百强县、中国科技创新百强县，被誉为“中国杨梅之乡”“家电之都”。

一、慈溪市产业概况

（一）产业结构

从地区生产总值构成看，2023年，慈溪市第一产业增加值为64.17亿元，第二产业增加值为1558.93亿元，第三产业增加值为1016.35亿元，三次产业增加值结构调整为2.4 ： 59.1 ： 38.5。

从农业看，慈溪市以生猪、蛋鸡、葡萄和杨梅等产业为主导。2023年，全市农林牧渔总产值为102.48亿元。慈溪生猪产值8.2亿元；慈溪作为浙江省蛋鸡产业主要产区，全产业链产值突破5.1亿元；“慈溪葡萄”是全国农产品地理标志，产值5.1亿元；慈溪杨梅产值4.8亿元；慈溪蜜梨和水蜜桃等水果产业产值也均在亿元以上。下一步，慈溪市将全力打造数字乡村数据平台，绘制农业农村数字地图，搭建“数字乡村驾驶舱”，推动生产管理、流通营销、行业监管、公共服务、乡村治理等五大领域数字化转型，开发多个特色创新应用场景。

从工业看，慈溪市以智能家电、关键基础件、汽车及零部件产业为主导。2023年，慈溪市规上工业总产值4888.65亿元，规上工业企业2227家。2022年慈溪市产业主要分布见表1。下一步，慈溪市将深入推进强链补链固链，做深做精三大特色优势产业（智能家电、关键基础件、汽车及零部件产业），做大做强三大战略性新兴产业（新材料、生命健康、高端装备产业），前瞻布局前沿若干产业，构建“3+3+X”产业体系。

表1　慈溪市特色工业简介

名称	规上工业产值 / 亿元	占全市规上工业总产值比重 /%
汽车及零部件	约 1176.00	约 24.51
智能家电	约 1042.60	约 21.73
关键基础件	约 995.23	约 20.74

从服务业看，慈溪市以现代商贸和电子商务产业为主导。2023 年，慈溪市实现社会消费品零售总额 722.18 亿元，实现网络销售额 835.8 亿元，位列宁波市首位、浙江省第 9 位。下一步，慈溪市将实施服务业倍增战略，推进制造业与现代服务业深度融合，积极培育新业态新模式，加快形成“135”现代服务业体系，推动慈溪从县域经济向城市经济转变。

（二）“东北部集聚”的产业空间布局

图 1 展示了慈溪市重点产业平台布局。从农业看，慈溪市农业围绕东部沿海的“浙江省慈溪市现代农业产业园”和“慈溪市生态循环农业科技园区”，在新浦镇、附海镇、观海卫镇，重点打造水稻、蔬菜、水果和蛋鸡产业。从工业看，慈溪市工业围绕“宁波慈溪智能家电高新技术产业园区”“浙江慈溪滨海经济开发区”“省级小微企业园”和“省级特色小镇”，在周巷镇、长河镇、新浦镇、天元镇、宗汉街道、坎墩街道、浒山街道、桥头镇、龙山镇，重点打造智能家电、关键基础件、金属加工、化纤、新材料产业。从服务业看，慈溪市服务业在南部的“鸣鹤古镇”和“雅戈尔达蓬山度假区”，重点打造旅游产业；在中部的“慈溪驿淘互联网产业园”和“数字贸易创新发展区”，重点打造电商和数字贸易产业。

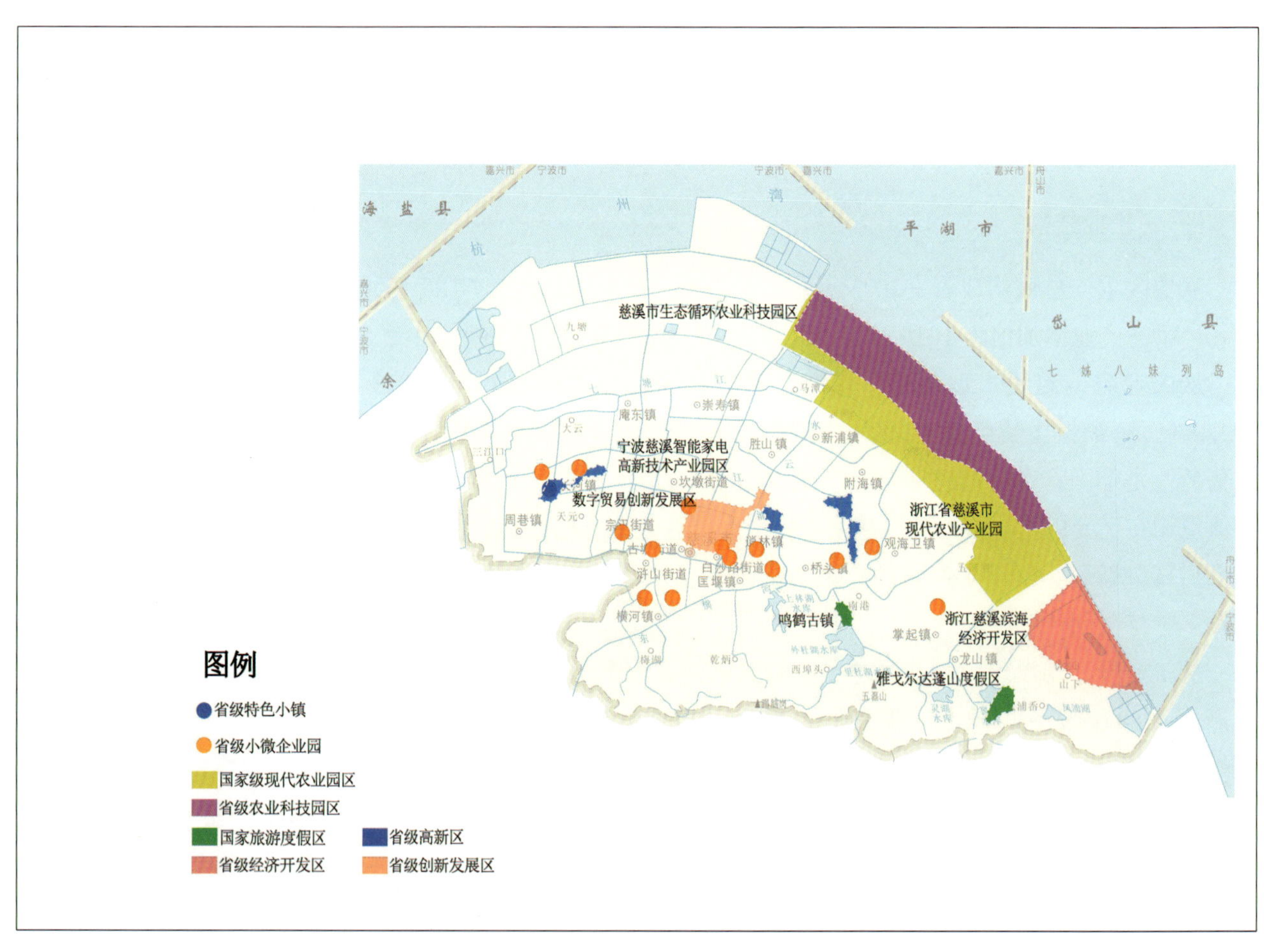

图 1　慈溪市重点产业平台布局

二、重点产业

（一）汽车及零部件产业

2023 年，慈溪市汽车及零部件产业规上工业产值约 1446.4 亿元。当地该产业的龙头企业见表 2。从产业链角度看，该产业相关龙头企业主要集中在上游的零件生产和中游的发动机系统、传动系统、制动系统、电气仪表系统、汽车灯具、汽车底盘、车身附件、汽车改装研发制造。下一步，慈溪市将加强汽车产业智能制造，与杭州湾新区等地区整车制造厂联动，推进产业链区域协同，推动慈溪汽车零部件制造，成为长三角区域汽车产业的重要基地。

表2　慈溪市汽车及零部件产业龙头企业简介

行业	企业类型	公司名称	主营业务
汽车关键零部件	上市公司	长华控股集团股份有限公司	紧固件、冲焊件、铸铝冲焊总成件
		宁波一彬电子科技股份有限公司	汽车装饰件、塑料件表面处理、螺母加强板、手刹总成、顶灯
	专精特新“小巨人”	宁波联华汽车部件有限公司	防飞溅挡泥板、动力组件、防盗线圈
		宁波洛卡特汽车零部件有限公司	汽车配件、柴油机燃油泵、汽车调压阀
		宁波锦辉指针有限公司	汽车仪表指针及导光板
		宁波喜悦智行科技股份有限公司	可循环包装器具
		宁波恒隆车业有限公司	车头组件（八件碗）、五通组件、中轴组件
		宁波信跃电子科技有限公司	汽车节气门体位置传感器盖板、车内各类传感器以及液体分配器总成
		浙江向隆机械有限公司	汽车驱动桥总成、汽车底盘件类精密锻造
汽车电子	上市公司	宁波天龙电子股份有限公司	汽车电子控制类零部件、汽车精密塑料功能结构件
	专精特新“小巨人”	宁波奥拉半导体股份有限公司	模拟和数模混合芯片
		宁波华联电子科技有限公司	电子显示器、汽车配件、电器配件的制造
		宁波云德半导体材料有限公司	石英管、石英舟、石英槽、石英环、石英窗体

（二）智能家电产业

慈溪市是“国家火炬计划宁波慈溪智能新型家电特色产业基地”“中国电源插座产业基地”和“中国厨房之都”。2022 年，慈溪市智能家电产业规上工业产值 1042.60 亿元，家电整机企业 2000 余家、配套企业近万家。当地智能家电产业的龙头企业见表 3，主要分布在智能小家电、白色家电和智能家居领域。从产业链角度看，智能小家电企业主要集中在上游的零部件生产，中游的厨卫小家电、家居小家电和个人生活小家电制造；白色家电企业主要集中在上游的零部件生产，中游的整机制造；智能家居企业主要集中在上游的零部件制造，中游的智能照明、安防、智能电表生产。下一步，慈溪市将加快推广智能制造技术，研发智能家居产品，推动家电产品向数字化智能化个性化跃升；建设智能家电创新平台，推进智能家电产业链延伸拓展，推动智能家电产业链补链强链固链。

表3 慈溪市智能家电产业龙头企业简介

行业	企业类型	公司名称	主营业务
智能小家电	新三板	宁波爱去欧净水科技股份有限公司	净水器
	专精特新“小巨人”	宁波祈禧智能科技股份有限公司	净饮水设备及核心配套产品，
		慈溪天行电器有限公司	燃气具比阀、电磁阀、电磁锁、电机，热交换机
		宁波祈禧电器有限公司	智能无热胆饮水机、茶饮机、多功能饮料机
		浙江三禾厨具有限公司	中式烹饪的中高端厨房用品
		宁波欧普电器有限公司	电水壶、榨汁机
		宁波立奇电器有限公司	暖风机、电风扇
		宁波瑞卡电器有限公司	电吹风、直发器、卷发器、风梳
		宁波永佳电子科技有限公司	多士炉、电熨斗、榨汁机、美发美甲器
	规上百强（市级）	卓力电器集团有限公司	电熨斗、煎烤器、真空吸尘器、电热油汀
		宁波方太厨具有限公司	高端嵌入式厨房电器
		韩电集团有限公司	家用冰箱、电源连接器
		月立集团有限公司	电吹风、电熨斗、剃须刀、卷发器
		宁波卡帝亚电器有限公司	取暖器、饮水机、电风扇
	地方重点企业	先锋电器集团有限公司	取暖器、电风扇、转换器
		华裕电器集团有限公司	电熨斗、饮水机、冷柜冰箱、小家电
		宁波三A集团有限公司	咖啡机
白色家电	新三板	浙江卓奥科技股份有限公司	全自动洗衣机、空调、冰箱、暖风机、炸锅机
	专精特新“小巨人”	宁波横河精密工业股份有限公司	吸尘器、洗衣机
		宁波贞观电器有限公司	冰箱、冰柜、洗衣机、空调、压缩机、制冷设备配件
		宁波意卡德电器科技有限公司	单项罩极式异步电动机和洗衣机电机
		浙江国祥股份有限公司	空调箱、水冷冷水机组、风机盘管
		宁波速普电子有限公司	连接器、指令开关
	规上百强（市级）	韩电集团有限公司	家用冰箱、电源连接器
		宁波金帅集团有限公司	洗衣机
	地方重点企业	慈溪顺达实业有限公司	滚筒、全自动、双桶系列洗衣机整机及配套产品
智能家居	上市公司	公牛集团股份有限公司	智能门锁、LED照明
	专精特新“小巨人”	宁波迦南智能电气股份有限公司	智能电网、电力物联网
		宁波GQY视讯股份有限公司	智能显示系统
		宁波望通锁业有限公司	智能锁
		慈溪远辉照明电器有限公司	LED三防灯、LED壁灯
		宁波耀华电气科技有限责任公司	智能电网输变电设备关键核心部件
		宁波飞拓电器有限公司	多功能应急灯、LED台灯
		宁波华联电子科技有限公司	LED显示器和真空荧光显示屏
		宁波群芯微电子股份有限公司	普通光耦、高速光耦、高压光耦、光继电器、光传感器及定制化芯片
		宁波市全盛壳体有限公司	智能电能表
	规上百强（市级）	宁波奇乐电气集团有限公司	智能断路器、控制器
		宁波德曼压缩机有限公司	变频空气压缩机

（三）关键基础件产业

慈溪市是“密封件生产基地”“微小轴承生产基地”“电子铜带生产基地”“密封产业基地”。慈溪市关键基础件产业的龙头企业见表4，主要分布在模具、轴承和气动元器件领域。从产业链角度看，模具企业主要集中在上游的原料（滚塑功能高分子粉末、接线端子、电子连接器）生产，中游的塑料模具、冲压模具、精密模具（电机铁芯多工位级进模及精密冷冲模）和铸造模具（密封蓄电池塑壳）制造，下游的应用（胶管、打火机等）；轴承企业主要集中在上游的原料（铜材、铝材、垫片）生产，中游的各类轴承（深沟球轴承、圆锥滚子轴承、低噪声电机轴承、微小型高品质电机轴承）制造；气动元器件企业主要集中在上游的原料（灰铸铁、球铁、合金铁、铸铝零件）、生产设备（节能电动机）生产和中游的气动产品（气源处理器、气动电磁阀、气缸、快速接头、气动元件）制造。下一步，慈溪市将推进增材技术与模具制造深度融合，发展具有感知、分析、决策和控制功能的智能化模具；建设轴承、密封件等关键基础件创新平台，推进产学研协同，突破关键基础件的关键技术和材料；推进智能制造在关键基础件生产制造的广泛应用，积极发展智能关键基础件产品。力争到2025年，关键基础件产业规上工业产值达500亿元以上，建成国内关键基础件产业基地。

表4　慈溪市关键基础件产业龙头企业简介

行业	企业类型	公司名称	主营业务
模具	上市公司	宁波兴瑞电子科技股份有限公司	精密冲压/注塑模具、电子连接器、精密电子结构件
		宁波天龙电子股份有限公司	精密模具、精密注塑、自动化装配
	专精特新“小巨人”	宁波宏武管业有限公司	高压胶管、铠装隔热胶管、用管连接件
		宁波高松电子有限公司	接线端子和精密模具
		慈溪博生塑料制品有限公司	三防灯、冰箱等系列模具
		宁波邵金塑料制品有限公司	密封蓄电池塑壳
		浙江瑞堂塑料科技股份有限公司	滚塑功能高分子粉末
	规上百强（市级）	新海科技集团有限公司	电子机、点火枪、砂轮机、功能机、气瓶
	地方重点企业	慈溪盛艺模具有限公司	塑料模具
		宁波鸿达电机模具有限公司	电机铁芯多工位级进模及精密冷冲模
轴承	上市公司	宁波中大力德智能传动股份有限公司	轴承、电机、精密减速器
	规上百强（市级）	慈溪驰马金属制品有限公司	铝卷、铝圆片、铜铝复合板材、铝板
		环驰轴承集团有限公司	深沟球轴承和圆锥滚子轴承
		宁波兴业盛泰集团有限公司	高精度黄铜带、锡磷青铜带、锌白铜带、引线框架用铜带
	专精特新“小巨人”	宁波万丰轴承有限公司	低噪声电机轴承
		慈溪恒立密封材料有限公司	金属缠绕垫片、膨胀石墨复合增强垫片、金属包覆垫片
		宁波新大地轴承有限公司	微小型高品质电机轴承
	地方重点企业	宁波友谊铜业有限公司	铜管件、铜阀门以及铜型材
气动元器件	专精特新“小巨人”	慈溪汇丽机电股份有限公司	灰铸铁、球铁、合金铁、铸铝零件及NEMA高效节能电动机
		浙江松乔气动液压有限公司	液压快速接头、气动快速接头、气动管接头、快换接头
		宁波波特气动元件有限公司	高端气动元件、液压元件、气动液压成套系统
		浙江亿日气动科技有限公司	气源处理器、气动电磁阀、气缸、快速接头

三、科技创新概况

2022年，全市R&D经费占地区生产总值比重为3.41%，全省排名第17；全市拥有高新技术企业826家，高新技术产业增加值占工业增加值比重达80.02%；全市规上工业企业R&D经费支出占营业收入比重达1.53%，全省排名第61。

（一）区域创新资源布局

慈溪市创新平台主要集中在智能家电、关键基础件、高端装备和汽车及零部件。2022 年，全市拥有省级企业研究院 17 家、省级高新技术企业研发中心 66 家。创新平台分布较广（见图 2）。

图 2　慈溪市创新平台布局

（二）产业专利分析

慈溪市的专利优势主要集中在炉灶、厨房用具、燃烧器、家庭洗涤等领域。2022 年，慈溪市有效发明专利共 9610 件，前十大专利技术领域见图 3。根据申请人分析，宁波方太厨具（炉灶、通风、咖啡机、吸尘器）、浙江吉利控股集团（车辆部件）、吉利汽车研究院（车辆部件）、宁波慈星股份（针织、编织）、宁波公牛电器（插座）、浙江沁园水处理（废污水处理）、宁波吉利罗佑发动机零部件（发动机零部件）等申请人的专利数量居前。

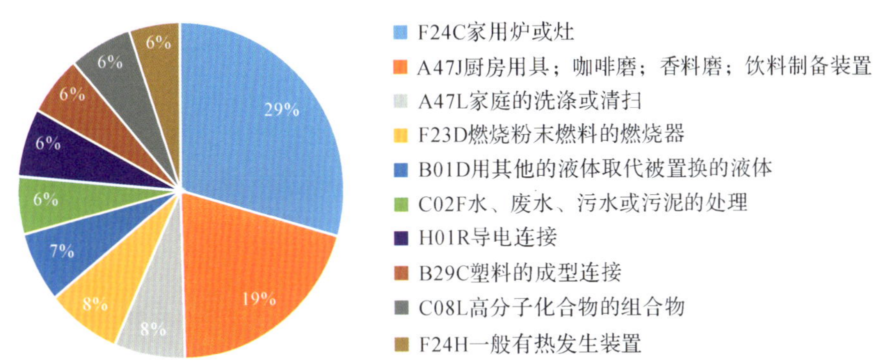

图 3　慈溪市专利技术领域分布

四、慈溪市未来展望

从产业发展看，慈溪市将着力增强特色蔬菜产业与杨梅、葡萄、蜜梨、水蜜桃、柑橘五大水果主导产业品牌优势和产品品质，加快培育“3+3+X”现代产业体系，推动智能家电、关键基础件、汽车零部件等传统优势产业转型升级，稀土磁性材料、高端装备、现代健康等新兴产业培育壮大，前瞻布局数字经济、新能源等若干个“硬核”产业。从科技创新看，全市 R&D 经费占地区生产总值比重、规上工业企业研发投入占比低于全省平均水平，技术创新能力仍需进一步增强。下一步，慈溪市将加快建设“上林科创走廊”，激发宁大科技学院、慈溪产研院等创新平台功效，筹建智能家电技术创新中心，建设工业机器人等技术服务中心，推动中国科学院宁波材料所、慈溪医工所与广慈、新海等企业共同打造宁波医用植介入材料中试基地。

宁波前湾新区产业链创新链全景分析报告

宁波前湾新区位于宁波市北部，总面积约604平方千米，下辖7个镇、1个街道。2023年，宁波前湾新区常住人口达28.3万人，地区生产总值为913.9亿元，拥有全省首个破千亿元的万亩千亿平台。宁波前湾新区在全国230家国家经开区考核中位列第27。

一、宁波前湾新区产业概况

（一）产业结构

从地区生产总值的结构看，宁波前湾新区以第二产业为主导。2023年，第一产业增加值为7.0亿元，第二产业增加值为620.7亿元，第三产业增加值为286.1亿元，三次产业增加值结构调整为0.8 ∶ 67.9 ∶ 31.3。

从工业看，宁波前湾新区以汽车及零部件、智能家电、装备制造（关键基础件）为主导。2023年，全区实现规上工业总产值2506.1亿元，其中汽车及零部件产业规上工业产值1296.20亿元。下一步，宁波前湾新区将构筑“1341”产业体系，即一大特色主导产业——汽车产业；三大新兴支柱产业——高端装备、电子信息、新材料；四大地区优势产业——智能家电、关键基础件、生物医药、节能环保；一批生产性服务业——研发设计、教育培训、自动化集成服务等。

（二）“东北部集聚”的产业空间布局

图1展示了宁波前湾新区重点产业平台布局。宁波前湾新区产业呈现出二、三产结合的特点。从工业看，宁波前湾新区工业围绕“省级经济开发区”“万亩千亿平台”“省级小微企业园”，主要集中在庵东镇、崇寿镇、坎墩街道，重点打造汽车整车及零部件、五金、新能源和汽配产业，小部分涉及动漫、数字媒体、园林设计和文创产业。从服务业看，宁波前湾新区服务业围绕“杭州湾新区滨海欢乐假期小镇”“浙江杭州湾国家湿地公园”和“杭州湾海皮岛景区”，重点打造跨境电商和文旅产业。

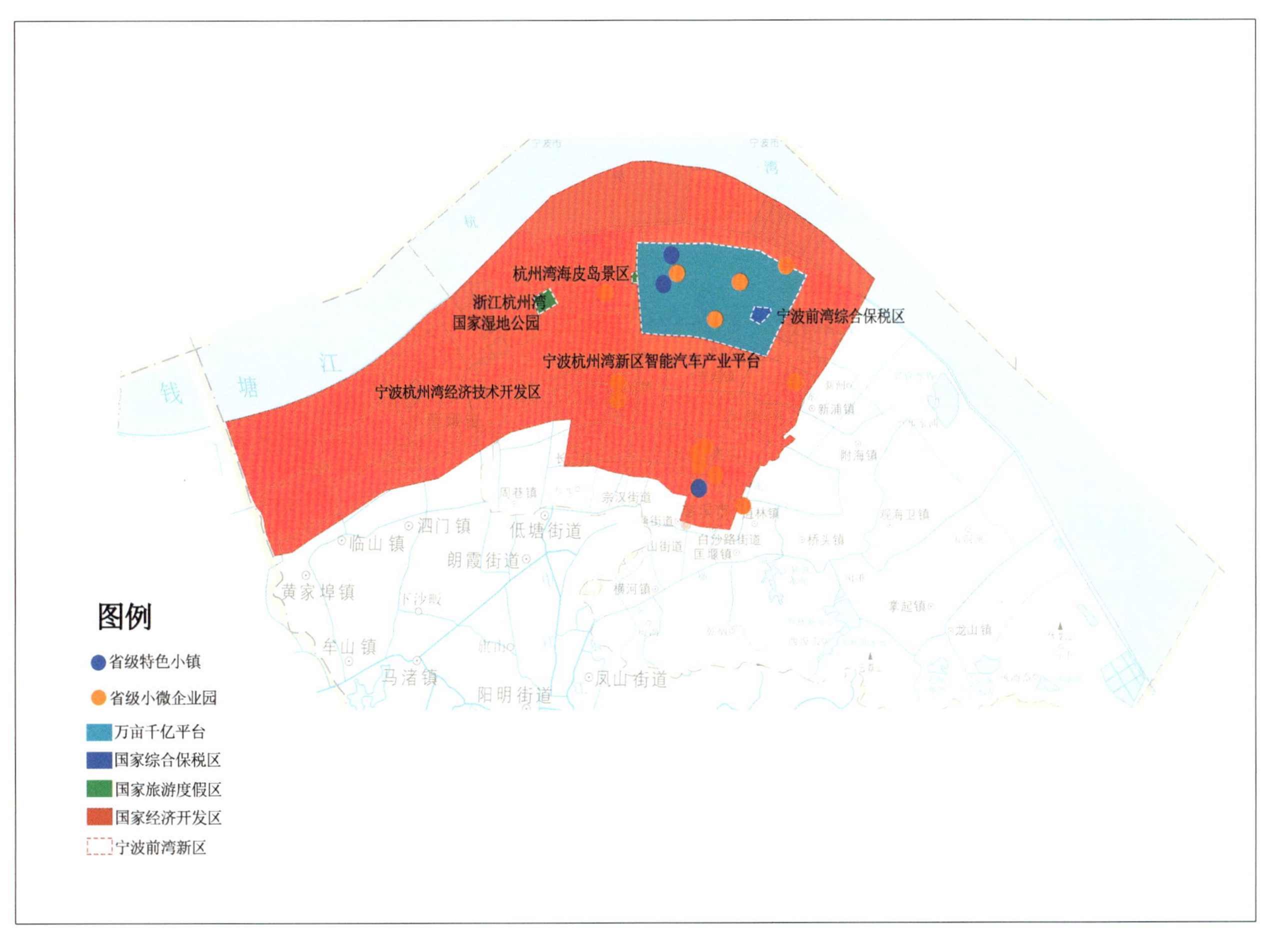

图 1　宁波前湾新区重点产业平台布局

二、重点产业

（一）汽车及零部件产业

宁波前湾新区是汽车及零部件产业的主要集聚区，有超 150 家汽车关键零部件企业，年产值超千亿元，现有上汽大众、吉利汽车两大整车制造龙头及吉利汽车集团总部、smart 全球总部，涵盖大众、斯柯达、吉利、领克、smart、极氪、奥迪七大汽车品牌，整车产能达 150 万台。该区汽车及零部件产业的龙头企业见表 1。从产业链角度看，汽车关键零部件企业主要集中在中游的发动机零部件、车身附件、电器仪表零部件和车灯制造。下一步，宁波前湾新区将重点发展汽车电子、汽车关键零部件、汽车附件、物联网汽车专用部件等领域，延伸发展整车制造，打造“万亩千亿”新产业平台 2.0 版。力争到 2025 年，汽车及零部件产业实现产值 2000 亿元，新能源汽车产量占全省 20%，实现 L3 级智能汽车量产，集聚研发人才超 3 万人。

表1　宁波前湾新区汽车及零部件产业龙头企业简介

行业	企业类型	公司名称	主营业务
汽车及零部件	上市公司	宁波天龙电子股份有限公司	电系水泵、电机、汽车电子控制系统、电池系统、车灯系统、油箱系统、热交换系统、中控仪表系统
		长华控股集团股份有限公司	汽车紧固件、冲焊件、铸铝件

续表

行业	企业类型	公司名称	主营业务
汽车及零部件	专精特新“小巨人”	宁波联华汽车部件有限公司	挡泥板、BCM 壳体、动力总成配件、防盗线圈、内饰件
		宁波洛卡特汽车零部件有限公司	柴油机燃油泵、汽车调压阀
	规上百强（市级）	慈溪驰马金属制品有限公司	铝板带铸轧
	重点企业	宁波群芯微电子股份有限公司	光电传感、模拟集成电路、数字集成电路及功率器件
		宁波信跃电子科技有限公司	DV-E 节气门盖板、传感器壳体、油泵法兰、双色电子油门踏板、ZSK 点火系统系列
		宁波华联电子科技有限公司	LED 数码管显示器、BK 触摸式按键开关、PCBA
		宁波华远电子科技有限公司	精密柔性线路板（FPCB）
		浙江金业汽车部件有限公司	车灯

（二）智能家电产业

宁波前湾新区的智能家电产业为该区优势产业。当地智能家电产业的龙头企业见表 2。从产业链角度看，该产业的相关龙头企业主要集中在上游的零部件生产和中游的家电制造领域。下一步，宁波前湾新区将重点发展智能厨房电器、智能小家电以及家电关键零部件三大领域，在方太、沁园、嘉乐等智能家电龙头企业基础上，加大科技研发和自主创新力度，积极引进和培育一批高端智能家电关键零部件制造企业，形成智能家电集群发展。

表2　宁波前湾新区智能家电产业龙头企业简介

行业	企业类型	公司名称	主营业务
智能小家电	专精特新“小巨人”	宁波祈禧智能科技股份有限公司	净饮水设备及核心配套产品
		浙江卓奥科技股份有限公司	电子元件、家用电器、微电脑智能控制器
		宁波祈禧电器有限公司	家用、商用电开水器、监控报警设备
		宁波永佳电子科技有限公司	小家电多士炉、电熨斗、榨汁机、美发美甲器
		宁波 GQY 视讯股份有限公司	智能机器人的研发
	规上百强（市级）	卓力电器集团有限公司	电熨斗、煎烤器、真空吸尘器、电热油汀等
		新海科技集团有限公司	打火机、点火枪、模具、电器配件
	重点企业	宁波甬新东方电气有限公司	开关保护装置及控制器、家用电器、电器配件
		宁波惠康实业有限公司	空调设备制造，制冷、空调设备销售
白色家电	专精特新“小巨人”	宁波瑞卡电器有限公司	电吹风、直发器、卷发器、风梳
		宁波贞观电器有限公司	冰箱、冰柜、洗衣机、空调、压缩机、制冷设备配件

（三）装备制造产业

宁波前湾新区在精密轴承、电机、密封件等细分领域已形成较好的发展基础。当地装备制造产业的龙头企业见表 3。从产业链角度看，该产业的相关龙头企业主要集中在上游的基础零部件、关键基础件生产和中游的成套装备制造。下一步，宁波前湾新区将全面实现产业基础高级化和产业链现代化，重点发展高端轴承、特种电机、高性能泵阀、高性能气动、液压件、高端紧固件，瞄准发展机器人、高档数控机床、智能塑料成型装备、增材制造装备等智能成套装备。

表3　宁波前湾新区装备制造产业龙头企业简介

行业	企业类型	公司名称	主营业务
模具	上市公司	宁波兴瑞电子科技股份有限公司	电子连接器、结构件、塑料外壳、镶嵌注塑件
		宁波横河精密工业股份有限公司	模具制造、塑料制品制造、电子元器件制造
		宁波高松电子有限公司	电子元器件、电器配件、塑料制品、模具
		宁波邵金塑料制品有限公司	塑料制品、机械配件、模具、五金配件
	规上百强（市级）	新海科技集团有限公司	模具、电器配件、五金配件
气动元器件	上市公司	宁波中大力德智能传动股份有限公司	机械传动与控制应用领域关键零部件的研发、生产
	专精特新“小巨人”	浙江国祥股份有限公司	中央空调、冷冻冷藏设备、热泵热水机组
		宁波德曼压缩机有限公司	气体压缩机械制造、机械设备
		浙江亿日气动科技有限公司	气动元件（气源处理器、气动电磁阀、气缸、快速接头）
	重点企业	宁波海亚特滚子有限公司	滚子、圆锥轴承、滚动轴承及其他精密轴承及配件
		浙江世亚燃气阀门有限公司	智能仪器仪表制造、普通阀门和旋塞制造

三、科技创新概况

2022年，全区R&D经费占地区生产总值比重为3.556%，全省排名第7；全区拥有高新技术企业317家，高新技术企业数占规上工业企业总数达到30%以上；近五年全区高新投资额总数达125.25亿元，每年增幅达20%；全区企业R&D人员数达14778人，占就业人员比重达11.52%，全省排名第6。

宁波前湾新区创新平台主要集中在装备制造、汽车及零部件、智能家电产业。2022年，全区拥有省级重点实验室1家，省级企业研究院9家，省级高新技术企业研发中心52家，省级新型研发机构5家，国家级孵化器1家。创新平台主要分布在长河镇、庵东镇、崇寿镇、坎墩街道（见图2）。

四、宁波前湾新区未来展望

从产业发展看，前湾新区将重点构建“134”产业体系：“1”是做强汽车龙头产业，大力推进汽车芯片等关键产业链补链强链；“3”是发展新材料、高端装备、智能家电三大支柱产业，争取打造一批未来产值超500亿元的优势产业集群；“4”是培育电子信息、生物医药、通用航空、节能环保四大新兴产业。从科技创新看，全区R&D经费占地区生产总值比重全省排名均靠前，区域创新能力较强，但依然需进一步增强科创动能的有效转化。下一步，宁波前湾新区将高水平推进复旦大学宁波研究院、吉利汽车研究院、路特斯智能驾驶总部等建设，深化与中国科学院宁波材料所合作共建，搭建好麟沣医疗科技产业园、康汇生物医药孵化器、复旦科创园等创新平台，进一步整合前湾综保区、中意生态园等开放平台资源。

图2　宁波前湾新区创新平台分布

宁海县产业链创新链全景分析报告

宁波宁海县位于浙江省东部，象山港和三门湾之间，总面积1843平方千米，下辖4个街道、11个镇、3个乡。2023年，全县户籍人口为62.76万人，常住人口为71.0万人。地区生产总值为1001.17亿元，全省排名第29，全市排名第7。宁海县是全国综合实力百强县、全国科技创新百强县、“中国文具生产基地”、“中国模具生产基地（中国模具之都）”、“中国（宁海）汽车橡胶部件产业基地”、“中国汽车零部件制造基地”、“全国水产养殖基地县”、“中国蛏子之乡”、“中国茶文化之乡”。

一、宁海县产业概况

（一）产业结构

从地区生产总值构成看，2023年，宁海县第一产业增加值为55.68亿元，第二产业增加值为484.16亿元，第三产业增加值为461.33亿元，三次产业增加值结构调整为5.5 ： 48.4 ： 46.1。

从农业看，宁海县以水产、现代种业产业为主导。2023年，全县农林牧渔业总产值为83.11亿元，其中渔业产值41.33亿元，水产品总产量18.89万吨；现代种业产值近5亿元，粮食种植面积达23.8万亩，粮食总产量9.46万吨，宁海县是全省唯一的国家级制种大县。下一步，宁海县将以实现农业产业化、产业规模化、规模特色化、特色品牌化为主线，规划形成“三区一园五带”的现代农业空间发展格局；围绕农村现代化发展，立足宁海特色，着力推进“557”农业农村现代化发展行动，重点打造五色生态经济圈、50个艺术特色村、七条乡村振兴示范带的发展行动体系。

从工业看，宁海县以文体办公、汽车制造及模具、光伏储能产业为主导。2023年，宁海县实现规上工业总产值1438.6亿元，有规上工业企业737家。2022年宁海县产业主要分布见表1。下一步，宁海县将以制造业高质量发展为主线，培育形成“光伏 + 储能”“文体 + 办公”“模具 + 新能源汽配”为引领的三个五百亿级先进制造业产业集群，打造“365”工业产业体系。

表1　宁海县特色工业简介

名称	规上工业产值 / 亿元	占全县规上工业总产值比重 /%
文体办公	超 200.00	超 16.41
汽车制造及模具	超 150.00	超 12.31
光伏储能	超 110.00	超 9.03

（二）“中部工业、东西部农旅”的产业空间布局

图 1 展示了宁海县重点产业平台布局。从农业看，宁海县农业在南部滨海、中北部、西部丘陵山区，围绕“宁海农业产业园”“宁海县三门湾省级现代农业园区”“海产品农业科技园区”，重点发展现代种业、水产、海水养殖、柑橘等特色产业。从工业看，宁海县工业沿强蛟镇、桥头胡街道、桃源街道、跃龙街道和西店镇，形成一条由“省级经济开发区”和“省级小微企业园”构成的工业带，提升发展文体办公、电子信息、汽车制造及模具等传统优势产业，培育发展智能家电、高端装备制造、生物医药、新材料、节能环保等战略性新兴产业。从服务业看，宁海县服务业在东部的“宁海森林温泉省级旅游度假区”，重点打造温泉旅游、休闲、会务、养生为一体的旅游度假区。

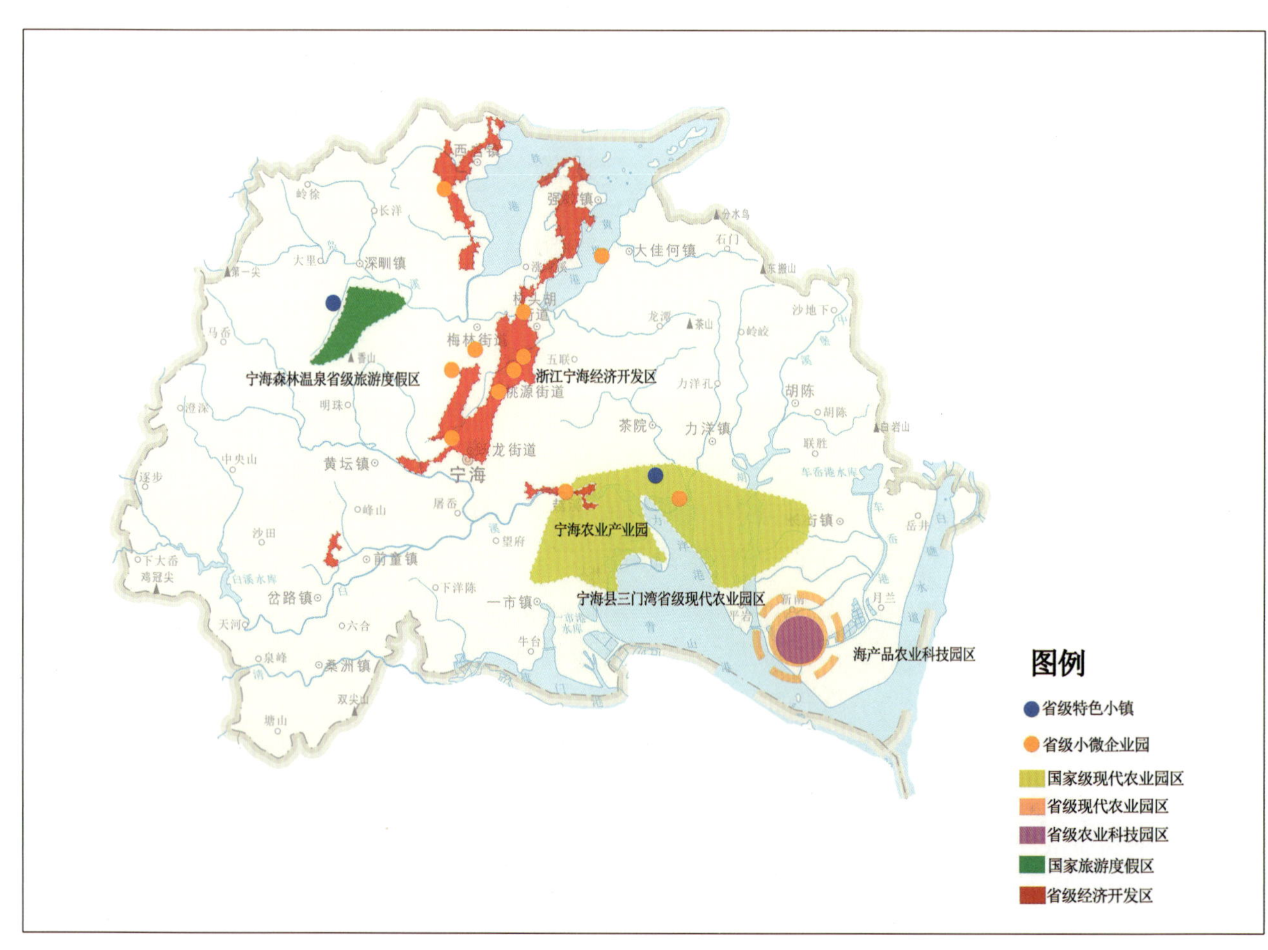

图 1　宁海县重点产业平台布局

二、重点产业

（一）文体办公产业

宁海县被誉为“中国文具生产基地”。2022 年，宁海县文体办公产业规上工业产值超 200 亿元，企业超 600 家。宁海县文体办公产业的龙头企业见表 2。从产业链角度看，宁海县文体办公产业的龙头企业在上游的研发设计和中游的办公用品、儿童学生用品、教学仪器、文体用品领域。下一步，宁海县将重点打造“研发设计—制造及包装—多元销售”产业链。宁海县文体办公产业充分依托得力集团品牌优势，将配套中小企业纳入共同的供应链、标准和合作研发管理体系，形成合作精密、分工专业、价值共享的文体用品产业生态，以“文创 +”“科创 +”“智能 +”为导向，推动宁海文体用品制造业从“小而多”向“优而精”转变。力争到 2027 年，文体办公产业集群产值突破 500 亿元。

表2　宁海县文体办公产业龙头企业简介

行业	企业类型	公司名称	主营业务
文体办公	专精特新“小巨人”	宁波兴伟刀具科技有限公司	办公用品
	规上百强（市级）	得力集团有限公司	研发设计、智能办公用品、平台化销售
	地方重点企业	宁海百盛文具有限公司	文具、办公用品
		宁波天虹文具有限公司	办公用品
		宁波好孩子儿童用品有限公司	儿童学生用品
		宁波小雪人文具有限公司	儿童学生用品
		宁波青华科教仪器有限公司	教学仪器
		震洋文教用品	美术绘画用品
		宁海兴达旅游用品有限公司	体育用品
		宁波晨东运动保健用品有限公司	体育用品

（二）新能源汽配及模具产业

宁海县被誉为“中国模具生产基地（中国模具之都）”“中国（宁海）汽车橡胶部件产业基地”“中国汽车零部件制造基地”。2022 年，宁海县新能源汽配及模具产业规上工业产值超 150 亿元，拥有规上企业 170 余家、国内主板上市公司 5 家。宁海县新能源汽配及模具产业的龙头企业见表 3，主要分布在新能源汽配和模具两大行业。从产业链角度看，新能源汽配企业主要集中在上游的车用关键材料，中游的新能源汽车电驱、电池、汽车零部件，下游的整车制造、检验检测服务领域；模具企业集中在上游的原材料及配件、中游的模具设计及制造。下一步，宁海县将推进模具与汽车零部件融合发展，培育发展“模具 + 新能源汽配”产业集群，重点打造“汽车零件—部件—总成—整车—服务”产业链。突出强链、补链、延链，加快引进集聚新能源整车制造、高端引擎设备等核心高端领域优势企业，推动整车与零部件制造企业协同互动发展。力争到 2027 年，新能源汽配及模具产业集群产值突破 500 亿元。

表3　宁海县新能源汽配及模具产业龙头企业简介

行业	企业类型	公司名称	主营业务
新能源汽配	上市公司	双林集团股份有限公司	汽车内外饰件、精密注塑件、新能源驱动电机
		宁波方正汽车模具股份有限公司	汽车塑料模具、锂电池精密结构件

续表

行业	企业类型	公司名称	主营业务
新能源汽配	上市公司	宁波震裕科技股份有限公司	精密模具、精密冲压、锂电壳体总成
		宁波永成双海汽车部件股份有限公司	汽车制造业
		宁波市天普橡胶科技股份有限公司	车身及通用件
	专精特新“小巨人”	宁波沃特汽车部件有限公司	底盘及零配件
	地方重点企业	双林集团股份有限公司	汽车内外饰件、精密注塑件、新能源驱动电机
		宁波吉宁汽车零部件有限公司	车身及通用件
		建新赵氏集团有限公司	底盘及零配件
		宁波永信汽车部件制造有限公司	底盘及零配件
		领为视觉智能科技（宁波）有限公司	LED 智能车灯、机动车可视化产品及配件
	拟上市公司	建新赵氏科技股份有限公司	汽车零部件板块制造
		宁波如意股份有限公司	系列叉车、电动车、堆垛车等
模具	专精特新“小巨人”	宁海第一注塑模具有限公司、宁波光明橡塑有限公司、宁波市锦泰橡塑有限公司、宁波索普橡塑有限公司	模具及配件
	地方重点企业	宁波方正汽车模具股份有限公司	汽车塑料模具
		宁波兴利汽车模具有限公司、宁波如强模塑有限公司、宁波精超模具蚀刻有限公司、宁波富信模胚有限公司	模具及配件
	拟上市公司	浙江永励精密制造股份有限公司	模具及配件
		宁波捷豹集团股份有限公司	橡胶制品制造

（三）光伏储能产业

2022 年，宁海县光伏储能产业规上工业产值超 110 亿元，相关企业约 100 家。宁海县光伏储能产业的龙头企业见表 4。从产业链角度看，该产业的龙头企业主要集中在中游的电池片及组件、光伏组件、逆变器、储能系统（Battery Management System，BMS）和下游的成套设备制造和安装服务。总投资 152 亿元的东方日升新能源股份有限公司年产 15GW 高效 N 型电池片和 15GW 高效太阳能组件项目；总投资 30 亿元的旗滨集团年产 70 万吨光伏高透基板材料及配套深加工生产线项目、宁波震裕科技股份有限公司年产 9 亿件新能源动力锂电池顶盖项目等省重点建设项目。下一步，宁海县将围绕电池片、光伏组件、光伏发电、光伏玻璃、关键辅材、光伏设备制造、储能单元、储能系统应用、电池结构件等重点细分行业集群，加强关键核心技术研发。力争到 2027 年，光伏储能产业集群产值突破 500 亿元。

表4　宁海县光伏储能产业龙头企业简介

行业	企业类型	公司名称	主营业务
光伏储能	上市公司	东方日升新能源股份有限公司	电池片、光伏组件、光伏设备
		旗滨集团（宁波旗滨光伏科技有限公司）	光伏玻璃
	规上百强（市级）	双一力（宁波）电池有限公司	储能系统
	地方重点企业	金色慧能（宁波）储能技术有限公司	BMS
		捷造科技（宁波）有限公司	光伏电池
		钧能（宁波）电源科技有限公司	储能变流器、智慧能源研发
		巨杰科技发展集团股份有限公司	风电安装平台、风电设备安装

三、科技创新概况

2022 年，全县 R&D 经费占地区生产总值比重达 3.04% 左右，全省排名第 29；全县拥有高新技术企业 358 家，高新技术产业增加值占工业增加值比重为 59.29%；全县规上企业 R&D 经费占营业收入比重为 1.89%。

（一）区域创新资源布局

宁海县创新平台主要集中在高端装备及关键器件、节能环保、汽车制造及模具、生物医药及医疗器械、文体办公、新材料产业。2022 年，全县拥有省级企业研究院 11 家，市级企业研究院 14 家，省级企业工程技术中心 7 家，市级企业工程技术中心 37 家，省级高新技术企业研发中心 52 家。创新平台主要集聚在桃源街道、梅林街道与西店镇（见图 2）。

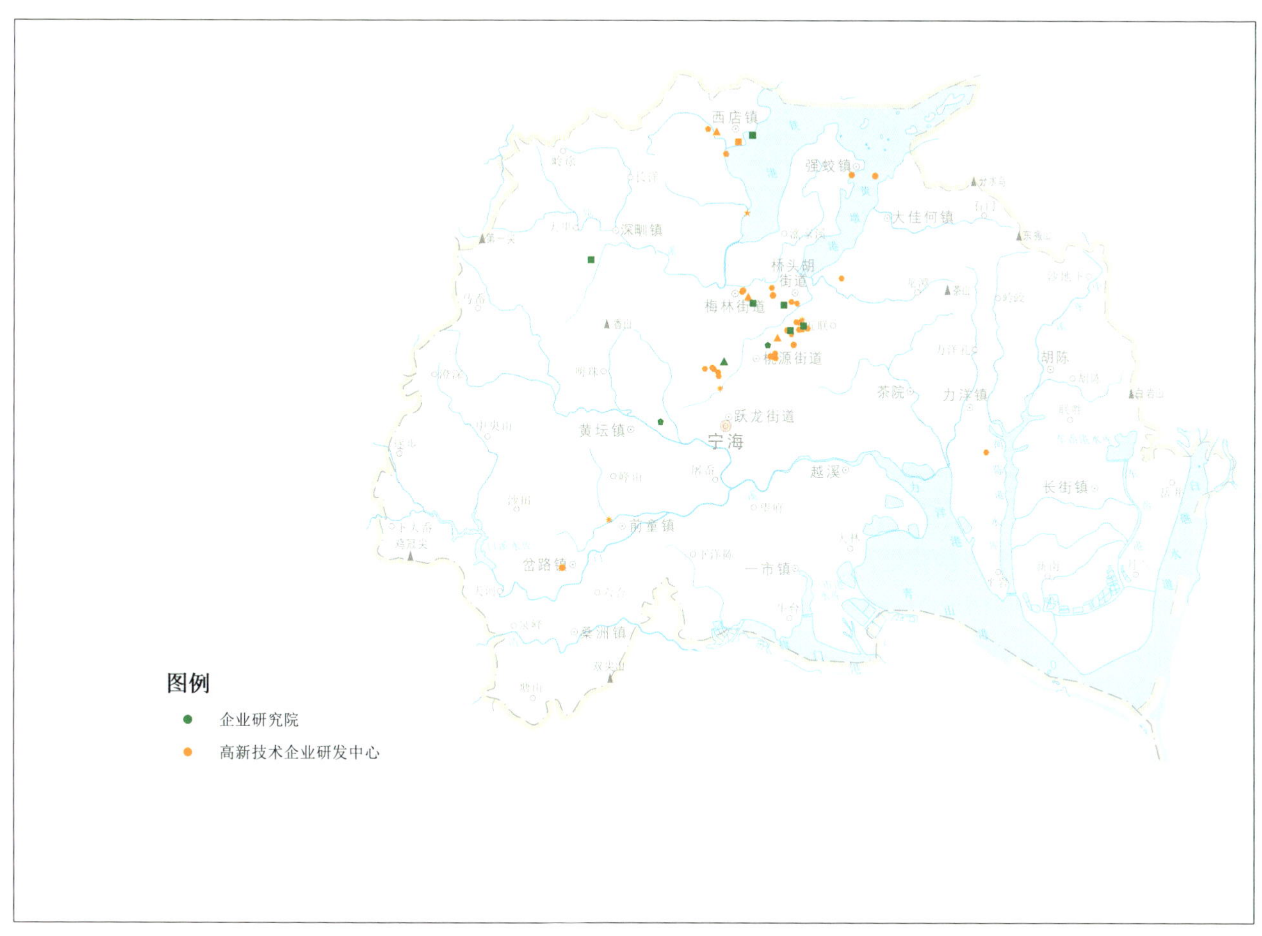

图 2　宁海县创新平台布局

（二）产业专利分析

宁海县的专利优势主要集中在塑料成形连接、金属板或管等领域。2022 年，宁海县有效发明专利共 2276 个件，前十大专利技术领域（小类）见图 3。根据申请人分析，宁波方正汽车模具（汽车模型部件）、宁波如意股份（汽车模具）、中国兵器工业第五二研究所（有色金属合金的制造）、宁波华成阀门（阀门）、宁波震裕科技股份（金属冲压模具）、建新赵氏集团（手动切割工具）、宁波双林模具（模具）、宁波北新建材（建材）等申请人的专利数量位居前列。

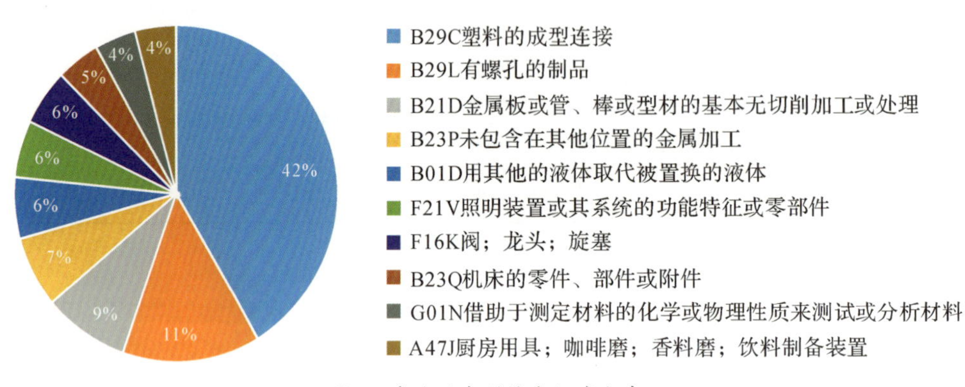

图 3　宁海县专利技术领域分布

四、宁海县未来展望

从农业看，下一步宁海县将做优“宁海珍鲜”品牌，深入推进渔业、种植业与旅游、教育、文化、康养等产业的深度融合，继续在“文体办公”“光伏储能”“新能源汽配及模具”三大主赛道以及大消费、大健康两大板块的细分赛道上发力。从科技创新看，宁海县规上工业企业研发投入占比全省排名靠前，全县 R&D 经费占地区生产总值比重处中下游。下一步，宁海县将重点围绕光伏储能、新材料、生物医药等产业，加快推动研发机构建设，打造以省级光伏储能高新技术产业园为龙头的产业融合发展创新平台、以万里学院海洋种业研究院为龙头的种子种业强县创新平台，聚力打造现代种业强县以及省内一流、全国先进的产科教深度融合的水产种业创新服务综合体，引导浙江工业大学宁海科学技术研究院、宁波弗兰采维奇材料研究所等重点平台加强与县内企业合作，推动产学研协同创新和科技成果转化。

象山县产业链创新链全景分析报告

宁波象山县位于浙江省东部沿海，象山港和三门湾之间，陆地面积1414.79平方千米，海域面积6618平方千米，下辖10个镇、3个街道、5个乡。2023年，全县户籍人口约为53.57万人，常住人口约为57.7万人。地区生产总值为770.15亿元，全省排名第44，全市排名第10。象山县是全国综合实力百强县、全国工业百强县、全国百强创新县、首批“国家全域旅游示范区”、国家生态文明建设示范市县、国家外贸转型升级专业型示范基地、“中国柑橘之乡”、“中国梭子蟹之乡”、“中国水产之乡”，拥有象山影视城、中国渔村等国家4A级景区。

一、象山县产业概况

（一）产业结构

从地区生产总值构成看，2023年，象山县第一产业增加值为100.11亿元，第二产业增加值为293.02亿元，第三产业增加值为377.02亿元，三次产业增加值结构调整为13.0 ∶ 38.0 ∶ 49.0。

从农业看，象山县以渔业、柑橘产业为主导。2023年，全县农林牧渔总产值为177.51亿元，其中渔业134.63亿元，占比75.84%，象山县是全国渔业五强县。柑橘产值约9亿元，象山县柑橘入选国家地理标志运用促进项目。白鹅产值超6亿元，梭子蟹产值5.83亿元，黄鱼产值约1亿元。下一步，象山县将提升渔业组织化，拉长渔业产业链，加快建设象山渔港经济区，深入实施“亩均超万美元”农业供给侧结构性改革，全力打造柑橘、梭子蟹、白鹅、大（小）黄鱼等四条农业全产业链。

从工业看，象山县以临港装备、汽模配和纺织服装产业为主导。2023年，象山县实现规上工业总产值近900亿元，有规上工业企业701家。2022年象山县产业主要分布见表1。下一步，象山县将大力发展海洋经济，以做大做强临港装备产业为核心，改造提升汽模配、纺织服装两大传统优势制造业，培育发展功能材料、绿色能源、海洋生物三大战略性新兴产业，促进制造业集群成链发展，着力构建具有区域特色和竞争优势的“123”新型工业体系。

表1　象山县特色工业结构

名称	规上工业产值 / 亿元	占全县规上工业总产值比重 /%
临港装备	182.70	23.37
汽模配	171.90	21.99
纺织服装	102.20	13.07

（二）南北两片区、中部多散点的产业空间布局

图 1 展示了象山县重点产业平台布局。从工业看，象山县工业沿涂茨镇、大徐镇、丹东街道、新桥镇、石浦镇，形成一条由“省级经济开发区”“省级化工园区”“省级特色小镇”“省级小微企业园”构成的工业带，重点打造临港装备（风电装备、化工设备、智能设备等）、汽模配（汽车零部件、模具和关键基础件）、纺织服装、化工产业，少部分涉及电子信息、家具制造。从农业看，象山县农业在新桥镇、定塘镇、墙头镇、东陈乡等，围绕“象山国家农业科技园区”“省级现代农业园区（大塘港、西沪港）”，以水产加工、柑橘等为主导，推动当地特色农业升级。

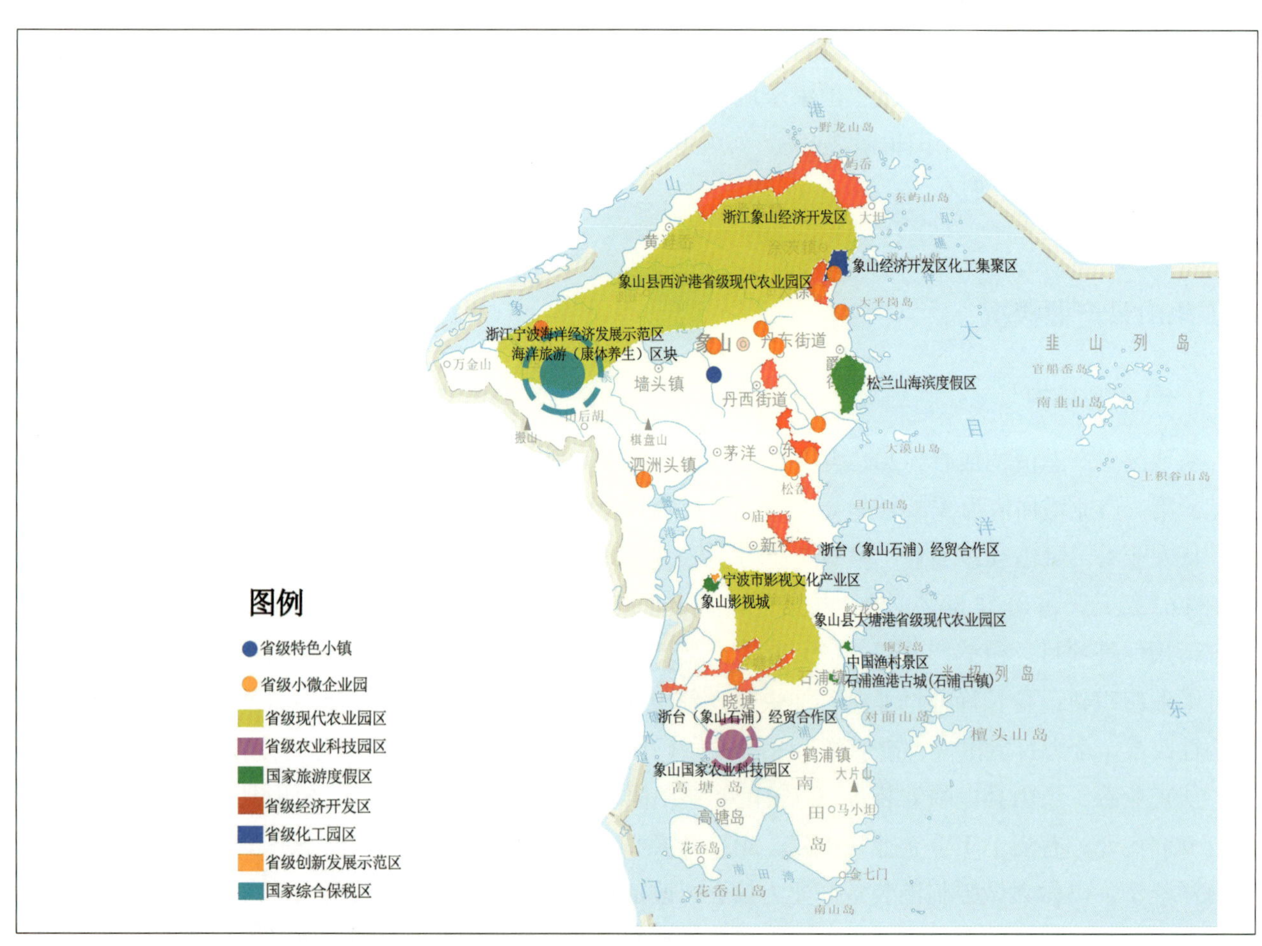

图 1　象山县重点产业平台布局

二、重点产业

（一）临港装备产业

2022年，象山县临港装备产业规上工业总产值约182.7亿元，规上企业115家，主要分布在风电设备、智能设备、化工设备、海洋电子信息、食品装备五大领域。象山县临港装备产业的龙头企业见表2。从产业链角度看，风电设备企业主要集中在上游的风力发电设备铸件的制造和中游的输变电设备制造；智能设备企业主要集中在中游的智能数控设备制造；化工设备企业主要集中在上游的阀门、防腐涂料制备；食品装备企业主要集中在中游的液体食品装备制造。下一步，象山县将实施全产业链发展战略，做强风电铸件生产环节，延伸发展安装工程、智慧运营等服务，形成关键部件生产—风电机组总装—技术服务的产业链条；加快培育和发展深海勘探装备、海洋空间综合立体观测网、深海油气资源开发装备、海洋环保装备、海洋钻井平台以及海上应急抢险救助装备等海洋工程装备研发设计及制造；大力发展数字化锻压冲压设备、智能数控机床及其主机、主轴、定子转子等关键核心部件；支持发展大型压力容器设备、热交换设备、挤压造粒机、反应釜、塔器等化工装备，配套发展泵、阀门、管件、仪器仪表等核心零部件；做大做强啤酒生产设备，支持发展大型多功能酿造一体机，打造具有象山特色的临港装备产业集群。力争到2025年，临港装备产业产值达500亿元。

表2　象山县临港装备产业龙头企业简介

行业	企业类型	公司名称	主营业务
风电设备	上市公司	锦浪科技股份有限公司	逆变器、光伏电站
	专精特新“小巨人”	宁波日星铸业有限公司	风力发电设备高端铸件（轮毂、底座、定子主轴和转动轴）
		宁波勤邦新材料科技有限公司	高性能功能膜（光学扩散基膜、太阳能背板基膜）
	专精特新入库企业	宁波耐森电气科技有限公司	输变电设备、高低压开关设备、变压器设备、智能电网设备、磁性齿轮
		宁波天安智能电网科技股份	智能变配电成套电器、开关元件
		象山激智新材料有限公司	光学薄膜和特种薄膜
智能设备	专精特新“小巨人”	宁波智能机床研究院有限公司	关键工程材料、先进制造技术、高档数控刀具、高端导轨丝杠、高端数控机床、智能制造技术
		浙江易锻精密机械有限公司	智能数控精密压力机
化工设备	专精特新“小巨人”	宁波三安制阀有限公司	工业气体阀门（气瓶阀门、消防阀门、车用CNG阀门）
		浙江钰烯腐蚀控制股份	工业腐蚀控制、电解防污、重防腐涂料
海洋电子信息	专精特新入库企业	宁波顺声通讯设备有限公司	电话线、适配器、电脑接插件
食品装备	上市公司	宁波乐惠国际工程装备股份	液体食品装备（啤酒酿造设备、无菌灌装设备）、离心泵、搅拌装置

（二）汽模配产业

象山县是“中国铸造模具之乡”。2022年，象山县实现汽模配产业规上工业总产值171.9亿元，企业数超400家。当地汽模配产业的龙头企业见表3，主要分布在传统汽车零部件和模具与关键基础配件两大行业。从产业链角度看，传统汽车零部件企业主要集中在上游的塑料零部件，中游的仪器仪表、车身附件、制动系统、发动机系统、传动系统、行走系统；模具与关键基础配件企业主要集中在上游的模具配件和中游的模具壳体、塑料模具、铸造设备的制造。下一步，象山县将发展新能源汽车零部件，延伸拓展模具与关键基础件，打造以“华翔轻量化汽车零部件”和“合力国家强基项目”为引领的汽配及铸造模具特色产业基地。力争到 2025 年，汽模配产业产值达 300 亿元。

表3　象山县汽模配产业龙头企业简介

行业	企业类型	公司名称	主营业务
传统汽车零部件	民企 100 强	宁波华翔电子股份有限公司	内外饰件、车身金属件、汽车电子
	专精特新“小巨人”	宁波新华泰模塑电器有限公司	汽车音响、线缆设备、液压压线钳、塑料紧固件、汽车用电线、汽车卡扣
	专精特新入库企业	宁波百易东和汽车部件有限公司	汽车密封条、内外水切、装饰条
		宁波华翔汽车饰件有限公司	内外饰件
		宁波合力制动系统有限公司	气压盘式制动器、制动间隙自动调整臂、制动气室及转向锁止缸、制动盘
		宁波科镭汽车零部件有限公司	汽车配件、模具、五金件、塑料制品、橡胶制品、喷涂、激光雕刻
		宁波能塑汽车部件有限公司	汽车燃油系统、燃油蒸汽系统、冷却系统等连接快插接头、单向阀
		宁波诗兰姆汽车零部件有限公司	汽车电器控制系统的线路保护零件、汽车波纹管
		宁波天安汽车零部件有限公司	塑料波纹管、汽车线束保护以及紧固类塑料零部件
		象山华鹰塑料工程有限公司	汽车内外饰件、玻璃附件
		象山申达轿车配件有限公司	变速器
		浙江金本汽车零部件有限公司	汽车轮毂单元、精密加工定制件
		宁波立强机械有限公司	汽车流体管路领域动力总成冷却和润清、涡轮增压、废气再循环（EGR）、驱动电机冷却、整车空调等各大系统
		宁波运生电气科技有限公司	汽车天窗导轨、扶手、行李架等零部件
		象山博宇汽车模塑制造有限公司	汽车塑料产品（水壶，支架，罩盖，接头，隔热板，吹塑件）
模具与关键基础件	上市公司	宁波合力科技股份有限公司	铸造、压铸、热冲压模具，发动机、变速箱壳体，汽车用柱，保险杠，汽车动力转向器壳体、轨道交通齿轮箱壳体
	专精特新“小巨人”	宁波全力机械模具有限公司	模具：发动机（机体、缸盖），铁路车辆摇枕、侧架等；压缩机机体及其附件
		宁波金汇精密铸造有限公司	铸造、铸造模、铸造设备、精密铸造、熔模铸造、碳铸造
	专精特新入库企业	宁波高盛模具制造有限公司	冷、热芯盒，重力浇注模具，低压铸造模具
		宁波凯利机械模具有限公司	铸造模具、重力铸造模具、冲压模、压铸模、精铸模、辊锻模、注塑成型模、吸塑模等
		宁波强盛机械模具有限公司	高难度、复杂铸件
		象山同家模具制造有限公司	压铸模具、砂型铸造模具、重力铸造模具、低压铸造模具
		宁波恒富汽车部件发展有限公司	汽车吹塑壳体、塑料配件、汽车线束

（三）纺织服装产业

象山县是“中国针织名城”“全国纺织工业先进集体”“国家级针织服装出口质量安全示范区”。2022 年，象山县实现纺织服装产业规上工业总产值 102.2 亿元。当地该产业的相关龙头企业见表 4。从产业链角度看，纺织服装企业主要集中在上游的纺织过程辅料，中游的家纺服装成品生产等。下一步，象山县将以新技术（设计）、品牌建设、市场营销为重点方向，推动纺织服装产业迈向中高端，依托爵溪“时尚运动小镇”打造纺织服装产业供应链平台基地，铸造“做针织，找象山”针织名城新形象。力争到 2025 年，纺织服装产业产值达 150 亿元。

表4　象山县纺织服装产业龙头企业简介

行业	企业类型	公司名称	主营业务
纺织服装	专精特新入库企业	宁波宜阳宾霸纺织品有限公司	服装辅料
		宁波卓艺家纺有限公司	旅行颈枕、家居枕垫
		宁波澳翔精细化工有限公司	纺织助剂

三、科技创新概况

2022 年，全县 R&D 经费占地区生产总值比重为 2.83%，全省排名第 40；全县拥有高新技术企业 245 家，高新技术产业增加值占工业增加值比重达 62.19%；全县规上工业企业 R&D 经费支出占营业收入比重达 2.04%，全省排名第 30。

（一）区域创新资源布局

象山县创新平台主要集中在临港装备、汽模配产业。2022 年，全县拥有省级新型研发机构 1 家，省级重点企业研究所 2 家，省级企业研究院 13 家，省级高新技术企业研发中心 45 家。创新平台主要集聚在西周镇、大徐镇、贤庠镇和丹溪街道（见图 2）。

图 2　象山县创新平台布局

（二）产业专利分析

象山县的专利优势主要集中在临港装备、汽模配、纺织服装等领域。2022 年，象山县有效发明专利共 2359 件，前十大专利技术领域见图 3。根据申请人分析，宁波世通汽车零部件（锁、钥匙、门窗零件、保险箱）、中机智能装备创新研究院（宁波）、宁波爵盛科技（输送、包装、贮存）、锦浪科技股份（发电、变电或配电）、宁波戴维医疗器械股份（医学或兽医学、卫生学）、象山兑棚电子科技（基本电气元件、印刷）、象山邱工联信息技术（机床）及象山信基机械厂（机床、金属冲压）等申请人的专利数量居前。

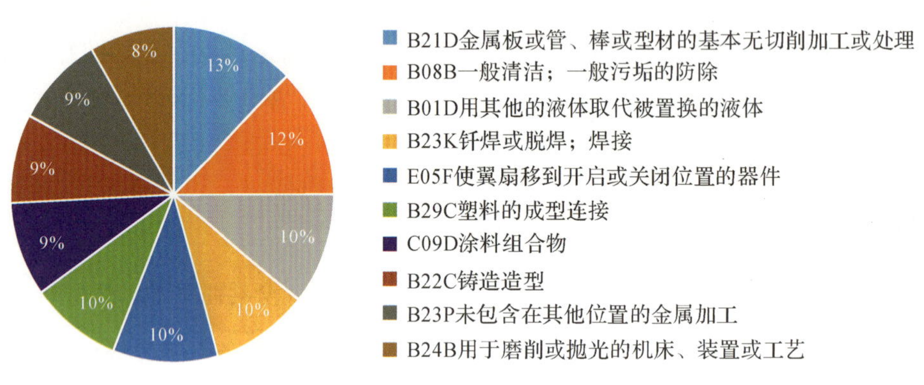

图 3　象山县专利技术领域分布

四、象山县未来展望

从产业发展看，象山县将持续推动柑橘、白鹅等特色产业补链条、树品牌，大力发展现代渔业，重点培育构建临港装备、绿色能源和功能材料三大新兴产业链群，转型提级汽模配、纺织服装两大传统产业集群。从创新平台布局看，象山县临港装备和汽模配产业的创新载体较多。下一步，象山县将积极融入甬江科创区，与中国科学院宁波材料所、甬江实验室等合作共建科技成果概念验证中心等平台，完成中国机械科学研究总院南方中心三期、东海海洋综合试验场主体工程。

温州

WEN ZHOU

温州卷

鹿城区产业链创新链全景分析报告

温州鹿城区位于浙江省东南部，总面积290.8平方千米，下辖2个镇、12个街道。2023年，全区户籍人口为80.51万人，常住人口为120.94万人。地区生产总值为1401.08亿元，全省排名第17，全市排名第2。鹿城区是全国工业百强县、科技百强县、“中国鞋都”。

一、鹿城区产业概况

（一）产业结构

从地区生产总值构成看，2023年，鹿城区第一产业增加值为2.24亿元，第二产业增加值为344.94亿元，第三产业增加值为1053.91亿元，三次产业结构比例为0.2 ∶ 24.6 ∶ 75.2。

从农业看，鹿城区以肉鸡养殖加工（藤桥熏鸡）为主导。2023年，全区完成农林牧渔业总产值4.15亿元。2021年，鹿城区肉鸡养殖加工全产业链产值达4.1亿元，获“中国绿色食品”“浙江名牌农产品”“温州市非物质文化遗产名录”“温州市优选特色产品伴手礼名录”等荣誉。从工业看，鹿城区以时尚鞋业、智能装备业、数字经济核心产业为主导。2023年，鹿城区实现规上工业增加值63.56亿元，有规上工业企业393家。2022年鹿城区产业主要分布见表1。下一步，鹿城区将加快构建“3+X”制造业和数字经济高质量发展格局（“3”指时尚鞋业、智能装备业、数字经济），实现制造业高端化提升、规模化培育、链条化发展，努力将鹿城打造成全球鞋业时尚智造中心，全省智能装备创新发展示范区，全市数字经济发展引领区。

表1　鹿城区特色工业简介

名称	规上工业产值 / 亿元	占全区规上工业总产值比重 /%	备注
时尚鞋	约150.00	约57.72	力争到2025年，鞋类制造业产值突破255亿元
智能装备	—	—	力争到2025年，智能装备产业产值突破50亿元
数字经济核心	1.27	2.20	力争到2025年，数字经济核心产业产值突破百亿元

从服务业看，鹿城区以信息传输、软件和信息技术服务业为主导。2023年，全区规上服务业企业356家，实现规上增加值1053.91亿元，同比增长5.3%。规上信息传输、软件和信息技术服务业实现营业

收入95.31亿元，同比增长11.1%，总量占规上服务业比重达41.0%。

（二）“沿江分布”的产业空间布局

图1展示了鹿城区重点产业平台布局。从农业看，鹿城区农业围绕“温州国家农业科技园”与“浙南特色种子种苗科技园”，在藤桥镇，重点发展肉鸡养殖、水稻、越冬蔬菜种子种苗和虾贝蟹藻种苗育繁等产业。从工业看，鹿城区工业围绕“浙江鹿城经济开发区”“鹿城数字时尚高新技术产业园区”“省级小微企业园”，主要集中在中部的藤桥镇、双屿街道和仰义街道，重点打造时尚鞋、智能装备和数字经济等产业；依托“鹿城鞋艺小镇”培育发展以时尚鞋业为核心的休闲服务业。从服务业看，鹿城区服务业围绕“创新发展区”“鹿城鞋艺特色小镇”两大实体经济，构建数字金融、科创金融、财富管理、金融要素市场等服务；依托江心屿及南塘等国家旅游度假区，大力发展旅游业。

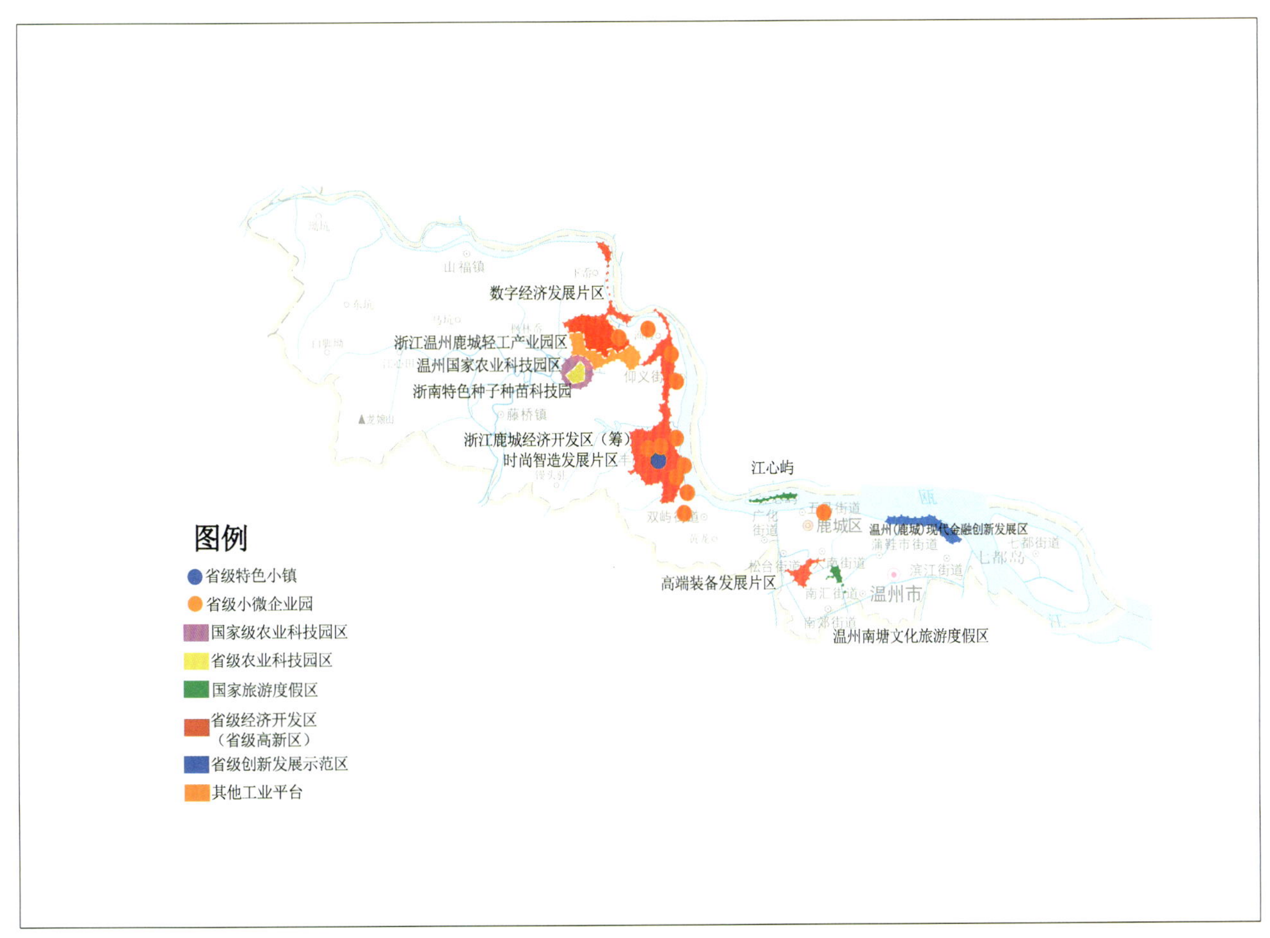

图1　鹿城区重点产业平台布局

二、重点产业

（一）时尚鞋业

时尚鞋业是鹿城区的主导产业之一，鹿城区被誉为“中国鞋都”。2022年，鹿城区时尚鞋业规上工业总产值达150亿元，规上企业181家。鹿城区时尚鞋业产业的龙头企业见表2。从产业链角度看，该产业的相关龙头企业主要集中在产业链上游的鞋履面料及配饰、鞋类制造。下一步，鹿城区将依托鹿城鞋产业基础，重点发展前端时尚化研发设计和后端品牌化营销环节，推进时尚智造两端延伸，整合鞋产业链资源，打造一流鞋业时尚智造产业集群。

表2　鹿城区时尚鞋业龙头企业简介

行业	企业类型	公司名称	主营业务
鞋履生产供应	上市公司	浙江中胤时尚股份有限公司	鞋履和图案设计业务、供应链整合业务
	规上百强（市级）	巨一集团有限公司	鞋制造、皮革制品制造、塑料制品制造、模具制造、日用口罩（非医用）生产
		康奈集团有限公司	鞋制造、制鞋原辅材料销售、鞋帽零售、箱包销售、皮革制品制造、皮革制品销售
		浙江心为心科技股份有限公司	鞋用材料研发、生产和销售，制鞋业技术服务，鞋业设计和信息服务
		温州市鹿城富帝鞋业有限公司、鹿城富什达鞋业有限公司、温州巨纳鞋业有限公司	皮鞋、塑料鞋、服饰的加工、制造，货物进出口
		温州市鹿城达芙妮鞋业有限公司、飞丹鞋业有限公司	皮鞋、注塑鞋的加工、制造
	拟上市公司	东艺鞋业有限公司、温州市拜丽德集团有限公司	生产销售皮鞋、皮鞋半成品（鞋包、大底、中底、鞋扣、鞋带及零配件）、皮具、皮革制品和非配额许可证管理、非专营商品的收购出口业务、仓储业务，货物进出口
	地方重点企业	温州市鹿城中德鞋业公司	非居住房地产租赁、住房租赁、鞋帽批发、鞋帽零售

（二）智能装备制造业

鹿城区智能装备制造业呈稳健发展状态。鹿城区智能装备制造业的龙头企业见表3。从产业链角度看，该产业的相关龙头企业主要分布在上游的核心零部件生产、中游的智能制造装备和下游的系统集成领域。下一步，鹿城区将聚焦智能成套装备、智能装备零部件、智能装备服务业等重点领域，招引高端智能装备标志性项目和领军型企业，谋划建设智能装备产业创新服务综合体。

表3　鹿城区智能装备制造业龙头企业简介

行业	企业类型	公司名称	主营业务
原材料及零部件生产	规上百强（市级）	温州木材集团有限公司	木材加工、销售，人造板、家具、无纺布、橡塑制品、木制品的制造、销售，橡胶、金属材料的销售，货物进出口、技术进出口，室内装潢、货物装卸，市场管理、市场摊位及自有厂房出租及仓储
研发设计与生产制造	上市公司	美皓医疗集团有限公司	牙科服务
		温州康宁医院股份有限公司	治疗和一般医疗服务、租金收入、管理服务费、药品及器械批发零售收入、药品销售
		浙江伟明环保股份有限公司	城市生活垃圾焚烧发电业务，主要包括项目运营、餐厨垃圾处置、设备、EPC及服务、垃圾清运
	专精特新“小巨人”	星际控股集团有限公司	计算机、通信和其他电子设备制造
		温州市润新机械制造有限公司、长城搅拌设备股份有限公司	通用设备制造
		浙江午马减速机有限公司	电气机械和器材制造
	规上百强（市级）	国药控股温州有限公司	医护人员防护用品批发，医用口罩批发、卫生用品和一次性使用医疗用品销售

续表

<table>
<tr><th>行业</th><th>企业类型</th><th>公司名称</th><th>主营业务</th></tr>
<tr><td rowspan="9">研发设计与生产制造</td><td rowspan="7">规上百强（市级）</td><td>浙江新邦建设股份有限公司</td><td>房屋建筑和市政基础设施项目工程总承包、地质灾害治理工程施工、文物保护工程施工、各类工程建设活动</td></tr>
<tr><td>平安建设集团有限公司</td><td>各类工程建设活动、房屋建筑和市政基础设施项目工程总承包、建设工程设计、施工专业作业</td></tr>
<tr><td>温州建设集团有限公司</td><td>房屋建筑工程、建筑机电安装工程、矿山工程、市政公用工程施工总承包、消防设施工程、起重设备安装工程、地基和基础工程、建筑装修装饰工程、预拌商品混凝土的专业承包</td></tr>
<tr><td>温州矿山井巷工程有限公司</td><td>矿山井巷、隧道、坝坎、土石方、公路、道桥、拆除、房屋建筑、水利水电、建筑装修装饰、通信工程的施工，机电设备安装，矿产开采</td></tr>
<tr><td>新宇建设有限公司</td><td>房屋建筑工程施工总承包、建筑设备安装、建筑装饰装修工程的设计和施工、园林绿化工程施工、市政公用工程施工、地基与基础工程专业承包、钢结构工程专业承包、工程机械设备租赁</td></tr>
<tr><td>三箭建设工程集团有限公司</td><td>房屋建筑工程、地基与基础工程、机电设备安装工程、钢结构工程、市政公用工程、建筑智能化工程、矿山工程</td></tr>
<tr><td>温州市华春经贸有限公司</td><td>建筑材料、金属材料、日用五金、日用百货、家电、机电、木片、人造板销售</td></tr>
<tr><td rowspan="2">在地方参与的重大产业（化）项目的依托企业</td><td>海特克动力股份有限公司</td><td>通用设备制造</td></tr>
<tr><td>浙江日高智能机械股份有限公司</td><td>智能设备、包装机械及零配件、包装容器的制造、销售及售后维修服务</td></tr>
<tr><td rowspan="5">数码3C与汽车制造</td><td>上市公司</td><td>浙江东日股份有限公司</td><td>商品销售、房地产销售、租赁、批发交易市场、运输</td></tr>
<tr><td rowspan="2">规上百强（市级）</td><td>温州陆港国际贸易有限公司</td><td>货物进出口、技术进出口、日用百货销售、五金产品批发、电气设备销售、金属制品销售、仪器仪表销售</td></tr>
<tr><td>温州开元集团有限公司</td><td>汽车新车销售、机动车修理和维护、信息咨询服务（不含许可类信息咨询服务）、非居住房地产租赁、住房租赁、五金产品制造、五金产品零售</td></tr>
<tr><td>地方重点企业</td><td>海特克动力股份有限公司</td><td>通用设备制造</td></tr>
<tr><td>拟上市公司</td><td>浙江圣为纸业股份有限公司</td><td>批发、零售（纸张、纸制品、文教用品）、纸张分割、纸盒加工</td></tr>
</table>

（三）数字经济核心产业

鹿城区数字经济核心产业发展迅速。2022年，全区数字经济增加值总量达270亿元以上，年均增长15%，数字经济核心产业增加值达54.0亿元。鹿城区数字经济核心产业的龙头企业见表4。从产业链角度看，鹿城区数字经济核心产业的龙头企业主要集中在下游的数据价值化重构、数字产业化与产业数字化和数字化治理。下一步，鹿城区将以数字产业化和产业数字化为主线，以数字经济核心产业为主攻方向，推动制造业、服务业数字化转型和城市数字化发展，打造温州数字经济第一城。

表4 鹿城区数字经济核心产业龙头企业简介

<table>
<tr><th>行业</th><th>企业类型</th><th>公司名称</th><th>主营业务</th></tr>
<tr><td rowspan="2">数据价值化重构</td><td rowspan="2">在地方参与的重大产业（化）项目的依托企业</td><td>申瓯通信设备有限公司</td><td>通信网络设备</td></tr>
<tr><td>星际控股集团有限公司</td><td>新型电子元器件</td></tr>
<tr><td rowspan="2">数字产业化与产业数字化</td><td rowspan="2">规上百强（市级）</td><td>温州浪潮产业数字科技有限公司</td><td>计算机应用系统及软件的研发、设计、技术咨询，计算机网络信息技术服务、技术咨询，计算机系统集成</td></tr>
<tr><td>坚士锁业有限公司</td><td>锁、日用五金、彩钢型材、金属门、非金属门</td></tr>
</table>

续表

行业	企业类型	公司名称	主营业务
数字产业化与产业数字化	规上百强（市级）	温州墨熵微电子有限公司	物联网
		浙江聚点科技有限公司	开发、销售计算机网络应用软件
数字化治理	地方重点企业	浙江云管家信息技术有限公司、温州有极数据科技有限公司	计算机应用系统及软件的研发、设计、技术咨询，计算机网络信息技术服务、技术咨询，计算机系统集成

三、科技创新概况

2022 年，全区 R&D 经费占地区生产总值比重为 1.73%，全市排名第 73；全区拥有高新技术企业 196 家，高新技术产业增加值占工业增加值比重达 55.48%；全区规上工业企业 R&D 经费支出占营业收入比重达 2.15%，全省排名第 22。

（一）区域创新资源布局

创新平台主要集中在数字经济核心产业、时尚鞋业、智能装备制造产业。2022 年，全区拥有省级重点实验室 9 家，省级企业研究院 14 家，省级高新技术企业研发中心 51 家，省级孵化器 2 家。创新平台主要集聚在南汇街道、仰义街道、双屿街道、南郊街道、大南街道（见图 2）。

（二）产业专利分析

鹿城区的专利优势主要集中在数字经济核心产业、时尚鞋业等产业领域。2022 年，鹿城区有效发明专利共 6536 件，前十大专利技术领域（小类）见图 3。根据申请人分析，瓯锟科技（金属轧制）、浙江香香莉鞋业（皮鞋）、文成县简创科技（笔具）、温州建设集团（浇筑墙）等申请人的专利数量位居前列。

四、鹿城区未来展望

从产业发展看，鹿城区将加快构建“3+X”制造业和数字经济高质量发展格局，以温州（鹿城）轻工产业园为主平台，以省“万亩千亿”新产业平台建设为导向，努力将鹿城区打造成全省智能装备创新发展示范区，全市数字经济发展引领区。从科技创新看，鹿城区规上工业企业研发投入占比与全区 R&D 经费占地区生产总值比重低于全省平均水平，产学研合作有待加强。鹿城区将加快提升科创平台能级，高水平建设中科先进技术温州研究院、川大温州鞋革产业研究院等高能级创新平台，加快落地华为人工智能赋能中心等创新项目。

图例

- 省级及以上孵化器
- 重点实验室
- 企业研究院
- 高新技术企业研发中心

图 2　鹿城区创新平台布局

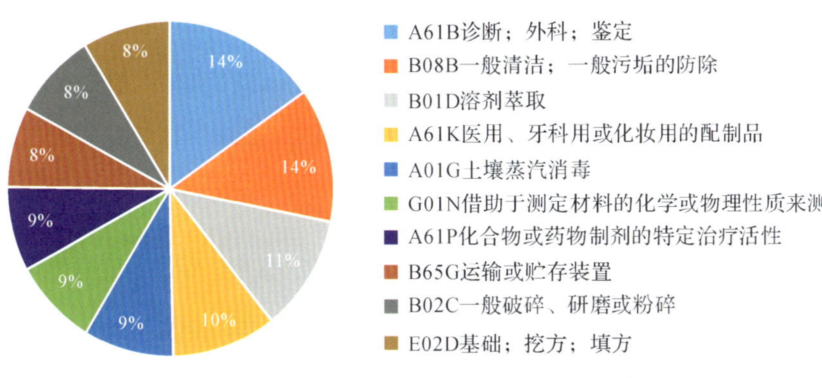

图 3　鹿城区专利技术领域分布

龙湾区产业链创新链全景分析报告

温州市龙湾区位于浙江省东南部，总面积约 323 平方千米，下辖 10 个街道。2023 年，全区户籍人口为 34.52 万人，常住人口为 74.8 万人。地区生产总值为 922.43 亿元，全省排名第 32，全市排名第 4。龙湾区是中国创新百强区、“中国阀门城”、“中国杨梅之乡”、“中国制笔之都”、“中国鞋都女鞋基地”，拥有瑶溪风景区、永昌堡、天柱风景区等旅游区。

一、龙湾区产业概况

（一）产业结构

从地区生产总值构成看，2023 年，龙湾区第一产业增加值为 3.10 亿元，第二产业增加值为 525.84 亿元，第三产业增加值为 393.49 亿元，三次产业增加值结构调整为 0.3 ： 57.0 ： 42.7。

从农业看，龙湾区以杨梅、白啄瓜产业为主导。2023 年，全区农林牧渔总产值为 5 亿元。杨梅全产业链产值近 1 亿元，“大岙溪杨梅”是国家地理标志产品、浙江省四大杨梅良种之一，享有“红盘绿蒂”之美誉；白啄瓜产值超 8000 万元，曾入选浙江省首批地方特色品种种质资源保护名录，“龙湾灵伟白啄瓜”也是浙江省十佳甜瓜之一。

从工业看，龙湾区以新能源和智能阀门装备产业为主导。2023 年，龙湾区规上工业增加值 290.84 亿元，规上工业企业 1277 家。2022 年龙湾区产业主要分布见表 1。下一步，龙湾区将高水平打造五大传统特色产业链，同时大力培育三大新兴产业，最终构建起“5（阀门、特殊钢、鞋业、服装、制笔）+4（数字经济、智能装备、生命健康、新能源）+N”的现代化产业体系，全力打造温州东部产业新城。

表1　龙湾区特色工业简介

名称	规上工业产值 / 亿元	占全区规上工业总产值比重 /%	备注
智能阀门装备	78.58	约 6.04	
时尚鞋服	37.73	约 2.90	
高端制笔	19.77	约 1.52	
新能源	—	—	已投资的在建项目 2025 年可达产值约 1430 亿元
数字经济制造	52.68	约 4.05	已投资的在建项目 2025 年可达产值约 128 亿元

续表

名称	规上工业产值 / 亿元	占全区规上工业总产值比重 /%	备注
智能装备产业	—	—	已投资的在建项目 2025 年可达产值约 58 亿元
生命健康产业	—	—	已投资的在建项目 2025 年可达产值约 50 亿元

从服务业看，龙湾区以休闲旅游、互联网、软件和信息技术服务、数字贸易为主导。下一步，龙湾区将聚焦数字技术、生命健康、金融科技、数字文创等高端领域，推动龙湾建设成为立足温州、服务浙南、面向东部沿海的区域性现代服务业中心。

（二）“东部集聚”的产业空间布局

图 1 展示了龙湾区重点产业平台布局。从工业看，龙湾区工业围绕“国家级高新区”“省级特色小镇”和“省级小微企业园”，在瑶溪街道，重点打造电气、泵阀、汽摩配、鞋服、机械装备、数字经济、产业。从农业看，龙湾区农业主要聚集在永兴街道，围绕“省级现代农业园区”，重点打造“稻渔综合种养”的特色农业园区。从服务业看，龙湾区服务业依托“温州市龙湾区数字经济创新发展区”，在状蒲片区发展信息技术服务和数字贸易产业。

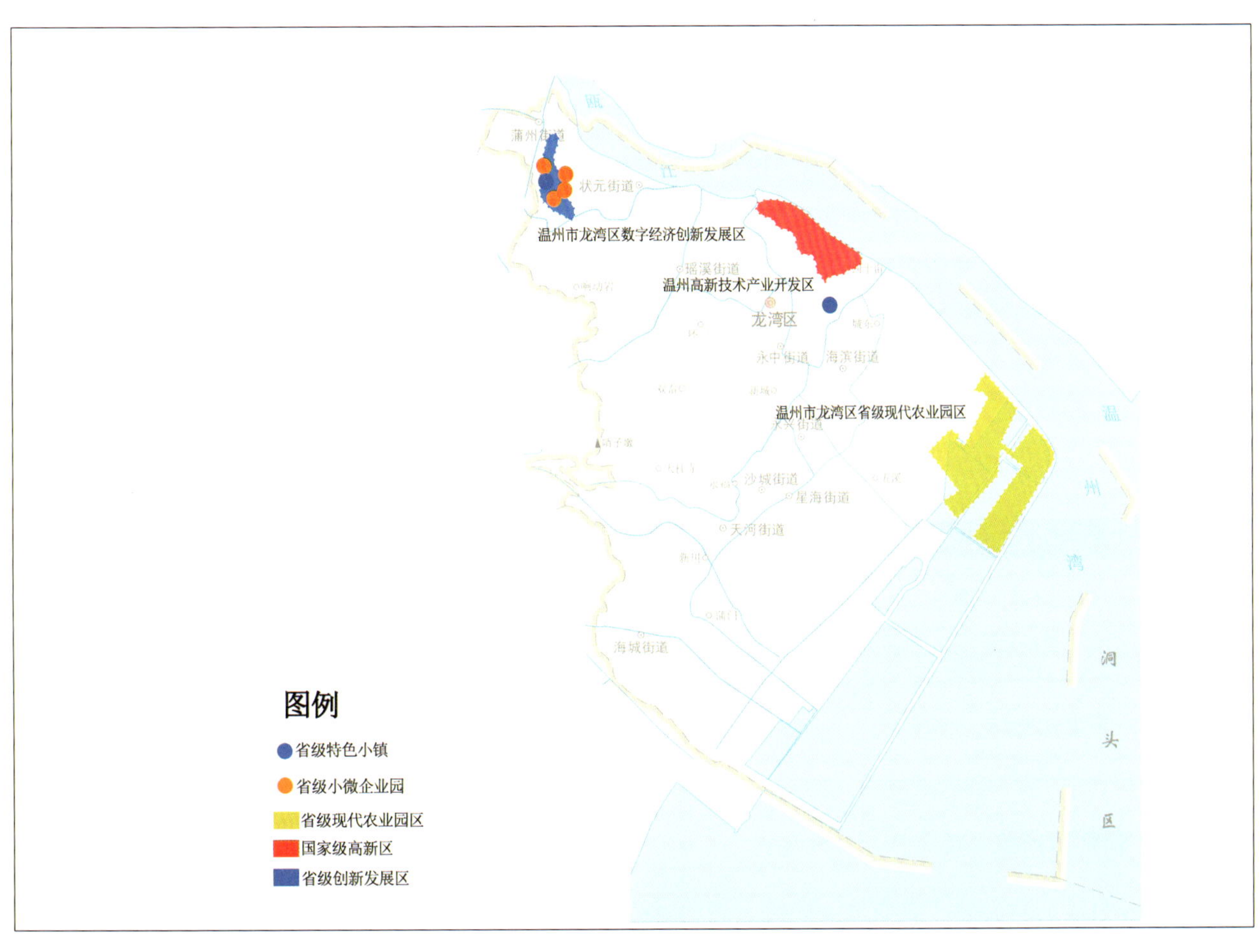

图 1　龙湾区重点产业平台布局

二、重点产业

（一）智能阀门装备产业

2022 年，龙湾区智能阀门装备产业实现规上工业总产值 78.58 亿元。当地智能阀门装备产业的龙头企业见表 2。从产业链角度看，该产业的相关企业主要集中在中游的工业阀门制造。下一步，龙湾区将重点发展能源和高新科技领域泵阀产品，打造国际泵阀产业生产基地、采购基地和研发基地。力争到 2025 年，智能阀门装备产业规上工业总产值达 100 亿元。

表2　龙湾区智能阀门装备产业龙头企业简介

行业	企业类型	公司名称	主营业务
阀门加工制造	上市公司	五洲阀门股份有限公司	闸阀、截止阀、止回阀、球阀、蝶阀、核控制阀和石油设备产品
	专精特新“小巨人”	吉泰阀门集团有限公司	高温高压闸阀
		江南阀门有限公司	超音速风洞调压阀、核电再热双阀组、阀门和旋塞研发
		良工阀门集团有限公司	燃气供暖阀门、高中压阀门、电站阀门、水泵、管道成套设备
		精工阀门集团有限公司	球阀、蝶、闸阀、截止阀、止回阀、特殊阀
		维都利阀门有限公司	钛、镍、铬及哈氏合金等特材阀门

（二）时尚鞋服产业

2022 年，龙湾区时尚服鞋产业实现规上工业总产值 37.73 亿元，制鞋产业规上企业 39 家，服装产业规上服装企业 18 家。当地时尚鞋服产业的相关龙头企业见表 3，主要分布在服装和鞋行业。从产业链角度看，服装产业的龙头企业主要集中在中游的服装（西服等）生产制造领域；制鞋产业的龙头企业主要集中在上游的原材料（鞋底）和中游的皮鞋生产制造领域。下一步，龙湾区将培育国家级鞋业时尚智造产业集群。在制鞋产业上，龙湾区将重点发展舒适、功能专用的皮鞋、休闲鞋及保健鞋等一批中高端特色产品，巩固提升“中国鞋都女鞋基地”品牌。在服装产业上，龙湾区将重点发展品牌男装，做精做专职业男装、时尚夹克等产品领域。

表3　龙湾区时尚服鞋产业龙头企业简介

行业	企业类型	公司名称	主营业务
男装	规上百强（市级）	浙江乔顿服饰股份有限公司	高档男装、ODM、外贸加工以及面料贸易
		夏梦·意杰服饰有限公司	高档男式西服套装及系列男装
女鞋	规上百强（市级）	浙江卓诗尼控股有限公司	鞋、箱包、服装服饰、皮革制品、皮革护理品
		金帝集团股份有限公司	中高端运动鞋品类
鞋材	国家级高新技术企业（省内百强）	温州市宜和鞋材有限公司	时尚、舒适、环保等高中档男女组合鞋底、真皮大底、橡胶休闲鞋底、橡塑发泡、一次成型 MD 大底

（三）新能源产业

龙湾区引进的新能源产业项目（在建）达产后产值可达 1430 亿元。当地相关重点产业项目见表 4，主要分布在储能电池行业。储能电池行业的重点项目覆盖从矿产资源开采到电池应用的全产业链，具体包括上游的原材料研发、中游的电池制造及系统集成安装以及下游的应用。下一步，龙湾区将以培育新能源材料与装备“万亩千亿”新产业平台为契机，构建现代能源产业体系，全力打造具有全国影响力的新能源材料与装备生产制造基地。

表4 龙湾区新能源产业重点项目简介

项目名称	投资额/亿元	达产期/年	预计产值/亿元	主营业务
瑞浦能源动力与储能锂离子电池及系统项目	超300	2027	130	主要从事动力与储能锂离子电池单体到系统应用的研发、生产、销售，专注于为新能源汽车动力及智慧电力储能提供优质解决方案
温州锂电池新材料产业基地项目	191		800	以高冰镍为原料最终制备成高镍三元正极材料，实现从原材料到钾电池正极材料的制作
麦田能源温州总部产研基地扩产50GW项目	超100		500	主要从事逆变器、锂电池系统与储能系统的开发与生产

（四）数字经济核心制造产业

龙湾区引进的数字经济核心制造产业项目（在建）达产后产值可达128亿元。相关重点产业项目见表5，主要分布在5G单体制造行业和软件与信息技术服务行业。从产业链角度看，5G单体制造行业的重点项目主要集中在中游的建设与运维；软件行业的重点项目主要集中在中游的系统咨询及试用日常运维、售后服务等方面。下一步，龙湾区将聚焦软件和信息服务业、元器件及材料等基础产业的价值链升级，积极发展5G、物联网、工业互联网等新一代信息技术。同时，依托国际云软件谷优势，培育形成有影响力的数字经济产业。力争到2025年，数字经济核心制造产业总产值达45亿元。

表5 龙湾区数字经济核心制造产业重点项目简介

项目名称	投资额/亿元	达产期/年	预计产值/亿元	主营业务
大唐5G全球创新中心中国长三角区域中心项目	52	2021	28—32	建设5G微基站长三角智能制造中心、5G云制造全国创新总部、5G微基站长三角运营总部和5G创新应用研究院等四大载体
DXC Technology龙湾国际云软件生态平台	102		100	创建以AI技术为驱动的云测平台，培育壮大软件服务，实现全链条式的多种软件服务闭环交付
北斗产业基地项目——斯普朗达24G和77G毫米波雷达及激光显示产业化项目	1		—	从事4G、77G毫米波雷达和1激光产业化生产
北斗产业基地项目——艾森斯科技新型半导体材料项目	2		—	开发生产新型半导体材料

（五）智能装备产业

龙湾区引进的智能装备产业项目（在建）达产后产值可达58亿元。全区智能装备产业主要分布在精密成型装备和轻工成套装备领域。相关龙头企业以及重点产业项目见表6和表7。从产业链角度看，精密成型装备企业主要集中在中游的激光产品制造；轻工成套装备企业主要集中在中游的设备制造。下一步，龙湾区将聚焦激光、光电能源、半导体照明、光通信等四大领域，搭建产学研协同创新联盟，推动智能装备向集成化、智能化的高端产品转型，形成全国领先、全球有影响力的激光与光电产业集群。力争到2025年，智能装备产业规上工业总产值达75亿元。

表6　龙湾区智能装备产业龙头企业简介

<table>
<tr><th>行业</th><th>企业类型</th><th>公司名称</th><th>主营业务</th></tr>
<tr><td rowspan="3">激光与光电激光精密成型装备</td><td rowspan="3">专精特新“小巨人”</td><td>浙江嘉泰激光科技股份有限公司</td><td>数控光纤激光切割机、三维激光切割机、专用激光切管机、管板一体激光切割机等中高端激光设备，定制智能化激光装备产品</td></tr>
<tr><td>奔腾激光（浙江）股份有限公司</td><td>高端大功率激光切割设备与工艺、大中小型激光切管设备、大型龙门三维激光切割和焊接设备、激光下料自动化生产线、控制系统、激光切割焊接头</td></tr>
<tr><td>恒丰泰精密机械股份有限公司</td><td>光热、光伏跟踪系统回转减速器，精密回转传动装置</td></tr>
<tr><td rowspan="8">轻工成套装备</td><td rowspan="2">上市公司</td><td>浙江伟明环保股份有限公司</td><td>生活垃圾处理设备、污泥干化设备、餐厨垃圾处理设备、污水处理设备</td></tr>
<tr><td>浙江亚光科技股份有限公司</td><td>制药装备和节能环保设备</td></tr>
<tr><td rowspan="4">专精特新“小巨人”</td><td>浙江晨泰科技股份有限公司</td><td>智能电表、电能计量箱、充电桩</td></tr>
<tr><td>浙江永安工程机械有限公司</td><td>液压振动锤、液压冲击锤、电动振动锤</td></tr>
<tr><td>浙江天联机械有限公司</td><td>原料药/医药中间体装备、锂电新能源装备，中药提取精制系统、口服液配制系统、生物发酵系统、食品配料及添加剂系统、DCS自控系统</td></tr>
<tr><td>浙江小伦制药机械有限公司</td><td>高效包衣机系列、混合机系列、粉碎整粒机系列、物料输送机系列等设备</td></tr>
<tr><td rowspan="2">国家级高新技术企业（省内百强）</td><td>温兄控股集团股份有限公司</td><td>制药机械、乳食品机械、化工机械、新能源装备、卫生级泵阀流体设备</td></tr>
<tr><td>圣邦集团有限公司</td><td>工程机械液压元件及注塑机设计研发</td></tr>
</table>

表7　龙湾区智能装备产业重点项目简介

项目名称	投资额/亿元	达产期/年	预计产值/亿元	主营业务
多弗温州通用航空项目	116	2025	50	飞机整机整装和交易，飞行汽车制造与销售，无人机制造和销售，通用飞机及飞行汽车零配件生产
伟明高端环保产业园项目	5		8	大型生活垃圾焚烧设备研发

三、科技创新概况

2022年，全区R&D经费占地区生产总值比重为3.88%，全省排名第8；全区拥有高新技术企业632家，高新技术产业增加值占工业增加值比重达75.33%；全区规上工业企业R&D经费支出占营业收入比重达1.91%，全省排名第35。

（一）区域创新资源布局

龙湾区创新平台主要集中在智能阀门装备产业和生命健康产业。2022年，全区拥有省级新型研发机构1家，省级企业研究院10家，国家级孵化器1家。创新平台主要分布在状蒲片区和永兴街道（见图2）。

图 2　龙湾区创新平台布局

（二）产业专利分析

龙湾区的专利优势主要集中在工程零件制造（阀门、龙头、旋塞）、蒸发等领域。2022 年，龙湾区有效发明专利共 3445 件，前十大专利技术领域见图 3。根据申请人分析，温州泓呈祥科技（废水处理系统、连接装置、化合物提取制备）、中广核俊尔新材料（聚丙烯、聚碳酸酯等复合材料制备）、温州智信机电科技（激光焊接、精密铸造设备生产）等申请人的专利数量居前。

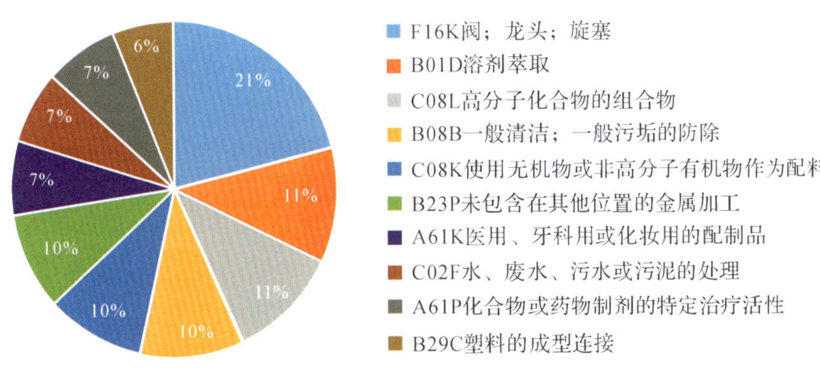

图 3　龙湾区专利技术领域分布

四、龙湾区未来展望

从产业发展看，龙湾区着力构建阀门、特殊钢、鞋业、服装、制笔五大传统特色产业链，大力培育数字经济、智能装备、生命健康、新能源四大新兴产业，培育千亿级新能源产业集群。从科技创新看，龙湾区规上工业企业研发投入占比及全区 R&D 经费占地区生产总值比重全省排名靠前，科技创新资源丰富。龙湾区将围绕科思技术研究院、光子集成创新研究院、温州大学激光与光电智能制造研究院等科创平台，创建省级、国家级创业孵化载体。

瓯海区产业链创新链全景分析报告

温州瓯海区位于浙江省东南部，总面积466平方千米，下辖12个街道、1个镇。2023年，全区户籍人口为48.33万人，常住人口为100.2万人。地区生产总值为873.49亿元，全省排名第38，全市排名第5。瓯海区是全国综合实力百强区、全国科技创新百强区、中国科技工作先进区、中国营商环境百佳示范县。特色轻工业基础扎实，是“中国锁都”、中国眼镜生产基地、国家级外贸转型升级专业型示范基地、浙江省新型包装产业基地，也是“中国瓯柑之乡”“中国杨梅之乡”。瓯海区的中国（温州）数安港开创了数据资源法庭、数据资源仲裁院、数据资源公证服务中心“三个全国先河”。

一、瓯海区产业概况

（一）产业结构

从地区生产总值构成看，2023年，瓯海区第一产业增加值为7.27亿元，第二产业增加值为340.13亿元，第三产业增加值为526.09亿元，三次产业增加值结构调整为0.8 ∶ 38.9 ∶ 60.2。

从农业看，瓯海区以花卉、瓯柑、杨梅等产业为主导。2023年，全区农林牧渔业总产值为11.25亿元，其中花卉产业全产业链产值10.13亿元；瓯海区作为“中国瓯柑之乡”，瓯柑被第十一届亚运会列为指定水果，瓯柑产值1.2亿元；瓯海区作为“中国杨梅之乡”，茶山丁岙是杨梅原产地，杨梅产值约0.6亿元。

从工业看，瓯海区以现代时尚、电气机械、汽摩配和智能锁等产业为主导。2023年，瓯海区实现规上工业总产值693.58亿元，有规上工业企业803家。2022年瓯海区产业主要分布见表1。未来，瓯海区将以数字经济为引领，推动产业数字化、产业链现代化，加快打造瓯海区“8（服装、鞋革、汽摩配、电气机械、眼镜、智能锁、包装、食品加工）+3（互联网+、生命健康、新材料）”智能制造体系，联动打造智能制造强区和百亿汽车产业带。力争到2025年，瓯海区实现“千亿元规上产值”目标。

表1　瓯海区特色工业简介

名称	规上工业产值 / 亿元	占全区规上工业总产值比重 /%	备注
现代时尚	近300.00	近50.00	服装规上工业产值近200亿元，鞋革规上工业产值89亿元，眼镜规上工业产值34.16亿元
眼镜产业	约50.00	约7.88	

续表

名称	规上工业产值 / 亿元	占全区规上工业总产值比重 /%	备注
电气机械	超 50.00	超 7.88	
汽摩配	—	—	总产值约 150 亿元
智能锁	超 30.00	超 4.73	总产值约 80 亿元
包装	—	—	总产值超 30 亿元
生命健康	—	—	项目总投资 50 亿元，预计项目建成后第三年产值可达 20 亿元

从服务业看，瓯海区以文旅产业为主导。2022 年，瓯海区实现规上服务业总营收 83.37 亿元，旅游业总营收 80.5 亿元。下一步，瓯海区将推动一、二、三产业深度融合，发展生产性服务业、农产品现代物流业和都市休闲农业。

（二）中东部集聚的产业空间布局

图 1 展示了瓯海区重点产业平台布局。从工业看，瓯海区依托“浙江瓯海经济开发区”“瓯海生命健康高新技术产业园区”“省级特色小镇”“省级小微企业园”在瞿溪街道和南白象街道，发展生命健康、现代时尚、智能锁和电气机械产业，少部分涉及高端装备制造和数字经济产业。从服务业看，瓯海区服务业在西部的“泽雅风景区”和南白象街道“温州乐园”，重点打造旅游业；在中部的“温州市瓯海区生命健康服务创新发展区”和“温州市瓯海区现代商贸创新发展区”，重点打造医疗健康和现代商务产业（现代金融、楼宇经济和会展经济）。

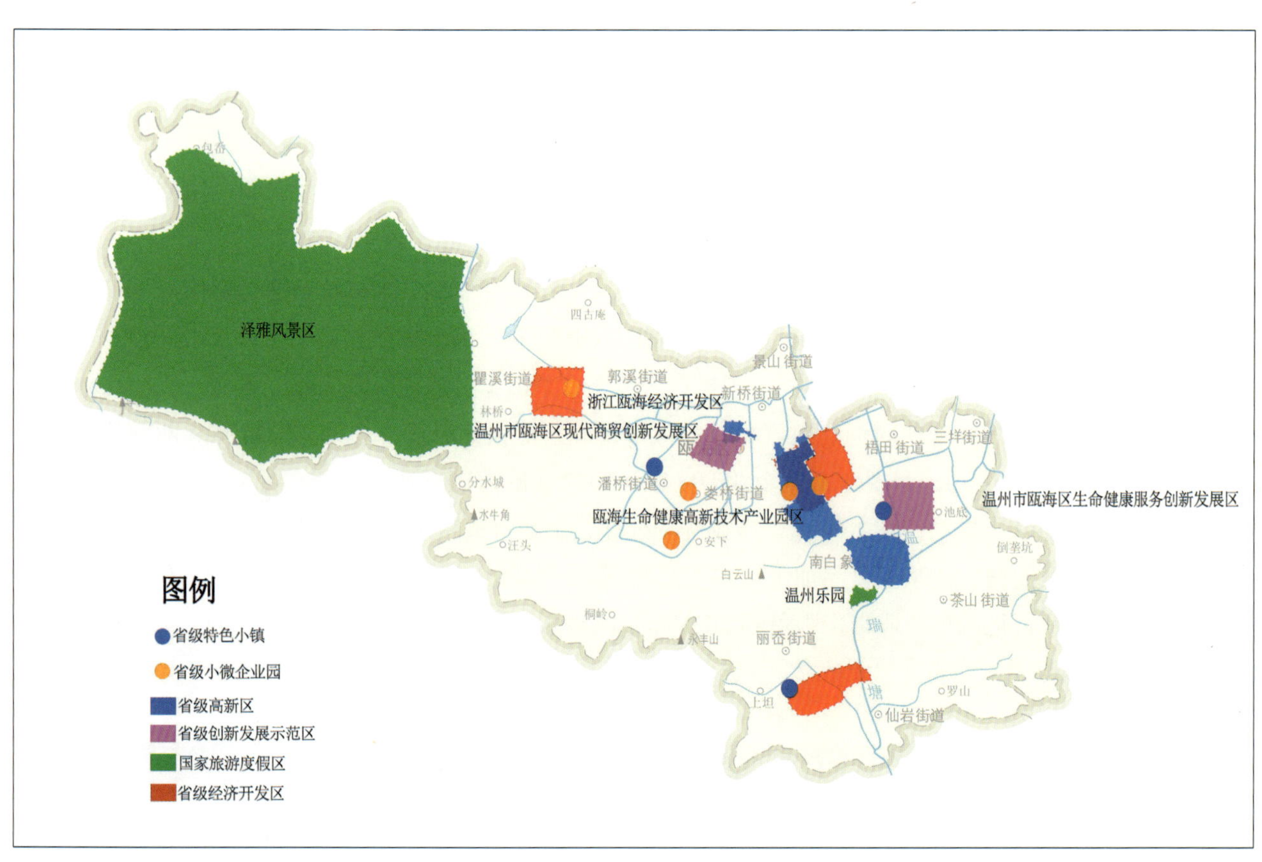

图 1　瓯海区重点产业平台布局

二、重点产业

（一）现代时尚产业（服装、鞋革、眼镜）

瓯海区被誉为“中国鞋都”“中国眼镜之都”。2022年，瓯海区现代时尚产业规上工业总产值约300亿元，企业约有3500家。瓯海区现代时尚产业的龙头企业见表2，主要分布在服装、鞋革和眼镜行业。从产业链角度看，服装企业主要集中在上游的纺织机械制造，中游的服装生产；鞋革企业主要集中在上游的制鞋机械生产，中游的鞋革制造；眼镜企业主要集中在上游的原材料、视力检测设备制造，中游的眼镜及配件制造加工，下游的眼镜、光学仪器销售以及验光服务。

下一步，瓯海区将围绕打造“瓯海服装”区域品牌，探索定制化发展模式，增强新一代信息技术与鞋革制造业融合应用，打造智能制造项目和数字化车间；着力做好“瓯海眼镜品牌区”，加快形成覆盖眼镜制造、配件、高端电镀、眼视光检测等全产业链集群。力争到2025年，瓯海区服装产业产值达320亿元，鞋革产业产值达220亿元，眼镜产业产值达130亿元。

表2　瓯海区现代时尚产业龙头企业简介

行业	企业类型	公司名称	主营业务
服装	规上百强（市级）	森马集团有限公司	休闲服饰、童装
	专精特新“小巨人”	浙江朝隆纺织机械有限公司	聚丙烯、涤纶、双组份等纺粘非织造生产线
		温州市大荣纺织仪器有限公司	物理性能的纺织品检测仪器
	地方重点企业	浙江锦峰纺织机械有限公司	纺纱梳理器材
		温州市瓯海瞿溪棵棵树少年服饰店	少年服饰
		温州雪歌服饰有限公司	优雅女装、职业女性商务装
		温州市豹子头制衣有限公司	服装、针纺织品
		温州市赛诺服饰有限公司	现代化服装
		温州市欧吉佳服饰有限公司	服装、面料纺织、针纺织品等
		温州羽茉服饰有限公司	时尚孕妇装
		温州市瓯海尔纳制衣有限公司	服装、针织品
		温州圣玛丹奴制衣有限公司	男士商务正装、休闲装
		浙江迪亚服饰有限公司	时尚潮流女装
		温州佳韵服饰有限公司	牛仔裤
		浙江杰茜莱服饰集团有限公司	个人行李、连身服装、内衣
鞋革	地方重点企业	温州市朝华鞋革设备厂	制革机械
		温州大自然皮业有限公司	纳帕皮、轻修皮、修面皮、沙发皮、油蜡皮、磨砂皮
		温州市大顺机械制造有限公司	制鞋设备、前帮机、后帮机、钉跟机、带刀片皮机
		温州富成机械有限公司	橡胶注射成型机
		温州邦达鞋机制造有限公司	带刀片皮机、牙刷绣铲皮机、上胶折边机、气眼机、鞋眼机
		温州志光制鞋机械有限公司	鞋底注射成型机、鞋底片自动流水线
		浙江南龙皮业有限公司	皮革、毛皮、羽毛
		浙江鑫彩鸿鞋业股份有限公司	中、高档安全鞋
		浙江致远皮业有限公司	皮革
		温州欧盛鞋业股份有限公司	中高档各式女鞋
		浙江荣威鞋业有限公司	男鞋、女鞋
		温州华得利鞋业有限公司	胶鞋、注塑鞋、皮鞋、特种劳动防护鞋
		浙江中秋鞋业有限公司	单鞋、棉鞋、凉鞋、拖鞋

续表

行业	企业类型	公司名称	主营业务
鞋革	地方重点企业	浙江三益鞋业有限公司	鞋、鞋半成品、鞋配件
		温州市润隆德实业有限公司	布鞋、胶鞋、注塑鞋、皮鞋
眼镜	地方重点企业	温州市中民眼镜有限公司、温州市伊久亮光学有限公司	眼镜（不含隐形眼镜）、眼镜配件
		温州市正大眼镜有限公司	眼镜、可穿戴智能设备
		温州海豚光学有限公司	眼镜（不含隐形眼镜）及配件、眼镜架、眼镜片
		温州圣蓝工贸有限公司	眼镜（不含隐形眼镜）、医护人员防护用品
		浙江泰德光学有限公司	眼镜、眼镜配件、眼镜检测设备
		温州市朗盛光学有限公司	眼镜、光学仪器、可穿戴智能设备、光学玻璃

（二）眼镜产业

瓯海区是“世界十大眼镜品牌”的主要供货地区。2022年，瓯海区眼镜产业规上工业总产值约50亿元。瓯海区眼镜产业的龙头企业见表3。从产业链角度看，该产业的相关龙头企业主要集中在中游的眼镜制造。下一步，瓯海区将实施“眼镜之都”战略，加快形成覆盖眼镜制造、配件、高端电镀、眼视光检测等全产业链集群。建立“瓯海眼镜”集体商标运营服务体系，发展“瓯海眼镜+企业商标”集体商标模式，扩大“瓯海眼镜”和“中国（瓯海）眼镜小镇”影响力。

表3　瓯海区眼镜产业龙头企业简介

行业	企业类型	公司名称	主营业务
眼镜	地方重点企业	浙江通达光学有限公司、浙江亨达光学有限公司、浙江泰德光学有限公司、温州市八达光学有限公司、温州市正大眼镜有限公司、温州市冠豪眼镜有限公司、温州市朗盛光学有限公司等	眼镜及眼镜配件

（三）电气机械产业

2022年，瓯海区电气机械产业规上工业总产值约50亿元，企业有37家。瓯海区电气机械产业的龙头企业见表4。从产业链角度看，该产业的相关龙头企业主要集中在上游的电接触材料制造，中游的电子元器件生产。下一步，瓯海区将以精品化、时尚化、智能化、专业化为重点，推动电气、电子设备等制造企业向系统集成和整体解决方案提供商转型，培育一批智能制造大型骨干企业。力争到2025年，电气机械产业产值达80亿元。

表4　瓯海区电气机械产业龙头企业简介

行业	企业类型	公司名称	主营业务
电气	新三板	温州聚星科技股份有限公司	电触头和电接触元件
		浙江聚创智能科技股份有限公司	智能控制器、智能电源、变频器、LED灯电源驱动器、新型墙壁开关、生产检测设备
	专精特新“小巨人”	浙江电力变压器有限公司	电力变压器、调压器、稳压器、电抗器
		兴机电器集团有限公司	高低压电器元件、成套装置附件
	地方重点企业	温州市聚溢电子科技股份有限公司	印制电路板
		浙江展邦电子科技有限公司	线路板、双层及多层电路板

（四）汽摩配产业

2022年，瓯海区汽摩配产业总产值超120亿元，企业有500多家。瓯海区汽摩配产业的龙头企业见表5。从产业链角度看，该产业的相关龙头企业主要分布在上游的原材料和电子元器件生产，中游的电源系统、发动机系统、传动系统、转向系统、行驶系统、汽车电子和车身附件制造。下一步，瓯海区将以高端化、模块化、信息化、全球化为重点方向，实施汽车零部件“智能+”战略，推动企业产品改造提升。积极推动和引导企业对接智能网联汽车、氢能源领域标杆企业。衔接省全球先进新能源产业集群发展目标，优化提升产业布局，创新发展汽车电子及新能源汽车关键零部件等产品。力争到2025年，汽摩配产业产值达200亿元。

表5　瓯海区汽摩配产业龙头企业简介

行业 / 领域	企业类型	公司名称	主营业务
汽摩配	上市公司	温州市冠盛汽车零部件集团股份有限公司	等速万向节、传动轴总成、轮毂单元、橡胶件、转向和悬挂件
	新三板	温州源大创业服务股份有限公司	金属材料、通信设备、汽车零部件
		浙江硕而博科技股份有限公司	太阳能收音机、太阳能MP3、太阳能MP4
		温州聚星科技股份有限公司	电接触材料
	地方重点企业	温州市建威汽摩配厂	汽摩配、五金、工具、标准件
		温州君业汽摩配件有限公司	汽摩零部件及配件
		温州盛世机车业有限公司	摩托车、电动车通用机械组合开关、转刹把产品
		温州奥泰克汽车电器有限公司	节温器、温度传感器、油压报警器、爆震传感器、ABS传感器
		温州市瓯开电器有限公司	点火开关、转向开关、组合开关
		温州市瓯海利华汽车电器有限公司	汽车电器、摩托车配件、标准件
	专精特新“小巨人”	兴机电器集团有限公司	高低压电器元件、成套装置附件

（五）智能锁产业

瓯海区被誉为“中国锁都”。2022年，瓯海区智能锁产业集群产值约80亿元，其中42家规上企业产值30.16亿元。当地该产业的龙头企业见表6，从产业链角度看，智能锁产业的龙头企业主要分布在上游的五金件、电子通信元件制造和数字安防产品研发，中游的智能锁具和智能安防产品制造。下一步，瓯海区将以智能化为重点方向，大力实施智能锁产品研发设计与技术创新战略，加大自动化装备应用，推进关键核心技术研发。延伸拓展智能锁产业链，推进本地电子安防产业培育及布局，建设全球数字安防产业浙南特色分中心。力争到2025年，智能锁产业产值达到100亿元。

表6　瓯海区智能锁产业龙头企业简介

行业	企业类型	公司名称	主营业务
智能锁	新三板	帝杰曼科技股份有限公司	数字安防产品、物联网科技产品、人工智能科技产品
	地方重点企业	浙江凯迪仕智能科技有限公司	人工智能应用软件开发、人工智能行业应用系统集成服务
		温州市瓯芯智能科技有限责任公司	指纹识别类产品、智能锁具
		温州市中意锁具电器有限公司	门锁、电器配件

（六）包装产业

2022年，瓯海区包装产业总产值约30亿元，企业约有200家，其中规上企业24家。瓯海区包装产业的龙头企业见表7。从产业链角度看，该产业的相关龙头企业主要集中在上游的包装机械、互联网包装平台及系统研发生产，中游的纸质包装品制造。下一步，瓯海区将以绿色化、节约化、定制化为重点方向，鼓励包装企业开发新材料和新工艺，推广绿色、安全、智能包装等技术产品。瓯海区包装产业将依托温州市智能包装装备制造业创新中心，突破包装装备领域关键性技术，发展网络化、智能化、柔性化成套包装装备，提升行业研发创新能力，力争到2025年达到预期目标。

表7　瓯海区包装产业龙头企业简介

行业	企业类型	公司名称	主营业务
包装机械	专精特新“小巨人”	华联机械集团有限公司	智能化后道包装系统
		浙江鼎业机械设备有限公司	封箱机、开箱机、封切机、收缩机、快递打包机、袖口包装机、捆扎机
	地方重点企业	温州市瓯海鹿达包装机械厂	自动化包装流水线
		温州市友田包装机械有限公司	糊盒机
		浙江东经科技股份有限公司	瓦楞纸包装互联网平台
		浙江宏印包装有限公司	彩印、瓦楞纸箱
		浙江三泼包装有限公司	瓦楞纸板、瓦楞纸箱、彩印
		浙江蓝图包装有限公司	纸制包装、瓦楞盒、展示架、PVC、PET、PPE
		温州市鼎力包装机械制造有限公司	全自动包装机、全自动杯食灌装封盖机、真空包装机、收缩包装机、连续式封口机
		浙江永耀机械科技有限公司	瓷砖全自动检测装箱流水线
		南捷企业浙江股份有限公司	包装装潢、印刷品印刷

（七）生命健康产业

瓯海区引进的中国基因药谷项目（在建）目前已入驻约100家企业，2022年药谷生命健康产业总营收约102.3亿元。生命健康产业的相关龙头企业和重大产业项目见表8和表9，主要分布在生物医药和医疗器械与健康装备行业。从产业链角度看，该产业的相关龙头企业主要集中在上游的医学研究和试验，中游的中药、化学药和生物药制造。下一步，瓯海区将依托温州医科大学等资源优势，着力推进东南沿海健康产业基地建设，加强生物医药、高端医疗器械等研发，加快推进生命健康小镇、君康健康产业中心、基因药谷等项目建设，健全“医疗＋康复＋养老”三位一体模式，打造区域医疗康养中心区。力争到2025年，生命健康产业的营收达150亿元。

表8　瓯海区生命健康产业龙头企业简介

企业类型	公司名称	主营业务
地方重点企业	浙江海派医药有限公司	中药材、抗生素、化学药制剂、生物制品、中成药、化学原料药、中药饮片、生化药品、麻黄碱复方制剂、医疗用毒性药品、医疗器械、保健食品
	温州华盟医药科技有限公司	医学研究和试验发展

表9　瓯海区生命健康产业重点项目简介

项目名称	投资额 / 亿元	主营业务
中国基因药谷	150	重组蛋白药物、抗体药物、高端生物制剂研发生产基地

三、科技创新概况

2022 年，全区 R&D 经费占地区生产总值比重为 3.68%，全省排名第 14；全区拥有高新技术企业 352 家，高新技术产业增加值占工业增加值比重为 51.53%，全省排名第 78；全区规上企业 R&D 占营业收入比重为 2.82%，全省排名第 5。

（一）区域创新资源布局

瓯海区创新平台主要集中在现代时尚、电气机械和汽摩配产业，获批全国首个生长因子国家工程研究中心。2022 年，全区拥有省级新型研发机构 2 家，省级重点实验室 14 家，省级重点农业企业研究院 1 家，省级企业研究院 16 家，省级高新技术企业研发中心 47 家，国家级孵化器 1 家，省级创新服务综合体 1 家。创新平台主要集聚在娄桥街道、新桥街道和梧田街道（见图 2）。

图 2　瓯海区创新平台布局

（二）产业专利分析

瓯海区的专利优势主要集中在医药配制品、机床、金属加工和仪器等产业领域。2022 年，瓯海区有效发明专利共 7834 件，前十大专利技术领域（小类）见图 3。根据申请人分析，温州博旺联科建筑工程（围栏构筑）、德施普科技发展（机械阀、密封圈）、浙江鼎业机械设备（包装机械）、浙江百特电器（切割电器）等申请人的专利数量位居前列。

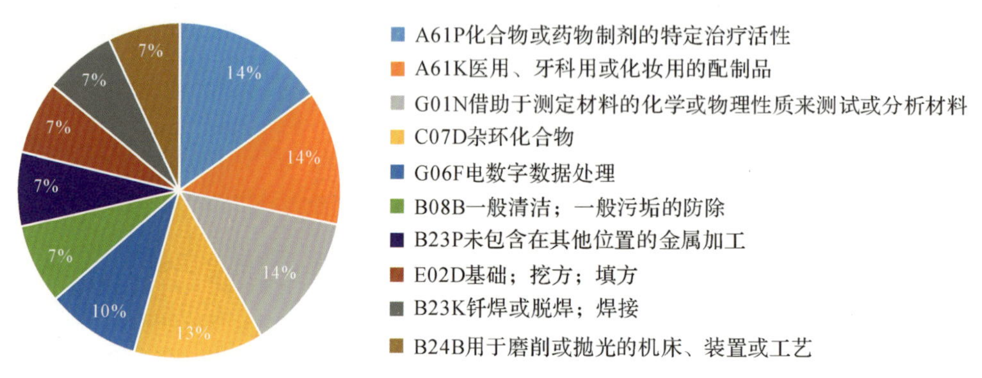

图 3　瓯海区专利技术领域分布

四、瓯海区未来展望

从产业发展看，瓯海区加快构建服装、鞋革、汽摩配、电气机械、眼镜、智能锁、包装、食品加工八个传统优势产业和互联网 +、生命健康、新材料三个新兴产业，争创创新产业集聚高地和全国数据要素综合试验示范区。从科技创新看，全区 R&D 经费占地区生产总值比重、高新技术产业增加值占比处于全省中下游，创新主体间缺乏协同联动（高校成为最主要的创新主体），缺少科技龙头企业。瓯海区将推进科创孵化体系建设，建立技术产权融资储备库，推动“科创指数”融资模式持续拓展；加快知识产权维权保护中心建设，争创国家知识产权强县建设试点示范区。

洞头区产业链创新链全景分析报告

温州洞头区位于浙江南部沿海地区，陆地面积153.3平方千米，海域面积2708.7平方千米，下辖6个街道、1个镇、1个乡。2023年，全区户籍人口为15.32万人，常住人口为15.8万人。地区生产总值为150.04亿元（含瓯江口区域），全省排名第84，全市排名第11。洞头区是“中国七夕文化之乡”“中国紫菜之乡”“中国羊栖菜之乡”“中国生态大黄鱼之乡”“国家级海洋经济发展示范区”“国家级渔业健康养殖示范区”“国家级海洋牧场示范区”，获评第二批“绿水青山就是金山银山”实践创新基地。

一、洞头区产业概况

（一）产业结构

从地区生产总值构成看，2023年，洞头区第一产业增加值为8.65亿元、第二产业增加值为51.35亿元、第三产业增加值为90.04亿元，三次产业增加值结构调整为5.8 ： 34.2 ： 60.0。

从农业看，洞头区以海洋养殖（“两菜一鱼”）为主导。2023年，全区农林牧渔总产值为18.51亿元（海洋渔业占97%）。渔业产值为17.99亿元（其中，紫菜3.17亿元、羊栖菜1.75亿元，大黄鱼超2亿元），“两菜一鱼”渔农特色产业全部获得国字号金名片，“洞头紫菜”注册为国家地理标志证明商标。下一步，洞头区将重点打造渔旅融合平台，发展海洋养殖、滨海旅游服务和渔家体验项目，推动特色渔业与旅游产业融合发展。

从工业看，洞头区以医药化工（含海洋生物医药）为主导。2023年，全区规上工业企业65家，实现规上工业总产值164.63亿元。2022年洞头区产业主要分布见表1。下一步，洞头区将聚焦医药化工、建材工业、机械汽配、电子电器、水产品加工五大传统产业，加快瓯洞一体化进程，积极融入甬台温临港产业带；培育海洋生物医药、海洋能源两大新兴产业，最终构建“传统＋新兴”的现代工业体系。

表1　洞头区工业主导产业简介

名称	规上工业产值 / 亿元	占全区规上工业总产值比重 /%
医药化工（含海洋生物医药）	28.61	15.59
建材工业	12.76	6.95
智能高端制造（机械汽配、电子电器）	10.70（机械汽配8.51，电子电器2.19）	5.81

从服务业看，洞头区服务业以海运、海岛旅游为主。全区海运总运力持续 11 年居全市第一，2022 年，全区旅游总收入 34.6 亿元。下一步，洞头区将重点加快港口建设，整合岛内旅游资源，着力塑造“蓝海非遗、红色海霞、两岸半屏山”文旅品牌，创建国际旅游岛。

（二）“两核聚集”的产业空间布局

图 1 展示了洞头区重点产业平台布局。从工业看，洞头区工业聚集在中部北岙街道，围绕“省级小微企业园”，重点发展电子电器、医药化工、新能源等产业。从农业看，洞头区农业依托“洞头海洋食品产业园”，在中部（霓屿街道）重点打造紫菜生产、加工、物流全产业链。从服务业看，洞头区服务业依托西部（昆鹏街道）的“温州综合保税区”，中部（东屏街道）的“洞头同心旅游小镇”“洞头 4A 级景区”，重点发展物流、跨境电商与主题旅游等产业。

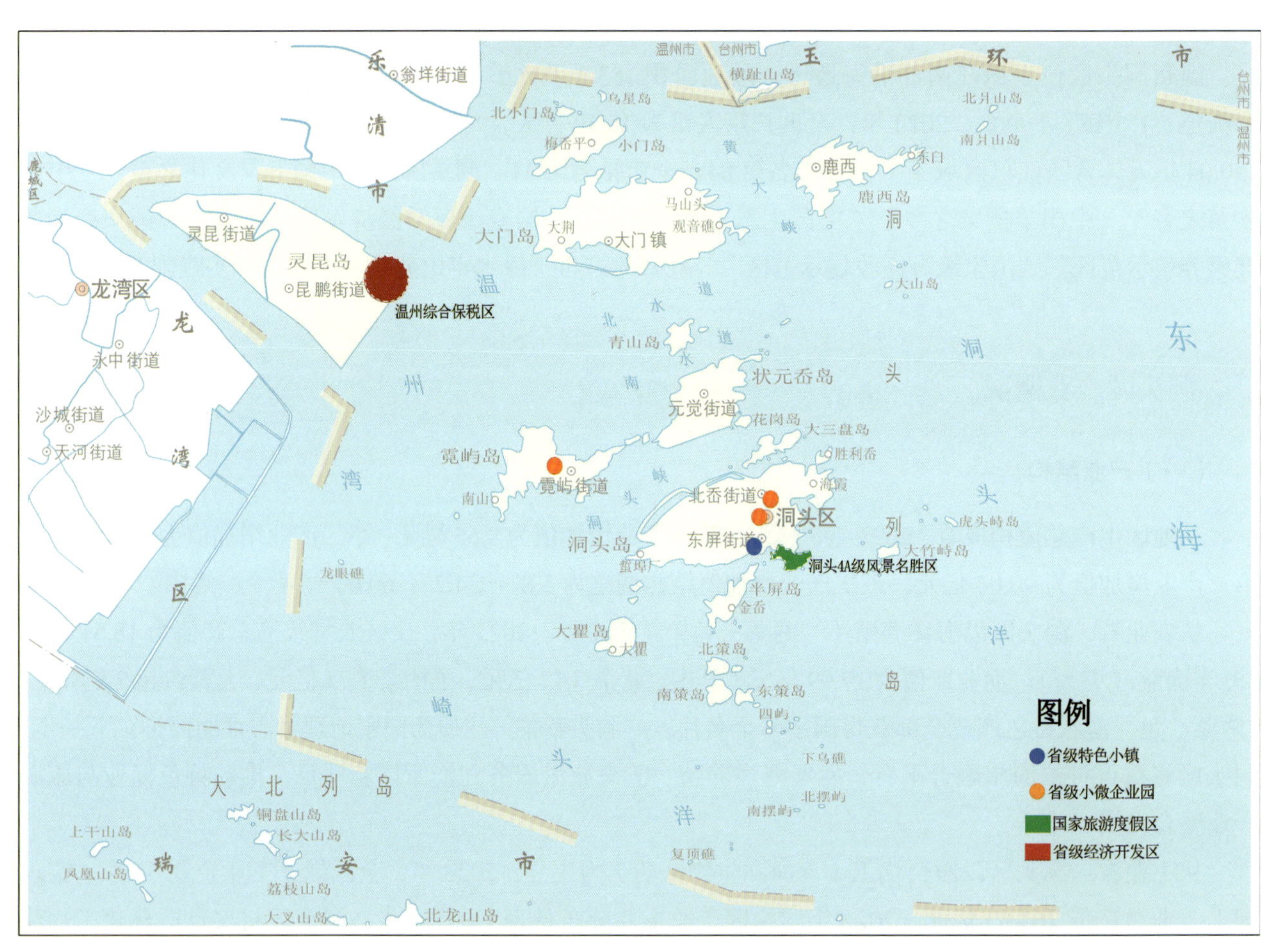

图 1　洞头区重点产业平台布局

二、重点产业

（一）医药化工（含海洋生物医药）产业

2022 年，洞头区实现医药化工产业规上工业产值 28.61 亿元，洞头区医药化工产业主要集中在石油化工和生物医药行业。洞头区医药化工产业的龙头企业见表 2。从产业链角度看，石油化工企业主要集中在产业链上游的原料开发、运输储存，中游的成品油加工炼制以及各类中间体开发；生物医药企业主要集中在上游的原料药和生物提取物生产。下一步，洞头区将依托大小石化产业基地，加强与北京燃气、浙江省石油等企业的合作，对燃料油进行深加工，重点推动燃料油加工向绿色智能化发展；基于海洋生物资源优势，推动产业链向海洋生物科技研发及医疗装备等高价值领域发展。力争到 2025 年，医药化工产业产值达 58 亿元以上。

表2　洞头区医药化工产业龙头企业简介

行业	企业类型	公司名称	主营业务
石油化工	规上百强（市级）	浙江中燃华电能源有限公司	液体化工品、液化石油气仓储、管道输送
	地方重点企业	温州中石油燃料沥青有限责任公司	石脑油、柴油的生产（储存），沥青、塔顶油、侧一线油、侧二线油、侧三线油、燃料油的生产（储存）
		浙江浙能温州液化天然气有限公司	石油煤炭天然气开发、贸易流通、能源科技、能源服务和能源金融
		温州华港石化码头有限公司	码头及配套设施的开发建设、管理，化工原料的装卸、中转、分装、仓储，天然气项目建设、管理
	国家高新技术企业	温州金源新材料科技有限公司	喹吖啶酮、蒽醌、异吲哚啉类有机高性能颜料
生物医药	上市公司	浙江诚意药业股份有限公司	原料药（天麻素、巯嘌呤、硫唑嘌呤、利巴韦林）、高纯度鱼油软胶囊

（二）建材工业产业

2022 年，洞头区建材工业产业规上工业产值 12.76 亿元，产业内企业较为分散。洞头区的重点企业见表 3。从产业链角度看，该产业的重点企业主要集中在上游的原材料加工和中游的建材生产。下一步，洞头区将开发智能建材成套技术、预制外墙技术，打造集材料、预制构件生产、施工、运输为一体的绿色建材产业链。力争 2025 年，全区建材工业产业产值突破 14 亿元。

表3　洞头区建材工业产业重点企业简介

行业类别	企业类型	公司名称	主营业务
建材工业	地方重点企业	浙江宏泰混凝土有限公司	预拌混凝土制造及销售、建筑材料销售
		温州市荣和建材有限公司	建筑材料的生产和销售、建筑用石料露天开采、石料加工
		温州市霓发矿业有限公司	矿物洗选加工、矿产资源（非煤矿业）加工销售、建筑物用石加工、建筑材料销售、非金属矿物制品制造

（三）智能高端制造（机械汽配、电子电器）产业

2022 年，洞头区实现智能高端制造产业规上工业产值 10.7 亿元，主要分布在机械汽配和电子电器行业。当地该产业相关的龙头企业见表 4。从产业链角度看，机械汽配企业主要集中在中游的制动系配件生产、传动系配件制造和紧固件生产；电子电器企业主要集中在中游的暖通设备制造。下一步，洞头区将承接温州、瑞安等地优势产业资源转移，以汽摩配件、汽车冷却和制动系统、仪器仪表等为主要方向，发展新能源汽车上下游配套零部件以及相关新能源、新材料产业，配合瓯江口新区打造智能制造创新中心。力争到 2025 年，智能高端制造产业产值得到大幅提升。

表4　洞头区智能高端制造产业龙头企业简介

行业类别	企业类型	公司名称	主营业务
机械汽配	专精特新“小巨人”	浙江迪特高强度螺栓有限公司	高强度螺栓（8.8 级、10.9 级、12.9 级）、螺母（8 级、10 级、12 级）、紧固件系列、管接件和机械零配件
	规上百强（市级）	温州市东启汽车零部件制造有限公司	生产制动主缸、制动轮缸、离合器主缸、离合器工作缸、制动卡钳、真空助力器、比例阀、拖车连接器
	国家级高新技术企业（省内百强）	温州市瑞泰紧固件有限公司	生产 M2—M24 各种型号的国标、非标、美制、英制螺母
电子电器	专精特新“小巨人”	浙江曼瑞德舒适系统有限公司	建筑辐射供暖供冷系统、地暖系统、新风净化系统、中央吸尘系统、家居智能系统、暖通空调系统、全屋净水系统、暖通自控系统、发热电缆、壁挂炉、散热器、冷热水通风管道与管件等

三、科技创新概况

2022 年，全区 R&D 经费占地区生产总值比重为 2.49%，全省排名第 51；全区拥有高新技术企业 51 家，高新技术产业增加值占工业增加值比重达 56.28%；全区规上工业企业 R&D 经费支出占营业收入比重达 1.38%，全省排名第 67。

（一）区域创新资源布局

洞头区创新平台主要分布在医药化工和智能高端制造产业。2022 年，全区拥有省级新型研发机构 1 家，省级企业研究院 2 家，省级高新技术企业研发中心 7 家。创新平台主要集中在北岱街道、东屏街道、昆鹏街道（见图 2）。

（二）产业专利分析

洞头区的专利优势主要集中在建材工业、电气、剃须刀、海菜栽培领域。2022 年，洞头区有效发明专利共 212 件，前十大专利技术领域见图 3。根据申请人分析，浙江立鹏（房屋建筑、排水结构）、洞头区水产科研所（羊栖菜养殖工艺及加工设备）、诚意药业（原料药制备）、温州亿元通（电力设备）等申请人的专利数量居前。

四、洞头区未来展望

从产业发展看，洞头区将聚焦医药化工、建材工业、机械汽配、电子电器、水产品加工五大传统产业，培育海洋生物医药、海洋能源两大新兴产业，争取纳入世界一流化工新材料基地规划。从科技创新看，洞头区规上工业企业 R&D 经费支出占营业收入的比重较低，高新产业基础支撑较弱，科创能力亟待提升。洞头区将联合浙江大学等高等院校，重点打造一批集项目研发、成果转化、产业孵化于一体的创新综合体。

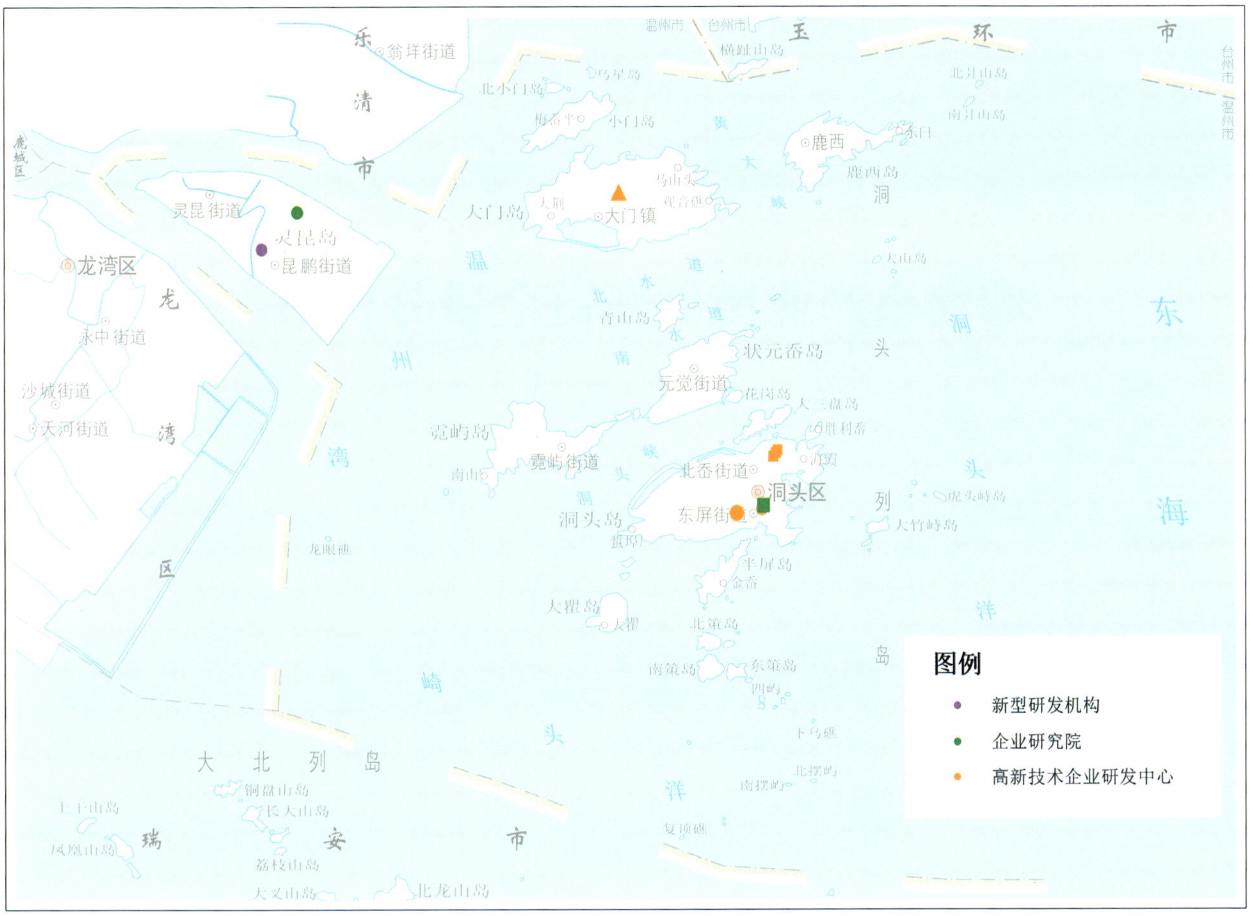

图 2　洞头区创新平台布局

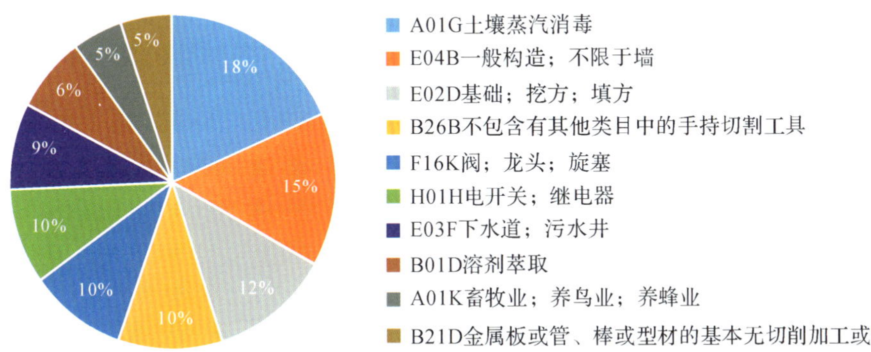

图 3　洞头区专利技术领域分布

瑞安市产业链创新链全景分析报告

温州瑞安市位于浙江省东南部，中国黄金海岸线中段，陆地面积约1350平方千米，海域面积3037平方千米，下辖12个街道、9个镇、3个乡。2023年，全市户籍人口为125.1万人，常住人口为153.5万人。地区生产总值为1285.1亿元，全省排名第22。瑞安市是全国综合实力百强县市、全国创新百强县、全国工业百强县、全国科技百强县、“中国汽摩配之都”、“国家火炬瑞安汽车关键零部件特色产业基地”、“中国休闲鞋生产基地”、“中国塑料薄膜生产基地”、“中国包装机械城”、“中国箱包名城”，拥有花岩国家森林公园、玉海楼等旅游资源。

一、瑞安市产业概况

（一）产业结构

从地区生产总值构成看，2023年，瑞安市第一产业增加值为29.5亿元，第二产业增加值为564.3亿元，第三产业增加值为691.3亿元，三次产业增加值结构调整为2.3 ∶ 43.9 ∶ 53.8。

从农业看，瑞安市以花椰菜、中药材、水产养殖为主导。2023年，瑞安市实现农林牧渔业总产值49.0亿元。2023年，花椰菜产值达10亿元，培育出了“莔紫花菜”和“金花一号”新品种；大黄鱼产值4.6亿元，是浙江省无公害水产品；温郁金年产值超亿元，种植面积占全省75%以上，是国家地理标志产品。

从工业看，瑞安市以机械装备、高分子材料、时尚轻工和汽车零部件产业为主导。2023年，瑞安市实现规上工业总产值1331.5亿元，规上工业企业1468家。2022年瑞安市产业主要分布见表1。下一步，瑞安市将加快构建以新能源智能网联汽车、新材料、智能装备、数字经济、生命健康、时尚轻工为主的“321”现代产业集群体系。

表1　瑞安市特色工业简介

名称	规上工业产值 / 亿元	占全市规上工业总产值比重 /%
机械装备	347.30	28.91
高分子材料	254.40	21.18
时尚轻工	213.80	17.80
汽车零部件	207.30	17.26

从服务业看，瑞安市以城市商贸、物流、金融、信息服务、数字贸易等为主导。下一步，瑞安市将构建以科技服务、信息服务、创意设计、商务服务、现代物流、现代金融六大生产性服务业与城市商贸、休闲旅游两大生活性服务业为主的“6+2”服务业体系。

（二）“东部集聚”的产业空间布局

图 1 展示了瑞安市重点产业平台布局。从工业看，瑞安市工业形成“省级小微企业园”“省级特色小镇”“万亩千亿平台”多点分布格局，主要集中在上望街道、南滨街道、汀田街道、飞云街道，重点打造智能汽车关键零部件、机械装备、智能装备、新材料、制药、食品加工和时尚轻工产业。从服务业看，瑞安市服务业在飞云街道，围绕“瑞安市侨贸物流创新发展区”，重点打造现代物流和数字贸易产业。

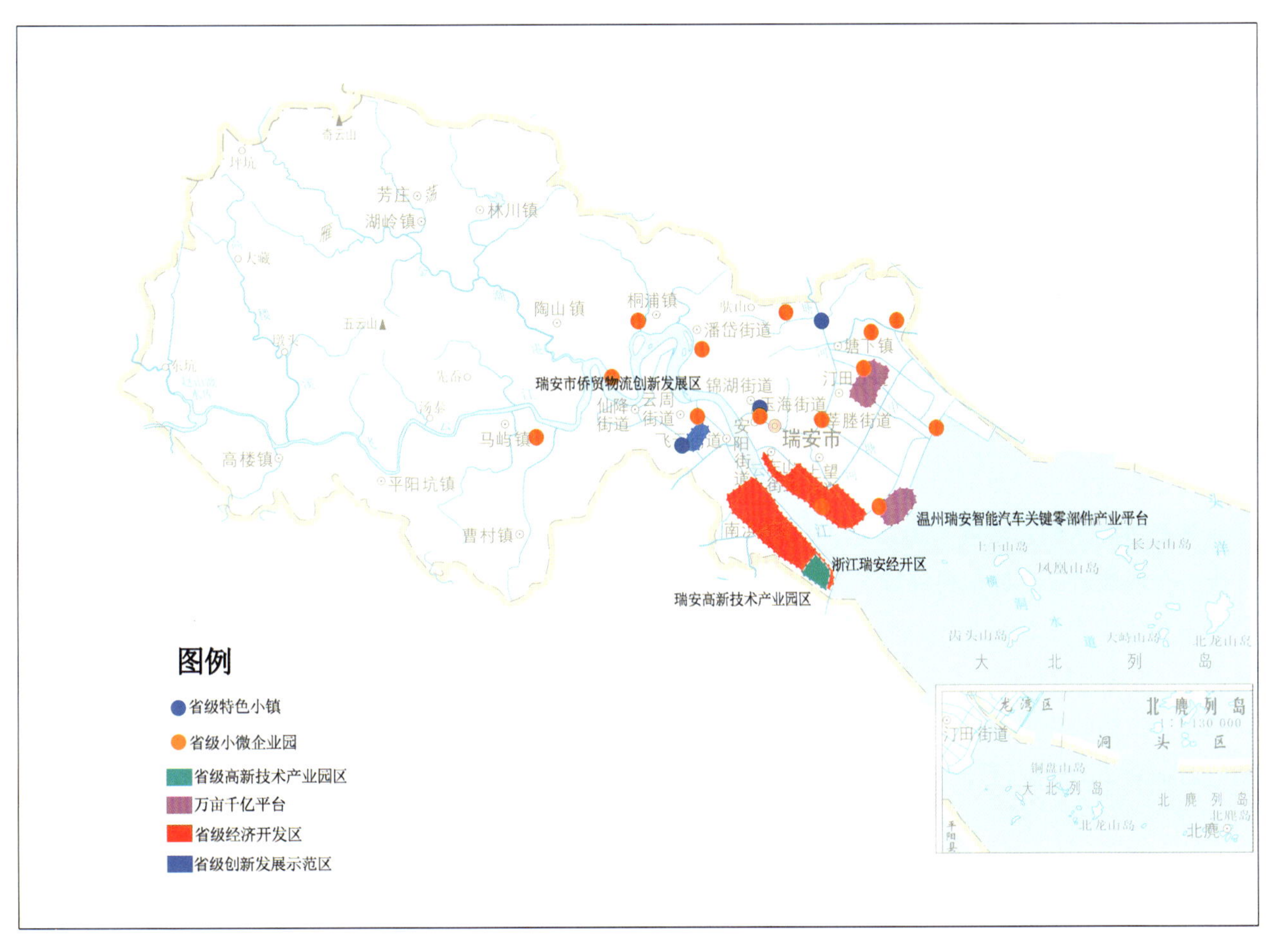

图 1　瑞安市重点产业平台布局

二、重点产业

（一）机械装备产业

瑞安市是全国包装印刷三大基地之一，被授予“中国包装机械城”等荣誉称号。2022 年，瑞安市机械装备产业实现规上工业产值 347.3 亿元。瑞安市机械装备产业的龙头企业见表 2。从产业链角度看，该产业的相关龙头企业主要集中在上游的零部件制造，中游的工程机械、通用机械和专用机械设备领域。

下一步，瑞安市将依托力诺流体、永安机械等龙头企业，以智能控制和高精尖为目标，大力推动高端泵阀、印刷包装机生产数字化转型升级，重点布局工业机器人、流体控制等产业领域，向能源和高新科技领域高端设备方向发展。力争到2025年，机械装备产业集群产值达500亿元以上。

表2　瑞安市机械装备产业龙头企业简介

行业	企业类型	公司名称	主营业务
通用设备	上市公司	浙江通力传动科技股份有限公司	减速机研发（通用减速机、工业齿轮箱、配件及维修）
		浙江力诺流体控制科技股份有限公司	工业控制阀制造
	专精特新“小巨人”	浙江长城换向器有限公司	电机制造、电动机制造、有色金属压延加工
		浙江科腾精工机械股份有限公司	中高端紧固件及异形件
		八达机电股份有限公司	起重工具、电动工具、金融机具、微特电机、机电工具配件
		浙江力诺流体控制科技股份有限公司	工业控制阀制造
		浙江希望机械有限公司	平板式、辊板式铝塑、铝铝泡罩包装机，全自动装盒机
		嘉利特荏原泵业有限公司	流程泵、高压泵、汽轮机及其附属品
		浙江澳翔自控科技有限公司	电动阀门、电动执行器、电动蝶阀、电动球阀
		浙江联大锻压有限公司	锻件、机械配件、阀门及配件、汽摩配件、五金配件
		浙江瑞安华联药机科技有限公司	系列泡罩包装机、软管灌装封尾机、预制袋给袋式包装机
		浙江正博智能机械有限公司	单张式手提袋制袋机
专用设备	专精特新“小巨人”	浙江金龙自控设备有限公司	泵、阀、油田采注系统计量装置、水处理装置等石油开采设备
		浙江振兴石化机械有限公司	潜油电泵产品

（二）高分子材料产业

瑞安市被誉为“中国塑料薄膜生产基地”，高分子产业（化工新材料）成为“浙江制造”省级特色产业集群协同区创建对象。2022年，高分子材料产业实现规上工业总产值254.40亿元，主要分布在合成纤维、合成橡胶、工程塑料领域。瑞安市高分子材料产业的龙头企业见表3。从产业链角度看，合成纤维企业主要集中在上游的聚氨酯材料生产和中游的氨纶纤维制造；合成橡胶企业主要集中在中游的橡胶制品研发；工程塑料企业主要集中在中游的通用工程塑料、特种工程塑料生产。下一步，瑞安市将向3D打印、新能源、生物医药等新材料领域进军，聚焦先进高分子材料、优化资源配置薄弱环节，开展产业链协同创新。力争到2025年，打造出400亿元级新材料产业集群。

表3　瑞安市高分子材料产业龙头企业简介

行业	企业类型	公司名称	主营业务
合成纤维	上市公司	华峰化学股份有限公司	氨纶纤维、聚氨酯原液、己二酸等聚氨酯制品材料
	规上百强（市级）	华峰集团有限公司	聚氨酯、聚酰胺、可降解塑料
		东曹（瑞安）聚氨酯有限公司	聚氨酯原料为主的高功能化学产品
合成橡胶	专精特新“小巨人”	浙江中瑞橡胶高分子材料股份有限公司	橡胶鞋底、轮胎
工程塑料	上市公司	华瑞达包装材料股份有限公司	BOPP薄膜相关产品
	专精特新“小巨人”	浙江新力新材料股份有限公司	低压电器用高性能尼龙改性复合材料

（三）时尚轻工产业

瑞安市被誉为“中国休闲鞋生产基地”“中国箱包名城”。2022 年，瑞安市时尚轻工产业实现规上工业总产值 213.8 亿元。当地相关龙头企业见表 4，主要分布在食品药品和纺织工业两大领域。从产业链角度看，食品药品工业企业主要集中在上游的初级食用农产品，中游的海洋休闲食品、药品试剂生产；纺织工业企业主要集中于中游纺织品的制造。下一步，时尚轻工产业将以产品链、价值链升级为主线，大力推进“创意 +”“品牌 +”“数字 +”在时尚轻工产业深度融合，打造全省产业转型升级标杆区。力争到 2025 年，打造出 300 亿元级时尚轻工产业集群。

表4　瑞安市时尚轻工产业龙头企业简介

<table>
<tr><th>行业</th><th>企业类型</th><th>公司名称</th><th>主营业务</th></tr>
<tr><td rowspan="3">食品药品工业</td><td rowspan="2">上市公司</td><td>浙江香海食品股份有限公司</td><td>鱼蛋、小黄鱼、烤虾</td></tr>
<tr><td>温州温都猫股份有限公司</td><td>菌类、水果、谷物</td></tr>
<tr><td>规上百强（市级）</td><td>华东医药温州有限公司</td><td>麻醉剂、诊断试剂</td></tr>
<tr><td rowspan="2">纺织工业</td><td>上市公司</td><td>温州温都猫股份有限公司</td><td>服装、鞋帽、箱包、乐器、文具用品等</td></tr>
<tr><td>高新技术企业百强（市级）</td><td>瑞安市大虎鞋业有限公司</td><td>皮鞋制造、毛皮制品</td></tr>
</table>

（四）汽车零部件产业

瑞安市被誉为“中国汽摩配之都”和“国家火炬瑞安汽车关键零部件特色产业基地”，节能与新能源汽车及零部件产业集群成为“浙江制造”省级特色产业集群协同区创建对象。2022 年，瑞安市汽车零部件产业实现规上工业总产值 207.30 亿元。当地相关龙头企业见表 5。从产业链角度看，汽车零部件的龙头企业主要集中在上游的基础零部件，中游的发动机系统、转向系统、传动系统、制动系统、行驶系统、电器仪表、车身附件，下游的汽车零售。下一步，瑞安市将重点发展新能源智能网联整车特色项目，加快瑞安汽车关键零部件“万亩千亿平台”建设，逐步融入整车配套市场。争取到 2025 年，汽车零部件产业产值突破 1000 亿元。

表5　瑞安市汽车零部件产业龙头企业简介

<table>
<tr><th>行业 / 领域</th><th>企业类型</th><th>公司名称</th><th>主营业务</th></tr>
<tr><td rowspan="14">汽车零部件</td><td rowspan="4">上市公司</td><td>浙江荣际汽车零部件股份有限公司</td><td>油分离器、曲轴箱排气阀、排气阀调节装置</td></tr>
<tr><td>浙江东原科技股份有限公司</td><td>空调、液压滤清器和空气干燥器</td></tr>
<tr><td>乔路铭科技股份有限公司</td><td>汽车内外饰系统部件</td></tr>
<tr><td>浙江铭博汽车部件股份有限公司</td><td>汽车冲压件、焊接总成件、辊压件、新能源汽车零部件</td></tr>
<tr><td rowspan="5">专精特新“小巨人”</td><td>浙江锦佳汽车零部件有限公司</td><td>汽车电喷系统的开发和生产</td></tr>
<tr><td>浙江戈尔德智能悬架股份有限公司</td><td>智能悬架、减震系统</td></tr>
<tr><td>浙江森森汽车零部件有限公司</td><td>各类汽车减震器</td></tr>
<tr><td>浙江汉博汽车传感器有限公司</td><td>曲轴 / 凸轮轴位置传感器、ABS 轮速传感器、速度传感器</td></tr>
<tr><td>中精集团有限公司</td><td>精冲法兰、普通冲压件、紧固件、底盘件（摆臂）、座椅滑轨、调角器</td></tr>
<tr><td rowspan="5">规上百强（市级）</td><td>瑞立集团有限公司</td><td>转向助力泵、电涡流缓速器、汽车 ABS、自动间隙调整臂</td></tr>
<tr><td>浙江胜华波电器股份有限公司</td><td>车用电器、电用天窗</td></tr>
<tr><td>温州瑞明工业股份有限公司</td><td>汽车关键铝部件研发</td></tr>
<tr><td>瑞安市江南铝业有限公司</td><td>有色金属压延加工、有色金属铸造、再生资源回收</td></tr>
<tr><td>五洲汽车商贸集团有限公司</td><td>汽车新车销售、二手车经销</td></tr>
</table>

三、科技创新概况

2022年，全市R&D经费占地区生产总值比重为2.73%，全省排名第42；全市拥有高新技术企业723家，高新技术企业数占规上工业企业总数达74.38%，全省排名第32；全市规上工业企业R&D经费支出占营业收入比重达2.68%，全省排名第6。

（一）区域创新资源布局

瑞安市创新平台主要集中在汽车零部件和机械装备产业。2022年，全市拥有省级企业研究院27家，省级高新技术企业研发中心56家。创新平台主要分布在塘下镇、潘岱街道及东南沿海边界（见图2）。

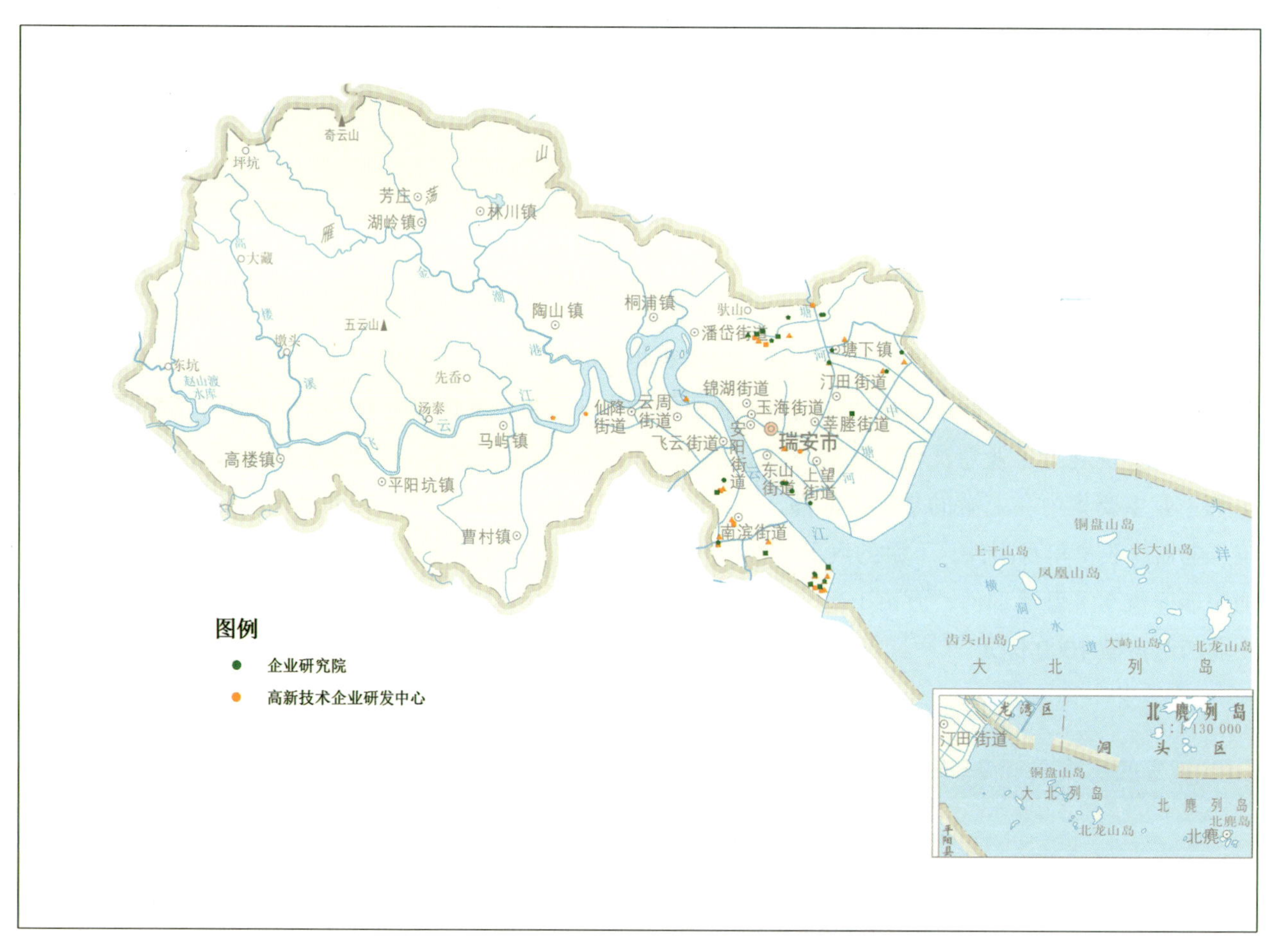

图2　瑞安市创新平台布局

（二）产业专利分析

瑞安市的专利优势主要集中在高分子材料（碳纤维、高分子化合物、非高分子有机物）、机械装备（包装物件、万能机床、纸材料容器）领域。2022年，瑞安市有效发明专利共4794件，前十大专利技术领域见图3。根据申请人分析，瑞立集团瑞安汽车零部件（汽车零部件及配件）、浙江华峰氨纶股份（天然或化学的线或纤维、纺纱或纺丝、有机高分子化合物）、浙江华峰合成树脂（工程塑料、合成树脂）、浙江华峰新材料股份（有机高分子化合物）、浙江新力新材料（有机高分子化合物）等申请人的专利数量居前。

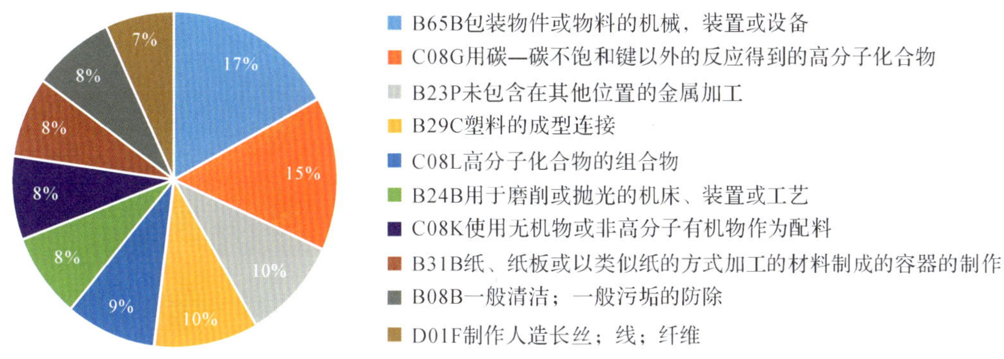

图 3　瑞安市专利技术领域分布

四、瑞安市未来展望

从产业发展看，瑞安市将以更高标准构建以新能源智能网联汽车、新材料、智能装备、数字经济、生命健康、时尚轻工为主的现代产业平台体系，打造千亿级新能源智能网联汽车产业集群。从科技创新看，瑞安市规上工业企业 R&D 经费占营业收入比重在全省排名靠前，R&D 经费占地区生产总值比重处于全省中游，高能级科创平台载体和高端创新人才相对较少。下一步，瑞安将提升“一区一廊”示范效应，创建示范型罗阳未来科技城核心区、标准型阁巷成套装备智造园。

乐清市产业链创新链全景分析报告

温州乐清市位于浙江省东南部，陆地面积1395平方千米，海域面积284.3平方千米，下辖8个街道、3个乡、14个镇。2023年，全市户籍人口为131.13万人，常住人口为147.58万人。地区生产总值为1663.53亿元，全省排名第13，温州市排名第1。乐清市是全国综合实力百强县市，被誉为“中国电气之都”“中国休闲服装名城”“中国铁皮石斛之乡”“中国民间艺术之乡”，拥有雁荡山国家5A级旅游景区。

一、乐清市产业概况

（一）产业结构

从地区生产总值构成看，2023年，乐清市第一产业增加值为23.09亿元，第二产业增加值为740.06亿元，第三产业增加值为900.38亿元，三次产业增加值结构调整为1.4 ∶ 44.5 ∶ 54.1。

从农业看，乐清市以铁皮石斛、渔业和雁荡毛峰等产业为主导。2023年，全市农林牧渔业总产值为37.86亿元。乐清作为“国家铁皮石斛生物产业基地”“中国铁皮石斛之乡”，铁皮石斛全产业链产值超38亿元，铁皮石斛枫斗产量约占全国总产量的80%；渔业产值14.04亿元；雁荡毛峰产值1.25亿元。

从工业看，乐清市以智能电气、数字经济和汽车电子产业为主导。2023年，乐清市实现规上工业增加值430.25亿元，规上工业企业2046家。2022年乐清市产业主要分布见表1。下一步，乐清市将全力打造以智能电气为主导，数字经济、新能源、新材料、智能装备、临港经济等新兴产业为特色的“1+4+1”现代化产业体系。

表1　乐清市特色产业简介

名称	规上工业产值 / 亿元	占全市规上工业总产值比重 /%	备注
智能电气	1050.00	45.69	总产值突破1500亿元
数字经济	575.00	25.02	
汽车电子	515.30	22.42	
生物技术（铁皮石斛）	—	—	铁皮石斛全产业链产值超35亿元

从服务业看，乐清市以旅游和现代物流产业为主导。2022年，乐清市实现旅游业总营收86.4亿元，

现代物流总营收11.4亿元。下一步，乐清市将突出发展科创服务、现代物流、文化旅游、金融商务、民生服务五大服务业重点领域，构建高质量现代化服务业新体系。

（二）“北部农旅、南部工业”的产业空间布局

图1展示了乐清市重点产业平台布局。从农业看，乐清市农业主要聚集在北部和中部的“省级现代农业综合区”和“省级现代农业园区”，重点发展铁皮石斛和果蔬等特色产业。从工业看，乐清市工业主要集聚在南部，围绕“乐清高新技术产业园区”“温州乐清智能电力物联网产业平台”“省级经济开发区”“省级特色小镇”“省级小微企业园”分块集聚分布，在雁荡镇、虹桥镇、盐盆街道、柳市镇和北白象镇，重点发展智能电气、电子、电工、电器、电力和高端装备制造产业，少部分涉及模具生产。从服务业看，乐清市服务业主要集聚在“雁荡山”和“铁定溜溜”，重点发展旅游业。

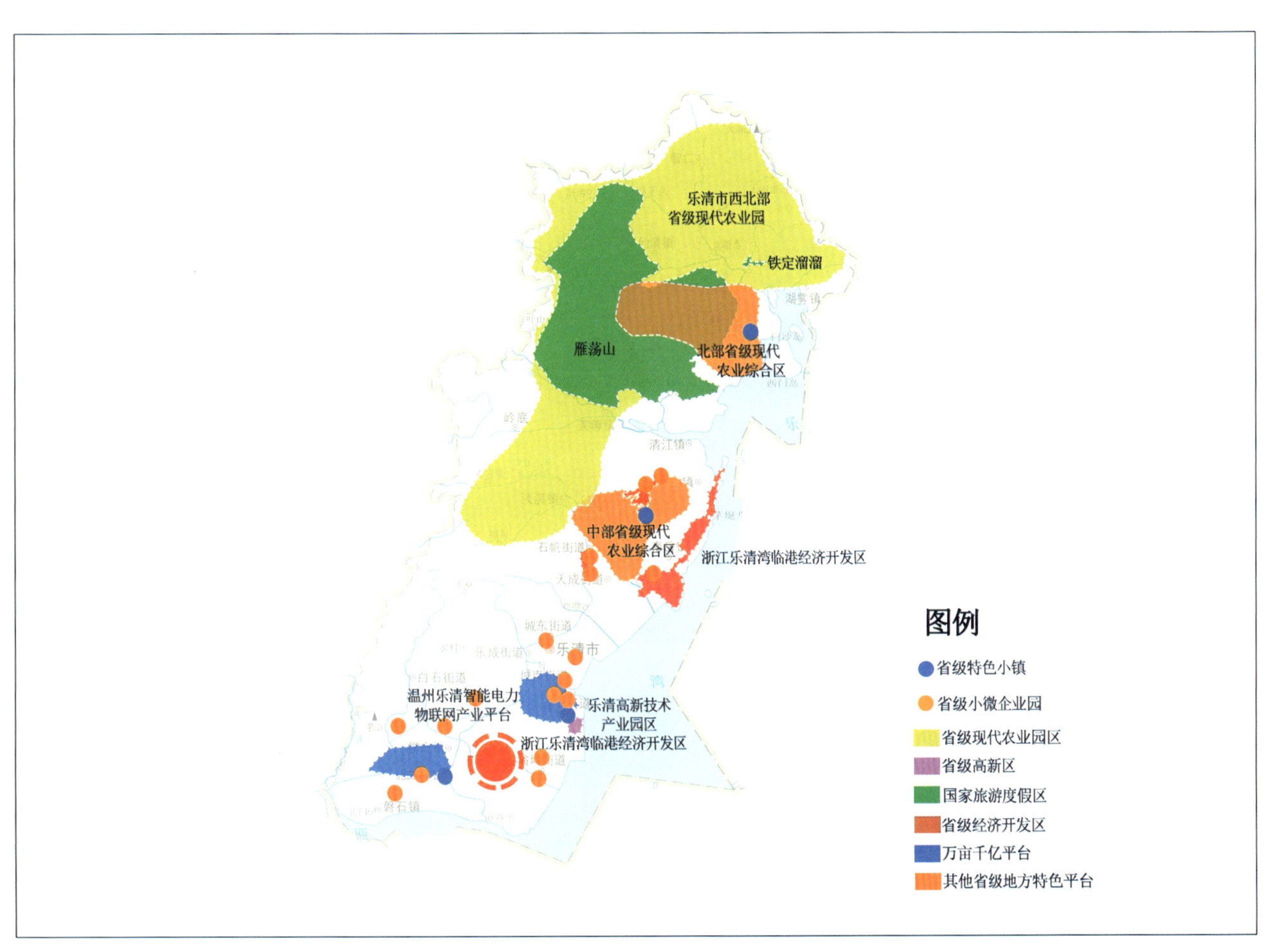

图1　乐清市重点产业平台布局

二、重点产业

（一）智能电气产业

乐清市是国内低压智能电气产业的重要基地、国家火炬计划智能电器产业基地和中国断路器产业基地，占据全国市场份额达65%以上。乐清市智能电气产业集群成为温州市首个千亿级产业集群，也是全

国唯一一个以县域为主导的国家先进制造业集群。2022 年，该市智能电气产业集群总产值突破 1500 亿元，其总量占据全市工业经济的六成，拥有企业超 1.4 万家，规上企业 1044 家。乐清市智能电气产业的龙头企业见表 2，主要分布在高低压智能电气和新能源汽车零部件领域。从产业链角度看，高低压智能电气企业主要集中在上游的原材料、零部件、电源控制器、电子元器件生产，中游的配电电器、发电设备、终端电器、电源电器、控制电器、仪表电器制造。新能源汽车零部件企业主要集中在上游的电子元器件制造。下一步，乐清市将做强做优传统智能电气市场，重点布局电动汽车及充电设施等新基建新能源细分领域；开展智能制造、工业互联网等共性技术在智能电气行业中的应用研究，打造集群协同创新机制，加快集群创新模式和业态建立，推动智能电气产业向数字化、网络化、智能化发展。力争到 2025 年，智能电气产业集群总产值突破 2000 亿元。

表2　乐清市智能电气产业龙头企业简介

行业	企业类型	公司名称	主营业务
高低压智能电气	上市公司	浙江正泰电器股份有限公司	配电电器、控制电器、终端电器、电源电器和电力电子
		浙江珠城科技股份有限公司	低压输配电和工业自动化控制电气生产、自动化仪器仪表和家居电气生产、低压电器生产、智能电气
		欣灵电气股份有限公司	继电器、配电控制、电气传动与控制、仪器仪表、传感器、开关
		温州意华接插件股份有限公司	网络类接插件、消费电子连接器、光电类连接器、电气电源连接器、消费性电子连接线束、工业及汽车电子连接线束
		华仪电气股份有限公司	成套开关设备、高压开关设备、配电自动化开关及终端装置、高压开关元件、风能发电设备、户内外高压断路器
		浙江天正电气股份有限公司	中低压智能电器、智能仪表、变频器
		福达合金材料股份有限公司	铆钉触头、片状触头、粉末冶金触头、触头组件、银合金线材、钎焊料
	新三板	浙江中凯科技股份有限公司	高低压电气器件、高低压电气成套设备、船用电气器件及成套设备、建筑电气及成套设备、现场总线技术及产品、环保及清洁能源产品
		浙江德菱科技股份有限公司	量测开关、光伏并网断路器、智能断路器、剩余电流保护断路器、电能表外置断路器
		浙江威利坚科技股份有限公司	漏电断路器、电磁式脱扣器、小型断路器、隔离开关及光伏终端箱
		浙江中安精工股份有限公司	标准或非标准的金属机电零部件，冲压件、模具和 DC、AC 特微电机
		金三角电力科技股份有限公司	工业和民用电能表及三维三角变压器、非晶合金变压器、光伏变电站智能变电站
		华精科技股份有限公司	高低压输配电成套开关设备、变压器和输配电元器件产品
		浙江爱德利科技股份有限公司	物联网设备、断路器
	专精特新“小巨人”	巨邦集团有限公司	高低压电器元件、电力变压器、成套电气、配电自动化
		红光电气集团有限公司	电力金具、高低压输配电的成套开关设备、复合绝缘子、避雷器、隔离开关、电缆附件、熔断器、真空断路器及电能计量箱
		浙江强力控股有限公司	环保焊锡材料、高压电气、电力金具
		新驰电气集团有限公司	光电开关，接近开关、固态继电器、开关电源、小型断路器、漏电断路器
		浙江中讯电子有限公司	开关、设备用断路器、GFCI 漏电插头、电源插座、连接器
		浙江盛越电子科技有限公司	微特电机、电子开关
		浙江力夫自控技术股份有限公司	压力控制类开关
		浙江诺金电器有限公司	墙壁开关及其配件、各种连接线端子、电视分支器、电视分配器、冲压铜铁件、注塑件

续表

行业	企业类型	公司名称	主营业务
高低压智能电气	专精特新“小巨人”	浙江贝良风能电子科技有限公司	风速风向传感器、旋转限位开关和振动传感器
		百灵气动科技有限公司	气压、液压动力机械及元件
		加西亚电子电器股份有限公司	小型断路器、漏电断路器、塑壳断路器、民用线缆、开关、配电箱
		温州宏丰电工合金股份有限公司	电接触功能复合材料、硬质合金材料
		浙江金桥铜业科技有限公司	铜线连接材料
	规上百强（市级）	德力西集团有限公司	高压电器和成套设备、低压输配电和工业自动化控制电气、自动化仪器仪表和家居电气、低压电器、智能电气
		人民电器集团有限公司	成套电气设备、电线电缆、防爆电器、建筑电器、仪器仪表、高压及超高压变电设备
		环宇集团有限公司	配电电器、工控电器、仪表仪器、配电自动化、高低压电器元件
	地方重点企业	浙江益而益电气制造有限公司	漏电断路器、墙壁开关 / 插座
新能源汽车电子	上市公司	浙江美硕智能电气科技股份有限公司	电磁继电器、汽车继电器、时间继电器、磁保持继电器、固态继电器、通用继电器及电动水阀
		浙江珠城科技股份有限公司	汽车连接器、柔性线路板、柔性扁平排线、电子元器件及精密组件、精密模具、电线、线束及线束生产设备
		合兴汽车电子股份有限公司	汽车电子总成、汽车线束、汽车连接器、汽车嵌件注塑产品
	专精特新“小巨人”	浙江致威电子科技有限公司	汽车智能模块
		温州神一轴业股份有限公司	微型轴及零部件

（二）数字经济产业

乐清市数字经济发展综合评价列全省第4位。2022年，乐清市数字经济核心制造业总产值约575亿元，企业有400多家。乐清市数字经济产业的龙头企业见表3，主要分布在电子元器件、智能仪表和智能装备、集成电路领域。从产业链角度看，电子元器件企业主要分布在中游的电子元件、电子器件制造，下游的仪表仪器、控制电器、终端电器生产；智能仪表和智能装备企业主要分布在上游的电子元器件、机械配件、系统集成服务，中游的智能仪器制造，下游的行业应用；集成电路企业主要分布在上游的半导体材料、半导体设备，中游的集成电路制造。下一步，乐清市将聚焦电子元器件、智能仪表和智能终端、物联网业务等领域，推动数字经济基础优势产业迈向价值链中高端；围绕集成电路、云计算和大数据等新兴产业，推动产业链上下游精准对接和资源要素集聚，发展一批潜力型数字企业。力争到2025年，数字经济核心制造业总产值突破800亿元，打造国内重要的数字经济产业基地，成功创建省级数字经济创新发展试验区。

表3　乐清市数字经济产业龙头企业简介

行业	企业类型	公司名称	主营业务
电子元器件	上市公司	电光防爆科技股份有限公司	电子元件、电机、仪器仪表（不含计量器具）、检测设备、电线电缆、五金工具、防爆灯具、防爆通信监控设备、矿用综合自动化系统、煤电钻、矿井安全避险系统
		东南电子股份有限公司	电子元器件与机电组件设备、配电开关控制设备、工业自动控制系统装置、家用电器、医疗仪器、电动工具、航空装置、乘用车
		新亚电子股份有限公司	消费电子及工业控制线材、汽车电子线材、高频数据线材和特种线材
	专精特新“小巨人”	浙江正理生能科技有限公司	电子连接器设计、空气源热泵热水机（器）节能技术
		乐清市嘉得电子有限公司	新型电子元件、连接器、电线电缆、塑料件、精密模具
	地方重点企业	浙江深科自动化科技有限公司	工业自动化控制系统装置、电器检测设备及配件、电源设备

续表

行业	企业类型	公司名称	主营业务
智能仪表和智能装备	上市公司	万控智造股份有限公司	智能电气机柜
	新三板	浙江夏兴电子科技股份有限公司	智能电气控制保护模块、智能家居控制保护模块
		浙江华仪电子股份有限公司	智能电能表
	专精特新“小巨人”	合隆防爆智能电气有限公司	防爆电器
		科都智能电气股份有限公司	新产品研发、项目开发、产品测试、模具设计、加工制造、工装设计、制造编程及注塑、冲压、焊接、绕线、装配
		浙江伦特机电有限公司	仪器仪表、智能仪器仪表、智能控制系统集成、工业自动控制系统装置
		浙江中煤机械科技有限公司	矿用泵站智能控制系统、系列乳化液泵站、系列喷雾泵站、水处理及过滤装置、系列液压支架阀、电液阀、快速移架阀、阀类及乳化液泵试验台
	地方重点企业	温州力太环彻科技有限公司	计算机软硬件、网络工程、电子智能产品、光机电一体化
集成电路	专精特新“小巨人”	浙江佳博科技股份有限公司	半导体键合金丝、LED 金线、蒸发金、金靶材等产品
	地方重点企业	浙江和睿半导体科技有限公司	半导体材料、电子元件及组件
		浙江上豪电子科技有限公司	线路板焊接，SMT 贴片加工，线路板辅助材料、仪器仪表配件、电子产品生产

（三）智能电子产业

2022 年，乐清市智能电子总产值约 515.3 亿元，企业有 300 多家。乐清市智能电子产业的龙头企业见表 4。从产业链角度看，该产业的相关龙头企业主要集中在上游的电子元器件生产，中游的电子仪器仪表，下游的智能车载设备制造。下一步，乐清市将重点发展智能芯片、消费电子等智能器件，高端连接器，以及智能终端、智能车载、智能仪器仪表等终端设备。

表4　乐清市智能电子产业龙头企业简介

行业	企业类型	公司名称	主营业务
汽车电子	上市公司	欣灵电气股份有限公司	继电器、配电控制、电气传动与控制、仪器仪表、传感器、开关
		温州意华接插件股份有限公司	网络类接插件、消费电子连接器、光电类连接器、电气电源连接器、消费性电子连接线束、工业及汽车电子连接线束
		新亚电子股份有限公司	智能车载设备制造、云计算设备制造、光通信设备制造
	专精特新中小企业	浙江华仪电子股份有限公司	电工仪器仪表制造、电工仪器仪表销售、仪器仪表制造
		金锚电力控股有限公司	电力设施器材制造、输配电及控制设备制造、汽车零部件及配件制造
		天星电子有限公司	电子元器件制造、汽车零配件批发、汽车零配件零售
		大明电子股份有限公司	汽车电子产品、空调控制器、开关、汽车电子配件

三、科技创新概况

2022 年，全市 R&D 经费占地区生产总值比重为 3.01%，全省排名第 32；全市拥有高新技术企业 958 家，全省排名第 8；全市高新技术产业增加值占工业增加值比重为 86.69%，全省排名第 9；全市规上企业 R&D 经费占营业收入比重为 2.13%，全省排名第 24。

（一）区域创新资源布局

乐清市创新平台主要集中在智能电气产业。2022 年，全市拥有省级企业研究院 49 家，省级重点企业研究院 8 家，省级高新技术企业研发中心 133 家，国家级孵化器 1 家。创新平台主要集聚在盐盆街道、柳市镇和虹桥镇（见图 2）。

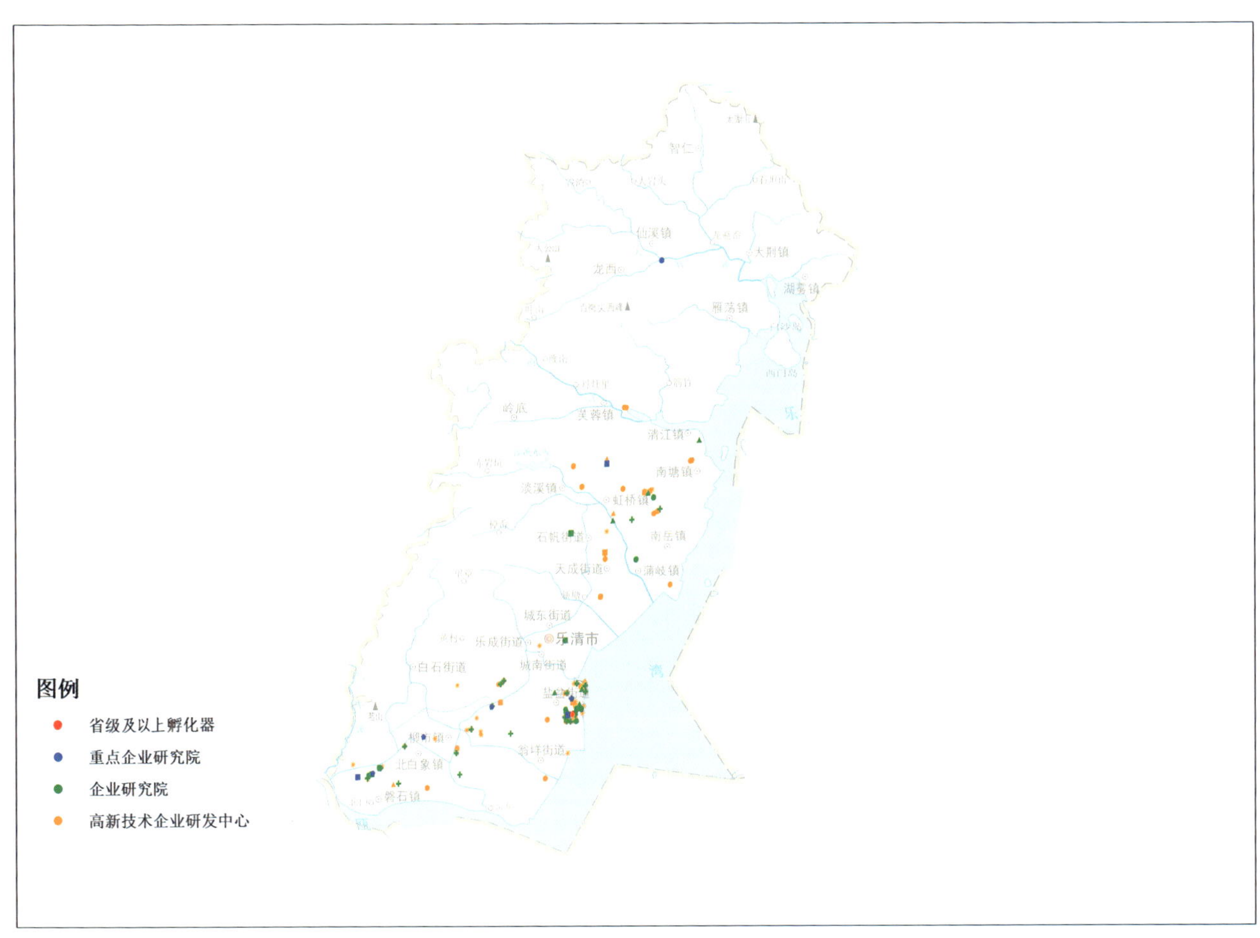

图 2　乐清市创新平台布局

（二）产业专利分析

乐清市的专利优势主要集中在智能电气产业集群的电开关、导电连接装置、供配电设备等领域。2022 年，乐清市有效发明专利共 6326 件，前十大专利技术领域（小类）见图 3。根据申请人分析，正泰电器、德力西电气、天正电气、金卡智能集团、宏丰电工合金（基本电气元件和发电、变电或配电）、温州天健电器（洗衣机零件）等申请人的专利数量位居前列。

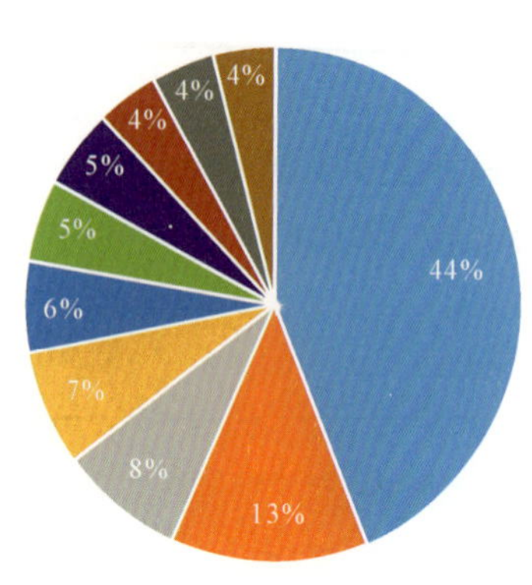

图3 乐清市专利技术领域分布

四、乐清市未来展望

从产业发展看，乐清市将全力打造电气产业“1”个国家级先进制造业集群，成功创建国家先进制造业集群，加快布局泛在电力物联网、低碳电力装备等新兴领域。培育发展“3”个五百亿级产业集群，发挥乐清电工电气、电子信息等产业基础，发展5G基站及关键零部件、特高压及配套、城际高速铁路和城市轨道交通及关键零部件、新能源汽车充电桩及关键零部件、大数据中心、人工智能、工业互联网等领域。从科技创新看，乐清市高新技术企业数和高新技术产业增加值占比全省排名靠前。下一步，乐清市将全力推进温州国家自主创新示范区乐清园建设，高标准建设运营长三角智能电气工程师创新中心等创新平台，加快正泰（乐清）物联网传感器产业园等项目的建设和落地运营，构建多领域互动、多要素联动的“一园一廊十平台”创新生态体系。

龙港市产业链创新链全景分析报告

温州龙港市位于浙江省南部，东濒东海，由浙江省直辖，温州市代管。龙港市总面积约183.99平方千米，是全国首个镇改市，全国首个不设乡镇、街道的县级行政区域，实行新型“市—社区”二级基层治理模式，直辖社区102个。2023年，全市户籍人口为38.23万人，常住人口为47.16万人。地区生产总值为409.49亿元，全省排名第65，温州市排名第9。龙港市是“中国印刷城”“中国礼品城”“中国台挂历集散中心”“中国印刷材料交易中心”“联合国开发署可持续发展试点镇”“全国小城镇建设示范镇”。

一、龙港市产业概况

（一）产业结构

从地区生产总值构成看，2023年，龙港市第一产业增加值为9.69亿元，第二产业增加值为173.07亿元，第三产业增加值为226.73亿元，三次产业增加值结构调整为2.4 ∶ 42.3 ∶ 55.3。

从农业看，龙港市以捕捞为主导。龙港市被称为“浙江省红鱿之乡”“温州市渔业（捕捞）第一镇”。2023年，龙港市农林牧渔业产值为14.30亿元，其中以红鱿、鲥鱼、鳗鱼等水产品捕捞为代表的渔业产值9.02亿元。

从工业看，龙港市以新材料、印刷包装和绿色纺织产业为主导，招引（在建）了新能源装备相关企业。2023年，龙港市实现规上工业增加值64.11亿元，拥有规上工业企业426家。2022年龙港市产业主要分布见表1。下一步，龙港市将依托浙江龙港经济开发区，深入实施产业基础再造和产业链提升工程，重点提升三大百亿优势产业，着力培育新能源装备、生命健康、通用机械三大新兴产业，构建“三百三新”现代工业体系。

表1　龙港市特色工业简介

名称	规上工业产值 / 亿元	占全市规上工业总产值比重 /%	备注
新材料	超 200.00	超 62.08	已投资的在建项目 2023 年可增产约 30 亿元
印刷包装	—	—	工业总产值约 170 亿元
绿色纺织	—	—	已投资的在建项目 2023 年可增产约 60 亿元
新能源装备	—	—	已投资的在建项目 2023 年可增产约 100 亿元

（二）“分块集聚”的产业空间布局

图1展示了龙港市重点产业平台布局。龙港市呈现出东、北部工业集聚，西南部农业集聚的特点。从工业看，龙港市工业围绕“浙江龙港经济开发区”“龙港青龙湖省级高新技术产业园区”和“印艺小镇”“省级小微企业园”，在时代大道以东、涂厂社区和下涝社区，重点发展新材料、印刷包装、绿色纺织产业，少量涉及高端装备和新能源。从农业看，龙港市农业主要围绕西南部的“沿江省级现代农业园”，发展数字化无土栽培技术种植的草莓等农产品。

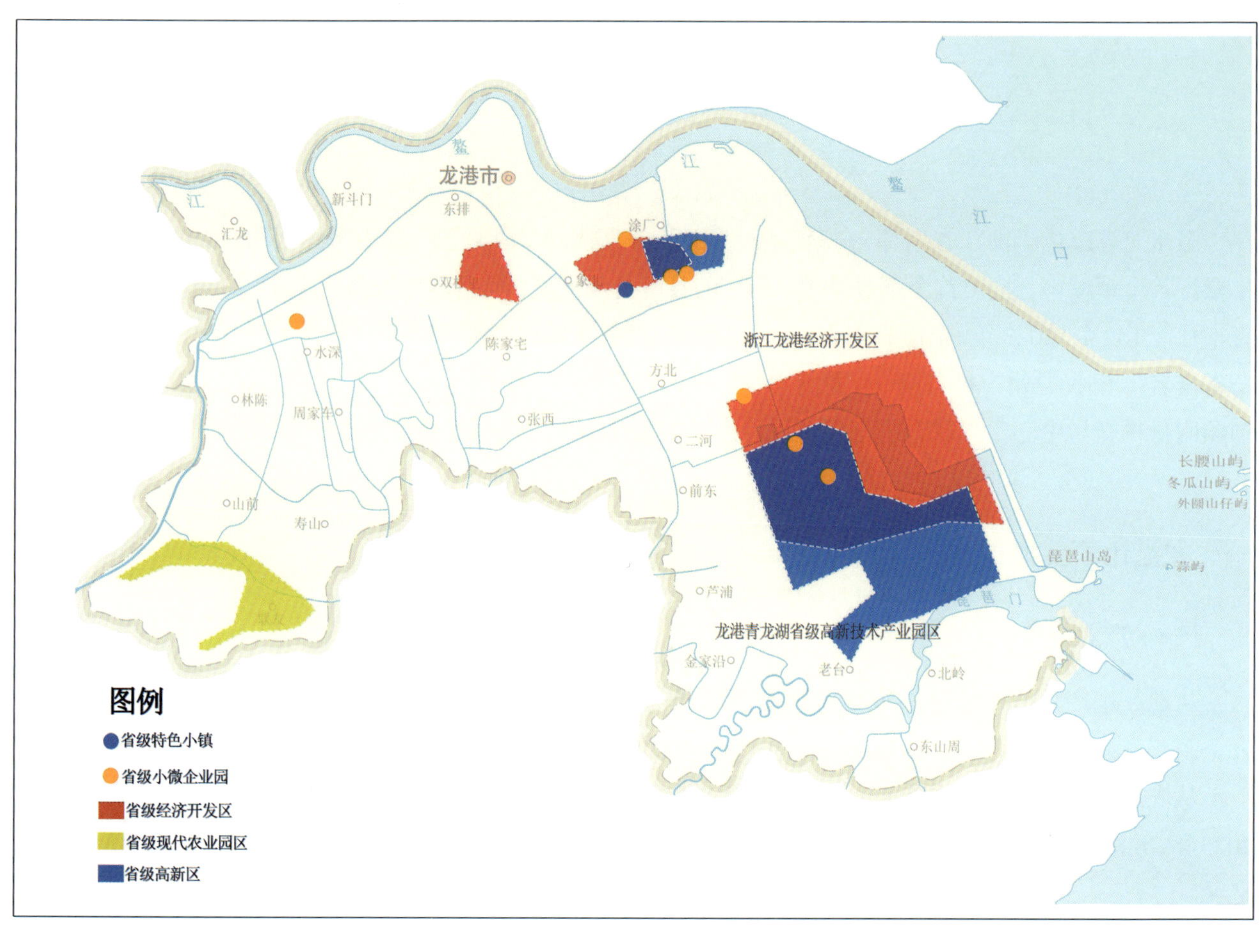

图1 龙港市重点产业平台布局

二、重点产业

（一）新材料产业

2022年，龙港市新材料产业总产值超200亿元，在建项目达产后产值可增加30亿元，拥有相关企业约400家。龙港市新材料产业的龙头企业和重点项目见表2和表3。从产业链角度看，新材料企业主要集中在上游的化学原料生产，中游的高分子材料、无机非金属材料和电子信息材料生产，下游的新材料应用。下一步，龙港市将立足膜材料产业基础，依托龙头企业，聚焦新材料核心技术，着力发展BOPLA薄膜等新型生物基可降解膜材，进一步拓展多样化应用场景，推动新材料产业向高端化、轻量化、定制化、环保化转型。力争到2025年，龙港市新材料产业规上工业产值可超100亿元。

表2　龙港市新材料产业龙头企业简介

<table>
<tr><th>行业</th><th>企业类型</th><th>公司名称</th><th>主营业务</th></tr>
<tr><td>原材料</td><td>新三板</td><td>浙江世博新材料股份有限公司</td><td>聚碳酸酯、聚酰胺、聚丙烯等</td></tr>
<tr><td rowspan="7">高分子材料</td><td rowspan="2">专精特新企业</td><td>温州市金田塑业有限公司</td><td>BOPP 塑料薄膜（包装用、功能性薄膜）</td></tr>
<tr><td>诚德科技股份有限公司</td><td>包装膜（食品、日化、医用）、口罩（KN95、CDY、FFP）</td></tr>
<tr><td>专精特新“小巨人”</td><td>浙江强盟实业股份有限公司</td><td>BOPET 聚酯薄膜（通用包装膜、烫金膜、涂布膜、胶带膜、电气绝缘膜、电容膜、高光膜）</td></tr>
<tr><td rowspan="2">地方重点企业</td><td>丰华科技发展有限公司</td><td>不干胶材料（纸类、PET 类、PVC 类、PP 类）、打印标签等</td></tr>
<tr><td>浙江瑞禾新材料有限公司</td><td>PVC 印刷标签 / 热收膜，POF、PET 热收膜，扭结膜</td></tr>
<tr><td rowspan="2">专精特新入库企业</td><td>温州宏达激光图像有限公司</td><td>镭射膜、珠片片材、金葱膜、转移 / 直镀纸</td></tr>
<tr><td>浙江远大塑胶有限公司</td><td>聚丙烯薄膜、蒸煮膜、纸塑复合膜、镀铝膜、聚乙烯薄膜</td></tr>
<tr><td>无机非金属材料</td><td>专精特新入库企业</td><td>温州市康尔微晶器皿有限公司</td><td>微晶玻璃（白色、黑色、透明、异型）、特种玻璃、高硼硅玻璃</td></tr>
<tr><td>电子信息材料</td><td>专精特新入库企业</td><td>温州格洛博电子有限公司</td><td>标签天线（柔性线路板、UHF/HF 天线、发热膜）</td></tr>
</table>

表3　龙港市新材料产业重点项目简介

名称	投资额 / 亿元	达产期 / 年	预计产值 / 亿元	主营业务
高性能薄膜新材料	20.20	2023	20	光学膜、绝缘膜、太阳能组件背板膜等新材料
医卫用非织造新材料及其他医卫产品	12.09	2023	10	医用以及卫生材料

（二）印刷包装产业

2022 年，龙港市实现印刷包装总产值近 170 亿元。龙港市印刷包装产业的龙头企业见表 4。从产业链角度看，该产业的相关龙头企业主要集中在中游的包装盒、包装袋和印刷制品制造。下一步，龙港市将聚焦先进印刷技术，把握电商发展趋势，建设快速、高效和个性化的产品供应链系统，打造“网络接单 + 个性订制 + 物流运输”的云印刷产业链，实现传统印刷包装产业智能化、数字化转型。力争到 2025 年，印刷包装产业规上工业产值超 150 亿元。

表4　龙港市印刷包装产业龙头企业简介

<table>
<tr><th>行业</th><th>企业类型</th><th>名称</th><th>主营业务</th></tr>
<tr><td rowspan="7">包装</td><td rowspan="5">高新技术企业</td><td>浙江卓凡印刷科技有限公司</td><td>精品礼盒、日化品包装、药盒包装、纸袋、贺卡、文具、礼品包装</td></tr>
<tr><td>浙江新雅包装有限公司</td><td>纸盒、礼盒、纸袋、标签</td></tr>
<tr><td>温州德龙包装制品有限公司</td><td>湿巾袋、环保包装袋、休闲食品、日用品、食品包装袋</td></tr>
<tr><td>浙江嘉盛印务有限公司</td><td>纸质手提袋、礼品袋、酒盒、药盒、化妆品盒、礼品盒</td></tr>
<tr><td>温州博宇日用品有限公司</td><td>环保购物袋、超市保温袋、环保酒袋、西装套、礼品包装袋等</td></tr>
<tr><td rowspan="2">地方重点企业</td><td>浙江小渔包装科技有限公司</td><td>酒盒、包装盒、礼品盒、手提袋、纸袋</td></tr>
<tr><td>浙江鑫祥印业有限公司</td><td>药盒、烟盒、酒盒、金银卡盒、瓦楞彩箱、礼品盒、食品盒、书刊精装画册、中相册、笔记本、广告画册的内外包装和手提袋、不干胶商标等包装系列制品</td></tr>
<tr><td rowspan="2">印刷</td><td>高新技术企业</td><td>温州豪格防伪科技有限公司</td><td>防伪标签、卷筒标签、刮刮卡、防伪吊牌</td></tr>
<tr><td>当地重点企业</td><td>浙江华旭实业有限公司</td><td>笔记本、日历、贺卡、标签、贴纸、绘画本、礼品包装等</td></tr>
</table>

（三）绿色纺织产业

2022 年，龙港市绿色纺织产业总产值达 70 亿元，主要集中在无纺布行业，引进的绿色纺织产业项目（在建）达产后产值可增加 60 亿元。龙港市绿色纺织产业的龙头企业和相关重点在建产业项目见表 5 和表 6。从产业链角度看，该产业的相关龙头企业主要集中在中游的无纺布生产以及下游的无纺布制品制造。下一步，龙港市将加快非织造布核心工艺（水刺、热风、长丝高细纤维）研发，利用新型染色、印花及在线监测等新技术，推动当前的无纺布产品向医疗卫生、个人防护、汽车内饰、建筑防水、农业覆盖物、化学过滤等领域拓展，实现绿色纺织产业环保化、智能化和多元化转型。力争到 2025 年，绿色纺织产业规上工业产值可超 100 亿元。

表5 龙港市绿色纺织产业龙头企业简介

行业	企业类型	名称	主营业务
无纺布	新三板	浙江诚佰环保科技股份有限公司	无纺布袋、棉布袋等
	专精特新企业	华昊无纺布有限公司	无纺布
	地方重点企业	浙江开杰无纺布有限公司	无纺布卷材（工业无纺布、医疗无纺布）、无纺布购物袋
		浙江诚瑞无纺布有限公司	多种类无纺布，热压立体袋、铝箔保温袋、热压斜角袋、热压背心袋、热压平口袋等
		温州天瑞化纤有限公司	无纺布袋（覆膜手提袋、冰袋、束口袋等）
		浙江伟恒无纺布有限公司	无纺布袋（购物袋、手提袋、环保袋）
		温州强达无纺布有限公司	SS 无纺布、防护服无纺布料
		浙江新瑞新材料有限公司	卫材领域水刺无纺布和 SMS 高性能无纺布

表6 龙港市绿色纺织产业重点项目简介

项目名称	投资额/亿元	达产期/年	预计产值/亿元	主营业务
诚德科技股份有限公司年产 18 万吨高性能无纺布及高档卫生用品生产线建设项目	25.6	2023	60	年产 18 万吨高性能无纺布及高档卫生用品

（四）新能源装备产业

龙港市引进的新能源装备产业项目（在建）达产后产值可超 100 亿元。龙港市新能源装备产业的重点在建产业项目见表 7。从产业链角度看，该产业的相关龙头企业主要涉及中游的储能装备生产。下一步，龙港市将依托地理优势，发挥新材料产业基础，重点聚焦关键设备材料、新型储能装备材料，加速风电并网，推动新能源装备产业快速发展。

表7 龙港市新能源装备产业重点项目简介

项目名称	投资额/亿元	达产期/年	预计产值/亿元	主营业务
5GW 光伏异质结电池及组件生产基地项目	50	2023	100	5GW 光伏异质结电池及组件

三、科技创新概况

2022 年，全市 R&D 经费占地区生产总值比重为 1.46%，全省排名第 79；全市拥有高新技术企业为

151 家，高新技术产业增加值占工业增加值比重为 43.33%，全省排名第 82；全市规上工业企业 R&D 经费支出占营业收入比重为 1.61%，全省排名第 56。

（一）区域创新资源布局

龙港市创新平台主要集中在新材料和印刷包装产业。2022 年，全市拥有省级企业研究院 3 家，省级高新技术企业研发中心 12 家。创新平台主要分布在涂厂社区、时代大道以东和东岸村附近（见图 2）。

图 2　龙港市创新平台布局

（二）产业专利分析

龙港市的专利优势主要集中在包装容器和高分子材料制备领域。2022 年，龙港市有效发明专利共 83 件，前十大专利技术领域见图 3。根据申请人分析，浙江世博新材料股份（改性塑料）、浙江强盟实业股份（塑料制品、聚酯薄膜）、温州格洛博电子（射频电子标签）、成都菲斯普科技（食物切片装置）、浙江德迅网络安全技术（网络安防系统）等申请人的专利数量居前。

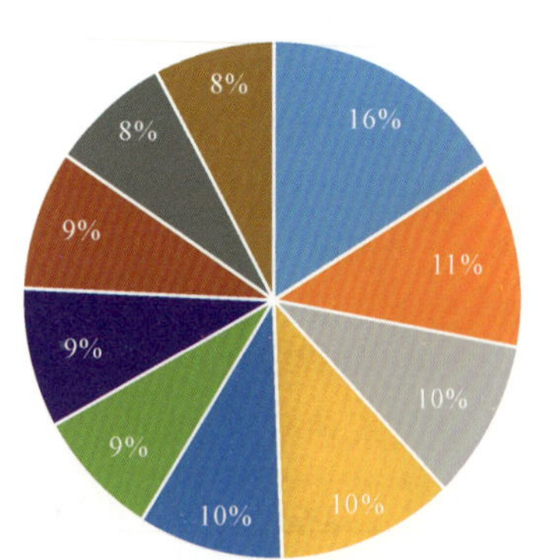

图 3　龙港市专利技术领域分布

四、龙港市未来展望

从产业发展看，龙港市重点提升印刷包装、新型材料、绿色纺织三大百亿优势产业，着力培育新能源装备、生命健康、通用机械三大新兴产业，打造以新能源装备材料为核心的浙南新材料制造产业基地。从科技创新看，龙港市的 R&D 经费占地区生产总值比重、高新技术产业增加值占工业增加值比重等创新指标低于全省平均水平。下一步，龙港市将一体推进青龙湖省级高新区和浙江龙港经济开发区建设，打造以大孵化集群为核心的产业孵化体系、以新型研发机构为核心的技术创新体系，进一步提升浙理工龙港研究院、龙港高分子研究院等平台赋能作用，引育大院名校共建创新载体，努力实现“高原造峰”。

永嘉县产业链创新链全景分析报告

温州永嘉县位于浙江省东南部、瓯江下游北岸，总面积2677.64平方千米，下辖7个街道、4个乡、11个镇。2023年，永嘉县户籍人口为97.99万人，常住人口为88.10万人。地区生产总值为564.45亿元，全省排名第58，全市排名第7。永嘉县拥有“中国长寿之乡”“中国泵阀之乡”“中国拉链之乡”“中国乌牛早茶之乡”“中国教玩具之都”等多张金名片，素有“八山一水一分田”之称。

一、永嘉县产业概况

（一）产业结构

从地区生产总值构成看，2023，永嘉县第一产业增加值为18.67亿元、第二产业增加值为256.96亿元、第三产业增加值为288.82亿元，三次产业增加值结构调整为3.3 ∶ 45.5 ∶ 51.2。

从农业看，永嘉县以特色水果、永嘉麦饼和乌牛早茶为主导。2023年，全县农林牧渔总产值27.89亿元。以早香柚、高山杨梅、白枇杷、优良柑橘为主的特色水果产业产值超5亿元；永嘉麦饼产值超5亿元，并成功上榜“瓯越非遗百家坊”；乌牛早茶产值约2.5亿元，是国家地理标志产品。下一步，永嘉县将重点发展乌牛早茶、永嘉麦饼和永嘉田鱼等特色农产品，以拓展二、三产业为重点发展农业全产业链，打造楠溪优势农业品牌，推动农业产业化快速发展。

从工业看，永嘉县以系统流程装备（泵、阀）、时尚智造（鞋服、纽扣、拉链及配饰）、教玩装备（游乐设备、学前教育装备、教学仪器）为主导。2023年，全县实现规上工业增加值97.09亿元，有规上工业企业625家。产业主要分布见表1。下一步，永嘉县将推进信息技术与泵阀产品融合，推动企业由单一泵阀制造向成套流程装备解决方案转型；推动时尚智造（鞋服、纽扣、拉链及配饰）产业向高端、品质方向升级；推动教玩装备向智能化、多元化方向发展；培育发展数字经济、生命健康和高端装备三大战略性新兴产业，构建“123”现代产业体系。

表1　永嘉县工业主导产业简介

名称	规上工业产值 / 亿元	占全县规上工业总产值比重 /%
系统流程装备（泵、阀）	约 115.00	约 26.15
时尚智造（鞋服、纽扣、拉链及配饰）	约 86.00	约 19.56
教玩装备（游乐设备、学前教育装备、教学仪器）	约 36.60	约 8.32

（二）“南部聚集”的产业空间布局

图 1 展示了永嘉县重点产业平台布局。从工业看，永嘉县工业依托“省级经济开发区”“省级高新区”“省级特色小镇”“省级小微企业园”，在瓯北街道、乌牛街道，重点打造泵阀、教玩具和鞋服时尚产业，布局数字经济和高端装备产业。从农业看，永嘉县农业主要聚集在三江和乌牛街道，围绕“省级现代农业园”，打造乌牛早茶特色农产品优势区。从服务业看，永嘉县服务业围绕楠溪江和茗岙风景区，打造农旅体验休闲区。

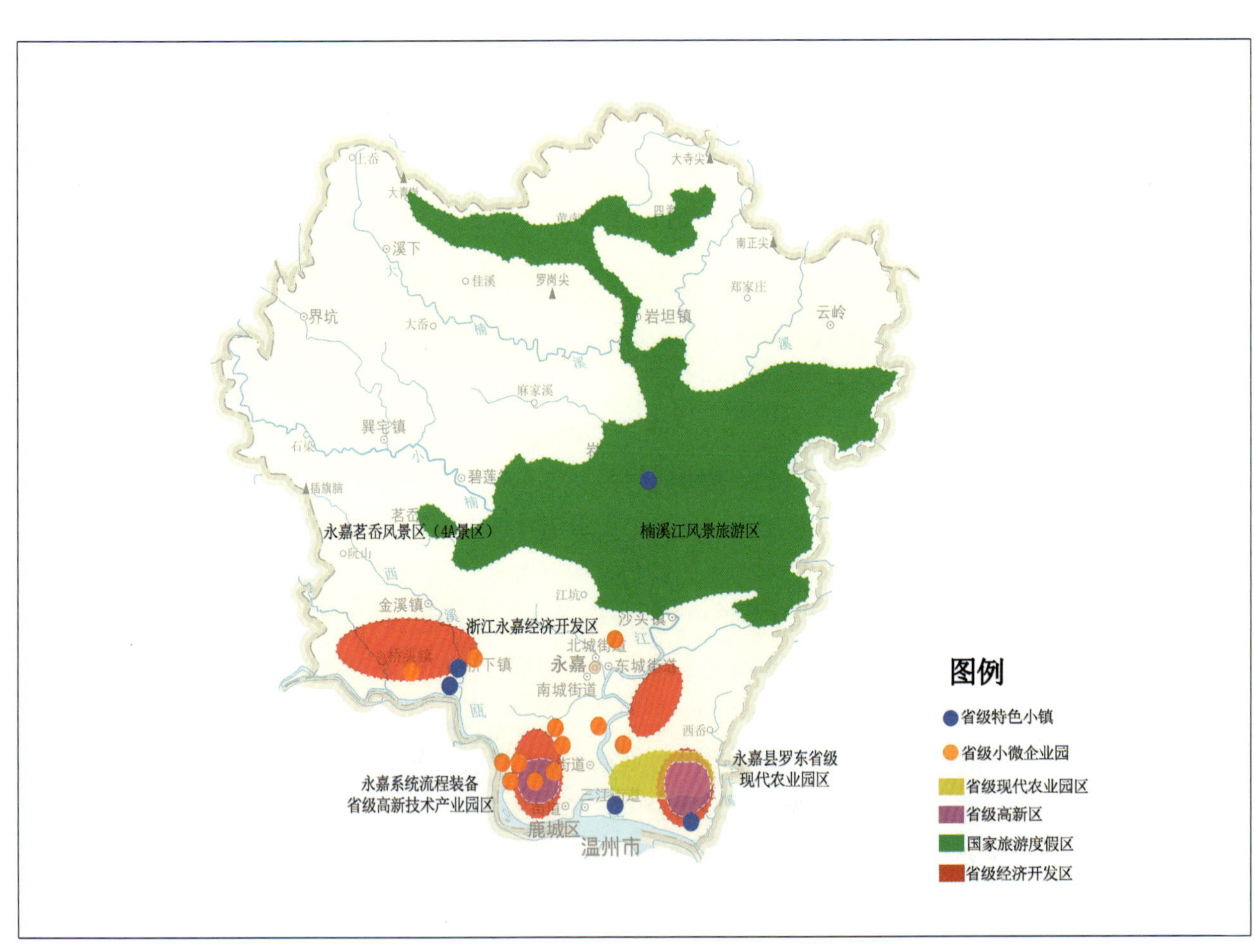

图 1　永嘉县重点产业平台布局

二、重点产业

（一）系统流程装备（泵、阀）产业

永嘉县被中国通用机械工业协会命名为“中国泵阀之乡”，被科技部火炬中心认定为国家火炬计划特色基地。2022 年，永嘉县实现系统流程装备产业规上工业产值约 115 亿元，企业约有 200 多家，是全县生态工业发展的核心产业。永嘉县系统流程装备产业的龙头企业见表 2，主要分布在泵和阀门领域。从产业链角度看，泵阀制造企业主要集中在中游的水泵、阀门、阀门执行器制造和下游机械配件。下一步，永嘉县将依托泵阀的基础，广泛应用新材料、新技术，向智能泵阀产品发展，同时在石油、化工、电力、油气开采、水利等泵阀应用领域打造“拳头”产品。

表2　永嘉县系统流程装备产业龙头企业简介

行业	企业类型	公司名称	主营业务
系统流程装备（泵、阀）	专精特新“小巨人”	保一集团有限公司	阀门、泵、机电设备、石油、天然气设备配套装置等
		环球阀门集团有限公司	电站阀、安全阀、减压阀等通用类阀门，陶瓷阀、减温减压装置等特种非标阀门
		宣达实业集团有限公司	各种阀门、管件、防腐设备
		特技阀门集团有限公司	球阀、闸阀、截止阀、蝶阀、止回阀等国标和美标阀门
		超达阀门集团股份有限公司	金属硬密封球阀、低温阀门、波纹管阀门、对夹止回阀、高压耐磨调节阀、组合三通阀、井口阀等特色产品
		欧维克集团有限公司	阀门、泵、减速机、混合机、管道及配件等
		温州市开诚机械有限公司	泵阀、矿山机械、石化机械、冶金机械等产品铸件
	地方重点企业	球豹阀门有限公司	球阀、球体、阀门配件制造、销售
		方圆阀门集团有限公司	平板闸阀、燃气阀门、电站阀门等专用阀门
		浙江伯特利科技股份有限公司	闸阀、蝶阀、球阀、截止阀、止回阀、特殊阀等
		立信阀门集团有限公司	截止阀、止回阀、旋塞阀、刀形闸阀、不锈钢系列阀、浆液阀
		永一阀门集团有限公司	阀门、泵、机械配件制造、销售
		凯泉集团有限公司	单级泵、多级泵、潜水排污泵、化工泵等
		中泉集团有限公司	水泵、阀门
		纽顿流体科技有限公司	波纹管截止阀、疏水阀、球阀、闸阀、截止阀、蝶阀、止回阀、控制阀、减压阀
		浙江嘉隆机械设备有限公司	管道配件、人孔盖及阀门、五金制品等
		浙江西博思测控技术有限公司	阀门、阀门执行器、自动化仪器、管道配件生产、销售
		浙江嘉松科技有限公司	加油机配件、泵、阀门、自控设备、防爆电气、减速机

（二）时尚智造（鞋服、纽扣、拉链及配饰）产业

永嘉县被誉为“中国拉链之乡”“中国纽扣之都”。2022 年，永嘉县时尚智造产业规上工业产值约 86 亿元，产业内地方龙头企业（上市、地方重点企业等）11 家。永嘉市时尚智造产业的龙头企业见表 3。从产业链角度看，时尚智造企业主要集中在上游的配件生产和中游的皮具、鞋服生产。下一步，永嘉县将支持上市公司继续做大做强，提升鞋服、纽扣拉链产品设计和品牌运营能力，推动时尚产业转型升级，提高产品附加值。

表3 永嘉县时尚智造产业龙头企业简介

行业类别	企业类型	公司名称	主营业务
时尚智造（鞋服、纽扣、拉链及配饰）	上市公司	奥康集团有限公司	男女皮鞋、休闲鞋、皮具配套产品
		浙江红蜻蜓鞋业股份有限公司	皮具、皮鞋产品
		报喜鸟控股股份有限公司	服装、皮鞋皮具
时尚智造（鞋服、纽扣、拉链及配饰）	地方重点企业	浙江日泰鞋业股份有限公司	鞋、服饰、鞋材、皮革制品生产、销售
		浙江金螳螂鞋业有限公司	生产、销售皮鞋、皮革制品、皮带、手套、皮具
		温州长城拉链集团有限公司	金属、注塑、尼龙拉链
		浙江新城钮扣饰品有限公司	钮扣、服装饰品、拉链
		温州市嘉华钮扣服辅饰品有限公司	钮扣、服装辅料、饰品、拉链
		东蒙集团有限公司	纺织服装、服饰业
		浙江迷西仕服饰有限公司	服装、羊毛衫、袜、皮件、皮鞋
		浙江东蒙制衣有限公司	纺织服装生产

（三）教玩具产业

永嘉县被誉为“中国玩具之都”。2022 年，永嘉县实现教玩具产业规上工业产值约 36.6 亿元，产业内地方龙头企业 6 家。永嘉县教玩具产业的龙头企业见表 4。从产业链角度看，教玩具企业主要集中在中游的益智玩具、教学仪器、室内外游乐设备、体育玩具制造。下一步，永嘉县将加大智能技术、信息技术在游乐设备、教学仪器中的应用。

表4 永嘉县教玩具产业龙头企业简介

行业类别	企业类型	公司名称	主营业务
教玩具产业	地方重点企业	浙江巧巧教育科技有限公司	室内外游乐设施设备、儿童幼教玩具的综合性制造
		育才控股集团股份有限公司	教玩具、游乐设备、体育器材、教学仪器设备
		凯奇集团有限公司	幼儿园玩教具户外游乐设施、室内外儿童乐园整体配套设施
		永浪集团有限公司	游乐设备生产
		亚龙智能装备集团股份有限公司	教学仪器设备、教学实训设备、职业技能鉴定设备、教学仿真软件等
		奇特乐集团有限公司	普通露天游乐场所游乐设备制造（不含大型游乐设施）（销售）、教学用模型及教具制造（销售）

三、科技创新概况

2022 年，全县 R&D 经费占地区生产总值比重为 2.43%，全省排名第 54；全县拥有高新技术企业 255 家，高新技术产业增加值占工业增加值比重达 65.78%；全县规上工业企业 R&D 经费支出占营业收入比重达 2.61%。

（一）区域创新资源布局

永嘉县创新平台主要集中在系统流程装备产业。2022 年，全县拥有省级以上企业研究院 21 家，省级以上重点企业研究院 3 家，省级以上重点实验室 1 家，省级以上高新技术企业 42 家。创新平台集聚在瓯北镇、乌牛街道、桥头镇和桥下镇（见图 2）。

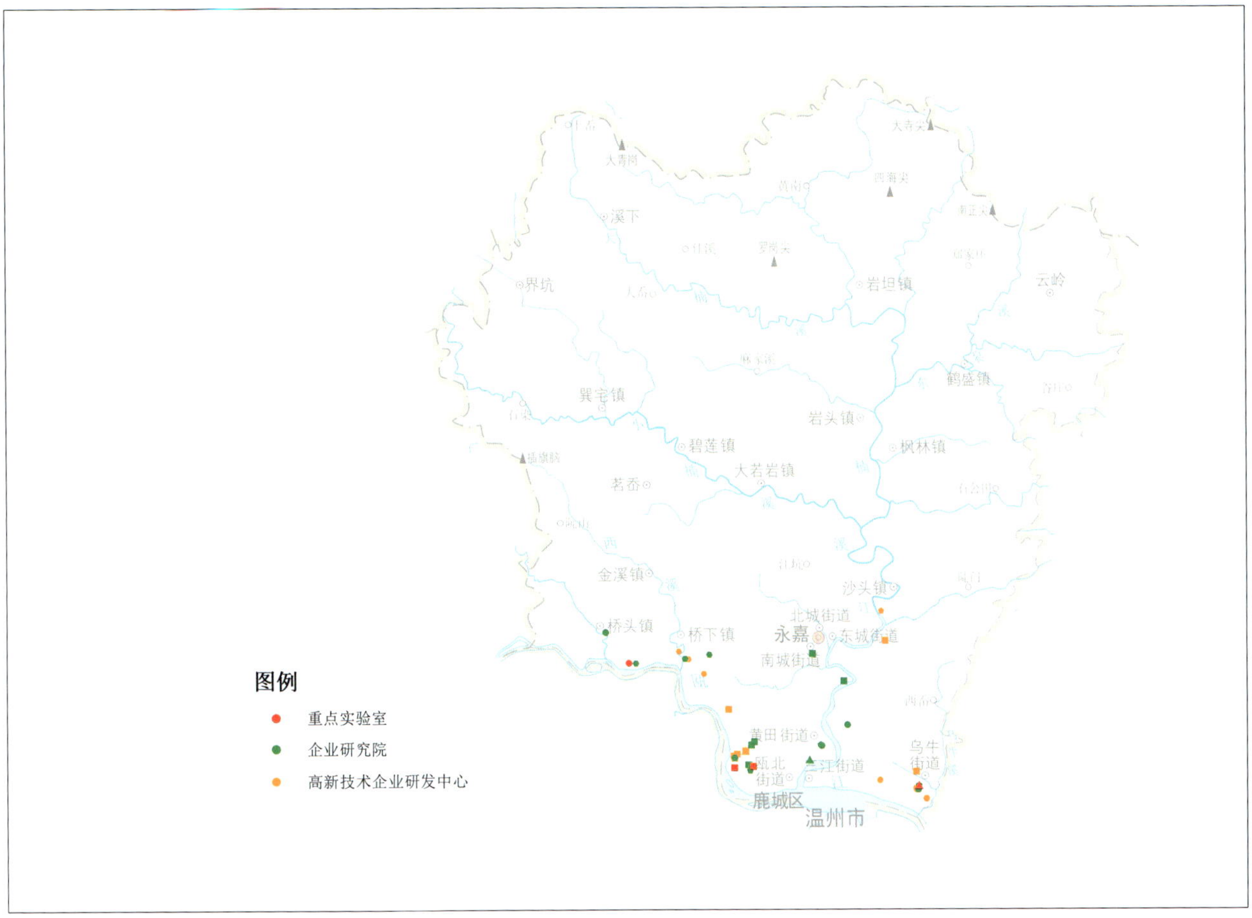

图 2　永嘉县创新平台布局

（二）产业专利分析

永嘉县的专利优势主要集中在泵阀制造、金属加工（机床和零部件）。2022 年，永嘉县有效发明专利共 1660 件，前十大专利技术领域（小类）见图 3。根据申请人分析，超达阀门、保一集团、宣达实业等公司（阀门及零部件），迦南科技（医学容器、清洁设备）、易正科技（车间设备）、红蜻蜓鞋业（鞋材鞋垫、制鞋机械）、优巴信息（3D 打印设备）、瓯锟科技（金属加工）等申请人的专利数量居前。

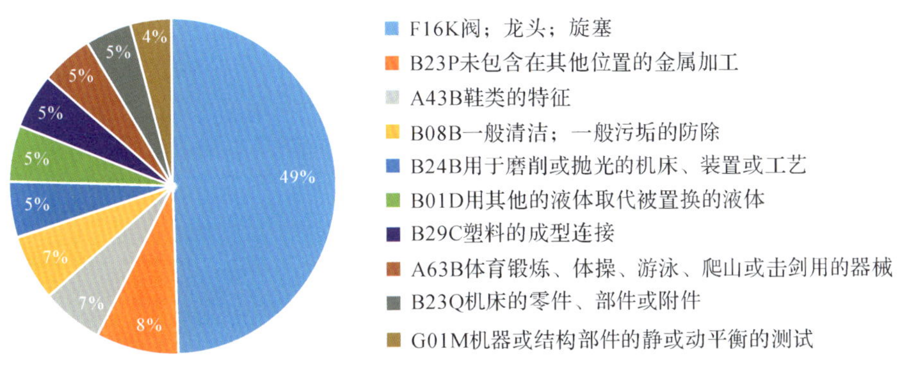

图 3　永嘉县专利技术领域分布

四、永嘉县未来展望

从产业发展看，永嘉县加快推进系统流程装备、时尚智造、教玩装备三大优势产业升级，培育发展数字经济、生命健康和高端装备三大战略性新兴产业。未来将启动中国能源谷“千亩百亿”专精特新产业基地、世界永嘉人贸易港建设，力争工业总产值迈上千亿台阶。从科技创新看，全县R&D经费占地区生产总值比重和规上工业企业R&D经费支出占营业收入比重低于全省平均水平，创新能力较弱。永嘉县将依托浙江大学、杭州电子科技大学等高校院所，聚焦系统流程装备、生命健康、智能装备等细分领域，建设产业创新服务综合体、公共技术中心等，打造一批省级新型研发机构；积极参与长三角科技创新共同体建设，全面融入长三角科技协同创新，全力建设创新活力智城。

平阳县产业链创新链全景分析报告

温州平阳县位于浙江省东南沿海，总面积约 1748 平方千米，下辖 14 个镇、2 个乡。2023 年，全县户籍人口为 87.20 万人，常住人口为 87.10 万人。地区生产总值为 711.81 亿元，全省排名第 48，全市排名第 6。平阳县是全国综合竞争力百强县、全国工业百强县、全国投资百强县、“中国黄茶之乡”、“中国马蹄笋之乡”、“全国武术之乡”、“中国象棋之乡”、“浙江省传统戏剧之乡”，拥有“贝藻王国”美誉的南麂列岛等旅游景区。

一、平阳县产业概况

（一）产业结构

从地区生产总值构成看，2023 年，平阳县第一产业增加值为 23.84 亿元，第二产业增加值为 335.74 亿元，第三产业增加值为 352.24 亿元，三次产业增加值结构调整为 3.3 ∶ 47.2 ∶ 49.5。

从农业看，平阳县深入发展“平阳五个鲜”、黄栀子等特色农产品。2023 年，全县农林牧渔总产值为 40.54 亿元。其中，“平阳五个鲜”（南麂大黄鱼、平阳鸽蛋、平阳马蹄笋、平阳黄汤、怀溪番鸭）产值达 18 亿元，南麂大黄鱼被评为浙江省名品正牌农产品，平阳鸽蛋是国家地理标志证明商标，平阳县获称“中国马蹄笋之乡”，平阳黄汤获评“中华文化名茶”，怀溪番鸭成功入选浙江省农家乐特色菜百味谱。

从工业看，平阳县以智能装备、新材料、时尚轻工产业为主导。2023 年，全县实现规上工业总产值 699.5 亿元，有规上工业企业超 800 家。2022 年平阳县产业主要分布见表 1。下一步，平阳县将以数字经济为引领，重点打造智能装备、新材料、时尚轻工智造等三大五百亿产业集群，加快构建“3+X”工业体系。

表　平阳县三大工业主导产业简介

名称	规上工业产值 / 亿元	占全县规上工业总产值比重 /%
时尚轻工	约 192.70	约 30.93
新材料	约 87.20	约 13.99
智能装备	约 82.20	约 13.19

从服务业看，平阳县以智慧物流、现代金融、特色商贸、数字贸易产业为主导。2023 年，平阳县实

现服务业增加值352.24亿元。下一步，平阳将瞄准带动力强、供需矛盾突出的关键领域，加快构建“四强（智慧物流、现代金融、特色商贸、数字贸易）、四育（创意设计、科技服务、信息服务、商务会展）、四优（文化旅游、教育培训、健康服务、社区服务）”的现代服务业体系。

（二）“东部工业、西部农旅”产业空间布局

图1展示了平阳县重点产业平台布局。从农业看，平阳县农业以腾蛟镇和凤卧镇为主要区域，围绕“平阳县西部省级现代农业园区”，重点发展茶叶、生猪产业。从工业看，平阳县工业以昆阳镇、鳌江镇、水头镇、萧江镇为主要区域，围绕“省级经济开发区”下辖三个工业片区，重点发展智能装备（机械、汽摩配、机电等）、新材料、时尚轻工（塑包、纺织、礼品、皮革等）产业，少部分涉及农产品加工业等。从服务业看，平阳县服务业以鳌江镇为主要区域，围绕“平阳县鳌江现代金融创新发展区”，重点发展现代金融、商务服务和现代商贸服务业；在南雁镇、顺溪镇、山门镇和凤卧镇，围绕“国家旅游度假区”发展旅游产业。

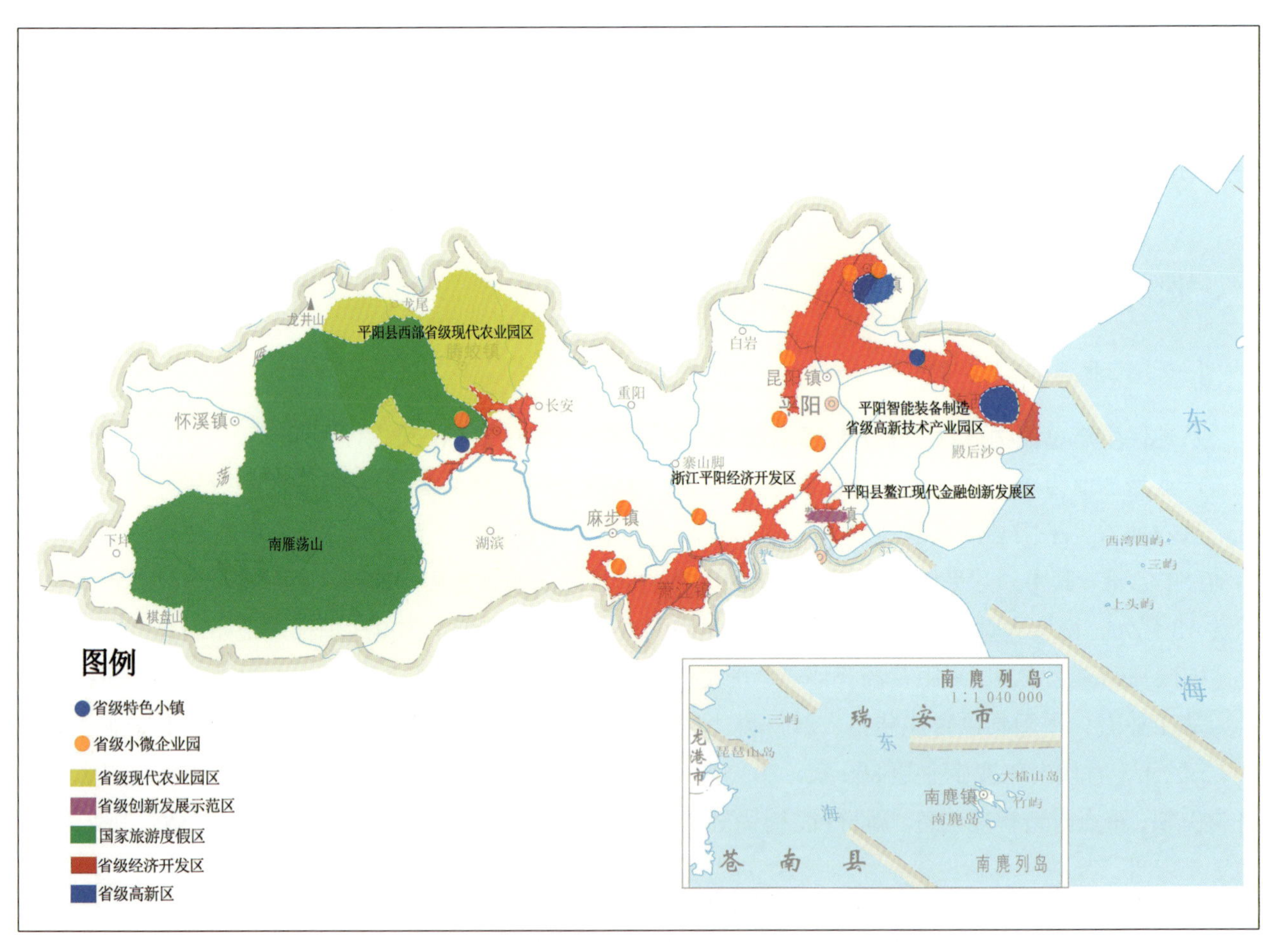

图1　平阳县重点产业平台布局

二、重点产业

（一）时尚轻工产业

2022 年，平阳县时尚轻工产业规上工业产值约 192.7 亿元。平阳县时尚轻工产业的龙头企业见表 2，主要分布在时尚家居、皮革皮件、宠物用品、服装服饰四大行业。从产业链角度看，时尚家居企业主要集中在中游的家居、家纺、厨具、保健电器制造；皮革皮件企业主要集中在中游的皮革制造；宠物用品企业集中在中游的宠物用品制造；服装服饰企业主要集中在中游的服装制造。下一步，平阳县将加强与四川大学中国皮革研究中心、中国皮革制鞋研究所的合作，研发猪皮无铬鞣清洁等关键短板技术，推进皮革皮件产业转型升级；增进与服装设计公司、领先面料商以及智能制造集成商等合作，积极探索新设计、新面料和新工艺，促进服装服饰产业向规范化、集群化和品牌化方向发展；依托豪中豪、春光五金、帅帅电器、嘉博乳胶、臻荣乳胶等重点企业的品牌优势，提高家具家居产品的舒适性和美观性，促进时尚家居产业向定制化、高端化升级。力争到 2025 年，时尚轻工全产业链产值达 370 亿元。

表2　平阳县时尚轻工龙头企业简介

行业类别	企业类型	公司名称	主营业务
时尚家居	新三板	浙江子久文化股份有限公司	木艺包装盒及茶家具
		浙江钜士安防科技股份有限公司	锁具、智能锁及智能家居产品
	地方重点企业	浙江豪中豪健康产品有限公司	保健电器、护腰、服装制作
		春光五金有限公司	实木及铝木复合门窗、幕墙门窗、塑料门窗、铝合金门窗等五金配件
		浙江帅帅电器科技有限公司	经典矿岩石不粘炒锅等厨具
		温州嘉博乳胶制品有限公司	天然乳胶枕芯、靠垫、床垫等
		温州臻荣乳胶制品有限公司	乳胶枕、乳胶床垫、服装制作
皮革皮件	地方重点企业	浙江兴华皮件有限公司	皮革制品
		温州创汇皮革有限公司	制革加工
		温州奋起服饰有限公司	服装及辅料、皮革制品、五金配件
宠物用品	上市公司	温州源飞宠物玩具制品股份有限公司	宠物玩具、皮塑制品、宠物日用品（牵引绳、项圈）、宠物食品
		佩蒂动物营养科技股份有限公司	宠物食品（肉质零食、营养保健品、饼干）、宠物玩具
	地方重点企业	锦恒控股集团有限公司	宠物日用品、宠物玩具
服装服饰	上市公司	浙江乔治白服饰股份有限公司	西裤、衬衫、职业装、上衣、西服、马甲、裙子、茄克、风衣、校服
	新三板	浙江艾叶文化艺术品股份有限公司	高端丝绸复刻古字画、拎包、丝巾、新中式服饰等文化衍生品

（二）新材料产业

2022 年，平阳县新材料产业规上工业产值约 87.2 亿元。平阳县新材料产业的龙头企业见表 3。从产业链角度看，新材料产业的龙头企业主要集中在上游的化学原料，中游的功能性膜材、金属新材料制造，下游的塑料编制产品生产。下一步，平阳县将重点开发多层共挤聚丙烯薄型膜 BOPP 膜材，积极拓展农用薄膜、水处理膜、3C 产品包装、电子器件麦拉、食品保鲜阻隔包装、光学高透 / 高雾等应用领域的功能性膜材；大力拓展高性能、多用途、复合结构塑料编织产品，推动塑编塑包产业绿色化、功能化、轻量化、特色化发展；与北京有色金属研究总院、河南科技大学、上海大学开展合作，开发高纯度低氧铜材料、导电导热率高、接触电阻低及质量轻耐腐蚀铜铝合金、功能铜合金、铜基复合材料等新材料。力争到2025年，新材料全产业链产值达450亿元。

表3　平阳县新材料龙头企业简介

行业类别	企业类型	公司名称	主营业务
高分子材料	温州百强	温州晨光集团有限公司	外包装编织袋、盖光彩印袋
	专精特新“小巨人”	浙江瑞成新材料股份有限公司	化学原料和化学制品
	隐形冠军企业	启明新材料股份有限公司	高性能膜材料、塑料薄膜（不含农膜）等塑料制品
金属新材料	地方重点企业	正威（平阳）控股有限公司	有色金属合金

（三）智能装备产业

智能装备产业是平阳县传统支柱产业，2022年该产业规上工业产值约82.2亿元。平阳县智能装备产业的地方龙头企业见表4，主要分布在印包装备、基础装备和汽车零部件三大行业。从产业链角度看，印包装备企业主要集中在中游的印包成套装备制造；基础装备企业主要集中在上游的机械配件和中游的基础装备制造；汽车零部件企业主要集中在中游的汽车传动制动系统生产。下一步，平阳县将重点发展高速高精印刷装备（无轴全伺服印刷机）、高效清洁的包装材料、高效包装成套设备（包装容器成型设备）等领域，积极发展复合驱动电子机械制动系统、全电驱动的汽车制动系统及电子驻车制动系统等产品，大力发展高精度、高传动效率的减速机械，长寿命的齿轮传动，蜗轮蜗杆传动等装置。力争到2025年，智能装备全产业链产值达200亿元。

表4　平阳县智能装备龙头企业简介

行业类别	企业类型	公司名称	主营业务
印包装备	上市公司	浙江炜冈科技股份有限公司	印刷机、胶印机、模切机
	专精特新“小巨人”	国望科技（浙江）有限公司	专用设备（印刷、制浆和造纸、金属切割及焊接、日用品生产）、电气机械设备、智能控制系统集成、人工智能应用软件开发
		温州中科包装机械有限公司	全自动天地盖纸盒设备
		浙江劲豹机械有限公司	网版印刷机
		浙江新德宝机械有限公司	新饮食智能包装纸容器设备（纸杯机等）
	地方重点企业	浙江大源机械有限公司	烫金、模切设备、分切设备
		浙江森盟包装有限公司	食品包装机械及配件、食品包装模具
基础装备	新三板	浙江环诺环保科技股份有限公司	环保产品、环保设备、蒸发器
	温州百强	浙江三星机电股份有限公司	洗衣机配件
	专精特新“小巨人”	精工阀门集团有限公司	阀门
		三联传动机械有限公司	减、变速机
	地方重点企业	浙江恒齿传动机械有限公司	减速机
汽车零部件	专精特新“小巨人”	浙江力邦合信智能制动系统股份有限公司	汽车盘式、电子驻车、智能等制动系统

三、科技创新概况

2022年，全县R&D经费占地区生产总值比重为1.94%，全省排名第70；全县拥有高新技术企业243

家，高新技术产业增加值占工业增加值比重达 64.08%；全县规上工业企业 R&D 经费支出占营业收入比重达 2.08%，全省排名第 27。

（一）区域创新资源布局

平阳县创新平台主要集中在智能装备产业。2022 年，全县拥有省级重点企业研究院 1 家，省级企业研究院 17 家，省级高新技术企业研发中心 47 家，省级孵化器 1 家。创新平台主要分布在万全镇、鳌江镇、昆阳镇和萧江镇（见图 2）。

图 2 平阳县创新平台布局

（二）产业专利分析

平阳县的专利优势集中在电开关、高分子化合物、阀、龙头等领域。2022 年，平阳县有效发明专利共 3387 件，前十大专利技术领域（小类）见图 3。根据申请人分析，福达合金材料股份（金属新材料）、人本集团（智能装备）、中广核俊尔新材料（新材料）、奔腾激光（温州）（智能装备）、浙江三星机电（机电）等申请人的专利数量居前。

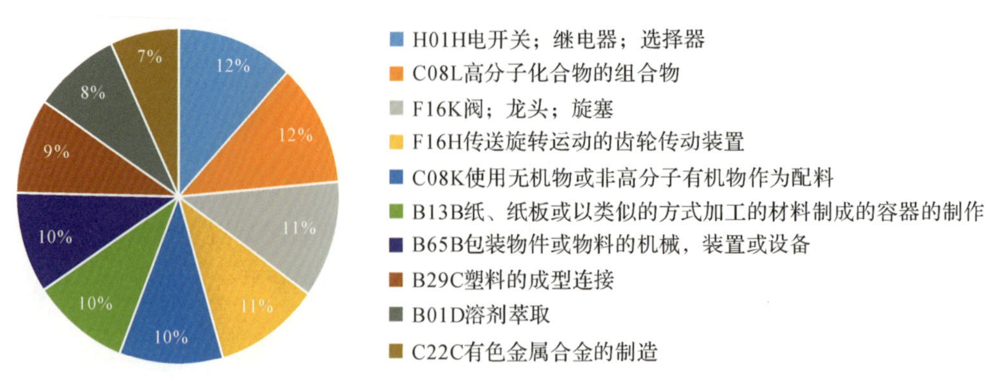

图 3　平阳县专利技术领域分布

四、平阳县未来展望

从产业发展看，平阳县将重点打造智能装备、新材料、时尚轻工智造等三大五百亿产业集群，加快打造具有核心竞争力的温州南部先进制造业核心区、温州南部时尚轻工智造基地、长三角新材料制造基地，以及具有全球竞争力的印包装备制造基地、全球最大的咬胶食品生产基地。从科技创新看，平阳县规上工业企业研发投入占比较低，规上工业企业 R&D 经费支出占营业收入的比重偏低，高端创新要素有待进一步集聚。平阳县将深化省级高新技术产业园区创建，高水平建设武汉大学平阳创新中心、浙江理工大学平阳研究院等平台，加快建立全域创新体系。

苍南县产业链创新链全景分析报告

温州苍南县位于浙江省沿海的最南端，素有“浙江南大门”之称。苍南县总面积约1068.71平方千米，下辖16个镇、2个乡。2023年，全县户籍人口为95.50万人，常住人口为84.85万人。地区生产总值为471.92亿元，全省排名第61，全市排名第8。苍南县是“全国百强县”“中国塑编之都”“中国紫菜之乡”，拥有玉苍山、渔寮、碗窑、炎亭等旅游区。

一、苍南县产业概况

（一）产业结构

从地区生产总值构成看，2023年，苍南县第一产业增加值为31.92亿元，第二产业增加值为185.09亿元，第三产业增加值为254.91亿元，三次产业增加值结构调整为7.3 ∶ 38.1 ∶ 54.6。

从农业看，苍南县以番茄、大黄鱼、紫菜产业为主导。2023年，全县农林牧渔业总产值为超50亿元。番茄全产业链产值10.9亿元；大黄鱼产业产值超10亿元，“温州大黄鱼”获得农产品国家地理标志证明商标；紫菜产业产值达10亿元左右，年产量占全国1/7。下一步，苍南县将推广大黄鱼集约化、现代化养殖，构建数字渔业；扩大苍南紫菜品牌影响力，构建紫菜类速食产品产业链，提高产品附加值；大力培育茶叶龙头企业，谋划五凤八亩后村老茶厂招商，擦亮茶产业品牌。

从工业看，苍南县以塑料制品、纺织服装、印刷包装、智能仪器仪表产业为主导。2023年，苍南县规上工业增加值53.68亿元，有规上工业企业396家。2022年苍南县产业主要分布见表1。下一步，苍南县将打造智能仪器仪表制造一个先锋引领产业，推动塑料制品、印刷包装、纺织服装、纸制品、食品加工等五大传统优势产业转型升级，重点培育清洁能源一个产业发展新引擎，协同推进港口经济、矿山行业、生命健康等“N”个苍南特色产业，共同构建“151N”发展新态势。

表1　苍南县特色工业简介

名称	规上工业产值 / 亿元	占全县规上工业总产值比重 /%	备注
塑料制品	超 70.00	超 28.43	塑料制品总产值超百亿元
纺织服装	43.41	17.63	

续表

名称	规上工业产值 / 亿元	占全县规上工业总产值比重 /%	备注
印刷包装产业	约 15.70	约 6.38	
智能仪器仪表产业	约 14.89	约 6.48	
纸制品产业	约 14.32	约 5.82	
食品加工产业	超 4.87	超 1.98	
清洁能源	—	—	已投资的在建项目达产后预计产值超 308.2 亿元

从服务业看，苍南县以旅游业、电子商务、现代物流和工业设计为主导。2022 年，苍南县服务业总营收约 300 亿元（其中旅游业总营收为 181.03 亿元），苍南县重点生产性服务业产业主要分布见表 2。下一步，苍南县将加强创新，加速拓展生产性服务业。

表2　苍南县重点生产性服务业简介

名称	总营收 / 亿元	占全县服务业总营收比重 /%
电子商务	174.00	58.00
现代物流	约 99.90	约 33.00

（二）“南北集聚”的产业空间布局

图 1 展示了苍南县重点产业平台布局。从工业看，苍南县工业依托“省级经济开发区”“省级小微企业园”呈现南北集聚分布格局，主要集中在灵溪镇、望里镇、钱库镇和赤溪镇，重点打造光机电制造、康养和印刷包装产业。从农业看，苍南县农业主要集中在桥墩镇、灵溪镇和马站镇，围绕“苍南县沿江省级现代农业园区”“苍南县特色果蔬农业科技园区”，重点打造生猪、茶叶生产以及番茄种植。从服务业看，苍南县服务业在马站镇，围绕“苍南渔寮湾乐活小镇”，重点打造旅游度假和康体养生产业；围绕“苍南经济开发区”“浙台（苍南）经贸合作区”，重点打造现代物流、商贸服务、生命健康产业。

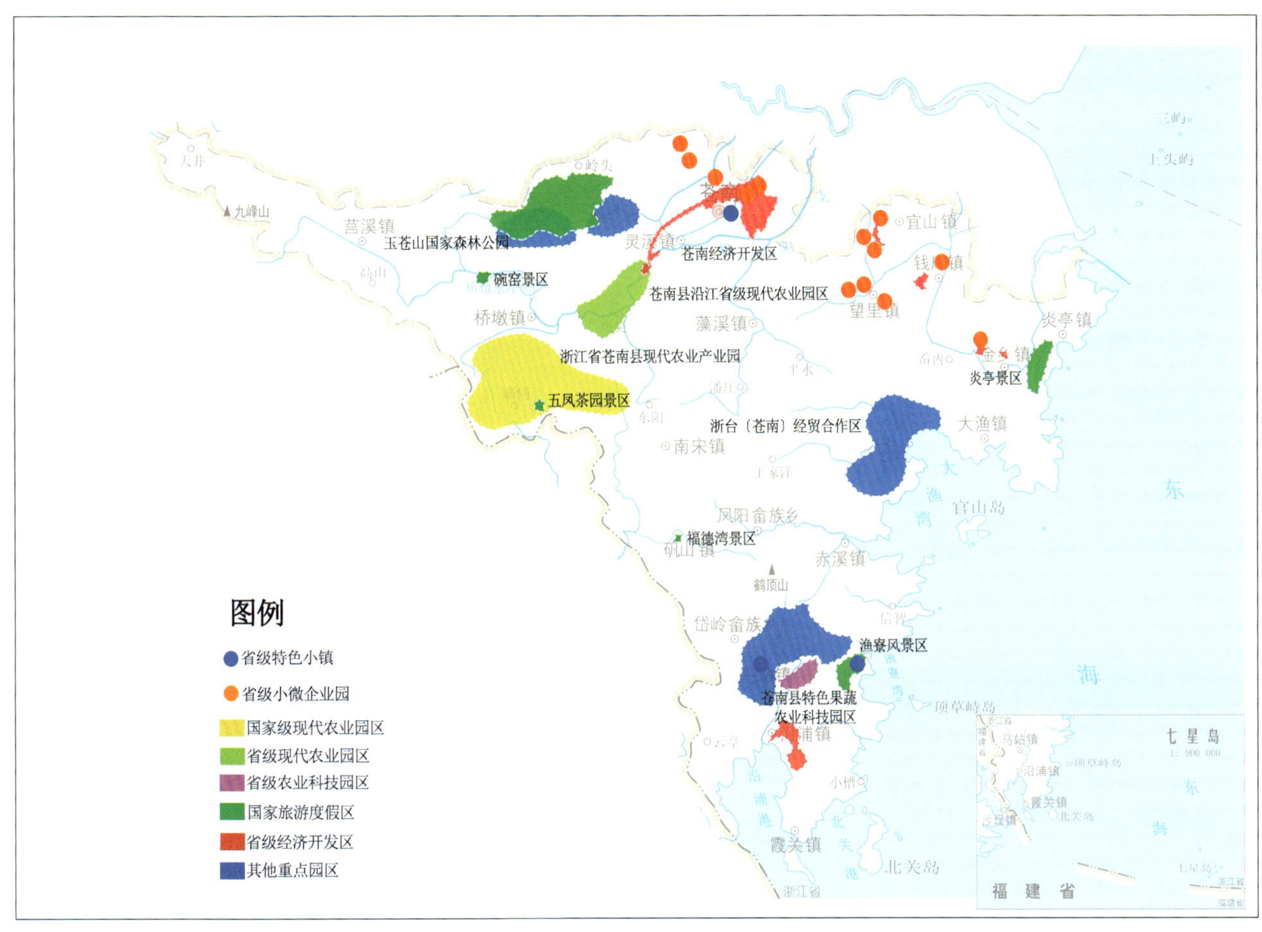

图 1　苍南县重点产业平台布局

二、重点产业

（一）塑料制品产业

2022 年，苍南县塑料制品产业规上工业产值超 70 亿元，是苍南县的主导产业。苍南县塑料制品产业的龙头企业见表 3。从产业链角度看，该产业的相关龙头企业主要集中在上游的原材料生产和中游塑料产品制造。下一步，苍南县将重点聚焦新材料领域，发展再生塑料、可降解塑料、合金工程塑料、改性工程塑料，以及高档塑料编织袋和附加值较高的塑料薄膜。

表3　苍南县塑料制品产业龙头企业简介

行业	企业类型	公司名称	主营业务
塑料制品	专精特新“小巨人”	温州鑫泰新材料股份有限公司	PP 高分子材料研发、生产
		浙江强盟实业股份有限公司	BOPET 聚酯薄膜、开发薄膜
	地方重点企业	温州鑫泰新材料股份有限公司	PP 高分子材料研发、生产
		浙江坤诚塑业有限公司	塑料编织袋、食品袋、包装
		温州喜发实业有限公司	专业定做彩印、普印编织袋的大型包装制造商
		温州德泰塑业有限公司	编织袋、特宽编织袋、特宽开幅编织布、饲料包装袋、食品包装袋、化工系列纸塑复合包装袋及方形阀口包装袋

续表

行业	企业类型	公司名称	主营业务
塑料制品	地方重点企业	南塑集团有限公司	塑料编织品、集装吨袋、纸塑三复合袋、手提袋、镀铝袋、篷布袋
		温州升阳塑业有限公司	包装袋等
		浙江品诚包装有限公司	纸塑复合袋、彩膜袋、方底袋、阀口袋、七字口袋、内衬袋、铝箔袋、热中封口袋、边逢底袋
		浙江瑞旺科技有限公司	食品用塑料包装

（二）纺织服装产业

2022 年，苍南县纺织服装产业规上工业产值约 43.41 亿元，企业超 2400 家，以中小企业居多。苍南县纺织服装产业的龙头企业见表 4。从产业链角度看，纺织服装企业主要集中在上游的纺织品生产，中游的服装产品制造。下一步，苍南县将发挥纺纱、织布加工的产业配套优势，推进棉纺针织、箱包、时尚鞋业集聚发展，提升再生纺织品绿色循环发展水平。

表4　苍南县纺织服装产业龙头企业简介

行业	企业类型	公司名称	主营业务
纺织服装	规上百强（市级）	浙江旺远无纺布有限公司	无纺布制品、聚丙烯
	国家高新技术企业	苍南诚华纺织有限公司	内衣、服装
		苍南县一创纺织有限公司	再生棉纱
	地方重点企业	浙江温州曙光正邦纺织有限公司	高档服装面料
		天成纺织有限公司	再生棉纱
		苍南宜山大华纺织有限公司	再生纯棉纱、再生棉纱

（三）印刷包装产业

2022 年，苍南县印刷包装产业规上工业产值约 15.70 亿元。苍南县印刷包装产业的龙头企业见表 5。从产业链角度看，印刷包装企业主要集中在上游的原料生产，中游的纸制品、包装、出版物制造。下一步，苍南县将重点发展新型数字印刷技术，物联网智能、功能性智能包装，以及可降解、可重复利用环保包装材料，开发网络化、智能化、柔性化成套印刷装备，打造全省印刷业转型升级示范区。

表5　苍南县印刷包装产业龙头企业简介

行业	企业类型	公司名称	主营业务
印刷包装	国家高新技术企业	苍南县包装印刷厂	高档礼品盒、激光防伪商标、挂历贺卡
		诚德科技股份有限公司	食品、药品、日化包装袋、医用口罩
	科技型中小企业	苍南凯思特印刷包装有限公司	商标、包装
	地方重点企业	温州市英可尔油墨有限公司	专业从事凹版印刷油墨生产
		浙江顺福印业有限公司	专业印刷出版物、礼盒、画册、药盒等各种中高档产品
		温州凯泽印业有限公司	书刊装订、吊牌、牙膏盒、药盒、拼图、礼品盒等产品

（四）智能仪器仪表产业

2022 年，苍南县智能仪器仪表产业规上工业产值约 14.89 亿元。当地相关龙头企业见表 6。从产业链角度看，智能仪器仪表企业主要集中在上游的元器件和中游的仪器仪表。下一步，苍南县将重点发展超声波、智能涡轮等流量仪器仪表制造，拓展仪器仪表上下游产业链，打造产业智能制造生态链。

表6　苍南县智能仪器仪表产业龙头企业简介

行业	企业类型	公司名称	主营业务
智能仪器仪表	专精特新“小巨人”	浙江苍南仪表集团股份有限公司	工业及商用燃气流量计
		天信仪表集团有限公司	流量仪表和燃气应用系统
		维融科技股份有限公司	点验钞机
	规上百强（市级）	浙江东星软件开发有限公司	天然气流量计用的系列体积修正仪、预付费控制器
	国家高新技术企业	浙江苍南仪表集团东星智能仪表有限公司	民用燃气表（基表、预付费表、无线远传表及物联网表）
	地方重点企业	浙江天信仪表科技有限公司	供水计量、智能超声波水表

（五）清洁能源产业

2022年，苍南县引进的清洁能源产业项目（在建）达产后产值可超300亿元，主要分布在核电、风电、光伏三大领域。苍南县清洁能源产业的重点项目见表7。从产业链角度看，核电企业主要集中在上游的核岛设备；风电企业主要集中在中游的风机零部件、风机整机制造，下游的风电运营；光伏企业主要集中在下游的光伏电站建设。下一步，苍南县将培育壮大核电构件、电力仪表、核电阀门、核电材料等核岛关键设备，推动核电与电力仪表、泵阀等特色产业深度结合。

表7　苍南县清洁能源产业重点项目简介

行业	项目名称	投资额/亿元	预计产值/亿元	主营业务	
清洁能源	浙江三澳核电项目	1200.00	超200.00	核电	采用完全知识产权的第三代核电技术“华龙一号”，建设6台120万千瓦的压水堆核电机组，年发电约525亿千瓦时
	远景苍南零碳产业基地	50.00	超100.00	风电	海上风电总装基地及配套产业链、海上运维基地、储能产业基地
	华润电力苍南1号海上风电	75.91	5.20		规划装机容量20万千瓦，包括海上风机、海上升压站、陆地计量站等
	苍南2号海上风电	超55.00	3.00		总装机容量约30万千瓦
	华能苍南4号海上风电	超87.20			规划装机容量20万千瓦，包括海上风机、海上升压站、陆地计量站等
	中核80MWP光伏发电	超3.20		光伏	建设200MWP集中式地面光伏电站，一期装机容量80MWP，占地面积2000亩，配套用地6亩，投产后年发电量约8000万千瓦时

三、科技创新概况

2022年，全县R&D经费占地区生产总值比重为1.46%，全省排名第79；全县拥有高新技术企业115家，全省排名第69；全县高新技术产业增加值占工业增加值比重达45.02%；全县规上工业企业R&D经费支出占营业收入比重达2.26%，全省排名第16。

（一）区域创新资源布局

苍南县创新平台主要集中在塑料制品、印刷包装和智能仪器仪表产业。2022 年，全县拥有省级企业研究院 12 家，省级高新技术企业研发中心 24 家，省级孵化器 1 家。创新平台主要分布在苍南北部的灵溪镇、金乡镇、宜山镇和钱库镇（见图 2）。

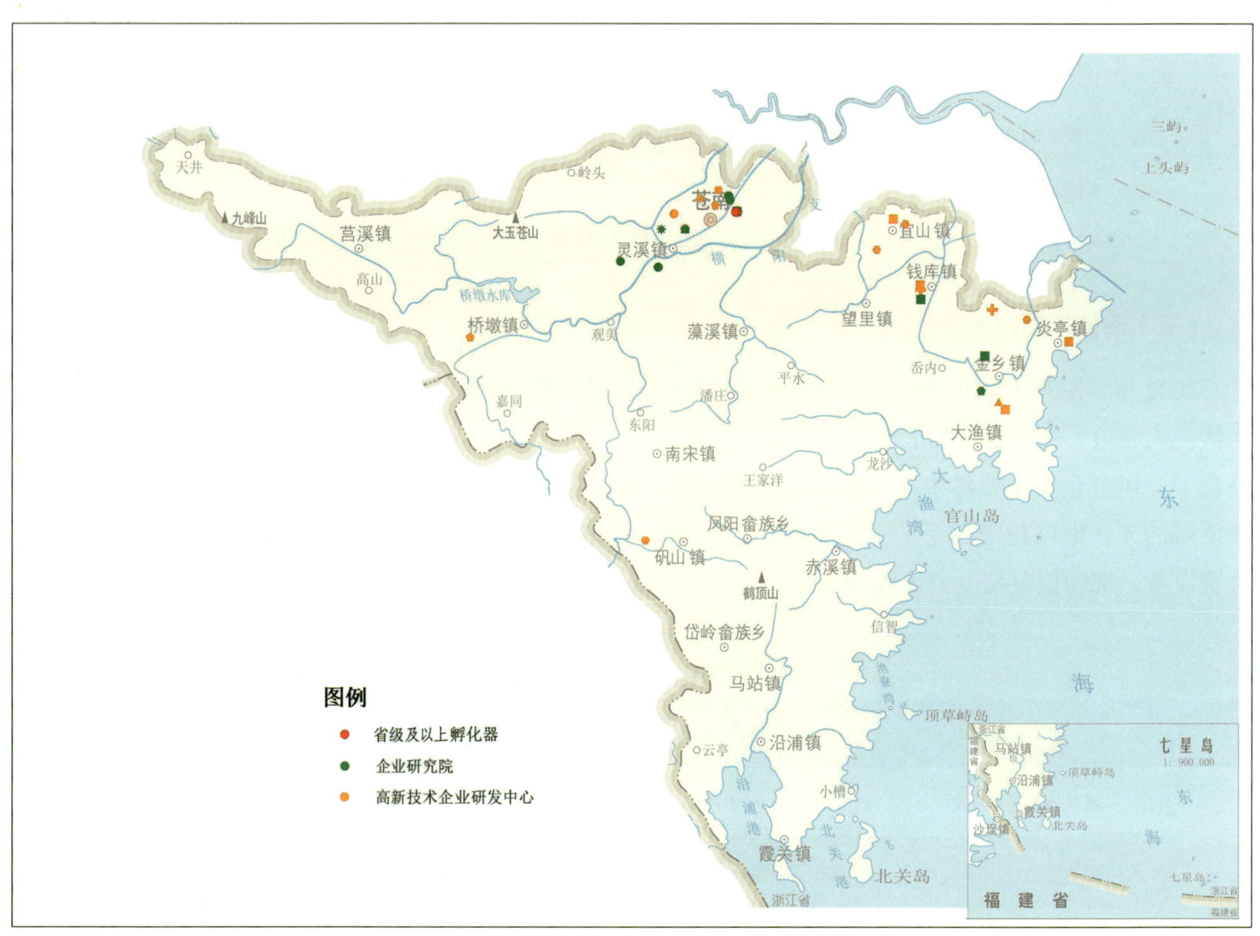

图 2　苍南县创新平台布局

（二）产业专利分析

苍南县的专利优势主要集中在营养及医药制品领域。2022 年，苍南县有效发明专利共 1048 件，前十大专利技术领域见图 3。根据申请人分析，浙江维融电子科技（金融设备机具）、辉肽生命健康科技（益生菌、蛋白粉）、铂辉生物科技（化妆品、护肤品）、宝丰印业（环保纸制品、食品包装）等申请人的专利数量居前。

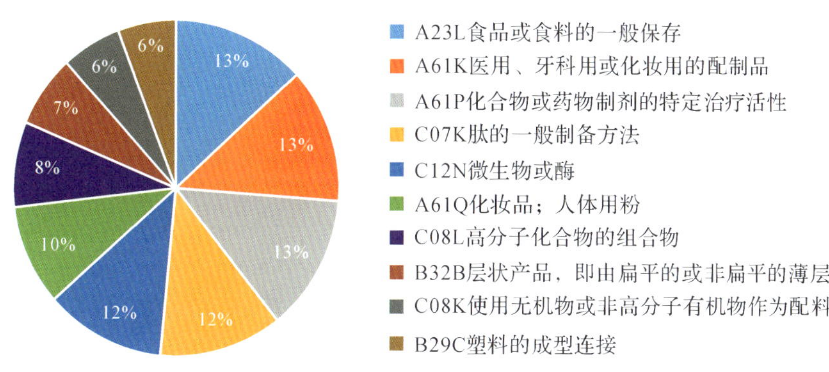

图 3　苍南县专利技术领域分布

四、苍南县未来展望

从产业发展看，苍南县着力构建智能仪器仪表制造引领产业，塑料制品、印刷包装、纺织服装、纸制品、食品加工等五大传统优势产业，加快构建以“千亿核电、千亿风电”为引领的清洁能源全产业链。从科技创新看，苍南县规上工业企业 R&D 经费支出占营业收入比重全省排名靠前，区域创新能力较强。苍南县将以中国核谷建设为主引擎，发挥服务型制造绿色产业研究院、中科苍南创新中心、温大苍南研究院等平台作用，加快建设优势领域创新策源地。

文成县产业链创新链全景分析报告

温州文成县位于浙江省南部，总面积1292.16平方千米，下辖5个乡、12个镇。2023年，全县户籍人口为40.26万人，常住人口为29.22万人。地区生产总值为136.81亿元，全省排名第87，全市排名第12。文成县是“中国长寿之乡”“两山”发展百强县，拥有天顶湖国际旅游度假区，刘伯温故里、“中华第一高瀑——百丈漈”等旅游景点。

一、文成县产业概况

（一）产业结构

从地区生产总值构成看，2023年，文成县第一产业增加值为10.69亿元，第二产业增加值为33.73亿元，第三产业增加值为92.39亿元，三次产业增加值结构调整为7.8 ∶ 24.7 ∶ 67.5。

从农业看，文成县以高山蔬菜、杨梅和茶叶为主导。2023年，全县农林牧渔总产值16.43亿元。其中高山蔬菜产值超3亿元；杨梅（国家农产品地理标志登记保护）产值约3亿元；以贡茶为主的茶叶产值超1亿元；糯米山药（国家农产品地理标志登记保护）产值超1亿元。下一步，文成县将重点发展高山稻米、文成贡茶、杨梅、高山蔬菜等产业，构建“1+3+N”现代农业结构体系。

从工业看，文成县以食品饮料加工、装备制造业、时尚轻工产业为主导。2023年，全县规上工业增加值6.4亿元，规上工业企业59家。2022年文成县产业主要分布见表1。下一步，文成县将进一步发展三大优势主导产业和食品加工、新型建材、绿色能源等特色工业，加快形成“3+X”产业体系。

表1　文成县工业主导产业简介

名称	总产值/亿元
食品饮料加工	约13.00
装备制造	约10.00
时尚轻工	约6.00

（二）“中部工业、南部农旅”的产业空间布局

图1展示了文成县重点产业平台布局。从农业看，文成县农业主要聚集在二源镇和南田镇的高山平

台，依托“省级农业科技园区”，重点培育高山蔬菜、水果、可食用花卉等特色农产品。从工业看，文成县工业围绕“省级经济开发区”“省级小微企业园”，在百丈漈镇、大峃镇和巨屿镇，重点发展汽车零部件和设备制造、食品加工业、新型建材、绿色能源，少部分涉及文创、时尚轻工产业。从服务业看，文成县服务业围绕“省级创新发展区”和“省级特色小镇”，打造农旅体验休闲区。

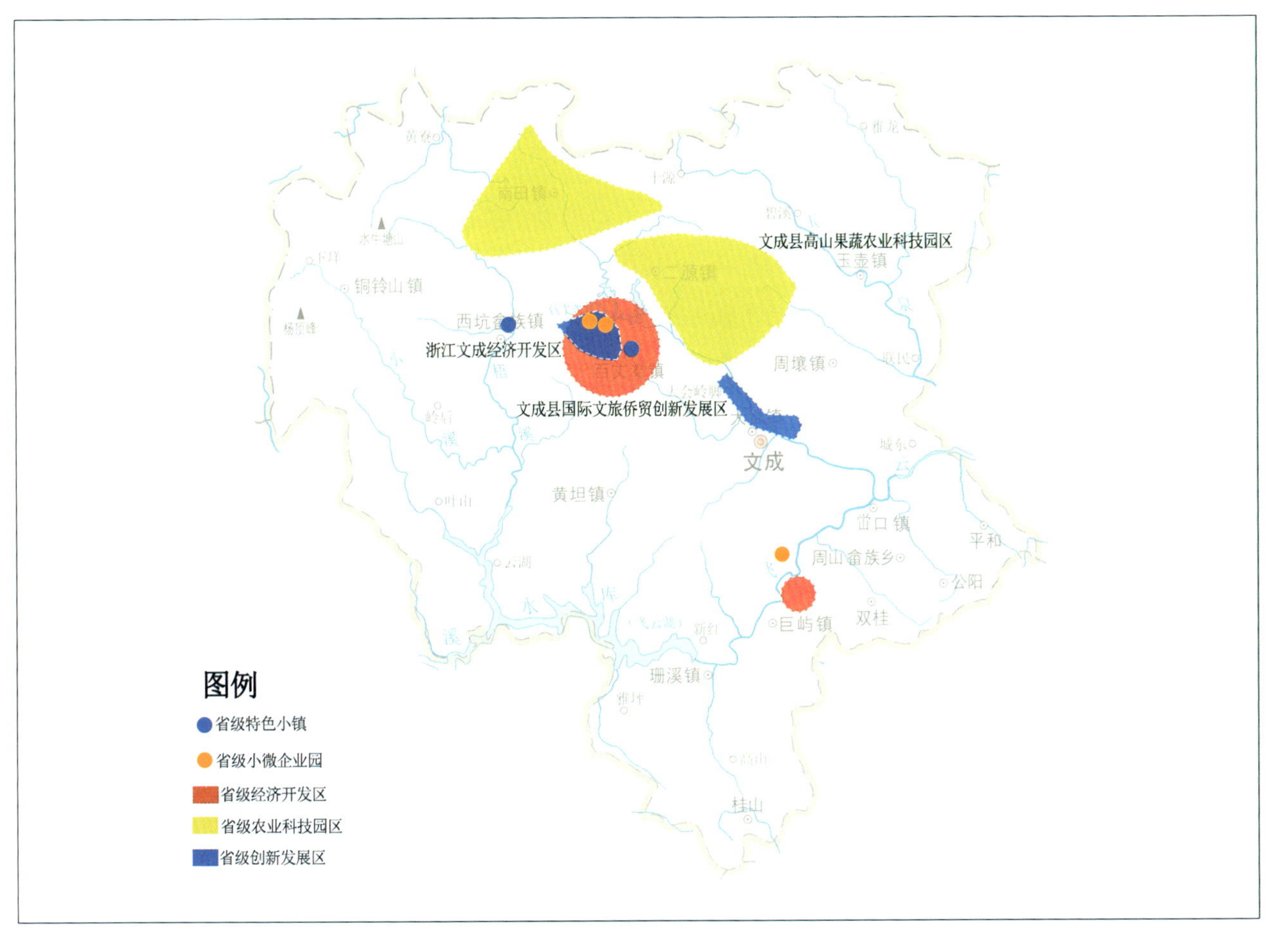

图 1　文成县重点产业平台布局

二、重点产业

（一）食品饮料加工产业

2022 年，文成县食品饮料加工产业总产值约 13 亿元。文成县食品饮料加工产业的相关龙头企业见表 2。从产业链角度看，食品饮料加工企业主要集中在中游的饮料、酒、液体调味料（食醋、果醋）生产。下一步，文成县将引进娃哈哈智能化饮料生产基地和魔饮 COCO 蜜等项目，大力发展饮用水、饮料等水经济产业，同时扶持发展有机绿色食品和休闲食品加工。力争到 2025 年，全县食品饮料加工产业产值达 32 亿元。

表2　文成县食品饮料加工产业龙头企业简介

行业	企业类型	公司名称	主营业务
食品饮料加工	地方重点企业	浙江帝师酒业有限公司	酒、饮料和精制茶制造
		浙江伯温酿酒有限公司	白酒、黄酒、食醋、调味料（液体）生产
		文成县珍谷酒业有限公司	黄酒、白酒、果酒、醋系列产品的生产

（二）装备制造产业

2022年，文成县装备制造产业总产值约10亿元，产业内地方龙头企业（专精特新“小巨人”、地方重点企业）18家，主要分布在通（专）用设备制造和汽车零部件两大领域。文成县装备制造产业的龙头企业见表3。从产业链角度看，装备制造企业主要集中在上游的基础零部件生产，中游的成套设备；汽车零部件企业主要集中在中游的制动系统零部件、电器仪表系零部件、车身附件制造。下一步，文成县将发展高端精密泵阀，高性能、高可靠性的机械基础零部件制造及通用航空器材维护维修、加工组装等装备制造业；加大节能减排技术的改造投入，逐步实现行业绿色化生产。力争到2025年，全县装备制造产业集群全产业链产值达25亿元。

表3　文成县装备制造产业龙头企业简介

行业类别	企业类型	公司名称	主营业务
装备制造	专精特新“小巨人”	浙江中星钢管机械有限公司	黑色和有色金属无缝管材的机械设备制造
	地方重点企业	浙江德卡控制阀仪表有限公司	泵、真空设备、普通阀门和旋塞
		浙江盛日阀门制造股份有限公司	低压阀门
		浙江兴达阀门制造有限公司	闸阀、截止阀、止回阀、球阀
		力胜传动机械有限公司	十字轴式万向联轴器主要部件
		顺昌金属实业有限公司	钢、不锈钢冶炼、轧制
		温州市金卡诺标准件有限公司	螺栓、螺钉等各类异形件
		温州市锐胜标准件有限公司	异形螺丝螺母
		浙江万喜精密铸造有限公司	阀门铸件、精密铸件
		浙江南钢铸业有限公司	蝶阀等阀门铸件及机械铸造件
		温州三益铸造有限公司	阀门、钢管、法兰、矿山机械设备的制造
		浙江成工特种材料有限公司	不锈钢法兰
汽车零部件	地方重点企业	温州勇炜汽摩零部件有限公司	汽车、摩托车电喇叭、电子多音喇叭和气喇叭
		汉景汽车零部件制造有限公司	汽车零部件及配件制造
		温州图伟制动器有限公司	智能制动系统、制动器及配件
		浙江百强汽车部件有限公司	汽车组合开关、点火开关

（三）时尚轻工产业

2022年，文成县时尚轻工产业总产值约6亿元，产业内地方龙头企业4家，主要分布在箱包和服装两大领域。文成县时尚轻工产业的龙头企业见表4。从产业链角度看，箱包企业主要集中在上游的原材料和中游的箱包生产；服装企业主要集中在中游的各类纺织品制造。下一步，文成县将着重发展箱包制造，适当发展时尚家居、制鞋等轻工业；招引高端生态纺织企业，扶持本地小微企业园，加快形成产业集群化发展格局。力争到2025年，时尚轻工产业产值达15亿元。

表4　文成县时尚轻工产业龙头企业简介

行业类别	企业类型	公司名称	主营业务
箱包	地方重点企业	浙江圣泰箱包有限公司	箱包、箱包配件
服装	地方重点企业	文成县宏玲服装有限公司	家用、产业用纺织品，服装制造
辅料	地方重点企业	温州市春天制带有限公司	丝制饰物、木制品、圣诞饰品、玩具
		温州文成县鸿丰实业有限公司	胶黏剂（无三苯环保鞋胶、无三苯海绵沙发环保喷胶、无三苯手袋箱包喷胶、环保中底胶、无三苯环保装修 / 装饰胶、无三苯浅色胶、水性 PU/ 水性喷胶、汽油胶 / 粉胶）

三、科技创新概况

2022 年，全县 R&D 经费占地区生产总值比重为 1.38%，全省排名第 81；全县拥有高新技术企业 18 家，高新技术产业增加值占工业增加值比重达 47.22%；全县规上工业企业 R&D 经费支出占营业收入比重达 3.06%，全省排名第 3。

（一）区域创新资源布局

文成县创新平台较少，主要集中在食品饮料加工和装备制造产业。2022 年，全县拥有 2 家省级以上高新技术企业研究开发中心。创新平台集聚在巨屿镇（见图 2）。

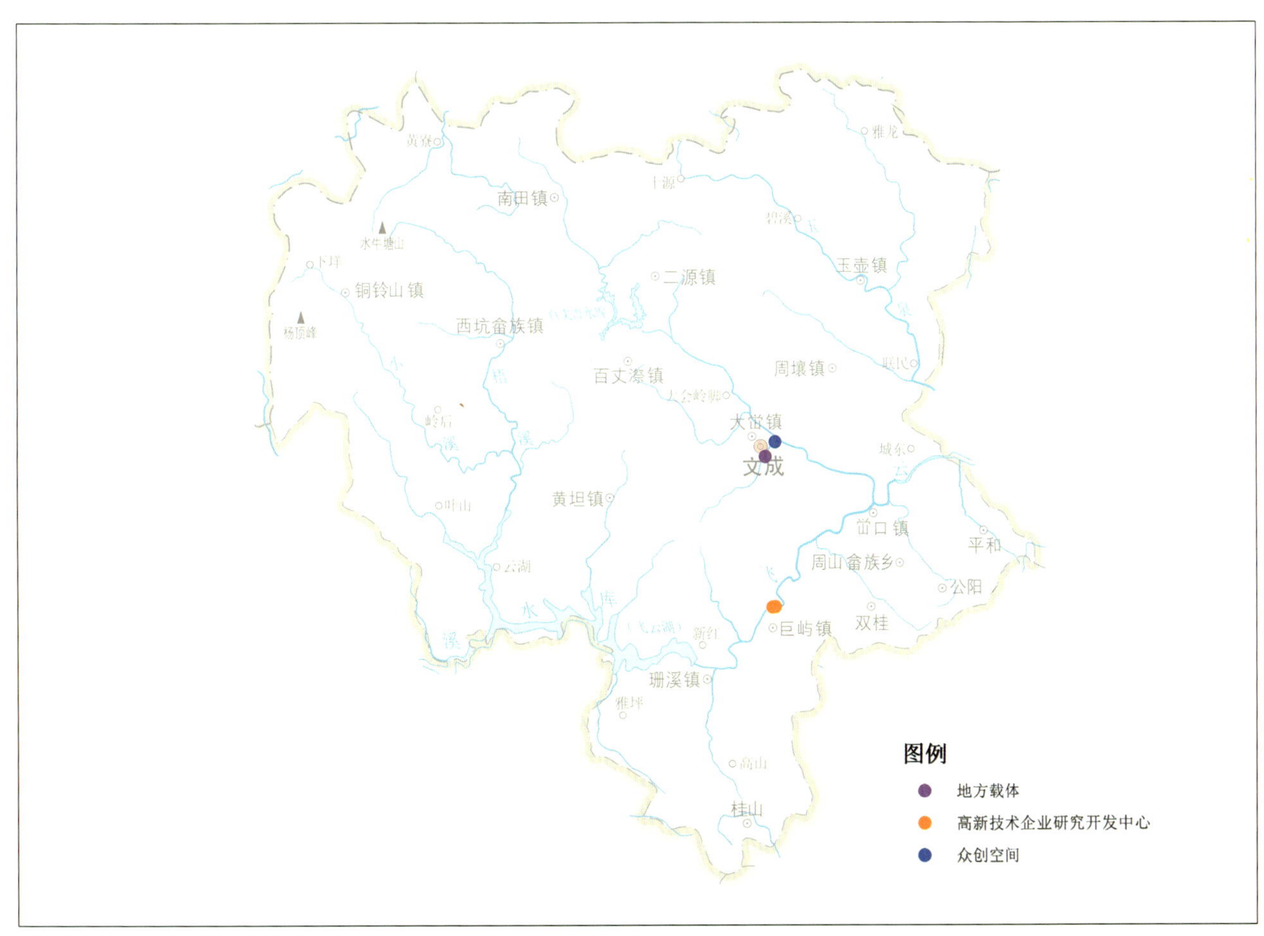

图 2　文成县创新平台布局

（二）产业专利分析

文成县的专利优势主要集中在泵阀制造和过滤装置。2022年，文成县有效发明专利共499件，前十大专利技术领域（小类）见图3。根据申请人分析，简创科技（连接装置）、意东科技（捕蜂、捕鱼器具）、可久建筑工程（基建）、阳光建设（基建）、中星钢管机械（钢管）等申请人的专利数量较多。

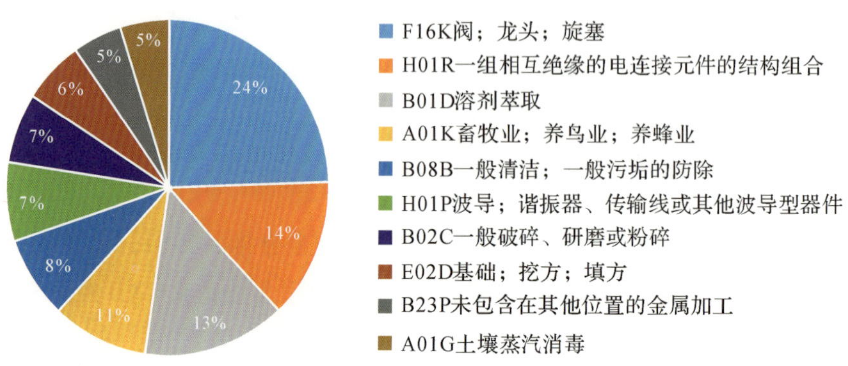

图3　文成县专利技术领域分布

四、文成县未来展望

从产业发展看，文成县将聚力发展食品饮料、装备制造、时尚轻工三大优势主导产业和食品加工、新型建材、绿色能源等特色工业全力，打造省级经济开发区主平台，融入温州千亿级智能装备产业集群并形成地方特色优势。从科技创新看，文成县企业研发投入较少，总体研发投入处于全省偏下水平，优质创新主体缺乏，几乎无辐射带动性强的科技龙头企业。文成县将加强同浙江省农科院等大院名校合作，支持已有龙头企业联合高校院所、产业链上下游企业共建创新载体。

泰顺县产业链创新链全景分析报告

温州市泰顺县位于浙江省南部，与福建接壤，总面积约1762平方千米，下辖12个镇、7个乡。2023年，全县户籍人口为36.53万人，常住人口为26.94万人。地区生产总值为157.6亿元，全省排名第82，全市排名第10。泰顺县是"世界蜡都""中国茶叶之乡""中国黄腹角雉之乡""中国廊桥之乡""国家生态县""国家生态文明建设示范县"，泰顺木拱桥营造技艺被列入联合国世界文化遗产、国家非物质文化遗产，泰顺木偶（提线木偶戏、木偶头雕刻、药发木偶）被列为国家级非遗项目，泰顺石被誉为"中国第五大国石"。

一、泰顺县产业概况

（一）产业结构

从地区生产总值构成看，2023年，泰顺县第一产业增加值为11.05亿元，第二产业增加值为60.1亿元，第三产业增加值为86.44亿元，三次产业增加值结构调整为7 ： 38.1 ： 54.9。

从农业看，泰顺县以茶叶和猕猴桃产业为主。2023年，全县农林牧渔总产值为16.43亿元，其中茶叶综合产值12亿元，猕猴桃产值1.2亿元，"三杯香"品牌入选首批中欧地理标志保护名录，获浙江绿茶博览会金奖，获评"国家猕猴桃栽培综合标准化示范区"。

从工业看，泰顺县以时尚轻工（竹木制品）、装备制造和生物科技（健康食品）为主。2023年，泰顺县实现规上工业增加值8.55亿元，有规上工业企业55家。2022年泰顺县产业主要分布见表1。下一步，泰顺县将重点发展时尚轻工、装备制造、生物科技三大主导产业，培育发展战略性新兴产业和清洁能源产业，构建"3+2"生态工业体系。

表1　泰顺工业主导产业简介

名称	规上工业产值 / 亿元	占全县规上工业总产值比重 /%
时尚轻工（竹木制品）	约 8.50	约 30.89
装备制造	约 4.50	约 16.35
生物科技（新型健康食品）	约 0.50	约 1.82

从服务业看，泰顺县以旅游业为主导。2023年前三季度，泰顺县旅游总收入22.4亿元，同比增长

15% 以上。下一步，泰顺县将加快建设廊桥—氡泉国家级旅游度假区，开展旅游营销（组合本地产品、对外开拓市场、创新综艺营销），进一步挖掘泰顺文化内涵，讲好泰顺故事，开发设计文创产品（廊桥、竹木制品、泰顺石、文曲星、三杯香、百花蜂蜜、红糟等），以文化和功能创意提升旅游产品附加值，依山就势开发生态旅游、文化创意、养生养老等产业。

（二）“东西工业，东南农旅”的产业空间布局

图 1 展示了泰顺县重点产业平台布局。从工业看，泰顺县工业形成“一核多点”的分布格局，围绕“浙江泰顺经济开发区（罗阳核心区块、中部大安区块和东部彭月区块）”“彭月小微创业园”“万创小微园”，在西部的罗阳镇和东部的彭溪镇，重点打造时尚轻工、装备制造、生物科技、战略性新兴和清洁能源产业；从农业看，泰顺县农业围绕“泰顺县生态牧业农业科技园”“泰顺县省级现代农业园区”，在东南部（东溪乡和柳溪乡）以及西部的罗阳镇重点发展农产品（茶叶、果蔬）种植加工、生态养殖和农牧休闲产业，整体提升农业产业链；从服务业看，泰顺县服务业围绕“泰顺廊氡旅游度假区”和“泰顺氡泉小镇”，打造集休闲观光、生态旅游、康养度假为一体的综合文旅产业。

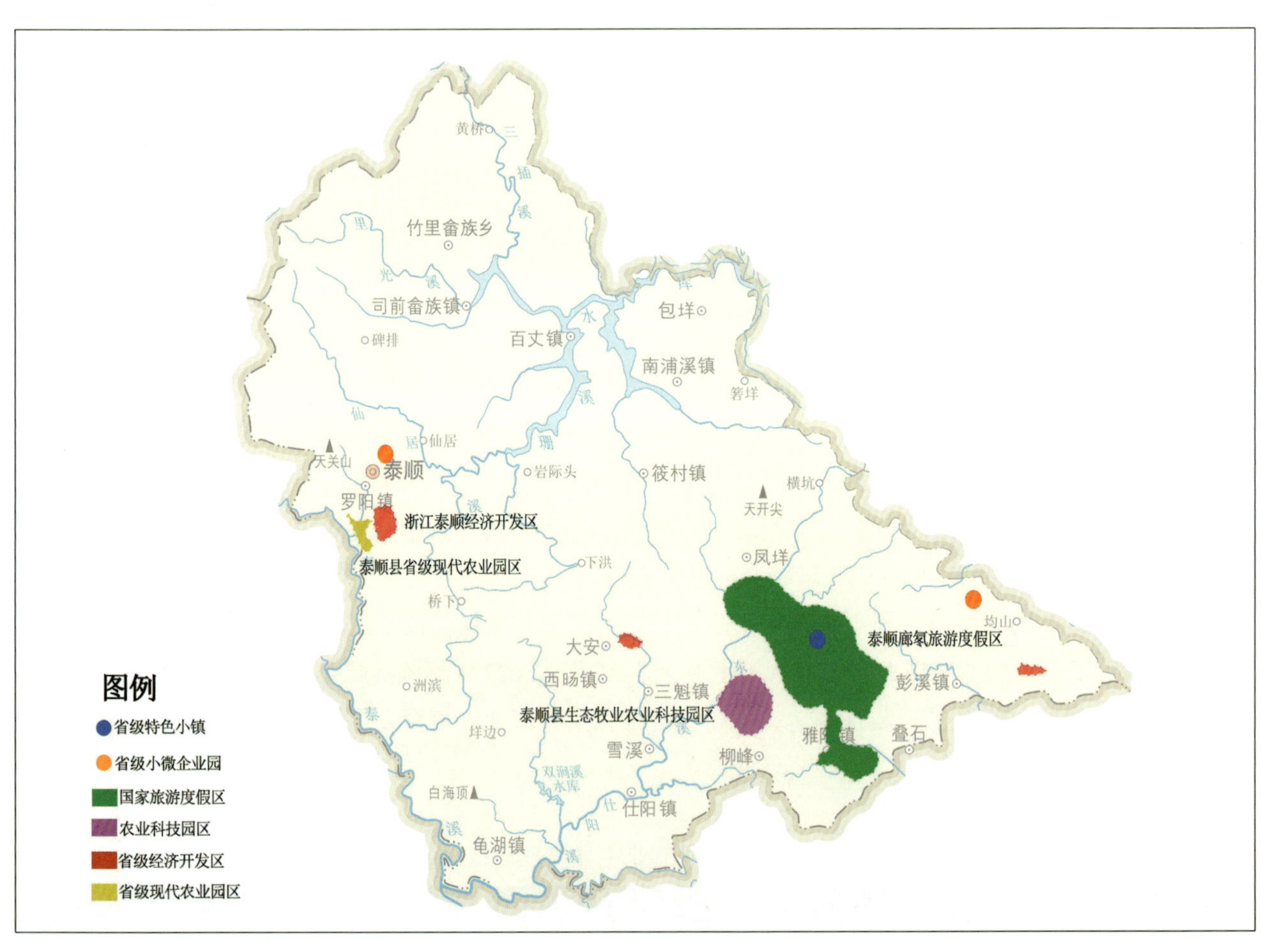

图 1　泰顺县重点产业平台布局

二、重点产业

（一）时尚轻工（竹木制品）产业

泰顺县时尚轻工产业主要集中在竹木制品行业，竹木全产业链是省级示范性农业全产业链。2022 年，时尚轻工产业规上工业产值约 8.5 亿元（竹木制品规上产值超 5.5 亿元，全产业链产值超 10 亿元），拥有规上企业超 10 家（木制品 7 家）。泰顺县时尚轻工产业的龙头企业见表 2。从产业链角度看，竹木制品企业主要集中在中游的竹纤维制品、竹木玩具、竹木日用品和竹木工艺品生产。下一步，泰顺县将基于当地竹木制品产业优势，承接杭州、宁波、温州等地优质时尚轻工产业的转移，培育招引一批时尚轻工产业项目（顾家家居、得力集团等），加快建设竹纤维板产业基地，发展竹纤维等产业，引导玩具产业与旅游、动漫、养生产业融合发展。力争到 2025 年，时尚轻工产业成为全县工业发展重要增长极，全产业产值达 80 亿元，规上产值突破 30 亿元。

表2　泰顺县时尚轻工产业龙头企业简介

行业	企业类型	公司名称	主营业务
竹木制品	高新技术企业	浙江顺威新材料有限公司	中高密度纤维薄板
		浙江泰星儿童玩具有限公司	竹、木制品儿童玩具，厨房玩具，玩具套装
	地方重点企业	泰顺县振兴玩具有限公司	木制玩具（木制厨房、木制娃娃屋等）
		浙江佰顺工艺品有限公司	木制儿童玩具、儿童小家具等儿童系列用品
		温州泰丰竹业有限公司	竹菜板、竹筷
		浙江利众竹木有限公司	产竹木工艺筷、竹砧板、竹勺为主
		温州甬泰竹业有限公司	竹板材、竹家具、竹餐具、竹炭
		浙江宏泰工艺品有限公司	木制工艺品、木制园艺品、木制教具、花园家具、木制家庭装饰品、木制花桶

（二）装备制造产业

2022 年，泰顺县装备制造产业规上总产值超 4.5 亿元，拥有规上企业 5 家。装备制造产业的龙头企业见表 3，主要集中在汽车零部件、通用机械设备及基础件和电子信息行业。当地从产业链角度看，汽车零部件企业主要集中在中游的汽车电子、车身附件和其他零部件制造；通用机械及基础件企业主要集中在中游的塑料加工设备、金属搓丝设备、纺织设备制造和基础零部件生产；电子信息企业主要集中在上游的加工设备制造，中游的电子元器件生产。下一步，泰顺县将依托产业飞地（泰顺—滨江、海宁和瓯江口），培育发展精密液压元器件、轴承、食药机械、包装机械等产业为主导的机械及装备制造体系。力争到 2025 年，全产业产值达 40 亿元，规上产值突破 15 亿元。

表3　泰顺县装备制造产业龙头企业简介

行业	企业类型	公司名称	主营业务
汽车零部件	隐形冠军、专精特新企业	纳百川新能源股份有限公司	汽车发动机、新能源热管理系统（散热器、冷却风扇、节温器、水泵等）
	地方重点企业	浙江瑞发科技有限公司	汽车环保隔音隔热等 NVH 零件、地毯
	省级“隐形冠军”（培育）	泰顺白云橡胶有限公司	汽车橡胶管配件及软管

续表

行业	企业类型	公司名称	主营业务
通用机械及基础件	地方重点企业	浙江立大橡塑机械有限公司	塑料（橡胶）过滤机、行星挤出机、密炼机（万马力机）、开炼机（轧轮机）、拌料机、超长大型挤出机、高速拌料机
		泰顺县鹏力机械有限公司	标准及非标准十字轴式万向联轴器轴承、十字轴、十字包
		泰顺金达冶金机械有限公司	标准及非标准十字轴式万向联轴器轴承、十字轴、十字包
		浙江松龙机械科技有限公司	紧固件制造设备搓丝机、高速精密型搓丝机
		温州市诚亿化纤机械有限公司	无纺布生产设备，SMS、丙纶等无纺布产品
电子信息	高新技术企业	浙江骐盛电子有限公司	电子元器件（电阻、容、感及芯片、半导体）、测封自动化设备及精密加工

（三）生物科技（新型健康食品）产业

2022年，泰顺县生物科技产业（新型健康食品）规上总产值约0.5亿元，主要集中在农产品精深加工、茶叶、白酒与饮用水行业。泰顺县生物科技产业的龙头企业见表4。从产业链角度看，农产品精深加工企业主要集中在上游的农产品种植（养殖），中游的农产品精深加工产品生产；茶叶企业主要集中在上游的茶苗培育和茶叶种植，中游的茶叶加工，下游的茶叶销售；白酒企业主要集中在产业链中游的白酒生产；饮用水企业主要集中在中游的饮用水生产。下一步，泰顺县将加快培育发展高端茶叶、新型健康食品、医疗护理器械等产业；积极招引农产品加工企业在泰顺兴建加工基地，提高泰顺精深加工能力（产地初加工技术、植物萃取物开发技术），推进茶叶产地初加工"三化"（标准化、规模化、集约化），支持茶叶、茶粉制品加工"共享车间"试点扩面。力争到2025年，生物科技产业产值达30亿元，规上产值突破15亿元。

表4　泰顺县生物科技产业龙头企业简介

行业	企业类型	公司名称	主营业务
农产品精深加工	上市公司（新三板）	浙江原态农业股份有限公司	贵妃鸡养殖、蔬果（猕猴桃、油茶）种植
	地方重点企业	温州瑞雪农业开发有限公司	油茶种植，山茶油的精加工和销售
		浙江山友天然食品有限公司	脱水蔬菜、果蔬罐头、肉制品罐头等，茶饮
		浙江康鸿生物科技集团有限公司	研发栀子花精油、纯露、冷凝皂等系列日化品和食品
茶叶	地方重点企业	泰顺县三洋茶叶有限公司	茶叶（绿茶）生产、销售
		浙江四贤茶叶有限公司	茶叶（眉茶、黄汤、三杯香）种植、炒青绿茶精加工
		浙江御茗村食品科技有限公司	茶叶（三杯香茶、御茗红茶）生产、加工
		浙江泰龙制茶有限公司	茶叶（三杯香绿茶和泰龙红茶、白茶）种植、加工、销售
		浙江卢峰茶叶有限公司	茶苗（三杯香、红茶）培育、茶叶种植、生产加工
白酒	地方重点企业	浙江天关山酒业股份有限公司	米香型白酒、浓香型白酒、清香型白酒和果类酒
饮用水	地方重点企业	泰顺县非常矿泉水厂	瓶（桶）装饮用水类（饮用天然矿泉水）生产

三、科技创新概况

2022年，全县R&D经费占地区生产总值比重为1.34%，全省排名第83；全县拥有高新技术企业18家，高新技术产业增加值占工业增加值比重达62.69%；全县规上工业企业R&D经费支出占营业收入比重达1.98%，全省排名第32。

（一）区域创新资源布局

泰顺县创新平台较少，产业领域主要集中在装备制造业。2022 年，全县拥有省级企业研究院 1 家，省级高新技术企业研发中心 1 家，省级重点实验室 1 家。创新平台主要集聚在罗阳镇和彭溪镇（见图 2）。

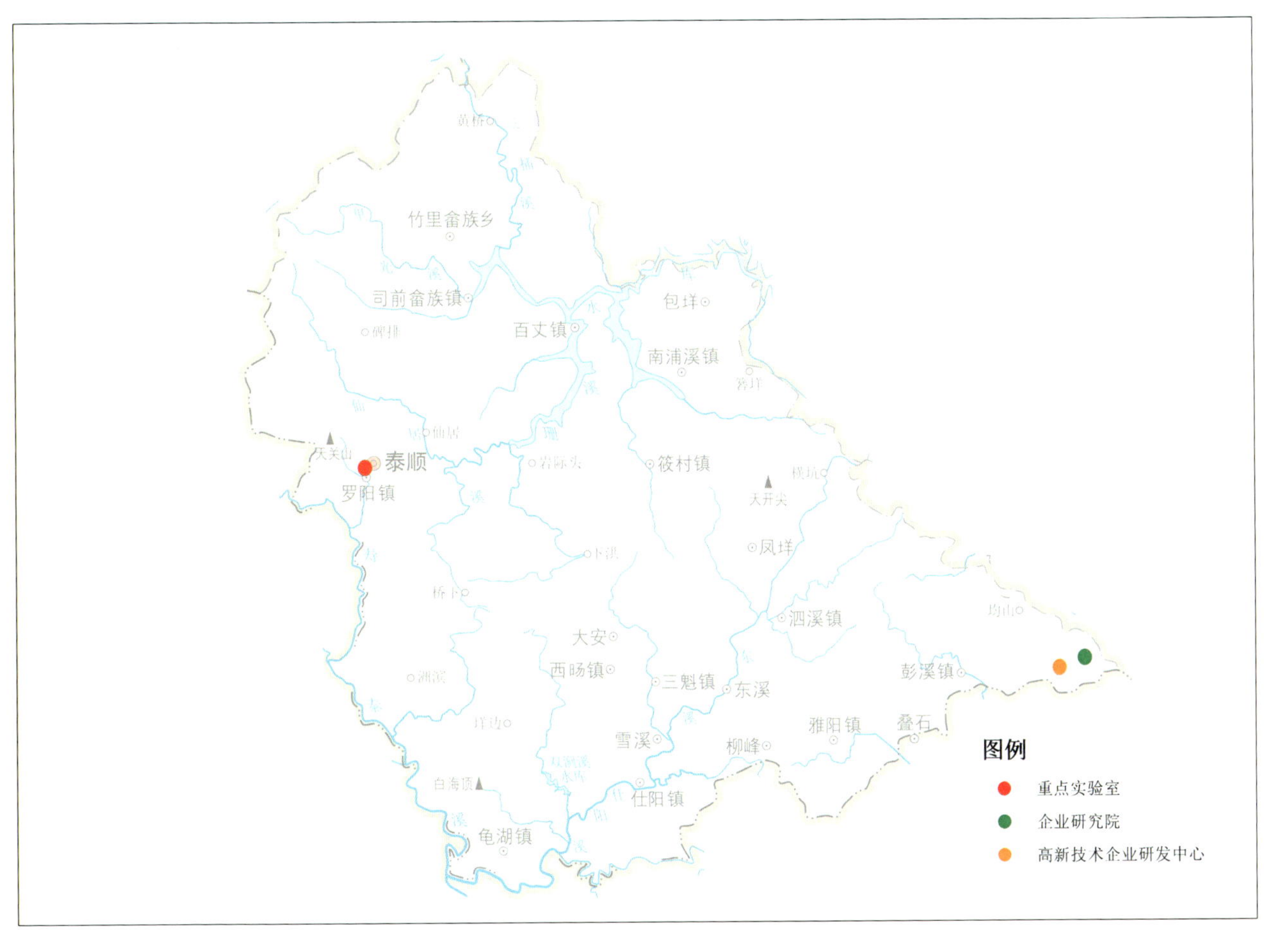

图 2　泰顺县创新平台布局

（二）产业专利分析

泰顺县的专利优势主要集中在建筑结构及施工工艺、通用设备和果蔬栽培等领域。2022 年，泰顺县有效发明专利共 482 件，前十大专利技术领域见图 3。根据申请人分析，永庆电力（电源装置、储能材料制备工艺、通信系统）、瑞洲建设（浇筑工艺、建筑施工）、万川装饰（建筑结构）、桥石园林（桥梁与起重机设备）、纳百川（热管理系统）、华洲建设（建筑结构）、腾圣建设（建筑物安装）等申请人的专利数量居前。

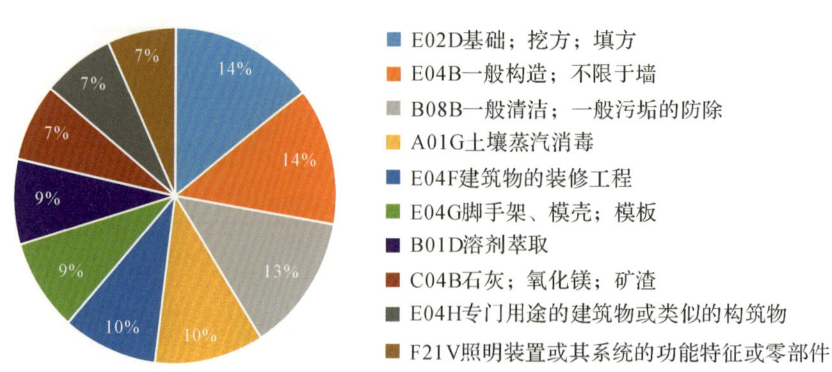

图 3　泰顺县专利技术领域分布

四、泰顺县未来展望

从产业发展看，泰顺县将重点发展时尚轻工、装备制造、生物科技三大主导产业，培育发展战略性新兴产业和清洁能源产业，全面建强省级经济开发区主平台，打造信息技术、生态医药、新能源等特色产业集群。从科技创新看，泰顺县规上工业企业研发投入处全省中游，高能级创新载体对主导产业支撑较弱，产业创新服务能力有待加强。泰顺县将大力推进泰顺（温州七都）总部科创园、滨江科创飞地等科创平台的建设，推进省奶牛遗传改良与乳品质研究重点实验室、北航光电技术研究所试验基地、山海协作温州理工学院泰顺研究院等项目落地见效。

温州经开区产业链创新链全景分析报告

温州经开区位于浙江省南部，区域总面积约 40 平方千米，下辖 4 个街道。2022 年，全区户籍人口为 10.5 万人，常住人口为 24.82 万人。地区生产总值超 275.36 亿元。温州经开区是“国家生态工业示范园区”“浙江省先进开发区”“外贸十强开发区”“省级特色品牌园区”“全省产城融合十大示范新城”“中国五金卫浴之都”，拥有金海湖、世界老爷车俱乐部永久会址等景区。

一、温州经开区产业概况

（一）产业结构

从地区生产总值构成看，温州经开区第一产业增加值为 0.55 亿元，第二产业增加值为 199.32 亿元，第三产业增加值为 75.43 亿元，三次产业增加值结构调整为 0.2 ： 72.4 ： 27.4。

从工业看，温州经开区以智能装备制造、五金洁具、数字经济核心制造产业为主导。2022 年，温州经开区规上工业总产值 1170.59 亿元，规上工业企业 947 家。产业主要分布见表 1。下一步，温州经开区将推进产业基础高级化、产业链现代化，加快构建“2（五金洁具、鞋服）3（智能装备制造、生命健康制造、数字经济核心制造）4（柔性电子、下一代人工智能、量子信息、生命科学）”现代制造业体系。

表1　温州经开区特色工业结构

名称	规工业上产值 / 亿元	占全区规上工业总产值比重 /%	预计产值
智能装备制造	约 280.00	约 25.00	已投资的在建项目 2025 年可达产约 500 亿元
五金洁具	约 82.00	约 7.00	—
数字经济核心制造	—	—	已投资的在建项目 2025 年可达产约 100 亿元

（二）“东部沿海集聚”的产业空间布局

图 1 展示了温州经开区重点产业平台布局。从工业看，温州经开区工业依托“省级特色小镇”和“省级小微企业园”在东部沿海散点分布，主要集中在海城街道、天河街道和星海街道，重点打造汽车产业、智能装备制造、电子信息、生命健康和数字经济核心制造产业。

图1　温州经开区重点产业平台布局

二、重点产业

（一）智能装备制造产业

温州经开区2022年智能装备制造产业规上工业总产值约280亿元。智能装备制造产业的龙头企业见表2，主要分布在激光与光电设备、工业机器人关键零部件、新能源汽车零部件和食药机械四大行业。从产业链角度看，激光与光电设备企业主要集中在中游的激光切割机床生产；工业机器人关键零部件企业主要集中在上游的机械传动技术研发、关键材料生产、冲压设备和中游的轴承生产；新能源汽车零部件企业主要集中在上游的基础零部件和中游的汽车电子制造；食药机械企业主要集中在中游的食品机械、制药机械、包装机械等设备制造。

下一步，温州经开区将依托奔腾激光、长江汽车、裕泰汽车、中广核、恒丰泰、创立电子、亚光科技及天联机械等骨干企业，重点发展大功率激光切割、柔性化激光焊接、新能源汽车电机、电控等部件总成、食药整套生产线、机器人减速器、控制器、伺服驱动器、伺服电机等核心技术，形成智能制造应用广泛的装备制造产业集群。力争到2025年，智能装备制造产业产值达500亿元。

表2　温州经开区智能装备制造产业龙头企业简介

行业	企业类型	公司名称	主营业务
激光与光电设备	专精特新“小巨人”	奔腾激光（浙江）股份有限公司	超高功率激光切割数控机床高端装备（WHIRL/BOLT/SWING/AWING/BULL 等多款性能卓越的激光切割设备）
		浙江嘉泰激光科技股份有限公司	中高端激光设备（数控光纤激光切割机、三维激光切割机、专用激光切管机、管板一体激光切割机）
	规划重点企业	浙江贝诺激光科技有限公司	机械设备、环保设备、电器设备、模具的研发、设计、制造，金属切割服务，激光焊接、切割服务
		武汉华夏星光工业产品设计公司	机械产品、激光设备、军工产品、日用产品等产品的造型设计、结构设计、钣金样机加工、塑料壳体样机加工
工业机器人关键零部件	上市公司	恒丰泰精密机械股份有限公司	专注于机械传动领域（蜗轮蜗杆技术、软齿面、硬齿面、CORT 活齿技术精密减速机）、行业应用（工业机器人、太阳能热发电定日镜跟踪系统、搅拌设备技术、浓密机设备技术、电解铝设备技术等）
	专精特新“小巨人”	宁波澳玛特高精冲压机床股份有限公司	高速精密冲压设备
	规上百强（市级）	中广核俊尔新材料有限公司	高性能工程塑料、核辐射工程塑料、石墨烯复合材料、3D 打印材料和热塑性复合材料等
	规划重点企业	人本集团有限公司	轴承
		浙江创力电子股份有限公司	各类数据测量、传输及设备自控、信息技术
新能源汽车零部件	专精特新“小巨人”	温州丰迪接插件有限公司	汽车蓄电池电线束正负极接头、汽车电线束连接器、接插件、保险盒、扎带、防水塞、电子组件
		温州静音轴承有限公司	高精度低噪声电机轴承、汽车发电机轴承、摩托车发电机曲轴轴承、空调电机轴承
	规上百强（市级）	温州长江汽车电子有限公司	汽车电子电器开关
		浙江明泰控股发展股份有限公司	汽车高强度紧固件
	规划重点企业	浙江裕泰汽车配件有限公司	汽车、汽油发动机、柴油发动机用的高强度螺栓
		浙江正泰汽车零部件有限公司	汽车继电器、喇叭、开关、电子、传感器
食药机械	上市公司	浙江亚光科技股份有限公司	清洗机器、API 原料药生产线、MVR 蒸汽压缩机及集成系统、COD 高盐废水处理装置、超重力精馏床系统
	专精特新“小巨人”	浙江天联机械有限公司	生物医药大健康装备、原料药、中间体装备、中药提取生产线、配液系统、生物发酵设备、反应釜、精馏提纯系统
	地方重点企业	浙江昊星机械设备制造有限公司	乳品机械设备
		浙江超飞科技有限公司	食品级阀门、法兰
		浙江瓯星科技有限公司	钢材质容器配件封头和卫生泵
		温州市康而达实业有限公司	流体输送分离设备
		浙江镇田机械有限公司	存储容器、工艺罐

（二）数字经济核心制造产业

温州经开区数字经济核心制造产业的龙头企业见表 3。从产业链角度看，数字经济核心制造企业主要集中在上游的集成电路和集成电路封装，中游的智能电子元器件，下游的智能电子设备。下一步，温州经开区将重点聚焦集成电路产业，加快发展智能终端产业、智能电子器件和数字经济前沿产业等数字经济核心制造，打造温州前沿数字技术体验基地。力争到 2025 年，数字经济核心制造产业产值超 100 亿元。

表3 温州经开区数字经济核心制造产业龙头企业简介

行业	企业类型	公司名称	主营业务
集成电路	上市公司	福达合金材料股份有限公司	用电接触、贵金属循环利用、柔性智能装备
	项目依托企业	浙江欧珑电气有限公司	交警密度电路板、SMD 焊接、贴装、调试
智能电子设备	上市公司	浙江晨泰科技股份有限公司	电能计量仪器及用电信息采集系统
	专精特新“小巨人”	建达电气有限公司	低压电器及零配件
	规划重点企业	浙江创力电子股份有限公司	各类数据测量、传输及设备自控、信息技术
	项目依托企业	温州鼎业智能装备有限公司	智能基础制造装备、工业控制计算机及系统、智能搬运设备
智能电子元器件	上市公司	浙江雷亚电子有限公司	正弦波和离网逆变器、汽油发电机、电池、智能充电器
	项目依托企业	默飓电气有限公司	气体绝缘开关设备、高压真空断路器、高低压电器元件及附件

（三）五金洁具产业

温州经开区五金洁具产业入选第三批产业集群跨境电子商务发展试点。2022 年，五金洁具产业规上工业总产值约 82 亿元。当地相关龙头企业见表 4。从产业链角度看，五金洁具企业主要集中在上游的金属加工、管道配件，中游的阀门生产，下游的洁具制造。下一步，温州经开区将重点发展能源和高新科技领域泵阀产品，高端精品不锈钢、下游精加工产品和不锈钢贸易市场，提升全行业工业设计水平，建设水暖洁具时尚设计平台，建设集品牌展示、线上线下交易（Online To Offline，O2O）、一站式和体验式交易等功能于一体的现代化水暖洁具交易市场。力争到 2025 年，五金洁具产业产值达 100 亿元。

表4 温州经开区五金洁具产业龙头企业简介

行业	企业类型	公司名称	主营业务
不锈钢管业	上市公司	华迪国际集团股份有限公司	不锈钢管、不锈钢棒、不锈钢板、管件、弯头、法兰
		浙江正康实业股份有限公司	金属加工（钢压延、有色金属压延）、机械设备
	专精特新“小巨人”	浙江志达管业有限公司	五金产品、液压动力机械及元件
阀门	专精特新“小巨人”	吉泰阀门集团有限公司	高温高压闸阀
		凯喜姆阀门有限公司	低温固定球阀
		良工阀门集团有限公司	燃气供暖阀门
		浙江石化阀门有限公司	球阀（LNG 用超低温、高温高压耐磨）
		方正阀门集团股份有限公司	矿用泵站智能控制系统、泵站（乳化液、喷雾）、水处理及过滤装置、液压支架阀、电液阀、快速移架阀、阀类及乳化液泵试验台
洁具	专精特新“小巨人”	温州鸿升集团	洁具、智能家庭消费设备、家用电器、建筑装饰、水暖管道零件

三、科技创新概况

2022 年，全区 R&D 经费占地区生产总值比重为 4.3%，每千家企业中高新技术企业有 28 家；全区拥有高新技术产业增加值占工业增加值比重达 73.3%；全区规上工业企业 R&D 经费支出占营业收入比重达 3.5%。

（一）区域创新资源布局

温州经开区创新平台主要集中在智能装备、数字经济、五金洁具产业。2022 年，全区拥有省级重点实验室 3 家，省级新型研发机构 1 家，省级重点企业研究所 3 家，省级企业研究院 34 家，省级高新技术企业研发中心 52 家。创新平台主要集聚在海城街道、天河街道、星海街道（见图 2）。

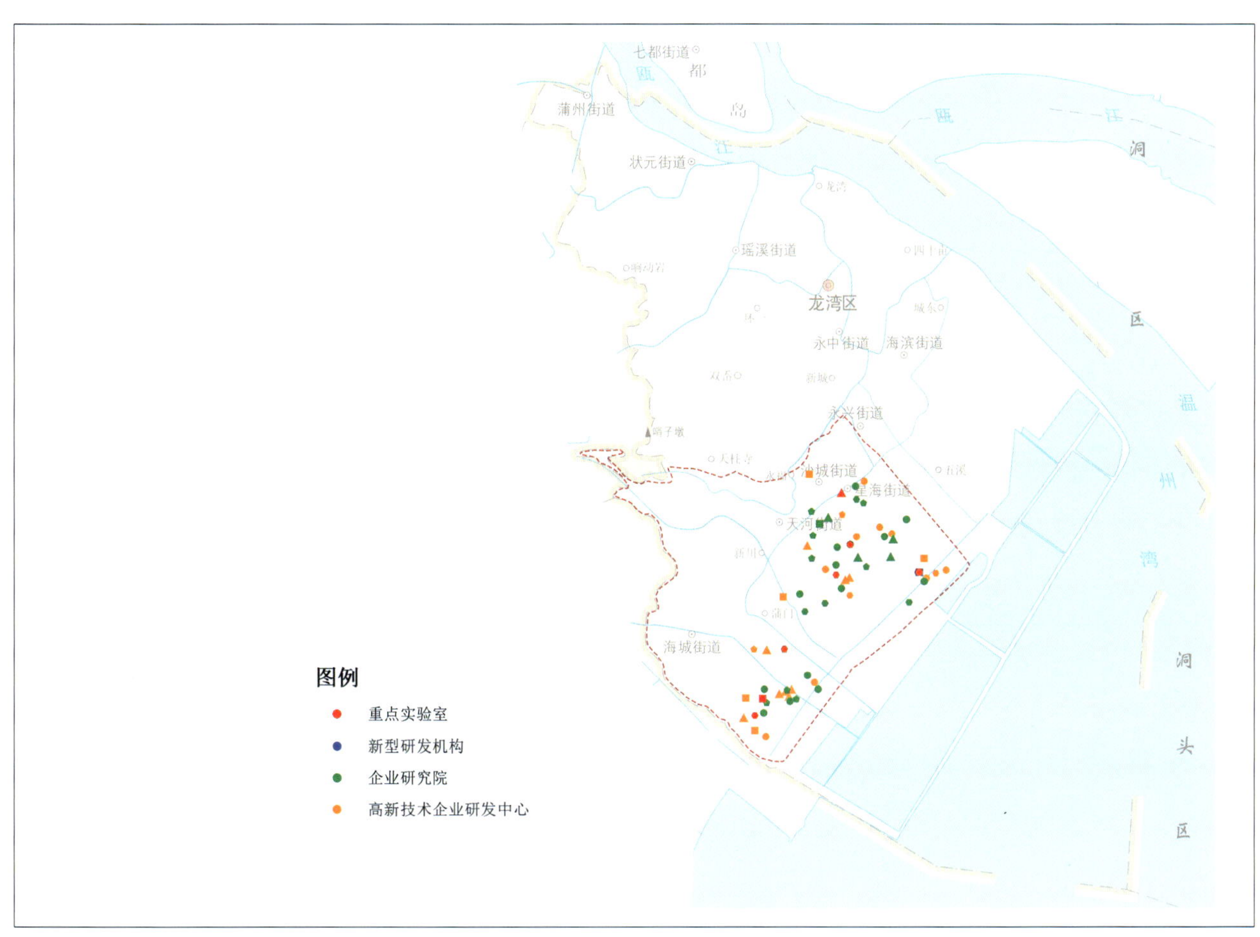

图 2　温州经开区创新平台布局

（二）产业专利分析

温州经开区的专利优势主要集中在五金洁具、智能装备制造等领域。2022 年，温州经开区有效发明专利共 2733 件，前十大专利技术领域见图 3。根据申请人分析，温州泓呈祥科技（洗涤、无轨陆用车辆）、中广核俊尔新材料（有机高分子化合物、塑料的加工）、人本股份（工程元件或部件、一般绝热、测量、测试）、上海人本集团（测量、测试）、南京广康协会生物医药技术（医学或兽医学、卫生学）、福达合金材料股份（基本电气元件）、凯喜姆阀门（工程元件或部件、一般绝热）等申请人的专利数量居前。

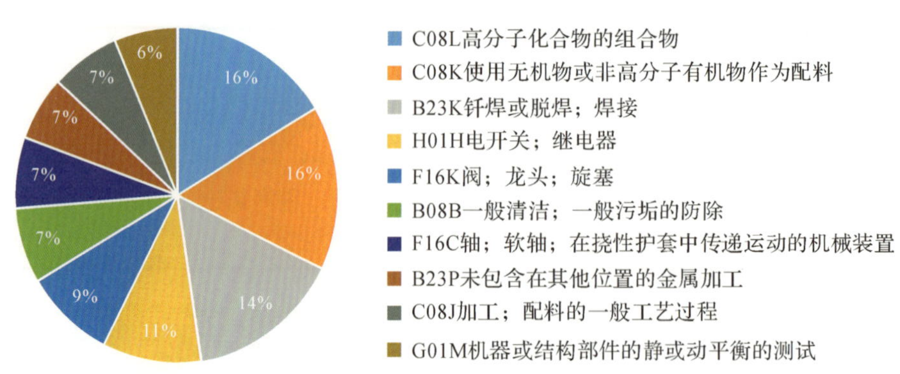

图 3　温州经开区专利技术领域分布

四、温州经开区未来展望

从产业发展看，温州经开区将推动五金洁具、鞋服传统优势产业升级，锚定新能源、新材料、智能制造、数字经济、生命健康等新赛道。谋划启动“万亩千亿”新产业平台、温州“新光谷”、数字“丝路小镇”重要产业平台建设。规划布局新能源科技产业园，全力打造上下游产业链全覆盖的“新能源电池生产基地”，聚力打造生命健康新高地。从科技创新看，温州经开区规上工业企业研发投入和全市 R&D 经费占地区生产总值比重均全省靠前，区域创新能力较强。温州经开区将重点建设中德研究院、航天云网、浙大网新、中国科学院自动化研究所温州先进制造研究院、哈工大温州表面技术处理研究院、浙南产教协同创新平台等，提升浙江大学开发区技术转移中心等现有创新平台服务能级。积极引导长江汽车、奔腾激光、创力电子等企业创建省级重点企业研究院，加快构建企业为主体、创新生态为支撑的新时代民营经济创新创业新高地。

嘉兴

JIA XING

嘉兴卷

南湖区产业链创新链全景分析报告

嘉兴南湖区位于浙江省北部杭嘉湖平原，总面积约 368.3 平方千米，下辖 7 个街道、4 个镇。2023 年，南湖区户籍人口为 56.12 万人，常住人口为 87.8 万人。地区生产总值为 1001.92 亿元，全省排名第 28，全市排名第 4。南湖区是中国共产党的梦想启航地、红色根脉所在地，是共同富裕示范区之首善之区，拥有“南湖风景区”“月河街区”“梅花洲景区”“湘家荡旅游度假区”等旅游景区。

一、南湖区产业概况

（一）产业结构

从地区生产总值构成看，2023 年，南湖区第一产业增加值为 14.71 亿元，第二产业增加值为 338.53 亿元，第三产业增加值为 428.53 亿元，三次产业增加值结构为 1.9 ∶ 43.3 ∶ 54.8。

从农业看，南湖区以蔬菜与食用菌、精品水果、白玉蜗牛产业为主导。2023 年，全区农林牧渔总产值为 26.23 亿元。蔬菜与食用菌和精品水果产值均超 4 亿元，南湖区构建了“一镇一品一产业”格局，打造了“大桥江南葡萄”“余新白玉蜗牛”“新丰汉塘生姜”“凤桥水蜜桃”等特色农业品牌。下一步，南湖区将围绕“一镇一品”特色产业，大力推动现代都市农业高质量发展，支持发展高端农业，鼓励发展生物育种、种子种苗等前端产业，以发展农产品精深加工、冷链物流、休闲观光等业态为支撑，打通农业全产业链。

从工业看，南湖区以微电子、智能装备制造、化工、生命健康产业为主导。2023 年，南湖区规上工业增加值 204.62 亿元，规上工业企业 441 家。产业主要分布见表 1。下一步，南湖区将推进主导产业向新材料领域进军，深耕以新一代电子信息技术为重点的“1（微电子区域特色主导产业）3（智能装备制造、生命健康、新材料三大新兴支柱产业）4（化工、特钢、化纤、造纸四大地区优势产业）1（跨境电商等一批生产性服务业）”产业体系，以“数智”赋能打造产业跃迁增长极，与沪共建具有全球影响力的现代产业高地。

表1　南湖区特色工业简介

名称	规上工业产值 / 亿元	占全区规上工业总产值比重 /%
微电子	401.30	31.56
智能装备制造	218.14	17.16
化工	超 150.00	超 11.80
生命健康	52.31	4.11
新材料	超 10.00	超 0.79

从服务业看，南湖区以跨境电商、软件和信息服务业、农产品冷链物流产业为主导。2022 年，南湖区规上服务业总营收 137.4 亿元（其中跨境电商产业营收占 11.64%），南湖区重点生产性服务业产业主要分布见表 2。南湖区将以互补合作方式加快嵌入长三角区域生产性服务业高端环节，打造嘉兴市生产性服务业核心区、浙江省生产性服务业强区。

表2　南湖区特色生产性服务业简介

名称	规上营收 / 亿元	占全区规上服务业总营收比重 /%
跨境电商	16.00	11.64
软件和信息服务	8.68	6.32
农产品冷链物流	超 4.00	超 2.91

（二）“西北集聚”的产业空间布局

图 1 展示了南湖区重点产业平台布局。从工业看，南湖工业依托“嘉兴南湖微电子产业平台”“嘉兴南湖高新技术产业园区”与“浙江南湖经济开发区”在中西部集聚，重点发展微电子全产业链、高端装备、生命健康和新型材料产业，少部分涉及精密机械、环境保护和时尚产业。从农业看，南湖区农业围绕“嘉兴市南湖区湘家荡省级现代农业园区”，在市郊的七星镇和大桥镇大力发展农业绿色生产，充分利用“湘家荡旅游度假区”等旅游资源培育休闲农业和乡村旅游产业。从服务业看，南湖区服务业以“嘉兴科技城现代服务业创新发展区”为核心，重点发展检验检测高技术服务业；以“南湖新区现代金融产业创新发展区”和“南湖基金小镇”为核心，重点聚焦现代金融、电子商务和基金产业。

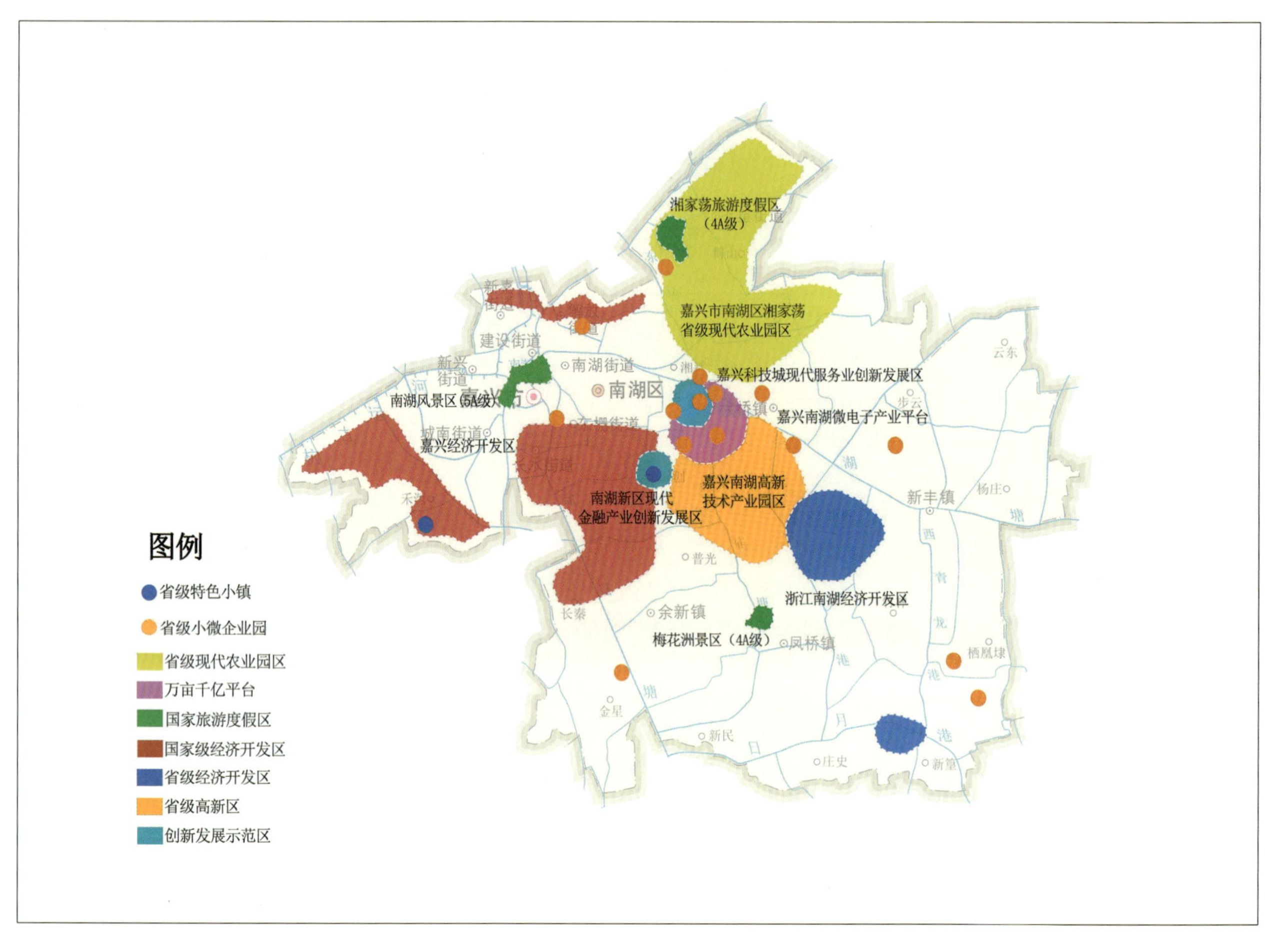

图1　南湖区重点产业平台布局

二、重点产业

（一）微电子产业

2022年，微电子产业规上工业产值为401.3亿元，规上企业52家，形成了南湖微电子“万亩千亿”新产业平台。南湖区微电子产业的龙头企业见表3。从产业链角度看，南湖区微电子产业主要集中在上游的半导体原材料、光元器件电力电子元器件，中游的被动元件、主动元件，下游的智能终端研发生产应用领域。下一步，南湖区将主要发挥南湖微电子“万亩千亿”高能级产业平台作用，打造“设计—制造—封测—应用”的集成电路产业链条；着力推进浙江清华柔性电子研究院柔性能源材料、柔性显示、柔性传感与智能技术、柔性器件等领域的产研项目合作，打造柔性电子产业链。

表3　南湖区微电子产业龙头企业简介

行业	企业类型	公司名称	主营业务
半导体关键原材料制造	地方重点企业	金瑞泓微电子（嘉兴）有限公司	单晶硅片、抛光片和外延片
半导体器件设计、制造、封测	上市公司	昱能科技股份有限公司	微型逆变器、组件级关断器、EMA智能运维平台、储能系统
		嘉兴斯达半导体股份有限公司	专用模块、晶闸管、分立器件、SiC等功率半导体芯片
		博创科技股份有限公司	光纤、光元器件、电子元器件、集成光电子器件、光电子系统

续表

行业	企业类型	公司名称	主营业务
半导体器件设计、制造、封测	专精特新“小巨人”	浙江百盛光电股份有限公司	电力电子元器件、光电子器件、电子测量仪器
	地方重点企业	浙江赛思电子科技有限公司	时钟芯片、原子钟、恒温晶振、授时模块、测试仪器
		浙江新力光电科技有限公司	光电子器件、显示器件和组件、汽车零配件、汽车反光镜
		浙江芯动科技有限公司	MEMS 器件加工，芯片制造、封装测试
智能终端研发生产应用	上市公司	闻泰通讯股份有限公司（闻泰科技子公司）	手机、平板、笔记本电脑、IoT（物联网）、汽车电子
	专精特新“小巨人”	浙江蓝鸽科技有限公司	电子产品、教学软件、教学实验室设备、数字化音像设备

（二）智能装备制造产业

2022 年，南湖区智能装备制造产业规上工业总产值为 218.14 亿元，覆盖工业机器人、智能家居、智能化精密元器件、汽车智能化配件等多个门类。南湖区智能装备制造产业的龙头企业见表 4。从产业链角度看，智能装备制造产业的龙头企业主要集中在上游的基础零部件、汽车智能化配件、精密元器件，中游的工业机器人、智能家居制造。下一步，南湖区将重点提高智能装备产业自主研发能力，积极培育新型研发载体，巩固提升智能硬件优势领域，加快布局集成电路、网络通信、智能传感等重点领域，推进数字技术与装备产业融合，着力扩大提升智能装备产业规模和质量。

表4　南湖区智能装备制造产业龙头企业简介

行业	企业类型	公司名称	主营业务
工业机器人	专精特新“小巨人”	浙江迈兴途智能装备股份有限公司	自动化机床、工业机器人、金属切削机床、机床附件
		泰康电子有限公司	机器人与智能装备、通信网络与智能终端、模具、输配电及控制设备电动工具配件、硬质合金刀片
智能家居	上市公司	创正电气股份有限公司	全塑、不锈钢防爆电器，防爆插接装置，三防电器和灯具件
	地方重点企业	加西贝拉压缩机有限公司	变频 VN、VT、VM 系列，定频 T、N、M 系列家用电器压缩机
		浙江亚特电器股份有限公司	园林工具、自走式修剪机、电剪刀、智能割草机、电链锯
智能化精密元器件	专精特新“小巨人”	嘉兴市盛央电气股份有限公司	电缆、尼龙、金属固定头，浪管、金属软管及其接头，成品、精密模具制造
		浙江荣泰科技企业有限公司	浸渍树脂、浸渍绝缘漆、浇注胶和胶黏剂，锅具产品
		浙江德威不锈钢管业股份有限公司	不锈钢板材、不锈钢工业焊管、卡压式管件、堆焊复合管
	规上百强（市级）	浙江正泰电气科技有限公司	配电电器、终端电器、电动机控制与保护电器、变频器、继电器
	地方重点企业	赛克思液压科技股份有限公司	液压零配件、液压元件、减速机、精密铸造
汽车智能化配件	上市公司	敏实集团有限公司	汽车金属饰条、饰件、塑件与铝件产品、铝电池盒件及底盘结构件
		浙江荣泰电工器材股份有限公司	新能源汽车安全件、小家电和电缆阻燃绝缘带、云母纸和玻璃纤维布
	地方重点企业	嘉兴敏华汽车零部件有限公司	汽车关键零部件、制动器总成、驱动桥总成、汽车灯具、汽车后视镜

（三）化工产业

2022 年，南湖区化工产业规上工业总产值超 150 亿元。南湖区化工产业的龙头企业见表 5。从产业链角度看，该产业的相关龙头企业主要集中在上游的化学原料生产和中游的化学制品与化学纤维制造。下一步，南湖区将聚焦化工产业开展绿色节能转型与智能化技术改造，推动传统产业提质增效，打造省内领先的循环经济示范基地。

表5 南湖区化工产业龙头企业简介

行业	企业类型	公司名称	主营业务
化学原料和化学制品制造	上市公司	卫星化学股份有限公司	丙烯酸、环氧乙烷、高密度聚乙烯、乙二醇、聚羟酸
	专精特新“小巨人”	浙江禾欣科技有限公司	聚氨酯、聚酯多元醇（PET）、N-二甲基甲酰胺、甲苯
	规上百强（市级）	嘉兴市中华化工有限责任公司	香兰素、乙基香兰素、愈创木酚、邻位香兰素
	地方重点企业	中法控股集团有限公司	防腐涂料、船舶涂料、防锈涂料、天线
化学纤维制造	上市公司	浙江新维狮合纤股份有限公司	混凝土输水管、排水管
	规上百强（市级）	嘉兴市富达化学纤维厂	涤纶短纤、涤纶丝束、锦纶短纤、锦纶丝束
	地方重点企业	嘉兴市富林化纤有限公司	锦纶、涤纶、丙纶短丝

（四）生命健康产业

2022年，南湖区生命健康产业规上工业总产值为52.31亿元。南湖区生命健康产业的龙头企业见表6，主要分布在医药和医疗器械产业。从产业链角度看，医药企业主要集中在中游的药物制造；医疗器械制造企业主要集中在中游的植入类器械、体外诊断器械、口腔器械制造。下一步，南湖区将积极布局合成生物技术、生物大数据、基因编辑技术等新兴前沿领域，鼓励发展医用新材料产业，大力发展与健康服务配套的产品和装备，着力推进健康家居、医疗器械、生物医药等新兴领域的应用研究和科技成果转化。

表6 南湖区生命健康产业龙头企业简介

行业	企业类型	公司名称	主营业务
医药产业	地方重点企业	浙江亚瑟医药有限公司	抗肿瘤、抗感染高端仿制药和创新药
		嘉兴和剂药业有限公司	治疗肿瘤、自身免疫性疾病的创新药
医疗器械制造	专精特新“小巨人”	浙江脉通智造科技（集团）有限公司	医用管材、介植入级医用纺织品、医用金属、球囊OEM
		嘉兴凯实生物科技股份有限公司	免疫分析仪、生化分析仪、自动化吸头、PCR板
	地方重点企业	嘉兴微创医疗科技有限公司	支架系统、扩张导管、心脏起搏器、关节创伤产品
		浙江隐齿丽医学技术有限公司	隐形正畸矫治器等口腔医疗器械

三、科技创新概况

2022年，全区R&D经费占地区生产总值比重为4.15%，全省排名第7；全区拥有高新技术企业513家，高新技术产业增加值占工业增加值比重达72.1%；全区规上工业企业R&D经费支出占营业收入比重为1.86%，全省排名第39。

（一）产业创新资源分布

南湖区创新平台主要集中在微电子、智能装备制造和化工产业。2022年，全区拥有省级重点实验室4家，省级新型研发机构5家，省级企业研究院38家，省级高新技术企业研发中心74家，国家级科技企业孵化器5家，国家级众创空间3家。创新平台主要分布在城南街道、大桥镇和新丰镇（见图2）。

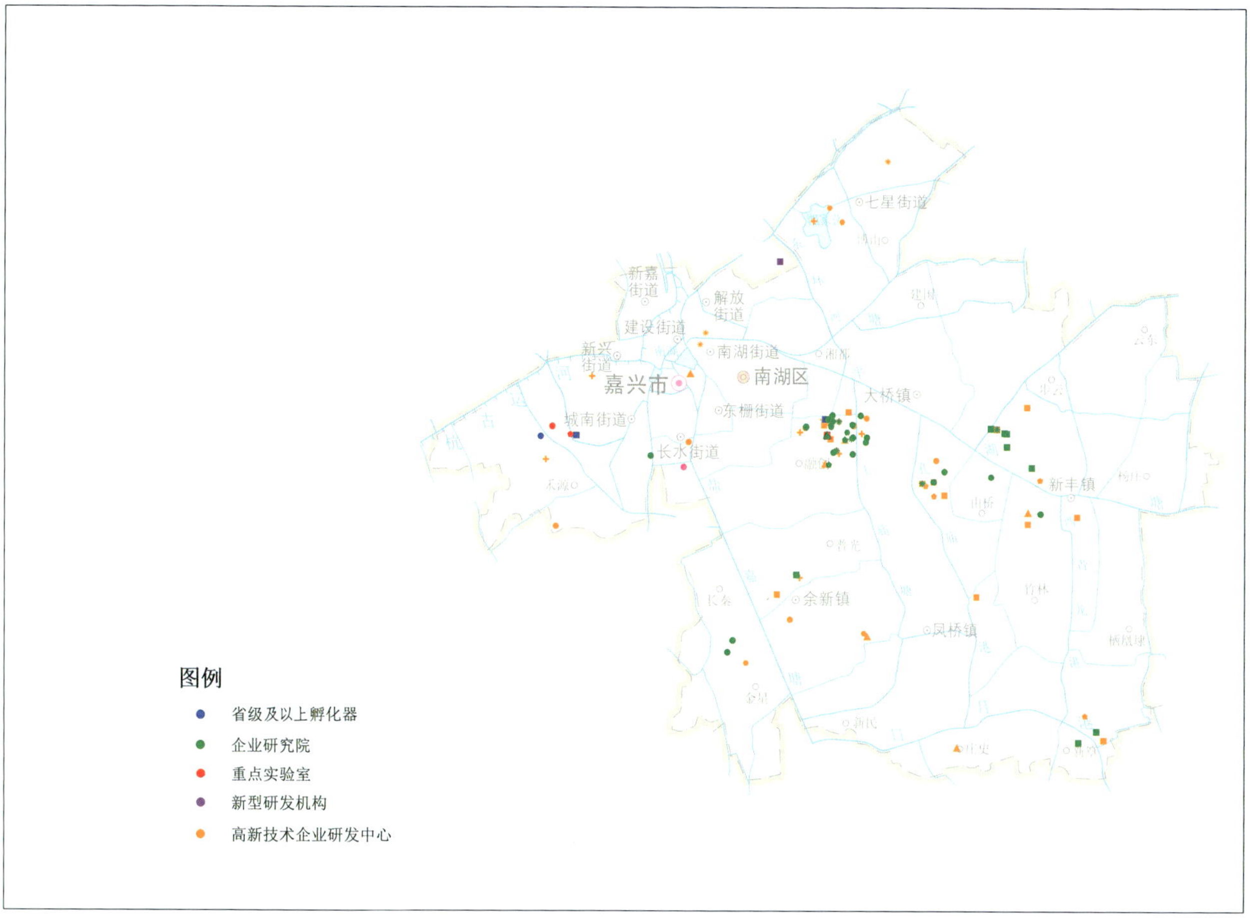

图 2　南湖区创新平台布局

（二）产业专利分析

南湖区的专利优势集中在电数字数据处理、材料测试分析等领域。2022 年，南湖区有效发明专利共 4965 件，前十大专利技术领域见图 3。根据申请人分析，专利集中在中国电子科技集团公司第三十六研究所、浙江清华柔性电子技术研究院等科研院所、浙江亚特电器（机床）、闻泰通讯股份（电通信技术）、加西贝拉压缩机（液体变容式机械）、浙江太美医疗科技股份（计算）等申请人的专利数量居前。

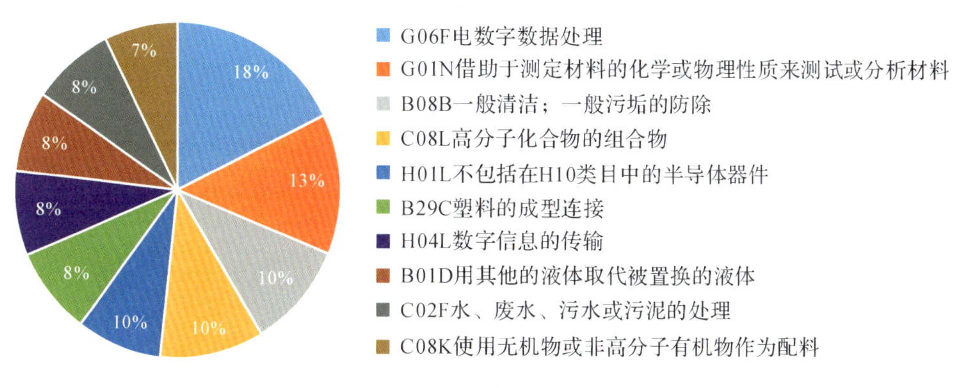

图 3　南湖区技术领域分布

四、南湖区未来展望

从产业发展看，南湖区将围绕“1341”产业体系，以南湖生命健康微电子产业生态园和南湖智能装备制造产业生态园为核心支点，加快智能装备、生命健康和新材料等战略性新兴产业发展，重点布局氮化镓、碳化硅等第三代半导体材料及柔性电子、特种纤维、石墨烯等新材料。从科技创新看，南湖区规上工业企业研发投入全省靠前，区域创新能力较强。主导产业创新载体数量较多，亚特电器、加西贝拉等龙头企业的科技创新引领作用较强。下一步，南湖区将充分发挥南湖微电子“万亩千亿”高能级产业平台、浙江清华柔性电子技术研究院等科研院所技术优势，持续推动科技创新能级提升，优化科创平台资源布局，构建以浙江清华长三角研究院、浙江中国科学院应用技术研究院、南湖研究院、南湖实验室为引领的“2+2+X”科创平台，推广“孵化器＋科技园”的成果转化模式，努力建成省制造业高质量发展示范区和省数字经济创新发展试验区。

秀洲区产业链创新链全景分析报告

嘉兴秀洲区(不含嘉兴高新技术产业开发区)位于浙江省北部,总面积为520.63平方千米,下辖5个镇、2个街道。2023年,全区户籍人口为44.01万人,常住人口约为70.5万人。地区生产总值为903.92亿元,全省排名第35,全市排名第6。秀洲区是“中国共产党的诞生地”“全国县域农业农村信息化发展先进县”“浙江省美丽城镇”“中国菱乡”“中国田藕之乡”“中国青鱼之乡”“国家级长江四大家鱼原种保护基地”,拥有运河湾国家湿地公园、银杏天鹅湖、闻川运河古城等景区。

一、秀洲区产业概况

(一)产业结构

从地区生产总值构成看,2023年,秀洲区第一产业增加值为19.46亿元,第二产业增加值为465.49亿元,第三产业增加值为418.96亿元,三次产业增加值结构调整为2.2 ∶ 51.5 ∶ 46.3。

从农业看,秀洲区以稻米产业、渔业及莲藕产业为主导。2023年,全区农林牧渔总产值30.49亿元。稻米全产业链产值超40亿元,成功打造省级示范性全产业链发展格局;渔业全产业链超6亿元,四大家鱼苗种繁育20亿尾,成功创建省级渔业健康养殖示范县;莲藕全产业链产值超3亿元,入选浙江省首批名优“土特产”百品榜。下一步,秀洲区将积极探索稻渔综合种养、藕稻轮作等特色模式,围绕稻渔共生、藕稻轮作、田埂种植芋头等新型稻田综合种养模式,积极推广高质新品种以及智慧渔业数字化管理平台、节水灌溉、绿色防控、高效栽培等新技术,大幅提高产量产值。

从工业看,秀洲区以光伏新能源产业、智能家居产业和时尚纺织产业为主导。2023年,秀洲区规上工业总产值1202.7亿元。2022年秀洲区产业主要分布见表1。下一步,秀洲区将以数字经济为引领,壮大光伏新能源、智能家居、时尚纺织三大主导产业,加快培育高端装备、健康医疗、航空航天、集成电路、智能汽车等新兴产业,超前布局人工智能、柔性电子、第三代半导体等未来产业,最终构建巨大体量的“1(数字经济)3(光伏新能源、智能家居、时尚纺织)8(高端装备、健康医疗、航空航天、集成电路、智能汽车、人工智能、柔性电子、第三代半导体)”秀洲制造业现代特色产业体系。

表1　秀洲区特色工业简介

名称	规上工业产值 / 亿元	占全区规上工业总产值比重 /%
时尚纺织	312.10	29.17
光伏新能源	302.60	28.28
智能家居	超 190.00	超 17.76

从服务业看，秀洲区以临空经济产业、商贸服务业、软件信息和科技服务业、商务服务业为主导。2022 年，秀洲区规上营业收入为 111.02 亿元，其中旅游总收入 35.38 亿元，占比约为 32%。下一步，秀洲区将推进服务业与第二产业的联系度，最终构建全面辐射的“临空经济产业、商贸服务业、软件信息和科技服务业和商务服务业”现代服务业体系，为高质量制造业发展提供重要支撑。

（二）“C”字形的产业空间布局

图 1 展示了秀洲区重点产业平台布局。从工业看，秀洲区工业在油车港镇围绕“浙江秀洲经济开发区”，重点打造时尚纺织、智能装饰、新材智造和智慧物流四大支柱产业链；在洪合镇和王店镇，围绕“嘉兴秀洲高新技术产业开发区”“省级特色小镇”和“省级小微企业园”，重点打造光伏新能源、高端装备、新材料产业。从农业看，秀洲区农业在新塍镇、王店镇和洪合镇，围绕“省级现代农业园区”，重点发展精品水果、特色瓜菜。从服务业看，秀洲区服务业在王店镇，围绕“嘉兴现代物流服务业创新发展区”，全力发展现代物流和数字贸易产业；围绕“国家 4A 级景区”银杏天鹅湖景区，打造生态度假中心。

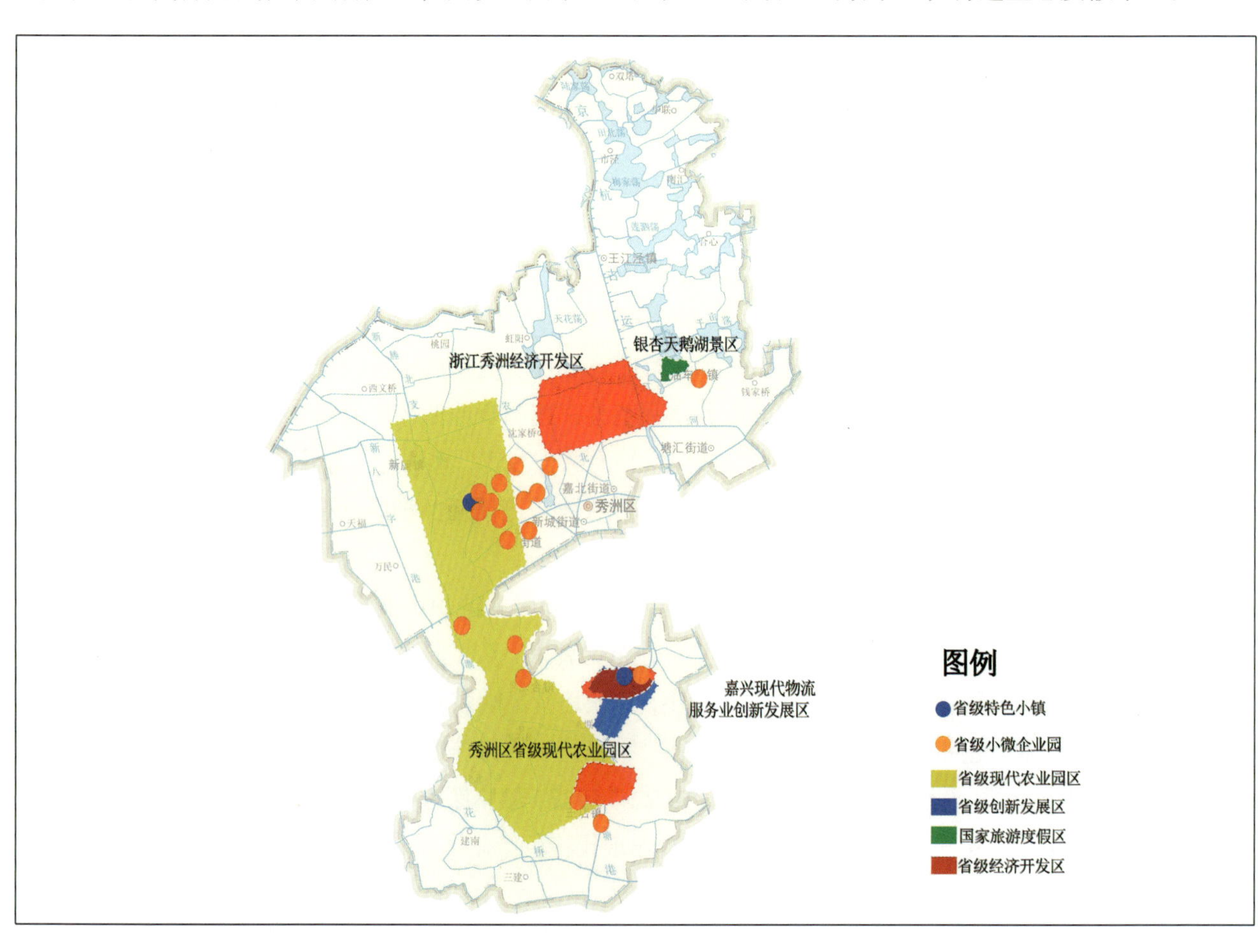

图 1　秀洲区重点产业平台布局（高新区）

二、重点产业

（一）时尚纺织产业

2022年，秀洲区实现时尚纺织产业规上工业总产值约312.1亿元，有规上企业265家。当地相关龙头企业见表2。从产业链角度看，时尚纺织产业的龙头企业主要集中在上游的化学纤维、纺织加工，中游的纺织品制造。下一步，秀洲区将引导产业向定制化和高附加值延伸，服装围绕B2C定制模式提高价值链，重点发展个性定制、众包设计、协同生产；打通设计、制造、物流、仓储全产业链模式；鼓励功能性纺织品研发生产；转型发展卫生材料、高铁汽车轻量材料、膜材料、风力发电机叶片增强复合材料等产业用功能型纺织品。

表2　秀洲区时尚纺织产业龙头企业简介

行业	企业类型	公司名称	主营业务
纺织原材料	上市公司	浙江台华新材料股份有限公司	纺丝、织造、染整、锦纶面料、尼龙66-FDY产品
	专精特新入库企业	嘉兴市天之华喷织有限公司	纺织品、针织品、化学纤维（短纤纱、混纺纱）
		嘉兴正野新材料有限公司	复合材料、热熔胶、包装材料、纺织品、家具配件
		浙江恒亿达复合材料有限公司	真空袋薄膜、有孔隔离膜等真空灌注辅助材料，拉挤玻板等夹芯材料
纺织制品	企业利润百强	雅莹集团股份有限公司	服装、饰品、手表、眼镜、箱包及纺织制成品
	专精特新入库企业	浙江保禄包装科技股份有限公司	塑料软包装材料、功能性包装材料
		威尔克工业纺织（嘉兴）有限公司	工程用特种纺织品及其他工业纺织品

（二）光伏新能源产业

秀洲区光伏新能源产业成功申报省级特色产业集群核心区，入选第二批浙江省“新星”产业群培育名单，创新服务综合体获评全省优秀。2022年，光伏新能源产业规上工业总产值为302.6亿元，主要分布在光伏行业和光电行业。秀洲区光伏新能源产业的龙头企业见表3。从产业链角度看，光伏企业主要集中在上游的晶硅原材料及硅片制造，中游的光伏电池片及光伏组件制造，下游的光伏系统应用产品制造，产业链较完整；光电企业主要集中在上游的光电元器件及中游的专用光学设备制造。下一步，秀洲区将围绕可再生能源发电、储能消纳、电网管理等能源管理环节，大力发展LED芯片、发光组件、新型显示器等光电应用产品。力争到2025年，该产业产值突破1000亿元，培育规模超100亿元企业3家、规模超50亿元企业5家、全国单项冠军企业3家，建成一个国内领先的光伏技术创新平台，一个省级光伏产品检测中心，打造“中国光伏科技城”。

表3　秀洲区光伏新能源产业龙头企业简介

行业	企业类型	公司名称	主营业务
光伏	上市公司	福莱特玻璃集团股份有限公司	光伏玻璃、优质伏法玻璃等四类玻璃，太阳能光伏电站建设，石英岩矿开采
	企业利润百强	浙江嘉福玻璃有限公司	光伏玻璃
		嘉兴隆基乐叶光伏科技有限公司	P型高效单晶HI-MO5组件
光电	上市公司	浙江蓝特光学股份有限公司	光学元器件、光电光伏组件、专用光学仪器和设备

（三）智能家居产业

2022 年，秀洲区实现智能家居产业规上工业总产值超 190 亿元，主要分布在智能家居、智能家电和智能家装三大行业。秀洲区智能家居产业的龙头企业见表 4。从产业链角度看，智能家居产业主要集中在中游的智能家具、智能家电、智能家装制造领域。下一步，秀洲区将以智能化家电、家具、家居和健康、护理、安防产品等为重点，积极开发智能电动床、智能电动沙发、智能家装等多功能智能产品和智能家居控制系统，推进智能传感、物联网等技术应用，形成覆盖智能家电、智能家居硬件、智能家居软件和云平台的智能家居整体解决方案。

表4　秀洲区智能家居产业龙头企业简介

行业	企业类型	公司名称	主营业务
智能家具	上市公司	麒盛科技股份有限公司	科技智能床
	企业利润百强	顾家智能家居嘉兴有限公司	智能家居
	专精特新入库企业	嘉兴市领地家具用品有限公司	枕头、枕芯、保健枕、家具零部件、床类
		浙江云上实业有限公司	校用家具、户外游乐设施、幼教装备、木制办公家具、智慧体育设施、一体机等
智能家电	专精特新入库企业	嘉兴圣斯顿金属制品有限公司	不锈钢制品、照明器具、压力锅、照明器材、电压力锅
		嘉兴市创美电器有限公司	浴霸、取暖器、电风扇、换气扇、照明器具、油烟机、消毒柜、开关、插座、太阳能热水器、除臭机、空气净化器、晾衣架、厨卫整体吊顶、金属装饰板、竹木纤维装饰板、塑料装饰板、塑料制品
		嘉兴市大得电器股份有限公司	浴霸、换气扇、马达、照明灯具
		嘉兴市群峰电器股份有限公司	家电及建筑材料
智能家装	专精特新入库企业	来斯奥集成家居股份有限公司	集成吊顶、集成墙面、家居电器
		浙江今顶集成吊顶有限公司	浴霸、晾衣架、置物架、电机、洁具、取暖器、家具、紧固件、橱柜、浴室柜、厨房电器、插座、开关
		浙江奥华电气有限公司	厨卫集成吊顶

三、科技创新概况

2022 年，全区 R&D 经费占地区生产总值比重为 3.13%，全省排名第 28；全区拥有高新技术企业 406 家，高新技术产业增加值占工业增加值比重达 76.0%；全区规上工业企业 R&D 经费支出占营业收入比重达 1.55%，全省排名第 59。

（一）区域创新资源布局

秀洲区创新平台主要集中在时尚纺织、智能家居和光伏新能源产业。2022 年，全区拥有国家级孵化器 1 家，省级孵化器 1 家，省级重点企业研究院 7 家，省级企业研究院 23 家，省级高新技术企业研发中心 43 家，省级企业研究院建设 2 家，省级新型研发机构 2 家。创新平台主要集聚在新城街道、高照街道及嘉北街道（见图 2）。

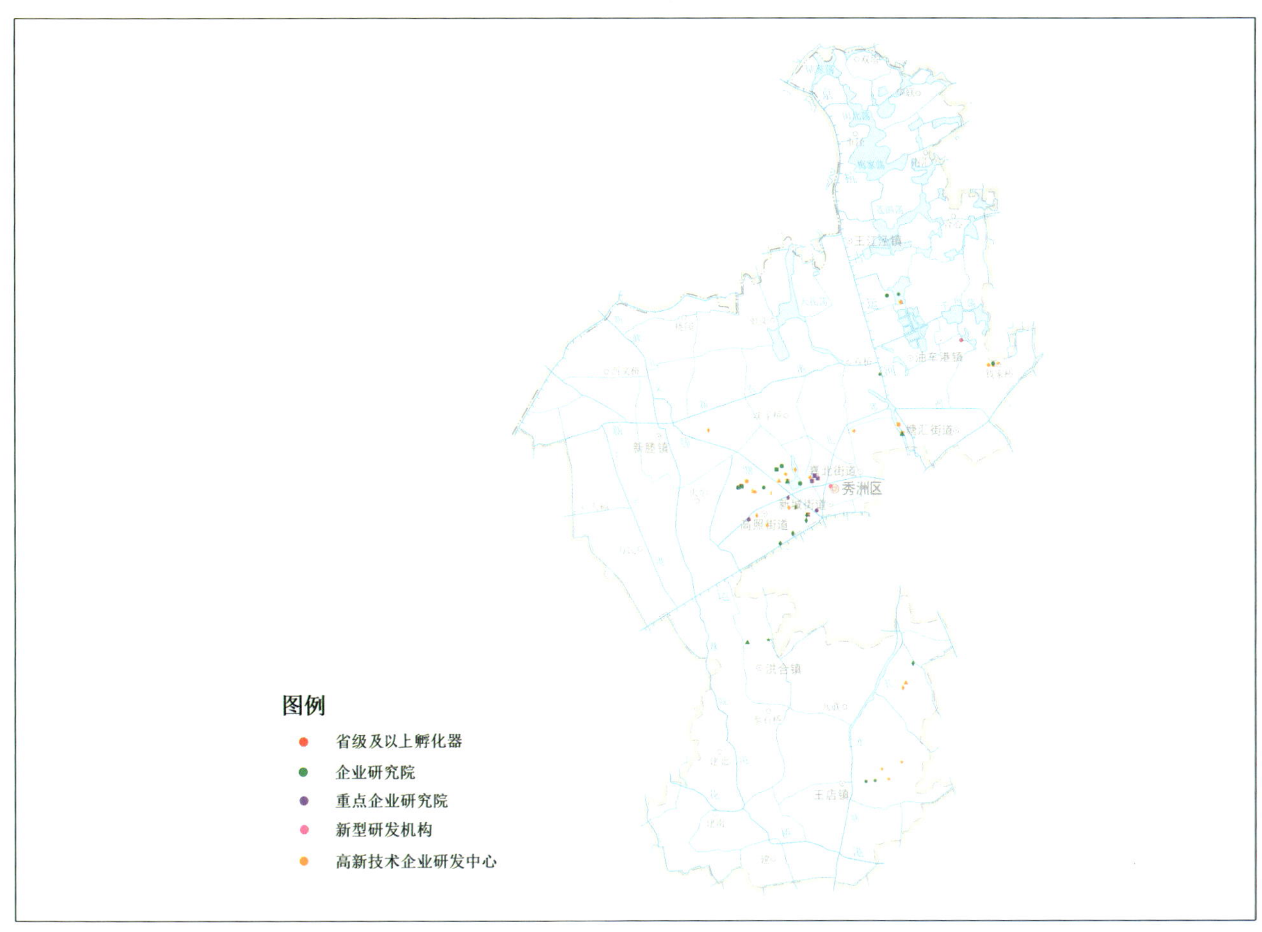

图 2　秀洲区创新平台布局

（二）产业专利分析

秀洲区的专利优势主要集中在光学元件、高分子化合物和照明装置等领域。2022 年，秀洲区有效发明专利共 3439 件，前十大专利技术领域见图 3。根据申请人分析，嘉兴学院（天然或纤维、纺纱或纺丝、有机物的制备）、嘉兴中润光学科技股份（光学）、浙江生辉照明（电技术、照明）、嘉兴山蒲照明电器（照明、基本电子器件）、浙江中聚材料（基本电气元件、有机物的制备）、嘉兴勤慎智能技术（测量）、嘉兴捷顺旅游制品（家具）、汉朔科技股份（电通信技术）、浙江台华新材料股份（织造）等申请人的专利数量居前。

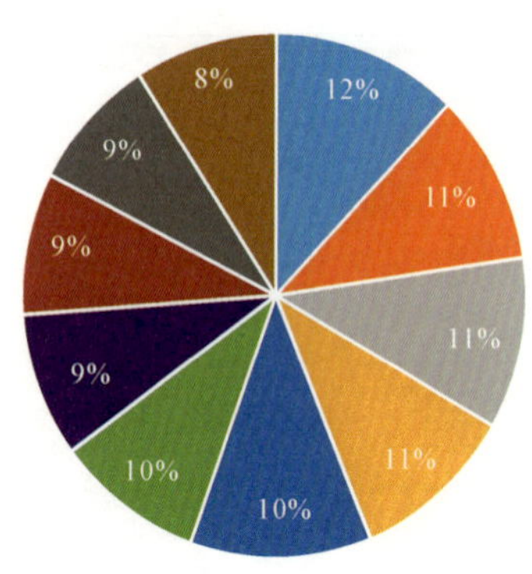

图 3　秀洲区技术领域分布

四、秀洲区未来展望

从产业发展看，光伏新能源产业（产业链较为完整、涉及行业丰富、龙头企业引领性较强）将是秀洲区最有前景的产业。下一步，秀洲区将打造中国光伏科技城，围绕福莱特等行业链主型企业，在“光伏玻璃、电池、组件、新材料、研发、应用”全产业链发展上补链强链。同时，统筹推动光电、高端装备、健康医疗等新兴产业快速发展，推动家居家具、纺织服装传统产品向智能产品、新型产品、高端产品升级。从科技创新看，秀洲区规上工业企业研发投入和全区 R&D 经费占地区生产总值比重均处于全省中游，区域创新能力有待进一步加强。从创新平台布局看，秀洲区光伏新能源、智能家居和时尚纺织产业的创新载体较多，发展动力强劲。下一步，秀洲区将依托上海交大嘉兴科技园、光伏科创园等科技创新载体，加快北京理工大学长三角“两院一园”、浙江大学嘉兴研究院等平台载体建设，依托浙江清华长三角研究院的龙头带动作用，集成力量建设协同创新平台。

海宁市产业链创新链全景分析报告

嘉兴海宁市位于浙江省北部，总面积863平方千米，下辖4个街道、8个镇。2023年，全市户籍人口为71.90万人，常住人口为110.16万人。地区生产总值为1318.16亿元，全省排名第20、嘉兴市排名第1。海宁市是全国县域高质量发展百强、中国工业百强县、全国科技创新百强县，被誉为“中国皮革之都”“中国经编名城”“中国精品袜业之都”“中国纺织产业共同富裕示范区”，拥有钱江潮、路仲古镇、王国维故居、徐志摩故居等。

一、海宁市产业概况

（一）产业结构

从地区生产总值构成看，2023年，海宁市第一产业增加值为20.75亿元，第二产业增加值为755.06亿元，第三产业增加值为542.36亿元，三次产业增加值结构调整为1.6 ： 57.3 ： 41.1。

从农业看，海宁市以水果、苗木和花卉产业为特色。2023年，全市农林牧渔总产值37.74亿元。海宁市已形成以橘、梨、杨梅、葡萄等为代表的水果产业布局，水果产业产值约10.2亿元；作为全省最大的鲜切花种植基地，花卉产业产值突破3亿元。下一步，海宁市将着力发展特色优势农业，提档升级水果、苗木、花卉产业，以农业经济开发区、现代农业园区、特色农业强镇等建设为载体，引领现代农业转型升级。

从工业看，海宁市以时尚产业为主导，协同发展光伏新能源、泛半导体、高端装备、新材料四大产业集群。2023年，海宁市规上工业总产值2818亿元，规上工业企业超1800家。2022年海宁市产业主要分布见表1。下一步，海宁市将聚力培育时尚产业成千亿级产业集群，壮大光伏新能源、泛半导体、高端装备、新材料四大500亿级产业集群，培育生命健康、航空航天两大百亿级产业集群，最终构建海宁“142”先进制造业集群。

表1　海宁市特色工业简介

名称	规上工业产值 / 亿元	占全市规上工业总产值比重 /%	备注
时尚	约1000.00	40.00	
光伏新能源	472.00	18.88	
泛半导体	195.00	7.80	
高端装备	—	—	2021年规上工业增加值182.96亿元

（二）“块状分布、多点协同”的产业空间布局

图1展示了海宁市重点产业平台布局。从农业看，海宁市农业主要分布在黄湾镇和长安镇，以“海宁市黄湾省级现代农业园区”“海宁市花卉特色农业科技园区”“海宁市长安省级现代农业综合区”为载体，重点发展水果、花卉、苗木等三大特色产业，引领现代农业转型升级。从工业来看，海宁市工业围绕“海宁经济开发区”“嘉兴海宁泛半导体产业平台”“省级小微企业园”，在东北部形成显著的工业集聚区，重点发展时尚、装备制造、泛半导体产业；在东南部的“海宁市尖山新区化工新材料产业园区”重点发展化工新材料、电子信息材料产业；在中部的“浙江海宁经编产业园区”以经编产业为主导；在西南部依托“海宁高新技术产业园区”重点发展高端先进制造业和电子信息产业。从服务业看，“省级创新发展区”“省级小微企业园”围绕工业紧密布局，海宁市服务业以数字贸易、科技服务、创意设计方向等领域为重点发展方向，呈现出现代服务业与先进制造业深度融合的特点。

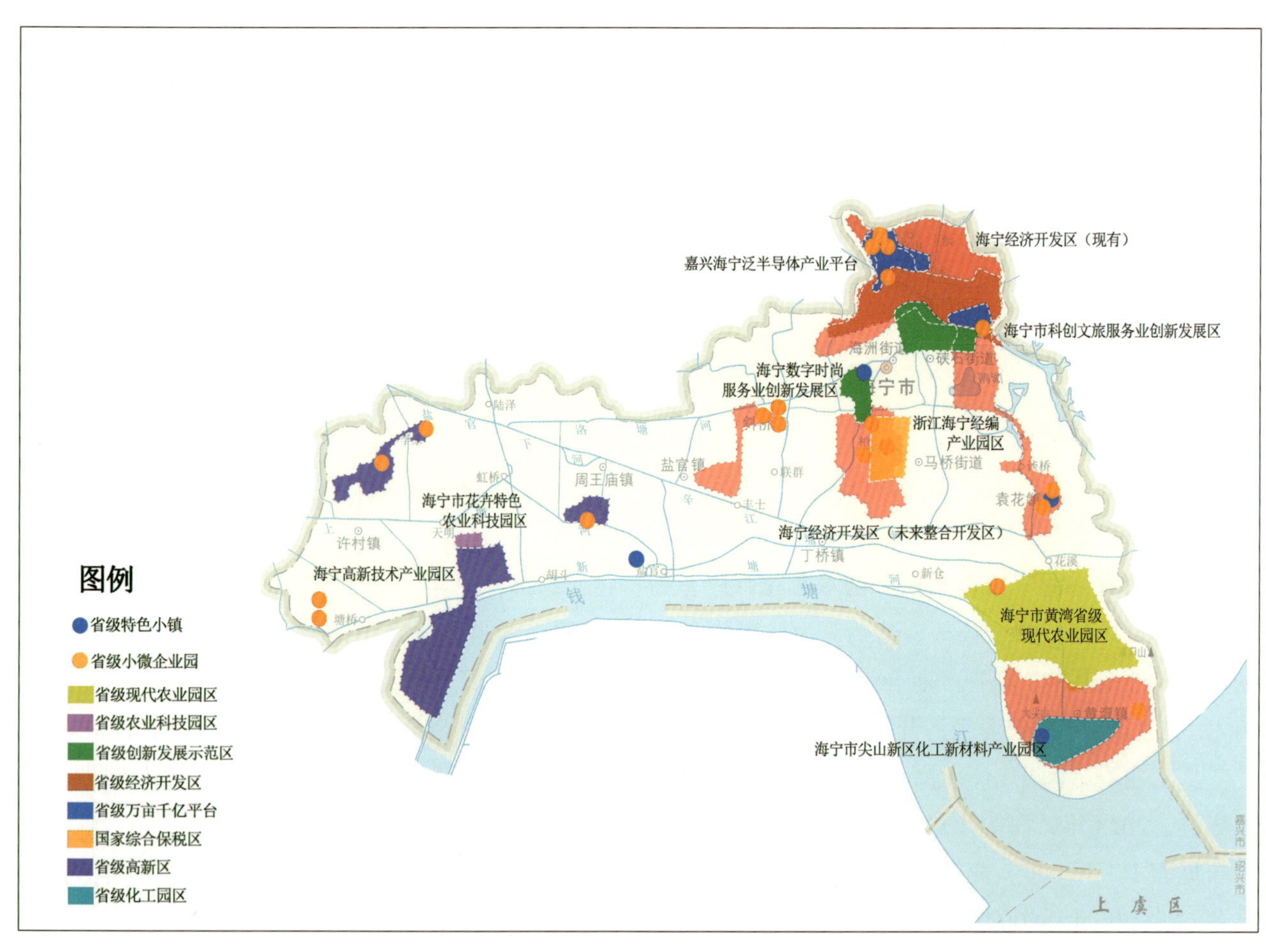

图1　海宁市重点产业平台布局

二、重点产业

（一）时尚产业

海宁市先后获得“中国纺织产业基地”“中国经编名城”“中国优质原创时装基地”“中国高品质

袜业基地”等荣誉称号。2022 年，海宁市时尚产业规上工业产值约 1000 亿元，规上企业超 830 家。时尚产业的龙头企业见表 2，主要分布在服装、皮革、家纺和软（镀）膜领域。下一步，海宁市将推动皮革、纺织面料、家纺、服装及袜业领域的转型升级，大力发展时尚设计，提升产业研发设计能力；引导和加强产业链上下游企业间合作，促进产业链资源整合。力争到 2025 年，时尚产业规上工业产值达 1500 亿元。

表2　海宁市时尚产业龙头企业简介

行业	企业类型	公司名称	主营业务
服装	上市公司	宏达高科控股股份有限公司	服饰面料、染整加工、普通面料、弹力面料等
	新三板	浙江港龙新材料股份有限公司	数码喷绘材料
	专精特新“小巨人”	安正时尚集团股份有限公司	上衣、裙装、外套、裤装、皮衣等女士时装，西装、裤子、衬衫、夹克等男士时装
		海宁纺织机械有限公司	各类面料起毛机、剪毛机、烫光机、磨毛机、刷毛机、定型机等
	地方重点企业	浙江得伟科技股份有限公司	化纤针织、高档面料、里料织造、染整及功能性特殊加工纺织品
		浙江德俊新材料有限公司	高档经编面料
		海宁市天一纺织有限公司	服装提花面料
		浙江罗纳服饰有限公司	美体无缝内衣
		浙江敦奴联合实业股份有限公司	高端女装
	拟上市公司	华尔科技集团股份有限公司	中高档棉、化纤袜子
皮革	上市公司	海宁中国皮革城股份有限公司	皮革服装、裘皮服装、皮具箱包、皮毛、皮革
		兄弟科技股份有限公司	皮革化学
	地方重点企业	海宁瑞星皮革有限公司	牛皮头层沙发革、牛皮二层沙发革
		浙江富邦集团有限公司	汽车用皮革
	专精特新入库企业	海宁森德皮革有限公司	汽车内饰皮革
家纺	地方重点企业	浙江华德利纺织印染有限公司	印染加工、热电联产
		浙江和心控股集团有限公司	窗帘布、沙发布、窗纱和各种成品装饰用布
		浙江映山红纺织科技有限公司	腈纶纱线、涤纶纱线、全羊毛及羊毛混纺纱线、多功能纱线等
	专精特新入库企业	浙江玛雅布业有限公司	中、高档沙发面料与床上用品面料
		浙江皮意纺织有限公司	家私面料、沙发面料、PU 压延产品、PU 烫印产品、压花产品、仿真皮
		海宁市金潮实业有限公司	平膜扁丝机、水织机、圆织机、涂膜机
软（镀）膜	上市公司	浙江华生科技股份有限公司	拉丝气垫材料、充气游艇材料、篷盖材料、灯箱广告材料
	专精特新“小巨人”	浙江明士达股份有限公司	灯箱广告布、针织面料、PVC 压延膜、PVC 天花软膜、遮阳布等
		嘉兴杰特新材料股份有限公司	凯夫拉、芳纶布、宽幅玻璃纤维布、玻璃纤维涂层布等
		浙江长宇新材料股份有限公司	VMPET、VMCPP、透明阻隔膜、涂布等各类软包装镀膜等
	地方重点企业	浙江宇立新材料有限公司	灯箱广告布、投影布、PVC 薄膜（天花膜、窗帘膜）、网格布、刀刮涂层篷布、防水布

（二）光伏新能源产业

2022 年，海宁市光伏新能源产业规上工业总产值 472 亿元，规上企业 16 家。海宁市光伏新能源产业的龙头企业见表 3。从产业链角度看，光伏新能源企业主要集中在上游的原材料、硅锭和硅片研发及制造，中游的光伏电池及组件制造，下游的光伏发电及配套服务。下一步，海宁市将加强光伏材料、高效电池及组件等关键技术创新突破，提高光伏产品设计与制造能力。力争到 2025 年，光伏新能源产业规上工业产值超 500 亿元。

表3　海宁市光伏新能源产业龙头企业简介

行业	企业类型	公司名称	主营业务
光伏新能源	上市公司	浙江芯能光伏科技股份有限公司	分布式光伏
		晶科能源股份有限公司	单晶硅棒、硅片，多晶铸锭、硅片，高效太阳能电池、组件和光伏应用系统
		浙江正泰电器股份有限公司	配电开关控制设备、电子元器件移动通信设备、光伏设备及元器件
		天通控股股份有限公司	绝缘树脂、槽楔与层压制品、纤维制品、云母制品、绑扎制品、复合材料绝缘件
		浙江博菲电气股份有限公司	太阳能光伏及 LED 产品、磁性材料、蓝宝石、软磁材料
	新三板	浙江光隆能源科技股份有限公司	晶体硅太阳能电池
	地方重点企业	海宁马桥大都市热电有限公司	热电联产
		浙江融乐数字化太阳能有限公司	太阳能热水器
	专精特新入库企业	浙江家得乐科技有限公司	太阳能热水器、光电产品等新能源产品
		浙江凯盈新材料有限公司	电极浆料（正银、背银浆料）、电子元器件用高端导电浆料

（三）泛半导体产业

2022 年，海宁市泛半导体产业规上工业产值 195 亿元，规上企业 137 家。当地相关龙头企业见表 4。从产业链角度看，泛半导体企业主要集中在上游的半导体材料、专用设备、核心元器件生产及 IC 设计，中游的芯片制造和封装测试，下游的芯片应用。下一步，海宁市将依托集成电路与先进制造研究院等重大创新平台，推进产业资源整合，增强产业间联动，优化上下游企业布局。力争到 2025 年，泛半导体产业规上工业产值超 500 亿元。

表4　海宁市泛半导体产业龙头企业简介

行业	企业类型	公司名称	主营业务
泛半导体	上市公司	杭州美迪凯光电科技股份有限公司	传感器光学封装基板、芯片贴附承载基板及其精密加工服务
		浙江晨丰科技股份有限公司	灯头类产品、LED 灯泡散热器、灯具金属件、印制电路板及其他产品
		浙江博菲电气股份有限公司	太阳能光伏及 LED 产品、磁性材料、蓝宝石、软磁材料
	专精特新“小巨人”	浙江信测通信股份有限公司	电磁辐射仪、场强仪、工频电磁辐射、电磁辐射分析仪、选频电磁辐射仪等
		浙江陶特容器科技股份有限公司	半导体用超高纯电子级气体充装容器
		浙江英德赛半导体材料股份有限公司	电子级高纯氨、工业液氨、氢氮混合气等
		天通瑞宏科技有限公司	声表面波滤波器、磁性元件、微波器件
		海宁永力电子陶瓷有限公司	PTC 热敏电阻加热元件和 PTC 热敏电阻加热组件
	地方重点企业	浙江凯耀照明有限责任公司	LED 健康智慧照明产品及 LED 数字控制系统
		浙江铭孚金属涂装科技有限公司	环保型水性涂料、环保型双组份阴极电泳涂料
		浙江通达磁业有限公司	软磁铁氧铁体磁芯
		海宁久达光电科技股份有限公司	有源光电子
		浙江新光阳照明股份有限公司	汽车照明 HID 氙气灯及商业照明用金属卤化物灯
	专精特新入库企业	浙江前程照明有限公司	高效节能环保灯具
		海宁市新光源照明科技股份有限公司	LED 灯丝泡、T5 灯管、T5 支架、LED
		浙江美迪凯光学半导体有限公司	生物识别、AR/MR 光学、影像光学和半导体零部件
		浙江亚芯微电子股份有限公司	电路及晶体管、半导体光电元器件等分立器件

（四）高端装备产业

2022 年，海宁市高端装备产业规上企业约有 150 家。当地相关龙头企业见表 5，主要分布在高端厨电、电梯整机、汽车零部件行业。从产业链角度看，高端厨电企业主要集中在中游的集成灶生产；电梯企业主要集中在上游的电梯零部件生产和中游的电梯产品整机制造；汽车零部件企业主要集中在上游的原材料生产，中游的汽车电子、内饰部件、传动系配件制造，下游的汽车整车制造。

表5　海宁市高端装备产业龙头企业简介

行业	企业类型	公司名称	主营业务
高端厨电	上市公司	火星人厨具股份有限公司	集成灶、集成水槽、集成洗碗机等
		浙江美大实业股份有限公司	集成灶、橱柜
	地方重点企业	浙江马尔风机有限公司	AC 外转子轴流风机系列、AC 罩极电机系列等
电梯	地方重点企业	浙江西子重工机械有限公司	电梯、扶梯、自动人行道、钢构网架、起重机械等
		快客电梯有限公司	乘客电梯、别墅电梯、观光电梯、自动扶梯、自动人行道
		林肯电梯（中国）有限公司	乘客电梯、观光电梯、医用电梯、载货电梯、别墅电梯、杂物电梯、自动扶梯、自动人行道
		嘉联电梯有限公司	电梯、自动扶梯、自动人行道、停车设备及零部件的设计
汽车零部件	上市公司	浙江海利得新材料股份有限公司	车用差别化纤维
	专精特新“小巨人”	海宁奥通汽车零件有限公司	汽车轮毂轴承总成、离合器及零件、齿轮、传动、驱动及驱动部件
		嘉兴福可吉精密机械有限公司	工业轴承和汽车轴承
	地方重点企业	浙江宝捷机电有限公司	高精度钨钢模具、电机和变压器铁芯
		海宁佳盛汽车零部件有限公司	前后轮毂轴承和轴承单元
		浙江龙华汽配制造有限公司	汽车离合器膜片弹簧、拖拉机及工程机械用碟形弹簧
		浙江翔宇密封件股份有限公司	橡胶密封圈、O 型圈、装甲式密封、金属防盖、彩色密封圈、油封
		浙江星驰汽车有限公司	商务车、旅居车、拖挂类房车
	专精特新入库企业	浙江泰米电子科技有限公司	车载无线充电模块、车载 USB 充电模块、车载 NFC 模块、转向角传感器
		浙江众腾汽车密封件有限公司	汽车轮毂轴承单元密封件、ABS 编码器、防尘盖、轮毂
		浙江六合实业有限公司	汽车液压盘式制动器、卡钳、刹车卡钳、制动钳、液压制动钳

三、科技创新概况

2022 年，全区 R&D 经费占地区生产总值比重为 3.81%，全省排名第 9；全区拥有高新技术企业 585 家，高新技术产业增加值占工业增加值比重达 66.04%；全区规上工业企业 R&D 经费支出占营业收入比重达 1.69%，全省排名第 47。

（一）区域创新资源分布

海宁市创新平台主要集中在时尚、高端装备产业。2022 年，全市拥有省级重点实验室 1 家，省级重点企业研究院 5 家，省级企业研究院 53 家，省级高新技术企业研发中心 97 家，国家级孵化器 1 家，省级产业创新服务综合体 3 家。创新平台布局在海昌街道、黄湾镇（见图 2）。

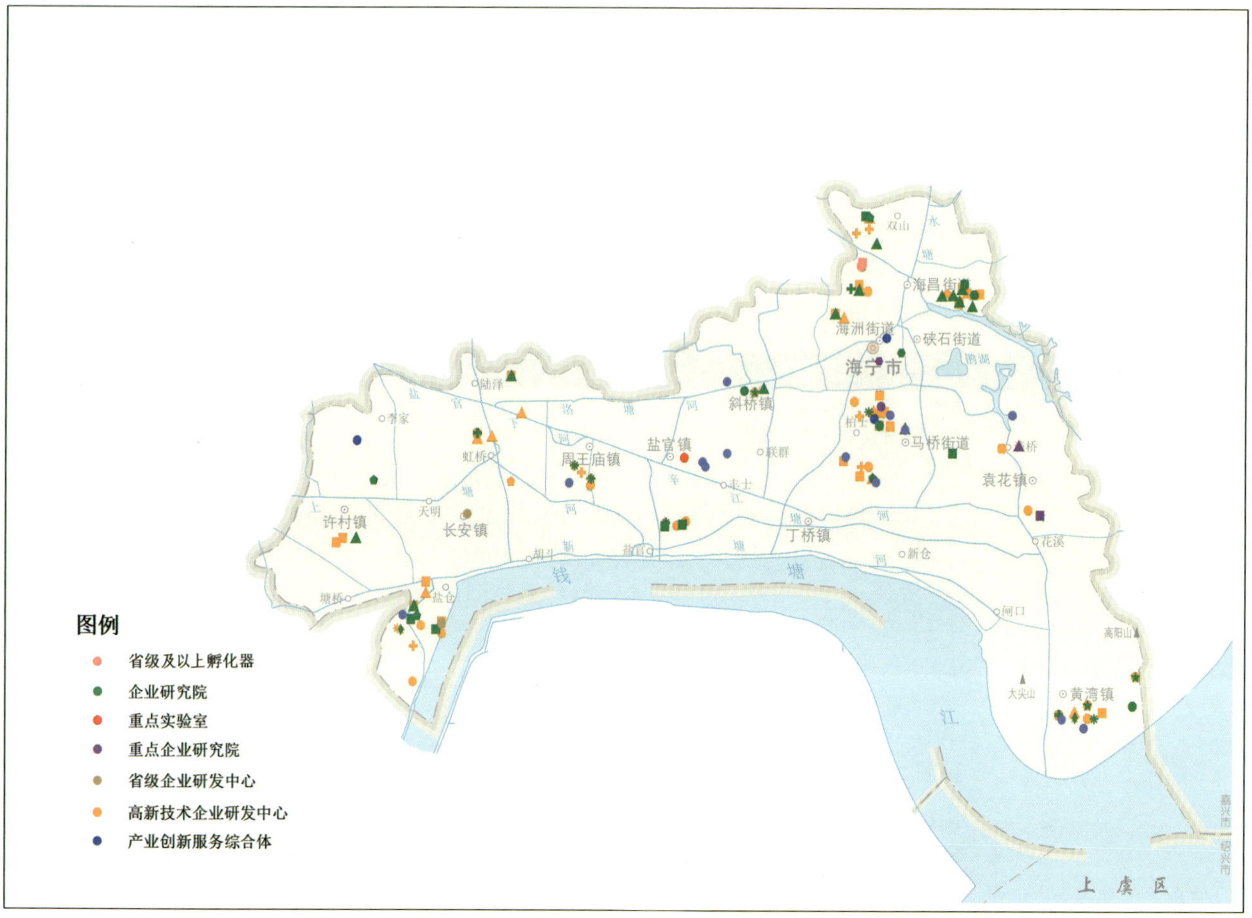

图 2　海宁市创新平台布局

（二）产业专利分析

海宁市的专利优势集中在纺织、光伏组件、半导体等领域。2022 年，海宁市有效发明专利共 4787 件，前十大专利技术领域见图 3。根据申请人分析，浙江晶科能源股份（太阳能电池、光伏组件、光伏储能系统、测试装置、单晶炉、制备装置及工艺）、天通控股股份（钽酸锂晶体、铌酸锂晶片、蓝宝石球面晶体）、芯盟科技（半导体结构设计、存储器、传感器）、浙江凯耀照明（LED 灯具）、浙江汇锋薄膜科技（装饰膜、塑料膜）等申请人的专利数量居前。

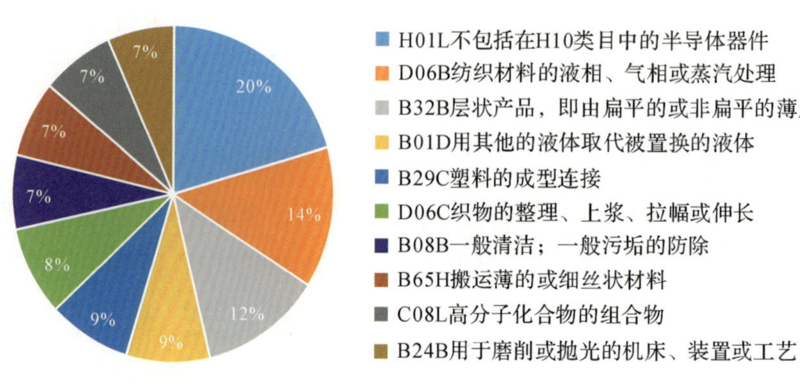

图 3　海宁市技术领域分布

四、海宁市未来展望

从产业发展看，未来海宁市要打造“142”产业集群，打造全国有影响力的“半导体装备和材料产业基地”、全球光伏制造基地，成为全国三大集成灶生产基地之一，做强千亿级时尚产业集群。其中，光伏新能源产业争取列入省“415X”先进制造业集群核心区，海宁市的泛半导体产业争取成为省未来产业先导区。从科技创新看，全市 R&D 经费占地区生产总值比重处全省排名领先。下一步，海宁市将紧抓杭海城际科创走廊建设，依托海宁集成电路与先进制造研究院等平台，加快对泛半导体、生命健康等领域高成长创新性项目、高层次人才、领军型创新创业团队的招引和培育，提高高端创新资源集聚度。

平湖市产业链创新链全景分析报告

嘉兴平湖市位于浙江省东北部，总面积554.4平方千米，下辖3个街道、6个乡镇。2023，全市户籍人口为51.79万人，常住人口为69.22万人。地区生产总值为1008.7亿元，全省排名第27，嘉兴市排名第5。平湖市是全国工业百强县、全国科技创新百强县、“中国西瓜之乡”、“浙江省制造业高质量发展示范市”，拥有九龙山国家森林公园、东湖景区等著名旅游胜地。

一、平湖市产业概况

（一）产业结构

从地区生产总值的产业构成看，2023年，平湖市以第二产业为主导，第一产业增加值为16.2亿元，第二产业增加值为595.1亿元，第三产业增加值为397.4亿元，三次产业增加值结构调整为1.6：59.0：39.4。

从农业看，平湖市以绿色蔬菜、特色菌菇和生态养殖产业为主导。2023年，全市农林牧渔总产值为27.08亿元。绿色蔬菜全产业链产值超3.5亿元，预计到2025年，实现产值5亿元。特色菌菇产业产值2亿元，预计到2025年，实现产值3.5亿元。生态养殖产业的全市经济总产值超过4亿元，预计到2025年，实现产值6亿元。

从工业看，平湖市以新材料、汽车、时尚和数控机床产业为主导。2023年，全市规上工业总产值超1723.6亿元，规上工业企业800余家。2022年平湖市产业主要分布见表1。下一步，平湖市将大力扶持数字赋能产业发展、创新驱动发展，形成2—3个千亿级产业集群。

表1 平湖市特色工业简介

名称	规上工业产值 / 亿元	占全市规上工业总产值比重 /%
新材料	495.30	28.45
汽车	192.50	11.06
时尚	超200.00	超11.49
数控机床	96.00	5.51

（二）“南北集聚”的产业空间布局

图 1 展示了平湖市重点产业平台布局。从工业看，平湖市工业依托“国家级经济开发区”“张江长三角科技城平湖园”“平湖高新技术产业园区”，重点发展光机电、生物医药、智能制造、电子信息产业；在南部围绕“浙江独山港经济开发区”“浙江乍浦经济开发区”“中国化工新材料（嘉兴）园区”，重点发展先进智能装备、生命健康、新材料产业。从农业看，平湖市农业依托“平湖市广陈省级现代农业园区”（核心领域蔬菜瓜果）和“平湖市数字农业科技园区”（粮油和果蔬），大力发展种植业。从服务业看，平湖市服务业围绕“平湖南市商务商贸创新发展区”“平湖市独山港临港产业物流创新发展区”，以现代物流和商务商贸业为重点发展对象。此外，平湖市在国家 4A 级景区东湖景区发展旅游业。

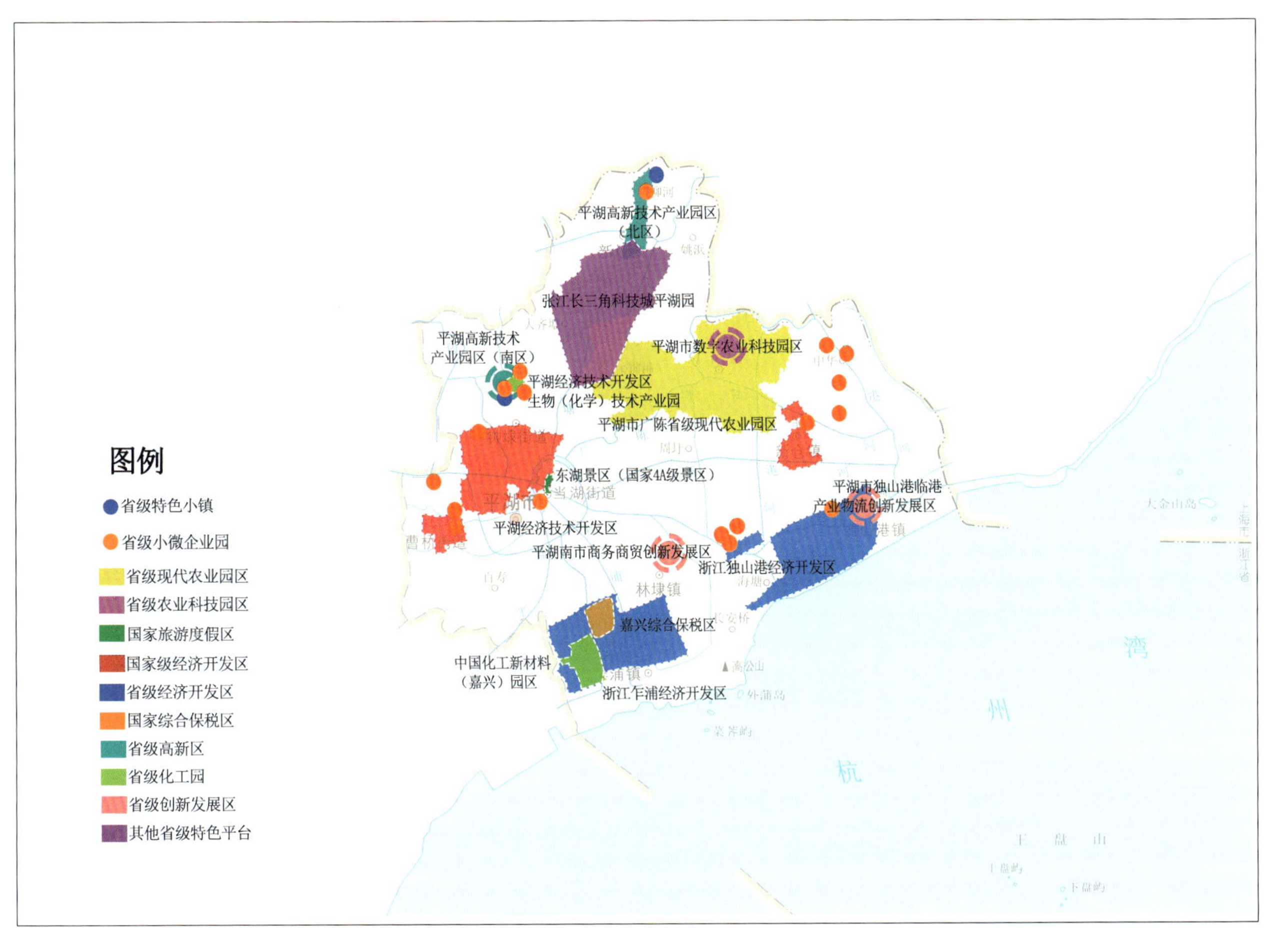

图 1　平湖市重点产业平台布局

二、重点产业

（一）新材料产业

2022 年，平湖市新材料产业规上工业总产值 495.3 亿元，规上企业 135 余家。平湖市新材料产业的龙头企业见表 2。从产业链角度看，新材料企业主要集中在中游的化工新材料、无机非金属材料、高分子化合物、前沿新材料、高性能纤维及复合材料制造。下一步，平湖市将依托浙江工业大学平湖新材料研究院等平台，提升发展高性能纤维等先进高分子材料产业，加快发展高性能氟硅新材料、高端电子专用材料产业，打造世界一流的绿色石化先进制造业集群、国内领先的高分子新材料产业基地，谋划布局一批前沿领域新材料。立足平湖市产业实际，重点突出半导体、5G 电子、航空航天、锂电池、氢能、医疗器械等材料应用领域，形成一批在国内外具有特色和影响力的企业和产业集群，将浙沪新材料产业园打造成“万亩千亿产业园”。

表2　平湖市新材料产业龙头企业简介

行业	企业类型	公司名称	主营业务
新材料行业	上市公司	浙江嘉化能源化工股份有限公司	甘油、二氯乙烷、氯乙烯、脂肪酸、聚氯乙烯
		浙江荣晟环保纸业股份有限公司	普瓦纸、纱管纸、牛皮箱板纸、牛卡、瓦楞纸
		浙江比例聚合科技股份有限公司	黑白膜、铝复合膜、KPE 五层膜、PET 瓶标膜、冷收缩套管膜
		浙江亚迪纳新材料科技股份有限公司	纳米海绵擦、改性三聚氰胺树脂、三聚氰胺泡沫塑料（密胺泡绵）
	专精特新“小巨人”	纳狮新材料有限公司	光伏硅异质结电池镀膜、高阻隔膜真空镀膜、燃料电池金属双极板涂层
		嘉兴高正新材料科技股份有限公司	钲罡超耐候防腐氟素板、阻燃超耐候 ASA 膜、PTFE 膜、PFA 膜
		嘉兴富瑞邦新材料科技有限公司	纳米纤维复合滤材、工业滤纸、柔性陶瓷隔热材料、化学过滤材料
		浙江凯阳新材料股份有限公司	TPU 漆面保护膜、织物复合膜、光学级保护膜、普通 TPU 薄膜、玻璃夹胶膜、特种防护膜
		科莱恩特种化学品（嘉兴）有限公司	催化剂
	规上百强（市级）	浙江景兴纸业股份有限公司	牛皮箱板纸、白面牛卡纸、纱管原纸、高强度瓦楞原纸
		浙江鸿基石化股份有限公司	均聚粉料、无规共聚粉料、均聚聚丙烯、无规共聚透明聚丙烯
		浙江传化合成材料有限公司	丁二烯、废溶剂油、含一级易燃溶剂的其他制品（丁二烯≤ 30%）
		浙江独山能源有限公司	合成纤维、合成材料
	招商引资的大项目企业	合盛硅业股份有限公司	硅基新材料
		贺利氏（平湖）贵金属材料有限公司	键合丝、溅射靶材、蒸发材料、焊粉
		瑞士西卡公司	弹性浇铸树脂、真空模铸树脂、快速浇铸树脂、胶衣涂覆树脂
		湛新树脂（中国）有限公司	树脂
		上海海优威新材料股份有限公司	光伏胶膜、玻璃胶膜、车用新型膜

（二）汽车产业

平湖市是中国汽车零部件制造基地。2022 年，平湖市的汽车产业规上工业产值 192.5 亿元，规上企业 95 家，总产值超过 400 亿元。平湖市汽车产业的龙头企业见表 3。从产业链角度看，该产业的龙头企业主要集中在中游新能源汽车电控系统、发动机系统、车身附件、车身底部系统、传动系统和下游的新能源汽车充电桩制造。下一步，平湖区将着力发展整车制造、智能网联车、新能源汽车零部件、汽车电子、汽车装饰和其他汽车零部件，拓展产业链下游汽车售后服务（如汽车的保养维修和保险等），形成产业集聚优势，打造完整的汽车产业生态链，构筑千亿级汽车产业集群。

表3　平湖市汽车产业龙头企业简介

行业	企业类型	公司名称	主营业务
汽车产业	上市公司	长城汽车股份有限公司平湖分公司	哈弗 SUV 车型“赤兔”
	专精特新“小巨人”	浙江伊控动力系统有限公司	E2A 单电机控制器、E2C 单电机控制器、多合一电机控制器

续表

行业	企业类型	公司名称	主营业务
汽车产业	地方规划里提到的重点企业	欧拓（平湖）汽车配件有限公司	发动机封装和引擎舱盖、车身底部系统和隔热板
		英国吉凯恩集团平湖分公司	等速万向节、电力驱动模块、传动轴、联轴器
		天纳克（中国）有限公司	二次生烃定量催化燃烧器、双涡流混合器、热交换器
		蒂森克虏伯弹簧稳定杆（平湖）有限公司	直线弹簧、鼓形变节距弹簧、偏载弹簧、实心稳定杆、空心稳定杆、分离式稳定杆
	招商引资的大项目企业	浙江平湖 ABB 电动交通智能工厂	ABB EVinn TA 7kW 交流充电桩
		尼得科汽车马达（浙江）有限公司	变频马达、矢量马达、制动马达、无刷直流马达、步进马达
		纳铁福传动系统（平湖）有限公司	eDrive 电驱动系统、AWD 全轮驱动系统、CVJ 等速万向节系统

（三）时尚产业

平湖市作为中国服装制造名城和中国旅行箱包之都，2022 年，时尚产业实现规上总产值超过 200 亿元，规上企业 153 家，总产值超过 200 亿元。平湖市时尚产业的龙头企业见表 4。从产业链角度看，该产业的龙头企业主要集中在上游的棉纺生产和中游的服饰、医护人员防护用品、特种劳保防护用品、箱包制造。下一步，平湖区将进一步提升发展服装制造、羽绒服装、拉杆箱、旅行箱（包）等产业优势，鼓励发展中高端品牌服装、箱包制造，着力培育一批高端定制和原创设计品牌，以自主创建、电商直播、授权经营、品牌代理等多种方式积极扩大平湖品牌服装、箱包知名度。

表4　平湖市时尚产业龙头企业简介

行业	企业类型	公司名称	主营业务
时尚产业	地方规划里提到的重点企业	平湖市悦春毛衫制衣有限公司	羊毛衫、羊绒衫、天丝纤维丝、绢丝衫
		平湖华城茂麓制衣有限公司	防晒衣、羽绒服、男裤、女士休闲裤
		嘉兴市创羽服饰有限公司	男式羽绒服、棉服、休闲外套
		嘉兴市碟啰时装设计有限公司	羽绒服
		平湖缔雅服装有限公司	日用口罩、医护人员防护用品生产、特种劳动防护用品生产、箱包
	招商引资的项目企业	平湖市得龙服饰有限公司	羊绒衫
		嘉兴毓秀箱包有限公司	箱包
		浙江杰克范服饰有限公司	女装羽绒服、男装羽绒服
		浙江依爱夫纺织有限公司	民族服装、背心、吊带衫
		华孚时尚股份有限公司	色纺纱

（四）数控机床产业

2022 年，平湖市数控机床产业规上工业总产值 96 亿元，规上企业 64 家。平湖市数控机床产业的龙头企业见表 5。从产业链角度看，该产业的龙头企业主要集中在上游的数控机床零部件、五金工具、五金塑料制品生产，中游的数控机床、机器人的制造。下一步，平湖区将着力发展精密机械、机器人、节能环保装备。精密机械重点发展精密数控机床、精密减速机、精密机械装备等。机器人重点发展工业机器人、服务机器人、特种机器人和机器人关键零部件。预计到 2025 年，平湖市的数控机床产业规模有望突破 250 亿元。

表5 平湖市数控机床产业龙头企业简介

行业	企业类型	公司名称	主营业务
时尚产业	地方规划里提到的重点企业	尼得科冲压自动化设备（浙江）有限公司	高档数控机床、冲床、噪声与振动控制设备、机床附件
		浙江治丞智能机械科技有限公司	机器人
		润地精密机床（浙江）有限公司	冲床、精密机床、精密机床零部件、数控系统的研发
		平湖市华晟精密机械股份有限公司	机床零部件、动力头、液压油缸零部件、旋转导套、过滤设备零部件
	在地方参与的重大产业（化）项目的依托企业	平湖市成功机械有限公司	刀塔、刀库
		海辰精密机械（嘉兴）股份有限公司	新能源锂电池调浆搅拌器、气动搅拌器、粉体处理搅拌器
		平湖市斯迈克机械制造有限公司	五金工具、五金塑料制品、缝纫机零配件
	招商引资的大项目企业	津上精密机床（浙江）有限公司	CNC 精密自动车床、津上刀塔车床、CNC 刀塔车床、精密滚丝机
		德马吉森精机制造技术（平湖）有限公司	数控机床制造、金属成形机床制造、工业自动控制系统装置制造
		东精计量仪（平湖）有限公司	半导体倒角机、剥离清洗机

三、科技创新概况

2022 年，全市 R&D 经费占地区生产总值比重为 2.83%，全省排名第 40；全市拥有高新技术企业 498 家，高新技术产业增加值占工业增加值比重达 65.1%；全市规上工业企业 R&D 经费支出占营业收入比重达 0.89%，全省排名第 83。

（一）区域创新资源布局

平湖市创新平台主要集中在新材料、汽车零部件和先进装备智造行业。2022 年，全市拥有省级重点企业研究院 3 家，省级企业研究院 37 家，省级高新技术企业研发中心 102 家，省级农业企业研发中心 8 家，国家级孵化器 3 家，省级孵化器 2 家，国家级星创天地 5 家，省级众创空间 2 家，省级创新服务综合体 1 家。创新平台主要分布在主城区（当湖街道、钟埭街道、曹桥街道和林埭镇），以及与上海交界的东北部地区和南部的沿海地区（见图 2）。

（二）产业专利分析

平湖市的专利优势主要集中在包袋、机床零件和贮存或运输装置等领域。2022 年，平湖市有效发明专利共 3588 件，前十大专利技术领域见图 3。根据申请人分析，浙江泛亚生物医药（真菌培养、微生物）、平湖市品耀机器自动化（机床的零件、部件或附件）、浙江锋源氢能科技（电池组）、浙江荣晟环保纸业（造纸机）、平湖市陈达仓储办公设备（办公家具、柜橱、抽屉）、锋源新创科技（电池组）、津上精密机床（机床的零件、部件或附件）等申请人的专利数量居前。

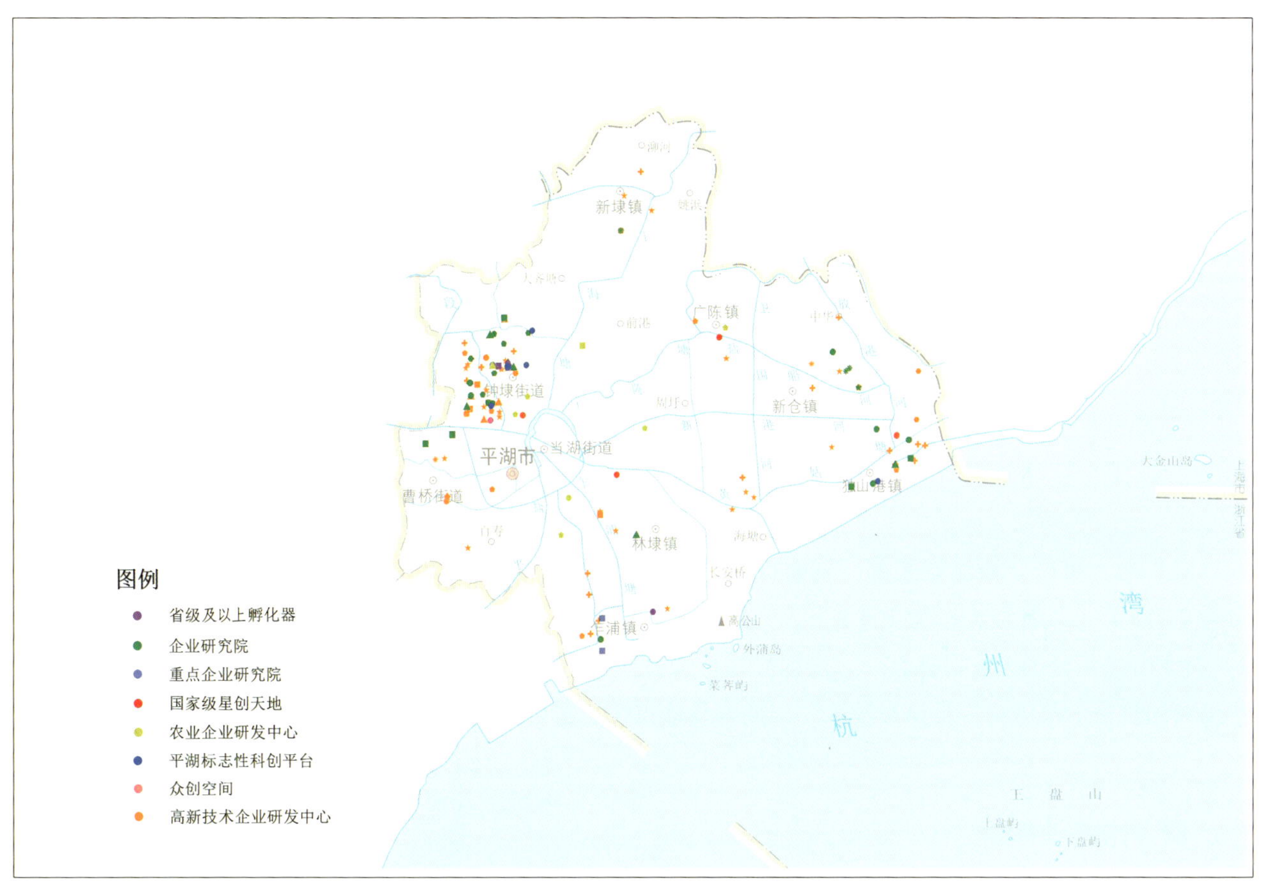

图 2　平湖市创新平台布局

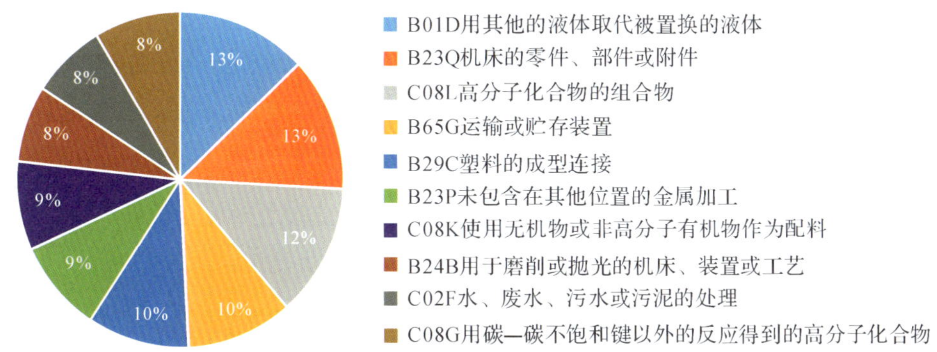

图 3　平湖市技术领域分布

四、平湖市未来展望

从产业发展看，平湖市加快建设“3+3+3”现代产业体系，巩固壮大汽车及零部件、高端新材料等主导产业，深化省级新能源汽车协同区、数控机床核心区建设，争创数控机床国家级先进制造业集群，打造更多“平湖制造”金名片。以服装、箱包、童车等时尚创意产业为重点，推动传统产业转型升级。从科技创新看，平湖市加快推进上海交大平湖智能光电研究院、浙江工业大学平湖新材料研究院、杭州电子科技大学平湖数字技术创新研究院、中国标准化研究院长三角分院、嘉兴南湖学院平湖研究院等高端创新载体建设发展，积极融入长三角 G60 科创走廊建设。

桐乡市产业链创新链全景分析报告

嘉兴桐乡市位于浙江省北部，总面积828平方千米，下辖3个街道、8个镇。2023年，全市户籍人口为71.79万人，常住人口为106.1万人。地区生产总值为1252.35亿元，全省排名第24，嘉兴市排名第2。桐乡市是“全国工业百强县”“全国科技百强县”“世界互联网大会永久举办地”“浙江高质量发展建设共同富裕示范区第二批试点地区”，拥有乌镇古镇旅游区。

一、桐乡市产业概况

（一）产业结构

从地区生产总值构成看，2023年，桐乡市第一产业实现增加值25.79亿元，第二产业实现增加值605.02亿元，第三产业实现增加值621.54亿元，三次产业结构比例调整为2.1 ： 48.3 ： 49.6。

从农业看，桐乡市以杭白菊、湖羊产业为主导。2023年，桐乡市农林牧渔业总产值为45.90亿元，其中，杭白菊产值4.07亿元，桐乡湖羊产值约3亿元。下一步，桐乡市将构建“2+8+6”现代乡村产业体系，以一、二、三产业融合发展为路径，加快产业链条的纵向延伸，产业形态的横向拓展。

从工业上看，桐乡市以新材料产业、时尚产业、数字经济产业为主导。2023年，桐乡市规上工业总产值2439.79亿元，全市规上工业企业中营收超亿元的企业共306家，其中营收5亿元及以上企业71家，10亿元及以上企业34家。2022年桐乡市产业主要分布见表1。下一步，桐乡市将以数智融合和新旧动能转换为重点，构建特色“1+3+X”先进制造业产业体系，努力实现产业、平台、企业、投资等方面的优化升级，推动经济高质量发展。

表1 桐乡市特色工业简介

名称	规上工业产值 / 亿元	占全市规上工业总产值比重 /%
时尚	超1000	超41.70
新材料	超1000	超41.70
高端装备	超100	超4.17
数字经济	超150	超6.25

（二）“分块分布”的产业空间布局

图1展示了桐乡市重点产业平台布局。从农业看，桐乡市在“现代农业园区”和“农业科技园区”，重点发展湖羊与杭白菊等产业。从工业看，桐乡市工业依托北部的“乌镇高新技术产业园区”和“浙江桐乡濮院针织产业园区”，重点打造智能汽车、智能计算、智能传感、工业互联网“三智一网”产业体系和毛针织服装特色产业基地；依托东部的“桐乡经济开发区”重点打造新特材料、机械制造、电子信息、光机电与化纤纺织产业；依托南部的“桐乡经济开发区”和“桐乡市洲泉镇化工集聚区”重点打造化纤工业。从服务业看，桐乡市服务业在乌镇“桐乡乌镇互联网小镇”和“乌镇国家级旅游度假区”重点发展互联网和康养、休闲等功能的特色服务产业；在梧桐街道，围绕“省级小微企业园（梧桐智创园等）”，培育数字产业。

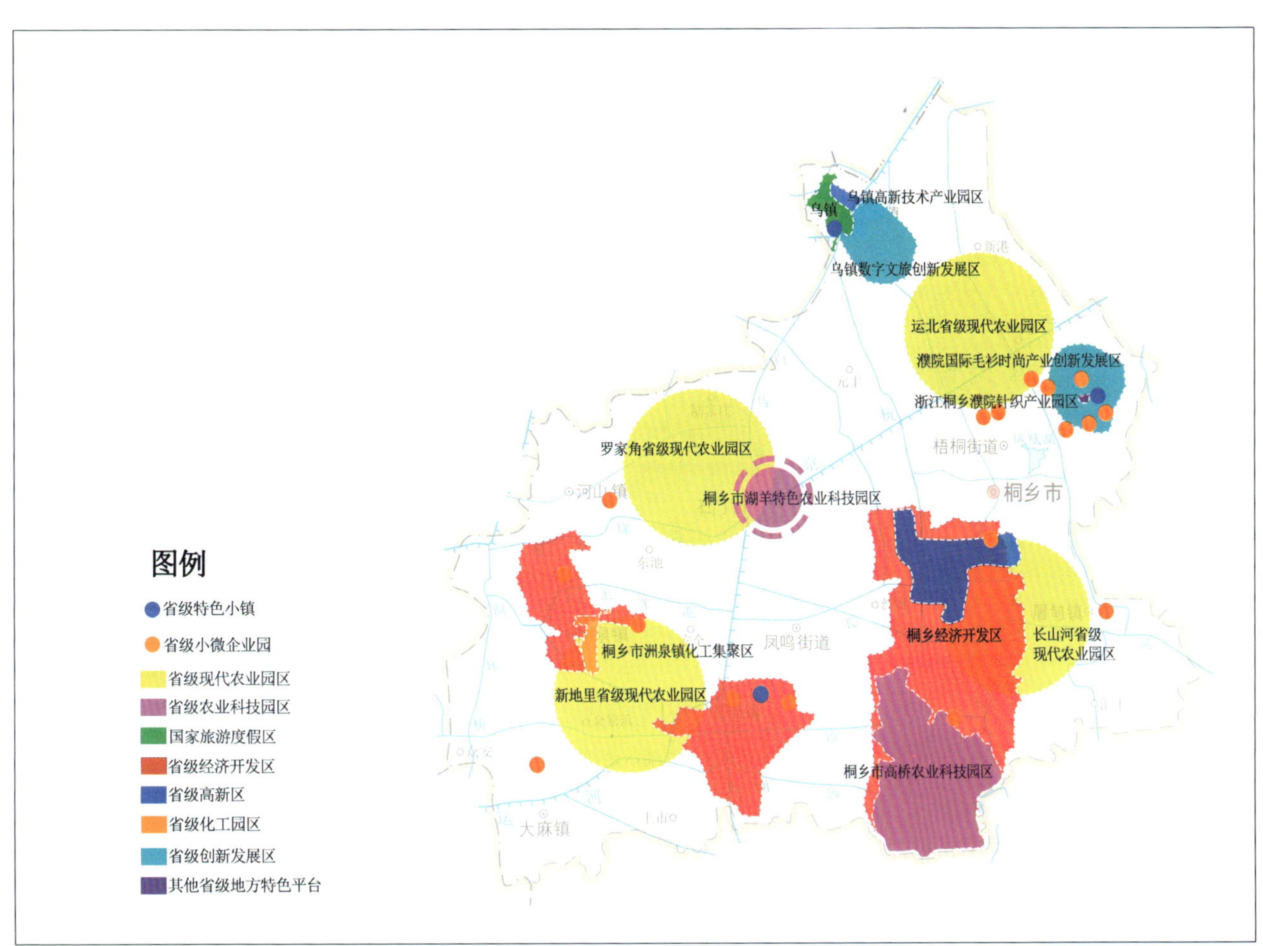

图1　桐乡市重点产业平台布局

二、重点产业

（一）时尚产业

2022年，桐乡市时尚产业规上工业总产值为1157.8亿元，规上企业593家。桐乡市时尚产业的龙头企业见表2。从产业链角度看，纺织服装企业主要集中在上游的原料生产和中游的服装制造；家纺企业主要集中在中游的家纺制品生产以及下游的销售。下一步，桐乡市将重点发展纺织服装、家纺布艺、皮草制品等领域，完善集设计、研发、原料、精加工、高端定制为一体的时尚产业链，培育桐乡市时尚品牌，将桐乡市打造成“全国时尚名城”。力争到2025年，桐乡市时尚产业产值达1500亿元。

表2 桐乡市时尚产业龙头企业简介

行业	企业类型	公司名称	主营业务
纺织服装	上市公司	浙江新澳纺织股份有限公司	毛精纺纱线，羊绒衫、羊毛衫、羊毛内衣、羊毛T恤等
		桐昆集团股份有限公司	各类民用涤纶长丝，PTA生产
家纺	上市公司	新凤鸣集团股份有限公司	民用涤纶长丝及其主要原材料之一PTA的研发、生产和销售

（二）新材料产业

桐乡市新材料产业龙头企业数量居全省首位。2022年，桐乡市新材料产业规上工业总产值达1083.9亿元，规上企业189家。玻璃纤维行业产能全球第一，化纤产量约占全国10%。桐乡市新材料产业的龙头企业见表3。从产业链角度看，新材料产业的龙头企业主要集中在高性能玻纤及复合材料、化纤材料制造。

下一步，桐乡市将在以高性能动力电池材料为重点的能源材料，以高性能玻璃纤维、半导体基材为重点的信息材料，以先进化纤新材料为重点的特色功能性材料等领域，加快发展现代先进前沿材料产业，将桐乡市打造成为长三角新材料科技创新研发高地、全国新材料智能制造集聚区、全球新材料领军型企业培育高地。力争到2025年，新材料产业产值实现1500亿元。

表3 桐乡市新材料产业龙头企业简介

行业	企业类型	公司名称	主营业务
高性能玻纤及复合材料	上市公司	中国巨石股份有限公司	玻璃纤维及制品的生产、销售
		浙江联洋新材料股份有限公司	高性能复合材料研发、制造和销售
	专精特新“小巨人”	浙江耀阳新材料科技有限公司	高分子及其复合材料开发与应用解决方案研发
		振石集团华美新材料有限公司	高性能复合材料，热固、热塑性复合材料产品
	市级民营百强企业	桐乡市佑泰新材料有限公司	高性能膜材料、铝合金箔材等
		浙江晶通新材料集团有限公司	LVT地板、WPC地板、石晶地板和柔晶石地板
		浙江权威胶黏制品有限公司	BOPP胶黏带、BOPP胶黏带膜等
化纤	专精特新“小巨人”	桐乡市恒隆化工有限公司	表面活性剂、化纤油剂
	市级民营百强企业	浙江方圆新材料股份有限公司	差别化锦纶切片和锦纶POY丝等化纤产品

（三）高端装备产业

2022年，桐乡市高端装备产业规上工业总产值227.02亿元，主要分布在新能源汽车、智能装备制造、电气机械装备行业。桐乡市高端装备产业的龙头企业见表4。从产业链角度看，新能源汽车企业主要集中在上游的汽车零部件制造和中游的整车装配制造；智能装备制造企业主要集中在上游的零部件生产和中游的装备制造；电气机械装备企业主要集中在上游的产品电子元器件、光学元件开发和中游的电器制造。下一步，桐乡市将加快发展汽车关键零部件、整车制造及后市场服务，形成设计、加工、组装、服务多点发力的新能源汽车全产业生态。大力发展机器人、智能环保设备、智能仓储系统、智能安检机、微特电机、轨道交通装备、特种用途机械等智能制造装备。力争到2025年，高端装备产业产值达500亿元。

表4 桐乡市高端装备产业龙头企业简介

行业	企业类型	公司名称	主营业务
新能源汽车	上市公司	浙江华友钴业股份有限公司	新能源锂电材料和钴新材料产品的研发制造
	市级民营企业百强	合众新能源汽车有限公司	新能源汽车
	地方重点企业	浙江轩孚科技有限公司	AT 自动变速器、新能源减速器、航空增程器等产品
		浙江双环传动机械股份有限公司	齿轮及其组件的研发、制造与销售
智能装备制造	上市公司	浙江台玖精密机械有限公司	齿轮刀具、齿轮、传动和驱动部件、减速机、齿轮磨床等
	专精特新“小巨人”	浙江伏尔特医疗器械股份有限公司	医疗器械产品
		浙江华章科技有限公司	造纸及无纺布装备等
		浙江亿洲机械科技有限公司	成套电阻焊接设备
	地方重点企业	嘉兴和禹净化科技有限公司	空气净化灭菌模块、移动空气消毒设备的研发、生产、销售
		浙江久易电子科技有限公司	自动门驱动器、门控智能控制器、电控锁及光电开关的研发
电气机械装备	专精特新“小巨人”	浙江海得新能源有限公司	新能源领域的核心技术及产品，电气设备供应
	地方重点企业	京马电机有限公司	交 / 直流空调系列电机、洗衣机系列电机、油烟机系列电机等
		浙江永泰隆电子股份有限公司	各类电子式电能表
		浙江诚烽电气设备有限公司	电缆保护管、通信管、各类母线槽
		浙江赫茨电气有限公司	高、中、低压变频器、伺服控制器、电气控制柜、自动化设备
		嘉兴驭光光电科技有限公司	微纳光学元件（DOE、MLA）、投射模组、激光模组等

（四）数字经济产业

2022 年，桐乡市数字经济产业规上工业产值 222.2 亿元，规上企业约 2600 家，主要分布在信息软件、智慧安防、消费电子行业。桐乡市数字经济产业的龙头企业见表 5。从产业链角度看，信息软件企业主要集中在上游的技术研发；智慧安防企业主要集中在上游的技术研发和中游的安防设备制造；消费电子企业主要集中在上游的电器元件制造。下一步，桐乡市将聚焦智能芯片、智能驾驶、智能计算三大领域，打造乌镇互联网创新发展试验区，促进数字与产业相融合，打响具有桐乡特色的数字经济产业区域品牌。力争到 2025 年，数字经济核心产业规上工业产值达 500 亿元。

表5 桐乡市数字经济产业龙头企业简介

行业	企业类型	公司名称	主营业务
信息软件	上市公司	浙江钱皇网络科技有限公司	计算机网络技术开发、网络与信息安全软件开发
	地方重点企业	中科曙光信息产业（桐乡乌镇）有限公司	智能计算、云计算、大数据等领域的技术研发
		嘉兴沃敦真空科技有限公司	真空工业领域设备的软件设计、技术服务，芯片等真空泵设备及手机零部件等
		桐乡华锐自控技术装备有限公司	工业自动化生产线及计算机软件开发
智慧安防	上市公司	智房科技股份有限公司	智能房屋一体化技术的研发和设计
	地方重点企业	嘉兴驭光光电科技有限公司	微纳光学元件、3D 结构光智能门锁 / 门禁模组、3D 刷脸支付等
		浙江宇视系统技术有限公司	安全系统监控、数字视频监控系统制造、虚拟现实设备制造
消费电子	市级民营企业百强	生迪光电科技股份有限公司	照明电器、电光源器件、灯饰配件的生产、销售
	地方重点企业	浙江永泰隆电子股份有限公司	各类电子式电能表
		浙江榆阳电子有限公司	电源适配器、电机及 LED 驱动电源

三、科技创新概况

2022 年，全市 R&D 经费占地区生产总值比重为 3.25%，全省排名第 23；全市拥有高新技术企业 604 家，高新技术产业增加值占工业增加值比重达 66.56%；全市规上工业企业 R&D 经费支出占营业收入比重达 1.52%，全省排名第 62。

（一）区域创新资源布局

桐乡市创新平台主要集中在新材料、高端装备和时尚产业。2022 年，全市拥有省级孵化器 4 家，省级高新技术企业研发中心 87 家，省级企业研究院 45 家，省级新型研发机构 2 家，省级重点企业研究院 5 家，省级重点实验室 1 家。创新平台主要分布在洲泉镇、崇福镇、濮院镇和屠甸镇（见图 2）。

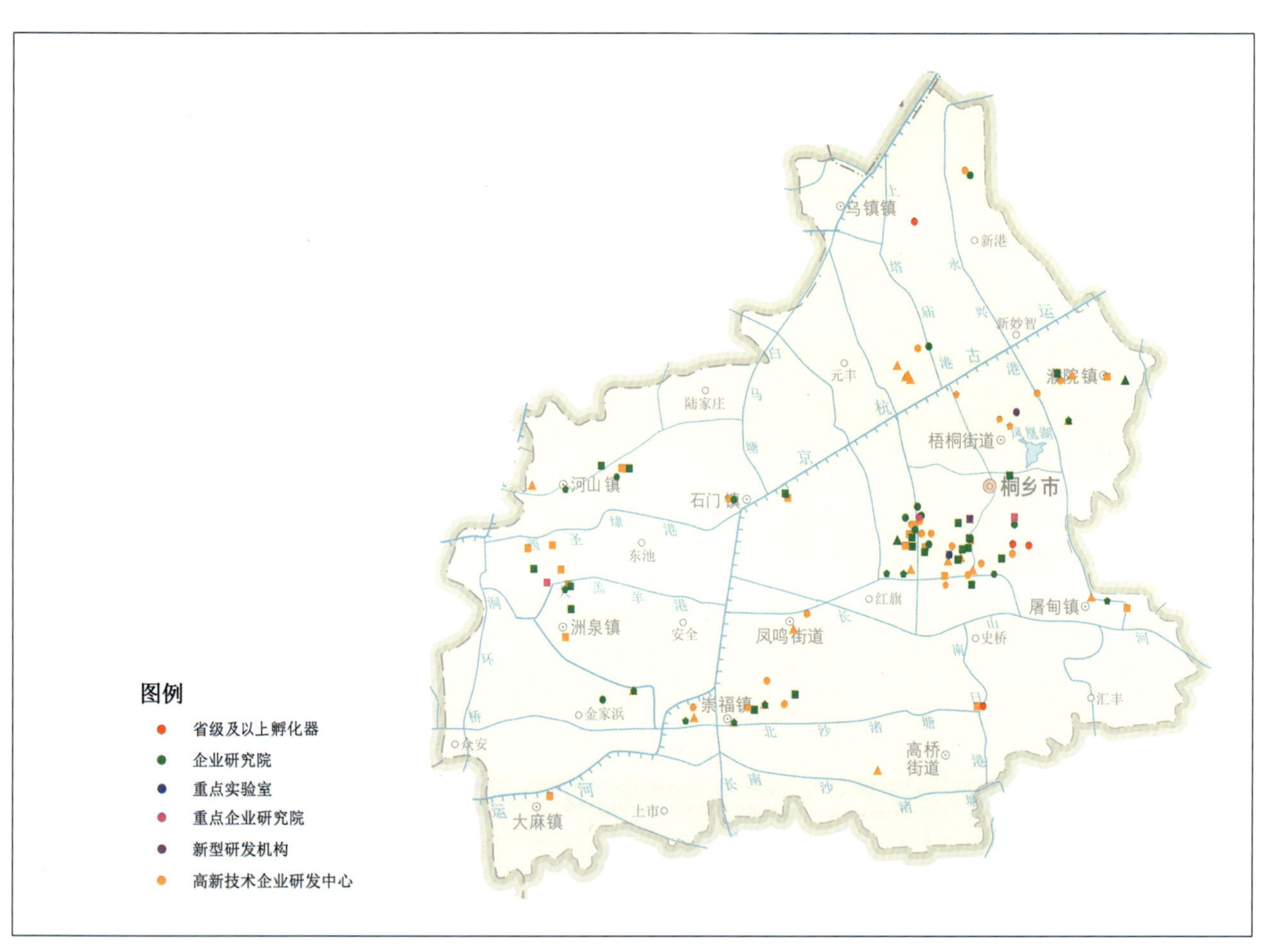

图 2　桐乡市创新平台布局

（二）产业专利分析

桐乡市的专利优势主要集中在针织、薄板、条材、缆索等领域。2022 年，桐乡市有效发明专利共 4539 件，前十大专利技术领域见图 3。根据申请人分析，巨石集团（玻璃、矿棉或渣棉）、合众新能源汽车（薄的或细丝状材料、电通信技术）、嘉兴职业技术学院（有机高分子化合物、生物化学）、福瑞泰克智能系统（精密仪器测量测试、一般车辆）、斓帛职业培训学校（有机高分子化合物及组合物）等申请人的专利数量居前。

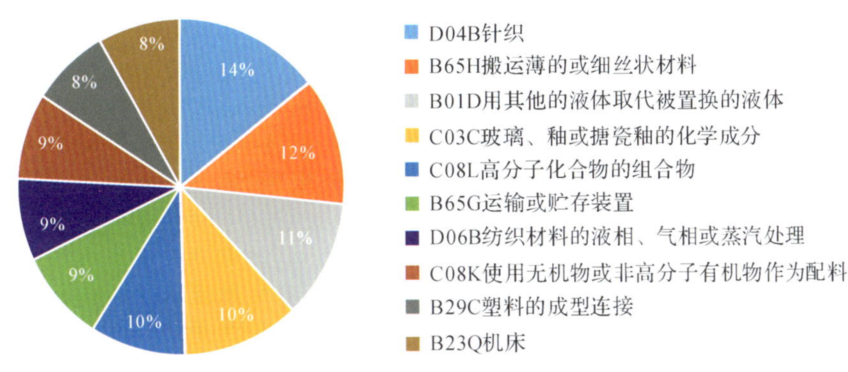

图 3　桐乡市技术领域分布

四、桐乡市未来展望

从产业发展看，桐乡市围绕“233”现代制造业体系，做强前沿材料、时尚两大千亿产业，做大智能汽车、冠军企业、高端装备三大百亿产业，培育智能计算、智慧安防、工业互联网三大新兴产业。从科技创新看，全市 R&D 经费占地区生产总值比重较高，规上工业企业 R&D 经费支出占营业收入比重低于全省平均水平。下一步，桐乡市将加强与清华大学、中国科学院等大院名校的合作，搭建高能级科创平台，全面提升数字经济、新材料两大科创高地硬核实力。同时，以乌镇实验室为核心，建立桐乡市前沿材料“研值联盟”，积极搭建龙头企业与高等院校的合作桥梁。

嘉善县产业链创新链全景分析报告

嘉兴嘉善县位于浙江省东北部，总面积约 506.59 平方千米，下辖 3 个街道、6 个镇。2023 年，全县户籍人口为 42.52 万人，常住人口为 66.2 万人。地区生产总值为 908.11 亿元，全省排名第 34，全市排名第 3。嘉善县是全国唯一的县域科学发展示范点、全国工业百强县、全国创新百强县、长三角生态绿色一体化发展示范区、“中国实木复合地板之乡”、“中国纽扣之乡”、“国家火炬计划新型电子元器件产业基地”，拥有西塘古镇旅游区。

一、嘉善县产业概况

（一）产业结构

从地区生产总值构成看，2023 年，嘉善县第一产业增加值为 23.69 亿元，第二产业增加值为 516.48 亿元，第三产业增加值为 367.95 亿元，三次产业增加值结构调整为 2.6 ： 56.9 ： 40.5。

从农业看，嘉善县农业较为分散，以黄桃和雪菜产业居多，其余分布在水果、蔬菜、花卉及淡水鱼（甲鱼）领域。2023 年，全县农林牧渔总产值 44.73 亿元。“姚庄黄桃”“杨庙雪菜”是国家地理标志产品，产值约为 3 亿元。下一步，嘉善县将重点打造“银嘉善”区域品牌，建立电商营销体系，全面实现农业品牌化发展。

从工业看，嘉善县以装备制造、数字经济和绿色家居产业为主导。2023 年，嘉善县规上工业增加值 479.59 亿元，规上工业企业 838 家。2022 年嘉善县产业主要分布见表 1。下一步，嘉善县将基于“一城一谷三区”产业布局，优化提升装备制造、绿色家居、时尚纺织三大特色优势产业，培育壮大数字经济、生命健康、新能源（新材料）三大新兴产业，推进企业形成数字化设计、智能化生产、网络化协同的发展模式，初步建成世界级科创绿谷。力争到 2025 年，成为全省制造业高质量发展标杆样本。

表1　嘉善县特色工业简介

名称	规上工业产值 / 亿元	占全县规上工业总产值比重 /%
装备制造	超 750.00	超 37.50
数字经济	685.18	34.26
绿色家居	超 110.00	超 5.50
时尚纺织	超 60.00	超 3.00

（二）“一核三区”的产业空间布局

图 1 展示了嘉善县重点产业平台布局。从农业看，嘉善县农业在天凝镇，依托“嘉善县中西部省级现代农业园区”，重点发展粮油、果蔬产业。从工业看，嘉善县工业依托“万亩千亿平台”“省级经济开发区”“省级高新区”“省级化工园”“省级小微企业园”，主要集中在惠民街道、罗星街道和大云镇，重点发展集成电路、新能源、生命健康、精细化工、智能传感、精密机械产业，少部分涉及生物医药、节能环保和电子商务；依托“国家综合保税区”，培育发展电子信息、光通信和保税贸易产业。从服务业看，嘉善县服务业依托“创新发展区”“国家旅游度假区”，重点发展文旅服务业。

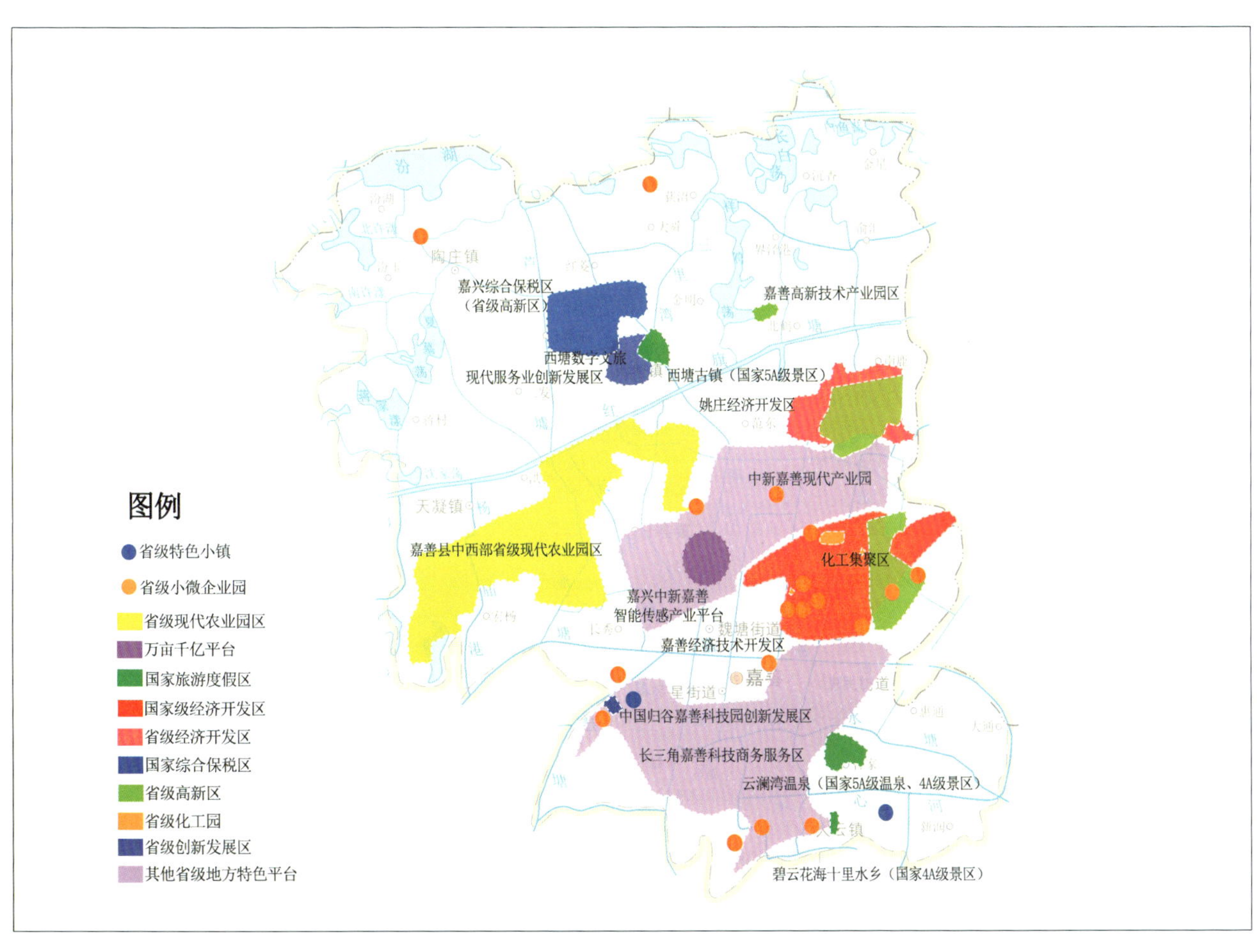

图 1　嘉善县重点产业平台布局

二、重点产业

（一）装备制造产业

嘉善县是浙江省精密机械产业示范基地。2022 年，嘉善县装备制造产业规上工业产值超 750 亿元，规上企业超 400 家。装备制造产业的龙头企业见表 2。从产业链角度看，该产业的龙头企业主要集中在上游的原材料生产、零部件制造和中游的机械设备、移动通信设备、氢能源装备、清洁电器、工业机器人、智能无人飞行器等制造。下一步，嘉善县将聚焦电子信息、增材制造和智能纺织领域，以“精密化、高端化、成套化、智能化”为主攻方向，积极引进智能成套装备企业，推动产业数字化转型。力争到 2025 年，装备制造产业实现 1000 亿元的产值目标，嘉善县成为长三角关键基础件研发加工中心。

表2　嘉善县装备制造产业龙头企业简介

行业 / 领域	企业类型	公司名称	主营业务
精密机械	上市公司	晋亿实业股份有限公司	螺母、螺钉、螺丝、异型紧固件、高铁紧固件等
		浙江长盛滑动轴承股份有限公司	双金属自润滑轴承、金属塑料自润滑轴承等
		浙江双飞无油轴承股份有限公司	无油润滑轴承、水润滑轴承、镶嵌固体润滑轴承等
	专精特新“小巨人”	新思考电机有限公司	微特电机及组件、工业机器人制造等
	地方重点企业	丰高实业有限公司、海利特汽车空调配件有限公司、陶庄汾湖实业有限公司、杜商精机有限公司	汽车零部件及配件制造
		浙江中科冠腾科技有限公司	资讯产品的转轴、底座、壁挂架等硬体零件
		浙江大隆特材有限公司	齿轮及齿轮减速机、变速箱制造，锻件及粉末冶金制品制造
		嘉善众智实业有限公司	金属链条及其他金属制品、通用零部件、密封件
		浙江博汇汽车部件有限公司	汽车冷冲压零件、热冲压零件、辊压零件等
		嘉善云智实业有限公司	通信电缆、计算机配件等
		中新智地（嘉善）智能制造产业园有限公司	电子元器件制造，机械零件、零部件加工
		嘉善雪帕尔工具有限公司	汽车维修保养用具、机械设备维修用具等
		浙江百康光学股份有限公司	光学仪器、照明器具等
智能成套装备	上市公司	浙江田中精机股份有限公司	自动化机电设备、自动化系统、自动化机械及电子部件
	专精特新“小巨人”	爱德曼氢能源装备有限公司	氢燃料电池系统、分布式发电系统、电解水制氢
		浙江金乙昌科技股份有限公司	移动通信设备、导航终端设备、GSM 天线、GPS 天线
		浙江华显光电科技有限公司	TFT-LCD/CTP 显示模组
		嘉兴景焱智能装备技术有限公司	电子工业智能设备、机械设备
	规上百强（市级）	浙江亿力机电股份有限公司	高压清洗机、吸尘器、消杀设备等清洁电器
	地方重点企业	嘉善县临沪新城实业有限公司	工业机器人制造、电气信号设备装置制造、建材
		浙江科比特科技有限公司	智能无人飞行器制造，导航、测绘、安防装备
		瑞喆智能产业园（嘉兴）有限公司	工业机器人制造、特种设备安装改造修理
		马奥感应系统（嘉兴）有限公司	电气机械和器材制造
	省科技领军企业	立讯智造（浙江）有限公司	电子元器件、通信设备、计算机设备及配件、模具

（二）绿色家居产业

嘉善县是中国实木复合地板之都，也是中国木业及家居产业集群之一。2022 年，嘉善县绿色家居产业规上工业产值超 110 亿元，规上企业超 100 家，主要分布在智能家具和高档板材行业。嘉善县绿色家居产业的龙头企业见表 3。从产业链角度看，智能家具制造企业主要集中在中游的家居产品制造；高档板材加工企业主要集中在上游的板材开发和中游的木制产品加工。下一步，嘉善县将聚焦仿真和虚拟设计制造、参数化智能设计、无胶绿色人造板材等技术领域，整合创新资源，提高家居产品个性化定制服务能力，重点打造总部型绿色家居产业基地。力争到 2025 年，该产业规上工业产值超过 300 亿元。

表3　嘉善县绿色家居产业龙头企业简介

<table>
<tr><th>行业</th><th>企业类型</th><th>公司名称</th><th>主营业务</th></tr>
<tr><td rowspan="3">智能家具制造</td><td rowspan="2">地方重点企业</td><td>浙江骜途智能科技有限公司</td><td>智能家居、电动平衡车、滑板车及智能电子产品</td></tr>
<tr><td>赛诺（浙江）聚氨酯新材料有限公司</td><td>按摩器械、塑胶零件、配件</td></tr>
<tr><td>规上百强（市级）</td><td>嘉善大王椰家居科技有限公司</td><td>智能橱柜</td></tr>
<tr><td rowspan="2">高档板材加工</td><td rowspan="2">上市公司</td><td>梦天家居集团股份有限公司</td><td>木门、墙板、柜类等家具</td></tr>
<tr><td>浙江鼎帮家具股份有限公司</td><td>软体家具、木质家具等</td></tr>
<tr><td rowspan="3">高档板材加工</td><td rowspan="3">规上百强（市级）</td><td>索菲亚家居（浙江）有限公司</td><td>定制柜、橱柜、木门、墙地一体、配套五金、家具家品</td></tr>
<tr><td>浙江裕华木业有限公司</td><td>人造板及木制品</td></tr>
<tr><td>台升实业有限公司</td><td>木制家具、藤制家具、石材家具及床垫、沙发等</td></tr>
</table>

（三）时尚纺织产业

嘉善县是“中国纽扣之乡”。2022 年，嘉善县时尚纺织产业规上工业总产值超 60 亿元，产业内多为中小型企业。当地相关龙头企业见表 4。从产业链角度看，该产业的龙头企业主要集中在上游的纺织新材料开发、服装辅料制造和中游的服饰生产。下一步，嘉善县将重点发展功能性纤维混纺纱线、智能纤维、高端辅料等领域，加快“品牌化、智能化、功能化”转型，提高时尚纺织产品国际竞争力。力争到 2025 年，时尚纺织产业产值超百亿元，嘉善成为长三角具有影响力的纺织服饰辅料生产基地。

表4　嘉善县时尚纺织产业龙头企业简介

<table>
<tr><th>行业</th><th>企业类型</th><th>公司名称</th><th>主营业务</th></tr>
<tr><td rowspan="3">高端服装辅料</td><td>国家高新技术企业</td><td>嘉善天路达工贸有限公司</td><td>纽扣、织带、服装辅料、箱包配件</td></tr>
<tr><td rowspan="2">浙江省科技型中小企业</td><td>嘉兴赵氏纽扣股份有限公司</td><td>纽扣及其他服装辅料、文化旅游工艺品</td></tr>
<tr><td>浙江天惠纽扣股份有限公司</td><td>纽扣、金属制品</td></tr>
<tr><td rowspan="2">高性能纺织纤维及面料</td><td>地方重点企业</td><td>嘉兴天之易新材料股份有限公司</td><td>纺织品、针织品、植绒布、印花面料、工艺毛绒等</td></tr>
<tr><td>国家高新技术企业</td><td>嘉善兴茂毛纺织染整有限公司</td><td>高档织物面料的织染及后整理加工</td></tr>
</table>

（四）数字经济产业

2022 年，嘉善数字经济产业规上工业产值 685.18 亿元，规上企业超 100 家，主要分布在集成电路、人工智能、光通信三大领域。当地相关龙头企业见表 5。从产业链角度看，该产业的龙头企业主要在中游的集成电路、半导体与光电子器件生产和下游的应用。下一步，嘉善县将重点发展智能终端、工业软件等应用领域，积极向智能网联车、智能机器人等下游场景拓展，构建以数字经济为主导的新型经济模式。力争到 2025 年，全县数字经济产业规上工业总产值达 1000 亿元。

表5　嘉善县数字经济产业龙头企业简介

领域	企业类型	公司名称	主营业务
集成电路	上市公司	浙江格蕾特电器股份有限公司	磁保持继电器、电流互感器、集成电路
		浙江万正电子科技股份有限公司	高多层印制电路板、特种高频印制板、平面印制天线
	规上百强（市级）	格科微电子（浙江）有限公司	集成电路及相关电子产品、摄像头模组及其配件
	地方重点企业	嘉广智能科技（浙江）有限公司	集成电路、电子元器件与机电组件设备
半导体器件	地方重点企业	赛晶亚太半导体科技（浙江）有限公司	绝缘栅双极型晶体管 IGBT、半导体元器件等
		华进半导体（嘉善）有限公司	半导体器件、集成电路
		浙江博升光电科技有限公司	半导体激光器、激光芯片、光电器设备及配件
人工智能	上市公司	浙江豪声电子科技股份有限公司	受话器、扬声器、音响及其他电子产品
		嘉善力通信息科技股份有限公司	计算机软硬件、互联网、智慧城市系统的技术开发
	地方重点企业	立讯智造（浙江）有限公司	电子元器件、通信设备、计算机设备及配件
		嘉善星创实业有限公司	医疗器械、电子元件
		浙江富涌电子科技有限公司	信息系统集成服务、电子专用设备制造等
		浙江金乙昌科技股份有限公司	电子产品、导航产品、计算机软件、移动通信设备等
		四方光电（嘉善）有限公司	应用于空气品质、智慧计量等领域的气体传感器
光通信	地方重点企业	光彩芯辰（浙江）科技有限公司	光通信设备、光电子器件

三、科技创新概况

2022 年，全县 R&D 经费占地区生产总值比重为 3.73%，全省排名第 13；全县拥有高新技术企业 658 家，高新技术产业增加值占工业增加值比重达 76.75%；全县规上工业企业 R&D 经费支出占营业收入比重为 1.41%，全省排名第 65。

（一）区域创新资源布局

嘉善创新平台主要集中在数字经济和装备制造产业。2022 年，全县拥有省级新型研发机构 2 家，省级重点企业研究院 4 家，省级企业研究院 27 家，省级高新技术企业研发中心 77 家，国家级孵化器 1 家，省级孵化器 2 家。创新平台主要分布在姚庄镇、惠民街道、罗星街道和大云镇（见图 2）。

（二）产业专利分析

嘉善县的专利优势主要集中在金属加工、机床零部件和光学及半导体领域。2022 年，嘉善县有效发明专利共 2830 件，前十大专利技术领域见图 3。根据申请人分析，富鼎电子科技（机床、车间设备）、新思考电机（光学元件、感光材料、放映装备）、华显光电科技（基本电气元件、黏合剂等化合物）、田中精机股份（输送机械、无切削金属机械）、爱德曼氢能源装备（电气元件）等申请人的专利数量居前。

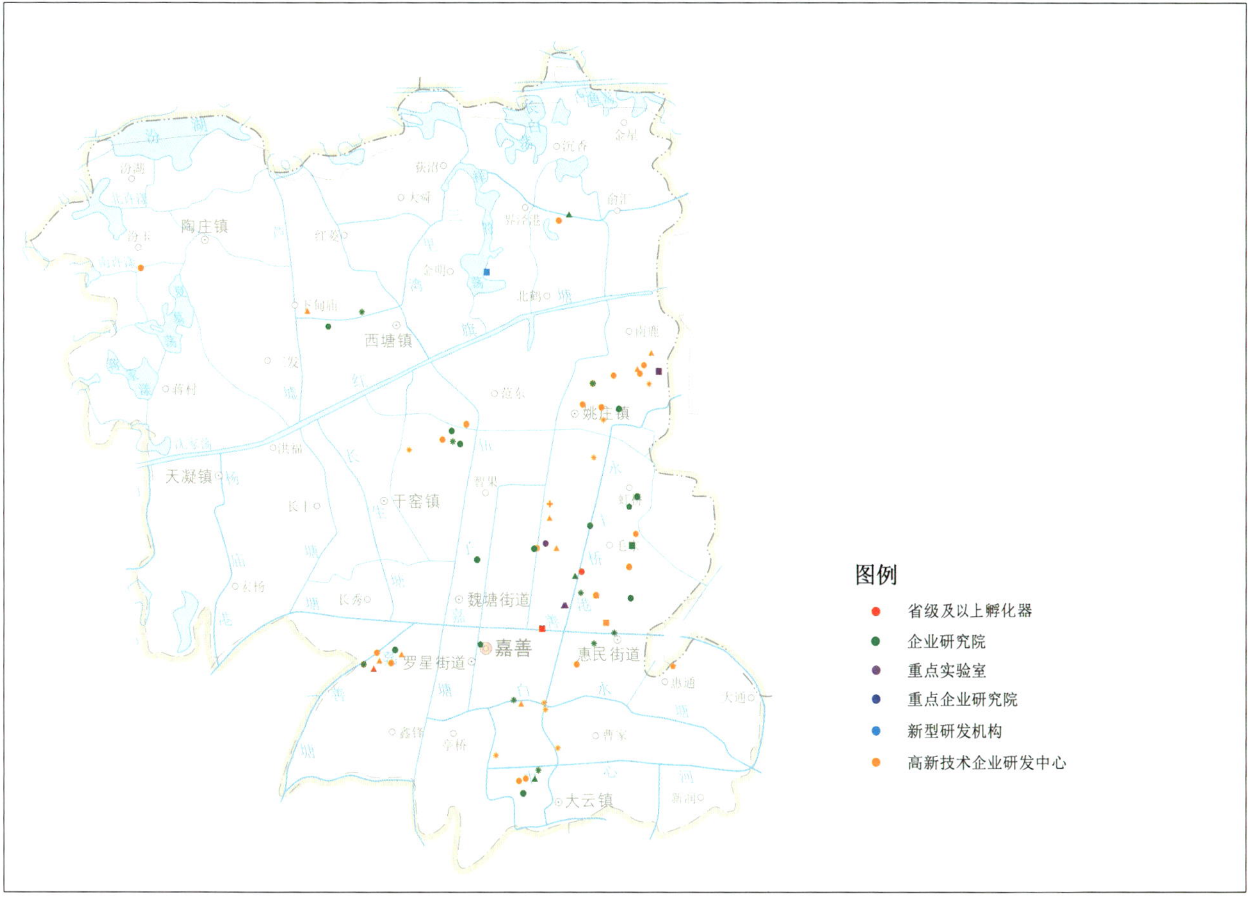

图 2　嘉善县创新平台布局

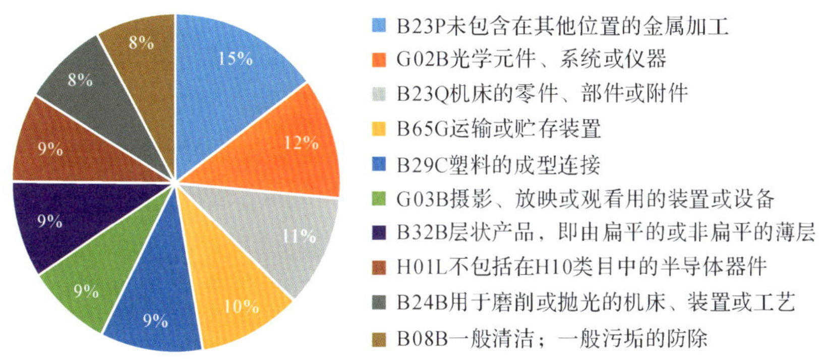

图 3　嘉善县技术领域分布

四、嘉善县未来展望

从产业发展看，嘉善县基本形成装备制造、木业家居、纺织服装三大传统优势产业和数字经济、生命健康、新能源新材料三大新兴培育产业的“3+3”现代产业体系。下一步，嘉善县将充分发挥“接沪连杭”区位优势，力争成为中国县域高质量发展示范点和长三角生态绿色一体化发展示范区。从科技创新看，嘉善县规上工业企业研发投入占比全省排名靠前。下一步，嘉善县将加快建设上海交通大学滑动轴承及材料应用技术研究中心、哈工大机电工程（嘉善）研究院，积极融入长三角协同创新体系、G60科创走廊等区域协同创新网络，力争成为科创产业联动发展先行区。

海盐县产业链创新链全景分析报告

嘉兴海盐县位于浙江省东北部，东临杭州湾，总面积584.96平方千米，下辖4个街道、5个乡镇。2023年，全县户籍人口为38.37万人，常住人口为46.87万人。地区生产总值为668.31亿元，全省排名第53，全市排名第7。海盐县是“全国工业百强县”“全国科技创新百强县”“浙江省紧固件产品出口基地”“中国集成吊顶源发产业基地”“鱼米之乡”“丝绸之府”“文化之邦”“旅游之地”“核电之城”，拥有南北湖等旅游景区。

一、海盐县产业概况

（一）产业结构

从地区生产总值的产业构成看，2023年，海盐县第一产业增加值为20.10亿元，第二产业增加值为384.88亿元，第三产业增加值为263.33亿元，三次产业增加值结构调整为3.0 ： 57.6 ： 39.4。

从农业看，海盐县以葡萄、生猪和水产产业为主导。2023年，全县农林牧渔总产值为34.44亿元。生猪全产业链产值超65亿元；“海盐葡萄”产值超4亿元，“海盐葡萄”入围国家地理标志农产品保护工程；虾全产业链产值达5亿元。下一步，海盐县将进一步提升以生猪、稻虾、家禽为代表的养殖业和以蔬菜、葡萄以及其他瓜果为代表的种植业产业集中度，全力构建现代农业种养结构，着力夯实长三角一体化战略农产品高质量发展强县地位，打造长三角重要农产品供应基地。

从工业看，海盐县以核电关联及核技术应用，高端装备制造和新能源新材料产业为主导。2023年，海盐县规上工业总产值1391.5亿元，规上工业企业708家。2022年海盐县产业主要分布见表1。下一步，海盐县将以高端紧固件、高端装备制造、智能集成家居、核电关联及核技术应用、新型显示及电子信息、新能源新材料等六大产业链为重点，打造具有标志度的现代产业体系。

表1 海盐县特色工业简介

名称	规上工业产值 / 亿元	占全县规上工业总产值比重 /%
核电关联及核技术应用	318.00	24.03
新能源新材料	277.97	21.00
高端装备制造	275.10	20.79
高端紧固件	112.45	8.50
智能集成家居	78.13	5.90
新型显示及电子信息	69.87	5.28

从服务业看，海盐县以核电服务、现代物流、科技服务和金融商务为主导。2022 年，海盐县规上服务业总营收 130.1 亿元。下一步，海盐县将围绕工业高质量发展和现代产业集群培育，配套发展科技服务、节能环保服务、现代物流、金融服务、电子商务等生产性服务业，不断提升对工业转型升级的服务支撑能力，形成两业互动的良好局面。

（二）“北部集聚”的产业空间布局

图 1 展示了海盐县重点产业平台布局。从工业看，海盐县工业围绕“海盐经济开发区”“新材料及化工园区”“百步经济开发区”“海盐核电关联省级高新技术产业园区”，在西塘桥街道、望海街道、百步镇和秦山街道，重点打造新能源、新材料、5G 电子信息、高端装备制造、临港工业及物流、智能集成家居和核电关联产业，少部分涉及紧固件、机车零部件、电子电气等产业。从农业看，海盐县农业依托北部的“海盐县省级现代农业园区”，重点发展大豆等蔬菜、生猪、粮食产业。从服务业看，海盐县服务业依托“秦山核电科技服务创新发展区”，重点发展核电服务；在“海盐杭州湾文旅城小镇”打造文娱休闲商业。

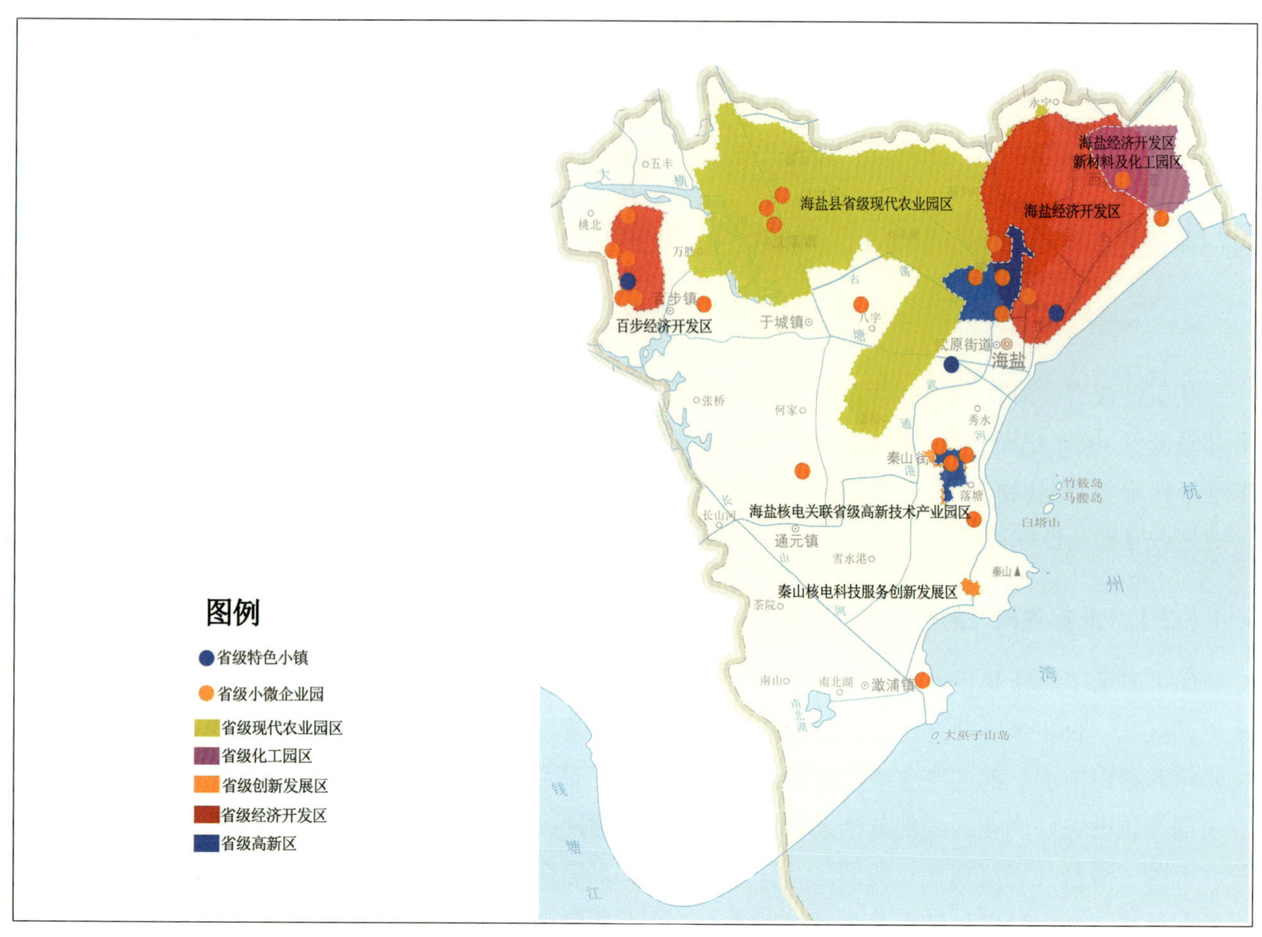

图 1　海盐县重点产业平台布局

二、重点产业

（一）核电关联及核技术应用产业

核电关联及核技术应用产业是海盐县的重点产业。2022 年，海盐县的核电关联及核技术应用产业规上工业产值 318 亿元，规上企业 100 余家。核电关联及核技术应用产业的龙头企业见表 2。从产业链角度看，该产业的龙头企业主要集中在上游的核燃料、核电设备，中游的核电站建设及运营，下游的核电站检修与维修。下一步，海盐县将依托海盐核电关联高新技术产业园区建设，重点布局核技术应用（同位素）产业、核电生产性服务业、核电装备制造业、核电数字信息产业，打造国内重要的核能特色产业示范基地。力争到 2025 年，核电产业链规上工业总产值突破 400 亿元。

表2　海盐县核电关联及核技术应用产业龙头企业简介

行业	企业类型	公司名称	主营业务
核电关联及核技术应用产业	上市公司	浙江博凡动力装备股份有限公司	核电设备制造、核电检修、特种设备的定制等
		浙江佳乐科仪股份有限公司	核电设备的控制器、光伏逆变器、变频器
		浙江繁荣电气股份有限公司	高压预装式变电站、高压中置式开关设备、智能光伏发电设备
	地方重点企业	秦山核电公司	核能发电、核电技能和技术的培训、核电站的设备检修、核电站的转换料

续表

行业	企业类型	公司名称	主营业务
核电关联及核技术应用产业	地方重点企业	中核核电运行管理有限公司	核电运营与管理、核辐射剂量检验和检测、核电设备的培训
		法马通核电服务有限公司	民用核电设施的运营与管理、民用核电设施的系统调试与更换
	在地方参与的重大产业（化）项目的依托企业	中核秦山同位素有限公司	碳 -14、碘 -131、钴 -60
		浙江颐核医疗科技有限公司	钇 -90、新药开发、同位素开发
		秦山电缆集团有限公司	核电电缆、核电水管、母线槽

（二）新能源新材料产业

2022 年，海盐县新能源新材料产业规上工业总产值 277.97 亿元，相关企业 300 余家。新能源新材料产业的龙头企业见表 3，主要分布在新能源和新材料两大行业。从产业链角度看，新能源企业主要集中在上游的清洁气体和中游的新能源电池制造；新材料企业主要集中在中游的纤维材料、化工新材料、金属材料和下游的应用。下一步，海盐县将做优做强以氢能、化工新材料、新型建材、特种钢材为主的新能源新材料产业，重点发展制氢、储氢、用氢的氢能装备制造、精细化工两大子链，成为全国具有较高影响力和竞争力的“环保新材料之城”“中国氢谷”。力争到 2025 年，新能源新材料产业链规上工业总产值突破 500 亿元。

表3　海盐县新能源新材料产业龙头企业简介

行业	企业类型	公司名称	主营业务
新能源	地方规划里提到的重点企业	海盐德业新能源科技有限公司	新兴能源技术开发、新能源电池制造、储能技术
	招商引资的项目企业	美国 AP 公司	液氢、液氮、氦气、氩气
		浙江冠宇电池有限公司	新型电池制造、电子元器件制造、电子专用材料研发
新材料	上市公司	浙江中达新材料股份有限公司	核电军工用管、锅炉管、热交换器管、流体输送用管
		浙江天祥新材料股份有限公司	皮革制品、毛皮制品、材料制造、化纤加弹丝
		浙江麦克斯科技有限公司	丝绸化纤、棉织制品
新材料	上市公司	三江化工有限公司	EO（环氧乙烷）、AEO 表面活化剂、EG（乙二醇）、PP（聚丙烯）、MTBE（甲基叔丁基醚）、C5（碳五）
	专精特新“小巨人”	浙江华帅特新材料科技有限公司	亚克力板、集成应用系统、聚碳酸酯板
	地方规划里提到的重点企业	翊天汽车智能科技（浙江）有限公司	液晶材料、新型钢板、新型铝板
		中达特钢股份有限公司	无缝钢管、不锈钢带、不锈钢棒

（三）高端装备制造产业

2022 年，海盐县实现高端装备制造产业规上总产值 275.1 亿元，规上企业 100 余家。该产业的相关龙头企业见表 4。从产业链角度看，高端装备制造企业主要集中在上游的基础零部件、风力发电机组部件、精密注塑机零部件、机器人零部件生产，中游的高端装备制造。下一步，海盐县将以专业化与智能化为主攻方向，大力发展高端装备制造产业，力争打造产业链智能化集成的高端装备制造基地。在专业化方向，做精做专五金冲压件、小型专用设备等。在智能化方向，应用大数据、云计算、物联网、5G 网络等数字技术赋能传统装备制造，推动产品研发、生产制造、市场营销、售后服务等全环节的智能化集成，推动装备制造业向“高端智造”升级。产品领域从传统、低端、小型装备向航空、轨道、海洋工程等高端领域迈进，力争到 2025 年，高端装备制造产业链规上工业总产值突破 280 亿元。

表4　海盐县高端装备制造产业龙头企业简介

行业	企业类型	公司名称	主营业务
高端装备制造行业	上市公司	浙江盛迪科技股份有限公司	电能表试验装置、水测量标准装置
		浙江坤博精工科技股份有限公司	风力发电机组部件、精密注塑机零部件、机器人零部件
		恒锋工具股份有限公司	拉削刀具、冷挤压成型工具、花键量具、齿轮刀具、高效钢板钻
	专精特新“小巨人”	海联锯业科技有限公司	多功能锯片、切割片、雕刻工具
		浙江荣亿精密机械股份有限公司	不锈钢螺丝、软铜排套热缩管
	地方重点企业	浙江欣兴工具有限公司	环形钻削类、可换钻尖系列、钻机系列、深孔钻系列、整体硬质合金系列
		良信电器（海盐）有限公司	机械电气设备制造、智能家庭消费设备制造、光伏发电设备制造
	招商引资的项目企业	安费诺嘉力讯（海盐）连接技术有限公司	精密冲压件、精密注塑件、高精密电子连接器

三、科技创新概况

2022年，全县R&D经费占地区生产总值比重为2.93%，全省排名第36；全县拥有高新技术企业397家，高新技术产业增加值占工业增加值比重达65.78%；全县规上工业企业R&D经费支出占营业收入比重达1.36%，全省排名第68。

（一）区域创新资源布局

创新平台主要集中在高端装备制造、新能源新材料和新型显示及电子信息行业。2022年，全县拥有各种省级及以上创新平台99家，其中省级重点实验室1家，省级企业研究院24家，省级高新技术企业研发中心73家，国家级孵化器1家。创新平台主要分布在融嘉产业带（百步镇、沈荡镇和西塘桥街道）和滨海新城产业带（望海街道、武原街道和秦山街道）（见图2）。

（二）产业专利分析

海盐县的专利优势主要集中在诊断、紧固构建、介质输入人体内的器械等领域。2022年，海盐县有效发明专利共588件，前十大专利技术领域见图3。海盐县铭新机械（万向节零配件、汽车发电机配件、汽车制动活塞）、海盐县机械（紧固件）、海盐县华星机械（千斤顶、液压动力机械）、海盐县鑫达印刷（印刷机）、海盐县集佳建材（建筑材料）、海盐县三禾印刷（印刷设备）等申请人的专利数量居前。

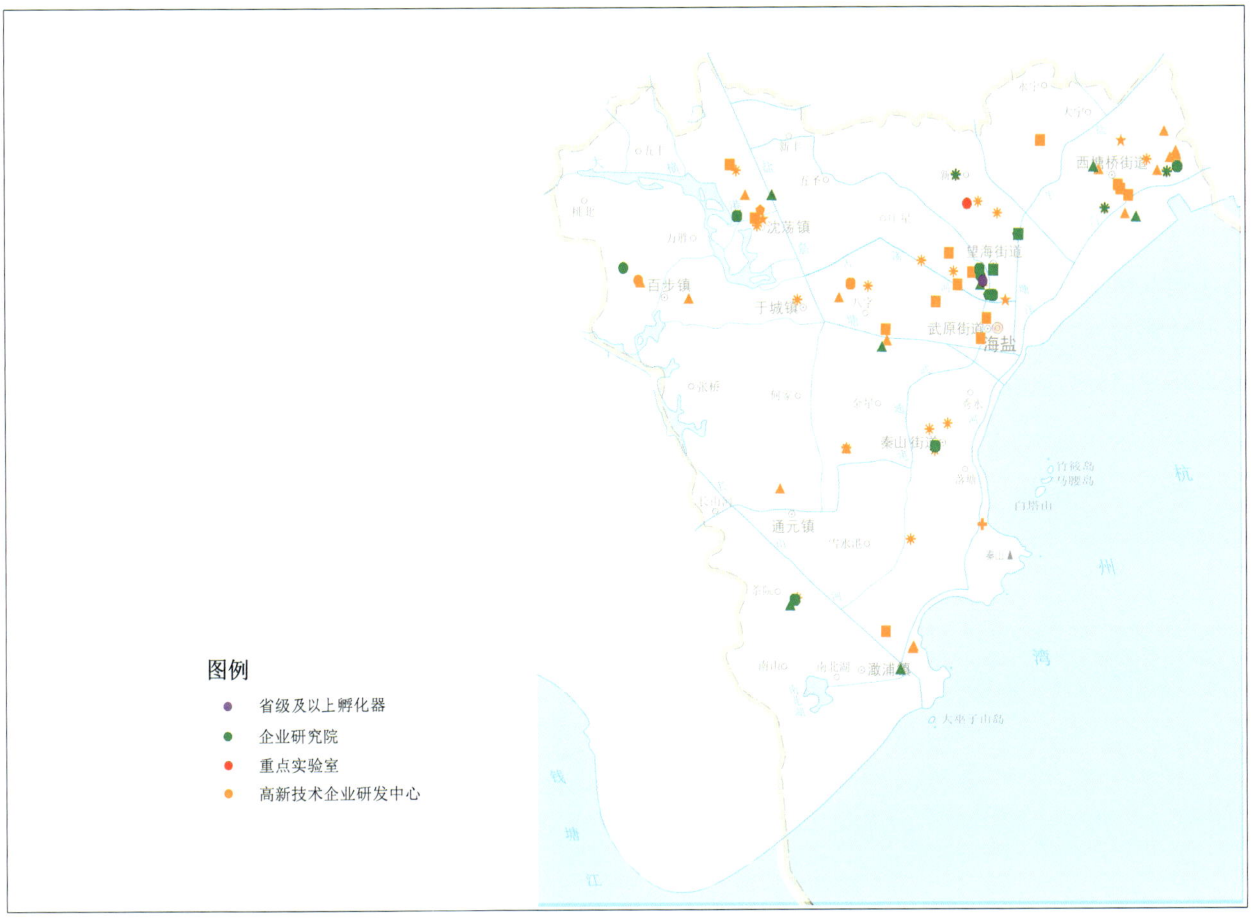

图例

省级及以上孵化器

企业研究院

重点实验室

高新技术企业研发中心

图 2 海盐县创新平台布局

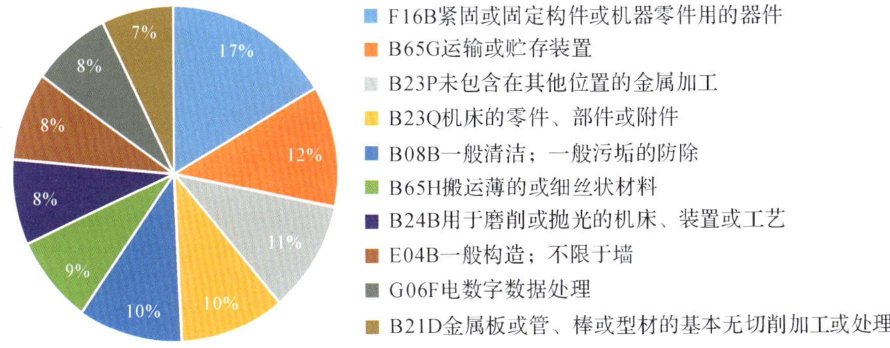

图 3 海盐县技术领域分布

四、海盐县未来展望

从产业发展看，海盐县围绕高端紧固件、高端装备制造、智能集成家居、核电关联及核技术应用、新型显示及电子信息、新能源新材料六大产业链，深入开展六大产业链提升工程，打造先进制造业产业集群。其中，核电关联及核技术应用产业是海盐县最有前景的产业。下一步，海盐县将加快推进核技术应用（同位素）产业园建设，打造海盐“核”级金名片。从科技创新看，海盐县规上工业企业研发投入占比和全区 R&D 经费占地区生产总值比重处全省平均水平。从创新平台布局看，新能源新材料、高端装备制造和新型显示及电子信息产业创新载体较多。下一步，海盐县将发挥南北湖医学人工智能研究院、复旦科技园发展研究院（海盐）科创中心等载体作用，推动中核集团和大院名校共建新型研发机构，启动创建核技术（同位素）省级技术创新中心，推进海盐核电关联省级高新技术产业园区等产业平台建设。

嘉兴市经开区产业链创新链全景分析报告

嘉兴市经开区位于嘉兴市中心位置，总面积约 110 平方千米，下辖 4 个街道。2023 年，全区户籍人口为 14.36 万人，常住人口为 37 万人。地区生产总值为 446.95 亿元。嘉兴市经开区入选国家级经开区综合发展水平前 30 名，是浙江省十佳开放平台、对外贸易十强开发区、利用外资十强开发区、浙江省美丽园区示范园区，拥有马家浜文化遗址旅游区。

一、嘉兴市经开区产业概况

（一）产业结构

从地区生产总值构成看，2023 年，嘉兴市经开区第一产业增加值为 0.27 亿元，第二产业增加值为 219.11 亿元，第三产业增加值为 227.57 亿元，三次产业增加值结构调整为 0.06 ∶ 49.02 ∶ 50.91。

从工业看，嘉兴市经开区以智能制造和化纤纺织产业为主导。2023 年，全区规上工业总产值 825 亿元，规上工业企业 221 家。2022 年嘉兴市经开区产业主要分布见表 1。下一步，嘉兴市经开区将基于现有“2+4”产业发展平台，聚焦“接轨大上海、融入长三角、面向全世界”战略定位，推进智能制造、信息技术等相关产业布局。

表1　嘉兴市经开区特色工业简介

名称	规上工业产值 / 亿元	占全区规上工业总产值比重 /%
智能制造	超 330.00	超 44.32
化纤纺织	91.47	13.52
电子信息	62.34	9.22
生命健康	约 50.00	约 6.71

从服务业看，嘉兴市经开区以信息服务、科技服务、新兴金融、现代商贸为主导。下一步，嘉兴市经开区将以“环境品质化、服务优质化、管理数字化、企业高质化、配套完善化”五化提升为目标，深入推进产业、平台、企业和项目的对接，打造服务业优势集群。

（二）产业空间布局

图 1 展示了嘉兴市经开区重点产业平台布局。从工业看，嘉兴经开区工业主要集中在嘉北街道和高照街道，重点打造电子信息和软件产业；在城南街道“省级特色小镇”，重点发展健康食品产业。

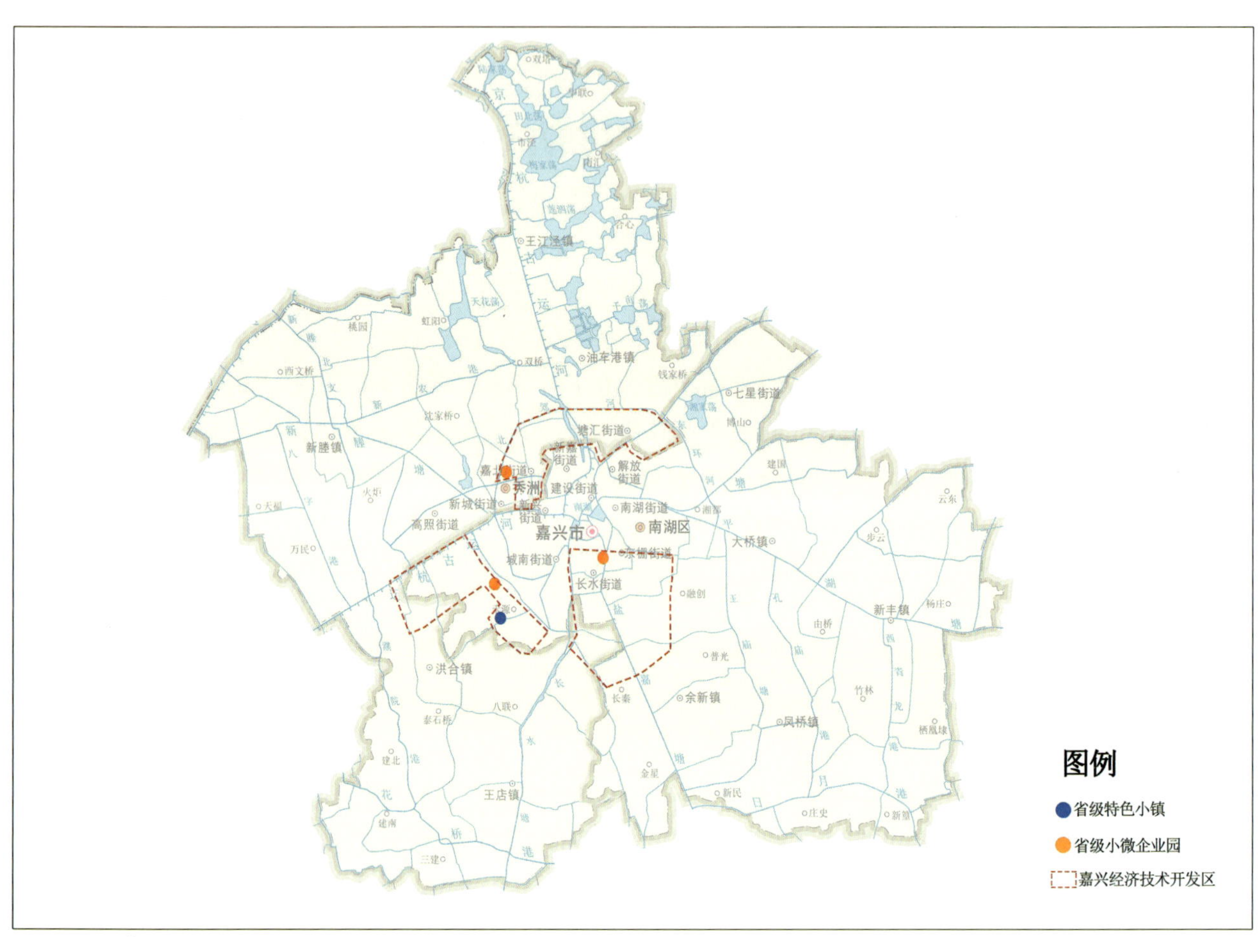

图 1　嘉兴市经开区重点产业平台布局

二、重点产业

（一）智能制造产业

2022 年，嘉兴市经开区智能制造产业规上工业产值超 330 亿元，主要分布在汽配和精密机械领域。嘉兴市经开区智能制造产业的龙头企业见表 2，主要分布在汽配和精密机械两大领域。从产业链角度看，汽配企业主要集中在上游的基础零部件和中游的新能源汽车电驱动系统、汽车传动系统、发动机系统、电气仪表零部件制造，精密机械企业主要集中在上游的钢铁材料、通用零部件、轴承、电器元件、电机、电子通信组件、光学仪器配件制造和中游的成套装备制造。下一步，嘉兴市经开区将依托智能制造和高端食品生态园，引进工业机器人、高档数控机床等智能装备企业，积极布局智能网联汽车细分领域，全力打造智能制造产业集群，提升当地智能制造产业配套规模和影响力。

表2　嘉兴市经开区智能制造产业龙头企业简介

行业	企业类型	公司名称	主营业务
汽配	专精特新“小巨人”	凯晟动力技术（嘉兴）有限公司	新能源汽车电驱系统、主被动一体化、车身域控制器等
精密机械	专精特新“小巨人”	浙江和达科技股份有限公司	阀门和旋塞研发、电机及其控制系统研发、智能水务系统开发
		浙江中达精密部件股份有限公司	轴承、轴瓦、机械零件、汽车零件等
		嘉兴恩碧技电气有限公司	导电滑环、电刷、电动机及配件
		巨力自动化设备（浙江）有限公司	微电机及其他电机制造，特种焊接设备、自动化装置设备
	民营百强企业	浙江正泰电缆有限公司	电线、电缆
		浙江奥冠薄钢科技有限公司	薄钢、彩钢板、卷板、镀锌板等

（二）化纤纺织产业

2022 年，嘉兴市经开区化纤纺织产业规上工业总产值 91.47 亿元。该产业的龙头企业见表 3。从产业链角度看，化纤纺织企业主要集中在上游的纺织面料、化工原料生产、印染加工和中游的纺织产品制造。下一步，嘉兴市经开区将重点发展先进基础材料，支持化纤、纺织等领域龙头企业设立新材料研发中心；增强高端通用合成材料、高分子复合新材料的研发制造能力，构建先进化纤、高端纺织、绿色印染、时尚服装四位一体现代纺织产业体系。

表3　嘉兴市经开区化纤纺织产业龙头企业简介

领域	企业类型	公司名称	主营业务
化纤纺织	专精特新“小巨人”	浙江禾欣科技有限公司	涂料等化工产品
		浙江佑威新材料股份有限公司	脱模布
	企业利润百强	雅莹集团股份有限公司	服装、饰品、箱包及纺织制成品
		浙江嘉欣丝绸股份有限公司	面料印染加工、面料纺织加工、服饰研发、针纺织品及服装辅料销售

（三）电子信息产业

2022 年，嘉兴市经开区电子信息产业规上工业总产值 62.34 亿元。该产业的相关龙头企业见表 4。从产业链角度看，电子信息企业主要集中在上游的半导体材料、玻璃基板、光电子材料，中游的传感器器件、电力电子器件制造，下游的工业电子、通信制造。下一步，嘉兴市经开区将重点发展传感器、显示器、5G 通信等领域，加强智能传感器等技术在产品中的集成应用，积极引进 5G 通信设备龙头企业，逐步向智能硬件领域拓展，实现亿元级制造业企业数字化转型全覆盖。

表4　嘉兴市经开区电子信息产业龙头企业简介

行业	企业类型	公司名称	主营业务
电子信息	专精特新“小巨人”	浙江巨磁智能技术有限公司	传感器、电子产品、金属材料、信息安全设备等
		浙江维思无线网络技术有限公司	有源 RFID 和无线传感器网络（WSN）产品的开发、生产与应用
		浙江嘉康电子股份有限公司	陶瓷元器件、压电传感 / 换能元器件、压电陶瓷频率元件等
		嘉兴佳利电子有限公司	移动通信用元器件、电子产品、微波高频电子元器件等
		浙江焜腾红外科技有限公司	红外成像芯片与器件、红外成像整机与应用系统等
		诚亿电子（嘉兴）有限公司	单层、双层和多层高密度刚性线路板
	企业利润百强	嘉兴爱锋派商贸有限公司	家用电器、电子产品及配件、计算机软件、网络设备等

（四）生命健康产业

2022年，生命健康产业规上工业产值约50亿元，主要分布在高端食品和健康医疗领域。该产业的相关龙头企业见表5。从产业链角度看，高端食品企业主要集中在上游的轻工食品机械、包装机械的研发生产；健康医疗主要集中在上游的医药研发和下游的医药流通。下一步，嘉兴市经开区将依托嘉兴食品与健康研究所、清华长三角研究院等平台，进一步深化产学研合作，积极构建从健康食品到医疗器械、医疗服务的健康产业链，将经开区打造成长三角综合医疗服务高地。

表5 嘉兴市经开区生命健康产业龙头企业简介

行业	企业类型	公司名称	主营业务
高端食品	专精特新入库企业	嘉兴艾博实业股份有限公司	轻工食品机械、包装机械的研发、生产和销售
健康医疗	专精特新“小巨人”	浙江太美医疗科技股份有限公司	医药研发、药物警戒、医药数字化营销

三、科技创新概况

2022年，全区R&D经费占地区生产总值比重约为2.3%；全区拥有高新技术企业124家，规上工业企业研发活动率72.8%，规上工业企业研发机构设置率60.4%。

嘉兴市经开区创新平台主要集中在智能制造和化纤纺织产业。2022年，全区拥有省级重点企业研究院1家，省级企业研究院15家，省级高新技术企业研发中心35家，省级孵化器1家。创新平台主要分布在塘汇街道、嘉北街道和洪合镇（见图2）。

四、嘉兴市经开区未来展望

从产业发展看，智能制造产业将是嘉兴经开区最有前景的产业，该产业内企业集中度高、产值规模大、市场影响力强。下一步，嘉兴市经开区将依托“2+4”产业发展平台和“113”特色产业基地格局，构建集科技创新、高端产业、品质服务为一体的智能制造全产业链，将经开区打造成为国内一流、长三角知名、浙江领先的数字经济发展新高地。从科技创新看，下一步，嘉兴市经开区将依托G60科创走廊产业与产业创新研究院，重点推动纳米技术研究中心、纤维材料创新中心等建设，创新“研究院＋企业”的组织模式，建立高质量产业发展体系，将经开区建设成长三角区域产业转型提升、科技创新驱动和绿色集约发展的产城融合示范区。

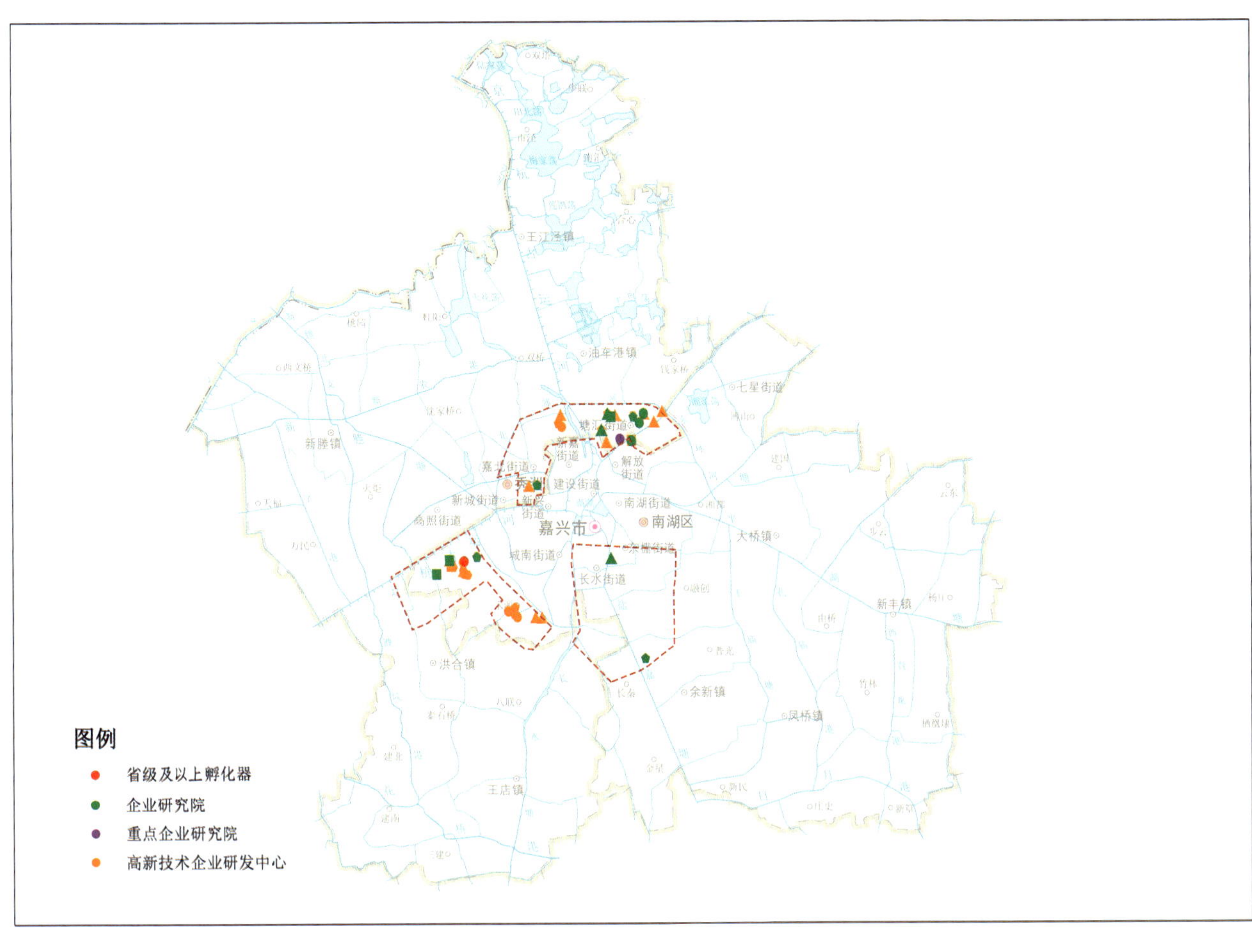

图 2　嘉兴市经开区创新平台布局

湖州

HU ZHOU

湖州卷

吴兴区产业链创新链全景分析报告

湖州吴兴区位于浙江省北部，总面积871.9平方千米，下辖5个镇、1个乡、13个街道。2023年，全区户籍人口为44.9万人，常住人口为103.71万人。地区生产总值为924.9亿元，全省排名第31，全市排名第1。吴兴是“全国工业百强区”“世界乡村旅游大会永久会址”，拥有南太湖、飞英塔、仁皇山旅游区。

一、吴兴区产业概况

（一）产业结构

从地区生产总值构成看，2023年，吴兴区第一产业增加值为25.2亿元，第二产业增加值为420.5亿元，第三产业增加值为479.2亿元，三次产业增加值结构调整为2.7 ∶ 45.5 ∶ 51.8。

从农业看，吴兴区以湖蟹产业为主导。2023年，吴兴区农林牧渔业总产值46.4亿元。全区太湖蟹养殖面积2万余亩，全产业链产值约5亿元。吴兴区织里（湖蟹）成功入选2023年农业产业强镇创建名单。下一步，吴兴区将围绕种植、畜禽、水产三大主导产业，支持湖州湖蟹、吴上兴鲜等农产品区域品牌建设，以“四化六高”标准，在种植业、畜牧业、渔业、休闲农业等领域建成首批市级“未来农场”。

从工业看，吴兴区以纺织服装和金属新材产业为主导。2023年，吴兴区规上工业营业收入1019.2亿元，规上工业企业404家。2022年吴兴区产业主要分布见表1。下一步，吴兴区将坚持先进制造业与现代服务业双轮驱动，着力打造“4+2”主导产业体系，推动现代服务业融合创新，强化现代化产业平台支撑，着力构建极具竞争力的现代产业体系，大力发展数字产业、智能装备、健康时尚和休闲旅游四大新兴产业，提升发展金属新材和纺织服装两大特色优势产业。

表1　吴兴区特色工业简介

名称	规上工业产值 / 亿元	占全区规上工业总产值比重 /%
纺织服装	约 210.00	约 24.50
金属新材	约 200.00	约 23.40
智能装备	约 150.00	约 17.50
健康时尚	约 150.00	约 17.50

从服务业看，吴兴区以现代物流、软件与信息技术服务、科技服务、商贸和流通业为主导。下一步，吴兴区将深化跨境电子商务综合试验区、市场采购贸易方式两大国家级试点，构建“一核引领、一带串联、四区带动”的“114”现代服务业空间格局。

（二）“南北分块”产业空间布局

图1展示了吴兴区重点产业平台布局。从农业看，吴兴区农业依托“现代农业园区”“农业科技园区”沿太湖分布，在滨湖街道，重点发展优质粮油、绿色果蔬、特色水产产业，在环渚街道，重点打造集水产、蔬菜、花卉、休闲观光为一体的特色产业。从工业看，吴兴区工业在东北部围绕“湖州吴兴智能物流装备产业平台”和“吴兴高新技术产业园区”，重点打造物流装备、高端智能装备、电子信息、新材料产业，在南部围绕“浙江吴兴经济开发区”和“上强化工园区”，重点打造智能装备、童装、美妆、化工产业。从服务业看，吴兴区服务业主要集中在八里店镇，重点发展旅游业、信息服务业等。

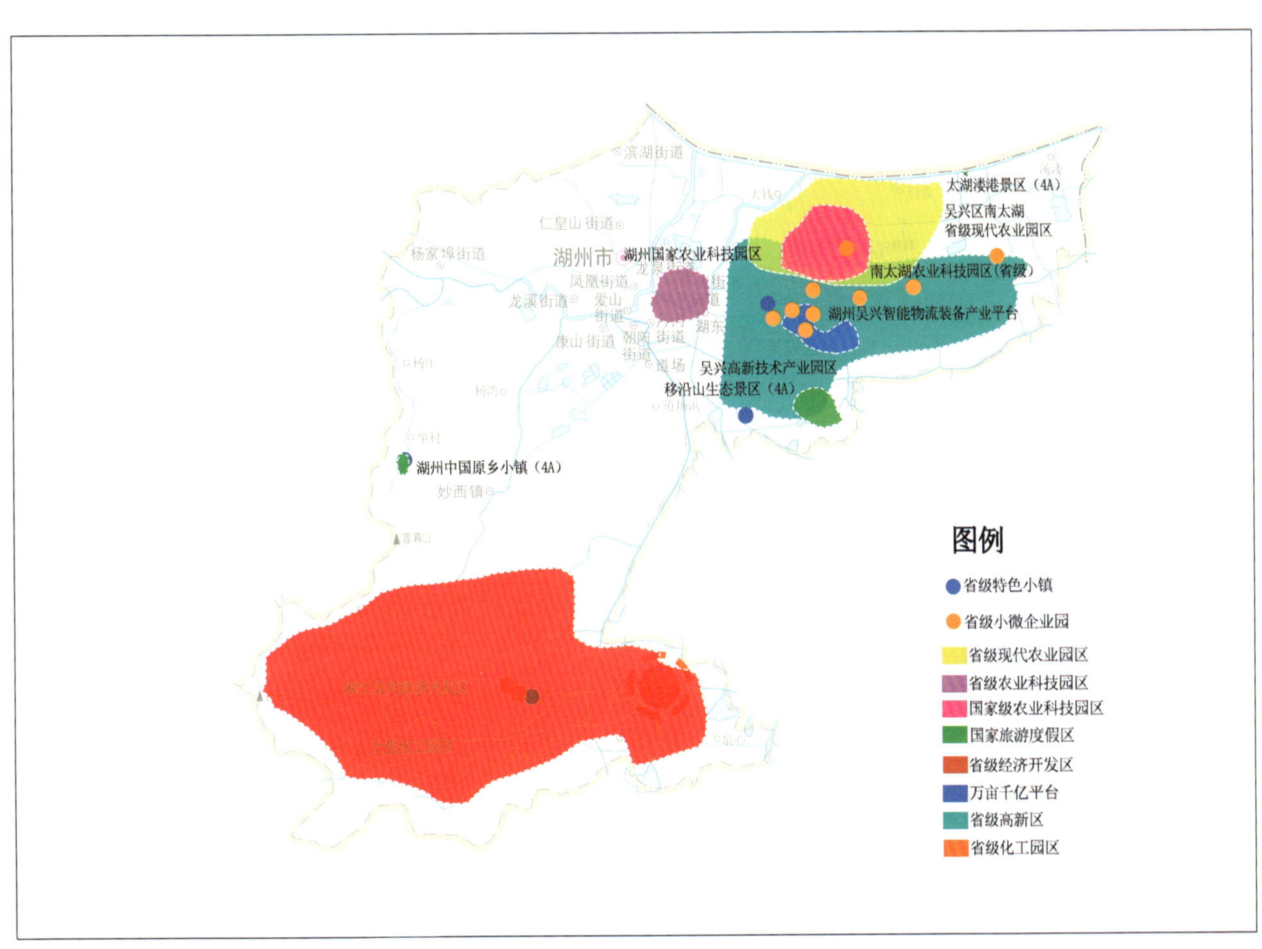

图1　吴兴区重点产业平台布局

二、重点产业

（一）纺织服装产业

吴兴区拥有全国最大的童装产业基地。2022年，吴兴区纺织服装产业规上工业总产值超210亿元，其中童装企业已占据全国市场的2/3。吴兴区纺织服装产业的龙头企业见表2。从产业链角度看，纺织服装企业主要集中在上游的原料开发，中游的服装、家纺、箱包、鞋帽生产，下游的服装服饰零售。下一步，吴兴区将深入建设国家消费品工业“三品”战略示范城市，以“功能性、时尚化、高附加值”为发展方向，加快企业向柔性化、个性化定制等服务型制造转变，全力提升纺织服装产业链，打造时尚童装产业集群。力争到2025年，纺织服装产业规模达1000亿元。

表2 吴兴区纺织服装产业龙头企业简介

行业	企业类型	公司名称	主营业务
功能纤维	专精特新“小巨人”	湖州倍格曼新材料股份有限公司	聚氨酯断桥隔热注胶，隔热、隔音材料
	地方重点企业	湖州百事特纺织科技有限公司	箱包布、小提花布、牛津布及特殊规格面料
		湖州永杰纺织品有限公司	纺织品及原料
		华祥（中国）高纤有限公司	合成纤维制造、合成纤维销售、合成材料销售
纺织服装	地方重点企业	湖州宇泽纺织实业有限公司	纺织面料、家用纺织品、箱包及相关辅料
		湖州吴兴东仁针纺有限公司	家用纺织制成品制造，针纺织品及原料销售
		湖州茂顺针纺有限公司	化纤织造，纺织品、针织品销售
		浙江盛顺纺织科技有限公司	纺织品制造、加工
		浙江华港涤纶实业有限公司	针纺织品及原料销售，合成纤维销售、制造
		湖州飞迅服饰有限公司	童装制造加工，服装、服装辅料
		浙江火树贸易有限公司	服装、纺织品、鞋帽
		浙江艾米西西服饰有限公司、浙江圣微依儿服饰有限公司	童装制造加工、童装批发零售
		湖州羽童服饰有限公司	服装、鞋帽
		浙江华织服饰有限公司	服装制造、服饰研发和零售
		浙江有贝婴幼儿用品有限公司	婴幼儿服装

（二）金属新材产业

2022年，金属新材产业规上工业总产值超200亿元，主要包括金属新材料和电子新材料两大行业。吴兴金属新材产业的龙头企业见表3。下一步，吴兴区将以新材料为转型方向，大力发展高性能不锈钢棒材、新型合金材料、军工用特殊钢材等金属新材料，着力培育集成电路专用材料、新型显示材料、航空航天材料等关键战略新材料，着力建设长三角地区具有竞争优势的金属新材料产业基地。力争到2025年，金属新材产业规模达500亿元。

表3 吴兴区金属新材产业龙头企业简介

行业	企业类型	公司名称	主营业务
金属新材料	上市公司	浙江金洲管道科技股份有限公司	管道制造、销售
	专精特新“小巨人”	浙江宝鸿新材料股份有限公司	不锈钢装饰板
		久立集团股份有限公司	钢材轧制、钢铁冶炼
		浙江米皇新材股份有限公司	生态环境材料制造、金属材料制造
	地方重点企业	湖州鑫邦金属材料有限公司	金属材料销售
		湖州尉智铝业科技有限公司	铝制品、金属涂料
		湖州诚兴金属材料有限公司	金属材料制造、钢压延加工
电子新材料	上市公司	浙江东尼电子股份有限公司	电子元器件制造、金属材料制造

续表

行业	企业类型	公司名称	主营业务
电子新材料	地方重点企业	湖州声德科技有限公司	微型扬声器
		湖州广辉电子有限公司	电子元器件制造

（三）智能装备产业

2022年，智能装备产业规上工业总产值超150亿元。智能装备产业的相关龙头企业见表4。从产业链角度看，该产业的龙头企业主要集中在上游的机械设备设计与系统研发，中游的机械装备、数控装备、节能环保装备、智能物流、汽车装备及零部件制造。下一步，吴兴区将以“智能化、高端化”为主攻方向，持续完善产业链供应链，重点提升机械装备、智能制造装备、节能环保装备制造业，开发集成物联网、5G通信、人工智能等智能装备新产品，打造未来产业先导区、长三角绿色智能装备制造基地。力争到2025年，智能装备产业规模达1000亿元。

表4　吴兴区智能装备产业龙头企业简介

行业	企业类型	公司名称	主营业务
机械装备	专精特新“小巨人”	湖州电动滚筒有限公司	电动滚筒
		湖州现代纺织机械有限公司	纺织专用设备制造
		湖州三井低温设备有限公司	低温设备
	地方重点企业	瑞希特（浙江）科技股份有限公司	泵及真空设备制造
		浙江泉华矿山机械设备有限公司	矿山机械设备生产、安装、设计
		湖州丰源农业装备制造有限公司	农业机械制造、农业机械服务
数控装备	地方重点企业	浙江汉邦控股集团有限公司	专业机电设备、工业自动化控制系统
		湖州精圆数控设备有限公司	金属切削机床、机床附件
节能环保装备	上市公司	旺能环境股份有限公司	环保设备的研发、设计、制造、销售
	专精特新“小巨人”	浙江力聚热能装备股份有限公司	真空热水机组、A级锅炉、B级锅炉、压力容器
		浙江宜可欧环保科技有限公司	资源再生设备、水处理系统设备的生产、研发、销售
智能物流装备	上市公司	德马科技集团股份有限公司	智能物流装备全产业链
	专精特新“小巨人”	湖州锐格物流科技有限公司	智能控制系统集成、通用设备制造
	地方重点企业	浙江德马工业设备有限公司	机械设备研发、物料搬运装备制造
		浙江义成智能科技有限公司	自动化机械设备、物流控制系统及物流设备
汽车装备	上市公司	浙江德宏汽车电子电器股份有限公司	汽车电机及配件、真空泵、汽车电子装置、电气机械
	专精特新“小巨人”	浙江永昌电气股份有限公司	电机及其控制系统、微特电机及组件制造

（四）健康时尚产业

健康时尚产业是吴兴区的新兴产业，目前该产业内已有超过120家企业。吴兴区健康时尚产业的龙头企业见表5，主要分布在时尚美妆、健康理疗、体育健身、生物医药四大行业。从产业链角度看，时尚美妆企业主要集中在中游的化妆品生产和下游的零售；健康理疗企业主要集中在中游的保健食品生产和下游的健康咨询服务领域；体育健身企业主要集中在下游的场地经营；生物医药企业主要集中在上游的技术开发。下一步，吴兴区将发挥珀莱雅、韩佛等链主企业的虹吸作用，提升美妆产业集聚度；大力培育功效化妆品、药物化妆品、医学护肤品等行业，开拓美妆文创、美容仪器等周边行业，着力提高美妆价值链，打造全国知名美妆之都。

表5　吴兴区健康时尚产业龙头企业简介

行业	企业类型	公司名称	主营业务
时尚美妆	地方重点企业	湖州恩纳化妆品有限公司	护手霜、化妆品
		浙江丹尼绒化妆品有限公司、莱玛化妆品有限公司、欧思兰化妆品有限公司	化妆品、消毒剂生产
		湖州浠文电子商务有限公司	化妆品、日用百货
		湖州粤泰化妆品包装有限公司	化妆品包装物、包装制品
		浙江高妍科技有限公司	化妆品、精细化学品
		湖州市亿隆威杰贸易有限公司	化妆品展柜及相关展柜
		喜美恩化妆品有限公司	化妆品、护肤品、消毒用品
健康理疗	地方重点企业	湖州康华健康科技有限公司	保健食品生产技术研发、技术转让
		湖州康正健康管理有限公司、湖州国康健康管理有限公司、浙江美妙健康科技有限公司	健康信息咨询（非医疗性）、医疗器械销售
		湖州兴万健康科技有限公司	医疗科技、生物科技、医药科技
体育健身	地方重点企业	浙江荣耀体育发展有限公司	体育场地设施经营
生物医药	上市公司	万邦德医药控股集团股份有限公司	现代中药、原料药及制剂
	地方重点企业	湖州昂朴医学检验有限公司	医学检验、生物科技
		浙江每天果生物科技有限公司、浙江米唐生物科技有限公司、浙江天蚕生物科技有限公司	生物科技领域内的技术开发、技术咨询

三、科技创新概况

2022年，全区R&D经费占地区生产总值比重为2.56%，全省排名第48；全区拥有高新技术企业325家，高新技术产业增加值占工业增加值比重达80.82%；全区规上工业企业R&D经费支出占营业收入比重达1.63%。

（一）区域创新资源布局

吴兴区创新平台主要集中在智能装备、金属新材和纺织服装产业。2022年，全区拥有国家级孵化器2家，省级孵化器2家，省级重点实验室5家，省级重点企业研究院4家，省级企业研究院24家，省级高新技术企业研发中心71家，省级新型研发机构1家。创新平台主要分布在织里镇、八里店镇、埭溪镇（见图2）。

（二）产业专利分析

吴兴区的专利优势主要集中在运输与贮存装置、分离等领域。2022年，吴兴区有效发明专利共4555件，前十大专利技术领域（小类）见图3。根据申请人分析，湖州师范学院（计算，推算或计数）、浙江省淡水水产研究所（农业）、湖州职业技术学院（家具）、湖州优创科技（鞋类）、浙江晶日照明科技（照明）、湖州佳宁印刷（印刷）、微宏动力系统（基本电气元件）等申请人的专利数量居前。

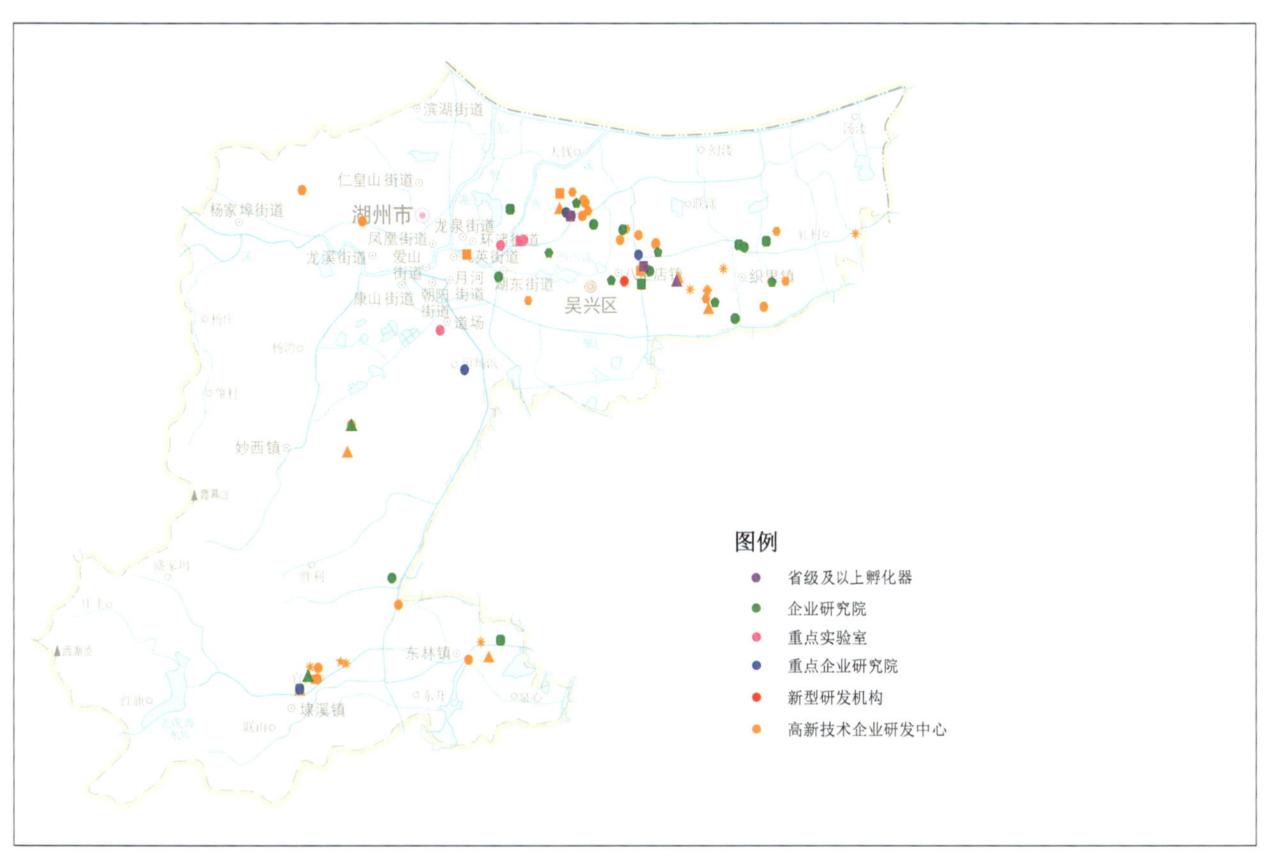

图 2　吴兴区创新平台布局

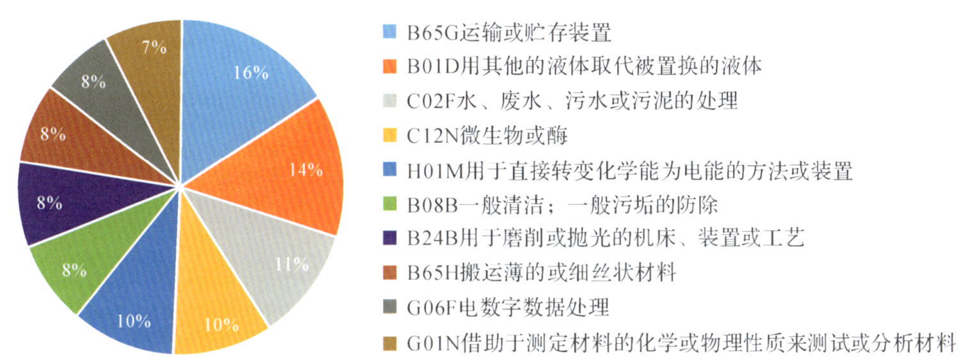

图 3　吴兴区专利技术领域分布

四、吴兴区未来展望

从产业发展看，下一步，吴兴区将全力推进五大新兴产业集群化发展，做优物流装备、合金特材“强链”，补齐工程机械、光电通信及半导体“短链”，壮大美妆（生物医药）“新链”。大力推进智能物流装备省级“万亩千亿”新产业平台建设，全面打造以物流装备制造产业为核心的高端智能装备制造产业集群。大力发展高性能不锈钢棒材(线材)、高性能铝合金材料等金属新材料，打造长三角知名的金属新材料基地。从科技创新看，吴兴区规上工业企业研发投入占比全省排名靠前，全区 R&D 经费占地区生产总值比重处全省中上游。下一步，吴兴区将依托阳山“时尚谷”和西塞“科学谷”生态创新载体，完善科技创新平台体系，提升区域核心产业竞争力。

南浔区产业链创新链全景分析报告

湖州南浔区位于浙江省北部，地处苏浙两省交界处，总面积702平方千米，下辖8个镇、2个街道、1个省级开发区。2022年，全区户籍人口为48.43万人，常住人口为54.63万人。地区生产总值为559.24亿元，全省排名第56，全市排名第5。南浔区是“中国电梯之乡”“中国木地板之都”“全国新型城镇化质量百强区”“国家级渔业健康养殖示范县”，南浔古镇是全市首个国家5A级景区，南浔智能电梯及高端零部件产业已列入国家火炬计划特色产业基地。

一、南浔区产业概况

（一）产业结构

从地区生产总值构成看，2022年，南浔区第一产业增加值为31.24亿元，第二产业增加值为324.85亿元，第三产业增加值为203.15亿元，三次产业增加值结构调整为5.6 ： 58.1 ： 36.3。

从农业看，南浔区以淡水鱼、湖羊、柑橘（“红美人”）产业为主导。2022年，全区农林牧渔业总产值55.54亿元。其中，淡水鱼（养殖）产值为19.26亿元，和孚镇荻港村桑基鱼塘被联合国粮农组织认定为全球重要农业文化遗产；农业产值为11.33亿元，“红美人”柑橘产值超1亿；牧业产值为7.58亿元，湖羊全产业链产值超15亿元。

从工业看，南浔区以高端装备、金属新材、绿色家居、现代纺织和光电通信产业为主导。2022年，全区规上工业总产值首次突破千亿元，规上企业超1100家。产业主要分布见表1。下一步，南浔区将重点培育光电通信首位产业，巩固提升绿色家居、高端装备、现代纺织、金属新材四大优势产业，积极发展大健康装备、绿色装配式建材、新材料、生物医药等新增长点，深入构建“2+6+N”现代产业体系，力争使新能源汽车核心零部件产值超50亿元，电梯、电机及木业产业规模超300亿元。

表1　南浔区特色工业简介

名称	规上工业产值 / 亿元	占全区规上工业总产值比重 /%	备注
高端装备	约414.70	约31.00	
金属新材	约209.60	约15.67	
绿色家居	约148.10	约11.07	总产值约191.03亿元

续表

名称	规上工业产值 / 亿元	占全区规上工业总产值比重 /%	备注
现代纺织	约 120.30	约 8.99	总产值约 244.39 亿元
光电通信	约 70.00	约 5.23	总产值约 150.00 亿元

（二）“北部工业、东西农旅”的产业空间布局

图 1 展示了南浔区重点产业平台布局。从农业看，南浔区农业呈现出“西、北渔业，东部果蔬”的空间发展格局，围绕“南浔西部省级现代农业园区”“南浔区菱和省级现代农业综合区”“南浔区绿色渔业农业科技园区”，在西部（菱湖镇、千金镇）和北部（南浔镇），打造以数字渔业为核心的综合渔业；围绕“南浔东部省级现代农业园区”，在东部（练市镇）打造以果蔬为核心的特色农业。从工业看，南浔区工业形成“四核引领，多点联动”的发展格局，围绕“湖州南浔光电通信产业平台”“南浔经济开发区”“南浔智能机电高新技术产业园”“嘉湖一体化先行南浔片区”，联动“省级小微企业园”“智能电梯小镇”，在北部（南浔镇、东迁街道）、南部（练市镇）和中部（双林镇），重点打造光电通信、高端装备、绿色家居和生物医药产业，少部分涉及湖笔、五金、互联网和数字经济等产业。

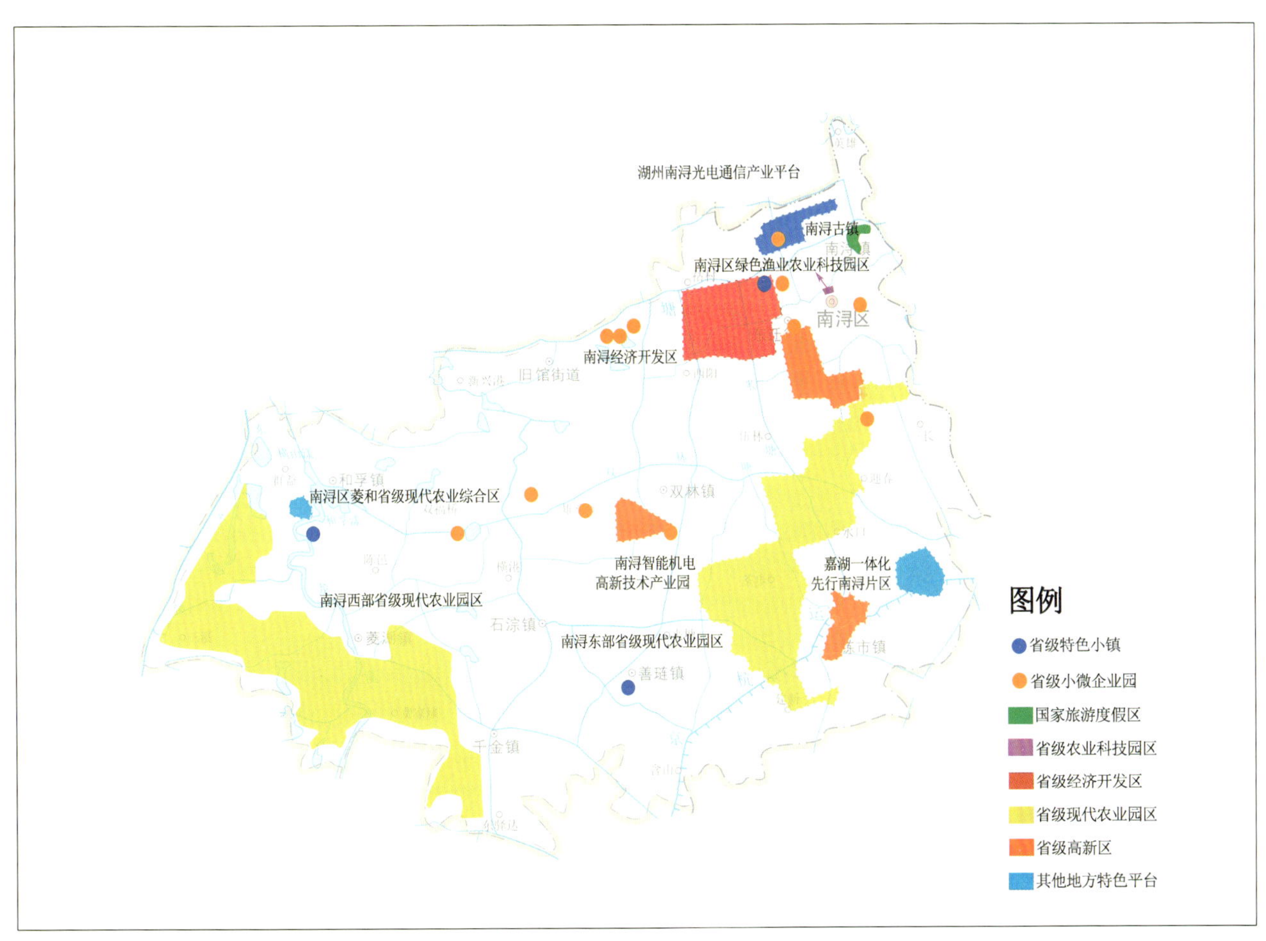

图 1　南浔区重点产业平台布局

二、重点产业

（一）高端装备产业

南浔区高端装备产业主要分布在智能电梯、高效电机与农机等领域。南浔区拥有电梯整机及配件企业约 300 家，年产各类电梯 8 万多台，年产量占全国市场份额的 12%，浙江省的 50%；南浔区的电机行业拥有管状电机、卷帘机、洗衣机电机、空调电机、油烟机电机、风扇电机等系列，占国内市场的 15%，其中，洗衣机用小功率电机占有量已超过全国的 60%。2022 年，南浔区高端装备产业产值超 234 亿元，企业超 1500 家。高端装备产业的龙头企业见表 2。下一步，南浔区将进一步加大电梯行业产业上下游配套企业的引入，真正实现产业延链、补链、强链；瞄准高端电机方向，引进一批高端电机企业，推进现有电机企业向生产规模化、制造智能化、产品系列化发展。

表2　南浔区高端装备产业龙头企业简介

行业类别	企业类型	公司名称	主营业务
智能电梯	专精特新“小巨人”	苏迅电梯有限公司	电梯（乘客电梯、病床电梯、观光电梯、汽车电梯等）
		湖州太平微特电机有限公司	电梯门专用电机（力矩电动机、伺服电机、减速电机等）
	上市公司	森赫电梯股份有限公司	电梯（扶梯、汽车电梯、乘客电梯等）制造及方案解决
	规上百强（市级）	浙江恒达富士电梯有限公司	电梯方案解决（酒店电梯、商用电梯、医用电梯等）
	专精特新企业	沃克斯迅达电梯有限公司	乘客电梯、观光电梯、医用电梯等
		怡达快速电梯有限公司	乘客电梯、观光电梯、医用电梯、扶梯等
		浙江玛拓驱动设备有限公司	曳引机（永磁同步无齿轮曳引机、永磁同步电梯曳引机）
	高新技术企业	浙江丹森智能家居科技有限公司	电梯桥箱、别墅电梯
高效电机	地方重点企业	湖州南浔新龙电机有限公司	家用电机（洗衣机洗涤、脱水电机，管状电机及电机配件）
		湖州永昌贝诗讬电器实业有限公司	洗衣机电机、空调电机与微型电机等
	国家高新科技企业（省内百强）	湖州南洋电机有限公司	家电类电机（洗衣机电机、干衣机电机等）、汽车类电机（驱动总成电机、新能源汽车油泵等）
		湖州越球电机有限公司	家用电机（变频电机、管状电机、油烟机电机等）、风机
现代农机	上市公司	星光农机股份有限公司	谷物收获机械、耕地机械、动力机械、粮食加工机械等
抛光机械	专精特新“小巨人”	浙江湖磨抛光磨具制造有限公司	光饰机（振动机、涡流机、离心机、滚筒机）及附属品，抛磨块（陶瓷、树脂抛磨块）

（二）金属新材产业

南浔区是我国电磁线产业重要基地之一，是浙江省、湖州市重点扶持的支柱产业之一。南浔区拥有电磁线企业超 100 家，电磁线产量占全省的 50%、全国的 20% 左右。2022 年，南浔区金属新材总产值约 212.39 亿元，主要集中在金属管道及不锈钢和电磁线行业。金属新材产业的龙头企业见表 3。下一步，南浔区将以电磁线产业为核心，聚焦以高效电机为核心应用场景的高性能、低阻值电磁线；重点发展应用于电站、石化、航空、船舶等领域的高附加值不锈钢产品。

表3　南浔区金属新材产业龙头企业简介

行业类别	企业类型	公司名称	主营业务
金属管道及不锈钢	上市公司	浙江久立特材科技股份有限公司	工业用不锈钢及特种合金管材、棒材、线材、双金属复合管材、管配件等管道
	高新技术企业	湖州高林不锈钢管制造有限公司	不锈钢管、不锈钢铸件、型钢、圆钢、不锈钢板
	当地重点企业	湖州宝钛久立钛焊管科技有限公司	钛及钛合金焊接管、锆及锆合金焊接管、钛钢复合管
		浙江宝武钢铁有限公司	钢材（不锈钢管、不锈钢铸件、型钢）加工
		湖州众立不锈钢制造有限公司	不锈钢管（U形不锈钢管、热交换器管、双相不锈钢管等）
		湖州南浔海瑞金属材料有限公司	合金钢、普碳钢、耐高温特种钢，不锈钢线材
电磁线	上市公司	浙江长城电工科技股份有限公司	电磁线（聚酯漆包铜扁线、酯亚胺漆包铜扁线、聚酰亚胺漆包铜扁线、芳族聚酰亚胺漆包铜扁线等）
	当地重点企业	浙江洪波科技股份有限公司	电磁线（芳族聚酰亚胺漆包铜圆线、聚酰亚胺漆包铜圆线、自粘性聚酰胺酰亚胺复合聚酯亚胺漆包铜圆线等）
		湖州市南浔弘鑫铜业有限公司	铜丝、金属材料、五金交电、电线电缆

（三）绿色家居产业

南浔区是全国最大的胶合板集散中心、木地板产销基地和木业价格中心、信息中心、质检中心，拥有木地板生产企业近900家，其中规上企业460多家，木地板产销量约占全国的35%，实木地板产量占全国市场份额的65%以上。2022年，南浔区绿色家居产业总产值约191.03亿元，企业超2000家，主要分布在现代木制家具和智能家居领域。南浔绿色家居产业的龙头企业见表4。下一步，南浔区将以高附加实木家具为发展方向，推动实木家具产品差异化、材质多样化、造型多样化发展；推动绿色家居产业向定制化、品牌化、智能化、绿色化方向转型，打造绿色高端智造家居产业谷。力争到2025年，绿色家居产业产值达200亿元。

表4　南浔区绿色家居产业龙头企业简介

行业	企业类型	公司名称	主营业务
现代家具	专精特新企业	浙江世友木业有限公司	实木地热地板、实木复合地板、实木多层地板、强化地板
		久盛地板有限公司	实木地暖地板、实木地板
		浙江喜盈门家居科技股份有限公司	整木家具（木门、护墙板、木柜等）
	地方重点企业	浙江未来家木业有限公司	实木地板、实木复合地板、生态地板、强化地板
		浙江高牌木业有限公司	实木地板、多层实木地板、强化复合地板、SPC地板
		浙江省好运气木业有限公司	实木地板、实木复合地板
		浙江卡林亚智能家居有限公司	木地板（实木竹木地板、实木复合地板、强化地板）
		湖州四海家私制造有限公司	室内木制家具（木椅、木床、木柜等）
		湖州市南浔三亚家私有限公司	实木家具定制（沙发、餐桌、木床等）
		湖州南浔康久家具有限公司	家具制造、家具安装和维修服务
智能家居	地方重点企业	浙江中冷电器制造有限公司	智能制冷设备（空调、冰柜、冷柜、岛柜、豪华型大红岛柜，单门、双门陈列柜）
		浙江臻美家居科技有限公司	智能家居用品的技术研发、销售
		浙江洵板家居科技有限公司	智能家居用品和家具研发、销售
		浙江圣吉智能家居有限公司	智能家居用品
		浙江瑞升智能家居科技有限公司	智能家居、智慧小区、智慧城市管理系统的技术开发
		浙江鼎栎家居有限公司	智能家居用品、智能设备及配件、地板、木门

续表

行业	企业类型	公司名称	主营业务
智能家居	地方重点企业	湖州颐美智能家居有限公司	智能家居产品的研发及销售
	上市公司	浙江睿高新材料股份有限公司	家居阻燃、防火材料（木质结构透明防火涂料、窗帘阻燃剂等）

（四）现代纺织产业

2022 年，南浔区现代纺织产业总产值约 244.39 亿元，纺织企业有 500 家。现代纺织产业的龙头企业见表 5。从产业链角度看，该产业的龙头企业主要集中在上游的化学纤维、天然纤维生产、纺织布、纺织纱、线绳及丝绸生产，中游的印染产品、家纺及配饰制造。下一步，南浔区将大力发展纺织加工智能化、高端化，重点突破核心技术，推动纺织产业高端化转型。

表5　南浔区现代纺织产业龙头企业简介

行业类别	企业类型	公司名称	主营业务
纺织	上市公司	浙江尤夫高新纤维股份有限公司	工业丝（活化丝、有色丝、气囊丝等）、帘帆布（EE 帆布、EP 帆布等）、线绳（硬线、软线）、胶管纱等
	地方重点企业	湖州菱湖东方丝绸科技有限公司	氨纶包覆丝、茧丝，丝织品
		浙江贝隆纺织有限公司	化纤丝、化纤布
		湖州南浔辑里丝绸文化发展有限公司	丝绸纺织技术研究、丝绸产品
印染	地方重点企业	浙江佳丰纺织印染有限公司	毛纱线拼染及各类织物面料染整
		湖州新中江纺织印染有限公司	高档纺织品的印花、染色项目
家纺及配饰	地方重点企业	浙江华奥文旅实业发展有限公司	丝绸服装、蚕丝被、真丝制品
		湖州华艺盛纺织刺绣有限公司	绣花头巾、印花围巾
		浙江晨米家居用品有限公司	床上用品、家居用品、家纺用品、服装

（五）光电通信产业

光电通信产业是南浔区的首位产业，2022 年，光电通信产业总产值约 150 亿元，企业有近 1000 家。南浔区光电通信产业的龙头企业与重点项目见表 6 和表 7。从产业链角度看，该产业的龙头企业主要集中在上游的光芯片制造及封装、电芯片研制、光学器件生产、光纤光缆制造与光电加工设备生产，中游的光通信设备、基站设备与显示设备制造。下一步，南浔区将依托“万亩千亿平台”，谋划打造长三角“光电湾”，进一步扩展下游的应用场景；加快布局 5G 产业的通信产品及应用，瞄准基于 5G 通信技术及“万物互联”的垂直应用需求向产业链两端发展。力争到 2025 年，形成集聚上下游企业超百家、产值超 700 亿元的光电通信产业集群。

表6　南浔区光电通信产业龙头企业简介

行业	企业类型	公司名称	主营业务
光电通信	地方重点企业	湖州明朔光电科技有限公司	LED 封装测试技术、照明技术开发、LED 灯具
		浙江泰嘉光电科技有限公司	TFT-LCD 面板、彩色滤光片等
	规上百强	浙江南方通信集团线缆有限公司	通信电缆、光缆、电缆光缆附件
	地方重点企业	浙江南方通信集团股份有限公司	通信电缆、光缆
		华尚光电（浙江）股份有限公司	集成电路芯片，光电子器件、光通信设备，半导体照明器

续表

行业	企业类型	公司名称	主营业务
光电通信	地方重点企业	湖州晶鑫光电科技有限公司	CSP 晶圆级封装测试、LED 磊晶
		湖州弗兰德通讯科技有限公司	5G 基站天线、振子及滤波器、基站天线

表7 南浔区光电通信产业重点项目简介

行业	公司名称	项目内容	投资额 / 亿元
光电通信	浙江泰嘉光电科技有限公司	超薄玻璃基板深加工、液晶面板生产	160
	正威国际集团	光电通信新基建材料	118
	华尚光电科技有限公司	光通信芯片、高导通透明硅基电路板	100
	弗兰德科技有限公司	滤波器、5G 基站天线	55
	福建旭虹光电科技有限公司	激光器件、设备，半导体微电子加工设备	45

三、科技创新概况

2022 年，全区 R&D 经费占地区生产总值比重达 3.4%，全省排名第 18；全区拥有高新技术企业 216 家，高新技术产业增加值占工业增加值比重达 58.3%；全区规上企业 R&D 经费占营业收入比重达 1.54%。

（一）产业创新资源布局

南浔区创新平台较多，产业领域主要集中在高端装备和现代纺织产业。2022 年，全区拥有省级高新技术研发中心 78 家，省级企业研究院 29 家，科学技术支出 1.77 亿元。创新平台主要集中在北部的南浔镇和东迁街道，南部的练市镇，中部的双林镇与西部的菱湖镇（见图 2）。

（二）产业专利分析

南浔区的专利优势主要集中在智能电梯、电机、木地板加工等领域。2022 年，南浔区有效发明专利共 2583 件，前十大专利技术领域见图 3。根据申请人分析，星光农机（履带收割机及相关装置）、久立特材（不锈钢管、金属加工及相关设备）、三一装备（起重机械及相关设备）、新创丝织（抽胶装置、棉纺织机械）、吉昌丝绸（纺布机械、纺布后整工艺）、旺翔纸业（纸箱加工设备、新型纸箱）、巨人通力电梯（电梯控制系统、电梯运行装置）等申请人的专利数量居前。

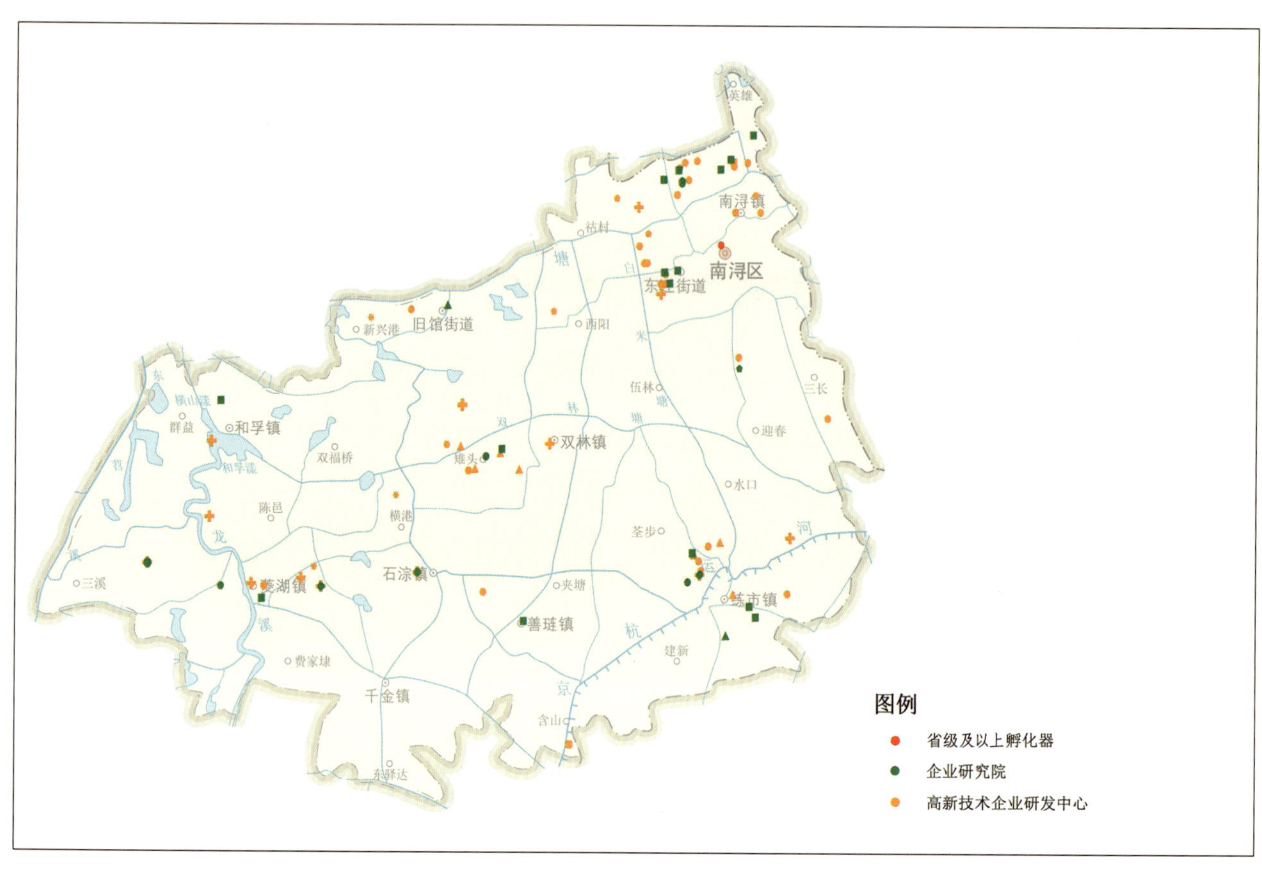

图 2　南浔区创新平台布局

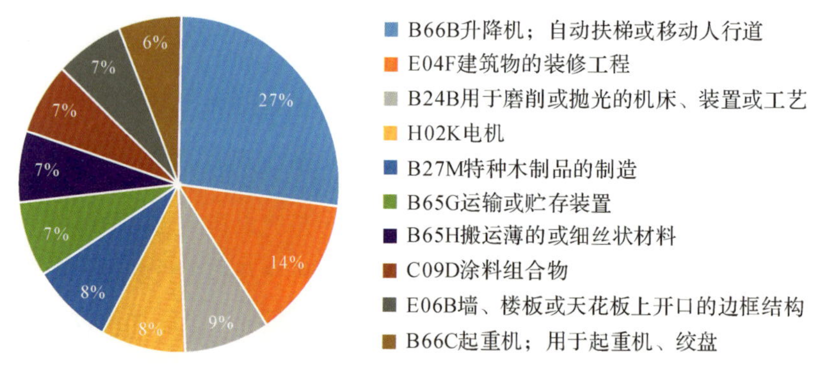

图 3　南浔区专利技术领域分布

四、南浔区未来展望

从产业发展看，南浔区深入构建“2+6+N”现代产业体系，打造光电通信、新能源汽车核心零部件产业集群，提升发展电梯、电机及木业等传统优势产业。依托“万亩千亿平台”，聚焦光电通信产业核心技术，招引一批强链补链重点项目。依托“省级智能机电高新技术产业园”“智能电梯小镇”等平台，推动智能电梯、电机、电磁线等产业联动发展。从科技创新看，全区研发投入处全省上游位置，高新技术企业数量较多，企业的技术创新能力较强，产业创新驱动力较强。下一步，南浔区将依托智能电梯与绿色家居两大省级创新服务综合体、国家级科技企业孵化器，创建产业创新中心、技术联盟等，进一步增强产业创新能力。

德清县产业链创新链全景分析报告

湖州德清县位于浙江省北部，太湖南岸，总面积936平方千米，下辖8个镇、5个街道。2023年，全县户籍人口为44.2万人，常住人口为55.72万人，全县生产总值为680.7亿元，全省排名第51，全市排名第3。德清县是全国综合实力百强县、全国科技创新百强县、全国绿色发展百强县、全国新型城镇化质量百强县、中国康养百佳县，“中国绿色家居之都”，拥有莫干山、云岫寺等旅游景区。

一、德清县产业概况

（一）产业结构

从地区生产总值构成看，2023年，德清县第一产业增加值为27.4亿元，第二产业增加值为386.5亿元，第三产业增加值为266.8亿元，三次产业增加值结构调整为4.0 ∶ 56.8 ∶ 39.2。

从农业看，德清县以淡水渔业产业为主导。2023年，全县实现农林牧渔业总产值49.6亿元，其中，渔业产值27.62亿元。德清县是浙江省最大的内陆水产养殖县，其中黑鱼年产值3.3亿元、青虾年产值1.6亿元、珍珠深加工总量近100吨，占全国总产量的10%左右。下一步，德清县将强化渔业产业优势，打造“数字渔仓”生态养殖基地，做精渔业、珍珠养殖等优势产业，大力发展花卉苗木、蚕茧、中草药等特色农业。

从工业看，德清县以绿色智能家居、地理信息、生命健康和智能装备产业为主导。2023年，德清县规上工业总产值1403亿元，规上工业企业844家。2022年德清县产业主要分布见表1。下一步，德清县将推动产业向中高端迈进，全力构建“323”现代产业体系，重点做强高端智能装备、生物医药、绿色智能家居三大优势产业，着力厚植地理信息、通用航空两大特色产业，积极布局北斗时空、智能网联汽车、人工智能三大未来产业。

表1　德清县特色工业简介

名称	规上工业产值 / 亿元	占全县规上工业总产值比重 /%
绿色智能家居	319.00	24.80
地理信息	约 220.00	约 17.08
非金属矿物制品	约 182.66	约 14.19
生命健康	约 170.00	约 13.20

续表

名称	规上工业产值 / 亿元	占全县规上工业总产值比重 /%
高端智能装备	151.31	11.75
通用航空	100.00	7.77

（二）“中部集聚”的产业空间布局

图 1 展示了德清县重点产业平台布局。从工业看，德清县工业围绕“省级经济开发区”“省级高新区”和“省级特色小镇”“省级小微企业园”形成两个显著的集聚区，主要集中在雷甸、乾元镇、阜溪街道和新市镇，重点打造高端智能装备、生物医药、地理信息和通用航空产业。从农业看，德清县农业围绕“省级农业科技园区”“省级现代农业园区”，在下渚湖街道、洛舍镇和钟管镇，打造渔业、粮食特色农业区。从服务业看，德清县服务业围绕“莫干山风景区”，打造世界级旅游度假区、户外生态休闲基地。

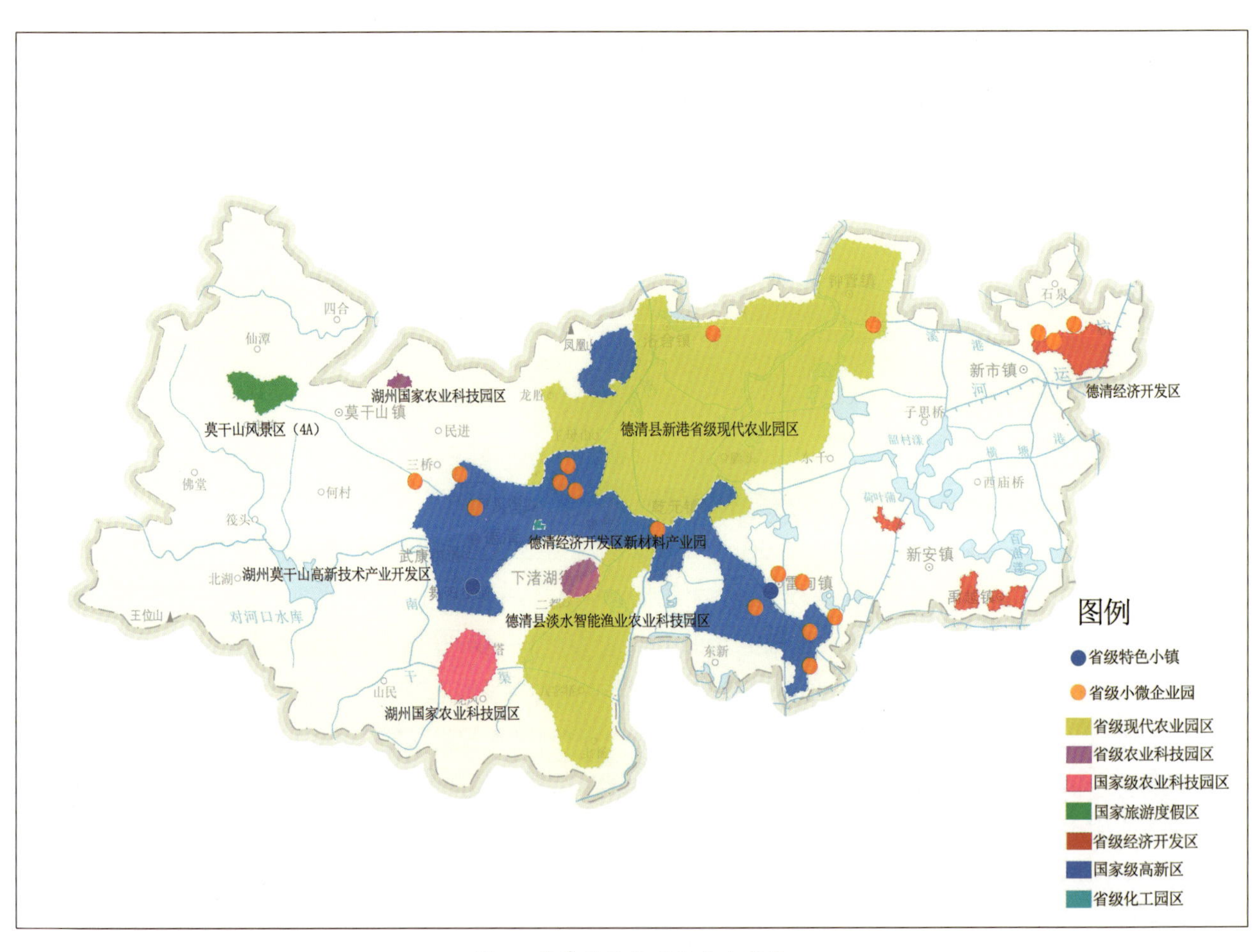

图 1　德清县重点产业平台布局

二、重点产业

（一）绿色智能家居产业

绿色智能家居产业是德清县主导优势产业之一，2022 年，该产业规上工业产值 319 亿元，企业约有

1100家，主要分布在定制家居、智慧家居、户外休闲用品三大领域。绿色智能家居产业的龙头企业见表2。下一步，德清县将推动建成国内知名的绿色智能家居创新设计和先进制造基地，积极发展实木、复合木质中高端家具和成套化板式家具，探索全屋家居设计；引进培育具备自感知、自决策、自运行、远程控制等功能的智能家居；开发碳纤维休闲用品等“优特精”新产品。力争到2025年，绿色智能家居产业实现规上工业产值400亿元。

表2　德清县绿色智能家居产业龙头企业简介

行业	企业类型	公司名称	主营业务
定制家居	上市公司	德华兔宝宝装饰新材股份有限公司	木质家具（地板、木门、衣柜、橱柜等）
	地方重点企业	浙江美诺地毯制造有限公司	地毯
		浙江飞保家居有限公司	木质家具（橱柜、家具、门板、板材）
		浙江贝特日用品有限公司	晾衣器
智慧家居	地方重点企业	浙江顺事智能科技有限公司	智能护理床
		德清蜂巢智能家居有限公司	智能橱柜、竹质家具等
		浙江德清简的智能家居有限公司	智能衣柜、平开门
		浙江冠臣天赫智能家具有限公司	办公家具
户外休闲用品	地方重点企业	浙江乐居户外用品有限公司	太阳伞、休闲桌椅
		浙江德通智能户外休闲用品有限公司	户外休闲可伸缩式躺椅

（二）地理信息产业

2022年，德清县实现地理信息核心产业总产值约220亿元，企业约有500家。该产业的龙头企业见表3。从产业链角度看，地理信息产业的龙头企业主要集中在上游的应用软件研发、装备制造和中游的地理信息服务。下一步，德清县将依托中国科学院微波特性测量实验室、浙江大学遥感与GIS创新中心等科创平台，提高软件研发环节和装备制造创新能力，搭建地理信息大数据应用中心、莫干山时空服务云平台等平台，推动产业由“以软为主”向“软硬结合”转变。

表3　德清县地理信息产业龙头企业简介

行业	企业类型	公司名称	主营业务
装备制造	专精特新“小巨人”	中电科技德清华莹电子有限公司	传感器（声表面波器件、压电、光电晶体材料）
	地方重点企业	湖州雄鹰通信器材有限公司	通信电力铁件、铁塔器材及相关配件
		浙江德通光电有限责任公司	通信电缆（光纤、光缆、光电混合缆）
地理信息服务	地方重点企业	浙江国遥地理信息技术有限公司	测绘服务、建设工程勘察
		浙江星锐测绘技术有限公司	地理信息系统工程、测绘技术
		浙江维迪洋测绘技术有限公司	测绘技术的技术开发、技术服务
		德清众诚测绘规划设计有限公司、浙江领图数据技术有限公司、浙江海源地理信息技术有限公司	测绘服务
		千寻位置网络（浙江）有限公司	定位服务、位置数据服务
		德清航天宏图信息技术有限公司	卫星遥感数据处理、卫星导航、环境保护检测服务
应用软件	上市公司	浙江兆龙互连科技股份有限公司	物联网技术研发、信息系统集成服务
	地方重点企业	浙江超图信息技术有限公司	地理信息系统（GIS）软件

（三）非金属矿物制品产业

2022年，德清县非金属矿物制品产业规上工业产值约182.66亿元，主要分布在耐火材料、保温材料、玻璃和混凝土四大行业。非金属矿物制品产业的龙头企业见表4。下一步，德清县将重点发展高性能混凝土添加剂、保温隔热非黏土类新型墙体材料、新型木（竹）塑复合材料、大宽度高强土工材料等新材料。

表4　德清县非金属矿物制品产业龙头企业简介

行业	企业类型	公司名称	主营业务
耐火材料	专精特新“小巨人”	浙江浦森新材料科技有限公司	保温、隔热、防火、吸隔声材料
	地方重点企业	浙江邦尼耐火纤维有限公司	耐火材料生产、销售
		浙江升腾保温材料有限公司	耐火材料、多晶莫来石纤维及制品
保温材料	地方重点企业	德清万迪包装材料有限公司	保温材料生产、销售，包装材料
		德清县电建防腐保温工程有限公司	防腐保温工程施工
		德清县合众橡塑材料有限公司	橡塑保温材料制品
		浙江圣诺隔热材料有限公司	陶瓷纤维、陶瓷纤维板
玻璃	上市公司	浙江三星新材股份有限公司	各类低温储藏设备的玻璃门体、家电玻璃
	地方重点企业	浙江金辰玻璃有限公司	技术玻璃制品、日用玻璃制品、
混凝土等	专精特新“小巨人”	浙江杭化科技股份有限公司	阻聚剂、除垢剂、HK破乳剂
	地方重点企业	湖州三中混凝土有限公司	水泥制品制造
		浙江省建材集团建筑产业化有限公司	水泥制品制造、销售
		浙江瑞鑫建材有限公司	商品混凝土生产
		德清县国荣建材有限公司	混凝土多孔砖、混凝土普通砖生产
		浙江开元新型墙体材料有限公司	混凝土砌块
		浙江陆记新型建材有限公司	建筑砌块、轻质建筑材料制造销售

（四）生命健康产业

2022年，德清县生命健康产业规上工业总产值约170亿元，企业约有80家，主要分布在生物制药、现代中药、美容护肤、医疗器械及耗材四大领域。生命健康产业的龙头企业见表5。下一步，德清县将进一步完善产业生态，重点发展干细胞药物、中药复方新药、珍珠系列护肤品及体外诊断仪器，打造浙北医药创新谷。力争到2025年，生命健康产业实现规上工业产值300亿元。

表5　德清县生命健康产业龙头企业简介

行业	企业类型	公司名称	主营业务
生物制药	上市公司	浙江我武生物科技股份有限公司	干细胞制剂
		浙江瀚叶股份有限公司	生物农药、兽药、饲料添加剂产品
	地方重点企业	浙江天诺医药科技有限公司、浙江诚缘生物科技有限公司	医药中间体及辅料的技术开发
		浙江百研生物医药科技有限公司	新药靶向技术
		浙江我武翼方药业有限公司	干细胞制剂
现代中药	上市公司	浙江佐力药业股份有限公司、浙江中为科健康科技有限公司	中成药、保健品
	地方重点企业	德清佳元生态农业发展有限公司	中草药种植、中草药收购
美容护肤	专精特新“小巨人”	欧诗漫生物股份有限公司	化妆品、护肤品
		兰树化妆品股份有限公司	化妆品

续表

行业	企业类型	公司名称	主营业务
医疗器械及耗材	地方重点企业	浙江隆泰医疗科技股份有限公司	伤口敷料、造口袋、一次性日用口罩
		浙江美创医疗科技有限公司	病人转运器、医用护理垫
		浙江星辰新材料有限公司	高性能膜材料、环保无纺布袋
		湖州欣翰产业发展股份有限公司	合成材料、生物基材料
		浙江晶纺实业股份有限公司	医护人员防护用品生产

（五）高端智能装备产业

2022 年，德清县高端智能装备产业规上工业产值约 151.31 亿元，企业有 94 家，主要分布在高端工程装备、绿色节能装备、机器人及智能装备和关键基础件等四大领域。高端智能装备产业的龙头企业见表 6。下一步，德清县将打造长三角高端智能装备先进制造基地，积极推进大型智能高位高空作业平台等重大项目建设；布局绿色、新能源动力、高端工程智能、智能高效环保、整机涂装等新能源与节能环保装备；研发智能柔性多关节、平面关节型、双臂协作机器人等工业机器人；发展精密高端轴承制造。力争到 2025 年，高端智能装备产业实现规上工业产值 500 亿元。

表6　德清县高端智能装备产业龙头企业简介

行业	企业类型	公司名称	主营业务
高端工程装备	上市公司	浙江鼎力机械股份有限公司	起重机械、建筑机械
	专精特新“小巨人”	浙江中孚环境设备股份有限公司	空气处理设备、空调自动控制系统、仪表仪器
		浙江明泉工业涂装有限公司	涂装设备、电镀设备
	地方重点企业	德清科宝智能装备有限公司	电工机械专用设备制造
		浙江欧博机械制造有限公司	弯箍机机械设备
绿色节能装备	地方重点企业	浙江德思杰环保科技有限公司	电扶梯钣件、金属板件、结构件加工
		浙江湖州恒康环保科技有限公司	水处理设备、空气净化器
		德清深蓝环境科技股份有限公司	环境保护监测
		浙江德清清泽环保工程设备有限公司	环境污染防治工程施工，滤布、滤袋销售
机器人及智能装备	地方重点企业	浙江德清富源智能装备科技有限公司	智能型自动化涂装设备研发、加工、销售
		浙江晨峰电力有限公司	智能输配电及控制设备销售
		浙江愚工智能设备有限公司	玻璃钻孔智能化设备
		德清德洋自动化科技有限公司	汽车配件生产自动化设备、智能机器人
		湖州莫干山智能技术应用研究院有限公司	智能装备技术研制及应用推广
关键基础件	专精特新“小巨人”	湖州南丰机械制造有限公司	铸钢、铸铁铸件及阀门的生产、销售
		浙江跃进机械有限公司	机动车零部件
	地方重点企业	浙江科佳机械有限公司	高速紧固件（搓丝机、铣尾机）
		湖州南丰机械制造有限公司	铸钢、铸铁铸件及阀门
		浙江理想阀门制造有限公司	阀门及配件制造、加工
		浙江天马轴承集团有限公司	轴承制造、轴承销售

（六）通用航空产业

2022 年，德清县通用航空产业规上工业产值约 100 亿元。通用航空产业的龙头企业见表 7。从产业链角度看，该产业的龙头企业主要集中在产业链上游的直升机技术开发、零部件制造，中游的整机制造，下游的通用航空运营。下一步，德清县将积极开展智能控制、智能材料、机翼扭转等技术攻关，重点发展智能发动机、智能飞行器等通航高端制造装备，聚焦大中型无人机、智能无人机、高端航模等关键零部件生产和整机制造。以中航通飞研究院 AG100 教练机即将投入量产为契机，围绕智能发动机、机载电子设备等关键设备及精密零部件引进产业链上下游企业，着力打造长三角通航高端装备制造基地。

表7 通用航空产业龙头企业简介

行业	企业类型	公司名称	主营业务
航空器技术开发	地方重点企业	浙江通航航空产业有限公司	民用直升机的技术开发
零部件及整机制造	地方重点企业	浙江雷神智能装备有限公司	智能无人飞行器制造、销售
		浙江同人航空工业有限公司	轻型固定翼飞机、自转旋翼机等的零部件
		浙江钱王航空科技有限公司	直升飞机研发、生产与销售
		浙江海骆航空科技有限公司	涡轮机
通用航空运营	地方重点企业	浙江新龙旗机场设备有限公司	机场设备（金属围栏、铁马、伸缩隔离带、排队柱、柜台、票亭、展示柜、工具柜、垃圾桶、座椅）
		德清莫干山机场管理有限公司	机场管理、经营性通用航空业务
		浙江白叶通用航空技术有限公司	空中运输、航空器出租、货物递送
		浙江星空翔业通用航空服务有限公司	私人飞机托管运营服务
		浙江啸翔通用航空有限公司	直升机销售托管

三、科技创新概况

2022 年，全县 R&D 经费占地区生产总值比重为 4.2%，全省排名第 6；全县拥有高新技术企业 383 家，高新技术产业增加值占工业增加值比重达 74.73%；全县规上工业企业 R&D 经费支出占营业收入比重达 2%。

（一）产业创新资源布局

德清县创新平台较多，产业领域主要集中在绿色智能家居、高端智能装备、生命健康、新材料产业。2022 年，全县拥有省级企业研究院 41 家，省级高新技术企业研发中心 105 家。创新平台主要集聚在阜溪街道、雷甸镇和乾元镇（见图 2）。

（二）产业专利分析

德清县的专利优势主要集中在机床及零部件、医用配置品和建筑装修工程等领域。2022 年，德清县有效发明专利共 3925 件，前十大专利技术领域（小类）见图 3。根据申请人分析，德华兔宝宝（木材或类似材料的加工或保存）、博雷重型机床制造（水利工程）、瑞明门窗（木材加工及其设备）、鼎力机械（卷扬、提升、牵引）、硕华医用塑料（一般的物理或化学的方法或装置）、拜克生物（有机化学）等申请人的专利数量居前。

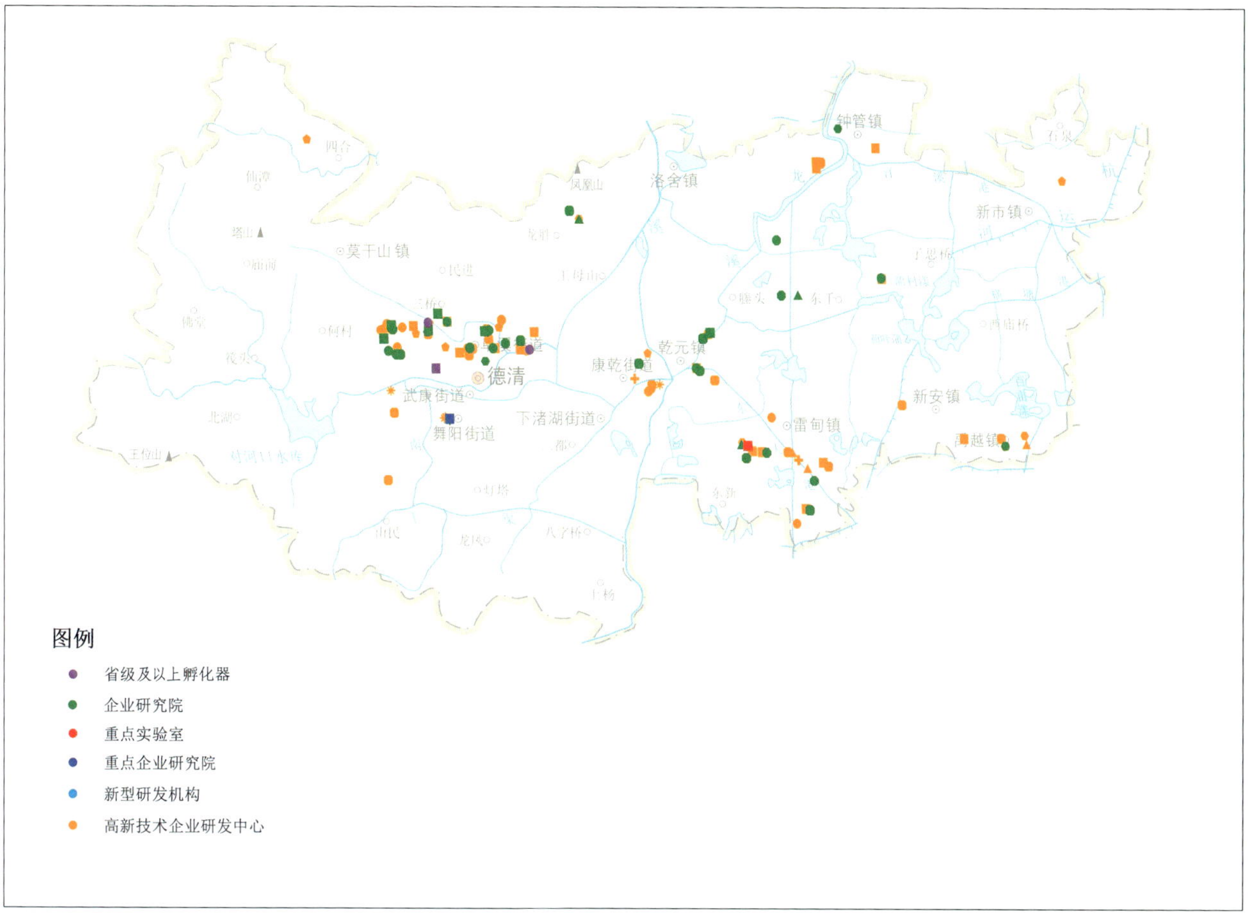

图 2　德清县创新平台布局

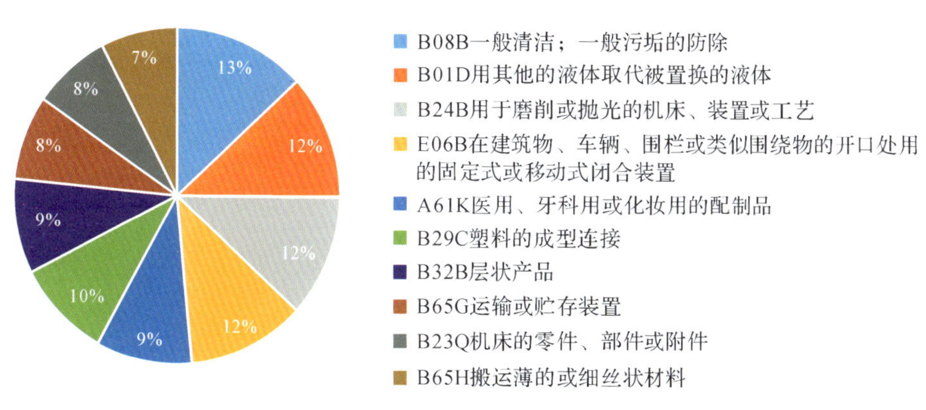

图 3　德清县专利技术领域分布

四、德清县未来展望

从产业发展看，德清县将全力构建“323”现代产业体系，大力发展高端智能装备、生命健康、绿色智能家居三大优势产业，着力厚植地理信息+、通用航空两大特色产业，积极打造北斗时空、智能网联汽车、人工智能三大未来产业。其中，绿色智能家居（现代家具、智能家电）产业入选省“415X”产业集群协同区。从科技创新看，德清县规上工业企业研发投入占比和全区 R&D 经费占地区生产总值比重全省排名均靠前，区域创新能力较强。下一步，德清县将积极争创国家创新型县，以杭州城西科创大走廊北翼中心建设为牵引，抢抓联合国全球地理信息知识与创新中心落地运营契机，深度推进“地球磁场模拟与监测系统”大科学装置，全力打造全球地理信息产业集聚高地和创新策源地。

长兴县产业链创新链全景分析报告

湖州长兴县位于长三角中心腹地，属太湖流域，苏、浙、皖三省交界，总面积1430平方千米，下辖4个街道、2个乡、9个镇。2023年，全县户籍人口为63.55万人，常住人口为68.16万人。地区生产总值为893.98亿元，全省排名第36，全市排名第2。长兴县多次入选中国百强县，2022年入选科技部公布的首批国家创新型县、“中国电池产业之都”。

一、长兴县产业概况

（一）产业结构

从地区生产总值构成看，长兴县以第二产业为主导。2023年，长兴县第一产业增加值为40.73亿元，第二产业增加值为436.75亿元，第三产业增加值为416.50亿元，三次产业增加值结构调整为4.5 ∶ 48.9 ∶ 46.6。

从农业看，长兴县以紫笋茶、湖羊、河蟹、吊瓜等产业为主导。2023年，全县农林牧渔业总产值为74.66亿元，其中紫笋茶产值近15.3亿元；湖羊全产业链产值近7亿元；河蟹年产值约2.3亿元；作为“中国吊瓜之乡”，吊瓜子销售份额占全国近70%。下一步，长兴县将加强农业产业链条延伸、优化、融合，建立茶叶、湖羊两条现代化农业全产业链。

从工业看，长兴县以新能源、现代纺织、智能汽车及关键零部件和非金属矿物制品产业为主导。2023年，长兴县实现规上工业增加值382.27亿元，有规上工业企业超928家。2022年长兴县产业主要分布见表1。下一步，长兴县将加快打造“1+4+2”制造业现代产业体系，加快半导体及光电等数字产业集群发展。

表1　长兴县特色工业简介

名称	规上工业产值 / 亿元	占全县规上工业总产值比重 /%	备注
新能源（储能、光伏）	约 600.00	约 32.20	已投资的在建项目 2025 年可增产约 162 亿元
现代纺织	约 300.00	约 16.10	总产值约 600 亿元
智能汽车及关键零部件	约 240.00	约 12.88	总产值约 300 亿元
非金属矿物制品	约 238.44	约 12.80	总产值约 250 亿元

（二）“一带一轴两翼”的产业空间布局

图 1 展示了长兴县重点产业平台布局。长兴县产业分布呈现“一带一轴两翼”的特点。从农业看，长兴县农业主要聚集在煤山镇、和平镇和泗安镇，围绕“省级农业科技园区”“省级现代农业园区”，重点发展湖羊、芦笋、水产和雪藕四大特色产业。从工业看，长兴县工业主要分布在东部区域，围绕“长兴经济技术开发区”“长兴高新技术产业园区”“湖州长兴智能汽车及关键零部件产业平台”“省级特色小镇”“省级小微企业园”，发展智能汽车及关键零部件、电子信息、现代纺织、生命健康和智能装备产业，少部分涉及互联网、人工智能和物流产业。

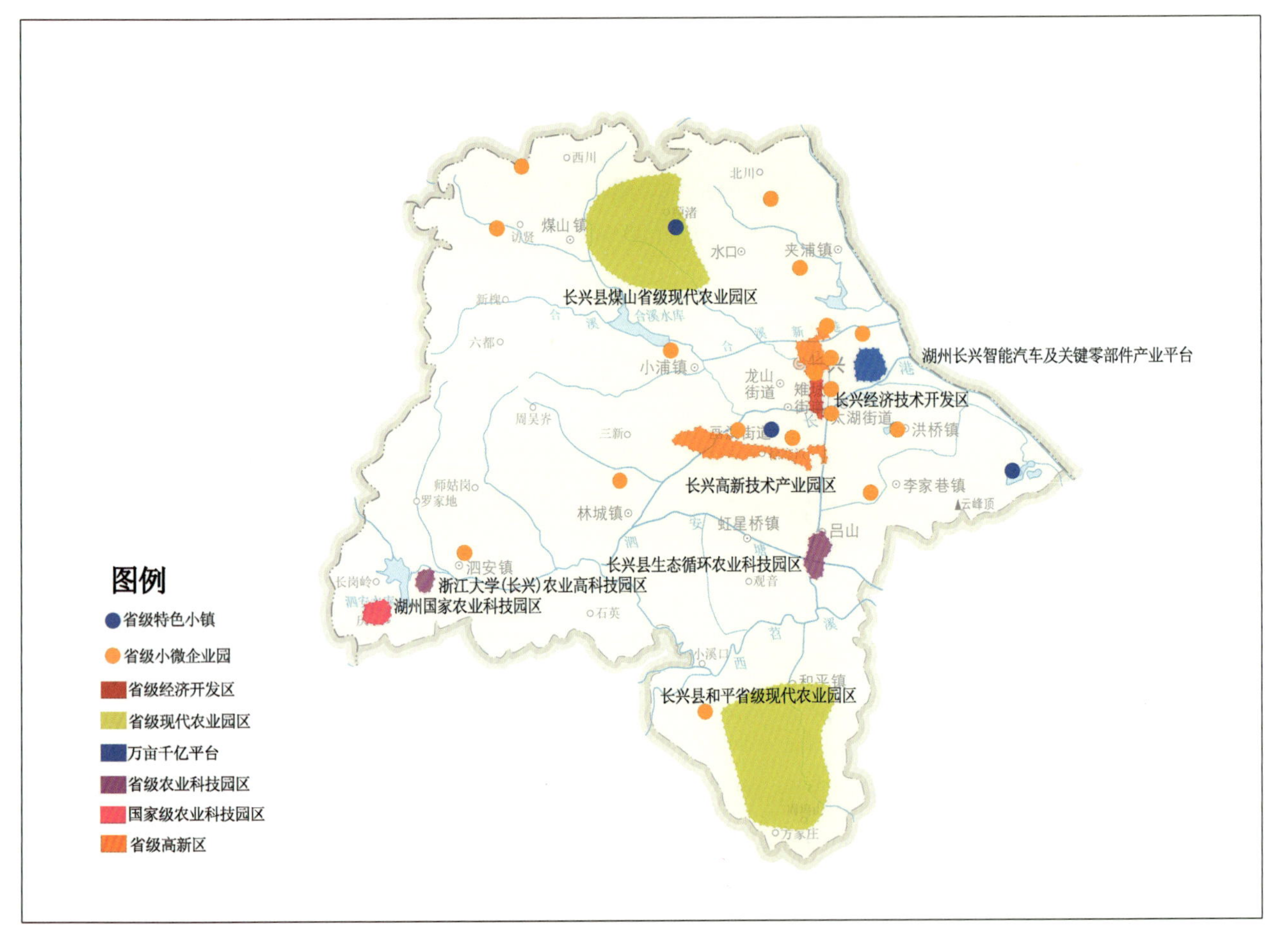

图 1　长兴县重点产业平台布局

二、重点产业

（一）新能源（储能、光伏）产业

长兴县被誉为“中国电池产业之都”，电动自行车蓄电池产量占全国的 80%。2022 年，长兴县新能源产业规上工业产值约 600 亿元，企业约有 1000 家，主要分布在储能系统领域。新能源产业的龙头企业和重点项目见表 2 和表 3，主要分布在储能和光伏行业。从产业链角度看，储能行业的龙头企业和重点项目主要集中在上游的锂电材料和集成系统设备的生产加工，中游的储能系统和储能电池部件的研发制造；

光伏行业的龙头企业和重点项目主要集中在中游的光伏电池和部件的制造，下游的光伏系统及应用产品的应用。下一步，长兴县将全面壮大储能产业，谋划布局氢能、储能、智慧能源产业，延伸发展新能源材料，重点推进动力电池迭代升级，加快发展绿色电池回收再利用产业，构建闭环新能源产业链，打造中国新能源产业城、国家先进制造业产业集群。

表2　长兴县新能源产业龙头企业简介

行业	企业类型	公司名称	主营业务
储能系统	上市公司	天能电池集团股份有限公司	电动车用的铅酸电池为主、少量锂电池业务
		浙江天宏锂电股份有限公司	锂离子电池
	港股	浙江超威动力能源有限公司	铅酸动力电池、锂离子电池制造与销售
	专精特新入库企业	长兴太湖能谷科技有限公司	电化学储能系统
		超威电源集团有限公司	动力型和储能型蓄电池
	地方重点企业	天能帅福得能源股份有限公司	圆柱电池、软包电池、方形电池以及锂离子电池系统
		浙江超越动力科技股份有限公司	密封型免维护铅酸蓄电池
		浙江长兴金太阳电源有限公司	电动助力车专用铅酸蓄电池，新能源动力电池和锂电池
		中博龙辉装备集团股份有限公司	钛酸锂电池制造
		浙江钧圣能源科技有限公司	锂电池、家电注塑模具等
		浙江赫克力能源有限公司	三包电池维护、蓄电池生产
		浙江克能新能源科技有限公司	轻型动力锂电池
		浙江安力能源有限公司	钠氯化镍电池（简称钠盐电池）
		浙江力道能源有限公司	太阳能、风能储能系统
		浙江天能氢能源科技有限公司	氢燃料电池电堆系统、核心材料及零部件
		浙江新易联氢能技术有限公司	氢能气体发生装置、气体混合装置
储能电池部件	专精特新“小巨人”	浙江七星电子股份有限公司	电容器、电子元件加工
锂电材料	专精特新入库企业	湖州昆仑亿恩科电池材料有限公司	锂离子电池电解液
		浙江锂盾新能源材料有限公司	软包锂电池铝塑膜、软膜材料及辅料
	地方重点企业	浙江中蓝新能源材料有限公司	锂离子电池电解液材料
光伏	地方重点企业	长兴金铭新能源科技有限公司	新能源设备、光伏发电设备
		浙江爱康光电科技有限公司	高效异质结电池及组件
		浙江超威原力能源有限公司	分布式太阳能光伏系统产品

表3　长兴县新能源产业重点项目简介

名称	投资额 / 亿元	达产期 / 年	预计产值 / 亿元	主营业务
湖州长兴 5GW 高效异质结（HJT）光伏电池及叠瓦组件项目	106	2023	年销售收入 120	年产 5GW 高效异质结（HJT）光伏电池及叠瓦组件
复星捷威动力年产 12GWh 新能源电池生产项目	56	2023	年销售收入 60	包括软包、方形产品、磷酸铁锂、三元材料体系，应用于储能与动力市场

（二）现代纺织业

长兴县被誉为“中国长丝织造名城”。2022 年，现代纺织业总产值约 600 亿元，企业约有 4500 家。长兴县现代纺织业的龙头企业见表 4。下一步，长兴县将以织造、印染领域为重点，重点发展高档家纺面料、服装辅料、窗帘布等产品，加强产业用涤纶纤维、高性能纤维、新型差别化和功能性纤维及复合纺织材料开发。力争到 2025 年，现代纺织业总产值达 1000 亿元。

表4　长兴县现代纺织业龙头企业简介

行业	企业类型	公司名称	主营业务
纺织用原材料	专精特新“小巨人”	浙江昊能科技有限公司	高档家纺面料用纤维、智能家居面料用纤维、高档服装面料用纤维
	地方重点企业	长兴山鹰化纤有限公司	化纤布、化纤丝、棉布加工
纺织机械	专精特新“小巨人”	湖州冠炯机电科技有限公司	电脑绣花机特种绣装置
织造	上市公司	纳尼亚（香港）集团有限公司	不同质地及功能的涤纶面料
	新三板	浙江湖州威达集团股份有限公司	气流纺粘纤系列混纺、色纺针织纱等
		莱美科技股份有限公司	涤纶磨毛染色布、涤纶磨毛印花布等面料产品
	专精特新“小巨人”	浙江盛发纺织印染有限公司	纺织面料织造、染色、印花
	地方重点企业	长兴县旺华无纺布有限公司	无纺布
		浙江金三发卫生材料科技有限公司	非织造布（无纺布）
		长兴县海联纺织有限公司	经编毛绒产品
印染	新三板	浙江弘晨印染科技股份有限公司	服装和家用纺织面料染整
		浙江凯瑞博科技股份有限公司	尼龙带、切边缎带等商标印刷材料
	地方重点企业	长兴永鑫纺织印染有限公司	各类中高档喷水织物的制造生产及各类化纤、涤棉、棉布等的炼白、染色、印花等加工
		浙江志鑫纺织印染有限公司	珠光印花、磨毛印花、超柔印花等
		长兴国圆印染有限公司	化纤布染色、印花
服装面料	地方重点企业	长兴帝威服装辅料有限公司	服装粘合衬布
		长兴天梭衬布有限公司	四面弹力衬 50D、四面弹力衬 75D 等产品
		长兴县三兴服装辅料有限公司	热轧无纺布和服装用衬布
		浙江泽俊纺织有限公司	金光绒、丝光绒、有光平布、网布等服装面料
		浙江帅宁衬布科技股份有限公司	粘合衬、双点衬、领衬等服装辅料
		长兴星洋服装有限公司	服装成品布
产业用布	地方重点企业	长兴县双鹤服装材料有限公司	产业用纺织制成品
		长兴同创纺织有限公司	交织棉、平纹呢、春亚纺、浴帘布等

（三）智能汽车及关键零部件产业

长兴县聚焦智能汽车及关键零部件产业，成功创建“万亩千亿平台”。2022 年，长兴县智能汽车及关键零部件产业总产值约 300 亿元，规上企业约 57 家。长兴县智能汽车及关键零部件产业的龙头企业见表 5。下一步，长兴县将依托“万亩千亿平台”，重点发展汽车总成、动力电池和电池管理系统、智能驱动、激光雷达系统、汽车热管理系统、智慧出行、无人驾驶、智能维保等车联网云服务，加快打造涵盖“整车及关键零部件研发验证制造、汽车大数据服务、汽车后市场服务”于一体的智能汽车产业链。力争到 2025 年，智能汽车及关键零部件产业产值达 500 亿元。

表5　长兴县智能汽车及关键零部件产业龙头企业简介

行业	企业类型	公司名称	主营业务
整车	上市公司	诺力股份	轻小型搬运车辆、电动仓储车辆
	地方重点企业	吉利长兴新能源汽车有限公司	新能源汽车的研发、生产、销售
		浙江睿璞智能汽车股份有限公司	新生活物流
		浙江智鑫科技有限公司	新能源汽车生产测试设备销售
汽车关键零部件	新三板	浙江瑞虹机电股份有限公司	汽车空调用离合器壳体和液气分离器

续表

行业	企业类型	公司名称	主营业务
汽车关键零部件	专精特新“小巨人”	浙江威泰汽配有限公司	汽车滤清器产品
	专精特新入库企业	浙江奇碟汽车零部件有限公司	汽车离合器及相关配件
	地方重点企业	浙江凯迪汽车部件工业有限公司	汽车配件及摩托车配件
		浙江杭泰汽车零部件有限公司	汽车空调电磁离合器
		均胜汽车安全系统（湖州）有限公司	汽车安全系统（安全气囊系统、安全带等）
		浙江物产汽车安全科技有限公司	汽车安全气囊用点火具
		浙江加泰尔汽车部件制造股份有限公司	汽车轮毂单元和汽车轴承等汽车零部件
		长兴新立汽车饰件系统有限公司	汽车内外饰、汽车电子零部件和汽车注塑模具
智能汽车后服务	地方重点企业	长兴之星汽车有限公司	汽车新车销售、机动车修理和维护
		浙江超翔新能源有限公司	新能源电动汽车充电桩
		长兴卓远汽车服务有限公司	机动车修理和维护，汽车拖车、救援
		浙江启城新能源汽车有限公司	新能源汽车智能管理服务

（四）非金属矿物制品业

2022 年，长兴县非金属矿物制品业规上工业产值约 238.44 亿元。该产业的龙头企业见表 6，主要分布在上游的开采加工设备制造、无机非金属矿开采，中游的水泥、耐火材料、综合性耐材、保温材料、玻璃和碳素材料制造。力争到 2025 年，非金属矿物制品业产值达 250 亿元。

表6　长兴县非金属矿物制品业龙头企业简介

行业	企业类型	公司名称	主营业务
水泥	地方重点企业	长兴南方水泥有限公司	水泥熟料、水泥及制品、石灰石生产
		长兴中星水泥厂	石灰石开采
无机非金属矿	港股	浙江长安仁恒科技股份有限公司	膨润土矿物开采、研发及生产
	新三板	浙江红宇新材料股份有限公司	有机膨润土
耐火材料	新三板	浙江锦诚耐火材料有限公司	各类不定形耐火材料、不烧定形及烧成产品等
	专精特新“小巨人”	浙江铁狮高温材料有限公司	中间包定型、不定形耐火材料、中间包功能耐火材料
	地方重点企业	浙江宏丰炉料有限公司	综合性耐材生产
		长兴县东兴耐火材料有限公司	耐火材料、保温材料
		长兴恒盛耐火材料有限公司	刚玉、刚玉莫来石、高铝、碳化硅质等耐火材料
玻璃	地方重点企业	长兴旗滨节能玻璃有限公司	节能环保玻璃、低辐射镀膜玻璃
碳素材料	专精特新“小巨人”	中钢新型材料股份有限公司	特种石墨、核石墨
开采加工设备	新三板	浙江宇清热工科技股份有限公司	工业炉（加热炉、热处理炉、焙烧炉等）
		浙矿重工股份有限公司	大型矿山机械设备

三、科技创新概况

2022 年，全县 R&D 经费占地区生产总值比重为 3.47%，全省排名第 16；全县拥有高新技术企业 380 家，高新技术产业增加值占工业增加值比重为 74.77%，全省排名第 29；全县规上企业 R&D 经费占营业收入比重为 1.15%，全省排名第 75。

（一）区域创新资源布局

长兴县创新平台主要集中在智能装备、新能源和非金属矿物制品产业。2022 年，全县拥有省级新型研发机构 2 家，省级重点实验室 2 家，省级企业研究院 33 家，省级高新技术企业研发中心 122 家，国家级孵化器 1 家，省级孵化器 4 家。创新平台主要集聚在太湖街道和雉城街道（见图 2）。

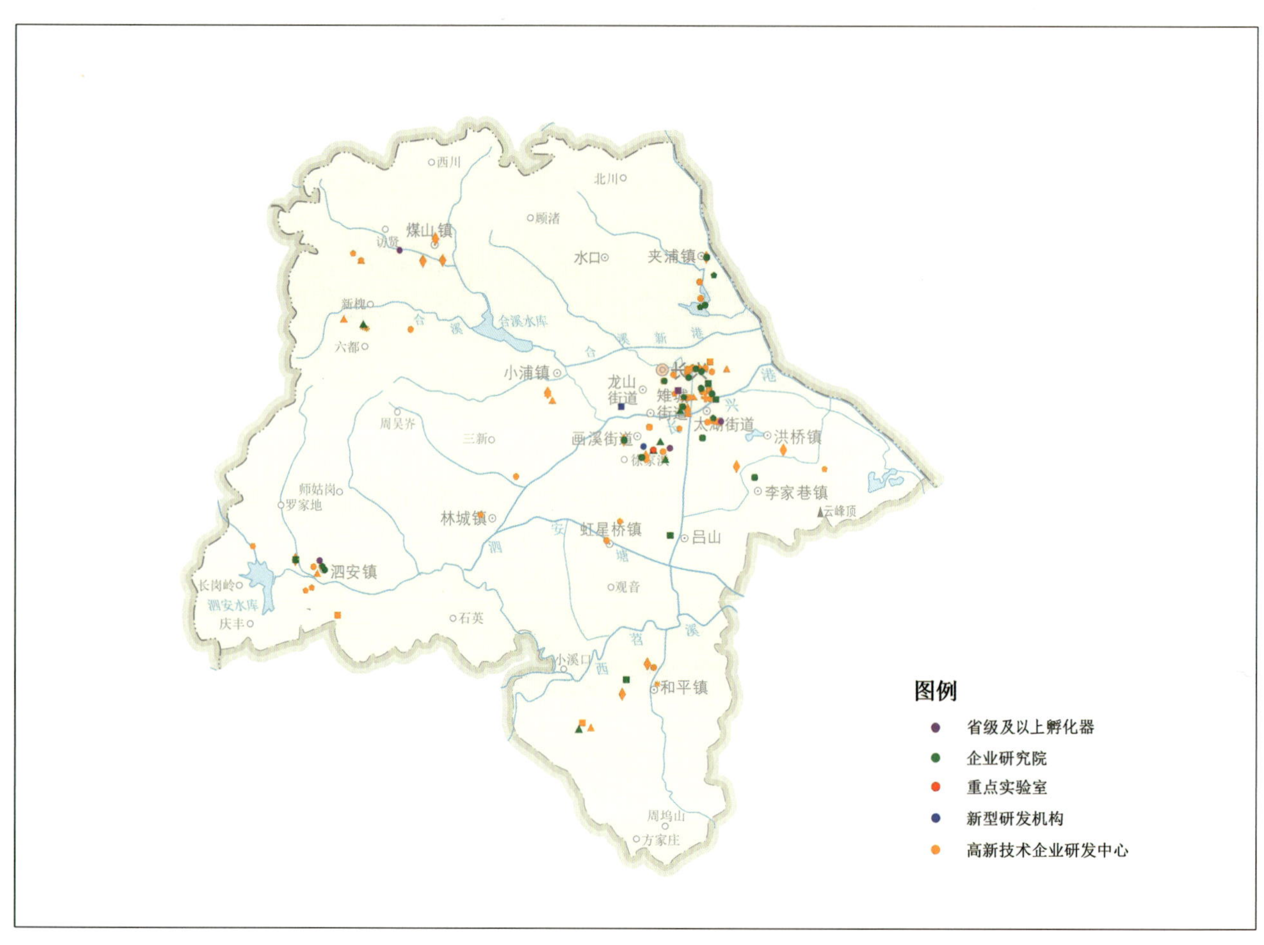

图 2　长兴县创新平台布局

（二）产业专利分析

长兴县的专利优势主要集中在新能源（储能、光伏）、非金属矿物制品等产业领域。2022 年，长兴县有效发明专利共 4574 件，前十大专利技术领域（小类）见图 3。根据申请人分析，超威电源（动力型和储能型蓄电池）、天能电池集团股份（电动车环保动力电池）、浙江超威创元实业（动力和储能型锂离子电池）、浙江集迈科微电子（氮化镓晶圆）、浙江浙矿重工股份（大型矿山机械设备）等申请人的专利数量位居前列。

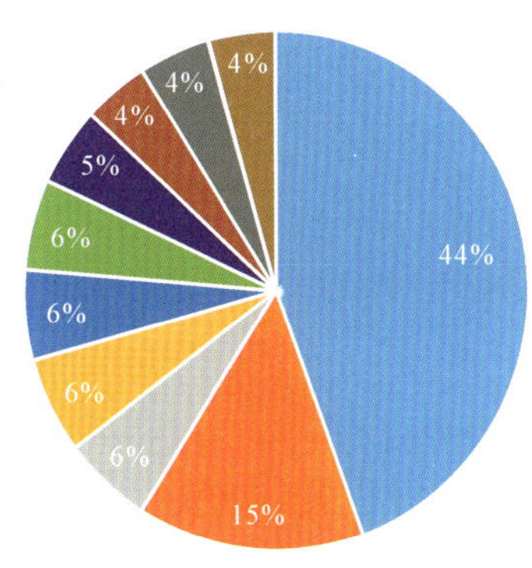

图 3　长兴县技术领域分布

四、长兴县未来展望

从产业发展看，长兴县已形成“1+4+2”的产业体系，即以新能源汽车及关键零部件为标志的产业链，新能源、智能装备、电子信息和生物医药四大新兴产业，现代纺织、非金属矿物制品两大传统产业。从科技创新看，长兴县充分发挥长兴中俄研究院省级新型研发机构以及超威电源等龙头企业作用，深化与大院名校的合作，打造国家创新型县 2.0 版。

安吉县产业链创新链全景分析报告

湖州安吉县位于浙江省西北部，是上海黄浦江的源头，总面积1886平方千米，下辖4个街道、8个镇、3个乡。2023年，全县户籍人口为47.54万人，常住人口为60万人。地区生产总值为615.12亿元，全省排名第55，全市排名第4。安吉县是全国综合实力百强县、全国绿色发展百强县、全国首个生态县，是“中国第一竹乡”“中国白茶之乡”“中国椅业之乡”，被誉为气净、水净、土净的“三净之地”。

一、安吉县产业概况

（一）产业结构

从地区生产总值构成看，2023年，安吉县第一产业增加值为32.24亿元，第二产业增加值为270.25亿元，第三产业增加值为312.62亿元，三次产业增加值结构调整为5.3 ∶ 43.9 ∶ 50.8。

从农业看，安吉县以茶叶（白茶）和竹产业为主导。2023年，安吉县实现农林牧渔业增加值32.90亿元。白茶年产值32亿元，“安吉白茶”是全省首个获得“三重地理标志”的品牌，安吉县获评全国首批“全国茶叶标准化示范县”；竹产业全产业链产值近166亿元，安吉县是“国家级毛竹生物产业基地”“全国乡村振兴林业示范县”。下一步，安吉县将深化“生态种植—精深加工—品牌经营—茶旅融合”的安吉白茶全产业链建设，做大做强“生态笋竹种植—笋竹加工—竹木家具—竹海观光”产业链，推动主导产业和特色农产品向优势区域集中，优化“三区两轴”的现代农业产业空间布局。

从工业看，安吉县以绿色家居产业为主导。2023年，安吉县规上工业营业收入1027.02亿元，规上工业企业538家。2022年安吉县产业主要分布见表1。下一步，安吉县将重点提升绿色家居“支柱”产业，积极培育生命健康、高端装备、电子信息、新材料、通用航空五大新兴产业，构建“1+5”现代绿色产业体系。

表1　安吉县特色工业简介

名称	规上工业产值 / 亿元	占全县规上工业总产值比重 /%	备注
绿色家居	423.50	43.80	总产值约 660 亿元
生命健康	约 120.00	约 11.99	总产值约 147 亿元
高端装备	约 120.00	约 11.99	总产值约 132 亿元
电子信息	约 90.00	约 8.99	总产值约 100 亿元

（二）“东北集聚”产业空间布局

图 1 展示了安吉县重点产业平台布局。安吉县产业呈现出一、二、三产结合的特点。从工业看，安吉县工业主要分布在东北部的梅溪镇、孝源街道、递铺街道和昌硕街道，围绕“省级经济开发区”“省级高新区”“省级特色小镇”“省级小微企业园”，形成东北工业集聚区，重点打造绿色家居、生命健康和高端装备产业，少部分涉及互联网、新材料和通用航空产业。从农业看，安吉县农业主要集中在梅溪镇和天子湖镇，围绕“安吉国家农业科技园区”“安吉县‘两山’农业科技园区”“安吉县笔架山省级现代农业园区”，重点打造茶叶（白茶）、竹、中药材和蚕桑产业。从服务业看，安吉县服务业主要集中在灵峰街道，围绕“灵峰国家级旅游度假区”，重点打造旅游和绿色金融产业。

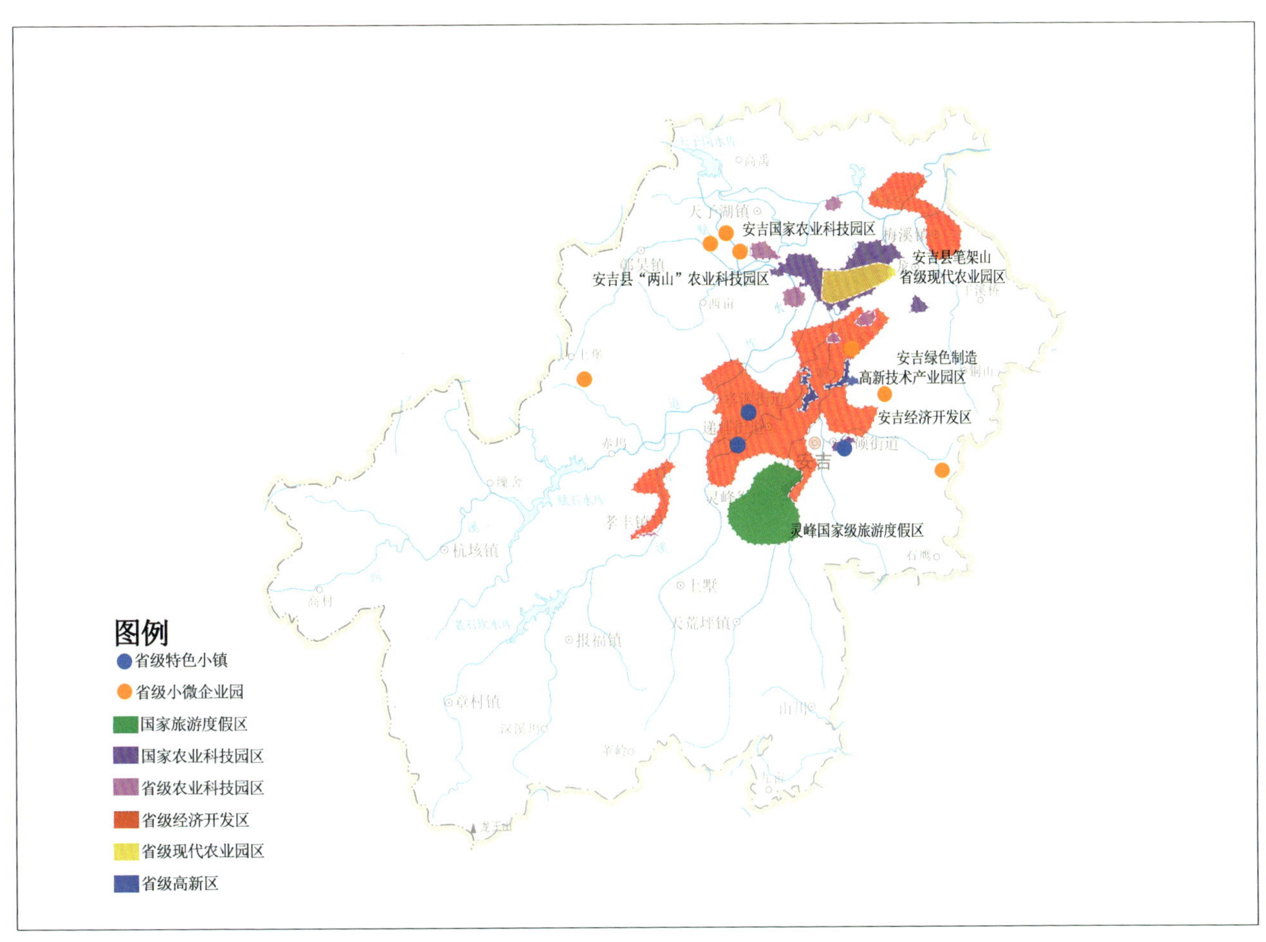

图 1　安吉县重点产业平台布局

二、重点产业

（一）绿色家居产业

安吉县家具及竹木制品产业基地是“国家新型工业化产业示范基地”。2022 年，安吉县绿色家居产业总产值约 660 亿元（规上工业产值 423.5 亿元），拥有企业 1700 余家（规上企业 359 家），椅业产业占国内市场的 1/3、占全国椅业出口量的 1/2。绿色家居产业的龙头企业见表 2，主要分布在座椅、家居两大领域。从产业链角度看，座椅企业主要集中在中游的坐具制造领域；家居企业主要集中在上游的材料研发以及中游的家具、装饰制造领域。下一步，安吉县将围绕绿色家居三大产业定位，打造两大产业品牌目标、实施八大专项行动，延伸座椅、智能家居、办公家居和竹木制品四大板块的应用领域。力争到2025年，绿色家居产业总产值突破1000亿元，规上工业总产值达600亿元以上，培育出“千亿级”支柱产业集群。

表2　安吉县绿色家居产业龙头企业简介

行业	企业类型	公司名称	主营业务
座椅	上市公司	永艺家具股份有限公司	办公椅、功能座椅配件、按摩椅椅身、休闲椅、沙发
		恒林家居股份有限公司	办公椅、沙发、按摩椅、系统办公家具、板式家具
		中源家居股份有限公司	手动功能沙发、电动功能沙发、扶手推背沙发、老人椅、固定沙发等
	地方重点企业	安吉舒格家居有限公司	家用电脑椅、升降办公椅、老板椅
		安吉润源椅业有限公司	酒吧椅研发
		安吉云昊椅业有限公司	转椅、木制品、家居用品
		安吉金城家具有限公司	候诊椅、机场椅、休闲沙发、办公沙发、排椅配件、按摩椅配件及定型海绵
		安吉尚点家居有限公司	简约沙发、欧式沙发、餐椅、餐桌茶几四大主类系列
		浙江安吉博俨椅业有限公司	办公座椅及办公配件
		安吉溢隆家具有限公司	办公沙发酒店椅、会议椅、会客椅、餐椅等
家居	上市公司	浙江天振科技股份有限公司	新型PVC复合材料地板的研发、生产和销售
		浙江万昌家具股份有限公司	椅子、床垫等软体家具的研发、生产和销售
	专精特新“小巨人”	浙江路联装饰材料有限公司	PVC人造革、合成革、皮革、墙纸
	地方重点企业	浙江华尚办公设备有限公司	办公设备销售、办公用品销售
竹木制品	地方重点企业	安吉孙氏木制品有限公司	木制品加工、托盘
		浙江佶竹生物科技有限公司	竹质活性炭（包括破碎、粉末、柱状等炭）

（二）生命健康产业

2022年，安吉县生命健康产业总产值146.5亿元（规上工业产值约120亿元），规上企业45家。生命健康产业的龙头企业见表3，主要分布在生物医药、医疗器材和医疗保健三大领域。从产业链角度看，生物医药企业主要集中在上游的生物技术研究、药品包装研发和中游的药剂、试剂研发生产；医疗器材企业主要集中在上游的卫生材料研发和中游的医疗器械及耗材制造；医疗保健企业主要集中在上游的原料研发，中游的保健产品制造，下游的咨询服务提供领域。下一步，安吉县将打造“1（医疗器械）+2（生物制药和生物技术）+N”发展模式，推动生物医药和高端装备、信息技术相融合，大力发展精准医疗和医疗互联网等行业。力争到2025年，生命健康产业产值达500亿元，规上工业增加值达125亿元。

表3　安吉县生命健康产业龙头企业简介

行业	企业类型	公司名称	主营业务
生物医药	上市公司	浙江东方基因生物制品股份有限公司	POCT即时诊断试剂、生化诊断试剂
		浙江惠嘉生物科技股份有限公司	饲料添加剂（功能性和营养性）和兽用化药制品的研发
	专精特新“小巨人”	浙江万方生物科技有限公司	兽药、饲料添加剂生产
	地方重点企业	安吉森圣生物科技有限公司	生物制品、生物技术的研究、开发

续表

行业	企业类型	公司名称	主营业务
生物医药	地方重点企业	浙江东来天然生物制品有限公司	颗粒、片剂、胶囊剂加工，中草药提取喷雾粉
医疗器材	专精特新“小巨人”	浙江舒友仪器设备股份有限公司	电外科手术医疗器械的研发、生产与销售
	地方重点企业	浙江湖州亿杰医疗器械有限公司	第一、二、三类医疗器械，消毒用品
		浙江鑫宝生物科技有限公司	卫生材料的研发、销售
医疗保健	科技小巨人	和也健康科技有限公司	磁健康寝具、坐具、护具，生物纳米纤维健康纺织品
		浙江天草生物科技股份有限公司	天然植物功效性、水溶性、有机原料制造
	地方重点企业	浙江大易生物科技有限公司	健康检测理疗仪的生产与销售
		沪东（安吉）生物科技有限公司	生物科技领域内的技术研发、技术咨询服务

（三）高端装备产业

2022 年，安吉县高端装备产业总产值超 132 亿元（规上工业产值约 120 亿元），规上企业 85 家。当地相关龙头企业见表 4，主要分布在新能源汽车、节能环保装备和运输装备三大行业。从产业链角度看，新能源汽车企业主要集中在上游的技术研发领域，中游的汽车电子、制动系统、行驶系统及车身附件，下游的配套服务领域；节能环保装备企业集中在上游的零部件制造和中游的环保设备制造领域；运输装备企业主要集中在上游的零部件制造和中游的设备制造领域。下一步，安吉县将瞄准汽车核心零部件和交通运输设备制造业，重点关注汽车零部件产业链核心部件（发动机、传动系统、电气系统等）和装卸物流装备，促进传统装备制造业转型升级。力争到 2025 年，高端装备产业规模达 250 亿元。

表4　安吉县高端装备产业龙头企业简介

行业	企业类型	公司名称	主营业务
新能源汽车	上市公司	浙江安吉智电控股有限公司	电动汽车充电服务
		浙江路得坦摩汽车部件股份有限公司	汽车减振器
	专精特新“小巨人”	浙江富特科技股份有限公司	新能源汽车车载电源
		安吉亚太制动系统有限公司	汽车制动系统
		浙江亚能能源科技有限公司	新能源电动车辆充电和控制技术
	地方重点企业	浙江正强汽车零部件有限公司	汽车零部件及机电产品生产、销售
		中策橡胶（安吉）有限公司	轮胎、车胎、橡胶制品
		浙江苏铃精密机械有限公司	机械零件、汽车零部件及配件制造
		浙江吉盛机械有限公司	汽车配件制造
节能环保装备	上市公司	浙江英特科技股份有限公司	换热器、分配器、冷凝器、散热器
	专精特新“小巨人”	安吉热威电热科技有限公司	电加热元件、组件和系统
		安吉绿金金属材料有限公司	绿色金属材料研发
	地方重点企业	浙江驰宇环保科技有限公司	环保治污设备安装、调试、销售
		安吉联峰环保科技有限公司	环保设备研发、销售
运输装备	专精特新“小巨人”	浙江冠林机械有限公司	轻小起重机械产品与链条生产
		安吉长虹制链有限公司	链条制造、五金制品、钢材购销
	地方重点企业	安吉国通铁路投资有限公司	铁路建设投资
		中力机械有限公司	物料搬运装备制造、销售
		安吉中力叉车属具有限公司	仓储物流搬运设备

（四）电子信息产业

2022年，安吉县电子信息产业总产值约100亿元（规上工业产值约90亿元），企业有160余家。当地相关龙头企业见表5。从产业链角度看，该产业的龙头企业主要集中在上游的电子信息用材料研发，中游的设备制造和系统开发。下一步，安吉县将加强电子信息与新材料和高端设备的联系，推动大数据与物联网、云计算、人工智能、AI等关联产业融合创新，紧盯头部企业，引进优质项目，着力打造通信制造“光讯谷”。力争到2025年，电子信息产业规模达120亿元，成为长三角一体化合作区电子信息制造业新高地。

表5　安吉县电子信息产业龙头企业简介

行业	企业类型	公司名称	主营业务
电子材料	上市公司	浙江洁美电子科技股份有限公司	电子元器件的纸质载带、胶带
	专精特新“小巨人”	浙江鑫盛永磁科技股份有限公司	高端稀土永磁材料及其组件的研发和制造
电子设备和系统	地方重点企业	安吉鸿石电子科技有限公司	电子产品、电器产品、机电设备
		沪帆汽车电子系统有限公司	汽车工业控制系统
		浙江智道智能技术有限公司	电子设备、通信设备、自动控制技术研发
		浙江标谱软件科技有限公司	软件开发，软件销售、数据处理和存储服务
		富信电子科技（安吉）有限公司	电子记忆卡
		金荣电子科技（湖州）有限公司	电子科技领域内的技术开发、技术咨询

三、科技创新概况

2022年，全县R&D经费占地区生产总值比重为3.36%，全省排名第21；全县拥有高新技术企业315家，高新技术产业增加值占工业增加值比重达74.04%；全县规上工业企业R&D经费支出占营业收入比重达1.91%，全省排名第34。

（一）产业创新资源布局

安吉县创新平台较多，产业领域主要集中在绿色家居和高端装备产业。2022年，全县拥有省级重点实验室1家，省级企业研究院44家，省级高新技术企业研发中心112家，国家级孵化器1家，省级孵化器1家。创新平台主要分布在昌硕街道、递铺街道、灵峰街道、天子湖镇和孝丰镇（见图2）。

（二）产业专利分析

安吉县的专利优势主要集中在椅子、电磁疗、塑料成型、运输装置、废物处理和环保相关领域。2022年，安吉县有效发明专利共2733件，前十大专利技术领域见图3。根据申请人分析，和也健康（医学、卫生学、家具）、微宏动力（基本电气元件）、宏途电气（塑性材料加工、电解设备）、索凡胶粘（输送装置、喷射装置）、冠林机械（牵引设备）、中南百草原（农林牧渔）、长虹制链（喷射装置、金属加工）、鑫盛永磁（基本电气元件）等申请人的专利数量居前。

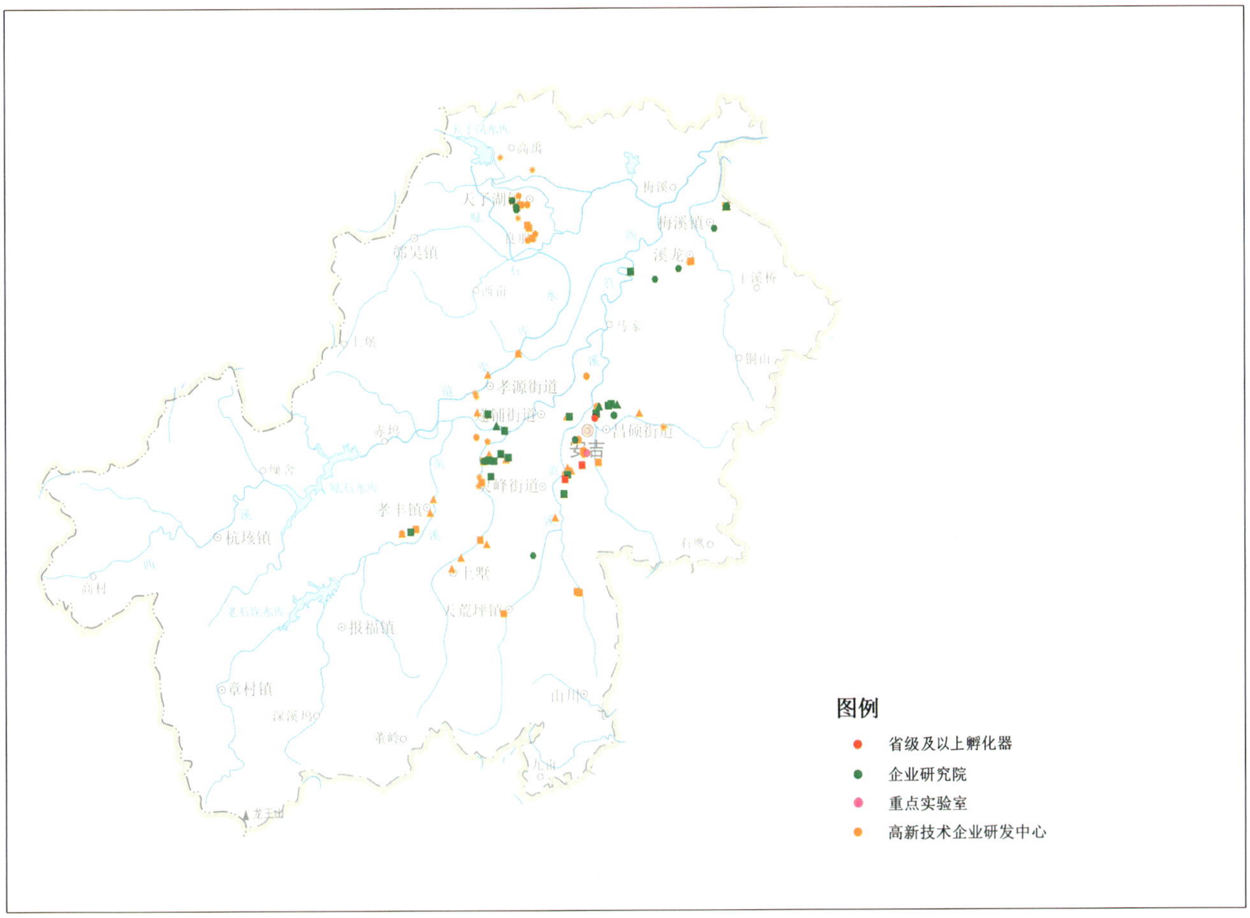

图 2　安吉县创新平台布局

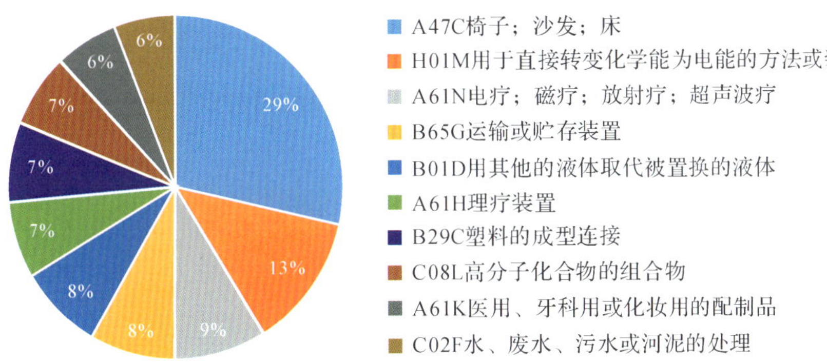

图 3　安吉县专利技术领域分布

四、安吉县未来展望

从产业发展看，安吉县逐步形成以生态旅居、绿色家居、生命健康、电子信息、高端装备、新材料为主导的“1+5”现代生态产业体系。其中，绿色家居产业将是安吉最有前景的产业，该产业拥有良好的创新基础，但传统产业为主，龙头引领作用不强。下一步，安吉县将依托绿色家居产业园、两山高新园区、安吉竹产业示范园区、绿色家居小微企业园等空间载体，加快开发家居智能制造技术及平台，提升家居产品的个性化、智能化服务能力，打造绿色家居产业生态圈。从科技创新看，安吉县规上工业企业研发投入处全省中上游，全县 R&D 经费占地区生产总值比重处全省上游，科技创新龙头企业较少。下一步，安吉县将依托浙江大学安吉竹产业研究院、健康坐具研究院等载体，推动设立全球椅业研发中心，打造绿色家居创新高地。

南太湖新区产业链创新链全景分析报告

湖州南太湖新区位于浙江省北部、太湖南岸，总面积225平方千米，下辖共6个街道。2023年，全区常住人口为31.5万人。地区生产总值为315.3亿元。南太湖新区是2021年度全省综合发展水平先进开发区、“美丽浙江十大样板地”。

一、南太湖新区产业概况

（一）产业结构

从工业看，南太湖新区以新能源汽车及关键零部件、半导体及光电、生命健康产业为主导。2023年，全区规上工业总产值约427.65亿元，规上工业企业186家。2022年南太湖新区产业主要分布见表1。下一步，南太湖新区将重点发展新能源汽车及关键零部件、数字经济核心产业、生命健康和休闲旅游业，形成绿色智造与现代服务双轮驱动的“3+1”主导产业，着力培育N个未来新兴增长点，构筑“3+1+N”的现代产业体系。

表1　南太湖新区特色工业简介

名称	规上工业产值 / 亿元	占全区规上工业总产值比重 /%
新能源汽车及关键零部件	约 80.00	约 24.50
数字经济（半导体及光电）	约 60.00	约 18.40
生命健康	约 20.00	约 6.10

（二）“南部集聚”的产业空间布局

图1展示了南太湖新区重点产业平台布局。南太湖新区产业呈现出二、三产结合的特点。从工业看，南太湖新区工业依托“国家级经济开发区”和“省级小微企业园”，在凤凰街道、康山街道、龙溪街道和杨家埠街道，重点打造电子信息和智能制造产业，少部分涉及生物医药、新材料和节能环保产业。从服务业看，南太湖新区服务业在滨湖街道，围绕“国家级旅游度假区”和“省级特色小镇”，重点打造健康养生、休闲娱乐和旅游产业，少部分涉及影视创作、婚庆旅拍产业。

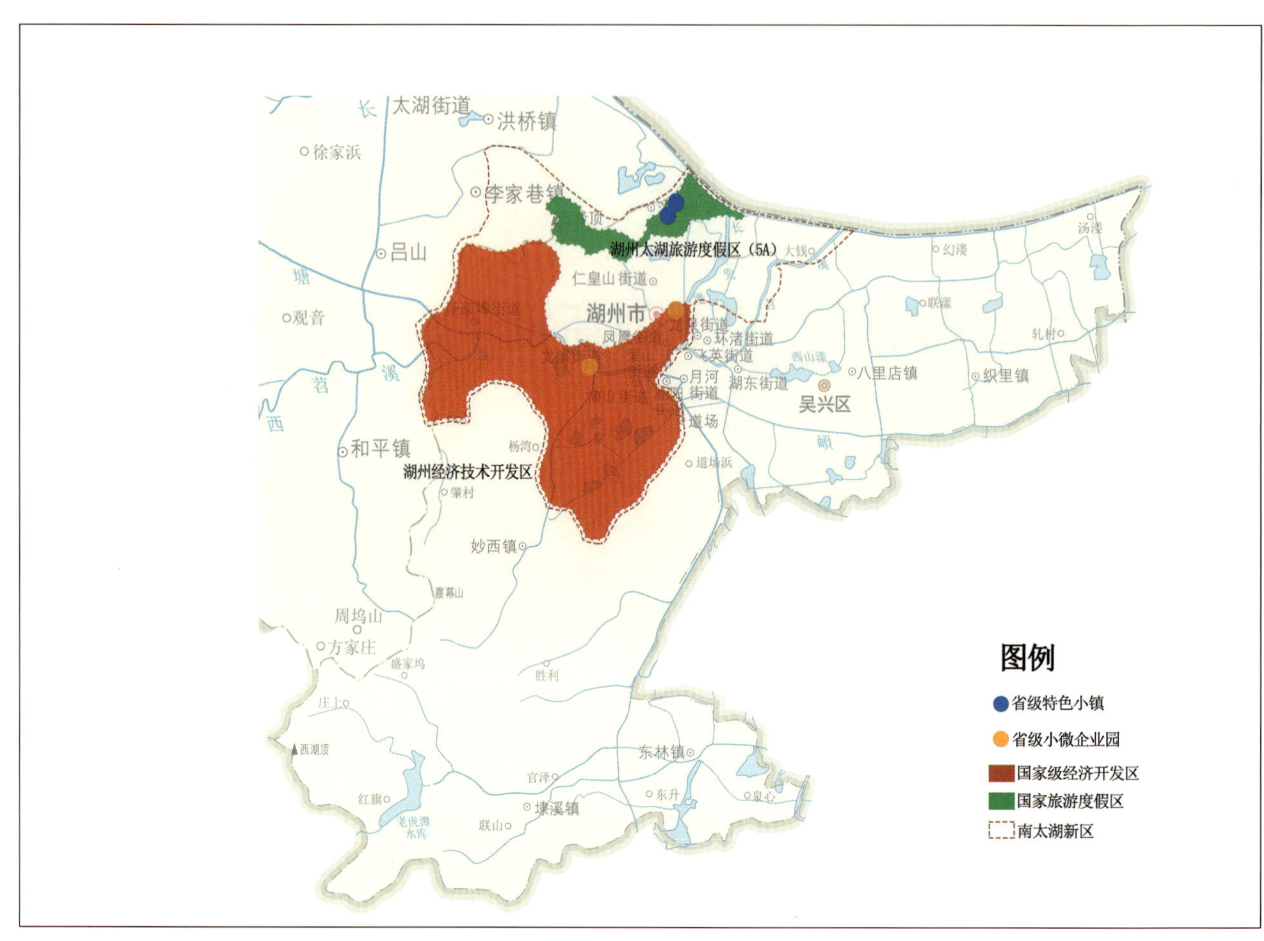

图1　南太湖新区重点产业平台布局

二、重点产业

（一）新能源汽车及关键零部件产业

2022年，南太湖新区新能源汽车及关键零部件产业总产值约150亿元，是南太湖新区的主导产业。该产业的龙头企业见表2。从产业链角度看，新能源汽车及关键零部件企业主要集中在上游的配套零部件，中游的核心部件，下游的整车制造。下一步，南太湖新区将推进“三电系统”发展，围绕新能源整车、智能网联汽车、关键零部件、汽车后市场等主导产业领域，打造集“三电系统”研发、整车制造、零部件配套、应用服务于一体的高端新能源汽车产业链，着力打造长三角新能源汽车及关键零部件（三电系统）产业集聚高地，全力争创省级“万亩千亿”新产业平台。

表2　南太湖新区新能源汽车及关键零部件产业龙头企业简介

行业	企业类型	公司名称	主营业务
新能源汽车及关键零部件	上市公司	永兴特种材料科技股份有限公司	不锈钢棒线材、特种合金材料和锂电材料
	专精特新“小巨人”	浙江孔辉汽车科技有限公司	汽车电控悬架系统
		湖州生力液压有限公司	汽车零部件制造等
	地方重点企业	浙江东微电机有限公司	生产精密电机和零配件

续表

行业	企业类型	公司名称	主营业务
新能源汽车及关键零部件	地方重点企业	湖州梵智科技有限公司	汽车零部件研发、电机及其控制系统研发
		浙江天鹰燃机控制技术有限公司	汽轮机及辅机制造、电机制造
		浙江天能锂电科技有限公司	锂电池
		微宏动力系统（湖州）有限公司	锂离子电池材料、电池单体及电池系统
		湖州星智汽车有限公司	道路机动车辆生产

（二）数字经济核心（半导体及光电）产业

2022 年，数字经济核心产业营业收入 39.6 亿元。数字经济核心产业的相关龙头企业见表 3。从产业链角度看，电子信息企业主要集中在上游的电子材料研发，中游的电子元器件制造，下游的软件和信息服务业领域。下一步，南太湖新区将发展新型显示、新型电子元器件等细分优势领域，培育 5G 通信设备制造、人工智能硬件设备制造等新兴领域；加大软件和信息服务业人才培养力度，重点发展大数据服务、物联网、云计算等相关运营技术服务和软件产品，为新区制造业发展提供智能化支持，着力打造长三角地区有影响力的数字经济核心产业基地。

表3　南太湖新区数字经济核心产业龙头企业简介

行业	企业类型	公司名称	主营业务
电子信息	上市公司	久盛电气股份有限公司	电线电缆、矿物绝缘（MI）电缆、伴热电缆
	专精特新“小巨人”	浙江华飞电子基材有限公司	电子封装用二氧化硅填料
	地方重点企业	创科达微电子材料（湖州）有限公司	微电子配方类水剂材料
		浙江南腾丰电子科技有限公司	电子专用材料、电力电子元器件制造
		牌缘（湖州）网络科技有限公司	技术服务、技术开发、技术咨询
		湖州金蝶软件有限公司	计算机软件的销售，并提供相关的咨询和技术服务
		超越（浙江）信息产业有限公司	信息系统集成服务

（三）生命健康产业

2022 年，生命健康产业规上工业产值约为 20 亿元，企业约有 300 家，主要分布在生物医药和医疗器械两大行业。生命健康产业的龙头企业见表 4。从产业链角度看，生物医药企业主要集中在上游的原料生产和中游的保健食品制造；医疗器械企业主要集中在中游的手术器械、临床检验器械、植入器械生产和下游的医学检验。下一步，南太湖新区将重点引进抗体、疫苗、CAR-T 三大生物尖端技术，努力承接上海、苏州等地生物医药研发创新成果转移转化，打造集“研发、转化、孵化、产业化”为一体的生命健康产业基地。

表4　南太湖新区生命健康产业龙头企业简介

行业	企业类型	公司名称	主营业务
医疗器械	地方重点企业	浙江科途医学科技有限公司	体外诊断、基因测序
		湖州东亚医药用品有限公司	医用超声仪器及有关设备
		德美医疗科技（湖州）有限公司	运动医学植入物、手术工具、关节设备、运动康复器具
生物医药	地方重点企业	华茂（湖州）保健品有限公司	保健食品原料（植物提取物）及成品

续表

行业	企业类型	公司名称	主营业务
生物医药	地方重点企业	浙江英沃迪生物科技有限公司	功能活性物质、化妆品原料、医药化学品及其中间体
		美信佳中维药业股份有限公司	药用辅料、工业用纤维素醚
		浙江大为药业有限公司	“植物甾醇”、医药中间体、化学原料药

三、科技创新概况

2022年，全区R&D经费占地区生产总值比重约为3%，全省排名第26；全区拥有高新技术企业75家，高新技术产业增加值占工业增加值比重约70%，全省排名第22。

南太湖新区创新平台主要集中在新能源汽车及关键零部件和新材料产业。2022年，全区拥有省级企业研究院3家，省级高新技术企业研发中心9家，国家级孵化器2家。创新平台主要集聚在凤凰街道和仁皇山街道南部（见图2）。

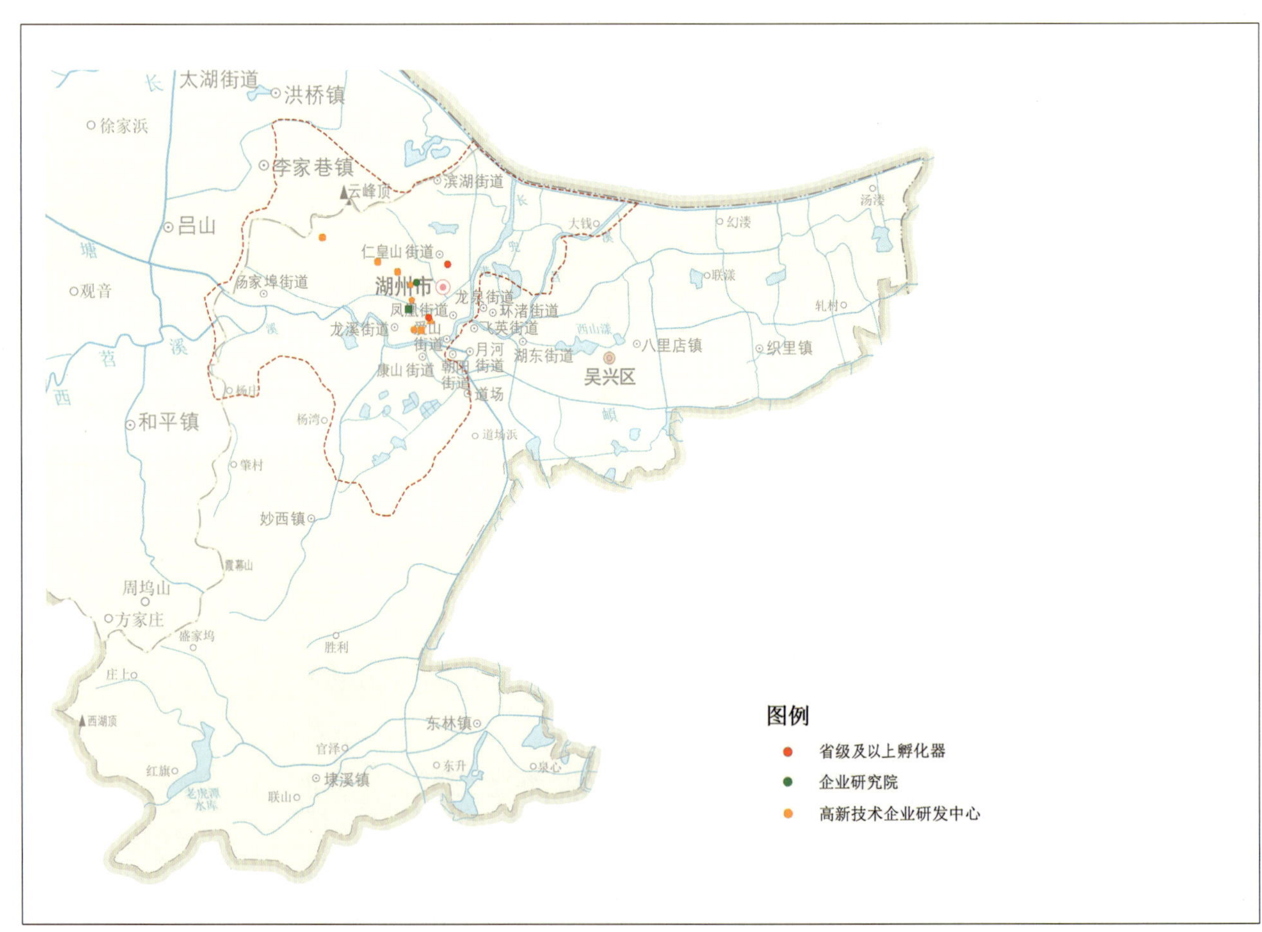

图2　南太湖新区创新平台布局

四、南太湖新区未来展望

从产业发展看，南太湖新区积极构筑特色鲜明的“3+1+N”产业体系，着重发展半导体及光电、新能源汽车、生命健康等产业，其中，新能源产业成功入选浙江省“新星”产业群。从科技创新看，南太湖新区充分发挥电子科技大学研究院、浙江大学研究院等平台作用，强化与电子科技大学、上海张江高科技园区开发股份有限公司等一流院校、知名企业合作，着力构建产业发展新格局。

绍兴卷

SHAO XING

越城区产业链创新链全景分析报告

绍兴越城区位于浙江省北部，越城区（不含滨海新区）总面积约108.6平方千米，下辖6个街道、1个镇。2023年，全区户籍人口为82.43万人，常住人口约为113.06万人。地区生产总值约为1330亿元。越城区是中国工业百强区、全国科技创新百强区，拥有鲁迅故里、书圣故里旅游区。

一、越城区产业概况

（一）产业结构

从地区生产总值构成看，2023，越城区第一产业增加值约为17亿元，第二产业增加值约为568亿元，第三产业增加值约为745亿元，三次产业增加值结构调整为1.3 ∶ 42.7 ∶ 56.0。

从农业看，越城区以糯稻种植、抹茶产业为主导，2023年，越城区农林牧渔业总产值40亿元。其中，古越龙山绍兴酒鉴湖糯稻基地是全国首个绍兴酒糯稻基地，抹茶产业产值超1.2亿元，占全省的35%。下一步，越城区将加强农业区域品牌建设和科技攻关，推进农业特色化智慧化发展，积极创建农业产业化联合体，加快建设一批“智慧农业”和“数字农业”示范园区。

从工业看，越城区以集成电路、生物医药、智能制造和黄酒产业为主导。2023年，越城区规上工业增加值428亿元，规上工业企业711家。2022年越城区产业主要分布见表1。下一步，越城区将建成集成电路、生物医药两大“万亩千亿”新产业平台，力争到2025年，集成电路、生物医药两大产业总产值分别突破1000亿元。越城区将大力发展智能制造、黄酒等优势产业，打造全球知名的百亿级产业集群，带动全市制造业集群跃升，擦亮绍兴智造“金名片”。

表1　越城区特色工业简介

名称	规上工业产值 / 亿元	占全区规上工业总产值比重 /%
生物医药	约172.00	约10.60
智能制造	122.66	7.56
黄酒	44.70	2.75

从服务业看，越城区以商贸、文化旅游、楼宇经济产业为主导。下一步，越城区将实施服务业“百项千

亿”重大项目，推动服务业向专业化、高端化延伸，打造省级服务业强区。

（二）产业空间布局

图 1 展示了越城区重点产业平台布局。越城区产业基本集聚在滨海新区。从工业看，越城区工业仅包含几个“省级小微企业园”在西部带状分布，主要集中在北海街道、城南街道和鉴湖街道，重点打造文化创意设计产业，少部分涉及印纸、印花、针织、绣花。从服务业看，越城区服务业在塔山街道“创新发展示范区”，重点打造数字文旅产业；在稷山街道，围绕“省级旅游度假区”，重点打造会稽山旅游产业；在城南街道，“绍兴黄酒小镇”，重点打造“产业 + 文化 + 旅游 + 社区”四位一体产业。

图 1　越城区重点产业平台布局

二、重点产业

（一）集成电路产业

2023 年，越城区集成电路产业入选全省“415X”特色产业集群核心区和协同区。2022 年，集成电路产业链产值突破 530 亿元。当地相关龙头企业见表 1。从产业链角度看，集成电路企业主要集中在上游的材料、元器件、制造设备，中游的晶圆制造及封装，下游的应用。下一步，越城区将聚焦“创新设计—制造—封测—装备和材料—存储和应用”全产业链，高标准建设集成电路省级“万亩千亿”新产业平台。

力争到2025年，集成电路产业总产值达1000亿元，建成国家集成电路创新中心。

表1 越城区集成电路产业龙头企业简介

行业	企业类型	公司名称	主营业务
集成电路	上市公司	芯联集成电路制造股份有限公司	半导体（硅及各类化合物半导体）集成电路芯片制造、先进晶圆级封装
	地方重点企业	浙江航芯科技有限公司	智慧物联网络、高效数据服务平台
		浙江京东方显示技术有限公司	显示器件
		绍兴欧柏斯光电科技有限公司	发光二极管、数码管、集成电路及半导体制造
		绍兴宏邦电子科技有限公司	半导体器件专用设备研发

（二）生物医药产业

越城区正全力构建生物医药“万亩千亿”新产业平台，2022年，越城区生物医药产业规上工业产值约172亿元。当地相关龙头企业见表2。从产业链角度看，医疗器械企业主要集中在中游的体外诊断试剂、医用敷料、耗材、导管生产；医药企业主要集中在上游的原料药和中游的肿瘤创新药生产。下一步，越城区将形成以基因工程、细胞工程、蛋白质工程、酶工程等药品研发及制造为主导，医疗器械及辅材、生物医疗服务为衍生的产业链发展格局。力争到2025年，建成全省标志性的“万亩千亿”新产业平台，生物医药产业总产值达1000亿元，打造国内知名生物医药产业基地。

表2 越城区生物医药产业龙头企业简介

行业	企业类型	公司名称	主营业务
医疗器械	上市公司	振德医疗用品股份有限公司	医用敷料、感控防护产品
		浙江海圣医疗器械股份有限公司	麻醉系列耗材
	地方重点企业	绍兴福清卫生用品有限公司	一次性医用敷料和医用导管
		绍兴康知生物科技有限公司	体外诊断试剂
医药	IPO上市	德琪（浙江）医药科技有限公司	肿瘤创新药
	A轮	浙江尚科生物医药有限公司	原料药

（三）智能制造产业

2022年，越城区智能制造产业规上工业产值约122.66亿元。当地相关龙头企业见表3。从产业链角度看，智能家居企业主要集中在上游的床垫机械设备，中游的家具、家电制造；智能装备企业主要集中在上游的元器件、汽车零部件，中游的光伏设备、电热器具制造。下一步，越城区将培育壮大苏泊尔、安吉尔、喜临门为代表的具有国际影响力的家用电器、高档家居用品产业基地；依托天际汽车、三花新能源汽车项目，大力培育发展新能源汽车、智能网联汽车等绿色化、智能化、高端化交通装备。力争到2025年，智能制造产业产值达600亿元，成为全国重要的智能装备制造基地。

表3 越城区智能制造产业龙头企业简介

行业	企业类型	公司名称	主营业务
智能家居	上市公司	喜临门家具股份有限公司	软垫家具、钢木家具
	专精特新“小巨人”	浙江华剑智能装备股份有限公司	床垫机械设备
	地方重点企业	浙江绍兴苏泊尔家居用品有限公司	智能小家电

续表

行业	企业类型	公司名称	主营业务
智能家居	地方重点企业	绍兴市安吉尔净饮水科技有限公司	净水设备
智能装备	上市公司	浙江三花智能控制股份有限公司	制冷设备、自动控制元件、压力管道元件、机电液压控制泵、机电液压控制元器件
	专精特新“小巨人”	绍兴拓邦新能源股份有限公司	光伏设备及元器件制造
		绍兴中新电器有限公司	电热器具、温控器
		浙江博盟精工轴承有限公司	轴承
		绍兴金江机械有限公司、浙江康思特动力机械有限公司	汽车零部件及配件制造

（四）黄酒产业

越城区被誉为“醉乡酒国”。2022 年，越城区黄酒产业总产值 44.7 亿元。当地相关龙头企业见表 4。从产业链角度看，黄酒企业主要集中在中游的黄酒和料酒酿造。下一步，越城区将依托黄酒小镇等平台，推进黄酒工程技术研究，加快保健型黄酒开发，推动黄酒制造、黄酒文化、黄酒旅游产业深度融合，塑造“黄酒之都”国际品牌。力争到 2025 年，黄酒产业产值达 100 亿元。

表4　越城区黄酒产业龙头企业简介

行业	企业类型	公司名称	主营业务
黄酒	上市公司	浙江古越龙山绍兴酒股份有限公司	黄酒（古越龙山、沈永和、女儿红、状元红、鉴湖等）、料酒（花雕酒）
	规上百强（市级）	绍兴咸亨集团股份有限公司、中国绍兴黄酒集团有限公司	黄酒

三、科技创新概况

2022 年，全区 R&D 经费占地区生产总值比重为 3.01%，全省排名第 32；全区拥有高新技术企业 541 家，高新技术企业数占规上工业企业总数达 76.35%，全省排名第 23；全区规上工业企业 R&D 经费支出占营业收入比重达 2.34%，全省排名第 15。

（一）区域创新资源布局

越城区创新平台数量少，技术领域较为分散。2022 年，全区拥有省级企业研究院 2 家，省级高新技术企业研发中心 9 家，省级重点企业研究院 1 家，省级重点实验室 3 家。创新平台主要分布在府山街道和塔山街道（见图 2）。

（二）产业专利分析

越城区的专利优势主要集中在建筑施工用具、建筑材料、纺织材料、纤维制品领域。2022 年，越城区有效发明专利约 500 件，前十大专利技术领域见图 3。根据申请人分析，绍兴文理学院（测量测试、有机化学、计算、基本电器元件、织物处理洗涤、电通信技术）、绍兴职业技术学院（建筑材料、一般车辆、家具、家用设备）、浙江省通用砂浆研究院（建筑材料）、益森科技股份（建筑材料、道路铁路和桥梁）、双和环境建设（污染物处理、水利工程）等申请人的专利数量居前。

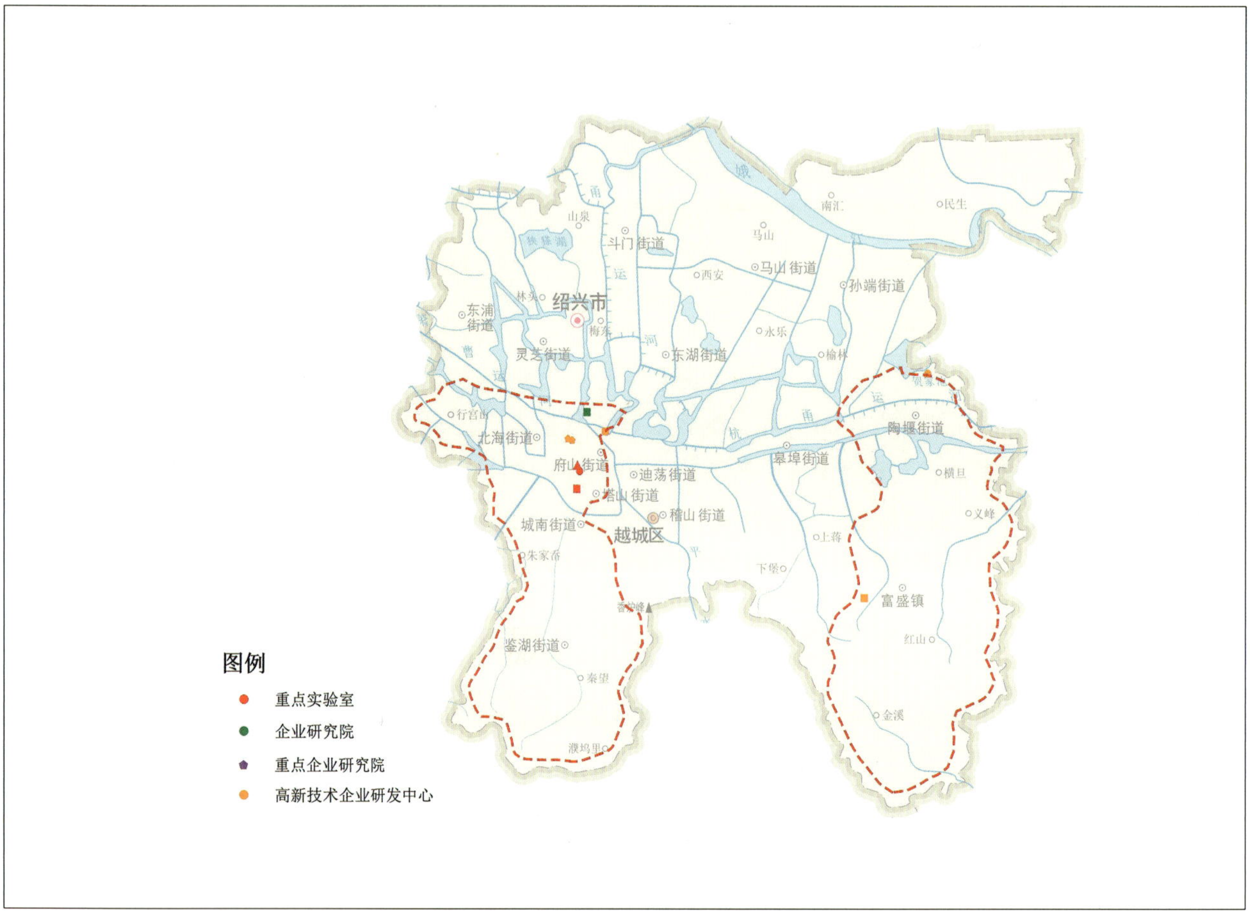

图 2　越城区创新平台布局

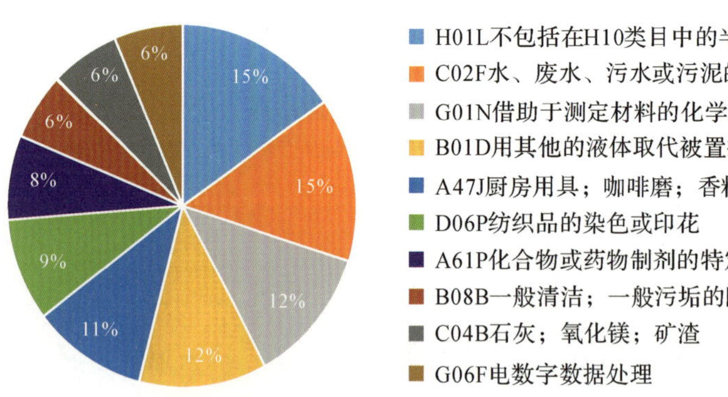

图 3　越城区专利技术领域分布

四、越城区未来展望

从产业发展看，未来越城区将以糯稻为发展重点，做大做强“鉴湖水、绍兴糯”的糯稻农产品品牌，培育形成集成电路、生物医药、智能制造三大千亿级战略性产业集群，争创省级产业集群核心区，加快布局新能源、“5G+8K”等智能视觉未来产业集群。从科技创新看，越城区规上工业企业研发投入占比全省排名靠前，R&D经费占地区生产总值比重处于全省上游，龙头企业创新能力较强。下一步，越城区将加快建设国家集成电路产业创新中心，高水平建设迪荡综合科创园、皋埠集成电路科创园、稽山医疗器械科创园，做强做优集成电路、医疗器械两大省级创新综合体，全力推动复旦大学、浙江大学两家校地研究院提能造峰，加快建设杭州电子科技大学绍兴校区。

柯桥区产业链创新链全景分析报告

绍兴柯桥区位于浙江省中北部，地处钱塘江南岸，总面积约 1041 平方千米，下辖 11 个街道、5 个镇。2023 年，全区户籍人口为 70.37 万人，常住人口为 112.4 万人。地区生产总值为 2030.29 亿元，全省排名第 11，全市排名第 1。柯桥区是中国百强区、全国科技创新百强区、中国乡村振兴百佳示范县、“国际纺织之都”。

一、柯桥区产业概况

（一）产业结构

从地区生产总值构成看，2023 年，柯桥区第一产业增加值为 41.76 亿元，第二产业增加值为 1017.98 亿元，第三产业增加值为 970.54 亿元，三次产业增加值结构调整为 2.1 ∶ 50.1 ∶ 47.8。

从农业看，柯桥区以茶产业为主导。2023 年，全区农林牧渔业总产值为 62.96 亿元。平水日铸茶及其系列名优茶产量 2230 吨，产值 4.32 亿元，占全区茶叶总产值的 90% 以上，“平水珠茶制作技艺”入选第四批浙江省非物质文化遗产代表性项目名录。下一步，柯桥区将发挥特色农业优势，推动以“一片叶子（日铸茶）、三棵摇钱树（香榧、红豆杉、杨梅）、五朵金花（兰花、菊花、梅花、桂花、荷花）”为代表的“135”特色产业发展，提升“平水日铸”“稽东香榧”“漓渚兰花”等区域公共品牌影响力。

从工业看，柯桥区以现代纺织、现代住建和智能制造产业为主导。2023 年，全区规上工业增加值 488.71 亿元，规上工业企业 1200 家。2022 年柯桥区产业主要分布见表 1。下一步，柯桥区将建立以现代纺织、现代住建和黄酒三大重点制造业集群为支撑，时尚产业、智能制造两大优势制造业为主攻方向，新材料、生物医药两大新兴产业为发展方向的现代制造业高质量发展新体系。

表1　柯桥区特色产业简介

名称	规上工业产值 / 亿元	占全区规上工业总产值比重 /%	备注
现代纺织	约 900.00	约 39.05	总产值 1296 亿元
现代住建	约 1000.00	约 43.39	总产值约 1381 亿元
智能制造	约 204.00	约 8.85	总产值约 313.38 亿元
黄酒	近 20.00	近 0.87	

从服务业看，2022 年柯桥区规上服务业总营收约 1259.78 亿元，其中旅游业总营收 242 亿元。下一步，柯桥区将以重点支柱产业为基础，以新兴服务业发展为依托，加速构建“1（商贸流通业）+4（文化旅游业、现代物流业、现代金融业和房地产业）+3（信息服务业、科技服务业和生命健康服务业）”现代服务业产业体系，支撑柯桥区服务业发展新格局，推动服务业高质量发展。

（二）“北部工业、中部服务业、南部农业”的产业空间布局

图 1 展示了柯桥区重点产业平台布局。从农业看，柯桥区农业依托南部的“绍兴市柯桥南部省级现代农业园区”，在稽东镇、平水镇和王坛镇，重点打造茶产业。从工业看，柯桥区工业围绕“绍兴柯桥经济技术开发区”“绍兴柯东高新技术产业园区”“省级特色小镇”“省级小微企业园”在东北部集聚，在马鞍镇、齐贤镇、安昌镇、钱清镇、华舍街道、柯桥街道、柯岩街道，重点打造新材料、高端纺织、印染、高端装备产业，少部分涉及金属制造、环保新能源、电子信息和生物医药产业。从服务业看，柯桥区服务业在兰亭街道和湖塘街道，“柯桥酷玩小镇”和“柯桥兰亭书法小镇”，重点打造旅游休闲和书法产业；在中部的“绍兴柯岩风景区”“绍兴大香林乡村休闲旅游区”“安昌古镇景区”，重点打造旅游业。

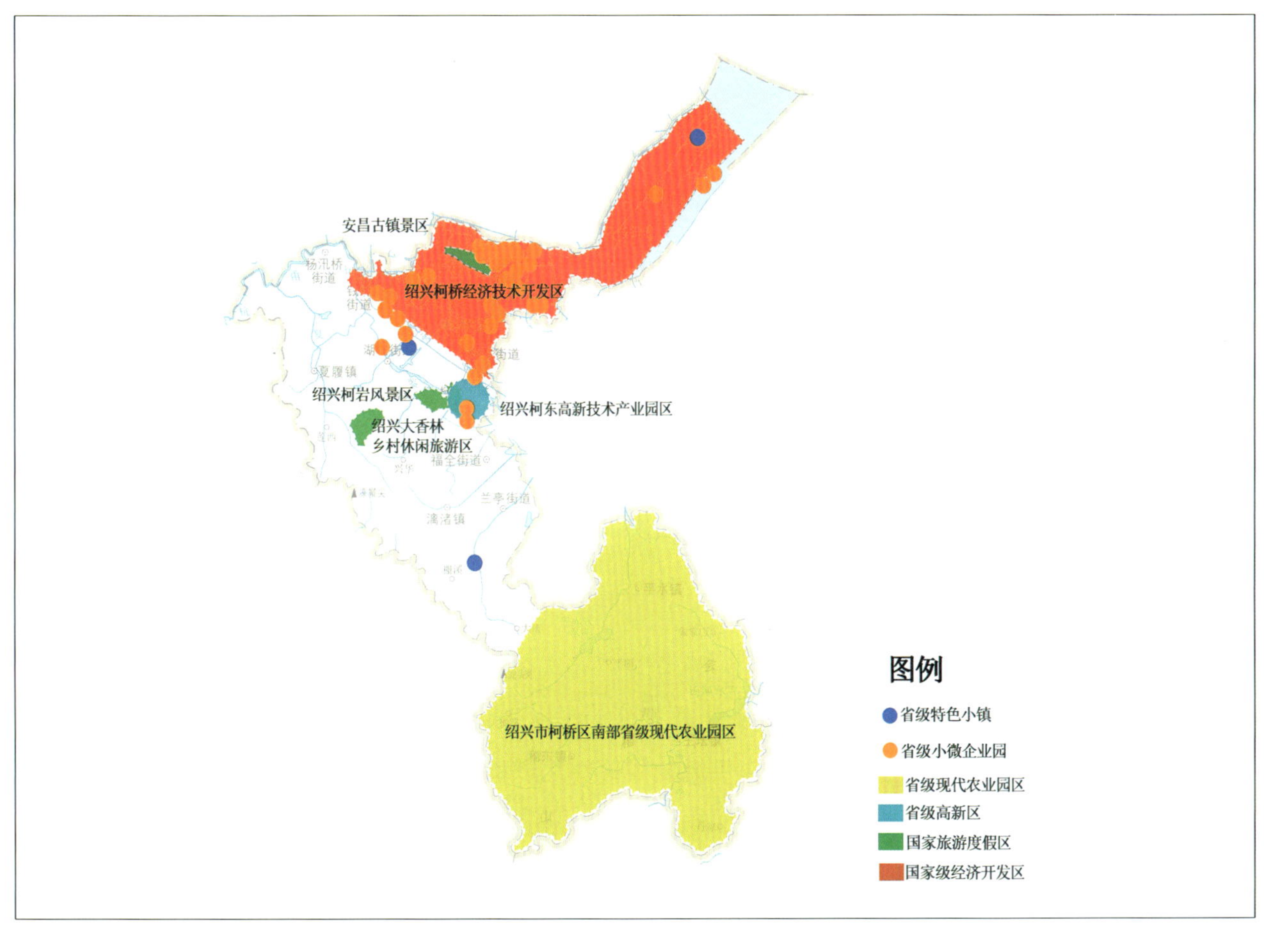

图 1　柯桥区重点产业平台布局

二、重点产业

（一）现代纺织产业

2022 年，柯桥区现代纺织产业总产值 1296 亿元，规上企业 887 家。现代纺织产业的龙头企业见表 2。从产业链角度看，现代纺织企业主要集中在上游的原材料生产和中游的纤维制品制造。下一步，柯桥区将加大在汽车、医学、军工等领域高性能纤维的研发，推进复合材料高效规模化制备技术研发与应用；重点开发高品质印染的产品设计、制造技术，积极研发功能性、多组份、高色牢度纺织品染整技术，推广纺织品生产过程中的资源循环利用技术应用，提高染整技术档次，推进柯桥纺织印染产业绿色发展。力争到 2025 年，现代纺织产业规模突破 2500 亿元。

表2　柯桥区现代纺织产业龙头企业简介

行业	企业类型	公司名称	主营业务
现代纺织	上市公司	浙江迎丰科技股份有限公司	针织面料印染和梭织面料印染
		浙江西大门新材料股份有限公司	阳光面料、全遮光涂层面料、半遮光涂层面料
		浙江中国轻纺城集团股份有限公司	纺织面料批发
	专精特新“小巨人”	浙江梅盛新材料有限公司	生态环境材料、针纺织品、服装、鞋帽
		浙江东进新材料有限公司	纳米纺织面料、纺织品
	专精特新入库企业	浙江吉麻良丝新材料股份有限公司	高性能纤维及复合材料
	国家级高新技术企业	浙江永盛科技有限公司	合成纤维
	地方重点企业	绍兴柯桥恒鸣化纤有限公司	合成纤维
		浙江天圣化纤有限公司	差别化纤维
		绍兴市柯桥怡中染整有限公司、浙江东盛印染有限公司	高档织物面料印染及后整理加工
		浙江宝纺印染有限公司	印花染色
		绍兴海通印染有限公司	面料印染加工
		浙江乐高实业股份有限公司	纺织品印染
		绍兴市柯桥诗韵纺织绣品有限公司	纺织品、服装，电脑绣花，纱线加工
		浙江永利实业集团有限公司	纺织品、化纤原料
		绍兴市柯桥博海针纺织有限公司	针纺织品
		浙江金蝉布艺股份有限公司	家用纺织制成品、面料纺织

（二）智能制造产业

2022 年，智能制造产业总产值为 313.38 亿元，企业有 200 余家。智能制造产业的龙头企业见表 3。从产业链角度看，智能制造企业主要集中在上游的零部件生产和中游的成套设备制造。下一步，柯桥区将持续推进高速、智能、功能型机电一体化产业用纺织品制造设备以及智能纺织印染装备关键部件及高精密配件发展；培育通航机载、通信、减摇、轨道交通装备等领域，重点发展多关节机器人、特种（消防）机器人以及智能制造控制系统、节能高效电机、高强度紧固件等基础部件。力争到 2025 年，智能制造产业规模突破 1000 亿元。

表3　柯桥区智能制造产业龙头企业简介

行业	企业类型	公司名称	主营业务
智能制造	上市公司	浙江越剑智能装备股份有限公司	纺织机械
		浙江精工集成科技股份有限公司	碳纤维及复合材料、机器人及智能装备、太阳能光伏专用装备
		浙江梅轮电梯股份有限公司	客梯、自动扶梯、自动人行道及配套件
		三力士股份有限公司	橡胶V带
	专精特新“小巨人”	浙江鼎峰科技股份有限公司	新型建材、机械设备、电子控制系统
		浙江梅轮电梯股份有限公司	立体车库、机械配件、电梯配件
		浙江津膜环境科技有限公司	超、微滤膜及膜组件
		绍兴电力设备有限公司	电线、电缆
		浙江高强度紧固件有限公司	紧固件
		绍兴前进齿轮箱有限公司	通用设备、农林牧副渔业专业机械
		浙江格洛博机械科技股份有限公司	汽车配件
	地方重点企业	浙江羊山纺织机械有限公司	纺织机械及配件
		绍兴永乐纺织机械有限公司	纺织机械、五金机械及配件
		索密克汽车配件有限公司	汽车零部件及配件制造

（三）现代住建产业

柯桥区是浙江省推进建筑产业现代化的示范区。2022年，现代住建产业总产值1381亿元。当地相关龙头企业见表4。从产业链角度看，现代住建企业主要集中在中游的建材生产和下游的建筑工程施工、设备管道安装。下一步，柯桥区将重点发展轻质高强和保温隔热非粘土类新型墙体材料、环保型功能建筑涂料、新型木（竹）塑复合材料以及大宽度高强土工材料等新型建筑材料；推广钢结构建筑应用，形成规模化的建筑钢结构产业集群；推行土建、装修设计施工一体化和厨卫安装一体化，大力推广装配式装修技术和产品，实现内装部品工业化集成建设。力争到2025年，现代住建产业规模超过1500亿元。

表4　柯桥区现代住建产业龙头企业简介

行业	企业类型	公司名称	主营业务
现代住建	上市公司	宝业集团股份有限公司	建筑工程施工、设备安装、新型建材
	地方重点企业	金刚幕墙集团有限公司	金属门窗、金属建筑装饰材料
		精工绿筑科技集团有限公司	金属结构制造
		浙江鼎元建设有限公司	混凝土预制品加工、设备管道安装
		浙江绿筑集成科技有限公司	轻型钢结构产品、集成建筑用和高层建筑用钢结构产品
		精工控股集团有限公司	钢结构建筑、钢结构件
		墙煌新材料股份有限公司	铝塑复合板、多层复合板
		浙江元筑装配式建筑科技有限公司	建筑砌块、砼结构构件

（四）黄酒产业

柯桥区是黄酒特色小镇所在地，作为国内重要的黄酒产业集聚中心，2022年黄酒产业产值近20亿元。当地相关龙头企业见表5。从产业链角度看，黄酒企业主要集中在黄酒酿造环节。下一步，柯桥区将加强对黄酒原料、酿造发酵机理、保健因子、食品安全等基础性研究，以及黄酒产业新技术、新工艺和新装备的研究与开发，延长黄酒产品的产业链，挖掘黄酒药用、保健养生等附加价值，开发功能类黄酒、黄酒类食品及黄酒类菜肴。

表5　柯桥区黄酒产业龙头企业简介

行业	企业类型	公司名称	主营业务
黄酒	上市公司	会稽山绍兴酒股份有限公司	酒水饮料、精制茶
	地方重点企业	浙江塔牌绍兴酒有限公司	黄酒酿造
		绍兴鉴湖酿酒有限公司	烈酒甜味、酒精饮料
		绍兴云集信记酒业有限公司	酒、饮料和精制茶

三、科技创新概况

2022年，全区R&D经费占地区生产总值比重为2.98%，全省排名第34；全区拥有高新技术企业553家，高新技术产业增加值占工业增加值比重达58.43%；全区规上工业企业R&D经费支出占营业收入比重达2.47%，全省排名第13。

（一）区域创新资源布局

柯桥区创新平台主要集中在现代纺织产业。2022年，全区拥有省级企业研究院23家，省级高新技术企业研发中心110家，省级地方载体6家，省级重点企业研究院4家，省级重点实验室2家，省级新型研发机构1家，国家级孵化器1家。创新平台主要集聚在马鞍街道、华舍街道、湖塘街道和柯桥街道（见图2）。

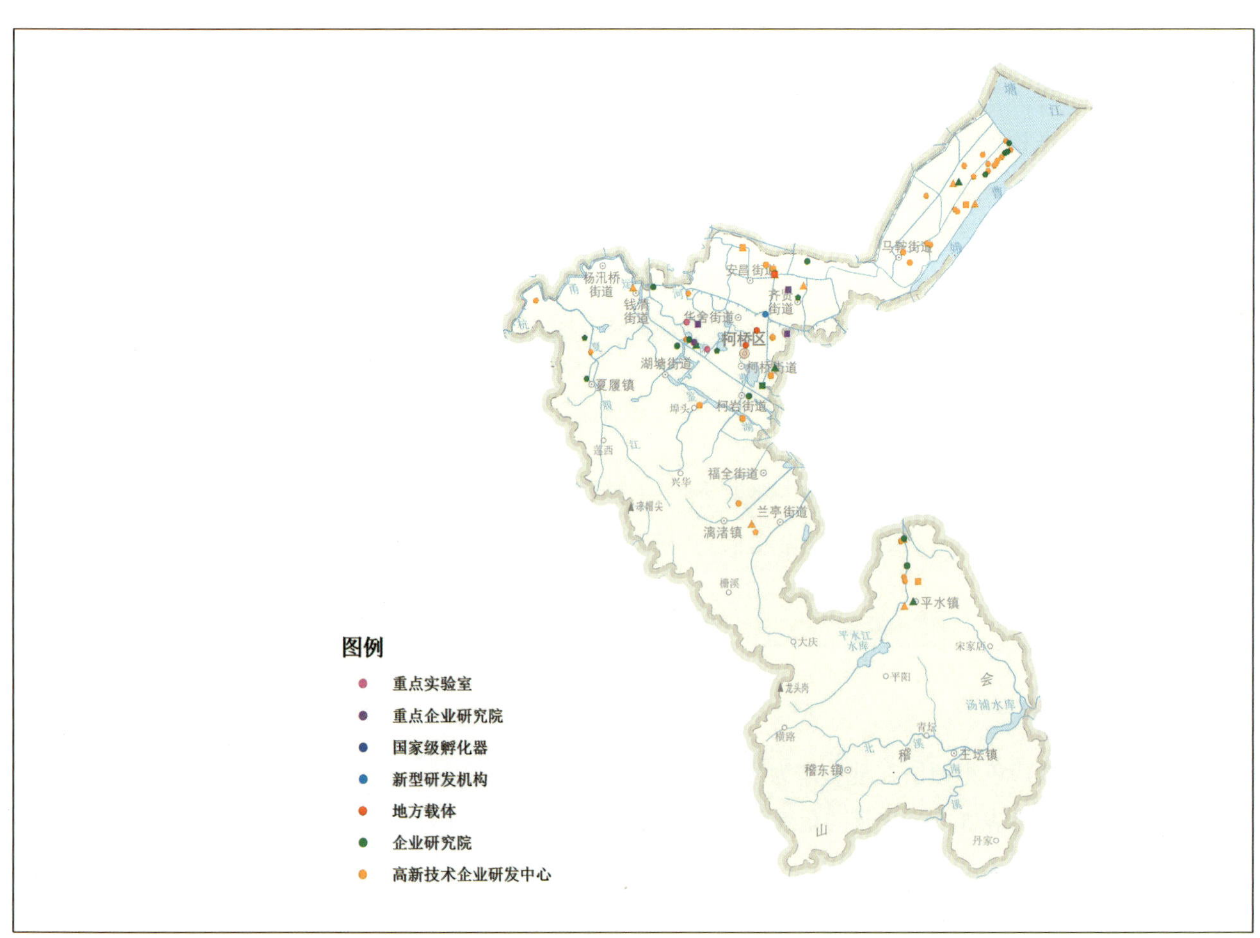

图2　柯桥区创新平台布局

（二）产业专利分析

柯桥区的专利优势主要集中在纺织材料处理、纺织品印花和数字信息传输等领域。2022 年，柯桥区有效发明专利共 4810 件，前十大专利技术领域（小类）见图 3。根据申请人分析，如般量子（电通信技术）、精工钢构（建筑物）、奇彩环境（水、废水、污水或污泥的处理）、绿筑集成（建筑物）、联州知识产权（给水、排水）、深迪半导体（测量、测试）等申请人的专利数量居前。

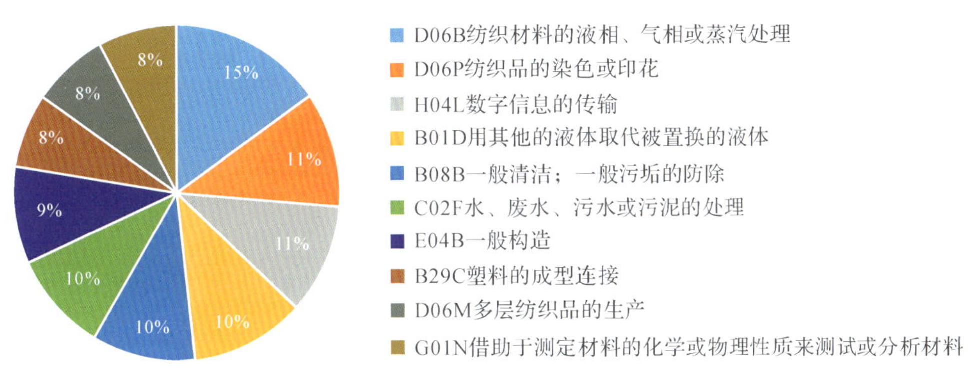

图 3　柯桥区专利技术领域分布

四、柯桥区未来展望

从产业发展看，柯桥区将围绕平水日铸茶、稽东香榧、漓渚兰花、王坛青梅等农业特色品牌，做强农村支柱产业，加快推动农业文旅业态融合，构建以现代纺织产业（传统产业提升）和泛半导体、生物医药、新材料等新兴产业为主导的“1+3”支柱产业体系。从科技创新看，全区 R&D 经费占地区生产总值比重处全省中游，高新技术企业数量较多，已有高精尖产业，但企业的技术创新能力依然有待加强。下一步，柯桥区将高标准建设省现代纺织技术创新中心，加快杭州湾科创中心建设，争创国家级印染产业卓越工程师协同创新中心，拓展科创飞地、国际科技合作基地等新载体，推动科技园创成国家级小微园区。

上虞区产业链创新链全景分析报告

绍兴上虞区位于浙江省东部、绍兴市东北部，钱塘江南岸，总面积约1403平方千米，下辖7个街道、10个镇、3个乡。2023年，全区户籍人口为71.04万人，常住人口为80.28万人。地区生产总值为1317.72亿元，全省排名第21，全市排名第4。上虞区是全国综合实力百强区、全国科技创新百强区、工业百强县、科技百强县，是“越窑青瓷重要发源地之一”“2021年浙江省十大产粮大县之首”“中国葡萄之乡”“中国杨梅之乡”“浙江省樱桃之乡”“浙江红心猕猴桃之乡”。

一、上虞区产业概况

（一）产业结构

从地区生产总值构成看，2023年，上虞区第一产业增加值为54.52亿元，第二产业增加值为678.89亿元，第三产业增加值为584.30亿元，三次产业增加值结构调整为4.1 ∶ 51.5 ∶ 44.3。

从农业看，上虞区是浙江省十大产粮大县之一。2023年，上虞区农林牧渔业总产值80.45亿元，其中农业产值58.98亿元，“四季仙果”果品销售18.9亿元，“四季仙果之旅”带动旅游收入36.8亿元，占旅游总收入的55%，带动农户增收1亿元以上。下一步，上虞区将大力发展数字农业，进一步深化产业融合，以“四季仙果之旅”升级版为载体，大力发展仙果采摘、休闲体验和民宿农家乐等产业，进一步放大现代农业的休闲观光、农事体验等功能。

从工业看，上虞区以新材料、轻工纺织、高端装备产业为主导。2023年，上虞区规上工业总产值2144.55亿元，规上工业企业873家。2022年上虞区产业主要分布见表1。下一步，上虞区将全面推进先进制造业“1215”计划，全力打造新材料和高端装备两大引领产业，改造提升现代医药、轻工纺织两大特色产业，培育发展电子化学品、航空航天和新能源三大未来产业，最终形成产业集聚度高、产业链完善、核心竞争力强、绿色可持续发展的现代工业产业体系。

表1　上虞区特色工业简介

名称	规上工业产值 / 亿元	占全区规上工业总产值比重 /%
新材料	约 604.50	约 27.83
高端装备	530.50	24.43
轻工纺织	约 182.90	约 8.42
现代医药	约 117.10	约 5.39
照明电器	约 43.51	约 2.00

（二）“中北部集聚”的产业空间布局

图 1 展示了上虞区重点平台布局。从农业看，上虞区农业主要集中在北部盖北镇、中部梁湖街道、南部章镇镇，围绕“绍兴市上虞区杭州湾省级现代农业园区”“上虞区梁湖省级现代农业园区”“浙江省绍兴市上虞省级现代农业园区，重点打造有机茶叶、蜜梨、葡萄等特色产业。从工业看，上虞区工业围绕“杭州湾上虞经开区”“上虞高新技术产业园区”“绍兴上虞先进高分子材料产业平台”“省级小微企业园”在北部和中部呈现两片集聚分布格局，主要集中在曹娥街道、东关街道、崧厦街道、百官街道和梁湖街道，重点打造化工、机电装备、新材料、现代医药、高端装备、电子信息产业，少部分涉及环保、新能源、纺织、塑料制品和文创。从服务业看，上虞区服务业围绕“覆卮山景区”和“中华孝德园”，重点打造国家级景区，休闲度假产业，围绕“绍兴市上虞区数字文娱服务业创新发展区”重点打造游戏、动漫等数字文娱产业。

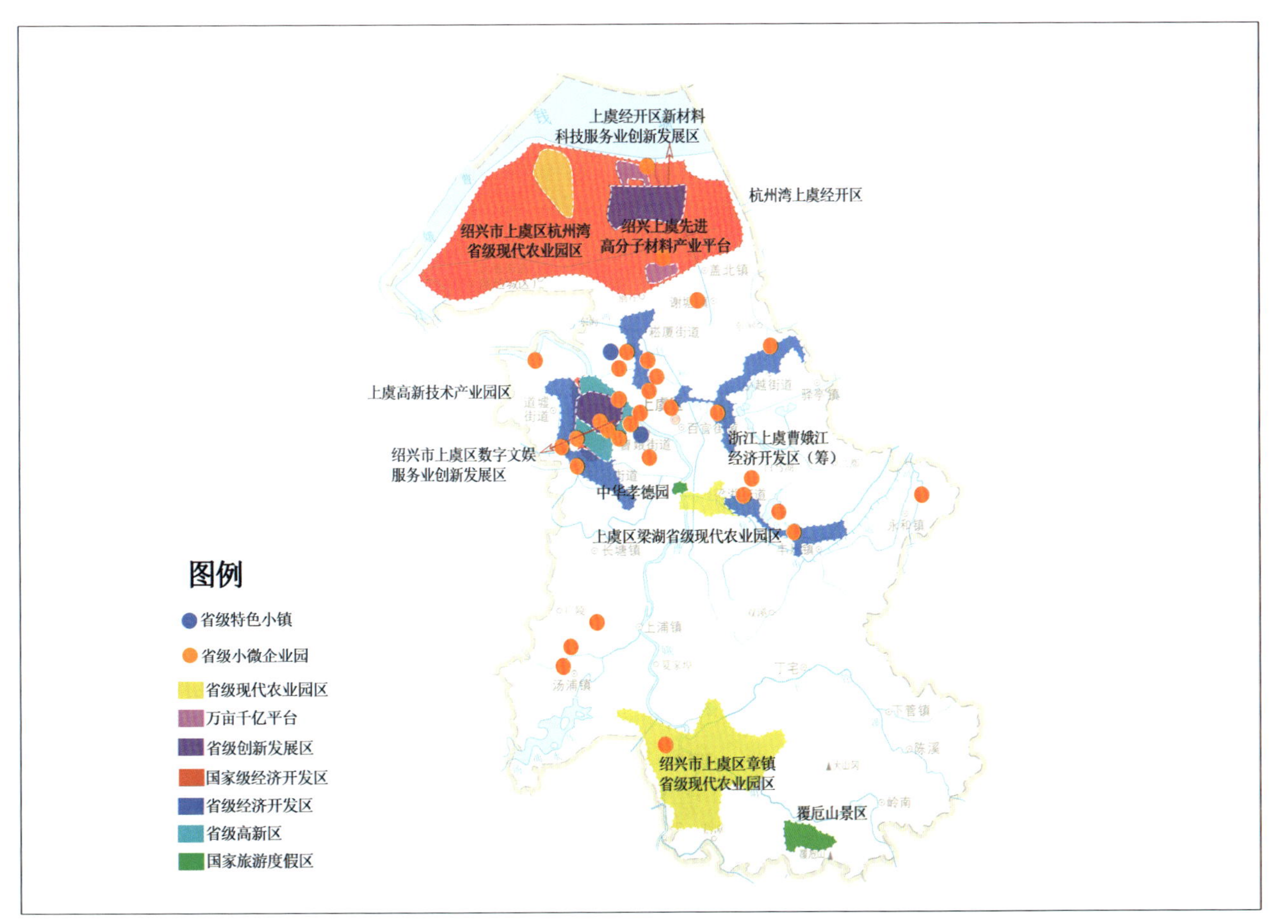

图 1　上虞区重点产业平台布局

二、重点产业

（一）新材料产业

2022 年，新材料产业规上工业总产值 604.5 亿元，规上企业 148 家，上市公司 7 家。新材料产业的龙头企业见表 2。从产业链角度看，该产业的龙头企业主要集中在上游的化工原料、金属材料生产和中游的前沿新材料。下一步，上虞区将推进新材料研发—转化—制造—检测—应用全体系发展，重点强化前端基础材料和后端改性应用双向发力，重点发展先进高分子和高性能金属新材料产业链，培育电子信息材料、锂电池材料、氟化工材料等产业链。力争到 2025 年，新材料规上产值突破 1000 亿元。

表2　上虞区新材料产业龙头企业简介

行业	企业类型	公司名称	主营业务
化工原料	上市公司	浙江闰土股份有限公司	纺织化工原料的研发
		浙江吉泰新材料股份有限公司	氟精细化学品的研发
		浙江皇马科技股份有限公司	表面活性剂的研发
		浙江中欣氟材股份有限公司	含氟化学品
		绍兴贝斯美化工股份有限公司	农药二甲戊灵的原药、中间体、制剂
		浙江龙盛集团股份有限公司	染料、中间体、助剂、减水剂、无机化学品
	专精特新“小巨人”	浙江宏达化学制品有限公司	添加剂（荧光增白剂、匀染剂、抗静电剂）
		浙江吉泰新材料股份有限公司	芳香剂
		浙江上虞利星化工有限公司	苯二胺
		浙江巍华新材料股份有限公司	氯甲苯、三氟甲苯
金属材料	规上百强（市级）	浙江亚栋实业有限公司	废旧贵金属回收、提炼、加工
		浙江星鹏铜材集团有限公司	铜管、铜水道、铜气管、蚊香盘管、端子管及铜合金
前沿新材料	规上百强（市级）	浙江自立控股有限公司	半导体材料、纳米材料研发

（二）高端装备产业

2022 年，高端装备产业规上工业总产值 530.5 亿元，规上企业 202 家，主要分布在电机、通风制冷、汽车零部件和半导体（装备）四大领域。上虞区高端装备产业的龙头企业见表 3。从产业链角度看，电机制造企业主要集中在中游的控制器、温度仪表、电机制造；汽车及零部件企业主要集中在中游的行驶配件、发动机配件、传动配件、制动配件、车身附件、电气仪表配件制造；通风制冷企业主要集中在中游的成套设备制造；半导体企业主要集中在上游的半导体材料、设备生产。下一步，上虞区将重点发展电动机等驱动电机关键技术，增加驱动电机、电机控制器、动力电池系统等核心零部件生产；瞄准光刻、刻蚀、湿法、沉积、离子注入、量测检测等工艺环节，推进先进光刻机、高端刻蚀机、晶圆清洗设备、离子注入设备、气相沉积设备、量测检测设备、先进封装设备等核心产品研发，在关键制程实现产业化突破。力争到 2025 年，高端装备产业规上工业产值突破 800 亿元。

表3　上虞区高端装备产业龙头企业简介

行业	企业类型	公司名称	主营业务
电机制造	上市公司	卧龙电气驱动集团股份有限公司	高压、低压电机及驱动、微特电机及控制
		浙江春晖仪表股份有限公司	温度仪表（热电偶、热电阻、双金属温度计、就地温度显示仪）

续表

行业	企业类型	公司名称	主营业务
电机制造	上市公司	浙江春晖智能控制股份有限公司	供热控制产品、空调控制产品、内燃机配件
汽车及汽车零配件	上市公司	浙江锋龙电气股份有限公司	新能源汽车零部件
		盈峰环境科技集团股份有限公司	汽车充电设备及零部件的研发、制造
		浙江世纪华通集团股份有限公司	热交换、空调、车灯、安全、内外系统配件
通风制冷	上市公司	浙江金盾风机股份有限公司	通风与空气处理系统设备
		浙江上风高科专风实业股份有限公司	通风机，风冷、水冷、空调设备
		盈峰环境科技集团股份有限公司	制冷设备、高压柱塞泵加工
	专精特新“小巨人”	浙江国祥股份有限公司	中央空调、冷冻冷藏设备、热泵热水机组
半导体装备	上市公司	浙江晶盛机电股份有限公司	硅片（硅、蓝宝石、碳化硅）、设备（半导体硅单晶生长和加工、大尺寸碳化硅晶体生长和加工）

（三）轻工纺织产业

2022 年，上虞区轻工纺织产业规上工业总产值约 182.90 亿元，规上企业 282 家。当地相关龙头企业见表 4。从产业链角度看，轻工纺织企业主要集中在上游的印染布和中游的服装成品制造。下一步，上虞区将突破高性能纤维和纺织新材料的关键技术，拓展生产医疗卫生、新能源与复合材料纺织品，提升时尚设计、时尚领域科技创新、时尚品牌建设能力，构建数字化车间、智能工厂，利用数实联动为上虞区轻工纺织产业集群发展积蓄新优势。

表4　上虞区轻工纺织产业龙头企业简介

行业	企业类型	公司名称	主营业务
轻工纺织	上市公司	浙江康隆达特种防护科技股份有限公司	特种及普通劳动防护手套的研发、生产和销售
	在地方参与的重大产业（化）项目的依托企业	浙江国舜实业有限公司	母婴纺织用品、家用纺织制成品制造
		浙江劲光纺织科技有限公司	纺织面料的印染、纺织面料、数码印花面料的研发
		浙江盛如纺织科技有限公司	涤纶混纺纱、纺织面料、特种天然纤维的研发、生产

（四）现代医药产业

2022 年，上虞区现代医药产业规上工业总产值约 117.1 亿元，规上企业 34 家。当地相关龙头企业见表 5。从产业链角度看，该产业的龙头企业主要集中在上游的原料药和医药中间体研发生产和中游的医药制剂生产领域。下一步，上虞区将依托医药化工产业基础，重点发展抗肿瘤等高端医药中间体制造，提高仿制药占比，带动特色原料药发展，打造化学药产业链，加快培育高端医疗器械、生物技术药物等产业链，建成国内一流的现代医药产业基地。力争到 2025 年，现代医药产业规上工业产值突破 300 亿元。

表5　上虞区现代医药产业龙头企业简介

行业 / 领域	企业类型	公司名称	主营业务
化学药，功能性原料药及中间体	上市公司	浙江云涛生物技术股份有限公司	医药中间体的研发、生产
	省级隐形冠军企业	上虞京新药业有限公司	原料药制造、中间体

续表

行业 / 领域	企业类型	公司名称	主营业务
化学药，功能性原料药及中间体	参与地方重大产业化项目的依托企业	浙江国邦药业有限公司	化学原料药、兽药及化工中间体研发
		浙江晖石药业有限公司	医药中间体、化学产品的生产
		浙江金立源药业有限公司	医药制剂（降压药、防脑梗、动脉闭塞药、提高免疫力药物、咳嗽药）

三、科技创新概况

2022 年，全区 R&D 经费占地区生产总值比重为 3.34%，全省排名第 22；全区拥有高新技术企业 465 家，高新技术企业数占规上工业企业总数达 80.05%；全区规上工业企业 R&D 经费支出占营业收入比重达 1.85%。

（一）区域创新资源布局

上虞区创新平台主要分布在新材料、高端装备、现代纺织、绿色化工和现代医药产业。2022 年，全区拥有省级重点实验室 1 家，省级新型研发机构 1 家，省级企业研究院 33 家，省级高新技术企业研发中心 119 家。创新平台主要分布在崧厦街道、东关街道、谢塘镇、百官街道（见图 2）。

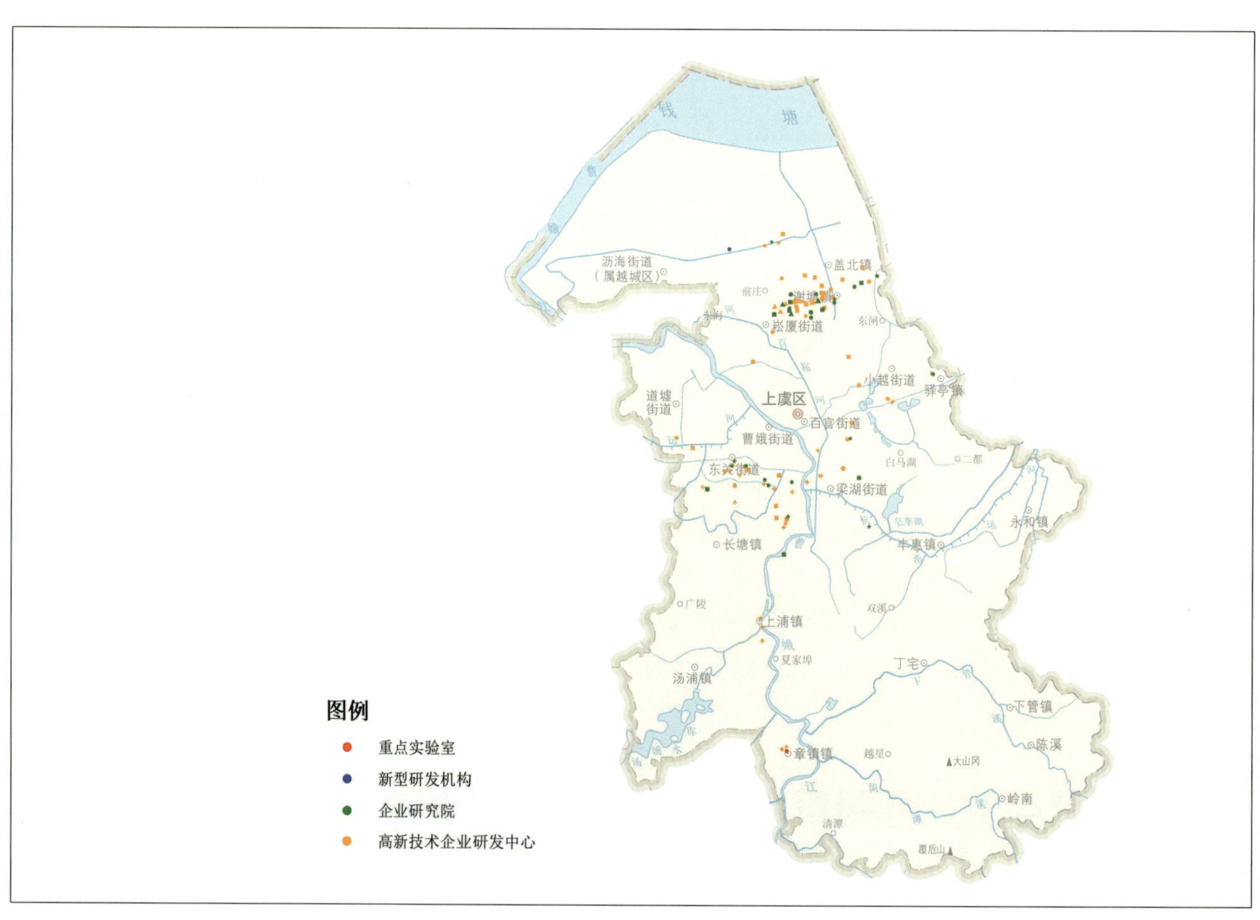

图 2 上虞区创新平台布局

（二）产业专利分析

上虞区的专利优势主要集中在有机染料、纺织品染色印花、化合物、废污水处理、催化、机床等领域。2022年，上虞区有效发明专利共4761件，前十大专利技术领域见图3。根据申请人分析，亚厦装饰（建筑物，发电配电，有机高分子化合物，一般门、窗、百叶窗或卷辊遮帘）、龙盛集团（染料、涂料、织物等处理、有机化学）、皇马科技（有机高分子化合物，一般的物理或化学的方法或装置）、卧龙电气（发电或配电、基本电气元件、测量）、龙盛化工（有机化学、耐火材料、染料、涂料）、晶盛机电（加工水泥、晶体生长、磨削、抛光）浙江工业大学上虞研究院（废水处理、一般化学或物理方法装置、基本电气元件）等申请人的专利数量居前。

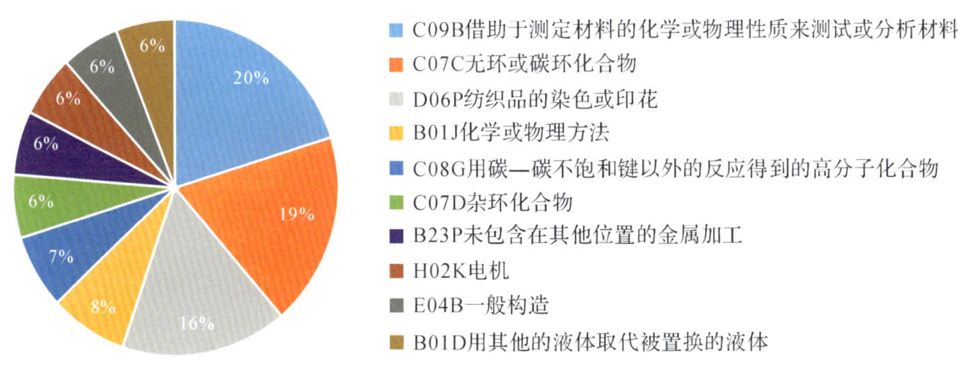

图3　上虞专利技术领域分布

四、上虞区未来展望

从产业发展看，上虞区将以“四季仙果”特色产业为引领，联动特色蔬果种植、农产品加工、田园休闲观光等产业链项目，大力发展都市农业，重点发展新材料、现代医药、高端装备、电子信息四大新兴产业和科技、金融、供应链物流、文化旅游四大现代服务业，加快构筑“1+4+4”现代产业体系。从科技创新看，上虞区规上工业企业研发投入占比和全区R&D经费占地区生产总值比重全省排名均在前十，区域创新能力较强。下一步，上虞区将加快构建以曹娥江实验室为主体的区域创新体系，加快建设浙大上虞半导体材料联合创新中心、复旦曹娥江创新中心，天津大学绍兴研究院争创省级工程研究中心，大力支持链主型企业建设创新联合体，成立中试产业生态联盟。

诸暨市产业链创新链全景分析报告

绍兴诸暨市位于浙江省中北部，总面积2311平方千米，下辖5个街道、1个乡、17个镇。2023年，全市户籍人口为107万人，常住人口为154.9万人。地区生产总值为1755.29亿元，全省排名第12，绍兴市排名第2。诸暨市是中国工业百强县和科技百强县，素有“中国袜业之都”“中国珍珠之都”“中国五金之乡”“中国香榧之都”等美誉。诸暨市是越国古都、于越文化发祥地之一，拥有西施故里国家级景区。

一、诸暨市产业概况

（一）产业结构

从地区生产总值构成看，2023年，诸暨市第一产业增加值为55.91亿元，第二产业增加值为826.01亿元，第三产业增加值为873.37亿元，三次产业增加值结构调整为3.2 ∶ 47.0 ∶ 49.8。

从农业看，诸暨市以同山烧酒、香榧、茶叶、绍鸭等产业为主导。2023年，全市农林牧渔业总产值为80.73亿元，其中同山烧酒传统酿造技艺是省级非物质文化遗产，同山烧酒年产量6000吨、产值达8亿元；香榧古树资源总量占全国60%以上，香榧年产值7亿元；茶叶年产值4.56亿元；特色品种绍兴鸭占全国蛋鸭饲养量的65%。下一步，诸暨市将延长产业链条，形成“2+6”现代农业产业体系（粮食和畜禽两大基础产业，珍珠、茶叶、果蔬、香榧、水产品、绍鸭等六大特色产业）。

从工业看，诸暨市以铜加工及新材料、特色时尚、智能装备、数智安防和环保新能源产业为主导。2023年诸暨市规上工业增加值365.02亿元，规上工业企业1374家。2022年诸暨市产业主要分布见表1。下一步，诸暨市将全力构建以“333”为引领的现代产业体系，即以精密制造、时尚袜艺、美丽珍珠为主导的优势制造业，以数智安防、新材料、生命健康为引领的战略性新兴产业，形成以二产为主，三产为支撑，一、二、三产业融合发展的现代产业集群。

表1　诸暨市特色工业简介

名称	规上工业产值 / 亿元	占全市规上工业总产值比重 /%
铜加工及新材料	411.50	26.17
特色时尚	375.50	23.88
智能装备	280.90	17.86

续表

名称	规上工业产值 / 亿元	占全市规上工业总产值比重 /%
数智安防	124.80	7.94
环保新能源	97.80	6.22

从服务业看，2023 年诸暨市服务业增加值 873.37 亿元。下一步，诸暨市将以现代商贸、文化旅游、培训会展为服务业重点，以高新化、特色化的新兴服务业培育经济增长新引擎，聚焦“5+3+3”现代服务业。

（二）“双核驱动”的产业空间布局

图 1 展示了诸暨市重点产业平台布局。从农业看，诸暨市农业依托东北部“诸暨市国家现代农业产业园”，重点发展粮食、珍珠、香榧和精品水果四大特色产业。从工业看，诸暨市工业依托“诸暨高新技术产业园区”“浙江诸暨经济开发区”“万亩千亿平台”在北部和中部形成两个集聚区（双核），在店口镇，重点打造现代环保装备、高端节能装备和环保新材料产业；在直埠镇和暨阳街道，重点打造“4+2+1”产业体系（四大战略产业、两大特色平台、一个生产性服务业）。从服务业看，诸暨市服务业依托“诸暨珍珠数字贸易创新发展区”“西施故里旅游区”“五泄景区”，发展数字贸易、科技服务、数字文旅和生态旅游产业。

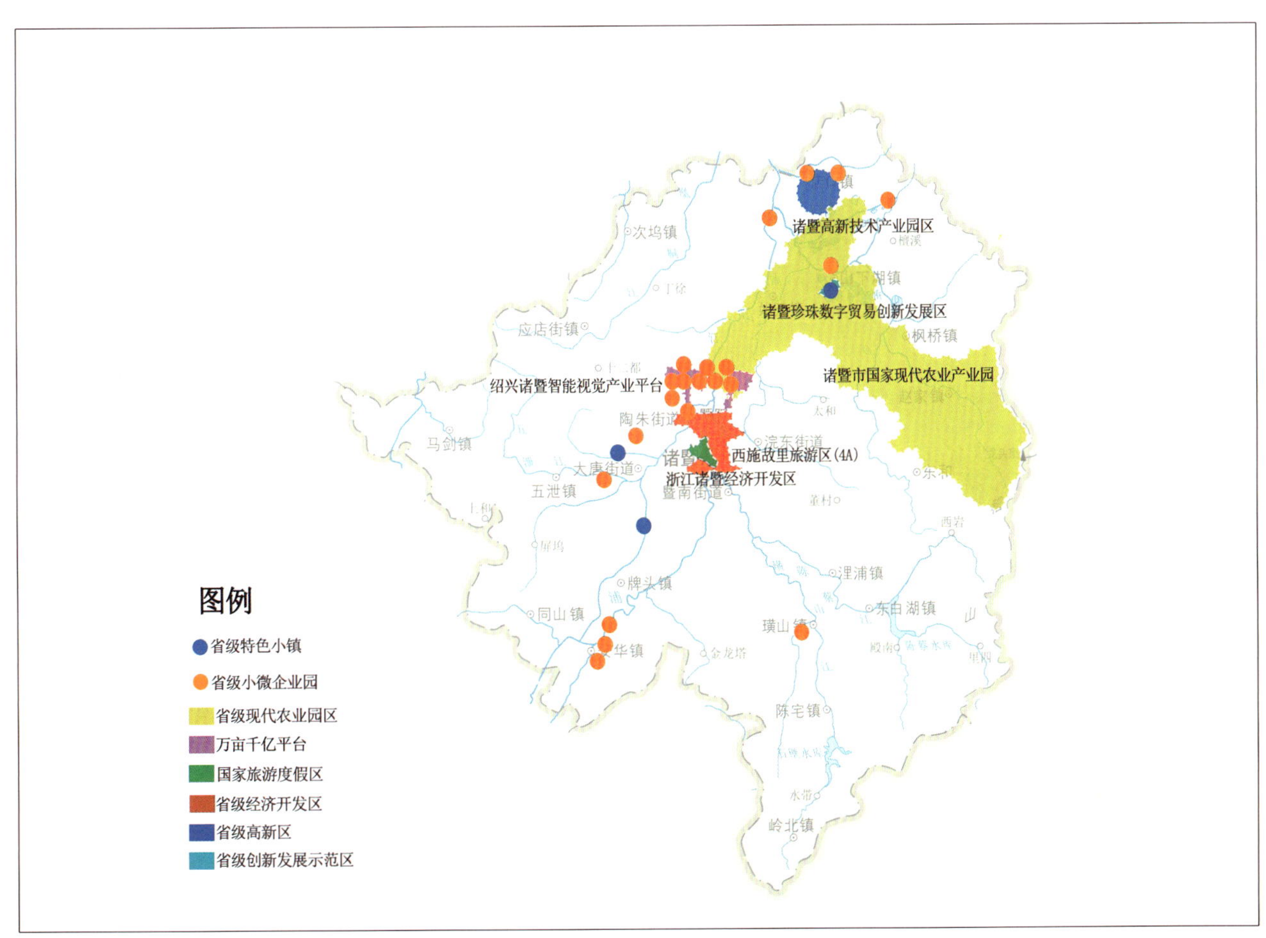

图 1　诸暨市重点产业平台布局

二、重点产业

（一）铜加工及新材料产业

诸暨市被誉为“中国五金之乡”，是中国五金管业主要生产基地，产量占全国的70%。2022年，诸暨市铜加工及新材料产业规上工业产值411.5亿元，规上企业141家。诸暨市铜加工及新材料产业的龙头企业见表2，主要分布在精密制造和新材料领域。从产业链角度看，精密制造企业主要集中在上游的铜材加工和中游的建筑配件、电力设备配件、家电配件、机械设备配件制造；新材料企业主要集中在中游的金属新材料、高分子材料、高性能纤维复合材料、磁性材料制造。下一步，诸暨市将以铜材精密制造为核心，做强做大精密有色金属材料、先进化工材料，重点发展高性能铜材料、新型合金材料、高端铜制品等产业领域，促进材料—零件—部件—智能系统产业链拓展，打造千亿级精密制造产业集群，力争2025年达到预期目标。

表2　诸暨市铜加工及新材料产业龙头企业简介

行业	企业类型	公司名称	主营业务
精密制造	上市公司	浙江海亮股份有限公司	高档铜产品、导电异型材、铝型材
		露笑科技股份有限公司	铜芯、铝芯电磁线
	专精特新“小巨人”	浙江恒森实业集团有限公司	空调制冷配件及水暖管件
		浙江丰球克瑞泵业有限公司	泵、电机、水处理成套设备、水环境自动控制设备、一体化泵站
		浙江灿根智能科技股份有限公司	滑动轴承、传动部件、金属材料、自动集成化、金属成型等
	地方重点企业	浙江军联铜业有限公司	铅黄铜、环保型铜材、异型材
		永成集团有限公司	铜制品零配件、轴承、轴套、五金工具及配件
		浙江宏磊控股集团有限公司	漆包线及高精度铜管材
		诸暨风帆管业有限公司	水暖管件
		枫叶控股集团有限公司	聚乙烯给水管材管件、双壁波纹管材管件、钢带增强螺旋波纹管材管件
		浙江枫叶管业科技股份有限公司	PE给水管材管件、PE燃气管、PE双壁波纹管、PE钢肋增强螺旋管、PE塑木型板材、PE塑木市政工程花箱
		浙江通业印刷机械有限公司	凹版印刷机、切纸机、造纸机械配件、平版印刷机模切输纸机、上光输纸机、复模输纸机、凹印输纸机输纸头
新材料	上市公司	浙江大东南股份有限公司	BOPET膜、CPP膜、BOPP电容膜等
		浙江金海高科股份有限公司	高性能过滤材料、功能性过滤材料、功能性过滤网及各类过滤器
	新三板	浙江至信新材料股份有限公司	贵金属复合电接触材料（银触点）、贵金属引线材料和特殊贵金属功能材料
	专精特新“小巨人”	浙江安特磁材股份有限公司	磁性材料
		浙江元集新材料有限公司	覆铜板、绝缘板等新型复合材料及配套件
	地方重点企业	诸暨意创磁性技术有限公司	钕铁硼稀土永磁材料、各种磁性器件、充磁机和其他磁性材料
		浙江中泓新材料科技有限公司	薄型和超薄型防火涂料、重防腐涂料、高中档水性建筑涂料、船舶涂料、耐高温涂料、抗静电涂料、装饰涂料、家具涂料、地坪涂料

（二）特色时尚（袜业、珍珠产业和纺织服装业）产业

诸暨市被誉为“中国袜业之乡”“中国珍珠之都”“中国名品衬衫之乡”，大唐袜业产量占全国65%、全世界35%，被列入国家新型工业化产业示范基地，山下湖珍珠产量占全国80%、全世界70%，提花布产量占西非市场90%。2022年，诸暨市特色时尚产业规上工业产值375.5亿元，规上企业481家。

诸暨市特色时尚产业的龙头企业见表3，主要分布在袜业、纺织服装和珍珠产业。从产业链角度看，袜业企业主要集中在上游的原料、袜机生产制造，中游的袜子制造；纺织服装企业主要集中在上游的纺织面料、纺织机械研发生产，中游的服装服饰制造；珍珠企业主要集中在上游的珍珠养殖，中游的珍珠首饰、护肤品制造。下一步，诸暨市将串联袜业、珍珠、纺织服装等时尚产业，打造国际时尚袜艺中心、国际珠宝中心和国际时尚织造产业名城。

表3 诸暨市特色时尚产业龙头企业简介

行业	企业类型	公司名称	主营业务
袜业	新三板	浙江伟焕机械制造股份有限公司	特种机型袜机、四路提花丝袜机、电脑横机、缝头机、定型机
	地方重点企业	浙江袜业有限公司	袜子
		浙江大唐袜业城有限公司	单针筒、双针筒、毛巾袜、保健袜等各类袜品
		诸暨步鑫袜业有限公司	宝宝袜、儿童袜、成人袜、全棉袜、足球袜、运动袜、毛圈袜、船袜、五趾袜、连裤袜、高腰双针裤及各种电脑提花袜
		诸暨友润袜业有限公司	连裤袜、打底袜、踩脚袜、袜子娃娃
		浙江和茂盛袜业有限公司	篮球、足球、跑步等10多种不同品类运动袜
		诸暨凯诗利化纤厂	功能运动袜、时尚潮袜、商务休闲袜、棉袜、纤维袜、水晶丝袜、船袜、短袜、中筒袜
		浙江秀欣科技有限公司	袜、袜机、针织机械设备
		诸暨卡拉美拉科技有限公司	萌系、森系、甜美女袜、童袜以及时尚男袜
		浙江斯蓓琳针纺有限公司	船袜、隐形袜、童袜、盒装袜、羊毛袜
		浙江东方缘针织有限公司	童袜、运动袜、男袜、女外贸袜、时尚连裤袜
纺织服装	上市公司	浙江步森服饰股份有限公司	男装
		浙江富润数字科技股份有限公司	毛纺、绢纺、纺织面料、绢丝、䌷丝、针织和梭织服装
	新三板	浙江亨戈机械股份有限公司	纺织机械、针织机械及配件、五金机械配件
	专精特新“小巨人”	浙江镨美科智能刺绣设备有限公司	绣花机
		浙江大豪科技有限公司	缝制、针纺机械智能装备的电脑控制系统
	地方重点企业	浙江华海机械集团有限公司	纺织印染机械、纺机电器
		浙江巨彩色纺科技有限公司	有色纤维、合成纤维、纺织原料、针纺织品
		中科金绮新材料科技有限公司	高性能纤维、织物、复合材料及其制品、PBO纤维产业装备
		诸暨极泰纤维有限公司	各类包覆纱、橡筋线、锦纶丝、涤纶丝等针纺原料
		浙江锦和智能装备有限公司	智能机械、缝纫机械
		浙江开尔制衣有限公司	衬衫、西服、西裤、羊毛衫
		浙江格励奥纺织股份有限公司	高级时尚女装、高档休闲男装、童装和时尚休闲服饰
		浙江明信实业有限公司	毛巾、内衣内裤、袜子、床上用品、针纺织品
		浙江舒工坊针纺有限公司	男女内衣、袜品、内裤、家居服
		浙江珍珠生活科技有限公司	裤子/三角裤/内裤、袜子、上半身服装/上衣组合装、长袖衬衫/女式衬衫/马球衫/T恤、长裤/短裤
	拟上市企业	浙江信胜科技股份有限公司	微机控制刺绣机
珍珠	地方重点企业	浙江阮仕珍珠股份有限公司	淡水珍珠
		浙江千足珍珠有限公司	珍珠手链、珍珠项链、珍珠粉
		诸暨爱迪生珍珠科技有限公司、浙江长裕珍珠有限公司	珍珠科技、珍珠养殖、珍珠首饰
		浙江名皇珠宝有限公司	珍珠、珍珠项链、珍珠吊坠、原珠、南洋珠、珍珠手链、珍珠工艺品、珍珠首饰
		诸暨华东国际珠宝城有限公司	淡水珠、南洋珠、黑珍珠等各类珍珠原材料

（三）智能装备产业

诸暨市是中国最大轴承钢管生产基地、中国最大电热水器安全阀生产基地、中国最大非标链条生产基地，电脑刺绣机占国内市场份额60%，大型非标轴瓦占国内市场份额70%。2022年，诸暨市智能装备产业规上工业产值280.9亿元，规上企业313家。诸暨市智能装备产业的龙头企业见表4。从产业链角度看，智能装备企业主要集中在上游的半导体材料及设备、电源系统、机械配件、汽车零部件，中游的服务消费设备、机械装备、智能专用设备、集成系统，下游的智能终端应用。下一步，诸暨市将围绕高端装备制造、数智安防等装备制造上下游相关领域，打造覆盖技术研发—原材料加工—关键零部件—装备整机制造—智能系统集成—服务解决方案的智能装备产业链。

表4　诸暨市智能装备产业龙头企业简介

行业	企业类型	公司名称	主营业务
智能装备	上市公司	浙江盾安人工环境股份有限公司	商用空调、特种空调、冷链设备
		浙江万安科技股份有限公司	汽车制动系统、离合器操纵系统、电子控制系统、底盘前后悬架模块系统、汽车工程塑料以及新能源汽车关键部件等
		申科滑动轴承股份有限公司	厚壁滑动轴承
		华纬科技股份有限公司	悬架弹簧、制动弹簧、阀类及异形弹簧
	新三板	浙江展诚机械股份有限公司	粮食机械
		浙江格雷特科技股份有限公司	卡车配件、离合器助力器、真空助力器、制动助力器和制动阀
	专精特新“小巨人”	浙江盾安机械有限公司	空调压缩机、家用空调、中央空调、冰箱、洗衣机及冷冻机的配件
		浙江华益精密机械有限公司	焊接焊割配件、热水器配件、建筑五金配件、制冷配件、洁具配件及安全阀、分歧阀、液压
		浙江凯达机床股份有限公司	数控卧式车床、数控立式铣床、数控龙门铣床、车削中心、钻工中心、立式加工中心、卧式加工中心及专用机床
		浙江灿根智能科技股份有限公司	自动集成化
	地方重点企业	瑞银机床集团有限公司	金属切削机床、机械设备及配件、工程机械、普通重型机械、金属铸件、冶金机械、工业电气自动化控制系统
		浙江百立机械有限公司	数控车床、电子产品、电脑刺绣机与配件
		浙江瑞远机床有限公司	精密卧式数控机床及车削中心、数控加工中心、特种数控设备和专用机床
		浙江恒久机械集团有限公司	链条、成套制链设备、链条专用材料、链条零件及高档彩印包装制品
		诸暨润拓机械自动化科技有限公司	空调配件加工自动化
		浙江大豪明创智能技术有限公司	智能自动化流水线
		赛思倍斯（绍兴）智能科技有限公司	超低轨道系列卫星平台、光学载荷、组网通信、地面测试
		镭蒙机电股份有限公司	全智能化立体停车设备及智能化仓储设备
		浙江创博龙智信息科技有限公司	工业互联网平台
		浙江超驰物流有限公司	智能仓储装备
		诸暨瑞观工业设计有限公司	设计研究、产品策划、工业设计、结构设计、模具制作、品质监理、品牌设计、UI设计
		浙江奇创科技有限公司	物联网、集成电路、电子产品技术研发
		浙江赫千电子科技有限公司	汽车智能电子产品
		浙江弥高光电科技有限公司	光电设备、仪器仪表、自动化封装测试设备
		浙江老鹰半导体技术有限公司	半导体材料研发、芯片设计和封装
		浙江申发轴瓦股份有限公司	座式轴承、阻尼轴承、燃机汽缸、汽缸

续表

行业	企业类型	公司名称	主营业务
智能装备	地方重点企业	浙江鸿森机械有限公司	制冷配件、自控元件、环保设备、电子仪器
		浙江伊思灵双第弹簧有限公司	各类弹簧和冲压件
		浙江科达利实业有限公司	各类汽车橡胶软管及总成
		浙江裕荣弹簧有限公司	电力机车弹簧、汽车弹簧、焦化焦炉弹簧、电梯弹簧、高压开关弹簧及拉、压、扭簧等

（四）数智安防产业

诸暨市数智安防产业园是2020年绍兴科创大走廊十大标志性工程之一，2022年该产业规上工业产值124.8亿元。诸暨市数智安防产业的龙头企业见表5。从产业链角度看，数字安防企业主要集中在上游的零部件、电子专用材料、软件系统生产。下一步，诸暨市将以数智安防产业为撬动点，着力推进电子信息制造、软件信息服务、人工智能、大数据与云计算、5G物联网、区块链、卫星互联网等数字产业发展壮大，强化“数智安防”各领域间的技术与模式合作，打造新技术、新业态的试验场景集聚地。

表5 诸暨市数智安防产业龙头企业简介

行业	企业类型	公司名称	主营业务
数字安防	新三板	浙江暨阳电子科技有限公司	电子元器件制造，电子产品销售，技术服务、技术开发、技术咨询
		浙江灿根智能科技有限公司	智能机器人的研发、机械设备研发、电机及其控制系统研发
		浙江德广信电子科技股份有限公司	电子元器件制造、半导体照明器件制造、计算机软硬件及辅助设备批发
		浙江迪艾智控科技股份有限公司	自动化控制系统、建筑智能化系统、供热计量系统
	专精特新“小巨人”	浙江金海高科股份有限公司	生物基材料技术研发、物联网技术研发、软件开发
		浙江帕瓦新能源股份有限公司	锂离子电池及原材料研发、制造
		浙江创格科技股份有限公司	新材料技术研发、新兴能源技术研发、机械设备研发
		浙江伟盈智能科技股份有限公司	智能控制系统集成、软件开发、智能基础制造装备制造
		浙江非线数联科技股份有限公司	软件开发、技术服务、技术开发

（五）环保新能源产业

诸暨市是国家火炬计划环保装备特色产业基地、全省首个环保产业示范园区和省环保产业循环经济试点基地，环保产业产值占浙江省和绍兴市的比重分别约为30%、70%。2022年，诸暨市环保新能源产业规上工业产值97.8亿元，规上企业43家。诸暨市环保新能源产业的龙头企业见表6，主要分布在环保和新能源行业。从产业链角度看，环保企业主要集中在上游的环保材料，中游的环境保护专用设备、环境保护监测仪研发制造，下游的环境污染治理服务；新能源企业主要集中在上游的原材料生产加工，中游的能源转化。下一步，诸暨市将围绕环境污染治理、节能减排、清洁能源等领域，延伸发展环境监测、咨询服务、环保工程、环保运营等上下游服务，将其打造成为未来生态经济关键集成节点。

表6　诸暨市环保新能源产业龙头企业简介

行业	企业类型	公司名称	主营业务
环保	上市公司	浙江菲达环保科技股份有限公司	燃煤电厂及工业烟气环保岛大成套，以及水污染治理、固废处置、生态修复等环境综合治理解决方案
		浙江天洁环境科技股份有限公司	环保污染防治设备及电子产品
	新三板	浙江利达环保科技股份有限公司	电除尘器、布袋除尘器、电袋复合除尘器、湿式除尘器、气力输送设备、烟气脱硫设备、钢结构、移动仓储柜、微机控制高压硅整流设备与电控系统
		浙江商林科技股份有限公司	清洁无尘防护材料
		浣江水务股份有限公司	自来水供水、污水排放
	专精特新“小巨人”	浙江东大环境工程有限公司	特种聚四氟乙烯中空纤维膜、EDI 超纯水设备、全屋净水器以及其他水处理设备
		浙江海亮环境材料有限公司	环境工程材料、环境修复材料和能源环境材料
	地方重点企业	浙江永立环保股份有限公司	污水处理设备
		东大水业集团有限公司	水处理设备、环境工程设计和施工、净水配件
		荣怀集团有限公司	水处理
		浙江邦业科技股份有限公司	能源监测管理与控制、工业生产过程智能控制
		浙江中地净土科技有限公司	重金属污染土壤修复剂 / 土壤钝化剂 / 矿物微胶囊土壤修复剂
新能源	上市公司	浙江海越股份有限公司	汽柴油、液化气
	专精特新“小巨人”	浙江鑫升新能源科技有限公司	新能源技术、电力技术、生物质发电技术、风力发电技术、光伏发电技术
		浙江帕瓦新能源股份有限公司	锂离子电池三元正极材料
	地方重点企业	浙江盾安新能源发展有限公司	新能源技术、电力技术、生物质发电技术、风力发电技术、光伏发电技术

三、科技创新概况

2022 年，全市 R&D 经费占地区生产总值比重为 2.41，全省排名第 56；全市拥有高新技术企业 510 家，全省排名第 23；高新技术产业增加值占工业增加值比重为 61.70%，全省排名第 64；全市规上企业 R&D 占营业收入比重为 2.25%，全省排名第 17。

（一）区域创新资源布局

诸暨市创新平台主要集中在智能装备、特色时尚、铜加工及新材料产业。2022 年，全市拥有省级重点实验室 2 家，省级重点企业研究院 3 家，省级重点农业企业研究院 4 家，省级企业研究院 35 家，省级高新技术企业研发中心 116 家，省级孵化器 1 家。创新平台主要集聚在陶朱街道和暨阳街道（见图 2）。

（二）产业专利分析

诸暨市的专利优势主要集中在阀、龙头、过滤装置、绣花等领域。2022 年，诸暨市有效发明专利共 6032 件，前十大专利技术领域（小类）见图 3。根据申请人分析，浙江盾安禾田金属（热处理及设备、制冷制热系统）、浙江盾安人工环境股份（热处理及设备、制冷制热系统）、浙江帕瓦新能源股份（电气元件、化学用品）、浙江万安科技股份（车辆制动控制）及浙江信胜科技股份（缝纫、绣花、簇绒）等申请人的专利数量位居前列。

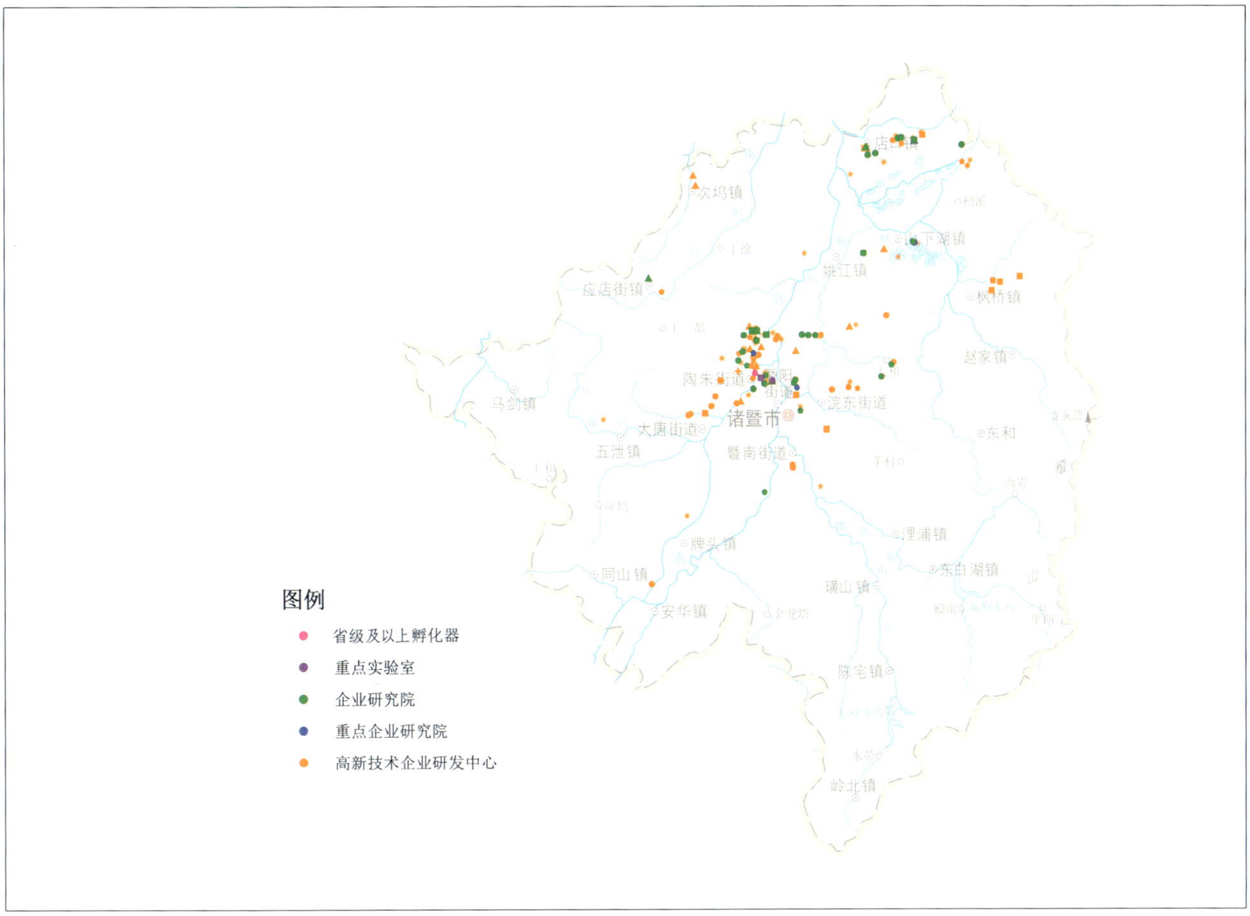

图 2　诸暨市创新平台布局

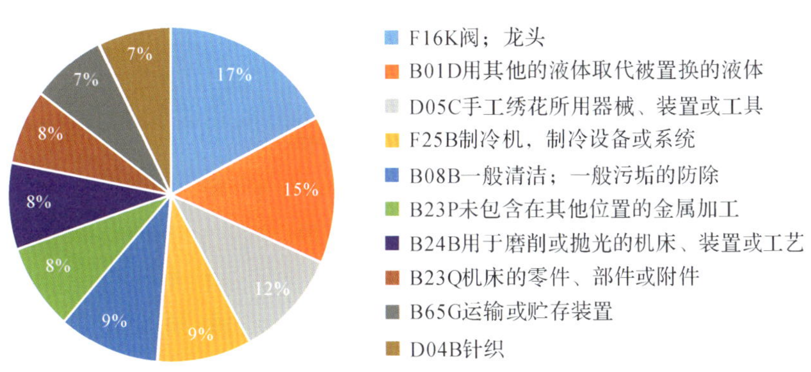

图 3　诸暨市专利技术领域分布

四、诸暨市未来展望

从产业发展看，诸暨市将依托香榧种植、同山烧酿制、珍珠与水产养殖等优势，拓展传统中药与保健品、健康食品、生物质能、生物农业等产业领域。深入实施制造强市“229”计划，重点培育时尚袜艺、美丽珍珠两张全球产业“金名片”，打造金属材料加工、智能视觉两条具有国际竞争力的产业链，九个国内竞争力和知名度的产业集群。从科技创新看，诸暨市企业 R&D 经费支出占地区生产总值比重、高新技术产业增加值占工业增加值比重等创新指标低于全省平均水平。下一步，诸暨市将依托浣江实验室、中俄（诸暨）国际实验室、西交网络空间安全研究院等平台，开展技术合作和引进孵化科技型企业，推动诸暨（香港科技大学）联合创新中心建成投用，建成投运“杭州港”三期（飞地），协同联动“诸暨岛”，推动“异地研发、本地转化”产业培育。

嵊州市产业链创新链全景分析报告

绍兴嵊州市位于浙江省东部，总面积约 1789 平方千米，下辖 4 个街道、10 个镇、1 个乡。2023 年，全市户籍人口为 70.37 万人，常住人口为 69.5 万人。地区生产总值为 750.36 亿元，全省排名第 46，绍兴市排名第 5。嵊州市是全国工业百强县、全国创新百强县、中国厨具之都、中国领带之乡、中国小功率电机生产基地、中国小吃文化名城，拥有王羲之故里旅游区。

一、嵊州市产业概况

（一）产业结构

从地区生产总值构成看，2023 年，嵊州市第一产业增加值为 44.88 亿元，第二产业增加值为 337.06 亿元，第三产业增加值为 368.42 亿元，三次产业增加值结构调整为 6.0 ∶ 44.9 ∶ 49.1。

从农业看，嵊州市以桃形李、茶叶（越乡龙井、嵊州珠茶）、香榧产业为主导。2023 年，全市农林牧渔总产值为 66.23 亿元，其中，茶叶与香榧的产值均超过 10 亿元，桃形李的产值约 3 亿元。下一步，嵊州市将通过“四港联动”，优化乡村发展新格局，实施农业“1150”工程，推动嵊州市农业发展平台的升级。

从工业看，嵊州市以智能厨电、机械电机、领带服装产业为主导。2023 年，嵊州市规上工业总产值 700.51 亿元，规上工业企业 730 家。2022 年嵊州市产业主要分布见表 1。下一步，嵊州市将围绕“163”集群智造发展行动，全力打造新能源装备“万亩千亿”新产业平台，重点发展智能三电系统、高级辅助驾驶系统以及整车关键零部件等产业项目，推进传统优势产业智能化、数字化改造，构建双翼驱动的产业体系。

表1　嵊州市特色工业简介

名称	规上工业产值 / 亿元	占全市规上工业总产值比重 /%	备注
智能厨电	约 80.50	约 12.97	
机械电机	约 63.20	约 10.18	
领带服装	约 25.26	约 4.07	
生物医药	—	—	仅嵊州经开区 2022 年产值已达 70 亿元

（二）“中部集聚”的工业空间布局

图 1 展示了嵊州市重点产业平台布局。从农业看，嵊州市农业主要集中在三界镇，依托“嵊州市三界省级现代农业园区”重点发展蔬果、茶叶、粮食产业。从工业看，嵊州市围绕“省级经济开发区”“省级高新区”“省级小微企业园”形成中部集聚的空间布局，在剡湖、鹿山和三江街道，重点发展智能家电、领带服装和机械电机产业，少部分涉及电子商务、现代医药、新材料等产业。从服务业看，嵊州市服务业在嵊州经济开发区，建立以温泉为特色的“嵊州领尚小镇”；在甘霖镇“嵊州越剧小镇”，重点发展越剧艺术等文化产业。

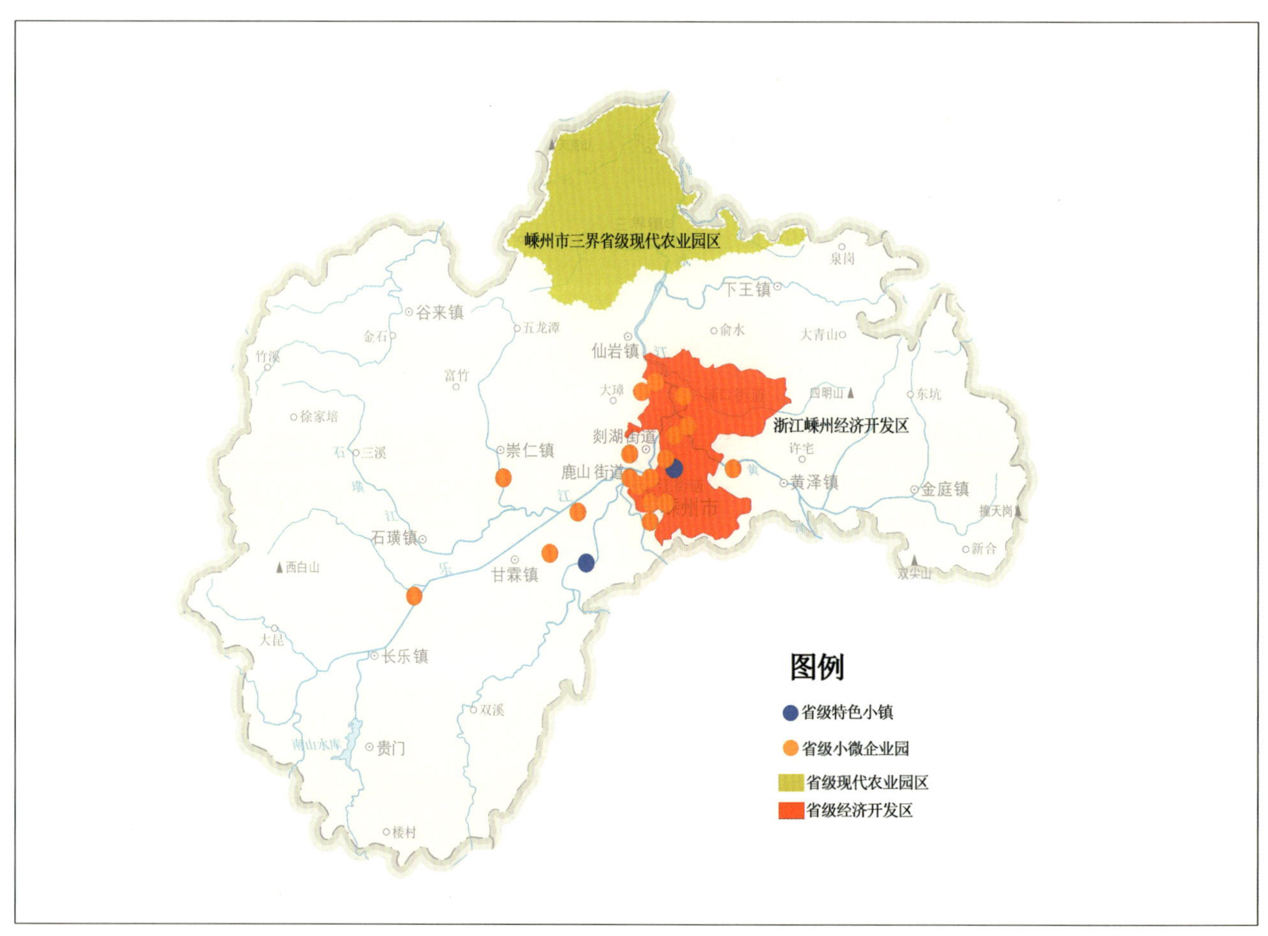

图 1　嵊州市重点产业平台布局

二、重点产业

（一）智能厨电产业

嵊州市是中国厨具之都，厨具的年产量占全国总产量的 30%。2022 年，嵊州市智能厨电产业的规上工业产值约 80.5 亿元，企业近 500 家。智能厨电产业的龙头企业见表 2。从产业链角度看，该产业的龙头企业主要集中在中游的智能厨电和集成橱柜制造。下一步，嵊州市将坚持“精品化、时尚化、智能化”发展方向，重点开发集吸油烟机、燃气灶、消毒柜、蒸烤箱等功能于一体的集成灶产品，引入 AI 智能控制技术，实施厨电行业“N+X”数字化改造，打造省级“未来工厂”。力争到2025年，智能厨电产业实现300亿元的产业规模。

表2　嵊州市智能厨电产业龙头企业简介

行业	企业类型	公司名称	主营业务
集成灶	上市公司	浙江亿田智能厨电股份有限公司	集成灶、集成水槽、厨具生产
		浙江帅丰电器股份有限公司	集成灶、集成水槽洗碗机、开放式厨房、整体厨房等
	地方重点企业	森歌电器有限公司、金帝智能厨电有限公司、万事兴电器有限公司、莫尼电气有限公司、睿达电器有限公司、板川电器有限公司、美多电器有限公司、普灵电器有限公司、蓝炬星电器有限公司、双港电器有限公司、爱瑞卡普田电器有限公司	燃气灶、集成灶、集成洗碗机、集成水槽、嵌入式洗碗机等蒸箱烤箱、热水器、油烟机等厨具卫具
橱柜	上市公司	浙江中林木业股份有限公司	家具、整体木作及智能木作
		嵊州优森家具股份有限公司	家具、软木制品、日用木制品

（二）机械电机产业

嵊州市是中国小功率电机生产基地。2022年，嵊州市机械电机产业规上产值约63.2亿元，规上企业数超200家，主要分布在工业机器人、注塑装备、机械装备及零部件行业。嵊州市机械电机产业龙头企业见表3。从产业链角度看，工业机器人企业主要集中在上游的核心零部件制造和中游的机器人系统集成；注塑装备行业主要集中在中游的注塑装备制造；机械装备及零部件企业主要集中在上游的基础零部件生产和中游的成套机械设备制造。下一步，嵊州市将重点发展弹簧机械设备、起重机械、冷链物流装备、链轮制造等领域，建立公共实验室，提高产业本地配套与技术创新能力，打造智能技术与装备制造深度融合的机械电机产业基地。力争到2025年，机械电机产业规模超过300亿元。

表3　嵊州市机械电机产业龙头企业简介

行业	企业类型	公司名称	主营业务
工业机器人	专精特新“小巨人”	浙江来福谐波传动股份有限公司	应用于工业机器人等领域的精密谐波减速器
注塑装备	地方重点企业	浙江旭昌昇装备科技有限公司	智能精密高速压力机，冲床、自动化设备、模具、夹具等设备
机械装备及零部件	上市公司	浙江迪贝电气股份有限公司	各类电机、新型机电元件、精密轴承
		浙江盈亿机械股份有限公司	制冷配件、机械五金、压力容器等
	专精特新“小巨人”	浙江特种电机有限公司	空调压缩机专用电机、永磁无刷直流电机，自动卷帘门等
		浙江万能弹簧机械有限公司	弹簧、五金产品生产，金属加工机械制造，机械设备研发
		浙江双鸟机械有限公司	轻小型起重装备
		浙江钜丰科技有限公司	微特电机及组件制造、汽车零部件及配件制造、电器辅件制造
	规上百强（市级）	嵊州思恒机械设备有限公司	金属切割及焊接设备
	地方重点企业	浙江中益机械有限公司	链轮、齿轮的生产和销售
		浙江天盛机械有限公司	自动游浸喷淋处理喷粉线、全自动智能机器人冲压流水线
		嵊州丰利粉碎科技有限公司	超微粉碎设备
		嵊州高翔材料有限公司	金属材料、机电设备等

续表

行业	企业类型	公司名称	主营业务
机械装备及零部件	地方重点企业	浙江万力铜业有限公司	铜带
		嵊州东方电机有限公司	集成灶电机、电机、微型电机、铁壳电机、空调室内电机
		嵊州中大元通线缆科技有限公司	金属材料
		嵊州元畅不锈钢科技有限公司	金属加工
		浙江富立轴承钢管有限公司	轴承钢管、轴承套圈车件、精密轴承、汽车配件
		嵊州特种链轮有限公司	特种链轮、非标链轮、非标滚子链轮
		绍兴泰力冷轧钢有限公司	冷轧钢带、冷轧钢板、冷轧冲件、钢带制管
		嵊州裕盈金属冷拉型材有限公司	各种型号、规格的光圆钢、光方钢、光六角钢
		浙江钜丰冲压科技有限公司	定转子冲片
		嵊州力驰电机有限公司	电器、电机及配件
		浙江凯迪制冷设备有限公司	冷风机、机组、冷凝器、压缩机
		浙江海宏电器有限公司	电机、压缩机
		浙江科贸智能机电股份有限公司	风机、暖通设备、制冷配件
		浙江物产中大电机铁芯制造有限公司	电机、铁芯、发电机及配件
		浙江双鸟锚链股份有限公司	海洋工程链及相关配件、附件的制造、销售
		浙江三鼎工具有限公司	塑胶五金工具制品、建筑五金件
		浙江北峰制冷设备有限公司	制冷机系列、组合冷库、制冷设备
	省级隐形冠军企业	浙江龙威机械制造有限公司	金属切割及焊接设备制造、金属工具制造、风动和电动工具

（三）领带服装产业

嵊州市是全球较大的领带生产基地。2022年，嵊州市领带服装产业规上工业产值约25.26亿元，领带专业生产企业超过200家，主要分布在纺织服装、丝和家纺领域。当地相关龙头企业见表4。从产业链角度看，该产业的龙头企业主要集中在上游的蚕种养殖、蚕丝生产，中上游的纺织印染及面料生产和产品制造。下一步，嵊州市将聚焦“三品提升”“个性化定制”工程，重点发展新品种纤维改性、生物基聚酯等产业化技术，整合线上与线下资源，构建集“设计、品牌、制造”于一体的领带服装全产业链。力争到2025年，领带服装产业实现300亿元的产业规模，将嵊州市打造为“中国丝高地”。

表4　嵊州市领带服装产业龙头企业简介

行业	企业类型	公司名称	主营业务
纺织服装	上市公司	浙江盛泰服装集团股份有限公司	高档织物面料的织染及加工，针织服装、梭织服装
	地方重点企业	嵊州盛泰针织有限公司	针织或钩针编织物及其制品制造
		浙江维新纺织有限公司	面料纺织加工、产业用纺织制成品
		浙江好运来集团有限公司	服装、家用纺织品、高档织物面料、针织品、床上用品
		嵊州雅戈尔毛纺织有限公司	面料纺织加工、面料印染加工、针纺织品、服装制造
		浙江达成凯悦纺织服装有限公司	服装制造
		浙江冠东印染服饰有限公司	坯布、印花布、服装、服饰
		加佳控股集团有限公司	警用装备、箱包
		嵊州时光服装有限公司	服装辅料
		浙江莎美实业股份有限公司	无缝内衣、针织内衣、时尚内衣、美体内衣、修型内衣
		浙江嵊州鑫嵋服装有限公司	服装、服饰、领带、高档织物面料

续表

行业	企业类型	公司名称	主营业务
纺织服装	地方重点企业	浙江金鹰股份有限公司	麻纺织品
		嵊州铭星制衣有限公司	服装、服饰、针织品、纺织品
		绍兴欧米茄服装有限公司	服装、服饰、领带、西服、衬衫
		嵊州达成纺织有限公司	高档织物面料及服装服饰
		浙江惠华针织有限公司	服装、服饰、面料、纯棉、棉混纺
		嵊州宏达时装有限公司	服装制造、服装服饰批发、服装服饰零售
		嵊州悦龙领带服饰有限公司	服装制造、面料纺织加工
		嵊州华宇纺织有限公司	纺织品、浆纱
家纺	地方重点企业	嵊州好运来印染有限公司	面料印染加工、面料纺织加工、家用纺织制成品制造
		绍兴鑫利达服饰印染有限公司	丝织印染、家纺、领带
	省级隐形冠军企业	浙江华发生态科技有限公司	生物基材料制造、合成材料制造、家居用品制造等
丝	专精特新“小巨人”	嵊州陌桑高科股份有限公司	蚕种生产、蚕种经营、饲料生产等
	地方重点企业	浙江巴贝领带有限公司	真丝家纺制品、领带、服装、服饰
		浙江天成印染针织有限公司	绢丝、绢棉、绢粘、丝羊绒、全棉、人造丝、粘尼混纺等
		浙江好运来数码纺织股份有限公司	领带、丝巾、面料、服装
		浙江雅士林领带服饰有限公司	领带系列、衬衣系列、丝巾系列、围巾系列
		嵊州正和丝业有限公司	面料纺织加工、服饰制造

（四）生物医药产业

嵊州市已初步形成医药产业体系，目前产业内龙头企业有5家，主要分布在化学药、生物制药、特色中药领域。从产业链角度看，该产业的龙头企业主要集中在上游的生物创新药开发和原料药生产，中游的药品制造，下游的药品零售。下一步，嵊州市将聚焦头孢类抗生素、药物肽、黄芪生脉中成药等领域，通过核心技术攻关，推动生物医药产业规模化发展，打造国内知名生物医药产业基地。力争到2025年，生物医药产业规模达300亿元以上。

表5　嵊州市生物医药产业龙头企业简介

行业	企业类型	公司名称	主营业务
化学药	上市公司	浙江昂利康制药有限公司	头孢菌素类、心血管类、胃肠道类药品等
	专精特新“小巨人”	浙江昂利泰制药有限公司	α－酮酸系列原料药及其他原料药新药
生物制药	专精特新“小巨人”	浙江湃肽生物股份有限公司	多肽原料药生产、多肽功效性护肤品生产
	地方规划重点企业	贝达药业（嵊州）有限公司	生物创新药开发（小分子靶向抗癌药盐酸埃克替尼）
		浙江来益生物技术有限公司	生物农药和生物制品
特色中药	上市公司	浙江新光药业有限公司	无糖型黄芪生脉饮、黄芪生脉颗粒、伸筋丹胶囊等
		易心堂大药房连锁股份有限公司	药品零售、中医坐堂门诊、综合门诊

三、科技创新概况

2022年，全市R&D经费占地区生产总值比重为2.4%，全省排名第57；全市拥有高新技术企业258家，高新技术产业增加值占工业增加值比重达68.4%；全市规上工业企业R&D经费支出占营业收入比重达2.55%，全省排名第10。

（一）区域创新资源布局

嵊州市创新平台主要集中在机械电机和智能厨电产业。2022 年，全市拥有国家级孵化器 1 家，省级孵化器 1 家，省级高新技术企业研发中心 59 家，企业研究院 16 家，重点企业研究院 3 家。创新平台主要分布在浦口街道、剡湖街道、三江街道、甘霖镇（见图 2）。

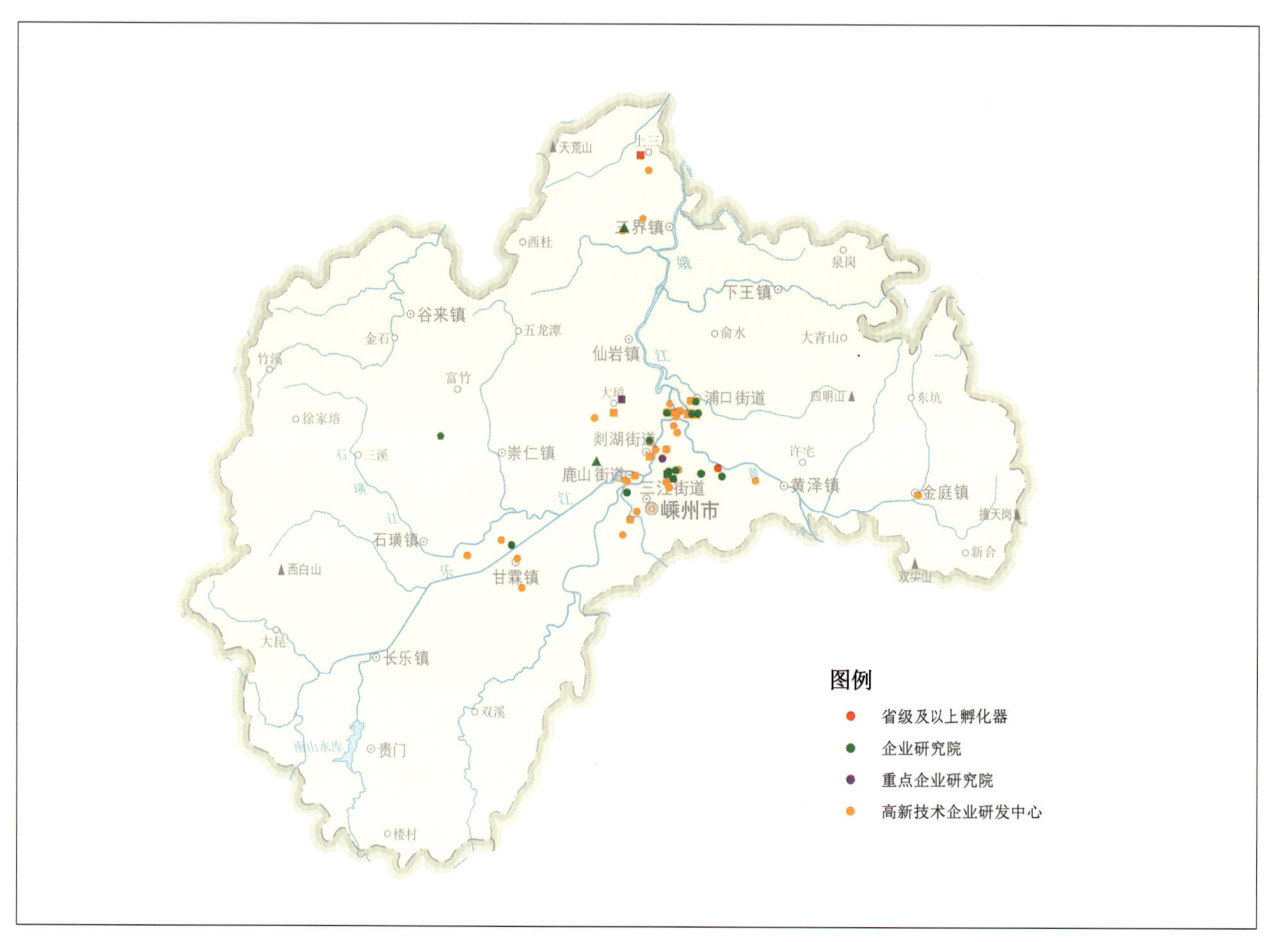

图 2　嵊州市创新平台布局

（二）产业专利分析

嵊州市的专利优势主要集中在家用炉或灶、焊接、清洁领域。2022 年，嵊州市有效发明专利共 3141 件，前十大专利技术领域见图 3。根据申请人分析，绍兴文理学院（织物等的处理、有机化学、医学或兽医学）、陌桑高科股份（农业、物理或化学处理方法、清洁）、恒中机器（机床、塑料加工）、越通非开挖建设（测量、传动装置构件）等申请人的专利数量居前。

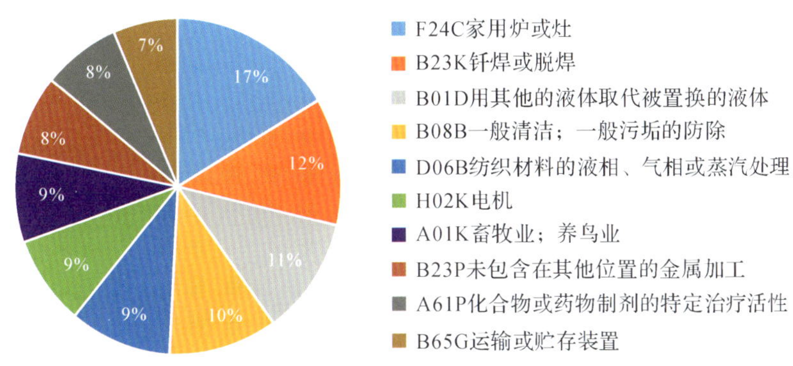

图3　嵊州市专利技术领域分布

四、嵊州市未来展望

从产业发展看，未来嵊州市将聚焦茶叶、香榧等优势特色产业，积极推进越乡龙井、嵊州香榧等农业品牌化建设，提档升级智能家居、高端装备、现代纺织三大经典产业，培育壮大新能源汽车及零部件、新材料、生命健康、新一代信息技术等四大战略性新兴产业。从科技创新看，嵊州市规上工业企业研发投入较高，已培育形成一批创新型“链主”企业。下一步，嵊州市将加快剡溪创新带建设，推进艇湖科技城和艇湖新材料实验室建设，加快落地比亚迪储能研究院、同济大学智能新能源汽车创新中心、西安交通大学长三角新能源产教融合研究院，引进浙江大学蚕丝蛋白微纳材料创新中心，争创省级重点实验室、省级新型研发机构。

新昌县产业链创新链全景分析报告

绍兴新昌县位于浙江省东部，总面积约 595.2 平方千米，下辖 4 个街道、6 个镇、2 个乡。2023 年，全县户籍人口为 42.65 万人，常住人口为 41.2 万人。地区生产总值为 606.67 亿元，全省排名第 56，全市排名第 6。新昌县是“中国工业百强县”“全国科技创新百强县”“中国轴承之乡”“中国名茶之乡”“全国茶叶科技创新示范县”，拥有“天姥山”“大佛寺”“十九峰”等著名景区。

一、新昌县产业概况

（一）产业结构

从地区生产总值构成看，2023 年，新昌县第一产业增加值为 25.01 亿元，第二产业增加值为 301.30 亿元，第三产业增加值为 280.36 亿元，三次产业增加值结构调整为 4.2 ∶ 51.3 ∶ 44.5。

从农业看，新昌县以茶叶产业为主导。2023 年，全县农林牧渔总产值为 35.04 亿元。茶叶全产业链产值超 96 亿元，“大佛龙井”是新昌主要名茶品种，品牌价值已达 52.33 亿元，为中国茶叶区域公用品牌价值五强。下一步，新昌县将打造百亿茶产业，继续做大做强“大佛龙井”“新昌小京生”等农产品区域公共品牌，扩大六大茶山“二十二宕”品牌 IP 影响力，培育一条澄潭江精品茶旅示范带，沿带打造集产学研、游购娱一体的高品位茶旅工厂店。

从工业看，新昌县以高端装备（制冷配件、汽车零部件、轴承）、通用航空和生命健康产业为主导。2023 年，全县规上工业总产值超 730 亿元，规上工业企业 373 家。2022 年新昌县产业主要分布见表 1。下一步，新昌县将积极推进高端装备、生命健康两大主导产业数字化改造，打造通用航空和新材料两大新兴产业链，培育壮大战略性新兴产业和未来产业。

表1　新昌县特色工业简介

名称	总产值 / 亿元
高端装备（制冷配件、汽车零部件、轴承）	超 285
通用航空	超 200
生命健康	约 105

（二）“北部集聚”的产业空间布局

图 1 展示了新昌县重点产业平台布局。从工业看，新昌县工业主要分布在北部的七星街道、澄潭街道和沃州镇，围绕“省级高新区”“省级小微企业园”“省级特色小镇”，形成北部工业集聚区，重点打造生物医药、高端装备制造产业，部分涉及纺织、新材料、家居建材产业。从服务业来看，新昌县服务业围绕“天姥山”“大佛寺”“十九峰”“达利丝绸”景区，推动文化产业与旅游产业融合发展，建设“浙东唐诗之路精华地”。

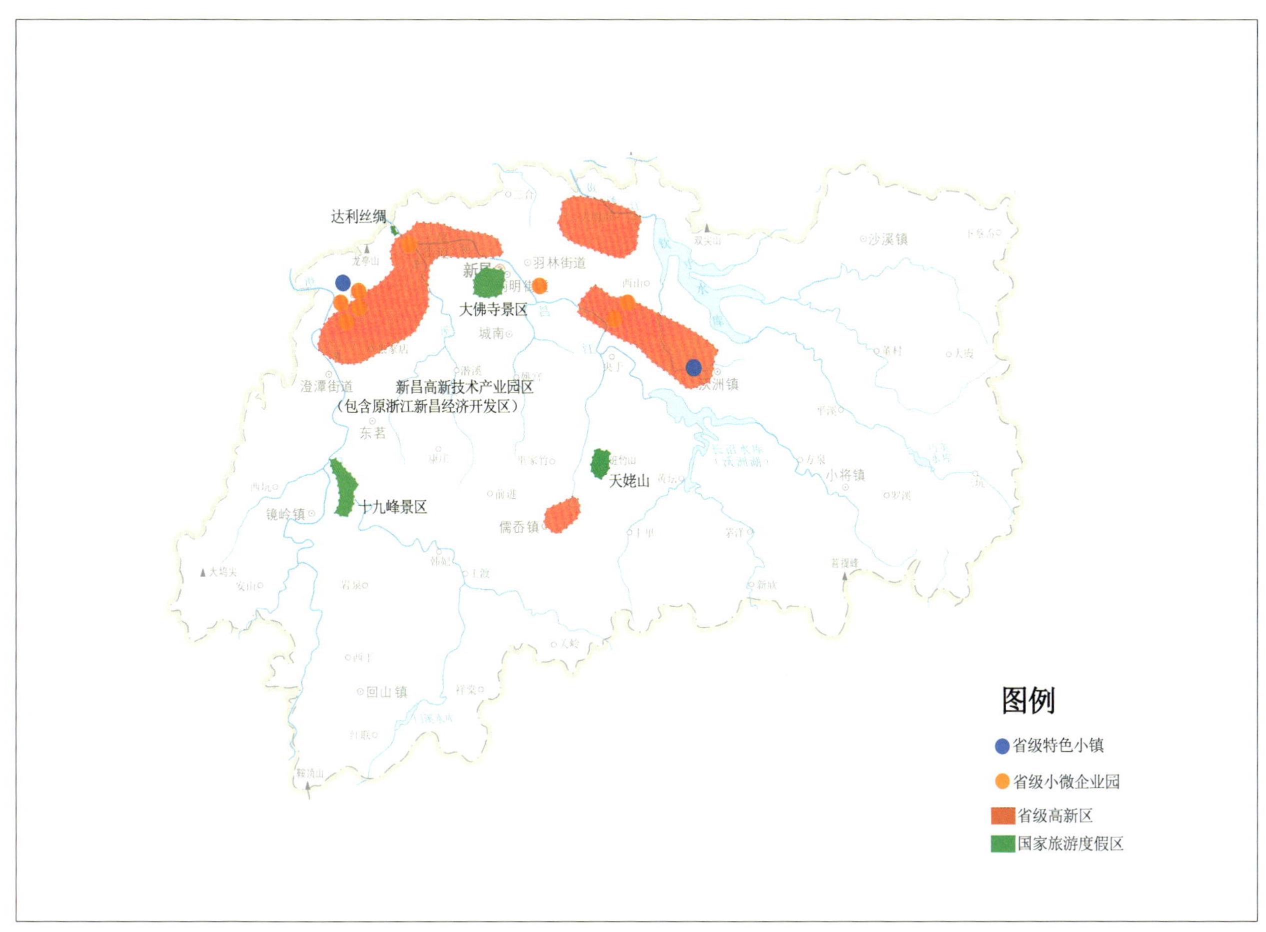

图 1　新昌县重点产业平台布局

二、重点产业

（一）高端装备（制冷配件、汽车零部件、轴承）产业

2022 年，新昌县高端装备产业总产值超 285 亿元。高端装备产业的龙头企业见表 2。从产业链角度看，制冷配件企业主要集中在中游的节流阀、压缩机、冷凝器制造；汽车零部件企业主要集中在上游的轴承、空调零部件，中游的汽车传动系配件、行驶系配件、电气仪表配件的制造；轴承企业主要集中在上游的轴承零部件和轴承加工装备的制造，中游的各类轴承的生产。下一步，新昌县将依托三花智控、同星科技等龙头企业，加快向商用制冷配件领域和特种制冷领域拓展与延伸，聚焦于工业制冷智能控制元器件、

板式换热器等产品的开发和生产，加强在变频空调、电控和系统控制技术等方面的研究开发，积极引进空调等制冷设备整机生产企业；依托万丰、美力科技等龙头企业，促进铝合金车轮、高寿命模具等领域制造技术突破，推动碳纤维、镁铝合金的应用研究及整车轻量化，增强新能源电动汽车和混合动力汽车研发力度及其电池、电控等核心部件自主生产能力，促进非道路机械领域先进技术运用和智能制造系统开发；推动先进新材料的运用，延伸发展应用于高速电机、工业机器人领域的高速精密重载智能轴承和应用于工程机械、风电等的智能轴承单元等产品，研发新能源驱动电机轴承，推进轴承生产的数字化、智能化改造。

表2　新昌县高端装备产业龙头企业简介

行业	企业类型	公司名称	主营业务
制冷配件	上市公司	浙江三花智能控制股份有限公司	四通换向阀、电子膨胀阀、电磁阀、微通道换热器、Omega泵
		浙江同星科技股份有限公司	换热器、制冷系统管组件、汽车空调管路和制冷单元模块
	地方重点企业	新昌丰亿元电器有限公司	制冷机械及配件、五金、电器、塑料制品、模具
		浙江万盾制冷股份有限公司	截止阀、方体阀、球阀、单向阀
汽车零部件	上市公司	浙江美力科技股份有限公司	悬架系统弹簧、动力系统弹簧、车身及内饰弹簧等
		浙江万丰奥威汽轮股份有限公司	汽车轮毂制造、摩托车轮毂制造、镁合金压铸产品等
	专精特新“小巨人”	浙江新宝汽车电器有限公司	车灯线束总成、整灯灯泡座、灯具
		浙江中柴机器有限公司	内燃工业车辆用和新能源车辆用传动系统装置、齿轮
		浙江斯菱汽车轴承股份有限公司	汽车轮毂轴承、离合器分离轴承、汽车辅助驱动张紧器等
		浙江元盛塑业股份有限公司	散热器水室、中冷器气室、前端冷却模块框架、冷却风扇
轴承	上市公司	浙江五洲新春集团股份有限公司	精密零配件和轴承产品
		浙江斯菱汽车轴承股份有限公司	圆锥轴承、单向皮带轮、工业及工程机械轴承等
	专精特效小巨人	浙江陀曼智能科技股份有限公司	数控齿轮机床、轴承套圈车削生产线
	地方重点企业	新昌新天龙纽尚精密轴承有限公司	轴承、齿轮和传动部件

（二）通用航空产业

2022年，新昌县通用航空产业总产值超200亿元。通用航空产业的龙头企业见表3。从产业链角度看，通用航空企业主要集中在上游的航空设备零部件、钛铝合金材料，中游的飞机制造，下游的通用航空服务。下一步，新昌县将以飞机整机及核心零部件的研发制造为核心，重点发展航空特种加工设备、飞机数字化装配系统及专用工装夹具的研发制造，加快引进飞机研发设计中心、航空研究院等创新资源，强化军民协同创新。

表3　新昌县通用航空产业龙头企业简介

行业	企业类型	公司名称	主营业务
通用航空	上市公司	浙江日发精密机械股份有限公司	航空发动机零件
	A级纳税人	新昌美达航空货运服务有限公司	国内航空货运代理
		浙江日发航空数字装备有限责任公司	航空发动机零件
		浙江恒鹰动力科技股份有限公司	航空发动机叶片、燃气轮机叶片、钛铝合金材料
	地方重点企业	万丰航空工业有限公司	飞机制造、机场管理、通用航空运营、低空保障、航校培训、航空俱乐部
		浙江万丰通用航空有限公司	飞行员培训、空中游览、航空探矿、航空摄影、空中巡查

（三）生命健康产业

2022 年，新昌县生命健康产业总产值约 105 亿元，其中规上工业产值超 95 亿元，拥有新和成、捷昌驱动、京新药业、国邦医药等四家上市公司，夸克生物、华光胶囊、益立胶囊等地方重点企业。生命健康产业的龙头企业见表 4，主要分布在生物医药和医疗设备两大行业。从产业链角度看，新昌县具有较完备的生命健康产业链，生物医药企业主要集中在上游的原材料和中游的药品、抗生素制造；医疗设备企业主要集中在中游的功能检查设备、内窥镜检查设备、超声诊断设备、康护设备、体外诊断设备制造。下一步，在生物医药领域，新昌县将推进现有企业产业升级和绿色制造，重点发展基因治疗药物、抗体治疗药物和创新型药物制剂，巩固发展维生素等原料药，大力开发中药创新药物；在胶囊领域，新昌县将加快胶囊生产原辅料的改进和研发，优化、提升胶囊生产流程，促进胶囊产品应用领域拓展和迭代升级；在医疗器械领域，新昌县将积极培育体外诊断试剂产业，注重专业医疗智能控制及传动系统开发。

表4　新昌县生命健康产业龙头企业简介

行业	企业类型	公司名称	主营业务
生物医药	上市公司	国邦医药集团股份有限公司	医药原料药、关键医药中间体及制剂
		浙江新和成股份有限公司	维生素系列、蛋氨酸、辅酶 Q10、类胡萝卜素、芳樟醇系列
		浙江京新药业股份有限公司	心脑血管、消化道和精神神经类药物、中成药
	重点企业	浙江医药股份有限公司新昌制药厂	维生素类、喹诺酮类和利福平类药物
		浙江夸克生物科技有限公司	生化试剂类和微生物类诊断试剂、血培养瓶、生化分析仪、消毒剂
		浙江华光胶囊股份有限公司	明胶胶囊、植物胶囊、清真胶囊、安全胶囊
		浙江益立胶囊股份有限公司	明胶空心胶囊、肠溶明胶空心胶囊、羟丙甲纤维素空心胶囊
医疗设备	上市公司	浙江京新药业股份有限公司	临床显示器、诊断显示器、会诊显示中心、内窥手术显示器、超声显示器和人机界面
		浙江捷昌线性驱动科技股份有限公司	医疗康护驱动系统、智慧办公驱动系统及智能家居控制系统等

三、科技创新概况

2022 年，全区 R&D 经费占地区生产总值比重为 4.42%，全省排名第 4；全县拥有高新技术企业 289 家，高新技术产业增加值占工业增加值比重达 92.99%；全县规上工业企业 R&D 经费支出占营业收入比重达 3.45%，全省排名第 1。

（一）区域创新资源布局

新昌县创新平台主要集中在高端装备和汽车配件产业。2022 年，全县拥有国家级星创天地 1 家，省级星创天地 1 家，省级重点实验室 1 家，省级孵化器 1 家，省级重点企业研究院 12 家，省级企业研究院 17 家，省级高新技术企业研发中心 49 家，产业创新服务综合体 2 家。创新平台主要分布在七星街道、澄潭街道和沃州镇（见图 2）。

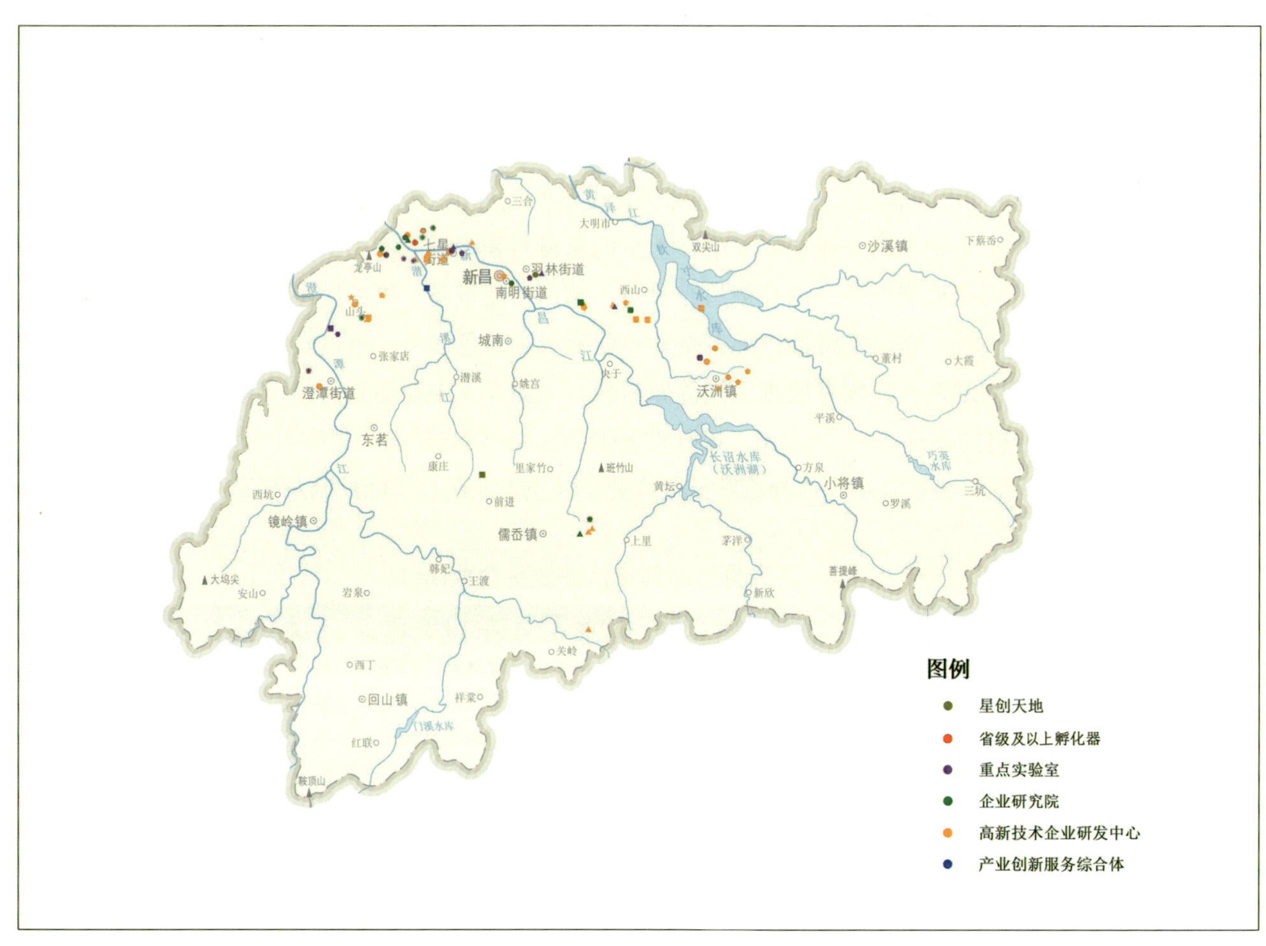

图 2　新昌县创新平台布局

（二）产业专利分析

新昌县的专利优势主要集中在阀、制冷元部件、制冷设备、厨房用具和机床及其零部件等领域。2022 年，新昌县有效发明专利共 6244 件，前十大专利技术领域见图 3。根据申请人分析，浙江绍兴苏泊尔生活电器（烹饪器具、料理机、电磁炉）、浙江三花股份（控制阀、电动阀、流体控制组件及热管理系统、电子膨胀阀、制冷系统、空调系统和空调器）、浙江新和成股份（催化剂系列，植物醇及其中间体，己二腈、牛磺酸的合成、制备）、浙江医药股份新昌制药厂（维生素类、喹诺酮类和利福平类药物）、浙江京新药业股份（苯并噻吩衍生物、他司美琼、匹伐他汀钙等）等申请人的专利数量居前。

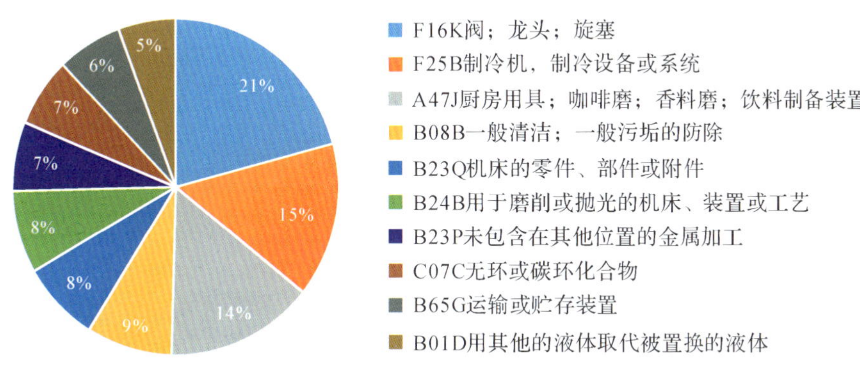

图 3 新昌县专利技术领域分布

四、新昌县未来展望

从产业发展看，未来新昌县将大力发展现代农业，支持花生产业提升、中药材产业振兴，实施茶叶强县建设工程，壮大提升高端智能装备、生命健康和汽车零部件（大交通）等支柱产业，大力培育人工智能、通用航空等新兴产业。从科技创新看，新昌县规上工业企业研发投入占比全省排名前列，全区 R&D 经费占地区生产总值比重在区县中居于领先地位，龙头企业创新能力强。下一步，新昌县将优化创新服务“云局”工作机制，探索科技创新区域合作新路径，加快高创园二期建设，建成天姥实验室，争创省级新型研发中心，共建联合研究中心（实验室），创建市级及以上企业研发机构。

滨海新区产业链创新链全景分析报告

绍兴滨海新区位于浙江省北部，总面积约430平方千米，下辖10个街道。2023年，全区常住人口约60万人，地区生产总值为924亿元。滨海新区是城市新区发展潜力百强区、中国国际黄酒产业博览会永久会址，拥有会稽山大禹陵旅游区。

一、滨海新区产业概况

（一）产业结构

从地区生产总值构成看，2022年，滨海新区第一产业增加值为13.65亿元，第二产业增加值为452.21亿元，第三产业增加值为403.44亿元。

从工业看，滨海新区以集成电路、生物医药、高端装备产业为主导。2023年，全区规上工业增加值383.69亿元。2022年滨海新区产业主要分布见表1。下一步，滨海新区将重点发展集成电路和生物医药产业，打造两大"万亩千亿平台"，提升高端装备、智能家居、黄酒、新能源产业，实现传统产业高层次孵化，将滨海新区打造成全省传统产业转型升级示范区。

表1　滨海新区特色工业简介

名称	规上工业产值 / 亿元	占全区规上工业总产值比重 /%
集成电路	超 500.00	超约 33.33
生物医药	395.80	26.38
新材料	约 200.00	约 13.33
高端装备	约 115.20	约 7.68
智能家居	超 100.00	超 6.66

从服务业看，滨海新区以现代商贸和金融服务业为主导。下一步，滨海新区将构建以"高端制造+新型服务贸易"为业态的内陆型综保区，培育医药、治疗、康复深度融合的康养休闲业，打造高端医养示范基地。

（二）“东南集聚”的产业空间布局

图 1 展示了滨海新区重点产业平台布局。从工业看，滨海新区工业在沥海街道和东湖街道，依托两个“万亩千亿平台”，重点打造电子信息、生物医药产业，少部分涉及汽车零部件和新材料产业；在斗门街道、孙端街道和马山街道，依托“国家级经济开发区”，重点打造集成电路、智能制造产业，少部分涉及现代服务业；在迪荡街道、皋埠街道和稽山街道，依托“国家级高新区”，重点打造电子信息和生命健康产业；在沥海街道、斗门街道，“省级小微企业园”成片分布，重点打造生物医药、电子信息产业，少部分涉及纺织服装。从服务业看，滨海新区服务业在东湖街道“国家级综合保税区”，重点打造跨境电商和物流产业；在稽山街道“国家旅游度假区”，重点打造旅游产业。

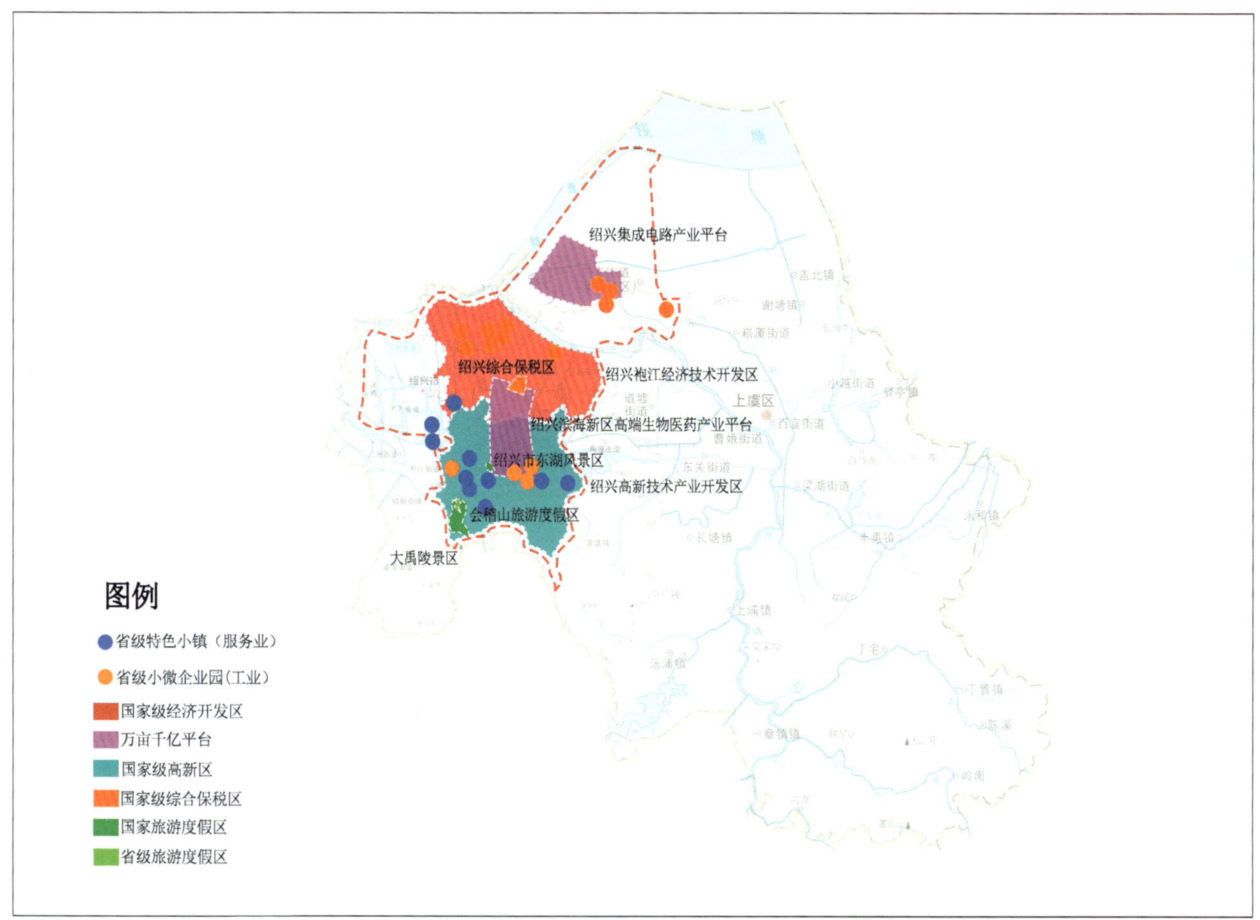

图 1 滨海新区重点产业平台布局

二、重点产业

（一）集成电路产业

滨海新区集成电路产业入选浙江省首批“万亩千亿”新产业平台培育名单。2022 年，滨海新区集成电路产业总产值超过 500 亿元，企业有 98 家。集成电路产业的龙头企业见表 2。从产业链角度看，该产业的龙头企业主要集中在上游的单晶硅片、半导体分立器件、半导体器件专用设备，中游的集成电路设计、集成电路制造，下游的应用制造。下一步，滨海新区将重点发展北斗导航芯片、物联网芯片等前沿领域，聚焦集成电路“设计—制造—封装—测试—设备及应用”全产业链，大力拓展半导体制品在新能源汽车等领域的应用。力争到2025年，集成电路产业总产值达1000亿元。

表2　滨海新区集成电路产业龙头企业简介

行业	企业类型	公司名称	主营业务
电子元器件	上市公司	绍兴中芯集成电路制造股份有限公司	功率半导体和MEMS传感器等模拟类芯片
		浙江明德微电子股份有限公司	贴片式整流二极管及相关产品
	专精特新“小巨人”	绍兴中科通信设备有限公司	集成电路芯片设计
电路设备	上市公司	浙江盛洋科技股份有限公司	同轴电缆、数据电缆、高频头、小尺寸显示屏和5G通信基站
		绍兴江悦新能源科技股份有限公司	计算机软硬件及辅助设备、半导体器件专用设备
	专精特新“小巨人”	绍兴中科通信设备有限公司	集成电路设计
电子材料	规上百强（市级）	浙江中成控股集团有限公司	特种有机硅、高档有机硅

（二）生物医药产业

滨海新区生物医药产业被列入浙江省“万亩千亿”新产业平台培育名单。2022年，滨海新区生物医药产业总产值395.8亿元，企业有185家，主要分布在制药和医疗用品领域。该产业的龙头企业见表3。从产业链角度看，制药企业主要集中在上游的药品原材料研发和中游的药品、保健品、农药生产；医疗用品企业主要集中在中游的制造。下一步，滨海新区生物医药产业将重点发展化学药、生物药、高端医疗器械、现代生物药四大领域，大力研发智能化医疗器械。力争到2025年，生物医药产业总产值达1000亿元，打造国内知名生物医药产业基地。

表3　滨海新区生物医药产业龙头企业简介

行业	企业类型	公司名称	主营业务
制药	上市公司	浙江震元股份有限公司	中药材、中药饮片、中成药、化学原料药、化学药制剂
		浙江亚太药业股份有限公司	片剂、硬胶囊剂、透皮贴剂、冻干粉针剂、粉针剂、原料药
		浙江向日葵大健康科技股份有限公司	抗感染药物、抗高血压药物
		浙江医药股份有限公司	脂溶性维生素、类维生素、喹诺酮类抗生素、抗耐药抗生素
		绍兴民生医药股份有限公司	丙氨酰谷氨酰胺、吡喹酮、噻嘧啶、植物提取半合成类
	专精特新“小巨人”	绍兴东湖高科股份有限公司	乙烯利原药和水剂、矮壮素原药和水剂
	规上百强（市级）	浙江震元股份有限公司	中药材、中药饮片、中成药、化学原料药、化学药制剂
医疗用品	上市公司	振德医疗用品股份有限公司	基础敷料、手术感控、传统伤口护理、压力固定、消毒用品

（三）新材料产业

2022年，滨海新区新材料产业总产值约200亿元，主要分布在工程塑料、合成纤维、建筑涂料领域。相关龙头企业见表4。从产业链角度看，工程塑料企业主要集中在上游的材料研发，中游的聚丙烯及其他制品生产；合成纤维企业主要集中在上游的材料研发和中游的纤维制品制造；建筑涂料企业主要集中在中游的涂料制造。下一步，滨海新区将重点发展绿色包装、节能环保新材料，拓展新材料在纺织、建筑、化工等领域的应用，打造国内领先的绿色包装研发生产基地和节能环保新材料应用基地。

表4　滨海新区新材料产业龙头企业简介

行业	企业类型	公司名称	主营业务
工程塑料	上市公司	浙江锦盛新材料股份有限公司	亚克力容器
	规上百强（市级）	浙江绍兴三锦石化有限公司	聚丙烯、聚丙烯合成纸、聚丙烯薄膜、聚丙烯管材
合成纤维	专精特新"小巨人"	浙江佳人新材料有限公司	再生聚酯切片及原料、差别化纤维、再生纤维
	规上百强（市级）	浙江古纤道绿色纤维有限公司	4- 二甲苯、甲醇、改性聚酯切片、差别化涤纶工业纤维材料
		浙江七色彩虹股份集团有限公司	针纺织品、坯布等
建筑涂料	专精特新"小巨人"	浙江捷发科技股份有限公司	木质素磺酸钠系列分散剂

（四）高端装备产业

2022 年，滨海新区高端装备产业产值为 115.2 亿元，涉及汽车零部件、现代环保装备、关键基础件和专用设备领域。相关龙头企业见表 5。从产业链角度看，汽车零部件企业集中在上游的新能源技术开发和中游的汽车机械制造；现代环保装备企业主要集中在上游的技术、材料研发和关键元器件制造和中游的节能设备、环保产品制造；关键基础件企业主要集中在上游的基础件制造；专用设备企业主要集中在中游的设备高端针织设备、床垫机械、农业机械制造。下一步，滨海新区将聚焦新能源汽车及关键零部件和现代环保装备，重点发展发动机、传动机械、太阳能、光伏等细分领域。力争到 2025 年，高端装备产业产值达 500 亿元，打造全国重要的高端装备制造基地。

表5　滨海新区高端装备产业龙头企业简介

行业	企业类型	公司名称	主营业务
汽车零部件	上市公司	浙江金道科技股份有限公司	工程机械变速箱、工业传动机械、液力变矩器
	专精特新"小巨人"	浙江康思特动力机械有限公司	汽车零部件及配件、发电机及发电机组、新兴能源技术
		绍兴金江机械有限公司	汽车零部件及配件制造、机械零件设备、工业自动控制系统装置
现代环保装备	上市公司	浙江德创环保科技股份有限公司	脱硫脱硝产品、除尘设备、废水减量及回收技术、固体废物处理技术
		绍兴江悦新能源科技股份有限公司	光伏设备及元器件、太阳能热利用装备、太阳能发电技术
	专精特新"小巨人"	绍兴拓邦新能源股份有限公司	光伏设备及元器件
		绍兴中科通信设备有限公司	光电子器件
关键基础件	上市公司	浙江冠明电力新材股份有限公司	电力用镀锌钢丝、稀土多元合金镀层丝、金属制品
	专精特新"小巨人"	浙江博盟精工轴承有限公司	轴承、配件、电动机
专用设备	上市公司	浙江百翔科技股份有限公司	高端针织设备
	专精特新"小巨人"	浙江华剑智能装备股份有限公司	床垫机械设备

（五）智能家居产业

2022 年，滨海新区智能家居产业总产值超 100 亿元，主要分布在智能家具和智能家电领域。相关龙头企业见表 6。从产业链角度看，智能家具企业主要集中在中游的家具产品制造；智能家电企业主要集中在中游的厨电和其他电器设备制造。下一步，滨海新区将探索个性化全屋定制、新零售形式，培育壮大厨电等家用电器、高档家居用品产业。力争到 2025 年，智能家居产业产值突破 300 亿元。

表6 滨海新区智能家居产业龙头企业简介

行业	企业类型	公司名称	主营业务
智能家具	上市公司	喜临门家具股份有限公司	软床、床垫、沙发和全屋定制
智能家电	专精特新“小巨人”	绍兴中新电器有限公司	电热器具、温控器、五金电器配件
	地方重点企业	绍兴市安吉尔净饮水科技有限公司	净水设备、饮水设备、空气净化设备
	规上百强（市级）	浙江绍兴苏泊尔生活电器有限公司	厨房小家电产品（电压力锅、电磁炉、豆浆机等）

三、科技创新概况

2022年，全区R&D经费占地区生产总值比重为3.34%；全区拥有高新技术企业465家，高新技术企业数占规上工业企业总数达80.05%；全区规上工业企业R&D经费支出占营业收入比重达1.85%。

（一）区域创新资源布局

滨海新区创新平台主要分布在生物医药、新材料、印染化工产业。2022年，全区拥有省级新型研发机构3家，省级重点企业研究院5家，省级企业研究院28家，国家级孵化器1家，省级高新技术企业研发中心76家。创新平台主要分布在沥海街道和马山街道（见图2）。

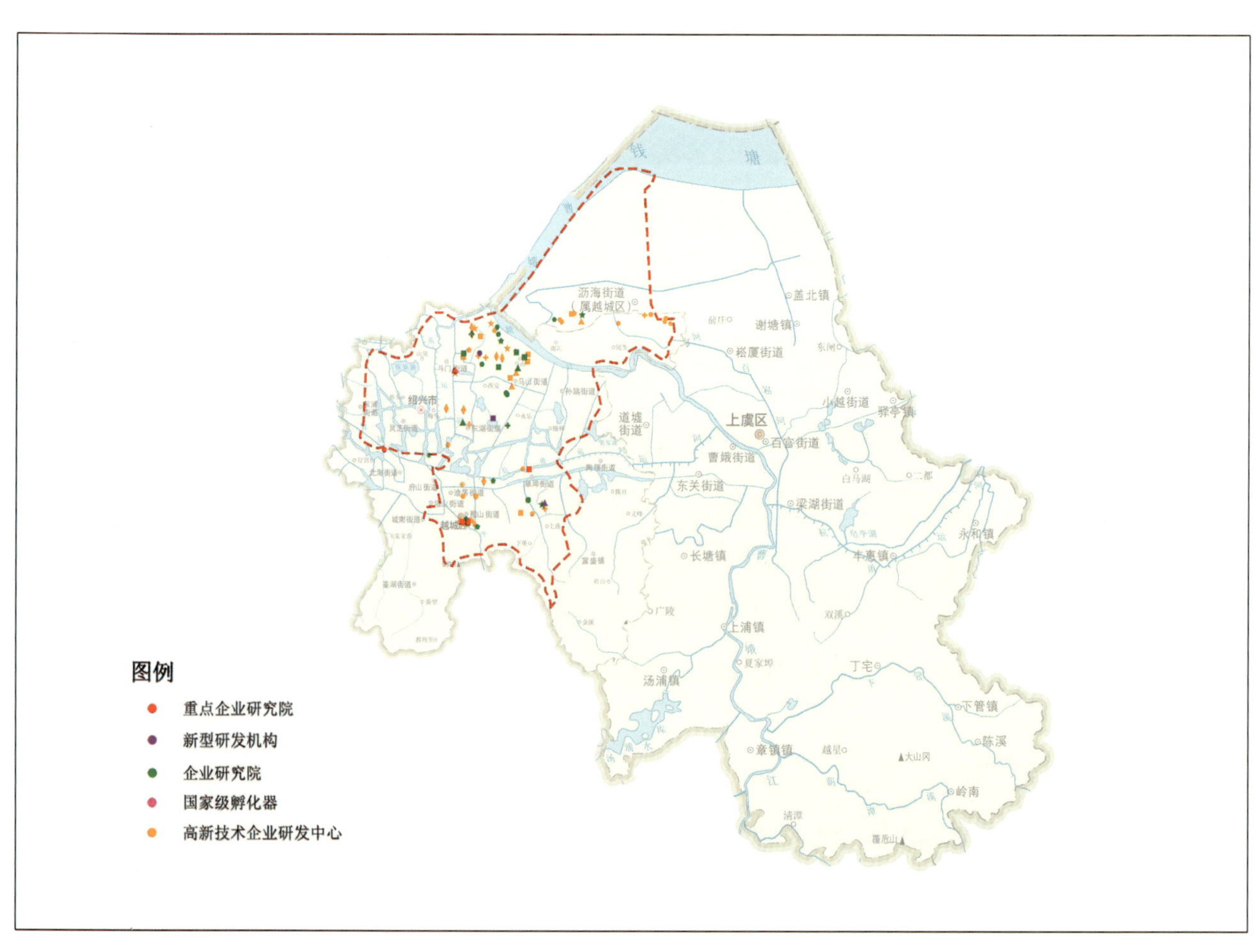

图2 滨海新区创新平台布局

（二）产业专利分析

滨海新区的专利优势主要集中在集成电路（半导体器件、电固体器件）、高端装备（现代环保装备、分离装置）领域。2022 年，滨海新区有效发明专利共 2464 件，前十大专利技术领域见图 3。根据申请人分析，浙江工业职业技术学院（柔性材料、测量测试、基本电器元件、一般车辆）、苏泊尔生活电器（家居、一般吸尘器）、中芯集成电路制造（基本电器元件）、奇彩环境科技股份（污染物处理）、中芯集成电路制造股份（半导体器件）等申请人的专利数量居前。

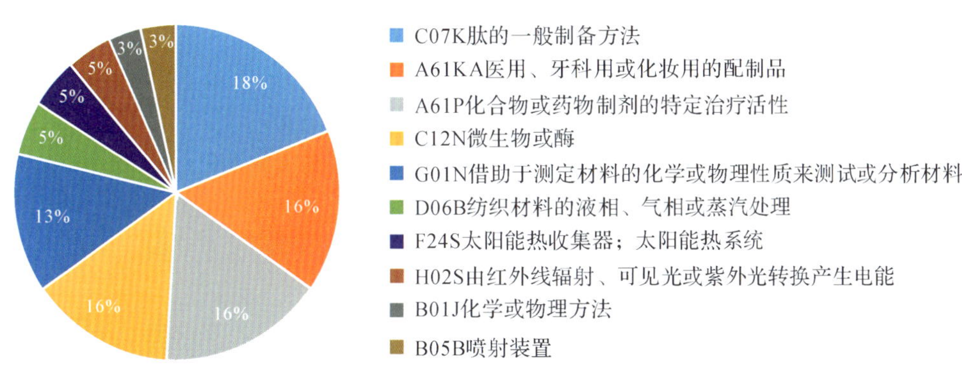

图 3　滨海新区专利技术领域分布

四、滨海新区未来展望

从产业发展看，滨海新区将继续发挥两大“万亩千亿”新产业平台优势做强集成电路、生物医药两大千亿级产业集群，加快培育高端装备、智能家居、黄酒三大百亿级产业集群，打造新能源及汽车关键零部件、医疗器械、节能环保新材料、5G 通信及人工智能四大特色产业链。从科技创新看，全区 R&D 经费占地区生产总值比重和规上工业企业 R&D 经费支出占营业收入比重均低于全省平均水平。下一步，滨海新区将积极融入绍兴“科创大走廊”建设，重点推进绍芯实验室创建省级重点实验室，力争纳入省实验室体系布局，力争使省级集成电路产业创新中心成为国家队，省级制造业创新中心创建实现零的突破，发挥浙江大学绍兴研究院、绍兴市北大信息技术科创中心、天津大学浙江国际创新设计与智造研究院等共建创新载体功能，推动技术成果转化。

金华

JIN HUA

金华卷

婺城区产业链创新链全景分析报告

金华婺城区位于浙江省中部，总面积约 1391.24 平方千米，下辖 5 个街道、7 个乡、6 个镇。2023 年，全区户籍人口为 38.62 万人，常住人口为 48.7 万人。地区生产总值为 804.83 亿元，全省排名第 40，全市排名第 3。婺城区是“国家历史文化名城”“国家园林城市”“中国茶花之乡”“中国桂花之乡”“中国苗木盆景之乡”，拥有“双龙国家级风景名胜区”“桂花谷仙源湖”等旅游景区。

一、婺城区产业概况

（一）产业结构

从地区生产总值构成看，2023 年，婺城区第一产业增加值为 12.29 亿元，第二产业增加值为 85.23 亿元，第三产业增加值为 281.53 亿元，三次产业增加值结构调整为 3.2 ∶ 22.5 ∶ 74.3。

从农业看，婺城区以花卉苗木、优质茶叶、优质富硒米产业为主导。2023 年，全区农林牧渔总产值为 21.78 亿元。花卉苗木和茶叶产值均超 5 亿元，“采云间”“箬阳龙珍”等婺城茶叶品牌远销海内外；优质富硒米产值超 1 亿元，蒋堂镇被中国地质学会认定为全国天然富硒土地。下一步，婺城区将以高山有机茶、婺禾富硒米等区域特色农产品为重点，加快高效生态农业发展，建成休闲观光采摘果园和特色菌园，聚力振兴“花满婺城”乡村特色农业，推动农文旅三产融合，打造长三角花卉休闲产业示范区。

从工业看，婺城区以新能源汽车及零部件（汽摩配）、现代五金和水泥产业为主导。2023 年，婺城区规上工业总产值 247.23 亿元，规上工业企业 250 家。2022 年婺城区产业主要分布见表 1。下一步，婺城将推进主导产业向生命健康、新材料领域进军，培育氢能源产业，重点打造“2（新能源汽车及零部件、现代五金）3（数字经济核心产业、生命健康、新材料）1（现代智造服务业）”特色产业体系。

表1　婺城区特色工业简介

名称	规上工业产值 / 亿元	占全区规上工业总产值比重 /%
新能源汽车及零部件（汽摩配）	超 60.00	超 25.10
现代五金	超 40.00	超 16.74
水泥	超 30.00	超 12.55
生命健康	约 8.80	约 3.68
新材料	超 6.00	超 2.51

从服务业看，婺城区以跨境电商、软件和信息服务业为主导。2023 年，婺城区规上服务业总营收超 114.06 亿元（其中跨境电商产业营收占 20.07%）。婺城区重点生产性服务业产业主要分布见表 2。下一步，婺城将做优都市服务业，强化商贸经济市区龙头地位，推进现代服务业集聚区向高端化发展，推动生产性服务业向专业化和价值链高端延伸，聚力构建商贸商务、科技创新、智慧物流、文化旅游、未来生活五大现代服务业体系。

表2　婺城区特色生产性服务业结构

名称	规上营收 / 亿元	占全区规上服务业总营收比重 /%
跨境电商	约 22.9	20.07
软件和信息服务	约 3.25	2.85

（二）“东北集聚”的产业空间布局

图 1 展示了婺城区重点产业平台布局。从工业看，婺城区工业围绕“浙江婺城经济开发区”“金华高新技术产业园区”“省级小微企业园”在东北部集聚，重点发展新能源汽车及零部件（汽摩配）、现代五金和生命健康产业，少部分涉及电子信息、新材料、家居制造和纺织印染产业。从农业看，婺城区农业依托“婺南省级现代农业园区”和“婺城绿色畜牧农业科技园”，在市郊的琅琊镇、长山乡和苏孟乡，重点建设特色蔬菜生产基地和生态养殖基地。从服务业看，婺城区依托“婺城区现代服务业创新发展区”和“省级小微企业园”，重点发展信息技术服务、数字贸易和生命健康服务产业，以及与工业交互性强的新材料研发、光伏发电运维服务产业。

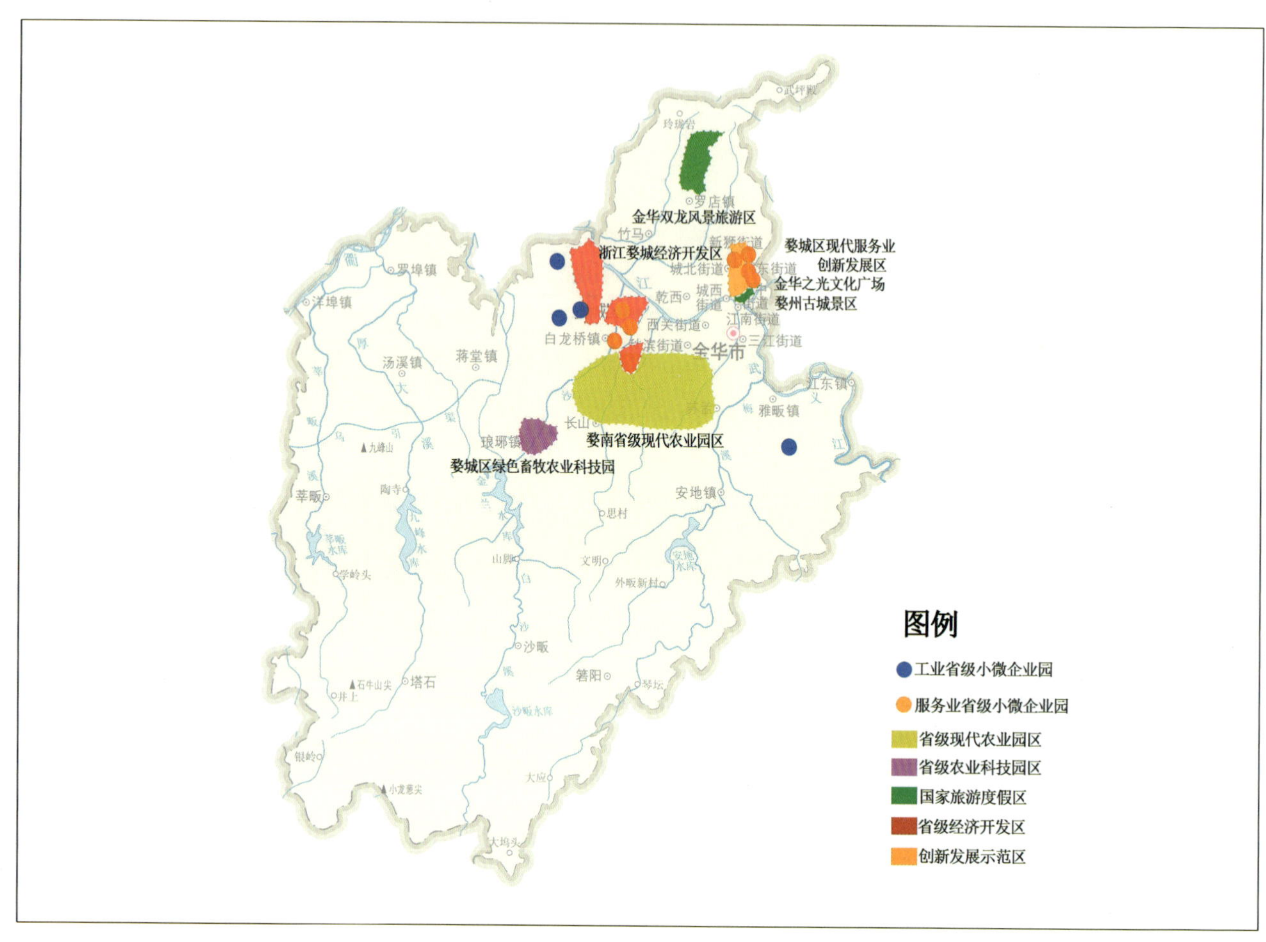

图1　婺城区重点产业平台布局

二、重点产业

（一）新能源汽车及零部件产业

2022年，新能源汽车及零部件产业是婺城区的支柱产业之一，规上工业产值超60亿元，规上企业17家。该产业的龙头企业见表3。从产业链角度看，新能源汽车及零部件产业的龙头企业主要集中在中游的零部件和下游的汽车整车制造领域。下一步，婺城区将以传统汽摩配产业为基点，以新能源汽车产业链为依托，以高效节能自动化为目标，发挥龙头企业示范引领作用，夯实发动机、变速箱、齿轮、轮毂等关键零部件领域的优势地位。不断招引动力电池、电机、动力总成等关键零部件项目，以纯电驱动和插电混合动力整车技术为发展重点，突破整车设计、动力总成、轻量化等关键技术。

表3　婺城区新能源汽车及零部件产业龙头企业简介

行业	企业类型	公司名称	主营业务
汽车零部件及配件制造	上市公司	万里扬股份有限公司	汽车变速器、新能源传动系统
		浙江今飞凯达轮毂股份有限公司	汽车轮毂、摩托车轮毂、环保装备
	专精特新“小巨人”	浙江博星工贸有限公司	汽车轴、齿轮、农机凸轮轴
	地方重点企业	金华浩翔汽配有限公司	制动盘、制动鼓

续表

行业	企业类型	公司名称	主营业务
汽车零部件及配件制造	地方重点企业	金华欧伦催化科技有限公司	动车尾气净化催化剂、消声排气系统
		浙江康灵汽车零部件有限公司	汽车单向器
	拟上市公司	金华氢途科技有限公司	氢燃料电池发动机
汽车整车制造	地方重点企业	金华市永强车业有限公司	挂车、汽车零部件、金属包装容器
		金华瑞迪车业有限公司	老年代步车、景点代步车、电动轮椅

（二）现代五金产业

2022 年，现代五金产业规上总产值超 40 亿元。该产业的龙头企业见表 4。从产业链角度看，现代五金产业主要集中在中游的工具五金、建筑五金和日用五金制造。婺城区在工具五金领域具有较大优势，未来将重点发展技术密集、节能环保、附加值高的智能化电动工具。同时，加强与金华其他市县区（永康市、武义县）合作，优势互补，共同推进现代五金产业向更高端、更精密、更节能环保的方向转型。

表4　婺城区现代五金产业龙头企业简介

行业	企业类型	公司名称	主营业务
工具五金	上市公司	浙江开创电气股份有限公司	电动工具及配件、五金工具、注塑类塑料制品
		浙江一火科技股份有限公司	喷嘴、磨刀器刀片、磁性开关配件、锁具配件、电动工具配件、硬质合金刀片
	专精特新“小巨人”	浙江润华机电有限公司	绞盘、绞车、提升机、汽车配件、发电机
	地方重点企业	金华市精工工具制造有限公司	五金工具、钢管制造
		浙江精深实业有限公司	电动工具、五金产品、铝合金锭及制品
		浙江辉煌三联实业股份有限公司	链锯、链轮、锉刀、导板
建筑五金	地方重点企业	金华力拓钢柜有限公司	实验台、通风柜
		金华市星球机械铸钢有限公司	破碎机、给料机、胶带输送机、洗砂机、振动筛
		浙江金祥板业有限公司	铝塑复合板、铝蜂窝复合板、涂层铝卷、涂装设备、膜材料及膜组件
日用五金	地方重点企业	金华星筑科技有限公司	中高端门锁、五金配套件制造、门业成品、精密模具制造
		金华乐嘉厨具有限公司	铝压铸锅、仿压铸锅、搪瓷锅、拉伸锅等锅具
		浙江赤诚工贸有限公司	多层不锈钢厨具

（三）水泥产业

2022 年，水泥产业规上总产值超 30 亿元。该产业的龙头企业见表 5。从产业链角度看，婺城区水泥产业主要集中在上游的水泥制造和中游的混凝土制造。水泥产业是婺城的传统产业，具有高污染、高能耗的产业特性。下一步，婺城区将聚焦水泥行业的绿色化、智能化改造，通过错峰用电生产和清洁能源替代践行节能减排，实现高质量发展。

表5 婺城区水泥产业龙头企业简介

行业	企业类型	公司名称	主营业务
水泥制造	上市公司	浙江尖峰集团股份有限公司	水泥、水泥混凝土，医药中间体、医药化工原料
	年度工业十强（区级）	浙江金华南方尖峰水泥有限公司（尖峰集团子公司）	水泥、水泥制品
	地方重点企业	浙江金圆水泥有限公司	水泥、水泥设备、水泥助磨剂
		浙江虎鹰水泥有限公司	水泥、熟料
混凝土制造	上市公司	浙江巨龙管业科技有限公司	混凝土输水管、排水管
	地方重点企业	金华市龙正商品混凝土有限公司	商品混凝土、预拌砂浆

三、科技创新概况

2022年，全区R&D经费占地区生产总值比重为2.65%，全省排名第46；全区拥有高新技术企业405家，高新技术产业增加值占工业增加值比重达71.6%；全区规上工业企业R&D经费支出占营业收入比重达1.65%，全省排名第50。

（一）区域创新资源布局

婺城区创新平台主要集中在现代五金和新能源汽车及零部件产业。2022年，全区拥有省级重点实验室7家，省级重点企业研究院2家，省级企业研究院11家，省级高新技术企业研发中心33家，国家级孵化器1家，省级孵化器2家。创新平台主要分布在白龙桥镇和新狮街道（见图2）

（二）产业专利分析

婺城区的专利优势主要集中在电机、催化剂等领域。2022年，婺城区有效发明专利共3150件，前十大专利技术领域见图3。根据申请人分析，浙江师范大学（电机、催化剂、DNA重组技术）、金华职业技术学院（容器、金属加工）、浙江今飞凯达轮毂（轮毂）、浙江万里扬股份（汽车变速器、传动系统）、金华辉煌三联工具实业（机床）等申请人的专利数量居前。

四、婺城区未来展望

从产业发展看，未来婺城区将以“一花一产业”为建设目标，做大做强茶花、桂花、杜鹃花、高端景观苗等产业，做优做精“采云间”“箬阳龙珍”等优质茶产业品牌，聚焦培育“2+3”先进制造业集群，做大做强新能源汽车及零部件产业、现代五金产业两大特色优势产业，培育发展数字经济核心产业、生命健康产业、新材料产业三大新兴产业。从科技创新看，婺城区规上工业企业研发投入全省靠前，区域创新能力较强。下一步，婺城区将全力打造未来科创中心，深度融入G60浙中科创大走廊，完成师大创新城规划，加快浙师大金华科创园、浙江光电子研究院、浙师大数理医学院等标志性项目建设，推动创新载体提质扩面，加快省级以上科技孵化器、众创空间创建。

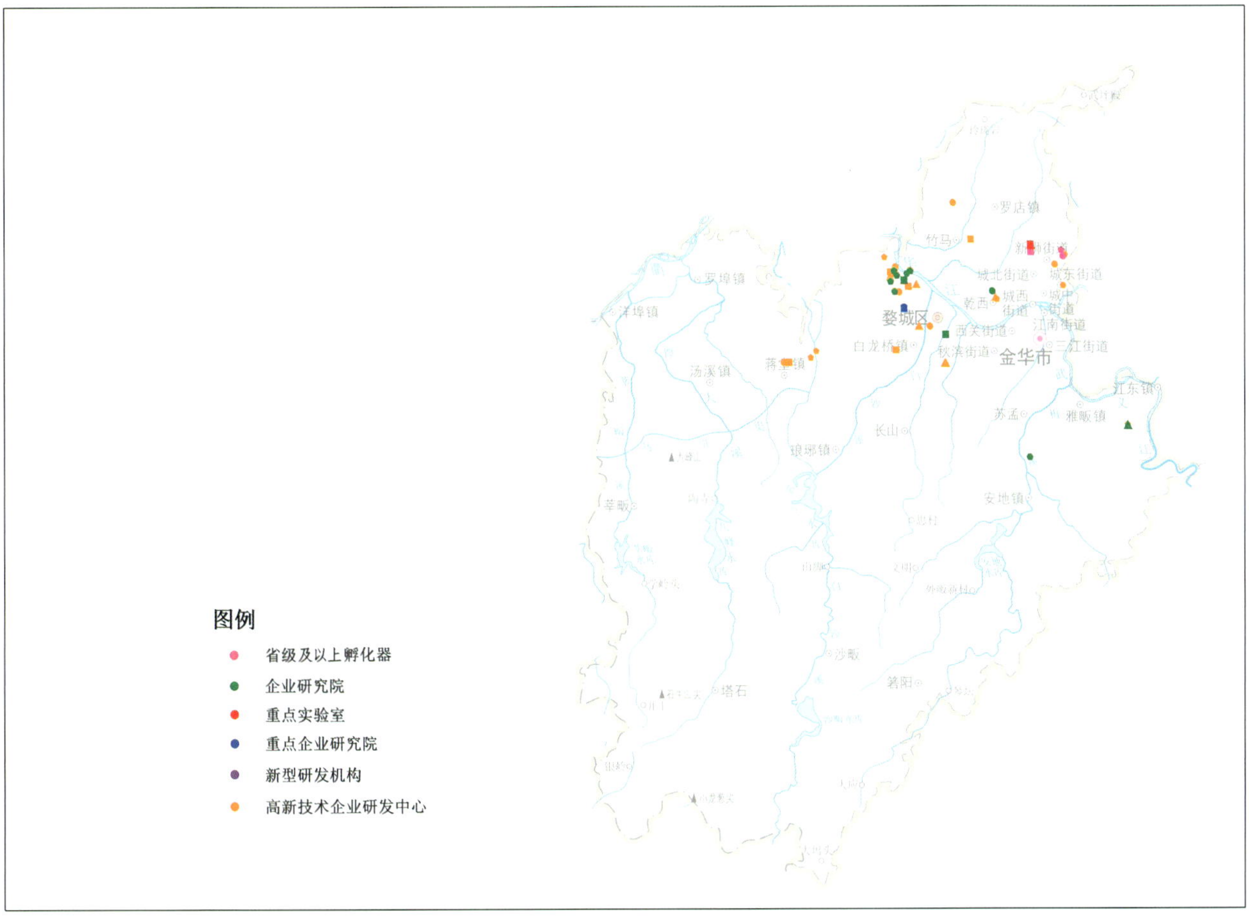

图例

省级及以上孵化器

企业研究院

重点实验室

重点企业研究院

新型研发机构

高新技术企业研发中心

图 2　婺城区创新平台布局

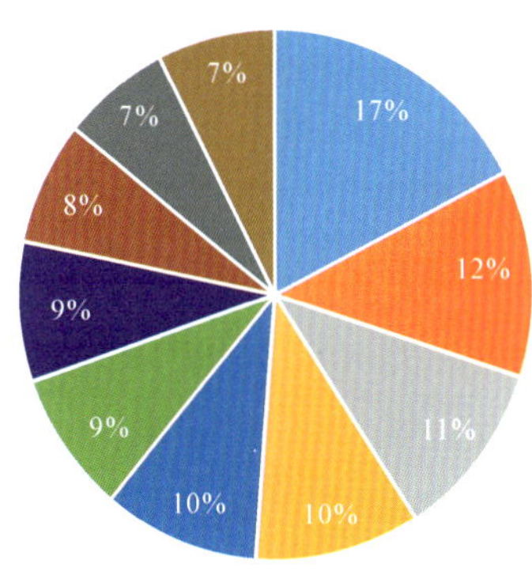

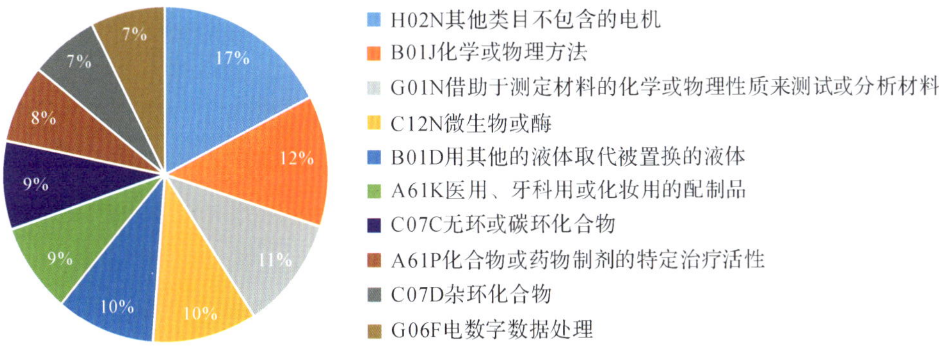

图 3　婺城区技术领域分布

金东区产业链创新链全景分析报告

金华金东区位于浙江省中部偏西，总面积661.8平方千米，下辖2个街道、1个乡、8个镇。2023年，全区户籍人口为35.14万人，常住人口为52万人。地区生产总值为320.88亿元，全省排名第72，全市排名第7。金东区是“中国花木之乡”“中国苗木盆景之乡”“中国佛手之乡”“中国草莓之乡”“中国白桃之乡”“中国数字治理百佳县市”“全国县域农业农村信息化发展先进县”“自贸区”“省级新区”，拥有九峰山——大佛寺风景名胜区。

一、金东区产业概况

（一）产业结构

从地区生产总值构成看，2023年，金东区第一产业增加值为13.87亿元，第二产业增加值为139.50亿元，第三产业增加值167.51亿元，三次产业增加值结构调整为4.3 ： 43.5 ： 52.2。

从农业看，金东区以花卉苗木、生态畜牧、精品水果和食用菌为主导。2023年，全县农林牧渔增加值为14.30亿元，同比增长4.6%。以绿化苗木、树桩盆景、佛手为主的花卉苗木产业产值超11亿元；以生猪养殖为主的生态畜牧产业产值超4.23亿元；以白桃、葡萄为主的精品水果产业产值约3.5亿元；食用菌产业产值超1亿元。下一步，金东区将进一步发展原有特色产业，重点发展“生鲜冷链配送”企业，鼓励发展现代渔业，加快建设“农业+”多业态融合的产业体系，创建农业产业融合示范园，促进农业产业与旅游、教育、文化、康养等产业深度融合，大力发展高端农业。

从工业看，金东区以高端装备、棉塑制品、信创产业、新能源车及配件、智能家居为主导。2023年，全区规上工业企业517家，规上工业总产值403.1亿元。2022年金东区产业主要分布见表1。下一步，金东将坚定不移沿着“八八战略”指引的方向前进，不断发挥现有优势、挖掘潜在优势，探索出一条以信创及视频类硬件产业、高端装备制造业、新能源及其上下游产业三大主导产业以及五金工量具、智能家居、品质美妆三大特色传统产业构成的“3+3”产业新格局，全力打造制胜未来的产业集群，着力推进先进制造业崛起。

表1　金东区工业主导产业简介

名称	规上工业产值 / 亿元	占全区规上工业总产值比重 /%
高端装备	约 160.00	约 42.03
塑棉制品	约 73.00	约 19.18
信创	约 64.00	约 16.65
新能源车及配件	约 28.70	约 7.53
智能家居	约 27.00	约 7.10

（二）“北部集聚”的产业空间布局

图 1 展示了金东区重点产业平台布局。从工业看，金东区工业围绕“国家综合保税区”“万亩千亿平台”“省级小微企业园”，在北部多点分布，重点打造高端智能装备、航空航天装备、生物医药、橡塑及五金制造、服装纺织等产业。从农业看，金东区农业主要聚集在源东乡和塘雅镇，以及曹宅镇部分区域，围绕“省级现代农业园区”和“省级农业科技园区”，重点发展水果、花卉苗木两大主导产业。从服务业看，金东区服务业依托电商小镇，大力发展数字贸易、智慧物流等重点服务业。

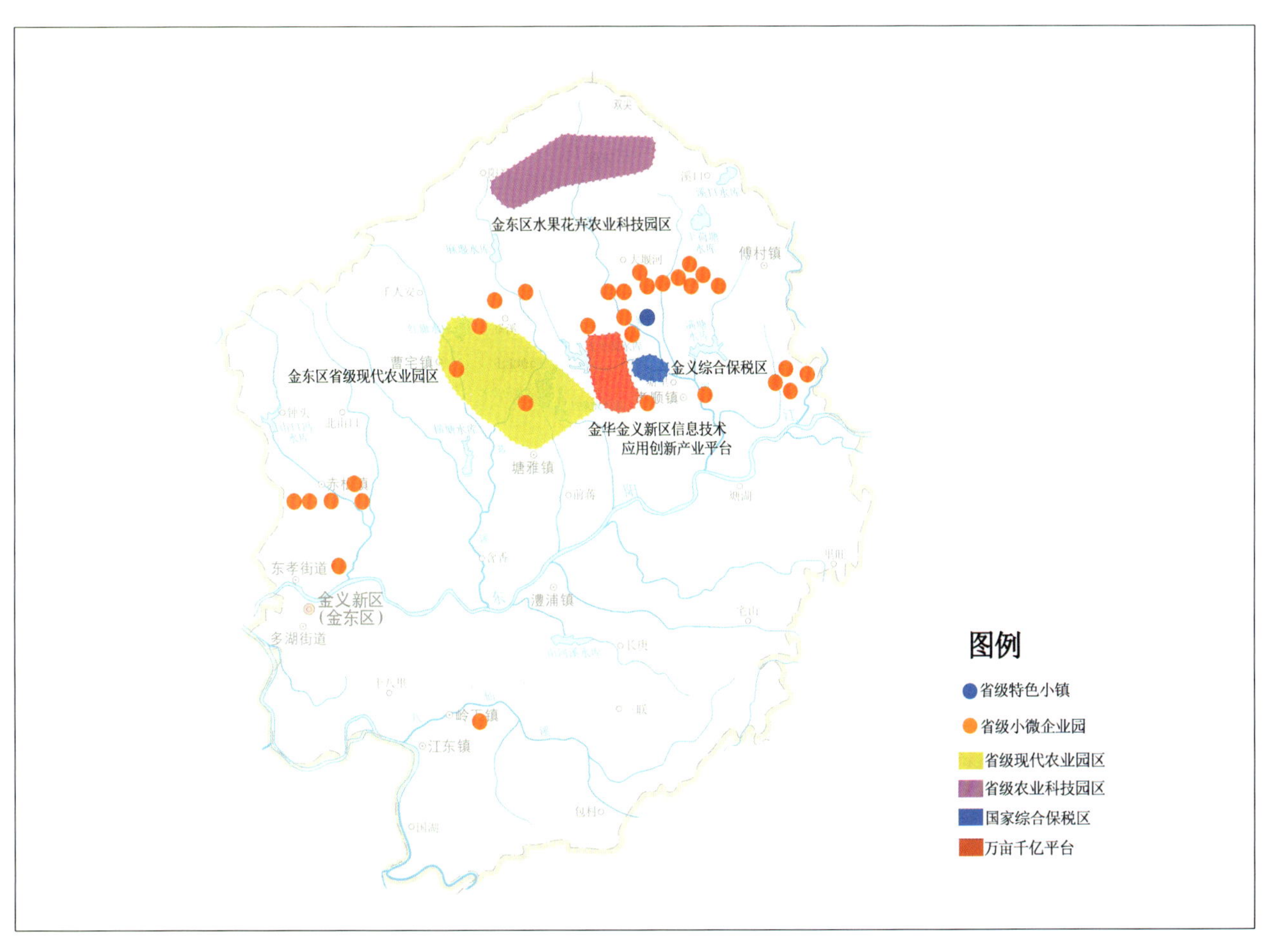

图 1　金东区重点产业平台布局

二、重点产业

（一）高端装备产业

2022年，金东区实现高端装备产业规上工业产值约160亿元，规上企业144家。金东区高端装备的地方重点企业见表2，主要分布在新能源与节能环保装备和智能装备两大行业。从产业链角度看，新能源与节能环保装备企业主要集中在中游的环保装备制造；智能装备企业主要集中在上游的机械齿轮和中游的装备制造。下一步，金东区将以金义科创廊道建设为契机，大力发展高可靠性、低消耗、副产品可资源化的烟气脱硫脱硝、高效除尘、有机废气净化、污水处理和配套污泥处置等环保装备；依托科技创新孵化区、金华智能制造（无人机）产业园等高端科技平台和现有产业基础，大力引进和发展八大关键技术，即数字产生与数据样机建模分析技术、多技术路线与工作方案优化决策机制等。

表2　金东区高端装备产业龙头企业简介

行业	企业类型	公司名称	主营业务
新能源与节能环保装备	专精特新“小巨人”	浙江金轮机电实业有限公司	小水电设备制造
	地方重点企业	浙江大维高新技术股份有限公司	新型节能高频高压供电控制装置、特种电源及高端环保装备解决方案
智能装备	上市公司	浙江普莱得电器股份有限公司	热风枪、喷枪、钉枪、吸尘器、滚涂机等电动工具产品
	专精特新“小巨人”	浙江白马科技有限公司	锂电园林工具系列、花园机器人系列、引擎园林工具系列
		浙江通达电器有限公司	电动工具、手动工具、电机制造
	专精特新“小巨人”	金华卓远实业有限公司	电动自行车、滑板车
	上市公司	浙江金利华电气股份有限公司	高压线路玻璃绝缘子
	专精特新“小巨人”	浙江金氟隆化工装备有限公司	压力容器、医药化工设备及防腐设备、防腐阀门管路管道
		浙江大众齿轮有限公司	汽车及工程机械齿轮
	高新技术企业	浙江凯富博科科技有限公司	控制特种作业机器人

（二）塑棉制品产业

2022年，金东区塑棉制品产业规上工业产值约73亿元，企业约有100多家。金东区塑棉制品业的地方重点企业见表3，主要分布在塑料制品和纺织两大行业。从产业链角度看，塑料制品企业主要集中在中游的塑料制品制造；纺织企业主要集中在上游的原材料和中游的纺织品制造。下一步，金东区将依托塑料制品的雄厚基础，向绿色化、功能化、微型化和轻量化方向发展，加快纺织产品时尚化、个性化发展，提高智能制造水平和自主品牌建设能力。力争到2025年，塑棉制品行业规上企业实现工业产值110亿元，规上企业达100家以上。

表3　金东区塑棉制品产业龙头企业简介

行业	企业类型	公司名称	主营业务
塑料制品	新三板	浙江蓝也科技股份有限公司	BOPP薄膜研发、生产
	地方重点企业	金华长弓清洁用品有限公司	塑料清洁用品
		金华万得福日用品股份有限公司	塑料餐具
		金华市联宾塑料制品有限公司	塑料制品
纺织	地方重点企业	浙江真爱时尚家居有限公司	化纤毛毯

续表

行业	企业类型	公司名称	主营业务
纺织	地方重点企业	浙江易顺工贸有限公司	涤纶丝
		浙江阳福针织有限公司	针织品
		浙江耐思特无纺布有限公司、金华鑫荣无纺布有限公司	无纺布
		金华洁灵家居用品、浙江拓朴清洁科技有限公司	清洁用布
		金华市助家日用品有限公司	纺织品

（三）信创产业

金东区被工信部授予“浙江省信息技术自主创新产业基地”。2022年，金东区信创产业规上工业产值约64亿元，企业约有300多家。金东信创产业的地方重点企业见表4，主要分布在集成电路设计封测、信息技术关联和智能终端制造业三大行业。从产业链角度看，集成电路设计封测企业主要集中在上游的集成电路设计和中游的集成电路芯片制造；信息技术关联企业主要集中在上游的计算机设备和下游的计算机软硬件服务；智能终端制造业企业主要集中在中游的设备（服务器、工作站、移动终端）制造。下一步，金东区将要加快构建大平台。深入开展信创“万亩千亿”新产业平台提升攻坚行动，重点打造“电子信息新材料—芯片设计和封测—系统整机集成”的产业链，培育信创产业生态。充分发挥龙芯智慧产业园等重要平台和“链主”企业带动作用，吸引关联中下游的芯片应用终端研发生产企业集聚，打造千亿级浙中信息产业集群。

表4　金东区信创产业龙头企业简介

行业	企业类型	公司名称	主营业务
集成电路设计封测	上市公司	龙芯中科技术股份有限公司	集成电路芯片
	高新技术企业	浙江力积存储科技有限公司	集成电路设计
信息技术关联企业	上市公司	神州数码集团股份有限公司	信息系统运行维护服务、计算机软硬件及外围设备制造、计算机软硬件及辅助设备批发、计算机软硬件及辅助设备零售
	地方重点企业	同方计算机（浙江）有限公司	计算机设备
		浙江力唯科技有限公司、域创科技（浙江）有限公司	计算机软件
智能终端制造业	上市公司	曙光信息产业股份有限公司	通用服务器、微型计算机、工作站、高性能计算机
	地方重点企业	上海斐讯数据通信技术有限公司	移动终端、数据通信、云计算等技术设备及整体解决方案和服务

（四）新能源车及配件产业

2022年，金东区实现新能源车及配件产业规上工业产值约28.7亿元，产业内地方龙头企业（专精特新“小巨人”、地方重点企业）6家。金东区新能源车及配件产业的龙头企业见表5。从产业链看，新能源汽车产业主要集中在上游的新能源汽车零部件（变速箱齿轮）、摩轮配件（轮毂）和中游的整车（电动自行车、滑板车、新能源汽车）制造。下一步，金东区将大力发展汽车产业先进技术，重点发展汽车智能化和服务贸易后市场等领域，打造类别齐全、联动发展的新能源车全产业链，实现产业转型升级。力争到2025年，新能源车（含两轮）及配件产业规模达50亿元以上。

表5　金东区新能源车及配件产业龙头企业简介

行业类别	企业类型	公司名称	主营业务
新能源车（含两轮）及配件	专精特新“小巨人”	浙江大众齿轮有限公司	汽车变速箱齿轮
		金华卓远实业有限公司	电动自行车、电动滑板车、滑板车及配件的研发、制造
	地方重点企业	浙江今飞摩轮有限公司	轮毂及配件
		浙江京元科技有限公司、阜康机械有限公司、朗顺汽摩配制造有限公司	汽车零部件及配件
		浙江爱特新能源汽车有限公司	新能源汽车
		纽顿（浙江）汽车有限公司	新能源汽车

（五）智能家居产业

2022年，金东区智能家居规上工业产值约27亿元，产业内地方龙头企业（专精特新“小巨人”、地方重点企业）15家。金东区智能家居产业的龙头企业见表6。从产业链看，该产业的龙头企业主要集中在中游的智能家电、智能健身器材制造。下一步，金东区将依托原有产业基础，重点推进技术高端化、产品差异化发展，推动产业链延伸，大力发展产业链上游和中游的各类智能产品。力争到2025年，智能家居产业规模达50亿元以上。

表6　金东区智能家居产业龙头企业简介

行业类别	企业类型	公司名称	主营业务
五金工量具［含电动（园林）工具］	专精特新“小巨人”	浙江好易点智能科技有限公司	智能晾衣机
	地方重点企业	浙江荣顺科技有限公司	健身器材
		天迈控股股份有限公司	暖气片制造
		融昌工具有限公司、助家日用品有限公司、鸿牛工贸有限公司、金中控股有限公司、致合科技有限公司	家用小电器、扫地机、家用锅、智能家电设备
		金华市江岭智创园实业有限公司	智能家庭消费设备
		浙江巨宏仪表有限公司	仪器仪表
		汇丰电器、开元机电科技有限公司	照明灯具、电气设备
		浙江金华文瑞机电有限公司	电气机械和器材
		鑫昊智能锁有限公司	智能锁
		金华市顺昌科技股份有限公司	机器人

三、科技创新概况

2022年，全区R&D经费占地区生产总值比重为2.91%，全省排第37；全区拥有高新技术企业230家，高新技术产业增加值占工业增加值比重达68.27%；全区规上工业企业R&D经费支出占营业收入比重达1.77%。

（一）区域创新资源布局

金东区创新平台主要集中在五金工量具、智能家居、塑棉制品、装备制造、新能源车及配件和建筑建材产业。2022年，全区拥有省级重点企业研究院2家，省级企业研究院18家，省级高新技术企业57家，省级孵化器1家，省级众创空间8家。创新平台集聚在孝顺镇、江东镇和经济开发区（见图2），是G60

科创走廊的重要组成部分（见图2）。

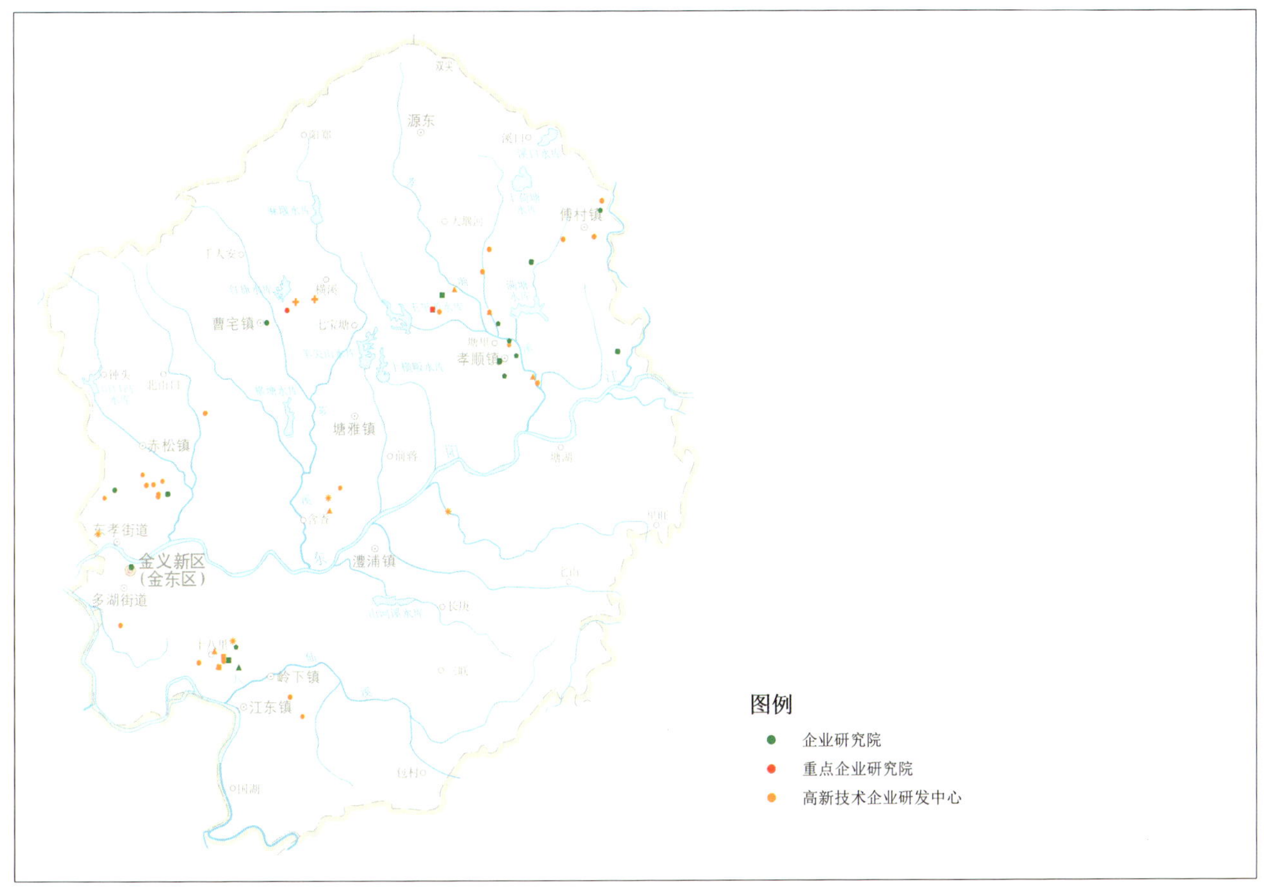

图2　金东区创新平台布局

（二）产业专利分析

金东区的专利优势主要集中在特殊性能玻璃、分离设备、磨削或抛光机床等领域。2022年，金东区有效发明专利共1135件，前十大专利技术领域（小类）见图3。根据申请人分析，斐迅数据通信（无线通信技术）、伟兴水晶（特殊性能玻璃）、真爱时尚家居（经编针织工艺、织物后整理工艺）、好易点智能科技（家用干衣机、晾衣设备）、普莱得电器（空气加热设备）、洁灵家居（纤维制品的物理和化学处理）、落日新能源科技（风力发动机）、开尔新材料（金属的搪瓷工艺）等申请人的专利数量较多。

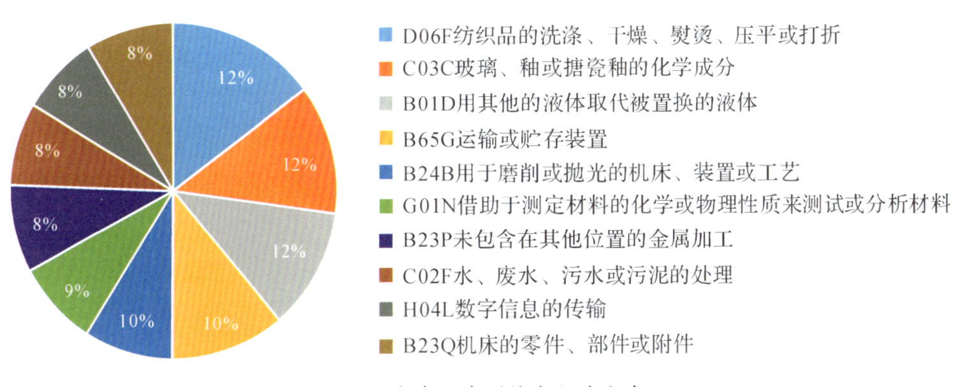

图3　金东区专利技术领域分布

四、金东区未来展望

从产业发展看，金东区将围绕水果、花卉苗木两大主导产业，做优做强树桩盆景、佛手、菌菇、红美人蜜橘等特色农业，聚焦以信创及视频类硬件产业、高端装备制造业、新能源及其上下游产业三大主导产业以及五金工量具、智能家居、品质美妆三大特色传统产业构成的“3+3”产业新格局，全力打造制胜未来的产业集群，着力推进先进制造业崛起。从科技创新看，金东区规上工业企业研发投入占比处于全省中上水平，全区 R&D 经费占地区生产总值比重全省排名靠前。下一步，金东区将着力打造辐射浙中的现代化科创“双城”，重点依托金华科技城挂牌成立金华市双龙人才科创中心，设立长三角国家创新中心金华分中心，链接金华理工学院、浙江大学金华研究院等机构，争创省级特色产业工程师协同创新中心，依托浙中创新城做大标志性数字企业，打造浙中高层次人才集聚地。

兰溪市产业链创新链全景分析报告

金华兰溪市位于浙江省中西部、钱塘江中上游，素有“六水之腰、七省通衢”之称。兰溪市面积约1313平方千米，下辖6个街道、7个镇、3个乡。2023年，全市户籍总人口为64.15万人，常住人口为58.1万人。地区生产总值为496.75亿元，全省排名第60，金华市排名第5。兰溪市是“科技百强县”“中国兰花之乡”“中国纺织产业基地”。

一、兰溪市产业概况

（一）产业结构

从地区生产总值构成看，2023年，兰溪市第一产业增加值为26.07亿元，第二产业增加值为242.18亿元，第三产业增加值为228.50亿元，三次产业结构比例为5.2 ∶ 48.8 ∶ 46.0。

从农业看，兰溪市以杨梅、枇杷、兰江蟹等产业为主导，2023年兰溪市农林牧渔业总产值为49.29亿元，其中农业产值26.23亿元。杨梅产值超4亿元，形成特色的“五十里杨梅长廊”；枇杷产值超1亿元，兰溪枇杷已收录于“全国名特优新农产品名录”；兰江蟹产值4200万元，兰江蟹目前已获评国家地理标志保护农产品认证。下一步，兰溪市将依托数字田园产业数字化平台，打造“梅”好兰溪应用场景，基于“4+2”（生产、分配、流通、消费、要素、服务）基本板块，融合杨梅产业发展特色，构建“1+4”模式（1个产业大脑+4个应用场景）的主体框架；积极推动产业向生态、可持续转型，带动农业现代化迭代升级，打造“兰江蟹”品牌，促进渔业健康养殖绿色发展。

从工业看，兰溪市以现代纺织、现代化工（冶金业和化工行业）、节能环保、新能源交通装备和医疗健康产业为主导。2023年，兰溪市规上工业总产值951.9亿元，规上工业企业587家。2022年兰溪市产业主要分布见表1。下一步，兰溪市将着眼于国内国际“双循环”新发展格局以及区域产业分工协作和产业链重构，从兰溪市产业基础出发，聚焦培育“现代纺织、光电信息新材料、医药健康、新能源交通装备、节能环保”五大百亿产业，推动化工、建材两大传统优势产业绿色化转型升级发展，全力构建形成高质量的兰溪现代化制造业体系。

表1　兰溪市特色工业简介

名称	规上工业产值 / 亿元	占全市规上工业总产值比重 /%
现代纺织	254.69	30.91
现代化工（冶金业和化工行业）	159.16	19.31
节能环保	100.68	12.22
新能源交通装备	31.20	3.79
医药健康	14.54	1.76

（二）“分区联动”的产业空间布局

图 1 展示了兰溪市重点产业平台布局。从工业看，兰溪市工业围绕“浙江兰溪经济开发区”，在兰江街道、女埠街道重点发展时尚纺织、新材料、医药健康、装备制造产业，在上华街道“兰溪功能性新材料高新技术产业园区”，重点打造功能性新材料、新能源交通装备、医药健康产业。从农业看，兰溪市农业主要集中在马涧镇附近，重点打造杨梅产业。从服务业看，兰溪市服务业依托南部的“兰湖旅游度假区”“兰溪浩鑫物流产业园”“兰溪小城故事电商综合产业园”，重点打造休闲文旅、物流专业服务、电子商务服务平台。

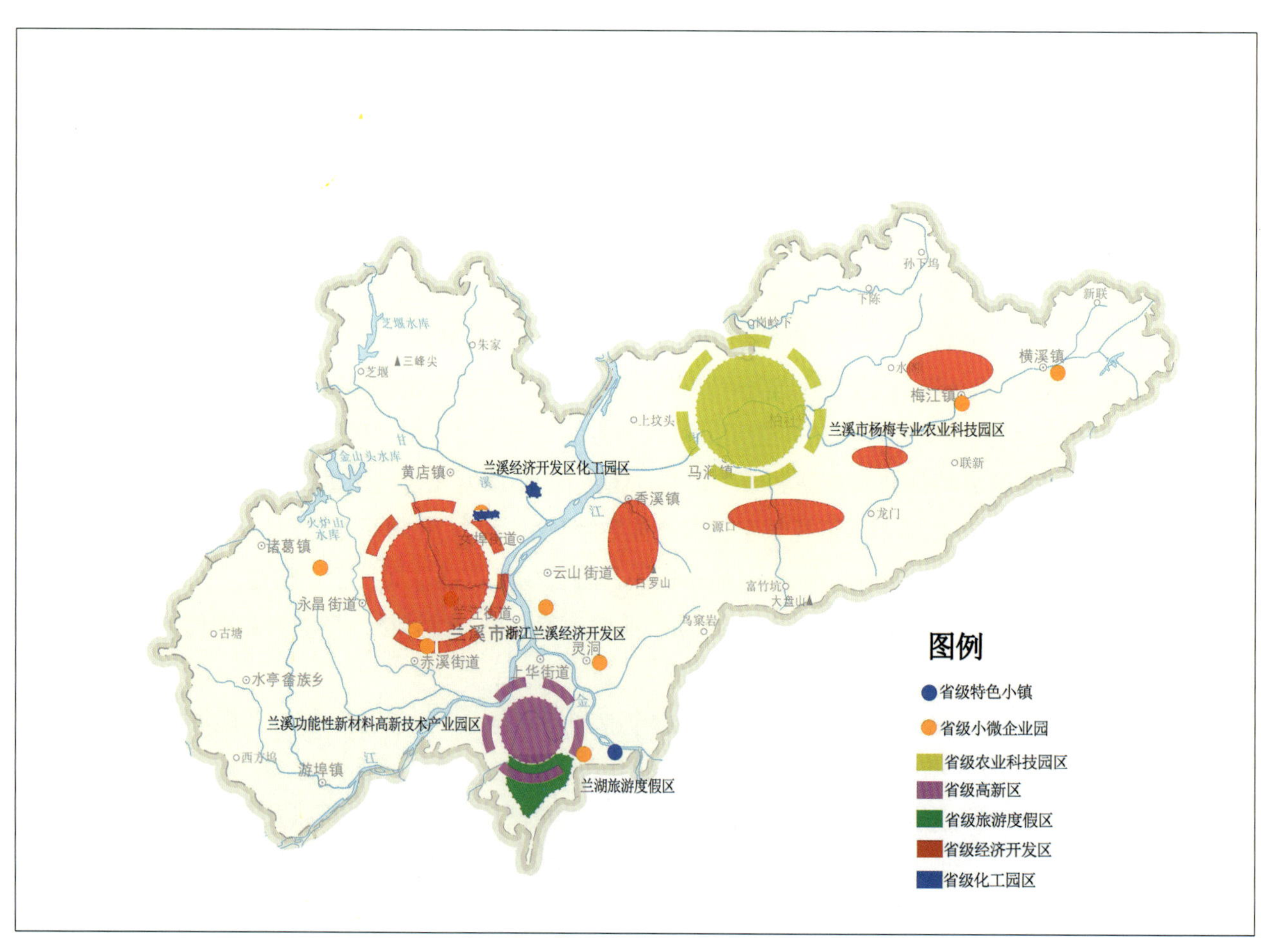

图 1　兰溪市重点产业平台布局

二、重点产业

（一）现代纺织产业

兰溪市被称为“中国纺织产业基地”和“浙江省棉纺织精加工先进制造业基地”。2022 年，兰溪市有现代纺织企业 152 家，规上工业总产值 254.69 亿元。现代纺织产业的龙头企业见表 2。从产业链角度看，现代纺织企业主要集中在上游的原料生产和中游的纺织产品制造。下一步，兰溪市将不断推进现代纺织产业供给侧结构性改革，持续优化产业结构，提升兰溪市现代纺织产业价值链位势和供应链现代化水平，提升纺织产业体系的价值创造能力，加快“纺织云”工业互联网平台建设，大力推进棉纺织企业数字化、网络化、智能化转型。

表2　兰溪市现代纺织产业龙头企业简介

行业	企业类型	公司名称	主营业务
现代纺织	专精特新“小巨人”	浙江长隆纺织有限公司	棉、化纤纺织加工
		浙江九舜纺织有限公司	纺纱加工、面料纺织加工、针纺织品及原料销售
		浙江万舟控股集团有限公司	研发生产高档时尚休闲面料
		浙江合一织造有限公司	生产、研发和销售高端尼龙粘扣带
	全国棉纺织行业百强	浙江鑫海纺织有限公司（集团）	织布、化纤纱线的纺织、棉纱
		浙江威臣纺织股份有限公司	棉制品、化纤制品
		浙江金梭纺织有限公司	牛仔面料及服装
		浙江鑫兰纺织有限公司	牛仔面料、坯布染色印花
		立马纺织集团股份有限公司	国内大的全棉弹力布生产织造企业
		兰溪裕达纺织有限公司	织布
		浙江克罗托纺织有限公司	棉、化纤纺织加工
		浙江陆晟纺织有限公司	棉纺纱加工
		浙江文荣纺织有限公司	棉、化纤织造加工
		浙江亿骏纺织有限公司	织布、服装制造

（二）现代化工产业

2022 年，兰溪市现代化工产业规上工业总产值 159.16 亿元。兰溪市现代化工产业的龙头企业见表 3。从产业链角度看，现代化工企业主要集中在上游的化工原料，中游的核心产品，下游的化工危险废物的转化利用。下一步，兰溪市将以“绿色安全、集聚集约、高质高效”为导向，推动化工企业开发环境友好、无毒无害、高附加值的绿色专用化学品，大力推广应用能源高效利用、污染减量化、废弃物资源化利用和无害化处理等技术和装备，提升化工园区安全监管监控水平。力争到 2025 年，全市现代化工产业规上工业总产值达 80 亿元以上，高端化工新材料和精细化工产品供给能力明显增强。

表3　兰溪市现代化工产业龙头企业简介

行业	企业类型	公司名称	主营业务
现代化工	专精特新“小巨人”	浙江凤登绿能环保股份有限公司	医药化工、精细化工产生的危险废物的高效资源化利用
	高新技术企业	浙江汉诺化工科技有限公司	化学试剂、微电子化学品、精细化工
		浙江省兰溪双牛助剂化工有限公司	橡胶助剂
	重点企业	浙江嘉华化工有限公司	农药及农药、医药、染料中间体
		兰溪三益化工有限公司	甲苯磺酰氯、对甲苯磺酰胺、邻甲苯磺酰胺、对甲砜基甲苯

（三）节能环保产业

2022 年，兰溪市节能环保产业总产值 100.68 亿元。相关龙头企业见表 4。从产业链角度看，节能环保企业主要集中在中游的再生资源加工（废旧金属、危险化学品）。下一步，兰溪市将针对节能环保产业进一步做强做优资源再生综合利用，依托浙能电厂发展“能源 +”循环经济，加快推进女埠静脉产业园建设，积极引进培育一批高效节能和环保治理设备，形成立足浙江中西部区域、辐射长三角的节能环保智造产业集群。

表4　兰溪市节能环保产业龙头企业简介

行业	企业类型	公司名称	主营业务
节能环保产业	专精特新“小巨人”	浙江凤登绿能环保股份有限公司	医药化工、精细化工产生的危险废物的高效资源化利用
	规上百强（市级）	浙江华东铝业有限公司	重熔用铝锭、铝合金锭、电工用铝杆
		兰溪自立铜业有限公司	有色金属冶炼、加工、销售
		自立环保科技有限公司	金属废料和碎屑加工处理、再生资源加工
		浙江金泰莱环保科技有限公司	从事危险废物处置及再生资源回收利用的环保企业

（四）新能源交通装备产业

2022 年，兰溪市新能源交通装备产业总产值 31.2 亿元。新能源交通装备产业的龙头企业见表 5。从产业链角度看，新能源交通装备企业主要集中在上游的金属材料、核心零部件生产和中游的新能源汽车零部件的制造。下一步，兰溪市将聚焦新能源智能网联汽车电池、电机、电控“大三电”，积极引进新能源交通装备行业的创新研发及产业化项目，全力推动电驱装备小镇、新动能小镇建设，发展绿色交通装备、物流装备等，努力培育电池材料及设备、电气控制元器件及系统部件、新型高效驱动电机配件等细分企业组成的行业生态，促进传统汽车零部件产业的延伸转型，打造新能源交通装备产业百亿集群。

表5　兰溪市新能源交通装备产业龙头企业简介

行业	企业类型	公司名称	主营业务
新能源交通装备	上市公司	浙江盘毂动力有限公司	主要产品为新能源电机、电控及电驱动系统
		浙江锂威能源科技有限公司	3C 消费类聚合物电芯研发、制造
		欣旺达电子股份有限公司	锂离子电池
	专精特新“小巨人”	浙江甬金金属科技股份有限公司	精密冷轧不锈钢板带和宽幅冷轧不锈钢板带
		兰溪轮峰车料有限公司	生产、科研所需的原辅材料、机械设备、仪器仪表、零配件
	规上百强（市级）	兰溪自立铜业有限公司	金属材料，机械、电子设备的购销
	地方重点企业	浙江中科玖源新材料有限公司	可折叠用聚酰亚胺薄膜、无色透明聚酰亚胺薄膜、光学聚酰亚胺薄膜

（五）医药健康产业

2022 年，兰溪市医药健康产业已涵盖药材种植、药品研制、医疗器械、生物技术、保健食品、健身器材、医药冷链物流等多个领域企业 50 余家，总产值 14.54 亿元。相关龙头企业见表 6。从产业链角度看，医药健康企业主要集中在上游的原料生产和中游的药品、中成药、保健品制造。下一步，兰溪市将打造以中医药为特色、大健康协同发展的长三角重要医药健康产业集群，深入推动“兰溪药帮”传承创新，促进中药材种植、饮片加工、中成药制造全链条精深化、规模化发展，不断拓展丰富以中药为基源的养生保健品开发，推动与金华经济技术开发区（金西片区）合作打造浙中西部医药健康产业带，引进布局一批新型生物技术药重大产业化项目。

表6 兰溪市医药健康产业龙头企业简介

行业	企业类型	公司名称	主营业务
医药养生保健品	上市公司	浙江康恩贝制药股份有限公司	药品及大健康产品的研发
	规上百强（市级）	浙江天一堂药业有限公司	生产销售中成药、化学药品制剂、保健药品、保健食品
		浙江一新制药股份有限公司	药品、植物提取物和糖化学产品
		浙江鸿香源进出口有限公司	蜂蜜、蜂王浆、花粉、蜂胶、蜜制品、礼盒
	地方重点企业	浙江伊宝馨生物科技股份有限公司	饲料添加剂生产（天然维生素E）
		浙江华润英特中药有限公司	中药材、中药饮片、参茸滋补品、保健食品、特色煎药服务等
		浙江珍视明眼健康产业有限公司	滴眼液
		新明珠药业（兰溪）有限公司	口服固体制剂（胶囊剂、片剂、颗粒剂）

三、科技创新概况

2022年，全市R&D经费占地区生产总值比重为2.53%，全省排名第49；全市拥有高新技术企业249家，全市高新技术产业增加值占规上工业增加值比重由2015年的18.4%提高到2022年的73.74%；全市规上工业企业R&D经费支出占营业收入比重达1.12%。

（一）区域创新资源布局

兰溪市创新平台主要集中在纺织、汽车零部件、节能环保、机械制造产业。2022年，全市拥有省级重点实验室1家，省级重点企业研究院1家，省级企业研究院21家，省级高新技术企业研发中心70家，省级孵化器1家，省级众创空间4家。创新平台集中在兰江街道、女埠街道和永昌街道（见图2）。

（二）产业专利分析

兰溪市的专利优势主要集中在电机，转变化学能为电能的装置（电池）等领域。2022年，兰溪市有效发明专利共1358件，前十大专利技术领域见图3。根据申请人分析，浙江中科玖源新材料（染料、涂料、抛光剂）、浙江盘毂动力科技、浙江红狮环保股份（水泥、混凝土）、浙江康恩贝制药股份等申请人的专利数量居前。

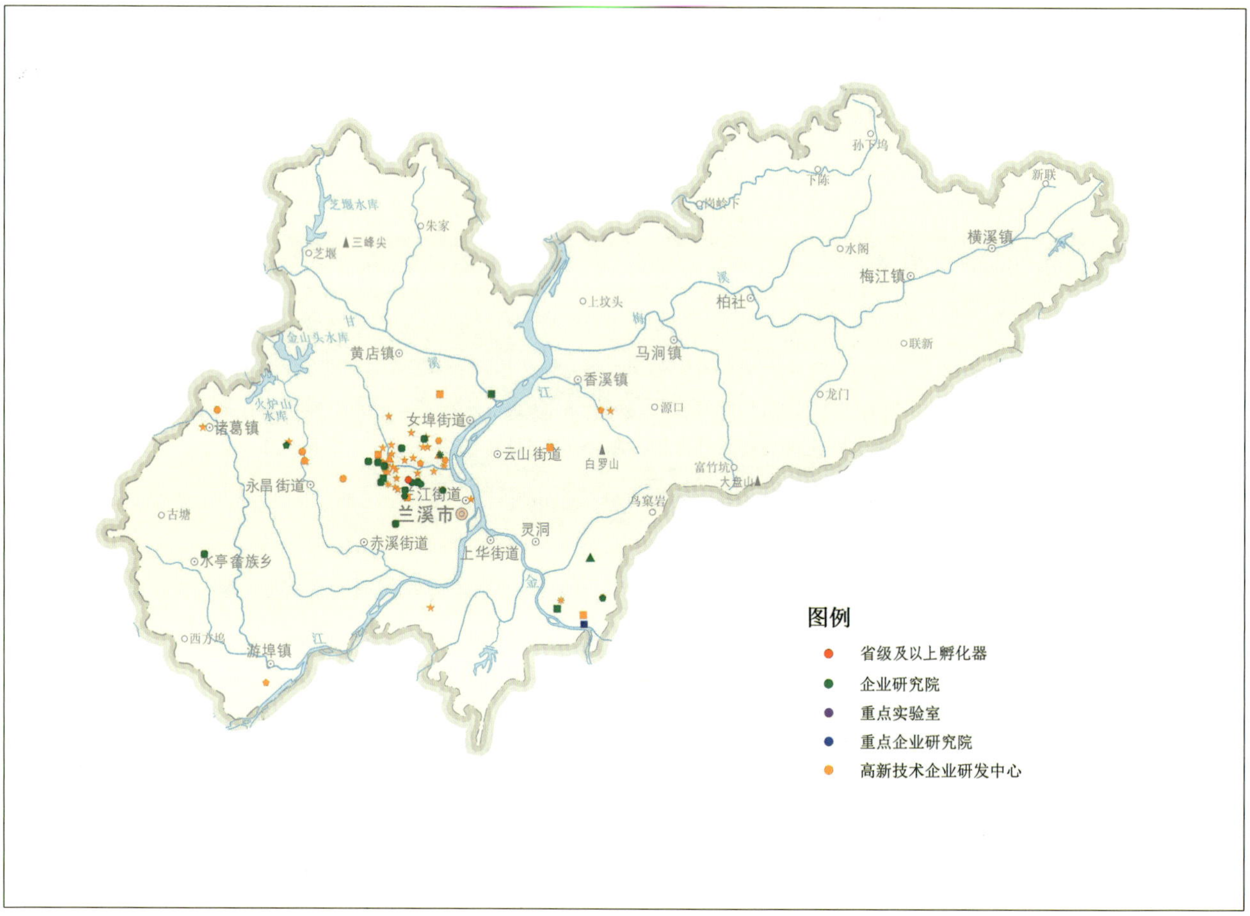

图例
省级及以上孵化器
企业研究院
重点实验室
重点企业研究院
高新技术企业研发中心

图 2　兰溪市创新平台布局

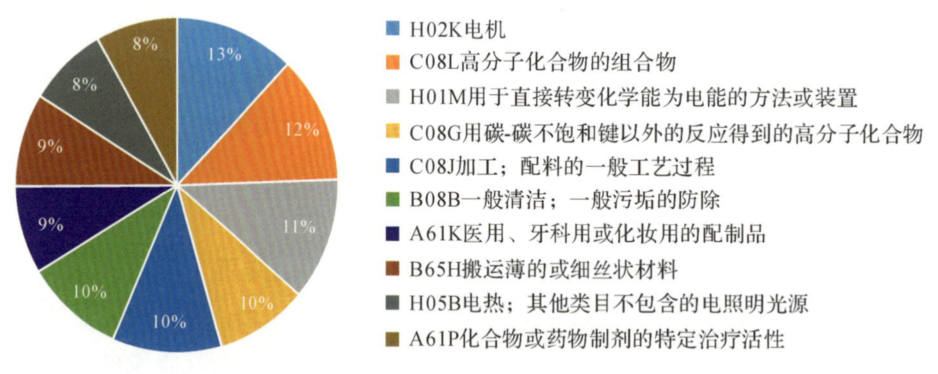

图 3　兰溪市技术领域分布

四、兰溪市未来展望

从产业发展看，兰溪市将以省级共富试点建设为契机，集成地标农产品全产业链改革，助推杨梅、枇杷、茶叶、甘蔗、小萝卜、兰江蟹六个地理标志农产品高质量发展，加快培育“3+3+X”先进制造业集群，即实行空间集聚、数字化提升、畅通融资渠道、夯实安全生产等 X 项措施，着力升级纺织、水泥、化工三大传统产业，大力发展锂电新能源、镁材料、生物医药三大新兴产业。从科技创新看，兰溪市规上工业企业研发投入和全市 R&D 经费占地区生产总值比重在全省处于中下游。下一步，兰溪市将深化与高校、研究院等产学研合作，推进镁合金产业园建设，推动镁材料研究院生物医用、储氢储能等成果转化，打造“镁好兰溪科创地”。积极参与浙中实验室建设，推动浙江华润英特中药有限公司与浙中实验室的中药新产品研发基地建设，打造中医药与大健康高能级科创平台。鼓励支持重庆大学长三角（兰溪）镁材料研究院、浙江理工大学兰溪纺织研究院、兰溪中量大产业计量创新研究院等发挥本部优势，积极牵头或参与新型研发机构建设。

义乌市产业链创新链全景分析报告

金华义乌市位于浙江省中部，总面积1105.46平方千米，下辖8个街道、6个镇。2023年，全市户籍人口为89.1万人，常住人口为190.3万人。地区生产总值为2055.62亿元，全省排名第10，义乌市排名第1。义乌是“中国智慧城市百佳县市”“中国投资潜力百强县”“全国县域旅游综合实力百强县”，拥有全国首家4A级购物旅游景区——义乌国际商贸城。

一、义乌市产业概况

（一）产业结构

从地区生产总值构成看，2023年，义乌市第一产业增加值为26.22亿元，第二产业增加值为628.42亿元，第三产业增加值为1400.98亿元，三次产业增加值结构调整为1.3 ： 30.6 ： 68.1。

从农业看，义乌市以红糖、铁皮石斛、生态畜牧、粮油、火腿产业为主导。2023年，义乌市农林牧渔业总产值41.5亿元，其中牧业产值9.84亿元，红糖产业全产业链产值近2.56亿元。下一步，义乌市将以创建农业“机器换人”发展先行市为载体，大力实施农业“双强行动”，多元化打造农业高能级平台，进一步强化农艺农机融合，持续提升农业生产机械化、设备化水平，促进农业、服务业高质量发展。

从工业看，义乌市以智能光伏、小商品制造、新能源汽车及零部件、芯片及智能终端产业为主导。2022年，义乌市规上工业总产值1660.9亿元，规上工业企业865家。光伏企业产值合计805.5亿元，占整个浙江省光伏产业产值的30%，其中四家企业产值超百亿元。2022年义乌市产业主要分布见表1。下一步，义乌市将聚焦智能光伏、新能源汽车及零部件、芯片及智能终端、医疗健康四大新兴产业培育，加快推动服装服饰、袜业、饰品、纺织、拉链、化妆品、工艺品、日用品、印刷包装等小商品制造业数字化转型升级，构建“4+X”现代化制造业体系，加速打造智能光伏、新能源汽车及零部件两大标志性新兴产业集群和五百亿级小商品制造业集群。

表1　义乌市特色工业简介

名称	规上工业产值 / 亿元	占全市规上工业总产值比重 /%	备注
智能光伏	805.50	55.24	
小商品制造	超 400.00	超 24.40	
新能源汽车及零部件	约 45.00	约 2.75	
芯片及智能终端	—	—	投资 100 亿元
医疗健康	约 40.00	约 2.40	

（二）“西南集聚”的产业空间布局

图 1 展示了义乌市重点产业平台布局。从工业看，义乌市工业围绕“省级经济开发区”“省级高新区”“省级小微企业园”“省级特色小镇”在西南集聚，重点打造小商品制造、光伏产业、新能源汽车及零部件产业。从农业看，义乌市农业依托“义乌义亭省级现代农业园区”和“义乌市森山健康农业科技园区”，重点发展生态畜牧、红糖产业和铁皮石斛产业链及相关循环经济。从服务业看，义乌市服务业围绕中部的“义乌中国小商品城创新示范区”“义乌国际陆港创新发展区”，发展电子商务、金融、保险、物流和信息等服务产业；围绕“义乌中国国际商贸城购物旅游区”，发展旅游业。

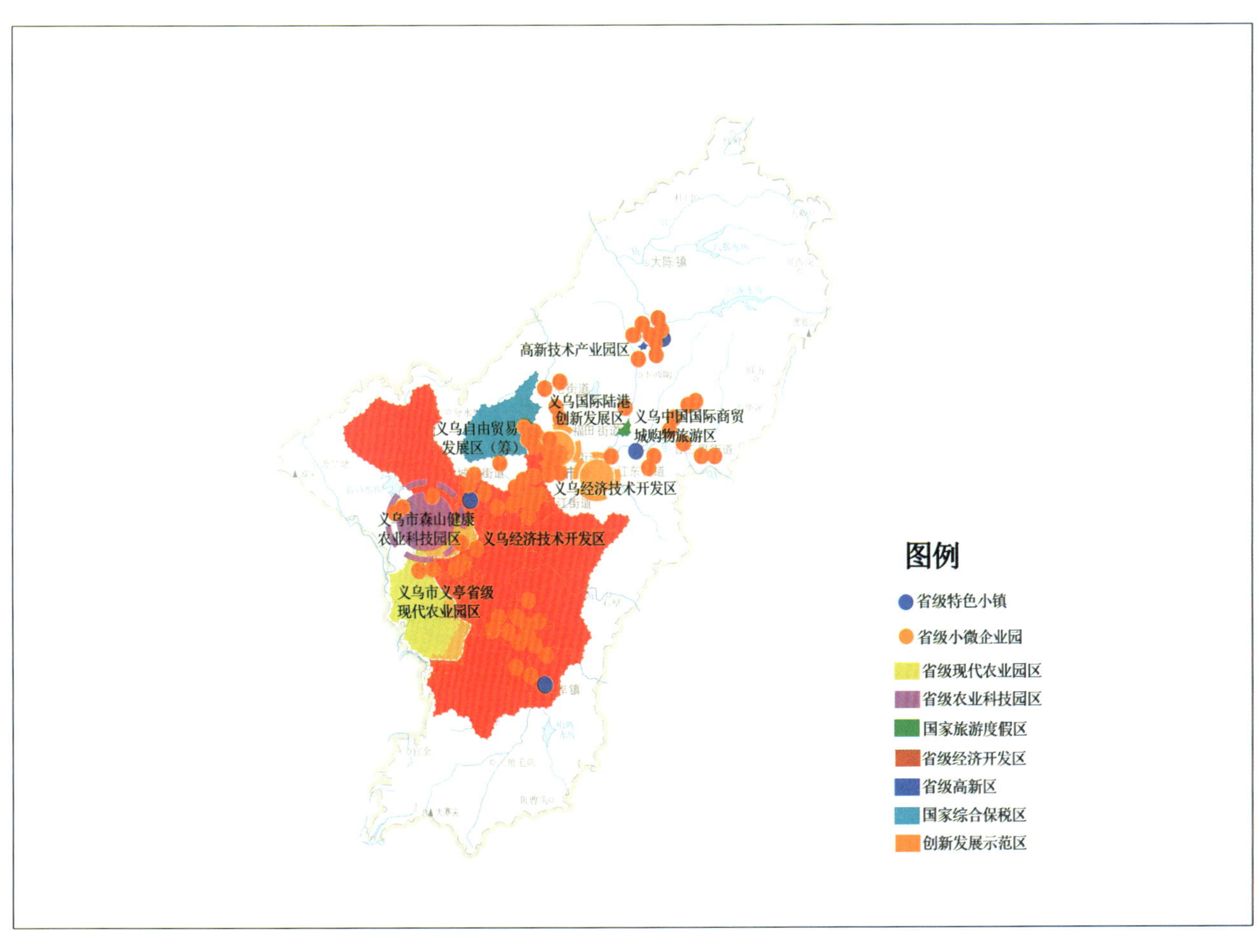

图 1　义乌市重点产业平台布局

二、重点产业

（一）智能光伏产业

2022 年，义乌市智能光伏产业规上工业产值 805.5 亿元，占浙江省光伏产业产值的 30% 以上，当地已投产的电池片和电池组件产能均达 35 吉瓦，占全球市场份额的近 20%。智能光伏产业的龙头企业见表 2。从产业链角度看，该产业的龙头企业主要集中在上游的光电材料、光电元器件生产和中游的 LED 照明设备、太阳能光伏设备制造。下一步，义乌市将围绕打造具备国际知名度、影响力和竞争力的“世界光明之都”的目标，以华灿、英特来、彩易达、清越科技等核心企业为支撑，着力做精现有 LED 照明关键领域；以推进爱旭、晶科、晶澳、天合光能、东方日升等重大项目建设为引领，加快释放光伏产业增长新动能；以打造国际领先的标志性产业链为导向，谋划布局光电产业链高端和高价值环节。力争到 2025 年，全市智能光伏产业实现规上工业产值超千亿元。

表2　义乌市智能光伏产业龙头企业简介

行业	企业类型	公司名称	主营业务
光电元器件	地方重点企业	华灿光电（浙江）有限公司	半导体材料、半导体器件、电子材料、电子器件
		浙江义乌华普电子有限公司	电子元器件
		浙江彩易达光电有限公司	小间距 LED 显示
		浙江英特来光电科技有限公司	电子专用材料、半导体照明器件
		和谐明芯（义乌）光电科技有限公司	光电材料及器件
		义乌清越光电科技有限公司	电子元器件与机电组件设备
LED 照明	地方重点企业	浙江纳新电子科技有限公司	照明电器及 LED 光电产品
		浙江单色电子科技有限公司	LED 灯及配件
光伏	高新技术企业	浙江爱旭太阳能科技有限公司	太阳能电池
	地方重点企业	义乌晶能光伏科技有限公司	太阳能光伏发电项目
		义乌秋迪光伏科技有限公司	太阳能光伏设备、太阳能光伏组件
		义乌毓昊能光伏科技有限公司、义乌旸谷光伏科技有限公司	太阳能发电技术服务
		晶科能源（义乌）有限公司	太阳能组件
		义乌晶澳太阳能科技有限公司	太阳能发电技术、光伏设备及元器件销售
		天合光能（义乌）科技有限公司、东方日升（义乌）新能源有限公司	太阳能组件
		义乌正泰太阳能科技有限公司	光伏设备及元器件销售

（二）小商品制造业

义乌市是中国最大的小商品批发市场，也是世界上最大的小商品批发市场之一，拥有超过 50 万家店铺，涵盖了电子产品、日用百货、玩具、服装、鞋帽等行业。2022 年，小商品市场实现交易额 4788.2 亿元，出口 4316.4 亿元，网络零售全省排名第 1。当地相关龙头企业见表 3。从产业链角度看，该产业的龙头企业主要集中在中游的生产制造和下游的批发零售领域。下一步，义乌市聚焦推动小商品制造企业重塑价值链分工地位，更高水平地融入全球供应体系，围绕服装服饰、袜业、饰品、纺织、拉链、化妆品、工艺品、日用品、印刷包装等特色产业，着力推动实现“三个转变”，即由“来样加工”向“设计选型”转变，由“制造”向“智造”转变，由“义乌产品”向“义乌品牌”转变。力争到 2025 年，义乌市成为世界一流的针织服装原创设计与智造基地及流行趋势发布中心、国际知名时尚饰品之都和全球彩妆主产地，小商品制造业实现规上产值500亿元。

表3　义乌市小商品制造业龙头企业简介

行业	企业类型	公司名称	主营业务
针织	上市公司	义乌华鼎锦纶股份有限公司	差别化民用锦纶
		浙江棒杰控股集团股份有限公司	无缝服装
		浙江真爱美家股份有限公司	毛毯及床上用品（套件、被芯、枕芯等）
	地方重点企业	义乌恒翔无纺布有限公司	非织造布、汽车椅套、脚垫、靠垫
		浙江点卡服饰有限公司	服装服饰批发
饰品	地方重点企业	浙江新光饰品股份有限公司	饰品、饰品配件、饰品材料、工艺品
		浙江晶莎饰品有限公司	饰品、工艺品、小五金
		义乌伊琳饰品有限公司	人造工艺饰品（含电镀）
化妆品	地方重点企业	浙江艳庄化妆品有限公司	发用类、护肤类、美容修饰类（不含化妆笔）化妆品
		浙江美之源化妆品有限公司	化妆品生产、消毒剂生产
		浙江颜雪化妆品有限公司	化妆品批发
日用品及其他	上市公司	浙江中国小商品城集团股份有限公司	网上交易平台和服务
	专精特新“小巨人”	浙江蓝宇数码科技股份有限公司	数码喷印墨水、打印耗材
		义乌易开盖实业公司	易开盖、底盖、罐、模具、机械设备及配件

（三）新能源汽车及零部件产业

新能源汽车及零部件产业是义乌市的新兴产业。2022年，义乌市新能源汽车及零部件产业规上工业产值约45亿元，规上企业11家。义乌市新能源汽车及零部件产业的龙头企业见表4。从产业链角度看，该产业的龙头企业主要集中在上游的发动机系统、传动系统、制动系统、转向系统、动力电池和中游的整车制造。下一步，义乌市将以加快融入杭甬台大湾区汽车产业链布局和协作体系为重点，以绿色动力小镇为依托，以新能源汽车整车、关键零部件为两大主攻方向，加快提升本地新能源汽车整车组装产能水平及核心“三电”、智能网联配套能力，引进一批汽车关键零部件研发制造项目，加快形成规模化集聚效应。力争到2025年，新能源汽车及零部件产业实现规上工业产值60亿元，成为大湾区世界级汽车制造产业集群重要组成部分。

表4　义乌市新能源汽车及零部件产业龙头企业简介

行业	企业类型	公司名称	主营业务
新能源汽车整车	地方重点企业	浙江翼真汽车有限公司	TX5系列新能源乘用车、新能源物流运输车（LCV）、轻型商务车（MPV）和高端豪华商务车、高端行政商务车、皮卡
关键零部件	上市公司	浙江世宝股份有限公司	转向器
	地方重点企业	浙江凯吉汽车零部件制造有限公司	汽缸盖、发动机
		浙江嘉谊汽车零部件制造有限公司	刹车片
		浙江义利汽车零部件有限公司	变速器、发动机及其零部件
		浙江欣旺达动力电池有限公司	动力电池
		义乌吉利发动机有限公司	发动机
		浙江锋锐发动机有限公司	发动机零部件

（四）芯片及智能终端产业

芯片及智能终端产业正处于起步培育阶段，2022年，义乌市全年共签约引进重大项目47个，光伏、新能源、芯片半导体等高端制造业项目19个，其中10亿元以上制造业项目10个，100亿元以上项目3个。义乌芯片及智能终端产业的龙头企业见表5。从产业链角度看，芯片企业主要集中在上游的半导体设备，中游的集成电路设计、集成电路制造、集成电路封测；智能终端企业主要集中在上游的软件和中游的设备制造。下一步，义乌市将以芯片小镇建设为依托，采取“从芯到端”的产业链协同发展思路，围绕产业链下游的芯片传感器封装测试和智能消费终端应用领域，重点加快光电子集成芯片及其材料关键工艺技术、先进封装测试技术、MEMS技术的研发攻关与产业化，积极开展高性能智能感知、低功耗轻量级软硬件控制、人机交互、语音理解等智能终端核心关键技术创新。支持发展智能可穿戴设备、智能家居、智能车载、智能服务机器人等新型智能消费终端，加强与国家集成电路产业投资基金战略合作，引进一批有竞争力的产业化项目。

表5　义乌市芯片及智能终端产业龙头企业简介

行业	企业类型	公司名称	主营业务
芯片	高新技术企业	和谐明芯（义乌）光电科技有限公司	光导管、光电二极管、光电晶体管、温差发电器和温差电致冷器
		华灿光电（浙江）有限公司	半导体材料、半导体器件、电子材料、电子器件、半导体照明设备、LED芯片的设计
	地方重点企业	浙江瞻芯电子科技有限公司	高性价比功率芯片
		义乌芯能半导体技术有限公司	IGBT芯片、高压栅极驱动芯片以及智能功率模块
		安测半导体技术（义乌）有限公司	集成电路设计
		浙江创豪半导体有限公司	集成电路高阶封装基板研发、设计及制造
		和谐芯光（义乌）光电科技有限公司	光电材料及半导体芯片
		义乌清越光电技术研究院有限公司	半导体清洗装置及刻蚀设备
		艾芯半导体（义乌）合伙企业（有限合伙）	半导体分立器件制造
		义乌亚芯微电子有限公司	集成电路制造
		达新（义乌）半导体有限公司、浙江豪晨半导体有限公司	半导体分立器件制造
		纳芯半导体科技（浙江）有限公司	存储与功率半导体从封测到模组、成品生产
智能终端	高新技术企业	义乌宏日智能科技有限公司	自动化机械设备
	地方重点企业	大唐高鸿信安（浙江）信息科技有限公司	通用可信X86服务器、可信存储、可信网络设备、可信云平台软件及可信行业解决方案
		义乌中创智能科技有限公司	智能控制人机交互软件
		义乌康之源节能设备有限公司	热泵
		浙江洼赛智能科技有限公司	服务机器人

（五）医疗健康产业

2022年，义乌市医疗健康产业规上工业产值约40亿元。医疗健康产业的龙头企业见表6。从产业链角度看，保健食品企业主要集中在中药保健品生产；生物医药企业主要集中在上游的医药中间体、原料药生产、药物研发服务和下游的细胞分子遗传学医疗检测；医疗器械企业主要集中在中游的一次性医用用品和护具生产；食品企业主要集中在中游的肉制品和糖果、巧克力生产；医美服务主要集中在医疗美容服务。下一步，义乌市将以“现代中药全链化、生物制药规模化、医疗器械高价值化”为发展方向，积极推进现代中药、生物制药和创新医疗器械领域的技术研发及工艺创新。大力发展新型中药饮片、中成药、多肽和蛋白质类药物、诊断试剂、抗体药物和疫苗等创新药物研发和CMO、CRO业务，重点突破基因检测、生物3D打印、大分子药物、干细胞等前沿领域关键技术。发展智能可视化诊断设备、康复理疗设备、高端医用耗材、保健器械等先进医疗器械产品设计开发与集成应用服务。推动化妆品产业品牌化提升，依托浙江大学国际健康医学研究院、医疗健康产业集群，积极培育医美材料、医美药品、医疗器械、医美服务等新兴产业，打造浙中医美产业中心和旅游目的地。

表5　义乌市医疗健康产业龙头企业简介

行业	企业类型	公司名称	主营业务
保健食品	高新技术企业	浙江森宇实业有限公司	保健食品（森山铁皮枫斗、蜂灵宝胶囊、喜儿快乐口服液、花儿红阿胶胶囊、氨基酸）
		浙江大德药业集团有限公司	保健食品（银杏露、鲜益母草胶囊、灵芝颗粒等）
生物医药	高新技术企业	浙江华义制药有限公司	医药中间体、医药原料药、药品（片剂、胶囊剂、颗粒剂）
		浙江安诺优达生物科技有限公司	细胞分子遗传学医疗检测
	地方重点企业	中科新生命（浙江）生物科技有限公司	药物研发服务（提供蛋白质组学、代谢组学、生物信息学、医药质量评估以及试剂代理服务）
医疗器械	高新技术企业	浙江红雨医药用品有限公司	一次性伤口敷料、湿润伤口敷料、手术胶带及个人护理用品
		浙江斯坦格运动护具科技有限公司	运动护具、保健护具
		义乌捷康医疗用品有限公司	医用卫生材料及敷料
	地方重点企业	浙江百灵医疗器械有限公司	体温计、电子血压计、血糖计
		义乌迈科医疗用品有限公司	轮椅、一次性医用耗材、医疗用品、伤口敷料、医用器皿、消毒用品
食品	上市公司	浙江华统肉制品股份有限公司	肉制品
	地方重点企业	义乌嘉奇食品有限公司	糖果、巧克力制造
医美服务	地方重点企业	义乌玥莱美国际医疗美容管理有限公司	理发及美容服务
		义乌欧莱美医疗美容医院有限公司	医疗美容

三、科技创新概况

2022年，全市R&D经费占地区生产总值比重为1.91%，全省排名第71；全市拥有高新技术企业374家，高新技术产业增加值占工业增加值比重达74.85%；全市规上工业企业R&D经费支出占营业收入比重达1.7%。

（一）区域创新资源布局

义乌市创新平台主要集聚在省级经开区，主要分布在光电信息、小商品制造、纺织、医疗健康、芯片传感器及智能终端等产业。2022年，全市拥有省级企业研究院11家，省级高新技术企业研发中心38家。创新平台主要集聚在福田街道、稠城街道、廿三里街道、苏溪镇、佛堂镇（见图2）。

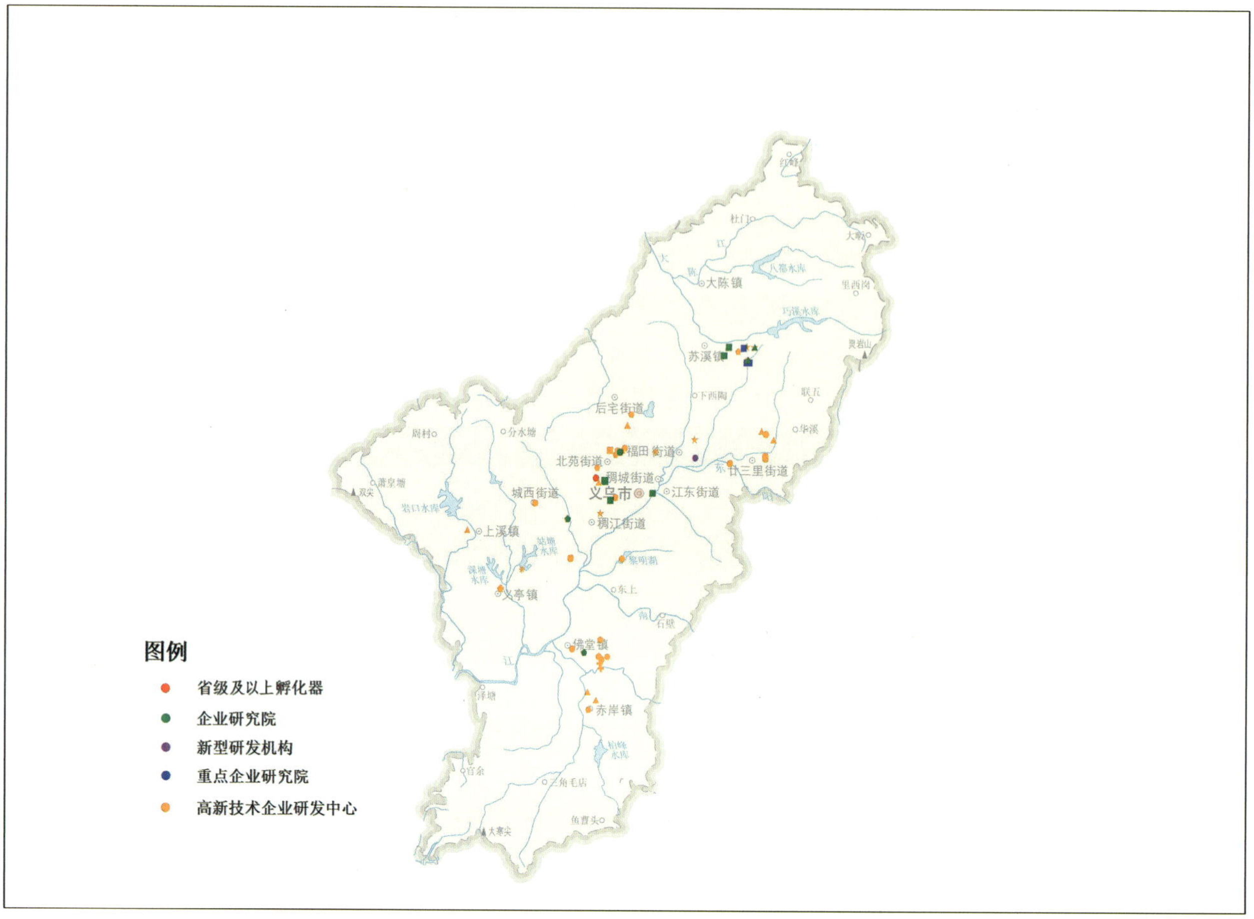

图 2　义乌市创新平台布局

（二）产业专利分析

义乌市的专利优势主要集中在半导体器件、机床等领域。2022 年，义乌市有效发明专利共 4878 件，前十大专利技术领域（小类）见图 3。根据申请人分析，华灿光电（基本电气元件）、吉利控股（燃烧发动机）、爱旭太阳能（基本电气元件）、真爱地毯（编织）、安诺优达（生物化学）、易开盖实业（输送、包装）等申请人的专利数量居前。

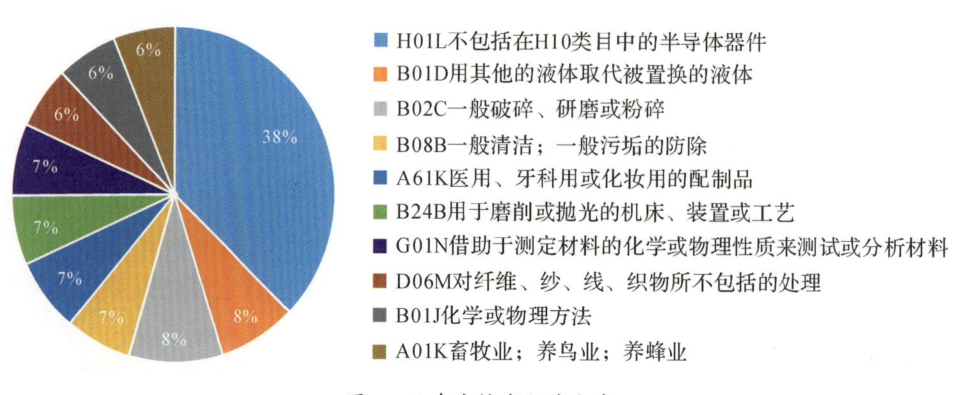

图 3　义乌市技术领域分布

四、义乌市未来展望

从产业发展看，义乌市将实施“义乌三宝”复兴行动，做优红糖、金华火腿、南枣等农业品牌产品，加快培育“4+X”现代产业体系，重点发展智能光伏、新能源汽车及零部件、芯片及智能终端、医疗健康等四大战略性新兴产业。从科技创新看，义乌市规上工业企业研发投入处全省平均水平。下一步，义乌市将提升城市创新能级，依托双江湖新区开发，加快双江湖科教园区建设，支持浙大国际健康医学研究院、复旦义乌研究院打造省级重点实验室，支持全球光伏联合创新中心创建省技术创新中心，争取引进研究院一家。

东阳市产业链创新链全景分析报告

金华东阳市位于浙江省中部，总面积约1746.81平方千米，下辖11个镇、6个街道、1个乡。2023年，全市户籍人口为85.1万人，常住人口为109.3万人。地区生产总值为805.85亿元，全省排名第39，金华市排名第2。东阳市是全国经济百强县、全国创新百强县、国家森林城市、国家园林城市、国家卫生城市、国家农产品质量安全县，“中国磁都”“中国香榧之乡”“教育之乡”“建筑之乡”“工艺美术之乡”，拥有横店影视城、卢宅明清古建筑群等景区。

一、东阳市产业概况

（一）产业结构

从地区生产总值构成看，2023年，东阳市第一产业增加值为21.85亿元，第二产业增加值为360.14亿元，第三产业增加值为423.86亿元，三次产业增加值结构调整为2.7 ： 44.7 ： 52.6。

从农业看，东阳市以中药材（元胡、白术、芍药、贝母）、香榧产业为主导。2023年，全市农林牧渔总产值33.38亿元。中药材产值超2.2亿元，其中元胡产量占全国一半以上，并入选国家农产品地理标志登记产品；香榧产值3.5亿元，已被核定为地理证明商标；东山白茶产值约2亿元，其中东白春芽连续两届获国际名茶金奖。下一步，东阳市将通过元胡—水稻轮作、“公司＋合作社＋农户”等模式助力中药材产业振兴，并建立香榧产业发展机构，推进“香榧＋文旅”融合发展，借鉴南马花园“智慧园区”和现代农业“案卢经验”，打造优势“三农”产业群。

从工业看，东阳市以磁性电子、医药健康产业为主导。2023年，全市规上工业总产值795.6亿元，规上工业企业768家。2022年东阳市产业主要分布见表1。下一步，东阳市将推进产业基础高级化、产业链现代化，加快构建“1（新材料）2（磁性电子、医药健康）3（新一代信息技术、机器人与智能装备、现代建筑与交通装备）4（机械制造、绿色塑胶、现代服装、木雕红木）4（箱包、金银丝、缝配、渔具）”现代特色产业体系。

表1　东阳市特色工业结构

名称	规上工业产值 / 亿元	占全市规上工业总产值比重 /%
磁性电子	209.50	27.00
医药健康	超 100.00	超 12.89
机械制造	近 80.00	超 10.31
绿色塑胶	近 50.00	近 6.44
现代服装	超 50.00	超 6.44
木雕红木	713.93（全产业链产值）	
新材料	超 150	超 19.33

从服务业看，东阳市以影视文旅产业为主导。2022 年，东阳市规上服务业总营收 220.6 亿元（其中旅游业占 74%）。下一步，东阳市将坚持“影视为表、旅游为里、文化为魂”的融合发展理念，依托独特的场地和配套资源，持续深入开展影视文旅产业创新实践，创新“影视文化 + 体育”，探索“影视文化 + 研学”，持续推出“影视文化 + 美食”“影视文化 + 娱乐”“影视文化 + 微电影”等新型文旅业态，打造影视文旅深度融合全域旅游目的地。

（二）“中部三片区”的产业空间布局

图 1 展示了东阳市重点产业平台布局。从工业看，东阳市工业依托“万亩千亿平台”“省级经济开发区”“省级高新区”在六石街道和横店镇，重点打造磁性电子、医药健康、新材料、木雕红木产业。从农业看，东阳市农业在东阳江镇，围绕“省级现代农业园区（两江源）”，重点发展中药材、水果、席草等产业。从服务业看，东阳市服务业在湖溪镇、马宅镇、横店镇，围绕“横店影视文化产业创新发展区”“国家级旅游度假区（横店影视城、东阳花园村）”打造国际影视旅游中心，发展影视文旅产业。

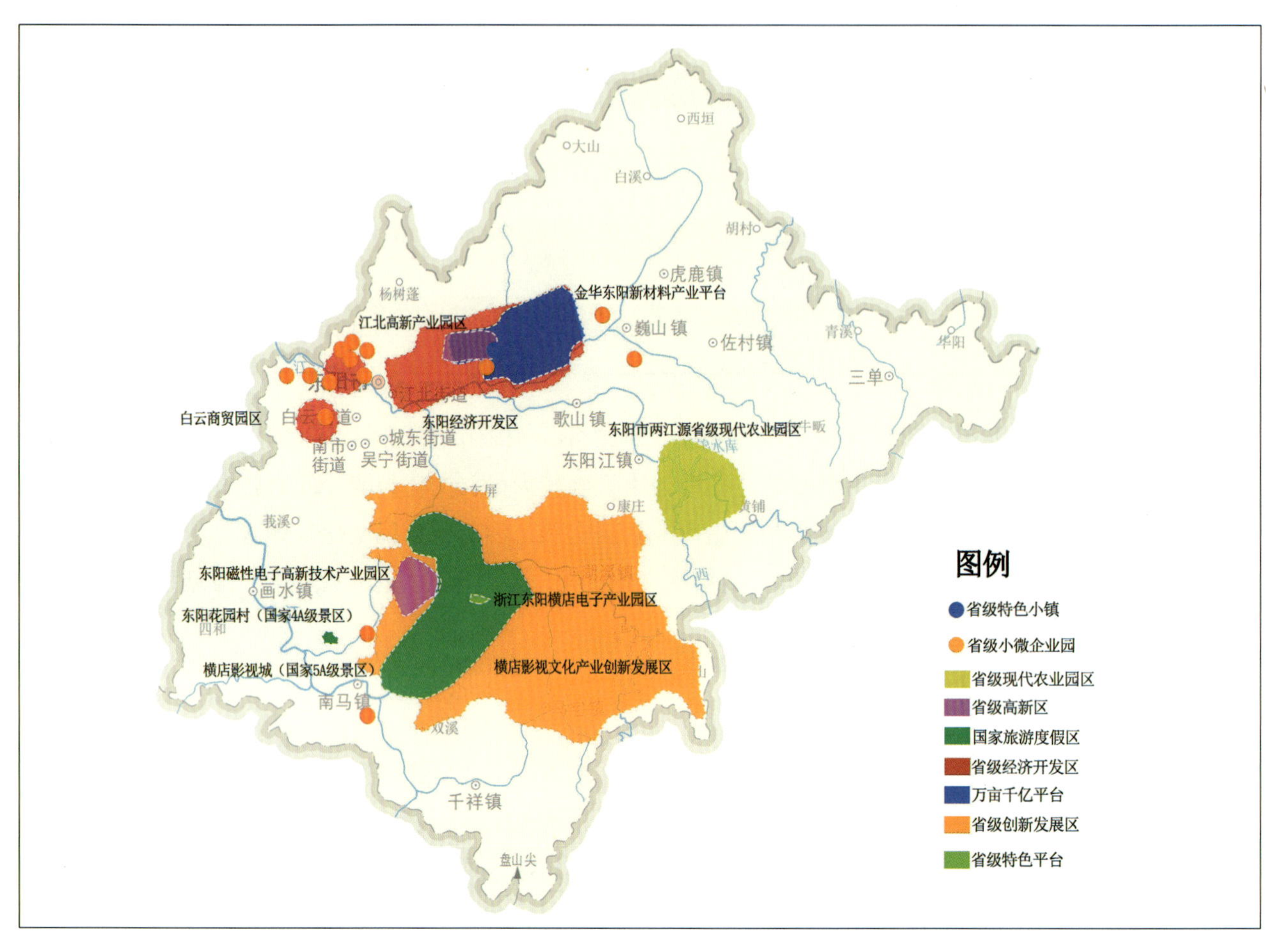

图1　东阳市重点产业平台布局

二、重点产业

（一）磁性电子产业

东阳市已经成为国家级磁性材料特色产业基地、国家级磁性材料科技兴贸创新基地，是国内铁氧体和稀土永磁材料生产企业最密集的地区，磁性电子产业规模居全国之首。2022年，磁性电子产业规上工业总产值209.5亿元，企业超300家。磁性电子产业的龙头企业见表2，主要分布在磁性材料和新型电子元器件两大行业。从产业链角度看，磁性材料企业主要集中在上游的料粉，中游的磁性材料；新型电子元器件企业主要集中在上游的电子专用材料、元器件，中游的电机配件，下游的电子产品。下一步，东阳市将做强磁体材料、软磁材料、新型电子元器件，着力加强“材料—产品—器件”全链条科技创新、研发创新、工艺创新，推动高精特新延伸发展，努力打造全球知名的磁性电子产业基地。力争到2025年，磁性电子产业产值达230亿元。

表2　东阳市磁性电子产业龙头企业简介

行业	企业类型	公司名称	主营业务
磁性材料	上市公司	横店集团东磁股份有限公司	磁性材料、器件、光伏、锂电
		浙江英洛华科技股份有限公司	烧结、黏结钕铁硼、磁性组件

续表

行业	企业类型	公司名称	主营业务
磁性材料	上市公司	浙江中科磁业股份有限公司	烧结钕铁硼、永磁铁氧体
	专精特新“小巨人”	浙江南磁实业股份有限公司	铁氧体、稀土强磁钕铁硼
		浙江中元磁业股份有限公司	磁性材料、电子元器件、机电组件设备
		东阳富仕特磁业有限公司	磁化水磁体、风力发电机用磁体、软磁铁氧体、磁选机用磁体
		浙江英洛华磁业有限公司	钕铁硼磁性材料、电子元器件、磁电产品
	项目依托企业	东阳腾辉新材料有限公司	非晶材料、稀土永磁材料、金属注射制品
	专精特新入库企业	东阳顶峰磁材有限公司	磁钢、电声喇叭、铜棒
		东阳银海磁业有限公司	磁性材料、电子元器件
		浙江凯文磁业有限公司	高性能强磁（磁性应用器材、磁保健用品、稀土永磁）、机电产品
新型电子元器件	上市公司	横店集团得邦照明股份有限公司	民用照明产品、商用照明产品及车载系列产品
	项目依托企业	东阳华芯电子材料有限公司	电子专用材料
		浙江东阳光电子科技有限公司	电子专用材料、电子元器件与机电组件设备、电容器及其配套设备
	专精特新入库企业	东阳科力达电子器材有限公司	电子元器件、电声配件、电机配件
		东阳东磁诚基电子有限公司	电器元件、电机、铝箔、印染整机械

（二）医药健康产业

2022 年，东阳市医药健康产业集群产值突破 103.8 亿元，成为金华市第二个百亿产业集群，规上企业 33 家。医药健康产业的龙头企业见表 3，主要分布在生物医药和医疗器械两大行业。从产业链角度看，生物医药企业主要集中在上游的医药中间体和中游的原料药、医药制剂、基因工程药物制造；医疗器械企业主要集中在下游的医疗设备、医疗耗材制造。下一步，东阳市将做高化学药、生物技术药，做专医疗器械及耗材、现代中药、健康药妆，支持生物医药产业向生命健康产业转型，建设长三角知名产业地标——“中国药谷”。力争到 2025 年，医药健康产业产值达 150 亿元。

表3　东阳市医药健康产业龙头企业简介

行业	企业类型	公司名称	主营业务
生物医药	上市公司	普洛药业股份有限公司	原料药中间体（头孢、青霉素、精神类等）、制剂（抗感染类、抗肿瘤类等）、CDMO
		浙江海森药业股份有限公司	化学药品原料药（消化系统类、解热镇痛类和心血管类）和中间体
		浙江花园生物高科股份有限公司	维生素 D3 上下游系列产品（羊毛脂胆固醇、25- 羟基维生素 D3 等）
	项目依托企业	浙江普洛家园药业有限公司	CDMO
	专精特新入库企业	浙江孚诺医药股份有限公司	皮肤外用化学药
		浙江花园药业有限公司	硬胶囊剂、片剂、茶剂、原料药（兰索拉唑）、注射剂、冻干粉针剂
		浙江野风药业股份有限公司	特色原料药及中间体（甲基多巴、左旋多巴等）
		浙江北生药业汉生制药有限公司	基因工程药物
医疗器械	专精特新“小巨人”	浙江微度医疗器械有限公司	大外科、医学美容、口腔系列

（三）机械制造产业

2022 年，东阳市机械制造产业规上工业总产值近 80 亿元。相关龙头企业见表 4，主要分布在电机电器设备和金属制品两大行业。从产业链角度看，电机电器设备企业主要集中在中游的工业电机制造和下游的电动工具和设备制造；金属制品企业主要集中在上游的金属加工和中游的金属零部件制品制造。下一步，东阳市将提升发展电机电气设备、电动工具、高端模具、金属加工、金属制品等产业，努力打造国内知名的电机产业基地、电动工具优质制造基地、日用五金优质供给窗口。力争到2025年，机械制造产业产值达100亿元。

表4　东阳市机械制造产业龙头企业简介

行业	企业类型	公司名称	主营业务
电机电器设备	专精特新“小巨人”	浙江东政电机有限公司	机电、电机、电器及配件、机械零配件
		浙江联宜电机有限公司	电机、齿轮箱及配件、电气机械器材
	专精特新入库企业	东阳甘特电气有限公司	汽车尾门撑杆、下吸锁、四门电吸
		东阳奥隆机械设备有限公司	丙纶无纺布设备、无纺布制袋机、PET针刺生产线和无纺布后处理设备
		浙江华洋缝制有限公司	缝制设备、五金工艺
		东阳金陵机械股份有限公司	流体机械及配件、通用设备、机械模型
		浙江东峰制冷配件有限公司	制冷配件、水暖管道接头、雪锹、园林工具、日用五金
		浙江宇能实业有限公司	杯具、园林工具、电动工具、工艺品
金属制品	专精特新“小巨人”	浙江恒成硬质合金有限公司	硬质合金、模具制造、碳化钨粉
	专精特新入库企业	东阳恒达金属波纹管有限公司	金属波纹管、仪表、电器配件
		东阳恒业钢带有限公司	钢带
		东阳环球钢带有限公司	钢带
		花园金波科技股份有限公司	锡磷青铜、铍青铜及不锈钢波纹管
		浙江宝森波纹管有限公司	金属波纹管及波纹管组件（锡青铜、不锈钢、黄铜、镍铜合金等）
		浙江东驰钢结构有限公司	管桁架钢结构、桥梁用钢结构、网架及其他钢结构

（四）现代服装产业

2022年，东阳市现代服装产业规上工业总产值超50亿元。相关龙头企业见表5。从产业链角度看，现代服装企业主要集中在上游的服装部件和中游的服装产品制造。下一步，东阳市将提升发展针织面料、品牌服装、现代家纺等产业，优化发展印染等产业，支持企业增品种、上品位，打造长三角先进的现代服装产业基地。力争到2025年，现代服装产业产值达100亿元。

表5　东阳市现代服装产业龙头企业简介

行业	企业类型	公司名称	主营业务
现代服装	专精特新“小巨人”	浙江澳亚织造股份有限公司	松紧带、织带
	高新技术企业	东阳三立针织服装有限公司	保暖内衣套装、针织品、男女服装、棉裤、棉衣、运动服装、热能裤、童装等
		东阳毅龙制衣有限公司	服装制造、劳动保护用品生产
		东阳赛歌服饰有限公司	配饰、鞋子、袜子、床上用品、帽、箱包、制服、校服及其他服装

（五）新材料产业

2022年，东阳市新材料产业规上工业产值超150亿元，东阳市新材料“万亩千亿”新产业平台于

2022年6月入选省级“万亩千亿”新产业平台培育名单。相关龙头企业见表6。从产业链角度看，新材料产业的龙头企业主要集中在有色金属材料、纤维材料、化工新材料、建筑新材料、电子信息材料。下一步，东阳市将重点发展有色金属新材料、先进化工新材料、电子信息材料、高性能纤维及复合材料、建筑新材料，努力打造国内一流的新材料研制高地。力争到2025年，新材料产业产值达200亿元。

表6　东阳市新材料产业龙头企业简介

行业	企业类型	公司名称	主营业务
有色金属	项目依托企业	正威（东阳）新材料科技有限公司	低氧光亮铜杆、精密铜线、合金导线、铜箔、挠性覆铜板
	专精特新入库企业	浙江美臣新材料科技有限公司	新材料技术、废旧金属回收、化工产品
	浙江省节水型企业	浙江花园铜业有限公司	铜及其他有色金属
纤维	专精特新“小巨人”	浙江新纳陶瓷新材有限公司	二氧化硅、电子陶瓷
	专精特新入库企业	浙江新纳材料科技股份有限公司	硅、橡胶、陶瓷、金属与非金属复合材料及制品
先进化工	项目依托企业	浙江野风博聚新材料有限公司	新材料、特种化学品、医药中间体、化妆品原料
建筑	专精特新入库企业	花园新材料股份有限公司	新型建筑材料、包装材料
		浙江双东装饰材料有限公司	装饰材料、工艺壁纸、工艺墙席（麻、藤、草及其他纤维）
		浙江巍华新材料股份有限公司	新型建筑材料制造、水泥制品、涂料
电子信息	项目依托企业	东阳华芯电子材料有限公司	电子专用材料（半导体光刻胶材料）
	专精特新入库企业	浙江瑞邦科技有限公司	锂离子电池材料、电动汽车动力电池组、储能电池组

三、科技创新概况

2022年，全市R&D经费占地区生产总值比重为2.42%，全省排名第47；全市拥有高新技术企业240家，高新技术产业增加值占工业增加值比重达74.6%；全市规上工业企业R&D经费支出占营业收入比重达2%，全省排名第22。

（一）区域创新资源布局

东阳市创新平台主要集中在磁性电子、医药健康、机械制造产业。2022年，全市拥有省级“重点”企业研究所4家，省级企业研究院16家，省级高新技术企业研发中心68家，省级工程技术中心1家，省级产业创新服务综合体1家，省级众创空间5家，省级星创天地1家。创新平台主要集聚在横店镇、南马镇、白云街道、江北街道、六石街道（见图2）。

（二）产业专利分析

东阳市的专利优势主要集中在磁体、电感、石灰等耐火材料领域。2022年，东阳市有效发明专利共3902件，前十大专利技术领域见图3。根据申请人分析，横店集团东磁股份（基本电气元件、陶瓷、耐火材料、铸造、粉末冶金）、中天建设集团（建筑物）、横店集团得邦照明股份（电技术）、浙江省东阳东磁诚基电子（发电、变电或配电）、浙江联宜电机股份（发电、变电或配电）、横店集团东磁（基本电气元件）、横店集团英洛华电气（机床、金属加工）、浙江恒成硬质合金（冶金、合金或有色金属的处理）、浙江东阳东磁稀土（铸造、粉末冶金）、东阳天杨建筑工程设计（建筑物）等申请人的专利数量居前。

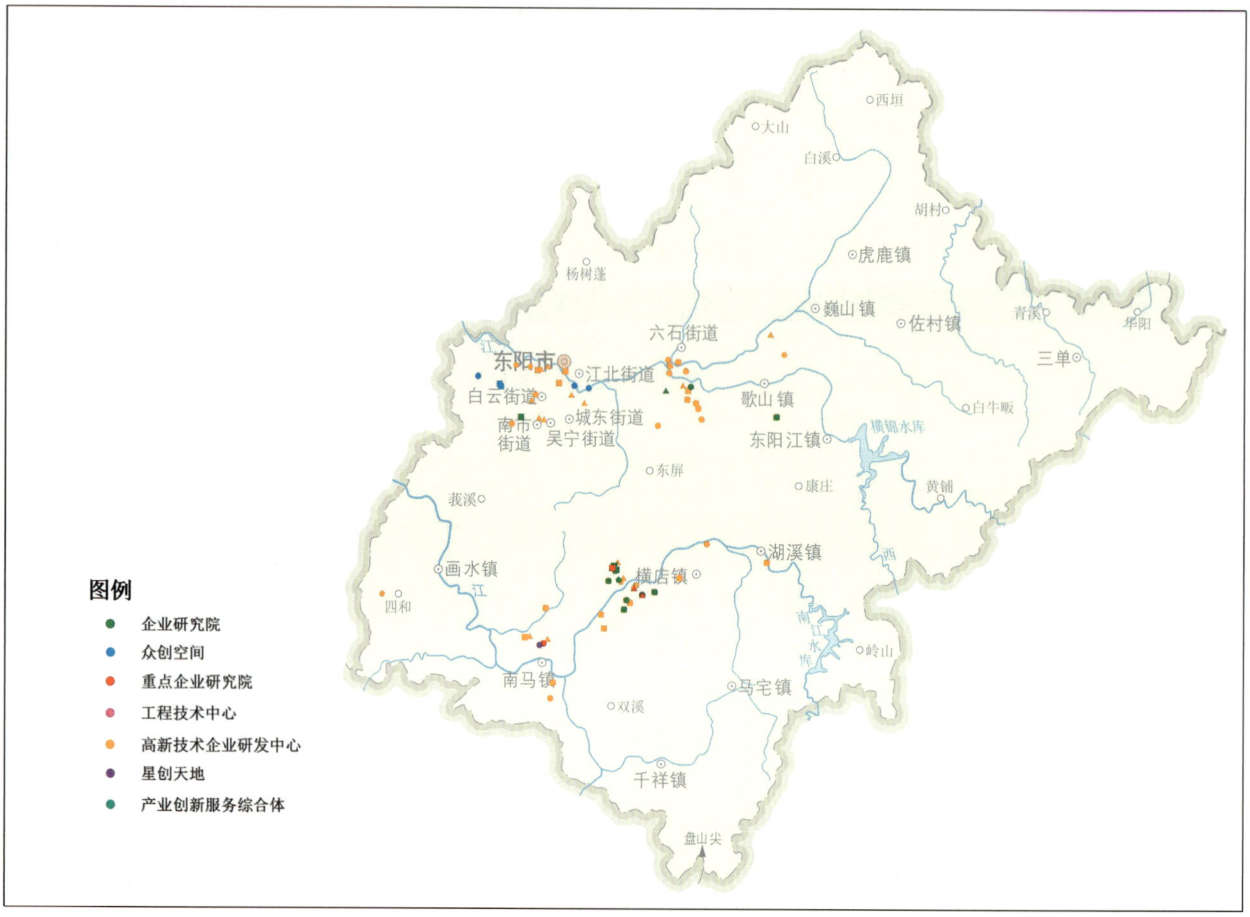

图 2　东阳市创新平台布局

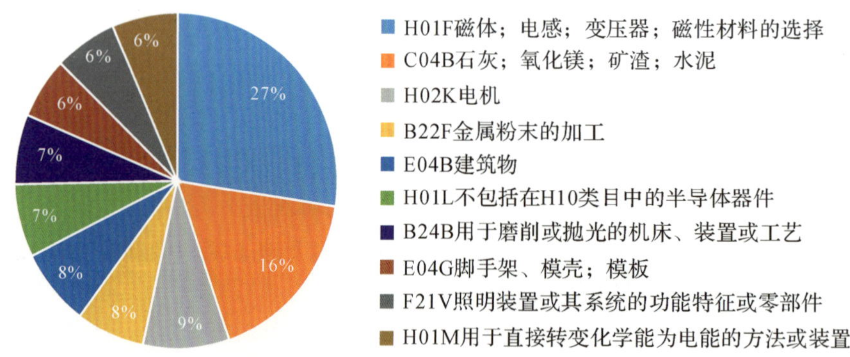

图 3　东阳市技术领域分布

四、东阳市未来展望

从产业发展看，东阳市下一步将发展壮大以“1234”为重点的制造业产业集群（“1”是重点发展的新材料产业，“2”是磁性电子、医药健康两大主导产业，“3”是现代服装、机械制造、绿色塑胶三大优势产业，“4”是缝配、箱包、金银丝、渔具四个特色块状产业），做精做优影视文旅、建筑、木雕家居三大特色产业，做深做活商贸服务业。从科技创新看，东阳市规上工业企业 R&D 经费和全市 R&D 经费相对于地区生产总值的比重均较低。从创新平台布局看，东阳市磁性电子、医药健康、机械装备产业、新材料产业的创新载体较多。下一步，东阳市将高质量建设东阳科技城，加快推进青创、智创、科孵、科创“四中心”建设，做强上大产业发展研究院，推动科技孵化中心整合提升，积极争创国家级孵化器，加快组建产业创新研究总院，全力争创省级磁性电子高新技术产业园区。

永康市产业链创新链全景分析报告

金华永康市位于浙江省中部，总面积 1049 平方千米，下辖 3 个街道、11 个镇。2023 年，全市户籍人口为 62.25 万人，常住人口为 97.5 万人。地区生产总值为 755.98 亿元，全省排名第 45，金华市排名第 4。永康市是“全国工业百强县”“全国县域旅游综合实力百强县”“中国五金工匠之乡”，拥有水莲园周、方岩等旅游景区。

一、永康市产业概况

（一）产业结构

从地区生产总值构成看，2023 年，永康市第一产业增加值为 9.58 亿元，第二产业增加值为 400.16 亿元，第三产业增加值为 346.24 亿元。

从农业看，永康市以水果、蔬菜和水产产业为主导。2023 年，全市农林牧渔总产值为 14.86 亿元。蔬菜产值超 3.1 亿元；水果产业产值超 2 亿元，永康市方山柿为农产品地理标志产品，拱瑞下杨梅种植基地是永康市唯一的“浙江省森林食品种植基地”；水产产业产值超 2 亿元。下一步，永康市将重点发展食用菌和水产产业，向优质化、绿色化、特色化和规模化方向发展，推进产业链条延伸补短，推广数字农机，实施品牌强农工程，提升产品附加值。

从工业看，永康市以现代五金、高端装备（农机装备为主）、新材料为主导。2023 年，全市规上工业企业 1006 家，规上工业总产值 962.2 亿元。2022 年永康市产业主要分布见表 1。下一步，永康市将围绕构建“3+2”现代五金产业体系，即三大战略主导产业（现代五金、高端装备和新材料产业）以及两大新兴产业（五金电子信息、生命健康），同时重点瞄准新能源赛道，布局先进电池及储能产业。

表1　永康市工业主导产业简介

名称	规上工业产值 / 亿元	占全市规上工业总产值比重 /%
现代五金	约 338.00	约 35.57

（二）“西部工业、中部集聚”的产业空间布局

图 1 展示了永康市重点产业平台布局。从工业看，永康市工业围绕“省级高新区”“省级经济开发区”“省级特色小镇”“省级小微企业园”在中部分块集聚，在西城街道、东城街道、花街镇、象珠镇，重点打造现代五金、高端装备、新材料三大主导产业，培育数字五金新兴产业。从服务业看，永康市服务业围绕“方岩风景区”“水莲园周景区”，打造旅游体验休闲区。

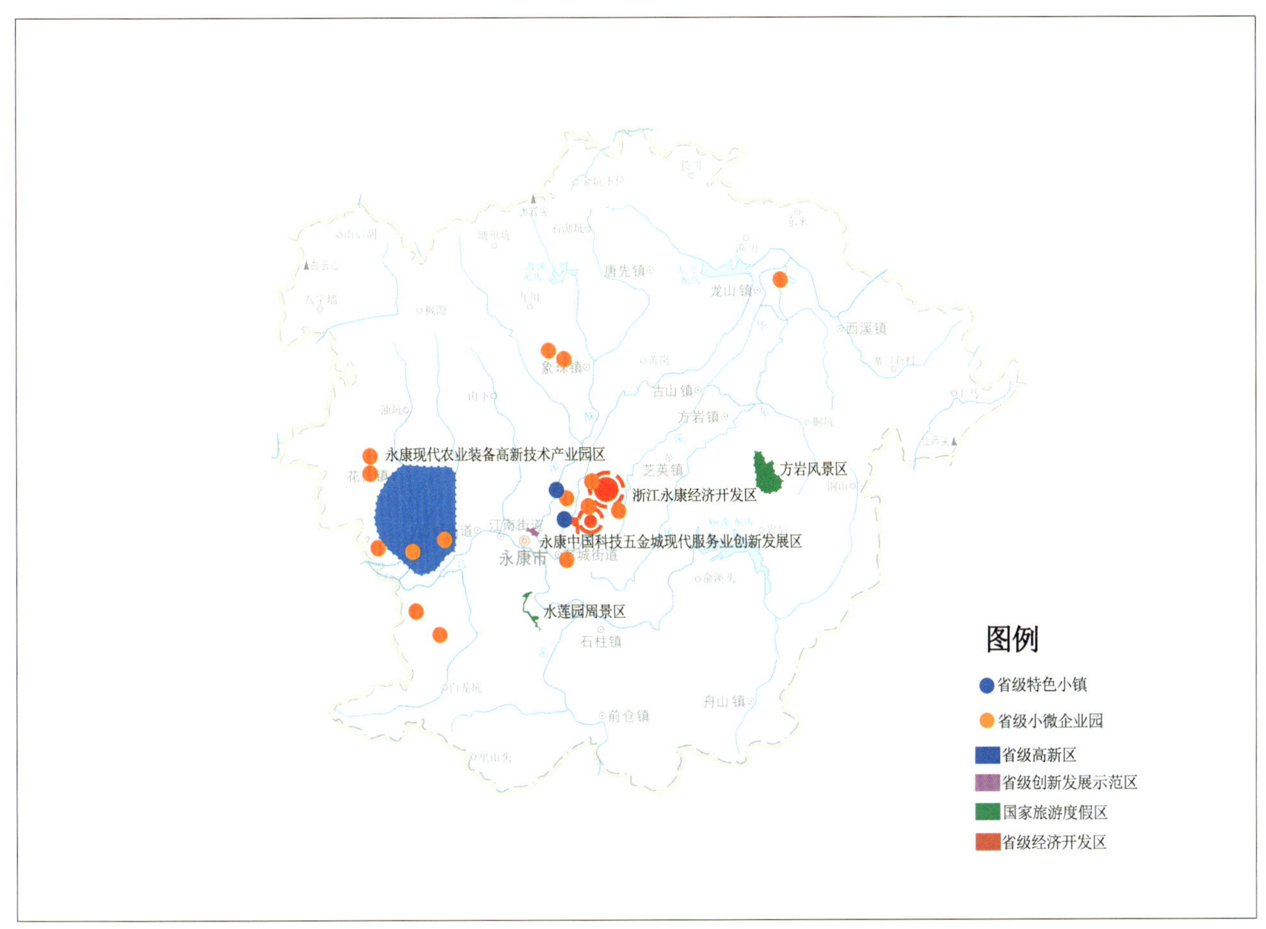

图 1　永康市重点产业平台布局

二、重点产业

（一）现代五金产业

永康市是“中国五金之都”。2022 年，永康市现代五金产业规上工业产值约 338 亿元，产业内地方龙头企业（上市、规上百强企业等）8 家，是全市生态工业发展的核心产业。永康市现代五金产业的龙头企业见表 2。从产业链角度看，智能门锁企业主要集中在产业链中游的智能门锁、杯壶、智能电器制造。下一步，永康市将加强传感器和电子信息技术在传统五金产品中的应用，研发一批带有传感器、处理芯片、数据处理和传输能力的智能五金产品，开发系列适用 5G 场景的智能化五金工具，推动现代五金产业智能化、高端化、品牌化。

表2　永康市现代五金产业龙头企业简介

行业	企业类型	公司名称	主营业务
现代五金（智能门锁、杯壶、智能电器）	上市公司	王力安防科技股份有限公司	智能门锁、机器人防盗门、安全门
		浙江哈尔斯真空器皿股份有限公司	不锈钢、钛、玻璃、塑料、铝等多种材质的杯壶产品
	规上百强（市级）	步阳集团有限公司	安全门、钢质进户门、高端定制门、防火门、钢木门、木门系列、智能锁
		群升集团有限公司	木门、钢木门、智能锁制造
		钢海集团有限公司	焊接钢管、钢材加工配送
		新多集团有限公司	高端安全门、高端别墅大门、精工木门、高端装甲门、防火门、楼宇门、智能锁等
		超人集团有限公司	电动剃须刀、家用电器、不锈钢制品、锁具
		南龙集团有限公司	不锈钢保温器皿、不锈钢炊具

（二）高端装备产业

2022年，永康市高端装备产业内地方龙头企业（上市、地方重点企业等）9家。永康市高端装备产业的龙头企业见表3。从产业链角度看，汽车制造企业主要集中在上游的汽车零部件、摩托车零部件和中游的汽车整车制造；农机装备企业主要集中在中游的电动工具、农机装备制造。下一步，永康市将积极谋划高端农林草装备“万亩千亿”新产业平台，以智能农业、林草高端装备制造、动力电池及储能产业为定位，培育做强高端农林草装备智能制造新经济，打造国内一流的现代农业智能装备科创高地、浙江丘陵山区农林智造装备产业增长极、永康农林智能装备强市主载体。

表3　永康市高端装备产业龙头企业简介

行业类别	企业类型	公司名称	主营业务
汽车制造	上市公司	众泰汽车股份有限公司	汽车整车研发、制造及销售
	规上百强（市级）	泰龙控股集团有限公司	汽车零配件、摩托车零配件
农机装备	上市公司	浙江中坚科技股份有限公司	园林机械和农业机械
	高新技术企业	浙江星莱和农业装备有限公司	收割机、插秧机、柴油发动机（不含汽车发动机制造）、履带式旋耕机
	科技小巨人	正阳科技股份有限公司	研发、生产、销售电动工具
	专精特新“小巨人”	浙江闽立电动工具有限公司	修边机、手电钻、电刨
		浙江三锋实业股份有限公司	电链锯、磨链机、割草机、汽油锯、角向磨光机、手电钻、电锤、石材切割机
		浙江德硕科技股份有限公司	电锤（镐）、锂电系列工具
		浙江博大实业有限公司	无绳系列、林木加工系列电动工具
	规上百强（市级）	永康正大实业有限公司	电动工具、五金工具、气动工具

（三）新材料产业

2022年，永康市新材料产业内地方龙头企业（上市、专精特新“小巨人”、规上百强企业）9家。永康市新材料产业的龙头企业见表4。从产业链角度看，该产业的龙头企业主要集中在上游的化工原材料，中游的金属新材料、高分子材料、特种纤维，下游的应用反光服装、金属制品制造。下一步，永康市将实施新材料科技攻关计划，加快高强度铝镁合金、钛合金、高分子等新材料的研发与产业化，突破五金行业先进结构材料、先进功能材料、变革性材料技术、高端制造产业新型显示材料、特种纤维、先进半导体材料等关键领域技术。

表4　永康市新材料产业龙头企业简介

行业类别	企业类型	公司名称	主营业务
新材料（金属新材料、特种纤维、半导体材料等）	上市公司	道明光学股份有限公司	反光材料、反光服装、光学膜、复合材料、功能性膜材料
	专精特新“小巨人”	浙江千禧龙纤特种纤维股份有限公司	功能纤维、缆绳、锚绳
	规上百强（市级）	鹰鹏化工有限公司	萤石、萤石粉、制冷剂、氟化氢、氟苯及氟化工产品
		天行集团有限公司	铜板、铜带、铜棒、铜牌等工业原材料制作
		天河集团有限公司	铜材加工
		浙江永压铜业有限公司	紫铜、黄铜板、带、棒、排制造
		浙江万金实业有限公司	裸铜线、漆包线、电线电缆、无氧铜杆、铜排、铜合金杆、铜合金线材
		永康红心铜业有限公司	铜板、铜带、铜排、铜棒、铜管制造
		永康奔驰实业有限公司	铜材、铝材，日用五金制品

三、科技创新概况

2022 年，全市 R&D 经费占地区生产总值比重为 2.72%，全省排名第 43；全市拥有高新技术企业 376 家，高新技术产业增加值占工业增加值比重达 70.34%；全市规上工业企业 R&D 经费支出占营业收入比重达 1.89%。

（一）区域创新资源布局

永康市创新平台主要集中在高端装备产业（汽车零部件为主导）。2022 年，全市拥有省级重点企业研究院 4 家，省级企业研究院 28 家，省级重点农业企业研究院 2 家，省级高新技术企业研发中心 69 家，省级孵化器 1 家，省级星创天地 1 家，省级众创空间 4 家。创新平台集聚在花街镇、方岩镇、江南街道、东城街道和西城街道（见图 2）。

（二）产业专利分析

永康市的专利优势主要集中在金属加工（五金用品、机床和零部件）和清洁用品。2022 年，永康市有效发明专利共 2157 件，前十大专利技术领域见图 3。根据申请人分析，能诚集团（锁具）、安胜科技（组合加工）、炊大王（烹调器零部件）、哈尔斯真空器皿（饮水器）、飞神车业（玩具车附件）、微唯智能科技（船舶的推进动力设备）、千禧龙纤特种纤维（人造长丝、线、纤维）、三锋实业（林业）、星莱农业装备（农业机械）等申请人的专利数量较多。

四、永康市未来展望

从产业发展看，永康市将做强畜禽、茶叶等重点农业领域，推进茶产业向茶食品延伸产业链，加快推广数字化农机装备在种植领域的应用，培育发展以现代五金、高端装备和新材料产业三大战略主导产业和五金电子信息、生命健康两大新兴产业为主的“3+2”产业体系。从科技创新看，永康市规上工业企业研发投入占比低于全省平均水平，科技龙头企业较少。下一步，永康市将加快推动现代农机装备技术创新中心、长三角五金研究院实体化运作，推进电子信息、新材料等产业技术研究院建设，加快打造浙江大学—永康智能农机装备联合研究中心、永康产业研发数字实验室、俄罗斯（永康）现代农机协同创新中心和海外创新孵化中心，支持五金生产力促进中心争创国家级科技孵化器，落地杭州、深圳科创飞地。

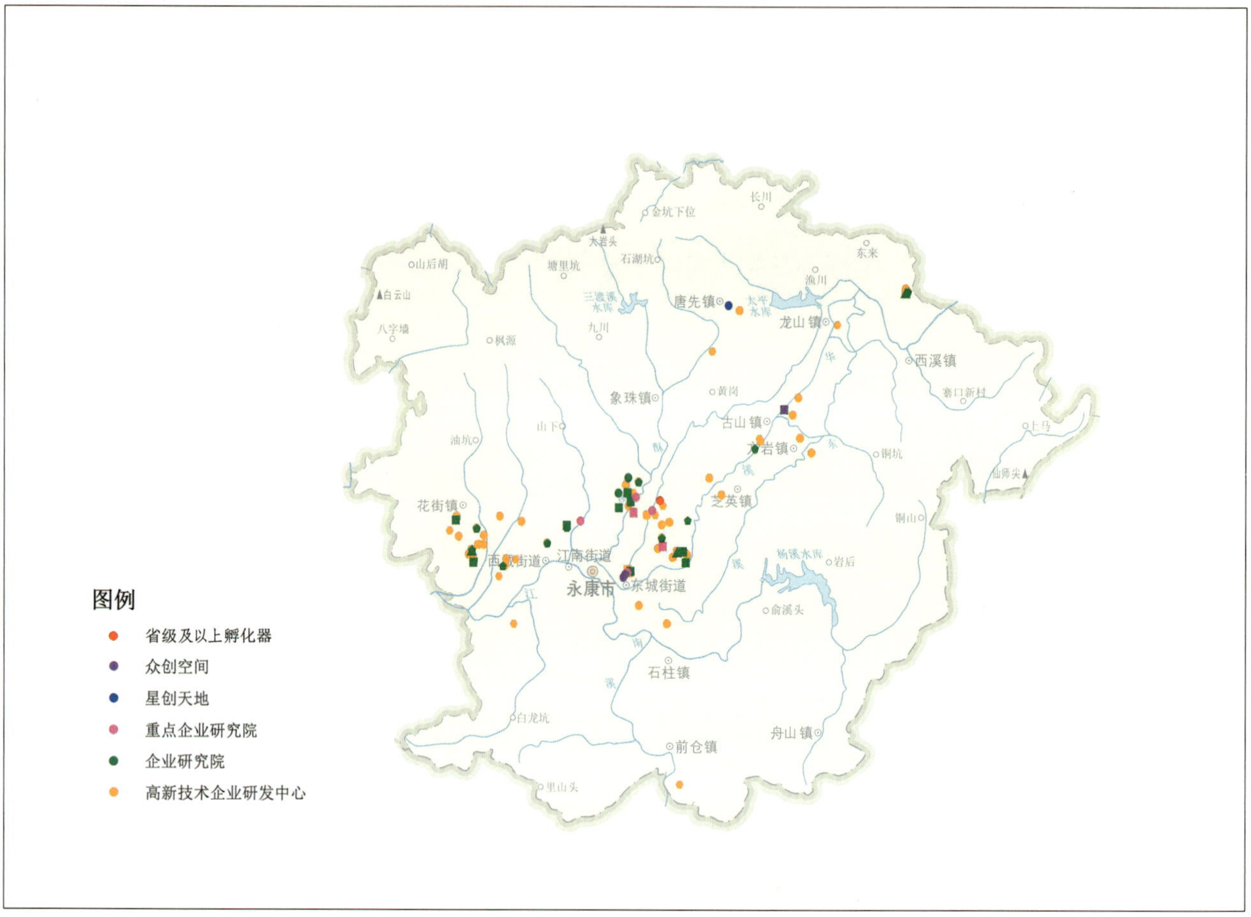

图 2　永康市创新平台布局

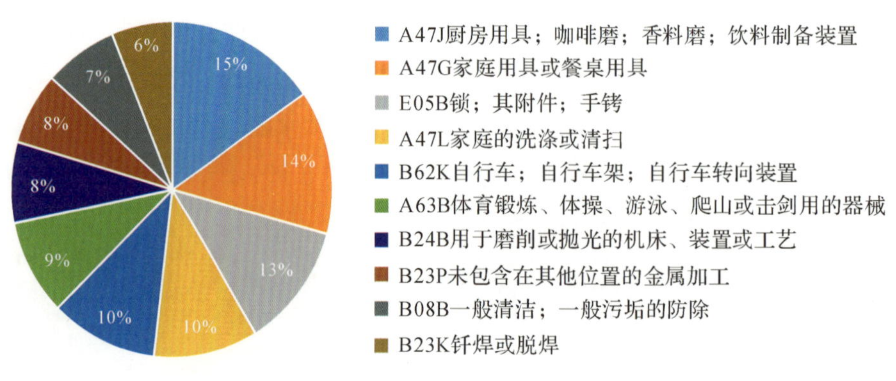

图 3　永康市专利技术领域分布

武义县产业链创新链全景分析报告

金华武义县位于浙江省中部，总面积1577平方千米，下辖3个街道、8个镇、7个乡，2023年，全县户籍人口为34.16万人，常住人口为46.9万人。地区生产总值为340.16亿元，全省排名第69，全市排名第6。武义县是“中国电动工具制造业基地”“浙江省电动工具出口基地”“中国扑克牌产业基地”“中国名茶之乡”“中国有机国药基地”“中国温泉之城”，拥有清水湾、牛头山、大红岩、璟园等旅游景区。

一、武义县产业概况

（一）产业结构

从地区生产总值构成看，2023年，武义县第一产业增加值为16.43亿元，第二产业增加值为156.40亿元，第三产业增加值为167.33亿元，三次产业增加值结构调整为4.8 ∶ 46.0 ∶ 49.2。

从农业看，武义县以中药材、茶叶产业为主导。2023年，全县农林牧渔业增加值17.10亿元。中药材全产业链产值突破20亿元，“武义铁皮石斛”获国家地理标志保护农产品，成功孕育中国灵芝、铁皮石斛行业第一家上交所主板上市公司——寿仙谷；茶产业年产值达11.3亿元，公共品牌“武阳春雨”获首批国家生态原产地保护产品，被评为“浙江省十大名茶”。下一步，武义县将重点开展铁皮石斛等药材新品种选育和种质资源保护，发展中药材精深加工，加快“武义有机中药”产品系列的构建、研发和生产，提升茶叶生产智能化、机械化水平，推进茶叶全产业链建设和茶文旅融合发展。

从工业看，武义县以特色五金和高端装备（机械制造）产业为主导。2023年，武义县规上工业总产值704.31亿元，规上工业企业767家。2022年武义县产业主要分布见表1。下一步，武义县将围绕新材料、生物医药、特色五金等重点产业，打造三个百亿级现代产业集群；壮大新材料、生物医药两大特色新兴产业，巩固提升特色五金、高端装备制造（电动工具、食品接触容器）等传统产业，最终构建“2+1+X”产业体系。

表1　武义县特色工业简介

名称	规上工业产值 / 亿元	占全县规上工业总产值比重 /%
特色五金	约 228.52	约 33.88
高端装备（机械制造）	约 125.19	约 17.78

续表

名称	规上工业产值 / 亿元	占全县规上工业总产值比重 /%
汽摩配	超 50.00	超 7.10
旅游休闲用品	约 42.68	约 6.06
新材料	约 42.63	约 6..05
生物医药	超 20.00	超 2.84

从服务业看，武义县以现代物流、商务服务（电子商务等）、文化旅游（浙西南大花园、温泉康养）为特色。下一步，武义县将加快现代服务业与先进制造业深入融合，推动工业化电商深化应用和电子商务城乡一体化发展，打造“中国温泉康养名城”。

（二）“中部农业、东北工业”的产业空间布局

图 1 展示了武义县重点产业平台布局。从工业看，武义县工业依托“省级经济开发区”“省级化工园区”“省级小微企业园”，主要集中在东北部的壶山、熟溪及白洋三个街道，重点打造特色五金、高端装备、文旅休闲用品、汽摩配和生物医药产业。从农业看，武义县农业围绕“国家级农业现代产业园”“省级现代农业园区”“有机茶药农业科技园区”，在中部的王宅镇、白姆乡和柳城镇，重点发展茶叶、食用菌和中药材全产业链，培育发展武义蜜梨和宣莲特色产业。

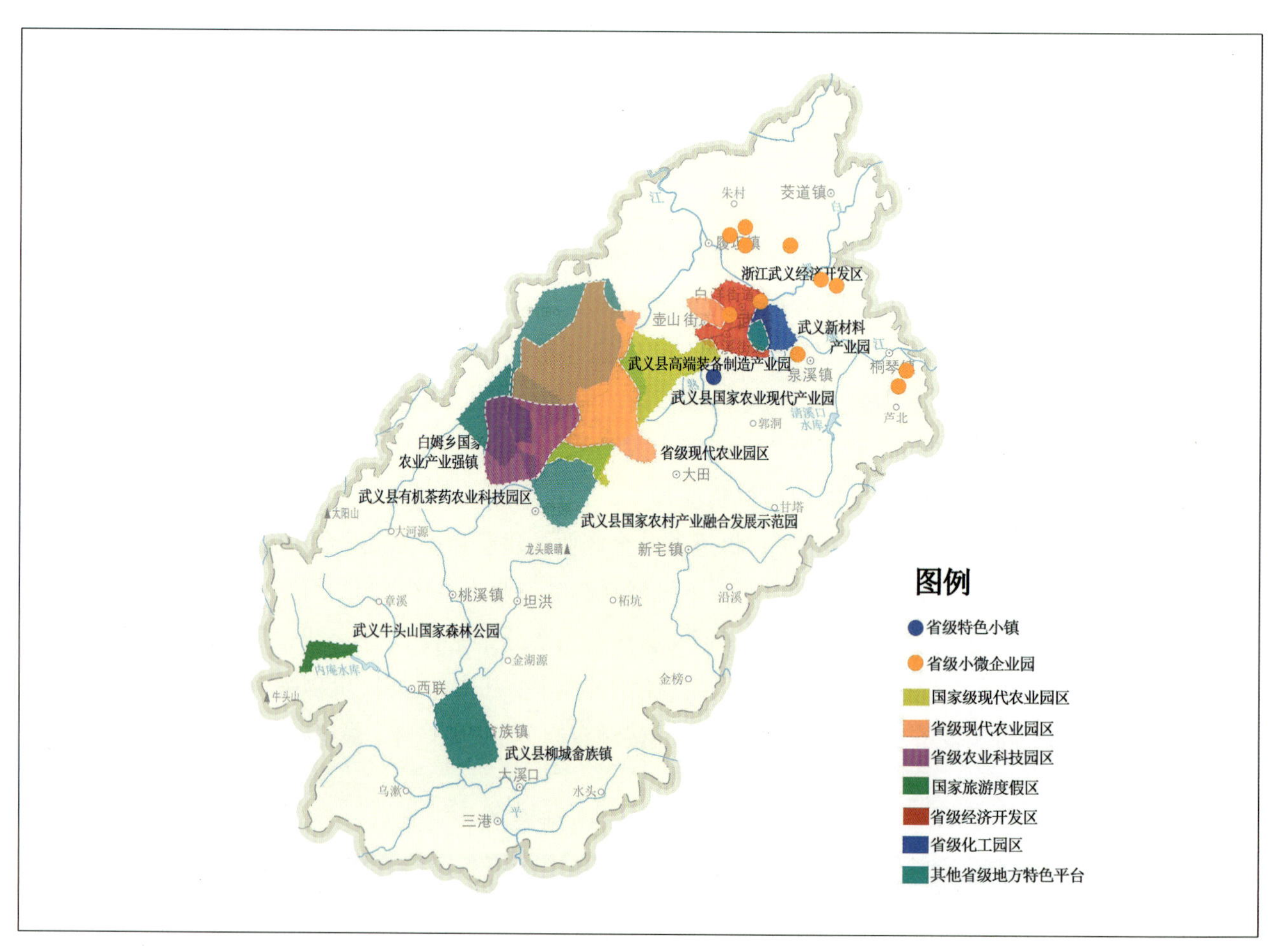

图 1　武义县重点产业平台布局

二、重点产业

（一）特色五金产业

武义县是“中国电动工具制造基地”“浙江省电动工具出口基地”。2022 年，特色五金产业规上工业产值约 228.52 亿元，主要分布在电动（园林）工具、食品接触容器、智能门锁（家居）三大行业。特色五金产业的龙头企业见表 2。从产业链角度看，电动（园林）工具企业主要集中在上游的电气零部件制造和中游的通用级电动工具生产；食品接触容器主要集中在中游的保温容器与厨具制造；智能门锁（家居）企业主要集中在上游的研发和中游的智能门锁制造。下一步，武义县将推进特色五金自动化与信息化改造，加大新型金属材料的开发应用，大力发展增材制造；重点发展稀土永磁无刷直流电机等电动五金工具，推动电机电控、创意设计、检验检测等产业链升级；促进食品接触容器和智能门锁品牌化高端化，培育百亿级特色五金产业集群。

表2　武义县特色五金产业龙头企业简介

行业	企业类型	公司名称	主营业务
电动（园林）工具	专精特新“小巨人”	金华新天齿轮有限公司	齿轮（弧齿锥、准双曲面、大减比锥、面齿轮等）
	规上百强（市级）	浙江恒友机电有限公司	电动工具（电锤、电镐）
		浙江宏马铜业有限公司	铜板\带\棒（黄、紫）
食品接触容器	上市公司	浙江嘉益保温科技股份有限公司	不锈钢真空保温杯、保温壶、焖烧罐、保温瓶
	地方重点企业	浙江浩大科技有限公司	真空瓶、保温杯、儿童杯、运动水壶、不锈钢瓶
		武义双力杯业有限公司	保温杯、咖啡壶、不锈钢杯、旅行杯、汽车杯
		浙江巴赫厨具有限公司	厨房工具、蒸锅、日用百货、炒锅
		浙江伯是购厨具有限公司	压铸铝厨具
智能门锁（家居）	规上百强（市级）	华爵集团有限公司	防盗门、润滑油、电动自行车、电动车、汽车零配件
	地方重点企业	浙江王力门业有限公司	安全门、智能锁、木门、智能门窗、智能家居、全屋定制
		浙江三荣门业有限公司	专业生产防盗安全门、钢木装甲门、防火门、铜门、实木门等系列产品
		金华佳卫安防科技有限公司	安防报警装置及锁具研发、制造、销售

（二）高端装备制造（机械制造）产业

2022 年，高端装备制造（机械制造）产业规上工业总产值约 125.19 亿元。当地相关龙头企业见表 3。从产业链角度看，机械制造企业主要集中在上游的机械配件、铸件生产和中游的机床设备、工程机械制造。下一步，武义县将依托精密机床、工程机械的良好基础，提高产业能级，推动产业向机器人、航空航天等先进装备制造转型，培育发展新动能，打造集设计、研发、制造、服务于一体的智能装备产业链。

表3　武义县高端装备制造（机械制造）产业龙头企业简介

行业	企业类型	公司名称	主营业务
机械制造	专精特新“小巨人”	武义西林德机械制造有限公司	钢瓶（工业用充装焊接、液化气、制冷剂）
		浙江金澳兰机床有限公司	数控高精密压力机、激光切割机
		浙江武精机器制造有限公司	破碎机、筛分设备、履带板及配件
	地方重点企业	浙江德孚机械股份有限公司	精密气动冲床、压机（拉伸机、压花机、液压机、油压机）
		武义机床制造有限公司	普通车床、数控机床、精密机床
		浙江裕融实业股份有限公司	配件（矿山破碎机、金属破碎）、晶钢铸件

（三）汽摩配产业

2022 年，武义县汽摩配产业规上工业总产值超 50 亿元。当地相关龙头企业见表 4。从产业链角度看，汽摩配企业主要集中在中游的零配件生产和下游的休闲摩托车整车制造。下一步，武义县将整合行业龙头企业，构建完整的特色汽车底盘系统配套体系，形成从配件到整车的产业链集群化发展，同时积极向休闲用车整车和新能源汽车及关键零部件延伸。

表4　武义县汽摩配产业龙头企业简介

行业	企业类型	公司名称	主营业务
汽摩配	地方重点企业	浙江拓为汽车部件有限公司	汽车底盘结构件、总成、控制臂、球销、制动器
		浙江保康轮毂制造有限公司	各种型号铝合金轮毂
		浙江铂动工贸有限公司	汽车轮毂及轮胎、摩托车轮毂及配件
		浙江福多纳汽车部件有限公司	轿车底盘总成及冲压焊接结构件
		浙江阿波罗运动科技股份有限公司	越野车、摩托车、沙滩车等休闲用车

（四）旅游休闲用品产业

2022 年，旅游休闲用品产业规上工业总产值约 42.68 亿元，规上企业超 60 家，旅游休闲用品产量占全国 30% 以上，其中户外用品产量和出口量均占全国 40% 以上。当地相关龙头企业见表 5。从产业链角度看，旅游休闲用品企业主要集中在中游的户外服饰、户外装备生产。下一步，武义县将积极开发高度角度显示、自动折叠等智能型旅游休闲用品，加快与现代文旅的融合，促进旅游休闲用品向品牌化、高端化、时尚化、生态化的方向发展，提升产品竞争力。

表5　武义县旅游休闲用品产业龙头企业简介

行业	企业类型	公司名称	主营业务
旅游休闲用品	地方重点企业	浙江圣雪休闲用品有限公司	沙滩椅、沙滩床、折叠椅、折叠桌、金属家具
		浙江鹿枫户外用品有限公司	吊床、衣服、服饰
		浙江天龙旅游用品有限公司	休闲椅、折叠椅、沙滩椅、休闲床、行军床、帐篷、泳篷
		浙江武义中茂工艺品制造有限公司	月亮椅、蝴蝶椅、小推车、沙滩椅
		浙江普莱德休闲用品有限公司	营地车、露营车、户外小推车、帐篷、折叠椅

（五）新材料产业

2022 年，新材料产业规上工业总产值约 42.63 亿元。当地相关龙头企业见表 6。从产业链角度看，新材料企业主要集中在中游的氟化工材料、金属材料、化工新材料、非金属材料生产。下一步，武义县将聚焦氟化工新材料产业的副产物综合利用，以高纯氢氟酸为突破，进一步向含氟湿电子化学材料产业链延伸突破，引进、培育、集聚一批含氟湿电子化学材料的上下游企业，培育壮大电子化学材料产业。力争到 2025 年，新材料产业产值率先突破 100 亿元。

表6　武义县新材料产业龙头企业简介

行业	企业类型	公司名称	主营业务
新材料	上市公司	浙江三美化工股份有限公司	氟碳化学品和无机氟产品等氟化工产品
新材料	高新技术企业	浙江裕融实业股份有限公司	黑色金属材料
		浙江顶嘉新材料科技有限公司	润滑脂、石油添加剂
		浙江海轩科技有限公司	保护膜
		浙江雷宸智能科技有限公司	弹簧材料
	地方重点企业	浙江润优新材料科技有限公司	高纯石英制品及半导体硅基新材料
		浙江赫赫新材料有限公司	无涂层不粘锅具复合材料

三、科技创新概况

2022 年，全县 R&D 经费占地区生产总值比重为 3.15%，全省排名第 27；全县拥有高新技术企业 232 家，高新技术产业增加值占工业增加值比重达 60.89%；全县规上工业企业 R&D 经费支出占营业收入比重达 1.35%，全省排名第 71。

（一）区域创新资源布局

武义县创新平台主要集中在特色五金和高端装备产业。2022 年，全县拥有工程技术研究中心 1 家，重点农业企业研究院 1 家，省级企业研究院 13 家，省级高新技术企业研发中心 55 家，众创空间 3 家，星创天地 3 家，省级产业创新服务综合体 2 家。创新平台主要分布在白洋、熟溪和壶山街道以及泉溪镇（见图 2）。

（二）产业专利分析

武义县的专利优势主要集中在机床及零部件、厨具用品、门窗及门锁等领域。2022 年，武义县有效发明专利共 1011 件，前十大专利技术领域见图 3。根据申请人分析，浙江三美化工股份（氟化工产品的制备工艺和生产）、浙江传播者金属装饰材料（钢管生产与加工设备或装置、轧机及轧机用设备）、武义普巴机械设备（运输车、装卸货装置）、浙江武精机器制造（破碎机）、浙江金澳兰机床（热锻机床、电气机床及有关生产装置或设备）等申请人的专利数量居前。

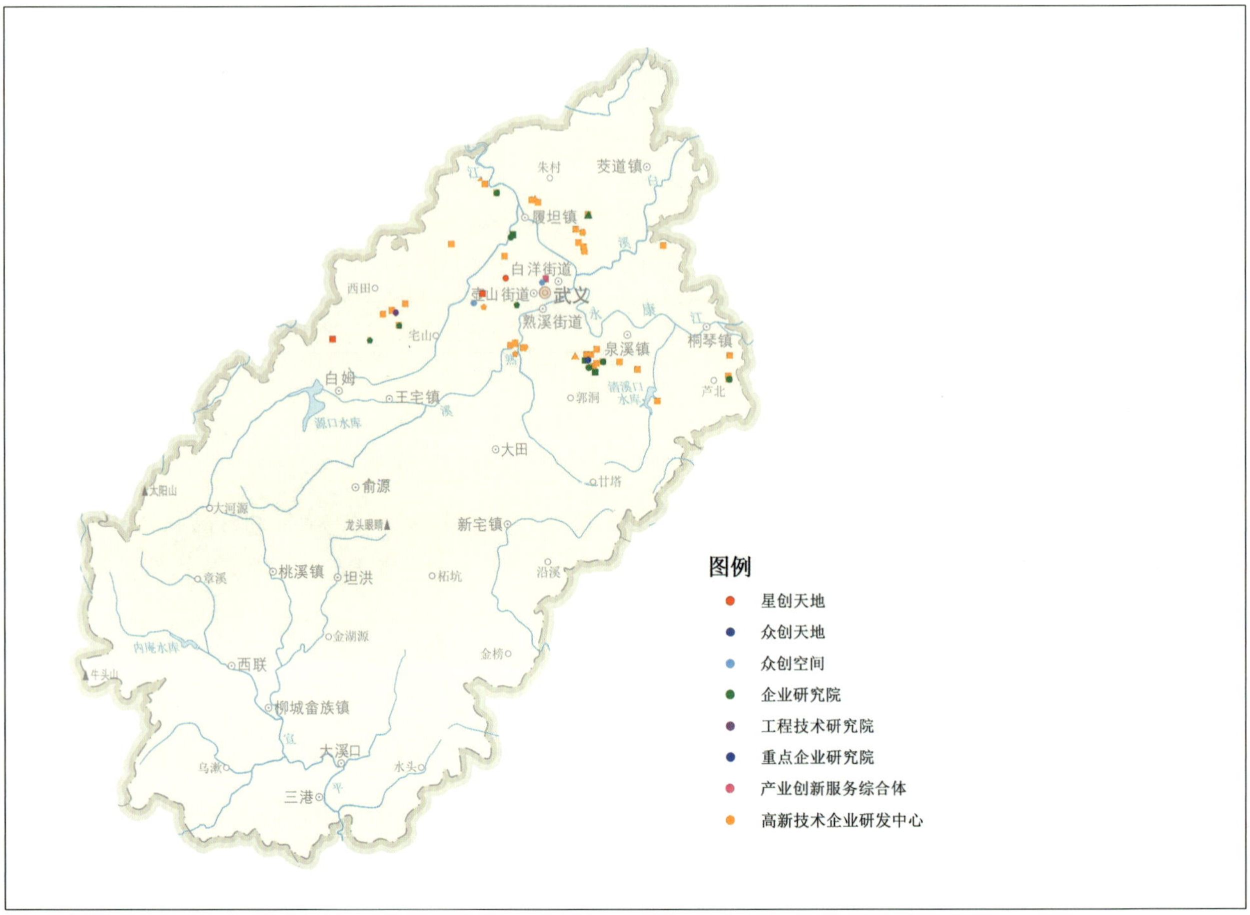

茭道镇
履坦镇
白洋街道
壶山街道
武义
熟溪街道
泉溪镇
桐琴镇
白姆
王宅镇
大田
俞源
新宅镇
桃溪镇
坦洪
西联
柳城畲族镇
大溪口
三港
图例
星创天地
众创天地
众创空间
企业研究院
工程技术研究院
重点企业研究院
产业创新服务综合体
高新技术企业研发中心

图 2 武义县创新平台布局

13%
11%
11%
10%
10%
10%
10%
9%
8%
8%
A47J厨房用具；咖啡磨；香料磨
A47G家庭用具或餐桌用具
B23P未包含在其他位置的金属加工
B23Q机床的零件、部件或附件
E05B锁；其附件；手铐
E06B在建筑物、车辆、围栏或类似围绕物的开口处用的固定式或移动式闭合装置
B21D金属板或管、棒或型材的基本无切削加工或处理
A63B体育锻炼、体操、游泳、爬山或击剑用的器械
B24B用于磨削或抛光的机床、装置或工艺
B01D用其他的液体取代被置换的液体

图 3 武义县技术领域分布

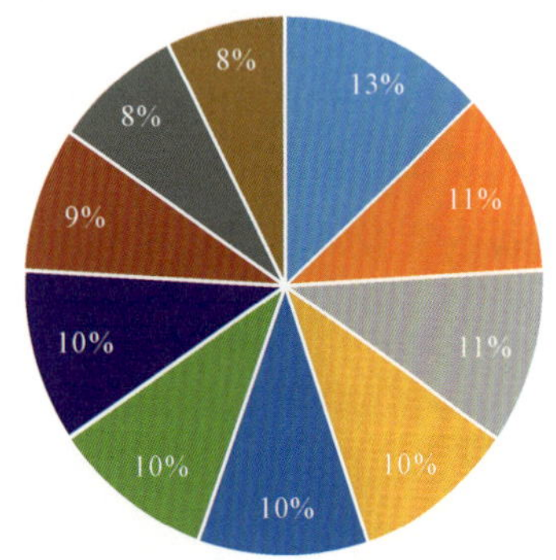

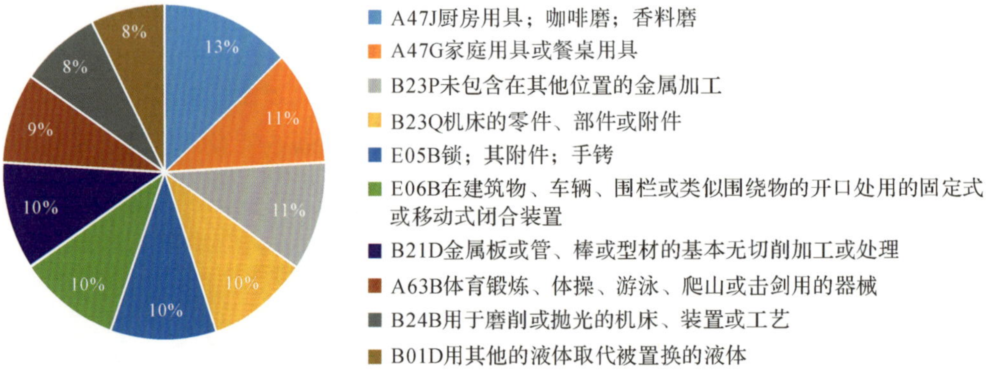

四、武义县未来展望

从产业发展看，未来武义县将持续推进茶叶、中药材、食用菌三大主导产业全产业链发展，完善中成药深加工产业链，做大做强铁皮石斛类、灵芝类等特色保健产品，以“2+2+X”产业链群配为重点，大力推进电动工具、保温杯（食品接触容器）、高端装备（工业机床）、新能源材料（电子化学）、健康生物医药、半导体光伏新材料等六条重点产业链数字化、智能化、绿色化全链条式改造提升。从科技创新来看，全区 R&D 经费占地区生产总值比重全省排名靠前，规上工业企业研发投入处全省中下游，区域创新能力较弱，产业核心技术的掌控能力不强。下一步，武义县将深化科技城体制改革，强化专精特新中小企业招引，提升园区创新孵化效果。发挥武义县智能制造产业研究院载体作用，以数字转型为重点为企业提供智能化诊断，以联合实验室为依托推动企业高校共建人才实践基地。建设武义—杭州未来科技城“科创飞地”，实现创新活动在杭州、成果落地在武义，打造区域协同中心，探索共赢发展新模式。建设榕器共享智造平台，围绕共享制造、共享产能、共享设计，着力解决需求不聚焦、研发不落地、生产不集约等难点，实现科技成果商业化转换。

浦江县产业链创新链全景分析报告

金华浦江县位于浙江省中部，总面积920平方千米，下辖7个镇、5个乡、3个街道。2023年，全县户籍人口为39.94万人，常住人口为46.5万人。地区生产总值为291.46亿元，全省排名第76，全市排名第8。浦江县是“中国水晶之都”“中国挂锁之城”“中国绗缝家纺名城”“中国巨峰葡萄之乡”。

一、浦江县产业概况

（一）产业结构

从地区生产总值构成看，2023年，浦江县第一产业增加值为10.91亿元，第二产业增加值为126.24亿元，第三产业增加值为154.31亿元，三次产业结构比例为3.7 ∶ 43.3 ∶ 52.9。

从农业看，浦江县以葡萄为主导。2023年，全县农林牧渔业总产值为16.84亿元。葡萄总产量12.25万吨，产值13.42亿元，浦江葡萄已取得国家地理标志证明商标。下一步，浦江将利用大数据、区块链、人工智能、数字“孪生”等先进技术，打造全流程数字化管理基地，推动葡萄、高山蔬菜、茶叶、香榧、花卉等亿元特色产业提质增效。

从工业看，浦江县以水晶产业、制锁产业、纺织服装产业为主导。2023年，浦江县规上工业总产值362.61亿元，规上工业企业587家。2022年浦江县产业主要分布见表1。下一步，浦江县将深入推进水晶等传统产业换代升级，提升产业链供应链现代化水平，打造“水晶之都”；加快推进智能硬件、光电光伏等新兴产业“招大育强”，打造新兴智造基地，推动质量变革、效率变革和动力变革，构建新发展格局。

表1　浦江县特色工业简介

名称	工业总产值 / 亿元	备注
纺织服装	约166.20	力争到2025年，纺织服装产业行业规模达200亿元
水晶	84.97	力争到2025年，水晶产业行业规模达100亿元
制锁	约70.00	力争到2025年，制锁产业行业规模达100亿元

（二）“中部集聚”的产业空间布局

图 1 展示了浦江县重点产业平台布局。从工业看，浦江县工业依托“省级经济开发区”和“省级小微企业园”在浦阳街道、岩头镇和白马镇，重点打造服装、针织、纺织、文教和锁具产业。从服务业看，浦江县服务业围绕中部的“浦江仙华山省级旅游度假区”发展生态旅游。

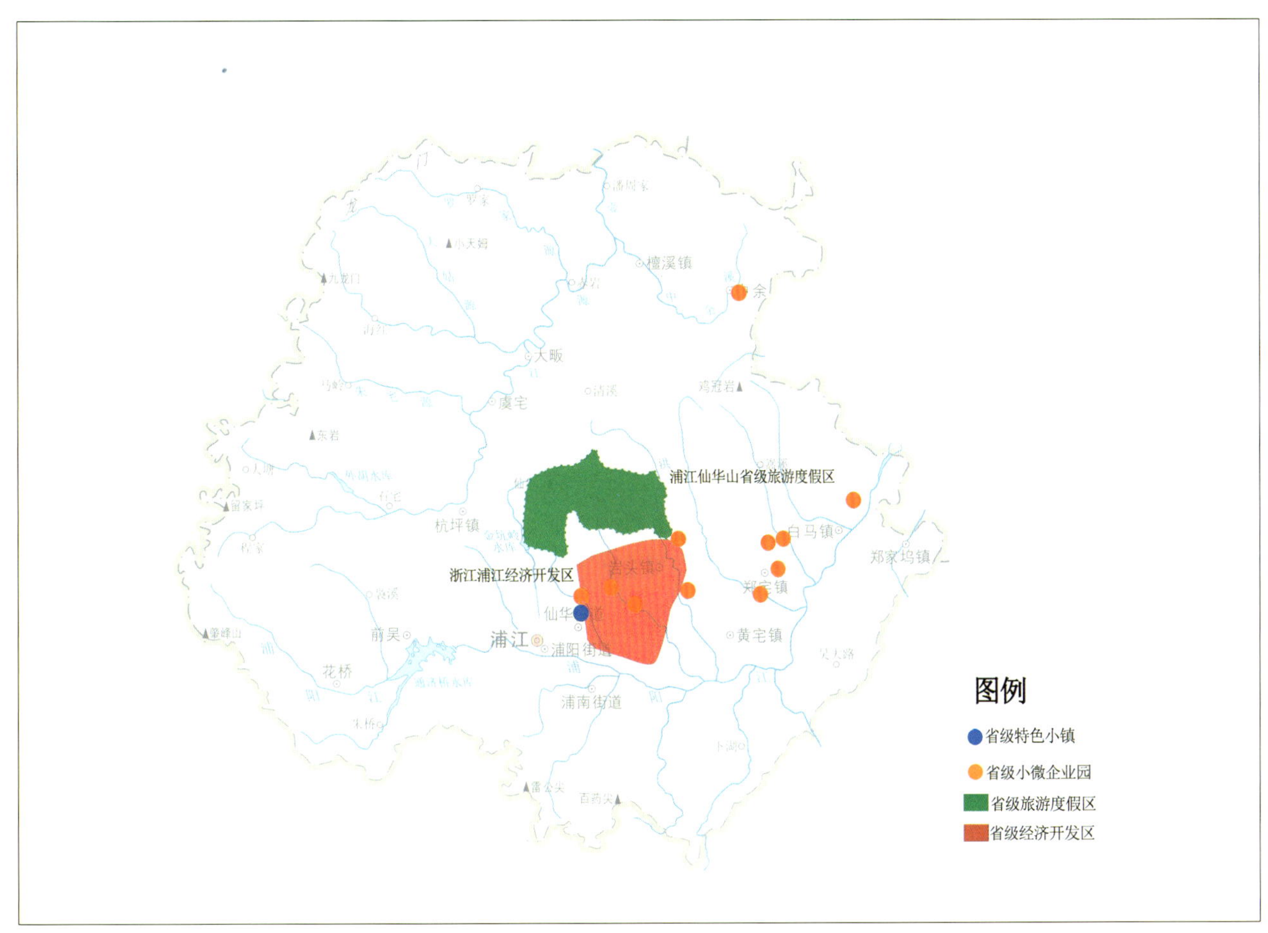

图 1　浦江县重点产业平台布局

二、重点产业

（一）纺织服装产业

2022 年，纺织服装产业总产值约 166.2 亿元。浦江县纺织服装产业的龙头企业见表 2。从产业链角度看，纺织服装企业主要集中在上游的原材料、印染和中游的服装制造。下一步，浦江县将打造设计平台，招引设计人才，深化与国内外著名设计机构的对接合作，强化“设计 +”赋能，推动“互联网 +”与传统服装工艺全流程深度融合，鼓励服装企业发展小批量、柔性化量身定制服装，大幅提升行业的质量、品牌与效率水平。

表2　浦江县纺织服装产业龙头企业简介

行业	企业类型	公司名称	主营业务
纺织服装	专精特新“小巨人”	浙江亚特新材料有限公司	化纤制造、销售，经营进出口业务
	规上百强（市级）	浙江力霸皇工贸集团有限公司	化工建材、针织、服装、机械、工艺美术
		恒昌集团有限公司	印染 ERP 精益生产管理、产业集群、绞纱染色、筒纱染色
		浙江天听纸业有限公司	专业生产涂布白板纸、鞋用中底板

（二）水晶产业

2022 年，水晶产业总产值约 99.99 亿元。浦江县水晶产业的龙头企业见表 3。从产业链角度看，水晶企业主要集中在中游的水晶工艺品制造。下一步，浦江县将以“时尚化、智能化、绿色化、全产业链化”为导向，优化提升水晶产业集聚区上下游产业联动机制，加大时尚化、个性化新型高品质水晶原材料应用研发力度，加快向光学水晶、医疗仿生水晶、汽车玻璃配件等战略性新兴产业领域拓展，积极在安徽、江苏等地区布局原材料供应基地，推动水晶产业从单一的中间品加工向产业链上下游环节延伸，确保产业链供应链稳定。同时，浦江县将继续高规格办好中国浦江水晶玻璃产业博览会，提高浦江水晶产业知名度。

表3　浦江县水晶产业龙头企业简介

行业	企业类型	公司名称	主营业务
水晶	地方重点企业	浦江卓尔雅化妆用具有限公司	日用品制造
		浦江馨妍水晶工艺品有限公司、浙江富利华水晶科技有限公司、浙江浦江华德水晶科技股份有限公司、浙江浦江晶盛水晶有限公司	水晶工艺品、玻璃制品的制造、销售，货物进出口、技术进出口

（三）制锁产业

2022 年，制锁产业总产值约 70 亿元。浦江县制锁产业的龙头企业见表 4。从产业链角度来看，制锁企业主要集中在上游的齿轮生产和中游的机械门锁制造。下一步，浦江县将以高端化、智能化为导向，全面提升机械锁质量，加快锁具产品智能化进程，布局一批市场需求规模大、科技含量高、安全性能优良的感应锁、指纹锁、数码锁、音控锁等中高档门锁项目，加强锁业关键技术攻关，培育有竞争力的智能锁具产业链条，推动制锁产业向多元化跨越。

表4　浦江县制锁产业龙头企业简介

行业	企业类型	公司名称	主营业务
制锁	上市公司	浙江丰安齿轮股份有限公司	专业从事各类农用机械齿轮研发、生产及销售
		浙江百川导体技术股份有限公司	同轴电缆、同轴电缆内芯线及其他同轴电导体、CP 线等
	规上百强（市级）	浙江浦江雷力仕锁业有限公司、浦江亚环锁业有限公司、浙江浦江梅花锁业集团有限公司、浦江云环锁业有限公司、浦江超刚弹子锁业有限公司	锁具设计、研发、改良

三、科技创新概况

2022 年，全县 R&D 经费占地区生产总值比重为 1.98%，全省排名第 69；全县拥有高新技术企业 114 家。高新技术产业增加值占工业增加值比重达 33.16%；全县规上工业企业 R&D 经费支出占营业收入比重达 1.84%。

（一）区域创新资源布局

浦江县创新平台主要集中在纺织服装、水晶和制锁产业。2022 年，全县拥有省级企业研究院 4 家，省级高新技术企业研发中心 14 家，省级孵化器 1 家。创新平台主要集聚在浦阳街道和仙华街道（见图 2）。

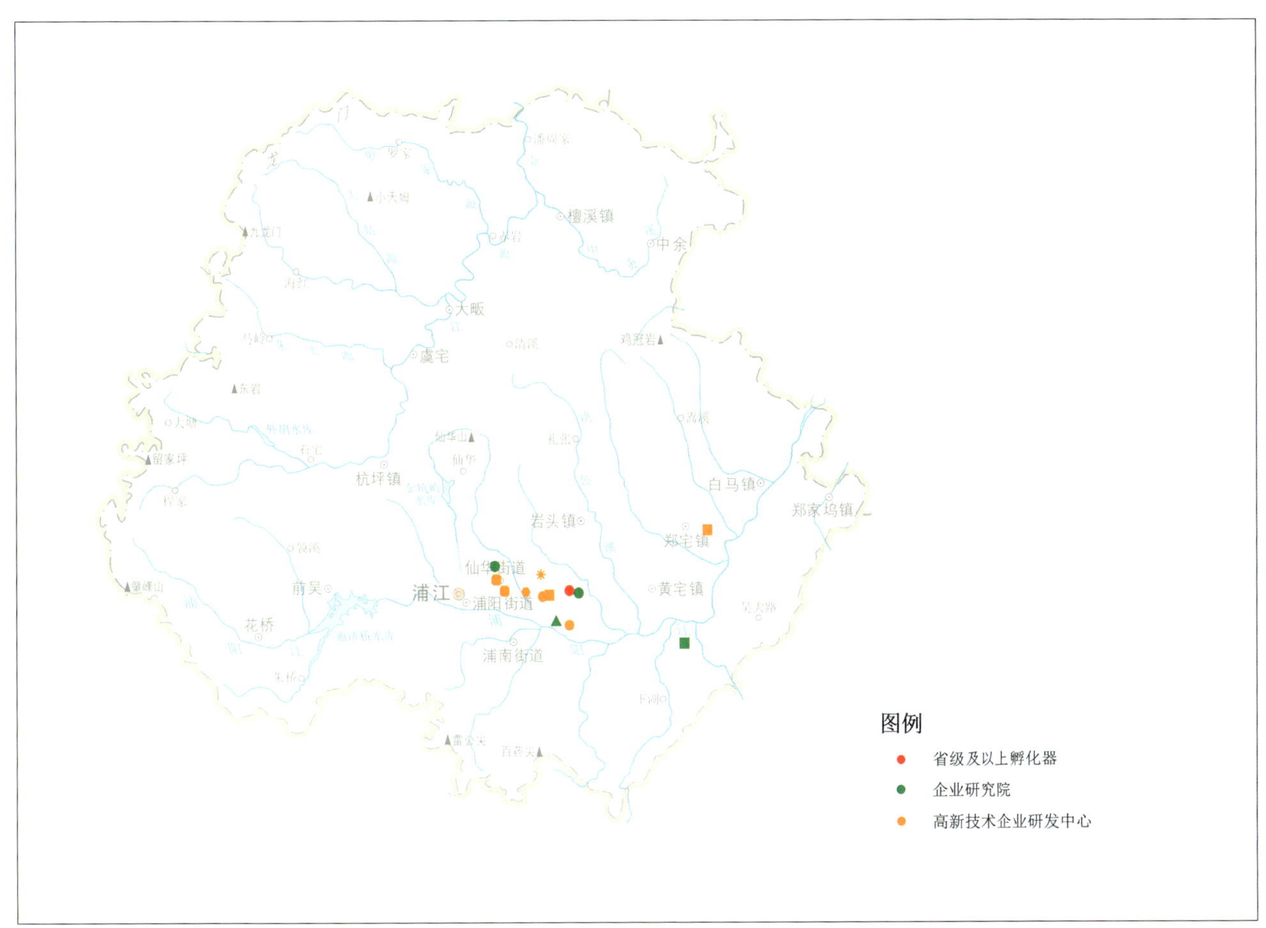

图 2　浦江县创新平台布局

（二）产业专利分析

浦江县的专利优势主要集中在磨削或抛光机床、万能机床等领域。2022 年，浦江县有效发明专利共 1727 件，前十大专利技术领域（小类）见图 3。根据申请人分析，浦江杰浩进出口（金属加工机床）、金华伏安光电科技（光电材料）、浦江科创进出口（配电盘、车床）、浦江安恒进出口（千斤顶、升降架）、浦江飞通电子（电子陶瓷）、浙江艾杰斯生物（生物酶）、浦江亿岩机械设备（磨床）等申请人的专利数量位居前列。

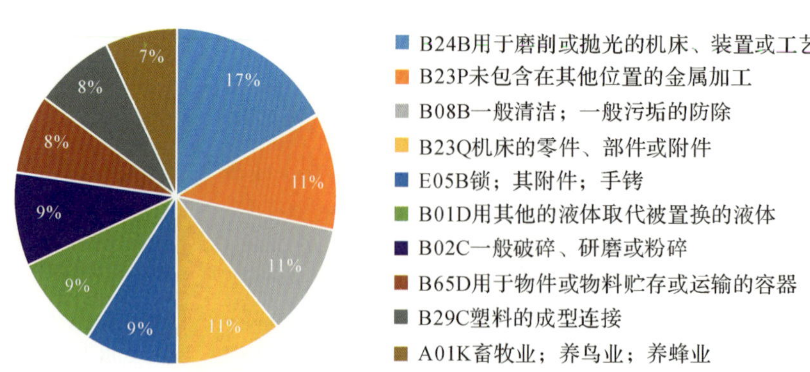

图 3　浦江县技术领域分布

四、浦江县未来展望

从产业发展看，未来浦江县将持续推动葡萄、山地蔬菜、茶叶、桃形李、香榧等五个超亿元农业产业高质量发展，加快打造以水晶、绗缝、挂锁等传统产业迭代和 5G 信息、光电光伏、高端装备制造等新兴产业导入为核心的“3+3”百亿级产业集群，加快建设现代化产业体系。从科技创新来看，浦江县 R&D 经费占地区生产总值比重低于全省平均水平，区域创新能力有待加强。下一步，浦江县将深度参与长三角 G60 科创走廊、杭州城西科创大走廊、浙中科创走廊建设，探索建立浦江应用技术创新联合研究院，整合集聚杭电浦江微电子与智能制造技术研究院、东北林业大学浦江工程技术研究院等现有科创资源，积极引进浙江大学、上海交通大学、上海理工大学、东华大学、中国科学院上海光学精密机械研究所等国内知名院校高端科创资源，打造“科技创新公共服务平台”，提升科技公共服务平台能级。

磐安县产业链创新链全景分析报告

金华磐安县位于浙江省中部，总面积 1194.74 平方千米，下辖 2 个街道、7 个镇、5 个乡。2023 年，全县户籍人口为 20.68 万人，常住人口为 17.9 万人。地区生产总值为 139.75 亿元，全省排名第 86，全市排名第 9。磐安县是“全国重点产茶县”“中国茶叶百强县”“中国十大生态产茶县”“中国生态龙井之乡”“中国高山茭白之乡”“中国香菇之乡”“中国药材之乡”。

一、磐安县产业概况

（一）产业结构

从地区生产总值构成看，2023 年，磐安县第一产业增加值为 14.12 亿元，第二产业增加值为 54.25 亿元，第三产业增加值为 71.38 亿元，三次产业增加值结构调整为 10.1 ： 38.8 ： 51.1。

从农业看，磐安县以中药材、茶叶、高山蔬菜和食用菌为主导。2023 年，全县农林牧渔总产值为 21.17 亿元。以“磐五味”（芍药、元胡、白术、贝母、玄参）为主的中药材产值为 8.99 亿元，江南药镇是“长三角”地区设施最完善、配套最齐全、规模最大的中药材集散中心，实现总产值 40.6 亿元；“磐安云峰”获得全国地理标志农产品品牌，品牌价值超 19 亿元，包含龙井、毛峰、红茶等多个品种的茶叶总产值约 4.25 亿元（一产产值 3.21 亿元）；以高山茭白（“磐安茭白”获得国家农产品地理标志认证，茭白产值约 1.82 亿元）、菜豆、小尖椒、茄子、萝卜、生姜为核心的高山蔬菜产值达 2.1 亿元；以“磐安香菇”（地理标志证明商标）为核心的食用菌产值约 1.53 亿元；“磐五味”“磐安云峰”“磐安香菇”均列入省知名农产品区域公用品牌。下一步，磐安县将以品牌建设、生产方式和布局优化为核心，提高农产品质量和产量，做强中药材、茶叶、高山蔬菜和食用菌等主导优势产业。

从工业看，磐安县以塑料制品、五金机械、中医药健康为主导。2023 年，全县规上工业增加值 24.83 亿元，新增规上工业企业 23 家，产值超亿元企业 9 家。2022 年磐安县产业主要分布见表 1。下一步，磐安县将加速产业数字化转型，优化提升塑料制品、五金机械和建筑业三大优势传统产业，努力壮大中医药健康、数字经济和文化时尚三大新兴产业，形成“1+3+3”的生态工业体系。

表1 磐安县工业主导产业简介

名称	规上工业产值 / 亿元	占全县规上工业总产值比重 /%
塑料制品	约 38.22	约 25.84
五金机械	约 29.32	19.82
中医药健康	7.35	4.97

（二）“南北聚集、飞地联动”的产业空间布局

图 1 展示了磐安县重点产业平台布局。从工业看，磐安县工业围绕“磐安经济开发区”“磐安工业园区”“磐安尚湖小微企业园”“磐安名创小微企业园”，在北部尖山镇和尚湖镇集聚，重点发展五金机械、塑料制品以及配套的创业孵化；形成以“浙江金华扶贫经济开发区”与“省级小微企业园”为核心组成的产业飞地，重点发展五金机械、中药材健康、数字经济、电子商务等产业。从农业看，磐安县农业形成“南北两区”的分布格局，围绕北部“玉山台地省级现代农业园区”，打造以茶叶、茭白、鱼鸭、食用菌和水果为核心的农业生产基地；围绕南部“中药材特色农业科技园区”“中医药健康产业孵化园”，打造以中药材种植加工、中药工业、交通物流与创新服务的中药材一、二、三产融合发展示范区。从服务业看，磐安县服务业围绕南部“百杖潭景区”和北部“舞龙峡”和“十八涡”，联动“磐安古茶场文化小镇”和“磐安江南药镇”，打造以茶叶、中药材、文旅为核心的特色农旅体验休闲区。

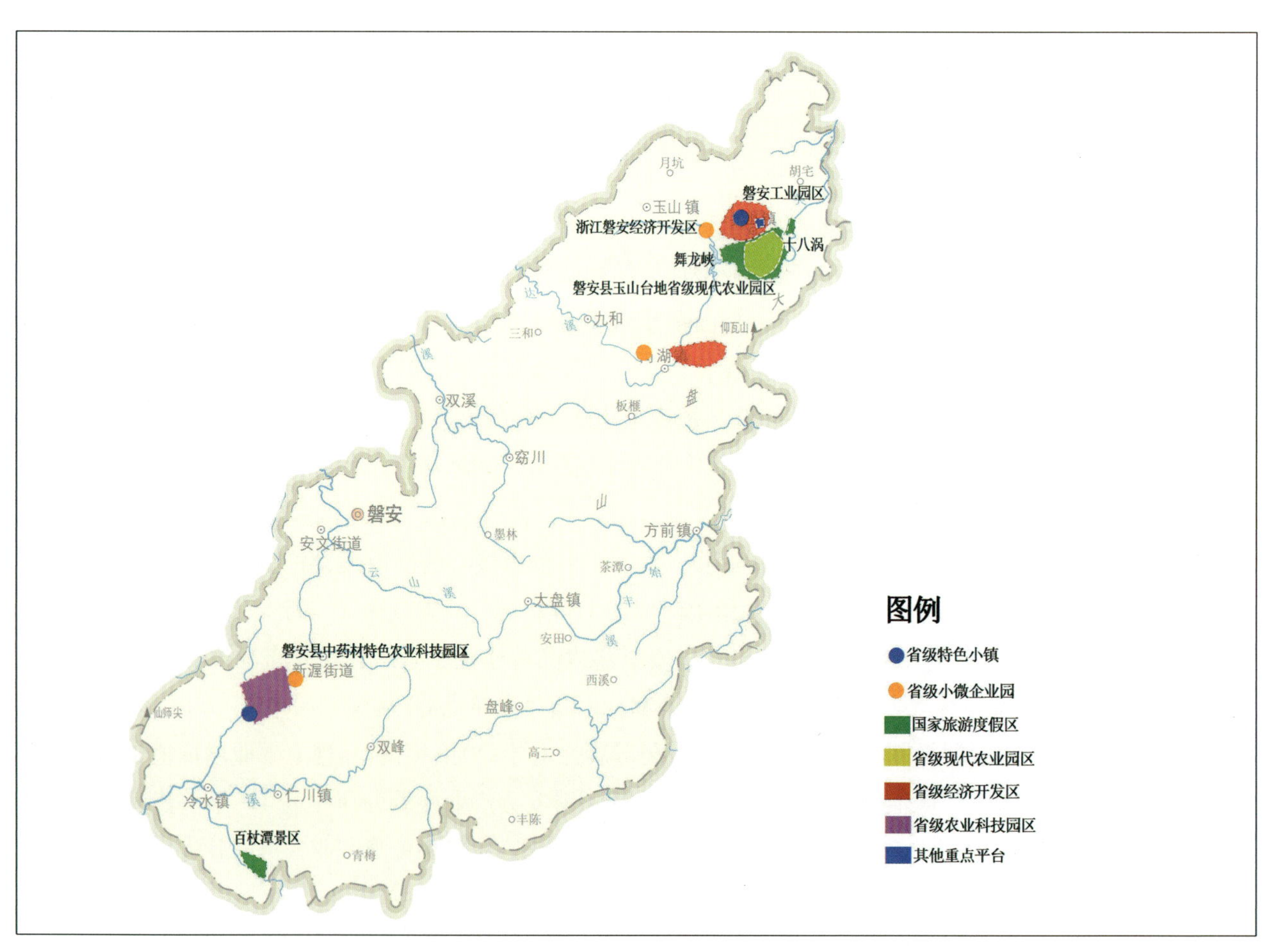

图 1 磐安县重点产业平台布局

二、重点产业

（一）塑料制品产业

磐安县是全国最大的家用电器配套软管生产基地，被称为“中国塑料软管城”。2022 年，磐安县塑料制品产业规上工业产值约 38.22 亿元，规上企业 32 家。塑料制品产业的龙头企业见表 2。从产业链角度看，塑料制品企业主要集中在上游的塑胶材料生产和中游的塑料软管制造。下一步，磐安县将发挥龙头企业带头作用，把握“以塑代钢”“以塑代木”的发展趋势，拓展和延伸产业链，推动塑料制品向下游的餐具、家具、家用电器、仪器和车辆等高附加值应用场景拓展，推动塑料制品产业聚集发展；立足当地塑料软管发展基础，聚焦耐高温聚乙烯、塑料金属和复合材料的波纹管、环形肋管、缠绕管等高性能新型管道，进一步提升磐安塑料软管的市场竞争力。

表2　磐安县塑料制品产业龙头企业简介

行业	企业类型	公司名称	主营业务
塑料制品	上市公司	金华春光橡塑科技股份有限公司（飞地）	中央吸尘器软管、吸塑/缠绕软管、伸缩软管、挤出软管、吹塑软管、湿式软管等
	高新技术企业	浙江盛丰橡塑科技有限公司	发动机油封、环保型橡胶护套、橡胶密封制品、空气弹簧、电梯配件、毛刷制品等
	地方重点企业	浙江中盛新材料股份有限公司	PETG 装饰膜、PET 卷材、PET 片（腹膜）材等塑胶材料
		磐安韦氏橡塑厂	滚筒式洗衣机和普通式洗衣机进水管、排水管及洗碗机软管系列
		磐安飞虎塑胶有限公司	PVC 软管（风口、精油瓶盖、铝箔管、伸缩管、通风管、洗衣机管、空调管、止逆阀、排水软管）
		浙江凯越塑胶工业有限公司	PVC 管、金属软管、编织管、PE 管、PU 管
		磐安天一塑料电器厂	塑料（挤出、注塑）软管

（二）五金机械产业

2022 年，磐安县五金机械产业规上工业产值约 29.32 亿元。五金机械产业的龙头企业见表 3，主要分布在汽车零部件和五金器械两大行业。从产业链角度看，汽车零部件企业主要集中在中游的传动系统、发动机系统、行驶系统、汽车电子、电池及其配套制造；五金器械企业主要集中在中游的林业工具、家用工具生产。下一步，磐安县将依托当地龙头企业，支持现有的传统汽车及零部件企业进行生产线升级改造，围绕汽车电池、电机、电控“三电”等核心零部件，大力招引一批新能源和智能汽车及零部件企业，不断完善研发设计、生产制造及销售服务等环节，打造智能、新能源汽车零部件产业集群，推进五金机械产业转型升级。

表3　磐安县五金机械产业龙头企业简介

行业	企业类型	公司名称	主营业务
汽车零部件	隐形冠军企业	浙江威邦机电科技有限公司（飞地）	汽车传动装置等汽车零部件、充气床垫、泳池过滤器、温室、马达（非机动车用）、泵（电动泵、人力泵、内置泵）、光电灯具、泳池支架、户外家具
	高新技术企业	浙江巨久轮毂有限公司	旋压铸造、低压铸造高精密铝合金轮毂
		搜派师自动化科技有限公司（飞地）	减速箱、推力器及配件、电动执行器等

续表

行业	企业类型	公司名称	主营业务
汽车零部件	地方重点企业	浙江山耐斯新能源汽车有限公司	无刷直流电机及控制系统
		浙江日丰机械股份有限公司	汽车离合器
		磐安安达碳基材料有限公司	燃油泵及总成、转子电枢、燃油压力调节阀、油位传感器
		浙江高森新能源科技有限公司	电动汽车电池包、新能源汽车电池换电柜、电动汽车交流直流充电桩、电动汽车充电站
五金器械	地方重点企业	浙江恒泰皇冠园林工具有限公司（飞地）	切割机、电圆锯、电刨、电木铣等系列手持式电动工具产品
		浙江慧创工贸有限公司	油锯、植保机械、林业机械、种植机械等

（三）中医药健康产业

2022年，磐安县实现中医药健康产业总产值约7.35亿元，主要集中在中药材与生物科技领域。中医药健康产业的龙头企业见表4，主要分布在中药材、生物科技和医疗器械三大行业。从产业链角度看，中药材企业主要集中在上游的原生中药材、中药饮片批发和中游的中药制剂、中药饮品、原料药和花草茶生产；生物科技企业主要集中在上游的原材料、基因工程、细胞工程开发；医疗器械企业主要集中在中游的健身器械及零部件制造。下一步，磐安县将发挥“中国药材之乡”的区位优势，依托磐安中医药大健康产业园“千亩百亿”产业平台建设，利用“互联网+中药材基地”形成数字化管理体系，实现药材种植、田间作业可追溯，保证原料药的质量，采用自动化、工业化设备生产附加值更高的中药片剂、针剂、胶囊、口服液、颗粒剂、粉剂等产品，打响磐安中药材品牌，使中药材产业成为磐安县新的经济发展动力。

表4　磐安县中医药健康产业龙头企业简介

行业类别	企业类型	公司名称	主营业务
中药材	地方重点企业	浙江新明珠药业有限公司（飞地）	原料药（碱式硝酸铋、碱式碳酸铋、铝酸铋、碱式水杨酸铋、碱式没食酸铋、枸橼酸铋、枸橼酸铋钾等）、制剂药（保胎灵胶囊、慢肝养阴片等）
		浙江大盘山药业有限公司	破壁灵芝孢子粉
		浙江济佰川药业有限公司	灵芝孢子粉
		浙江磐康药业有限公司	中药饮片
		磐安姜神堂食品有限公司	姜汁软糖、红糖姜茶、柠檬姜茶、蜂蜜等
		浙江闲人谷食品有限公司	五谷杂粮、燕窝、铁皮石斛、西洋参、三叶青、别直参、鹿茸片、天麻、灵芝片、菊花等花草茶
		金华市金龙医药有限公司	中药材、中药饮片批发
		磐安长生老号中药材有限公司	原生中药材、参茸批发
		浙江檀溪中药材有限公司	中药材、中药饮片批发
生物科技	地方重点企业	浙江圣希澳医学科技有限公司	基因检测（易感疾病基因）、基因测序（儿童天赋基因、美容基因、全基因组）、精准医疗、医学美容等
		磐安美森医药科技有限公司	细胞制品、微生物检测
		浙江美森细胞科技有限公司	细胞制品（细胞系、耐药株、活体成像细胞、原代细胞、Cas9、菌株、敲除细胞系）
		浙江华命生物科技有限公司	生物化工产品和生物基材料技术研发、生物质能技术服务
医疗器械	地方重点企业	浙江海纳倍康医疗科技有限公司	健身器械及配件

三、科技创新概况

2022 年，全县 R&D 经费占地区生产总值比重为 2.34%，全省排名第 59；全县拥有高新技术企业 63 家，高新技术产业增加值占工业增加值比重达 69.75%；全县规上工业企业 R&D 经费支出占营业收入比重达 1.89%。

（一）区域创新资源布局

磐安县创新平台主要集中在塑料制品、新材料、五金机械和电子信息产业。2022 年，全县拥有省级企业研究院 5 家（其中拟认定 1 家），省级高新技术企业研发中心 17 家，省级孵化器 1 家，省级创新服务综合体 1 家，中药材特色农业科技园区和中药创新发展研究院等浙中科创走廊标志性项目。创新平台集聚在北部的尖山镇和南部的云山溪沿岸、新渥街道（见图 2）。

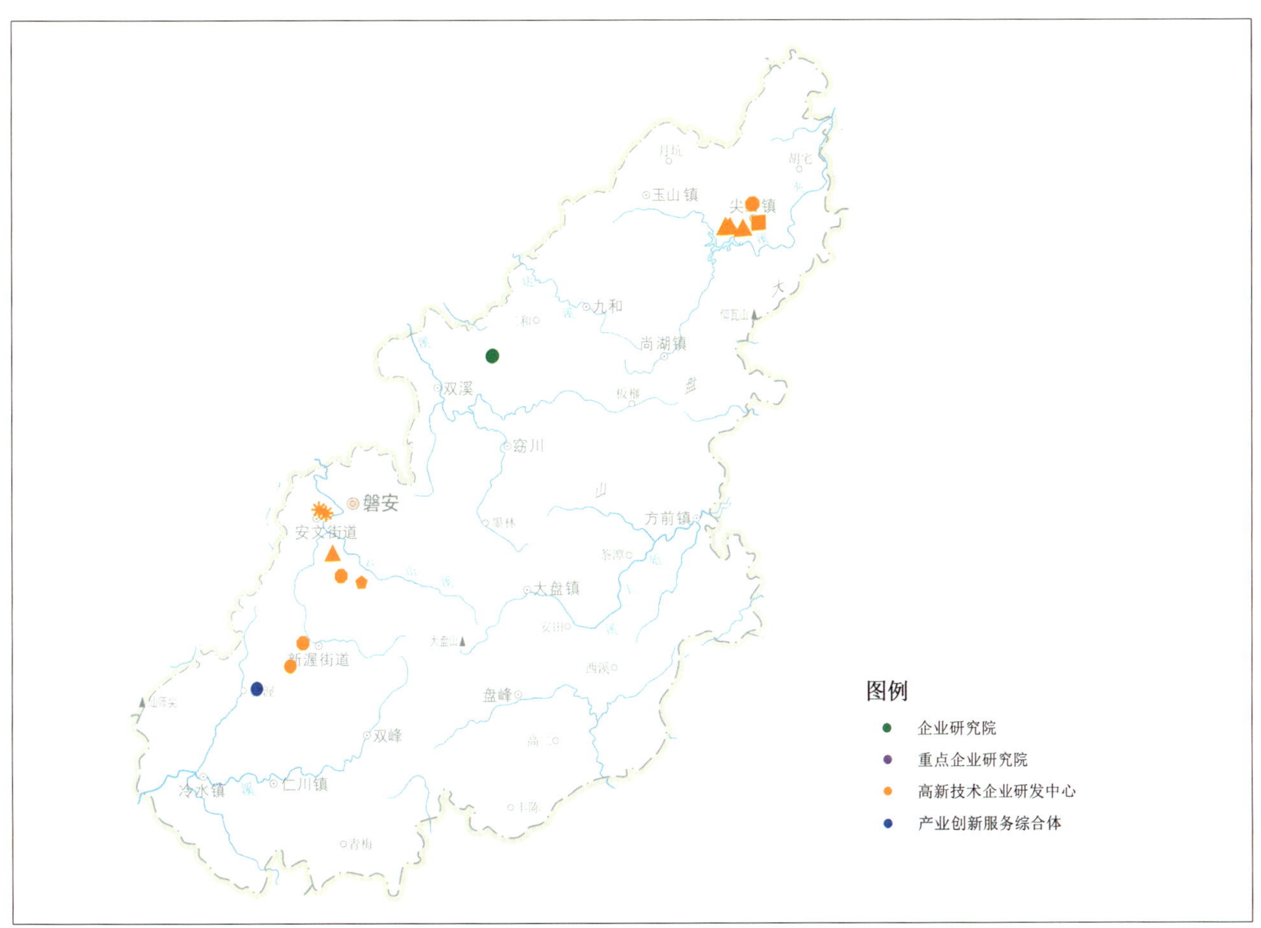

图 2　磐安县创新平台布局

（二）产业专利分析

磐安县的专利优势主要集中在中医药健康、五金机械和新材料领域。2022 年，磐安县有效发明专利共 568 件，前十大专利技术领域见图 3。根据申请人分析，磐安秀吉新能源科技（新能源电池设备）、浙江万里新材科技（聚乙烯泡棉材料及其制备工艺）、浙江九旭药业（抗肿瘤药、医药配置品、化学制备方法和仪器）、磐安安昂电子（交通装置）和磐安长所花塞（基本电气元件、机器清洁部件）等申请人的专利数量位居前列。

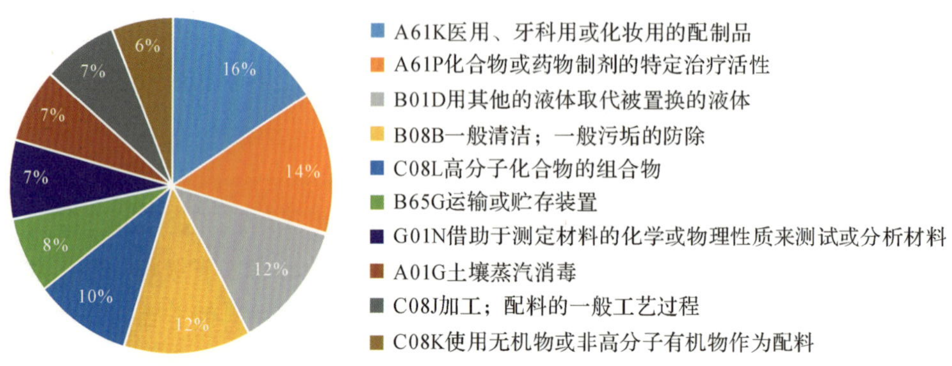

图3　磐安县专利技术领域分布

四、磐安县未来展望

从产业发展看，磐安县将持续优化“1+3+3”绿色产业体系，即做大做强休闲旅游产业，培育壮大中医药健康、影视文化、数字经济三大新兴产业，提升发展塑料制品、五金机械、建筑业三大特色传统产业。从科技创新看，磐安县总体研发投入低于全省平均水平，区域创新能力有待加强。下一步，磐安县将充分发挥创新服务综合体、研究院等平台作用，加大科研成果转化力度，促进创新链与产业链融合，突出龙头企业在技术创新中的引领作用，支持企业加大关键核心技术和前沿技术的研发力度，参与国家重大科技专项建设。

金华经开区产业链创新链全景分析报告

金华经开区（国家级）分为江南、金西两大区块，规划面积 73.8 平方千米，全域总托管面积达 261.8 平方千米，下辖 14 个街道、1 个乡、3 个镇。2023 年，全区户籍人口为 26.6 万人，常住人口为 49.0 万人。地区生产总值为 425.77 亿元。金华经开区被评为“国家青年科技创新示范基地”“华东地区最具竞争力优秀创业园区”“浙江省外商投资新能源汽车产业基地”“浙江省电子信息产业基地”“浙江省现代服务业集聚示范区”等，已成为金华对外开放的重要窗口、经济发展的重要增长极、高新技术产业的重要基地。

一、金华经开区产业概况

（一）产业结构

从地区生产总值构成看，2022 年，金华经开区第一产业增加值为 6 亿元，第二产业增加值为 167.91 亿元，第三产业增加值为 218.41 亿元。

从工业看，金华经开区以新能源及高端装备制造、大健康和数字经济产业为主导。2023 年，金华经开区规上工业总产值 751.44 亿元，规上工业企业超 324 家。2022 年金华经开区产业主要分布见表 1。下一步，金华经开区将打造“千亿级新能源及高端装备制造业、五百亿级大健康产业、五百亿级数字经济产业”三大集群。

表1　金华经开区特色工业简介

名称	规上工业产值 / 亿元	占全区规上工业总产值比重 /%
新能源及高端装备制造	157.33	21.25
大健康	23.00	3.10

从服务业看，2022 年，金华经开区实现服务业总营收超 109.64 亿元，其中旅游业营收 27.5 亿元，占总营收的 25%。下一步，金华经开区将继续推进现代服务业发展，培育发展智能制造、工业设计服务、创新创业服务等生产性服务业，培育发展品质化和生活化现代商贸、数字服务和文化旅游等生活性服务业。

（二）产业空间布局

图 1 展示了金华经开区重点产业平台布局。从农业看，金华经开区农业主要聚集在苏孟乡“浙江金华国家农业科技园区”，重点发展粮油、蔬果、生猪、花卉苗木、中药材、食用菌和茶叶等金华特色农业主导产业。从工业看，金华经开区工业围绕“金华经济技术开发区”“省级化工园区”“省级特色小镇”“省级小微企业园”，在江南街道、三江街道、秋滨街道和汤溪镇集中分布，发展新能源及高端装备制造、大健康和数字经济产业，少部分涉及航空制造和文化产业。从服务业看，金华经开区服务业主要集聚在江南街道“金华开发区信息技术服务创新发展区”，重点发展以信息技术服务为主导产业的现代服务业。

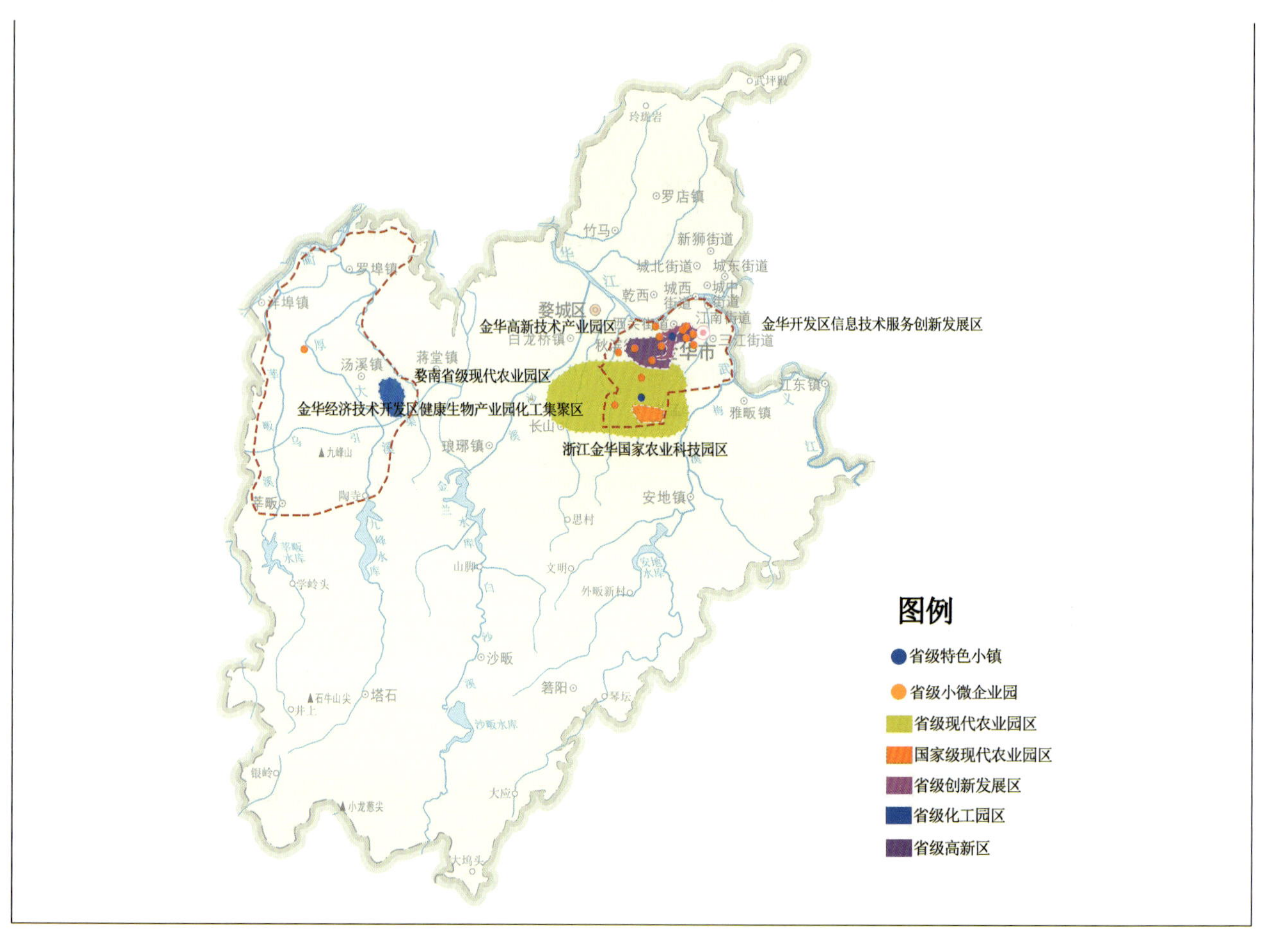

图 1　金华经开区重点产业平台布局

二、重点产业

（一）新能源及高端装备制造产业

金华经开区被评为“浙江省外商投资新能源汽车产业基地”。2022 年，金华经开区新能源及高端装备制造产业总产值为 157.33 亿元，规上企业 25 家。新能源及高端装备制造产业的龙头企业见表 2，主要分布在新能源汽车、汽车零部件和智能装备制造领域。从产业链角度看，新能源汽车企业主要集中在上游的原材料电驱动系统、动力电池生产，中游的整车制造，下游的充换电运营服务（充电桩、换电设施）；

汽车零部件企业主要集中在上游的原材料生产，中游的发动机系统、行驶系统、传动系统、电器仪表系统制造，下游的汽车整车组装；智能装备制造企业主要集中在上游的基础材料、传感器零部件、仪器仪表、电机，中游的工业机器人、3D 打印装备、智能仪器仪表、太阳能光伏发电系统生产。下一步，金华经开区将强化集聚效应，巩固升级汽车整车制造、关键零部件制造等行业基础，拓展氢能等战略性新兴产业项目，全面提高智能制造水平，通过数字孪生技术的持续赋能，朝着千亿级高端装备制造平台大步迈进，力争 2025 年达到预期目标。

表2　金华经开区新能源及高端装备制造产业龙头企业简介

行业 / 领域	企业类型	公司名称	主营业务
新能源汽车	新三板	金大智能技术股份有限公司	新能源汽车整车及电机、控制器、充电模块、充电桩、锂电池
	上市公司	浙江康迪科技集团有限公司	电动汽车、专用汽车、全地形车、农夫车、休闲车等五个系列 50 多个品种
	专精特新“小巨人”	浙江宏昌电器科技股份有限公司	流体电磁阀、传感器及其他电器配件
		浙江绿源电动车有限公司	锂电自行车、低速电动四轮车、电动特种车辆
	地方重点企业	零跑汽车有限公司	新能源汽车整车、换电设施、电机、电动机
		浙江环宇融合科技集团有限公司	集成电路芯片、电力电子元器件、先进电力电子装置、电子专用材料研发、新材料
		浙江泓林新能源科技有限公司	新能源汽车的高速高压电驱动系统集成以及氢燃料电堆的性能提升
		浙江晨阳新材料有限公司	氢能燃料电池汽车
		浙江衡远新能源科技有限公司	锂离子电池、汽车动力电池、新能源动力电池
		青年汽车集团有限公司	国产汽车及零部件
	专精特新入库企业	金华市乔博电动科技有限公司	助动车、电动自行车
汽车零部件	上市公司	浙江今飞凯达轮毂股份有限公司	各种全涂装、车面、亮面、真空电镀、电镀、精抛等工艺的汽车铝轮毂、赛车车轮、铣窗口和二件式、三件式组合高端汽车轮毂
		浙江万里扬股份有限公司	变速器、新能源驱动传动系统以及齿轴、壳盖
	专精特新“小巨人”	浙江博星工贸有限公司	凸轮轴及平衡轴
		金华永和氟化工有限公司	绿色制冷剂、含氟高分子材料、含氟精细化学品等氟化学高端产品
	地方重点企业	浙江东风齿轮有限公司	汽车变速箱及齿轮
		浙江圣力邦漆业有限公司	类塑胶漆、烤漆、弹性漆、木器漆、汽车轮毂漆、UV 光固化、真空镀膜漆、水性工业漆
		金华达亚汽车零部件有限公司	汽车底盘总成
	专精特新入库企业	金华市鹰王电子有限公司	车灯
智能装备制造	上市公司	浙江东晶电子股份有限公司	石英晶体元器件
	专精特新“小巨人”	浙江派尼尔科技股份有限公司	农林机械、电动工具、发电机、园林工具、发动机和通信项目
		浙江皇冠电动工具制造有限公司	电动工具、充电工具、引擎工具、金属专业工具、小型电机
		金华市双环钎焊材料有限公司、金华市三环焊接材料有限公司	焊条、焊丝、焊环等各种规格形状的钎焊材料
		浙江佳环电子有限公司	除尘电源、电除尘器、智能控制系统
		浙江辉煌三联实业股份有限公司	锯链、链锯、链轮、锉刀、导板
		浙江闪铸三维科技有限公司	3D 打印
	地方重点企业	金华三海电子科技有限公司、浙江宇芯集成电路有限公司	集成电路芯片、电子专用材料、光电子器件
		浙江高宇半导体有限公司	电源 IC
		浙江骑客机器人科技有限公司	智能机器人、工业机器人

续表

行业 / 领域	企业类型	公司名称	主营业务
智能装备制造	地方重点企业	金华华盈电子科技有限公司	电子传感器及其他高科技电子产品
	专精特新入库企业	浙江火山机械有限公司	机械五金及五金工具、玩具
		金华市新安电气有限公司	电壁炉、开关箱、钣金加工
		金华江科动力有限公司	液压和气压动力机械、电机、微电机、电动机、风机、泵、气体压缩机、交流电变频设备、纺织专用设备、机电设备
		浙江硕和机器人科技股份有限公司	工业机器人、自动化机械设备
		金华凯力特自动化科技有限公司	机电一体化设备及电动工具、五金产品
		浙江信和科技股份有限公司	中温铜基、银基钎料为主的钎焊材料
	拟上市企业	浙江晴天太阳能科技股份有限公司	屋顶太阳能光伏发电系统
		浙江银瑜新材料股份有限公司	合成纤维、工业机器人、人工智能、智能仪表仪器

（二）大健康产业

金华经开区是“浙中医药谷”和“浙中重要制药基地”。2022 年，金华经开区大健康产业总产值 23 亿元，共有医药化工企业 37 家，其中规上企业 20 家。金华经开区大健康产业的龙头企业见表 3，主要分布在生物医药、医疗器械、健康食品和农旅文旅与医养康养五大领域。从产业链角度看，生物医药企业主要集中在上游的原料研发，中游的药品、饲料、兽药、保健品生产；医疗器械企业主要集中在中游的高值医用耗材、康复器械；健康食品企业主要集中在上游的原材料研发生产，中游的食品生产代工；农旅文旅与医养康养企业主要集中在上游的旅游资源供应，中游的旅游产品与服务，下游的旅游宣传营销。下一步，金华经开区将针对生物医药产业，培养化学创新药生产能力，增强生物技术药竞争力；以做特做强特色医疗服务为品牌，推动“医教研康养”一体化建设；拓展健康食品产业，发展功能性保健食品、营养强化食品和特殊膳食用食品，延伸健康食品产业链。力争到 2025 年，大健康产业产值达 200 亿元，亩均税收 30 万元以上。

表3　金华经开区大健康产业龙头企业简介

行业	企业类型	公司名称	主营业务
生物医药	新三板	浙江大飞龙动物保健品股份有限公司	饲料、兽药
	上市公司	浙江康恩贝制药股份有限公司	中医药
	专精特新“小巨人”	浙江月旭材料科技有限公司	色谱分离材料
	地方重点企业	浙江奥托康医药科技有限公司	原料药绿色合成和新型制剂
		浙江迪耳药业有限公司	中西药制剂、化学原料药、医药中间体
		浙江赛默制药有限公司	原料药、制剂
		浙江思丹姆干细胞生物科技有限公司	干细胞新药研发、干细胞保存及应用研究、超低温保存技术研发，组织工程和再生医疗产品
		浙江亚峰药厂有限公司	感冒用药
		浙江大丛林医药有限公司	中成药、化学药制剂、抗生素制剂、生化药品、生物制品
	专精特新入库企业	浙江上药九旭药业有限公司	抗肿瘤用药、心脑血管用药、麻醉用药、抗感染用药、营养保健食品
		浙江寰领医药科技有限公司	固体制剂、液体制剂、外用制剂等钙剂
		浙江尖峰药业有限公司	化学原料药以及新型的化学药、中成药制剂

续表

行业	企业类型	公司名称	主营业务
生物医药	专精特新入库企业	浙江花园营养科技有限公司	羊毛脂、维生素
医疗器械	专精特新“小巨人”	浙江科惠医疗器械股份有限公司	骨科、运动医学、齿科医用植入物、康复器械、骨钻
		浙江巴奥米特医药产品有限公司	骨科医疗器械
		金华英特药业有限公司	骨科领域高值耗材、口腔种植体、骨科运动康复、骨科敷料
		浙江省金华市科迪仪器设备有限公司	物理治疗仪及康复设备
健康食品	上市公司	金字火腿股份有限公司	金字金华火腿、金字香肠、金字酱肉
	地方重点企业	浙江尖峰健康科技有限公司	保健食品、植物提取物、中药饮片与中药材
		蒙牛乳业（金华）有限公司、浙江伊利乳业有限公司	雪糕、冰淇淋、乳制品
		金华嘉园农业开发有限公司	葡萄、果树、农作物种植、蜜蜂和水产养殖
		金华寺平稻米专业合作社	稻谷
		浙江金华市佳乐乳业有限公司	乳制品
		金华市老街口食品有限公司	坚果炒货、果脯蜜饯、糕点零食
		浙江合糖科技有限公司	食品添加剂、苦味剂和糖类衍生物
	专精特新入库企业	金华银河生物科技有限公司	乳酸菌、益生菌产品
农旅文旅与医养康养	地方重点企业	浙江佳乐旅游有限公司	休闲农业与乡村旅游
		金华市白鹤旅游开发有限公司	户外休闲及农事研学
		金华市寺平古村落旅游有限公司	红色教育及民俗文化研学
		浙江九峰温泉开发有限公司	温泉
		金华市迷农家庭农场有限公司	农村民间工艺及制品、休闲农业和乡村旅游
		浙江康泰国际旅行社有限公司	旅游、住宿
		金华金开文化旅游发展集团有限公司	休闲观光、农村民间工艺及制品、休闲农业和乡村旅游

（三）数字经济产业

金华开发区是金华数字经济的排头兵，也是金华市数字经济产业发展的主战场，是“浙江省电子信息产业基地”“浙江省现代服务业集聚示范区”。2022 年，金华开发区数字经济产业营业收入近 70 亿元。数字经济产业的龙头企业见表 4，主要分布在光电子、软件开发与系统集成和电子商务领域。从产业链角度看，光电子企业主要集中在上游的光芯片研发生产，中游的光学组件、光学照明器件生产；软件开发与系统集成企业主要集中在上游的软件开发、网络设备生产，中游的系统软件、应用软件研发，下游的应用；电子商务企业主要集中在上游的数字产品供应，中游的平台开发。下一步，金华经开区将加快发展光电子产业，积极培育软件开发与系统集成产业，推动电子商务转型，通过做大做强龙头企业，积极培育产业生态链生态圈，重塑产业经济地理。力争到 2025 年，数字经济产业产值达 350 亿元。

表4　金华经开区数字经济产业龙头企业简介

行业	企业类型	公司名称	主营业务
光电子	专精特新“小巨人”	金华市蓝海光电技术有限公司	各类激光测距仪以及相关的激光测距装置、OME & ODM 服务
	专精特新入库企业	浙江博蓝特半导体科技股份有限公司	LED 图形化蓝宝石衬底片
		浙江名创光电科技有限公司	50w 大功率 LED 照明灯

续表

行业	企业类型	公司名称	主营业务
软件开发与系统集成	专精特新“小巨人”	浙江齐聚科技有限公司	视频互动交友平台
	地方重点企业	金华正元计算机工程有限公司	软件开发应用、系统集成和 IT 培训
		金华市亿博网络科技有限公司	互联网娱乐服务平台
		浙江快服集团有限公司	SAAS 软件开发
		浙江宝聚通信息科技有限公司	“智慧城市运营”的软硬件研发、信息采集和大数据应用
		金华媒迪雅网络股份有限公司	CDN 流量聚合加速与智能调度
		浙江阿帕奇信息技术有限公司	财税中介应用、智能交通网络、政府软件应用
		浙江一唯科技有限公司	同城速配、真人交友、视频聊天的平台
		浙江正联网络科技有限公司	政务软件、办公软件、工业互联网软件
		浙江中呼科技股份有限公司	智能机研发与生产手机应用、平台的建设与运营手机应用软件定制开发
		浙江博尚电子有限公司	机顶盒一体化
		浙江天格信息技术有限公司	视频社区、移动直播 APP、PC 端
		浙江印象软件有限公司	直播、短视频分享、街头文化演艺
		奇树有鱼文化传媒公司	网络大电影的投资和宣发
	专精特新入库企业	光通天下网络科技股份有限公司	网络安全服务、云计算、数据中心业务及互联网大数据行业解决方案
电子商务	地方重点企业	金华利诚信息技术有限公司	数字产品
		金华比奇网络技术有限公司	游戏虚拟物品的交易平台
		浙江甄优智能科技有限公司	综合性电商平台
		利多麦手（浙江）电子商务有限公司	粮油米面产品网上销售

三、科技创新概况

2022 年，全区高新技术企业超 118 家，规上工业企业研发费用增长 88.7%。

（一）区域创新资源布局

金华经开区创新平台主要集中在新能源及高端装备制造、新材料和数字经济产业。2022 年，金华经开区拥有省级重点实验室 2 家，省级企业研究院 28 家，省级高新技术企业研发中心 85 家，国家级孵化器 2 家，省级孵化器 3 家。创新平台主要集聚在江南区块（见图 2）。

（二）产业专利分析

金华经开区的专利优势主要集中在医用、牙科或化妆用配置品、药物制剂、测试分析材料、机床等领域。2022 年，金华经开区有效发明专利共 1416 件，前十大专利技术领域（小类）见图 3。根据申请人分析，金华职业技术学院（测量测试、农业、林业）、浙江硕和机器人科技（机床、金属加工）、浙江绿源电动车（发电、变电或配电）、浙江衡远新能源科技（电气元件）等申请人的专利数量位居前列。

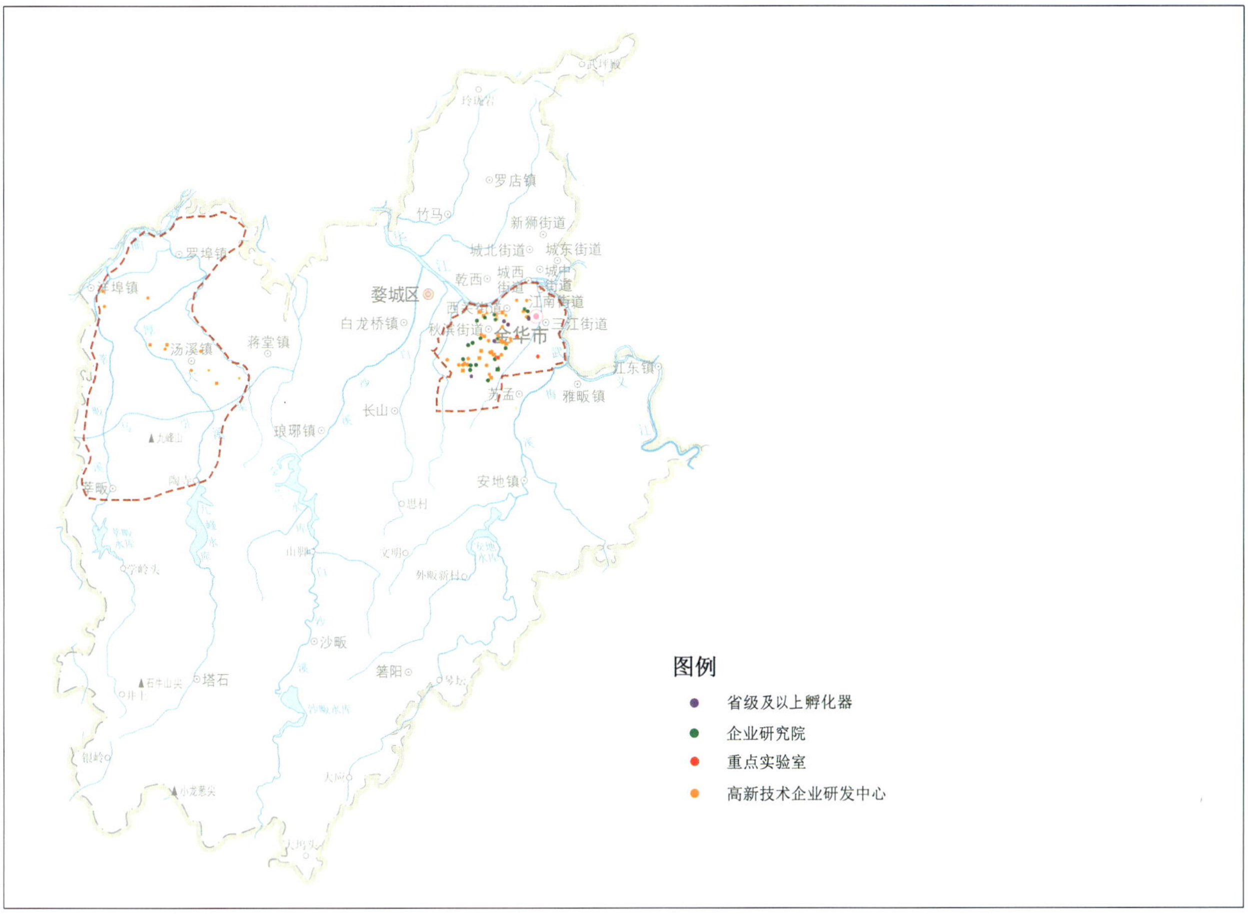

图 2　金华经开区创新平台布局

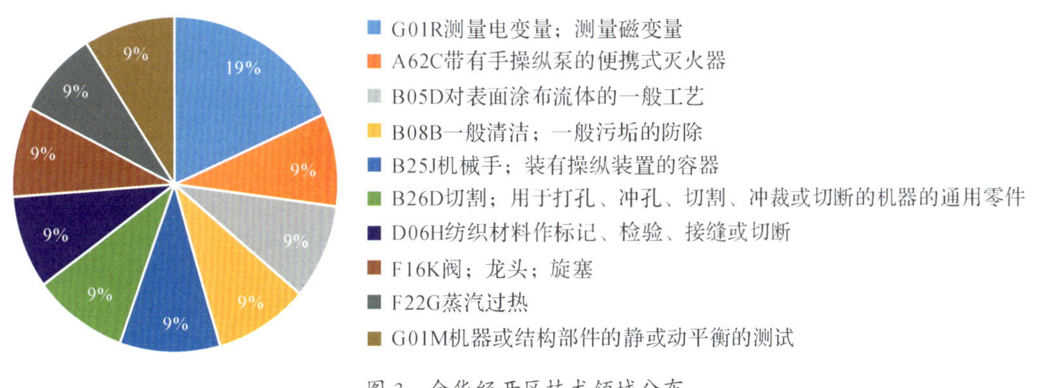

图 3　金华经开区技术领域分布

四、金华经开区未来展望

从产业发展看，金华经开区将围绕高端装备制造、数字经济、大健康三大优势主导产业，构筑主体功能突出、主导产业鲜明的产业发展新格局。从科技创新看，金华经开区规上工业企业研发费用增长较快，企业的技术创新能力逐渐增强。下一步，金华经开区将聚焦主导产业和“招院引所”建设，深化“科创飞地”建设，加快浙江大学金华研究院建设落地速度，争取建成国家级科技企业孵化器和众创空间，借力金华国际陆港枢纽区位优势推进省级信息技术服务创新发展区建设。

衢州

QU ZHOU

衢州卷

柯城区产业链创新链全景分析报告

衢州柯城区位于浙江省西部，总面积约 606.8 平方千米，下辖 8 个街道、2 个镇、8 个乡。2023 年，全区户籍人口为 44.13 万人，常住人口为 54.8 万人。地区生产总值为 670.68 亿元，全省排名第 52，全市排名第 1。柯城区是“中国柑橘之乡”，华东地区最大的国家一级饮用水源地，拥有国家 5A 级景区水亭门、国家 4A 级乡村旅游景区桃源七里。

一、柯城区产业概况

（一）产业结构

从地区生产总值构成看，2023 年，柯城区第一产业增加值为 8.49 亿元，第二产业增加值为 278.45 亿元，第三产业增加值为 383.74 亿元，三次产业增加值结构调整为 1.3 ∶ 41.5 ∶ 57.2。

从农业看，柯城区以柑橘、鲟鱼产业为主导。2023 年，全区农林牧渔总产值约 48.2 亿元。柯城区是亚洲最大的鲟鱼养殖基地，鲟鱼全产业链产值超 5 亿元，人工养殖鱼子酱产量世界第一，占全球总产量的 1/3，占国内销量 80% 以上；柑橘全产业链产值超 10 亿元，是柯城特色产业。

从工业看，柯城区以装备制造（轴承为主）、化工新材料、光电信息（半导体）为主导。2023 年，柯城区规上工业总产值 1147.07 亿元，规上工业企业 218 家。2022 年柯城区产业主要分布见表 1。下一步，柯城区将聚焦“五链”融合，推动航埠生态工业提能造峰，加快光电（半导体）、轴承智造、氟硅新材料等主导产业链条式培育、集群式发展，依托金沃精工等骨干企业，谋划建设轴承产业园，打造覆盖轴承产业前端、中端、后端的完整产业链。

表1　柯城区特色工业简介

名称	规上工业产值 / 亿元	占全区规上工业总产值比重 /%
装备制造（轴承为主）	约 401.35（轴承占比超 55%）	约 31.87
化工新材料	约 300.00	约 23.82
光电信息（半导体）	约 25.00	约 1.98

从服务业看，柯城区以文旅休闲、数字商贸为主导。2023 年，全区规上服务业营业收入 126.14 亿元。

下一步，柯城区将打造国家运动休闲旅游度假区，建造灵鹫山森林运动小镇。

（二）“中部集聚”的产业空间布局

图 1 展示了柯城区重点产业平台布局。柯城产业呈现出二、三产结合的特点。从工业看，柯城区工业在花园街道、黄花乡、白云街道、姜家山乡和航埠镇，依托“国家级高新区”“国家级经济开发区”“省级高新区”形成东部工业集聚区，重点发展氟硅新材料、无线电、精密装备、金属制品、纺织、食品加工、电气和橡胶产业。从农业看，柯城区农业在九华乡和石梁镇，围绕“衢州市柯城区鲶鱼湾省级现代农业园区”和“柯城区柑橘产业农业科技园区”，重点打造柑橘、中药材产业等。从服务业看，柯城区服务业围绕“衢州颐高科技创业园”“衢州智慧新城现代服务业创新发展区”和“柯城区供应链数字贸易创新发展区”，在新新街道、航埠镇和黄家街道，重点打造信息科技服务和数字贸易产业。

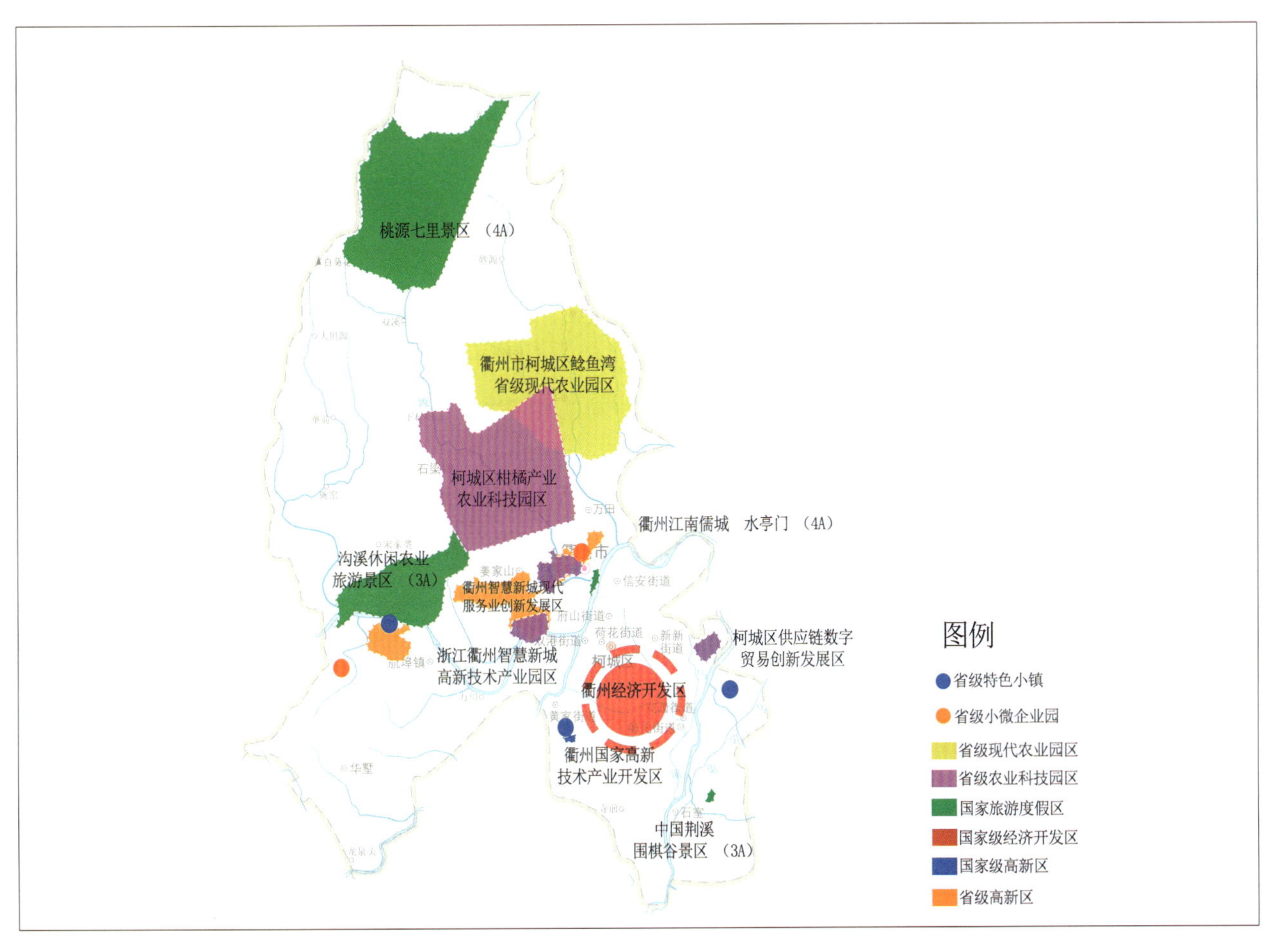

图 1 柯城区重点产业平台布局

二、重点产业

（一）装备制造产业

2022 年，装备制造产业规上工业总产值约 401.35 亿元，其中轴承占比超 55%，其余为机械设备。该产业的龙头企业见表 2。从产业链角度看，轴承企业主要集中在中游的轴承套圈；机械设备企业主要集中在上游的机械零部件生产和中游的机械设备制造。下一步，柯城区将做大轴承产业集群，加快向轴承产业链两端工序延伸，实现一体化轴承套圈产品价值链，发展轴承滚子工艺、锻造、热处理等工艺，开发高档数控机床、机器人、航天航空装备、节能与新能源汽车、电力装备、生物医药及高性能医疗器械、农业机械装备等领域的高端轴承。

表2　柯城区装备制造产业龙头企业简介

行业	企业类型	公司名称	主营业务
轴承	上市公司	浙江金沃精工股份有限公司	轴承套圈
机械设备	国家级高新技术企业	浙江巨化装备工程集团、浙江明一化工机械有限公司、浙江九树机械有限公司、浙江巨程钢瓶有限公司、浙江赛邦印铁制罐有限公司	金属制品（高压容器、罐式集装箱）
		浙江河好闸门科技有限公司	闸门（水力自控液控翻板、液压）、液压坝、底轴钢坝、合页坝
		浙江衢州格林特电线电缆有限公司	电线电缆、电子元件及组件、拉杆天线、多媒体线束、配线器材
		浙江联能电气有限公司	电气设备（高压大功率变频调速装置、高低压动态无功补偿装置、高低压智能开关控制设备、高低压电器、输变电设备、母线槽、电缆桥架）

（二）化工新材料产业

2022 年，化工新材料产业规上工业总产值约 372.38 亿元。化工新材料产业的龙头企业见表 3。从产业链角度看，该产业的龙头企业主要集中在上游的化工原材料生产，中游的电子信息材料、特种功能材料、新能源材料制造。下一步，柯城区将聚焦电子化学品、新能源电池、氟硅、特种功能材料等重点产业链，提升氟硅新材料及其制品的产品层次；利用氯碱化工产能，重点发展特种工程塑料、环保可降解塑料等先进塑料产品，水性涂料、多功能涂料等特种涂料产品。

表3　柯城区化工新材料产业龙头企业简介

行业	企业类型	公司名称	主营业务
化工原材料	上市公司	浙江巨化股份有限公司	氯碱新材料
	专精特新“小巨人”	浙江衢州硅宝化工有限公司	有机硅助剂
		衢州英特高分子材料有限公司	防腐剂（尼泊金酯类、对羟基苯甲酸、对甲氧基苯甲酸）
	地方重点企业	衢州市九洲化工有限公司	中间体、制冷剂等化工原料
		浙江歌瑞新材料有限公司	含氟新材料
		浙江永和制冷股份有限公司	萤石资源、氢氟酸、氟碳化学品、含氟高分子材料
电子信息材料	上市公司	中巨芯科技股份有限公司	电子湿化学品、电子特种气体和前驱体材料
	专精特新“小巨人”	浙江中宁硅业有限公司	电子级多晶硅、纳米硅粉
		浙江凯圣氟化学有限公司	电子化学品（六氟磷酸锂，电子级硫酸、盐酸、硝酸、氢氟酸，电子级氨水，电子级氟化铵，BOE 蚀刻液）
	国家级高新技术企业	浙江奥首材料科技有限公司	集成电路功能精细化学品
特种功能材料	专精特新“小巨人”	浙江鹏孚隆新材料有限公司	特种工程塑料、特种涂料
	地方重点企业	衢州龙威新材料股份有限公司	新型装饰材料研发，塑料薄膜、塑料地板
新能源材料	地方重点企业	衢州华友钴新材料有限公司	动力电池级硫酸镍、钴系锂电关键材料
		浙江多力塑胶有限公司	中间膜（太阳能电池胶膜、聚乙烯醇缩丁醛树脂中间膜）

（三）光电信息（半导体）产业

2022 年，光电信息（半导体）产业规上工业总产值约 25 亿元。光电信息（半导体）产业的龙头企业见表 4。从产业链角度看，该产业的龙头企业主要集中在上游的半导体材料生产，中游的产品制造。下一步，柯城区将基于电子化学品制造优势，突破先进芯片与材料等关键技术，优先布局高端存储和第三代化合物半导体产业，积极发展新型传感器件、大尺寸集成电路用硅片，着力补齐集成电路设计、制造、封装测试等产业短板。

表4 柯城区光电信息（半导体）产业龙头企业简介

行业	企业类型	公司名称	主营业务
半导体芯片	上市公司	中巨芯科技股份有限公司	电子湿化学品、电子特种气体和前驱体材料
	专精特新“小巨人”	浙江凯圣氟化学有限公司	电子化学品（六氟磷酸锂，电子级硫酸、盐酸、硝酸、氢氟酸，电子级氨水，电子级氟化铵，BOE 蚀刻液）
	地方重点企业	衢州市东巨康光电科技有限公司	智能穿戴、液晶显示模块（LCM）、通信手机以及通信配件

（四）现代物流产业

2022 年，柯城区现代物流产业实现规上营业收入约 20 亿元，该产业是柯城区的重点生产性服务业。当地相关龙头企业见表 5。从产业链角度看，现代物流产业的龙头企业主要集中在中游的承运服务领域。下一步，柯城区将充分发挥综合交通枢纽优势，全力推动四省边际顺丰丰泰产业服务项目落地，以智慧物流 + 多式联运枢纽为主线，扩大 56168 物流配载交易平台危化品交易特色优势，助推物流进一步现代化。力争到 2025 年，现代物流产业主营业务收入突破 30 亿元，实现省级物流示范园区零突破。

表5 柯城区现代物流产业龙头企业简介

行业	企业类型	公司名称	主营业务
承运服务	地方重点企业	浙江柯香物流有限公司	省际普通货船运输、省内船舶运输、道路货物运输
		浙江浩骏物流有限公司	国内货物运输代理、道路货物运输站经营、国内集装箱货物运输代理
		中国物流衢州有限公司	公铁联运

三、科技创新概况

2022 年，全区 R&D 经费占地区生产总值比重为 2.71%，全省排名第 44；全区拥有高新技术企业 169 家，全省县（市、区）第 62 名；高新技术产业增加值占工业增加值比重达 65.4%，全省排名第 60；全区规上工业企业 R&D 经费支出占营业收入比重达 0.71%，全省排名第 88。

（一）区域创新资源布局

柯城区创新平台主要集中在化工新材料和装备制造产业。2022 年，全区拥有省级重点实验室 1 家，省级新型研发机构 4 家，省级重点企业研究院 11 家，省级企业研究院 20 家，省级高新技术企业研发中心 54 家，省级孵化器 4 家。创新平台主要分布在白云街道、双港街道、黄家街道、新新街道、衢化街道（见图 2）。

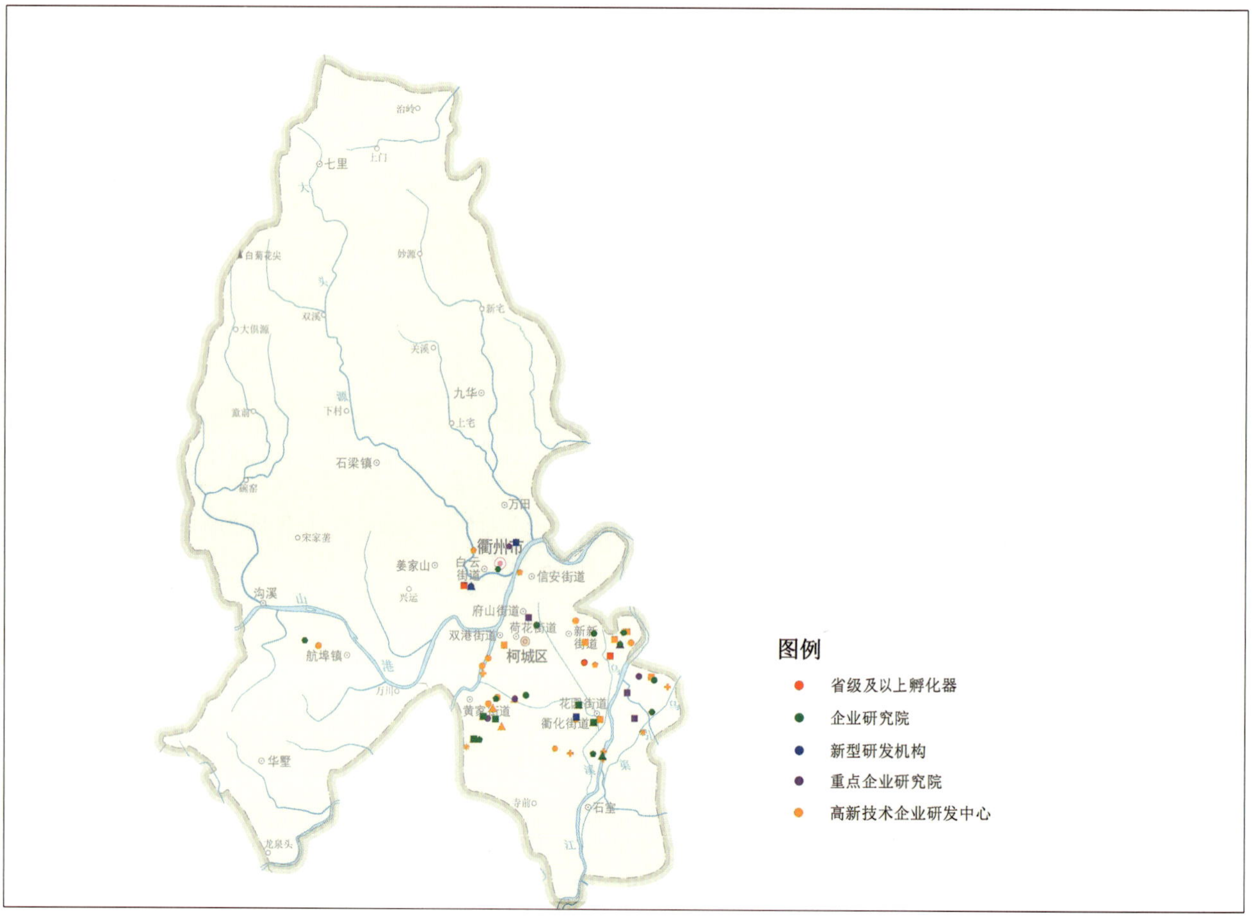

图2 柯城区创新平台布局

（二）产业专利分析

柯城区的专利优势主要集中在高分子化合物、化学催化、萃取和动力电池领域。2022年，柯城区有效发明专利共3063件，前十大专利技术领域见图3。根据申请人分析，巨化集团技术中心（有机化学，有机高分子化合物）、衢州市依科达节能技术（给水、排水）等申请人的专利数量居前。

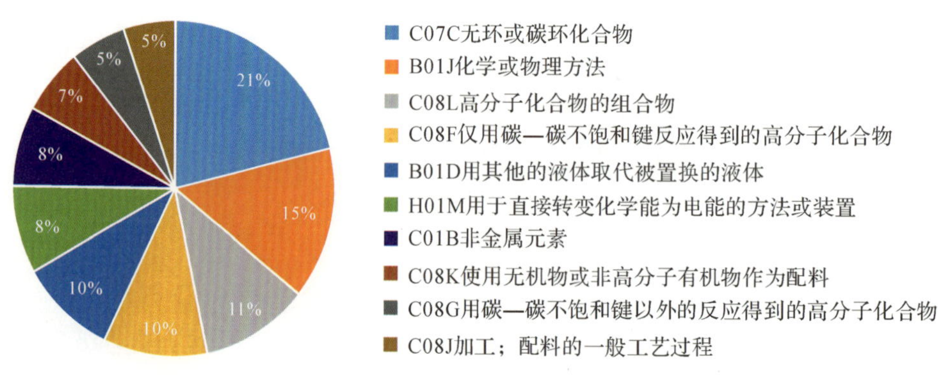

图3 柯城区专利技术领域分布

四、柯城区未来展望

从产业发展看，柯城区将加快光电（半导体）、轴承智造等主导产业链条式培育、集群式发展。从科技创新看，全区 R&D 经费占地区生产总值比重、规上工业企业 R&D 经费支出占营业收入比重低于全省平均水平，整体创新能力有待加强。下一步，柯城区将发挥巨化股份和中巨芯上市公司创新引领作用，利用当地氟硅新材料、锂离子电解液制造优势，聚焦先进半导体芯片、太阳能电池、动力电池研究开发，助推光电产业的布局和发展。

衢江区产业链创新链全景分析报告

衢州衢江区位于浙江省西部、钱塘江上游，地处浙、闽、赣、皖四省边际，有“衢通四省”之称。衢江区总面积 1748 平方千米，下辖 2 个街道、10 个镇、8 个乡。2023 年，全区户籍人口为 41.02 万人，常住人口为 37.57 万人。地区生产总值为 327.72 亿元，全省第 70，全市第 3。衢江区是“中国碳酸钙产业基地”“中国竹炭之乡”“中国椪柑之乡”“中国户外极限运动之都”“全国商品粮基地”“国家森林城市”“国家卫生城市”“国家级生态示范区”。

一、衢江区产业概况

（一）产业结构

从地区生产总值构成看，2023 年，衢江区第一产业增加值为 20.55 亿元、第二产业增加值为 156.23 亿元、第三产业增加值为 150.94 亿元，三次产业增加值结构调整为 6.3 ： 47.7 ： 46.1。

从农业看，衢江区以生猪、茭白、柑橘产业为主导。2023 年，全区农林牧渔增加值为 20.72 亿元。衢江区是浙江省 16 个畜牧强县之一，也是全国瘦肉型商品猪生产基地县（特色猪），生猪产值 8.34 亿元；以茭白（种植面积占衢州茭白的 95% 以上）为主导的衢江蔬菜产值达 5.7 亿元；以柑橘为主导的水果产业产值达 3.7 亿元。下一步，衢江区将建设盒马数字农业示范区和万亩平台（富里、新田铺、上方和富西），推进特色农业和现代农业园区（莲花、全旺）转型升级。

从工业看，衢江区以装备制造、特种纸、新型建材产业为主导。2023 年，全区规上工业企业 227 家，规上工业总产值 608.47 亿元。2022 年衢江区产业分布见表 1。下一步，衢江区将聚力做强特种纸和纸制品、装备制造、新型建材三大传统支柱产业，全力做大电子信息、新材料、新能源三大战略性新兴产业，全面培育健康绿色、循环经济两大新兴特色产业，着力构建“3+3+2”现代工业产业体系。

表1　衢江区特色工业产业简介

名称	规上工业产值 / 亿元	占全区规上工业总产值比重 /%
装备制造	150.20	32.43
特种纸	108.91	23.52
新型建材	约 21.00	约 4.53

从服务业看，衢江区以现代物流为主导。2022 年，全区服务业营业收入约 18 亿元（剔除批零住餐、房地产、金融业）。下一步，衢江区将充分发挥交通枢纽优势，围绕装备制造、特种纸、建材、粮食等主导产业，建设一批国际物流分拨中心、冷链物流配送中心、全产业链生态型物流园区，形成以四省边际特色商贸物流业为主导的现代服务业发展新格局。

（二）“中部工业，西南农业”的产业空间布局

图 1 展示了衢江区重点产业平台布局。衢江区产业呈现一、二产结合的产业特点。从农业看，衢江区农业主要集中在廿里镇、莲花镇、浮石街道，围绕“衢江区富里省级现代农业园区”“浮石省级现代农业园区”“衢州莲花现代生态循环农业小镇”重点打造果蔬和生猪产业。从工业看，衢江区工业形成“一核多点”的分布格局，围绕“衢江经济开发区”“衢江光导小镇”“省级小微企业园”，在中部（高家镇、樟潭街道）形成了以特种纸、光电半导体产业为核心的工业聚集区，少量涉及机械配件、电子科技、医疗器械等。

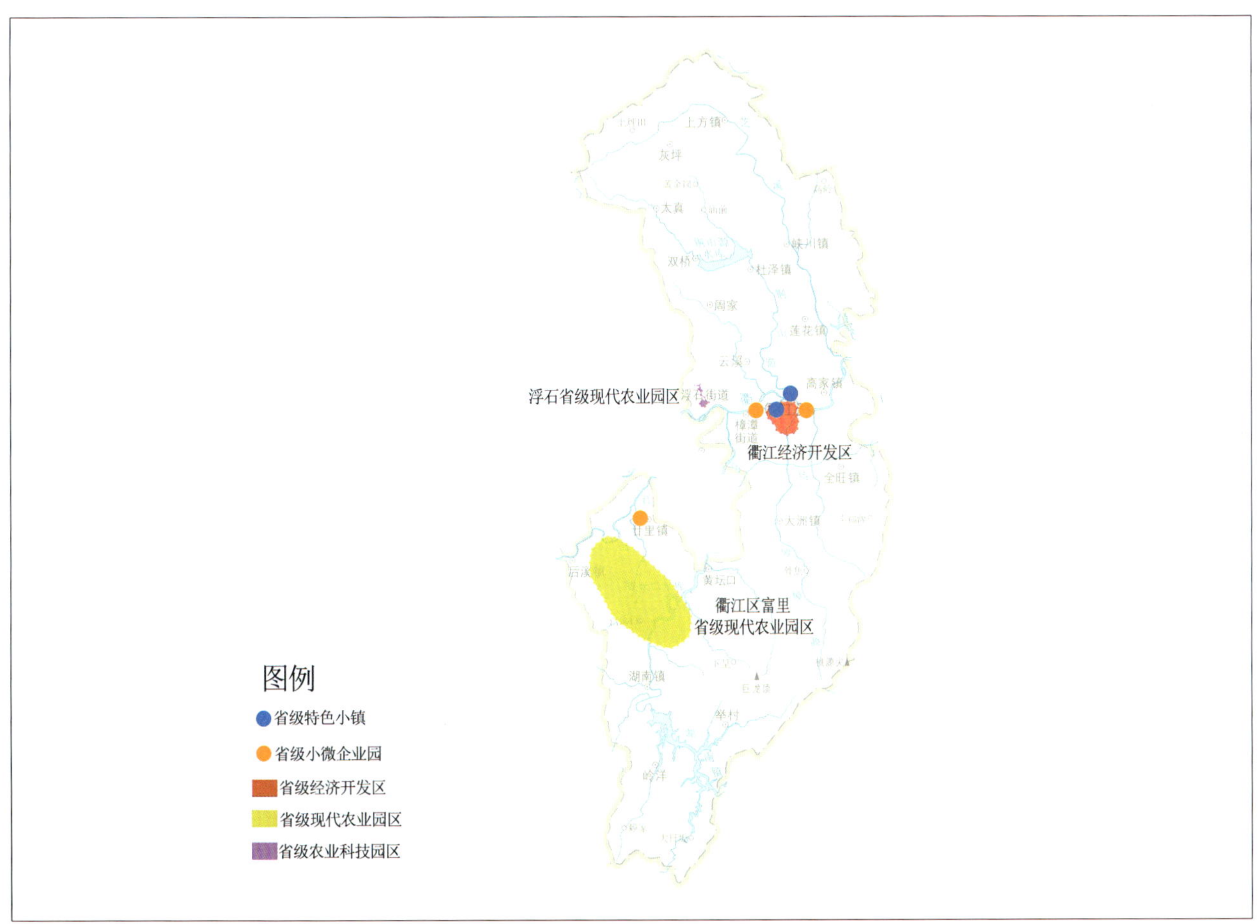

图 1　衢江区重点产业平台布局

二、重点产业

（一）装备制造产业

衢江区是“矿山装备制造业基地”。2022年，衢江区装备制造产业规上工业产值150.2亿元，主要集中在矿山装备、电气装备与金属制品加工领域。装备制造产业的龙头企业见表2。从产业链角度看，矿山装备企业主要集中在上游的原材料生产和中游的矿山装备、环保除尘设备制造等领域；电气装备企业主要集中在上游的电子元器件生产，中游的电线电缆、电力紧固件、电网安全设备制造；金属制品加工企业主要集中在上游的原料与加工机床生产，中游的金属紧固件制造；当地也有企业涉及色谱分析仪器耗材、汽车零部件、管道生产领域。下一步，衢江区将围绕高效矿山、绿色环保、智能电气等高端装备，提高装备制造基础件、基础制造工艺和基础原料等配套水平，推动装备制造产业向功能化、高端化转型。力争到2025年，衢江区装备制造全产业链产值超200亿元。

表2　衢江区装备制造产业龙头企业简介

行业类别	企业类型	公司名称	主营业务
矿山装备	上市公司	浙江美安普矿山机械股份有限公司	高端破碎装备（反击式破碎机、液压圆锥破碎机、颚式破碎机、多缸圆锥破碎机）
	专精特新“小巨人”	浙江志高机械股份有限公司	钻机、空气压缩机、凿岩机等
	当地重点企业	浙江鸿盛新材料科技集团股份有限公司	高性能环保除尘设备（高中低温滤袋）
		浙江志高动力科技有限公司	矿山采掘设备、压力容器、真空泵、膨胀机、膨胀发电机、鼓风机、增压机、螺杆式压缩主机、热泵及部件的制造
		浙江开山铸造有限公司	应用于压缩机、矿山、工程的合金铸铁件、球墨铸铁件、精铸铸钢件
电气装备	上市公司	浙江海力股份有限公司	电力紧固件（电力线路、风电、通信、核电、特种、非标），防松防卸螺栓和螺母、扣紧母、薄螺母等
		浙江启超电缆股份有限公司	电气装备用电线电缆（控制电缆、计算机电缆）、中低压电力电缆、特种电缆（防火电缆）
	专精特新“小巨人”	浙江日新电气有限公司	电网安全（中性点设备）、在线检测保护设备（变压器、GIS、开关柜、发电机、微机、电缆等）、消防设备
	当地重点企业	衢州顺络电路板有限公司	电路板、电子元器件
金属制品加工	上市公司	浙江永力达数控科技股份有限公司	数控机床（钻攻中心、数控铣床、数控车床、激光切割等）
	当地重点企业	衢州永创铝业有限公司	金属废料和碎屑加工处理、铝合金铸造
		衢州天力紧固件有限公司	金属紧固件（螺钉、螺栓、垫圈）
其他	上市公司	浙江爱吉仁科技股份有限公司	色谱分析仪器耗材（进样瓶及瓶盖、硅胶垫片）
	当地重点企业	浙江九隆科技有限公司	电动车、电动自行车、电动三轮车
		浙江中财管道衍生产品有限公司	塑料硬管及管件、软管、管材、模具、塑料零件及塑料合成材料
		衢州恒业汽车部件有限公司	汽车部件、机械配件等制造

（二）特种纸产业

衢江区是“中国高档特种纸产业基地”。2022年，衢江区特种纸产业规上工业产值108.91亿元，规上企业21家。衢江区特种纸产业的龙头企业见表3。从产业链的角度看，特种纸企业主要集中在上游的纸浆生产，中游的特种纸及纸盒制造。下一步，衢江区将依托特种纸的产业基础，向高档数字印刷纸、热敏纸等高性能特种纸发展；适应网络购物趋势，大力发展标签纸与包装纸板；向下游的新能源汽车、消费电子、医疗健康等应用领域拓展，提升产品附加值。力争到2025年，衢江区特种纸全产业链产值超150亿元。

表3 衢江区特种纸龙头企业简介

行业类别	企业类型	公司名称	主营业务
特种纸	上市公司	仙鹤股份有限公司	纸浆（特种浆）、特种纸（烟草用纸、家居装饰用纸、食品与医疗用纸、热转印原纸、电气及工业用纸等）
		五洲特种纸业集团股份有限公司	特种纸（食品包装纸、格拉辛纸、描图纸、转移印花纸、特种文化纸等）
	高新技术企业	浙江夏王纸业有限公司	特种纸（素色原纸、印刷原纸、数码打印纸、平衡纸、彩色纸等）
		浙江五星纸业有限公司	食品包装用纸（餐盒、纸杯、面碗、方砖饮料盒）
		衢州东大复合材料科技有限公司	特种纸（食品包装纸、转移印花纸、离型纸、医用包装纸、无尘包装纸）
	专精特新企业	浙江通天星集团股份有限公司	特种纸（牛皮挂面箱纸板、高中低档各类纸箱纸盒）、牛皮沙发革
		浙江晶鑫特种纸业有限公司	特种纸（美纹纸、和纸、电工胶带纸、清洁纸等系列）
	地方重点企业	浙江鑫丰特种纸业股份有限公司	农业特种纸（育果袋纸、育秧纸、育苗纸等）

（三）新型建材产业

2022年，新型建材产业规上工业产值约21亿元，规上企业12家。衢江区新型建材产业的龙头企业见表4。从产业链的角度看，新型建材企业主要集中在中游的水泥基材料、粘合材料、装饰材料、防水材料、板材生产等领域。下一步，衢江区将围绕消耗脱硫石膏、磷石膏等原材料，大力发展新型墙体材料、高性能纤维复合材料以及公装材料等产品，打造“新材料—建材—家居”产业链。

表4 衢江区新型建材产业龙头企业简介

产业	企业类型	公司名称	主营业务
新型建材	上市公司	衢州龙威新材料股份有限公司	生态艺术墙布、工业卷材、PVC材料（地板膜、天花膜、遮阳布、地板）
	高新技术企业	浙江衢州博蓝装饰材料有限公司	大豆蛋白胶（多层板专用胶、木板专用胶、地板专用胶）
		浙江宏成建材有限公司	装饰材料（软瓷、艺术石、面砖等）、防水材料（卷材、涂料）
	地方重点企业	衢州市程锦新型建材有限公司	外墙产品（纤维水泥木纹板）、室内产品（防火板、压力板、钙酸板等）
		浙江豪龙建材有限公司	熟料水泥

三、科技创新概况

2022年，全区R&D经费占地区生产总值比重达2.85%，全省排名第38；全区拥有高新技术企业162家，高新技术产业增加值占工业增加值比重达75.98%；全区规上工业企业R&D经费支出占营业收入比重达1.61%，全省排名第57。

（一）区域创新资源布局

衢江区创新平台较少，主要集中在矿山装备和特种纸等领域。2022年，全区拥有省级企业研究院7家，省级高新技术企业研发中心14家，产业创新服务综合体（高性能纸及纤维复合新材料产业创新服务综合体）1家，众创空间（衢江区农产品电子商务信息中心、衢江区大学生创业基地、众创空间·衢盛科创园）4家。

创新平台主要聚集在中部的高家镇和樟潭街道（见图 2）。

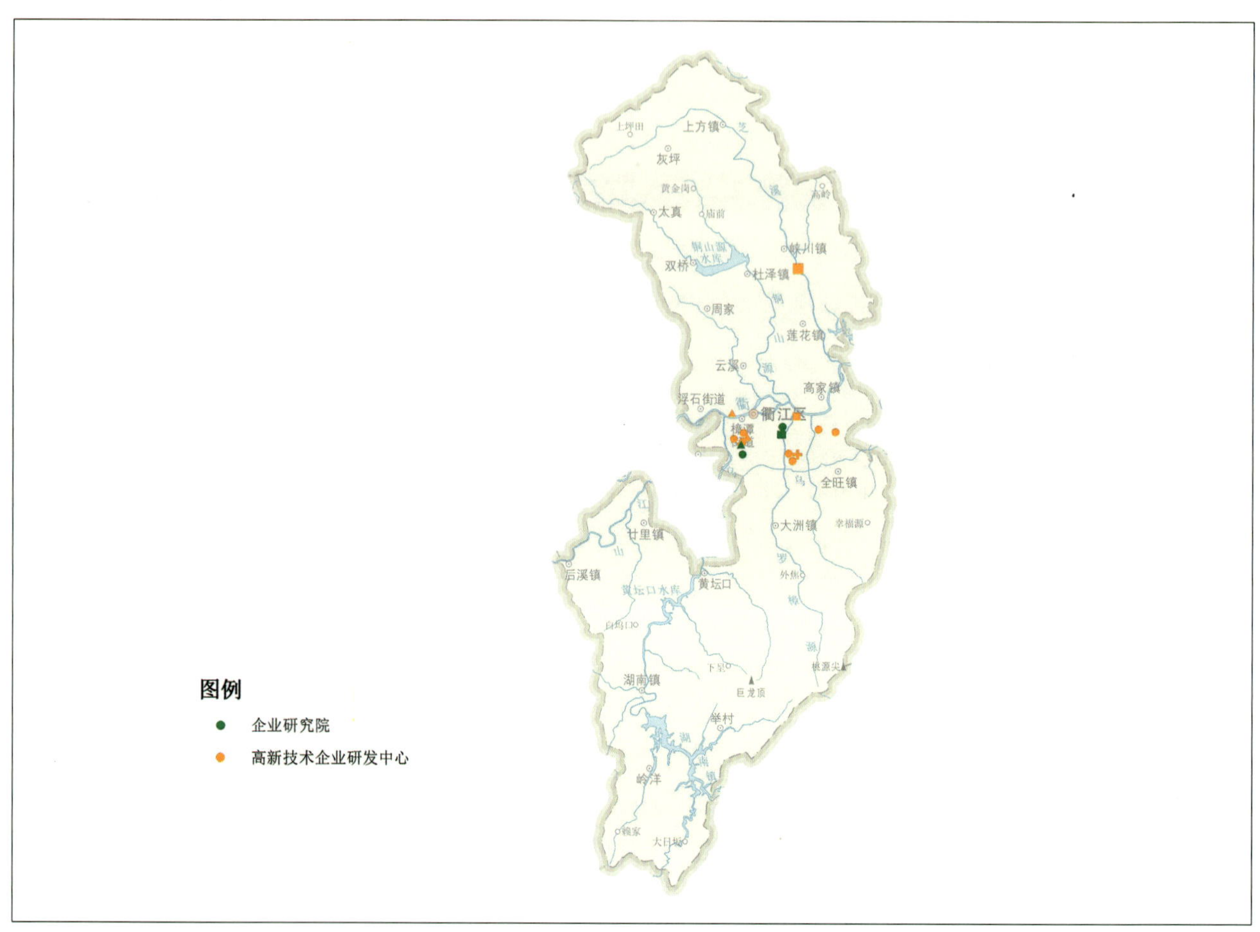

图 2　衢江区创新平台布局

（二）专利分析

衢江区的专利优势主要集中在特种纸（装饰原纸、高性能脱模纸、医用皱纹纸等）制备、高分子化合物（涂料、氟硅新材料等）、高端装备（过滤机、破碎机、制砂机）等领域。2022 年，衢江区有效发明专利共 619 件，前十大专利技术领域（小类）见图 3。根据申请人分析，仙鹤股份（特种纸和纸制品）、一道新能源科技（衢州）（光伏面板、太阳能电池）、衢州氟硅技术研究院（高分子化合物）等申请人的专利数量居前。

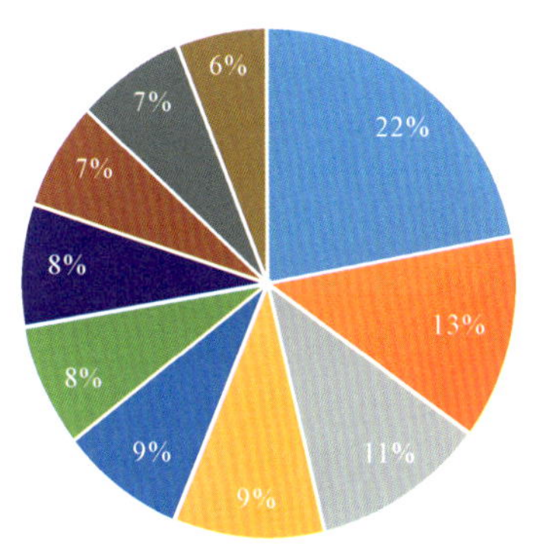

图 3　衢江区专利技术领域分布

四、衢江区未来展望

从产业发展看，衢江区做优做强特种纸、装备制造、新型建材三大传统支柱产业，加快发展电子信息、新材料、新能源三大战略性新兴产业，积极培育健康绿色和循环经济两大新兴特色产业，全面打造“3+3+2”工业产业体系，重点培育通用有机高分子材料、新一代信息技术两大特色产业链，配套发展新能源、特种纸两大标志性产业链。从科技创新看，衢江区规上工业企业 R&D 经费支出占营业收入的比重偏低，企业创新能力不强。下一步，衢江区将加强企业与浙江理工大学、浙江大学等产学研合作，提高技术源头供给能力，重塑产业发展新优势。

江山市产业链创新链全景分析报告

衢州江山市位于浙江省西南部，钱塘江源头、浙闽赣三省交界处，总面积 2019.48 平方千米，下辖 3 个街道、11 个镇、5 个乡。2023 年，全市户籍人口为 60.44 万人，常住人口为 49.5 万人。地区生产总值为 405.77 亿元，全省排名第 66，衢州市排名第 2。江山市是“中国猕猴桃之乡”“中国白鹅之乡”“中国白菇之乡”“中国蜜蜂之乡”“中国水泥之乡”“中国木门之都”，被誉为“国际花园城市”“全球绿色城市”“中国优秀旅游城市”，拥有江郎山（世界自然遗产）、江郎山—廿八都等旅游景区。

一、江山市产业概况

（一）产业结构

从地区生产总值构成看，2023 年，江山市第一产业增加值为 25.05 亿元，第二产业增加值为 175.13 亿元，第三产业增加值为 205.59 亿元，三次产业增加值结构调整为 6.2 ∶ 43.2 ∶ 50.6。

从农业看，江山市以蜜蜂、食用菌（白菇）、水果（猕猴桃）、中药材和茶叶产业为主导。2023 年，全市农林牧渔增加值为 25.61 亿元。2023 年蜂业总产值达 15 亿元，养蜂规模与效益连续 31 年位居全国各县市区之首；以白菇（“江山白菇”是国家农产品地理标志产品，获得中国上海国际食品博览会金奖）为核心的食用菌产业一产产值超 3.5 亿元；江山猕猴桃入选国家地理标志农产品保护工程，年产值达 2 亿元；江山是“中药材产业基地县”，“江山黄精”是国家农产品地理标志产品，中药材一产产值超 2.3 亿元；“江山绿牡丹茶”获得国家农产品地理标志认证，茶叶产业一产产值超 2 亿元。

从工业看，江山市以装备制造、时尚门业智能家居、数字消防和健康生活为主导。2023 年，江山市规上工业总产值 391.91 亿元，规上工业企业 421 家。2022 年江山市产业主要分布见表 1。下一步，江山市将着力壮大装备制造、时尚门业智能家居两大支柱产业，做优做专数字消防、健康生活、新材料三大新兴产业，聚焦强基优链，打造“2+3”特色产业体系。

表1　江山市特色工业简介

名称	规上工业产值 / 亿元	占全市规上工业总产值比重 /%
装备制造	约 88.02	约 23.40
时尚门业智能家居	39.70	10.55
健康生活	22.00	5.85
数字消防	约 14.05	约 3.74

（二）“北部工业、西部农业”的产业空间布局

图 1 展示了江山市重点产业平台布局。从工业看，江山市工业主要集中在北部，形成了从上余镇到贺村镇基本贯穿东西的工业聚集带，围绕“浙江江山经济开发区”“江山智能装备高新技术产业园”“江山经济开发区新能源新材料产业园”“江山光谷小镇”“省级小微企业园”，在中北部（贺村镇、双塔街道、虎山街道、清湖街道和上余镇）打造木业（家居）、新材料、新能源、智能装备和注塑产业，少量涉及纺织与工业设计产业。从农业看，江山市农业主要集聚在西部的贺村镇、石门镇、凤林镇和峡口镇，围绕“江山市贺村农业科技园区”和“江山市江郎山现代农业园区”，重点发展畜牧养殖、中药材和果蔬等产业。

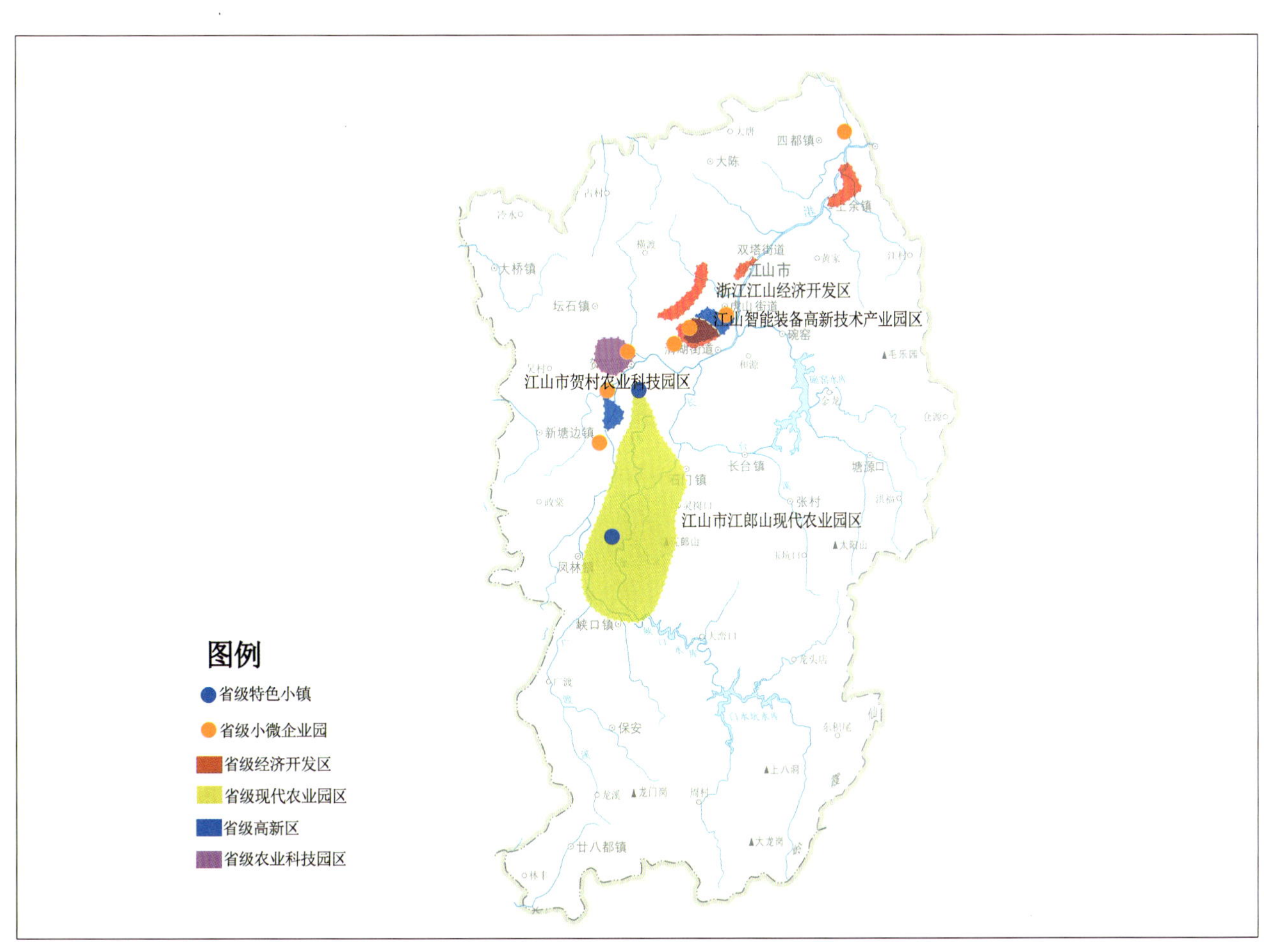

图 1　江山市重点产业平台布局

二、重点产业

（一）装备制造产业

江山市是浙江省高端装备制造业、输变电装备高新技术和输配电产业特色基地。2022年，装备制造产业规上工业产值约88.02亿元，规上企业超50家，主要集中在电气电力、金属制品、汽车零部件和新能源电池行业。装备制造产业的龙头企业见表2。从产业链角度看，电气电力企业主要集中在上游的电气元器件和电磁线制造，中游的变压器、互感器、电抗器、高低压成套设备、高压开关柜配件制造、电力装备解决方案提供；金属制品企业主要集中在中游的金属管件、链传动产品制造；汽车零部件企业主要集中在中游的发动机系统、传动系统、制动系统和汽车电子制造；新能源电池企业主要集中在上游的电池材料，中游的固态电池和扣式超级电容器生产。下一步，江山市将依托输配电产业优势，紧跟特高压电网、分布式能源、智能充电桩等行业发展趋势，支持龙头企业延伸发展智能电气系统，加快产业数字化、服务化、高端化转型。

表2　江山市装备制造产业龙头企业简介

行业	企业类型	公司名称	主营业务
电气电力	上市公司	科润智能控制股份有限公司	高压元器件（真空断路器、负荷开关）、高低压成套设备（铠装/柜式式高/低压开关柜等）、变压器、智能变电站、电缆分支箱
	专精特新“小巨人”	浙江天际互感器股份有限公司	高、中、低压互感器（电流/电压/零序电流/组合）
	当地重点企业	浙江江山变压器股份有限公司	电力变压器（油浸式、非晶合金）
		申达电气集团有限公司	变压器（油浸式、干式）、电抗器（油浸式、干式）、变电站、换热器
		江山市森源电器有限公司	高压开关柜配件（面板操作机构、分闸机构、接地机构等）
		江山市鑫源电气有限公司	带电显示器、电磁锁、电压传感器、温湿度控制器等
		江山三星铜材线缆有限公司	裸铜线、无氧铜材、电磁线、纸包铜扁线、绝缘材料
		浙江亿正电工科技有限公司	漆包铜圆线
金属制品	上市公司	浙江伦宝管业股份有限公司	无缝钢管、输送流体管、精密管、锅炉管、化肥设施管、石油裂解管
	当地重点企业	江山永利百合实业有限公司	链传动产品（传动链、输送链、农机链、提升链、不锈钢链、摩托车链轮）
汽车零部件	专精特新企业	浙江科力车辆控制系统有限公司	电子水泵、离合助力器、干燥器总成、ABS、制动阀等
新能源电池	高新技术企业	浙江研一新能源科技有限公司	锂电池新型功能材料（黏结剂、PI新材料、补锂添加剂、电解液）、固态电池
		浙江斯瑞特电子科技有限公司	扣式超级电容器

（二）时尚门业智能家居产业

2022年，时尚门业智能家居产业规上工业总产值39.7亿元，规上企业超80家。时尚门业智能家居产业的龙头企业见表3。从产业链角度看，门业企业主要集中在上游的板材、配件、填缝剂制造和中游的木门、非木门生产；家居企业主要集中在上游的原材料、家居配件制造，中游的家居产品生产，下游的家居配套服务。下一步，江山市将依托当地木业基础，以数字化转型为路径，推动时尚门业智能家居产业与数字产业深度融合，大力发展“VR家装”“联网家居”等家居新业态，构建“设计+制造+服务”

一站式解决方案的智能家居产业链。

表3　江山市时尚门业智能家居产业龙头企业简介

行业	企业类型	公司名称	主营业务
门业	上市公司	江山欧派门业股份有限公司	板材、填缝剂，木门、进户门、铝合金门、工程门、柜门等
	隐形冠军企业	浙江开洋门业有限公司	室内门（烤漆、木皮饰）、铝门、五金配件
	地方重点企业	江山博威木业有限公司	板材（杉木、辐射松、澳松、新西兰松、铁杉、花旗松集成板）
		江山申科装饰材料科技有限公司	木塑门系列（平板、铝条）及其配件（门套、门套线、踢脚线）
		浙江江山丽人木业有限公司	中高密度纤维板
		浙江金凯门业有限责任公司	室内门（拼装、免漆、烤漆）
		浙江亿美达门业有限公司	室内门（烤漆、免漆、拼装、原木门）、铝铜门、配件（铰链、锁）
		浙江王牌家居有限公司	木门（烤漆、免漆、拼装）
		浙江舒福家门业有限公司	木门、护墙板（床、沙发、玄关等背景）
家居	大中型工业企业（市级）	浙江奇龙建材有限公司	塑钢型材、中空玻璃、塑钢门窗、铝合金门窗
	当地重点企业	浙江百源建材有限公司	板材（豆醇抗菌生态、石膏、集成、实木板等）、地板、配件（白乳胶、拉手、门吸、门锁）
		江山市皇朝装饰材料有限公司	中高档 PVC 木纹装饰片、PVC 木纹膜
		江山金鹊智能制造技术有限公司	装修效果、订单报价、PMC 管理、车间制造、安装管理等一整套解决方案

（三）健康生活产业

2022 年，江山市健康生活产业规上工业总产值 22 亿元，主要集中在食品和纺织两大领域。当地相关龙头企业见表 4。从产业链角度看，食品企业主要集中在中游的健康食品生产；纺织企业主要集中在上游的纱线制造。下一步，江山市将立足本地资源优势，聚焦江山特色农产品，提升农产品精深加工水平，培育健康生活新业态，进一步推动一、二、三产数字化融合发展。

表4　江山市健康生活产业龙头企业简介

行业	企业类型	公司名称	主营业务
食品	上市公司	浙江三禾生物工程有限公司	红曲产品（功能性红曲、红曲米粉、红曲红）
		浙江江山恒亮蜂产品股份有限公司	蜂胶、蜂王浆、蜂蜜、蜂蜜饮料、蜂花粉
纺织	大中型工业企业（市级）	宁波中鑫毛纺集团江山有限公司	精纺、粗纺、半精纺、花式纱线，羊绒及其他混纺面料
		江山思进纺织辅料有限公司	橡筋线、氨纶线
		江山健盛新材料科技有限公司	氨纶橡筋、纱线

（四）数字消防产业

2022 年，江山市数字消防产业规上工业总产值约 14.05 亿元，规上企业超 20 家，消防产业实现三个全国第一（消防器材营销网络覆盖面、消防器材经营销售量和消防器材从业人员数量）。相关龙头企业见表 5。从产业链角度看，数字消防产业的龙头企业主要集中在上游的配件，中游的防火门、灭火装置、供水装置、其他消防设备制造，下游的消防服务提供。下一步，江山市将立足消防产业基础，把握建设全国应急（消防）产业示范基地契机，支持龙头企业开展数字化转型，进一步聚焦数字消防核心领域（智能传感、用水采集、组合式探测、报警传输），依托物联网、人工智能、大数据等技术，搭建具备火情监控、道路护航、消防巡检、智能分析等功能的数字化平台，实现产业智能化转型。

表5　江山市数字消防产业龙头企业简介

行业	企业类型	公司名称	主营业务
消防设备	隐形冠军企业	江山赛银防火门业有限公司	钢质防火门、钢木质防火门
	高新技术企业	浙江超亿消防装备有限公司	钢瓶（手提式、推车式、悬挂式、七氟丙烷、二氧化碳等）、灭火器阀门
		浙安集团有限公司	灭火装备（七氟丙烷、超细干粉）、呼吸器、消防泵
	当地重点企业	浙江昊博门业科技有限公司	防火门（木质、钢质、仿铜质、卷帘门）
		浙江利高消防科技有限公司	驱动气瓶及阀门（瓶头阀、减压阀）、水流阀、报警装置
		江山市江郎峰消防设备有限公司	消防栓、水枪接扣、水泵接合器、消防泵组、消防设备(隔热服、呼吸器等)
		江山郎山须水消防科技股份有限公司	消防器材
消防服务	地方重点企业	海康威视全国消防运营总部	智慧消防运营、B2B 商城交易及消防 SAAS 服务
		江山消火火数字消防科技有限公司	“消火火”数字消防云商共享平台
		江山市消防工程有限公司	承接各种大型复杂的消防安全工程，并提供维修保养服务

三、科技创新概况

2022 年，全市 R&D 经费占地区生产总值比重为 1.61%，全省排名第 75；全市拥有高新技术企业 137 家，高新技术产业增加值占工业增加值比重达 55.76%；全市规上工业企业 R&D 经费支出占营业收入比重达 1.48%，全省排名第 63。

（一）区域创新资源布局

江山市创新平台较少，技术领域主要集中在装备制造产业。2022 年，全市拥有省级企业研究院 7 家，省级高新技术企业研发中心 13 家，创新服务综合体 1 家（江山市木门产业创新服务综合体），众创空间 1 家（江山市工业设计基地）。创新平台主要集聚在北部的四都镇和上余镇，中部的虎山街道和清湖街道（见图 2）。

（二）产业专利分析

江山市的专利优势主要集中在门业、电气电力装置及零部件、消防装备等领域。2022 年，江山市有效发明专利共 1220 件，前十大专利技术领域见图 3。根据申请人分析，科力车控（呼吸器、气 / 油泵、阀门）、宝威电气（变压器、太阳能装置）、海维科技（食品处理和化学纤维）、瑞展信息（木门）、显进机电（呼吸器）、三友电子（灯管）、科力消防（呼吸器）、行诚科技（家具和家用设备）等申请人的专利数量居前。

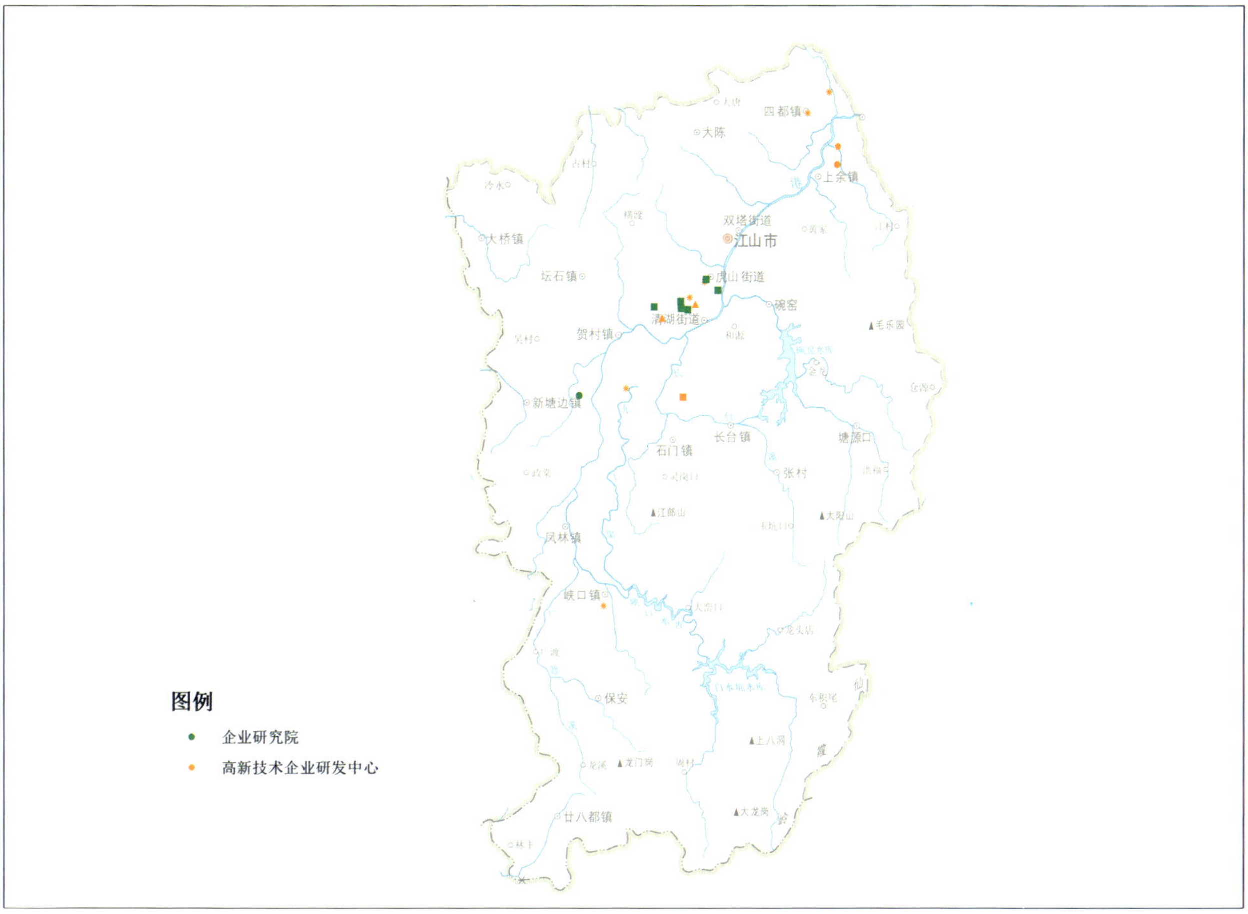

图2　江山市创新平台布局

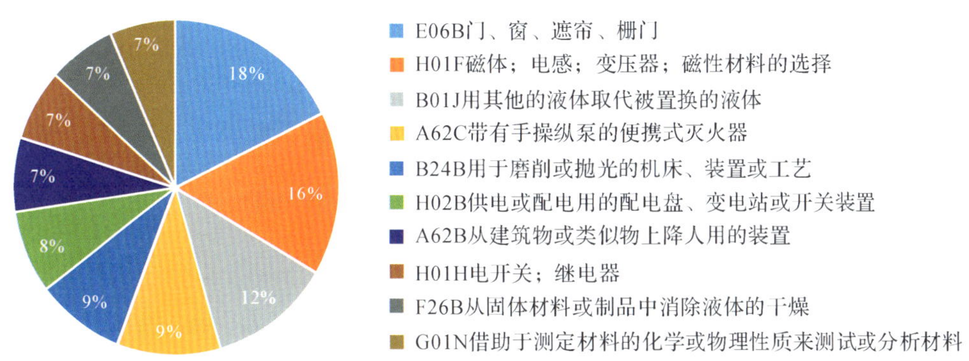

图3　江山市专利技术领域分布

四、江山市未来展望

从产业发展看，江山市着力构建新能源新材料、门业（全屋定制）、高端装备制造、消防应急和健康生活五大产业链。其中，在新能源新材料领域，江山市将着力推动锂电新能源产业健康发展，前瞻布局高端氟硅材料、新一代光伏、新型储能等领域，打造衢州新材料产业副中心。从科技创新看，江山市大力推进科技和体制“双创新”改革试点，规划建设江贺科创走廊，推动更多资源要素向江贺科创走廊集聚。

常山县产业链创新链全景分析报告

衢州常山县位于浙江省西南部，钱塘江源头，总面积约1099平方千米，下辖3个街道、6个镇、5个乡。2023年，全县户籍人口为33.78万人，常住人口为26.3万人。地区生产总值为213.9亿元，全省排名第8，全市排名第5。常山县是“中国胡柚之乡”“中国油茶之乡”“中国食用菌之乡”“中国气候宜居县”“全国农业创新典型县”“全国第七座国际慢城”，拥有三衢石林、梅树底等旅游区。

一、常山县产业概况

（一）产业结构

从地区生产总值构成看，2023年，常山县第一产业增加值为9.37亿元，第二产业增加值为94.23亿元，第三产业增加值为110.34亿元，三次产业增加值结构调整为4.4 ∶ 44.0 ∶ 51.6。

从农业看，常山县以“常山三宝（胡柚、油茶、猴头菇）”产业为主导。2023年，全县农林牧渔总产值为15.21亿元。常山胡柚（中国国家地理标志产品）全产业链产值突破45亿元，胡柚青果切片“衢枳壳”被列入《浙江省中药炮制规范》；油茶全产业链产值超11亿元（加工销售产值超3亿元）；以常山猴头菇（被评为“浙江省食用菌行业优秀品牌”）为主的食用菌总产值超3亿元。

从工业看，常山县以新型建材、新材料（造纸、精细化工）、高端轴承产业为主导。2023年，常山县规上工业总产值221.3亿元，规上工业企业177家。2022年常山县产业主要分布见表1。下一步，常山县将高水平打造三条优势产业（高端轴承、现代纺织和新型建材），培育发展三大战略性新兴产业（新材料、数字经济核心产业、大健康），打造“3+3”现代产业体系。

表1　常山县特色工业简介

名称	规上工业产值 / 亿元	占全县规上工业总产值比重 /%	总产值 / 亿元
新型建材	38.74	19.55	
新材料	34.2（造纸 28.4）	17.26	
高端轴承	—	—	超 40
数字经济核心	约 9.44	约 4.76	
现代纺织	约 6.36	约 3.35	

从服务业看，常山县以文旅、家政服务为主导。2022 年，常山县旅游业总收入 20.2 亿元，常山县家政服务业拥有“常山阿姨”特色品牌。

（二）“西南集聚”的产业空间布局

图 1 展示了常山县重点产业平台布局。从农业看，常山县农业呈现“多区联动、三产融合”的发展格局，围绕“常山县省级现代农业园区”“常山县胡柚产业农业科技园区”“农村产业融合发展示范园（柚香谷、农光未蓝）”“常山县国家农业现代化示范区”“国家常山油茶产业示范园区”，在西南部（同弓乡、金川街道）、中部（辉埠镇）和东部（东案乡）重点发展以“常山三宝（胡柚、油茶、猴头菇）”为核心，一、二、三产深度融合的新兴农业。从工业看，常山县工业围绕“常山经济开发区”“浙江常山工业园区”“常山信息材料高新技术产业园区”“省级小微企业园”，在西南部的天马街道、金川街道和辉埠镇，重点打造高端装备、新材料和电子电气等产业；依托“云耕小镇”，培育发展以高端装备为核心的休闲服务业，打造二、三产业融合发展新业态。从服务业看，常山县服务业围绕“常山县现代物流创新发展区”“浙江省数字生活创新服务特色镇（球川镇、青石镇）”“赏石小镇”“国家 4A 级景区”，打造以物流、数字经济为核心的现代服务业和以“赏石文化”为核心的综合文旅服务业。

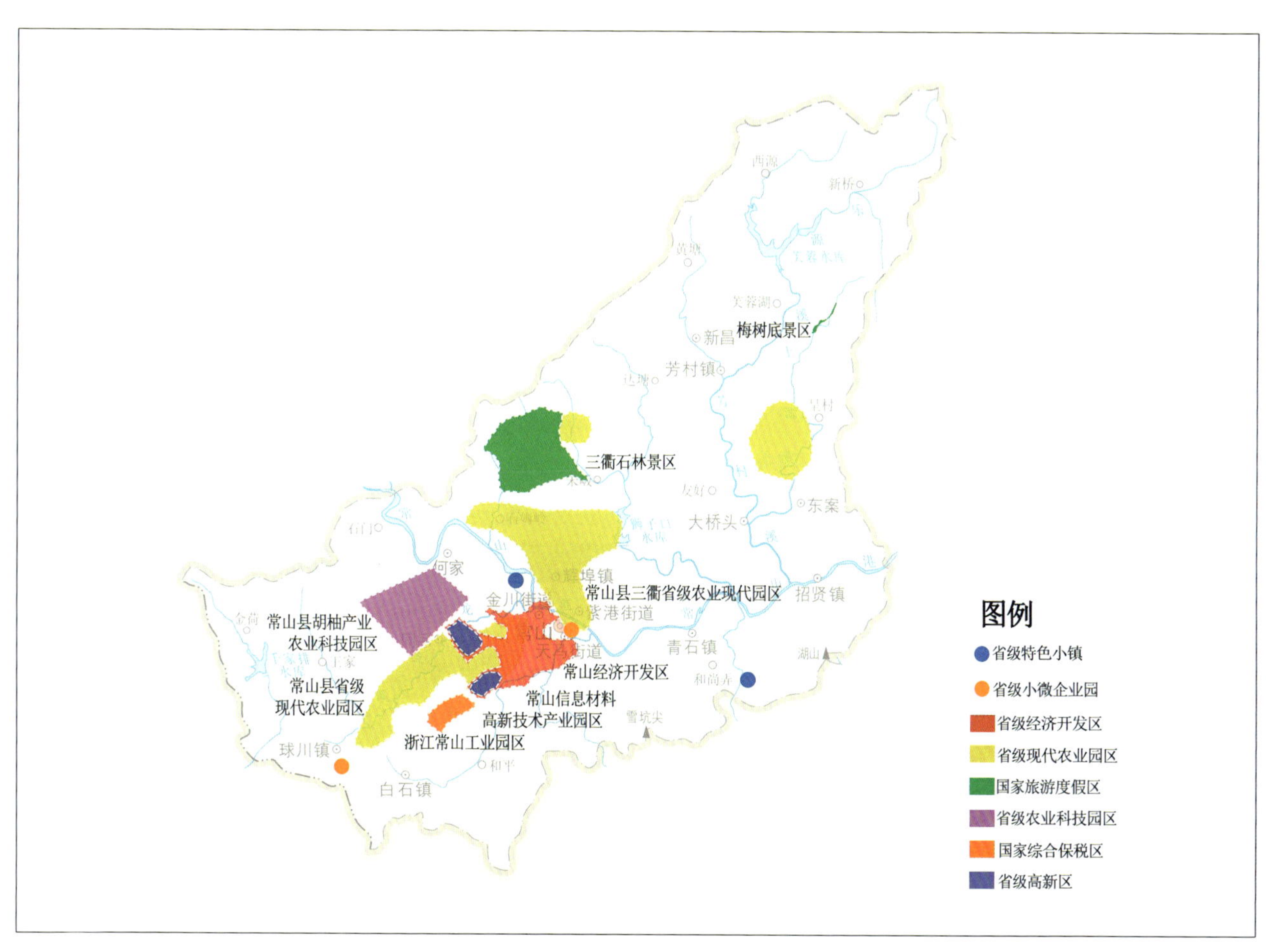

图 1　常山县重点产业平台布局

二、重点产业

（一）新型建材产业

建材产业是常山县的传统支柱产业之一。2022年，新型建材产业规上工业产值38.74亿元。当地相关龙头企业见表2。下一步，常山县将充分发挥资源优势，鼓励龙头企业布局墙体材料、高端材料以及公装材料等高端建材领域，扩张绝缘材料、陶瓷材料、建筑玻璃等多领域的产品线，形成“新材料—建材—家居”产业链。力争到2025年，新型建材产业产值达50亿元以上。

表2　常山县新型建材产业龙头企业简介

行业	企业类型	公司名称	主营业务
建材	规上百强（市级）	常山南方水泥有限公司	石灰岩、砂岩、页岩开采，水泥、混凝土销售
		常山江山虎水泥有限公司	水泥、蒸压加气混凝土
	地方重点企业	浙江成就管道有限公司	管道、建筑用不锈钢法兰
		常山县昇强建材有限公司	商品混凝土、混凝土预制构件
		浙江常盛建材有限公司	商品混凝土、蒸压加气混凝土砌块及板材等
		浙江省常山县神龙建材有限公司	水泥及水泥粉磨
		浙江沃科电子科技有限公司	智能家居、绿色装配式钢结构件、节能铝板幕墙等

（二）新材料产业

2022年，常山县新材料产业规上工业产值超34.2亿元，主要分布在造纸（规上工业产值28.4亿元）、精细化工、磁性材料三大行业。常山县新材料产业的龙头企业见表3。下一步，常山县将依托当地龙头企业，重点发展高档食品级包装材料、环保型材料等高水平纸基材料，推动造纸行业向高附加值、精深加工方向发展延伸；依托“新材料循环经济产业园”，打造“碳酸钙—钙新材料—材料应用”全产业经济链；积极布局以高性能树脂、功能膜材料、电子化学品等为代表的先进高分子材料。力争到2025年，新材料产业规模突破120亿元。

表3　常山县新材料产业龙头企业简介

行业	企业类型	公司名称	主营业务
造纸	规上百强（市级）	浙江哲丰新材料有限公司	纸浆，食品包装材料及装饰材料用纸
	地方重点企业	浙江鹤丰新材料有限公司	植物纤维基特种纸
		浙江常林纸业有限公司	再生资源回收（废纸），纱管纸、牛卡纸、高强瓦楞纸、特种包装纸
		浙江爱丽莎环保科技有限公司	纸基材料（墙基面膜、超级镀晶膜、磁性书写膜）、环保涂料（艺术漆、外墙涂料、防水涂料）
精细化工	地方重点企业	浙江常山化工有限责任公司	染料、农药和香料的中间体（硝基氯化苯及其系列产品）
		浙江富丽新材料有限公司	合成树脂；工程塑料、塑料合金
		衢州巴菲尔化学有限公司	焦磷酸钾、焦磷酸钠、三聚磷酸钾、磷酸二氢钾、磷酸二氢钠等化工原料
		浙江常山金雄有限公司	填料（轻质碳酸钙、超细钙）
		利安隆科润（浙江）新材料有限公司	苯并三氮唑紫外线吸收剂及其副产物硫酸铝
磁性材料	专精特新“小巨人”	浙江先导精密机械有限公司	磁性材料（石英半导体部件、真空部件、TE半导体制冷片）

（三）高端轴承产业

2022 年，常山县高端轴承产业产值超 40 亿元。相关龙头企业见表 4。下一步，常山县以高端化、精密化、智能化为方向，打造“轴承钢—锻压—轴承件—成套装备”全产业链，重点发展面向铁路机车、汽车、工业机器人等领域的轴承系列产品，向精密基础件方向延伸产业链。力争到 2025 年，高端轴承产业产值达 100 亿元以上，成为国内最大的圆锥轴承制造基地和出口基地。

表4　常山县高端轴承产业龙头企业简介

行业	企业类型	公司名称	主营业务
轴承	专精特新“小巨人”	浙江环宇轴承有限公司	深沟球轴承、圆锥滚子轴承、圆柱滚子轴承、角接触轴承、农机轴承等
	规上百强（市级）	常山皮尔轴承有限公司	圆锥滚子轴承及其单元组件
	地方重点企业	捷姆轴承集团有限公司	圆锥滚子轴承、各种机械零部件配套
		浙江四通轴承集团	轴承及配件制造，机械制造，金属材料、建筑材料、五金
		常山县赛赛轴承有限公司	轴承加工
		常山成鑫轴承有限公司	中大型轴承锻件、轴承车加工
		浙江宏毅轴承有限公司	轴承磨加工、轴承装配、成品轴承生产

三、科技创新概况

2022 年，全县 R&D 经费占地区生产总值比重为 1.85%，全省排名第 72；全县拥有高新技术企业 80 家，高新技术产业增加值占工业增加值比重达 60.92%；全县规上工业企业 R&D 经费支出占营业收入比重达 1.67%，全省排名第 48。

（一）区域创新资源布局

常山县创新平台主要集中在半导体、轴承及新材料领域。2022 年，全县拥有省级企业研究院 4 家，省级高新技术企业研发中心 11 家，创新服务综合体 2 家（常山油茶产业创新服务综合体、精密基础件产业创新服务综合体）。创新平台主要聚集在西南部的金川街道、天马街道和辉埠镇（见图 2）。

（二）产业专利分析

常山县的专利优势主要集中在轴承制造和新材料（特种纸、化工原料）领域。2022 年，常山县拥有 224 件专利，前十大专利技术领域见图 3。根据申请人分析，浙江环宇轴承（轴承固定、磨削、套圈加工、安装、清洗装置）、衢州学院（轴承磨削、装配、弧度检测、控制系统）、浙江先导热电科技（传感器热电模块、自动装置、金属浴控制装置、清洁装置）、浙江哲丰新材料（防潮抑菌纸、纸张超压工序、医疗透析纸、抗菌保鲜奶面纸）等申请人的专利数量居前。

图 2　常山县创新平台布局

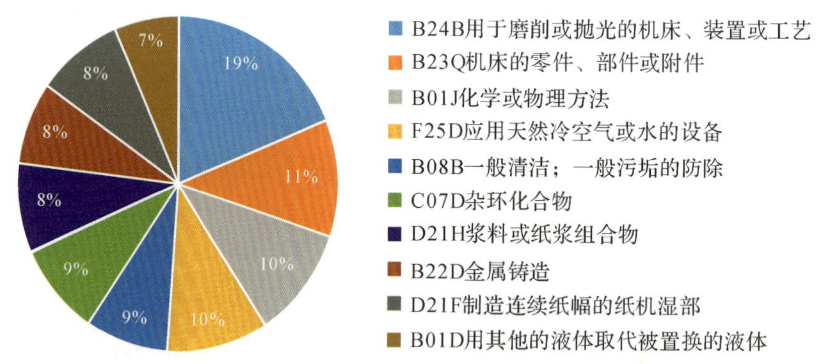

图 3　常山县专利技术领域分布

四、常山县未来展望

从产业发展看，常山县围绕“五个一”（一只果、一张纸、一方石、一滴油、一片芯）产业，全面落实“链主 + 链长”制，推动工业强县建设。从科技创新看，常山县规上工业企业研发投入占比低于全省平均水平，企业自主创新能力较弱、资源依赖性强。下一步，常山县将聚焦“五个一”产业发展，依托浙江大学衢州“两院”、浙江理工大学常山研究院等创新平台，提升企业自主研发能力，为县域经济高质量发展注入强劲动能。

开化县产业链创新链全景分析报告

衢州开化县位于浙江省西部，钱塘江源头、浙皖赣三省交界处，总面积2236.61平方千米，下辖8个镇、6个乡。2023年，全县户籍人口为35.49万人，常住人口为24.7万人。地区生产总值为188.22亿元，全省排名第79，全市排名第6。开化县是“中国生态茶之乡”“中国清水鱼之乡”“中华蜜蜂之乡”“中国龙顶名茶之乡”“中国生态美食之乡”“中国油茶生态之乡”，开化石砚是五大名砚石之一。

一、开化县产业概况

（一）产业结构

从地区生产总值构成看，2023年，开化县第一产业增加值为15.01亿元、第二产业增加值为69.27亿元、第三产业增加值为103.94亿元，三次产业增加值结构调整为8.0 ： 36.8 ： 55.2。

从农业看，开化县以茶叶、油茶和清水鱼为主导。2023年，全县农林牧渔增加值为15.25亿元，以龙顶茶为主的茶叶产值13.02亿元，全产业链产值26亿元（“开化龙顶”品牌价值33.5亿元，被评为中国名茶之一）；油茶产值超3亿元；清水鱼产业产值3.2亿元，开化龙顶茶和清水鱼被评为国家地理标志产品。下一步，开化县将加快“钱江源”农业品牌建设，进一步壮大茶叶、油茶、清水鱼、中药材和中蜂等特色优势农业。

从工业看，开化县以新材料（有机硅为主）、新能源（光伏为主）、轻工机械、大健康（糖醇为主）为主导。2023年，全县规上工业企业103家，规上工业总产值152.12亿元。2022年开化县产业主要分布见表1。下一步，开化县将打造新材料、新能源、大健康三大百亿产业，优化电子信息和轻工机械两个特色产业，大力发展有机硅、糖醇两大产业链，培育数字经济赋能产业，形成“3+2+1”的生态工业体系。

表1　开化县工业主导产业简介

名称	规上工业产值 / 亿元	占全县规上工业总产值比重 /%
新材料（有机硅）	约 41.87	约 23.66
新能源	约 37.43	约 21.15
轻工机械	约 20.00	约 11.30
大健康	约 19.28	约 10.89

（二）"一带多点"的产业空间布局

图1展示了开化县重点产业平台布局。开化县围绕马金溪，山深线和华埠镇，由"省级经济开发区""省级特色小镇""省级小微企业园""国家综合保税区""开化工业园区""国家旅游度假区"，构成一个二、三产融合的产业带，重点打造大健康、新材料和新能源产业。从农业看，开化县农业主要集中在中部池淮镇，围绕"开化县池淮省级现代农业园区"，打造花卉林木、茶叶、家禽的特色农产品生产基地。从服务业看，开化县服务业围绕金溪画廊诗画风光带，七彩长虹，"根宫佛国景区"和"根缘小镇"等国家旅游度假区，打造特色文旅体验休闲区；依托"e云乡村振兴产业园""大健康数字经济产业园""退役军人创业园"，在东部（华埠镇）打造电商服务、产业孵化集聚区。

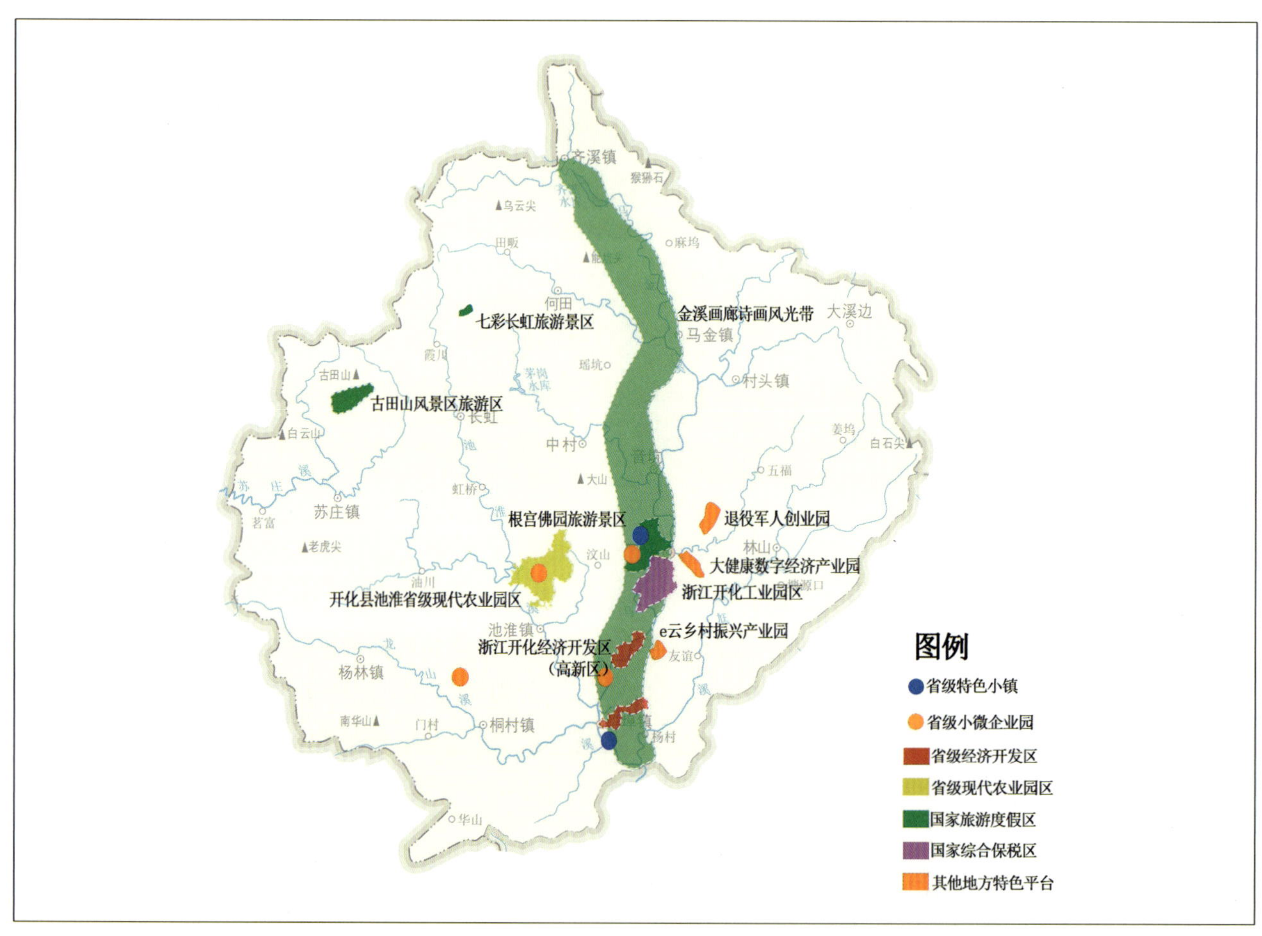

图1　开化县重点产业平台布局

二、重点产业

（一）新材料（有机硅）产业

新材料（有机硅）产业是当地主导产业。2022年，开化县规上工业产值约41.87亿元，规上企业13家，主要分布在有机硅和密胺领域。该产业的龙头企业见表2。从产业链角度看，有机硅企业主要集中在上游的硅原料生产，中游的硅单体、硅中间体以及其他硅制品制造；密胺企业主要集中在中下游的塑胶制品制造；此外，涉及部分磁性材料生产。下一步，开化县将立足有机硅产业优势，建立从硅原料到硅单体、硅中间体、硅基产品的全产业链体系；积极发展林产化工、酚醛树脂等特色产业，联合打造新材料产业集群。

表2　开化县新材料产业龙头企业简介

行业	企业类型	公司名称	主营业务
有机硅	上市公司	浙江海纳半导体有限公司	半导体级直拉单晶硅系列产品（3-8英寸半导体级直拉单晶硅锭、3-8英寸半导体单晶研磨硅片和3-8英寸半导体抛光硅片）
	地方重点企业	浙江开化合成材料有限公司	甲基氯硅烷单体、甲基环硅氧烷混合环体、三氯氢硅、六甲基二硅胺烷（硅氮烷）、六甲基二硅氧烷（硅醚）、硅油、硅橡胶、硅树脂、硅酸酯
		开化元通硅业有限公司	工业硅（又名金属硅、结晶硅）、工业硅粉
密胺	专精特新“小巨人”	开化瑞达塑胶科技有限公司	酚醛模塑料、氨基模塑料、密胺制品、地掷球、金属表面刨光粉
磁性材料	地方重点企业	浙江伟达磁材有限公司	磁性材料、稀有稀土金属冶炼、稀土功能材料、有色金属压延加工、新材料技术研发

（二）新能源产业

2022年，开化县新能源产业规上工业产值约37.43亿元，规上企业12家，主要集中在光伏领域。该产业的龙头企业见表3。从产业链角度看，新能源企业主要集中在上游的硅基材料生产，中游的电池片与电池组件和光伏设备及器材制造。下一步，开化县将重点发展晶硅材料、电池片及组件与光伏电站等领域，加速光伏发电并网，突破先进燃料电池、高效储能、智能电网等前沿技术难题。

表3　开化县新能源产业龙头企业简介

行业类别	企业类型	公司名称	主营业务
新能源	地方重点企业	浙江泰明光伏有限公司	太阳能电池片及组件研发、制造、销售，光伏设备安装、维护，光伏发电
		浙江泰恒新能源有限公司	太阳能硅片、太阳能电池、太阳能组件及配件生产，电子产品生产
		浙江矽盛电子有限公司	半导体单晶硅棒、IC单晶硅棒、太阳能单晶硅棒、单晶硅片（2-8寸）、太阳能单晶硅方片、8寸多晶硅棒、8寸多晶硅片
		浙江晟辉科技有限公司	单晶硅棒、单晶硅片、多晶硅片、太阳能电池片、太阳能组件、光伏发电
	专精特新“小巨人”	浙江省开化七一电力器材有限责任公司	太阳能光伏设备、绝缘制品、电力器材、建筑机电安装

（三）轻工机械产业

2022年，开化县轻工机械产业规上工业产值超20亿元，规上企业24家，主要集中在建工材料、机械配件和制笔行业。开化县轻工机械产业的龙头企业见表4。从产业链角度看，建工材料企业主要集中在中游的混凝土生产；机械配件企业主要集中在上游的金属加工耗材生产，中游的机械配件制造；制笔企业主要集中在中游的木杆铅笔制造。下一步，开化县将积极布局前沿技术领域，推动轻工机械产业向智能化、高端化转型。

表4 开化县轻工机械产业龙头企业简介

行业类别	企业类型	公司名称	主营业务
建工材料	地方重点企业	开化县江松商品混凝土有限责任公司	商品混凝土的生产和销售
		金峰商品混凝土有限公司	商品混凝土的生产和销售
机械配件	地方重点企业	浙江欧瑞焊材制造有限公司	银焊条、银焊丝、铜焊丝、磷铜焊条、黄钢焊条
		浙江凯盛压缩机有限公司	铁件铸造业务和农机具、起重机械配件、凿岩机配件等生产制造
		中锐矿机（衢州）有限公司	破碎机耐磨配件（磨机衬板、金属破衬板、圆锥破配件、反击破配件、颚破配件等）
制笔	地方重点企业	浙江华星制笔有限公司	木杆铅笔的制造和销售

（四）大健康产业

2022年，开化县大健康产业规上工业产值约19.28亿元，规上企业超10家，主要集中在糖醇（科技领军企业1家）、生物制药领域。开化县大健康产业的龙头企业见表5。从产业链角度看，糖醇企业主要集中在中游的功能性糖醇和健康食品配料制造；生物制药企业主要集中在上游的制药设备制造与中游的注射剂和药品以及第一类医疗器械制造。下一步，开化县将依托华康、马金水等产业园建设，打造以功能性糖醇为核心的完整产业链，形成“糖醇+健康产业+无糖饮品产业”的发展模式；依托开化中药基础，加强与重点实验室的药物研发合作，打造“红茴香提纯—复合药物—中药制剂”的医药产业链。

表5 开化县大健康产业龙头企业简介

行业	企业类型	公司名称	主营业务
糖醇	科技领军	浙江华康药业股份有限公司	功能性糖醇（木糖醇、山梨糖醇、麦芽糖醇）、健康食品配料（果葡糖浆、木糖）
生物制药	地方重点企业	浙江泰康药业集团	小容量注射剂（红茴香、盐酸林可霉素等）、口服制剂（舒筋定痛胶囊、肠炎宁咀嚼片、清火胶囊等）
		浙江爱津生物技术有限公司	实验仪器的技术开发，精密仪器与耗材、实验室用的精密塑料耗材与检测器材，一类医疗器械生产

三、科技创新概况

2022年，全县R&D经费占地区生产总值比重为1.50%，全省排名第77；全县拥有高新技术企业36家，高新技术产业增加值占工业增加值比重达87.36%；全县规上工业企业R&D经费支出占营业收入比重达1.35%。

（一）区域创新资源布局

开化县创新平台较少，主要分布在新材料、电子信息和大健康产业。2022年，全县拥有省级企业研究院5家，省级高新技术企业研发中心17家，省级众创空间2家。创新平台主要集中在马金溪沿岸、华埠镇和桐村镇（见图2）。

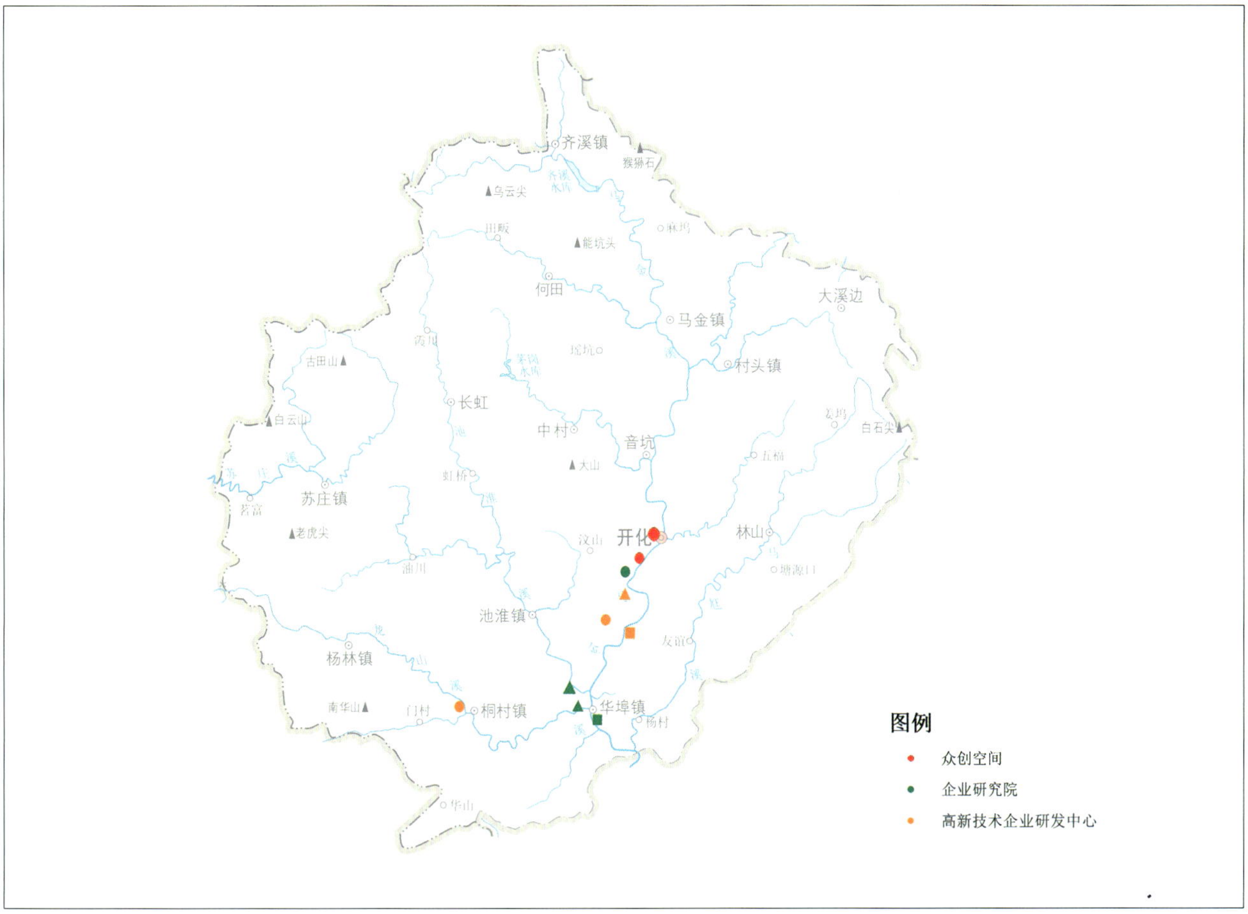

图 2 开化县创新平台布局

（二）产业专利分析

开化县的专利优势主要集中在糖醇制备工艺及设备、电子电器和机械配件领域。2022 年，开化县有效发明专利共 235 件，前十大专利技术领域见图 3。根据申请人分析，华康药业（糖醇原料、制糖工艺及设备）、柚夏汽车配件（汽车牵引连接装置）、七一电力器材（开关柜）、华保电力（绝缘子）、东南数字经济发展（电子识别、图像处理）和迪思威电气（环网柜、开关柜）等申请人的专利数量位居前列。

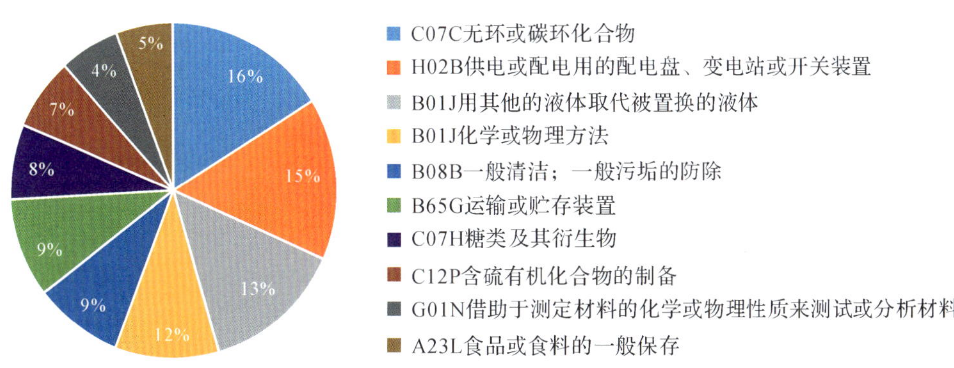

图 3 开化县专利技术领域分布

四、开化县未来展望

从产业发展看，开化县基本形成以有机硅、糖醇为特色的主导产业链，将进一步培育“链主企业”，提升产业链协同创新能力。从科技创新看，开化县总体研发投入处于全省下游水平。下一步，开化县将推动哈工大仪器学院钱江源高端装备研究院等平台建设，加强产学研合作，推动科技成果转移转化。

龙游县产业链创新链全景分析报告

衢州龙游县位于浙江省西部，总面积 1143 平方千米，下辖 2 个街道、6 个镇、7 个乡。2023 年，全县户籍人口为 39.47 万人，常住人口为 36.72 万人。地区生产总值为 318.94 亿元，全省排名第 74，全市排名第 4。龙游县是“中国竹子之乡”“中国黄花梨之乡”“全国科技创新百强县市”“全国县域旅游综合实力百强县”“长三角百强县”，浙江高质量发展建设共同富裕示范区试点之一。

一、龙游县产业概况

（一）产业结构

从地区生产总值构成看，2023 年，龙游县第一产业增加值为 12.73 亿元，第二产业增加值为 135.67 亿元，第三产业增加值为 170.54 亿元，三次产业增加值结构调整为 4.0 ∶ 42.53 ∶ 53.47。

从农林牧渔业看，龙游县以畜禽（麻鸡、乌猪）养殖、茶叶（龙游黄茶）、莲子和笋竹为主导。2022 年，全县农林牧渔总产值为 26.63 亿元，牧业产值为 11.24 亿元，“龙游麻鸡”获得农产品地理标志登记，产值超 5000 万元，“龙游乌猪”成为国家地理标志产品，年出栏量超 46 万头，生猪、鸡蛋等农产品在浙商所挂牌上市；农业产值 9.64 亿元，以“中黄 3 号（国家级农作物品种）”为主的茶叶产值超 1 亿元，“志棠白莲（中国四大名莲之一）”通过国家地理标志商标认证，莲子全产业链产值产超 2 亿元，笋竹全产业链产值近 14 亿元。下一步，龙游县将构建以粮食生产为基础，畜牧养殖、笋竹、茶叶、莲子为优势特色产业的现代农业产业体系。

从工业看，龙游县以特种纸、高端装备制造产业为主导。2023 年，全县规上工业企业 305 家，规上工业总产值 392.23 亿元。2022 年龙游县产业主要分布见表 1。下一步，龙游县将强化特种纸、绿色食品饮料、高档家居制造三大传统特色产业技术创新，培育发展高端装备制造、数字智能制造、战略新材料三大战略性新兴产业，加速新旧动能接续转化，形成具有“高质量、竞争力、现代化”鲜明特质的“3+3”高能级生态工业体系。

表1　龙游县工业主导产业简介

名称	规上工业产值 / 亿元	占全县规上工业总产值比重 /%
特种纸	124.78	32.96
高端装备制造	约 37.21	约 8.50
战略新材料	约 27.79	约 7.34
绿色食品饮料	约 20.12	约 5.31
数字智能制造	约 17.90	约 4.72
高档家居制造	约 11.11	约 2.93

从服务业看，龙游县服务业以特色旅游、电子商务为主。2022 年，全县旅游业总收入 20.7 亿元，龙游电商城入选省级跨境电子商务产业园名单，网络零售额达 84.43 亿元。下一步，龙游县将重点围绕龙游石窟—红木小镇核心景区，大力发展以龙游石窟文化、红木文化为核心的综合文旅产业；积极搭建电子商务公共服务平台，赋能现代农业、现代商贸发展。

（二）“中部聚集”的产业空间布局

图 1 展示了龙游县重点产业平台布局。从工业看，龙游县工业呈现“一核引领、多点联动”的分布格局，龙游县工业围绕“一核”——“浙江龙游经济开发区”，“多点”——“精密高端装备制造高新技术产业园区”“红木小镇”“省级小微企业园”，在中部湖镇镇重点打造“3+3”生态工业，少量平台涉及电子信息产业。从农业看，龙游县农业依托“龙游县横山省级现代农业园区”“稻渔农业科技园区”，龙游县将打造以莲子、稻渔为核心的“莲渔共生、稻渔一体”的特色产业融合发展示范区。从服务业看，龙游县围绕“现代服务业创新发展区”“国家旅游度假区”，在中部（湖镇镇、东华街道），打造以文化旅游、物流商贸为核心的高端服务业。

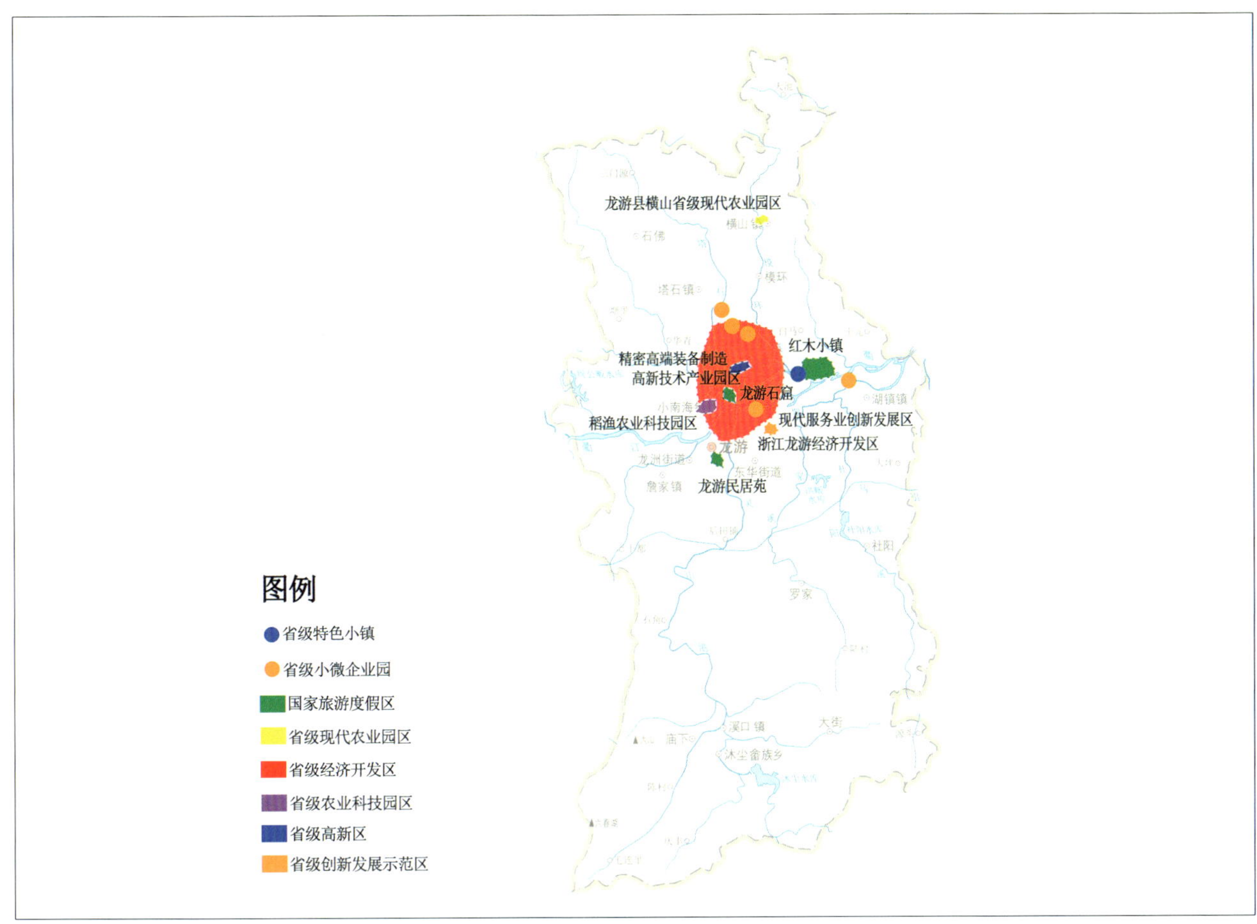

图1　龙游县重点产业平台布局

二、重点产业

（一）特种纸产业

龙游县是全国特种纸产业基地、亚洲最大的装饰原纸生产基地。2022年，特种纸产业规上工业产值124.78亿元。龙游县特种纸产业的龙头企业见表2。下一步，龙游县将基于当地特种纸产业基础，依托龙头企业，进一步聚焦高档隔离包装用纸、纸基复合材料和纤维素材料等系列产品，推动特种纸产业向高附加值领域发展；鼓励支持龙头企业通过并购重组向上游原料环节扩展，进一步整合市场资源，建立全国最大的特种纸产业集聚区。

表2　龙游县特种纸产业龙头企业简介

行业	企业类型	公司名称	主营业务
特种纸	上市公司	浙江金昌特种纸股份有限公司	彩喷原纸、影像纸、游龙纸、吸管纸、离型纸、压纹纸
		浙江特美新材料股份有限公司	烟舌纸、铝箔纸、水松纸
		浙江凯丰新材料股份有限公司	食品用纸（防油纸、烘焙纸等）、医疗用纸（透析纸等）、材料间隔用纸（不锈钢垫纸、光点玻璃垫纸等）、裱潢装饰用纸（木纹纸、印花纸等）
		华邦特西诺采新材料股份有限公司	印刷原纸、素色装饰纸

续表

行业	企业类型	公司名称	主营业务
特种纸	规上百强（市级）	浙江金龙再生资源科技股份有限公司	建筑用纸（白面牛卡纸、灰板纸、纱管纸）、瓦楞纸、牛皮纸、纸板纸箱
		浙江恒达新材料股份有限公司	医疗包装用纸、食品包装用纸、卷烟辅料配套用纸
	高新技术企业	浙江金励环保纸业有限公司	废纸收购，环保再生高档包装纸、灰板纸
		浙江维达纸业有限公司	生活用纸（纸巾纸、面巾纸、餐巾纸、卫生卷纸、卫生原纸）
		浙江华邦特种纸有限公司	纸浆，裱潢装饰用纸（壁纸原纸、无纺壁纸、白牛皮纸、胶水原纸、彩喷纸）
	地方重点企业	龙游塔恩纸业有限公司	精细印刷纸张

（二）高端装备制造产业

2022年，龙游县高端装备制造产业规上工业产值约37.21亿元，主要集中在轨道交通、阀门、汽车零部件、专用设备与五金器械等领域。高端装备产业的龙头企业见表3。从产业链角度看，轨道交通企业主要集中在中游的道岔、轨枕制造；阀门企业主要集中在中游的阀门和压力容器制造；汽车零部件企业主要集中在上游的加工装置生产，中游的传动系统、发动机系统制造；环保设备企业主要集中在中游的除尘设备、脱硫设备、脱硝设备制造；五金器械企业主要集中在中游的五金产品和手动工具制造。下一步，龙游县将依托重点产业平台建设，围绕龙头企业、重点项目，大力发展轨道交通核心领域，完善配套体系，加快培育高端装备集群，助力产业拓能延链。

表3　龙游县高端装备制造产业龙头企业简介

行业	企业类型	公司名称	主营业务
轨道交通	专精特新“小巨人”	浙江贝尔轨道装备有限公司	道岔（交渡道岔、单开道岔）、轨枕（合金钢心轨、合金钢护轨、枕用复合套等）
	地方重点企业	光明铁道控股有限公司	水泥枕轨、轨道金属结构及配件
阀门	上市公司	浙江固特气动科技股份有限公司	工业阀门（脉冲阀、回止阀等）、压力容器（储气罐、反应釜、仓泵、气缸等）、电子产品（天线、放大器、电源适配器等）
	高新技术企业	凯斯通阀门有限公司	阀门（高、中压阀门）和旋塞
汽车零部件	高新技术企业	浙江铝泰机械工业有限公司	汽车车身外覆盖件冲压模具及关键零部件、汽车及摩托车夹具、检具，盘式制动器总成、驱动桥总成、自动变速箱、柴油机燃油泵
环保设备	专精特新企业	浙江宜成环保设备有限公司	除尘系列（袋式除尘器、电袋除尘器、湿式电除尘器）、脱硫系列（湿式吸收塔、半干式脱硫塔）、脱硝系列（烟气脱硝系统）、气力输送系列（密相气力滑移输送机）
五金器械	高新技术企业	浙江德洲五金有限公司	拉手、锁具、卫浴等五金
		浙江亿元洋工具制造有限公司	手动工具（梅花、两用、棘轮、双头呆扳等）

（三）战略新材料产业

2022年，龙游县战略新材料产业规上工业产值约27.79亿元，主要集中在先进高分子材料与高性能复合材料领域。战略新材料产业的龙头企业见表4。从产业链角度看，先进高分子材料企业主要集中在中游的光学材料、涂料、功能膜材料、纤维材料和耐火材料生产；高性能复合材料企业主要集中在中游的特种陶瓷、亚克力材料制造。下一步，龙游县将依托云墨炭谷产业园，重点聚焦陶瓷、碳基、纸基新材料领域，支持引导龙头企业开展跨区域、跨领域战略合作，同步推进基础研发、工艺攻关和技术应用，做大做强一批新材料特色产品，实现新材料产业集群发展。

表4　龙游县战略新材料产业龙头企业简介

行业	企业类型	公司名称	主营业务
原材料	规上百强（市级）	浙江凯宝华新材料有限公司	材料回收（废纸、废旧金属、废旧塑料）、纸及纸制品
先进高分子材料	规上百强（市级）	浙江龙游道明光学有限公司	光学材料（反光材料、玻璃微珠、光学薄膜等）
	高新技术企业	浙江新迪在龙涂料科技有限公司	涂料（工业涂料、环氧涂料、PU 涂料、玻璃涂料、水性涂料等）
		杭州超探新材料科技有限公司	清洁剂、防护服
	地方重点企业	浙江广汇环境科技有限公司	功能膜材料（反渗透膜、纳滤膜及分离膜材料等）
		浙江瑞智环保新材料有限公司	功能膜材料（智能过滤膜）
		龙游龙纤新材料有限公司	纤维材料（高分子聚乙烯化纤纱、聚乙烯纤维无纺布、建筑用碳纤维）
		浙江龙成耐火材料有限公司	耐火材料（长水口、整体棒塞、浸入式水口等建筑用品）
高性能复合材料	高新技术企业	衢州吉成新材料股份有限公司	特种陶瓷（防弹陶瓷）（纳米级碳化硅和碳化硼粉体、碳化硅和碳化硼陶瓷等）
	地方重点企业	浙江展宇新材料有限公司	亚克力板材（浇筑板、光学板、阻燃板、镜面板等）

（四）绿色食品饮料产业

2022 年，龙游县绿色食品饮料产业规上工业产值约 20.12 亿元，主要集中在茶饮和乳制品领域。该产业的龙头企业见表 5。从产业链角度看，茶饮企业主要集中在中游的茶制品生产；乳制品企业主要集中在中游的乳制品、饮料生产。下一步，龙游县将充分发挥特色产业资源优势，依托龙游黄茶小镇，推动茶叶萃取、加工、包装等环节实现智能化转型，不断提升茶叶精深加工水平，做大做强“龙游黄茶”品牌；加快发展高档奶品、乳品饮料，发挥“富硒”地域优势，扶持水煮笋、中草药等健康产业。

表5　龙游县绿色食品饮料产业龙头企业简介

行业类别	企业类型	公司名称	主营业务
茶饮	上市公司	浙江茗皇天然食品开发股份有限公司	速溶茶粉、抹茶及超微茶粉、植物固体饮料、浓缩液、茶叶、红茶菌等
乳制品	规上百强（市级）	龙游伊利乳业有限责任公司	乳制品、乳饮料、其他乳制品（奶油）
		浙江龙游李子园食品有限公司	乳制品（调制乳、灭菌乳、发酵乳）、饮料（蛋白饮料、果汁饮料、风味饮料、其他饮料）

（五）数字智能制造产业

2022 年，龙游县数字智能制造产业规上工业产值约 17.9 亿元，主要集中在工业自动控制系统装置和数控机床领域。数字智能制造产业的龙头企业见表 6。从产业链角度看，工业自动控制系统装置企业主要集中在中游的自动化设备制造；数控机床企业主要集中在中游的精密数控机床及机械配件生产。下一步，龙游县将以机器人产业园、禾川科技自动化产业园建设为依托，以智能制造和数字赋能为核心，聚焦智能传感器和可编程控制器两大关键产品，实施产业链协同创新工程（科研、制造、应用、服务为一体），在推进传统产业数字化转型的同时培育智能制造服务新业态。

表6　龙游县数字智能制造产业龙头企业简介

行业	企业类型	公司名称	主营业务
工业自动控制系统装置	上市公司	浙江禾川科技股份有限公司	工厂自动化设备［运动控制（伺服驱动、伺服电机、变频器）及控制器、工业传动（输送电动滚筒、直驱电动滚筒）、传感器（光电传感、压力传感等）］
数控机床	地方重点企业	浙江中孚工业技术股份有限公司	精密数控机床及机械配件、数字工厂系统

（六）高档家居制造产业

2022 年，龙游县高档家居制造产业规上工业产值约 11.11 亿元。高档家居制造产业的龙头企业见表 7。从产业链角度看，该产业的龙头企业主要集中在中游的家居制造。下一步，龙游县将凸显高端红木家居基础和大竹海资源优势，依托红木制造基地、红木小镇等产业平台，聚焦高端实木家具、全屋智能家居等高端家居方向，发挥高档红木制品区域品牌效应，提升产品附加值。

表7　龙游县高档家居制造产业龙头企业简介

行业类别	企业类型	公司名称	主营业务
高档家居制造业	规上百强（市级）	浙江孝福家具有限公司	中式家具
	当地重点企业	浙江吉恒家具有限公司	家居制造（高档红木家居、个性化定制家居）
		浙江三晟家居有限公司	实木家具、实木门窗、木饰面

三、科技创新概况

2022 年，全县 R&D 经费占地区生产总值比重为 2.05%，全省排名第 67；全县拥有高新技术企业 135 家，高新技术产业增加值占工业增加值比重达 70.59%；全县规上工业企业 R&D 经费支出占营业收入比重达 1.35%，全省排名第 69。

（一）区域创新资源布局

龙游县创新平台主要集中在特种纸、轨道交通以及新材料领域。2022 年，全县拥有省级重点实验室 1 家，省级企业研究院 11 家，省级高新技术企业研发中心 24 家，省级产业创新服务综合体 3 家，省级星创天地 1 家，省级众创空间 2 家。创新平台主要集中在中部的东华街道、塔石镇、模环乡（见图 2）。

（二）产业专利分析

龙游县的专利优势主要集中在特种纸方面。2022 年，龙游县有效发明专利共 676 件，前十大专利技术领域见图 3。根据申请人分析，禾川科技（传感器、编码器、驱动系统）、岛式智能（检测设备、监测设备）、道明光学（反光膜、玻璃微珠）、吉成（膜材料、陶瓷材料、建筑材料）、华邦（造纸设备、医疗用纸）等申请人的专利数量居前。

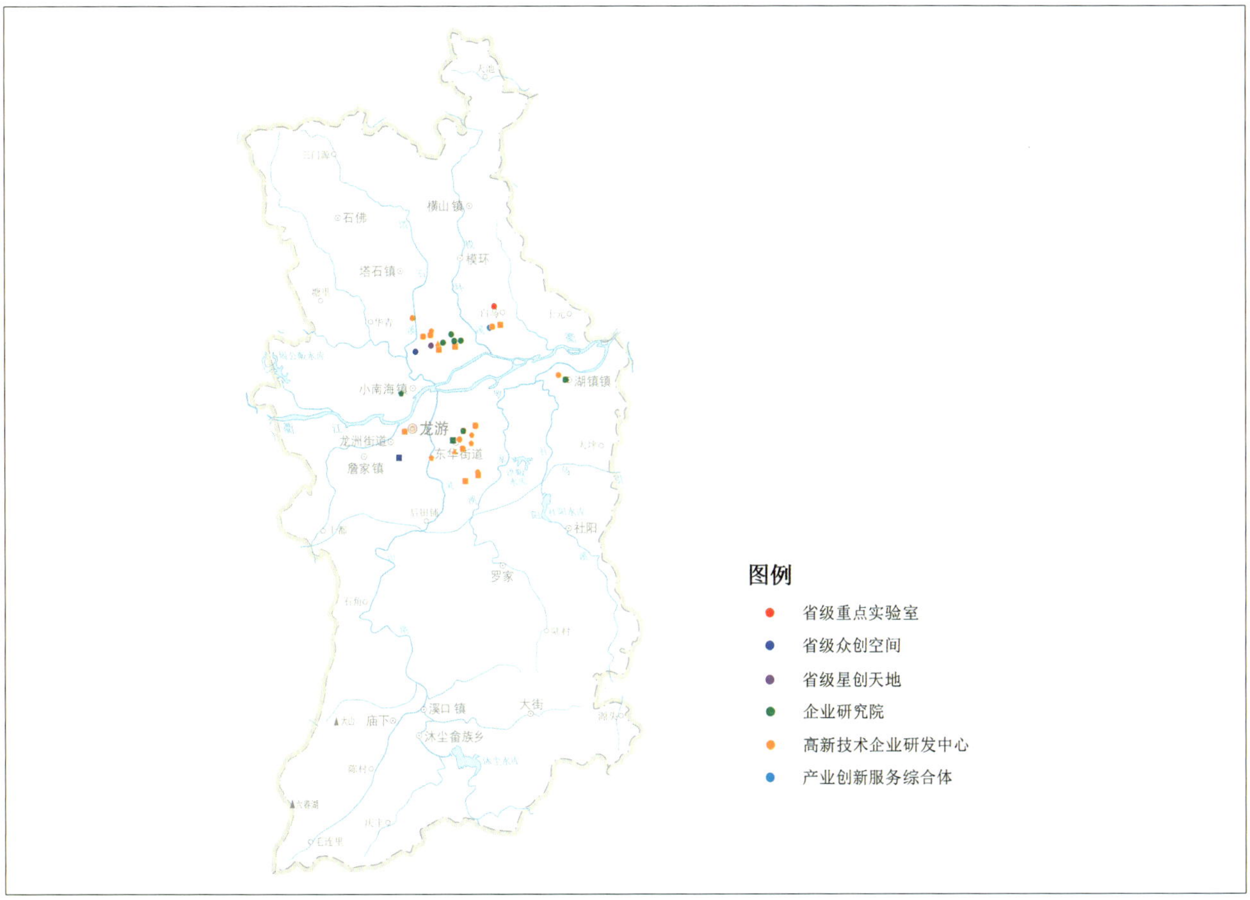

图 2　龙游县创新平台布局

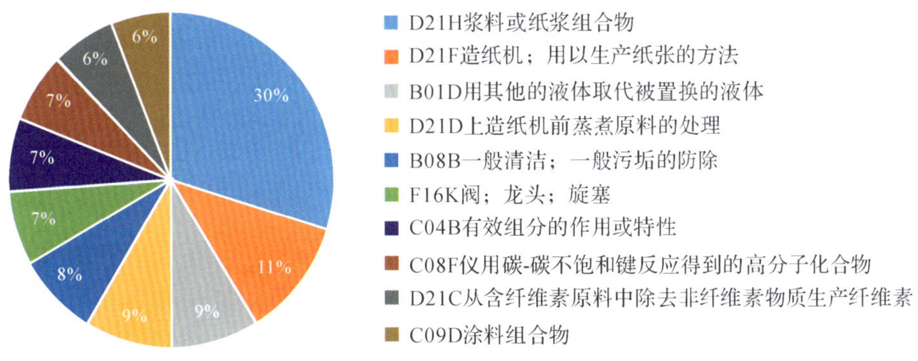

图 3　龙游县专利技术领域分布

四、龙游县未来展望

从产业发展看，龙游县加快智能制造、碳基材料、轨道交通、特种纸、绿色食品等优势产业转型升级，推动高端装备、新材料、半导体等新兴产业提质扩量，前瞻布局人形机器人、元宇宙、新型储能、生成式人工智能（Artificial Intelligence Generated Content，AIGC）等未来产业。从科技创新看，龙游县总体研发投入低于全省平均水平。下一步，龙游县将加快浙江工业大学生态工业创新研究院、中国纸院造纸工业生产力促进中心等科创平台建设，紧盯精密高端制造、纸基新材料等特色产业，推进产业链创新链融合发展。

舟山

ZHOU SHAN

舟山卷

定海区产业链创新链全景分析报告

舟山定海区位于浙江省东北部，地处舟山群岛新区中西部，北靠长三角辽阔腹地，总面积1444平方千米，下辖3个镇、10个街道。2023年，全区户籍人口为40.47万人，常住人口为50.85万人。地区生产总值为698.73亿元，全省排名第49，全市排名第2。定海区是五大百强区（全国综合实力、投资潜力、科技创新、绿色发展、旅游实力），荣获“国家生态文明建设示范区”、“长三角休闲度假目的地”、浙江省“万里美丽经济交通走廊”等称号，拥有马岙古文化遗址。

一、定海区产业概况

（一）产业结构

从地区生产总值构成看，2023年，定海区第一产业增加值为16.87亿元，第二产业增加值为227.82亿元，第三产业增加值为454.04亿元，三次产业增加值结构调整为2.4 ： 32.6 ： 65.0。

从农业看，定海区以远洋渔业为主导。2023年，全区农林牧渔业总产值为30.73亿元，其中远洋渔业产值为21.22亿元。舟山远洋渔业小镇成功创建省级特色小镇，获评省两化深度融合国家示范区，远洋渔业全产业链产值规模突破百亿元。下一步，定海区将依托舟山国家远洋渔业基地和远洋渔业特色小镇建设，进一步巩固和稳定远洋渔业捕捞产量，加强远洋基地建设。

从工业看，定海区以船舶修造及临港装备、农副产品（水产品）加工和机械制造产业为主导。2023年，定海区规上工业总产值512.91亿元，规上工业企业163家。2022年定海区产业主要分布见表1。未来，定海区将推动制造业向高端化延伸，并加快打造由石化和新能源新材料核心产业引领，船舶海工、机械制造、粮油加工和水产加工四大主导产业支撑，高端装备制造、海洋电子信息、海洋生物医药三大特色产业构成的“143”海洋特色制造业体系，建设动能强劲的海洋经济强区。

表1　定海区特色工业简介

名称	规上工业产值 / 亿元	占全区规上工业总产值比重 /%
农副产品（水产品）加工	95.30（粮油加工 73.40 亿元，水产加工 21.90 亿元）	16.86
船舶修造及临港装备	86.55	15.31
机械制造	56.40	9.98

从服务业看，定海区以港航物流、旅游业为主导。2023 年，定海区规上服务业企业营业收入比上年增长 8.5%。下一步，定海区将全域化发展文旅产业，专业化发展康养产业，突出云廊、古城和滨海三大板块，打造高端生活服务业，建立推动服务业高质量发展的工作体系。

（二）“北部集聚”的产业空间布局

图 1 展示了定海区重点产业平台布局。从农业看，定海区农业依托中北部的“定海区远洋渔业特色农业科技园区”“定海区省级现代农业园区”“定海远洋渔业小镇”，推动远洋渔业、精品果蔬、景观农业发展。从工业看，定海区工业依托北部的“浙江定海工业园区”“舟山船舶装备省级高新技术园区”“浙江定海工业园区科技创新培育中心”，重点发展船舶修造及临港装备、机械制造和海洋特色制造等产业；金塘岛依托“金塘西埃工业集聚区示范基地”，发展塑机螺杆产业。从服务业看，定海区服务业的中部城区依托“南洞艺谷”“舟山港综合保税区”“省级小微企业园”，重点发展物流、海洋特色制造和文化创意产业；西部以“省级创新发展示范区”为载体，重点发展物流仓储和贸易等产业。

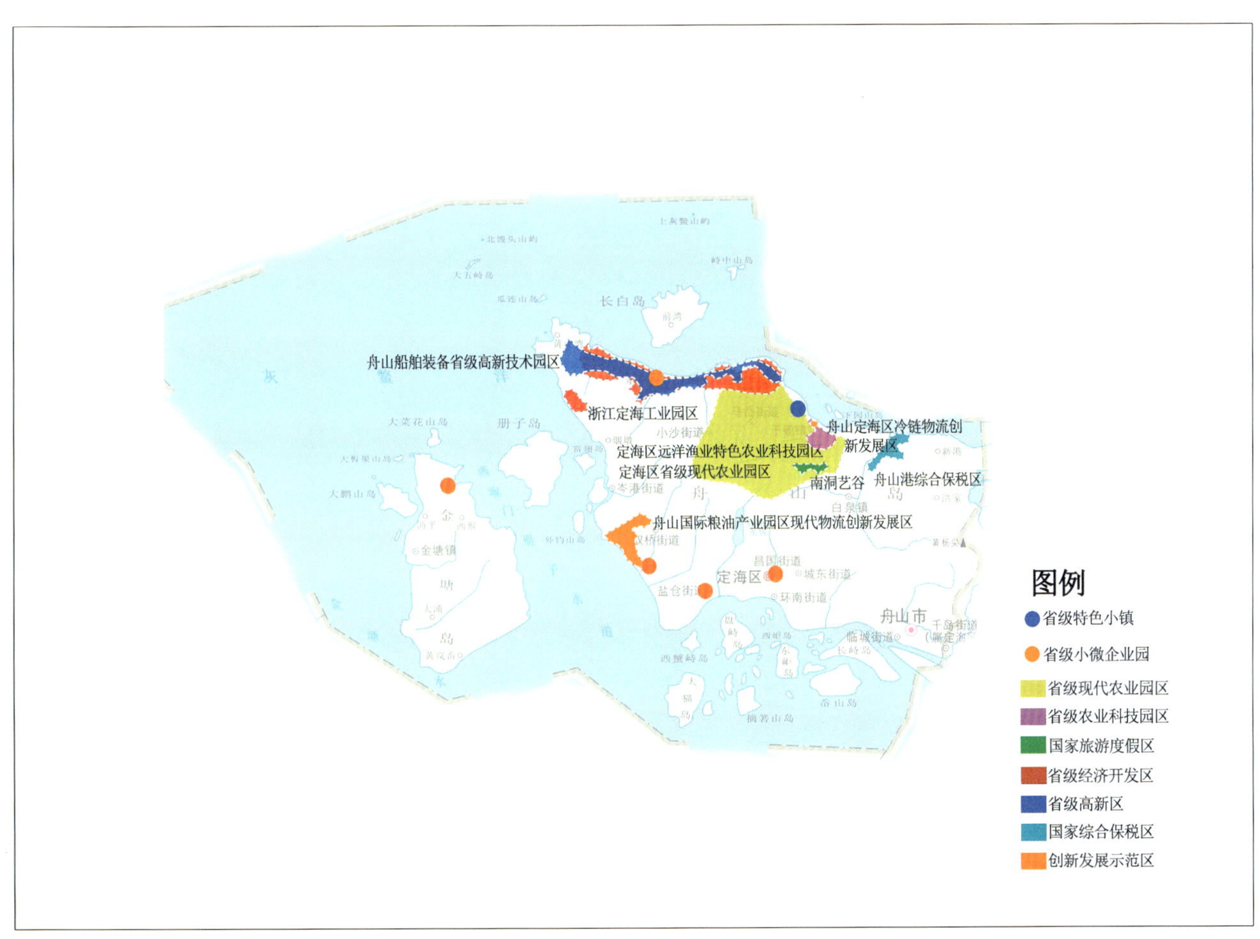

图 1　定海区重点产业平台布局

二、重点产业

（一）农副产品（水产品）加工产业

定海区被誉为“天下粮仓”。2022年，定海区农副产品（水产品）加工产业规上工业产值约95.3亿元。该产业的龙头企业见表2，主要分布在粮油加工和水产品加工行业。从产业链角度看，水产品加工企业主要分布在上游的远洋捕捞、水产养殖、生产设备制造和中游的水产品加工。下一步，定海区将发展海洋功能产品、海洋生物医药等新兴海洋生物产业，超前布局海洋生命科学。以粮油精加工产品、高端宠物食品为方向，促进粮油企业延长产业链。

表2　定海区农副产品（水产品）加工产业龙头企业简介

行业	企业类型	公司名称	主营业务
粮油加工	地方重点企业	舟山中海粮油工业有限公司	大豆、油菜籽食用植物油
		舟山良海粮油有限公司	进口油料油脂
		浙江华康药业股份有限公司	木糖醇、麦芽糖醇、果葡糖浆
		舟山市粮食局直属粮库	大豆、进口粮食
		浙江方舟粮食仓储有限公司	粮油储存
		中央储备粮舟山直属库有限公司	中央事权粮油收购、储存、运输、加工、销售
水产品加工	专精特新“小巨人”	森森集团股份有限公司	智能水族产品及工业、养殖配套设备
	地方重点企业	浙江兴业集团有限公司	外海、远洋捕捞、水产养殖、食品及农副产品加工
		海力生集团有限公司	医用食品、罐头食品、水产品
		大洋世家（浙江）股份公司	远洋捕捞、健康海洋食品
	专精特新入库企业	浙江龙源四方机械设备制造有限公司	鱼粉加工设备
		浙江佳璐水族用品有限公司	水族器材、鱼缸、气泡石
		舟山新诺佳生物工程有限责任公司	天然精制鱼油
		浙江格池园艺用品有限公司	过滤桶、杀菌灯、杀菌过滤泵、变频、电机泵

（二）船舶修造及临港装备产业

2022年，定海区船舶修造及临港装备产业规上工业产值为86.55亿元，企业约有1000家。该产业的龙头企业见表3，主要分布在船舶修造和海洋工程装备行业。下一步，定海区将提升发展船舶装备高新技术产业园，引进国内外船舶关键技术，研发生产高技术船舶及特种船舶；重点发展海洋石油天然气资源开发装备，拓展发展海洋环保装备，推动海洋生态与环境监测设备的研发与产业化。

表3　定海区船舶修造及临港装备产业龙头企业简介

行业	企业类型	公司名称	主营业务
船舶修造	新三板	浙江欣海船舶设计研究院股份有限公司	甲醇燃料加注船
	地方重点企业	浙江半岛船业有限公司	自航式半潜船、化学品船、液态硫磺船、散货船、超低温金枪鱼船、化工品船
		舟山市华丰船舶修造有限公司	大中型集装箱轮、成品油轮、散货轮、工程船、自卸船、LPG船
		舟山市天麒船务有限公司	成品油船运输
		舟山大神洲造船有限公司	集装箱船、散货船、油船、化学品船

续表

行业	企业类型	公司名称	主营业务
船舶修造	规上百强（市级）	舟山金海船业有限公司	集装箱轮、成品油轮、散货轮、工程船、自卸船、LPG 船
		中基日造重工有限公司	船用柴油机、冲压机械、盾构掘进机、环保设备、运输容器和存储容器
		舟山长宏国际船舶修造有限公司	液化天气加注船、集装箱船、散货船、矿砂船
		浙江扬帆通用机械制造有限公司	船用轴系产品、舵系产品、锚绞机、导缆滚轮、尾柱、尾轴
	专精特新入库企业	舟山中天重工有限公司	散装、滚装、集装箱等运输船
海洋工程装备	规上百强（市级）	太平洋海洋工程（舟山）有限公司	海洋工程钻井船舶、挖泥船、铺管船、浮式生产和浮式生产储油轮、自升式平台、半潜式平台
		浙江顺马科技发展有限公司	海洋工程装备
	地方重点企业	浙江增洲重工科技有限公司	热镀锌钢管、低压流体输送用焊接钢管以及钢塑复合管
		舟山联众海洋工程有限公司	海洋建设工程施工
		浙江科特建设工程有限公司	港口与海岸工程、航道工程、爆破工程、土石方工程、采掘工程
		浙江升宇船舶技术有限公司	重型不锈钢船首和船尾、不锈钢护栏、船用级不锈钢五金件
	专精特新入库企业	浙江港航重工机械有限公司	注塑机、高速冲床、半导体精密切片机

（三）机械制造产业

定海区被誉为“螺杆之乡”“中国塑机螺杆之都”。2022 年，定海区机械制造产业规上工业产值约 56.4 亿元，企业有 1123 家。定海区该产业的龙头企业见表 4，主要分布在塑机螺杆领域。下一步，定海区将持续扩大“螺杆之乡”的品牌影响力和市场份额，提高产品附加值和市场占有率，努力培育更多行业专业领域的“隐形冠军”，支持制罐设备、汽车零部件和纺织机械企业加大研发投入，提高设备自动化程度，积极开拓海内外市场。

表4　定海区机械制造产业龙头企业简介

行业	企业类型	公司名称	主营业务
塑机螺杆	拟上市公司	浙江华业塑料机械股份有限公司	精密螺杆、机筒及各类油缸、气缸
	专精特新“小巨人”	浙江光明塑料机械有限公司	精加工机筒螺杆
	专精特新入库企业	浙江金星螺杆制造有限公司	机筒、螺杆
		浙江嘉丞机械有限公司	料筒螺杆
		浙江碳景科技有限公司	工程塑料的塑料改性及光学板材
		浙江栋斌橡塑螺杆有限公司	塑料挤出机，塑料注塑机机筒、螺杆
		舟山德玛吉实业有限公司	挤出机、注塑机螺杆机筒
		浙江精劲机械有限公司	机筒螺杆、双金属机筒螺杆、锥双机筒螺杆
		浙江博海机械有限公司	锥双螺杆机筒
		浙江金腾机械制造有限公司	塑料机械用的螺杆和机筒
		浙江精宏机械有限公司	双金属机筒螺杆
其他机械	上市公司	浙江金鹰股份有限公司	麻、绢、毛、丝成套纺织机械
		浙江黎明智造股份有限公司	气门锁夹、气门弹簧座、气门桥、活塞冷却喷嘴
	专精特新“小巨人”	浙江威泰汽配有限公司	汽车滤清器
		舟山市 7412 工厂	高强度紧固件、非标紧固件和汽车配件
	专精特新入库企业	浙江宏舟新能源科技有限公司	新能源领域专用高压直流电器产品及相关的电子元件及组件

续表

行业	企业类型	公司名称	主营业务
其他机械	专精特新入库企业	舟山久意达机械有限公司	全套制鞋机械设备
		浙江龙文精密设备有限公司	自动制罐机械及食品罐头机械
		浙江金达电机电器有限公司	微特电机、剃须刀刀网

（四）新材料产业

产值可达700亿元和100亿元的金塘新材料园区项目、聚泰新能源电池项目落户定海区。定海区新材料产业的龙头企业和相关重点项目见表5和表6。从产业链角度看，该产业的龙头企业主要分布在中游的新材料的研发和制造。下一步，定海区将着力打造新材料产业创新地，做大做优传统领域先进基础材料，谋划布局前沿领域新材料，着力构建新材料产业发展体系，成为油品产业发展新的增长极。

表5　定海区新材料产业龙头企业简介

企业类型	名称	主营业务
专精特新“小巨人”	浙江原邦材料科技有限公司	吸波材料、涂层材料、复合材料
	浙江优众新材料科技有限公司	4英寸图形化蓝宝石衬底
地方重点企业	浙江石油化工有限公司	汽油、煤油、燃料油
	浙江和泓集团有限公司	高强瓦楞纸清洁

表6　定海区新材料产业重点项目简介

项目名称	投资额/亿	达产期/年	预计产值/亿	主营业务
金塘新材料园区项目	约500	2023	超700	打造一批石化中下游技术含量高、成长性高、附加值高、税收高的项目
浙江聚泰新材料20万吨/年新能源电池正极原材料生产线建设项目	35	2024	100	电池级高效硫酸镍20万吨以及硫酸钴等多个关联产品

三、科技创新概况

2022年，全区R&D经费占地区生产总值比重为2.08%，全省排名第66；全区拥有高新技术企业160家，高新技术产业增加值占工业增加值比重达49.67%；全区规上工业企业R&D经费支出占营业收入比重为1.14%，全省排名第77。

（一）区域创新资源布局

定海区创新平台主要集中在船舶修造及临港装备、机械制造和农副产品（水产品）加工产业。2022年，全区拥有省级新型研发机构1家，省级重点实验室7家，省级企业研究院10家，省级重点企业研究院5家，省级高新技术企业研发中心32家，省级孵化器1家。创新平台主要集聚在临城街道、定海工业园区和金塘镇（见图2）。

图例
省级及以上孵化器
重点实验室
新型研发机构
企业研究院
高新技术企业研发中心

图 2　定海区创新平台布局

（二）产业专利分析

定海区的专利优势主要集中在水产养殖、食材处理和水处理等产业领域。2022 年，定海区有效发明专利共 3367 件，前十大专利技术领域（小类）见图 3。根据申请人分析，浙江海洋大学（渔业、船舶和船用设备制造）、浙江海洋水产研究所（渔业、测量和测试）、舟山长宏国际船舶修造（船台）、太平洋海洋工程（电气元件）、舟山市 7412 工厂（金属冲压）等申请人的专利数量位居前列。

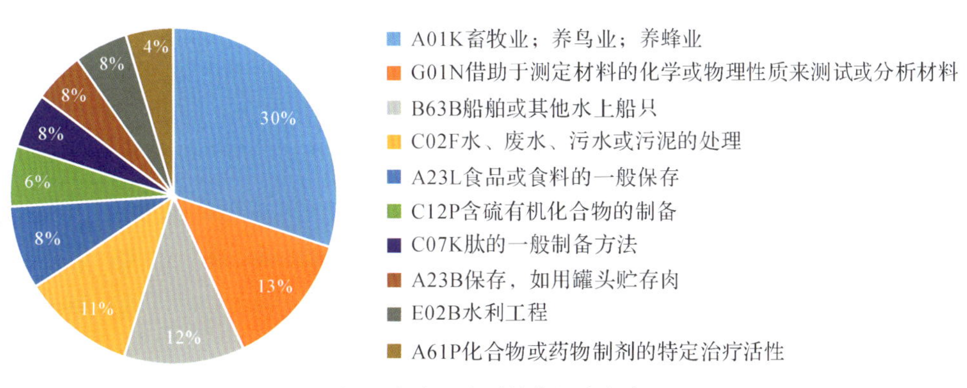

图 3　定海区专利技术领域分布

四、定海区未来展望

从产业发展看，定海区做强船舶修造及临港装备产业，努力打造国际船舶修造基地。聚焦塑机螺杆、汽配等特色优势领域，推进传统制造业突破发展。推动水产加工业向高端延伸，打造集远洋捕捞、精深加工、冷链物流等于一体的国家级沿海渔港经济区。从科技创新看，定海区缺乏优质创新主体和辐射带动性强的科技龙头企业。下一步，定海区将全力实施“157”科技创新体系建设工程，以定海海洋科学城为核心，集聚高水平科创平台，赋能产业创新发展。

普陀区产业链创新链全景分析报告

舟山普陀区位于浙江省东北部、舟山群岛东南部，总面积6730平方千米，下辖4个街道、5个镇。2023年，全区常住人口为38.61万人，户籍人口为30.59万人。地区生产总值为456.50亿元，全省排名第63，全市排名第3。普陀区是“世界三大渔港”之一、“美丽浙江十大样板地”、“中国最具幸福感城区”之一，拥有桃花岛旅游景区、海天佛国普陀山。

一、普陀区产业概况

（一）产业结构

从地区生产总值构成看，2023年，普陀区第一产业增加值为88.77亿元，第二产业增加值为93.81亿元，第三产业增加值为273.93亿元，三次产业结构比例调整为19.5 ： 20.5 ： 60.0。

从农业看，普陀区以竹节虾、三疣梭子蟹、普陀佛茶为主导。2023年，全区农林牧渔业总产值为169.73亿元，其中，渔业总产值164.58亿元，占农林牧渔业产值比重约62%，其中海洋渔业产值33.69亿元。下一步，普陀区将紧紧围绕“一条鱼”全产业链，以普渔乐等平台为切入口进行数字化实践，实现渔农业高质量发展。

从工业看，普陀区以船舶修造、水产加工为主导。2023年，普陀区全年规上工业总产值增长14.9%，规上工业企业148家。2022年普陀区产业主要分布见表1。下一步，普陀区将围绕“现代海洋产业新高地”的发展定位，提升产业基础能力和产业链现代化水平，构建以船舶与海工装备、水产品精深加工、清洁能源为特色的现代海洋产业体系。

表1　普陀区特色工业简介

名称	规上工业产值 / 亿元	占全区规上工业总产值比重 /%
船舶修造	98.50	36.80
水产加工	75.90	28.36
新能源	约 2.96	约 1.10

从服务业看，普陀区以旅游业为主。下一步，普陀区将致力于做大做精“大旅游”，将普陀山、朱

家尖等风景区打造为国际海岛旅游目的地。

（二）“南集北散”的产业空间布局

图 1 展示了普陀区重点产业平台布局。普陀产业呈现出南部集聚，北部发散的特点。从农业看，普陀区农业依托北部的“省级现代农业园区”，在展茅街道，重点发展海岛型休闲农业。从工业看，普陀区工业在沈家门街道和六横镇，依托“省级经济开发区”“省级特色小镇”“省级小微企业园”，重点发展远洋渔业、海洋生物医药、高端智能制造、能源产业。从服务业看，普陀区服务业依托西北部的“省级小微企业园”，重点发展冷链物流、禅修康养产业；依托东部的“省级特色小镇”和“国家综合保税区”，重点发展文化休闲、航空保税仓储服务等产业；在桃花岛和普陀山重点打造国家旅游度假区。

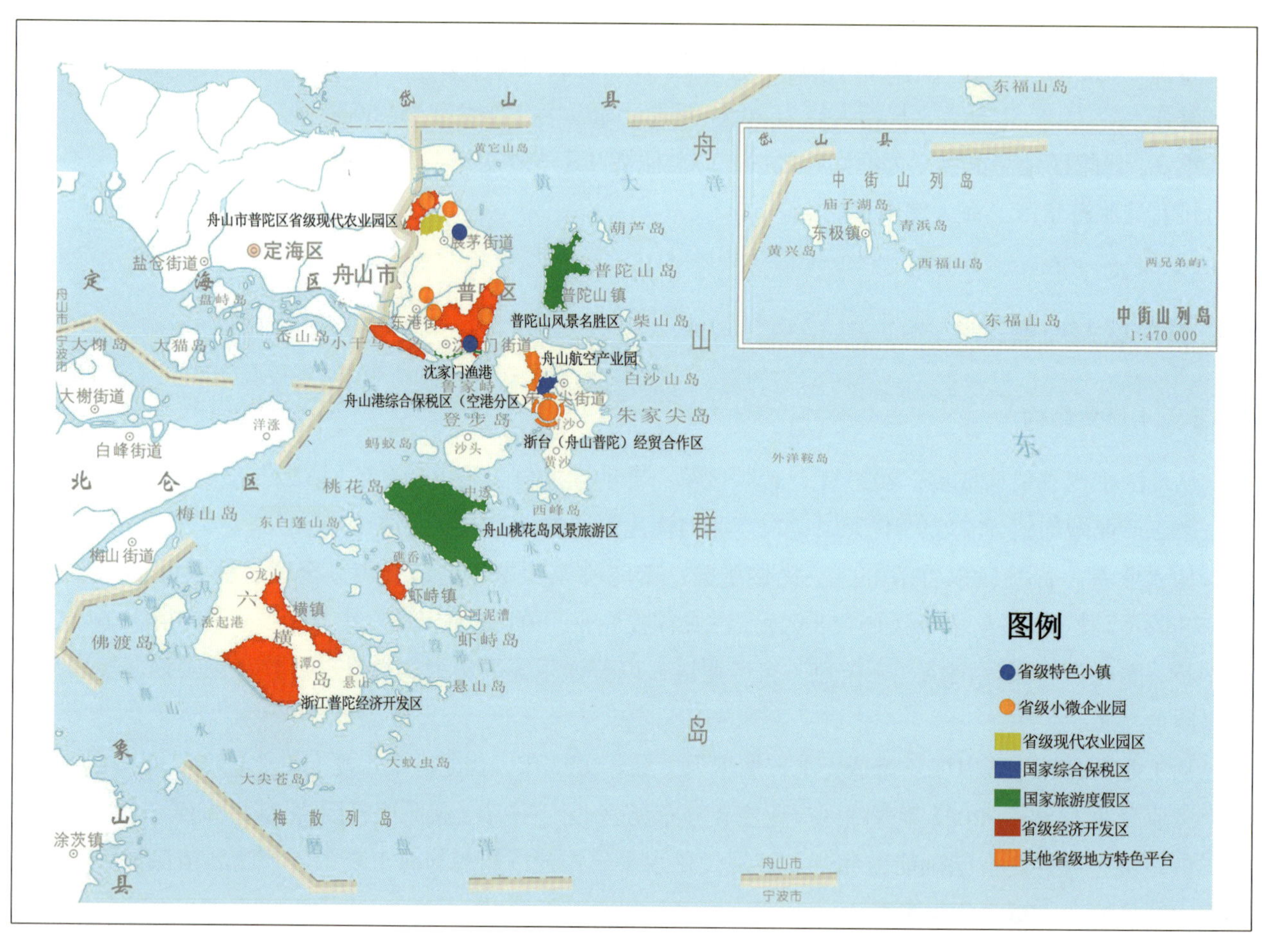

图 1　普陀区重点产业平台布局

二、重点产业

（一）船舶修造产业

2022 年，普陀区船舶修造产业规上工业产值 98.5 亿元，规上企业 13 家。船舶修造产业的龙头企业见表 2。从产业链看，该产业的龙头企业主要集中于上游的配件制造、涂料生产和船舶设计与研发，中游的船舶制造和修理加工。下一步，普陀区将聚焦新能源船、液货船等高附加值船型，构建现代船舶与海工装备产业链和绿色修船标准体系，推进国际一流绿色修造船基地建设，打响“普陀绿色修船”品牌。

表2　普陀区船舶修造产业龙头企业简介

行业 / 领域	企业类型	公司名称	主营业务
船舶配件	专精特新“小巨人”	浙江舟山市正源标准件有限公司	船舶铁道产品、航空汽轮机产品、风能产品
	地方重点企业	浙江炜驰机械集团股份有限公司	模具制造、配件制造
		舟山市正山智能制造科技股份有限公司	螺栓、螺母、紧固件，风电叶片、塔筒、地锚紧固件
涂料（船舶漆）	上市公司	浙江飞鲸新材料科技股份有限公司	各类船舶漆、重防腐漆及工业漆业
船舶制造	规上百强（市级）	浙江东海岸船业有限公司	5000车以上汽车运输船、化学品船、多用途散货船
		舟山亚泰船舶修造工程有限公司	船舶及海洋钻井平台修理及改造、海洋工程设备等
		浙江虾峙岛船舶有限公司	船舶制造、修理，机械加工、修理，木材加工等
	地方重点企业	万邦船舶重工（舟山）有限公司	船舶维修、机器设备开发
		舟山中远海运重工有限公司	船舶和海洋工程装备
		舟山市鑫亚船舶修造有限公司	LNG船舶、集装箱船、油船、散货船等承修
		舟山市龙山船厂有限公司	修理、改装、拆解各类散货船、集装箱船、油船等船型
		扬帆集团股份有限公司	高附加值、高技术含量出口船舶产品的研发和制造
		浙江东鹏船舶修造有限公司	船舶修理、制造
		舟山海之帆造船技术有限公司	船舶设计、船舶配套设备研发与设计等

（二）水产加工产业

普陀区是“东方港城”“东海渔都”。2022年，普陀区水产加工产业规上工业产值达75.9亿元，规上企业超50家。水产加工产业的龙头企业见表3。从产业链角度看，该产业的龙头企业主要集中于上游的远洋捕捞、水产养殖，中游的水产品冷冻、食品预制，下游的水产品销售。下一步，普陀区将聚焦海洋生物肽、高端休闲食品、水产预制菜等高附加值产品领域，通过发挥资源优势，实现水产加工精深化、品牌化。

表3　普陀区水产加工产业龙头企业简介

行业	企业类型	公司名称	主营业务
远洋渔业	上市公司	舟山泰和食品股份有限公司	速冻食品速冻其他食品（速冻其他类制品）生产
	规上百强（市级）	中国水产舟山海洋渔业有限公司	远洋捕捞、水产加工贸易、渔港物流、渔业产业服务
	地方重点企业	宁泰远洋渔业有限公司、普陀远洋渔业有限公司、弘普远洋渔业有限公司、平太荣远洋渔业有限公司、丰汇远洋渔业有限公司、海得利远洋渔业有限公司、润达远洋渔业有限公司、亨鑫远洋渔业有限公司、宏润远洋渔业有限公司、金海远洋渔业有限公司	远洋渔业捕捞、初级水产品、自捕鱼销售、渔船代理、船舶租赁等
		浙江东洲渔业发展有限公司	远洋渔业捕捞，自捕鱼冷藏运输、销售
		舟山明州远洋渔业有限公司	远洋捕捞，自捕鱼加工、销售
		浙江舟普远洋渔业有限公司	远洋渔业捕捞、自捕鱼、渔需物资、冷链物流

续表

行业	企业类型	公司名称	主营业务
水产品加工（预制菜）	上市公司	浙江商旅企业服务股份有限公司	食品销售、酒店管理、餐饮管理、货物进出口等
	规上百强（市级）	浙江东海岸实业有限公司	水产品、农副产品的收购、加工
	地方重点企业	浙江丰宇海洋生物制品有限公司	鱼粉、鱿鱼膏、鱿鱼内脏粉、鱼溶浆、鱼油、虾粉
		舟山市普陀海汇水产有限公司	食品生产，食品经营，水产品收购、冷冻
		舟山源美海洋食品有限公司	食品经营，水产品收购、加工、销售，货物及技术进出口
		浙江富丹旅游食品有限公司	水产品收购、初级加工，初级水产品
		浙江融创食品工业有限公司	金枪鱼产品研发、加工和销售
	专精特新入库企业	舟山汇丰冷藏物流发展有限公司	货运站经营、水产品收购、冷冻加工、销售
		舟山市普陀区昌津水产有限公司	水产品收购、加工、销售

（三）新能源产业

普陀区是全省首批低碳试点县。普陀区新能源产业的龙头企业见表4。从产业链的角度看，该产业的龙头企业主要集中在上游的新能源技术研发，中游的能源接收储运，下游的应用。下一步，普陀区将重点发展以LNG为核心的油气全产业链，引进一批清洁能源产业联合体项目，打造集LNG、海上风电、海上光伏、氢能、煤电产业于一体的区域能源基地。

表4　普陀区新能源产业龙头企业简介

行业	企业类型	公司名称	主营业务
氢能产业	地方重点企业	众宇氢能科技（舟山）有限公司	新兴能源技术研发等
		国氢（舟山六横）新能源科技有限公司	新兴能源技术研发，新能源汽车、氢能源船舶等
LNG（液化天然气）	地方重点企业	浙江浙能六横液化天然气有限公司	液化天然气接收站及码头的建设及运营等
		中石化浙江舟山石油有限公司	天然气批发（无仓储）、石油及石油制品的储存
新能源、储能相关	规上百强（市级）	国电电力浙江舟山海上风电开发有限公司	风力发电的开发、建设、生产与销售、风电技术开发等
		浙江海港中奥能源有限责任公司	油品储运，汽油、柴油、乙二醇、甲醇、石脑油、航煤
		舟山西白莲联彩能源储运开发有限公司	成品油、化工产品等的储运、销售，新能源开发
	地方重点企业	浙江浙能中煤舟山煤电有限责任公司	煤炭批发经营，电力电量的生产和上网销售等
		浙江海港中奥能源有限责任公司	石化产品储运等
		自在盛达集团有限公司	油品化工品储运

三、科技创新概况

2022年，全区R&D经费占地区生产总值比重为1.06%，全省排名第86；全区拥有高新技术企业77家，高新技术产业增加值占工业增加值比重为26.61%，全省排名第88；全区规上工业企业R&D经费支出占营业收入比重为1.13%，全省排名第78。

（一）区域创新资源布局

普陀区县创新平台主要集中在船舶修造和水产加工产业。2022 年，全区拥有省级重点企业研究院 3 家，省级高新技术企业研发中心 15 家，企业研究院 7 家。创新平台主要分布在展茅街道、东港街道、沈家门街道（见图 2）。

图 2　普陀区创新平台布局

（二）产业专利分析

普陀区的专利优势主要集中在水产养殖、捕捞和加工，船舶修造和海洋生物医药领域。2022 年，普陀区有效发明专利共 1486 项，前十五项专利技术领域见图 3。根据申请人分析，浙江省海洋开发研究院（食品处理、有机化学）、扬帆集团（船舶产品、船舶有关设备）、中科立德新材料（基本电气元件、有机高分子化合物）、浙江炜驰机械（金属冲压）、舟山中远海运重工（船坞）、飞帆集团（板桩或板桩墙）等申请人的专利数量居前。

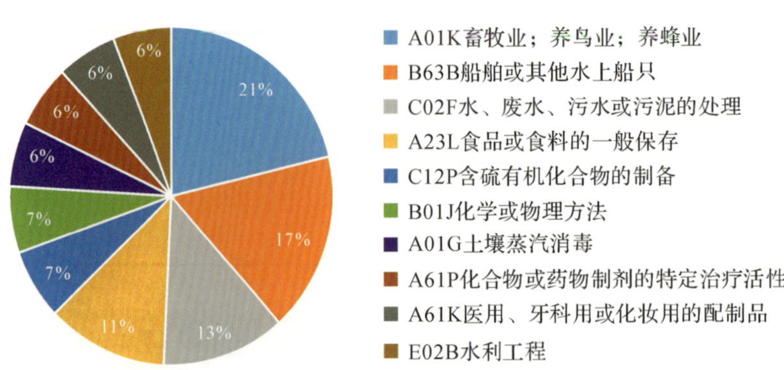

图3　普陀区专利技术领域分布

四、普陀区未来展望

从产业发展看，普陀区深入实施“一岛一功能”首发工程，打造六横先进制造、清洁能源与航运物流“三位一体”产业岛。打造金钵盂有色金属岛，加快布局不锈钢、高端铝、球团矿产业链；打造东白莲油品储运岛，推进西白莲整岛开发，建成船舶工业岛；打造凉潭铁矿石储运岛，推动金属矿石贸易落地。全面推进“风光普陀”计划，完成六横、朱家尖海上风电场测风，推进虾峙万亩光伏直流制氢工程。从科技创新看，普陀区将采取“技术端在沪杭甬深、转化端在普陀区”的合作共建模式，联动东海实验室、浙江海洋大学等科创平台，构建海洋全领域创新体系。

岱山县产业链创新链全景分析报告

舟山岱山县位于浙江省沿海北部、舟山群岛新区中部，总面积5242平方千米，其中海域面积4915.5平方千米，陆地面积326.5平方千米。岱山岛为境内最大岛，面积104.97平方千米，为舟山群岛第二大岛，下辖6个镇、1个乡。2023年，全县户籍人口为16.5万人，常住人口为21.34万人。地区生产总值为804.7亿元，全省排名第41，全市排名第1。岱山县是“中国最具发展潜力百佳县”“全国营商环境百强县”“全国十大重点渔业县之一”。

一、岱山县产业概况

（一）产业结构

从地区生产总值构成看，2023年，岱山县第一产业增加值为35.8亿元，第二产业增加值为649.4亿元，第三产业增加值为119.5亿元，三次产业结构比例为4.4 ∶ 80.7 ∶ 14.9。

从农业看，岱山县以水产产业为主导。2022年，岱山县渔业总产值68.0亿元，水产品总产量29.99万吨，其中国内捕捞28.05万吨，下降1.9%。下一步，岱山县将建设海洋牧场，打造岱衢族大黄鱼种苗培养基地；推动水产加工向绿色、环保供应链方向发展。

从工业看，岱山县以石油化工业、船舶修造业、汽车制造及模具产业为主导。2023年，岱山县规上工业总产值2750.54亿元，规上工业企业618家。2022年岱山县产业主要分布见表1。未来，岱山县将聚焦绿色石化、临港制造、现代服务、新能源等产业，积极培育壮大新的经济增长点，打造具有国际竞争力的海洋产业集群。

表1　岱山县特色工业简介

名称	规上工业产值 / 亿元	占全县规上工业总产值比重 /%	备注
石油化工	2314.79	93.71	到2025年开发区实现石化产业链产值2500亿元以上
船舶修造	70.07	2.83	到2025年，海运运力力争达240万吨
汽车制造及模具	24.63	0.99	

（二）“东南工业、西北农旅”的产业空间布局

图1展示了岱山县重点产业平台布局。从工业看，岱山县工业依托“浙江岱山经济开发区”和“省级小微企业园”在岱山岛重点发展石化新材料、油气储运、港口物流、高技术船舶制造、海工装备、海上风电、汽船配产业。从服务业看，岱山县服务业在东部三星灯塔，重点发展旅游观光。

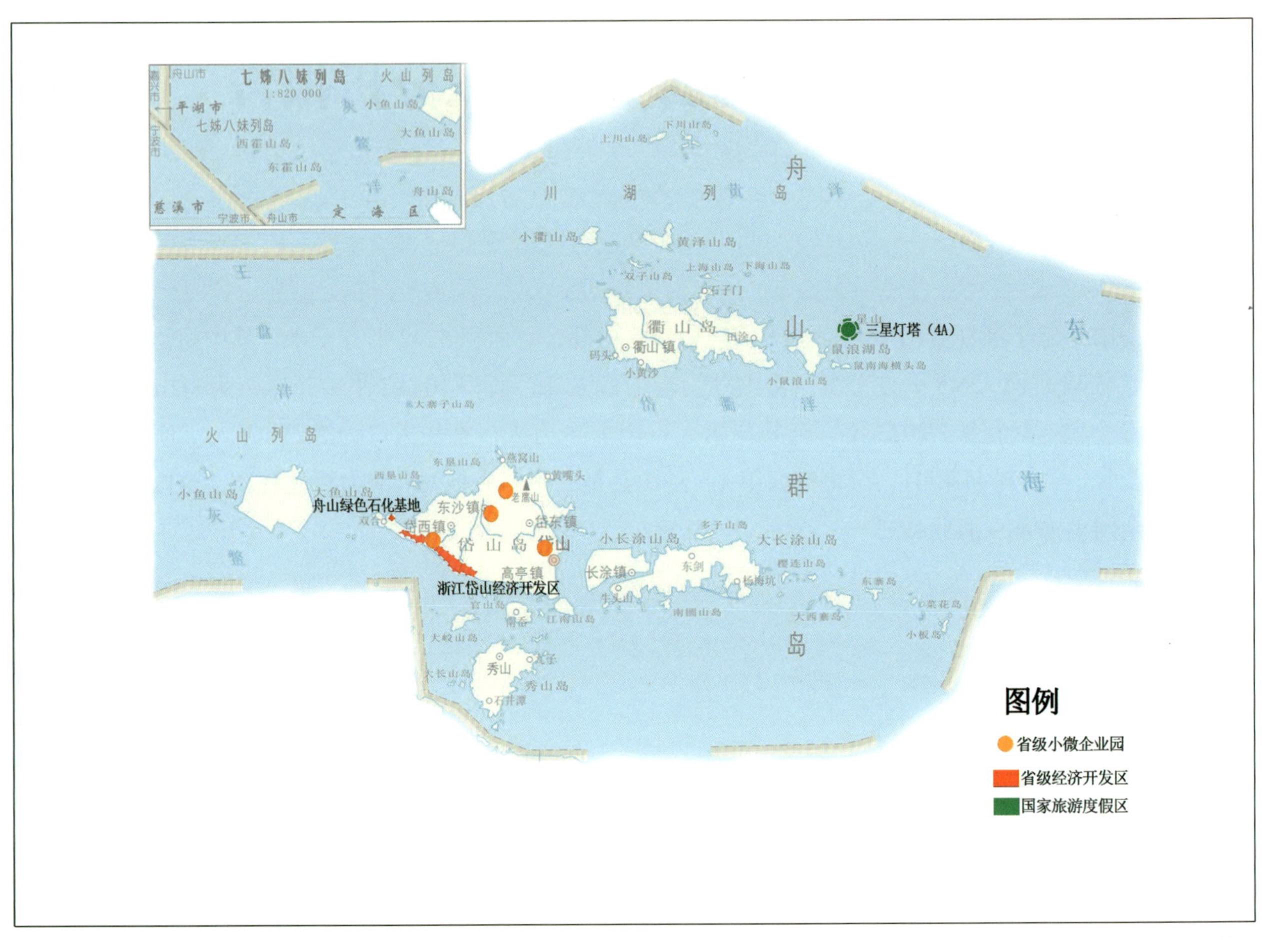

图1　岱山县重点产业平台布局

二、重点产业

（一）石油化工业

2022年，岱山县石油化工业规上工业产值超2314.79亿元。岱山县石油化工业的龙头企业见表2。从产业链角度看，石油化工业的龙头企业主要集中在上游的石油开采、炼制，中游的石化化工，下游的行业石化储运设备及零部件制造。下一步，岱山县将谋深谋细石化产业链，加快建设石化循环经济产业园，谋划布局石化前沿领域新材料项目，打造新材料产业创新高地。

表2　岱山县石油化工业龙头企业简介

行业	企业类型	公司名称	主营业务
石油开采、炼制	规上百强（市级）	广厦（舟山）能源集团有限公司	成品油（汽油、煤油、柴油）
		卡斯特岱山能源有限公司	原油、成品油、化工产品
		联彩岱山能源有限公司	石油项目开发，煤炭、燃料油、润滑油、钢材
	地方重点企业	浙江石油化工有限公司	汽油、煤油、燃料油等
		卓然（浙江）集成科技有限公司	炼油、化工生产专用设备制造、智能控制系统集成
石油化工	规上百强（市级）	浙江德荣化工有限公司	化工产品生产
	在地方参与的重大产业（化）项目的依托企业	浙江智英新材料有限公司	合成材料制造
		浙江瑞程石化技术有限公司	石化产品精制技术应用开发及配套助剂生产
		润和催化材料（浙江）有限公司	新型催化材料及助剂、合成材料、石油制品
		浙江德荣化工有限公司	化工产品
石化储运设备	规上百强（市级）	浙江海港黄泽山油品储运有限公司	石油储运设施、输油管道设施建设，综合物流服务及增值服务
	地方重点企业	舟山晨光电器有限公司	电动机制造、家用电器零配件销售、塑料制品制造
	在地方参与的重大产业（化）项目的依托企业	圣汇（浙江）装备有限公司	海洋工程装备制造、新能源原动设备制造、站用加氢及储氢设施销售
		舟山市奥博管业有限公司	金属管件，内燃机配件，船舶配件制造、加工、销售，货物及技术进出口贸易

（二）船舶修造业

2022年，岱山县船舶修造业规上工业产值超70.07亿元。岱山县船舶修造业的龙头企业见表3。下一步，岱山县将推动船舶修造、海工等临港产业向智能化、高端化方向转变；推动高端绿色船舶、高技术特种船舶和高附加值海洋工程装备产品出口，拓展船舶及大型配套设备融资租赁等海事衍生服务贸易。支持重点企业发展豪华邮轮及LNG运输和加注船、海工船等高附加值船型，打造国内重要的船舶修造基地。

表3　岱山县船舶修造业龙头企业简介

行业	企业类型	公司名称	主营业务
船舶工业	专精特新“小巨人”	舟山惠生海洋工程有限公司	建设工程施工、特种设备设计、特种设备制造
	规上百强（市级）	中基船业有限公司	船舶修造、船用机械及零配件制造、钢结构制造
		浙江友联修造船有限公司	船舶和海洋工程装备设计、制造、修理、改装、翻新、拆除、销售
		常石集团（舟山）造船有限公司	10万吨级以下各种船舶建造，生产加工制造船舶分段、各种钢材构件，舱口盖等船舶设备和配件以及与之相关的设计和销售；自有设备设施的租赁；港口装卸；船舶相关技术服务；船舶设备及配件的批发
	地方重点企业	舟山市海天船舶工程有限公司	船舶修造、机械加工、货物及技术进出口贸易
		舟山宁兴船舶修造有限公司	船舶修造、船舶配件生产
		岱山华丰船舶修造有限公司	船舶修理、船舶改装、通用设备制造（不含特种设备制造）、船用配套设备制造、机械电气设备销售、船舶制造、货物进出口
		舟山市原野船舶修造有限公司	甲类钢质货船修理、乙类钢质货船修造
		舟山中集长宏船舶修造有限公司	船舶制造、船舶修理、海洋工程装备制造、船用配套设备制造、金属结构制造

续表

行业	企业类型	公司名称	主营业务
船舶工业	地方重点企业	浙江友联修造船有限公司、浙江鼎盛石化工程有限公司	石化装置及其他工业设备安装、维修
航运服务	规上百强（市级）	浙江省岱山蓬莱交通投资集团有限公司	交通项目的投资、建设、运营、维护及配套服务，基础设施投资，公共事业和市政建设，房地产开发与投资，滩涂围垦、土地开发与岸线综合开发
		舟山鼠浪湖码头有限公司	船舶港口服务、普通货物仓储服务
		岱山中昌海运有限公司	国内水路运输，国际船舶运输，国际海运辅助服务，船舶咨询服务，水路运输船舶代理，货物代理及信息咨询服务、货物及技术进出口贸易，国内、国际船舶管理服务，船舶租赁

（三）汽车制造业

2022年，岱山县汽车制造业规上工业产值超24.63亿元。岱山县汽车制造业的龙头企业见表4。下一步，岱山县将谋划建设汽车和五金建材等专业市场，建造东沙汽船配特色小镇，打通石化产业与汽船配产业转化渠道，打造汽船配产业集群。

表4　岱山县汽车制造业龙头企业简介

行业	企业类型	公司名称	主营业务
汽车零部件	专精特新“小巨人”	舟山海山机械密封材料股份有限公司	密封材料及制品、发动机配件
	地方重点企业	舟山银美汽车内饰件有限公司	汽车遮阳板、座椅总成、头枕的生产、加工、销售
		舟山神鹰滤清器制造有限公司	滤清器、汽车配件制造、加工、销售，润滑油销售
		舟山市银岱汽车零部件有限公司	座椅总成组装及零部件，汽车座椅头枕总成组装，汽车转向盘、遮阳板、换挡手柄及汽车内饰零部件

三、科技创新概况

2022年，全县R&D经费占地区生产总值比重为3.03%，全省排名第30；全县拥有高新技术企业23家，高新技术产业增加值占工业增加值比重为96.57%；全县规上工业企业R&D经费支出占营业收入比重为0.89%，全省排名第84。

（一）区域创新资源布局

创新平台主要集中在石油化工、船舶制造和汽车制造等领域。2022年，全县拥有省级企业研究院2家（省级企业研究院建设中1家），省级高新技术企业研发中心6家。创新平台主要集聚在东沙镇、高亭镇、岱东镇（见图2）。

（二）产业专利分析

岱山县的专利优势主要集中在催化剂、豆类制品等领域。2022年，岱山县有效发明专利共131个件，前十大专利技术领域（小类）见图3。根据申请人分析，浙江舟富食品（豆类制品）、舟山市海山密封材料（汽车密封件）、舟山市银岱汽车零部件（车门锁）、金海舟船舶设备（船舶）等申请人的专利数量位居前列。

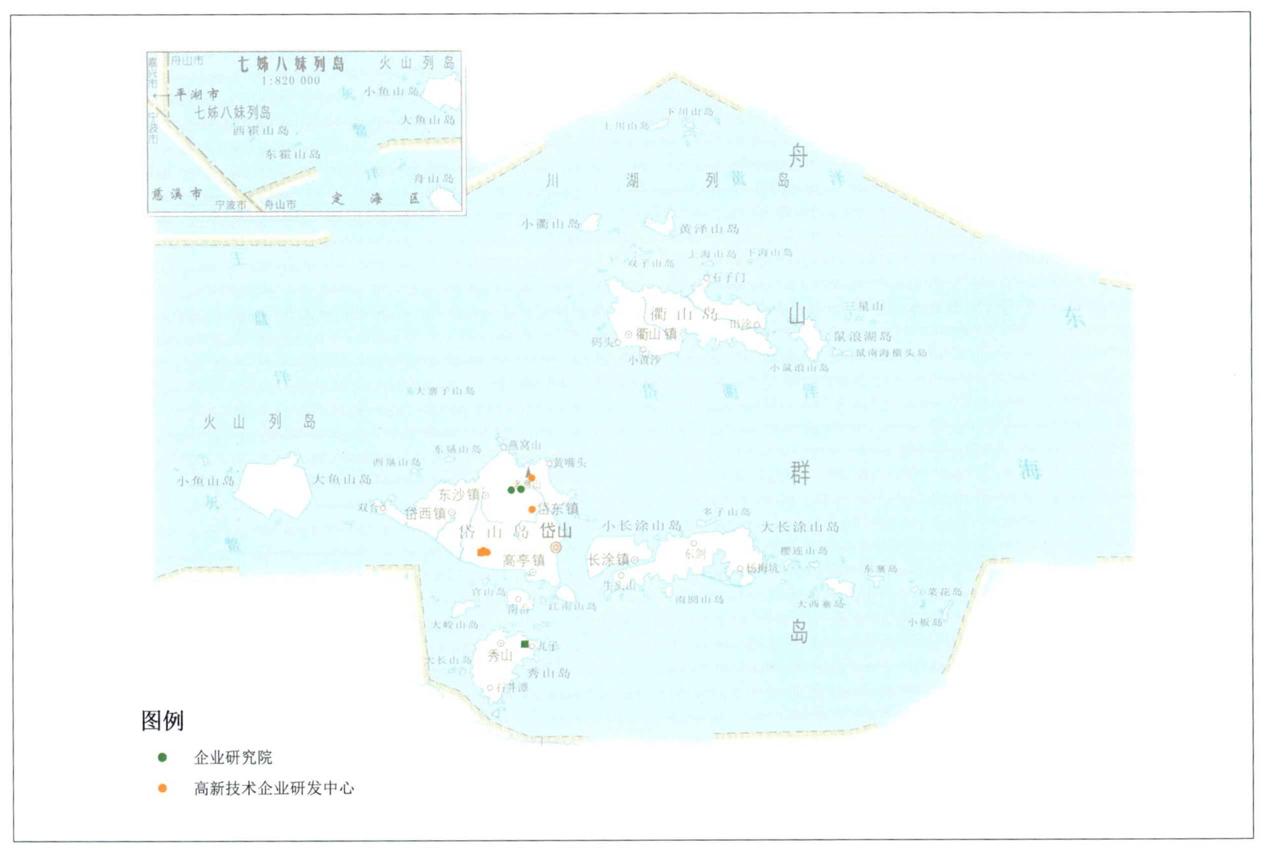

图 2　岱山县创新平台技术领域分布

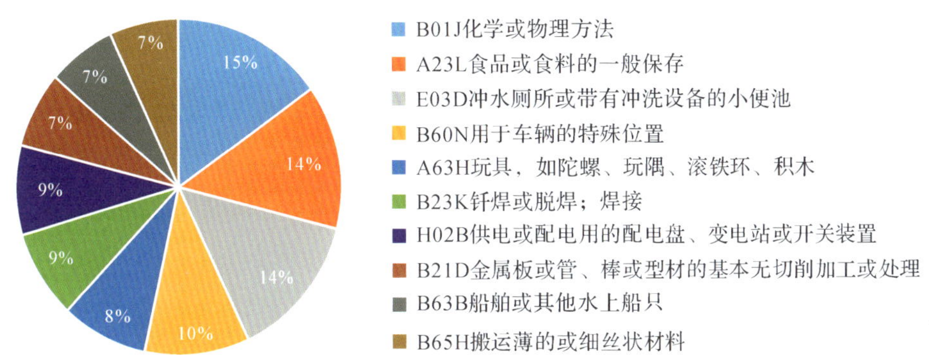

图 3　岱山县专利技术领域分布

四、岱山县未来展望

从产业发展看，岱山县将发挥海洋特色，打造海洋产业新体系。其中，大力发展绿色石化产业，围绕打造石化新材料研发制造、石化装备制造和石化维保服务业基地，重点发展催化剂、助剂、添加剂以及工程塑料、高性能纤维、功能膜、电子化学品等产品。培育发展清洁能源产业，按照“可再生能源 + 储能 + 联合制氢 + 碳汇”路线，促进可再生能源及装备制造业集聚。加快壮大船舶海工产业，建设国内领先的船舶海工装备制造基地。从科技创新看，岱山县以国家创新型县建设为契机，加强科创平台布局，引进培育壮大科技创新主体，发挥中国科学院宁波材料所岱山新材料研究和试验基地科技资源优势，支撑产业高质量发展。

嵊泗县产业链创新链全景分析报告

舟山嵊泗县位于浙江省最东部，与上海隔海相望，是一个由404座大小岛屿组成的海岛县。嵊泗县总面积是8824平方千米，其中陆地面积86平方千米，海域面积8738平方千米，下辖3个镇、4个乡。2023年，全县有户籍人口7.05万人，常住人口6.5万人。地区生产总值为142.0亿元，全省排名第85，全市排名第4。嵊泗县是“中国贻贝之乡”“国家级海洋牧场示范区”，拥有花鸟岛景区、嵊泗列岛景区和东海五渔区景区等旅游景区。

一、嵊泗县产业概况

（一）产业结构

从地区生产总值构成看，2023年，嵊泗县以第三产业为主导，第一产业增加值为42.2亿元，第二产业增加值为33.6亿元，第三产业增加值为66.2亿元，三次产业增加值结构调整为29.7 ∶ 23.7 ∶ 46.6。

从农业看，嵊泗县以贻贝和南美白对虾养殖产业为主导。2023年，全县水产品总产量44.46万吨，渔业产值36.1亿元。贻贝养殖年产值达23.29万吨，总产量占全国养殖贻贝产量的1/4。

从工业来看，嵊泗县以建筑、新能源发电和海洋装备制造产业为主导。2023年，全县规上工业总产值16.45亿元，规上企业95家。2023年嵊泗县产业主要分布见表1。下一步，嵊泗将以高端化、智能化、绿色化为主攻方向，统筹推进空间腾换、招大做强、企业优强、品质提升、数字赋能、创新强工六大行动，加快构建具有海岛鲜明特色的产业体系。

表1　嵊泗县特色工业简介

名称	总产值 / 亿元
建筑	12.63
新能源发电	超 4.00
海洋装备制造	超 2.00

从服务业来看，嵊泗县以休闲渔业和现代航运服务业为主导。2023年，嵊泗县规上服务业营业收入22.32亿元。下一步，嵊泗县将积极打造高端休闲渔业示范基地和服务业体系。力争到2025年，全县实

现现代航运服务总产出 15 亿元，嵊泗专业海钓人次规模达 15000 人次，吸引休闲游客量达 75 万人次，休闲渔业产值达 1 亿元。

（二）产业空间布局

图 1 展示了嵊泗县重点产业平台布局。从农业看，嵊泗县农业主要集中在东部以“花鸟岛”和“嵊山岛”为核心的“嵊泗县贻贝特色农业科技园区”，发展海水养殖、贻贝精深加工等产业。从工业看，嵊泗县工业主要集中在西部的“嵊泗县小洋山区块”，依托“省级经济开发区”，发展能源、海水淡化和渔业产品加工等产业。从服务业看，嵊泗县服务业依托嵊泗列岛、花鸟岛、东海五渔村等风景名胜区，大力发展旅游业。

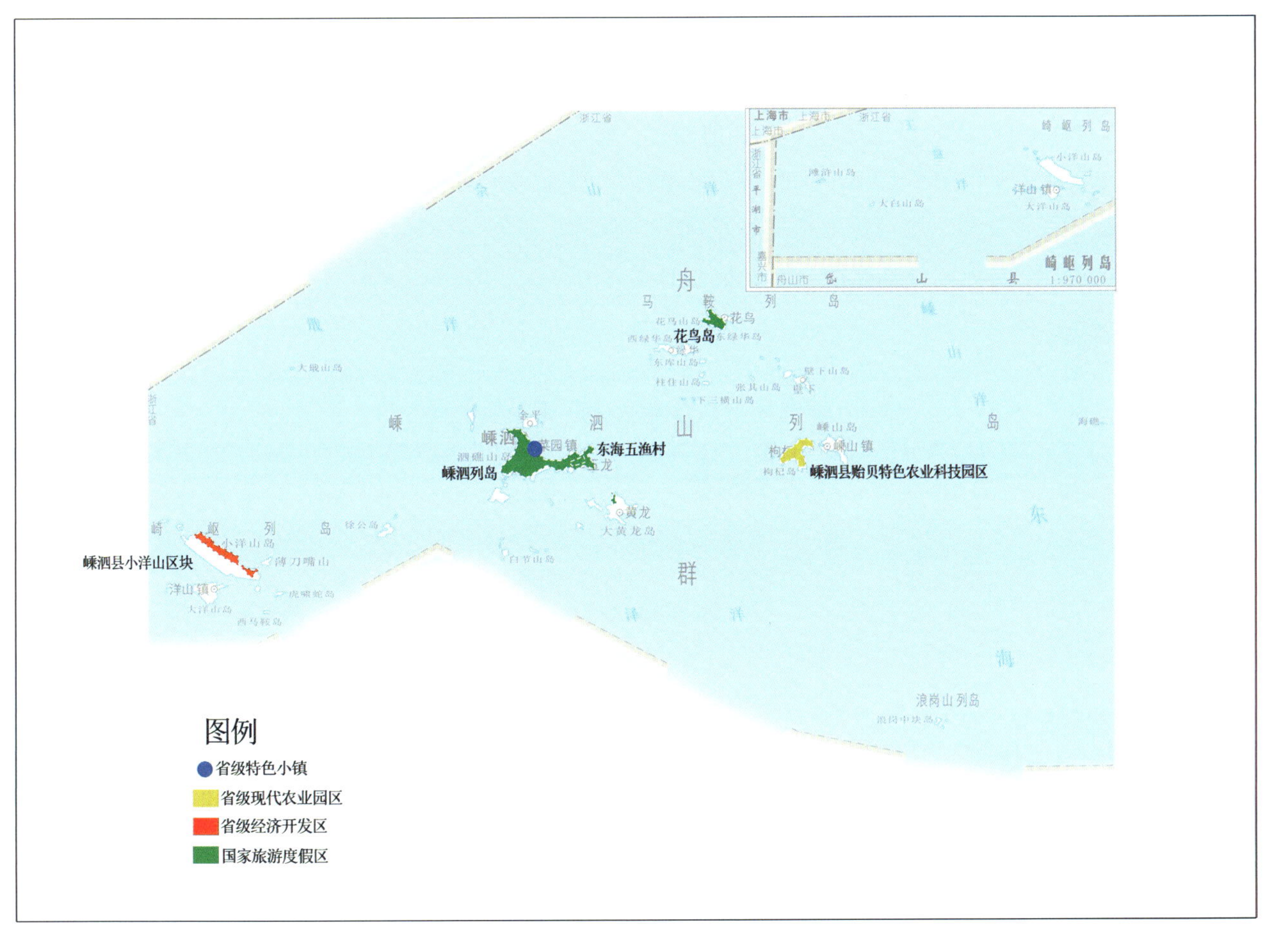

图 1　嵊泗县重点产业平台布局

二、重点产业

（一）新能源发电产业

2022 年，嵊泗县新能源发电产业总产值超 4 亿元，规上企业 13 家。新能源发电产业的龙头企业见表 2。从产业链角度看，新能源发电企业主要集中在上游的新能源存储和运输，中游的发电设备制造，下游的新能源发电。下一步，嵊泗县将深化与上海和杭州等地在海上风电场开发、风电设备供应、风电技术创新应用、上下游产业配套服务等领域的战略合作，联动开展海洋新能源研发创新、成果转化、高端制造，实现优势互补、共同发展、互赢互利。力争到2025年，新能源发电产业实现规上工业产值10亿元。

表2　嵊泗县新能源发电产业龙头企业简介

行业	企业类型	公司名称	主营业务
新能源发电	规上百强（市级）	申能洋山液化天然气有限公司	燃气经营、石油天然气技术服务
		中广核（嵊泗）新能源有限公司	风力发电、光伏发电、海洋能项目开发
		浙江浙能国电投嵊泗海上风力发电有限公司	风力发电
	在地方参与重大产业项目的依托企业	上海液化天然气有限责任公司	天然气的存储、天然气的运输、天然气项目的建设
		浙江海氢能源科技有限公司	海洋工程装备研发、氢能储能技术
		宁波国电电气有限公司	机械电气设备制造

（二）海洋装备制造产业

2022年，嵊泗县海洋装备制造产业总产值超过2亿。当地相关龙头企业见表3。从产业链角度看，海洋装备制造企业主要集中在上游的渔农机械配件加工，中游的装备制造，下游的船舶修理服务。下一步，嵊泗县将以提升渔获质量、提高渔获效率、增强安全保障、减轻工作强度、节能减排降耗为主旨，深入开展船型优化设计、近海活体捕捞渔具改进技术研发。力争到2025年，海洋装备制造产业实现规上产值5亿元。

表3　嵊泗县海洋装备制造产业龙头企业简介

行业	企业类型	公司名称	主营业务
海洋装备制造	地方规划里提到的重点企业	浙江申蓝海洋技术有限公司	导航、测绘、气象及海洋专用仪器制造
		嵊泗县大洋船舶修造厂	木质渔船、钢质渔船
		嵊泗县东海船舶修造有限公司	渔农机械配件加工
		嵊泗县北鼎星船舶修造有限公司	农林牧渔机械配件制造、船舶修理

三、科技创新概况

2022年，全县R&D经费占地区生产总值比重为0.05%，全省排名第90；全县拥有高新技术企业6家，高新技术产业增加值占工业增加值比重为4.79%，全省排名第90位；全县规上工业企业R&D经费支出占营业收入比重为0.25%。

从区域创新资源布局看，嵊泗县无省级以上创新平台。从产业专利看，嵊泗县的专利优势主要集中在禽类、鱼类等管理、肉类加工、电力等领域。2022年，嵊泗县有效发明专利共56件，前十大专利技术领域见图2。根据申请人分析，景晟贻贝（水产品冷藏、运输）、翔远水产（水产品养殖、加工）、东海贻贝（水产品加工）、亿诚水产（水产养殖，捕捞和加工）、同舟客运轮船、翔和海运（机械零部件）等申请人的专利数量居前。

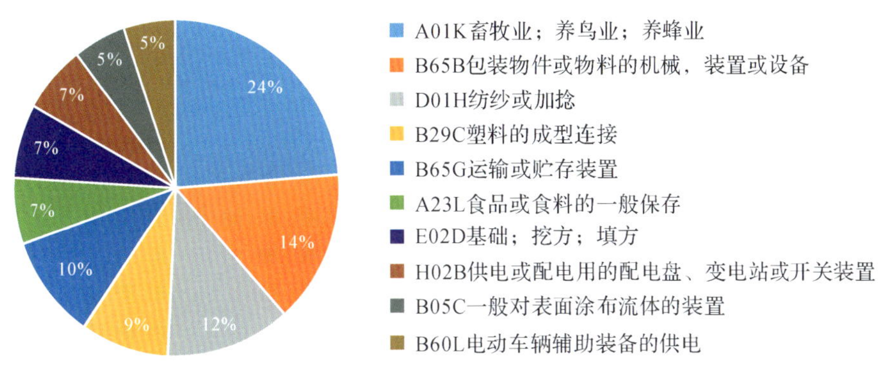

图 2　嵊泗县专利技术领域分布

四、嵊泗县未来展望

从产业发展看，嵊泗县将继续做特贻贝加工产业，不断提升“嵊泗贻贝”品牌影响力。围绕 LNG 产业、清洁能源、清洁燃料、海工装备、氢能产业、临港装备等新兴产业，推动产业集群发展。充分发挥海岛优势，进一步深化小洋山区域合作开发，推动国际贸易物流发展，以花鸟岛为核心，大力发展海岛旅游，打造嵊山国际海钓基地。从科技创新看，嵊泗县科技平台数量少，科创企业规模小。下一步，嵊泗县将进一步推动海洋类科研院所产学研合作，全面提升嵊泗企业的科技创新能力。

台州

TAI ZHOU

台州卷

椒江区产业链创新链全景分析报告

台州椒江区（不含台州湾新区）位于浙江省沿海中部，总面积约 312.4 平方千米，下辖 1 个镇、8 个街道。2023 年，全区户籍人口约为 57.42 万人，常住人口约为 88.1 万人。地区生产总值为 790.34 亿元（含台州湾新区部分），全省排名第 42，全市排名第 3。椒江区是“全国科技创新百强区”“全国实力百强区”“全国绿色发展百强区”“全国科技进步示范区”“首批国家级自然资源节约集约示范县”“首批国家知识产权强县试点区”“省知识产权服务业集聚发展示范区”“中国东海大黄鱼之都”，拥有解放一江山岛烈士陵园、大陈岛、戚继光纪念馆等景区。

一、椒江区产业概况

（一）产业结构

从地区生产总值构成看，2023 年，椒江区第一产业增加值为 17.62 亿元，第二产业增加值为 285.84 亿元，第三产业增加值为 486.88 亿元，三次产业增加值结构调整为 2.2 ∶ 36.2 ∶ 61.6（含台州湾新区部分）。

从农业看，椒江区以黄鱼产业为主导。2023 年，全区农林牧渔增加值为 17.67 亿元。大陈黄鱼产值约 10 亿元，约占浙江省高品质大黄鱼产值的 2/3，大陈黄鱼已注册国家地理标志证明商标。下一步，椒江区将进一步做精做强“大陈黄鱼”农业特色产业。按照全产业链发展理念，推动形成上下游产业联动发展的黄鱼产业集群，打响大陈黄鱼“金名片”。

从工业看，椒江区以医药健康、缝制设备两大产业为核心，同时已形成电子信息等台州特色产业。2023 年，椒江区规上工业总产值 952.37 亿元（含台州湾新区部分），规上工业企业 624 家（含台州湾新区部分）。2022 年椒江区产业主要分布见表 1。下一步，椒江区将打造“2+4+N”新型制造业体系，优先发展医药健康、缝制设备等具有国内外影响力的产业，全面提升电子信息、智能家居、汽车零配件、时尚产业等特色产业，大力培育新材料、新能源汽车、绿色环保等战略性新兴产业及人工智能、5G 通信、物联网等未来产业。

表1　椒江区特色工业简介

名称	规上工业产值 / 亿元	占全区规上工业总产值比重 /%	总产值 / 亿元
医药健康	74.50	8.03	117.63
缝制设备	55.76	6.01	55.76
电子信息	约 38.34	约 4.13	38.34
智能家居	—	—	10.48

从服务业看，椒江区以现代金融、科技信息、现代物流为主导。2022 年，椒江区规上营业收入为 203.92 亿元，其中旅游总收入约 44.03 亿元，占比约为 1/4。下一步，椒江区将聚力构筑“5+4+N”服务业体系，以现代服务业为主攻方向，大力发展现代金融、科技信息、现代物流、文化创意、商务服务等生产性服务业，提升发展商贸流通、休闲旅游、健康服务、家庭服务等生活性服务业，加快培育壮大楼宇经济、总部经济等新模式、新业态，着力推动生产性服务业向价值链高端延伸。

（二）“中部集聚”的产业空间布局

图 1 展示了椒江区重点产业平台布局。从工业看，椒江区工业依托中部的“省级高新区”“省级经济开发区”“省级特色小镇”“省级小微企业园”，在海门街道、葭沚街道、海虹街道和前所街道，重点打造医药健康、光电子、缝制设备、汽车零部件、机械制造、智能卫浴产业，少量涉及电子信息、眼镜制造、汽车零配件和橡塑产业。从服务业看，椒江区服务业围绕“省级创新发展示范区”和“省级小微企业园”打造现代金融、科技信息等生产性服务业，在大陈岛景区和台州海洋世界，围绕“国家旅游度假区”打造生态度假中心。

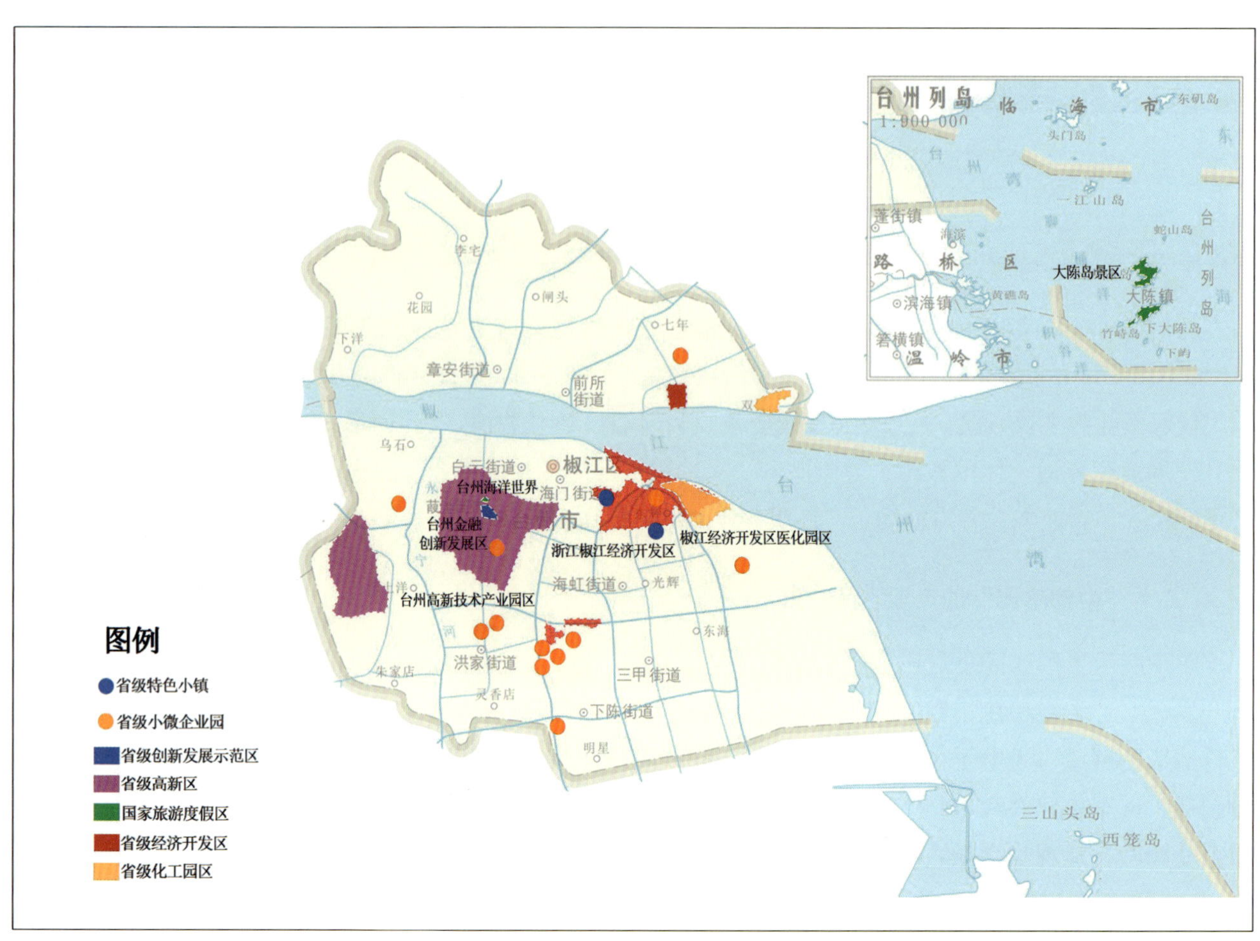

图1　椒江区重点产业平台布局

二、重点产业

（一）医药健康产业

椒江区是国家级医药外贸转型升级基地。2022年，医药健康产业规上工业产值为74.5亿元。医药健康产业的龙头企业见表2。从产业链角度看，医药健康产业主要集中在上游的原料药、医药中间体生产和中游的生物药、中成药、兽药制造。下一步，椒江区将依托海正博锐、海晟药业、海正药业等龙头企业，重点发展PROTAC新药开发、给药及药物缓释控释等技术和新型治疗性抗体药物、抗体偶联药物、干细胞、免疫细胞治疗药物等生物技术药物。

表2　椒江区医药健康产业龙头企业简介

行业	企业类型	公司名称	主营业务
医药健康	上市公司	浙江海正药业股份有限公司	抗生素、抗肿瘤药相关原料药及制剂
		浙江九洲药业股份有限公司	创新药CDMO、仿制药
		浙江海翔药业股份有限公司	特色原料药、制剂及染料、染料中间体
	规上百强（市级）	浙江乐普药业股份有限公司	心脑血管类、抗感染类、抗肿瘤及神经系统类等系列药品
	地方重点企业	浙江赞生药业有限公司	中成药
		台州金沣医药化工有限公司	兽药及化工产品

续表

行业	企业类型	公司名称	主营业务
医药健康	地方重点企业	浙江博锐生物制药有限公司	肿瘤免疫和自身免疫相关生物创新药
		浙江海晟药业有限公司	生物原料药及制剂产品研发
	专精特新入库企业	浙江华洲药业有限公司	医药中间体
		浙江江北药业有限公司	医药制剂、原料药及中间体

（二）缝制设备产业

椒江区是全球最大的工业缝纫机生产和出口基地，产销量占全国60%以上，全球40%以上，缝制设备产业大脑入选第一批“省级”产业大脑建设试点。2022年，缝制设备产业规上工业总产值为55.76亿元。缝制设备产业的龙头企业见表3。从产业链角度看，缝制设备产业的龙头企业主要集中在上游的零部件和中游的缝纫机整机、成套智能缝制设备制造领域。下一步，椒江区以“新蓝海、新市场、新模式”为导向，强化创新驱动，提升缝制设备及零部件企业设计、装备、工艺水平，加快发展形成缝制整机设备、关键零部件、成套智能缝制设备协同发展的产业格局，实现缝制设备产业链上下游协作。力争到2025年，努力建成全球最大的缝制装备智能制造基地、行业领先的缝制设备创新研发中心、世界一流的缝制设备智能制造服务中心。

表3　椒江区缝制设备产业龙头企业简介

行业	企业类型	公司名称	主营业务
缝制整机、关键零部件	上市公司	杰克科技股份有限公司	平缝机、包缝机、绷缝机、特种机、裁床、铺布机、工业用缝制设备、缝制机械零部件
		浙江曼克斯缝纫机股份有限公司	工业缝纫机及其零配件
	专精特新入库企业	浙江杜马缝纫机股份有限公司	缝纫机械、电动机、微电机
		浙江翔科缝纫机股份有限公司	缝制机械及控制系统装置
		浙江宝宇缝纫机股份有限公司	工业缝纫机、服装机械及配件
缝制整机、关键零部件	专精特新入库企业	浙江新顺发缝纫机科技股份有限公司	智能缝制机械设备
		浙江佳岛缝纫机有限公司	服装机械及零件、机电产品
		浙江川田智能科技有限公司	模板机
成套智能缝制设备	专精特新“小巨人”	浙江衣拿智能科技股份有限公司	智能吊挂系统、智能物流系统、仓储系统、分拣系统和生产管理软件平台
	专精特新入库企业	台州市速普机电有限公司	电动机制造、工业自动控制系统装置
		浙江欣普自动化科技有限公司	自动化服装机械设备

（三）电子信息产业

2022年，椒江区成功入选浙江省数字经济创新发展试验区名单，精密光电产业群被列入第二批省级“新星”产业群培育名单，水晶光电智能光电产业大脑入选省首批信息业分区行业产业大脑建设试点，飞跃科创园获评浙江省数字化示范园区并取得5A认证，成为台州唯一入选园区。2022年，电子信息产业规上工业总产值约38.34亿元。电子信息产业的龙头企业见表4，从产业链角度看，电子信息产业主要集中在上游的光电子材料和元器件制造领域，下游的智能终端产品制造领域。下一步，椒江区将强化行业龙头引领，重点发展防护屏、触摸屏、反光膜等精密光学薄膜、LED衬底等光电子产品，积极发展智能移动终端的各类零部件生产制造，发挥水晶光电等龙头企业作用，突破高端光器件、半导体芯片、图像传感、大功率激光器件等技术短板，大力发展光电子元器件、新型显示和智能终端，培育发展半导体、集成电路、激光及光通信等新兴领域，打造全球最大精密光电薄膜元器件制造基地和全球最大的镀膜基地。

表4 椒江区电子信息产业龙头企业简介

<table>
<tr><th>行业</th><th>企业类型</th><th>公司名称</th><th>主营业务</th></tr>
<tr><td rowspan="3">光电子材料和元器件</td><td>上市公司</td><td>浙江水晶光电科技股份有限公司</td><td>精密薄膜光学及延伸产品</td></tr>
<tr><td rowspan="2">专精特新入库企业</td><td>浙江雅晶电子有限公司</td><td>石英晶体器件、陶瓷晶体器件及其制品，磁钢产品和与其相关的原辅材料、仪器、设备、光电子器件</td></tr>
<tr><td>浙江一晶科技股份有限公司</td><td>电子元件、自动化设备、通信产品及组件、光电一体化产品</td></tr>
<tr><td>智能终端</td><td>上市公司</td><td>中新科技集团股份有限公司</td><td>智能电视、笔记本电脑、平板电脑</td></tr>
</table>

（四）智能马桶产业

椒江区是我国配套最全的智能马桶产业聚集区，全区智能马桶产量占全国的1/3，并生产出国内第一个智能坐便盖和第一台智能马桶一体机。2022年，智能马桶产业总产值10.48亿元。智能马桶产业的龙头企业见表5。从产业链角度看，智能马桶企业主要集中在中游的智能坐便器制造。下一步，椒江区将重点发展高品质电子马桶、智能网联马桶等产品，促进智能马桶功能研发，提升自动冲洗、排污等基本功能，优化智能除臭、坐圈缓降等辅助功能，强化关键零部件研发，提升加热器、控制器等关键零部件质量与功能，建设成为具有较强影响力的智能马桶设计研发生产基地。

表5 椒江区智能马桶产业龙头企业简介

<table>
<tr><th>行业</th><th>企业类型</th><th>公司名称</th><th>主营业务</th></tr>
<tr><td rowspan="4">智能马桶</td><td rowspan="4">地方重点企业</td><td>西马智能科技股份有限公司</td><td>智能坐便器</td></tr>
<tr><td>浙江星星便洁宝有限公司</td><td>智能马桶</td></tr>
<tr><td>浙江怡和卫浴有限公司</td><td>智能坐便器</td></tr>
<tr><td>特洁尔科技股份有限公司</td><td>智能马桶</td></tr>
</table>

三、科技创新概况

2022年，全区R&D经费占地区生产总值比重为3.20%（含台州湾新区），全省排名第24；全区高新技术企业252家，高新技术产业增加值占工业增加值比重达73.55%；全区规上工业企业R&D经费支出占营业收入比重达2.10%，全省排名第25。

（一）区域创新资源分布

椒江区创新平台主要集中在医药健康、纺织产业和汽车零配件产业。2022年，全区拥有国家级孵化器1家，省级孵化器1家，省级重点实验室4家，省级重点企业研究院5家，省级企业研究院9家，省级高新技术企业研发中心29家，省级创新服务综合体1家，省级新型研发机构3家。创新平台主要集聚在海门街道、海虹街道、下陈街道、洪家街道和葭沚街道（见图2）。

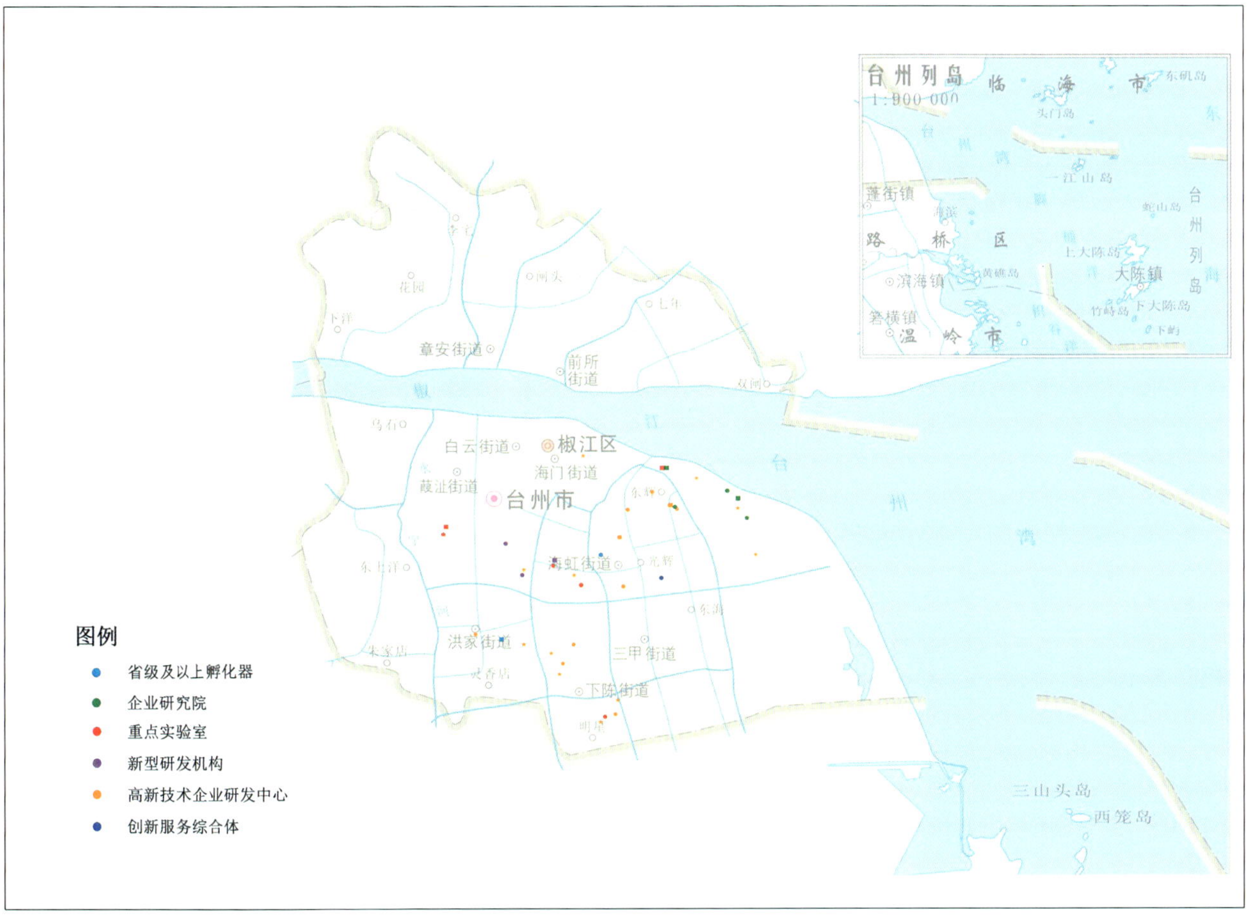

图 2 椒江区创新平台布局

（二）产业专利分析

椒江区的专利优势主要集中在缝纫、杂环化合物等领域。2022 年，椒江区有效发明专利共 5511 件，前十大专利技术领域见图 3。根据申请人分析，杰克缝纫机股份（缝纫设备）、浙江海正药业股份（抗生素、抗肿瘤药相关原料药及制剂）、浙江九洲药业股份（创新药 CDMO、仿制药）、新杰克缝纫机股份（缝纫设备）、浙江星星冷链集成股份（冷链设备）、浙江海翔药业股份（原料药及中间体）、浙江水晶光电科技股份（精密薄膜光学及延伸产品）等申请人的专利数量居前。

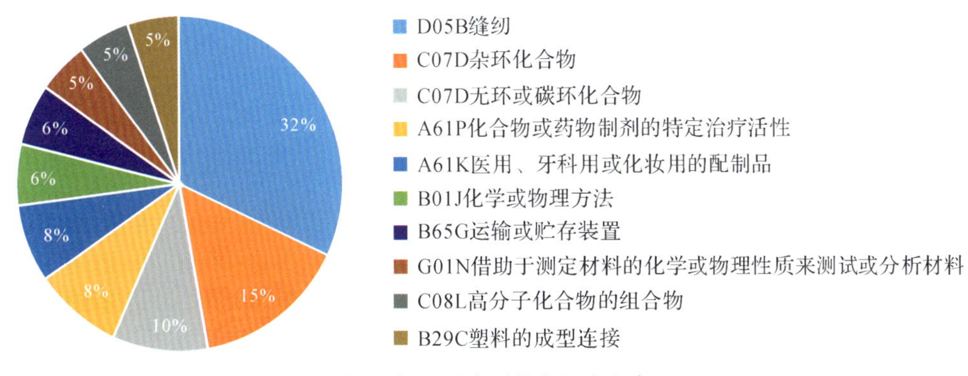

图 3 椒江区专利技术领域分布

四、椒江区未来展望

从产业发展看，椒江区将实施大陈黄鱼扩容提质定标行动，开展黄鱼育苗与品种选优，争创中国特色农产品优势区，做强做优“2+4+N”产业体系。医药健康产业方面，椒江区将以“绿色制造、国际高端”为导向，以“主攻成品药、培育生物药、做优原料药”为路线，重点贯通以海正药业等重点医药企业为龙头的医药产业链，打造“中国绿色药都”。缝制设备产业方面，椒江区将做大杰克的智能缝制单元、裁床，新顺发曲折缝等为代表的特种机、高端机市场。从科技创新看，椒江区规上工业企业研发投入和全区R&D经费占地区生产总值比重均处于全省中上游，区域创新能力较好。下一步，椒江区将与浙江大学、台州学院等高校共建实验室等创新载体，打造圈层式产业生态“创新核”。

黄岩区产业链创新链全景分析报告

台州黄岩区位于浙江省中部，总面积为988平方千米，下辖8个街道、6个乡、5个镇。2023年，全区户籍人口为60.99万人，常住人口为71.2万人。地区生产总值为637.70亿元，全省排名第54，全市排名第6。黄岩区是“全国经济林建设先进区”“中国模具之乡”“中国蜜橘之乡”“中国东魁杨梅之乡”“中国枇杷之乡” “中国茭白之乡” “中国紫莳药之乡”。

一、黄岩区产业概况

（一）产业结构

从地区生产总值构成看，2023年，黄岩业第一产业增加值为23.83亿元、第二产业增加值为283.83亿元、第三产业增加值为330.04亿元，三次产业增加值结构调整为3.7 ∶ 44.5 ∶ 51.8。

从农业看，黄岩区以东魁杨梅、蜜橘和茭白为主导。2023年，全区农林牧渔总产值为31.83亿元。东魁杨梅产值为4.8亿元，东魁杨梅已成功申请地理标志证明商标和农产品地理标志，多次获得全国名特优新农产品、中国十大精品杨梅等荣誉；黄岩蜜橘产值超3.7亿元，黄岩蜜橘拥有国家地理标志证明商标、浙江名牌农产品、中国十大名橘等荣誉；茭白产值约3.5亿元，获得中国良好农业规范认证。下一步，黄岩区将做强东魁杨梅、黄岩蜜橘、蔬菜、中药材和枇杷等主导优势产业。

从工业看，黄岩区以塑料模具、新能源电动车及汽摩配、绿色医化为主导。2023年，全区规上工业企业约595家，规上工业增加值147.79亿元。2022年黄岩区产业主要分布见表1。下一步，黄岩区将重点发展千亿级塑料模具核心产业，做强新能源电动车、绿色医化和机械电器三大百亿级主导产业，优化现代食品和工艺美术两大传统产业，并且拓展前沿新材料、数字经济、生物技术等若干个新兴未来产业，打造“1+3+2+X”的生态工业体系。

表1　黄岩区工业主导产业简介

名称	规上工业产值 / 亿元	占全区规上工业总产值比重 /%
塑料模具	119.30	17.86
新能源电动车及汽摩配	约 112.00	约 16.78
绿色医化	约 78.05	约 11.69

（二）“南北集聚分布”的产业空间布局

图1展示了黄岩区重点产业平台布局。从工业看，黄岩区工业依托东部的“浙江黄岩经济开发区”和“黄岩经济开发区江口医化园区”，在江口街道重点发展医药化工、机械模具、塑料制品等产业。从农业看，黄岩区农业围绕“黄岩区瓜果农业科技园区”打造集柑橘产业、西瓜产业于一体的现代农业科技园区。从服务业看，黄岩区服务业围绕“黄岩博物馆”和“黄岩柔川景区”，打造特色旅游业。

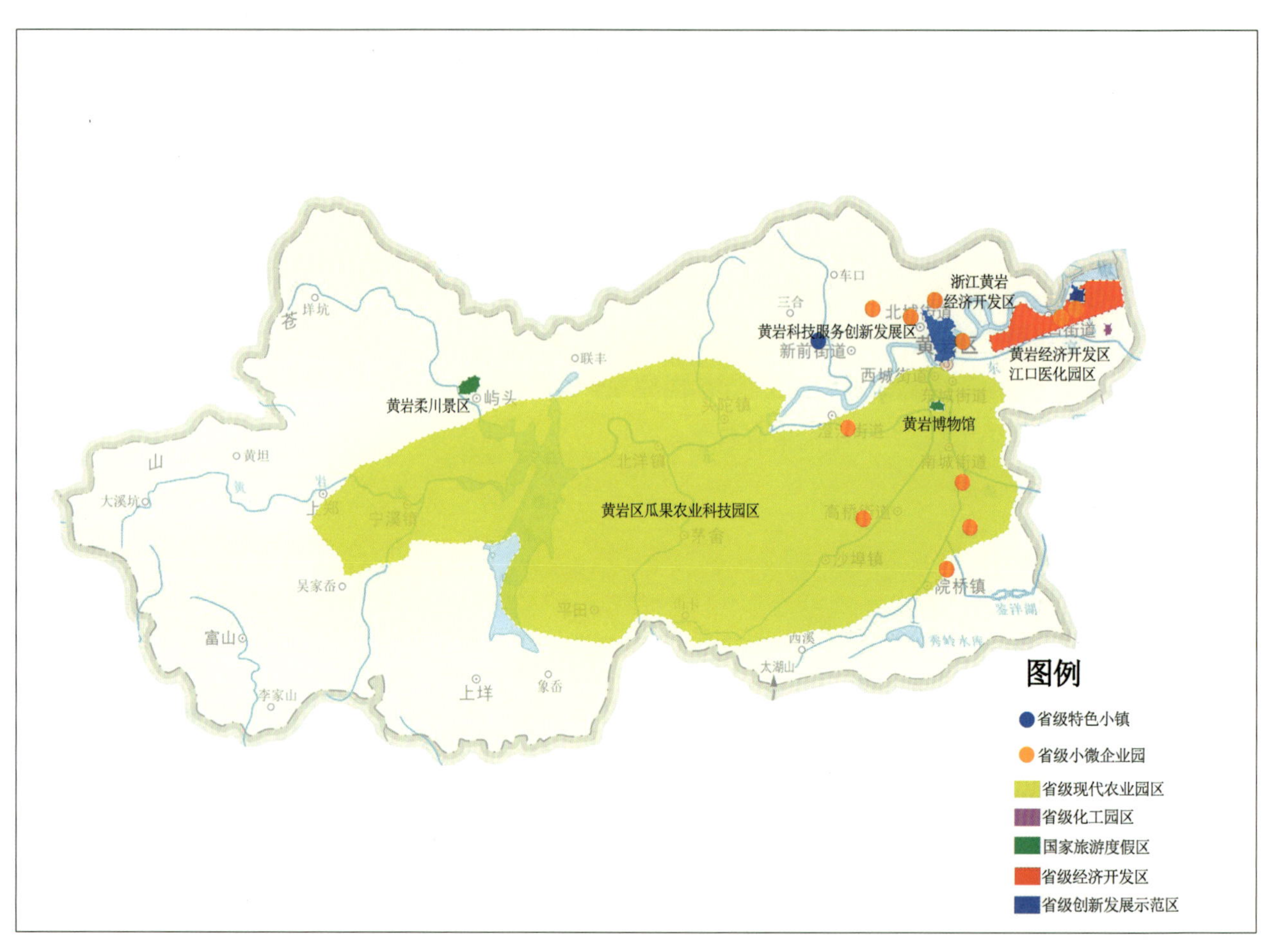

图1　黄岩区重点产业平台布局

二、重点产业

（一）塑料模具产业

2022年，黄岩区塑料模具产业规上工业产值约119.3亿元，规上企业家，是当地主导产业。黄岩区塑料模具产业的龙头企业见表2。从产业链角度看，塑料制品企业主要集中在上游的各类模具和中游的塑料制品生产。下一步，黄岩区将抓住黄岩塑料模具产业大脑入选第一批行业产业大脑建设试点的机会，发挥龙头企业带头作用，推动塑料模具产业聚集发展，转型升级，向高端、智能、绿色方向发展。

表2　黄岩区塑料模具产业龙头企业简介

行业	企业类型	公司名称	主营业务
塑料制品	上市公司	公元股份有限公司	PPR 管材管件、PE 管材管件、PVC-C 管材管件、型材、PVC-U 管材管件、聚乙烯（PE）、塑料管、综合性塑料管道、综合塑料管道
		永高股份有限公司	建筑用给排水管道、市政用管道、工业系统用管道和农业排灌用管道
	专精特新“小巨人”	西诺控股集团	注塑机、注塑模具、消费类电子产品
		浙江广环工贸有限公司	摩托车、电动车灯具、外观覆盖件、车架、模具设计开发制作及高端领域塑件注塑生产
		浙江凯华模具有限公司	各类大中型塑料模具及塑料制品
		浙江精诚模具机械有限公司	模具制造、塑料制品制造、塑料加工专用设备制造
		浙江西诺模具有限公司	汽车配件、日用品、塑料箱、塑料桶、家电系列、铁路塑料轴承等各种从小到大类型的注塑和吹塑模具及产品
		浙江赛豪实业有限公司	精密高端注塑模具制造
		浙江亿元美科技股份有限公司	塑料家庭用品和布艺产品

（二）新能源电动车及汽摩配产业

2022 年，黄岩区新能源电动车及汽摩配产业规上工业产值约 112 亿元。黄岩区新能源电动车及汽摩配产业的龙头企业见表 3。从产业链角度看，该产业的龙头企业主要集中在上游的新能源电动车零部件制造。下一步，黄岩区将发挥汽摩配产业基础优势，引入新能源电动车配套，完善汽摩配产业的配件种类；扩大摩托车、电动自行车的生产规模，推动电动车产业高端化；积极培育发展新能源汽车，将黄岩区打造成新能源电动车及汽摩配特色产地。

表3　黄岩区新能源电动车及汽摩配产业龙头企业简介

行业类别	企业类型	公司名称	主营业务
新能源电动车及汽摩配产业	上市公司	浙江丰立智能科技股份有限公司（A 股）	钢齿轮、精密减速器及零部件、精密机械件、粉末冶金制品以及气动工具
	专精特新“小巨人”	浙江创台车业有限公司	大型摩托车、电动汽车液晶仪表、高端智能 / 互联 TFT 仪表、LED 车灯
		台州三元车辆净化器有限公司	机动车和工业有机废气后处理以及车辆排气噪声控制

（三）绿色医化产业

2022 年，黄岩区绿色医化产业总产值约 78.05 亿元。黄岩区绿色医化产业的龙头企业见表 4，主要分布在化工原料、医疗器械和生物医药行业。从产业链角度看，化工原料企业主要集中在染料和颜料、聚合物等产品；医疗器械企业主要集中在中游的介入器械；生物医药企业主要集中在上游的原料药生产和中游的药品生产。下一步，黄岩区将发挥自身的基础优势和龙头企业带动作用，推动医化产业创新发展，提高产业附加值；优化产业布局，推动产业聚集发展，做大做强现代医药、绿色化工、医疗器械耗材、先进制药装备等特色优势领域。

表4　黄岩区绿色医化产业龙头企业简介

行业类别	企业类型	公司名称	主营业务
化工原料	上市公司	联华科技股份有限公司	染料和颜料、聚合物和涂料、造纸化学品、家用及护理化学品、建筑材料（新材料/水泥添加剂）和电子化学品（液晶、LED和电池）
医疗器械	上市公司	浙江拱东医疗器械股份有限公司（A股）	真空采血系统、实验检测类耗材、体液采集类耗材、医用护理类耗材和药品包装材料
生物医药	上市公司	浙江东亚药业股份有限公司（A股）	抗细菌药物、抗胆碱和合成解痉药、皮肤用抗真菌药
		浙江天宇药业股份有限公司（A股）	抗高血压药物原料药及中间体、抗哮喘药物原料药及中间体、抗病毒药物中间体
		济民健康管理股份有限公司（A股）	医疗服务、大输液、安全注射器、无菌注射器、输液器和体外诊断试剂
		联化科技股份有限公司（A股）	农作物保护原料药及中间体，原料药、中间体，精细化学品、功能化学品

三、科技创新概况

2022年，全区R&D经费占地区生产总值比重为2.46%，全省排名第53；全区拥有高新技术企业200家，高新技术产业增加值占工业增加值比重达70.22%；全区规上工业企业R&D经费支出占营业收入比重达2.23%。

（一）区域创新资源布局

黄岩区创新平台主要集中在塑料模具、新能源电动车及汽摩配以及绿色医化产业。2022年，全区拥有省级企业研究院19家，省级高新技术企业研发中心60家，省级以上众创空间5家（其中1家国家级众创空间）。创新平台集聚在江口街道、北城街道、新前街道、西城街道和东城街道（见图2）。

（二）产业专利分析

黄岩区的专利优势主要集中在注塑、塑料管、杂环化合物等领域。2022年，黄岩区有效发明专利共2318件，前十大专利技术领域（小类）见图3。根据申请人分析，永高股份（注塑成型制品模型部件和取出方法、有机高分子化合物制备配料、塑料管）、浙江永宁药业（医药配制品、心血管疾病药物、杂环化合物）、浙江凯华模具（注塑成型制品取出方法和模型部件）、浙江省柑橘研究所（真菌、杀虫剂、树木栽培）、联化科技（无环或碳环化合物）及黄岩炜大塑料机械（塑料模具）等申请人的专利数量位居前列。

四、黄岩区未来展望

从产业发展看，黄岩区将大力发展柑橘、中药材、杨梅等特色农业，建成中国黄岩蜜橘种源研究中心，建设中药种质资源保护区、地产药材初加工中心、智慧果园东魁杨梅数字化平台，推动模具、医药、电动车等传统产业向产业链两端延伸，大力发展新能源、新材料、生命健康等新兴产业。从科技创新看，黄岩区总体研发投入处于全省中游水平，区域创新能力需进一步提升，科技引领作用需进一步加强。下一步，黄岩区将以永宁江科创带建设为牵引，推进台州院士之家黄岩融合基地建设，引进高端以上创新创业人才，提升区域创新动能。

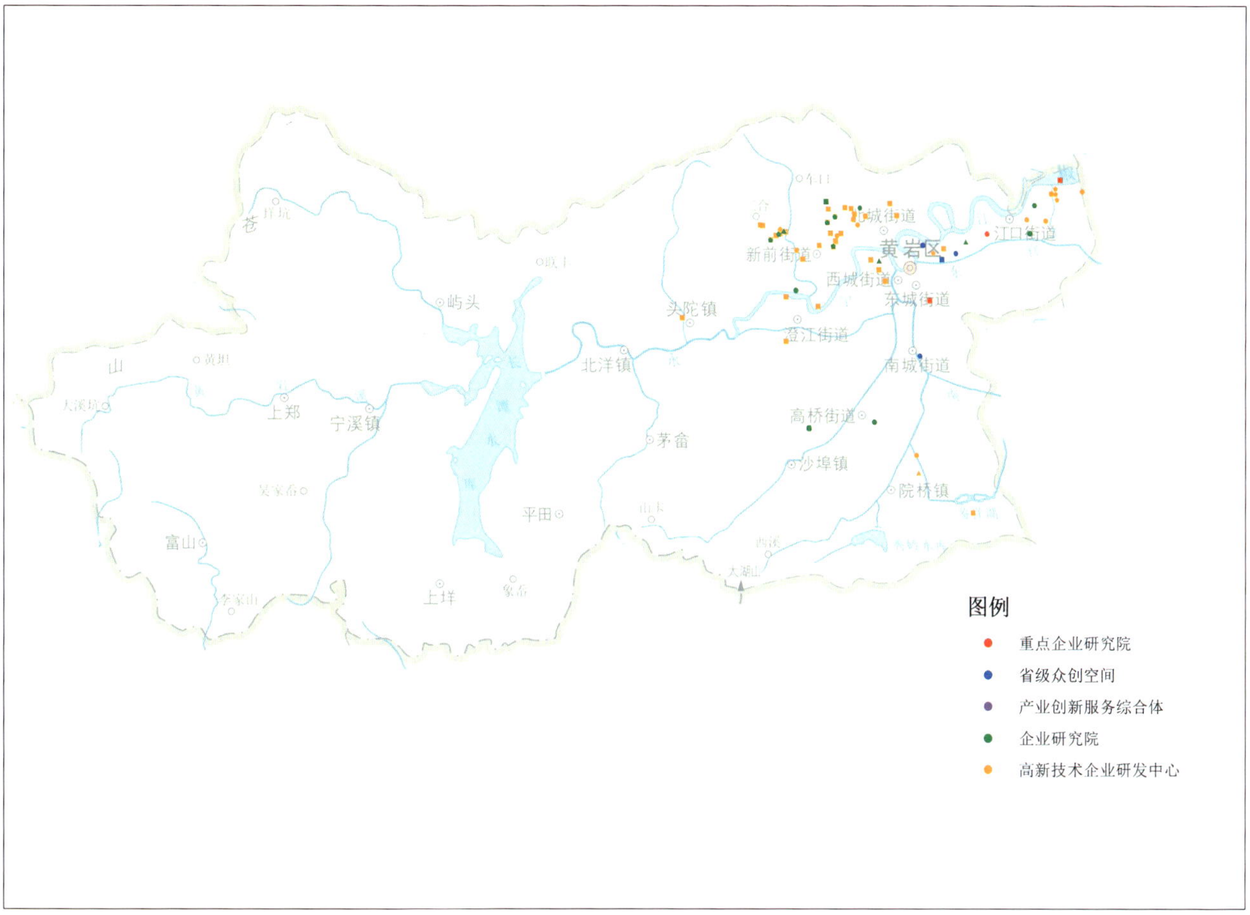

图例

重点企业研究院

省级众创空间

产业创新服务综合体

企业研究院

高新技术企业研发中心

图 2　黄岩区创新平台布局

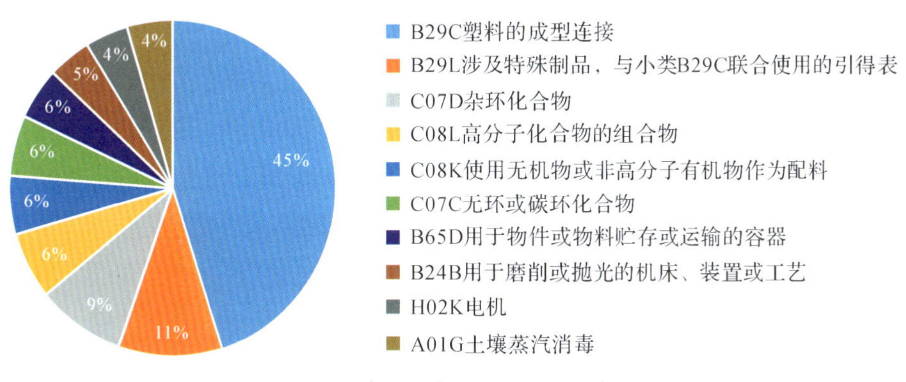

图 3　黄岩区专利技术领域分布

路桥区产业链创新链全景分析报告

台州路桥区位于浙江沿海中部，总面积274平方千米，下辖6个街道、4个镇。2023年，全区户籍人口为46.08万人，常住人口为63.8万人。地区生产总值为783.31亿元，全省排名第43，全市排名第4。路桥区是“综合实力百强区”“科技创新百强区”“全国绿色发展百强区”“中国植保与清洗机械之都”“中国枇杷之乡”。

一、路桥区产业概况

（一）产业结构

从地区生产总值构成看，2023年前三季度，路桥区第一产业增加值为10.82亿元，第二产业增加值为212.41亿元，第三产业增加值为356.51亿元。

从农业看，路桥区以花卉苗木、西瓜和枇杷产业为主导。2023年前三季度，全区农林牧渔总产值为16.89亿元。花卉苗木产业产值超9亿元，西瓜产业产值超3亿元，路桥“黄蜜”西瓜被认定为绿色食品A级产品、获省农博会金奖；枇杷产业产值约0.2亿元，路桥是“中国枇杷之乡”，路桥枇杷为国家绿色食品、国家农产品地理标志。下一步，路桥区将按照“花木大世界、路桥后花园”的总体概念，打造万亩花卉苗木基地，做大做强“黄琅西瓜”“桐屿枇杷”等区域特色优质农产品产业品牌。

从工业看，路桥区以汽车整车及零部件、机电植保机械、金属资源加工和智能卫浴为主导。2023年前三季度规上工业增加值106.95亿元，规上工业企业490家。2022年路桥区产业主要分布见表1。下一步，路桥区将聚焦数字化、网络化、智能化和绿色化转型，加快推进数字经济“一号工程”，全面提升汽车整车及零部件、机电植保机械、金属资源加工、智能卫浴四大主导产业，加快培育智能装备、新材料、节能环保三大新兴产业，打造“143”现代工业体系。

表1　路桥区特色工业简介

名称	规上工业产值/亿元	占全区规上工业总产值比重/%
汽车整车及零部件	139.00	24.40
机电植保机械	超130.00	超22.83
智能卫浴	24.00	4.21

从服务业看，路桥区以现代物流及金融服务为主导。路桥区是全国唯一拥有台州银行、浙江泰隆商业银行、路桥农商银行、路桥富民村镇银行四家地方法人银行的县级区。下一步，路桥区将投运台州国际再生金属交易中心，争创海关再生金属贸易示范区。着力打造国际直采集采中心，加快省物流示范县综合改革创新试点建设，投用台州南智慧陆港新区，力争获批 B 型保税物流中心，基本建成普洛斯浙东南智慧物流基地，建设机场冷链物流中心。

（二）“一核两翼”的产业空间布局

图 1 展示了路桥区重点产业平台布局。从工业看，路桥区工业以路南街道“省级经济开发区”为核心，螺洋街道和蓬街镇“省级经济开发区”为两翼，重点发展汽车及零部件、智能机电、智能卫浴、金属加工、植保机械和塑料产业。从农业看，路桥区农业主要集聚在东南部的金清镇（省级特色农业强镇），重点发展瓜果蔬菜、稻米和水产等产业。从服务业看，路桥区服务业主要集中在路南街道，围绕“路桥方林汽车现代服务业创新发展区”，重点发展贸易、服务和文旅。

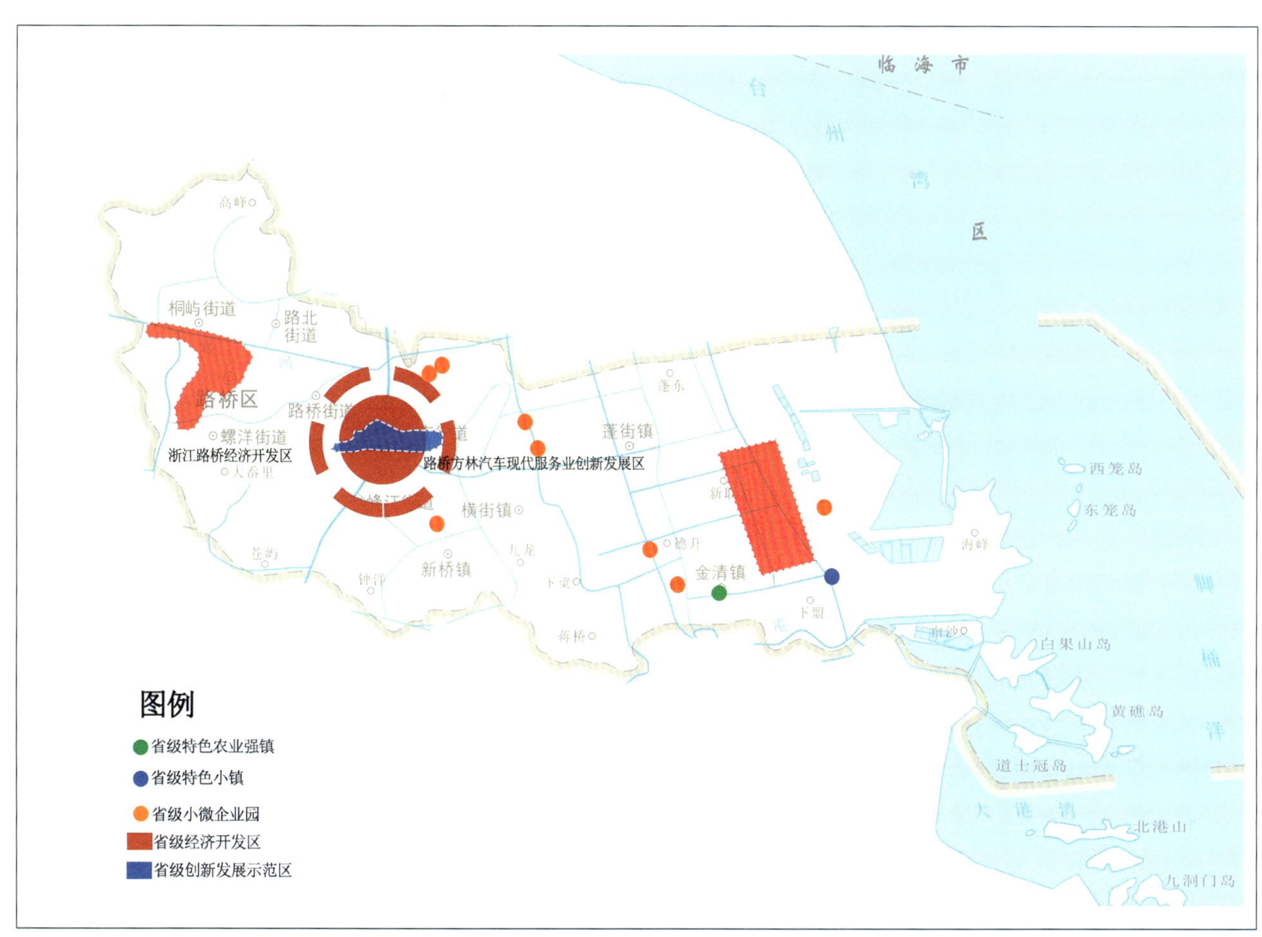

图 1　路桥区重点产业平台布局

二、重点产业

（一）汽车整车及零部件产业

路桥区是全国重要的民营汽车制造基地、浙东南汽车展销中心。2022 年，汽车整车及零部件产业规上工业产值 139 亿元。汽车整车及零部件产业的龙头企业见表 2。从产业链角度看，汽车整车及零部件产业的龙头企业主要集中在上游的基础零部件，中游的汽车仪器仪表零部件、发动机系统、车身附件、汽车车灯制造，下游的整车制造。下一步，路桥区将重点发展电动汽车整车和关键零部件关键技术，突破混合动力汽车动力总成与整车集成控制技术，发展电动汽车充换电成套技术与设备。

表2　路桥区汽车整车及零部件产业龙头企业简介

行业	企业类型	公司名称	主营业务
汽车整车及零部件	纳税百强企业（市级）	豪达（浙江）汽车配件有限公司	汽车整车线束、汽车线束用低压导线、接插件、波纹管和尼龙扎
	专精特新“小巨人”	飞达科技有限公司	新能源机车控制线束技术
		八环科技集团股份有限公司	汽车发动机张紧轮轴承、变速器轴承、汽车空调电磁离合器轴承
	地方重点企业	浙江富杰德汽车系统有限公司	发动机可变气门正时系统、热管理系统三通阀、发动机悬置、减震器阀等
		台州市轩金车灯制造有限公司	汽车车灯
		台州德尔福汽车部件有限公司	车用电器、汽车电子控制器系统、传感器、电子油门
		浙江保镖电子科技有限公司	车用防盗器
		浙江福林国润汽车零部件有限公司	汽车车身总成
		台州吉利汽车工业有限公司、台州吉利汽车制造有限公司	汽车整车制造
		台州吉利汽车销售有限公司	汽车销售

（二）机电植保机械产业

路桥区是全国植保与清洗机械产业知名品牌创建示范区、国家级植保与清洗机械质量提升示范区、国家级植保与清洗机团体标准试点单位。2022 年，机电植保机械产业规上工业总产值超 130 亿元（含台州湾新区部分）。机电植保机械产业的龙头企业见表 3，主要分布在农业机械和机电设备两大行业。从产业链角度看，农业机械企业主要集中在上游的机械零部件制造和中游的整机机械制造领域；机电设备企业主要集中在上游的电机零部件生产和智能电机系统开发领域，中游的成套电机制造领域。下一步，路桥区将大力发展智能机电设备、绿色机电一体化、农机产品等高品质新产品，打造全国电机、电线、电缆等重要配件供应地和全国农业及植保机械的重要生产基地。

表3　路桥区机电植保机械产业龙头企业简介

行业	企业类型	公司名称	主营业务
农业机械	上市公司	绿田机械股份有限公司	发电机组、水泵机组、发动机和高压清洗机
		浙江大农实业股份有限公司	高压清洗机整机、高压柱塞泵和清洗机附件
	专精特新“小巨人”	台州信溢农业机械有限公司	手动喷雾器、机动喷雾器、喷雾喷粉机

续表

行业	企业类型	公司名称	主营业务
农业机械	地方重点企业	富士特有限公司	柱塞泵、电动喷雾器、背负式动力喷雾机
		台州市一鸣机械股份有限公司	工厂化育秧设备、粮食烘干设备、粮食储存仓、全量化有机废弃物设备
		浙江欧耀机械有限公司	植保机械、喷雾器、清洗机
机电设备	上市公司	浙江金龙电机股份有限公司	智能伺服永磁电机、异步电机、驱动、变频控制系统的科研、开发、制造、销售
	专精特新"小巨人"	浙江肯得机电股份有限公司	电焊机、充电机和加热器
		中策永通电缆有限公司	电线电缆制造
	地方重点企业	台州市海鹰机电股份有限公司	大中小型电机用定子铁心、铸铝转子、定转子冲片

（三）智能卫浴产业

路桥区为中国水龙头生产基地、中国卫浴洁具生产配件生产和出口基地以及中国水暖卫浴五金出口基地。2022 年，路桥区智能卫浴产业规上工业总产值 24 亿元（含台州湾新区部分），规上企业 46 家。智能卫浴产业的龙头企业见表 4。从产业链角度看，智能卫浴产业的龙头企业主要集中在上游的零部件制造领域和中游的卫浴产品制造领域。下一步，路桥区将加快推动卫浴、水暖等产业向智能化、高端化、个性化发展，重点发展智能马桶、智能浴缸、健康环保炊具、智能家电等产品关键技术，积极拓展控制器、加热器、清洗器、电磁阀等关键零部件生产，强化钢板搪瓷等陶瓷替代材料研发。

表4　路桥区智能卫浴产业龙头企业简介

行业	企业类型	公司名称	主营业务
整体卫浴产品	地方重点企业	西马智能科技股份有限公司	智能坐便器、浴室柜、花洒、龙头
		浙江莱吉尔智能卫浴有限公司	智能坐便器
		欧路莎智能卫浴有限公司	按摩浴缸、桑拿房、淋浴房、智能坐便器
卫浴零部件	地方重点企业	台州市欧亚洁具有限公司	水槽下水器、台盆去水配件、地漏、接管等
		埃飞灵卫浴科技集团有限公司	去水器、水龙头、编织软管、地漏角阀

三、科技创新概况

2022 年，全区 R&D 经费占地区生产总值比重为 1.61%，全省排名第 75；全区拥有高新技术企业 207 家，高新技术产业增加值占工业增加值比重达 66.81%；全区规上工业企业 R&D 经费支出占营业收入比重为 1.08%，全省排名第 79。

（一）区域创新资源布局

路桥区创新平台主要集中在汽车整车及零部件和机电植保机械产业。2022 年，全区拥有省级企业研究院 15 家，省级高新技术企业研发中心 28 家。创新平台主要集聚在路桥街道、横街镇、新桥镇和金清镇（见图 2）。

图 2　路桥区创新平台布局

（二）产业专利分析

路桥区的专利优势主要集中在清洗机械、电机以及机床等领域。2022 年，路桥区有效发明专利共 2081 件，前十大专利技术领域见图 3。根据申请人分析，吉利控股（车辆和机械输送机）、金刚汽车（车辆和输送机）、富地机械（水产养殖和水处理设备）、腾达建设（桥梁架设方法与设备）、布鲁新能源（供配电装置和系统）等申请人的专利数量居前。

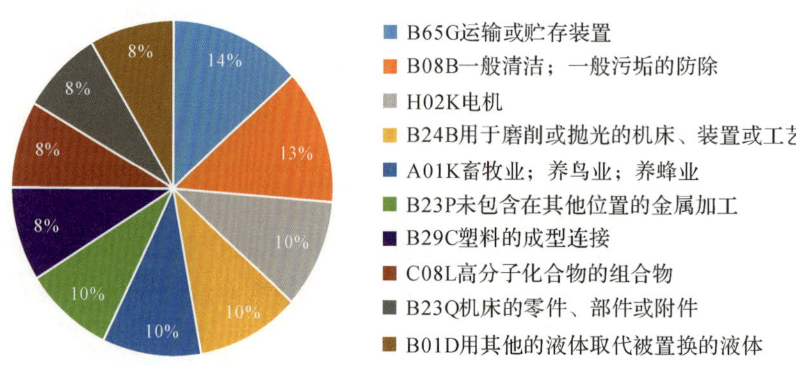

图 3　路桥区专利技术领域分布

四、路桥区未来展望

从产业发展看，路桥区实施现代产业集群培育计划，打造“汽车、机电（植保机械）、智能装备、智能卫浴”四大标志性现代产业集群，大力培育战略性新兴产业和生产性服务业，积极布局新一代信息技术、数字经济、5G 通信、新基建、新材料、新能源等未来产业。其中，汽车整车及零部件（产业规模优势明显、创新资源较为丰富）将是路桥区最有前景的产业，路桥区将全力打造台州未来汽车城核心区。从科技创新看，路桥区规上工业企业研发投入和R&D经费占地区生产总值比重低于全省平均水平。下一步，路桥区将高标准打造环飞龙湖科创生态圈，重点推进台州市国际科学家创业基地首建区、国际高端工业软件中心等项目建设，打造高能级科创平台。

温岭市产业链创新链全景分析报告

台州温岭市位于浙江省东南沿海，总面积2032.7平方千米，下辖5个街道、11个镇。2023年，全市户籍人口为120.57万人，常住人口为144.1万人。地区生产总值为1351.32亿元，全省排名第18，台州市排名第1。温岭市是“全国综合实力百强县”“全国工业百强县”“全国科技百强县”“中国泵业名城”“中国工具名城”“中国注塑鞋之都”“中国大棚葡萄之乡”“中国果蔗之乡”，拥有长屿硐天国家矿山公园、石塘等旅游景区。

一、温岭市产业概况

（一）产业结构

从地区生产总值构成看，2023年，温岭市第一产业增加值为96.02亿元，第二产业增加值为563.52亿元，第三产业增加值为691.78亿元，三次产业增加值结构调整为7.1 ∶ 41.7 ∶ 51.2。

从农业看，温岭市以海虾、葡萄、西甜瓜、西兰花产业为主导。2023年，全市农林牧渔总产值为182.08亿元。海虾产值超6.57亿元；葡萄产值超6.68亿元，“温岭葡萄”是国家地理标志证明商标；西甜瓜产值超4.1亿元；西兰花产值超2亿元，温岭是浙江省万亩西兰花标准栽培示范基地。

从工业看，温岭市以泵与电机、机床工具、汽摩配件、时尚鞋服产业为主导。2023年，全市规上工业增加值238.39亿元，规上工业企业1345家，全市规上工业企业营业收入1055.75亿元。2022年温岭市产业主要分布见表1。下一步，温岭市将构建“2（优势产业：泵与电机、机床工具）+2（特色产业：汽摩配件、服装鞋服）+4（传统产业：厨卫家电、塑化建材、水产冷冻和船舶修造）+4（新兴产业：激光电子、医药健康、风光电及储能、半导体及控制器）”的产业发展格局。

表1　温岭市特色工业简介

名称	规上工业产值 / 亿元	占全市规上工业总产值比重 /%
泵与电机	约355.70	约33.11
机床工具	约133.10	约12.39
汽摩配件	约111.13	约10.34
时尚鞋服	约100.00	约9.31

从服务业看，温岭市以科技服务业和现代物流产业为主导。2022 年，温岭市规上服务业总营收 128.08 亿元（其中科技服务业规上营收占 71.9%），重点生产性服务业产业主要分布见表 2。下一步，温岭市将搭建集技术研发、创业孵化、检验检测、知识产权、人力资源、创意设计等于一体的服务平台，谋划建设基于大数据技术的综合物流平台和智能冷链物流园，大力发展信息服务业、现代金融业和商务会展业。

表2　温岭市特色生产性服务业简介

名称	规上工业营收 / 亿元	占全市规上服务业总营收比重 /%
科技服务	约 75.39	约 58.86
现代物流	约 14.94	约 11.13

（二）“东部集聚”的产业空间布局

图 1 展示了温岭市重点产业平台布局。从工业看，温岭市工业围绕“浙江温岭经济开发区”“温岭高端装备高新技术产业园区”“温岭经济开发区上马化工园区”在东部集聚分布，重点发展泵与电机、机床工具、汽摩配件、新能源、新材料产业；依托“省级小微企业园”和“省级特色小镇”在西部多点分布，重点发展泵与电机、医疗器械、制药产业和时尚鞋服产业。从农业看，温岭市农业主要集中在南部的“温岭市南部省级现代农业园区”和中部的“温岭市果蔬特色农业科技园区”，主要发展蔬菜瓜果种植和水产养殖产业。从服务业看，温岭市服务业以“温岭市总部经济创新发展区”为核心，聚焦数字贸易、现代商贸、科技服务等新业态。

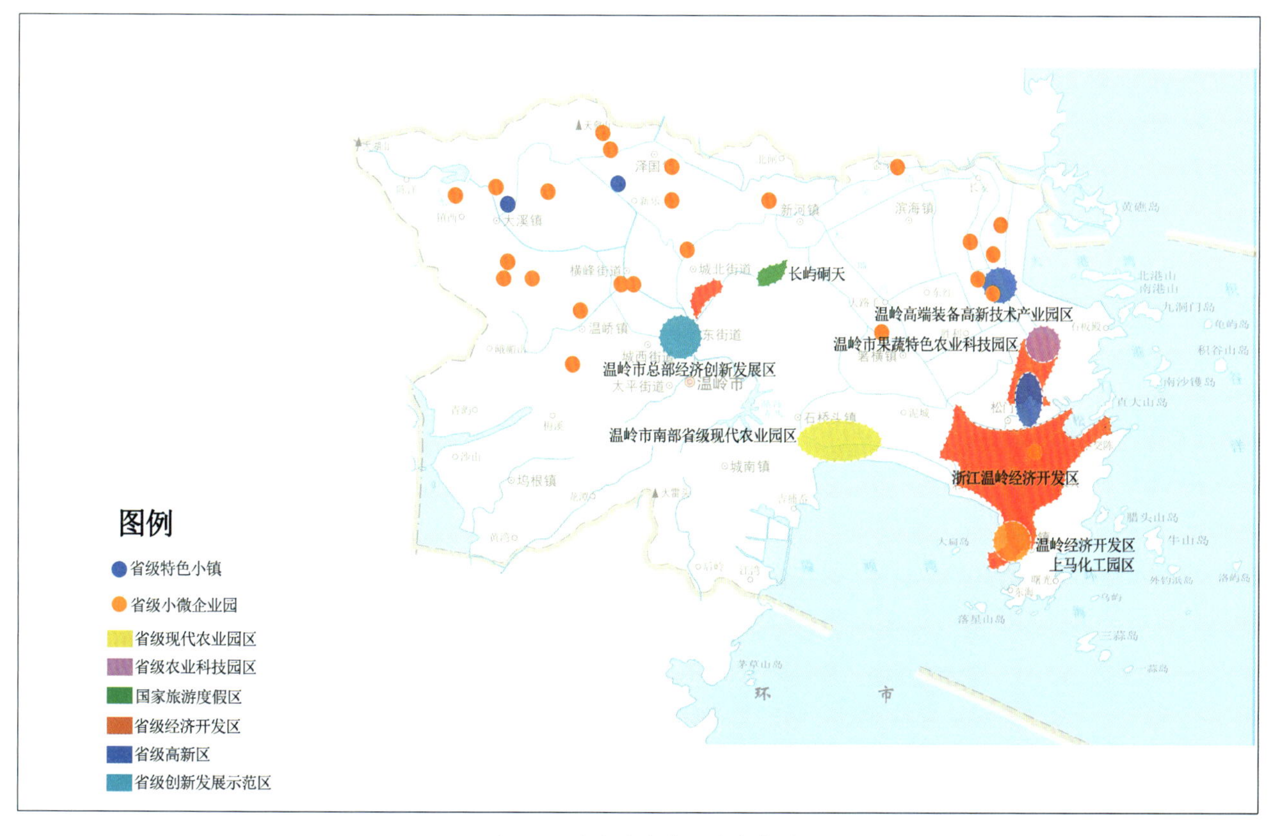

图 1　温岭市重点产业平台布局

二、重点产业

（一）泵与电机产业

泵与电机产业是温岭市第一大支柱产业。2022 年，泵与电机产业规上工业产值约 355.7 亿元，规上企业 340 家。泵与电机产业的龙头企业见表 3，主要分布在泵和电机制造两大行业。从产业链角度看，泵制造企业主要集中在中游的泵生产；电机制造企业主要集中在中游的电机制造，产业配套齐全，产业集群优势明显。下一步，温岭市将重点攻关水泵共性、永磁电机等核心技术，拓展生产工业泵、特种泵等高端产品，发挥“温岭·中国泵业指数”的影响力，打造泵与电机千亿级国家级产业集群。

表3　温岭市泵与电机产业龙头企业简介

行业	企业类型	公司名称	主营业务
泵制造	上市公司	利欧集团股份有限公司	离心泵、长轴泵、污水泵、喷射泵、真空泵
		浙江大元泵业股份有限公司	小型潜水电泵、井用潜水电泵、陆上泵、屏蔽泵
		浙江泰福泵业股份有限公司	陆上泵、小型潜水泵、井用潜水泵、循环泵、节能泵
		浙江天赐泵业股份有限公司	泵及真空设备、机械零件
		浙江宏业高科智能装备股份有限公司	高压泵、高压清洗机
	专精特新“小巨人”	大福泵业有限公司	水泵、屏蔽泵、永磁变频泵
		浙江丰源泵业有限公司	污水潜水电泵、工矿潜水电泵、清水潜水电泵、水泵控制器
		普轩特泵业股份有限公司	管道泵、离心泵、排污泵、消防泵组
		浙江豪贝泵业股份有限公司	陆地泵、潜水泵、电机
		浙江格凌实业有限公司	旋涡式气泵、气环式真空泵、空气流体设备
		浙江飞越机电有限公司	真空泵、回收机、冷媒工具、管子工具
电机制造	上市公司	鑫磊压缩机股份有限公司	压缩机
	专精特新“小巨人”	浙江盛源空压机制造有限公司	无油真空泵、新能源电动空压机、空气压缩机设备
		浙江瑞丰五福气动工具有限公司	喷枪、气动工具、黄油机
		浙江劳士顿科技股份有限公司	空压机、无油机、皮带机、电焊机、水泵
		浙江新富凌电气股份有限公司	变频器、伺服驱动、主轴电机
		浙江铭振电子股份有限公司	无蜗壳风机、蜗壳风机、轴流风机、离心风机、管道风机
		浙江颐顿机电有限公司	电机、泵及真空设备、高压真空漩涡风机、气体压缩机械

（二）机床工具产业

温岭市机床工具产业是全国首批产业集群区域品牌建设试点。2022 年，温岭市机床工具产业规上工业产值约 133.1 亿元，规上企业 168 家。温岭市机床工具产业的龙头企业见表 4。从产业链角度看，该产业的龙头企业主要集中在上游的机床零部件制造和工量刃具以及中游的数控机床制造领域。下一步，温岭市将加强与控制技术、信息技术的有机结合，积极发展高端数控工量刃具，探索“共享机床”新商业模式，打造“中国工量刃具名城”和国家级机床工具生产贸易基地。

表4　温岭市机床工具产业龙头企业简介

行业	企业类型	公司名称	主营业务
机床零部件制造	专精特新“小巨人”	进发轴承有限公司	深沟球轴承、圆锥滚子轴承
		浙江海天机械有限公司	齿轮、轴承、收获机械变速箱、动力换挡变速箱

续表

行业	企业类型	公司名称	主营业务
数控机床制造	专精特新“小巨人”	台州市东部数控设备有限公司	斜轨机床、平轨机床、自动化设备
		温岭市大众精密机械有限公司	立式、卧式、车铣复合机床、液压零配件
		北平机床（浙江）股份有限公司	五轴数控工具磨床、立式、卧式内外圆磨床
工量刃具	上市公司	温岭浙江工量刃具交易中心股份有限公司	工量刃具行业交易中心的物业租赁业务
	地方重点企业	台州华达工量具制造有限公司	车刀、钻头、铣刀、卡尺、卷尺
		台州市恒大刀刃具有限公司	中心钻、立铣刀、加长钻、深孔钻、可转换铣刀、硬质合金刀具
		浙江上优刀具有限公司	车齿刀、齿轮滚刀、插齿刀、剃齿刀
		力锋精密工具（浙江）有限公司	硬质合金立铣刀、U 型钻头、扩孔钻

（三）汽摩配件产业

温岭市是全国汽摩配产业的重要生产基地之一。2022 年，温岭市汽摩配件产业规上工业总产值约 111.13 亿元，规上企业 128 家。温岭市汽摩配件产业的龙头企业见表 5。从产业链角度看，该产业的龙头企业主要集中在中游的行驶系统零部件、传动零部件、新能源汽车电控系统、车身附件制造。下一步，温岭市将重点聚焦摩托车与新能源汽车的整车制造领域，鼓励企业通过项目扩建、技术创新、品牌塑造、整合并购、配套延伸等方式做大做强，建设线上线下结合的温岭汽摩配中心，打造国际知名的摩托车整车及配件、汽车关键零部件生产和出口基地。

表5　温岭市汽摩配件产业龙头企业简介

行业	企业类型	公司名称	主营业务
摩托车整车制造	上市公司	浙江钱江摩托股份有限公司	摩托车、电动车整车制造
汽摩行驶系统制造	上市公司	浙江跃岭股份有限公司	汽轮涂装轮、抛光轮、旋压轮、真空电镀轮
	专精特新“小巨人”	浙江风驰机械有限公司	农机轮毂、摩托车、电动车轮毂、钢铝轮胎
汽摩传动系统制造	上市公司	浙江中马传动股份有限公司	汽车变速器、汽车齿轮、摩托车齿轮、农机齿轮
	专精特新“小巨人”	浙江巨跃齿轮有限公司	汽车齿轮、摩托车齿轮、电动车齿轮、精密设备齿轮
		温岭市明华齿轮有限公司	汽车齿轮、拖拉机齿轮、收割机齿轮、插秧机齿轮、割草机
		浙江瑞格智能科技股份有限公司	变速箱、新能源传动系统、离合器、转向系统、传感器控制器
汽车电子制造	专精特新“小巨人”	浙江益中智能电气有限公司（钱江摩托子公司）	新能源汽车核心电气系统，半导体封装、分立器件、调压器
		浙江九洲新能源科技有限公司	电动车、摩托车驱动电机及控制系统
	地方重点企业	台州法雷奥温岭汽车零部件有限公司	刮水器、洗涤器、电枢、阴极电泳线、雨刷胶条、储液壶吹塑

（四）时尚鞋服产业

温岭市是世界上最大的注塑鞋生产基地之一，被称为“中国鞋业名城”“中国童鞋之乡”“中国注塑鞋之都”。2022 年，时尚鞋服产业规上工业总产值约 100 亿元，规上企业超 200 家。温岭市时尚鞋服产业的龙头企业见表 6。从产业链角度看，该产业的龙头企业主要集中在上游的生产设备（鞋机）和中游的鞋业、帽业、手袋（手提包、编织袋）制造领域。下一步，温岭市将推进专业化柔性分工，加快中高端产品研发制造，建设一批制鞋行业示范智能工厂，鼓励发展 C2M（消费者直连制造商）等新产业模式，提升“温岭童鞋”区域品牌影响力，打造国内一流的特色鞋业生产和出口基地。

表6　温岭市时尚鞋服产业龙头企业简介

行业	企业类型	公司名称	主营业务
鞋业	地方重点企业	台州宝利特鞋业有限公司	休闲鞋、运动鞋、童鞋
		浙江台州喜得宝鞋业有限公司	童凉鞋、男女凉鞋、沙滩鞋
		台州市石林鞋业有限公司	鞋、鞋机、鞋杂件
		温岭市成奇鞋业有限公司	皮鞋
		浙江荣时实业有限公司	制鞋、手袋、气垫、钣金
帽业	地方重点企业	温岭市舜浦帽业有限公司	草帽、草编手袋、藤编工艺品原料
		温岭市华军草编工艺品厂	草帽、纸编手提包、工艺纸布、钩针帽、草席、餐垫

三、科技创新概况

2022 年，全市 R&D 经费占地区生产总值比重为 2.43%；全市拥有高新技术企业 465 家，高新技术产业增加值占工业增加值比重达 77.2%；全市规上工业企业 R&D 经费支出占营业收入比重达 2.64%，全省排名第 7。

（一）区域创新资源布局

温岭市创新平台集中在泵与电机、机床工具和汽摩配件产业。2022 年，全市拥有省技术创新中心 1 家，省级重点企业研究院 4 家，省级企业研究院 31 家，省级高新技术企业研发中心 59 家，省级科技企业孵化器 2 家，省级以上星创天地 4 家，省级产业创新服务综合体 2 家。平台主要分布在城东街道、太平街道、泽国镇和松门镇（见图 2）。

（二）产业专利分析

温岭市的专利优势主要集中在泵、电机和机床零部件等领域。2022 年，温岭市有效发明专利共 4625 件，前十大专利技术领域见图 3。根据申请人分析，浙江钱江摩托股份（工程元件或部件、无轨陆用车辆）、浙江鸿友压缩机制造（液体变容式机械）、浙江爱仕达电器股份（家具、咖啡磨、一般吸尘器）、温岭市创嘉信息科技（农林牧渔业）、温岭市恒艽信博机械科技（门、百叶窗、卷辊遮帘）等申请人的专利数量居前。

四、温岭市未来展望

从产业发展看，温岭市将聚焦四大主导产业和新能源、新材料、高端装备、航天军工、生命健康等战略性新兴产业，全力打造芯片控制系统、泵业智造、电子信息三大“千亩产业园”，着力打造“泵与电机千亿级国家级产业集群”。从科技创新看，温岭市规上工业企业研发投入全省靠前，科技龙头企业数量较多，区域创新能力较强，下一步，温岭市将高水平建设省高档数控机床技术创新中心，聚力突破数控机床领域一批“卡脖子”技术，推动机床产业高端化发展。同时，鼓励支持江苏大学流体机械温岭研究院、四川大学制造学院先进刀具研究所、华中数控温岭研究院等发挥本部优势，积极牵头或参与新型研发机构建设，全面提升区域创新能力。

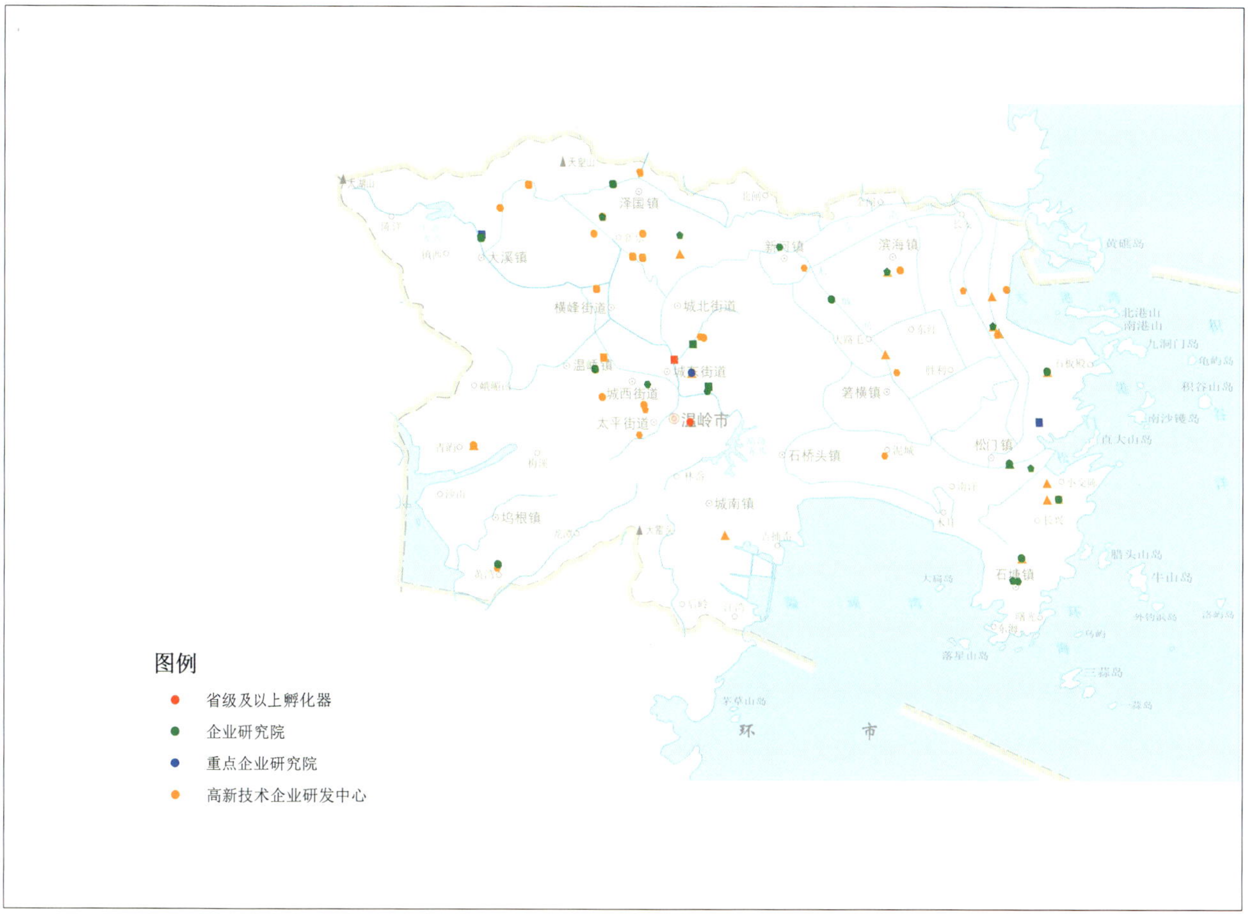

图例

省级及以上孵化器

企业研究院

重点企业研究院

高新技术企业研发中心

图 2　温岭市创新平台布局

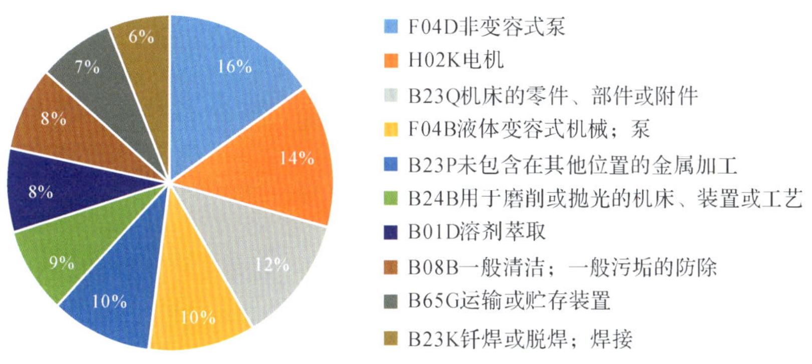

图 3　温岭市专利技术领域分布

临海市产业链创新链全景分析报告

台州临海市位于浙江省东部沿海，陆域面积 2251 平方千米，海域面积 1590 平方千米，下辖 5 个街道、14 个镇。2023 年，全市户籍人口为 119.05 万人，常住人口为 110.9 万人。地区生产总值为 891.88 亿元，全省排名第 32，台州市排名第 2。临海市是全国县域经济百强县、全国综合竞争力百强县，被誉为“中国无核蜜橘之乡”“中国西兰花之乡”“中国白对虾之乡”，拥有“括苍山国家森林公园”“台州府城”“桃渚风景区”“灵湖景区”等旅游景区，享有“海上仙子国”的美誉。

一、临海市产业概况

（一）产业结构

从地区生产总值构成看，2023 年，临海市第一产业增加值为 58.95 亿元，第二产业增加值为 378.57 亿元，第三产业增加值为 454.46 亿元，三次产业增加值结构调整为 6.6 ∶ 42.4 ∶ 51.0。

从农业看，临海市以柑橘、杨梅、白对虾和西蓝花产业为主导。2023 年，全市农林牧渔总产值为 98.18 亿元。柑橘产值 14 亿元，临海柑橘被认定为省级农产品优势区；杨梅产值超 7 亿元，白水洋镇荣获省级杨梅特色农业强镇；白对虾产值超 5.5 亿元，临海白对虾产业构筑了现代化养殖的渔业样板；西兰花产值超 3.2 亿元，临海市拥有全国规模最大的冬春西兰花生产基地，上盘镇被评为西兰花国家级农业产业强镇。

从工业看，临海市以汽车机械、时尚休闲和医药健康产业为主导。2023 年，全市规上工业总产值超 1000 亿元，规上工业企业 665 家。2022 年临海市产业主要分布见表 1。下一步，临海市将推进主导产业向新材料、新能源环保、高端装备、数字经济和光电领域进军，培育发展三大千亿主导产业集群、四大百亿级新兴产业集群，构建“3（医药健康、汽车机械和时尚休闲）+4（新材料、新能源环保、高端装备和数字经济）+X（服务产业）”产业体系。

表1　临海市特色工业简介

名称	规上工业产值 / 亿元	占全市规上工业总产值比重 /%
汽车机械	358.30	34.09
时尚休闲	139.01	13.23
医药健康	323.40	30.77

（二）“两核三区多点”的产业空间布局

图 1 展示了临海市重点产业平台布局。临海市产业呈现出明显的“两核带动、三区整合、多点联动”的特点。从农业看，临海市农业主要集中在东北部“临海市茶产业农业科技园区”，以茶旅融合发展为特色。从工业看，临海市工业在东部上盘镇，以“台州湾经济技术开发区”为核心，重点发展汽车机械和医药健康产业；在中部围绕“浙江临海经济开发区”“省级小微企业园”多点分布，重点发展汽车机械、医药健康和时尚休闲产业，少部分涉及新能源、新材料等新兴产业。从服务业看，临海市服务业在中部，以“临海现代商贸流通创新发展区”为核心，重点发展现代物流、数字贸易和总部经济产业；在古城街道“灵湖景区”和“台州府城文化旅游区”，重点发展旅游业。

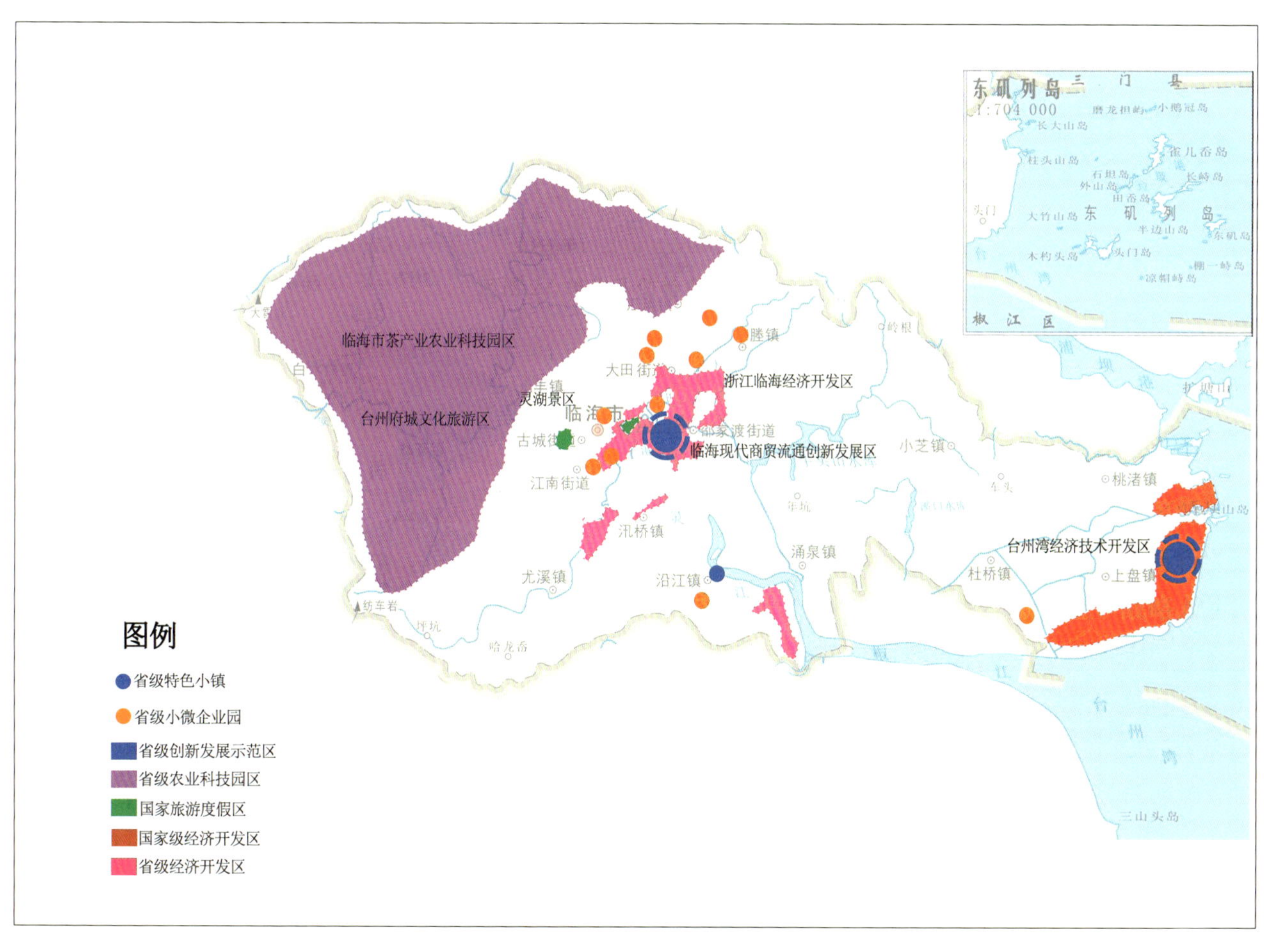

图 1　临海市重点产业平台布局

二、重点产业

（一）汽车机械产业

临海市是全国经济型轿车和工程液压阀的重要生产基地。2022 年，临海市汽车机械产业规上工业产值为 358.3 亿元，规上企业 180 家。临海市汽车机械产业的龙头企业见表 2，主要分布在汽车和机械行业。从产业链角度看，汽车企业主要集中在上游的汽车技术研发，中游的汽车零部件生产，下游的汽车整车制造；机械企业主要集中在上游的机械基础件生产。下一步，临海市将依托吉利等龙头整车企业，坚持整零协同发展，推进智能网联汽车通信及信息交互技术、智能辅助驾驶等核心部件与前沿技术的研发与应用，重点向附加值较高的电控系统、动力系统和汽车电子系统等核心零部件提升发展，聚力打造省内领先的千亿级汽车机械产业集群。力争到 2025 年，汽车机械产业规上工业产值达 500 亿元以上。

表2　临海市汽车机械产业龙头企业简介

行业	企业类型	公司名称	主营业务
汽车	上市公司	浙江永鼎机械科技有限公司	工程车辆、挖土机履带、橡胶履带嵌件
	专精特新“小巨人”	浙江邦得利环保科技股份有限公司	催化剂、排气歧管总成、EGR 冷却器、柴油机后处理产品
	地方重点企业	浙江豪情汽车制造有限公司	汽车、农用运输车发动机及零配件、农业机械
		浙江吉利汽车研究院有限公司	转鼓试验台、环境舱、发动机试验台架等
		浙江顶立添翼汽车部件股份有限公司	汽车安全带、玻璃升降器、钣金件、滚压件
		浙江陆虎汽车有限公司	汽车零部件、道路机动车辆制造
	专精特新入库企业	浙江朗杰电子有限公司	拨动开关、轻触开关、电源插座
		浙江铁马科技股份有限公司	汽车管路
		临海市四通制管有限公司	汽车线束、冷却风扇、动力转向管、制动管、输油管、尼龙管、高压油管
机械	上市公司	浙江亘古电缆股份有限公司	电力电缆、导线、装备用电缆、特种电缆
		浙江海宏液压科技股份有限公司	多路阀、先导阀、制动阀、操纵阀、农机阀、转向阀
	专精特新“小巨人”	拓卡奔马机电科技有限公司	裁床、上布机、验布机、铺布机、全自动布卷存储更换装置
	地方重点企业	浙江永立钢业有限公司	钢管、锻造圆钢、不锈钢荒钢
		中渔机械有限公司	扁钢、低压电器、冷轧卷板、热轧板卷
		台州市泰澄电子科技有限公司	车载电子冷热杯、日用水杯、电水壶及豆浆机
		台州市永宁轴承制造有限公司	特殊尺寸 OEM、深沟球轴承球环、空调轴承
		浙江众邦机电科技有限公司	电动机、缝制设备用控制系统、伺服驱动器
	专精特新入库企业	铭品电缆集团股份有限公司	控制电缆、特种电缆、中低压电力电缆、防火电缆、电线

（二）时尚休闲产业

临海市是中国户外家具、庭院休闲用品及眼镜的生产出口基地。2022 年，临海市时尚休闲产业规上工业产值为 139.01 亿元，规上企业 112 家。临海市时尚休闲产业的龙头企业见表 3，主要分布在家具、眼镜服装和彩灯行业。从产业链角度看，时尚休闲产业的龙头企业主要集中在上游的纺织机械、服装材料制造，中游的家具、户外用品、眼镜和彩灯产业生产。下一步，临海市将以功能化、时尚化、智能化为发展方向，鼓励企业生产中高端树脂镜片、光学架及太阳镜，推动彩灯产业龙头企业打造知名品牌，聚力成为国内领先、国际知名的千亿级休闲用品产业基地。力争到 2025 年，时尚休闲产业规上工业产值达 500 亿元以上。

表3　临海市时尚休闲产业龙头企业简介

行业	企业类型	公司名称	主营业务
家具	上市公司	浙江正特股份有限公司	遮阳伞、廊架、帐篷、凉亭、回收塑料制品、家具
		浙江永强集团股份有限公司	休闲家具、遮阳伞、秋千、帐篷、火炉、户外厨房
		浙江朵纳家居股份有限公司	浴室家具、浴缸浴房、智能马桶
		浙江恒源洁具股份有限公司	盖板及全屋家装、厨房洁具、卫浴洁具、洁具配件
	地方重点企业	东海翔集团有限公司	户外面料、收纳系列面料、服装面料、特斯林网布、藤条
		临亚集团有限公司	桌椅、秋千、太阳伞、帐篷、铝材
眼镜服装	上市公司	浙江伟星实业发展股份有限公司	拉链、纽扣、衣架、标牌、绳带
	地方重点企业	浙江盈昌集团有限公司	眼镜制造、电镀加工
		台州天和光学眼镜股份有限公司	眼镜、光学镜头制造
		浙江帕莎眼镜有限公司	太阳镜、光学镜
彩灯	地方重点企业	临海市东塍兴富彩灯厂	照明器具、电子元器件制造、光伏设备及元器件
		龙威集团（临海）有限公司	照明器具、电子元器件锅等锅具产品
		临海市大凡电子科技有限公司	LED 吸顶灯、装饰灯、3D 镜面灯

（三）医药健康产业

2022 年，临海市医药健康产业规上工业总产值 323.4 亿元，规上企业 45 家。临海市医药健康产业的龙头企业见表 4，主要分布在化学药行业。从产业链角度看，该产业的龙头企业主要集中在上游的基础化学品、打包机、制药化工设备制造，中游的中间体和原料药生产，下游的化学制剂生产。下一步，临海市将加快向高附加值的特色原料药转型，重点发展创新血管系统药物、甾体类药物等优势化学原料药及关键中间体，形成原料药—制剂一体化优势，聚力打造千亿级世界高端医药制造中心和国际一流医药原料药绿色生产基地。力争到 2025 年，医药健康产业规上工业产值达 500 亿元以上。

表4　临海市医药健康产业龙头企业简介

行业	企业类型	公司名称	主营业务
基础化学品及设备	上市公司	浙江联盛化学股份有限公司	γ－丁内酯、四氢呋喃、2－吡咯烷酮等化学溶剂
		浙江万盛股份有限公司	磷系阻燃剂、功能日化添加剂、胺助剂、催化剂、涂料助剂
		台州吉谷胶业股份有限公司	塑料管道胶水、多用途装备胶、丙烯酸结构胶
		台州唯德包装股份有限公司	减速打包带、智能打包机
	专精特新“小巨人”	浙江沙星科技有限公司	基础化学原料制造
中间体和原料药	上市公司	浙江华海药业股份有限公司	普利类、沙坦类等高血压原料药
		浙江永太科技股份有限公司	含氟芳香类中间体
		浙江本立科技股份有限公司	环丙胺、甲醇、甲基叔丁基醚、乙酸乙酯回收
医药及设备	上市公司	浙江奥翔药业股份有限公司	肝病类、呼吸系统类、心脑血管类、抗肿瘤类和神经系统类药物
	地方重点企业	浙江瑞博制药有限公司	抗肿瘤类、抗心衰类、中枢神经类、心脑血管类、抗病毒类药物
		浙江泰通医化设备股份有限公司	反应釜、分离机、结晶罐、发酵罐等制药化工设备

三、科技创新概况

2022 年，全市 R&D 经费占地区生产总值比重为 3.16%，全省排名第 26；全市拥有高新技术企业 256 家，高新技术产业增加值占工业增加值比重达 78.18%；全市规上工业企业 R&D 经费支出占营业收入比重达 20.4%，全省排名第 28。

（一）区域创新资源分布

临海市创新平台主要集中在医药健康、新材料和汽车机械产业。2022 年，全市拥有省级重点实验室 2 家，省级重点企业研究院 5 家（包括 1 家重点农业企业研究院），省级企业研究院 22 家，省级高新技术企业研发中心 65 家。创新平台主要分布在上盘镇、杜桥镇和临海中部地区（见图 2）。

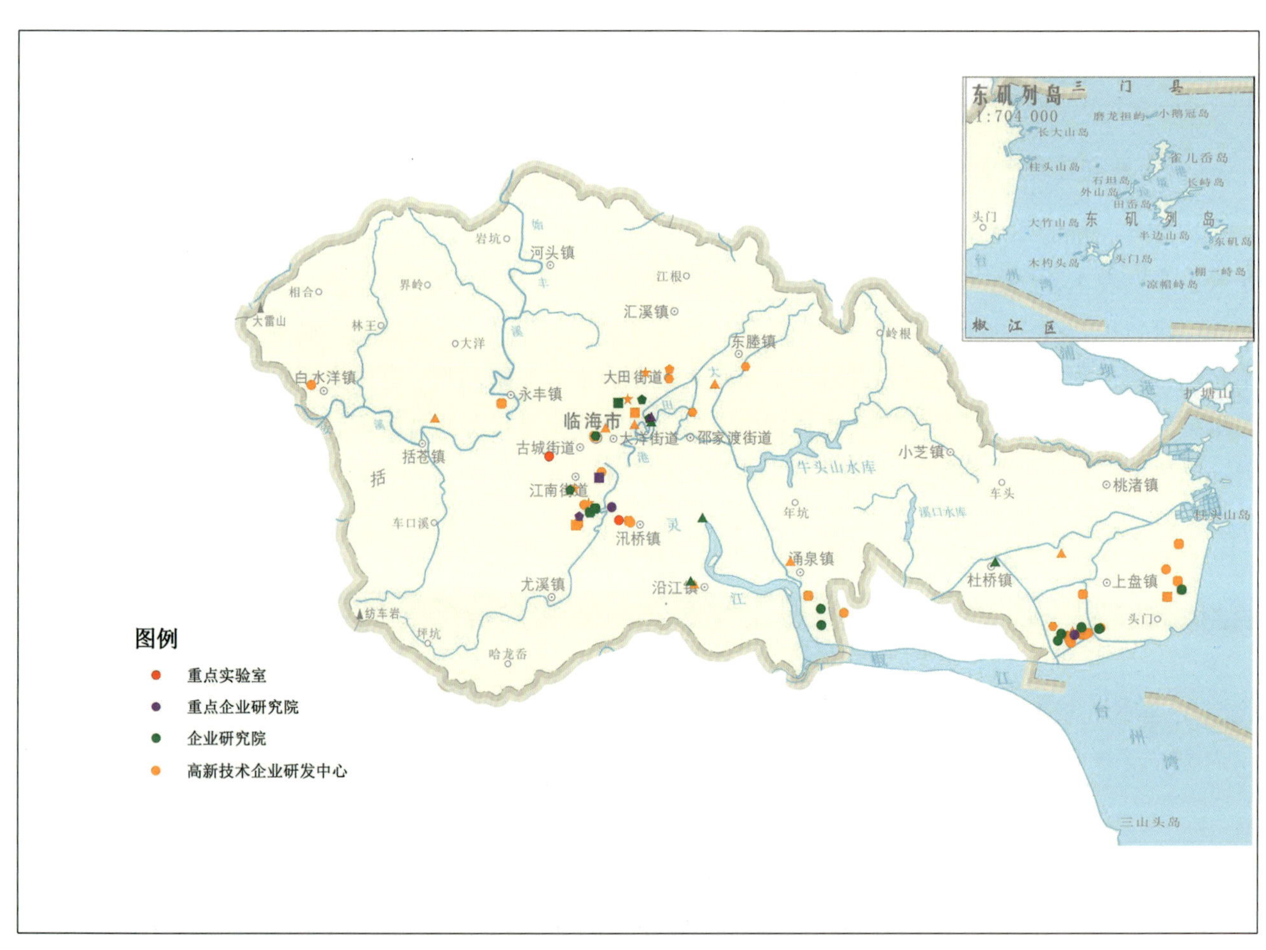

图 2　临海市创新平台布局

（二）产业专利分析

临海市的专利优势主要集中在医药配制品、有机化合物和车辆电路领域。2022 年，临海市有效发明专利共 4630 件，前十大专利技术领域见图 3。根据申请人分析，浙江吉利控股集团（一般车辆、测量测试、工程元件或部件）、拓卡奔马机电科技（缝纫、绣花、簇绒）、浙江华海药业股份（有机化学、医学或兽医学、卫生学）、浙江伟星实业股份（服饰缝纫用品）、浙江永太科技股份（有机化学）等申请人的专利数量居前。

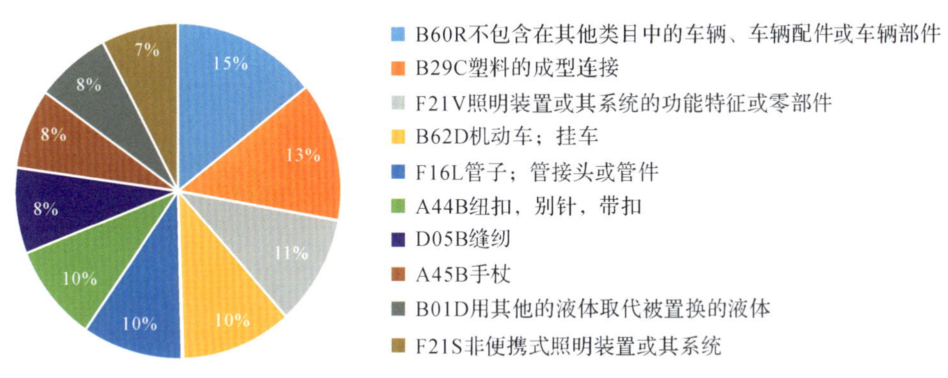

图 3　临海市专利技术领域分布

四、临海市未来展望

从产业发展看，临海市将持续擦亮柑橘、茶叶、杨梅、西兰花四大农业金名片，支持桃、草莓、葡萄、油茶、白对虾等特色产业发展。加快推动现代医药、汽车机械、时尚休闲三大主导产业集群化、数智化、高端化改造，做优做精彩灯、眼镜等特色产业。从科技创新看，临海市 R&D 经费占地区生产总值比重和规上工业企业研发投入占比处于全省中上游。下一步，临海市将实施创新平台跃升工程，深度融入台州湾科创走廊，高标准建设灵江科创廊道、佩弦湖科技城、高端医药高新技术产业园。加强与“双一流”高校和“国字号”科研院所合作对接，加快推进航天环保工程技术研究院、复旦张江临海新材料新能源产业化基地建设，建设国家创新型市。

玉环市产业链创新链全景分析报告

台州玉环市位于浙江省东南沿海，总面积为1936.73平方千米，下辖3个街道、6个镇、2个乡。2023年，全市户籍人口为43.65万人，常住人口为64.3万人。地区生产总值为745.98亿元，全省排名第47，台州市排名第5。玉环市是“全国综合实力百强县”“全国科技创新百强县”“中国阀门之都”“中国汽车零部件生产基地”“中国水暖、阀门精品生产（采购）基地”“中国五金建材（阀门）出口基地”“中国水龙头生产基地”“中国无菌医疗器械自动化装备制造产业基地”，拥有玉环漩门湾观光农业园（华东地区规模最大的观光农业园之一）等旅游景区。

一、玉环市产业概况

（一）产业结构

从地区生产总值构成看，2023年，玉环市第一产业增加值为45.42亿元，第二产业增加值为387.01亿元，第三产业增加值为313.55亿元，三次产业增加值结构调整为6.09 ∶ 51.88 ∶ 42.03。

从农业看，玉环市以渔业、玉环文旦、干江盘菜和火山茶为主导。2023年，全市农林牧渔总产值为88.95亿元。渔业产值77.33亿元；玉环文旦产值为2.6亿元，获国家农产品地理标志登记保护、浙江省名果、省农博会金奖等荣誉；干江盘菜产值超5000万元；火山茶产值为1200万元。下一步，玉环市将创新“文旦＋文创＋文旅”发展模式，推动文旦、火山茶等特色农产品全产业链高质量发展，做优打响渔业品牌，推进数字水产养殖、数字海洋牧场建设，深化中国海捕虾加工中心建设，加快创建国家级渔港经济区。

从工业看，玉环市以汽车零部件、水暖阀门、工程机械为主导。2023年，全市规上工业企业1064家，规上工业总产值1138.07亿元。2022年玉环市产业主要分布见表1。下一步，玉环市将重点发展汽车零部件和水暖阀门主导产业，加快发展工程机械、机床、家具、药械包装、眼镜配件、缝制设备等特色产业，培育发展高端智能装备制造、现代交通装备与关键零部件、航空航天、电子信息、生命健康、节能环保、智能家居、智能电气等新兴产业，形成“268”的生态工业体系。

表1　玉环市工业主导产业简介

名称	规上工业产值 / 亿元	占全市规上工业总产值比重 /%
汽车零部件	约 308.15	约 27.30
水暖阀门	约 266.44	约 23.61
工程机械	180.25	15.97
家具	约 180.00	约 15.94

（二）“北部集聚”的产业空间布局

图1展示了玉环市重点产业平台布局。从工业看，玉环市工业围绕“省级经济开发区”“省级高新区”“省级特色小镇”“省级小微企业园”，在楚门镇、沙门镇、干江镇、大麦屿街道多点分布，重点发展汽摩配、水暖阀门、药械包装、家具、高端智能装备制造和现代交通装备制造产业。从农业看，玉环市农业主要聚集在北部的楚门镇和龙溪镇，围绕“省级现代农业园”，打造以玉环文旦为主的农业和乡村旅游示范基地。从服务业看，玉环市服务业围绕“玉环智慧供应链服务业创新发展示范区”发展现代供应链服务；围绕“大鹿岛景区”“漩门湾观光农业园”“漩门湾湿地景区”，打造特色旅游体验休闲区。

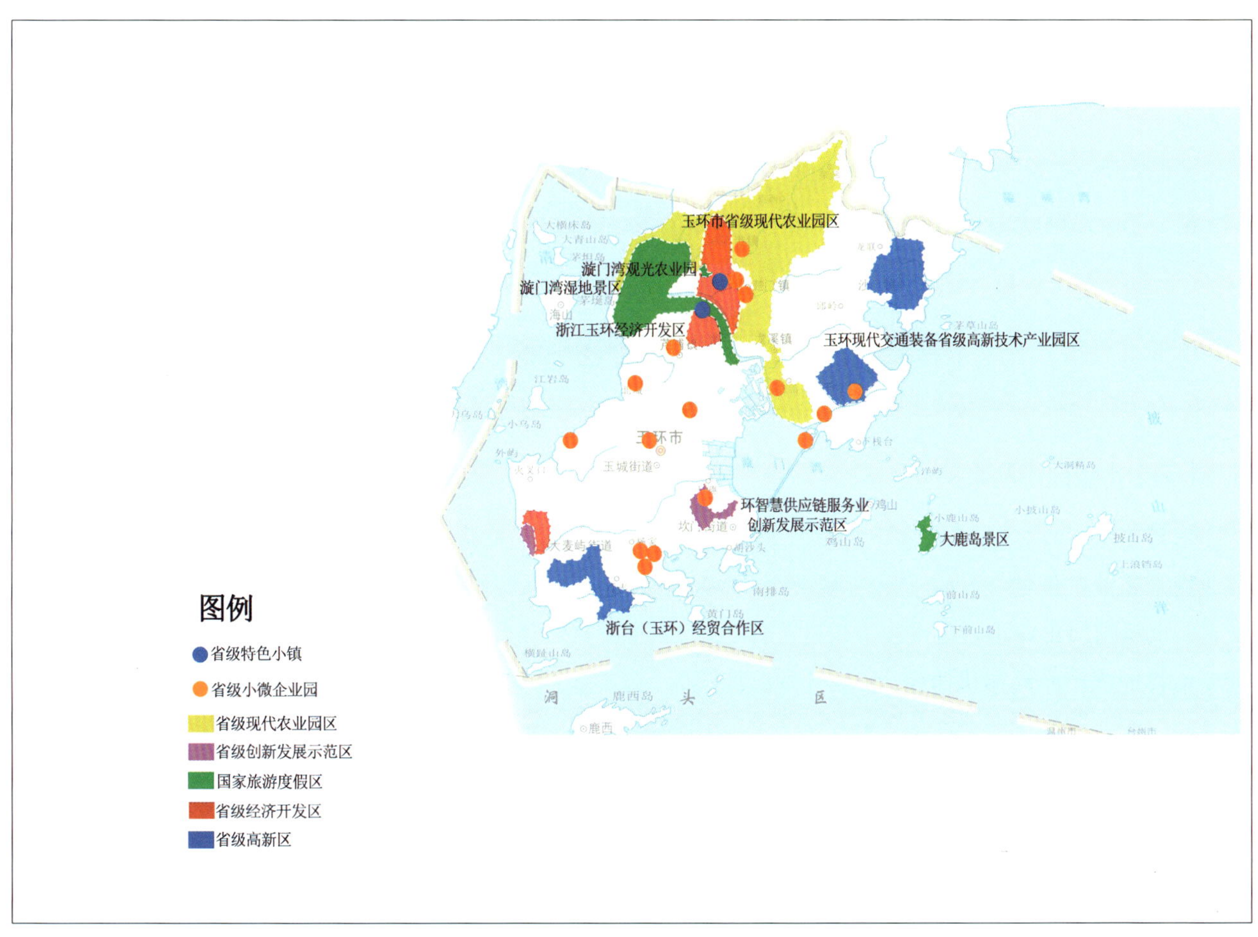

图1　玉环市重点产业平台布局

二、重点产业

（一）汽车零部件产业

玉环市被誉为“中国汽车零部件生产基地”。2022年，玉环市汽车零部件产业规上工业产值约308.15亿元，规上企业356家。玉环市汽车零部件产业的龙头企业见表2。从产业链角度看，汽车零部件企业主要集中在上游的基础零部件和原材料供应链服务，中游的行走系零部件、发动机系零部件、转向系零部件、制动系零部件、传动系零部件、底盘零部件、车身附件、仪器仪表零部件制造。下一步，玉环市将发挥龙头企业的带头作用，依托汽车零部件创新综合体平台，大力研发关键零部件智能化系统化产品；积极发展新能源汽车整车制造、汽车电子。力争到2025年，汽车零部件产业产值突破1000亿元，打造具备先进制造技术优势的国际知名汽车零部件产业基地。

表2　玉环市汽车零部件产业龙头企业简介

行业	企业类型	公司名称	主营业务
汽车零部件	上市公司	浙江正裕工业股份有限公司（A股）	汽车悬架系统减震器、汽车橡胶减震产品、发动机密封件
汽车零部件	上市公司	浙江双环传动机械股份有限公司	汽车齿轮、摩托车齿轮、电动工具齿轮
汽车零部件	专精特新“小巨人”	台州易宏实业有限公司	汽车化油器，水泵电喷组件等系列配件
汽车零部件	专精特新“小巨人”	浙江汇丰汽车零部件股份有限公司	汽车转向系统、制动系统及动力底盘系统的相关零部件
汽车零部件	专精特新“小巨人”	台州永裕工业有限公司	汽车发动机缸盖、活塞系列产品
汽车零部件	专精特新“小巨人”	浙江环方汽车电器有限公司	电磁开关、继电器和新能源高压接触器
汽车零部件	专精特新“小巨人”	浙江华邦机械有限公司	转向球头及拉杆总成、变速操纵总成、转向管柱总成、电子油门踏板总成、备胎升降器总成
汽车零部件	专精特新“小巨人”	台州永安转向器有限公司	汽车转向器
汽车零部件	专精特新“小巨人”	浙江奥缔机械股份有限公司	汽车制动间隙自动调整臂系列产品
汽车零部件	专精特新“小巨人”	台州动力机部件股份有限公司	柴油机、汽油机高强度螺栓、推杆、挺柱、齿轮轴、喷油管
汽车零部件	地方重点企业	浙江业洲供应链有限公司	为周边汽车零部件企业提供原材料和半成品

（二）水暖阀门产业

玉环市为“中国阀门之都”“中国水暖、阀门精品生产（采购）基地”，2022年，玉环市水暖阀门产业规上工业产值约266.44亿元，规上企业294家。玉环市水暖阀门产业的龙头企业见表3。从产业链角度看，水暖阀门企业主要集中在上游的配件生产，中游的阀门制造，下游的智能家居、转机应用。下一步，玉环市将加强产品高端化迭代，积极开发温控阀门、自控阀门、采暖系统等高端阀门产品。力争到2025年，水暖阀门产业实现工业总产值600亿元，打造国际高端阀门生产基地。

表3　玉环市水暖阀门产业龙头企业简介

行业	企业类型	公司名称	主营业务
水暖阀门	上市公司	浙江万得凯流体设备科技股份有限公司（A股）	水暖器材、阀门、管件、建筑金属配件、智能家居及环保节能控制系统等
水暖阀门	上市公司	永和流体智控股份有限公司（A股）	阀门管件
水暖阀门	专精特新“小巨人”	浙江博民机电股份有限公司	水暖、阀门、卫浴行业精心设计制造高精密伺服水车专机、分水器专机、球阀专机、管件接头类专机等
水暖阀门	专精特新“小巨人”	浙江苏尔达洁具有限公司	厨房龙头、面盆龙头、浴缸龙头及其卫浴配套设施

续表

行业	企业类型	公司名称	主营业务
水暖阀门	专精特新“小巨人”	浙江瑞格铜业有限公司	阀门、水暖、卫浴、管件
		浙江澳川液压器材股份有限公司	公英美制过渡接头、软管接头、胶管总成、液压阀块、润滑系统
		浙江达柏林阀门有限公司	暖通、水阀、燃气阀、PPR 管道
		台州艾迪西盛大暖通科技有限公司	流体输送领域中各类阀门，管件、控制件等管路系统产品
		台州杏诺科技股份有限公司	水暖阀门配件
		浙江鑫帆暖通智控股份有限公司	分水器、温控阀、暖气阀、混水系统及成套供暖系统
		台州丰华铜业有限公司	卫浴智造
		台州嘉亨阀门有限公司	阀门、模具、水暖管件、洁具

（三）工程机械产业

2022 年，玉环市工程机械产业规上工业产值约 180.25 亿元，规上企业 44 家。玉环市工程机械产业的龙头企业见表 4。从产业链角度看，工程机械企业主要集中在上游的工程机械配件制造和中游的工程机械制造。下一步，玉环市将重点发展液压泵阀、液压软管总成、软管接头和过渡接头等产品关键技术、关键零部件、关键工艺升级。力争到 2025 年，工程机械产业实现工业总产值 200 亿元，打造浙东南地区有影响力的工程机械生产基地。

表4　玉环市工程机械产业龙头企业简介

行业类别	企业类型	公司名称	主营业务
工程机械	上市公司	浙江双环传动机械股份有限公司	工程机械齿轮
	科技“小巨人”企业	琦星智能科技股份有限公司	工业用伺服电机及控制系统、工业机器人
	专精特新“小巨人”	浙江双友物流器械股份有限公司	物流安全与起重吊装器械
	地方重点企业	玉环市五一工程机械有限公司	工程机械配件（10.9 级以上高强度螺栓、销子、销轴、垫圈）
		玉环吉发工程机械有限公司	建筑滚丝轮、剥肋刀片、钢筋连接套、接地端子
		玉环运邦工程机械有限公司	建筑工程机械与设备

三、科技创新概况

2022 年，全市 R&D 经费占地区生产总值比重为 2.70%，全省排名第 45；全市拥有高新技术企业 247 家，高新技术产业增加值占工业增加值比重达 67.16%；全市规上工业企业 R&D 经费支出占营业收入比重达 1.79%。

（一）区域创新资源布局

玉环市创新平台主要集中在汽车零部件、水暖阀门、智能装备、工程机械等产业。2022 年，全市拥有省级创新型领军企业 1 家，省级企业研究院 14 家，省级高新技术企业研发中心 90 家，省级科技企业孵化器 1 个，省数字经济“飞地”示范基地 1 个。创新平台集聚在大麦屿街道、坎门街道、玉城街道、芦浦镇、沙门镇（见图 2）。

图2　玉环市创新平台布局

（二）产业专利分析

玉环市的专利优势主要集中在阀门、机床金属加工及零部件、机床等领域。2022年，玉环市有效发明专利共2765件，前十大专利技术领域（小类）见图3。根据申请人分析，浙江双友物流器械（车上货物的固定或覆盖装置、捆扎机械的零部件）、迈得医疗工业设备（喷射或雾化装置零部件、输注器械）、浙江苏泊尔（烹调器皿、烹调器的零部件）、浙江中捷缝纫科技、浙江琦星电子（缝纫机零部件）等申请人的专利数量位居前列。

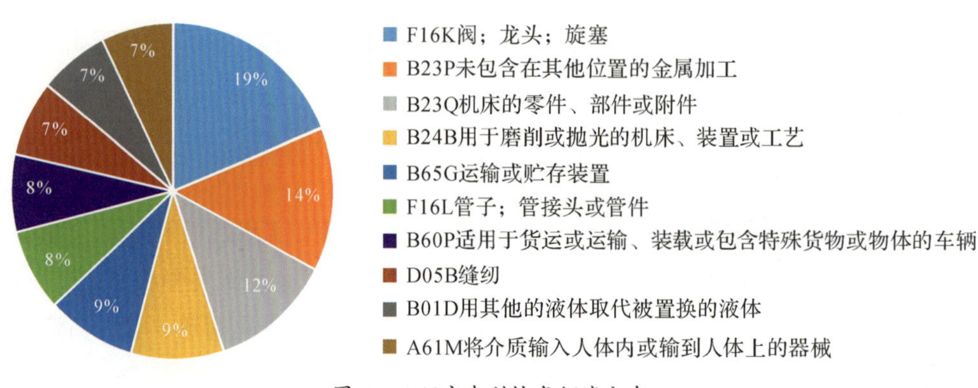

图3　玉环市专利技术领域分布

四、玉环市未来展望

从产业发展看，玉环市将重点发展汽车零部件和水暖阀门主导产业，加快发展工程机械、机床、家具等特色产业，培育发展高端智能装备制造、现代交通装备与关键零部件等新兴产业。从科技创新看，玉环市总体研发投入处于全省中上游水平，企业创新能力较强，科技龙头企业数量较多。从创新平台布局看，玉环市各重点产业的创新载体较多，对产业创新的支撑作用较强。下一步，玉环市将实施科创平台建设行动，以环漩门湾科创走廊为支撑，实施“名校名院名所”工程，深化与浙江大学、天津大学、中国科学院宁波材料所、浙江清华长三角研究院等高校院所合作，加速创新链与产业链融合发展。

三门县产业链创新链全景分析报告

台州三门县位于浙江省东南部，总面积约 1510 平方千米，下辖 3 个街道、6 个镇、1 个乡。2023 年，全县户籍人口为 44.11 万人，常住人口为 38.7 万人。地区生产总值 350.65 亿元，全省排名第 68，全市排名第 8。三门县是“全国科技百强县”“中国电商百强县”“国家生态县”“中国小海鲜之乡”，拥有国家 4A 级景区蛇蟠岛。

一、三门县产业概况

（一）产业结构

从地区生产总值构成看，2023年，三门县第一产业增加值为41.92亿元，第二产业增加值为165.29亿元，第三产业增加值为 143.44 亿元，三次产业增加值结构调整为 12.0 ： 47.1 ： 40.9。

从农业看，三门县以青蟹、三门血蚶产业为主导。2022 年，全县农林牧渔总产值为 89.48 亿元。其中，青蟹总产值超 20 亿元，三门血蚶产值近 10 亿元。下一步，三门县将基于现有青蟹、血蚶等优势农产品，打造浙江渔业融合发展先行区域。

从工业看，三门县以电力能源和装备制造产业为主导。2023 年，三门县规上工业增加值 134.92 亿元，规上工业企业 290 家。2022 年三门县产业主要分布见表 1。下一步，三门县将巩固提升橡塑、电力能源、汽摩配、装备制造四大优势产业，引导支持生物医药、冲锋衣、新型建材等特色产业，加快培育新材料、海洋装备、通航产业等新兴产业，打造“4+3+X”产业体系，力争成为国家海洋经济示范区、长三角区域高水平合作示范区、浙江湾区经济重要节点。

表1　三门县特色工业简介

名称	规上工业产值 / 亿元	占全县规上工业总产值比重 /%
电力能源	约 55.95	约 14.88
装备制造	约 28.57	约 7.60
橡塑	约 14.71	约 3.91
汽摩配	50.00	13.30

从服务业看，三门县以旅游业为主导。下一步，三门县将重点发展全域旅游、健康养老、社区服务产业，通过发挥“鲜甜”海鲜特色优势，推进服务业与第一产业结合，发展特色化、优质化的幸福经济。

（二）“沿海分布”的产业空间布局

图 1 展示了三门县重点产业平台布局。三门县产业呈现一、二产业结合的特点。从农业看，三门县农业集中在浦坝港镇和健跳镇，依托“三门县浦坝港现代农业园区”和“三门县种子种苗农业科技园区”，重点发展水产、柑橘、甜瓜和种子种苗产业。从工业看，三门县工业在“浙江三门经济开发区”，重点发展新材料、高端装备制造、塑胶五金产业，大力培育橡塑、汽摩配、生物医药等产业；在北部健跳镇、海游街道、珠岙镇，“省级小微企业园”多点分布，重点打造橡塑产业和机电产业，少部分涉及新材料、铆钉和副食品生产产业；在三门山海协作“产业飞地”，重点发展高端装备和新材料产业。从服务业看，三门县服务业在健跳镇“三门县智慧港航物流创新发展区”，重点打造港航物流和数字贸易产业；在蛇蟠乡“蛇蟠岛国家级景区”，打造海岛洞窟景区；在海润街道“三门滨海健康小镇”，重点培育健康产业。

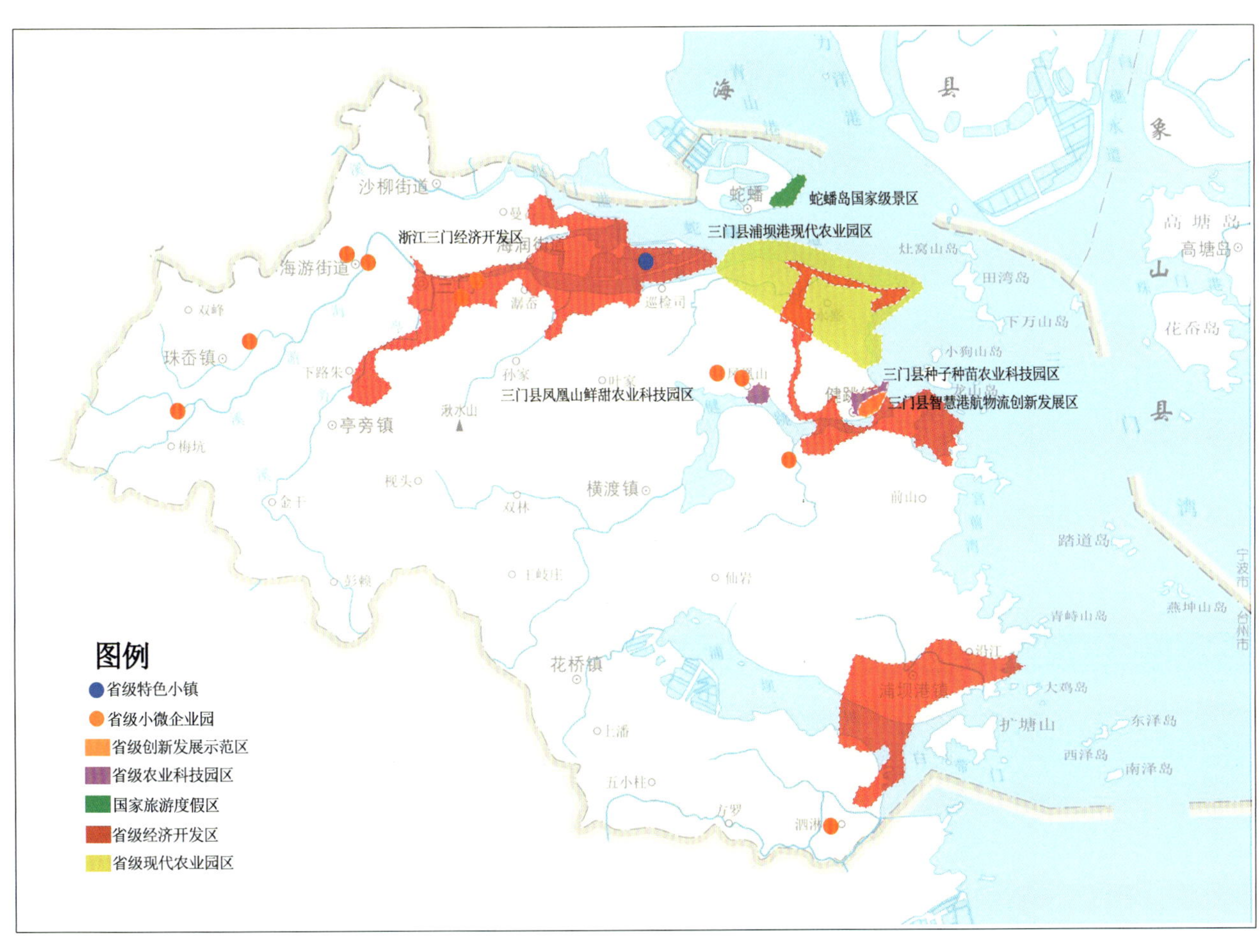

图 1　三门县重点产业平台布局

二、重点产业

（一）电力能源产业

2022 年，三门县电力能源产业规上工业产值约 55.95 亿元。电力能源产业的龙头企业见表 2。从产业链角度看，能源装备企业主要集中在上游的核发电和中上游的智能化电气控制系统开发、变压器、计量泵、成套输配电设备制造。下一步，三门县将重点发展风电、农光互补、渔光互补、生物质发电等清洁能源项目，深入推进分布式光伏发电试点工程，构建集核电、能源装备、零部件为一体的全产业链，力争到 2025 年，规上产值超过 100 亿元。

表2　三门县电力能源产业龙头企业简介

行业	企业类型	公司名称	主营业务
能源装备	上市公司	三变科技股份有限公司	油浸式电力变压器、铁道牵引变压器、非晶合金变压器
	专精特新“小巨人”	浙江爱力浦科技股份有限公司	电磁隔膜计量泵、柱塞式计量泵、液压隔膜计量泵
		扬戈科技股份有限公司	智能化电气控制系统技术
		浙江尔格科技股份有限公司	应用于特超高压输变电领域的超高压大型变压器组件冷却系统、大型电机冷却和智能控制系统
发电	规上百强（市级）	中核集团三门核电有限公司	核发电

（二）装备制造产业

2022 年，三门县装备制造产业规上工业总产值约 28.57 亿元，主要分布在轨道交通、电机、成套设备领域。装备制造产业的龙头企业见表 3。从产业链角度看，轨道交通企业主要集中在上游的铁路材料和配件制造；电机企业主要集中在中游的各类电机制造；成套设备企业主要集中在上游的控制器、配套用房和中游的智能成套设备。下一步，三门县将重点发展精密传动、液气密元件及嵌入式软件领域，完善“软件 + 硬件 + 平台”的一体化集成承包服务，加快新能源变压器等核心产品与系统技术攻关。力争到 2025 年，装备制造产业实现规上工业产值 100 亿元以上。

表3　三门县装备制造产业龙头企业简介

行业	企业类型	公司名称	主营业务
轨道交通	国家级高新技术企业	台州大华铁路材料有限公司	铁路专用设备及器材、配件制造、城市轨道交通设备制造
电机	专精特新“小巨人”	方力控股股份有限公司	YBX3 系列超高效率隔爆型三相异步电动机、YBF2 系列风机用隔爆型三相异步电动机
		恒速控股有限公司	防爆电机、变频电机、双速电机、排烟电机和螺杆空压机电机等
		浙江大高电机有限公司	电机、风机、电焊机、减速机、空压机、发电机制造
成套设备	上市公司	三门三友科技股份有限公司	有色金属电化学精炼专用新型电极材料及成套智能装备
		扬戈科技股份有限公司	主令控制器、起重机控制台、电气控制系统、司机室、电气房等
	专精特新“小巨人”	浙江三港起重电器有限公司	起重运输机械电控成套设备

（三）橡塑产业

2022 年，三门县橡塑产业规上工业总产值约 14.71 亿元。橡塑产业的龙头企业见表 4。从产业链角度看，该产业的龙头企业主要集中在上游的橡胶助剂生产和中游的橡塑制品制造。下一步，三门县将聚焦高铁、地铁、汽车、航空航天、海上船舶等应用领域，实施橡胶行业优化提升3.0行动，加快智能化成型连续硫化、橡胶金属复合、复合导电橡胶等新技术研发，优化传统橡塑制品。力争到2025年，橡塑产业实现100亿元的产值目标。

表4　三门县橡塑产业龙头企业简介

行业	企业类型	公司名称	主营业务
橡塑制品	上市公司	浙江三维橡胶制品股份有限公司	橡胶V带，聚酯、尼龙、棉帆布、钢丝绳芯输送带
	省科技型中小企业	奥力孚传动科技股份有限公司	聚氨酯开口带、聚氨酯接驳带、聚氨酯无缝带、橡胶同步带等
	专精特新入库企业	东海橡胶厂、奋飞橡塑制品有限公司、矫马同步带有限公司	普通V带、输送带、缝纫机带及交通设施产品
	拟上市公司	元创科技股份有限公司	橡胶履带
橡胶助剂	国家级高新技术企业	浙江圣腾胶业股份有限公司	聚氨酯粘合剂，PU、PVC处理剂，TPR处理剂，橡胶处理剂，EVA处理剂

（四）汽摩配产业

2022年，三门县汽车配件产业总产值超50亿元，规上企业超40家。汽摩配产业的龙头企业见表5。从产业链角度看，该产业的龙头企业主要集中在上游的汽摩配件模具，中游的汽车行驶系统、发动机系统、汽车配饰制造。下一步，三门县将重点发展模具、车身、离合器等零部件细分领域，实施汽摩配品牌化战略，搭建汽摩配电子商务平台。力争到2025年，汽摩配产业规上工业产值超过100亿元，将三门县打造成国内外知名的汽摩配产业基地。

表5　三门县汽摩配产业龙头企业简介

行业	企业类型	公司名称	主营业务
模具	专精特新“小巨人”	台州市凯华汽车模具有限公司	汽车保险杠、格栅、轮罩等外饰系统模具，仪表板、门板、立柱等内饰系统模具，风叶、风框、水槽等冷却系统模具
汽摩配件	省级企业技术中心	西格迈股份有限公司	汽车减振器及电控悬架
	国家级高新技术企业	浙江世泰实业有限公司	发动机悬置系统、底盘系统总成件、橡胶减振器等
	专精特新“小巨人”	海啊科技股份有限公司	汽车内饰品

三、科技创新概况

2022年，全县R&D经费占地区生产总值比重为2.37%，全省排名第58；全县拥有高新技术企业86家，高新技术产业增加值占工业增加值比重达69.37%；全县规上工业企业R&D经费支出占营业收入比重达1.66%，全省排名第49。

（一）区域创新资源布局

三门县创新平台主要集中在装备制造和汽摩配产业。2022年，全县拥有省级企业研究院12家，省级高新技术企业研发中心18家。创新平台主要分布在海润街道、海游街道、珠岙镇和浦坝港镇（见图2）。

图2　三门县创新平台布局

（二）产业专利分析

三门县的专利优势主要集中在一般清洁、化学配料、运输和贮存装置、机床、塑料及金属加工领域。2022年，三门县有效发明专利共1922件，前十大专利技术领域见图3。根据申请人分析，三门核电（核物理、测量测试、机床、轻便机动工具）、渡哒环保设备（固体废物的处理、输送包装贮存、破碎磨粉或粉碎）、前庭机械科技（机床、磨削抛光）、秋兰喷涂机科技（一半喷射或雾化、建筑物）、巨力电机成套设备（机床、发电变电配电）等申请人的专利数量居前。

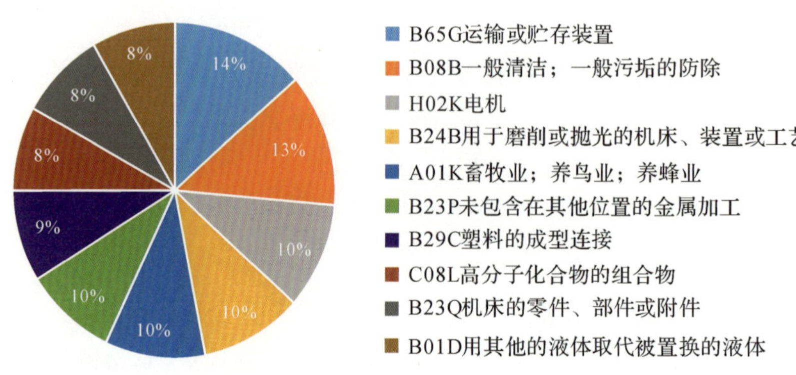

图3　三门县专利技术领域分布

四、三门县未来展望

从产业发展看，三门县将加快建设青蟹研究院、三门小海鲜种业硅谷，探索中远海养殖，创建国家级海洋牧场示范区、青蟹农产品国家特优区。三门县工业逐渐形成橡塑制品、电力能源、汽摩配、装备制造四大优势产业和生物医药、冲锋衣、新型建材三大特色产业，打造全国高端化和精品化橡塑制品制造基地、绿色能谷和浙江清洁能源基地、国内外知名的汽摩配产业生产基地和装备制造特色产品研发与生产基地，打造冲锋衣产业名城、浙东南砂石行业高质量发展示范基地。从科技创新看，三门县规上工业企业研发投入占比、全县 R&D 经费占地区生产总值全省排名靠前，下一步，三门县将推进三门湾科创走廊建设，做精做强滨海科技城、三门核电、沿海工业城三大板块，融入宁波甬江科创大走廊和环台州湾科创走廊，将三门县建设成科技型长三角卫星城市。

天台县产业链创新链全景分析报告

台州天台县位于浙江省中东部，总面积约1431.66平方千米，下辖3个街道、7个镇、5个乡。2023年，全县户籍人口为59.69万人，常住人口为46.9万人。地区生产总值为368.88亿元，全省排名第67，全市排名第7。天台县是“中国（天台）胶带工业城”“橡胶之乡”“中国茶文化之乡”“中国乌药之乡”，佛教天台宗发祥地，拥有天台山、国清寺等旅游景区。

一、天台县产业概况

（一）产业结构

从地区生产总值构成看，2023年，天台县第一产业增加值为16.48亿元，第二产业增加值为140.72亿元，第三产业增加值为211.68亿元，三次产业增加值结构调整为4.47 ∶ 38.15 ∶ 57.38。

从农业看，天台县以中药材、茶产业为主导。2022年，全县农林牧渔业产值为27.21亿元。中药材全产业链产值超16亿元，铁皮石斛、乌药、黄精三类产品拥有国家发明专利14项；茶产业产值4.5亿元，天台黄茶于2019年成功注册地理标志证明商标，天台山云雾茶荣获中华文化名茶、浙江省著名商标等殊荣。下一步，天台县将做优铁皮石斛、乌药、黄精等道地药材，重点申报“天台黄精”地理标志证明商标和“中华老字号”称号，建设中药材的公共品牌体系；推动全县茶叶形成以石梁、泳溪为主的高山云雾茶生态产业带，以三州、白鹤、雷峰为主的龙井茶高效产业带，以街头、平桥、南屏为主的天台黄茶特色产业带。

从工业看，天台县以汽车零部件、橡塑制品、轨道交通装备和产业用布产业为主导。2023年，全县规上工业增加值118.22亿元，规上工业企业194家。2022年天台县产业主要分布见表1。下一步，天台县将做强做大“132”绿色智造产业集群梯队，“1”即汽车零部件产业（叠加高端装备、新能源汽车、电子信息战略性新兴产业），“3”即橡塑制品产业、轨道交通装备制造产业、产业用布产业（叠加新材料、绿色环保战略性新兴产业），“2”即生物医药产业、食品饮料产业（叠加生命健康战略性新兴产业）。

表1　天台县特色工业简介

名称	规上工业产值 / 亿元	占全县规上工业总产值比重 /%
汽车零部件	106.32	23.21
橡塑制品	86.80	18.87
轨道交通装备制造	78.05	16.97
产业用布	76.00	16.52
生物医药	近 20.00	近 4.30
食品饮料	近 20.00	近 4.30

从服务业看，天台县以旅游业、现代物流、电子商务、科技服务和商务服务为主导。2023 年，天台县旅游业总收入 66 亿元。下一步，天台县将立足智能制造升级需求，加速拓展生产性服务业。

（二）“一轴两翼”的产业空间布局

图 1 展示了天台县重点产业平台布局。从工业看，天台县工业沿白鹤镇、始丰街道和赤城街道，形成一条由“省级经济开发区”“省级化工园区”“万亩千亿平台”“省级高新区”“省级小微企业园”构成的工业带，重点打造汽车及轨道交通零部件、生物医药、橡胶制品、化工、机械制造产业。从农业看，天台县农业主要在西部的现代农业园，重点发展中药材、农产品种植及休闲农业观光产业。从服务业看，天台县在天台山旅游风景区，围绕“省级服务业创新发展区”，重点发展文创旅游。

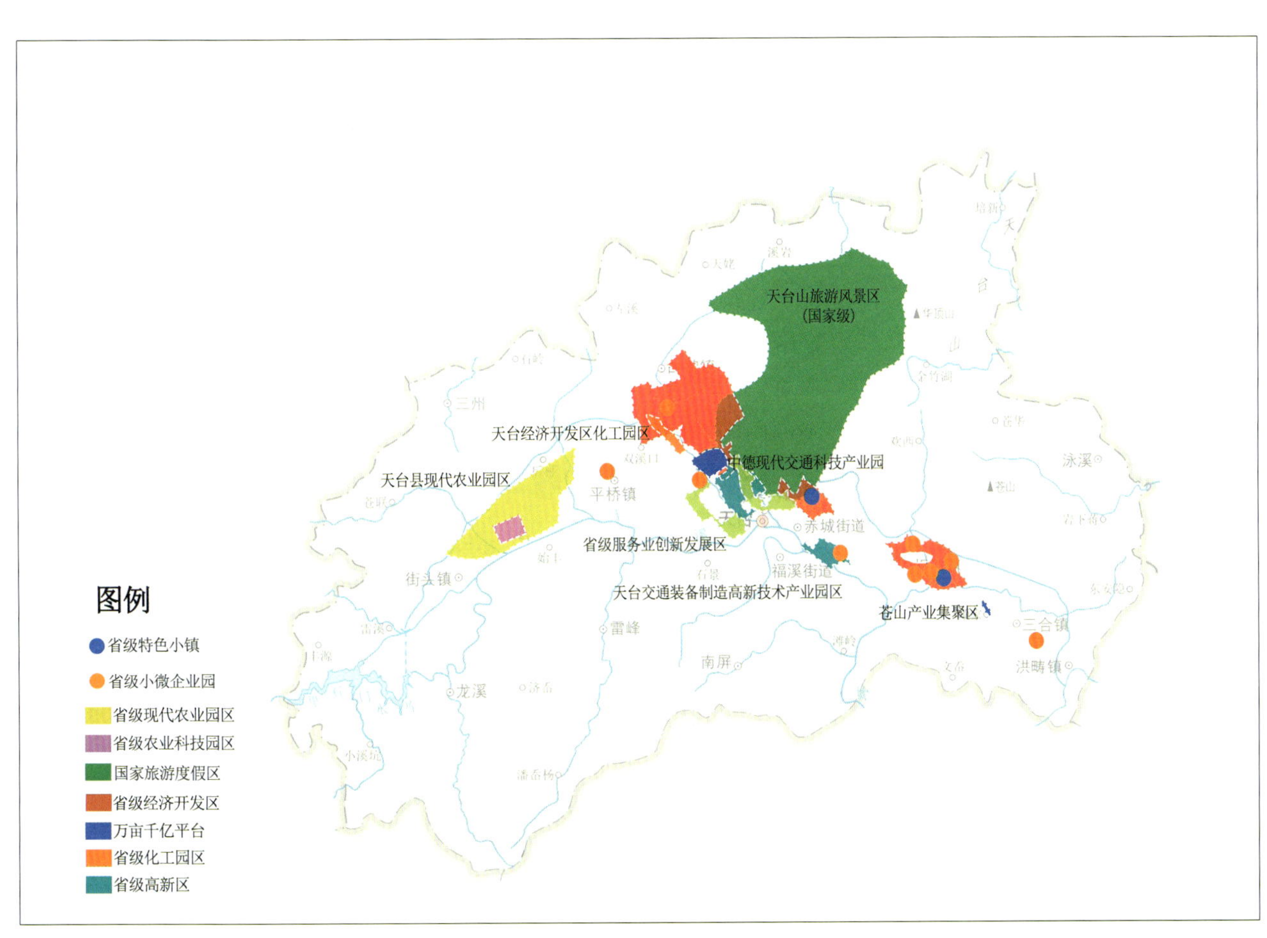

图 1　天台县重点产业平台布局

二、重点产业

（一）汽车零部件产业

天台县是浙江省汽车及轨道交通零部件产业示范基地和中国汽车用品制造基地。2022 年，天台县汽车零部件产业总产值约为 106.32 亿元，是天台县的主导产业。天台县汽车零部件产业的龙头企业见表 2。从产业链角度看，该产业的龙头企业主要集中在上游的基础材料，中游的行驶系配件、发动机配件、转向系配件、车身配件，下游的洗车用品制造。下一步，天台县将加强完善汽配产业链，重点发展关键零部件，优先在新能源汽车配套产品方面形成产业链，与基础材料等产业协同发展，扩大汽车后市场产业的规模。

表2　天台县汽车零部件产业龙头企业简介

行业	企业类型	公司名称	主营业务
汽车零部件	上市公司	浙江银轮机械股份有限公司	冷却器（机油、空气、废气再循环）、散热器、冷却模块总成
		浙江天成自控股份有限公司	汽车座椅
	专精特新“小巨人”	浙江康和机械科技有限公司	发动机制动器和冷却模块
		浙江明丰实业股份有限公司	汽车摩托车保护罩
		浙江海伦园艺股份有限公司	从事洗车用品、园艺用品研发与生产

（二）橡塑制品产业

2022 年，天台县橡塑制品产业总产值 86.80 亿元，规上企业 61 家，主要分布在橡胶制品和塑料制品两大行业。天台县橡塑制品产业的龙头企业见表 3。从产业链角度看，橡胶制品企业主要集中在上游的废旧橡胶回收利用，中游的橡胶制品生产；塑料制品企业主要集中在上游的塑料改性材料，中游的旅游塑料及其他专用塑料生产。下一步，天台县将促进传统橡塑产业转型升级，重点突破耐高温、耐腐蚀、高强度等精细化、专业化橡塑材料生产技术，加强与汽车零部件制造、轨道交通装备制造等企业合作，拓展橡塑制品、PVB 产品在汽车和轨道交通等领域的应用，扩大产业规模。

表3　天台县橡塑制品产业龙头企业简介

行业	企业类型	公司名称	主营业务
橡胶制品	专精特新“小巨人”	浙江保尔力橡塑股份有限公司	各种橡胶传动带
		浙江百花胶带有限公司	橡胶三角带（包布 V 带）
		浙江四海新材料股份有限公司	普通 V 带、特种窄 V 带、农机带、联组带、汽车带等各类三角带
	国家级高新技术企业	浙江沪天胶带有限公司	三角带、切割带、同步带、输送带
		浙江三佳胶带有限公司	输送带
		浙江龙圣华橡胶有限公司	输送带、传动带
		天台坤荣橡胶有限公司	废旧橡胶回收利用、精细橡胶粉
塑料制品	上市公司	浙江大自然旅游用品有限公司	自动充气垫、充气床、防水包、冰包、枕头、坐垫以及 TPU 复合面料
	国家级高新技术企业	浙江德斯泰塑胶有限公司	PVB 玻璃中间膜和 EVA 太阳能光伏电池组件封装膜
		天台县百赞塑胶有限公司	建筑级、汽车级 PVB 胶片、N-UV 胶片
		浙江金立达新材料科技股份有限公司	塑料改性材料（PVC、CPVC、PVC/ABS 合金、PP、TPE）

（三）轨道交通装备制造产业

2022年，天台县轨道交通装备制造产业总产值约为78.05亿元。轨道交通装备制造产业的龙头企业见表4。从产业链角度看，该产业的龙头企业主要集中在中上游的机电设备及系统和机械零部件制造。下一步，天台县将提升整车装备制造能级，加速补齐车体、刹车片、转向架等机械零部件，重点攻克牵引传动、供电、信号、制动、控制、自动驾驶、防护等关键系统，围绕高铁、普铁、城轨等整车制造需求，进一步做精厨卫系列、列车内饰系列、机车座椅等车辆配套产品，积极布局新能源有轨电车、单轨、中低速磁浮、齿轨等中低运量轨道交通，强化下一代高速、超高速磁浮的研发攻关和技术储备，全力打造多制式协调发展的轨道交通装备研制基地。

表4　天台县轨道交通装备制造产业龙头企业简介

行业	企业类型	公司名称	主营业务
轨道交通装备	上市公司	浙江永贵电器股份有限公司	电连接器及组件
		浙江天铁实业股份有限公司	轨道结构减震降噪、锂化物领域与建筑减隔震
		浙江天台祥和实业股份有限公司	铁路轨道扣件、电子元器件配件以及高分子改性材料
	专精特新“小巨人”	浙江金字机械电器股份有限公司	轨道列车制动配件（管螺纹管件、不锈钢卡套、阀门、软管、制动模块）、地铁内饰、动车厨房设备、不锈钢整体卫生间
	国家高新技术企业	浙江环台紧固件有限公司	紧固件（螺栓、螺钉）
		浙江欧菲克斯交通科技有限公司	交通可变信息系统、诱导系统

（四）产业用布产业

2022年，天台县产业用布产业实现总产值76亿元。产业用布产业的龙头企业见表5。从产业链角度看，该产业的龙头企业主要集中在上游的化纤生产和中游的无纺布、机织过滤布（袋）、除尘袋、筛网等制造。下一步，天台县将促进纤维改性，发展纤维新材料，加强在复合、覆膜、涂层、混制、混织、多组份等方面的工艺调整，扩大纤维材料和过滤终端设备产能，提高滤料产品的质量，积极向橡胶骨架、军工、卫生、土工织物等产业用的织品转型。

表5　天台县产业用布产业龙头企业简介

行业	企业类型	公司名称	主营业务
产业用布	上市公司	浙江严牌过滤技术股份有限公司	无纺布针刺毡、机织过滤布、化纤
	专精特新“小巨人”	浙江华基环保科技有限公司	无纺布、无纺针刺毡、机织、透气板过滤布、过滤袋、除尘袋、筛网
		浙江恒泽环境科技有限公司	除尘过滤袋、车用无纺材料
	国家级高新技术企业	浙江三星特种纺织有限公司	过滤布、过滤袋、无纺布、针刺毡、沙滩网
		浙江严牌过滤技术股份有限公司	无纺布针刺毡、机织过滤布、过滤网带、透气层布、化纤
		浙江华基环保科技有限公司	除尘滤袋、无纺布针刺毡、工业过滤布

三、科技创新概况

2022年，全县R&D经费占地区生产总值比重为2.24%，全省排名第62；全县拥有高新技术企业97家，高新技术产业增加值占工业增加值比重达78.87%，全省排名第19；全县规上工业企业R&D经费支出占营业收入比重达 2.62%，全省排名第 8。

（一）区域创新资源布局

天台县创新平台主要集中在汽车零部件、产业用布、橡塑制品和生物医药产业。2022 年，全县拥有省级重点实验室 1 家，省级企业研究院 12 家，省级高新技术企业研发中心 15 家。创新平台主要分布在始丰、赤城街道和平桥镇（见图 2）。

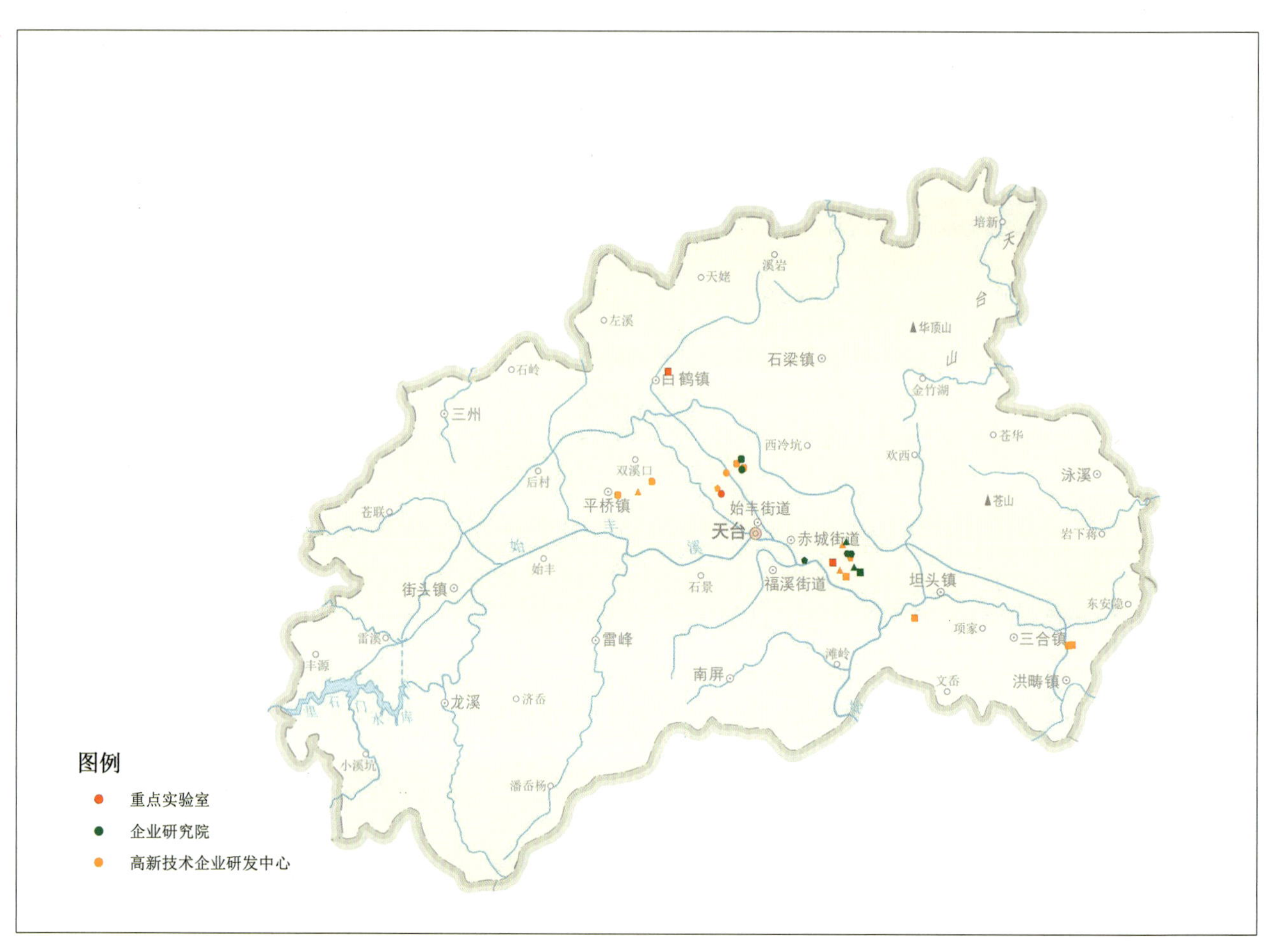

图 2　天台县创新平台布局

（二）产业专利分析

天台县的专利优势主要集中在无机物作为配料、高分子化合物、塑料。2022 年，天台县有效发明专利共 1294 件，前十大专利技术领域见图 3。根据申请人分析，浙江银轮机械股份（机油冷却器及总成、中冷器空气冷却器）、浙江万胜智能科技股份（智能电表）、天台云层自动化科技（自动化设备）、浙江永贵电器股份（轨道交通装备连接器）、奥锐特药业股份（生物医药）等申请人的专利数量居前。

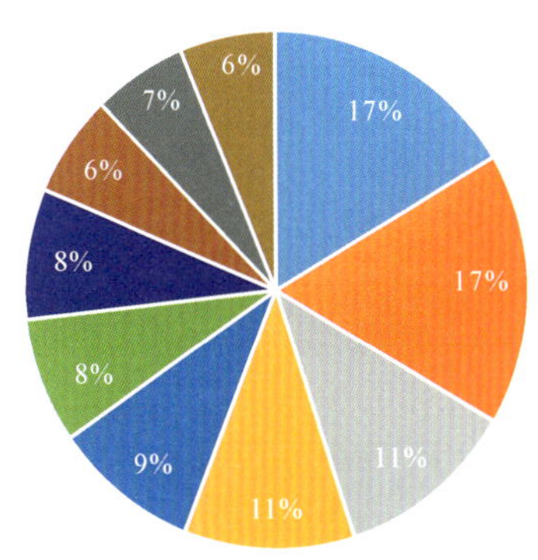

■ C08L高分子化合物的组合物
■ C08K使用无机物或非高分子有机物作为配料
■ B01D用其他的液体取代被置换的液体
■ B29C塑料的成型连接
■ A63B体育锻炼、体操、游泳、爬山或击剑用的器械
■ B08B一般清洁；一般污垢的防除
■ B65G运输或贮存装置
■ F28F通用热交换或传热设备的零部件
■ G01N借助于测定材料的化学或物理性质来测试或分析材料
■ B23P未包含在其他位置的金属加工

图 3　天台县专利技术领域分布

四、天台县未来展望

从产业发展看，天台县逐步形成“132”绿色智造产业集群梯队，打造省级新能源汽车及零部件先进制造业集群，加强轨道交通“新星”产业集群培育。从科技创新看，天台县规上工业企业研发投入占比和高新技术产业增加值占工业增加值比重全省排名靠前，区域创新能力较强。下一步，天台县将提供科创平台，谋划金家塘千亩创新智谷，加快始丰溪绿色科创带建设，投用研发中心、杭州科创飞地，发挥杭电天台研究院等平台优势，打造各具特色、协同发展的高能级创新载体，深化与北京化工大学的精准合作，建设高端绿色橡胶研究院。

仙居县产业链创新链全景分析报告

台州仙居县位于浙江省东南部、台州西部，是台州市母亲河（永安溪—灵江—椒江）的源头。仙居县总面积约2000平方千米，下辖3个街道、10个乡、7个镇。2023年，全县户籍人口为51.86万人，常住人口为43.3万人。地区生产总值321.02亿元，全省排名第71，全市排名第9。仙居县是甾体药物国家火炬计划特色产业基地、“中华杨梅之乡”、“中国有机茶之乡”，拥有中国最美绿道——仙居绿道以及华东第一龙形古街——皤滩古镇，其大神仙居景区和响石山景区被称为“浙江一绝”。

一、仙居县产业概况

（一）产业结构

从地区生产总值构成看，2023年，仙居县第一产业增加值为18.19亿元、第二产业增加值为134.16亿元、第三产业增加值168.67亿元，三次产业增加值结构调整为5.7 ∶ 41.8 ∶ 52.5。

从农业看，仙居县以仙居杨梅、仙居鸡为主导。2023年，全县农林牧渔总产值为29.70亿元。其中仙居杨梅全产业链产值约40亿元（一产产值约10亿元），拥有全国最大的杨梅种植规模、国内最大的杨梅专业加工企业，年加工转化杨梅近4万吨；仙居鸡产值达1.5亿元，仙居鸡被列为浙江省十大名禽。下一步，仙居县将继续做强以杨梅为代表的特色果业，积极申报全球农业文化遗产，提高“仙居杨梅”品牌价值；整合资源和科技力量，推进仙居鸡保种育种。

从工业看，仙居县以现代医药、机械橡塑、工艺礼品为主导。2023年，全县规上工业企业221家，规上工业增加值78.39亿元。2022年仙居县产业主要分布见表1。下一步，仙居县将以现代医药、机械橡塑、工艺礼品等传统特色优势产业为重点，打造“绿色药都”，推动医药产业创新升级；推进现有橡塑产品向航空航天、医疗用品等高附加值橡塑产品延伸；推动传统工艺礼品与仙居特色元素融合发展。

表1　仙居县工业主导产业简介

名称	规上工业产值 / 亿元	占全县规上工业总产值比重 /%
现代医药	约 80.00	约 31.96
机械橡塑	约 40.00	约 15.98
工艺礼品	超 20.00	超 7.99

（二）“北部工业，中部农旅”的产业空间布局

图 1 展示了仙居县重点产业平台布局。从工业看，仙居县工业呈带状分布格局，沿下各镇、安洲街道、南峰街道、田市镇、白塔镇、埠头镇，形成一条由“省级小微企业园”“省级经济开发区”“省级创新发展区”“省级特色小镇”形成的工业带，重点打造现代医药、机械橡塑、医疗器械、新材料产业，少部分涉及工艺品行业。从农业看，仙居县农业主要聚集在步路乡，围绕“省级现代农业园区”，打造“杨梅栽培”特色农业区。从服务业看，仙居县服务业围绕“神仙居旅游度假区”，打造休闲度假区。

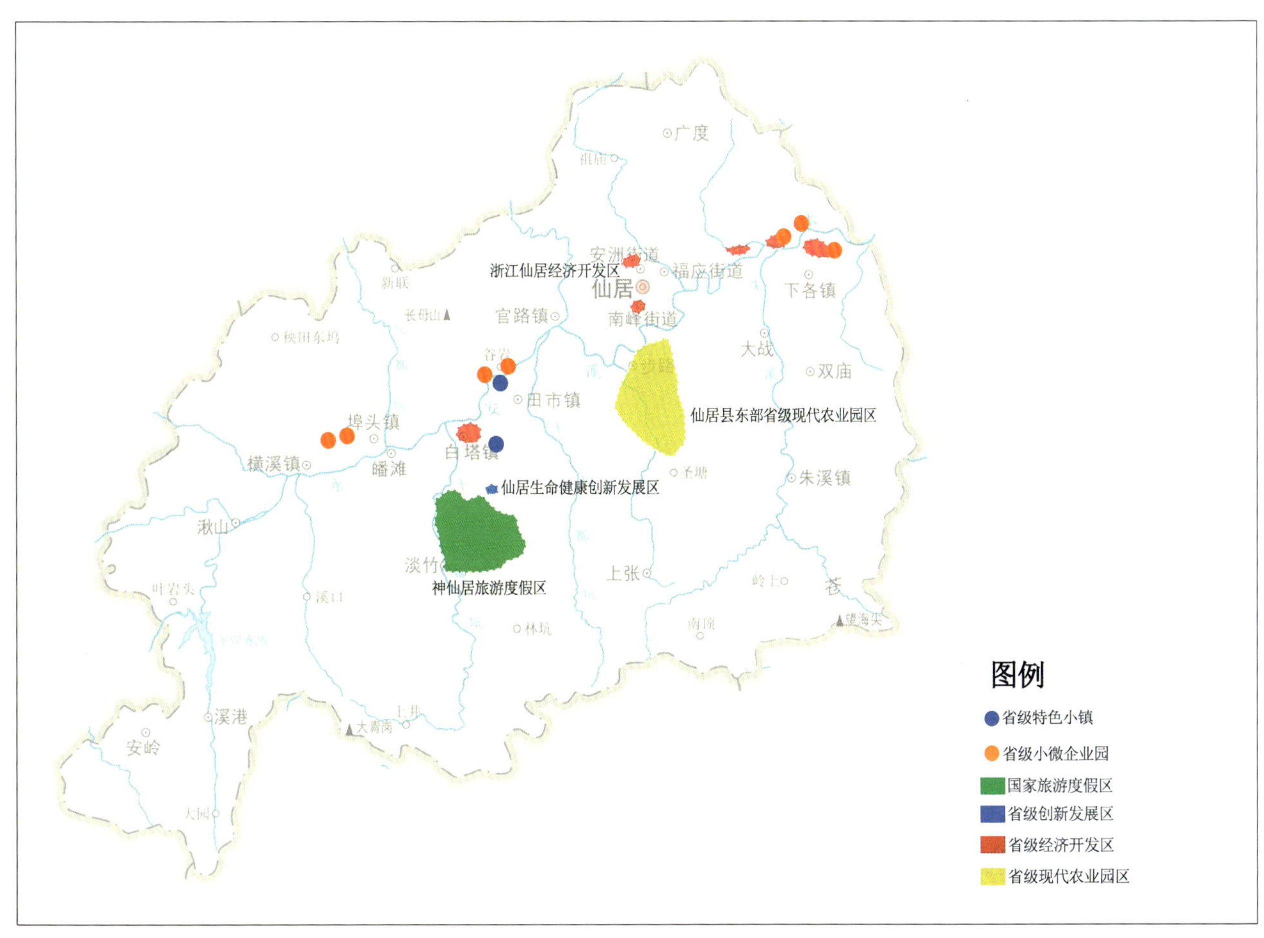

图 1　仙居县重点产业平台布局

二、重点产业

（一）现代医药产业

2022 年，仙居县现代医药产业规上工业产值约 80 亿元，规上企业 24 家。仙居县现代医药产业的龙头企业见表 2。从产业链角度看，现代医药产业主要集中在上游的精细化工、造影剂原料药、甾体类药物医药中间体生产。下一步，仙居县将依托造影剂和甾体类药物的雄厚基础，推动原料药向制剂药升级，从化学制药向生物制药和特色中医药拓展，加快甾体药物前端化、高端化发展，将医药产业逐步提升到终端化学制剂的垂直一体化产业链。

表2　仙居县现代医药产业龙头企业简介

行业	企业类型	公司名称	主营业务
现代医药	上市公司	浙江司太立制药股份有限公司	X-CT 非离子型碘造影剂（碘海醇）、喹诺酮类原料药及中间体
		浙江仙琚制药股份有限公司	医药中间体制造（皮质激素）
	专精特新“小巨人”	浙江神洲药业有限公司	甾体类药物中间体（黄体酮、螺内酯、安宫黄体酮、醋酸甲地孕酮）
		肯特催化材料股份有限公司	季铵盐、季铵碱、季鏻盐、冠醚
	隐形冠军	浙江仙居君业药业有限公司	医药中间体（雄性激素、孕激素、雌激素为主导，带动甾体激素）

（二）机械橡塑产业

2022 年，仙居县机械橡塑产业规上工业产值约 40 亿元，规上企业 32 家。仙居县机械橡塑产业的龙头企业见表 3。从产业链角度看，该产业的龙头企业主要集中在上游的生产设备，中游的汽车橡塑制品、通用橡塑制品制造。下一步，仙居县将抢抓台州千亿级汽车产业集群培育机遇，加强整车企业与零部件生产企业的协作，主动对接配套产业环节，加快推动车用关键零部件、车用橡塑制品、汽车电子控制系统等行业发展；推进橡塑企业升级（技术、产品、品牌），向环保、安全方向提升，向高铁、航空、医疗等高附加值橡塑配件延伸。

表3　仙居县机械橡塑产业龙头企业简介

行业	企业类型	公司名称	主营业务
机械橡塑	上市公司	浙江仙通橡塑股份有限公司	汽车密封条（橡胶密封条、塑胶密封条）
	专精特新“小巨人”	兴宇汽车零部件股份有限公司	橡胶塑料密封条、金属辊压件
		浙江百纳橡塑设备有限公司	橡胶挤出机，三（四）复合微波硫化生产线，盐浴硫化生产线，橡塑保温管（板）及瑜伽垫硫化生产线，胶管生产线（针织、缠绕、编织），钢边橡胶止水带硫化生产线，硅胶硫化生产线等橡塑设备从事于汽车空调胶管、总成、卫浴管、编织管、橡胶密封条及低密度 EPDM 发泡制品

（三）工艺礼品产业

2022 年，仙居县工艺礼品产业规上工业产值 20 亿元，规上企业 54 家。仙居县工艺礼品产业的龙头企业见表 4。从产业链角度看，该产业的龙头企业主要集中在上游的甘蔗渣浆板生产和中游的一次性环保餐具、反光膜、反光布制造。下一步，仙居县将围绕家居装饰、时尚产业、汽车内饰等，加快产业专精特新发展，提升产品附加值，推动工艺礼品制造业向品牌化、联盟化、集团化发展。

表4　仙居县工艺礼品产业龙头企业简介

行业	企业类型	公司名称	主营业务
工艺礼品	上市公司	浙江金晟环保股份有限公司	可降解植物纤维餐具及甘蔗渣浆板制造
	专精特新“小巨人”	夜视丽新材料（仙居）有限公司	反光材料、功能材料（反光膜、反光布）

三、科技创新概况

2022 年，全县 R&D 经费占地区生产总值比重为 2.26%，全省排名第 61；全县拥有高新技术企业 90 家，高新技术产业增加值占工业增加值比重达 70.5%；全县规上工业企业 R&D 经费支出占营业收入比重达 2.54%。

（一）区域创新资源布局

仙居县创新平台主要集中在现代医药和机械橡塑产业。2022 年，全县拥有省级重点企业研究院 3 家，省级企业研究院 9 家，省级高新技术企业研发中心 16 家。创新平台集聚在安洲街道、南峰街道和福应街道（见图 2）。

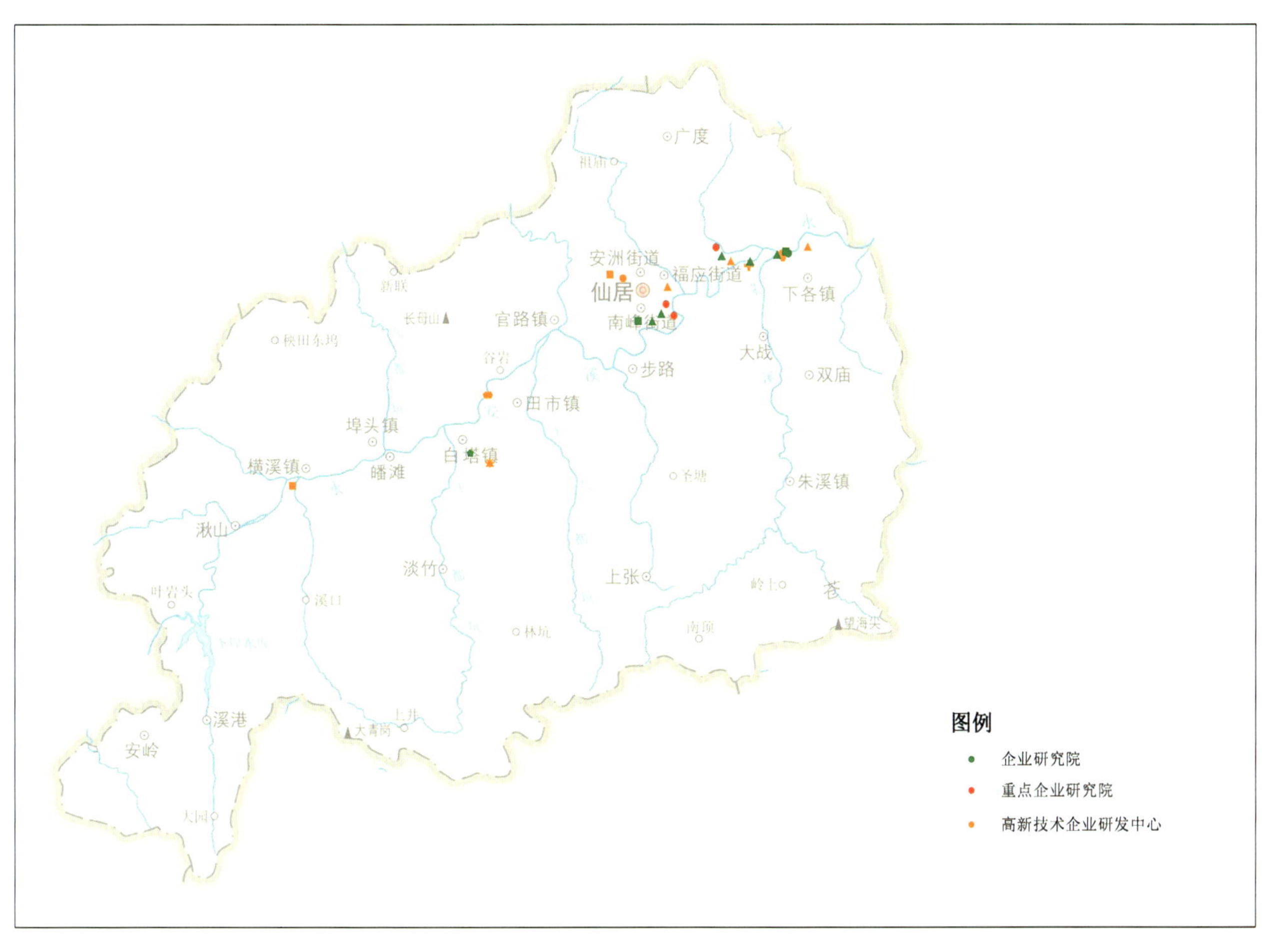

图 2　仙居县创新平台布局

（二）产业专利分析

仙居县的专利优势主要集中在甾体化合物、化合物、医药用品领域。2022 年，仙居县有效发明专利共 811 件，前十大专利技术领域（小类）见图 3。根据申请人分析，专利数量居前的申请人以“有机化合物”相关的专利居多（仙琚制药、司太立制药、肯特催化材料）；仙琚制药（甾类化合物研制）、肯特催化材料（无环化合物、电解工艺）专利数量遥遥领先；此外，蒋央芳（非金属元素化合物制备）、翁炳焕（医疗器械）、方嘉城（电池组研发）等也拥有较多专利。

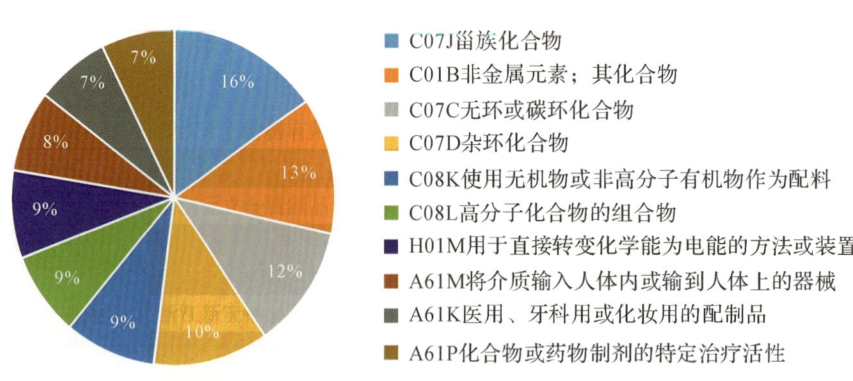

图3　仙居县专利技术领域分布

四、仙居县未来展望

从产业发展看，仙居县将着力打造新能源动力电池、现代医药、医疗器械、高端装备制造、工艺礼品五大百亿级产业集群，其中，重点发展现代医药、机械橡塑、工艺礼品等传统特色优势，打造“绿色药都”。加速抢占新兴新能源电池产业黄金赛道，着力打造具有仙居特色的新能源动力产业体系。从科技创新看，仙居县总体研发投入较低，区域创新能力需进一步增强。下一步，仙居县将着力构筑以仙居科创绿心（院士之家）为核心，以西部创新园、中心城区（高铁新城）科创总部、东部工业新城三大片区为承载，以科创飞地等为域外节点的“1+3+N”的科创平台空间格局，构建资源共享、优势互补、协同发展的特色产业智创高地。

台州湾新区产业链创新链全景分析报告

台州湾新区位于浙江省中部沿海，总面积约 138.46 平方千米，下辖 2 个街道。2022 年，全区户籍人口约 13.99 万人，常住人口约 17.44 万人。地区生产总值为 232 亿元。台州湾新区是“浙江省第二批高能级战略平台”“省级以上园区循环化改造试点”，2022 年入选为第一批浙江省未来产业先导区培育创建名单，拥有台州湾湿地公园、方特等旅游景区。

一、台州湾新区产业概况

（一）产业结构

从工业看，台州湾新区以大汽车和大通航产业为主导。2022 年，全区规上工业总产值 510.7 亿元，规上工业企业 346 家。2022 年台州湾新区产业主要分布见表 1。下一步，台州湾新区将着力构筑“一廊一带两心七区”的产业格局，聚焦通航、汽车、智能制造、新材料、医药健康等领域，实施产业一体化改革，将台州湾新区打造成浙东南先进制造业引领区、大湾区临港产业带合作新高地。

表1　台州湾新区特色工业简介

名称	规上工业产值 / 亿元	占全区规上工业总产值比重 /%
大汽车	约 280.00	约 40.72
大通航	超 200.00	超 39.16
光电	约 25.00	约 4.90

从服务业看，台州湾新区以科技服务、物流电商、现代金融、商贸服务为主导。2022 年，全区服务业总营收超 224 亿元。下一步，台州湾新区将聚焦产城融合与联动发展、工业与生产性服务业协同发展，积极推进现代服务业对外开放。力争到 2025 年，台州湾新区服务业营业收入达 500 亿元。

（二）“西部集聚”的产业空间布局

图 1 展示了台州湾新区重点产业平台布局。从工业看，台州湾新区依托“万亩千亿平台（台州通用航空产业平台）”，重点发展无人机及机载武器产业；在“省级高新区（台州高新技术开发区）”，重

点发展汽车配件、工业缝纫、反光膜产业；在海虹街道“台州北大科技园”，重点发展信息技术、工业设计、智能制造产业；在甲南街道“台州湾新区明远科创园”，重点培育电商、网络直播等产业；在三甲街道“台州湾新区梦想园区”“浙江中德（台州）产业合作园”“强鹰科技创业园”，重点发展新材料、数字经济、智能制造、机械、汽车关键零部件产业，部分涉及电子、塑料产业，同时，围绕“吉利汽车小镇”和“无人机小镇”，重点发展汽车与通航产业及相关配套产业。

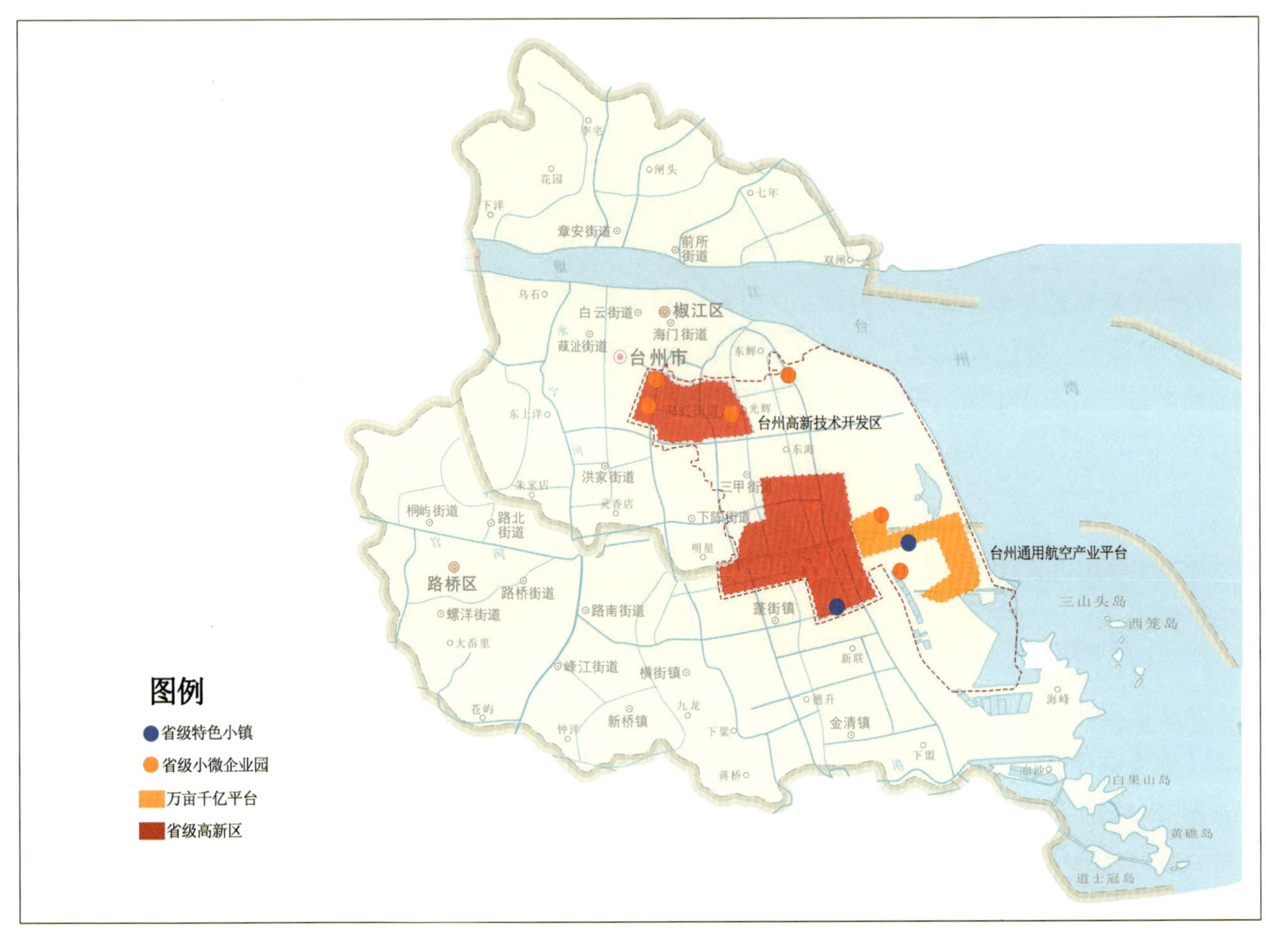

图1　台州湾新区重点产业平台布局

二、重点产业

（一）大汽车产业

台州湾新区是中国汽车零部件制造基地。2022年，台州湾新区大汽车产业规上工业产值280亿元，占全区规上工业总产值的51.01%，主要分布在汽车零部件和整车制造领域。大汽车产业的龙头企业见表2。从产业链角度看，该产业的龙头企业主要集中在上游的发动机系统、汽车电子零部件制造和中游的新能源汽车制造。下一步，台州湾新区将重点发展新型物流车、新能源汽车、智能网联汽车等领域，落实汽车制造配套项目。力争到2025年，汽车产业规模达300亿元，将台州湾新区建设成为具有区域竞争力的汽车产业高质量发展区和国家级汽车零部件产业基地。

表2　台州湾新区大汽车产业龙头企业简介

行业	企业类型	公司名称	主营业务
汽车零部件	上市公司	浙江宏鼎汽摩配件股份有限公司	汽车、摩托车零部件及配件，通用设备制造
	专精特新“小巨人”	恒勃控股股份有限公司	进气、燃油蒸发、冷却、新能源热管理系统等
	地方重点企业	台州滨海吉利发动机有限公司	汽车用发动机及其零配件
整车制造	地方重点企业	亚欧汽车制造（台州）有限公司	整车制造、汽车零部件及配件
		浙江新吉奥汽车有限公司	新能源汽车、新能源汽车电池等

（二）大通航产业

大通航产业是台州湾新区的特色产业，主要分布在通用航空关键零部件、无人机、商业航天和卫星三大行业。大通航产业的龙头企业见表3。从产业链角度看，通用航空关键零部件企业主要集中在上游的航空零部件生产；无人机企业主要集中在上游的航天材料开发和中游的智能无人飞行器制造；商业航天和卫星企业主要集中在上游的卫星生产制造和下游的应用。下一步，台州湾新区将依托台州无人机航空小镇，重点发展通用航空关键零部件生产制造，培育发展军用无人机整机研发制造，加快“万亩千亿平台”等载体建设，完善航空航天全产业链体系。力争到2025年，大通航产业规上工业产值突破300亿元，将台州湾新区打造成航空航天产业新城。

表3　台州湾新区大通航产业龙头企业简介

行业	企业类型	公司名称	主营业务
通用航空关键零部件	地方重点企业	浙江华荣航空装备有限公司	航空器及零部件、复合材料、工艺装备
		美洲豹（浙江）航空装备有限公司	民用航空器零部件设计和生产
无人机	地方重点企业	北京北航天宇长鹰无人机科技有限公司台州分公司	无人机产品、技术、软件开发
		台州翔龙航空科技有限公司	智能无人飞行器、民用航空器零部件等
		航天彩虹无人机股份有限公司	航空、航天器及设备，电容器用薄膜、光学级聚酯薄膜等
商业航天和卫星	上市公司	台州星空智联科技有限公司	微小卫星生产制造、微小卫星测运控服务

（三）智能制造产业

台州市是全国重要的机床生产基地之一，智能制造产业是台州湾新区的优势支柱产业，主要分布在缝制设备、先进机电、智能装备三大行业。智能制造产业的龙头企业见表4。从产业链角度看，该产业的龙头企业主要集中在上游的基础与核心零部件制造，中游的设备制造，下游的应用。下一步，台州湾新区将开展智能制造产品装备的研发制造及应用，构建集智能装备研发、生产、系统集成、检测认证于一体的跨区域型产业链，培育300亿级智能制造产业集群，打造国内智能装备制造产业发展新高地。

表4　台州湾新区智能制造产业龙头企业简介

行业	企业类型	公司名称	主营业务
缝制设备	地方重点企业	杰克缝纫机股份有限公司	缝纫机、服装机械设备及配件
	专精特新入库企业	浙江川田智能科技有限公司	平缝机、包缝机、绷缝机、模板机等缝制设备
先进机电	上市公司	浙江吉尔泰机械股份有限公司	铝塑复合板生产线，蜂窝三维复合板、A2芯板生产线等
	专精特新“小巨人”	浙江文信机电制造有限公司	各种动力喷雾器，高压和植保机械的综合性机械制造

续表

行业	企业类型	公司名称	主营业务
先进机电	地方重点企业	浙江南洋科技股份有限公司	电子专用材料、新型膜材料
智能装备	专精特新“小巨人”	浙江旺隆轨道交通设备有限公司	城市轨道交通和电气化铁路接触网系统用产品
	专精特新中小企业	浙江维克机械科技有限公司	金属切削机床、智能机器人、工业机器人

（四）光电产业

光电产业是台州打造国家级先进产业集群（电子信息产业）中的“首位度”产业，也是台州湾新区实现数字经济产业跨越式发展的“重要一环”。2022 年，台州湾新区光电产业规上工业产值约 25 亿元。光电产业的龙头企业见表 5。从产业链角度看，光电产业的龙头企业主要集中在上游的核心元器件、薄膜，中游的模组和微显示器制造。下一步，台州湾新区将依托观宇科技、华创光电、南洋华诚等链主型企业，聚焦光电显示、光电新材料、激光等领域开展精准招商，争取光电集群产值突破 30 亿元。

表5　台州湾新区光电产业龙头企业简介

行业	企业类型	公司名称	主营业务
光电	上市公司	浙江水晶光电科技股份有限公司	核心元器件、光电模组
	地方重点企业	台州观宇科技有限公司	微显示器
		浙江南洋科技有限公司	电容器专用电子薄膜
		浙江福斯特电子科技有限公司	特种高性能聚合物薄膜材料
		浙江华创光电材料有限公司	电容器专用电子薄膜
		浙江南洋华诚科技股份有限公司	

三、科技创新概况

台州湾新区创新平台主要集中在智能制造和新材料产业。2022 年，全区拥有国家级孵化器 1 家，省级企业研究院 16 家，省级高新技术企业研发中心 31 家。创新平台主要分布在三甲街道（滨海工业区块）、海虹街道（见图 2）。

图 2　台州湾新区创新平台布局

四、台州湾新区未来展望

从产业发展看，台州湾新区逐渐形成“一廊一带两心七区”的产业格局，加速构建新能源汽车、光电、空天三条全产业链，打造全省光电产业发展高地，成为具有影响力的“全球无人机特色创新策源地、全国空天产业融合创新标杆地、长三角空天技术成果转化首选地”。从创新平台布局看，台州湾新区将重点抓好台州湾科创走廊中央创新核创智大街建设，全力主攻重大创新平台、头部创新企业、战略人才，积极引进国内知名高校在台州湾新区设立工程师学院台州分院，台州技师学院建成开学，深化与台州北大科技园、南方科技大学台州研究院等科研院所合作，推动航空航天、大汽车、智能制造、新材料、医药健康、电子信息等领域的创新成果转化，加快沪、杭、甬等重点城市科研资源高效流动，促进区域间科技成果转移和产业化，将台州湾新区创建成国家级高新技术产业开发区。

丽水卷

莲都区产业链创新链全景分析报告

丽水莲都区（不含丽水经开区）位于浙西南腹地、瓯江中游，总面积约1502平方千米，下辖6个街道、5个乡、4个镇。2023年，全区户籍人口为42.83万人，常住人口为57.8万人。地区生产总值为578.46亿元，全省排名第59，全市排名第1。莲都区是"中国椪柑之乡"、"中国水果百强县"、"浙江省九坑桃之乡"、全国无公害农产品（水果）生产示范基地县、全国首个"国家水稻分子育种智能示范基地"、全国第一个"中国摄影之乡"。

一、莲都区产业概况

（一）产业结构

从地区生产总值构成看，莲都区（不含丽水经开区）以服务业为主导。2023年，莲都区第一产业增加值为22.14亿元，第二产业增加值为170.36亿元，第三产业增加值为325.96亿元，三次产业增加值结构调整为4.2 ： 32.9 ： 62.9。

从农业看，莲都区呈现农产品多样化发展特点。2023年，全区农林牧渔业产值为34.3亿元，其中以"尤源四季豆""高山茭白""高山鞭笋"等为代表的高山蔬菜产值10.67亿元；以生猪养殖为主的畜牧业产值超10亿元；精品水果产值5.02亿元，产值占全市的一半，产量占全市的2/3。下一步，莲都区将做强食用菌、畜禽、茶叶等传统产业，推广覆盆子、高山蔬菜等小品种产业。

从工业看，莲都区以高端装备和时尚轻工（箱包、鞋服）产业为主导；同时，莲都区大量招引（已在建）了新能源、生命健康和半导体集成电路相关企业。未来，主导产业将变更为高端装备、新能源、生命健康和半导体集成电路。2023年，莲都区规上工业增加值118.55亿元，规上工业企业104家。2022年莲都区产业主要分布见表1。

表1　莲都区特色工业简介

名称	规上工业产值 / 亿元	占全区规上工业总产值比重 /%	备注
高端装备	约31.78	约32.32	
时尚轻工（箱包、鞋服）	约10.01	约10.18	
生命健康	约5.91	约6.01	已投资的在建项目预计到2025年可达产约150亿元

续表

名称	规上工业产值 / 亿元	占全区规上工业总产值比重 /%	备注
新能源	—	—	已投资的在建项目预计到 2025 年可达产约 270 亿元
半导体集成电路	—	—	已投资的在建项目预计到 2025 年可达产约 90 亿元

从服务业看，莲都区以生态旅游、文创、现代金融、商贸流通业为主导。下一步，莲都区将打造全国康养旅居慢生活目的地、世界一流生态旅游目的地。

（二）西南部集聚的产业空间布局

图 1 展示了莲都区重点产业平台布局。莲都区产业呈现出一、二、三产集聚特点，在碧湖镇形成显著的产业集聚区。从工业看，莲都区工业在碧湖镇拥有“省级经济开发区”“省级特色小镇”“省级小微企业园”，重点打造高端装备、半导体集成电路和数字经济（物联网等）产业。从农业看，莲都区农业主要聚集在郎奇村、前街村和土地窑，围绕“省级农业科技园区”和“省级现代农业园区”，发展铁皮石斛、热带水果、蔬菜、花卉等农产品种养、加工和质检，打造农业创新创业平台。从服务业看，莲都区服务业主要集聚在古堰村和大港头镇，围绕“国家旅游度假区”和“古堰画乡小镇”，打造艺术创作基地和生态度假中心。

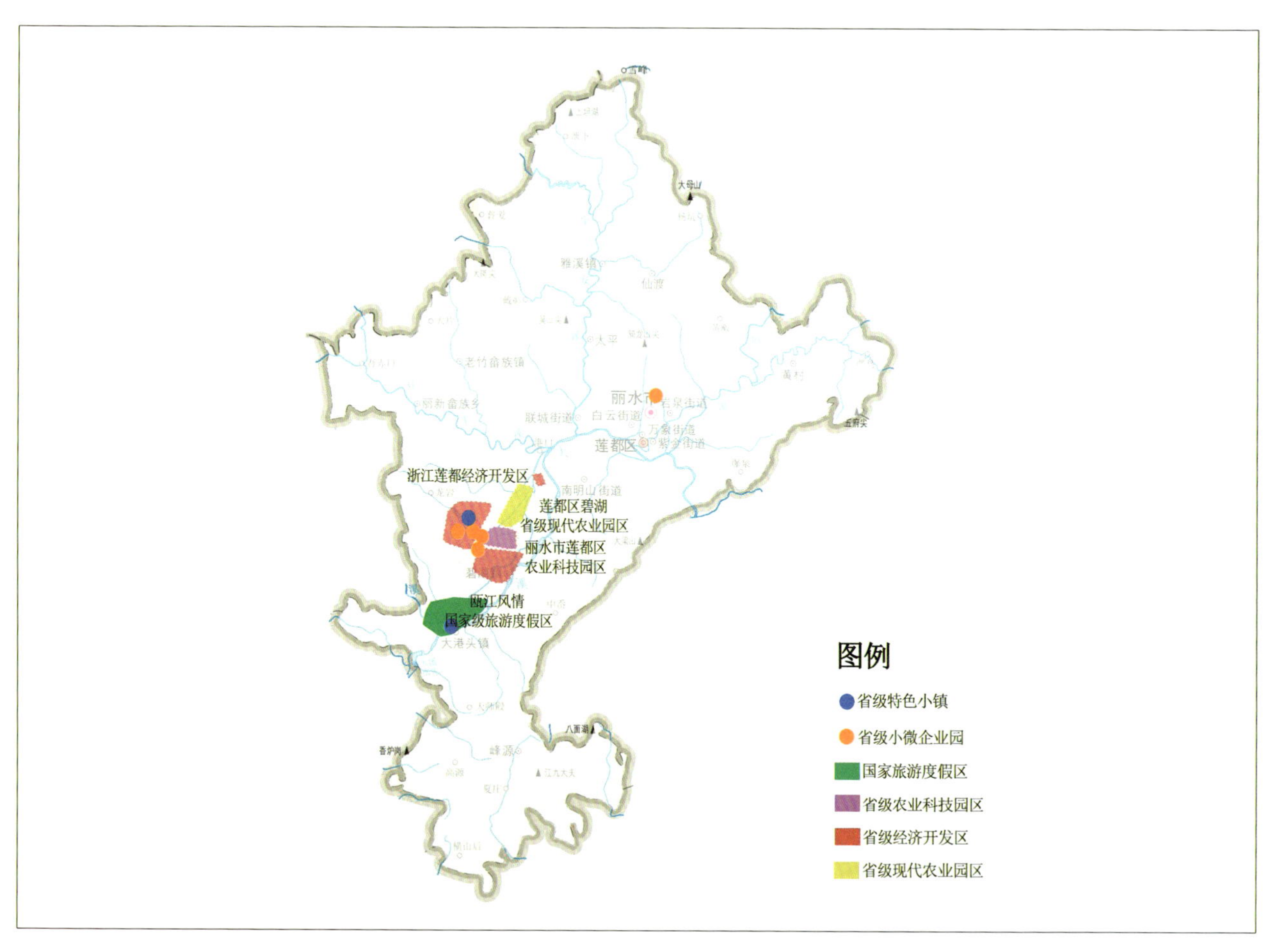

图 1　莲都区重点产业平台布局

二、重点产业

（一）高端装备产业

高端装备产业是莲都区的主导产业，2022 年，莲都区高端装备产业规上工业产值约 31.78 亿元。莲都区高端装备产业的龙头企业见表 2，主要分布在阀门、金属制品、专用设备和电气机械行业。从产业链角度看，电气机械企业主要集中在上游的电子元器件和绝缘体生产，中游的输变电设备及各类电机制造；金属制品企业主要集中在上游的金属加工耗材生产和中游的安防产品与建筑用钢生产；专用设备企业主要集中在中游的设备制造；阀门企业主要集中在中游的阀门生产。下一步，莲都区将促进金属制品向高端不锈钢等新型合金材料转型、电气机械设备向太阳能等新能源发电设备转型；引进上游的特种材料和锻造企业，发展锻件阀门等高档阀门以及应用于冶金、石油等行业的特种阀门产品；开发农业机械设备、工程机械设备、食品包装设备等专用设备。

表2　莲都区高端装备产业龙头企业简介

<table>
<tr><th>行业</th><th>企业类型</th><th>公司名称</th><th>主营业务</th></tr>
<tr><td rowspan="3">阀门</td><td>规上百强（市级）</td><td>维强阀门集团有限公司</td><td>阀门本体（闸阀、截止阀、蝶阀、止回阀、球阀、调节阀、减压阀等）</td></tr>
<tr><td>地方重点企业</td><td>浙江非王泵阀有限公司、替科斯科技集团（丽水）通用阀门有限公司、阀毕威阀门有限公司、浙江沃沃阀门有限公司、意德阀门有限公司、浙江上工阀门有限公司、浙江菲比克阀门有限公司、希其阀门科技有限公司、浙江康瑞阀门有限公司</td><td>阀门本体（硬密封球和阀座、闸阀、止回阀、球阀及配件、蝶阀、截止阀）</td></tr>
<tr><td>专精特新入库企业</td><td>丽水欧意阀门有限公司</td><td>阀门本体（固定球阀、球阀配件、硬密封球和阀座）</td></tr>
<tr><td rowspan="4">专用设备</td><td>新三板</td><td>浙江三联环保科技股份有限公司</td><td>环保设备（卧螺离心机及其自动加药系统装置和电气控制系统）、无轴螺旋输送机</td></tr>
<tr><td rowspan="2">地方重点企业</td><td>浙江金尊人防设备有限公司</td><td>人防设备（钢筋混凝土防护设备、钢结构手动防护设备）</td></tr>
<tr><td>乾麟缝制设备有限公司</td><td>缝纫机及其电机</td></tr>
<tr><td>专精特新入库企业</td><td>浙江多乐缝纫机有限公司</td><td>缝纫机（特种机、平缝机、罗拉车、包缝机、模板机、绷缝机、花色机）</td></tr>
<tr><td rowspan="3">金属制品</td><td>新三板</td><td>瓯宝安防科技股份有限公司</td><td>安防产品（电动闭门器、消防闭门器、指纹密码锁、安防锁、防火锁、推杆锁）</td></tr>
<tr><td rowspan="2">地方重点企业</td><td>浙江申嘉焊材科技有限公司</td><td>电焊条、实心焊丝、药芯焊丝及特殊定制焊材</td></tr>
<tr><td>杭萧钢构（丽水）有限公司</td><td>建筑用钢（剪力墙钢管束、箱型柱、圆管柱、H 型钢梁等钢结构建筑装配构件）</td></tr>
<tr><td rowspan="5">电气机械</td><td>专精特新“小巨人”</td><td>恒大电气有限公司</td><td>输配电设备（避雷器、氧化物电阻片、绝缘子、跌落式熔断器和隔离开关）</td></tr>
<tr><td rowspan="3">地方重点企业</td><td>丽水万控科技有限公司</td><td>输配电设备（高、低压电气机柜）</td></tr>
<tr><td>浙江天润电气有限公司</td><td>智能高频直流屏、预装箱式变电站各类高、低压开关柜</td></tr>
<tr><td>浙江航兴电机有限公司</td><td>道闸驱动总成、电机（垃圾处理器电机、快速门电机、缝纫机电机）、家用碾米机</td></tr>
<tr><td>专精特新入库企业</td><td>浙江特利隆精密机械有限公司</td><td>汽车零部件、电机皮带轮和零部件及各种机械零部件</td></tr>
</table>

（二）半导体集成电路产业

莲都区引进的半导体集成电路产业项目（在建）达产后产值可达 90 亿元。半导体集成电路产业的重点项目见表 3，主要分布在集成电路和片式多层陶瓷电容器（Multilayer Ceramic Capacitor，MLCC）行业。从产业链角度看，半导体的重点项目主要集中在中游的芯片和存储器制造；片式多层陶瓷电容器的重点项目主要集中在上游的 MLCC 陶瓷材料生产。下一步，莲都区将聚焦半导体集成电路产业的中游环节，重点发展集成电路、晶圆制造、产品封装和智能传感器等领域，大力培育金属封装、陶瓷封装企业，吸引产业链上游的沉积设备、刻蚀设备等半导体设备企业，力争到 2025 年达到预期目标。

表3 莲都区半导体集成电路产业重点项目简介

项目名称	投资额/亿元	达产期/年	预计产值/亿元	主营业务
领存技术全自动化固态硬盘制造产线及远程控制芯片设计项目	13		50	自动化芯片测试和固态硬盘生产产线建设
丽水威固特种封装及其产业化项目	12		20	航空航天存储芯片项目，未来主要是用于卫星以及地面数据站等
年产 4000 吨多层陶瓷电容用纳米级镍粉生产线项目	12	2025	18	多层陶瓷电容用纳米级镍粉生产线
晶旺半导体集成电路芯片金属凸块生产线项目	10		2	建设化学镀金属凸块产线

（三）新能源产业

莲都区引进的新能源重点产业项目（在建）达产后产值可超 270 亿元。新能源产业的重点项目见表 4。从产业链角度看，新能源产业的重点项目主要分布在上游的新能源发电（光伏发电）和中游的储能系统及装备制造。下一步，莲都区将依托新能源重点产业项目，发展钴酸锂等正极材料；同时，引进光伏建筑一体化企业，发展楼顶光伏项目，力争到 2025 年达到预期目标。

表4 莲都区新能源产业重点项目简介

名称	投资额/亿元	达产期/年	预计产值/亿元	主营业务
上海格派集团锂离子正极材料产业园项目	超 39		超 100	锂离子电池正极材料生产基地
青禾储能系统制造及光伏发电、储能项目	80	2024	150	储能系统集成基地、集中式光伏发电和储能电站
莲都格派新能源电池全生命周期管理以及储能项目	30	2025	超 20	新能源电池梯次利用等产线

（四）生命健康产业

莲都区引进的生命健康产业项目（在建）达产后产值可达 150 亿元。生命健康产业的龙头企业和重点项目见表 5 和表 6，主要分布在植物提取物、兽药、医药和医疗器械行业。从产业链角度看，植物提取物企业主要集中在上游的原材料种植和中游的植物提取物生产加工；医药企业主要集中在上游的基础研究，中游的药物制造；医疗器械企业主要集中在检测设备。下一步，莲都区将依托丰富的农业及中药材产业基础，大力发展天然植物香精、中药饮片、中药保健制品、中成药、中药配方颗粒和畲族医药，开发“妆字号”“械字号”“健字号”产品。

表5　莲都区生命健康产业龙头企业简介

企业类型	项目名称	主营业务
地方重点企业	丽水市天博生物科技有限公司	食用液体香精、食用粉末香精、食品添加剂
	浙江瑞新药业股份有限公司	抗肿瘤药、注射类药、片剂类药、胶囊剂药
	安派科生物医学科技（丽水）有限公司	生产体外疾病检测技术和设备
	浙江新三和动物保健品有限公司	动物保健品（饲料及饲料添加剂、兽药）
	纳爱斯集团有限公司	洗涤和个人护理用品生产

表6　莲都区生命健康产业重点项目简介

项目名称	投资额/亿元	达产期/年	预计产值/亿元	主营业务
联合基因创新生物科技项目	8		100	超快的核酸检测项目
纳爱斯集团生态资源研究及产业化项目	50	2025	53	生态资源研究，植物培育研发、提取、应用融合的产业集群

三、科技创新概况

2022年，莲都区高新技术企业284家，全县R&D经费占地区生产总值比重为2.94%，全省排名第35，规上工业企业R&D经费支出占营业收入比重达1.73%。

（一）区域创新资源布局

莲都区创新平台主要集中在高端装备产业。2022年，全区（不含丽水经开区）拥有省级重点实验室1家，省级企业研究院5家，省级高新技术企业研发中心18家，国家级孵化器1家。创新平台主要集聚在碧湖镇、南明山街道和白云街道（见图2）。

（二）产业专利分析

莲都区的专利优势主要集中在金属加工（设备）、环保工艺（设备）。2022年，莲都区有效发明专利约878件，前十大专利技术领域见图3。根据申请人分析，浙江三联环保科技股份（污泥干化、热解设备；清洁焚烧炉）、纳爱斯集团（洗涤制剂、头皮护理组合物）、丽水市正明机械科技（塑胶救援浮桥）、丽水创智果科技（消音墙体型材结构、竹节丝形成设备）、丽水二三网络（电子烟装配设备）等申请人的专利数量居前。

四、莲都区未来展望

从产业发展看，莲都区未来将逐步形成以半导体、大健康、新能源及装备为主的产业体系，形成以碧湖为核心的产业空间布局。从科技创新核心指标看，莲都区R&D经费支出占地区生产总值比重、企业研发投入等指标偏低，产业创新能力仍有待进一步提升。下一步，莲都区将依托莲都双创中心、武汉大学丽水研究院、莲都科创园丽水学院莲都产业研究院、莲都区义乌科技创新研究院等科创功能载体，进一步夯实科创基础，重点加大科技型中小企业、高新技术企业和专精特新企业培育力度。

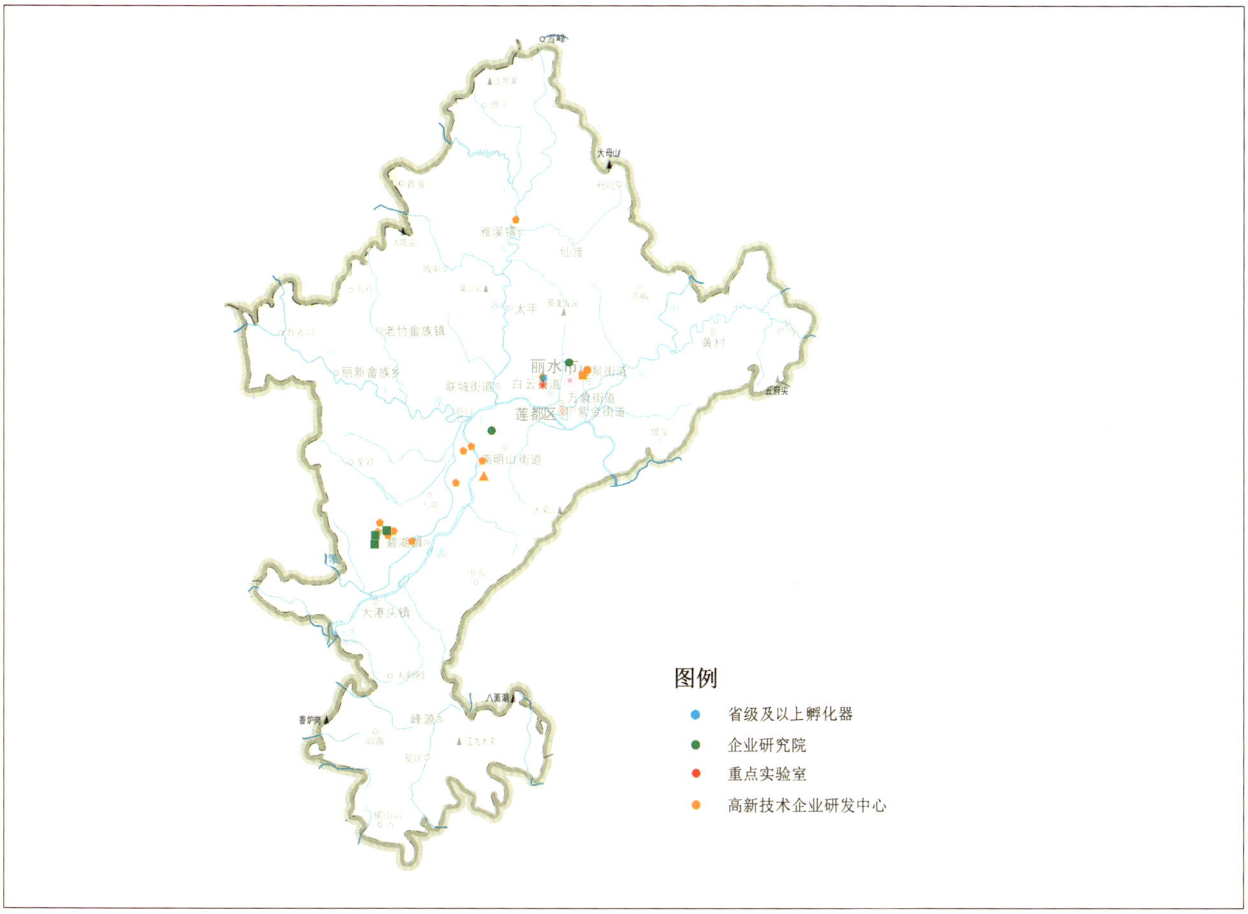

图例

省级及以上孵化器

企业研究院

重点实验室

高新技术企业研发中心

图 2　莲都区创新平台布局

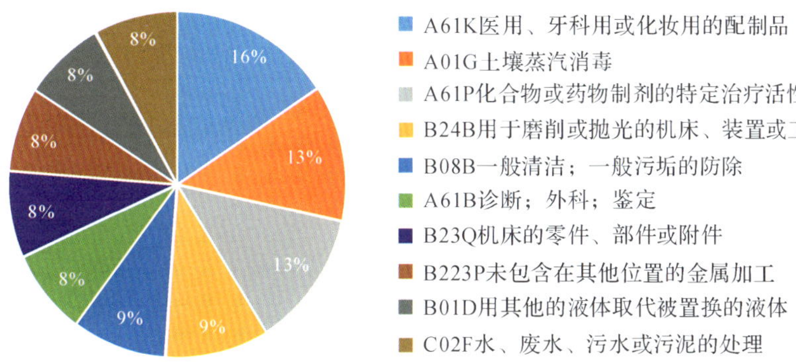

图 3　莲都区专利技术领域分布

龙泉市产业链创新链全景分析报告

丽水龙泉市位于浙江省西南部、浙闽赣边境，是红军进入浙江打响第一枪的地方，浙西南第一个县级苏维埃政府成立于此。龙泉市总面积 3059 平方千米，下辖 4 个街道、7 个乡、8 个镇。2023 年，全市户籍人口为 28.50 万人，常住人口为 25.2 万人。地区生产总值为 183.53 亿元，全省排名第 80，丽水市排名第 4。龙泉市是“中华灵芝第一乡”、“中国黑木耳之乡”、世界香菇栽培发源地，被誉为“中国青瓷公园”“宝剑之乡”，拥有“浙南林海”“浙江绿谷”“华东古老植物的摇篮”之称。

一、龙泉市产业概况

（一）产业结构

从地区生产总值构成看，2023 年，龙泉市第一产业增加值为 17.79 亿元、第二产业增加值为 62.55 亿元、第三产业增加值为 103.19 亿元，三次产业增加值结构调整为：9.7 ∶ 34.1 ∶ 56.2。

从农业看，龙泉市以食用菌、茶业和蔬菜为主导。2023 年，全市农林牧渔总产值为 27.4 亿元。以段木灵芝为主的食用菌产业产值超 5.52 亿元，产量占全国段木灵芝产量的 60%；以红茶为主的茶叶产业产值超 5 亿元，“龙泉红”获“中茶杯”全国名优茶评比金奖；以“龙泉茄”为主的蔬菜产值约 5 亿元。下一步，龙泉市将重点发展“茶菌蔬”和“果药蜂”产业，优化特色产品品种结构和生产布局，构建标准化生产园和示范基地，推进农业区域化、特色化、中高端化发展。

从工业看，龙泉以精密制造（汽车零部件）、时尚休闲（竹木、青瓷宝剑）为主导。2022 年，全市规上工业企业 138 家，规上工业总产值 82.5 亿元。2022 年龙泉市产业主要分布见表 1。下一步，龙泉市将聚焦汽车（空调）零部件，阀门、不锈钢等精密制造向高端化转型；推动竹木、青瓷宝剑等时尚产业向现代时尚升级；大力培育生物医药、健康食品加工等健康产业，最终构建三大现代工业体系。

表1　龙泉市工业主导产业简介

名称	规上工业产值 / 亿元	占全市规上工业总产值比重 /%
精密制造（汽车零部件）	21.80	26.42
时尚休闲（竹木、青瓷、宝剑）	10.40	12.61
健康产业	8.50	10.30

（二）“中部工业、南部农旅”的产业空间布局

图 1 展示了龙泉市重点产业平台布局。从工业看，龙泉市工业形成“一核多点”的分布格局，聚焦安仁镇，围绕“省级经济开发区”“省级特色小镇”“省级小微企业园”，形成一个显著集聚区（一核），重点打造五金汽配、竹木和青瓷产业。从农业看，龙泉市农业主要聚集在兰巨乡和查田镇，围绕“省级现代农业园”，打造“竹茶菌蔬”特色农业区。从服务业看，龙泉市服务业围绕龙泉山旅游度假区，打造农旅体验休闲区。

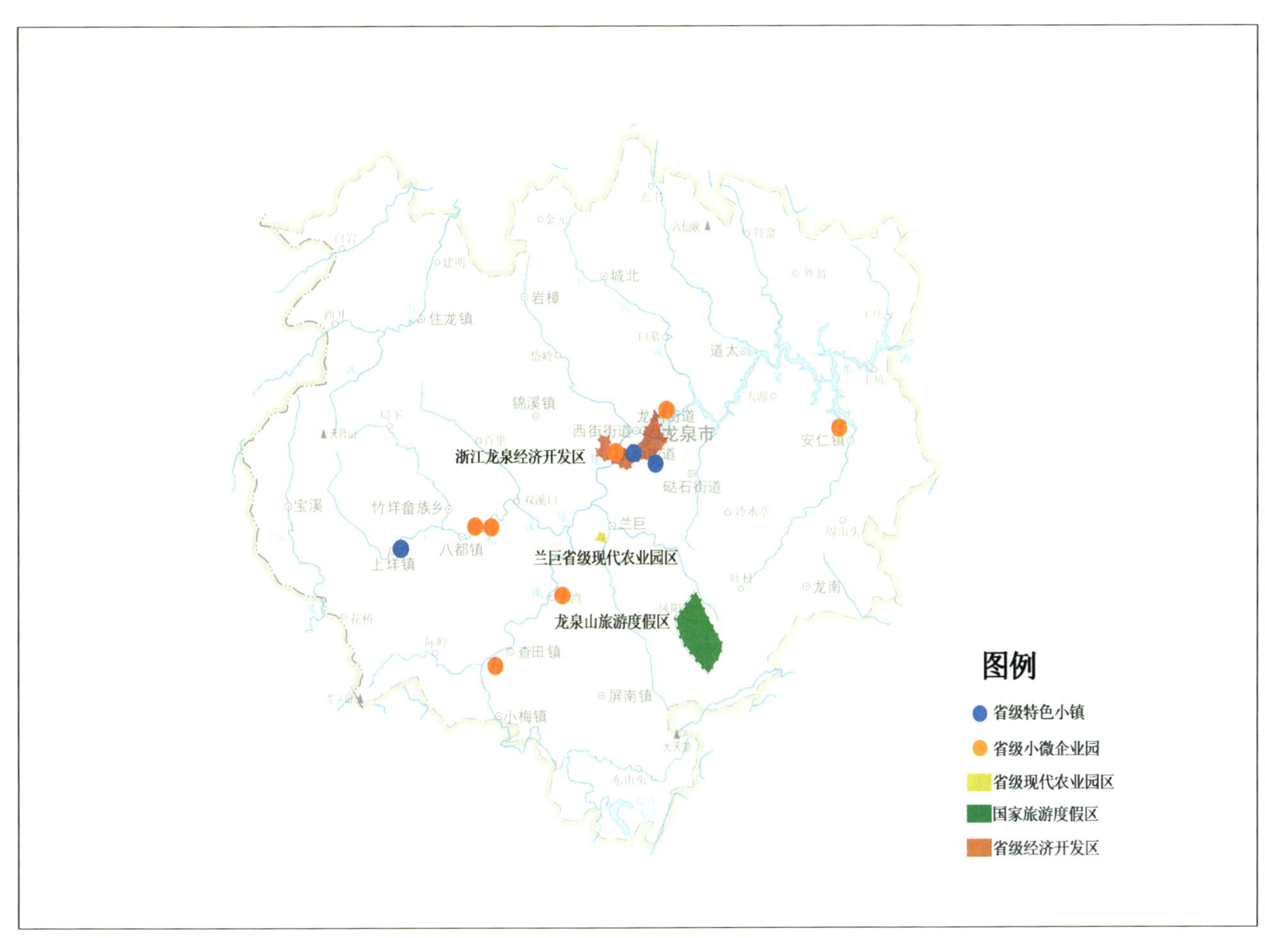

图 1　龙泉市重点产业平台布局

二、重点产业

（一）精密制造（汽车零部件）产业

龙泉市先后被中国汽车工业协会、省经贸委、省科技厅授予“中国汽车（空调）零部件制造基地”等荣誉。2022 年，龙泉市精密制造产业规上工业产值 21.8 亿元（约 60% 为汽车零部件），企业有 100 多家，是全市生态工业发展的主导产业。全市精密制造业主要分布在汽车零部件、阀门和不锈钢领域。龙泉市精密制造的龙头企业见表 2。从产业链角度看，汽车零部件（空调）企业主要集中在中游的汽车电子（车用空调为主，几乎覆盖了车用空调的所有零部件）；不锈钢、阀门企业主要集中在中游的钢铁加工制造。下一步，龙泉市将依托汽车空调的雄厚基础，向高端基础件、新能源整车配套等高端汽车（空调）

零部件发展，同时向大数据机房用冷凝设备等方向拓展新的领域；不锈钢、阀门领域将聚焦高性能阀门、核工业及军工市场。力争到2025年，龙泉市精密制造产业产值达100亿元以上。

表2　龙泉市精密制造产业龙头企业简介

行业	企业类型	公司名称	主营业务
汽车零部件（空调）	专精特新“小巨人”	浙江三田滤清器有限公司	汽车空调压缩机和新能源热泵系统
		浙江新劲空调设备有限公司	汽车空调自控元件和新能源汽车热管理零部件
		浙江三田汽车空调压缩机有限公司	气体压缩机械、制冷、空调设备、汽车零部件及配件
	隐形冠军企业	浙江兰通空调设备有限公司	蒸发器、冷凝器、汽车空调管接头、管路总成
		浙江创新汽车空调有限公司	汽车空调冷凝器、蒸发器等
	地方重点企业	三田集团有限公司、浙江置信汽车部件有限公司、龙泉市万泽科创有限公司	汽车空调零部件、工程机械零部件
		浙江科博乐汽车电子有限公司	电子元器件制造、汽车零部件及配件
		浙江龙之星压缩机有限公司	压缩机、空调器、汽车离合器等汽车零部件
		浙江施克汽车配件有限公司	汽车空调储液干燥器、液气分离器、热力膨胀阀、阀座、节流阀
		浙江毅力汽车空调有限公司、浙江松信汽车空调有限公司、浙江伟林机械零部件有限公司、浙江方宏空调设备有限公司、浙江俊博汽车部件有限公司、龙泉市中泰汽车空调有限公司、浙江基力思汽车空调有限公司、浙江欧亚迪汽车空调器有限公司、浙江澳利达空调部件有限公司、浙江博威汽车空调有限公司、浙江欧特立汽车空调有限公司、浙江南星汽车空调有限公司	汽车空调及零部件（电磁离合器、继电器、A/C开关、冷凝器、蒸发器、消音器、储液器、压板等）、家用空调零部件、工程机械配件
不锈钢、阀门	地方重点企业	浙江铭峰管道装备有限公司	流体设备、不锈钢制品（管道装备、阀门、法兰等）
		浙江展煌机械制造有限公司	空压机配件、管道全套配件、阀门、锻打配件
		龙泉市龙生不锈钢管有限公司	钢压延加工，金属结构制造，钢、铁冶炼
		浙江新普金属材料有限公司、浙江银隆不锈钢有限公司、浙江中信不锈钢有限公司、龙泉市诚泰钢业有限公司、浙江鑫大不锈钢制造有限公司	不锈钢制品（钢管、钢板、管件、法兰、阀门、元钢、焊管等标准件）
		浙江麦斯凯阀业有限公司、浙江鸿业阀门制造有限公司、浙江华星阀业有限公司	中低压阀门、泵阀、管道配件
其他	地方重点企业	浙江万鸿高分子材料有限公司	浇铸型亚克力板材
		浙江太钎机械设备制造有限公司	冶金机械、矿山机械、冷轧管机、钢管设备、模具、不锈钢管、管件及配件
		浙江瑞峰新型墙体材料有限公司	混凝土砌块、建筑装饰材料
		浙江广力工程机械有限公司	工程机械浮动油封
		浙江孔山重工机械有限公司	矿山机械、机械设备、机械零件

（二）时尚休闲（竹木、青瓷、宝剑）产业

龙泉市被誉为“竹木之乡、剑瓷之都”。2022年，龙泉市时尚休闲产业规上工业产值约10.4亿元，产业内地方龙头企业（拟上市、规上百强、地方重点企业等）18家。龙泉市时尚休闲产业的龙头企业见表3。从产业链角度看，竹木企业主要集中在中游的竹日用品和竹木家具；青瓷企业主要集中在中游的瓷器加工制造；宝剑企业主要集中在中游的刀具生产。下一步，龙泉市将引进行业龙头企业，加大创新力度，

提升竹木、青瓷、宝剑制造和设计水平，推动时尚产业转型升级，提高产品附加值。力争到2025年，龙泉市时尚休闲产业产值达100亿元以上。

表3　龙泉市时尚休闲产业龙头企业简介

行业类别	企业类型	公司名称	主营业务
竹木	地方重点企业	恒祥玩具集团有限公司	生产出口木制玩具
		浙江千束家居用品有限公司	竹制品、家居用品、家具制造
		浙江能福旅游用品有限公司	木、竹制太阳伞，帐篷，户外家具
		浙江凯森板业有限责任公司	“凯森”牌竹胶板产品、竹材制砖用托板
		浙江巧艺玩具有限公司	竹制品（家具、玩具）
		浙江亿奇木业有限公司	竹、藤、木等制品、家具
		浙江东龙工贸有限公司	竹、木胶合模板
		浙江百茂板业有限公司、浙江永鑫席业有限公司、浙江森亚板业有限公司、龙泉市嘉文木业有限公司	竹、木制品、新型板材
		浙江国立包装有限公司	包装用纸、塑料、木制品
青瓷	规上百强（市级）	龙泉望瓯文化发展有限公司	陶瓷等工艺品、家具、厨具、服装服饰
	地方重点企业	龙泉瓯江青瓷有限公司	瓷器原材料加工、制造
		龙泉市金宏瓷业有限公司	陶瓷等工艺美术品制造、新型陶瓷材料
		龙泉市昌宏瓷业有限公司	瓷器制造
宝剑	地方重点企业	浙江郑氏刀剑有限公司	刀剑（中华传统、西洋、日本武士）、武术健身器械
	拟上市公司	浙江省龙泉市宝剑厂有限公司	刀剑等工艺品、金属工具

（三）健康产业

2022年，龙泉市健康产业规上工业产值8.5亿元，产业内地方龙头企业6家。龙泉市健康产业的龙头企业见表4。从产业链角度看，医药、医疗器械企业主要集中在中游的药剂和医疗器械生产；食用菌企业主要集中在上游和中游。下一步，龙泉市将加快生物医药、健康食品加工、水经济等产业发展。力争到2025年，龙泉市健康产业产值达50亿元。

表4　龙泉市健康产业龙头企业简介

行业类别	企业类型	公司名称	主营业务
医药、医疗器械	地方重点企业	浙江国镜药业有限公司	试剂（大容量注射剂、散剂、片剂、胶囊剂、颗粒剂、合剂、口服溶液剂、糖浆剂）
		浙江鹤思医疗器械有限公司	医疗器械的生产和销售
		龙泉市起超医疗器械有限公司	医用塑料制品、运动防护用具
食用菌	地方重点企业	浙江森芝宝生物科技有限公司	农特产品、食药用菌、中药材种植、初级加工
		龙泉市菇友自动化设备有限公司	食用菌、竹木等农业机械设备、茶水炉设备
		龙泉市科达农副产品有限公司	灵芝、香菇、黑木耳等食药用菌、种植加工

三、科技创新概况

2022年，全市R&D经费占地区生产总值比重为2.21%，全省排名第63；全市拥有高新技术企业75

家，高新技术产业增加值占工业增加值比重达 54.78%；全市规上工业企业 R&D 经费支出占营业收入比重达 2.95%。

（一）区域创新资源布局

龙泉市创新平台主要集中在精密制造产业（汽车零部件主导）。2022 年，全市拥有省级企业研究院 10 家，省级高新技术企业研发中心 28 家。创新平台集聚在安仁镇（见图 2）。

图 2　龙泉市创新平台布局

（二）产业专利分析

龙泉市的专利优势主要集中在金属加工（机械）、陶瓷生产加工和蘑菇栽培。2022 年，龙泉市有效发明专利共 413 件，前十大专利技术领域（小类）见图 3。根据申请人分析，“空调制造及加工设备”相关的专利数量最多（越来自动化、博威汽车空调、新劲空调、中泰汽车空调等公司）；金宏瓷业（陶瓷生产原材料及成型加工、增材制造技术）专利数量遥遥领先，企业规模较小，但具备巨大的增长潜力；此外，起超医疗器械（医疗器械）等公司也拥有较多专利。

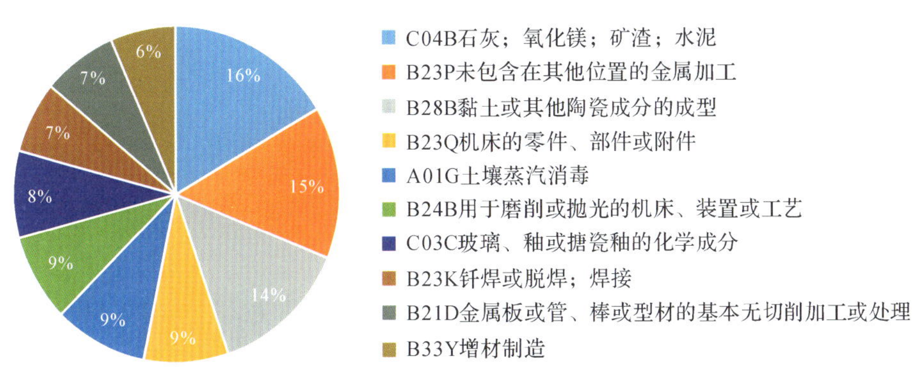

图 3　龙泉市专利技术领域分布

四、龙泉市未来展望

从产业发展看，龙泉市以汽车空调制造为基础，向新能源汽车、整车配套等高端零部件和产业链上游的智控元器件等延伸，提升产业链附加值，推动精密制造产业产值迈上新台阶。青瓷产业中的金宏瓷业专利数量不仅多，而且以高精尖专利为主，有望成为行业龙头，给青瓷产业带来新的增长活力。从科技创新看，龙泉市总体研发投入处于全省中下水平，优质创新主体缺乏、规模偏小，几乎无辐射带动性强的科技龙头企业。下一步，龙泉市将高质量建设龙泉汽车空调和青瓷产业创新服务综合体，深化以浙江大学为重点的"市校合作"，加强产业共性关键技术攻关，推动三大产业上下游企业加大研发创新力度，促进产业向高端化跃升。

青田县产业链创新链全景分析报告

丽水青田县位于浙江省东南部，总面积2493平方千米，下辖4个街道、10个镇、18个乡。2023年，全县户籍人口为57.27万人，常住人口为37.05万人。地区生产总值约300.19亿元，全省排名第75，全省排名第3。青田县是“中国石雕艺术之乡”“中国杨梅之乡”，石雕艺术曾获巴拿马世界金奖，“青田石”是我国四大印章石之一。

一、青田县产业概况

（一）产业结构

从地区生产总值构成看，2023年，青田县第一产业增加值为11.38亿元、第二产业增加值为114.45亿元、第三产业增加值为174.36亿元，三次产业增加值结构调整为3.8 ∶ 38.1 ∶ 58.1。

从农业看，青田县以杨梅和“稻鱼共生”产业为主导。2023年，青田县农林牧渔总产值超17.6亿元。“青田杨梅”（国家农产品地理标志登记保护）产值达6.95亿元；“稻鱼共生”产值达3.04亿元，是中国第一个世界农业文化遗产。下一步，青田县将从全产业链角度提升“稻鱼共生”、平风寨杨梅、油茶、阜山黄菊、章村油库和综合农旅。

从工业看，青田县以高端不锈钢（精密制造）、时尚休闲（鞋服）产业为主导。2023年，全县实现规上工业增加值56.1亿元，拥有规上工业企业225家。2022年青田县产业主要分布见表1。下一步，青田县将积极发展数字经济产业，培育新材料、精密制造、生命健康等新兴产业，最终构建“4+1+X”生态工业体系。

表1　青田县特色工业简介

名称	规上工业产值 / 亿元	占全县规上工业总产值比重 /%
高端不锈钢（精密制造）	177.91	56.02
时尚休闲（鞋服）	约 62.00	约 19.52
装备制造（智控阀门）	约 20.10	约 7.60
绿色矿山	约 10.10	约 3.18

从服务业看，青田县服务业以旅游（欧陆风情、石雕艺术）、葡萄酒贸易为主。2023 年，青田县规上服务业营业收入 14.7 亿元。下一步，青田县积极创建国家级全域旅游示范县，同时打造“中国最大进口葡萄酒集散中心”。

（二）“东西工业，中部农旅”产业空间布局

图 1 展示了青田县重点产业平台布局。从工业看，青田县工业主要分布在东部的温溪镇、山口镇和油竹街道，围绕“省级经济开发区”“省级特色小镇”“省级小微企业园”，形成东部工业集聚区，重点打造高端不锈钢、装备制造和时尚休闲产业，少部分涉及五金、石雕文创与新一代信息技术；依托“万亩千亿平台”，重点打造新能源与装备制造产业。从农业看，青田县农业主要聚集在中部的仁宫乡与章旦乡，围绕“青田县栖霞山省级现代农业园区”，重点发展稻鱼、茶叶、杨梅等特色农产品，推进农业提质增效。从服务业看，青田县服务业围绕“青田县中国石雕文化旅游区”与“青田县石门洞景区”，联动中心城区与现代农业园，形成综合文旅体验区。

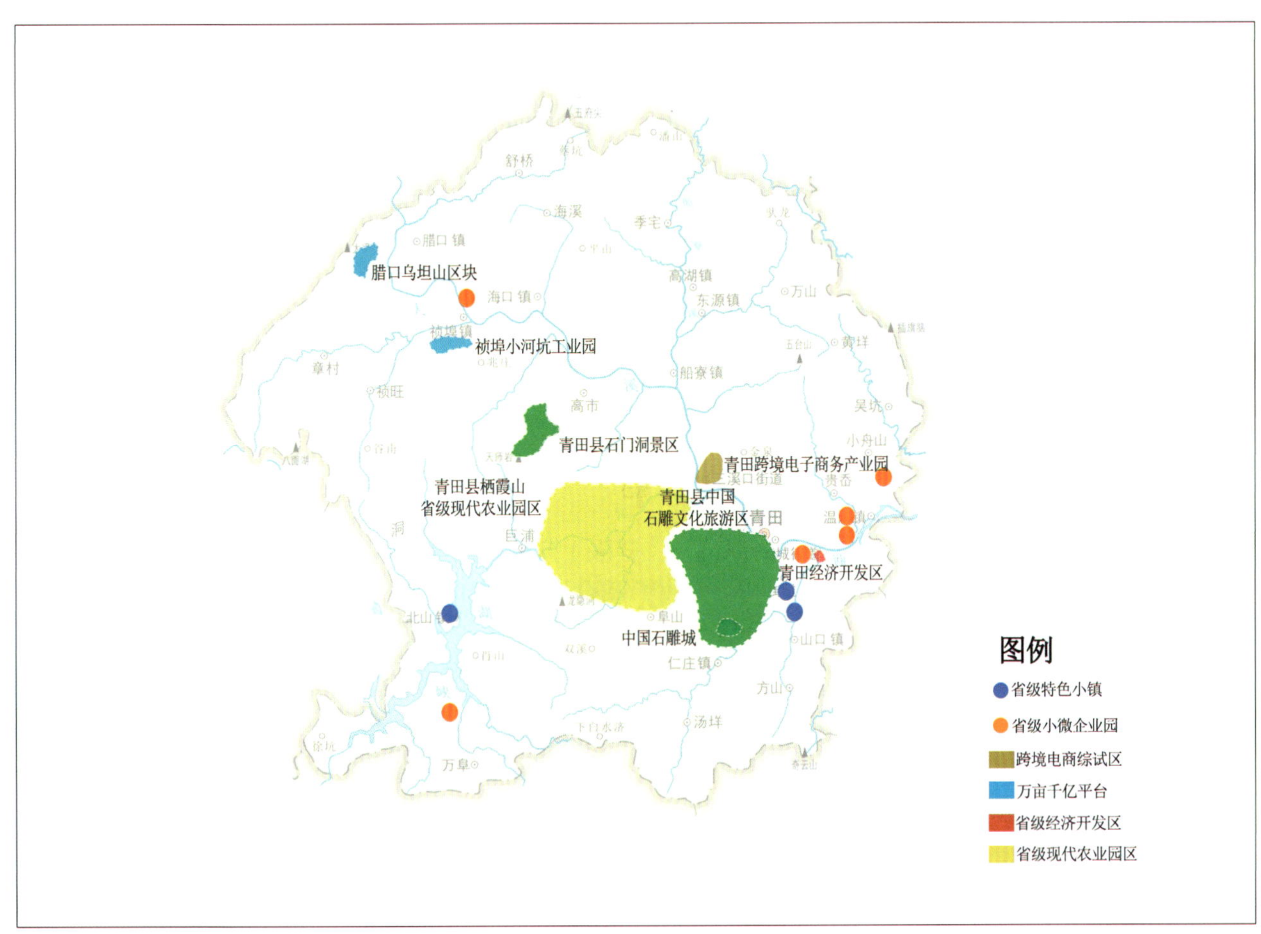

图 1　青田县重点产业平台布局

二、重点产业

（一）高端不锈钢（精密制造）产业

2022年，青田县高端不锈钢（精密制造）产业实现规上工业产值177.91亿元，拥有规上企业31家。青田县高端不锈钢产业的龙头企业见表2。从产业链角度看，该产业的龙头企业主要集中在上游的初级原材料开采冶炼，中游的粗钢和不锈钢生产领域。下一步，青田县高端不锈钢产业将聚焦绿色环保钢种、特殊合金制品和资源回收技术，延伸不锈钢循环经济产业链，提升产品附加值。

表2　青田县高端不锈钢（精密制造）产业龙头企业简介

行业	企业类型	公司名称	主营业务
高端不锈钢（精密制造）	专精特新“小巨人”	钢一控股集团有限公司	红土镍矿开采、镍合金冶炼，不锈钢焊管
	规上百强（市级）	青山钢铁有限公司	不锈钢冶炼、轧制、热处理、表面处理，特种不锈钢棒、线材
		青山钢管有限公司	不锈钢无缝钢管、焊管和管件
	当地重点企业	浙江瑞浦科技有限公司	不锈钢冶炼、不锈钢棒线材
		浙江瑞浦机械有限公司	轧钢、钢锭、钢棒、不锈钢焊管、成品管
		卓业能源装备有限公司	核电、石油化工、船舶等工业机械的特种材料、铸锻件、管件等装备

（二）时尚休闲（鞋服）产业

2022年，青田县时尚休闲（鞋服）产业实现规上工业产值约62亿元（鞋服56亿元，按摩椅6亿元），拥有规模以上企业42家。青田县时尚休闲产业的龙头企业见表3。从产业链角度看，该产业的龙头企业集中在中游的鞋服加工和休闲椅制造领域。下一步，青田县时尚休闲产业将重点发展环保鞋服产品，通过倡导“个性定制、简约典雅”慢时尚和极简主义消费潮流，培育“绿色+定制+时尚”新模式，提升产品竞争力。

表3　青田县时尚休闲（鞋服）产业龙头企业简介

行业	企业类型	公司名称	主营业务
鞋服	上市公司	起步股份有限公司	童鞋、童装和服饰配饰
	当地重点企业	意尔康股份有限公司	男、女鞋履、包袋、高级定制鞋履
		浙江展风鞋业有限公司	皮鞋、皮具、箱包、服装、针织品
休闲椅	规上百强（市级）	浙江多迪斯泰保健器材有限公司	休闲椅、按摩椅

（三）装备制造（智控阀门）产业

青田县在该产业拥有全省唯一的核装备产业技术联盟。2022年，青田县装备制造（智控阀门）产业实现总产值约25.9亿元，拥有规上企业53家。青田县装备制造产业的龙头企业见表4。从产业链角度看，该产业的龙头企业主要集中在上游的阀门设计与铸造准备，中游的特种阀门制造领域。下一步，青田县装备制造产业将重点发展成套阀门、特种阀门、新能源装备，通过推广云平台，探索集工业工程设计、装备制造、运行调试及配件专供等为一体的新模式，提高企业项目系统集成力。

表4　青田县装备制造（智控阀门）产业龙头企业简介

行业	企业类型	公司名称	主营业务
智控阀门	规上百强（市级）	球豹阀门有限公司	球阀球体的锻造、加工、热处理
	地方重点企业	超达阀门集团股份有限公司	大型阀门、特种阀门
		瑞兴阀门有限公司	锻钢阀门
		汉特姆阀门有限公司	燃气阀门、冶金阀门、电站阀门
装备制造	专精特新“小巨人”	浙江三辰电器股份有限公司	电源系统、电池
	地方重点企业	青田新机电器有限公司	高低压电器及元件制造
		浙江安特（仪表）集团	电工仪器仪表、终端计量设备

三、科技创新概况

2022年，青田县R&D经费占地区生产总值达1.37%，全省排名第82；全县拥有高新技术企业69家，高新技术产业增加值占工业增加值比重达37%；全县规上工业企业R&D经费支出占营业收入比重达0.94%，全省排名第82。

（一）区域创新资源布局

青田县创新平台较少，产业领域主要集中在装备制造（智控阀门、电子元器件）。2022年，全县拥有国家级检测中心3家，省企业研究院9家，省级高新技术企业研发中心18家，省级产业创新服务综合体1个。创新平台主要集聚在东部的温溪镇、油竹街道、山口镇和中部的船寮镇（见图2）。

（二）产业专利分析

青田县的专利优势主要集中在金属冶炼与加工（设备）领域。2022年，青田县拥有389件有效发明专利，前十大专利技术领域（小类）见图3。根据申请人分析，浙江宏日（金属加工及设备）、青山钢铁（冶金、金属冲压及铸造）、金程汽车（汽车配件）、正昊测量（精密加工）、多迪斯泰（休闲椅）等申请人的专利数量位居前列。

四、青田县未来展望

从产业发展看，青田县聚焦“六大产业链集群培育，打造标志性产业链”目标，以“链长制”为牵引，重点打造全球特种钢、时尚休闲、智控阀门、新能源智慧出行、智能电器、电竞未来等六大产业链，其中，青田县也是全国首个县级元宇宙政策制定者，依托创新赋能中心（国内首个算力、算法、开发平台一体化的新型元宇宙基础设施），以电竞为重点，打造元宇宙产业高地。从科技创新看，青田县总体研发投入处于全省的下游水平，企业的技术创新能力薄弱，创新平台数量较少。下一步，青田将推动浙江工业大学青田技术转移中心、浙江省农科院青田技术转移中心、制鞋自动化与机器换人工程联合研发中心、高端不锈钢产业链协同创新中心建设，全面提升企业技术创新能力。

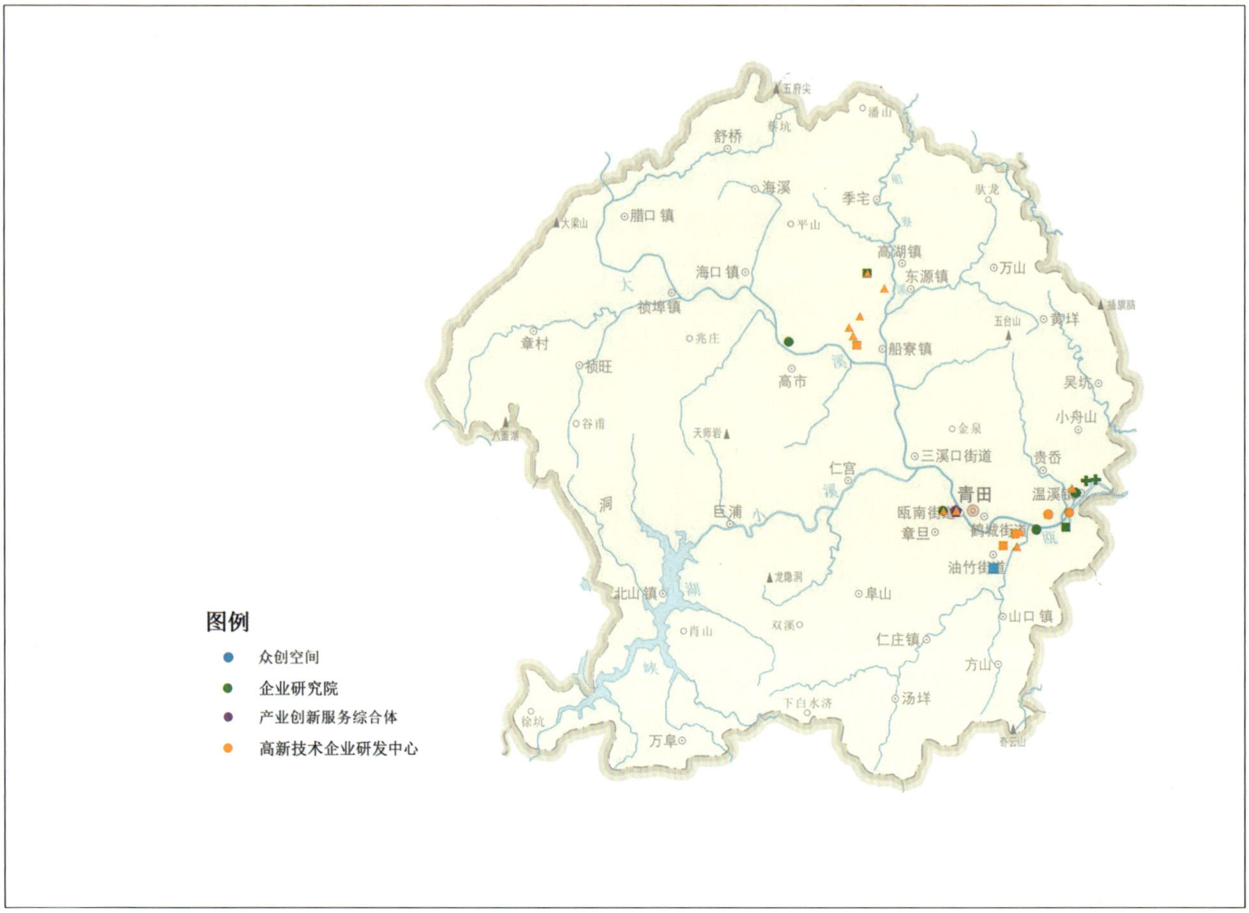

图例
众创空间
企业研究院
产业创新服务综合体
高新技术企业研发中心
青田

图 2　青田县创新平台布局

16%
13%
12%
11%
8%
8%
8%
8%
8%
8%
B23P未包含在其他位置的金属加工
B65G运输或贮存装置
B26D用于打孔、冲孔、切割、冲裁或切断的机器的通用零件
B08B一般清洁；一般污垢的防除
A43B鞋类的特征
A61H理疗装置
B23Q机床的零件、部件或附件
F16K阀；龙头；旋塞；致动浮子
B01D用其他的液体取代被置换的液体
B24B用于磨削或抛光的机床、装置或工艺

图 3　青田县技术领域分布

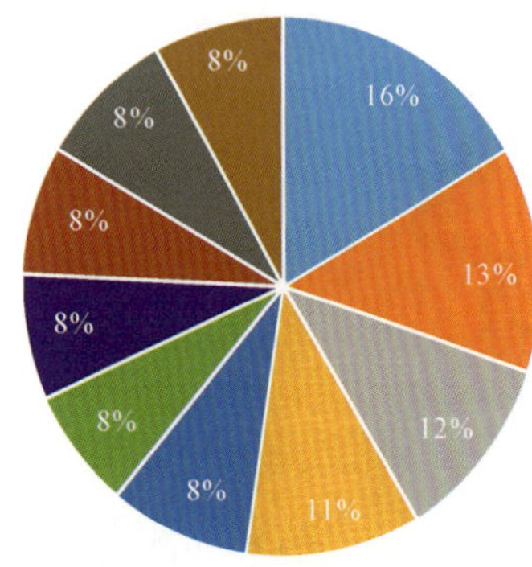

缙云县产业链创新链全景分析报告

丽水缙云县位于浙江省南部腹地、丽水地区东北部，总面积约 1482 平方千米，下辖 3 个街道、8 个乡、7 个镇。2023 年，全县户籍人口为 46.46 万人，常住人口为 40.8 万人。地区生产总值为 319.43 亿元，全省排名第 73，全市排名第 2。缙云县是长三角百强县、“中国锯床之都”、“中国麻鸭之乡”，拥有仙都和黄龙国家级旅游景区，被誉为“黄帝缙云，人间仙都”。

一、缙云县产业概况

（一）产业结构

从地区生产总值构成看，2023 年，缙云县第一产业增加值为 13.05 亿元，第二产业增加值为 147.83 亿元，第三产业增加值为 158.86 亿元，三次产业增加值结构调整为 4.1 ∶ 46.2 ∶ 49.7。

从农业看，缙云县以烧饼、茭白、麻鸭、爽面、黄茶、杨梅产业为主导。2023 年，全县农林牧渔总产值为 20.11 亿元。2022 年缙云县特色农业主要分布见表 1。缙云县特色产业缙云烧饼、缙云茭白、缙云麻鸭、缙云爽面、缙云黄茶、缙云杨梅等全产业链总产值约 70 亿元。下一步，缙云县将大力发展“五彩农业”，推动特色农业产业向上下游拓展延伸，力争使“五彩农业”全产业链产值超 90 亿元。

表1　缙云县特色农业简介

名称	产值 / 亿元	特色亮点
缙云烧饼	30.20（全产业链）	制作技艺获评国家级非物质文化遗产
缙云茭白	18.00（全产业链）	新型“茭鸭共育”农业模式
缙云麻鸭	21.80（全产业链）	

从工业看，缙云县以机械装备、短途交通、智能家居和健康医疗产业为主导。2023 年，全县规上工业总产值 421.62 亿元，规上工业企业 287 家。2022 年缙云县产业主要分布见表 2。下一步，缙云县将做强现代装备、健康医疗、智能家居三大百亿产业，加快培育节能环保、新一代信息技术、航空航天等新兴产业，构建形成以数字经济为时代特征的“3+X”生态工业体系。

表2　缙云县特色工业简介

名称	产值（亿元）	占全县规上工业总产值比重 /%	备注
机械装备	约 183.20	约 45.24	
智能家居	约 72.00	约 17.78	
健康医疗	约 68.50	约 16.92	
短途交通装备	—	—	资产总额为 51.03 亿元
节能环保	约 45.30	约 11.19	
新一代信息技术	约 9.30	约 2.30	

（二）“西部工业、中部农旅”的产业空间布局

图 1 展示了缙云县重点产业平台布局。从工业看，缙云县工业围绕“省级经济开发区”“省级高新区”“万亩千亿平台”“省级特色小镇”“省级小微企业园”在壶镇镇、新建镇和新碧街道，形成两个显著的集聚区，重点打造高端智能装备、健康医疗、智能家居和节能环保产业，少部分涉及五金配件、新一代信息技术和文创产业。从农业看，缙云县农业主要聚集在中部地区的舒洪镇，围绕“缙云县小仙都省级现代农业园区”与“缙云黄茶特色农业科技园区”两大园区，重点打造“五彩农业”。从服务业看，缙云县服务业在中部“黄龙”和“仙都”风景名胜区与农业科技园联动发展，形成特色农旅体验区。

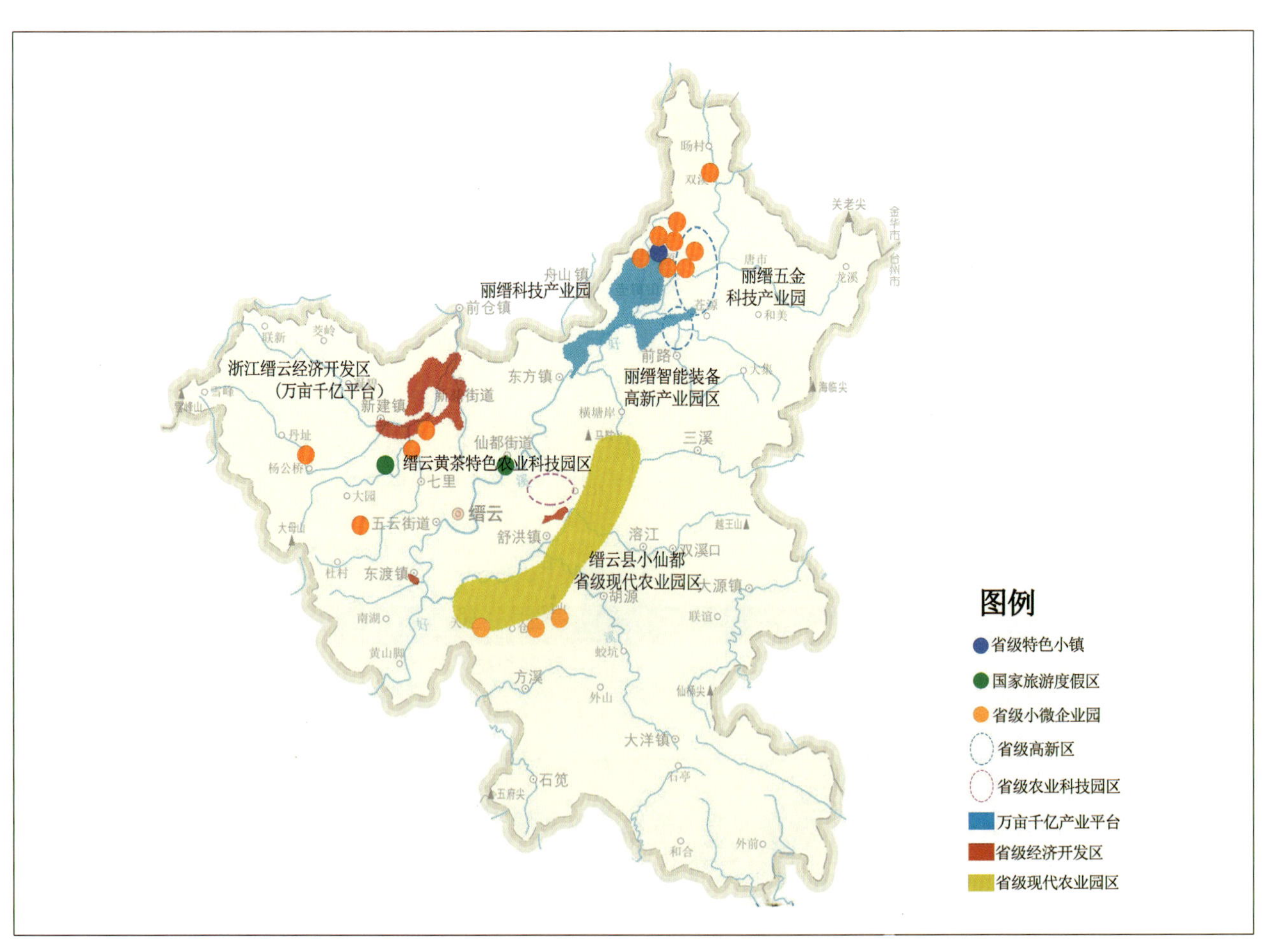

图 1　缙云县重点产业平台布局

二、重点产业

（一）机械装备产业

2022年，缙云县机械装备产业产值约183.20亿元，企业有151家，是全县生态工业发展的支柱产业，锯床产量占全国市场份额的70%以上。缙云县机械装备产业的龙头企业见表3。从产业链角度看，该产业的龙头企业主要集中在上游的钢材生产领域和中游的机床设备制造。下一步，缙云县将加强锯床产业的引领作用，引导机械装备产业的高端化、数字化、智能化以及集成化发展，同时向产业链上下游延伸，配套发展高性能机械基础件产品和特种钢材料、不锈钢新材料及新型铝合金材料。力争到2025年，机械装备产业产值达300亿元以上。

表3　缙云县机械装备产业龙头企业简介

行业类别	企业类型	公司名称	主营业务
机械装备	上市公司	浙江畅尔智能装备股份有限公司	高端拉床、数控专用机床、机器人集成智能化成套装备、拉床成套装备
		浙江前进暖通科技股份有限公司	铝合金冷凝式热交换器
	专精特新“小巨人”	浙江锯力煌工业科技股份有限公司	金属锯切机床及其自动化产线
		浙江晨龙锯床股份有限公司	高端智能锯切成套装备
		浙江精瑞工模具有限公司	高速钢、模具钢及切削工具
	国家高新科技企业（省内百强）	浙江金马逊智能制造股份有限公司	航空航天等高端管路系统管件成形技术、喷嘴、盘轴、装备、模具和精密导管
		浙江汉达机械有限公司	规模化液压元件、液压系统等液压产品、多钻机床及组合机床
	规上百强（市级）	浙江誉鑫实业有限公司	特钢、不锈钢、炼钢、轧钢
		浙江企鹅新材料有限公司	冷轧薄板、冷轧卷板、热轧钢带、热轧卷板、五金配件、电动工具、化工原料

（二）智能家居产业

2022年，缙云县智能家居产业产值约72亿元，企业有44家。缙云县智能家居产业的龙头企业见表4。从产业链角度看，智能家居产业的龙头企业主要集中在中游的家居设备生产。下一步，缙云县将进行延链、补链，弥补上游零配件制造缺失的短板，大力发展厨房家电、智能门锁、智能多功能缝纫机等特色家居产品。力争到2025年，智能家居产业产值达120亿元以上。

表4　缙云县智能家居产业龙头企业简介

行业	企业类型	公司名称	主营业务
智能门锁	规上百强（市级）	忠恒集团有限公司	机械防盗门锁、智能防盗门锁
智能家电	国家高新科技企业（省内百强）	浙江天喜厨电股份有限公司	厨房小家电、明火炊具产品
		浙江山蒲照明电器有限公司	照明电器（环形和直管荧光灯）
		浙江金陵光源电器有限公司	荧光灯
		浙江沃尔德电力电子有限公司	无功补偿及谐波治理产品

（三）短途交通装备产业

2022年，缙云县短途交通装备产业资产总额约51.03亿元。当地相关龙头企业见表5。从产业链角度看，运动装备类企业主要集中在中游的出行交通工具、运动器材生产制造。下一步，缙云县将进一步发展越野车、滑板车、健身器材等产品。力争到 2025 年，短途交通产业产值达 120 亿元以上。

表5　缙云县短途交通产业龙头企业简介

行业	企业类型	公司名称	主营业务
运动装备	上市公司	浙江华洋赛车股份有限公司	动力运动装备（非道路越野摩托车）
	专精特新“小巨人”	浙江涛涛车业股份有限公司	户外休闲娱乐兼具短途交通代步功能产品（全地形车、摩托车、电动滑板车、电动平衡车、电动自行车、头盔等）
	规上百强（市级）	浙江金棒运动器材有限公司	轮滑、滑板、滑板车等小型运动器材
		浙江嘉宏运动器材有限公司	电动自行车
		浙江欧凯车业有限公司	大型休闲运动、健身环保产品（电动滑板车、电动自行车、电动摩托车）

（四）健康医疗产业

2022 年，缙云县健康医疗产业产值约 68.5 亿元，主要分布在医疗器械领域。当地相关龙头企业见表 6。从产业链角度看，医疗器械的龙头企业主要集中于中游的医药器械制造，其中，肖特药品包装有限公司承担了缙云县大部分医药器械类产值。下一步，缙云县将以肖特高端药用玻璃管项目为依托，发展高端药用包装产品，形成缙云特色优势。力争到 2025 年，健康医疗产业产值达 50 亿元以上。

表6　缙云县健康医疗产业龙头企业简介

行业	企业类型	公司名称	主营业务
医疗器械	规上百强（市级）	肖特药品包装（浙江）有限公司	药用中性硼硅玻管

三、科技创新概况

2022 年，全县 R&D 经费占地区生产总值比重为 2.85%，全省排名第 38；全县拥有高新技术企业达到 157 家，高新技术产业增加值占工业增加值比重达 71.3%；全县规上工业企业 R&D 经费支出占营业收入比重达 2.04%。

（一）区域创新资源布局

缙云县创新平台主要集中在机械装备、智能家居、短途交通产业。2022 年，全县拥有省级重点实验室 1 家，省级企业研究院 16 家，省级高新技术企业研发中心 46 家，省级企业孵化器 1 个。创新平台主要集聚在壶镇镇和新碧街道（见图 2）。

（二）产业专利分析

缙云县的专利优势主要集中在机床（金属加工、机床零部件等）、自行车、锁具等领域。2022 年，缙云县拥有 773 件有效发明专利，前十大专利技术领域见图 3。根据申请人分析，畅尔智能（机床）、锐畜电子（无轨陆用车辆配件）、野乐科技（无轨陆用车辆配件）、欧凯车业（无轨陆用车辆）、金马逊机械（机床）、山浦照明（照明）等申请人的专利数量位居前列。打印机制造目前虽不是缙云县主导产业，但专利数量居前（普崎数码科技），未来有望成为缙云县主要发展产业之一。

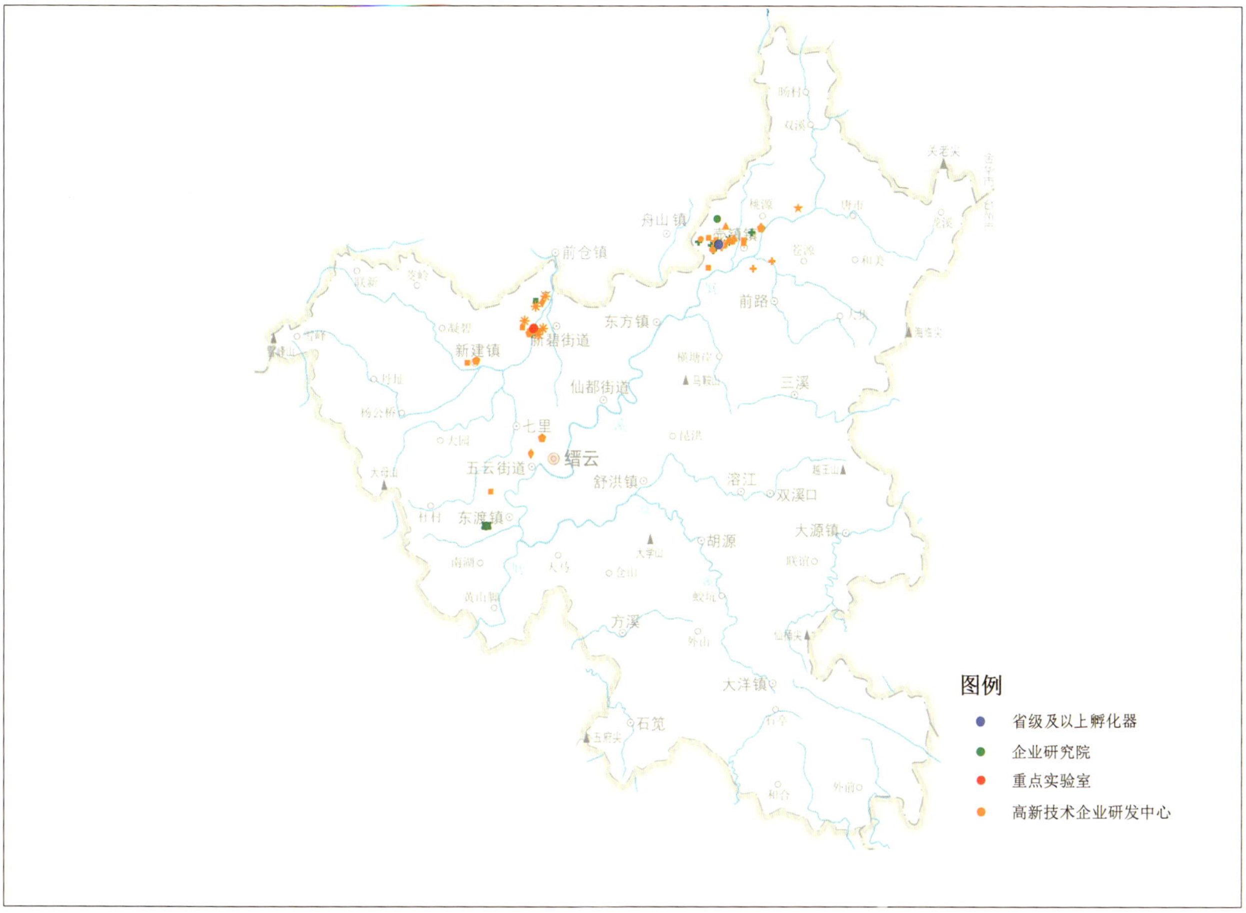

图 2　缙云县创新平台布局

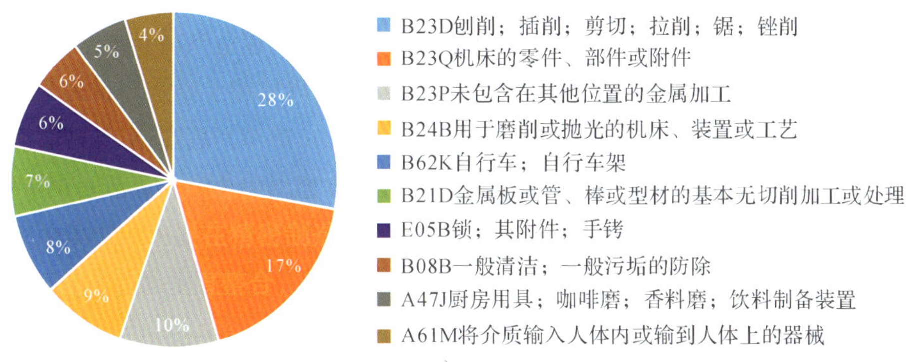

图 3　缙云县专利技术领域分布

四、缙云县未来展望

从产业发展看，缙云县将重点发展智能锯切装备，打造集高端拉床、机床、机器人集成等“机器换人”智能装备示范基地。短途交通产业是缙云县具有发展潜力的产业，缙云县将以竞技骑行装备列入省级“新星”产业群培育为契机，培育一批亿元以上龙头企业。从科技创新看，缙云县规上工业企业 R&D 经费支出占营业收入比重处于全省偏下水平。下一步，缙云县将加快建设丽水高新区科创中心，推动校地共建研究院，提高区域创新能力。

遂昌县产业链创新链全景分析报告

丽水遂昌县位于浙江省西南部，总面积约2539平方千米，下辖2个街道、7个镇、11个乡。2023年，全县户籍人口为22.48万人，常住人口为19.3万人。地区生产总值约181.07亿元，全省排名第81，全市排名第5。遂昌县是“中国竹炭之乡”“中国菊米之乡”“中国茶文化之乡”“中国建筑五金产业基地”“全国绿色发展百强县”。

一、遂昌县产业概况

（一）产业结构

从地区生产总值构成看，2023年，遂昌县第一产业增加值为14.46亿元，第二产业增加值为74.33亿元，第三产业增加值为92.28亿元，三次产业增加值结构调整为7.9 ∶ 41.1 ∶ 51.0。

从农业看，遂昌县以茶叶、中药材、竹产业为主导。2023年，遂昌县实现农林牧渔业产值22.17亿元，遂昌龙谷茶（产值8.1亿元）、遂昌三叶青（年销售额1.58亿元）、遂昌土蜂蜜（产值4000万元）、遂昌菊米和遂昌竹炭均被评为国家地理标志产品。下一步，遂昌县将建设一批“600”绿色有机农林产品基地，发展绿色生态循环农业，做强茶叶、笋竹、高端蔬菜等优势产业。

从工业看，遂昌县以金属制品为主导。2023年，全县规上工业总产值227.39亿元，规上工业企业132家。2022年遂昌县产业主要分布见表1。下一步，遂昌县将以数字化转型为契机，着力提升三大传统产业，同时培育新材料、新能源、智能装备等新兴产业，努力构建“3+3”生态工业体系。

表1　遂昌县特色工业简介

名称	规上工业产值 / 亿元	占全县规上工业总产值比重 /%
金属制品	176.43	65.10
精细化工	约17.37	约6.41
特种纸	约12.78	约4.71

（二）“东北工业、中部农业”的产业空间布局

图1展示了遂昌县重点产业平台布局。从工业看，遂昌县工业主要分布在东北部的妙高、云峰街道，

围绕“浙江遂昌经济开发区”“遂昌工业园”“省级小微企业园”呈带状分布，重点打造高端智能装备和新材料产业，少部分分涉及电商、石材加工和生物医药等；同时，以“‘天工之城·数字绿谷’科创平台”为中心，大力推动产业数字化，形成辐射全县的数字经济发展新格局。从农业看，遂昌县农业形成中部一核（大拓镇、石练镇）、北部一区（北界镇）的分布格局，中部核心区依托“遂昌县柘里茶香省级现代农业园”“遂昌县石练健康产业农业科技园区”“石练健康产业园”，联动“千佛山”景区，重点打造以茶叶、中药材为核心的一、二、三产业深度融合示范区。

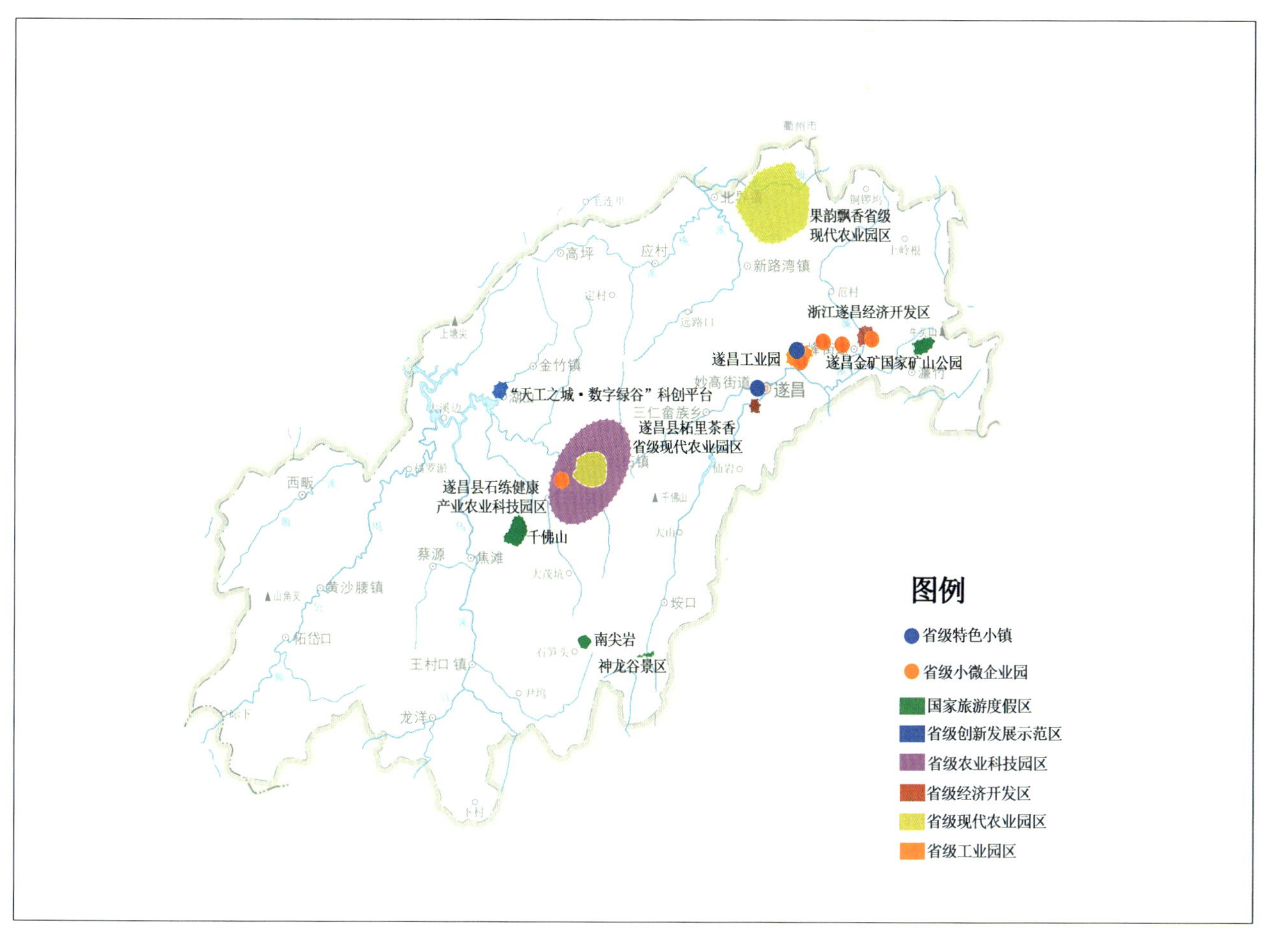

图 1　遂昌县重点产业平台布局

二、重点产业

（一）金属制品产业

遂昌县金属制品产业基地被核定为国家火炬特色产业基地。2022 年，遂昌县实现金属制品产业总产值约 176.43 亿元，拥有规上企业 46 家。遂昌县金属制品产业的龙头企业见表 2。从产业链角度看，该产业的龙头企业主要集中在上游的矿石加工、矿石冶炼、金属废料回收、耗材生产和中游的金属锻、铸造加工领域。下一步，遂昌县将依托龙头企业，研制航天航空、船舶、高铁动车等相关部件，强化上下游配套延伸；提升建筑五金、直线导轨等产品的品牌效应；拓展通用设备制造、模具等关联制造业务，推进金属制品行业向绿色、低碳、高端转型。

表2　遂昌县金属制品产业龙头企业简介

行业	企业类型	公司名称	主营业务
金属制品	专精特新“小巨人”	浙江永上特材有限公司	高温镍基合金，不锈钢管件、无缝钢管
	规上百强	浙江新元焊材有限公司	气保焊丝、埋弧焊丝、镀锌丝
	当地重点企业	浙江元立金属制品集团有限公司	生产矿粉，炼钢、轧材及各种金属制品
		浙江遂昌遂钢金属制品有限公司	以有色金属固体废弃物为原料，综合回收锡、铜、金、银、铂、钯等有色金属和稀贵金属的综合利用
		浙江新宏钢制品有限公司	金属制品、钢材、管业、热镀锌钢制品
		浙江昌鑫锻造科技有限公司	粉末冶金，金属锻件、密封件、轴承制造、汽车、摩托车等零部件
		浙江恒大导轨型材科技有限公司	导轨型材、冷拉异型钢、超精密导轨、静音滑块

（二）精细化工产业

2022年，精细化工产业实现规上工业总产值约17.37亿元。遂昌县精细化工产业的龙头企业见表3。从产业链角度看，该产业的龙头企业主要集中在上游的有机基础原料加工、生产设备制造和中游的化工产品生产。下一步，遂昌县将积极推广微通道反应工艺、连续自动化生产工艺等安全绿色高效新技术，提升精细化工产业技术水平，重点发展超高分子、超级纤维等具有特殊性质的化工新材料。

表3　遂昌县精细化工产业龙头企业简介

行业	企业类型	公司名称	主营业务
精细化工	专精特新“小巨人”	浙江荣凯科技发展股份有限公司	氯烟酸、环己二酮以及医药中间体
	规上百强（市级）	菲立化学工程（遂昌）有限公司	压滤过滤器、微通道、管式反应器等化工设备
	当地重点企业	浙江利民化工有限公司	乳化炸药、医药化工（阿洛西林、美洛西林等第三、第四代新型抗生素医药中间体）
		浙江双彩新材料有限公司	饱和聚酯、树脂，增光剂、消光剂、流平剂、涂料
		遂昌县聚力精细化工研发有限公司	绿色生物医药化学工艺和微反应技术

（三）特种纸产业

2022年，遂昌县实现特种纸产业总产值约12.78亿元。遂昌县特种纸产业的龙头企业见表4。从产业链角度看，该产业的龙头企业主要集中在上游的纸浆生产和中游的特种纸制造领域。下一步，遂昌县将基于特种纸产业现有基础优势，拓展信息、包装、食品、医疗、军事等应用领域。

表4　遂县县特种纸产业龙头企业简介

行业	企业类型	公司名称	主营业务
特种纸	上市公司	丽水兴昌新材料科技股份有限公司	废纸回收，纸质新型材料、纸制品、造纸原料
		浙江凯恩特种材料股份有限公司	纸浆制造、食品用纸包装、容器制品生产
		浙江惠同新材料股份有限公司	耐磨纸、淋膜原纸、双面胶带原纸、医用胶带原纸、电线电缆纸
	当地重点企业	浙江六元纸业有限公司	化纤原料、离型纸、纺织品
		遂昌县兴昌纸业有限公司	滤纸、茶叶滤纸、热封型茶叶滤纸、隐茶杯滤纸、干燥剂纸

三、科技创新概况

2022年，遂昌县R&D经费占地区生产总值达1.48%，全省排名第78；全县拥有共有高新技术企业44家，高新技术产业增加值占工业增加值比重达35.34%；全县规上工业企业R&D经费支出占营业收入比重达0.84%，全省排名第86。

（一）区域创新资源布局

遂昌县创新平台主要集中在金属制品产业。2022年，全县拥有省级企业研究院6家，省级高新技术企业研发中心13家，省级众创空间1个，创新中心2个，创新服务综合体1个，孵化器1个，检测中心2个。创新平台主要分布在东北部妙高街道、云峰街道（见图2）。

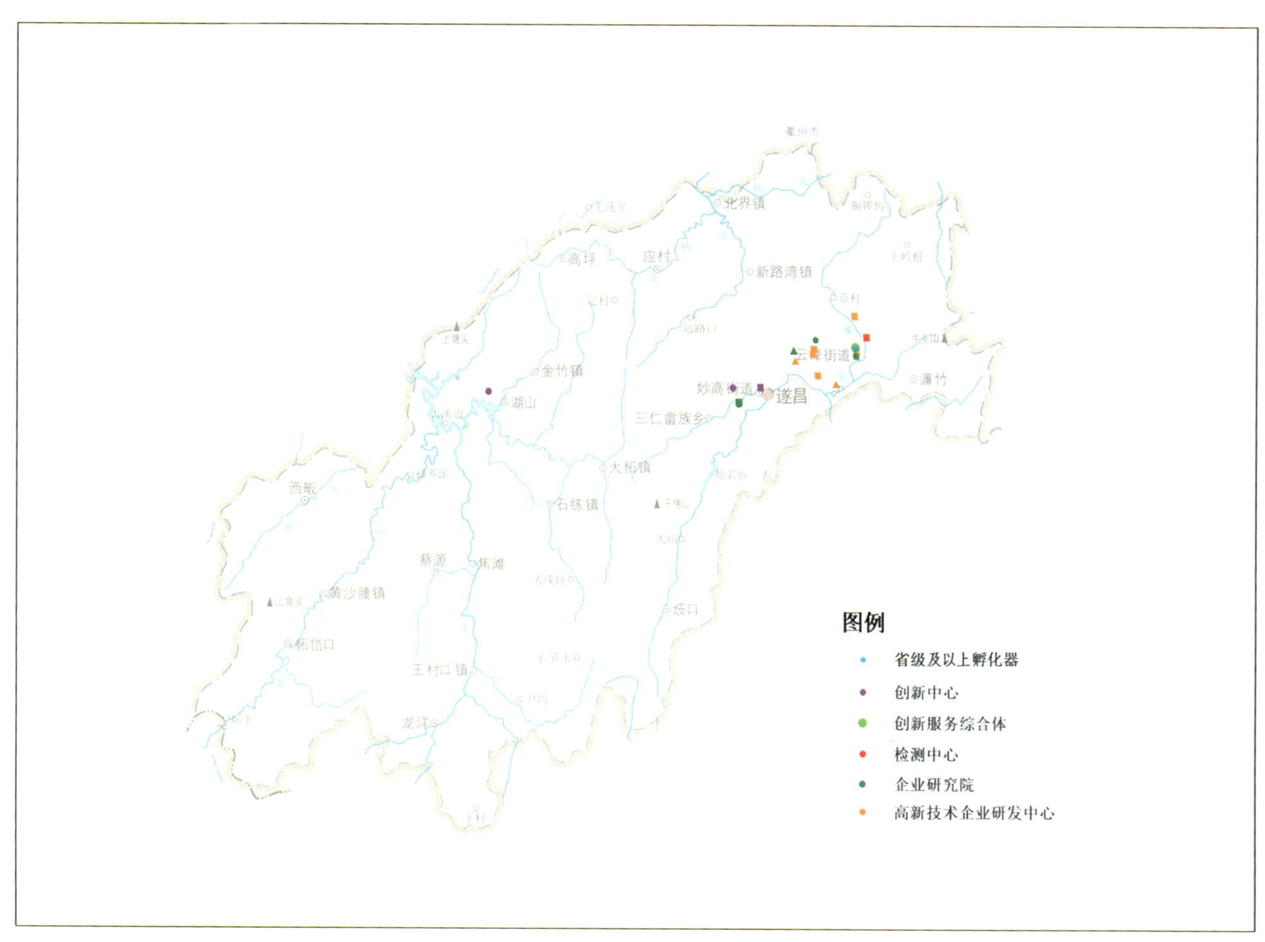

图2　遂昌县创新平台布局

（二）产业专利分析

遂昌县的专利优势主要集中在造纸（设备）、二次电池和金属加工（设备）领域。2022年，遂昌县拥有177件有效发明专利，前十大专利技术领域见图3。根据申请人分析，浙江凯恩集团（纸浆、造纸机、电力装置）、睿鼎科技（金属加工工艺）、鸿浩科技（纸浆）、惠同纸业（纸浆）、遂昌汇金（金属提炼工艺、加工设备）等申请人的专利数量名列前茅。

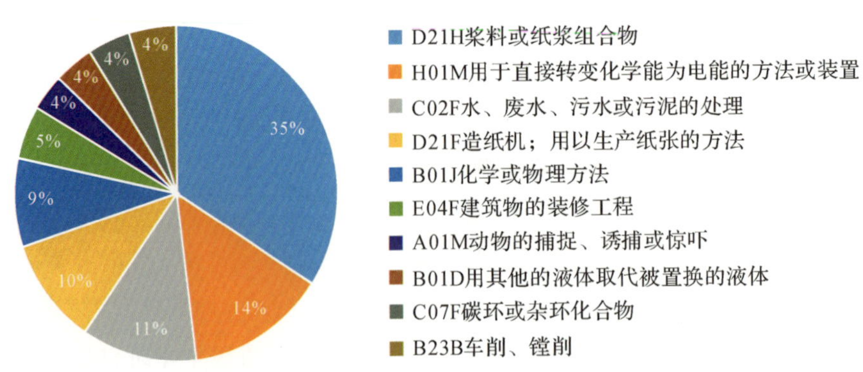

图3　遂昌县专利技术领域分布

四、遂昌县未来展望

从产业发展看，遂昌县金属制品产业一家独大的状况仍将持续，遂昌县将重点加强金属材料及装备的建链、延链工作；发挥化工园区的平台优势，发展精细化工和新材料产业；依托中药材等特色农产品优势，发展医药、健康农产品产业。另外，以“天工之城、数字绿谷”为平台，创新发展数字经济产业。从科技创新看，全县规上工业企业研发投入等指标偏低，处于全省平均以下水平，主要原因与产业、企业发展质量不高有关，从平台上，遂昌县将继续发展浙江农林大学、武汉大学技术转移中心等平台作用，围绕重点企业开展点对点科技帮扶，做强企业研发平台，提升企业技术创新能力；加强科技招商，发挥晶盛星河软件研发基地、阿里云创新中心及科技飞地等孵化平台，招引一批创新创业项目企业。

松阳县产业链创新链全景分析报告

丽水松阳县位于浙江省西南部，总面积 1406 平方千米，下辖 3 个街道、5 个镇、11 个乡。2023 年，全县户籍人口为 23.68 万人，常住人口为 20.3 万人。地区生产总值约 153.99 亿元，全省排名第 83，全市排名第 6。松阳县是“中国名茶之乡”，中国电子商务发展百佳县，“古典中国”县域样板，国家级生态示范区、首批浙江交通强国试点县。

一、松阳县产业概况

（一）产业结构

从地区生产总值构成看，2023 年，松阳县第一产业增加值为 14.44 亿元、第二产业增加值为 62.69 亿元、第三产业增加值为 76.86 亿元，三次产业增加值结构调整为 9.4 ∶ 40.7 ∶ 49.9。

从农业看，松阳县以茶叶为主导。2023 年，松阳县农林牧渔总产值为 22.17 亿元。松阳县茶叶全产业链产值超 140 亿元（一产 8.82 亿元），其中“松阳银猴”被认定为中国驰名商标，其品牌价值达 22.7 亿元。下一步，松阳县将大力发展中药材、食用菌等特色产业。

从工业看，松阳县以不锈钢管产业为主导。2023 年，松阳县实现规上工业总产值 227.39 亿元，拥有规上工业企业 124 家。2022 年松阳县产业主要分布见表 1。下一步，松阳县将重点培育智慧交通产业，积极发展软件信息服务、电子元器件等数字核心制造业，构建“1+3+X”生态工业产业体系。

表1　松阳县特色工业简介

名称	规上工业产值 / 亿元	占全县规上工业总产值比重 /%
不锈钢管	约 63.40	约 34.08
时尚纺织鞋革	约 25.30	约 13.60
智能装备	约 14.90	约 8.01
富民（农产品精深加工）	约 5.70	约 3.06

（二）“中部工业，西南农业”的产业空间布局

图 1 展示了松阳县重点产业平台布局。松阳茶叶产业分布呈现出一定程度的一、二、三产结合特点，

在中部的西屏街道和水南街道集聚，依托“省级农业科技园”“松阳茶香小镇（省级）”“省级小微企业园”和两个地方特色产业平台，构建了完整的茶叶全产业链。从工业看，松阳县工业主要分布在中部的西屏街道和水南街道，围绕“省级经济开发区”“省级特色小镇”“省级小微企业园”“生态产业集聚区”等，形成中部工业集聚区，重点打造高端不锈钢、农产品精深加工（茶叶为主）、智能装备、智慧交通与时尚产业。从农业看，松阳县农业主要分布在南部的玉岩镇、新兴镇，围绕“省级现代农业园”，联动“大木山茶园景区”重点打造以茶叶为核心的综合农旅体验区。

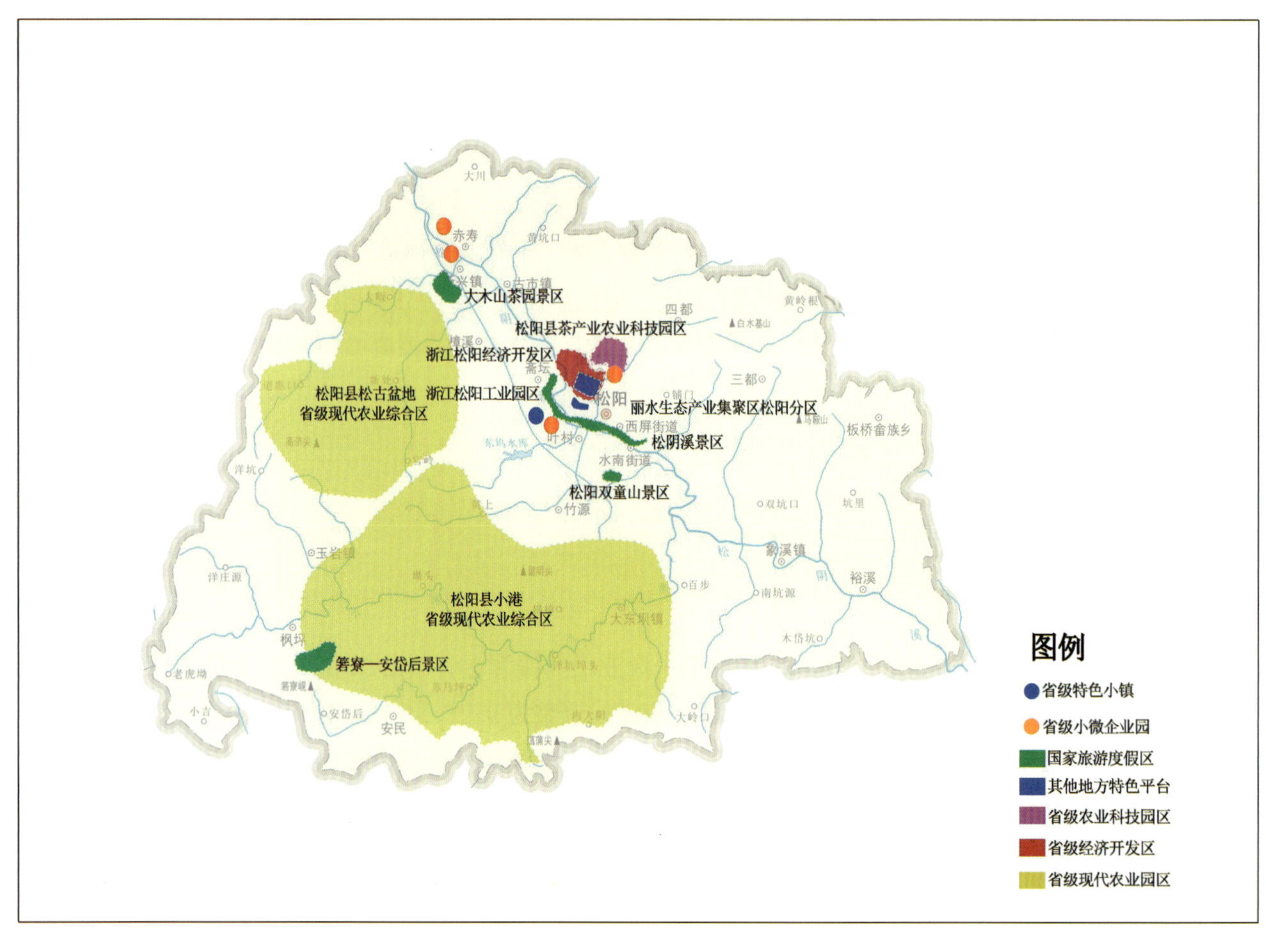

图1　松阳县重点产业平台布局

二、重点产业

（一）不锈钢管产业

松阳县先后获得“国家级不锈钢管产业质量提升示范区”“中国不锈钢发展突出贡献单位”“浙江省不锈钢管产业基地”等荣誉。2022 年，松阳县不锈钢管产业实现总产值约 105.97 亿元，拥有规上企业 44 家。松阳县不锈钢管产业的龙头企业见表 2。从产业链角度看，该产业的龙头企业主要集中在上游的不锈钢原料生产和中游的钢管加工领域。下一步，松阳县将加快推动与下游企业协同创新，布局不锈钢装饰材料、工业容器、机械零部件等精深制品领域。力争到 2025 年，全县不锈钢管产业规上工业总产值突破 150 亿元。

表2　松阳县不锈钢管产业龙头企业简介

行业	企业类型	公司名称	主营业务
不锈钢管	规上百强（市级）	上上德盛集团股份有限公司	不锈钢无缝钢管焊接，工业耐高温、耐低温和高防腐管道
		宝丰钢业集团有限公司	不锈钢无缝钢管焊接，钢制管件与法兰
	当地重点企业	松阳宏泰不锈钢有限公司	金属材料，不锈钢管、法兰、管道配件
		浙江鑫通达特钢制造有限公司	超级奥氏体、超级双相钢，特种不锈钢的冶炼、穿孔、拉管
		浙江冠宇管业有限公司	不锈钢光亮管、U型管、厚壁管、换热管

（二）时尚纺织鞋革产业

2022年，松阳县时尚纺织鞋革产业规上工业总产值约25.30亿元，规上企业16家。时尚纺织鞋革产业的龙头企业见表3。从产业链角度看，该产业的龙头企业主要集中在上游的原材料生产和中游的鞋革加工领域。下一步，松阳县将发展更具时尚感的针织内衣、都市女装、童装、休闲运动装；依托革基布等材料基础，向汽车内饰、室内装修、家具革基布等高附加值的领域拓展。

表3　松阳县时尚纺织鞋革产业龙头企业简介

行业	企业类型	公司名称	主营业务
时尚纺织鞋革	上市公司	浙江云中马股份有限公司	革基布、经编布、纬编布、化纤加弹丝等纺织新材料
	当地重点企业	浙江泰鑫合成革有限公司	合成革、人造革和皮件
		丽水振华化纤有限公司	化纤纺织品、皮革制品
		浙江锐奇鞋业有限公司	中高档冷塑鞋、胶鞋
		浙江旭峰布业有限公司	弹力革基布、合成革基布及理织物

（三）智能装备产业

2022年，松阳县智能装备产业规上工业总产值约14.90亿元，规上企业17家，主要集中在汽车零部件领域。智能装备产业的龙头企业见表4。从产业链角度看，该产业的龙头企业主要集中在中游的传动系统部件制造。下一步，松阳县将重点发展高功率密度同步电机、电驱动总成以及高效减速箱、逆变器等控制系统，向新能源汽车市场拓展产业链。

表4　松阳县智能装备产业龙头企业简介

行业	企业类型	公司名称	主营业务
汽车零部件	专精特新“小巨人”	浙江科马摩擦材料股份有限公司	干/湿式离合器摩擦片
	地方重点企业	浙江金豪汽车配件有限公司	汽车自动变速器及零部件、配件
		浙江华捷驰汽车部件有限公司	汽车、摩托车配件、标准件、橡胶制品、金属制品
		浙江斯莱德机车部件有限公司	汽车制动离合器及配件、摩托车零配件

（四）智慧交通产业

2021年以来，松阳县共招引23个相关项目成功落户，总投资约55亿元。初步统计，2022年1月至11月，以智慧交通为核心的综合交通产业产值为34.1亿元。智慧交通产业的重点项目见表5。从产业链角度看，项目主要集中在产业链上游的传感器制造和中游的硬件产品制造。下一步，松阳县将研发生产适应山区观光旅游、物流配送、零售服务等多场景的无人车车型，打造“智慧出行＋文旅”场景应用；以智能装备产业为起点，交通工程设施制造为重点，打造以智能网联汽车为核心的“汽车装备零部件超市”。

表5　松阳县智慧交通产业重点项目简介

行业	企业名称	项目内容	项目投资 / 亿元
智慧交通	浙江天尚元科技有限公司、北京星云互联科技有限公司、上海大晓智能科技有限公司、新唐信通（浙江）科技有限公司等（入驻 Apollo 智能交通生态联盟产业）	自动驾驶设备、智慧交通设施、城市智能应用	15
	硅迈科技（东莞）有限公司	MEMS 智能传感器模组	10
	新石器慧通（北京）科技有限公司	无人车研发、制造	5
	大乐致行（浙江）科技有限公司	智能机器人	1

三、科技创新概况

2022 年，松阳县 R&D 经费占地区生产总值达 2.02%，全省排名第 68；全县拥有高新技术企业 40 家，高新技术产业增加值占工业增加值比重达 56.72%；全县规上工业企业 R&D 经费支出占营业收入比重达 1.28%，全省排名第 73。

（一）区域创新资源布局

松阳县创新平台较少，产业领域主要集中在不锈钢管。2022 年，全县拥省级企业研究院 6 家，省级高新技术企业研发中心 17 家，省级孵化器 1 家。创新平台主要聚集在中部的西屏街道和水南街道（见图 2）。

（二）产业专利分析

松阳县的专利优势主要集中在金属冶炼与加工（设备）领域。2022 年，松阳县拥有 255 件有效发明专利，前十大专利技术领域（小类）见图 3。根据申请人分析，科马摩擦（新材料、工程元件）、国邦钢业（金属加工技术）、卓越文具（橡胶材料）、上上德盛（金属冶炼工艺及设备）等申请人的专利数量居前。

四、松阳县未来展望

从产业发展看，松阳县锚定“中国不锈钢管第一县”目标，将产业链向应用管等下游延伸。目前松阳县列入智慧交通产业发展试点县，已初步形成以科马摩擦、瓯江实业等企业为基础，以城光联链、百度等企业为突破口的产业发展格局。从科技创新看，松阳县规上工业企业研发投入处于全省的中下游水平，新兴动能产业规模较小，产业创新支撑带动作用较弱。下一步，松阳县将推动冶金工业信息标准研究院与钢铁研究总院共建松阳不锈钢管产业研究院，在重点产业领域推广“一产一院”创新发展模式；围绕百度 Apollo 智能交通生态联盟（松阳）创新中心，打造智慧交通产业孵化基地。

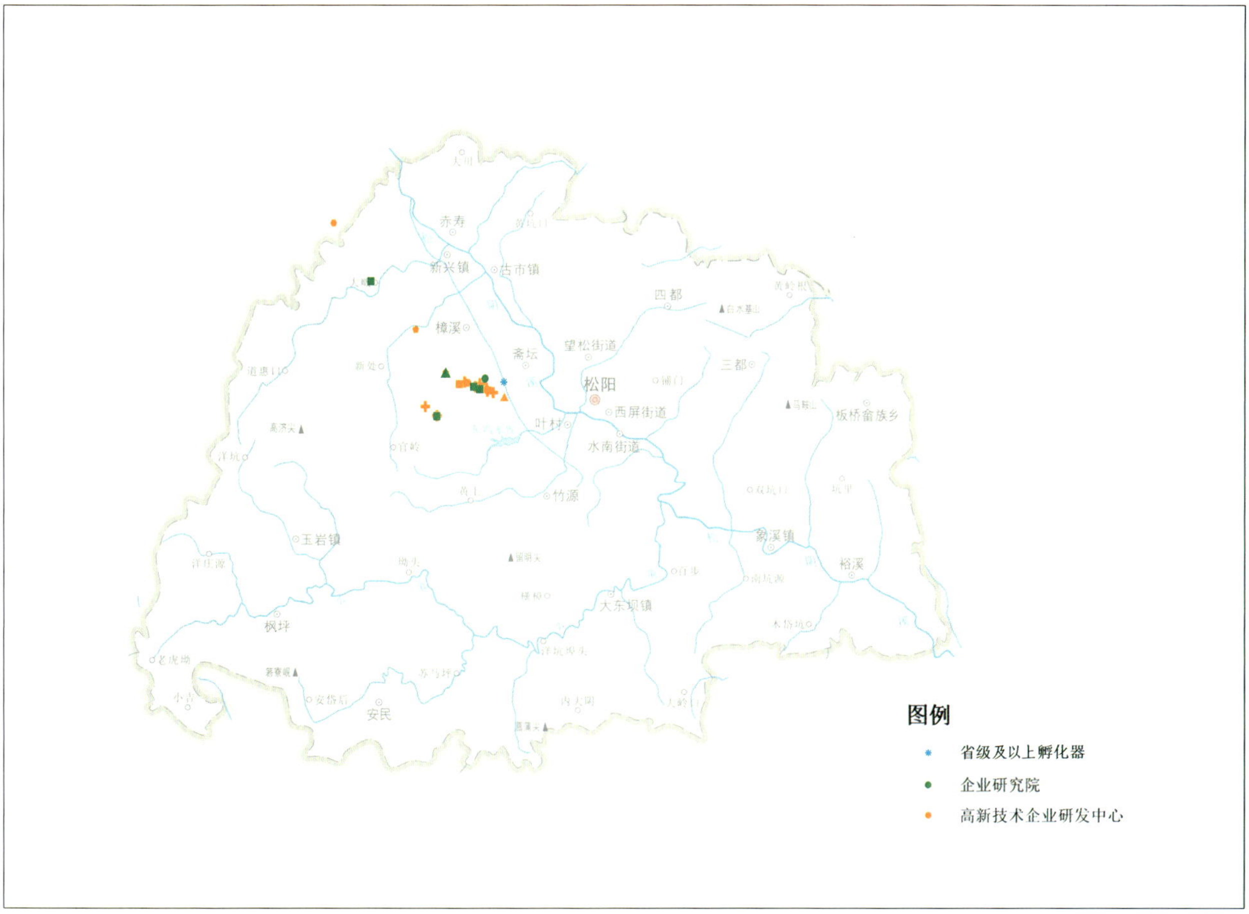

赤寿
新兴镇
古市镇
四都
樟溪
斋坛
望松街道
松阳
西屏街道
叶村
水南街道
三都
板桥畲族乡
竹源
玉岩镇
象溪镇
裕溪
大东坝镇
枫坪
安民
图例
省级及以上孵化器
企业研究院
高新技术企业研发中心

图 2　松阳县创新平台布局

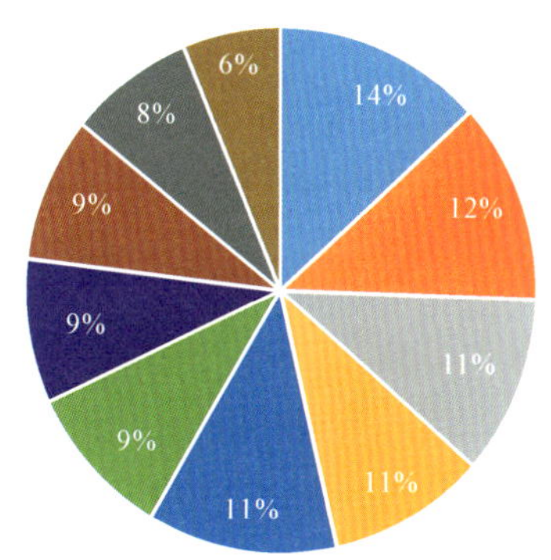

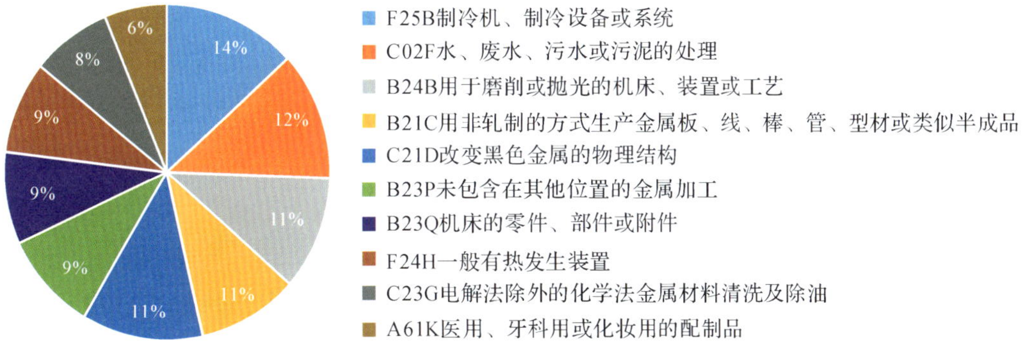

14%
12%
11%
11%
11%
9%
9%
9%
8%
6%
F25B制冷机、制冷设备或系统
C02F水、废水、污水或污泥的处理
B24B用于磨削或抛光的机床、装置或工艺
B21C用非轧制的方式生产金属板、线、棒、管、型材或类似半成品
C21D改变黑色金属的物理结构
B23P未包含在其他位置的金属加工
B23Q机床的零件、部件或附件
F24H一般有热发生装置
C23G电解法除外的化学法金属材料清洗及除油
A61K医用、牙科用或化妆用的配制品

图 3　松阳县专利技术领域分布

云和县产业链创新链全景分析报告

丽水云和县位于浙江省西南部，总面积989.6平方千米，下辖4个街道、3个镇、3个乡。2023年，全县户籍人口为11.20万人，常住人口为12.63万人。地区生产总值约103.70亿元，全省排名第88，全市排名第7。云和县是丽水第一个国家级生态县、“中国木制玩具之乡”、第一个省“无违建县”，云和梯田被誉为“中国最美梯田”。

一、云和县产业概括

（一）产业结构

从地区生产总值构成看，2023年，云和县第一产业增加值为5.68亿元、第二产业增加值为49.66亿元、第三产业增加值为48.36亿元，三次产业增加值结构调整为5.5 ： 47.9 ： 46.6。

从农业看，云和县以“一果一茶一菌”为主导。2023年，云和县农林牧渔总产值为9.0亿元。“云和雪梨”（产值达1.96亿元）和“云和黑木耳”被评为“国家地理标志农产品”，“仙宫雪毫”通过国家有机茶认证。云和县成功申报“云和雪梨集成创新省级试点”，在全国首创农村产权抵（质）押融资免担保模式。

从工业看，云和县以钢压延产业为主导。2023年，云和县实现规上工业总产值178.14亿元，拥有规上工业企业94家。2022年云和县产业主要分布见下表。下一步，云和县将重点聚焦三大传统产业转型升级，大力培育数字经济、生物科技等战略性新兴产业。

表1　云和县工业产业简介

名称	规上工业产值 / 亿元	占全县规上工业总产值比重 /%
钢压延	57.79	37.61
木制玩具	31.81	20.70
通用设备	12.00	7.81

（二）“中部集聚”的产业空间布局

图1展示了云和县重点产业平台布局。从工业看，云和县工业主要集中在木制玩具，围绕“省级小微企业园”“云和木玩童话小镇”“浙江云和经济开发区”“云和工业园”“云和县生态产品价值实现

示范区”，在中部（浮云街道、白龙山街道、凤凰山街道）形成了以木制玩具为核心的工业集聚区，少部分涉及轴承和阀门，钢压延产业缺少平台支撑。从农业看，云和县农业依托“云和县东部省级现代农业园区”（元和街道）和“云和县崇云省级现代农业综合区”（崇头镇）两大平台，重点打造以雪梨、食用菌为核心的特色农产品种植加工全产业链。

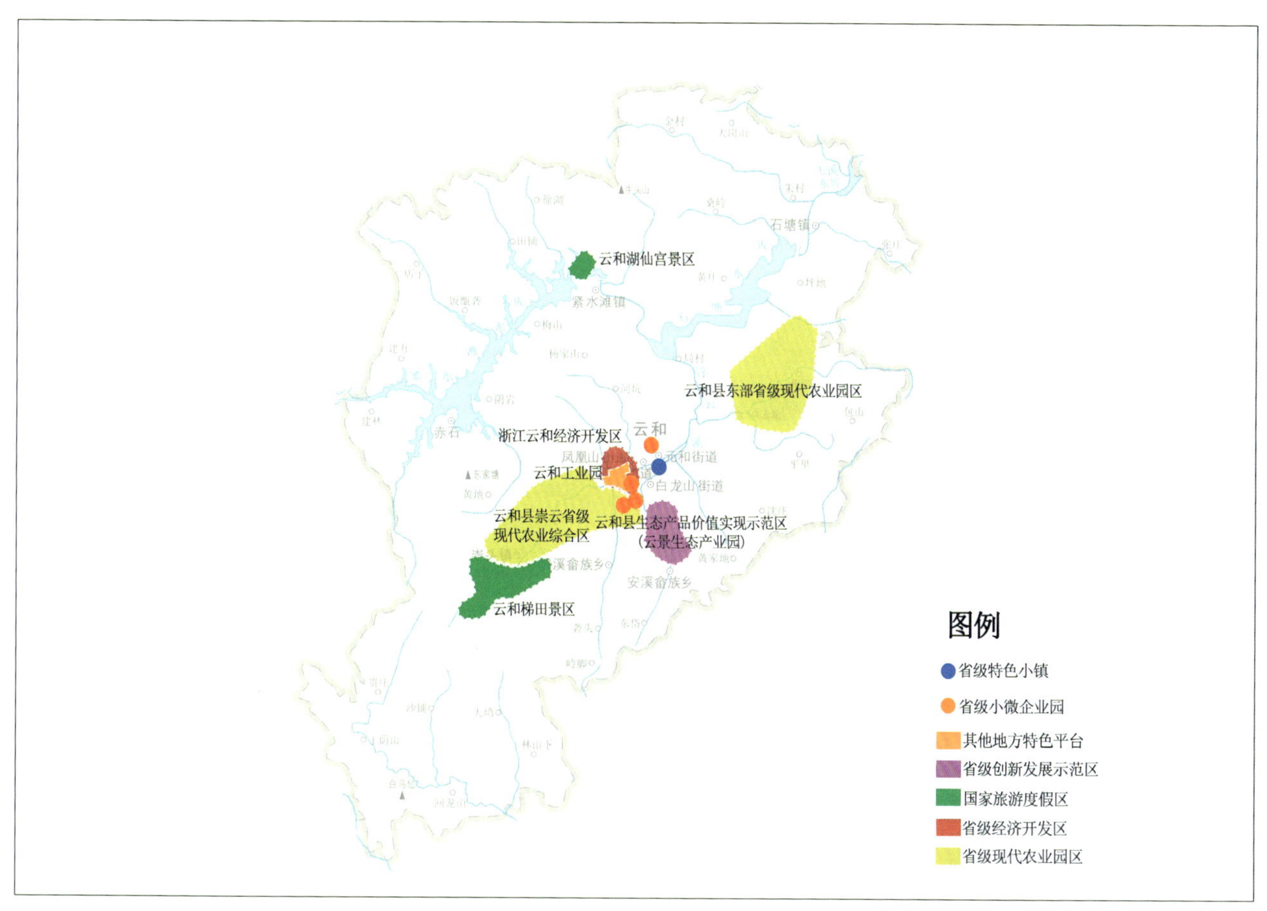

图1　云和县重点产业平台布局

二、重点产业

（一）钢压延产业

2022年，云和县钢压延产业规上工业产值约54.79亿元。云和县钢压延产业的龙头企业见表2。从产业链角度看，该产业的龙头企业主要集中在上游的金属废料回收冶炼和中游的深加工。下一步，云和县将采用电弧炉或连铸连轧等短流程工艺，提高炼钢水平；以龙头企业为依托，组建“钢铁研究院”，研发新产品打造新工艺，强化高端精密制造地域产业品牌，提升产品附加值与核心竞争力。

表2　云和县钢压延产业龙头企业简介

行业	企业类型	公司名称	主营业务
钢压延	规上企业	丽水华宏钢铁制品有限公司	建筑用钢、线材（冶炼、钢坯成型、轧制、冷却剪裁）
	当地重点企业	云和县丽宏废旧金属回收有限公司	金属废料和碎屑加工处理、再生资源回收

续表

行业	企业类型	公司名称	主营业务
钢压延	当地重点企业	浙江隆程锻件有限公司	锻件及粉末冶金制品、金属链条及其他金属制品制造
		丽水丽宏钢铁制品有限公司	热轧线材、圆钢、热轧带肋钢筋、金属制品、铸件制造
		云和县辉煌钢铁有限公司	轧钢、铸钢、金属制品制造加工

（二）木制玩具产业

2022 年，木制玩具产业实现产值 31.81 亿元，拥有规上企业 45 家。云和县木制玩具产业的龙头企业见表 3。从产业链角度看，该产业的龙头企业主要集中在产业链中游的玩具生产。下一步，云和县将依托中国幼教创意园建设，举办国际性玩教具研究论坛以及国际木制玩具节等品牌推广活动，提升云和木玩知名度；积极引进哈伯（HABA）、漫威等世界知名企业，构建从品牌授权到生产销售的全产业链。

表3　云和县木制玩具产业龙头企业简介

行业	企业类型	公司名称	主营业务
木制玩具	上市公司	云和县绿林幼教装备股份有限公司	幼教装备、木制玩具和工艺品
	专精特新“小巨人”	浙江金马工艺品有限公司	木制玩具、工艺美术品及礼仪用品制造
	国家级高新技术企业	浙江新云木业集团	幼教玩具、工艺品、木制玩具
		云和县金成木业有限公司	木制玩具、幼教玩具、工艺礼品
	规上企业	浙江木佬佬玩具工艺品有限公司	木制玩具、工艺品
		浙江冠艺玩具有限公司	玩具、教具、工艺品、户外休闲用品
	当地重点企业	浙江七彩木制工艺品有限公司	木制玩具、木制工艺品
		浙江童城玩具有限公司	木制玩具、工艺品
		浙江忠协工艺品有限公司	木制玩具、婴童幼教产品
		云和县奇美乐玩具有限公司	木制玩具、木制工艺品

（三）通用设备（轴承、阀门）产业

2022 年，云和县通用设备产业规上工业产值约 12 亿元。云和县通用设备产业的龙头企业见表 4。从产业链角度看，轴承企业主要集中在中游的轴承制造；阀门企业主要集中在上游的原料供应与阀门设计，中游的阀门制造。下一步，云和县将提升锻造工艺（轴承锻造模具、温度控制等），打造阀门创新研发平台，推动产品向精密铸造方向发展。

表4　通用设备产业龙头企业简介

行业	企业类型	公司名称	主营业务
轴承	上市公司	浙江诚创精密机械股份有限公司	精密轴承及轴承配件生产
	专精特新“小巨人”	浙江兴昌轴承有限公司	轴承及其零配件生产
	国家级高新技术企业	浙江兴昌钢球有限公司	轴承钢球研发、生产
	规上企业	环驰云和钢球有限公司	精密轴承钢球制造
阀门	规上企业	浙江一本阀门有限公司	阀门、机械配件加工、铸造
		浙江凯盛阀门制造有限公司	泵、阀门铸件、管道配件、机械五金的铸造、制造
	当地重点企业	浙江汉威阀门制造有限公司	耐磨阀门研发、设计、制造

三、科技创新概况

2022 年，云和县 R&D 经费占地区生产总值达 1.31%，全省排名第 84；全县拥有高新技术企业 29 家，高新技术产业增加值占工业增加值比重达 27.49%；全县规上工业企业 R&D 经费支出占营业收入比重达 0.7%，全省排名第 89。

（一）区域创新资源布局

云和县创新平台主要集中在木制玩具产业。2022 年，全县拥有省级企业研究院 6 家，省级高新技术企业研发中心 11 家，省级众创空间 1 个，省级创新服务综合体 1 个。创新平台主要聚集在中部的浮云街道和白龙山街道（见图 2）。

图 2　云和县创新平台布局

（二）产业专利分析

云和县的专利优势主要集中在木制玩具加工和金属加工设备（机床及其零部件）领域。2022 年，云和县拥有 238 件有效发明专利，前十大专利技术领域（小类）见图 3。根据申请人分析，金马工艺品（室内游戏、玩具）、恒毅模具（加工机床及零部件）、漫行者玩具（包装元件）、童园玩具（室内游戏）等申请人的专利数量名列前茅。

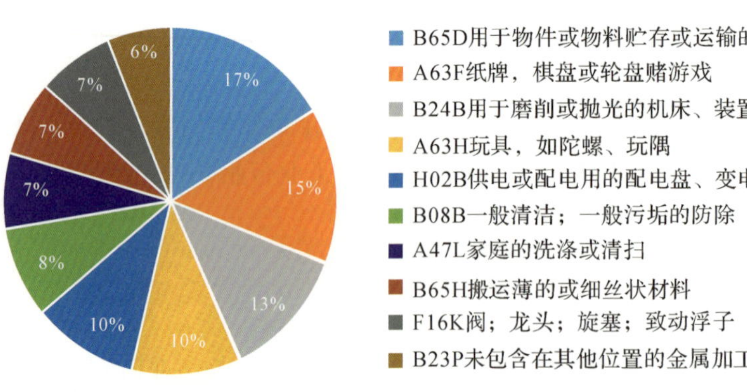

图3　云和县专利技术领域分布

四、云和县未来展望

从产业发展看，云和县基本形成以木制玩具、钢压延、轴承和阀门为特色的产业体系，引导企业向精、深加工转型，提高产品的附加值和核心竞争力。从科技创新看，云和县规上工业企业研发投入较低，企业自主创新能力弱、产业核心竞争力不足。下一步，云和县将联合省内高校搭建创新平台，组建一批企业研究院、高新技术企业研发中心等生态工业创新中心，全面提升产业创新能力。

庆元县产业链创新链全景分析报告

丽水庆元县位于浙江省西南部，地处闽江、赛江、瓯江三大水系之源，总面积约1898平方千米，下辖3个街道、10个乡、6个镇。2023年，全县户籍人口为19.82万人，常住人口为14.10万人。地区生产总值为101.04亿元，全省排名第90，全市排名第9。庆元县是“中国香菇之乡”“中国廊桥之乡”，拥有百山祖国家公园，“绿水青山指数”全国第一。

一、庆元县产业概况

（一）产业结构

从地区生产总值构成看，2023年，庆元县第一产业增加值为8.35亿元，第二产业增加值为34.38亿元，第三产业增加值为58.31亿元，三次产业增加值结构调整为8.3 ∶ 33.0 ∶ 57.7。

从农业看，庆元县以食用菌和甜桔柚产业为主导。2023年，庆元县农林牧渔总产值达12.9亿元，食用菌（香菇占80%）全产业链产值超50亿元（一产约7亿元），“浙江庆元林—菇共育系统”被认定为“全球重要农业文化遗产”；甜桔柚产业全产业链产值超30亿元（一产约3亿元），庆元是全国最大的甜桔柚产区。下一步，庆元县将打造“世界食用菌产业强县”，建成百亿级的甜桔柚全产业链，打造浙西南中药材生产基地。

从工业看，庆元县以竹木加工（小微企业为主）、食用菌加工和铅笔产业为主导。2023年，全县规上工业总产值约54.56亿元，规上工业企业72家。2022年庆元县产业主要分布见表1。下一步，庆元县将推进三大主导产业从传统向高新技术转变，培育生物科技产业，构建绿色高效的“3+1+X”工业发展体系。

表1　庆元县特色工业简介

名称	规上工业产值 / 亿元	占全县规上工业总产值比重 /%	备注
竹木加工	44.63	63.75	总产值60.00亿元
铅笔	约13.00	约18.57	总产值21.50亿元
食用菌加工	约10.00	约14.28	

（二）“西南部集聚”的产业空间布局

图 1 展示了庆元县重点产业平台布局。庆元产业呈现出明显的一、二、三产结合的特点，工业、农业和服务业均集聚在西南部，以孵化园路、屏都综合新区、牛路洋村为核心，围绕“省级经济开发区”“省级特色小镇”“省级农业科技园区”“省级现代服务业创新发展区”等形成显著的产业集聚区，为食用菌、竹木等全产业链发展提供了有利条件。未来，庆元县将依托“省级经济开发区”布局信息技术、生物医药、高端装备、新能源等新兴产业，依托两大农业平台，将农旅结合，推动乡村新型服务业发展。

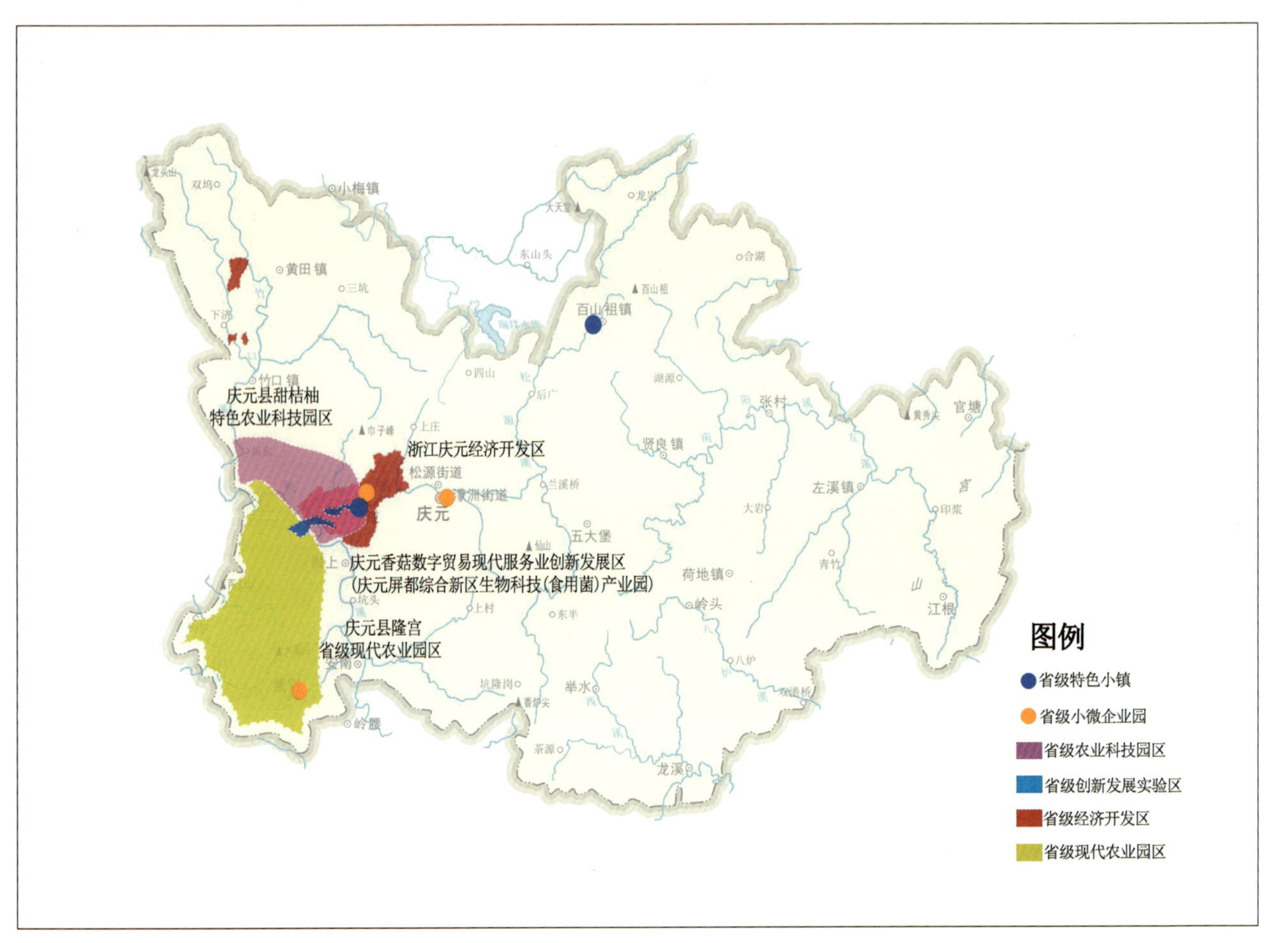

图 1　庆元县重点产业平台布局

二、重点产业

（一）竹木加工产业

竹木加工产业是庆元的主导产业，2022 年，庆元县竹木加工产业总产值超 60 亿元，企业有近 400 家。庆元县被誉为中国竹制品产业基地，竹筷、竹砧板占国内市场份额的 70%。庆元县竹木加工产业的龙头企业见表 2。从产业链角度看，该产业的龙头企业主要集中在中游的竹日用品和竹木家具生产领域。下一步，庆元县将重点发展全屋装修的竹产品定制模式，拓宽下游渠道，研发高端化、高科技含量的竹材料及产品，提升产品附加值，培育“竹 + 文旅”“竹 + 文创”等新兴复合产业。

表2　庆元县竹木加工产业龙头企业简介

行业	企业类型	公司名称	主营业务
竹胶合模板	专精特新“小巨人”	浙江可信竹木有限公司	竹胶板的生产、销售
竹木家具	规上百强（市级）	浙江梦天木业有限公司	木质门的研发、生产和销售
	地方重点企业	浙江吉安木业有限公司	中高档实木复合门、工艺实木门
		梦天家居集团（庆元）有限公司	木门、竹木地板、橱柜等
		浙江九川竹木股份有限公司	环保型竹家具、竹制厨房用品
	在地方参与的重大产业项目的依托企业	梦天家居集团股份有限公司	高端木门定制
竹日用品	省“隐形冠军”企业	浙江双枪竹木有限公司	工艺竹筷、竹砧板、牙签、竹炭、竹制小家具
	地方重点企业	浙江天竹工贸有限公司	工艺筷、竹菜板、竹餐具
		浙江三禾竹木科技股份有限公司	竹砧板、工艺竹筷、牙签、铲勺、竹制小家具
		浙江节节高炭业有限公司	竹炭、家纺织品
		浙江三箭工贸有限公司	木、竹、藤、草制品
	在地方参与的重大产业项目的依托企业	双枪科技股份有限公司	竹筷子、竹砧板、铲勺等餐具
专用工具	地方重点企业	浙江光辉工具有限公司	木工工具、园林工具、竹木工艺品

（二）食用菌产业

庆元县入选农业农村部食用菌全产业链典型县。2022 年，庆元县食用菌产业总产值为 10 亿元，企业有 385 家，其香菇市场是全国最大的食用菌交易市场。食用菌产业的龙头企业见表 3。从产业链角度看，该产业的龙头企业主要集中在上游的食用菌生产领域，中游的食用菌加工和品牌打造领域。下一步，庆元县将加强食用菌创新研发，推动简单的食用菌食品转化为复合型食品以及化妆品、医药品等高附加值产品。力争到 2025 年，食用菌产业规模达 50 亿元。

表3　庆元县食用菌产业龙头企业简介

行业	企业类型	公司名称	主营业务
食品加工	专精特新“小巨人”	浙江方格药业有限公司	药食用菌提取物（多糖）产品的研发、生产
	地方重点企业	浙江百兴食品有限公司（百山祖）	食用菌循环产业链，种植、研发、加工、销售菌类食品
		浙江江源菇品有限公司	种植、研发、加工、销售菌类食品
食用菌加工设备制造	地方重点企业	庆元县菇星节能机械有限公司	食用菌灭菌炉、食用菌袋装机等设备制造
		浙江叶华机械制造有限公司	食用菌生产设备

（三）铅笔产业

庆元县被誉为中国铅笔生产基地，2022 年，庆元县铅笔产业实现总产值约 21.5 亿元，铅笔产量占全国 1/3 以上。相关龙头企业见表 4。从产业链角度看，该产业的龙头企业主要集中于中游的铅笔文具和化妆笔制造领域。下一步，庆元县将采用环保新材料进行铅笔相关制造，加强利润率高的专用铅笔研发生产。同时，以眉笔等化妆笔为抓手，结合生物科技向时尚美妆行业进行产业链拓展。

表4　庆元县铅笔产业龙头企业简介

行业	企业类型	公司名称	主营业务
文具	专精特新“小巨人”	浙江久灵笔刷有限公司	生产销售中高档铅笔、化妆笔等彩妆产品
	地方重点企业	浙江联兴文教用品有限公司	彩色铅笔芯、石墨铅芯、铅笔、油画棒、炫彩棒、水彩水粉丙烯颜料、彩泥等
	省“隐形冠军”企业	浙江鸿星文具有限公司	生产销售铅笔、彩色铅笔、卷笔刀等文具用品
	地方重点企业	浙江鸿叶笔业有限公司	木杆笔、无木笔、纸筒、软化版
化妆品	地方重点企业	浙江庆元欧迪实业有限公司	眼线笔、唇线笔、眉笔

三、科技创新概况

2022 年，全县 R&D 经费占地区生产总值比重为 1.62%，全省排名第 74；全县拥有高新技术企业 29 家，高新技术产业增加值占工业增加值比重达 54.42%；全县规上工业企业 R&D 经费支出占营业收入比重达 2.22%。

（一）区域创新资源布局

庆元县创新平台较少，产业领域主要集中在竹木加工产业。2022 年，全县拥有省级企业研究院 5 家，省级高新技术企业研发中心 12 家。创新平台主要集聚在孵化园路、屏都综合新区、牛路洋村（见图 2）。

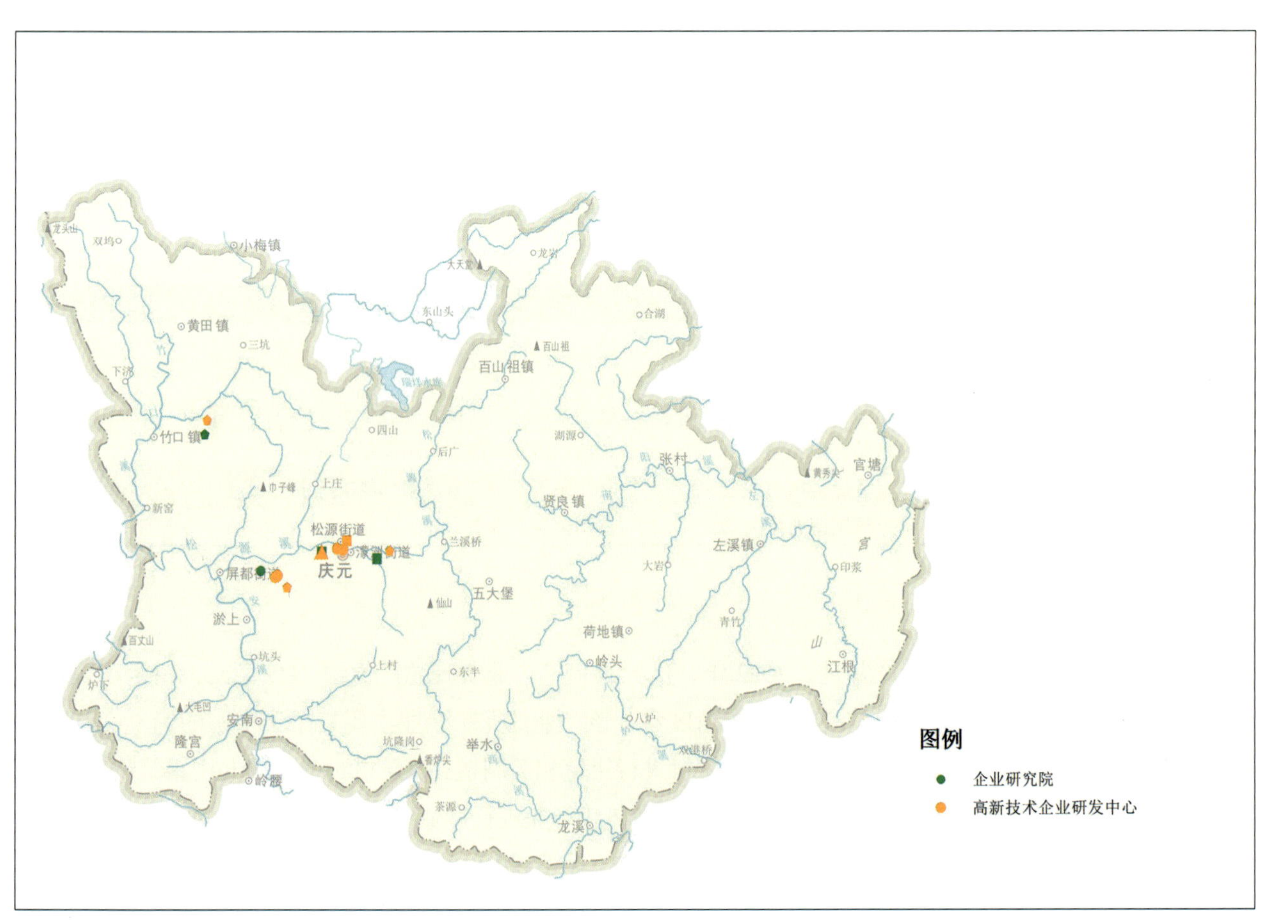

图 2　庆元县创新平台布局

（二）产业专利分析

庆元县的专利优势主要集中在木材加工（器械）、真菌栽培等领域。2022 年，庆元县有效发明专利共 209 件，前十大专利技术领域（小类）见图 3。根据申请人分析，双枪竹木（木材加工及其设备）、三箭工贸（木材加工及其设备）、可信竹木（木材加工及其设备）、鑫直建筑（固定建筑物）等申请人的专利数量居前。

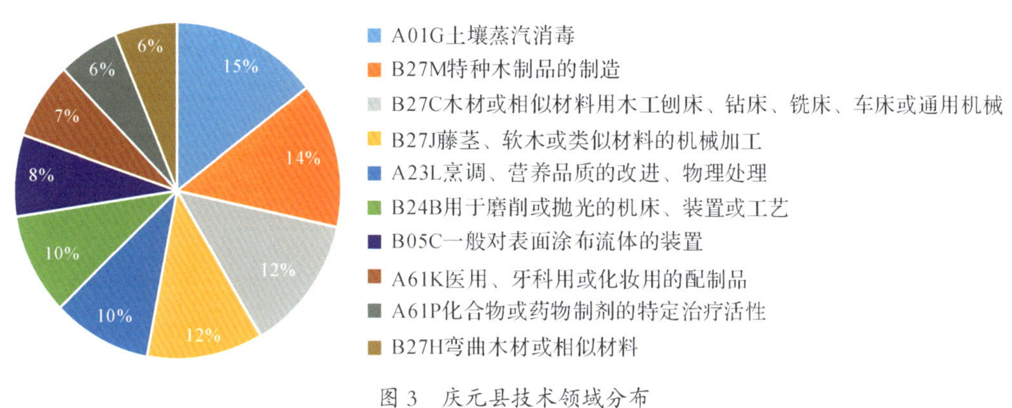

图 3　庆元县技术领域分布

四、庆元县未来展望

从产业发展看，庆元县已形成竹木、铅笔、食用菌三大主导产业链，以生物科技为切入点，依托食用菌、中药材等种植优势，构建生态化、数字化、高端化的现代化生物科技产业链。从科技创新看，庆元县规上工业企业研发投入较低，企业的技术创新能力薄弱。下一步，庆元县将加强与浙江工商大学、浙江农林大学合作，提升创新载体能级，推动食用菌、生物科技等产业创新发展。

景宁县产业链创新链全景分析报告

丽水景宁县位于浙江省西南部、浙闽边境，总面积 1950 平方千米，下辖 2 个街道、4 个镇、15 个乡。2023 年，全县户籍人口为 16.61 万人，常住人口为 11.06 万人。地区生产总值为 102.82 亿元，全省排名第 89，全市排名第 8。景宁县是“中国民间文化艺术之乡”“中国农村水电之乡”“中国茶叶百强县”。

一、景宁县产业概况

（一）产业结构

从地区生产总值构成看，2023 年，景宁县第一产业增加值为 7.75 亿元、第二产业增加值为 28.83 亿元、第三产业增加值为 71.25 亿元，三次产业增加值结构调整为 7.8 ∶ 22 ∶ 70.2。

从农业看，景宁县以茶叶（“金奖惠明”茶）、畲五味（中药材）为主导。2023 年，全县农林牧渔总产值为 12.2 亿元。以惠明茶为主的茶叶产值 6.74 亿元，惠明茶荣获中国名茶评比金奖；中药材产业（黄精、覆盆子、重楼、铁皮石斛和灵芝为主）产值 1.48 亿元。下一步，景宁县将重点发展金奖惠明、畲五味和高山果蔬，做大做精做强景宁县农业。

从工业看，景宁县以电工电器（气）、绿色能源（小水电）、幼教木玩产业为主导。2023 年，全县规上工业总产值 32.72 亿元，规上工业企业 56 家。2022 年景宁县产业主要分布见表 1。下一步，景宁县将重点提升三大主导产业，实施“数字畲乡”工程，积极培育健康养生、生物医疗、数字经济等未来产业，形成“3+X”生态工业体系。

表1　景宁县特色工业简介

名称	规上工业产值 / 亿元	占全县规上工业总产值比重 /%
电工电器（气）	约 10.00	约 39.84
绿色能源（小水电）	约 5.00	约 19.92
幼教木玩	约 2.10	约 8.36

（二）“一带两翼一飞地”的产业空间布局

图 1 展示了景宁县重点产业平台布局。从工业看，景宁县工业呈现出“一带（‘省级小微企业园’‘景

宁经济开发区中部片区’）两翼（‘景宁经济开发区东西片区’）一飞地（‘丽景民族工业园’）”分布格局，在中部的红星街道、澄照乡和梧桐乡，东部的东坑镇重点发展幼教木玩、竹木制品和电工电器（气）产业。从农业看，景宁县围绕“景宁县600省级现代农业园”，联动“景宁畲乡小镇”，在中部（红星街道）打造以特色农产品为核心的综合农旅示范区。从服务业看，景宁县服务业围绕“景宁—温岭山海协作生态旅游文化产业园”，打造文旅养老结合的特色休闲区。

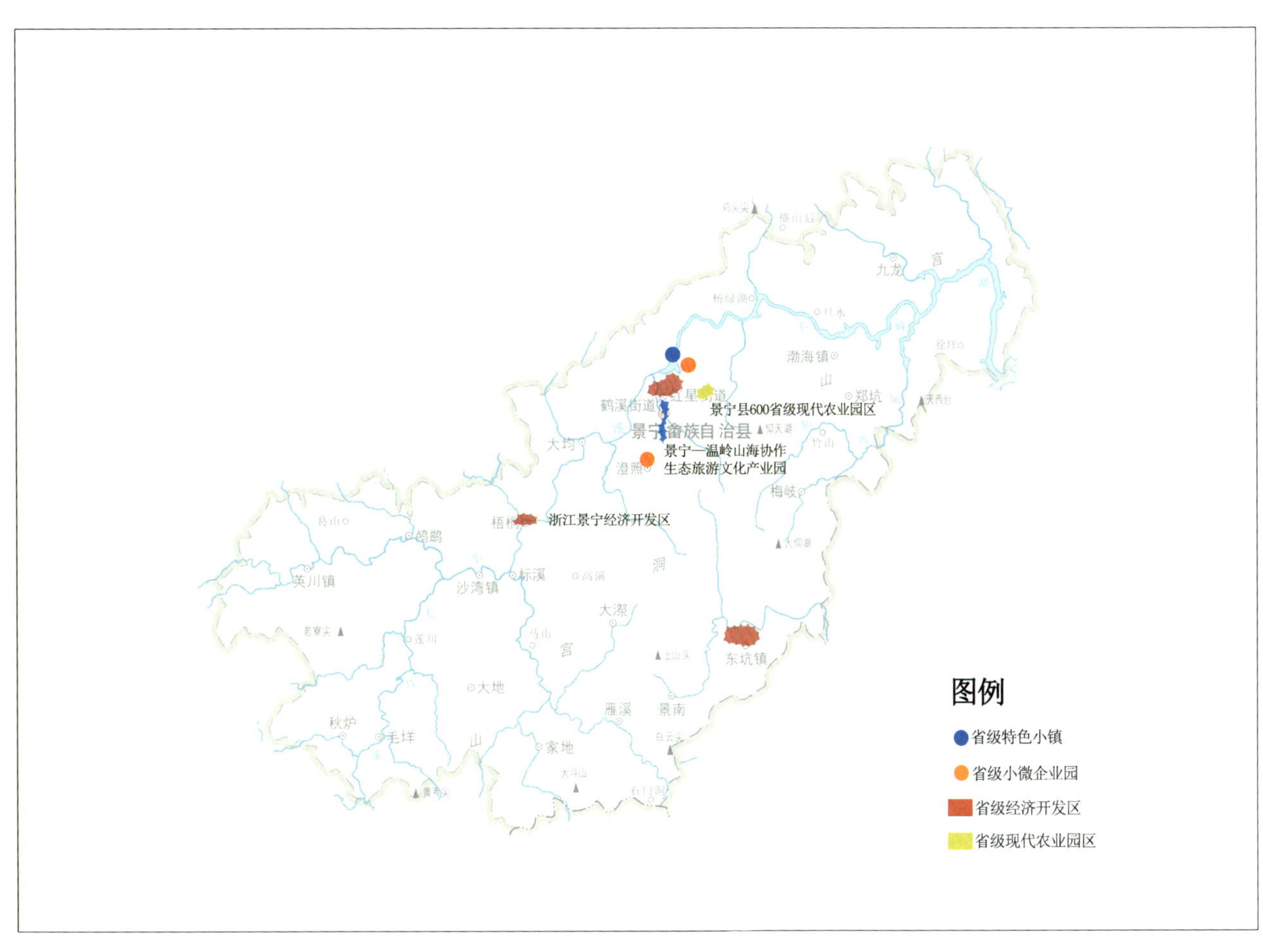

图1　景宁县重点产业平台布局

二、重点产业

（一）电工电器（气）产业

2022年，景宁县电工电器（气）产业总产值约11.76亿元，是当地主导产业。景宁县电工电器（气）产业主要集中在家用电器行业。当地相关龙头企业见表2。从产业链角度看，该产业的龙头企业主要集中在上游的零部件研发制造和中游的家用电器及配件生产。下一步，景宁县将依托龙头企业，着力打造节能、绿色的智能电器产业集群；承接温州乐清电器产业转移，重点发展家用电器、产业用电器等电工电器产业。力争到2025年，电工电器（气）产业产值达60亿元以上。

表2　景宁县电工电器（气）产业龙头企业简介

行业	企业类型	公司名称	主营业务
电工电器（气）	地方重点企业	浙江飞科电器有限公司（位于丽景民族工业园—飞地）	家用电器（剃须刀、电吹风、理发器、空气净化器）及配件生产销售
		浙江慕辰电子科技有限公司（位于丽景民族工业园—飞地）	配电开关控制设备、家用电器研发、电器辅件制造

（二）绿色能源（小水电）产业

2022年，景宁县绿色能源（小水电）产业总产值约5亿元（与规上产值接近），重点企业5家。当地相关龙头企业见表3。从产业链角度看，该产业的龙头企业主要集中在上游的工程咨询、机电设备和建筑施工领域。下一步，景宁县将规划建设抽水蓄能水电站，发展“风光水电”绿色清洁能源，促进景宁县零碳化。

表3　景宁县绿色能源（小水电）产业龙头企业简介

行业类别	企业类型	公司名称	主营业务
水电	地方重点企业	景宁畲族自治县水利水电有限公司	水力发电，水电开发咨询服务，水土保持技术咨询
		景宁快捷水电安装服务有限公司	住宅水电设备安装维护
		国网浙江省电力有限公司景宁县供电公司	组织发电，电力设备制造与维修，重点电力基建项目
		浙江景宁上标水力发电有限责任公司	水力发电；水电设备安装、检测维护；电力有关的经济、技术咨询服务
	国家高新技术企业	浙江景昌建设有限公司	水利水电工程建筑安装、大型管道工程

（三）幼教木玩产业

2022年，景宁县幼教木玩产业规上工业产值约2.1亿元，企业约有20家。景宁县幼教木玩产业的龙头企业见表4。从产业链角度看，该产业的龙头企业主要集中在上游的竹木加工和中游的木玩生产。下一步，景宁县将以竹木加工为基础，打造集上游原材料供应、研发设计、生产制造、市场销售为一体的幼教木玩全产业链。力争到2025年，幼教木玩产业产值达20亿元以上。

表4　景宁县幼教木玩产业龙头企业简介

行业类别	企业类型	公司名称	主营业务
幼教木玩	国家高新技术企业	景宁宇海幼教装备有限公司	教具、玩具、工艺美术品、家具、竹木制品、教育文化用品加工、生产
		景宁畲族自治县富利达木制工艺品有限公司	竹木工艺品加工，多功能儿童面板、木制系列玩具生产
		景宁畲族自治县宏强竹制品有限公司	竹片、木片加工，竹木工艺品、木制玩具加工

三、科技创新概况

2022年，全县R&D经费占地区生产总值比重为0.71%，全省排名第87；全县拥有高新技术企业27家，高新技术产业增加值占工业增加值比重达49.64%；全县规上工业企业R&D经费支出占营业收入比重达2.08%，全省排名第26。

（一）区域创新资源布局

2022 年，景宁县省级及以上创新平台仅 2 家，并且只有 1 家省级高新技术企业研发中心（超长无缝不锈钢管制造）在当地鹤西街道，另外 1 家省级企业研究院（节能环保设备制造）在莲都区飞地中（见图 2）。当地重点产业几乎无创新平台。

图 2 景宁县创新平台布局

（二）产业专利分析

景宁县的专利优势主要集中在金属加工（设备）。2022 年，景宁县有效发明专利共 103 件，前十大专利技术领域见图 3。根据申请人分析，景昌建设（水利工程设备、基础土壤勘测）、华寅工艺品（木材加工、运输或贮存设备）、牧风工艺品（化学丝线制造及设备）、丽恒模具（金属加工、磨削抛光机床）、青风环境（制冷设备）等申请人的专利数量名列前茅。

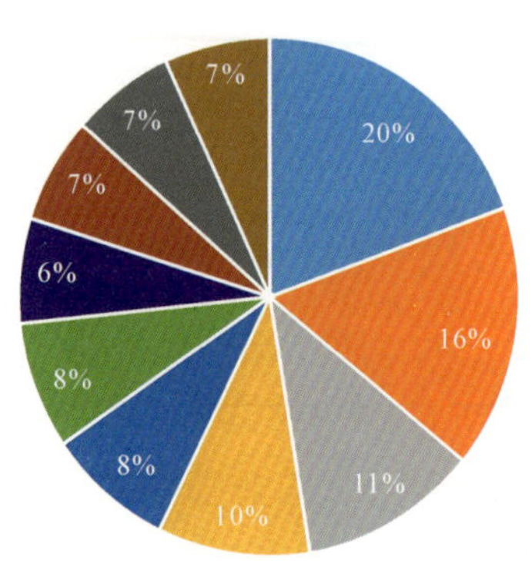

图 3　景宁县专利技术领域分布

四、景宁县未来展望

从产业发展看，景宁县产业规模较小，不具备显著的特色产业集群优势。下一步，景宁县将以抽水蓄能、光伏、风电为重点，培育绿色能源产业；瞄准温州、宁德等地区成熟产业链，积极承接电工电气、汽摩配、轴承泵阀等产业梯度转移，做强做大生态工业总量。从科技创新看，景宁县规上企业研发投入处于全省下游水平，几乎无辐射带动性强的优质创新主体。从创新平台布局看，景宁县的平台数量少，对产业创新的支撑引领作用较弱，下一步，景宁县重点依托两园区（中国畲乡电子商务产业园、少数民族电子商务孵化园）发展基础，加快形成“孵化器 + 加速器 + 产业园”一体化发展模式。

丽水经开区产业链创新链全景分析报告

丽水经开区（国家级）位于丽水南城、金丽温高速公路丽水出口处，总面积约217.24平方千米。2023年，全区生产总值为130.7亿元。丽水经开区是中国经济营商环境十大创新示范区、省级“链长制”优秀单位（滚动功能部件）和特色示范单位、省级产教融合示范区、省级绿色低碳园区、省级美丽园区、省级化工园区、浙江省第一家国家级智能装备与机器人产业基地。

一、丽水经开区产业概况

（一）产业结构

从地区生产总值构成看，2023年，丽水经开区以第二产业为主导。丽水经开区第一产业增加值为0.90亿元，第二产业增加值为91.8亿元，第三产业增加值为38.0亿元，三次产业增加值结构调整为0.69 ： 70.24 ： 29.07。

从工业看，丽水经开区以精密制造（智能成套装备、交通运输设备、电气电器设备）、时尚合成革、健康医药和半导体产业为主导。2023年，全区规上工业总产值430亿元，规上工业企业367家。2022年丽水经开区产业主要分布见表1。下一步，丽水经开区将构建半导体、精密制造、健康医药、时尚产业、数字经济“五个有”产业链生态，以强链补链优链构建国际国内“双循环”。

表1　丽水经开区特色工业简介

名称	规上工业产值/亿元	占全区规上工业总产值比重/%	备注
精密制造（智能成套装备、交通运输设备、电气电器设备）	约166.33	约42.13	
时尚合成革	约83.20	约21.70	已投资的在建项目预计到2027年可达产值约125亿元
健康医药	约13.30	约3.37	已投资的在建项目预计到2027年可达产值约94亿元
半导体	约0.54	约0.13	已投资的在建项目预计到2027年可达产值约464亿元

（二）“高度集聚”的产业空间布局

图 1 展示了丽水经开区重点产业平台布局。从工业看，丽水经开区为国家级经开区，其内部工业平台主要分布在七百秧公园周围、空港经济区和富岭以东，集聚了“丽水经开区特色半导体产业平台（万亩千亿）”“微纳小镇”“省级小微企业园”等重点产业平台，重点打造半导体、精密制造、健康医药、时尚产业和数字经济产业集群。从服务业看，丽水经开区服务业主要集聚在西北部飞雨路和石牛路交叉口南侧，围绕“浙江鸿汇电子商务产业集聚园”和“现代服务业创新发展区”，打造全供应链电子商务与科技服务，与工业平台结合，把丽水经开区建设成高能级战略平台。

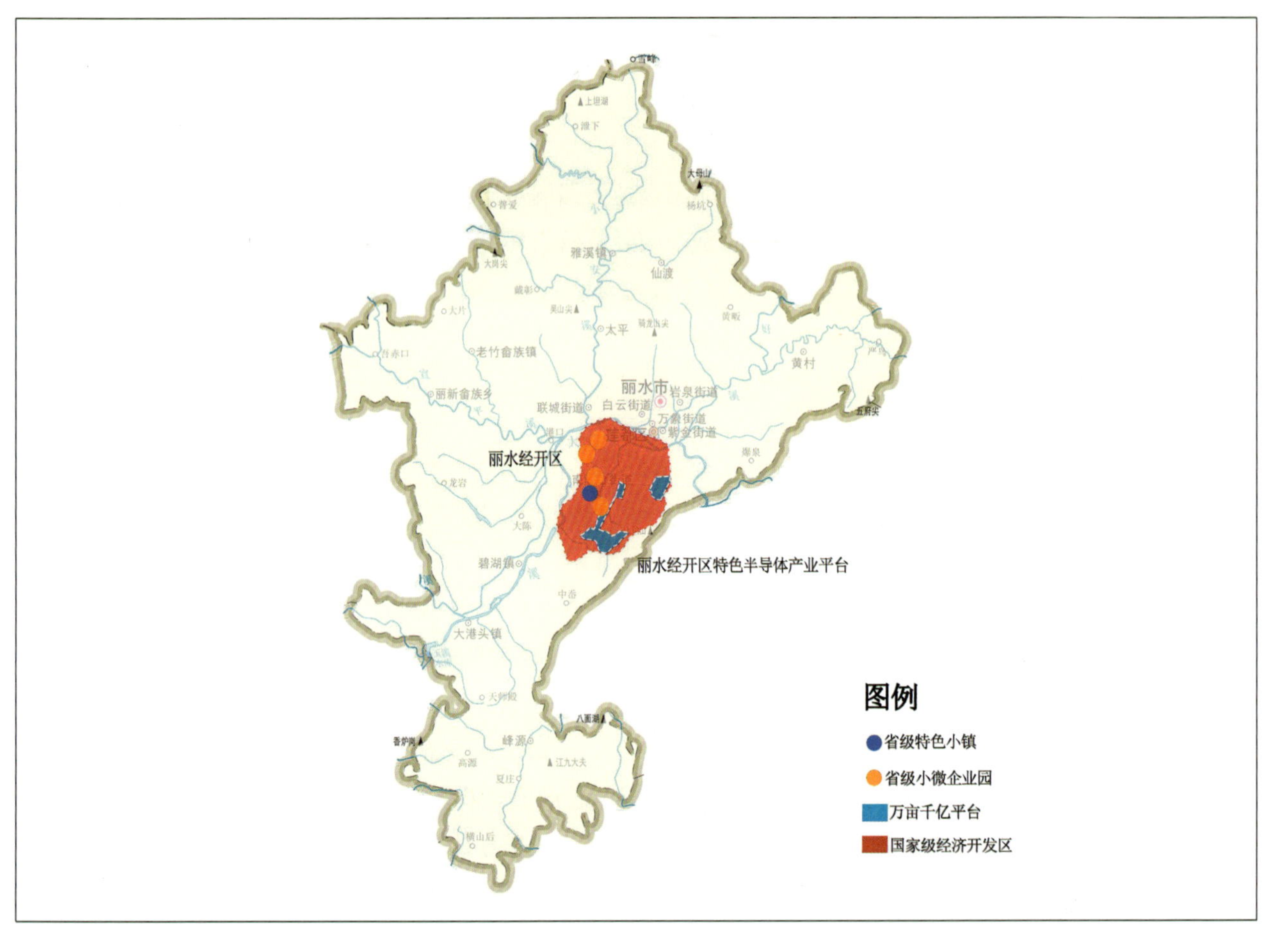

图 1　丽水经开区重点产业平台布局

二、重点产业

（一）精密制造产业

丽水经开区精密制造产业以滚动功能部件为主，滚动功能部件产业链为全省“链长制优秀示范”之一，母机直线导轨产能占全国 1/3。2022 年，丽水经开区实现精密制造产业总产值约 166.33 亿元，主要分布在智能成套装备及其零部件、电气电器设备及其零部件和交通运输设备行业。丽水经开区精密制造产业的龙头企业见表 2。下一步，丽水经开区将推动精密制造产业链向上下游延伸，研发耐腐蚀、耐磨、耐高温和低温的新材料，同时，推动智能成套装备产品向下游工业机器人、数控机床、锯切装备等整机产品延伸；重点发展 500KV 及以上电压等级的直流交换阀、直流开关、电流电压传感器等特高压直流设备。力争到 2025 年，精密制造产业实现总产值 250 亿元。

表2　丽水经开区精密制造产业龙头企业简介

行业	企业类型	公司名称	主营业务
智能成套装备（滚动部件为主）	新四板	浙江卓求传动科技有限公司、浙江四强轴承制造有限公司、丽水市英特轴承有限公司、浙江得利亚自动化制造有限公司	滚动功能部件（滑块、滚珠丝杆、滚珠丝杆副、直线导轨、直线轴承等）
	专精特新“小巨人”	丽水市杰祥科技有限公司	滚动功能部件（线性导轨、滚珠螺杆、轴承、圆导轨滑块）
		浙江青风环境股份有限公司	工业冷水机、变频磁悬浮冷水机、谷物空调等多种工业冷暖设备
	地方重点企业	浙江欧亿轴承制造有限公司、丽水市精锐轴承制造有限公司、浙江天裕型钢科技有限公司、浙江中轨传动科技有限公司、浙江威尔轴承工业有限公司等	滚动功能部件（线性导轨、线性滑块、光轴、圆柱导轨、滑块等）
	专精特新入库企业	方圆阀门、超达阀门	阀门本体（闸阀、球阀、截止阀、蝶阀等）
		浙江精久轴承工业有限公司	滚动功能部件（直线导轨、滚珠丝杆、丝杆导轨配套件、向心关节轴承等）
电气电器设备	新三板	浙江友泰电气股份有限公司	输配电设备及电子元器件（配电箱、断路器、安全开关、线路金具）
		浙江百事宝电器股份有限公司	输配电设备（液压电磁断路器、直流接触器、直流继电器、过流保护器）
	专精特新入库企业	浙江中广电器集团股份有限公司	电器（地暖热泵空调、热泵热水、全屋净水、全宅智能、商用设备）
交通运输设备	上市公司	浙江方正电机股份有限公司	汽车零部件（新能源汽车电机及其驱动器、新能源商用车驱动系统等）
	地方重点企业	浙江嘉利（丽水）工业股份有限公司	汽车灯具
	新四板	浙江超润润滑元件有限公司	润滑泵及润滑元件、手动润滑泵、电动电磁泵、油管接头、分配器等

（二）时尚合成革产业

丽水经开区被誉为“中国水性生态合成革示范基地”，水性合成革年产量占比达全国的 1/4。2022 年，丽水经开区实现时尚合成革产业规上工业产值约 83.2 亿元，新引进的产业项目（在建）达产后产值可增加 125 亿元。丽水经开区时尚合成革产业的龙头企业和重点项目见表 3 和表 4。从产业链角度看，该产业的龙头企业主要集中在合成革产业上游的合成革原料和辅料生产，中游的合成革产品制造。下一步，丽水经开区将引进科天集团等水性合成革龙头企业和项目，助推传统的油性革企业向水性合成革转型；培育超细纤维合成革、TPU 树脂革等新材料，将合成革产业链延伸至时尚箱包、时尚设计等领域。

表3　丽水经开区时尚合成革产业龙头企业简介

企业类型	名称	主营业务
地方重点企业	浙江嘉柯新材料科技有限公司	无溶剂、水性 PU 合成革
	浙江闽锋化学有限公司	PU 合成革、PU 树脂
	浙江合力革业有限公司	PU 合成革和 PVC 人造革
	浙江繁盛新材料股份有限公司	超纤合成革

续表

企业类型	名称	主营业务
地方重点企业	浙江新旭合成革有限公司	PU 鞋革、箱包革、沙发革及汽车革
	浙江德美博士达高分子材料有限公司	合成革水性树脂、助剂
	浙江凯伦特种材料有限公司	合成革专用离型和高精密度柔性电路板用光传导纸
专精特新入库企业	浙江袒丰新材料有限公司	水性合成革及其涂层、复合新材料、人造革及人造革相关材料

表4 丽水经开区时尚合成革产业重点项目简介

名称	投资额 / 亿元	达产期 / 年	预计产值 / 亿元	主营业务
绍兴东泰水性合成革项目	20	2027	80	生态合成革及超纤贴面生产基地和环保水性革生产基地
联侨水性合成革项目	25	2027	45	储能系统集成基地、集中式光伏发电和储能电站

（三）半导体产业

丽水经开区特色半导体产业成功入选省“万亩千亿”新产业平台培育名单。2022 年，丽水经开区实现半导体产业产值仅 0.54 亿元，但引进的半导体产业项目（在建）达产后产值可达 464 亿元。丽水经开区半导体产业的龙头企业和重点项目见表 5 和表 6。从产业链角度看，该产业的龙头企业主要分布在上游的半导体材料生产和半导体设备制造，中游的分立器件、光电子器件、传感器、集成电路制造和封测，下游的通信应用。下一步，丽水经开区将以溅射靶材和硅晶圆制造为主，以光电信息材料为辅，发展上游的半导体材料集群；以光电子 OLED、射频传感器为核心，以分立器件为配合，发展中游的半导体制造产业，同时，扩大在计算机、通用电子等领域的下游应用，力争达到预期目标。

表5 丽水经开区半导体产业龙头企业简介

企业类型	名称	主营业务
新三板	浙江浩腾电子科技股份有限公司	软件（天眼卫士、智慧乡镇一体化平台、智慧交通感知平台等）、硬件（生态聚能灯、智能补光装置、智能控制箱等）
规上百强企业（市级）	浙江珏芯微电子有限公司	光电探测器和特种芯片晶圆
	浙江旺荣半导体有限公司	快恢复二极管、绝缘栅双极型晶体管、金属—氧化物半导体场效应晶体管
地方重点企业	浙江晶睿电子科技有限公司、浙江广芯微电子有限公司、丽水融薇科技有限公司	硅晶圆（硅外延片、GaN 外延片、SIC 外延片等）
	浙江前沿半导体材料有限公司、意芯半导体有限公司	封装材料（铜、钨、钼及其合金的生产、研发和定制）
	浙江光珀智能科技有限公司	传感器（激光雷达）
	浙江百可半导体材料有限公司	OLED（有机发光二极管）材料的研发和生产
	丽水中科半导体材料研究中心有限公司	UVC-LED 外延片、芯片、灯珠
	浙江博测半导体科技有限公司、丽水睿昇半导体科技有限公司、丽水阿秒科技有限公司、东旭集团	半导体检测设备、半导体激光镭射切割设备、高端光电半导体材料生产设备等
	浙江香农通信科技有限公司	5G 应用技术小基站
重大项目依托企业	正帆科技（丽水）有限公司	半导体材料（特种电子气体）
	同创（丽水）特种材料有限公司	半导体材料（集成电路制造用超高纯钽）
	浙江世菱半导体有限公司、浙江全来电科技有限公司	功率器件（功率半导体器件、共享户外安全用电系统）

续表

企业类型	名称	主营业务
重大项目依托企业	浙江数字之光智能科技有限公司	光电器件（LED 智能灯具器件）
	浙江丽水中欣晶圆半导体科技有限公司	硅晶圆（单晶锭、抛光片、外延片、退火片）

表6　丽水经开区半导体产业重点项目简介

项目名称	投资额/亿元	达产期/年	预计产值/亿元	主营业务
浙江光珀智能科技有限公司光珀 3D 图像传感器和芯片项目	60		120	列入 2021 年浙江省重大产业项目，建设 3D 图像传感器和芯片项目
丽水东旭高端光电半导体材料项目	110	2025	93	全市首个百亿级重大制造业项目，主要生产“一芯一屏”关键基础材料
丽水中欣晶圆硅片外延项目	40	2024	50	年产 120 万片 8 英寸（以特殊需求外延片为主）、年产 240 万片 12 英寸外延片
北京晶引超薄精密柔性薄膜封装基板生产线项目	55		34	封装材料：主要建设超薄柔性集成电路覆晶薄膜封装基板量产线和一个 COF 研究院
浙江广芯微电子有限公司 6 英寸高端特色硅基晶圆代工项目	24		30	年产 120 万片 6 英寸高端特色硅基晶圆代工生产线，被纳入 2022 年浙江省重点项目建设计划
意芯半导体存储芯片封测项目	7	2027	30	三条基于存储领域芯片 NFlash、EMMC 和 eMCP 的封测生产线
浙江旺荣半导体有限公司 8 英寸功率器件项目	22	2027	25	年产 72 万片 8 英寸功率器件芯片
富乐德半导体产业项目	120		22	12 英寸抛光片生产线和其他半导体
上海正帆科技有限公司特气生产及半导体检测设备等项目	15	2025	20	高纯特种气体项目和法国 uyuni 半导体检测项目
集成电路制造设备用关键零部件产业化项目	10	2028	15	高纯度特种战略金属靶材生产基地
江丰电子半导体专用高纯金属材料产业化项目	10.5		10	列入 2021 年浙江省重大产业项目，国内第一个电子级超高纯钽材料产业基地

（四）健康医药产业

2022 年，丽水经开区实现健康医药产业产值约 13.3 亿元，新引进的产业项目（在建）达产后产值可增加 93.8 亿元。丽水经开区健康医药产业的龙头企业和重点项目见表 7 和表 8。从产业链角度看，该产业的龙头企业主要分布在中游的生物药、化学药、中药、保健品和医疗器械生产。下一步，丽水经开区将积极发展头孢类、红霉素抗生素、维生素等符合绿色生态发展方向的大宗原料药产品，推进灵芝孢子粉、菌菇粉等中药保健食品、化妆品的研发生产。力争到 2025 年，健康医药产业产值达 100 亿元。

表7　丽水经开区健康医药产业龙头企业简介

企业类型	名称	主营业务
上市公司	浙江维康药业股份有限公司	银黄滴丸、益母草软胶囊、益母草分散片等中成药以及罗红霉素软胶囊等西药
地方重点企业	浙江五养堂药业有限公司	中药饮片、保健食品、中药养生食品
	浙江华润三九众益制药有限公司	化学药（阿奇霉素肠溶胶囊、红霉素肠溶胶囊、阿奇霉素片、镁加铝咀嚼片等）
专精特新入库企业	浙江贝尼菲特药业有限公司	配方颗粒、中药饮片、灵芝孢子粉、三七粉、燕窝、参茸

表8　丽水经开区健康医药产业重点项目简介

项目名称	投资额/亿元	达产期/年	预计产值/亿元	主营业务
飞利信丽水生物医药产业园项目	56	2027	56	以干细胞临床治疗、基因药物研发应用为核心的生物基因产业链
科大福晴心血管磁共振设备项目	5	2027	25	建设心血管磁共振设备生产基地项目
派康骨科器械项目	3	2026	13	建设骨科器械生产基地

三、科技创新概况

2022 年，全区 R&D 经费占地区生产总值比重为 7.04%；全区拥有高新技术企业 242 家；全区规上工业企业 R&D 经费支出占营业收入比重为 3.5%。

（一）区域创新资源布局

丽水经开区创新平台主要集中在精密制造产业。2022 年，全区拥有省级新型研发机构 1 家，省级企业研究院 12 家，省级高新技术企业研发中心 39 家，国家级和省级孵化器各 1 家。创新平台主要集聚在水阁工业区、南明山街道和南明路中段（见图 2）。

图 2　丽水经开区创新平台

（二）产业专利分析

丽水经开区的专利优势主要集中在阀门轴承加工（设备）、半导体制造（设备）领域。2022 年，丽水经开区有效发明专利共 371 件，前十大专利技术领域见图 3。根据申请人分析，超达阀门集团股份（阀门本体、金属加工）、浙江中广电器股份（供热和制冷设备）、浙江光珀智能科技（传感和测量仪器）、浙江东瓯过滤机制造（过滤机）、丽水市杰祥科技（滚动功能部件）、浙江方正电机股份（电机）等申请人的专利数量居前。

图 3　丽水经开区专利技术领域分布

四、丽水经开区未来展望

精密制造和半导体产业是丽水经开区最有前景的产业。从精密制造产业看，截至 2023 年，丽水经开区规上企业不到 200 家，整体规模较小；创新投入较高，但创新技术领域较为分散，专利申请量较少。下一步，丽水经开区将实施精密制造产业重大项目精准招引工程，推进精密制造产业向集团化、规模化、高附加值方向发展。从半导体产业看，丽水经开区已具备打造“浙南硅谷”的潜质，但目前仍处于构建阶段。下一步，丽水经开区将以做细上游材料生产为方向，重点发展第三代半导体新材料及相关设备，推动半导体产业链向下游军工、新能源汽车和 5G 通信等领域拓展。从科技创新看，丽水经开区企业研发投入较高，全区 R&D 经费支出占地区生产总值比重等创新指标高于全省平均水平。从重点平台布局看，丽水经开区创新载体分布较为集中，主要在精密制造产业。下一步，丽水经开区将发挥武汉大学丽水研究院等平台优势，加快产业链创新资源垂直整合，共建创新联合体。